Le traitement du droit de l'Union européenne dans l'arbitrage d'investissement intra-UE

2007-2024

Logiques juridiques
Fondée par Gérard Marcou
Dirigée par Thomas Perroud

Le droit n'est pas seulement un savoir, il est d'abord un ensemble de rapports et pratiques que l'on rencontre dans presque toutes les formes de sociétés. C'est pourquoi il a toujours donné lieu à la fois à une littérature de juristes professionnels, produisant le savoir juridique, et à une littérature sur le droit, produite par des philosophes, des sociologues ou des économistes notamment.

Parce que le domaine du droit s'étend sans cesse et rend de plus en plus souvent nécessaire le recours au savoir juridique spécialisé, même dans des matières où il n'avait jadis qu'une importance secondaire, les ouvrages juridiques à caractère professionnel ou pédagogique dominent l'édition, et ils tendent à réduire la recherche en droit à sa seule dimension positive. À l'inverse de cette tendance, la collection « Logiques juridiques » des éditions L'Harmattan est ouverte à toutes les approches du droit. Tout en publiant aussi des ouvrages à vocation professionnelle ou pédagogique, elle se fixe avant tout pour but de contribuer à la publication et à la diffusion des recherches en droit, ainsi qu'au dialogue scientifique sur le droit. Comme son nom l'indique, elle se veut plurielle.

Dernières parutions

Anne RAINAUD, *Contentieux du droit de l'urbanisme*, 2026.
Abraham LE GUEN et Noémie LE PEUVEDIC (dir.), *Apparence et normativité en droit public*, 2026.
Rigobert N. BUTANDU, *La neutralisation judiciaire de Joseph Kabila Kabange, Un tournant décisif pour la justice et la responsabilité en Afrique*, 2026.
Evelyne BONIS et Charlotte CLAVERIE-ROUSSET (dir.), *La délinquance lucrative. Tome 1 : Formes et approches criminologiques*, 2026.
Evelyne BONIS et Charlotte CLAVERIE-ROUSSET (dir.), *La délinquance lucrative. Tome 2 : Traitement procédural et sanctions*, 2026.
Maëlenn CORFMAT, *Intelligence artificielle et données de santé, Droit comparé : France, Québec et Californie*, 2026.

Benjamin Gabriel Terrade

Le traitement du droit de l'Union européenne dans l'arbitrage d'investissement intra-UE 2007-2024

L'Harmattan

5-7, rue de l'École-Polytechnique – 75005 Paris
www.editions-harmattan.fr

ISBN : 978-2-336-61793-0
EAN : 9782336617930
Dépôt légal : septembre 2026

Cet ouvrage est issu de la thèse de doctorat en droit, codirigée par M. Jean-Christophe MARTIN, professeur à Université Côte d'Azur et Nicolas PIGEON, maître de conférences à Université Côte d'Azur, soutenue par l'auteur le 29 novembre 2024, en salle des thèses de la Faculté de Droit et Science Politique d'Université Côte d'Azur, devant un jury composé, en dehors des codirecteurs, de :

M. Alan HERVE, Professeur à Sciences Po Rennes (rapporteur) ;
Mme Catherine KESSEDJIAN, Professeure émérite de l'Université Paris-Panthéon-Assas (présidente) ;
M. Franck LATTY, Professeur à l'Université Paris Nanterre (rapporteur) ;
Mme Raphaël RIVIER, Professeure à l'Université Paris 1 Panthéon-Sorbonne (suffragante).

Un travail de synthèse et d'homogénéisation, ainsi que de mise en page a été mené.

Les annexes mentionnées dans l'ouvrage, ainsi que la bibliographie complète de l'ouvrage, sont disponibles sur le profil HAL de l'auteur : id. benjamin-terrade.

Le présent ouvrage est à jour, pour l'essentiel, de l'état du droit au 1er janvier 2025.

Toulouse, le 8 février 2026.

Remerciements

À Monsieur le Professeur Jean-Christophe Martin et à Monsieur Nicolas Pigeon pour leur disponibilité, écoute et aide, tout au long de ces années de doctorat.

À mes collègues, camarades doctorants et amis qui m'ont accompagné dans ce travail de recherche.

À mon épouse Natalya, à ma mère Marie-Claire et à ma grande sœur préférée Anaïs, pour leur soutien constant.

Remerciements

À Monsieur le Professeur Jean-Christophe Martin et à Monsieur Nicolas Pigeon pour leur disponibilité, écoute et aide, tout au long de ces années de doctorat.

À mes collègues, camarades doctorants et amis qui m'ont accompagné dans ce travail de recherche.

À mon épouse Natalya, à ma mère Marie-Claire et à ma grande sœur préférée Anaïs, pour leur soutien constant.

Liste des principaux acronymes

AIEI – Accord d'intégration économique et d'investissement
ALENA – Accord de libre-échange Nord-Américain
APIE – Accord sur la promotion et la protection des investissements étrangers
AGCS – Accord général sur le commerce des services
CEDH – Cour européenne des droits de l'homme
CESDH – Convention européenne de sauvegarde des droits de l'homme et des libertés fondamentales
CIRDI / ICSID – Centre international pour le règlement des différends relatifs aux investissements / International Centre for Settlement of Investment Disputes
CJCE – Cour de justice des Communautés européennes
CJUE – Cour de justice de l'Union européenne
CNUDCED / UNCTAD – Conférence des Nations unies sur le commerce et le développement / United Nations Conference on Trade and Development
CNUDCI / UNCITRAL – Commission des Nations unies pour le droit commercial international / United Nations Commission on International Trade Law (Arbitration rules)
(CNUDCI) – Règlement d'arbitrage de la Commission des Nations unies pour le droit commercial international
CCI / ICC – Chambre de commerce international / International Chamber of Commerce
(CCI) – Règlement de la Cour d'arbitrage de la CCI
CDI – Commission du droit international
CEF – Comité économique et financier
CVDT – Convention de Vienne sur le droit des traités de 1969
ECOFIN – Conseil des ministres de l'économie et des finances de l'Union européenne
EEE / EEA – Espace économique européen / European Economic Area
GATT – Accord général sur les tarifs douaniers et le commerce
IDE – Investissement direct étranger
LCIA – London Court of International Arbitration
(LCIA) – Règlement d'arbitrage de la LCIA
MS – Mécanisme supplémentaire du CIRDI
NOEI – Nouvel ordre économique international
OCDE – Organisation de coopération et de développement économique
OIER – Organisation d'intégration économique régionale
OMC – Organisation mondiale du commerce
ONU – Organisation des Nations Unies
ORD – Organe de règlement des différends de l'OMC
PCC – Politique commerciale commune

PCI – Politique commune d'investissement

RDIE – (Mécanisme de) Règlement des différends entre investisseurs et États

RCADI – Recueil des cours de l'Académie de droit international de La Haye

SCC – Stockholm chamber of commerce

(SCC) – Règlement d'arbitrage de l'institut d'arbitrage de la SCC

TBI / BIT – Traité bilatéral d'investissement / Bilateral investment treaty

TCE – Traité instituant la Communauté européenne

TCEE – Traité instituant la Communauté économique européenne

TCEn – Traité sur la Charte de l'énergie

TFUE – Traité sur le fonctionnement de l'Union européenne

TIDM – Tribunal international du droit de la mer

ToA – Term of Agreement / Contrat d'arbitre

TPICE – Tribunal de première instance des communautés européennes

Trib. UE – Tribunal de l'Union européenne

TUE – Traité sur l'Union européenne

UE – Union européenne

Sommaire

Introduction

> *« As of today, we have barely scratched the surface of the relationship between the EU institutions, on one hand, and investment treaty arbitration (including ECT arbitration), on the other. The implications of the recent developments outlined above will no doubt be played out in further courtrooms and tribunal hearing rooms in the coming years »*[1]

1. En 2009, Graham Coop, le directeur juridique du secrétariat de la Charte de l'énergie, était bien conscient que les rapports entre le droit de l'Union européenne (UE) et l'arbitrage d'investissement n'étaient pas encore bien définis et qu'ils se préciseraient par le contentieux. Cela ne l'empêchait pas d'indiquer qu'il était admis que le tribunal de l'affaire *Eastern Sugar*[2] – premier tribunal arbitral établi par un traité d'investissement entre États membres à voir sa compétence contestée sur le fondement du droit de l'UE – avait correctement précisé la situation en droit international, en écartant tout effet du droit de l'UE sur sa compétence. Il ajoutait qu'aucune raison substantielle ne s'opposait à la coexistence du régime juridique de l'UE et de celui du traité sur la Charte de l'énergie (TCEn)[3].

2. Douze ans plus tard, le tribunal arbitral de l'affaire *Green Power*[4] affirme ne pas être compétent, en vertu de l'offre d'arbitrage de l'article 26 TCEn, pour résoudre un litige entre un investisseur d'un État membre de l'UE et un autre État membre, en reprenant le raisonnement tenu par la Cour de justice de l'UE dans ses arrêts *Achmea*[5] et *Komstroy*[6]. Ce tribunal sort explicitement d'une opposition – communément admise[7]– entre deux plans : celui du droit de l'UE et celui du droit international public[8], en tirant toutes les conséquences d'une prise en compte du droit de l'UE dans l'interprétation du TCEn. Cette sentence, la première du genre – elle est la première dans laquelle un tribunal d'investissement établi par traité d'investissement entre États membres estime ne pas être compétent en raison de règles de droit de l'UE –, démontre que la position défendue par des États membres et la Commission, depuis plus de quinze ans, peut être considérée par des arbitres comme conforme aux règles applicables de droit international.

3. Cette sentence *Green Power* permet de résoudre, à plus brève échéance, la question de l'applicabilité des offres d'arbitrage État-investisseur de traités d'investissement entre États

---

[1] COOP G., « Energy Charter Treaty and The European Union: Is Conflict Inevitable ? », *Journal of Energy & Natural Resources Law*, Vol. 27(3), 2009, pp. 404-419, spéc. p. 419.

[2] SCC, (CNUDCI), *Eastern Sugar B. V. c. République tchèque*, aff. n° 088/2004, Sentence partielle du 27 mars 2007.

[3] COOP G., « Energy Charter Treaty and The European Union: Is Conflict Inevitable ? », art. cité, p. 419.

[4] SCC, (SCC), *Green Power Partners K/S et SCE Solar Don Benito APS (Green Power et SCE) c. Royaume d'Espagne*, aff. n° 2016/135, Sentence du 16 juin 2022.

[5] CJUE, Gde ch., 6 mars 2018, *Achmea B.V*, aff. C-284/ 16.

[6] CJUE, Gde ch., 2 septembre 2021, *République de Moldavie c. Société Komstroy*, aff. C-741/ 19.

[7] COOP G., « Energy Charter Treaty and The European Union: Is Conflict Inevitable ? », art. cité, p. 11 « Although the Eastern Sugar case is not the only investment arbitration case that deals with the relationship between intra-EU BITs and EU law, it is, as far as the author is aware, the only publicly available award to analyse the relevant issues in detail. It seems generally accepted that – however unwelcome the result may be from a European law perspective – the main finding of the Partial Award, ie that intra-EU BITs remain in force until their formal termination – is correct in international law ».

[8] C'est également cette question qui oppose le professeur Stefffen Hindelang et le professeur Piet Eeckhout dans leurs écrits respectifs en tant qu'experts dans l'affaire *9REN Holding c. Royaume d'Espagne*. Pour le premier il n'y a pas lieu de distinguer entre une perspective de droit de l'UE et une perspective de droit international public, entre États membre le droit international public applicable est le droit de l'UE. V. CIRDI, *9REN Holding S. a. r. l (9REN Holding) c. Royaume d'Espagne*, aff. ARB/15/15, Expert declaration of Prof. Dr. Steffen Hindelang, 15 janvier 2020, § 18. Pour le second il faut distinguer entre une perspective de droit de l'UE et une perspective de droit international, le droit de l'UE et le droit international opèrent sur des plans différents. Dans l'ensemble le droit de l'UE n'a pas d'effets sur le plan international. V. *9REN Holding*, précit., Expert Declaration of Professor Piet Eeckhout, 14 février 2020, §§ 10 iii), 20, 73 et 77.

membres, sans attendre l'entrée en vigueur d'un accord portant extinction des traités bilatéraux d'investissement (TBI) entre États membres[9] ou les effets d'un retrait du TCEn[10]. L'ensemble des États membres, ainsi que leurs juridictions internes, admettent l'inapplicabilité de ces offres. Les sentences prononcées par des tribunaux compétents sur le fondement de traités d'investissement entre États membres ont de grandes chances de rester lettres mortes. Et leur mise en œuvre en dehors de l'UE n'est pas exempte de difficultés non plus[11].

4. L'application parallèle, la coexistence, des traités d'investissement entre États membre et des traités de l'UE, c'est-à-dire le traité sur le fonctionnement de l'UE (TFUE) et le traité sur l'UE (TUE) semble désormais compromise. Il n'en reste pas moins que, dans une centaine de sentences réparties sur une période de plus de quinze ans, les tribunaux arbitraux se sont prononcés sur la coexistence de ces traités. Partant de ce matériel, notre étude entend s'intéresser au traitement du droit de l'UE dans les arbitrages d'investissement intra-UE, c'est-à-dire dans les arbitrages entre États membres et investisseurs d'autres États membres sur le fondement de clauses d'arbitrage État-investisseur de traités d'investissement conclus entre États membres, ou de conventions d'arbitrage *ad hoc* de contenu identique à de telles clauses[12].

5. Plan de l'introduction. L'étude des rapports entre l'arbitrage d'investissement intra-UE et le droit l'UE du point de vue des tribunaux arbitraux nécessite de revenir d'abord sur le développement du droit international de l'investissement. Il convient d'exposer les modalités d'apparition de l'arbitrage d'investissement et d'examiner son évolution en un système tendant à s'établir comme « un régime spécial (autonome) »[13]. Nous verrons que l'apparition d'un véritable système de protection de l'investissement étranger par l'arbitrage État-investisseur est un phénomène récent. Le droit de l'investissement peut sembler se réduire aux traités bilatéraux d'investissement et à l'arbitrage État-investisseur[14] ; il existe

[9] Accord portant extinction des traités bilatéraux d'investissement entre États membres de l'Union européenne, signé le 5 mai 2020, entré en vigueur le 29 août 2020, JOUE, L 169, 29 mai 2020.

[10] Commission – Communiqué de presse, L'UE notifie sa sortie du traité sur la Charte de l'énergie et met fin aux procédures d'arbitrage intra-UE, Brussels, le 28 juin 2024, IP/24/3513.

[11] Un juge au États-Unis a pu refuser la demande d'exécution d'une sentence portant sur un litige entre un investisseur d'un État membre et un autre État membre, prononcé par un tribunal compétent sur le fondement du traité sur la Charte de l'énergie (TCEn), en s'appuyant sur le droit applicable aux parties, soit le droit de l'UE. V. Cour de district des États-Unis pour le District de Columbia (D.D.C.), *Blasket Renewable Investments LLC c. Royaume d'Espagne*, aff. Civil Case No. 21-3249 (RJL), Document 44, Memorandum Opinion du 29 mars 2023, pp. 20, spéc. p. 20 « Spain lacked legal capacity to extend an offer to arbitrate *any* dispute with the Companies under the law that applied to the parties. As such, no agreement to arbitrate ever existed ». V. aussi IISD, « Un tribunal de district des États-Unis suspend l'exécution d'une sentence contre l'Espagne sur la base d'un argument fondé sur le droit de l'UE », *Investement Treaty News*, 01.07.2023.

[12] Il s'agit de clauses d'arbitrage État-investisseur jugées par la Cour de justice de l'Union européenne comme incompatibles avec plusieurs articles des traités constitutifs de l'Union européenne, dans sa jurisprudence découlant de l'arrêt *Achmea B.V* Sur cette incompatibilité générale (ou généralisée) au droit de l'UE des arbitrages d'investissement intra-UE (relevant du CIRDI ou non, sur le fondement d'un TBI entre États membres, du traité sur la Charte de l'énergie (TCEn), ou d'une convention d'arbitrage *ad hoc*) V. AZOULAY K., « Droit de l'Union européenne et droit des investissements », *in* ACHTOUK-SPIVAL L., de NANTEUIL et CAZALA J. (dir.), Chronique investissements : AZOULAY K., MARTINI C. et RAUX M., « Investissements internationaux et arbitrage », *Cahiers de l'arbitrage*, Vol. 4, 2023, pp. 847-863, spéc. §4-11.

[13] CDI, *Fragmentation du droit international : Difficultés découlant de la diversification et de l'expansion du droit international*, Rapport du Groupe d'Étude de la CDI, 13.04.06, A/CN.4/L.682, pp. 279.

[14] Le terme d'arbitrage État-investisseur sera privilégié dans cette étude, il est synonyme de ceux d'arbitrage entre un investisseur et un État, d'arbitrage investisseur-État, ou de celui d'arbitrage d'investissement. Il regroupe l'arbitrage sur le fondement d'un contrat d'État ou contrat d'investissement, l'arbitrage sur le fondement d'une loi d'investissement et l'arbitrage sur le fondement d'un traité de protection des investissements. Le terme recouvre aussi l'hypothèse d'un arbitrage sur le fondement d'un compromis d'arbitrage accepté par un État et un investisseur après la survenance du litige. Le terme d'arbitrage État-investisseur a pu être utilisé par le professeur Walid Ben-Hamida. V. BEN-HAMIDA W. « L'arbitrage État-investisseur face à un désordre procédural : La concurrence des procédures et les conflits de juridictions », *AFDI*, Vol. 51, 2005, pp. 564-602.

cependant un droit de l'investissement en dehors des TBI et de l'arbitrage État-investisseur. Il conviendra ensuite de préciser le rapport de l'intégration européenne au droit international de l'investissement et à l'arbitrage État-investisseur. Par conséquent, nous nous attacherons dans un premier temps à discerner au sein d'un droit conventionnel des investissements internationaux ce à quoi se résume souvent le droit international de l'investissement contemporain : la protection de l'investissement étranger par l'arbitrage État-investisseur (I). Dans un deuxième temps, nous nous intéresserons à la place de cette protection particulière de l'investissement étranger dans le contexte de l'intégration européenne (II). Nous pourrons alors présenter, dans un troisième et dernier temps, la perspective d'analyse que nous avons choisie pour étudier, ce qui est un aspect de la rencontre entre l'arbitrage État-investisseur et l'intégration européenne, l'arbitrage d'investissement intra-UE (III).

- I -

La protection de l'investissement étranger par l'arbitrage État-investisseur

6. *L'arbitrage État-investisseur*. Au sein du droit international de l'investissement contemporain, l'arbitrage d'investissement occupe une place prééminente[15]. Ce type d'arbitrage, aussi appelé arbitrage transnational,[16] est souvent décrit comme hybride[17]. Il est présenté comme un « système d'arbitrage original, à mi-chemin entre l'arbitrage commercial international dit "privé" et l'arbitrage interétatique ou "public" »[18]. Cette hybridité caractérise, notamment, la relation juridique qui se noue entre l'investisseur et l'État hôte au stade de la résolution du différend, en particulier dans le cadre d'arbitrages sur le fondement de traités d'investissement[19]. L'arbitrage d'investissement sur le fondement d'un traité peut être

---

[15] D'aucuns identifient à partir du début des années quatre-vingt-dix un phénomène d'« arbitralisation » du droit des investissements. V. DUPUY P.-M. et KERBRAT Y., *Droit international public*, 17e èd, Paris, Dalloz, 2024, pp. 1006, spéc. § 658. Notre historique du droit international des investissements sera partiel. Nous nous intéresserons principalement aux traités d'investissement européens et états-uniens. Nous ne reviendrons pas sur le développement d'un standard minimum de traitement des étrangers et sur l'usage et le mésusage de la protection diplomatique – diplomatie de la canonnière – tout au long du XIXe siècle, ainsi que sur les tentatives successives d'interdiction du recours à la force comme mode de résolution des différends internationaux. De même, le développement des contrats d'État et les premiers arbitrages pétroliers des années 70 ne seront évoqués que ponctuellement. Pour un historique plus complet comprenant les arbitrages en matière de concessions, notamment pétrolières, mais concluant à la prévalence des arbitrages par tribunaux (de réclamations) institués par des traités dans le lignage de l'arbitrage d'investissement contemporain v. NELSON T.G., « « History Ain't Changed » : Why Investor-State Arbitration Will Survive the « New Revolution » », *in* WAIBEL M., KAUSHAL A., CHUNG K.-H. L. *et al.* (eds), *The backlash against Investment Arbitration: Perception and Reality*, Alphen aan den Rijn, Kluwer Law International, 2010, pp. 555-575.

[16] SALMON J. (dir.), *Dictionnaire de droit international public*, Bruxelles, Bruylant/AUF, 2001, pp. 1200, spéc. p. 78. L'arbitrage transnational est défini comme l'« arbitrage entre un État et une personne privée étrangère, souvent un investisseur […] ».

[17] De manière plus générale, l'hybridité est souvent présentée comme une caractéristique de tout arbitrage. V. RACINE J.-B., *Droit de l'arbitrage*, Paris, PUF, 2016, pp. 633, spéc. § 21 « Dans tous les cas, l'arbitrage présente fondamentalement une nature mixte, mi-contractuelle, mi-juridictionnelle. » *pro* EL AHDAB J. et MAINGUY D., *Droit de l'arbitrage – Théorie et pratique*, Paris, LexisNexis, 2021, pp. 1022, § 9. Ici, l'arbitrage est présenté comme une institution hybride et triangulaire dans laquelle les trois acteurs de l'arbitrage (les deux parties et l'arbitre) sont tous liés à la fois par des liens de nature contractuelle et par des liens de nature juridictionnelle.

[18] EL AHDAB J. et MAINGUY D., *Droit de l'arbitrage – Théorie et pratique*, *op. cit.*, § 50.

[19] DOUGLAS Z., « The Hybrid Foundation of Investment Treaty Arbitration », *British Yearbook of International Law*, Vol. 74(1), 2003, pp. 151–289. Pour une critique de la thèse du professeur Zachary Douglas quant à l'hybridité du droit

qualifié, avec l'arbitrage sur le fondement d'une loi d'investissement, d'arbitrage transnational unilatéral[20]. En effet, dans le cadre d'un arbitrage sur le fondement d'une loi d'investissement ou d'un traité d'investissement, sauf exception, seul l'investisseur peut engager l'instance arbitrale. Cet aspect distingue ces deux types d'arbitrages État-investisseur des arbitrages État-investisseur sur le fondement d'un contrat. Pour souligner la dissociation du consentement de l'investisseur et de l'État, l'arbitrage État-investisseur (non contractuel) est aussi dénommé : arbitrage « sans lien de droit »[21] (*without privity*[22]).

7. *Une discipline hybride et disputée à historiciser*. Au-delà de l'hybridité du mécanisme de résolution des différends qu'il privilégie, le droit international de l'investissement contemporain peut également être considéré comme hybride en raison de sa position particulière par rapport à la *summa divisio* opposant le droit public[23] au droit privé, ou encore par rapport à la distinction entre les droits internes[24] et le droit international[25]. Afin de mieux comprendre cette sous-branche du droit international économique, que peuvent se disputer les internationalistes publicistes et privatistes[26], nous examinerons une partie des jalons, communément admis, du droit international de l'investissement contemporain. Il apparait pertinent compte tenu de l'objet de notre étude de s'intéresser en particulier à la pratique conventionnelle des États d'Europe continentale[27] – parfois éclipsée dans la doctrine par la pratique conventionnelle des États-Unis[28].

---

international de l'investissement (entre droit international et droit interne), excluant, dans les arbitrages d'investissement conventionnels, l'application au fond du litige et à la procédure de règles issues du droit international général v. LEBEN C., « La responsabilité internationale de l'État sur le fondement des traités de promotion et protection des investissements », *AFDI*, Vol. 50, 2004, pp. 683-714.

20 BEN-HAMIDA W., *L'arbitrage transnational unilatéral : réflexions sur une procédure réservée à l'initiative d'une personne privée contre une personne publique*, Thèse : Droit, Université Paris II – Panthéon-Assas, 2003, pp. 618.

21 De NANTEUIL A., *Droit international de l'investissement*, 3e éd., Paris, Pedone, 2020, pp. 564, § 1.097.

22 PAULSSON J., « Arbitration Without Privity », *ICSID Review – FILJ*, Vol. 10(2), 1995, pp. 232-257.

23 Pour certains auteurs il s'agit clairement, d'un droit de nature publique, mais dont les règles procédurales sont issues de l'arbitrage commercial. V. MONTT S., *State Liability in Investment Treaty Arbitration – Global Consitutionnal and Adminstrative Law in the BIT Generation*, Oxford, Hart Publishing, 2009, pp. 461 ; VAN HARTEN G., *Investment Treaty Arbitration and Public Law*, Oxford, OUP, 2006, pp. 214. L'arbitrage d'investissement peut également être vu comme l'un des mécanismes institutionnels contribuant à l'émergence d'un droit administratif global. V. KINGSBURY B., KRISCH N., STEWART R., *The Emergence of Global Administrative Law*, IILJ Working Paper 2004/1, IILJ – New York University School of Law, pp. 48, spéc. pp. 18-20.

24 Avant le développement de l'arbitrage d'investissement conventionnel, la question de l'appartenance des contrats d'État au domaine réservé de l'État – domaine de compétence national ou ouvert au droit international – a été également vivement discutée. V. LEBEN C., « La théorie du contrat d'État et l'évolution du droit international des investissements », *RCADI*, Vol. 302, 2003, pp. 197-386, pp. 349-357. Le professeur Charles Leben écarte la thèse de l'appartenance des contrats d'État au domaine réservé de l'État, défendu par la professeur Leila Lankarani El-Zein dans sa thèse de doctorat soutenue en 1996.

25 ALVIK I., « The Hybrid Nature of Investment Treaty Arbitration: Straddling the National/International Divide » *in* ERIKSEN C.C. et EMBERLAND M. (eds.), *The New International Law: An Anthology*, Leiden, Nijhoff, 2010, pp. 89-97

26 COUVEINHES MATSUMOTO F., *Droit international économique*, Paris, PUF, 2023, pp. 663, spéc. § 45.

27 Par exemple, un projet de traité multilatéral d'investissement entre la Ligue arabe et la Communauté économique européenne, négocié entre le milieu des années 70 et la fin des années 80, a pu être récemment redécouvert. V. DENZA E. et POULSEN N. S., « The Euro-Arab investment treaty that nearly was », *ICLQ*, Vol. 69(2), 2020, pp. 267-299.

28 La pratique conventionnelle états-unienne est centrale, souvent à raison, dans les écrits de la doctrine. Par ex., v. ALSCHNER W. « Americanization of the BIT Universe: The influence of Friendship, Commerce and Navigation (FCN) Treaties on Modern Investment Treaty Law », *Goettingen Journal of International Law*, Vol. 5 (2), 2013, pp. 455-486. L'auteur présente le développement des traités de commerce comprenant des dispositions d'investissement comme un retour vers les traités de commerce et de navigation, tout en soulignant l'influence de ces derniers sur les premiers TBI européens. V. aussi ALSCHNER W. et SKOUGAREVSKIY D., *The new gold standard ? Empirically situating the TPP in the investment treaty universe*, Graduate Institute of International and Development Studies – Center for Trade and Economic Integration, Working Paper N IHEIDCTEI2015-08, 2016, pp. 32 ; FONTANELLI F. et BIANCO G., « Converging Towards NAFTA : An Analysis of FTA Investment Chapters in the European Union and the United States », *Stanford Journal of international Law*, Vol. 50(2), 2014, pp. 211-246 ; BEEN V. BEAUVAIS J. C., « The Global Fith Amendment ? Nafta's

8. L'apparition de l'arbitrage par tribunal. L'arbitrage peut être présenté comme le moyen traditionnel, habituel, de règlement des différends dans les relations internationales. Toutefois, à une période de déclin, au XVIIIe siècle, semble avoir succédé une période de développement continue au XIXe siècle, dont la conférence de la paix de 1899 créant la Cour permanente d'arbitrage constitue le point d'orgue[29]. Au XVIIIe siècle, la pratique anglo-américaine et la pratique européenne en matière d'arbitrage international divergeaient. Le croisement de l'arbitrage européen par le chef d'État et de l'arbitrage anglo-américain par Commission mixte est à l'origine du « type contemporain de l'arbitrage judiciaire, forme transitoire entre l'arbitrage et la juridiction », soit « l'arbitrage par tribunal »[30]. Le professeur Charles Rousseau, en 1979, date la naissance de l'arbitrage par tribunal à l'affaire de l'*Alabama*[31]. Le traité de Washington du 8 mai 1871, ayant permis l'arbitrage par un tribunal arbitral composé de cinq membres de cette affaire, était pour le professeur Alexandre Merignhac, dès 1895, un point de bascule de l'histoire contemporaine de l'arbitrage international[32]. Le tribunal arbitral établi par ce traité examina notamment des réclamations de particuliers. Précisément des réclamations de particuliers alléguant que des navires, fabriqués au Royaume-Uni, puis vendus aux confédérés, leur avaient causé des dommages pendant la guerre de Sécession. La sentence que ce tribunal rendit le 14 septembre 1872 était pour le professeur Alexandre Merignhac « la plus remarquable du siècle »[33]. Ce traité – son tribunal et sa sentence – conserve son importance en droit international, cependant en droit international de l'investissement un autre traité antérieur est privilégié comme point de bascule historique : le traité de Jay du 19 novembre 1794[34].

9. La continuité relative de l'acceptation des recours de particuliers dans l'arbitrage. Dans son manuel de droit international de l'investissement, le professeur Arnaud de Nanteuil, lorsqu'il présente la naissance du droit international de l'investissement, évoque les trois commissions instituées par le traité de Jay du 19 novembre 1794[35]. Le professeur Charles Rousseau cite aussi ce traité, mais ne lui attribue que la généralisation du système du

---

investment protections and the misguided Quest for international « Regulatory takings" Doctrine », *New York University Law Review*, Vol. 78(1), 2003, pp. 30-143.

[29] KESSEDJIAN C., « Le tiers impartial et indépendant en droit international, juge, arbitre, médiateur, conciliateur », *RCADI*, Vol. 403, 2019, pp. 59- 643, spéc. §§ 108-127.

[30] ROUSSEAU C., *Droit international public*, 9e éd., Paris, Dalloz, 1979, pp. 422, spéc. pp. 306-308.

[31] *Ibid.*, spéc. § 319 « [...] L'évolution est achevée avec le célèbre arbitrage de l'*Alabama* entre l'Angleterre et les États-Unis. C'est la première fois que l'arbitrage était utilisé pour résoudre un litige entre deux grandes Puissances. Le principe avait été posé par le traité de Washington du 8 mai 1871 ; la sentence fut rendue le 14 septembre 1872 par un tribunal arbitral de cinq membres réuni à Genève. L'affaire de l'*Alabama* marque un tournant décisif dans l'histoire de l'arbitrage international [...] ».

[32] MERIGNHAC A., *Traité théorique et pratique de l'arbitrage international : le rôle du droit dans le fonctionnement actuel de l'institution et dans ses destinées futurs*, L. Larose, Paris, 1895, pp. 542 comp. LA FONTAINE H., *Pasicrisie international 1794-1900. Histoire documentaire des arbitrages internationaux*, Berne, Stämpli, 1902, rééd. Martinus Nijhoff, 1997, p. 1 cité par ITEN J.-L., BISMUTH R., CREPET DAIGREMONT C., et *ali*, *Les grandes décisions de la jurisprudence international*, 2e éd., Paris, Dalloz, 2021, pp. 804, spéc. p. XI. Cet auteur estime en 1902, par contraste que le taité de Jay de 1794 est « la première Convention d'arbitrage moderne ».

[33] MERIGNHAC A., *Traité théorique et pratique de l'arbitrage international : le rôle du droit dans le fonctionnement actuel de l'institution et dans ses destinées futurs*, L. Larose, Paris, 1895, pp. 542, § 44.

[34] NEWCOMBE A. et PARADEL L., *Law and Practice of Investment Treaties: Standards of Treatment*, Alphen aan den Rijn, Kluwer Law International, 2009, pp. 614, spéc. pp. 1-73. Sur le caractère conventionnel du traité de Jay en tant que point de départ de l'étude des commissions mixtes, v. STOPPIONI E., « Landmark Decisions for a Pre-Histroy of International Investment Law » *in* RUIZ FABRI H., STOPPIONI E. (eds.) *International Investment Law – An Analysis of the Major Decisions*, Oxford, Hart Publishing, 2022, pp. 9-20, spéc. pp. 14-20.

[35] De NANTEUIL A., *Droit international de l'investissement*, 3e éd., Paris, Pedone, 2020, pp. 564, spéc. § 1.022 « Il est intéressant de constater que ce qui est d'ordinaire considéré comme la première "juridiction" internationale de l'histoire contemporaine avait pour objet, au moins en partie, des droits individuels ».

surarbitre[36] *(umpire)* qui distingue les Commissions mixtes diplomatiques composées de deux membres des Commissions mixtes arbitrales pouvant aller jusqu'à comprendre trois ou cinq membres[37]. Pour Luis Paradell et le professeur Andrew Newcombe, ce traité d'amitié et de commerce et de navigation conclu par la Grande-Bretagne et les États-Unis marque le début de la résolution par des Commissions et tribunaux arbitraux, de litiges concernant le traitement d'étrangers et de leurs biens par un État hôte. Or, comme le précisent Bruno de Loynes de Fumichon et le professeur William W. Park, ce sont les difficultés rencontrées par deux des trois commissions établies par le traité de Jay qu'ont entendu éviter les architectes du traité de Washington[38]. La renommée du traité de Jay peut s'expliquer par le fait qu'il prévoyait que les demandes d'indemnisation soumises à certaines des trois commissions l'étaient directement par les particuliers. Par contraste, le traité de Washington, soixante-dix-sept ans plus tard, abandonna ce système, au profit d'un système, proche de la protection diplomatique, de reprise par le gouvernement des réclamations des particuliers[39]. Le traité de Washington cadre donc mal dans une histoire allant des commissions mixtes à « l'arbitrage mixte ou transnational qui oppose directement l'investisseur à l'État d'accueil »[40].

10. La modernisation de la protection diplomatique au XXe siècle. Ce retour vers un mécanisme proche de la protection diplomatique – allant à l'encontre d'une évolution du droit international vers l'acceptation de demandes d'individuelles[41] – est à rebours de la critique des insuffisances de la protection diplomatique, qui précède et justifie souvent le développement des commissions mixtes[42]. Les insuffisances avancées, pour ne mentionner que les points principaux, sont l'exigence de l'épuisement des voies de recours internes et la part de discrétion laissée à l'État, dans sa décision d'endosser la réclamation de son

36 Le surarbitre ou tiers arbitre doit être distingué du troisième arbitre, il s'agit en principe d'un arbitre départiteur qui, si un désaccord survient, départage les arbitres nommés en nombre pairs par les parties (un ou deux chacun).

37 ROUSSEAU C., *Droit international public, op. cit.*, § 318 *pro* ITEN J.-L., BISMUTH R., CREPET DAIGREMONT C., et *ali*, *Les grandes décisions de la jurisprudence international*, 2e éd., Paris, Dalloz, 2021, pp. 804, spéc. pp. XI, XII et 1-12. Les auteurs dont Arnaud de Nanteuil indique en avant-propos que l'année de conclusion du traité de Jay s'imposerait d'évidence s'il faillait marquer le commencement du développement du contentieux international, mais précise ensuite que « [c]est en réalité à l'occasion de l'affaire de l'*Alabama* que le véritable basculement vers une juridictionnalisation du contentieux international s'est opéré ». Cet arrêt ouvre ce recueil de jurisprudences internationales.

38 PARK W. W. et DE LOYNES DE FUMICHON B., « Retour sur l'Affaire de l'Alabama : De l'Utilité de l'Histoire pour l'Arbitrage international », *Revue de l'arbitrage*, N° 3, 2019, pp. 743-834, spéc. pp. 785-833. Ces auteurs soulignent par ailleurs : « Le Traité Jay de 1794, entre les États-Unis et le Royaume-Uni, avait institué plusieurs commissions mixtes pour le règlement des différends entre les deux pays et leurs ressortissants. Ces commissions étaient des organismes administratifs paritaires exerçant des fonctions d'évaluation des dommages, plus que des tribunaux neutres jugeant en droit l'admissibilité de réclamations. Les Anglo-américains y voient pourtant l'origine du renouveau de l'arbitrage à l'époque contemporaine, tout en créditant l'affaire de l'Alabama "d'avoir insufflé une nouvelle vigueur à l'arbitrage moderne" ».

39 *Ibid.*, spéc. pp. 791-792 « Aussi le Traité de Washington avait prévu que les réclamations des particuliers seraient reprises par le gouvernement américain. Une fois les dommages et intérêts éventuellement adjugés et payés, le gouvernement américain les redistribuerait aux personnes privées concernées. Ce ne serait pas par le prisme des navires privés victimes que seraient examinées les réclamations, mais par le filtre des vaisseaux confédérés auteurs de leur perte ».

40 LEBEN C., « La théorie du contrat d'État et l'évolution du droit international des investissements », *RCADI*, Vol. 302, 2003, pp. 197-386, spéc. pp. 218-220. Dans des développements consacrés à la naissance des arbitrages opposant un investisseur à l'État d'accueil de l'investissement, l'auteur indique : « Le phénomène qui va apparaitre, d'abord de façon exceptionnelle dès le XIXe siècle, et ensuite de façon de plus en plus importante est l'arbitrage mixte ou transnational qui oppose directement l'investisseur à l'État d'accueil accusé de ne pas respecter ses obligations. Il faudrait faire ici une étude historique de l'apparition de ce type d'arbitrage nouveau, ce que nous n'avons pas fait. […] La première affaire mixte dont nous avons trouvé la trace dans les recueils d'arbitrage est une affaire opposant la Compagnie universelle du Canal de Suez au vice- roi d'Égypte, qui a donné lieu à une sentence arbitrale rendue par Napoléon III, en avril 1864 ».

41 ORREGO VICUNA F., « Changing approaches to the nationality of claims in the context of diplomatic protection and international dispute settlement », ICSID *Review – FILJ*, Vol. 15(2), 2000, pp. 340-361.

42 De NANTEUIL A., *Droit international de l'investissement*, 3e éd., Paris, Pedone, 2020, pp. 564, spéc. 1.015-1.019 ; LEBEN C., « La théorie du contrat d'État et l'évolution du droit international des investissements », *RCADI*, Vol. 302, 2003, pp. 197-386, spéc. pp. 216-218. V. aussi WEIL P. « Problèmes relatifs aux contrats passés entre un État et un particulier », *RCADI*, Vol. 129, 1969, pp. 95-240, spéc. p. 123.

ressortissant et dans celle de rétrocéder ou non à ce dernier ce qui a été obtenu à l'issue de la procédure. La tendance décrite à l'aube des années quatre-vingt, par le professeur Charles Rousseau, montre qu'une modernisation de la protection diplomatique était aussi envisageable. Il explique que certaines constitutions peuvent octroyer un droit à la protection diplomatique aux individus[43]. Par ailleurs, il évoque une « réaction réaliste à l'époque contemporaine », développant une théorie de la protection due, qui en pratique s'était manifestée par la participation des individus aux instances[44] et par la « juridictionnalisation », notamment en France, des procédures de rétrocession des indemnités[45].

11. Plan. L'évocation des commissions mixtes du traité de Jay permet, toutefois, d'ancrer l'histoire de l'arbitrage d'investissement conventionnel dans celle des traités de navigation et de commerce des États-Unis[46]. Or, aucun de ces traités n'a jamais inclus de dispositions procédurales autorisant l'arbitrage État-investisseur. Des offres d'arbitrage État-investisseur n'apparaissent dans la pratique conventionnelle des États-Unis qu'à partir de l'adoption de traités bilatéraux d'investissement (TBI) au début des années quatre-vingt[47]. Les traités d'amitié, de commerce et de navigation relèvent donc d'un droit de l'investissement avant l'arbitrage État-investisseur, voire d'un droit international conventionnel portant sur les biens étrangers (A), qui laissera progressivement sa place à un droit international de l'investissement autonome (B).

A) Le droit international portant sur les biens étrangers

12. Plan. Il faut souligner que d'autres modalités, notamment procédurales, étaient envisageables afin de protéger les biens étrangers puis les investissements étrangers (1). Longtemps, le traité – en soi – était envisagé comme une protection suffisante. Par ailleurs, les premiers traités d'investissement étaient liés à des mécanismes de garantie nationale qui offrait une protection aux investisseurs. En matière de dispositions procédurales, c'est d'abord l'arbitrage interétatique qui s'est progressivement imposé dans les traités pouvant porter sur les biens étrangers, sans exclure d'autres mécanismes. Juste avant l'apparition des premiers TBI allemands, le mécanisme de renvoi préjudiciel, mis en place dans le traité instituant la Communauté économique européenne, a été repris et complété dans un autre

[43] ROUSSEAU C., *Droit international public*, 9e éd., Paris, Dalloz, 1979, pp. 422, § 121 « [...] En général, et malgré quelques exceptions isolées du type de l'article 112 de la Constitution allemande de Weimar de 1919, on ne peut pas dire que l'individu possède un véritable "droit" à la protection diplomatique de son gouvernement ».

[44] Sur l'association, en particulier entre 1919 et 1939, de sujets de droit interne (personne physique et personnes morales) aux procédures d'arbitrages internationaux interétatiques v. GUYOMAR G. « L'arbitrage concernant les rapports entre États et particuliers », *AFDI*, Vol. 5, 1959, pp. 333-354.

[45] ROUSSEAU C., *Droit international public*, *op. cit.*, § 122.

[46] SCHILL S.W., *The Multilateralization of International Investment Law*, Cambridge, CUP, 2009, pp. 378, spec. p. 28-31 « Historically, the first form of bilateral treaties containing rules on investment protection were the friendship, commerce, and navigation (FCN) treaties concluded by the United States starting in the late eighteenth century with several European powers [...] » (p.29). Cet auteur reconnait cependant aussi le rôle d'accords adoptés pour l'essentiel par les puissances coloniales européennes afin de régler pacifiquement les litiges relatifs aux conquêtes coloniales, prévoyant un principe d'égalité de traitement. V. Actes Général de la conférence de Berlin de 1885, du 26 février 1885, Chapitre premier – Déclaration relative à liberté du commerce dans le bassin du Congo, ses embouchures et pays circonvoisins, avec certaines dispositions connexes. Comp. Traité de Versailles de 1919 – Pacte de la Société des Nations, Art. 22 § 5 : Le degré de développement où se trouvent d'autres peuples, spécialement ceux de l'Afrique centrale, exige que le mandataire y assume l'administration du territoire à des conditions [...] qui assureront également aux autres membres de la Société des conditions d'égalité pour les échanges et le commerce.

[47] SCOTT GUDGEON K. « United States Bilateral Investment Treaties: Comments on their Origin, Purpose, and General Treatment Standards », *International Tax and Business Lawyer*, Vol. 4(1), 1986, pp. 105-136.

traité liant l'Allemagne et l'Autriche. Ce traité assurait l'indemnisation de biens étrangers par la conciliation préalable et le renvoi préjudiciel (2).

1) La protection des biens étrangers sans arbitrage État-investisseur

13. La pratique conventionnelle états-unienne en matière d'investissement. L'histoire du droit international de l'investissement avant l'arbitrage État-investisseur, pour ce qui concerne la pratique conventionnelle des États-Unis, s'étend sur une période allant de l'après-guerre au second choc pétrolier de 1979[48]. La mue du programme états-unien de traités d'amitié, de commerce et de navigation en programme de traité d'investissement débute au tournant des années cinquante. Cette politique conventionnelle s'inscrit dans le programme de développement fondé sur les concepts de « *democratic fair dealing* » rattaché par convention[49] au quatrième point du discours d'inauguration du président Harry S. Truman le 20 janvier 1949[50]. Ce programme visait à favoriser le placement à l'étranger d'une partie des capitaux qui s'accumulait aux États-Unis du fait de la reprise économique d'après-guerre[51]. Dès le début des années cinquante – à la suite de l'échec de négociations avec l'Uruguay et la Colombie, mais du succès de celles menées avec l'Irlande – les États-Unis s'étaient dotés d'un nouveau type de traité, toujours dénommé traité d'amitié, de commerce et de navigation, mais communément perçu comme un traité bilatéral d'investissement. Il ne restait qu'à convaincre d'autres États de conclure de tels traités[52]. Ne parvenant pas à étendre suffisamment leur réseau de traités d'amitié de commerce et de navigation comprenant des dispositions en matière d'investissement, les États-Unis abandonnèrent ces traités à la fin des années soixante-dix au profit de traités bilatéraux d'investissement, inspirés des TBI européens[53]. Avant le développement de TBI, la pratique conventionnelle européenne en matière d'investissement reposait sur l'adoption de traité d'amitié, de commerce et de navigation, mais surtout sur l'adoption de conventions ou traités d'établissement.

14. La pratique conventionnelle européenne. Quelques années après la « naissance du droit contemporain de l'investissement »[54], marqué par la sentence *APPL c. Sri Lanka*[55], le professeur Patrick Julliard ne distinguait pas entre les traités d'amitié, de commerce et de navigation et les traités d'établissement[56]. Il notait au sujet de ces traités qu'ils liaient en

---

[48] Cette période d'expansion économique après la Seconde Guerre mondiale est notamment qualifiée d'âge d'or du capitalisme aux États-Unis, en France il s'agit des trente glorieuses, pour d'autres pays tels que l'Italie, la Grèce, la Belgique ou encore le Japon le terme de miracle économique est utilisé.

[49] HEILPERIN M. A., « Le point IV du président Truman », *Politique étrangère,* Vol. 15(2), 1950, pp. 165-177.

[50] VANDEVELDE K. J., *The first bilateral investment treaties*, Oxford, 2017, pp. 575, spéc. pp. 179-191.

[51] *Ibid,* p. 181.

[52] *Ibid.,* pp. 180-223.

[53] *Ibid,* pp. 537-545.

[54] De NANTEUIL A., *Droit international de l'investissement,* 3e éd., Paris, Pedone, 2020, pp. 564, spéc. § 1.093-1.103.

[55] CIRDI, *Asian Agriculture Product Ltd. (AAPL) c. République du Sri Lanka*, aff. ARB/87/3, Sentence finale du 27 juin 1990. Il s'agit de la première sentence dans laquelle un tribunal arbitral s'est déclaré compétent pour trancher un litige entre un investisseur étranger et un État hôte sur l'unique fondement d'un traité bilatéral d'investissement. Auparavant des tribunaux s'étaient déclarés compétents en application de clauses prévues dans des contrats d'État ou dans des lois d'États sur l'investissement étranger.

[56] JUILLARD P., « L'évolution des sources du droit des investissements », *RCADI,* Vol. 250, 1994, pp. 9-215, spéc. pp. 111-117 « La dénomination particulière de ces conventions varie selon les époques et selon les circonstances : convention, traité, accord, voire modus vivendi. Bien que le but et l'objet de ces conventions soient identiques, et que, par conséquent, leurs clauses principales soient très proches les unes des autres, la définition de ce but et de cet objet varie d'instrument à instrument : traités de "commerce", de "navigation", de "commerce et de navigation", d'"établissement et de navigation", d'"établissement", ou encore "sur les relations commerciales et maritimes", voire même sur "les droits fondamentaux des nationaux" (§181) » *pro* VANDEVELDE K. J., *The first bilateral investment treaties*, Oxford, 2017, pp.

majorité des pays développés entre eux[57]. Cette pratique conventionnelle, bien que plus ancienne, est contemporaine des premiers TBI. Les derniers traités d'amitié, de commerce et de navigation des États-Unis datent du début des années soixante-dix[58]. Concernant les traités d'établissement, par exemple, la France a conclu un tel traité avec les États-Unis en 1959[59]. Quelques années plus tard, en 1962, le Royaume-Uni et le Japon concluaient un traité de même nature[60]. La pratique conventionnelle des États-Unis confirme l'indifférenciation évoquée plus haut. Ces derniers ont admis que l'adoption d'une convention d'établissement mettait fin tacitement à un accord de commerce et de navigation antérieur[61].

15. La protection des investissements étrangers par des mécanismes interétatiques. Que ce soit par des traités dénommés « d'établissement » ou « d'amitié, de commerce et de navigation », dans les années soixante à soixante-dix les investissements, encore dits de capitaux ou en capital[62], à l'étranger, étaient protégés par des traités sans offre d'arbitrage

---

575, spéc. pp. 346-353. Cet auteur traite un traité d'établissement franco-états-unien comme un traité d'amitié, de commerce et de navigation.

[57] JUILLARD P., « L'évolution des sources du droit des investissements », *op. cit.*, §§ 182 et 183.

[58] SCOTT GUDGEON K. « United States Bilateral Investment Treaties: Comments on their Origin, Purpose, and General Treatment Standards », *International Tax and Business Lawyer*, Vol. 4(1), 1986, pp. 105-136.

[59] Convention d'établissement entre la France et les États-Unis d'Amérique (Signé le 25 novembre 1959 et entrée en vigueur le 21 décembre 1960). Sur cette convention, v. PIOT A., « La Convention d'établissement du 25 novembre 1959 entre la France et les États-Unis d'Amérique », *AFDI*, Vol. 6., 1960, pp. 953-972. V. aussi VANDEVELDE K. J., *The first bilateral investment treaties*, *op. cit.*, spéc. pp. 346-353. Lors des négociations la France refusa d'incorporer dans le traité des dispositions commerciales, après l'acceptation des États-Unis le traité prit un temps le nom de traité d'établissement et de navigation. Les parties, à la fin des négociations, renoncèrent également à s'accorder sur des dispositions en matière de navigation c'est pourquoi le traité n'est qu'une convention d'établissement.

[60] Traité de commerce, d'établissement et de navigation entre le Royaume-Uni et le Japon (Signé le 14 novembre 1962, et entré en vigueur le 4 mai 1963).

[61] AUFRICHT A., « Supersession of Treaties in International Law », Cornell Law Review, Vol. 37(2), 1952, pp. 655-700, spéc. p. 658 « In the practice of states the principle of implied supersession of treaties by treaties has frequently been invoked. Thus the United States Department of State took the position that the Treaty of Commerce and Navigation of 1830 between the United States and the Ottoman Empire should be considered as having been terminated through the entry into force of the Treaty of Establishment and Sojourn of October 28, 1931, although neither the latter Treaty nor the related Treaty of Commerce and Navigation, effective April 22, 1930, contained any specific reference to the termination of the 1830 Treaty ».

[62] De la fin des années 40 jusqu'aux années 60, plusieurs termes étaient utilisés pour désigner ce qui correspond de nos jours aux investissements étrangers. Dans le cadre de la Société des Nations, un projet a visé le traitement des étrangers et des entreprises étrangères, la CCI a proposé en 1949 un « Code international de traitement équitable des placements à l'étranger », le projet de convention Abs-Shawcross sur les investissements à l'étranger de 1959, utilise dans le corps du texte la notion de bien (*property*) définie ainsi à son article IX b) : « "property" includes all property, rights, and interests, whether held directly or indirectly. A member of a company shall be deemed to have an interest in the property of the company ». En 1962, un projet proposé au sein de l'OCDE, est intitulé projet de convention sur la protection des biens étrangers. Sur ces projets successifs v. CHARPENTIER J., « De la non discrimination dans les investissements », *AFDI*, Vol. 9, 1963, pp. 35-63, spéc. pp. 36-39. D'après le professeur Kenneth J. Vandevelde les États-Unis ont abandonné le terme de bien (*property*) en 1948 lors de négociations avec la Colombie au profit de celui de capital (*capital*) du fait des négociations de la Charte de La Havane, ce dernier terme étant privilégié par cette dernière. V. VANDEVELDE K. J., *The first bilateral investment treaties*, Oxford, 2017, pp. 575, spéc. pp. 205. Sur la notion d'investissement en général, sa généalogie et son passage de l'économie au droit v. GRUNDELER G., *L'investissement (étude juridique)*, Thèse : Droit, Aix-Marseille Université, 2014, pp. 517, spéc. §1-6. L'auteur date le début de l'intégration du terme en droit international à partir de la Convention de Washington de 1965 instituant le Centre International de Règlement des Différends d'Investissement (CIRDI), pourtant la Convention ne définit pas le terme. La définition contenue à l'article 30 du premier projet a été abandonnée lors des négociations. Cet d'article prévoyait : « i) : "investissement" signifie toute contribution en argent ou autres avoirs ayant une valeur économique, effectuée pour une période indéfinie ou, si la période est précisée, pour au moins cinq ans; ». comp. LAVIEC J.-P., *Protection et promotion des investissements*, Genève, Publication de l'Institut Universitaire de Hautes Études International, 1985, pp. 374, spéc. pp. 11-51 « Le terme "investissement" est spécifique, pour l'essentiel, au droit des traités. Son apparition semble postérieure à la Seconde Guerre mondiale, l'une des premières mentions du terme figurant dans l'Article 12 du Projet de Charte de La Havane (1948). Cela étant, on ne peut manquer de s'interroger sur les similitudes et les différences éventuelles qui existent entre la notion de biens étrangers, au sens large, et la notion, nouvelle et conventionnelle, d'investissements étrangers ». Pour une analyse de l'évolution de la notion distinguant une notion « classique » d'une notion extensive plus récente v. MATRINGE J., « La notion d'investissement », *in* LEBEN C. (dir.), *Droit international des investissements et de l'arbitrage transnational*, Paris, Pedone, 2015, pp. 135-160

État-investisseur. Ces conventions prévoyaient toutefois qu'à défaut d'un règlement satisfaisant par la voie diplomatique, les litiges relatifs à leur application ou interprétation seraient soumis à la Cour internationale de justice[63]. Si les TBI passent pour avoir remplacé ces traités, cette pratique conventionnelle n'est pas éteinte. La Convention d'établissement entre la France et le Gabon signée en 2002 et entrée en vigueur en 2004 en témoigne[64]. Concernant l'Italie, en 2015, il était possible de comptabiliser plus d'une quinzaine de traités de ce type encore en vigueur[65]. Par exemple, une telle Convention d'établissement liant l'Italie et la Suisse, ainsi qu'un traité de navigation et de commerce liant la première aux États-Unis, ont été à la source de deux actions en protection diplomatique entre la fin des années quatre-vingt et le début des années quatre-vingt-dix[66]. De plus, au début des années 2000, une affaire, opposant des investisseurs italiens à l'État cubain, a renouvelé l'intérêt d'une partie de la doctrine pour l'arbitrage interétatique[67]. Il est vrai que les premiers TBI adoptés dans les années soixante ne prévoyaient qu'un règlement des différends par l'arbitrage interétatique. Ce n'est que par la suite que l'arbitrage État-investisseur est apparu dans ces traités, ce dernier ne s'est toutefois pas entièrement substitué à l'arbitrage interétatique. Les deux mécanismes coexistent, à tout le moins dans la lettre des conventions[68]. Il faut cependant préciser que certains traités d'investissement « datés »[69] ont pu prévoir que si l'investisseur

---

« La définition généralement adoptée des investissements "protégés" correspond ainsi largement à la catégorie des biens étrangers protégés par le droit international du XIXe siècle, au détriment de l'idée initiale que l'investissement n'était pas tant un apport figé qu'une opération économique » (p. 146).

[63] Par exemple v. Convention d'établissement entre la France et les États-Unis d'Amérique (Signé le 25 novembre 1959 et entrée en vigueur le 21 décembre 1960), Art. 16 § 2 ; Traité de commerce, d'établissement et de navigation entre le Royaume-Uni et le Japon (Signé le 14 novembre 1962, et entré en vigueur le 4 mai 1963) art. 31. Ce type de clause apparait dans les traités de commerce et de navigation des États-Unis au début des années 50. À ce sujet v. VANDEVELDE K. J., *The first bilateral investment treaties*, Oxford, 2017, pp. 575, spéc. pp. 346-353, spéc. pp. 66, 222 et 223 « The latter provision [resolution of disputes concerning the treaty before International Court of Justice in U.S postwar Friendship Commerce and Navigation treaties (reconceptualized as investment treaties)] marked the first time that United States had agreed in its commercial treaties to compulsory jurisdiction of an international court over treaty disputes prior to the occurrence of the dispute » (p. 66). Avant la Seconde Guerre mondiale, ce type de traité pouvait ne pas comprendre de dispositions de résolution des litiges, ou bien comprendre une clause prévoyant un arbitrage par tribunal, ou encore renvoyer à un traité d'arbitrage permanent. Au sujet de ces traités d'arbitrage permanents v. MERIGNHAC A., « Le traité d'arbitrage permanent au XXe siècle », Extraits de la *Revue politique et parlementaire*, 1904, pp. 68.

[64] Convention d'établissement entre le gouvernement de la République française et le gouvernement de la République gabonaise (signée le 11 mars 2002 et entrée en vigueur le 1 février 2004). Cette convention traite clairement d'investissement et ne se limite pas aux personnes physiques. D'abord, son article 4 prévoit que les nationaux jouissent d'un « droit d'investir des capitaux », ensuite l'article 5 prévoit un standard de « traitement juste et équitable » et de « pleine protection légale et judiciaire », enfin l'article 7 prévoit qu'un national ne peut faire l'objet d'une expropriation « que moyennant le paiement préalable d'une juste indemnité ». En matière de résolution des différends, l'article 12 prévoit la réunion d'une commission *ad hoc* en cas d'échec d'un règlement amiable par la voie diplomatique. *pro* Convention d'établissement entre le gouvernement de la République française et le gouvernement de la République du Sénégal (signée le 25 avril 2000 et entrée en vigueur le 1 septembre 2003) articles 3, 4, 6 et 11 ; Convention d'établissement entre le gouvernement de la République française et le gouvernement de la République togolaise (signée le 13 juin 1996 et entrée en vigueur le 1er janvier 2001) article 3, 4, 6, et 11.

[65] SACERDOTI G. et RECANATI M., *Alternative Investors-State Dispute Settlement Systems : Diplomatic Protection and State to Stat Arbitration*, Bocconi Legal Studies Research paper N° 2562782, 2015, pp. 17, spéc. pp. 1-6.

[66] *Ibid.*, pp. 3-12.

[67] *Ibid.*, pp. 12-17. Sur les mécanismes de résolution des différends interétatiques dans les TBI v. SACERDOTI G., « Bilateral treaties and Multilateral instruments on Investment Protection », *RCADI*, Vol. 269, 1997, pp. 251-460, spéc. pp. 428-436.

[68] ROBETS A. « State-to-State Investment Treaty Arbitration: A hybrid Theory of Interdependent Rights and Shared Interpretive Authority », *Harvard International Law Journal*, Vol. 55(1), 2014, pp. 1-70, spéc. p. 3 *contra* BASTID BURDEAU G., « L'État dans le contentieux de l'investissement : identification, représentation, transformation », *AFDI*, Vol. 66, 2020, pp. 159-176, spéc. pp. 163 et 164. Cette autrice admet qu'« une reprise en main par l'État de la question de l'interprétation du TBI reste théoriquement possible », mais qualifie l'arbitrage interétatique de « voie illusoire ».

[69] SCHREUER C. « Investment Protection and International Relations », *in* REINISCH A et KRIEBAUM (eds.) *The Law of International Relations – Liber Amicorum Hnspeter Neuhold*, Neuhold, Eleven, 2007, pp. 345-358, spec. p. 350.

soumettait le litige à l'arbitrage, son État ne pouvait plus exercer la protection diplomatique ni soumettre le litige à un mécanisme de résolution interétatique[70].

2) L'indemnisation de biens étrangers par la conciliation préalable et le renvoi préjudiciel

16. Une alternative à l'arbitrage contemporaine des premiers TBI européens. En 1957, quelques années avant l'apparition de TBI européens, une autre modalité de résolution des différends portant sur l'indemnisation de biens d'étrangers avait été adoptée par l'Autriche et la République fédérale d'Allemagne. Dans le contexte complexe, des réparations allemandes de la Seconde Guerre mondiale et de l'adoption du Traité d'État portant rétablissement d'une Autriche indépendante et démocratique de 1955, la question du transfert ou de l'indemnisation de biens allemands en Autriche se posa. Elle fut résolue par l'adoption du traité austro-allemand du 15 juin 1957, portant règlement de problèmes de biens. Outre le fait que ce traité prévoyait différents régimes de rétrocession, selon les types de biens et un plafond d'indemnisation par personne, il comprenait également des dispositions procédurales atypiques[71].

17. Le mécanisme de résolution des litiges du traité austro-allemand de 1957. Ce traité prévoyait un recours ordinaire des particuliers aux juridictions internes des deux États, complété par un mécanisme assurant une interprétation uniforme des clauses du traité de 1957. Avant de saisir une juridiction interne, les demandeurs devaient saisir un comité de conciliation paritaire[72]. Si les membres de celui-ci ne parvenaient pas à s'accorder sur une proposition de règlement, ou si le demandeur la refusait, ce dernier pouvait se tourner vers une juridiction interne. Celle-ci, si elle jugeait que l'affaire relevait du traité, devait sursoir à statuer et demander une opinion obligatoire préalable à un tribunal arbitral paritaire, composé de deux magistrats allemands et de deux magistrats autrichiens, statuant à la majorité. En l'absence de majorité, un surarbitre devait être nommé par les deux gouvernements d'un commun accord[73]. Ce traité du 15 juin 1957 reprend le mécanisme de renvoi préjudiciel prévu par le traité instituant la Communauté économique européenne, signé quelques mois auparavant, mais y ajoute une procédure de conciliation devant un comité paritaire qui s'est

---

[70] SACERDOTI G., « Bilateral treaties and Multilateral instruments on Investment Protection », *RCADI*, Vol. 269, 1997, pp. 251-460, spéc. pp. 435, 436 et 450 « A specific question addressed by a few BITs concerns the relation between interstate arbitration and host State-foreign investor arbitration. When ICSID arbitration is provided for the second type of disputes, Article 27 of the Convention regulates the matter, by making ICSID arbitration exclusive. [...] In view of the specific function of the host State-foreign investor dispute settlement mechanism, that to provide a direct impartial third-party settlement procedure for the aggrieved investor, this mechanism should, in our opinion, prevail over the interstate arbitration when specific instances of treatment of an individual investor are at issue. [...] On the other hand, should the direct arbitration encounter difficulties the provision of interstate arbitration in BITs provides a guarantee "of last resort" for the protection of foreign investors which in the absence of a treaty has often been problematic ». Comp. ST JOHN T., *The rise of investor-state arbitration – politics, Law, and Unintended Consequences*, Oxford, OUP, 2018, pp. 299, spéc. p 103, 212-233. Les travaux de cette autrice portant sur les archives du CIRDI et des pays exportateurs de capitaux établissent qu'à l'origine les TBI étaient conclus afin de renforcer la position des États exportateurs, en cas de litiges, dans des négociations interétatiques. Ces traités avaient une fonction symbolique, les États exportateurs considérant que les États importateurs seraient réticents à violer une obligation conventionnelle. Ce n'est qu'à la fin des années 80 que l'arbitrage État-investisseur a pris de l'importance dans les négociations.

[71] SEIDL-HOHENVELDERN I., « Le règlement du problème de la propriété allemande en Autriche par le traité austro-allemand du 15 juin 1957 », *AFDI*, Vol. 4, 1958, pp. 230-241.

[72] Ce Comité comprenait autant de fonctionnaires allemands que de fonctionnaires autrichiens.

[73] SEIDL-HOHENVELDERN I., « Le tribunal arbitral institué par le Traité austro-allemand du 15 juin 1957 portant règlement des problèmes des biens », *AFDI*, Vol. 15, 1969, pp. 266-275.

montrée particulièrement efficace[74]. Se profile ici une modalité originale[75], d'articulation de recours devant un comité de conciliation, des juridictions internes et un tribunal arbitral « collégial neutre »[76], dans un cadre international classique, et pas supranational. C'est ce que souligne le professeur Ignaz Seidl-Hohenveldern :

> *« The fact that the Austrian-German Property Treaty provided for Binding Opinion by an international judicial organ shows that it would be wrong to presume from the fact that this method also was employed in the Treaties establishing the European Communities that such method could only work within a "supranational" or "confederal" framework »*[77].

18. Transition. Avant de traiter directement des premiers traités qualifiés formellement de TBI (s'en tenant en matière de dispositions procédurales à l'arbitrage interétatique), un autre type de traité quelque peu oublié mérite d'être mentionné : les conventions d'investissement non réciproques. Elles peuvent être postérieures aux premiers TBI, mais permettent de mieux comprendre ce qui a motivé les États à adopter des TBI.

B) Le développement d'un droit international de l'investissement autonome

19. Plan. Avant que la création du Centre international pour le règlement des différends relatifs aux investissements (CIRDI) ne joue un rôle déterminant, dans l'avènement de la protection de l'investissement étranger par l'arbitrage (2), la matière de l'investissement étranger s'était autonomisée, d'abord dans la pratique conventionnelle européenne, puis dans celle des États-Unis (1).

1) L'adoption de traités portant exclusivement sur l'investissement étranger

20. Les conventions d'investissement non réciproques. En parallèle de l'adoption de TBI sur le modèle du premier TBI allemand, que nous évoquerons ci-dessous, la France a adopté un temps, des conventions d'investissement non réciproques. Les États-Unis

---

[74] SEIDL-HOHENVELDERN I., *The Austrian German Arbitral Tribunal*, New-York, Syracuse University Press, 1972, pp. 261, spéc. p. 106 « The originality of the dispute-settlement procedure of the Austrian-German Property Treaty lies especially in the creation of the Conciliation Committee, which settled nine-tenths of the disputes concerning the provisions of the Treaty ».

[75] Certains des mécanismes rappellent ceux mis en place très récemment par l'Accord entre le gouvernement de la République du Cabo Verde et le gouvernement du Royaume du Maroc pour la promotion et la protection réciproques des investissements (signé le 9 mai 2023). L'article 29 du traité prévoit un recours préalable obligatoire devant le Comité Conjoint du traité qui doit produire un rapport comprenant une proposition de solution. L'article 39 prévoit que le tribunal peut demander aux Parties qui se réuniront dans le cadre du Comité Conjoint d'interpréter une disposition du traité. Une interprétation du Comité Conjoint lie le tribunal.

[76] Pour des précisions sur les modalités de compositions de tribunaux arbitraux internationaux et des exemples v. PARK W. W. et DE LOYNES DE FUMICHON B., « Retour sur l'Affaire de l'Alabama : De l'Utilité de l'Histoire pour l'Arbitrage international », *Revue de l'arbitrage*, N° 3, 2019, pp. 743-834, spéc. 788-794. Les auteurs distinguent notamment les tribunaux composés de trois membres triangulaires de ceux composés de cinq membres prenant la forme d'un pentagone, ils insistent aussi sur le fait que dans le second cas lorsque les parties ne nomment que deux arbitres, le tribunal dispose d'une majorité neutre.

[77] SEIDL-HOHENVELDERN I., *The Austrian German Arbitral Tribunal*, *op. cit.*, p. 108. Dans les années 80, les États-Unis et l'Iran dans un contexte plus conflictuel – n'autorisant vraisemblablement pas l'implication de juridictions internes – ont privilégié, pour résoudre des litiges d'ordre patrimonial avec des ressortissants de l'autre État, un autre modèle. Ils établirent un tribunal arbitral mixte entre le tribunal interétatique et le tribunal commercial transnational, mais différent de l'arbitrage État-investisseur conventionnel en raison de son caractère obligatoire. V. DAILLER P., SZUREK S., GHERARI H. et *ali* (coord.), « Tribunal Irano-Américain de réclamations – Chronique n° 1 », *AFDI*, Vol. 45, 1999, pp. 515-553.

désignaient des conventions analogues d'*Investment Guarantees*. Pour le professeur Patrick Juillard, il s'agit : « d'une formule transitoire, qui opère la jonction entre traités de commerce et navigation, d'une part, et convention de promotion et de protection des investissements, d'autre part »[78]. Une convention non réciproque a pu cependant remplacer une convention réciproque plus ancienne[79]. Cet auteur reconnait que les deux types de traités coexistaient, certaines des conventions françaises étant toujours en vigueur malgré le développement du réseau de TBI français[80]. Concernant les États-Unis, il précisait que de telles conventions étaient encore conclues lorsqu'un TBI ne pouvait pas être négocié[81]. Ces conventions, conditionnant la protection de l'investissement à un système de double filtrage, ne s'appliquaient qu'aux investissements en provenance d'un pays. Elles prévoyaient, d'une part, que l'État d'origine de l'investissement opérerait un premier filtrage en décidant des conditions d'octroi d'une garantie d'État aux investisseurs et, d'autre part, que l'État d'accueil réaliserait un deuxième filtrage en délivrant ou non un agrément à l'investisseur ; cet agrément comprenant, ou devant être doublé, de l'acceptation d'une clause compromissoire prévoyant la résolution de futurs litiges avec l'investisseur par l'arbitrage[82]. Ces conventions mettent en évidence un lien originel, parfois oublié, entre les systèmes nationaux d'assurance-investissement, soit de garantie nationale, et les accords de promotion et de protection des investissements étrangers[83].

21. L'apparition des traités bilatéraux de promotion et de protection des investissements. Il est admis que l'histoire du droit international de l'investissement, sur le plan conventionnel, a pour point de départ le premier traité formellement considéré comme un TBI, c'est-à-dire l'accord de promotion et de protection des investissements conclu par la République fédérale d'Allemagne et le Pakistan en 1959[84]. Par la suite, au fil des années soixante, successivement la Suisse, l'Italie, les Pays-Bas, l'Union économique belgo-

---

[78] JUILLARD P., « L'évolution des sources du droit des investissements », *RCADI*, vol. 250, 1994, pp. 9-215, spéc. pp. 112.

[79] La Convention de la République française et le Gouvernement de la République tunisienne sur la protection des investissements (signée le 28 octobre 1972, entrée en vigueur le 30 juin 1972 et éteinte le 10 septembre 1999) a remplacé la Convention entre le Gouvernement de la République française et le Gouvernement de la République tunisienne sur les relations économiques et la protection des investissements (signée le 9 août 1963, entrée en vigueur le 8 septembre 1963 et éteinte le 30 juin 1972). Cette dernière convention prévoyait un droit au versement d'une « indemnité effective et adéquate » en cas d'expropriation, que d'éventuels investisseurs tunisiens ont donc perdu avec l'adoption d'une convention non réciproque.

[80] Ex : Accord pour l'encouragement et la protection des investissements français en Indonésie (signé le 14 juin 1973, entré en vigueur le 19 avril 1975 et éteint le 29 avril 2015) ; Convention entre le gouvernement de la République française et le gouvernement de la République socialiste fédérative de Yougoslavie sur la protection des investissement (signée le 28 mars 1974 et entrée en vigueur le 3 mars 1975). Cette convention est indiquée comme toujours en vigueur pour la Serbie et le Monténégro sur la banque de donnée de la CNUCED *Invest policy hub*.

[81] JUILLARD P., « L'évolution des sources du droit des investissements », *op. cit.*, spéc. pp. 112-117.

[82] Ex : Convention France – Tunisie (1972), précit., art. 1er.

[83] LAVIEC J.-P., *Protection et promotion des investissements*, Genève, Publication de l'Institut Universitaire de Hautes Études International, 1985, pp. 374, spéc. pp. 215-240 « L'histoire législative de la création des systèmes d'assurance-investissement et de l'habilitation à conclure des Conventions montre qu'il a existé, dans divers pays, une corrélation étroite entre les deux phénomènes » (§ 61) *pro* SEIDL-HOHENVELDERN I., « L'évaluation des dommages dans les arbitrages transnationaux », *AFDI*, Vol. 33, 1987, pp. 7-31, spéc. p. 10. L'auteur présente l'éligibilité des investissements dans un pays aux mécanismes de compagnies étatiques d'assurance comme « une raison assez forte pour un pays en voie de développement de conclure un tel accord ». Comp. SALACUSE J.W., « The Growth of Bilateral Investment Treaties and Their Impact on Foreign Investment in Developing Countries », *The International Lawyer*, Vol. 24 (3), 1990, pp. 655-675, spéc. p. 661 « Other reasons besides hopes for increased investment may prompt a developing country to sign a BIT. Signing a bilateral treaty may be a condition to securing other benefits, such as participation in the capital-exporting country's foreign investment insurance program or obtaining increased political and economic support ».

[84] SACERDOTI G., « Bilateral treaties and Multilateral instruments on Investment Protection », *RCADI*, Vol. 269, 1997, pp. 251-460, spéc. pp. 298-302 « The agreement between the Federal Republic of Germany and Pakistan of 1959 is considered as the prototype of BITs. It was followed by more than 90 such treaties concluded by Germany up to now and the pattern was followed by all major industrialized countries of Western Europe ».

luxembourgeoise (UEBL), la Suède, le Danemark et la Norvège commencèrent à adopter des traités équivalents. D'autres États, tels que la France[85], le Royaume-Uni, l'Autriche et le Japon développèrent leur réseau de TBI à partir des années soixante-dix[86]. Concernant les raisons ayant conduit au développement de tels programmes de TBI, pour le cas allemand, l'analyse d'archives inédites conduit certains auteurs à conclure sur l'existence d'un lien particulier entre les traités d'investissement et les garanties d'État. Comme pour le programme de modernisation des traités de commerce et de navigation d'après-guerre, le programme allemand de TBI avait pour objectif de favoriser l'exportation de capitaux afin d'équilibrer une balance de paiement, ainsi qu'une balance commerciale, excédentaire. Pour résoudre cette situation, Hermann Josef Abs, alors porte-parole du conseil d'administration de la Deutsche Bank, était favorable à une convention multilatérale garantissant une protection internationale aux investissements étrangers. Il s'opposait, par ailleurs, à la mise en place d'un système de garantie national en République fédérale d'Allemagne. Il considérait qu'avec un système de garantie, le risque d'expropriation illégale serait supporté par les contribuables de l'État exportateur de capitaux, ce qui inciterait les États hôtes à pratiquer de telles expropriations. Il ne parvint à convaincre ni le ministère de l'Économie d'Allemagne de l'Ouest ni d'autres États et son projet de convention sur les investissements à l'étranger échoua[87]. Dans les documents du ministère, le programme d'adoption de TBI se révèle un appendice du système de garantie mis en place par la loi budgétaire allemande de 1959[88]. Concernant son contenu, il apparait que les autorités allemandes n'y voyaient qu'une reprise des dispositions en matière d'investissement de traités états-uniens d'amitié, de commerce et de navigation. La seule différence notable réside dans le fait que le TBI allemand n'interdit pas les discriminations au moment de l'accès de l'investisseur au marché. Sa notoriété semble devoir être attribuée à plusieurs auteurs germanophones l'ayant présenté comme un traité d'un genre nouveau[89]. La conclusion de traités portant exclusivement sur l'investissement n'apparait pas comme une rupture importante, dans la pratique conventionnelle des États. De même, ces traités n'expriment pas une intention des États de faire de l'investissement étranger un objet autonome du droit international. Ils créent cependant, avec la Convention de Washington de 1965 créant le Centre International de Règlement des Différends relatifs aux Investissements (CIRDI), les conditions, d'une consécration « positive » de l'autonomie du droit international de l'investissement, qui n'interviendra que dans les années quatre-vingt-dix[90].

---

85 À l'exception d'une convention réciproque signée avec la Tunisie en 1963, les premières conventions réciproques et non réciproques françaises datent des années 1970.

86 NEWCOMBE A. et PARADEL L., *Law and Practice of Investment Treaties: Standards of Treatment*, Alphen aan den Rijn, Kluwer Law International, 2009, pp. 614, spéc. 41-44.

87 Ce projet sera joint au projet Shawross dans le cadre des travaux de l'Organisation européenne de coopération économique (OECE), qui deviendra l'Organisation de coopération et de développement économique en 1961 (OCDE). V. ST JOHN T., *The rise of investor-state arbitration – politics, Law, and Unintended Consequences*, Oxford, OUP, 2018, pp. 299, spéc. pp. 84-93. Sur ce projet v. SCHWARZENBERGER G., « The Abs-Shacross Draft Convention on Investment abroad – A Critical Commentary », *Current Legal Problems*, Vol. 14(1), 1961, pp.213-246. L'auteur se montre particulièrement sceptique quant à la possibilité de l'acceptation par les États d'un arbitrage État-investisseur. Il considère que le mécanisme de la protection diplomatique est préférable à un tel arbitrage.

88 VENKE I. et GUNTHER P., *International Investment Protection Made in Germany ? On the Domestic and Foreign Policy Dynamics Behind the First BITs*, Amsterdam Law School – Legal Studies Research Paper N° 2022-24, 2022, pp. 27.

89 *Ibid.*, spéc. p. 21 « Considering the many overlaps in substantive and procedural law, it is hardly surprising that explicit distinctions between the German BIT and FCN Treaties were initially not made within the literature. As a matter of fact, the agreement between Germany and Pakistan was hardly discussed for almost a decade. This only changed towards the end of the 1960s when German-speaking authors declared the 1959 BIT to be the first of its kind, highlighting its arguably unique features ».

90 Sur l'idée de consécration « positive » de l'autonomie du droit international économique (ce qui comprend le droit international de l'investissement) entre les années 1990 à 2000 v. COUVEINHES MATSUMOTO F., *Droit international économique*, Paris, PUF, 2023, pp. 663, spéc. § 26.

2) Le rôle du CIRDI dans l'avènement de la protection de l'investissement par l'arbitrage État-investisseur

22. L'énigme de la création du CIRDI. Le droit international de l'investissement est souvent présenté comme issu d'une rencontre « fortuite » entre le développement de TBI européens – dont la nouveauté est à relativiser – et l'adoption de la Convention de Washington de 1965 créant le CIRDI[91]. La création de ce centre d'arbitrage peut surprendre. Marlyse Quere-Messing indiquait en 1960 qu'un accord des États sur un organisme international d'arbitrage ne se faisait pas pressentir et que le Secrétaire général des Nations-Unis n'envisageait que l'établissement d'une liste d'arbitres[92].

23. La contestation du droit coutumier de la protection des biens étrangers à l'ONU. Comme en matière de standard de protection[93], la communauté des États après la Seconde Guerre mondiale était divisée quant à l'utilisation de l'arbitrage pour résoudre des différends en matière d'investissements étrangers. Au sein des Nations Unies, les discussions sur le thème du principe de souveraineté permanente des États sur leurs ressources naturelles aboutirent à l'adoption en 1962 de la résolution 1803 (XVII) de l'Assemblée générale, qui ne consacra en cas d'expropriation ni une indemnisation conforme au droit de l'État d'accueil ni une indemnisation « intégrale, prompte, et effective[94] » (*Prompt Adequate and Effective Compensation*) (« formule Hull »[95] ou indemnisation juste et préalable[96]), mais une « indemnisation adéquate », dite aussi indemnisation appropriée (*appropriate compensation*) conforme au droit interne et au droit international[97]. Cette résolution prévoyait qu'en cas de litige sur le montant de l'indemnisation, les voies de recours internes devraient être épuisées, mais n'écartait pas la possibilité d'une soumission du litige à « l'arbitrage ou à un règlement judiciaire international »[98]. Par la suite, la mise en œuvre de ce principe de souveraineté

---

[91] LEBEN C., « La théorie du contrat d'État et l'évolution du droit international des investissements », *RCADI*, Vol. 302, 2003, pp. 197-386, spéc. pp. 359-371 *pro* DANIC O., *L'émergence d'un droit international des investissements – Contribution des traités bilatéraux d'investissement et de la jurisprudence du CIRDI*, Vol. 1, Thèse : Droit, Université Paris Ouest, Nanterre-La Défense, 2012, pp. 1215, spéc. pp. 8-27.

[92] QUERE-MESSING M., « *Le rôle de l'arbitrage dans l'assistance aux pays sous-développés* », *AFDI*, Vol. 6, 1960, pp. 435-443, spéc. pp. 442-443.

[93] Dès les négociations de la Charte de La Havane, prévoyant la création d'une Organisation internationale du commerce intégrée à l'ONU, les États ne s'étaient accordés, à l'adoption du texte en 1948, que sur la nécessaire justification des mesures étatiques préjudiciables aux droits ou aux intérêts que possèderaient des ressortissants d'autres États (art. 11 § 1 b)). V. NEWCOMBE A. et PARADEL L., *Law and Practice of Investment Treaties: Standards of Treatment*, Alphen aan den Rijn, Kluwer Law International, 2009, pp. 614, spéc. pp. 18 et 19.

[94] Cette traduction de la formule de Cordell Hull est celle privilégiée par le professeur Ignaz Seidl-Hohenveldern, elle paraît plus explicite que « prompte adéquate et efficace ». Cette dernière reprend le terme adéquate, qui a été utilisé pour traduire le qualificatif d'*appropriate*, retenu dans la résolution 1803 de l'assemblée générale. Sur les débats autour des standards d'indemnisation en droit international v. SEIDL-HOHENVELDERN I., « L'évaluation des dommages dans les arbitrages transnationaux », *AFDI*, Vol. 33, 1987, pp. 7-31.

[95] NEWCOMBE A. et PARADEL L., *Law and Practice of Investment Treaties: Standards of Treatmen*, *op. cit.*, § 1.13.

[96] Sur l'opposition entre le standard de l'indemnisation intégrale, soit l'indemnisation juste et préalable et celui de l'indemnisation équitable v. RAMBAUD P., « Un arbitrage pétrolier : la Sentence *Liamco* », *AFDI*, Vol. 26, 1980, pp. 274-292. Dans la sentence *Liamco* les arbitres font référence à une indemnisation convenable et équitable (*Convenient and equitable*) v. *ad hoc*, *Libyan American Oil Company c. Libye*, Sentence du 12 avril 1977, § 304-318. Pour une comparaison des affaires *Texaco* et *Liamco* et des précisions concernant l'expropriation et la nationalisation v. LAVIEC J.-P., *Protection et promotion des investissements*, Genève, Publication de l'Institut Universitaire de Hautes Études International, 1985, pp. 374, pp. 157-213.

[97] SCHWEBEL S. M., « The Story of the U.N.'s Declaration on Permanent Sovereignty over Natural Resources », *American Bar Association Journal*, Vol. 49(5), 1963, pp. 463-469. L'auteur souligne que seuls les États communistes ont contesté directement la proposition selon laquelle une compensation adéquate est une compensation intégrale prompte et effective (*Prompt, Adequate, and Effective Compensation*).

[98] Assemblée générale, Résolution 1803 (XVII) « Souveraineté permanente sur les ressources naturelles », adoptée le 14 décembre 1962, § 4.

permanente attisa les conflits entre les États exportateurs de capitaux et les pays importateurs[99], jusqu'au point culminant de l'adoption, en 1974, d'un texte central dans la tentative d'établissement d'un « Nouvel Ordre Économique International » (NOEI) : la Charte des droits et devoirs économiques des États[100]. En cas d'expropriation, cette Charte prévoit « une indemnité adéquate, compte tenu de[s] lois et règlements [de l'État d'accueil] et de toutes les circonstances qu'il juge pertinentes ». En matière de règlement des différends, elle affirme l'application du droit interne par les juridictions internes, ou l'utilisation d'autres moyens pacifiques si les États en conviennent librement[101]. Durant cette décennie, comme l'indique le professeur Andreas F. Lowenfeld, le climat à la Banque mondiale était bien différent de celui qui régnait à l'Assemblée générale[102].

24. Le code, la garantie et le mécanisme de résolution des différends. À cette époque, au sein de la Banque mondiale, plusieurs projets en matière d'investissement étaient sérieusement discutés. Il était question de créer un système international de garantie et d'adopter deux traités multilatéraux en matière d'investissement, un comprenant des règles substantielles (des standards de traitement) et un limité à la résolution des différends entre les personnes privées et les États. Les négociations portaient donc sur le code, la garantie et l'arbitrage[103]. Tous les projets de « code d'investissement » des années soixante – ainsi que le projet ultérieur d'accord multilatéral d'investissement des années quatre-vingt-dix – n'ont pas abouti. Un mécanisme de garantie international existe, mais il est issu de négociations postérieures ayant conduit à la création de l'Agence multilatérale de garantie des investissements en 1988[104]. Seul le projet visant l'adoption de règles procédurales s'est concrétisé dans cette période d'affrontement entre pays du Nord et pays du Sud.

25. Le choix de la création d'un centre d'arbitrage par une convention multilatérale. Le projet de centre d'arbitrage avait les faveurs du conseiller juridique de la Banque mondiale Aron Broches. Ce dernier deviendra par la suite le premier secrétaire général du CIRDI. Au début des années cinquante, il avait été au centre d'une tentative de médiation entre un concessionnaire pétrolier anglais et l'Iran[105], dans l'une des premières crises d'après-guerre, dite crise d'Abadan, en matière de nationalisation[106]. Selon Taylor Saint John, alors que les trois projets – considérés à l'époque comme complémentaires – avaient des chances d'aboutir, en particulier le projet de garantie, le service juridique de la Banque mondiale, dirigé par Aron Broches, privilégia le projet de centre d'arbitrage[107]. Il s'agissait à

---

99 SCHRIJVER N. J., *Sovereignty over natural resources,* Thèse: Droit, Faculty of Law – University of Groningen, 1995, pp. 564, péc. pp. 37-112. V. aussi ANGHIE A., *Imperialism, Sovereignty and the Making of International Law,* Cambridge, CUP, 2004, pp. 381, spéc. pp. 211-223 ; MILES K., *The Orgins of International Investment Law – Empire, Environment and the Safeguarding of Capital,* Cambridge, CUP, 2013, pp. 500, spéc. pp. 78-100.

100 Assemblée générale, Résolution 3281 (XXIX). Charte des droit et devoirs économique des États, adoptée le 12 décembre 1974.

101 *Ibid.,* art. 2 c).

102 LOWENFELD A. F., « The ICSID Convention: Origins and Transformation », *Georgia Journal of International and Comparative Law,* Vol. 38(1), 2009, pp. 47-61, spéc. 54.

103 ST JOHN T., *The rise of investor-state arbitration – politics, Law, and Unintended Consequences,* Oxford, OUP, 2018, pp. 299, spéc. pp. 69-109 « the main proposals discussed in multilateral settings were the code, the insurance, and the arbitration. Officials discussed all three proposals in the same fora, primarily the OECD Development Assistance Committee (DAC), but also during World Bank annual meetings, bilateral meetings, and in other places » (p.71).

104 Convention portant création de l'Agence multilatérale de garantie des investissements (Conclue à Séoul le 11 octobre 1985).

105 ST JOHN T., *The rise of investor-state arbitration – politics, Law, and Unintended Consequences,* Oxford, OUP, 2018, pp. 299, spéc. pp. 63-69.

106 Sur la nationalisation de l'Anglo-persian Oil Campagny ou Crise d'Abadan v. SCHRIJVER N. J., *Sovereignty over natural resources,* Thèse : Droit, Faculty of Law – University of Groningen, 1995, pp. 564, spéc. pp. 37 et 38.

107 ST JOHN T., *The rise of investor-state arbitration – politics, Law, and Unintended Consequences, op. cit.,* spéc. pp. 68-109.

ses yeux du projet le moins couteux et le plus rapidement réalisable[108]. Le rôle des fonctionnaires de cette institution s'avère décisif, à plus d'un titre, dans la naissance du droit international de l'investissement[109]. Au début des négociations, Aron Broches et le président de la Banque mondiale, George Woods, ont délibérément évité la réunion d'une conférence diplomatique, ou d'une conférence de préparation mondiale. Ils organisèrent à la place quatre réunions régionales de consultation d'experts juridiques[110]. Cela n'empêcha toutefois pas une forte opposition des pays d'Amérique latine. La Banque mondiale dut alors rompre avec sa pratique d'une recherche du consensus pour que le projet de convention aboutisse[111]. La réunion d'un comité juridique, ouvert aux représentants de toutes les délégations étatiques, entre novembre et décembre 1964, avant l'adoption de la Commission, semble avoir joué un rôle dans la notoriété du mécanisme de la convention[112]. Une fois la convention adoptée, les fonctionnaires de la Banque mondiale suivirent, avec empressement, le processus de ratification des différents États signataires, parfois même, pendant plus de dix ans[113]. De plus, plutôt que de promouvoir le centre, en tant que forum de résolution des différends existants, les services de ce dernier se donnèrent pour mission de diffuser des clauses compromissoires types, portant sur des litiges futurs, que les États pourraient inscrire dans un contrat d'investissement, dans une loi ou un traité[114].

26. La promotion de clauses compromissoires types par le secrétariat du CIRDI. Le premier ensemble de clauses diffusé en 1968 visait principalement des lois d'investissement. Les clauses du second ensemble, diffusé en 1969, étaient prévues pour être insérées dans des traités de protection des investissements[115]. Aussi, le caractère fortuit de la rencontre entre les TBI et l'arbitrage CIRDI doit-il être écarté ; même s'il a été fréquemment admis[116]. Aron

---

[108] *Ibid.*, p. 117 « Bank officials took up the proposal not because states asked them to, but because they believed, on the basis of their access to information and expertise, that it was the best way forward ».

[109] *Ibid.*, p. 124-129. Dans les années 50 et 60 le mandat de la banque mondiale a été interprété de manière extensive par le président Black et le vice-président Iliff. Cette lecture les conduit à mener plusieurs médiations entre des gouvernements et des intérêts privés.

[110] LOWENFELD A. F., « The ICSID Convention : Origins and Transformation », art. cité, spéc. p. 52 « Broches and George Woods, the President of the World Bank, carefully avoided a diplomatic conference or even a world-wide preparatory conference. They did not want this effort to replicate the experience of the United Nations. Instead, the Bank called for four regional "Consultative Meetings of Legal Experts," - not, quite clearly, meetings of politicians. The deliberations were to be informative and technical - professionals going over a draft prepared in advance. All expenses (including first class air fare) would be paid by the Bank ».

[111] *Ibid.*, p. 54 « The resolution was passed, but with 21 countries - all the Latin American countries plus the Philippines - voting against. I believe this was the first time that a major resolution of the World Bank had been pressed forward with so much opposition - "El No de Tokyo" as the Latin American press called it ».

[112] ST JOHN T., *The rise of investor-state arbitration – politics, Law, and Unintended Consequences*, Oxford, OUP, 2018, pp. 299, spéc. pp. 140-145 « Contemporary observers recognized the Bank's skillful brokering.[...] Schwarzenberger was impressed with the Bank's strategy. The analysis in this chapter demonstrates that World Bank officials had strong motivation, unparalleled resources, and a clear strategy for creating the ICSID Convention ».

[113] *Ibid.*, spéc. pp. 170-180.

[114] *Ibid.*, spéc. pp. 192-207.

[115] ST JOHN T., *Institutional Entrepreneurship and the Forgotten Origins of Investment Treaty Arbitration*, GEG Working Paper 2014/94, Global Economic Governance Programme – University of Oxford, 2014, pp. 30, spéc. pp. 20 *pro* NEWCOMBE A. et PARADEL L., *Law and Practice of Investment Treaties: Standards of Treatment*, Alphen aan den Rijn, Kluwer Law International, 2009, pp. 614, spéc. p. 45

[116] LOWENFELD A. F., « The ICSID Convention : Origins and Transformation », *Georgia Journal of International and Comparative Law*, Vol. 38(1), 2009, pp. 47-61, spéc. pp. 57 « Nothing in the text says the consent by the State must have been given in the investment agreement giving rise to the dispute, or even that there must have been an investment agreement. But the link was unexpected, and I am fairly certain, unplanned. [...] It is interesting that Broches, in his many speeches and writings about the Convention, did not mention the link until 1982 - i.e., never before it was widely in use. I do not know whether Broches, who spent so much of his career in drafting and promoting the ICSID Convention, did not think of the possibility of consent in blank by host states, or believed that if he mentioned the idea it would contribute to the nervousness of host states ». Dans ces travaux Taylor Saint John affirme que Aron Broche avait envisagé de ne pas limiter le futur CIRDI aux arbitrages commerciaux et de promouvoir l'insertion de clause compromissoire au profit de ce

Broches contribua personnellement, en voyageant à travers le monde, jusqu'à sa retraite, en 1981, à la diffusion des clauses compromissoires CIRDI[117].

27. La conversion progressive des États à l'arbitrage État-investisseur. La Suisse et l'Allemagne, précurseurs dans l'adoption de TBI, n'introduisirent de telles clauses dans leurs traités qu'à partir des années quatre-vingt. Le pays d'origine d'Aron Broches, les Pays-Bas, fut le premier pays à faire référence dans un TBI au CIRDI[118], et ce, même avant la diffusion de clauses types par le Centre[119]. Cette référence fut interprétée par le premier, comme un engagement à consentir à l'arbitrage, dans le futur, en cas de demande de l'investisseur[120] et pas comme une offre permanente d'arbitrage, adressée aux investisseurs. Le premier TBI à comprendre une véritable offre permanente d'arbitrage CIRDI est celui conclu par le Tchad et l'Italie en 1969. Cependant, le premier traité à reprendre, pour l'essentiel, la clause type diffusée en 1969 par le Centre est le TBI signé en 1970, par la Belgique et l'Indonésie[121]. Comme nous l'avons déjà vu, la France mentionne le recours au CIRDI dans ses premières conventions non réciproques[122], signées à partir de 1973[123]. Il est d'ailleurs surprenant qu'elle n'ait pas privilégié le recours à la Cour d'arbitrage de la Chambre de commerce international (CCI), créée en 1923, dont le siège est à Paris[124]. La Suisse fait référence au Centre pour la première fois dans un TBI qu'elle conclut avec le Sri Lanka en 1981. Toutefois, l'article 9 de ce traité ne fait référence qu'à un possible consentement à l'arbitrage[125]. C'est en 1988 que la

---

futur centre dans des TBI dès 1962. V. ST JOHN T., *The rise of investor-state arbitration – politics, Law, and Unintended Consequences*, *op. cit.*, pp. 150-155.

[117] Cette approche proactive du Centre peut être aperçue dans des écrits de la doctrine française. V. RAMBAUD P., « Premiers enseignements des arbitrages du C.I.R.D.I. », *AFDI*, Vol. 18, 1982, pp. 471-491, spéc. § 2 « Accueilli avec faveur, le C.I.R.D.I. n'a pas eu pour autant jusqu'à présent, semble-t-il, une activité répondant tout à fait aux espoirs placés en lui. Une action de promotion a été récemment engagée pour mieux le faire connaître dans les milieux d'affaires intéressés, la pratique montrant qu'il n'avait pas encore acquis la notoriété des autres centres d'arbitrage [...] ».

[118] Accord de coopération économique entre le gouvernement des Pays-Bas et le gouvernement de la République d'Indonésie (signé le 17 juin 1968, entré en vigueur le 17 juillet 1971 et éteint le 1er juillet 1971) art. 11 : La Partie contractante sur le territoire de laquelle un ressortissant de l'autre Partie contractante effectue ou a l'intention d'effectuer un investissement accédera à toute demande dudit ressortissant, et celui-ci se conformera à toute demande de la Partie contractante mentionnée en premier lieu qui tendrait à porter devant le Centre institué en vertu de la Convention de Washington du 18 mars 1965, aux fins de la conciliation ou de l'arbitrage, tout différend qui pourrait surgir au sujet dudit investissement. *pro* TBI Pays-Bas – Uganda (1970) art. 12 ; TBI Pays-Bas – Maroc (1971) art. 13 comp. TBI Pays-Bas – Kenya (1970) art. 11 : The [host] Contracting Party [...] shall give sympathetic consideration to a request [...] of [a] national to submit for conciliation or arbitration, to the Centre. comp. TBI Pays – Bas (1972) art. 11 The [host] Contracting Party [...] shall after the exhaustion of all local administrative and judicial remedies, agree to any demand on the part of such nationals to submit, for arbitration or conciliation, to the Centre. *V.* La banque de donnée de la CNUDCED : *Investment policy hub*.

[119] ST JOHN T., *The rise of investor-state arbitration – politics, Law, and Unintended Consequences*, *op. cite.*, pp. 198-201 « Broches was Dutch, as mentioned in earlier chapters, maintained relationships within the Dutch government, and made presentations in the Netherlands earlier in 1968 mentioning that investor–state access could be included in BITs ».

[120] *Ibid.*, p. 201.

[121] NEWCOMBE A. et PARADEL L., *Law and Practice of Investment Treaties: Standards of Treatment*, *op. cit.*, p. 45 ; ST JOHN T., *The rise of investor-state arbitration – politics, Law, and Unintended Consequences*, *op. cite.*, pp. 202 et 203.

[122] Dans cette configuration, le traité apparait comme un traité parapluie qui couvre des contrats d'investissement dans lesquels l'État hôte consent à l'arbitrage CIRDI, le traité lui-même ne comprend pas d'offre permanente d'arbitrage.

[123] Ex : Convention entre le gouvernement de la République française et le gouvernement de la République tunisienne sur la protection des investissements (signée le 30 juin 1972, entrée en vigueur le 30 juin 1972 et éteinte le 10 septembre 1999).

[124] L'arbitrage entre gouvernements et particuliers faisait l'objet de réflexions et d'études au sein de la CCI dès 1946. V. GRISEL F, JOLIVET E., SIVA ROMERO E., « Aux origines de l'arbitrage commercial contemporain : L'émergence de l'arbitrage CCI (1920-1958), *Revue de l'arbitrage*, 2016, 2, pp. 403-444, spéc. § 39.

[125] Accord entre le Gouvernement de la Confédération suisse et le Gouvernement de la République démocratique socialiste de Sri Lanka concernant l'encouragement et le protection réciproque des investissements (signé le 23 septembre 1981, entré en vigueur le 12 février 1982) art. 9 § 1 : [...] le différend sera soumis pour arbitrage, sous réserve de l'accord des deux parties, au Centre [...]. Le premier TBI suisse comprenant une offre d'arbitrage État-investisseur est celui que la Suisse signa avec la République du Panama en 1983. Il ne s'agit cependant pas d'un arbitrage CIRDI, mais d'un arbitrage conformément au Règlement d'arbitrage CNUDCI adopté par l'Assemblée générale le 15 décembre 1976. V. Accord

Suisse adopta son premier traité comprenant une offre d'arbitrage État-investisseur sous l'égide du CIRDI[126]. Trois ans auparavant, elle concluait un TBI ne prévoyant qu'un arbitrage interétatique[127]. Concernant l'Allemagne de l'Ouest, elle semble consentir pour la première fois, par avance, à l'arbitrage, dans le traité qu'elle conclut avec le Panama en 1983[128]. Il faut cependant attendre 1985 pour qu'elle inscrive une clause compromissoire CIRDI dans un TBI[129]. Malgré la précocité des références au CIRDI dans les traités signés par les Pays-Bas, ce n'est qu'en 1984, dans un traité signé avec le Sri Lanka, que cet État adopte pour la première fois une clause compromissoire claire, sur le modèle de celles proposées par le secrétariat du Centre[130].

28. La pratique conventionnelle d'avant-garde du Royaume-Uni. Le Royaume-Uni adopta une clause modèle proposée par le Secrétariat du CIRDI dès 1975, lorsqu'il inaugura son programme d'adoption de TBI en signant un tel traité avec l'Égypte[131]. Dans sa pratique conventionnelle, du milieu des années soixante-dix jusqu'au milieu des années quatre-vingt, le Royaume-Uni apparait plus résolu que les pays d'Europe continentale à insérer des clauses compromissoires CIRDI dans ses traités[132]. Cette spécificité ne semble pas refléter une volonté de se démarquer de la pratique allemande ou suisse, mais être le fruit d'une insistance particulière du secrétariat du CIRDI[133].

29. L'apparition tardive d'une pratique homogène et systématique. Les premiers TBI états-uniens comprenant des offres d'arbitrage État-investisseur CIRDI sont adoptés à partir de 1983[134]. En somme, au début des années 80, l'insertion d'offres permanentes d'arbitrage dans des TBI n'était pas systématique. Les premiers pays communistes à inclure de telles offres dans des TBI, la Roumanie et la Chine limitaient ces clauses aux différends portant sur le montant d'une indemnisation relative à une expropriation. Ils exigeaient en outre l'épuisement des voies de recours internes[135]. Aussi à cette époque, l'insertion d'offre

---

entre le Gouvernement de la Confédération suisse et le Gouvernement de la République du Panama concernant la promotion et la protection des investissements (signé le 19 octobre 1983 et entré en vigueur le 22 août 1985) art. 9.

126 Accord entre la Confédération suisse et la République de Turquie concernant la promotion et la protection réciproques des investissements (signé le 3 mars 1988 et entré en vigueur le 21 février 1990) art. 8.

127 Accord entre la Confédération suisse et le Royaume du Maroc concernant la promotion et la protection réciproques des investissements (signé le 17 décembre 1985 et entré en vigueur le 12 avril 1991).

128 Accord entre la République du Panama et la République fédérale d'Allemagne, sur la promotion et le protection réciproque des investissements de capitaux (signé le 2 novembre 1988 et entré en vigueur le 10 mars 1989) art. 10. Cet article n'est pas complètement explicite, il prévoit que concernant les différends d'investissement entre une partie contractante et un national ou une société, à défaut de règlement à l'amiable et de procédures spécifiques prévues par les parties intéressées, qu'il sera fait recours à l'arbitrage international CNUDCI sans plus de précisions.

129 Traité relatif à l'encouragement et à la protection réciproque des investissements entre la République fédérale d'Allemagne et Sainte-Lucie (signé le 16 mars 1985 et entré en vigueur le 22 juillet 1987).

130 Accord entre le Royaume des Pays-Bas et la République Démocratique Socialiste du Sri Lanka sur la promotion et la protection de l'investissement (singé le 26 avril 1984 et entré en vigueur le 1 mai 1985), art. 8 § 1 : Each Contracting Party hereby consents to submit to the International Centre for the Settlement of Investment Disputes (hereinafter referred to as 'the Centre') for settlement by conciliation or arbitration under the Convention on the Settlement of Investment Disputes between States and Nationals of Other States of 18 March 1965, any legal dispute arising between that Contracting Party and a national or company of the other Contracting Party concerning an investment of the latter in the territory of the former.

131 Accord entre le Royaume-Uni de Grande-Bretagne et l'Irlande du Nord et la République Arabe d'Égypte pour la promotion et la protection des investissements (signé le 11 juin 1975 et entré en vigueur le 24 février 1976).

132 DENZA E. et BROOKS S., « Investment Protection Treaties : United Kingdom Expérience », *ICLQ*, Vol. 36(4), 1987, pp. 908-923, spéc. p. 920 *pro* ST JOHN T., *The rise of investor-state arbitration – politics, Law, and Unintended Consequences*, *op. cit.*, p. 206.

133 SKOVGAARD POULSEN L. N., « Beyond Credible Commitments: (Investment) Treaties as Focal Points », *International Studies Quaterly*, Vol. 64(1), 2020, pp. 26-34, spéc. p. 32.

134 Sur la conversion des États-Unis à l'arbitrage d'investissement v. ST JOHN T., *The rise of investor-state arbitration – politics, Law, and Unintended Consequences*, *op. cit.*, pp. 211-233.

135 Ex : Accord entre le Gouvernement du Royaume-Uni de Grande-Bretagne et d'Irlande du Nord et le Gouvernement de la République Socialiste de Roumanie de promotion et protection mutuelle des investissements en Capital (signé le

d'arbitrage État-investisseur dans des TBI était-elle, certes, une pratique établie, mais pas une pratique homogène ou systématique. Les courbes de croissance des TBI comprenant une clause d'arbitrage État-investisseur et de ceux s'en tenant à l'arbitrage interétatique ne se croisent qu'à la fin des années quatre-vingt[136]. En 1990, environ 150 TBI ne comprenaient pas de clause d'arbitrage État-investisseur, un peu plus de 150 TBI disposaient d'une telle clause et 50 TBI limitaient l'arbitrage à quelques dispositions[137].

30. La très relative surprise de l'arbitrage sur le fondement d'un traité. Aron Broches reconnaissait en 1982 que nombre des références au CIRDI, ou plus généralement à l'arbitrage État-investisseur dans les TBI, ne formulaient pas un consentement de l'État, par avance, à l'arbitrage d'un futur litige d'investissement[138]. Il identifiait des clauses qui ne faisaient que référence à un possible consentement à l'arbitrage[139], des clauses qui ne contenaient qu'un engagement à consentir dans le futur à l'arbitrage[140] et des clauses qui exprimaient véritablement un consentement à l'arbitrage, en cas de survenance d'un litige futur[141]. En pleine connaissance de ces subtilités, il affirma dans un entretien enregistré le 23 mai 1984 : « *There are now about sixty treaties between states, generally industrialized and developing, which provide for access to ICSID in case of disputes about violations of the treaties. And those treaties are investment protection treaties. So, ICSID has an enormous potential clientele* »[142]. À la lumière de ces éléments, qui, pour une part, apparaissaient déjà dans des travaux antérieurs à ceux de Taylor St John, la « surprise née de la découverte d'un consentement dans les TBI »[143] exprimée par une partie de la doctrine, notamment française, ainsi que par des officiels, de différents gouvernements, surtout de pays importateurs de capitaux[144], doit être nuancée. La sentence *AAPL c. Sri Lanka*, selon toute vraisemblance n'a pas dû surprendre le secrétariat du CIRDI ni la majorité des officiels des pays exportateurs de capitaux en charge de négocier des traités d'investissement[145]. Il en va autrement de l'augmentation exponentielle de l'arbitrage

19 mars 1976, entré en vigueur le 22 novembre 1976 et éteint le 10 janvier 1996) Art. 4 § 2 ; Accord entre le Gouvernement de la République française et le Gouvernement de la République populaire de Chine sur l'encouragement et la protection réciproque des investissements (signé le 30 mai 1984, entré en vigueur le 19 mars 1985 et éteint le 20 août 2020) art. 4 § 2, 8 § 3 et Annexe § 4.

136 En 1995 Jan Paulsson reconnaissait qu'il n'existait pas un corpus cohérent de TBI autorisant des arbitrages « sans lien de droit ». V. PAULSSON J., « Arbitration Without Privity », *ICSID Review – FILJ*, Vol. 10(2), 1995, pp. 232-257, spéc. pp. 240.

137 SKOVGAARD POULSEN L. N., « Beyond Credible Commitments: (Investment) Treaties as Focal Points », *International Studies Quaterly*, Vol. 64(1), 2020, pp. 26-34.

138 BROCHES A., « Bilateral Investment Protection Treaties and Arbitration of Investment Disputes » *in* SCHULTZ J. C. et J. VAN DEN BERG A. J. (eds), *The Art of Arbitration, Liber Amicorum Pieter Sanders*, Kluwer Law and Taxation Publishers, Deventer, 1982, pp. 63 et s., spéc. pp. 65-68.

139 Ex : Accord entre le Gouvernement de la Suède et le Gouvernement de la République fédérale Socialiste de Yougoslavie sur la protection mutuelle des investissements (signé le 10 novembre 1978 et entré en vigueur le 21 novembre 1979) art. 6.

140 Ex : Accord entre le Gouvernement du Royaume-Uni de Grande-Bretagne et de l'Irlande du Nord et le Gouvernement de la République des Philippines pour la promotion et la protection des investissements (signé le 3 décembre 1980 et entré en vigueur le 2 janvier 1981) art. 10 § 1.

141 Ex : TBI Pays-Bas – Sri Lanka (1984), précit., art. 8 § 1.

142 BROCHES A., « Oral History », Entretien réalisé par Robert E. Asher le 23 mai 1984, Retranscription de la Banque Mondiale, Archive IFC, Programme : Oral History *cité par* ST JOHN T., *Institutional Entrepreneurship and the Forgotten Origins of Investment Treaty Arbitration*, GEG Working Paper 2014/94, Global Economic Governance Programme – University of Oxford, 2014, pp. 30, spéc. pp. 24.

143 DANIC O., *L'émergence d'un droit international des investissements – Contribution des traités bilatéraux d'investissement et de la jurisprudence du CIRDI*, Vol. 1, Thèse : Droit, Université Paris Ouest, Nanterre-La Défense, 2012, pp. 1215, spéc. pp. 167-172.

144 SKOVGAARD POULSEN L. N., *Sacrificing Sovereignty by Chance: Investment Treaties, Developing Countries, and Bounded Rationality*, Thesis submitted to the Department of International Relations for the degree of Doctor of Philosophy, London School of Economics and Political Science, 2011, pp. 393, spéc. pp. 216-256.

145 Par exemple avant que la sentence *APPL c. Sri Lanka*, les négociateurs du TBI signé par les États-Unis avec la Pologne le 21 mars 1990 ont fortement insisté sur l'importance de l'acceptation par la Pologne d'un plus large accès des

État-investisseur au début des années 2000[146] et de l'évolution des causes de violations des traités invoquées par les demandeurs – allant de l'expropriation directe à la violation du traitement juste et équitable en passant par l'expropriation indirecte[147]. D'après le professeur Andreas F. Lowenfeld, l'insertion d'une clause prévoyant la compétence du CIRDI dans un traité de protection des investissements, ne ressort certes pas des travaux préparatoires de la Convention CIRDI, mais était communément admise en 1982[148]. Des commentaires contemporains de la sentence *AAPL c. Sri Lanka*, en s'appuyant sur l'article précité de 1982 d'Aron Broches, indiquaient que cette clause, comme beaucoup d'autres contenues dans des TBI, exprimait le consentement inconditionnel des États à soumettre les différends d'investissement à la conciliation ou à l'arbitrage, sous l'égide du CIRDI. Il était également souligné que la solution du tribunal avait été admise, par les parties, par la majorité du tribunal, mais aussi par l'arbitre dissident[149].

31. Le droit de la protection des biens étrangers par l'arbitrage État-investisseur. Si les clauses d'arbitrage État-investisseur n'étaient pas centrales à l'origine, elles le sont devenues, notamment pour l'Allemagne à partir de la fin des années quatre-vingt[150]. C'est à la même période que les pays en développement ont adhéré à l'arbitrage sur le fondement d'un TBI[151]. Cependant, l'arbitrage État-investisseur conventionnel ne peut être présenté comme un système juridique qu'à partir de l'accélération – due en grande partie à l'ouverture des anciens pays du bloc communiste à l'investissement étranger – de la signature de TBI et des ratifications de la Convention CIRDI, au début des années quatre-vingt-dix[152]. Le nombre

investisseurs à l'arbitrage international. V. ST JOHN T., *The rise of investor-state arbitration – politics, Law, and Unintended Consequences*, *op. cite.*, p. spéc. p. 225. Sur la coordination des États exportateurs de capitaux dans leurs négociations de TBI et leur compréhension de l'utilité de l'arbitrage d'investissement comme un mécanisme de derniers recours en cas d'échec des négociations diplomatiques v. pp. 207-210.

146 Le CIRDI enregistre moins de 5 différends par an jusqu'en 1996, en 1997 il enregistre pour la première fois 10 différends, en 2000 il enregistre une douzaine d'affaires. Le nombre d'affaires enregistré en une année augmente rapidement entre 2000 et 2003 pour atteindre 31 affaires. Par la suite, il est possible de citer un premier pic en 2007, avec 37 affaires enregistrées et un second 2012 avec plus de 50 affaires enregistrées. C'est en 2021 que le Centre a enregistré le plus d'affaires en une année en enregistrant 66 affaires. V. ICSID, *The ICSID Caseload – Statistics – Issues 2024-1*, 2024, pp. 27, spéc. p. 3 Chart 3: ICSID Cases Registered by Calendar Year.

147 SKOVGAARD POULSEN L. N., « Beyond Credible Commitments: (Investment) Treaties as Focal Points », *International Studies Quaterly*, Vol. 64(1), 2020, pp. 26-34, spéc. p. 33 « Even if treaty drafters could not appreciate just how potent the mechanism would turn out to be, a "competition for protection" would explain why ISDS gradually changed from a mere technical innovation to a critical feature ».

148 LOWENFELD A. F., « The ICSID Convention: Origins and Transformation », *Georgia Journal of International and Comparative Law*, Vol. 38(1), 2009, pp. 47-61, p. 57 *pro* VANDEVELDE K. J., « Of Politics and Markets : The Shifting Ideology of BITs », *International Tax and Business Lawyer*, Vol. 11, 1993, pp. 159-186. Lors de l'élaboration du modèle de TBI états-unien au début des années 80, il était initialement prévu qu'un mode de résolution prévu dans un contrat d'investissement l'emporte sur la clause compromissoire du TBI autorisant l'arbitrage État-investisseur. Ce principe a été inversé en 1983, les négociateurs ont considéré que l'investisseur devait pouvoir avoir recours à l'arbitrage État-investisseur prévu par le TBI nonobstant le mécanisme prévu dans le contrat d'investissement. Il apparait donc que le consentement à l'arbitrage de l'État hôte résidait dans le traité.

149 ZIADE N. G., « Some Recent Decisions in ICSID Cases », *ICSID Review – FILJ*, Vol. 6, 1991, pp. 514-525.

150 SKOVGAARD POULSEN L. N., « Beyond Credible Commitments: (Investment) Treaties as Focal Points », *International Studies Quaterly*, Vol. 64(1), 2020, pp. 26-34, spéc. p. 33 « Germany added ISDS to its model in 1987 and although open to significant limitations, the mechanism was now seen as important ».

151 YACKEE J. W. « The first investor-state arbitration ? The SuezCanal dispute of 1864 and some reflections on the historiography of international investment law », *in* SCHILL S. W., TAMS C. J. et HOFMANN R. (eds), *International Investment Law and History*, 2018, pp. 70-101, p. 76 « I found that most developing states did not embrace BIT-based investor-state arbitration until the late 1980s or early 1990s, and not simultaneously with anti-investor activities in the UN ».

152 YACKEE J. W., « Are BITs Such a Bright Idea ? Exploring the Ideational Basis of Investment Treaty Enthusiasm », *Journal of International Law and policy*, Vol .12(1), 2011, pp. 195-225, spéc. p. 215. L'auteur compare sur un graphique la courbe de croissance des TBI liant d'anciens pays communistes, celle des TBI ne liant pas d'anciens pays communistes et celle cumulée de tous les TBI. Il conclut : « It is thus clear that a very large portion of the current BIT phenomenon is due to the pro-treaty fervor of the ex-Communist states » ; VAN HARTEN G., *Investment Treaty Arbitration and Public Law*, Oxford, OUP, 2006, pp. 214, spéc. pp 25-44 « Also in the 1990s ratification of the ICSID Convention, which rose gradually

de TBI entre la fin des années quatre-vingt et la fin des années quatre-vingt-dix a été multiplié par cinq[153]. Sur l'ensemble des affaires enregistrées devant le CIRDI jusqu'en 2024, 59 % reposaient sur la violation d'un TBI[154]. Depuis plus de dix ans, chaque année, le CIRDI enregistre au moins 38 affaires, il a pu en enregistrer 66 en 2021[155]. Concernant plus généralement l'arbitrage État-investisseur, il est possible de comptabiliser 1190 affaires entre 1987 et 2021. Après un pic inédit entre 2015 et 2018 avec chacune de ces années plus de 75 affaires enregistrées (90 en 2018). De 2019 à 2021, le nombre de demandes d'arbitrage enregistrées oscille entre 60 et 70 par an[156]. En 2022 le CIRDI a enregistré 41 affaires, 57 en 2023 et 55 en 2024[157].

32. Les caractéristiques du droit international de l'investissement contemporain. Le droit international de l'investissement contemporain n'est pas un droit multilatéral, issu d'instruments – articulant un code, une garantie et un mécanisme de résolution des différends – mis en œuvre par l'un, ou par plusieurs, des trois organismes de régulation de l'économie mondiale, envisagés à l'issue de la conférence de Bretton Woods de 1944. Il ne s'agit pas non plus d'un droit portant sur l'investissement privé national ou sur l'investissement public, étranger ou non[158]. C'est un droit conventionnel, peu institutionnalisé, constitué pour l'essentiel d'instruments bilatéraux, consacrés au traitement et à la protection des investissements privés étrangers ou transnationaux[159]. Malgré des tentatives d'élargissement de la notion d'investissement – dans les années quatre-vingt à la suite de la sentence *Klöckner*[160] et au début des années 2000 à la suite de la sentence *Salini*[161] – visant à délaisser la notion traditionnelle statique d'apport en espèce ou en nature, au profit d'une approche s'intéressant à l'opération économique et à la contribution au développement du pays hôte, ce droit reste avant tout un droit du traitement et de la protection des biens étrangers[162]. Il est devenu, depuis les années quatre-vingt-dix, un droit de la protection des biens étrangers par l'arbitrage État-investisseur.

33. Le rejet d'une approche trop étroite du droit international de l'investissement. Le droit des investissements internationaux, comme l'y invite la professeure Sabrina Robert-Cuendet, doit se décloisonner. Il convient d'aller au-delà des traités d'investissements, de la seule protection de l'investissement et de l'arbitrage État-investisseur[163]. L'étude de sources conventionnelles antérieures et contemporaines des premiers TBI, faisant l'objet d'autres modes de résolution des différends, participe de cet effort d'ouverture. Cette pratique conventionnelle éclaire sous un nouveau jour l'insertion de chapitre d'investissement dans des accords économiques et commerciaux globaux. Ces accords, aux dénominations variées, étaient perçus dès le début des années cinquante comme des accords d'investissement. En 1968, le professeur Jean-Claude Gautron précisait que le terme de convention d'établissement pouvait aussi bien faire référence à des contrats d'État ou à des traités

---

in the 1980s, accelerated following the accession of former communist and major developing countries, and ICSID emerged as the leading forum fo investment treaty arbitration ».

153 NEWCOMBE A. et PARADEL L., *Law and Practice of Investment Treaties: Standards of Treatment*, *op. cit.*, p. 47.

154 ICSID, *The ICSID Caseload – Statistics – Issues 2024-1*, 2024, pp. 27, spéc. p. 8.

155 *Ibid.*, p. 3.

156 CNUCED, *Facts on investor-state arbitration in 2021 : with a special focus on tax related ISDS cases*, IIA Issues Note, 2022, pp. 15, spéc. p. 1.

157 ICSID, *The ICSID Caseload – Statistics – Issues 2025-2*, 2025, pp. 32, spéc. p. 3.

158 COUVEINHES MATSUMOTO, *Droit international économique*, Paris, PUF, 2023, pp. 663, spéc. § 353.

159 JUILLARD P. « Définition de l'investissement » *in* CARREAU D., FLORY T. et JUILLARD P., Chronique de droit international économique, *AFDI*, Vol. 30, 1984, pp. 773-781, spéc. § 7 et 8.

160 *Ibid.*, § 9-21.

161 De NANTEUIL A., *Droit international de l'investissement*, 3e éd., Paris, Pedone, 2020, pp. 564, spéc. § 5.031-5.042.

162 JUILLARD P. « Définition de l'investissement », art. cité., § 7 et 8.

163 ROBERT-CUENDET S., « Introduction », *in* ROBERT-CUENDET S. (dir.), *Droit des investissements internationaux – Perspectives croisées*, Bruxelles, Bruylant, 2017, pp. 23-32.

d'établissement. La notion d'établissement et celle d'investissement étaient équivalentes en droit international. Il donnait comme exemple de traité d'établissement, le traité instituant la Communauté économique européenne (TCEE)[164]. Dans la même veine, en 1984, le professeur Patrick Juillard considérait que les instruments internationaux s'attachant à l'investissement international étaient : « de deux ordres : il y a, d'une part, les traités constitutifs de certaines organisations internationales à vocation économique [et] d'autre part, des accords sur l'encouragement des investissements »[165]. D'après lui les seconds étaient issus d'un phénomène de substitution par éclatement – des accords de portée spécifique ayant remplacé les anciens accords de commerce et de navigation ou d'établissement. Cela lui permettait d'affirmer : « il n'existe pas véritablement de Droit conventionnel des investissements internationaux [au singulier] ». Toutefois, cet éclatement de la pratique conventionnelle des États en matière d'investissements étrangers a-t-il eu lieu dans la pratique conventionnelle « intraeuropéenne » ? S'il n'a pas eu lieu, il convient de préciser les modalités d'apparition d'une protection des biens étrangers par l'arbitrage État-investisseur au sein de l'Union européenne.

- II -

La protection de l'investissement étranger par l'arbitrage État-investisseur dans l'Union européenne

*34. **Plan.*** L'un des premiers traités à l'origine de l'intégration européenne, le traité instituant la Communauté économique européenne (TCEE) est contemporain des premiers traités formellement qualifiés de TBI. En Europe de l'Ouest, les traités constitutifs de l'intégration européenne ont succédé à des conventions d'établissement antérieures[166]. Deux pratiques conventionnelles différentes ont été développées par les États de cette aire géographique, une visant les pays voisins du continent (et le Royaume-Uni) et une autre visant le reste du monde, mais principalement les pays en développement. L'investissement étranger n'est pas devenu une matière autonome au sein de l'UE (A). Le modèle d'intégration juridico-économique de l'Union européenne a pris en charge l'investissement étranger (B), sans que la nécessité d'une protection des investissements étrangers par l'arbitrage n'émerge (C).

[164] GAUTRON J.-C., « Les conventions d'établissement conclues par le Sénégal avec des entreprises », *AFDI*, Vol. 14, 1968, pp. 654-670.
[165] JUILLARD P. « Définition de l'investissement », art. cité., § 7 et 8.
[166] Une convention européenne d'établissement avait été signée en 1955 dans le cadre du Conseil de l'Europe, mais elle n'est entrée en vigueur qu'en 1965. Elle prévoyait ne pas porter atteinte aux traités en vigueur prévoyant des dispositions plus favorables. V. KISS A.C., « Entrée en vigueur de la Convention européenne d'établissement et de la Charte sociale européenne »., *AFDI*, Vol. 11, 1965, pp. 686-691.

A) La non-autonomisation du droit de l'investissement étranger au sein de l'UE

35. Un éclatement de la pratique conventionnelle intraeuropéenne limité à la double imposition. L'évolution de la pratique conventionnelle intraeuropéenne – du bilatéralisme vers un multilatéralisme régional – a pu donner lieu à l'apparition d'accords de portées spécifiques, mais pas en matière d'investissement. La fiscalité restant une prérogative des États membres et n'ayant intégré les traités de l'Union que partiellement, des conventions de non double imposition bilatérales lient encore de nos jours de nombreux États membres, de la même façon que nombre d'États dans le monde. L'article 220 du traité de Rome de 1957 encourageait explicitement les États à éliminer la double imposition[167].

36. L'appartenance du droit de l'UE au droit conventionnel des investissements internationaux. Pour le professeur Patrick Juillard, le droit de l'investissement moderne – issue pour l'essentiel des TBI – n'est pas un droit du traitement et de la protection des investissements internationaux, mais un droit du traitement et de la protection des biens étrangers. En effet, ces traités définissent l'investissement en listant différentes formes de biens, ils adoptent une définition reposant sur les actifs (*asset-based*[168]). Aussi protègent-ils davantage des biens étrangers que des opérations économiques impliquant un apport en nature ou en capital provenant de l'étranger. D'après cet auteur, le « droit conventionnel du traitement et de la protection des biens étrangers » n'est qu'une partie d'un « droit du traitement et de la protection des investissements », étant à son tour une partie, d'un « Droit conventionnel des investissements internationaux » qui n'est actuellement pas unifié[169]. Un droit conventionnel du traitement et de la protection des biens étrangers ne s'est pas développé entre les pays d'Europe de l'Ouest. Lorsque cet auteur mentionne, comme deuxième partie de ce droit unifié introuvable, un « droit conventionnel de la constitution et de la liquidation des investissements internationaux, englobé dans le droit conventionnel de la libre circulation des capitaux internationaux » relevant d'accords d'intégration régionale, il n'est plus permis de douter que, pour une part, le droit de l'Union européenne appartient à ce « Droit conventionnel des investissements internationaux »[170]. En effet, si « l'article 67 du [TCEE] [...] a établi une liberté de circulation des capitaux, partielle et relative, entre les États membres », l'acte unique européen de 1986 a accéléré l'achèvement, réalisé en 1993, d'un marché intérieur dans lequel la libre circulation des capitaux est assurée, à l'instar de la libre circulation des marchandises, des services et des personnes[171]. Cette liberté de circulation des capitaux n'est, en outre, pas limitée aux mouvements de capitaux entre États membres, mais s'applique aussi aux mouvements entre État membre et État tiers. Le droit primaire et le droit dérivé de l'Union ont constamment approfondi cette liberté. En parallèle, différentes législations des États membres ont été rapprochées.

37. La garantie de la liberté d'investissement par le droit d'établissement. Dans un autre article, le professeur Patrick Juillard s'attache à définir la liberté d'investissement. Ce

---

167 TCEE art. 220 : « Les États membres engageront entre eux, en tant que de besoin, des négociations en vue d'assurer, en faveur de leurs ressortissants : [...] l'élimination de la double imposition à l'intérieur de la Communauté ».

168 Pour une présentation des différentes définitions de l'investissement (*asset-based, transaction-based, entreprise-based*) v. STRIK P., *Shaping the Single European Market in the field of foreign direct investment*, Oxford, Hart Publishing, 2014, pp. 261, spéc. pp. 12-17.

169 JUILLARD P., « Définition de l'investissement », art. cité., § 7 et 8.

170 En ce sens v. MARON D.-E., *La détermination du droit européen des investissements étrangers : aspects matériels*, Thèse : Droit, Université de Bordeaux, 2023, pp. 497.

171 PICOD F., « Fasc. 890 : Libre circulation des capitaux et des moyens de paiement », *JCl. Europe Traité*, LexisNexis, 2020.

faisant, une troisième partie du « Droit conventionnel des investissements internationaux » se fait jour, le droit de l'établissement[172]. Or, la liberté d'établissement est une disposition fondamentale de l'ordre juridique de l'Union[173]. L'investissement en droit international, comme en droit de l'UE, en raison d'un manque de définition, est toujours englobé dans un droit conventionnel portant sur un autre objet[174]. L'investissement international est en réalité saisi par le droit du traitement et de la protection des biens étrangers, par le droit de la circulation des capitaux, le droit de l'établissement, ou encore le droit de la prestation de service[175]. Concernant la liberté d'investissement[176], que n'envisagent que rarement les TBI, Anne Gilles Yeum avance qu'en droit international ou en droit de l'UE, un dispositif englobant les éléments qui participent de cette liberté permet de réaliser le principe de liberté d'investissement sans reconnaitre formellement ce principe[177].

38. La protection incidente de l'investissement étranger en droit de l'UE. Le droit de l'UE protège l'investissement étranger ou les biens des étrangers, sans en faire un objet juridique en soi. Ces derniers sont protégés par différentes dispositions et principes de droit de l'UE, notamment, comme le soulignait Philip Strik en 2014[178], le droit fondamental de propriété[179] et le principe de la protection de la confiance légitime[180]. Comme cela a pu être formulé par Djamal-Eddine Maron dans sa thèse sur les aspects matériels d'un « droit européen des investissements étrangers » – identifiant un « droit intraeuropéen des investissements étrangers »[181] – soutenue en 2023 : « dans le cadre de l'UE, l'investissement

---

[172] JUILLARD P., « Freedom of Establishment, Freedom of Capital Movements, and Freedom of Investment », *ICSID – FILJ*, Vol. 15(2), 2000, pp. 322-339.

[173] DE GROVE-VALDEYRON N., « Établissement », *Rép. de droit européen*, Dalloz, 2011 (actualisation : Novembre 2023) ; BERLIN D., « Fasc. 710 : Droit d'établissement », *JCl. Europe Traité*, LexisNexis, 2023.

[174] MARON D.-E., *La détermination du droit européen des investissements étrangers : aspects matériels*, Thèse : Droit, Université de Bordeaux, 2023, pp. 497, spéc. § 175 « En interne, l'approche économique de l'investissement par le TFUE n'est pas isolée, elle est similaire à celle qu'on retrouve dans le cadre des accords de l'OMC et des instruments de l'OCDE où l'investissement n'est pas appréhendé juridiquement en soi, mais comme toute activité économique ».

[175] La fourniture d'un service grâce à une présence commerciale (Mode 3) couverte par l'Accord Général sur le Commerce de Service (AGCS) de l'Organisation Mondiale du Commerce (OMC), recouvre des opérations relevant de l'investissement direct étranger ou de l'établissement.

[176] En se limitant aux investissements étrangers directs, c'est-à-dire les investissements – par contraste aux investissements de portefeuille – s'inscrivant dans la durée et permettant l'exercice d'une influence sur l'entreprise, la liberté d'établissement garantit la liberté d'investissement.

[177] GILLES-YEUM A., « La liberté d'investissement », *in* ROBERT-CUENDET S. (dir.), *Droit des investissements internationaux – Perspectives croisées*, Bruxelles, Bruylant, 2017, pp. 37-60, spéc. pp. 50-56.

[178] STRIK P., *Shaping the Single European Market in the field of foreign direct investment*, Oxford, Hart Publishing, 2014, pp. 261, spéc. pp. 197-210. Pour des tableaux détaillés de comparaison du droit de l'UE et du droit international de l'investissement, notamment en matière de protection des investissements v. DAMJANOVIC I., *The European Union and International Investment Law Reform – Between Aspirations and Reality*, Cambridge, CUP, 2023, pp. 409, spéc. pp. 125-152.

[179] KOVAR R., « Droit de propriété », *Rép. de droit européen*, Dalloz, 2007 (actualisation : Mai 2019). V. aussi MARON D.-E., *La détermination du droit européen des investissements étrangers : aspects matériels*, Thèse : Droit, Université de Bordeaux, 2023, pp. 497, spéc. pp. 361-388.

[180] FERENTINOU A., *Le principe de confiance légitime en droit de l'Union européenne*, Thèse : Droit, Université Paris II – Panthéon-Assas, 2021, pp. 811.

[181] MARON D.-E., *La détermination du droit européen des investissements étrangers : aspects matériels*, *op. cit.*, § 64 « [...] il faut considérer, en raison de la persistance de l'élément de souveraineté entre les États membres, que les investissements intraeuropéens demeurent des investissements transnationaux régis par un AII, à savoir le TFUE. L'objectif d'intégration poursuivi par le marché intérieur ne remet pas en cause l'élément d'extranéité entre États membres. Dès lors, étudier le droit européen des investissements étrangers uniquement à l'aune de l'action externe ne donnerait qu'une vision partielle de ce droit en omettant le droit intraeuropéen qui lui a préexisté et le dépasse en termes d'approfondissement ». Comp. JACOB P., « Peut-on parler d'un droit européen des investissements ? », *in* MAUREL R. (dir.), *Nouveaux regards sur le droit européen des investissements*, LexisNexis, 2023, pp. 7-23. L'auteur distingue entre un droit européen *stricto sensu* des investissements intraeuropéens (nouveau qui peine à émerger) et une approche européenne du droit international applicable aux investissements transeuropéens (globalement cohérente et singulière).

étranger se trouve intégré dans l'objet premier de l'UE qui est l'intégration et la protection des activités économiques transfrontalières »[182].

39. La protection offerte par le droit de l'UE aux investissements étrangers. La Commission dans une communication de 2018 souligne que le droit de l'UE comprend des dispositions matérielles et procédurales qui protègent « toutes les formes d'investissements transfrontières de l'UE tout au long de leur cycle de vie »[183]. Il faut reconnaître, ici, qu'en matière de « protection du droit de propriété des nationaux d'un État membre contre le risque politique ou d'expropriation dans un autre État membre » le droit de l'Union n'apporte que des garanties procédurales[184]. Il n'en reste pas moins que l'investissement étranger peut être protégé par les principes généraux du droit de l'Union, notamment ceux de proportionnalité et de sécurité juridique, que doivent respecter toutes les mesures étatiques restreignant des libertés fondamentales. Ainsi des mesures constitutives d'une expropriation indirecte peuvent être sanctionnées en tant que restriction disproportionnée de la libre circulation des capitaux[185]. Dès 2005, Jason Webb Yackee, indiquait sans ambages : « [...] *internal rules regarding the treatment of intra-Union foreign investment are far more liberal and enforceable than the most pro-investor BIT* »[186]. Évitant de trancher la question sur le plan du droit, Julien Berger conclut en 2021 que « [...] *whether the differences in the level of protection between EU law and intra-EU IIAs can be translated into a deficit of protection by the EU legal order remains rather a political than a legal question* »[187].

40. Les spécificités du système juridictionnel de l'UE. Le TFUE prévoit un mécanisme de question préjudicielle afin d'assurer une interprétation uniforme du droit de l'UE. Ce

---

182 MARON D.-E., *La détermination du droit européen des investissements étrangers : aspects matériels*, *op. cit.*, § 110. Cet auteur conclu au terme de son étude : « Par sa conception de l'investissement, au travers des libertés économiques, le droit européen offre une protection plus étendue aux biens de l'investisseur ».

183 Communication de la Commission au Parlement Européen et au Conseil du 19.7.2018, Protection des investissements intra-EU, Bruxelles, le 19.7.2018, COM (2018) 547 final.

184 DUTHEIL de la ROCHERE J., « Quel rôle pour la Cour de justice », *in* KESSEDJIAN C. (dir.), *Le droit européen et l'arbitrage d'investissement*, Éditions Panthéon-Assas, 2011, pp. 37-45, spéc. pp. 42. L'autrice conclut au sujet de ce « domaine qui mérite une attention particulière » : « C'est un domaine où m'on pourrait peut-être considérer qu'un recours à l'arbitrage n'enfreindrait pas la primauté et l'autonomie du droit de l'Union. En règle générale cependant, la double couverture par le droit de l'Union et par des accords bilatéraux d'investissement des opérations d'établissement et de protection des investisseurs conduit inévitablement à des situations juridiques complexes, créant fréquemment des interférences avec le droit de l'Union ».

185 *Ibid.*, spéc. p. 15. Sur l'extension récente de la jurisprudence de la Cour de justice en matière de protection de la propriété v. HAPP R. et WUSCHKA S. « EU Law and Investment Arbitration: Of Cooperation, Conflict, and the EU Legal Order's Autonomy », *in* KRÖLL S., BJORKLUND A. K. et FERRARI F. (eds), *Cambridge Compendium of International Commercial and Investment Arbitration*, Cambridge, CUP, 2023, pp. 2006-2055, spéc. §67.2.9.

186 YACKEE J. W., « Are BITs Such a Bright Idea ? Exploring the Ideational Basis of Investment Treaty Enthusiasm », *Journal of international Law and policy*, Vol .12(1), 2011, pp. 195-225, spéc. pp. 215 et 216 comp. VAN HARTEN G., *Investment Treaty Arbitration and Public Law*, Oxford, OUP, 2006, pp. 214, spéc. p. 120 « As a system, the [investment] treaties greatly expand state liability in public law by extending it to legislative and judicial acts, and by allowing damages to be awarded in the absence of fault. These elements take the system beyond other mechanisms of international review, with the possible exception of the European Union, that allow individual claims ».

187 BERGER J., *International Investment Protection within Europe – The EU's Assertion of Control*, Londres et New-York, Routledge, 2021, pp. 238 *pro* CASTELLARIN E., « Investissements », *Rép. de droit européen*, Dalloz, Novembre 2021, § 30 « Il n'est pas aisé de déterminer de manière globale qui, du droit de l'Union ou des API, protège au mieux les investisseurs européens au sein du marché intérieur. Le droit de l'Union est plus protecteur quant à l'accès au marché, que la plupart des API n'abordent qu'en renvoyant au droit national de l'État d'accueil. Quant au traitement des investisseurs, la protection est globalement analogue. Cependant, selon les situations, un investisseur peut être plus protégé par les API (protection des attentes légitimes au titre du traitement juste et équitable ; dans une minorité d'API, clauses parapluies, en vertu desquelles la violation des engagements établis en droit national entraîne une violation de l'API) ou par le droit de l'Union (interdiction des mesures indistinctement applicables de nature à interdire, décourager ou rendre moins attrayant l'exercice de l'une libertés fondamentale) ». Pour un auteur considérant les règles de droit de l'UE applicables aux investissements intra-UE insuffisantes v. MANCIAUX S., « A-t-on « Besoin » d'un droit européen des investissements ? », *in* MAUREL R. (dir.), *Nouveaux regards sur le droit européen des investissements*, LexisNexis, 2023, pp. 83-96.

mécanisme ne vise pas la saisine d'un tribunal arbitral comme pour le traité austro-allemand évoqué plus haut, mais celle d'une juridiction internationale permanente, chargée d'assurer le respect du droit, la Cour de justice. L'Union européenne n'a pas établi une juridiction spécialisée en charge des litiges entre un investisseur, ou un opérateur économique, d'un État membre et un autre État membre ; les investisseurs de l'Union doivent avoir recours pour l'essentiel aux juridictions internes ou européennes[188]. Ce recours ne correspond cependant pas à une exigence d'épuisement des voies de recours internes, conditionnant la recevabilité d'une demande individuelle devant la Cour de justice. Les juridictions internes sont, elles-mêmes, les juges de droit commun du droit de l'Union. L'essentiel du contentieux du droit de l'Union est décentralisé. Les juridictions internes veillent à l'application du droit primaire et du droit dérivé de l'Union, notamment par rapport à leur droit interne. Elles doivent écarter ce dernier s'il entre en contradiction avec le droit de l'Union en application du principe de primauté. Dans certaines hypothèses assez strictes, des requérants individuels peuvent saisir directement la Cour de justice de l'UE, notamment pour engager la responsabilité extracontractuelle de l'Union. L'essentiel des recours des particuliers relève de l'un de ses deux organes, le tribunal de l'UE. Les décisions de ce dernier peuvent d'ailleurs faire l'objet d'un pourvoi devant le second : la Cour de justice. Les traités de l'UE, c'est-à-dire le TUE et le TFUE, tels que modifiés par le traité de Lisbonne signé le 13 décembre 2007 et entré en vigueur le 1er décembre 2009, ainsi que les traités antérieurs, ont mis en place un système juridictionnel particulier. Ce « système juridictionnel complet de voies de recours judiciaire au niveau de l'UE et des États membres »[189], vise à garantir aux particuliers, une protection juridictionnelle effective[190]. Il comprend des voies de droit contentieuses, des voies de droit non contentieuses, ainsi que différentes voies de recours[191]. La protection offerte par le système juridictionnel de l'UE en matière de droits fondamentaux – ce qui comprend le droit à un recours effectif et la protection de la propriété privée – est, de plus, présumée équivalente à celle prévue par la Convention européenne de sauvegarde des droits de l'homme et des libertés fondamentales (CESDH), par la Cour européenne des droits de l'homme (CEDH)[192].

B) L'Union européenne comme modèle d'intégration juridico-économique

41. L'intégration économique européenne. L'intégration économique européenne a pu être considérée comme le modèle d'intégration d'économies de marché développées. Il s'agit également de l'intégration économique la plus aboutie parmi celles initiées après la Seconde Guerre mondiale, qu'elle soit comparée aux tentatives d'intégration d'autres pays développés, de pays en développement ou de pays à économie planifiée[193]. Dans sa théorie de

[188] La création d'une telle juridiction spécialisée a été envisagée dans un « non-paper » de l'Autriche, la Finlande, la France, l'Allemagne et les Pays-Bas daté du 7 avril 2016. V. CASTELLARIN E., « Investissements », *Rép. de droit européen*, Dalloz, Novembre 2021, § 19.

[189] Communication de la Commission au Parlement Européen et au Conseil du 19.7.2018, Protection des investissements intra-EU, Bruxelles, le 19.7.2018, COM (2018) 547 final, spéc. p 23.

[190] FROMONT L. et VAN WAEYENBERGE A., « La protection juridictionnelle effective en Europe ou l'histoire d'une procession d'Echternach », *Cahiers de droit européens*, Vol. 1, 2015, pp. 113-150.

[191] SIRINELLI J. et BERTRAND B., *Droit du contentieux de l'Union européenne*, Paris, LGDJ, 2022, pp. 726.

[192] TAVERNIER P., « De la protection équivalente. La jurisprudence *Bosphorus* à l'heure de l'adhésion de l'Union européenne à la Convention européenne des droits de l'Homme », *in* BOUTAYEB C. (éd.), *La constitution, l'Europe et le droit - Mélanges en l'honneur de Jean-Claude Masclet*, Paris, Édition de la Sorbonne, 2013, pp. 1003-1018.

[193] BALASSA B., « Types of Economic Integration », *in* MACHLUP F., *Economic Integration : worldwide, regional, sectorial*, Londres, Macmillan, 1976, pp. 17-40.

l'intégration économique, l'économiste Béla Balassa, adoptant une définition large de l'intégration, compare les zones de libre-échange, les unions douanières, les marchés communs et les unions économiques et monétaires[194]. Il présente ces formes d'intégration dans l'ordre précité comme autant d'étapes d'un processus d'intégration régionale – que l'Union européenne a suivies[195]. La première mission de la Communauté économique européenne fut d'établir une union douanière – elle entra en vigueur en 1968. Par la suite, l'horizon à atteindre, inscrit dans l'acte unique européen de 1986, est devenu l'achèvement du marché intérieur avant la fin de l'année 1992. Béla Balassa précisait dans le cadre de sa théorie que l'achèvement d'une union économique devait passer par l'unification des législations monétaires, fiscales et sociales, la coordination des politiques anticycliques[196] et la création d'une autorité supranationale pouvant contraindre les États membres de cette union. Dans l'« échelle de Balassa », l'Union européenne apparait comme un marché commun, complété par une union monétaire, et une union économique imparfaite. Elle constitue la forme la plus aboutie d'intégration économique connue à ce jour. En comparaison, l'Accord de libre-échange nord-américain (ALENA) de 1994 ne consistait qu'en une zone de libre-échange, étendue aux investissements, aux droits de propriété intellectuelle et aux services. L'accord qui le remplace, signé en 2018 et entré en vigueur en 2020, modernise les dispositions de l'ALENA. Il comprend un chapitre en matière d'investissement ne liant pas le Canada et limitant davantage l'accès des investisseurs aux tribunaux arbitraux que son prédécesseur. L'inclusion de l'investissement étranger dans les accords régionaux n'est ainsi pas exceptionnelle et tend à devenir la règle. L'accès à l'arbitrage État-investisseur est cependant plus restreint dans les traités les plus récents. Le passage d'une forme à une autre forme, plus avancée, d'intégration économique régionale requiert l'ajout de règles et d'institutions internes soulevant différentes questions juridiques[197]. Concernant l'UE, l'intégration économique européenne a donné lieu à la création d'un ordre juridique européen dont la nature juridique prête à discussion.

42. L'intégration juridique européenne. L'existence d'un ordre juridique européen, distinct des ordres juridiques nationaux, a été affirmée par la Cour de justice en 1963, dans l'arrêt *Van Gend & Loos*. Dans cet arrêt, la Cour conclut que « la Communauté constitue un nouvel ordre juridique de droit international » après avoir précisé que « l'objectif du traité CEE qui est d'instituer un marché commun dont le fonctionnement concerne directement les justiciables de la Communauté implique que ce traité constitue plus qu'un accord qui ne créerait que des obligations mutuelles entre des États contractants ». Ainsi c'est bien l'institution d'un marché commun qui implique l'émergence d'un nouvel ordre juridique[198]. L'année suivante, la Cour franchit un pas supplémentaire lorsqu'elle précisa la nature de cet ordre en indiquant que les traités avaient institué « à la différence des traités internationaux ordinaires [...] un ordre juridique propre, intégré au système juridique des États membres » et « qu'issu d'une source autonome, le droit né du traité ne pourrait donc, en raison de sa nature spécifique originale, se voir judiciairement opposer un texte interne quel qu'il soit, sans perdre son caractère communautaire et sans que soit mise en cause la base juridique de la

---

194 BALASSA B., *The theory of economic integration*, Londres, George Allen and UNWIN LTD, 1962, pp. 316, spéc. p. 1 « We propose to define economic integration as a process and as a state of affairs. Regarded as a process, it encompasses measures designed to abolish discrimination between economic units belonging to different national states; viewed as a state of affairs, it can be represented by the absence of various forms of discrimination between national economies ».

195 *Ibid.*, p. 1-17.

196 Politiques budgétaires reposant sur des stabilisateurs automatiques, soutenant l'activité par de la dépense durant des périodes de ralentissement de l'activité économique et freinant l'activité par des prélèvements en période d'accélération.

197 *Ibid.*, p. 154.

198 CJCE, 5 février 1963, *Van Gend & Loos*, aff. 26/62, p. 24.

Communauté elle-même »[199]. Que ce soit en matière d'intégration économique ou d'intégration juridique, celles-ci allant de pair, l'Union européenne apparait comme le projet d'intégration contemporain le plus abouti.

43. Les interrogations quant à la nature de l'intégration européenne. Dès le début de la création des communautés européennes, les tenants d'une conception fédéraliste de l'intégration européenne ont attribué aux institutions créées une ambition constitutionnelle, quand d'autres n'y voyaient que des institutions d'organisations internationales interétatiques ordinaires[200]. Progressivement, au fil de l'approfondissement de la construction européenne, les communautés se sont éloignées des organisations internationales connues. La doctrine proposa, alors, de distinguer les organisations de coopération des organisations d'intégration – les premières conservant un caractère intergouvernemental et les secondes acquérant une dimension supranationale[201]. Un nouveau droit propre à ces organisations, distinct du droit international classique, fut conceptualisé. Pierre Pescatore contribua à diffuser, la qualification (formulée par Paul Reuter) de droit de l'intégration dans un ouvrage paru en 1972[202]. Le droit de l'UE pouvait alors apparaitre comme le premier exemple, en appelant d'autres, d'un droit d'un genre nouveau. Les cinquante dernières années n'ont cependant pas vu apparaitre d'organisation atteignant un degré d'intégration comparable, même si la supranationalité ne semble plus être l'apanage de l'Union[203]. Cette approche consistant à voir dans le droit de l'UE autre chose que du droit international – qui deviendra celle d'une doctrine communautariste, représentée entre autres par le professeur Denys Simon[204] – fut contestée par la doctrine de droit international public[205], notamment par le professeur Alain Pellet. Pour ce dernier, la Communauté n'est qu'une « manifestation très avancée du droit des organisations internationales » et l'ordre juridique communautaire, « un ordre juridique de droit international », disposant d'une autonomie relative[206]. Partant de la difficulté de rendre de la construction européenne au moyen des formes d'État classiques (en y ajoutant la confédération d'États), la doctrine publiciste interniste, en particulier le professeur Olivier Beaud, s'est attachée à donner une substance à l'idée de fédération d'États-nations formulée au début des années 90 par Jacques Delors. Ici, il ne s'agit pas de proposer une organisation internationale d'un genre nouveau, mais de proposer une nouvelle forme politico-juridique

---

[199] CJCE, 15 juillet 1964, *Flaminio Costa c. E.N.E.L.*, aff. 6/64, pp. 1159 et 1160.

[200] RIDEAU J. et PICOD F. « Fasc. 105 : Union européenne. – Nature, valeurs et caractères généraux », *JCl. Europe*, LexisNexis, 2023, § 10 et 11.

[201] *Ibid.*, § 12.

[202] PESCATORE P., *Le droit de l'intégration*, Leyden Sijhoff, 1972, pp. 99.

[203] ENTIN K. et PIRKER B., « The Early Case Law of the Eurasian Economic Union Court: On the Road to Luxembourg ? », *Maastricht Journal for European and Comparative Law*, Vol. 25(3), 2018, pp. 266-287 ; ALTER K. J. et HELFER L. R., *Transplanting International Courts : The Law and Politics of the Andean Tribunal of Justice*, Oxford, OUP, 2017, pp. 334 ; SALAZAR GRANDE C.E. et ULATE CHACON E. N., *Manual de derecho comunitario controamericano*, San Salavador, 2013, pp. 324.

[204] SIMON D., « Les fondements de l'autonomie du droit communautaire – Rapport général du Colloque de la SFDI du 30 septembre au 2 octobre 1999 à Bordeaux », *in Droit international et droit communautaire : perspectives actuelles*, Paris, Pedone, 2020, p. 207-249.

[205] LEBEN C., « A propos de la nature juridique des Communautés européennes », *Droits*, Vol. 14, 1991, pp. 61-72 ; DUPUY P.-M., « L'unité de l'ordre juridique international », *RCADI*, Vol. 297, pp.9-489, spéc. pp. 428-450 « [...] la Communauté européenne reste une personne de droit international public dotée d'un ordre juridique, certes, très perfectionné, mais subordonné au droit international, dans lequel cet ordre juridique spécial puise ses origines comme son autorité juridique » *pro* LATTY F., « L'Union européenne vue du droit international », *ADUE*, 2014, pp. 181-197, spéc. p. 197 « Mais en dépit des consonances, la *lex specialis* n'implique pas *le sui generis*. À la lumière des normes et institutions de l'ordre juridique international, rien, à ce jour, ne justifie d'extraire l'Union européenne de la catégorie des organisations internationales, toujours inclusive des organisations d'intégration ».

[206] PELLET A., « Les fondements juridiques internationaux du droit communautaire », *RCADE*, Vol. V, Livre 2, 1997, pp. 193-271.

entre l'État et l'Empire : la Fédération[207]. En s'émancipant de la figure étatique, cette approche rejoint celle du professeur Georges Scelle pour qui le fédéralisme ne se réduisait pas à l'État fédéral. Ce dernier n'étant que le résultat d'une intégration fédérative maximale[208].

44. L'apport de la jurisprudence de la Cour de justice. La Cour de justice a également contribué à cet effort de définition. Elle a ainsi précisé que « l'Union, du point de vue du droit international, ne peut pas, en raison de sa nature même, être considérée comme un État »[209]. Cette position est également celle de diverses organisations internationales, dont l'ONU[210]. La Cour de justice de l'UE a complété ses arrêts des années 1960, en affirmant en 2014 :

> « l'Union est dotée d'un ordre juridique d'un genre nouveau, ayant une nature qui lui est spécifique, un cadre constitutionnel et des principes fondateurs qui lui sont propres, une structure institutionnelle particulièrement élaborée ainsi qu'un ensemble complet de règles juridiques qui en assure le fonctionnement »[211].

Cette spécificité n'est pas niée par le droit international[212], mais elle est admise en termes de degré et pas de nature. En mettant de côté les questions touchant au degré d'élaboration de la structure institutionnelle de l'Union, ses principes fondateurs, en premier lieu celui de coopération loyale – qui pourrait exprimer entièrement la spécificité du droit de l'intégration[213] –, ou encore celui de confiance mutuelle[214], entrent en contradiction avec le « double procès d'intention » à l'origine du développement du droit de l'investissement contemporain[215].

45. Deux modèles de droit conventionnel des investissements aux fondements opposés. Ce double procès d'intention, ou double soupçon, évoqué par le professeur Patrick Juillard portait, d'une part, sur la protection offerte par le droit interne – considérée insuffisante – et, d'autre part, sur l'État hôte, ce dernier étant suspecté de vouloir modifier ultérieurement son droit au détriment des investisseurs[216]. Un troisième soupçon de partialité des juridictions internes se manifeste à partir de l'insertion dans les TBI d'offres d'arbitrage État-investisseur. La construction européenne se développe sur des bases tout autres. Comme le rappelait le professeur Emmanuel Gaillard :

> « Au cœur du droit de l'Union figure le principe de confiance mutuelle. Un de ses corollaires essentiels réside dans le postulat selon lequel les juridictions de chaque État membre sont dignes de la plus parfaite confiance, même lorsqu'il s'agit de juger de litiges opposant l'État dont elles relèvent et un ressortissant étranger. Le droit de la

---

207 BEAUD O., *Théorie de la fédération*, 2e éd, Paris, PUF, 2009, pp. 448. V. aussi ZOLLER E., « Aspects internationaux du droit constitutionnel – Contribution à la théorie de la fédération d'États », *RCADI*, Vol. 294, 2002, pp. 39-166.

208 BEAUD O., « Aperçus sur le fédéralisme dans la doctrine publiciste française au XXe siècle », *Revue d'histoire des facultés de droit et de la culture juridique, du monde des juristes et du livre juridique*, 2004, pp. 165-204.

209 CJUE, ass. plén., 18 décembre 2014, avis 2/13, § 156.

210 LATTY F., « L'Union européenne vue du droit international », *ADUE*, 2014, pp. 181-197, spéc. pp. 185-190.

211 CJUE, ass. plén., 18 décembre 2014, avis 2/13, § 158.

212 Sans que cela ne s'accompagne pas de difficultés particulières. V. LICKOVA M., « European Exceptionalism in International Law », *European Journal of International Law*, Vol. 19(3), 2008, pp. 463-490.

213 NEFRAMI E., « Le principe de coopération loyale comme fondement identitaire de l'Union européenne », *Revue de l'Union européenne*, Vol. 556, 2012, pp. 197-203.

214 RIZCALLAH C., « Le principe de confiance mutuelle dans l'Union européenne : un principe en péril », *Les Cahiers de la Justice*, 2022/3, pp. 447-460.

215 Le caractère fondamental du principe de confiance mutuelle au sein de l'ordre juridique de l'UE expliquerait l'incompatibilité d'un mécanisme de résolution des différends entre les investisseurs d'un État membre et un autre État membre ne relevant pas de l'ordre juridique de l'État hôte. En revanche, dans les relations extérieures de l'UE et de ses États membres avec des États tiers un principe de réciprocité dominant, un tel mécanisme peut être admis. V. KASPIAROVICH Y., *L'UE et la protection des investissements internationaux – Une complexe articulation entre confiance mutuelle et réciprocité*, Zurich, Schulthess, 2023, pp. 312.

216 JUILLARD P., « L'évolution des sources du droit des investissements », *RCADI*, vol. 250, 1994, pp. 9-215, spéc. § 174.

> protection des investissements repose sur le postulat inverse. […] Confiance mutuelle ou recherche d'un juge neutre : les postulats ne pouvaient être plus opposés »[217].

Dès lors, quelles circonstances ont permis la résolution de litiges d'investissement entre un investisseur d'un État membre et un autre État membre par l'arbitrage État-investisseur ?

C) L'impensé de l'arbitrage d'investissement intra-UE

46. Le caractère contingent des traités d'investissement entre États membres. Tous les traités bilatéraux d'investissement entre États membres (TBI intra-UE) liaient à l'origine un État membre à un État tiers ou deux États tiers. Ils sont devenus des traités entre États membres à la suite de l'adhésion à l'Union, de l'une, ou de l'ensemble, de leurs hautes parties contractantes. Jusqu'en 2004, il n'était possible de recenser que deux traités de ce type. Il s'agissait de deux traités faisant partie du programme de TBI de la République fédérale d'Allemagne. Le plus ancien était le traité conclu par cette dernière et le Royaume de Grèce en 1961, auquel il a été mis un terme de manière consensuelle en 2021[218]. Le second datant de 1980 la liait à la République portugaise, il a pris fin de la même manière en 2022[219]. Comme nous l'avons vu, ces traités précèdent l'adoption par l'Allemagne de l'Ouest de clause CIRDI autorisant l'arbitrage État-investisseur. Le premier a donc acquis un statut intra-UE à la suite de l'adhésion de la Grèce en 1981 et le second a acquis ce statut en 1986, année d'adhésion du Portugal à la Communauté économique européenne.

47. La jurisprudence constante de la Cour en matière d'accords entre États membres. Ces deux traités, à notre connaissance, n'ont donné lieu à aucun contentieux. En revanche d'autres traités bilatéraux entre États membres ont été au cœur d'affaires dans lesquelles la Cour de justice s'est prononcée. C'est notamment le cas de conventions bilatérales sur la protection des appellations d'origine, des indications de provenances et dénominations de certains produits. En 2003, la Cour précise dans son arrêt *Ravil* : « […] que les dispositions d'une convention liant deux États membres ne peuvent s'appliquer dans les relations entre ces États si elles se révèlent contraires aux règles du traité […] »[220]. Elle renvoyait dans cet arrêt à son arrêt du 10 novembre 1992 *Exportur SA*. Dans celui-ci, elle avait relevé à titre liminaire :

> « […] que c'est à bon droit que la juridiction nationale a estimé que les dispositions d'une convention conclue après le 1er janvier 1958 par un État membre avec un autre État ne pouvaient, à partir de l'adhésion de ce second État à la Communauté, s'appliquer

---

[217] GAILLARD E., « L'affaire *Achmea* ou les conflits de logiques (CJUE 6 mars 2018, aff. C-284/16) », *Rev.Crit. DIP*, 2018/3 N° 3, pp. 616-630 *pro* STOPPIONI E., « Théories critiques et droit européen des investissements », *in* MAUREL R. (dir.), *Nouveaux regards sur le droit européen des investissements*, LexisNexis, 2023, pp. 25-49, spéc. p. 37 « L'arbitrage est fondé sur la *méfiance pour le juge national*, là où le droit de l'Union est construit tout entier sur la *confiance* envers le juge national (la tradition *Simmenthal*) ».

[218] TBI République fédérale d'Allemagne – Grèce (signé le 27 mars 1961, entré en vigueur le 15 juillet 1963 et éteint le 29 octobre 2021).

[219] TBI République fédérale d'Allemagne – Grèce (signé le 16 septembre 1980, entré en vigueur le 23 avril 1982 et éteint le 14 octobre 2022).

[220] CJCE, 20 mai 2003, *Ravil SARL c. Bellon import SARL et Biraghi SpA*, aff. C-469/00, § 37. V. aussi CJUE, Gde ch., 8 septembre 2009, *Budějovický Budvar, národní podnik contre Rudolf Ammersin GmbH.*, aff. C-478/07, spéc. §§ 95-129.

dans les relations entre ces États, si elles se révèlent contraires aux règles du traité [...] »[221].

Dans une perspective de droit de l'Union, il apparaissait donc que l'existence et l'application de conventions bilatérales entre États membres ne posaient pas de difficultés, pour autant que les dispositions de ces dernières n'entrent pas en contradiction avec les règles des traités de l'UE. Comme l'indique Pauline Corre dans son étude portant sur le statut d'État membre de l'UE, c'est un principe de « compatibilité sous réserve » qui régit les conventions signées par les États devenus membres et le droit de l'Union[222]. Concernant la capacité conventionnelle des États membres à s'engager entre eux en dehors du cadre des traités, le principe est celui d'une liberté conventionnelle encadrée par « la prévalence du statut de membre de l'Union »[223]. Si l'étendue de cette liberté d'action internationale des États membres fait l'objet de débats, il est cependant certain qu'elle ne s'étend pas aux matières dans lesquelles l'Union dispose d'une compétence exclusive[224]. Or, le marché intérieur est un domaine relevant d'une compétence partagée[225]. L'Union ne dispose d'une compétence exclusive qu'en matière d'établissement de règles de concurrence nécessaires au fonctionnement du marché intérieur[226]. Toutefois, dans le cadre d'un domaine relevant d'une compétence partagée générale, comme c'est le cas du marché intérieur, l'exercice par l'Union de sa compétence peut empêcher les États membres d'exercer la leur. La Cour de justice a pu reconnaitre que tel était le cas lorsque des directives, relevant du marché intérieur, prévoyaient l'harmonisation complète d'une règlementation particulière[227]. Compte tenu des nombreux instruments de droit de l'UE visant à consolider le marché intérieur, l'hypothèse d'un régime international de protection des investissements intra-UE apparait, à plusieurs égards, sujette à caution.

48. La perception tardive d'un risque d'arbitrage d'investissement intra-UE. Dans le cadre du processus d'adhésion des dix pays devenus membres de l'Union à la suite de l'élargissement de 2004, seule la question de la compatibilité des dispositions des TBI liant ces futurs États membres avec le Canada et les États-Unis fut traitée par la signature de protocoles d'ententes, dès 2003[228]. Aussi, en 2004, tous les traités entre l'un de ces dix futurs États membres et un État déjà membre de l'Union, ainsi que tous les traités liant deux futurs États membres ont-ils acquis un statut intra-UE, sans modifications préalables. Ce n'est qu'en 2006 dans le cadre l'affaire *Eastern Sugar B.V*, que la Commission s'exprime, pour la première fois, sur les incidences internes de ces traités au travers d'une lettre, puis d'une note, de la direction

---

[221] CJCE, 10 novembre 1992, *ExporturSA c. LOR SA et Confiserie du Tech SA.*, aff. C-3/91, § 8. Dans cet arrêt la Cour de justice s'appuie sur une jurisprudence constante initiée en 1962 et confirmée en 1988. V. CJCE, 27 février 1962, *Commission c. Italie*, aff. 10/61, p. 22 « le traité C.E.E. prime, dans les matières qu'il règle, les conventions conclues avant son entrée en vigueur entre les États membres, y compris les conventions intervenues dans le cadre du G.A.T.T. » ; CJCE, 27 septembre 1988, *Matteucci*, aff. 235/87, § 22 « [...] il résulte d'une jurisprudence constante (voir, notamment, l'arrêt du 27 février 1962, italie, 10/61, rec. p 5), que le traite CEE prime, dans les matières qu'il régit, les conventions conclues avant son entrée en vigueur entre les États membres ».

[222] CORRE P., *Le statut d'État membre de l'Union européenne*, Thèse : Droit, Université Paris II – Panthéon-Assas, 2018, pp. 674, spéc., pp. 59-61.

[223] *Ibid.*, p. 51.

[224] *Ibid.*, pp. 64-70.

[225] TFUE art. 4.

[226] TFUE art. 3.

[227] CONSTANTINESCO V. et MICHEL V., « Compétences de l'Union européenne – Établissement des compétences de l'Union européenne », *Rép. de droit européen*, Dalloz, Juin 2011 (actualisation : Avril 2017), spéc., §§ 149-151.

[228] RADU A., « Foreign Investment in teh EU : Which « Best Treatment » ? Interaction between Bilateral Investment Treaty and EU law », *European Law Journal*, Vol. 14(2), 2008, pp. 237-260 ; JUILLARD P., « Investissement et droit communautaire – A propos des accords bilatéraux d'investissement conclus entre États membres et pays tiers », *in* MASCLET J-C., RUIZ FABRI H., BOUTAYEB C. et RODRIGYES S. (dir.), L'Union européenne – Union de droit, union des droits, Mélanges en l'honneur du Professeur Philippe Manin, Paris, Pedone, 2010, pp. 445-462, spéc. pp. 446-452.

générale en charge du marché intérieur[229]. En accord avec la jurisprudence de la Cour de justice susmentionnée, la Commission considère qu'en cas de contrariété entre le droit de l'UE et des dispositions des TBI devenus « intra-UE », le premier doit primer. Elle écarte cependant l'idée d'une extinction tacite[230], mais invite les États membres à mettre un terme à ces traités, en respectant la procédure prévue par ces derniers[231]. Cette invitation a été adressée par la Commission, au Comité économique et financier (CEF) qui prépare, notamment, les travaux du Conseil des ministres de l'Économie et des Finances de l'UE (ECOFIN). Formulée dans des termes clairs, cette invitation demande au Comité de reprendre les suggestions proposées concernant environ 150 TBI entre États membres. Il est aussi demandé aux États membres concernés de communiquer les actions prises en conséquence, pour le 30 juin 2007. Le Comité, dans son rapport de 2006, reprend les suggestions de la Commission[232]. Dans son rapport de 2007, il note qu'avec l'adhésion de la Roumanie et de la Bulgarie, ces traités atteignent le nombre de 190. Au sujet de la position des États membres, il indique qu'en majorité ils préfèrent maintenir ces traités, mais rappelle qu'il incombe aux États – informés des difficultés posées par ces traités – de résoudre cette situation par des négociations bilatérales[233]. L'opposition de l'Allemagne à l'extinction de ces traités se fait jour au travers d'un message écrit le 15 janvier 2007 par un agent du ministère fédéral pour l'économie et la technologie, présenté par l'investisseur dans l'affaire *Binder*. Dans ce message, l'hypothèse d'une extinction tacite est écartée. Il y est aussi précisé qu'un TBI contient d'autres droits que ceux garantis par les traités de l'UE[234]. Dans le rapport du Comité économique et financier de 2008, l'opposition entre la Commission et une majorité d'États membres – conduite par l'Allemagne, la Belgique, les Pays-Bas et le Royaume-Uni – se cristallise[235]. Le Comité note que la plupart des États membres ne partagent pas les

---

229 SCC, (CNUDCI), *Eastern Sugar B. V. c. République tchèque*, aff. n° 088/2004, Sentence partielle du 27 mars 2007, §§ 119 et 126 Lettre de la Commission du 13 janvier 2006 répondant à une sollicitation du ministère des Finances tchèque et Note de la Commission de novembre 2006 au comité économique et financier.

230 La contestation de la compétence de tribunaux arbitraux, dans le cadre d'arbitrage intra-UE, en vertu de l'extinction tacite des TBI intra-UE (art. 59 CVDT) semble avoir occulté, un temps, l'argument d'une incompatibilité (art. 30 CVDT) de l'offre d'arbitrage du traité avec des dispositions des traités constitutifs de l'Union. En 2009, en conclusion d'une journée d'étude sur le droit européen et l'investissement le professeur Emmanuel Gaillard ne traite la problématique des TBI intra-UE et du droit de l'UE que sous l'angle de « la condamnation de la théorie de la caducité automatique » et de celle de leur dénonciation par les États membres sur invitation de la Commission. V. GAILLARD E., « Conclusion », *in* KESSEDJIAN C. et LEBEN C. (dirs.), *Le droit européen et l'investissement*, Éditions Panthéon Assas, 2009, pp. 149-160, spéc. pp.152-156. L'hypothèse d'un conflit de normes allant au-delà d'« une différence de normes entre le droit des investissements et le droit de communautaire » est évoquée, mais considérée comme exceptionnelle.

231 POTESTA M., « Bilateral Investment Treaties and the European Union. Recent Developments in Arbitration and Before the ECJ » *The law and Practice of International Courts and Tribunals*, Vol. 8 (2), 2009, pp. 225-245, spéc. p. 234.

232 Economic and Financial Committee, Report to the Commission and the Council on the Movement of Capital and the Freedom of Payments 2006, Brussels, 15 November 2006, ECFIN/CEFCPE(2006)REP/56882, pp. 11, § 16 « The EFC takes note that there are currently around 150 Bilateral Investment Treaties (BIT) still in force between the EU Member States, while part of their content has been superseded by Community law upon accession. In order to avoid legal uncertainties and unnecessary risks for Member States in the unclear situation, Member States are invited to review the need for such BITs agreements; and inform the Commission about the actions taken in this context so that progress can be reviewed by the EFC by the end of 2007 ».

233 Economic and Financial Committee, Report to the Commission and the Council on the Movement of Capital and the Freedom of Payments 2007, Brussels, 23 November 2007, ECFIN/CEFCPE(2007)REP/55240, pp. 11, spéc. § 14 et § 15 « Most Member States do not share the Commission's concern about arbitration risks and discriminatory treatment of investors. A clear majority of Member States prefers to maintain the existing agreements, in particular with view to the provisions on expropriation, compensation, protection of investments and investor-to-state dispute settlement. Still, a few Member States are seeking a solution for this issue. The EFC takes note that it remains the responsibility of Member States that have been informed of the Commission's concerns to address the issue through bilateral actions and therefore invites Member States to do what is necessary in this regard. The EFC will continue monitoring developments in this respect and will come back on this issue in its next report ».

234 Arbitrage *ad hoc*, (CNUDCI), *Rupert Joseph Binder (Binder) c. République tchèque*, Sentence sur la compétence du 6 juin 2007, § 61.

235 OLIVER C., *A test for European solidarity : the case of intra-EU BIT*, Transnational Institute, Janvier 2013.

inquiétudes de la Commission concernant le risque de discrimination entre investisseurs et d'arbitrages. Il suggère ensuite que les jugements attendus de la Cour de justice, au sujet de TBI conclus avec des États tiers avant l'adhésion, devraient permettre à la Commission de décider des mesures à prendre[236].

49. L'apparition d'un clivage entre les États membres. Le risque d'arbitrage envisagé par la Commission s'est réalisé. L'opposition entre États membres s'est déplacée des enceintes de l'UE aux salles d'audience de tribunaux arbitraux. Le premier tribunal devant lequel la question de la validité d'un TBI entre États membres fut soulevée, celui de l'affaire *Eastern Sugar B. V*, ne s'enquit pas de la position de l'État d'origine de l'investissement sur cette question. Il refusa par ailleurs de formuler une demande de question préjudicielle à la Cour de justice de l'UE[237]. Par contraste, le 10 juin 2010, les Pays-Bas, invités par le tribunal arbitral de l'affaire *Achmea B. V* (anciennement *Eureko B. V*) à se prononcer sur la validité d'un TBI entre États membres, indiquèrent que le traité était entièrement en vigueur. En revanche, la Slovaquie, partie défenderesse, soutenait que, certes, le traité n'avait pas pris fin en application de ses dispositions, mais que la question de la validité et de l'applicabilité des TBI entre États membres divisait les experts de droit international et de droit de l'UE, ainsi que les États membres[238].

50. L'apparition tardive d'une position commune des États membres. Les États membres ne sont pas parvenus à s'exprimer de manière unanime au sujet des traités d'investissement entre États membres pendant une période de près de quinze ans. Concernant les traités bilatéraux entre États membres, c'est après les déclarations des 15 et 16 janvier 2019[239], puis la signature en 2020 de l'Accord portant extinction des traités bilatéraux d'investissement entre États membres de l'Union européenne, qu'une position commune est arrêtée[240]. Pour des raisons différentes, quelques États membres n'ont cependant pas signé cet accord[241]. La question de l'application entre les États membres du traité sur la Charte de l'énergie (TCEn), elle, fait encore l'objet d'approches différentes, en raison d'une déclaration interprétative de la Hongrie, contredisant celle conjointe des autres États membres[242].

51. Les enjeux du positionnement des tribunaux arbitraux. Entre-temps, la question de l'arbitrabilité des litiges d'investissement intra-UE a été posée à une centaine de tribunaux arbitraux[243]. L'intérêt de cette question ne se limitait pas à l'UE compte tenu de la proportion

---

236 Economic and Financial Committee, Report to the Commission and the Council on the Movement of Capital and the Freedom of Payments 2008, Brussels, 21 November 2008, ECFIN/CEFCPE(2008)REP/55806, pp. 12, §§ 16-18.

237 SCC, (CNUDCI), *Eastern Sugar B. V. c. République tchèque*, aff. n° 088/2004, Sentence partielle du 27 mars 2007, §§ 130-139.

238 CPA, (CNUDCI), *Achmea B. V. c. République slovaque (formerly Eureko B. V. c. République slovaque)*, aff. n° 2008-13, Décision sur la compétence, l'arbitrabilité et la suspension du 26 octobre 2010, §§ 155-163.

239 Déclaration des représentants des gouvernements des États membres, du 15 janvier 2019, relative aux conséquences juridiques de l'arrêt *Achmea* rendu par la Cour de Justice et à la protection des investissements dans l'Union européenne (Signée par 22 États membres) ; Déclaration des représentants des gouvernements des États membres, du 16 janvier 2019, relative à l'exécution de l'arrêt *Achmea* rendu par la Cour de Justice et à la protection des investissements dans l'Union européenne (Signée par la Finlande, le Luxembourg, Malte, la Slovénie et la Suède) ; Déclaration du représentant du gouvernement de la Hongrie, du 16 janvier 2019, relative aux conséquences juridiques de l'arrêt *Achmea* rendu par la Cour de Justice et à la protection des investissements dans l'Union européenne.

240 Accord portant extinction des traités bilatéraux d'investissement entre États membres de l'Union européenne, signé le 5 mai 2020, entré en vigueur le 29 août 2020, JOUE, L 169, 29 mai 2020.

241 V. République française - Ministère de l'Europe et des Affaires étrangères, ÉTUDE D'IMPACT Projet de loi autorisant la ratification de l'accord portant extinction des traités bilatéraux d'investissement entre États membres de l'Union européenne, NOR : EAEJ2029134L/Bleue-1, 2021, pp. 20, spéc. § 2.2.

242 Commission – Communiqué de presse, Bruxelles, le 17 juillet 2025, IP/25/1799. Procédure d'infraction contre la Hongrie [INFR(2024)2206].

243 KESSEDJIAN C., « Le tiers impartial et indépendant en droit international, juge, arbitre, médiateur, conciliateur », *RCADI*, Vol. 403, 2019, pp. 59- 643, spéc. § 499 « Les tribunaux arbitraux internationaux dépendent des États pour leur

d'arbitrage d'investissement intra-UE dans l'ensemble des arbitrages d'investissement. En 2015 un tiers des nouveaux arbitrages État-investisseur enregistré dans le monde étaient des arbitrages intra-UE, en 2017, juste avant le prononcé de l'arrêt *Achmea*, il représentait encore un cinquième des nouvelles procédures[244]. Tous les tribunaux arbitraux, à quelques rares exceptions près, ont admis le caractère arbitrable des litiges d'investissement intra-UE, c'est-à-dire qu'ils ont considéré qu'un différend opposant un État membre à un investisseur d'un autre État membre au sujet d'un investissement réalisé par ce dernier dans le premier État membre, pouvait être résolu par la voie de l'arbitrage État-investisseur. Ces arbitrages d'investissement intra-UE permettent de comprendre comment les tribunaux arbitraux appréhendent le droit de l'Union. Le traitement du droit de l'UE dans les sentences arbitrales informe sur la conception qu'ont les tribunaux de l'ordre juridique international, ainsi que sur leur prise en compte d'un droit conventionnel proche (quant à sa matière et quant aux États qu'il lie), mais extérieur au droit conventionnel du traitement et de la protection des biens étrangers. Notre étude du traitement du droit de l'UE s'inscrit donc dans une problématique plus large, identifiée entre autres par le professeur Patrick Jacob, portant sur « la place des normes externes dans le contentieux de l'investissement »[245].

---

compétence *ratione materiae*. C'est ce que l'on appelle l'arbitrabilité. En d'autres termes, les États définissent pour eux-mêmes les matières dans lesquelles les parties auront le droit de recourir à l'arbitrage si elles le souhaitent […] ».

[244] HAPP R. et WUSCHKA S. « EU Law and Investment Arbitration: Of Cooperation, Conflict, and the EU Legal Order's Autonomy », *in* KRÖLL S., BJORKLUND A. K. et FERRARI F. (eds), *Cambridge Compendium of International Commercial and Investment Arbitration*, Cambridge, CUP, 2023, pp. 2006-2055, § 67.2.

[245] JACOB P., « La place des normes externes dans le contentieux de l'investissement », *in* ROBERT-CUENDET S. (dir.), *Droit des Investissements Internationaux – Perspectives croisées*, Bruxelles, Bruylant, 2017, pp. 607-640.

- III -

Perspective d'analyse choisie

*52. **Une rencontre conflictuelle.*** Si l'ignorance mutuelle pouvait auparavant caractériser la relation entre le droit international de l'investissement et le droit de l'Union européenne, les élargissements successifs de l'Union, à partir de 2004, ont conduit leurs interprètes respectifs à préciser cette relation[246]. La conflictualité qui a émergé de cette rencontre[247] fait regretter à certains « un âge de l'innocence »[248] où les chemins de ces « deux célibataires endurcis »[249] ne s'étaient pas croisés[250]. L'exceptionnalité, souvent soulignée[251], et à raison, des incompatibilités entre dispositions des traités d'investissement entre États membres et dispositions du droit de l'UE pouvait relativiser l'aspect conflictuel de cette rencontre ; toutefois un conflit de normes crucial – que d'aucuns pressentaient[252] –, portant sur les offres d'arbitrage État-investisseur et excluant la possibilité même d'arbitrages d'investissement intra-UE, l'a marquée.

*53. **La rencontre de deux « figures d'intégration juridique »[253].*** La rencontre de 2004 entre le droit de l'UE et le droit international de l'investissement peut être perçue comme la rencontre de l'« ordre juridique partiel » d'une organisation internationale[254] et de conventions bilatérales. Les choses sont cependant plus complexes. Du fait de la similarité du

---

[246] LEBEN C., « Introduction », *in* KESSEDJIAN C. et LEBEN C. (dirs.), *Le droit européen et l'investissement*, Éditions Panthéon Assas, 2009, p. 15-24.

[247] La conflictualité ne semble plus réservée à des problématiques internes à l'UE. V. LATTY F. « Haro sur l'arbitre : La figure de l'adjudicateur d'investissement redessinée par l'UE », *in* MAUREL R. (dir.), *Nouveaux regards sur le droit européen des investissements*, LexisNexis, 2023, pp. 229-242.

[248] BERMANN G.A., « Navigating EU Law and the Law of International Arbitration », *Arbitration International*, Vol. 28(3), 2012, pp. 397-446.

[249] REMY B., « CIRDI – Chroniques des sentences arbitrales -Chronique par Benjamin Remy », *Journal du droit international* (Clunet), 2014, n° 1, chron. 2, pp. 231-342, spéc., § 2.

[250] Une telle désunion avait été auparavant suggérée au sujet de l'arbitrage et du droit de l'UE, lorsque la Cour de justice de l'UE avait jugé, dans l'arrêt *West Tankers*, qu'une injonction anti-procédure (*anti-suit injonction)* d'une juridiction d'un État membre visant à protéger la compétence d'un tribunal arbitral était incompatible avec le Règlement Bruxelles I n°44/2001. V. KESSEDJIAN C., « Arbitrage et droit européen : une désunion irrémédiable ? », *Recueil Dalloz*, 2009, pp. 981-985. Sur l'évolution de la jurisprudence de la Cour de justice au sujet de l'exclusion de l'arbitrage du champ d'application du règlement Bruxelles I bis n°1215/2012 v. USUNIER L., « De la guerre froide à la coexistence pacifique : les nouveaux rapports entre arbitrage et droit de l'Union européenne », *RTD civ.*, 2015, pp. 837-843 ; MAYER P., « Nouvelle manifestation de l'hostilité de la Cour de justice de l'Union européenne envers l'arbitrage : l'arrêt London Steam-Ship contre Royaume d'Espagne », *Cahiers de l'arbitrage*, Vol. 1, 2023, pp. 97-110.

[251] GAILLARD E., « Conclusion », in KESSEDJIAN C. et LEBEN C. (dirs.), *Le droit européen et l'investissement*, Éditions Panthéon Assas, 2009, pp. 149-160, spéc. pp. 154. Cet auteur souligne qu'une situation de conflit de normes « [...] est en réalité exceptionnelle et ne doit pas être comprise comme étant le droit commun de la rencontre du droit des investissements et du droit communautaire ».

[252] DUTHEIL de la ROCHERE J., « Quel rôle pour la Cour de justice », *in* KESSEDJIAN C. (dir.), *Le droit européen et l'arbitrage d'investissement*, Éditions Panthéon-Assas, 2011, pp. 37-45, spéc. pp. 43 « On en vient à la conclusion que les traités d'investissement couvrent un champ lui-même largement couvert par le droit de l'Union, sauf la question de la garantie du droit de propriété ; que les incompatibilités ne semblent pas nombreuses, mais qu'elles sont possibles ; que le problème le plus difficile est celui du mode de règlement des différends : les clauses d'arbitrage comportent assurément le risque d'enfreindre le monopole d'interprétation de la Cour de justice de l'Union, sauf si des procédures de renvoi peuvent être aménagées ». V. aussi « Débats » *in* MAUREL R. (dir.), *Nouveaux regards sur le droit européen des investissements*, LexisNexis, 2023, pp. 179-180, spéc. p. 180. Le professeur Didier Blanc précise, vraisemblablement en tant que membre de la doctrine européaniste : « Pour nous, vraiment, je vous le dis en toute humilité : vous prenez l'avis 1/76, l'avis 1/91, l'avis 2/13, vous les secouez, vous avez *Achmea*. Aucune surprise pour moi [...] ».

[253] DELMAS-MARTY M, « « La grande complexité juridique du monde », *in Études en l'honneur de Gérard Timsit*, Bruylant, Bruxelles, 2004, pp. 89-106.

[254] DUPUY P.-M. et KERBRAT Y., *Droit international public*, 16e éd,, Dalloz, 2022, pp. 994, spéc. p. 22.

contenu des traités bilatéraux d'investissement, le droit international des investissements s'est construit progressivement comme un droit homogène, quasi multilatéral[255]. En parallèle, la diffusion des offres d'arbitrage État-investisseur, à la suite de la création du CIRDI, et l'accueil de tels arbitrages par différents Centres d'arbitrages[256] a doté ce droit, au minimum, d'un « système spécifique de rétribution des conduites étatiques »[257], voire d'une « juridiction internationale » – prenant la forme de tribunaux décentralisés, partiellement coordonnés par des centres d'arbitrage, dont les membres forment une « communauté épistémique ou interprétative »[258] – permettant le passage d'un « système normatif », à un « système juridique »[259]. Il convient toutefois de souligner ici, en reprenant les propos de la professeur Catherine Kessedjian qu'

> « il est extrêmement difficile de dire que le CIRDI et le droit de l'investissement constituent un « ordre juridique » autonome tant ils sont dépendants du droit international général et du droit des États (à titre résiduel, certes, mais quand même). Si Aron Broches qualifiait le CIRDI de « *complete jurisdictional system* », il ne disait pas que c'était un système indépendant ni autonome. Les tribunaux arbitraux du commerce international, tous indépendants les uns des autres, ne peuvent pas à proprement parler constituer « un organe », même si l'on accepte qu'il existe un ordre juridique marchand ou arbitral »[260].

Le droit des investissements contemporain s'avère (comme le droit de l'UE) une « figure d'intégration juridique » ou un « système de droit »[261], selon le degré de cohérence et d'autonomie qui lui est reconnu.

54. La rencontre d'un régime spécial et d'un régime spécial particulier. Pour reprendre les catégories du rapport de la CDI sur la fragmentation du droit international, l'arbitrage d'investissement pourrait être un « régime spécial (autonome) »[262]. Cette catégorie a également été utilisée pour qualifier la construction européenne. Concernant l'autonomie de tels régimes spéciaux, le juge Jiří Malenovský, insistant sur la différence entre autonomie et indépendance précise que « l'autonomie ne s'avère pas être une faculté, mais constitue un droit d'agir dont l'exercice est déterminé et encadré par un pouvoir extérieur qui lui pose unilatéralement des limites »[263]. Il rejoint sur ce point le professeur Pierre-Marie Dupuy qui critiquant le « mythe des régimes autosuffisants », affirmait que l'ordre juridique spécial qu'est l'UE, non seulement puisait ses origines et son autorité juridique dans le droit

---

255 SCHILL S. W., *The multilateralization of international investment law*, Cambridge, CUP, 2009, pp. 451.

256 DE NANTEUIL A., *Droit international de l'investissement*, 3e éd., Paris, Pedone, 2020, pp. 564, spéc. §§ 7.01-7.27.

257 DUPUY P.-M. et KERBRAT Y., *Droit international public*. *op. cit.*, p. 22.

258 WAIBEL M. « International Investment Law and Treaty Interpretation », *in* HOFMANN R. et TAMS C.J. (eds.), *International Investement Law and General International Law – From Clinical Isolation to Systemic Integration ?*, Baden-Baden, Nomos, 2011, pp. 29-52.

259 PELLET A., « Remarques sur le pluralisme juridique et sur les relations entre systèmes », *in* MOHEBI M., PELLET A. et LOWE V. et *ali* (eds.), *Intemaitonal Law in Motion : Some New Insights – A Tribute to Late Professor François Rigaux*, Louvain, PUL, 2020, pp. 99-116., spéc. p. 110 « [...] rien n'interdit de considérer que le recours à une certaine catégorie de juges (ici les arbitres non étatiques) donne à un système normatif sa cohérence. Le problème en l'occurrence est qu'il lui donne en même temps son *in*cohérence faute d'un mécanisme juridictionnel centralisé [...] et peut conduire à hésiter à qualifier de système ce qui, à certains égards, apparait comme un non-système ».

260 KESSEDJIAN C., « Le tiers impartial et indépendant en droit international, juge, arbitre, médiateur, conciliateur », *RCADI*, Vol. 403, 2019, pp. 59- 643, spéc. § 24.

261 DELMAS-MARTY M, « « La grande complexité juridique du monde », *in Études en l'honneur de Gérard Timsit*, Bruylant, Bruxelles, 2004, pp. 89-106.

262 CDI, *Fragmentation du droit international : Difficultés découlant de la diversification et de l'expansion du droit international*, Rapport du Groupe d'Étude de la CDI, 13.04.06, A/CN.4/L.682, pp. 279.

263 MALENOVSKY J., « À la recherche d'une solution intersystémique aux rapports du droit international et du droit de l'Union européenne », *AFDI*, Vol. 65, 2019, pp. 201-234.

international, mais en outre lui était subordonné[264]. Concernant la nature de l'UE, le juge Jiří Malenovský considère que le droit de l'UE ne correspond ni à une branche (ou sous-système) du droit international ni à un « régime spécial (autonome) », mais à un « sous-système particulier ». Sans être spécial *ratione materiae*, il est comme les régimes spéciaux (autonomes) l'« expression d'une forte volonté dérogatoire de la part de parties », par rapport au droit international général[265].

55. *Des systèmes juridiques plus autonomes qu'indépendants.* Il n'est pas nécessaire d'adopter une approche moniste de l'ordre juridique international comme celle défendue par le professeur Pierre Marie Dupuy pour s'intéresser au rapport entre ce que nous qualifions de « figures d'intégration juridique » afin de souligner – et sans trancher quant à leurs natures respectives – que l'Union européenne et l'arbitrage d'investissement ne sont pas de même nature[266]. Il convient toutefois de relativiser l'autonomie des régimes juridiques, systèmes ou ordres juridiques, de ne pas retenir une approche pluraliste radicale[267]. À défaut, la question de la relation entre des systèmes ne se pose pas, car ces derniers sont considérés comme entièrement clos, hermétiques. Or, ici, notre étude s'inscrit dans une perspective intersystèmique qui considère qu'il existe des liens entre les systèmes juridiques, peu importe leurs degrés respectifs de développement.

56. *Une perspective intersystémique.* Le phénomène de l'arbitrage d'investissement intra-UE correspond à l'aspect le plus conflictuel de la rencontre entre le droit de l'Union et le droit international des investissements. Cette rencontre a pu être décrite comme une collision entre deux sous-systèmes totalement étrangers[268]. Pour les auteurs adoptant une approche relativiste, en premier lieu Santi Romano ou, plus récemment, le professeur Lorenzo Gradoni, l'étude des rapports de systèmes est centrale[269]. Nous emprunterons aux

---

264 DUPUY P.-M., « L'unité de l'ordre juridique international », *RCADI*, Vol. 297, 2002, pp. 9-489, spéc. pp. 432-449.

265 MALENOVSKY J., « À la recherche d'une solution intersystémique aux rapports du droit international et du droit de l'Union européenne », *AFDI*, Vol. 65, 2019, pp. -210-214.

266 Nous privilégierons par la suite le terme de système juridique qui peut paraître plus neutre, sans véritablement le différencier de la notion d'ordre juridique, tout en ayant conscience que parler de rapport de systèmes peut présupposer une approche moniste du droit international. V. PELLET A., « Préface », *in* BURGORGUE-LARSEN L., DUBOUT E., MAITROT DE LA MOTTE *et al.* (dirs.), *Les interactions normatives – Droit de l'Union Européenne et Droit international*, Paris, Pedone, 2012, pp. 5-12, spéc. p. 6 « […] "rapports de systèmes". De "systèmes" et non entre ordres juridiques ce qui implique un présupposé moniste ; et c'est logique dès lors que l'idée, en tout cas sa théorisation, a été le fait de Kelsen : le monisme ne peut se pencher sur les rapports entre ordres juridiques puisqu'il affirme l'unité du droit ; mais, comme ce postulat est faux, il lui faut bien, pour tenter de rendre tout de même un certain compte de la réalité des phénomènes juridiques, réintroduire l'idée de diversité des… systèmes juridiques entre lesquels il va, second axiome, postuler qu'il existe une hiérarchie – *ad majorem gloriam juris gentium*. Ce n'est d'ailleurs pas tellement grave – comme l'a brillamment montré Jean Combacau, l'ordonnancement des normes juridiques en systèmes est un fait qui ne repose pas forcément sur une (ou plusieurs) volonté et je peux souscrire sans beaucoup de difficulté à la définition du mot "systèmes" qu'il retient : "un ensemble dont les éléments ne s'agrègent pas au hasard, mais constituent un 'ordre' en ce qu'ils sont reliés les uns aux autres et à l'ensemble lui-même par des liens tels qu'on ne peut envisager l'un de ces éléments isolé de son entourage sans l'analyser faussement". À vrai dire, que vous appeliez les ordres juridiques "systèmes" ne change pas grand-chose au fait que la question de leurs rapports se pose ».

267 TUORI K, « Vers une théorie du droit transnational », *RIDE*, t. XXVII, 2013/1, pp. 9-36, spéc. pp. 23-26 « En somme, les trois variétés de pluralisme radical condamnent les ordres juridiques (Kelséniens), les régimes (stratèges juridiques) ou les systèmes (théoriciens des systèmes autopoïétiques) à leur point de vue solipsiste, sans possibilité de contacts rompant les limites ou croisant les points de vue ».

268 LEBEN C., « Remarques introductives de l'internationaliste publiciste », *in* BERGE J.-S., FORTEAU M., NIBOYET M.-L. *et al.*, (coord.), FORTEAU M. (dir.), *La fragmentation du droit applicable aux relations internationales – Regards croisés d'internationalistes privatistes et publicistes*, Paris, Pedone, 2011, pp. 21-26, spéc. p. 23 « Il peut même se produire des collisions entre sous-systèmes qui au départ, étaient totalement étrangers les uns par rapport aux autres et semblaient n'avoir aucun point commun qui puisse les mettre en concurrence. Cela a été le cas du croisement surprenant du droit communautaire et du droit international des investissements ».

269 Pour une présentation et une comparaison de l'approche de ces auteurs ainsi qu'un exemple d'étude des relations entre systèmes v. DELLAUX J., *Le cadre juridique international pour la réduction des émissions résultant de la déforestation tropicale (REDD+) – Contribution à l'étude des nouvelles formes de droit*, Bruxelles, Bruylant, 2022, pp. 993, §§ 1104-1192.

seconds quelques aspects de la « perspective intersystémique » qu'il a développée[270]. Nous précisons que cette approche est dite « agnostique » quant à l'unité ou non de l'ordre juridique international[271]. La perspective proposée par le professeur Lorenzo Gradoni repose sur « un concept unifié de système en tant qu'espace de relations », espace divisé en sept couches concentriques, allant des normes « engendrées » se ramenant à la norme fondamentale du système (par exemple un traité institutif), jusqu'aux « faits sociaux », c'est-à-dire « la dimension pré- ou extra-normative que le système peut être appelé à prendre en compte ». La proximité des normes au noyau du système dépend du degré de coïncidence des bases sociales des normes. Ainsi, la première couche comprend des normes qui lient tous les États liés par la norme fondamentale du système. Cette théorie n'intègre pas d'éléments prenant en compte la proximité matérielle des normes.

57. Une perspective intersystémique du point de vue des tribunaux arbitraux. Du point de vue de l'arbitre appliquant un traité bilatéral d'investissement entre États membres, le droit de l'UE relève de la seconde couche concentrique de son système, car il s'agit d'une norme « non engendré par le système, mais dont le champ d'application *ratione personarum* englobe, ou à la limite coïncide avec, la base sociale du système »[272]. Dans le cadre d'un arbitrage sur le fondement du TCEn dont la base sociale est plus large que celle du droit de l'UE, le droit de l'UE se situe pour l'arbitre dans la troisième couche de son système[273].

58. Les techniques de prise en compte liant les systèmes. Les liens entre les systèmes se font par la mise en œuvre de différentes techniques de prise en compte. Le professeur Lorenzo Gradoni identifie onze techniques de prise en compte permettant de lier les systèmes[274]. Ces techniques n'ont pas des portées équivalentes, certaines permettent de prendre en compte des normes appartenant à la première ou à la seconde couche concentrique du système, d'autres peuvent aller au-delà. Elles peuvent être représentées comme autant de flèches, ou vecteurs, de longueurs différentes partant du noyau du système pour atteindre des normes appartenant aux différentes couches concentriques du système. Dans la perspective intersystémique du professeur Lorenzo Gradoni, la proximité d'une norme externe, autrement dit le fait qu'elle soit à la portée des techniques de prise en compte « de courte portée », souvent les plus efficaces, est principalement fonction de la superposition plus ou moins parfaite des groupes d'États liés par cette norme. Dans ce cadre seule la proximité « personnelle » des normes importe.

59. L'ajout d'un aspect matériel dans l'analyse intersytémique. Il nous apparait opportun de prendre en compte la proximité matérielle des normes dans notre étude, et donc d'amender cette approche intersystémique. Les développements précédents, soulignant que le droit de l'UE est une forme de droit conventionnel des investissements internationaux, nous conduisent à poser une présomption supplémentaire quant à la proximité du droit de

---

270 RUIZ FABRI H. et GRADONI L., *Émergence et circulation des concepts juridiques en droit international de l'environnement : entre mondialisation et fragmentation*, Rapport final U.M.R. de droit comparé de Paris (UMR 8103, Paris 1 Sorbonne – CNRS), 2008, pp. 112, spéc. pp. 8-33.

271 À l'inverse d'autres approches pouvant être qualifiées d'intersystémiques écartent clairement l'idée d'une unité de l'ordre juridique. V. TEUBNER G., *Law as an Autopoietic System*, Oxford et Cambridge, Blackwell, 1993, pp. 203, spéc. pp. 114 et 115.

272 RUIZ FABRI H. et GRADONI L., *Emergence et circulation des concepts juridiques en droit international de l'environnement : entre mondialisation et fragmentation*, Rapport final U.M.R. de droit comparé de Paris (UMR 8103, Paris 1 Sorbonne – CNRS), 2008, pp. 112, spéc. pp. 8-13.

273 *Ibid.*

274 *Ibid.* Ces onze techniques de prise en compte sont : l'exception, l'harmonisation, la subsomption, le renvoi, l'incorporation, l'interprétation hypertextuelle obligatoire, l'interprétation hypertextuelle « libre », l'interprétation conforme, la contre mesure « chevauchement », la régulation de l'ampleur du degré d'exclusivité de la juridiction, l'application des principes réglant les conflits de normes.

l'UE à la norme fondamentale du système, en l'espèce le traité d'investissement appliqué par l'arbitre.

60. L'étude de normes externes matériellement proches du traité d'investissement. La proximité matérielle n'est pas indifférente en droit, elle est notamment prise en compte par la maxime d'interprétation *in pari materia*, notamment utilisée par les juridictions états-uniennes pour interpréter harmonieusement des lois portant sur la même matière[275]. En droit international, elle peut jouer un rôle dans la détermination de la pertinence, d'une « règle de droit international applicable dans les relations entre les parties » devant être prise en compte dans l'interprétation d'un traité, comme le prévoit l'article 31 § 3 c) de la Convention de Vienne sur le droit des traités de 1969 (CVDT). Cette règle d'interprétation est par ailleurs une des onze techniques de prise en compte identifiées par le professeur Lorenzo Gradoni. Il s'agit d'une technique de prise en compte qu'il serait possible de qualifier de « longue portée ». La proximité matérielle est également une condition d'application des règles de conflit de conventions mentionnées aux articles 30 et 59 de la CVDT, ces articles précisant s'appliquer aux « traités successifs portant sur la même matière ». Au côté du principe d'interprétation systémique, les règles de conflit de normes sont aussi une des onze techniques de prise en compte susmentionnées. Il nous apparait pertinent de présumer que les liens entre les systèmes sont facilités par la proximité matérielle de leurs normes. Les arbitres pourraient être plus enclins à mobiliser une technique de prise en compte pour appréhender une norme externe, lorsque celle-ci leur est plus familière au regard de sa matière, voire de sa logique profonde[276]. Par conséquent, si en dépit de l'existence de différentes techniques de prise en compte mobilisables par l'arbitre, des normes externes matériellement proches (en l'occurrence de droit de l'UE) ne sont dans l'ensemble pas prises en compte dans l'arbitrage d'investissement ; alors il est possible d'en tirer des conclusions *a fortiori* sur le traitement réservé, par l'arbitre, aux normes externes matériellement éloignées (par exemple de droit de l'environnement). En cela, comme évoqué plus haut, la présente étude entend contribuer à l'étude du traitement par l'arbitre des normes externes à la norme fondamentale de son système.

61. L'étude de techniques de prise en compte formellement mobilisables par les arbitres. À trois exceptions près[277], toutes les techniques de prise en compte identifiées par le professeur Lorenzo Gradoni sont présentes dans notre étude. Ces techniques ne la structurent cependant pas. Notre approche intersystémique est plus formelle : nous nous sommes restreints à étudier des techniques de prise en compte obligatoires, soit celles prévues par les règles de droit international applicables. Des aspects plus substantiels, par exemple de fertilisation croisée, relevant de l'interaction normative, ne sont pas envisagés ici[278]. Nous avons adopté une perspective contentieuse, par conséquent, seules les techniques de prise en compte pouvant être utilisées par l'arbitre, dans la résolution du litige d'investissement entre un investisseur d'un État membre et un autre État membre, ont été étudiées. Il sera question dans les développements suivants principalement des règles de conflit de conventions de la

---

[275] Pour une étude de l'utilisation de cette maxime, par la Cour suprême v. DESAI A. C., « The Dilemma of Interstatutory Interpretation », *Washington and Lee Law Review*, Vol. 77(1), 2020, pp. 177-267.

[276] Au regard des travaux de plusieurs historiens, il apparait qu'une logique néolibérale, issue des travaux d'économistes autrichiens du début du XXe siècle, se trouve au fondement du droit de l'investissement international et du projet d'intégration européenne. Cette matrice commune n'empêche cependant pas des variations et le développement de formes particulières de néolibéralisme, pouvant même entrer en contradiction. V. STOPPIONI E., « Théories critiques et droit européen des investissements », *in* MAUREL R. (dir.), *Nouveaux regards sur le droit européen des investissements*, LexisNexis, 2023, pp. 25-49, spéc. p. 46-48.

[277] Il s'agit de l'harmonisation, de la subsomption et de la contre mesure « chevauchement ».

[278] CREPET-DAIGREMONT C., « Les interactions normatives dans le domaine des investissements : La remise en cause du droit international par le droit de l'UE », *in* BURGORGUE-LARSEN L., DUBOUT E., MAITROT DE LA MOTTE *et al.* (dirs.), *Les interactions normatives – Droit de l'Union Européenne et Droit international*, Paris, Pedone, 2012, pp. 167-180.

CVDT, des renvois prévus par les traités d'investissement (clauses de choix du droit applicable) ou par les règles procédurales applicables (règles de détermination du droit applicable) et des articles de la CVDT relatifs à l'interprétation des traités. Toutes ces règles sont autant de techniques de prise en compte du droit de l'UE dans les arbitrages intra-UE, que nous étudierons. De plus, l'étude des techniques de prise en compte identifiées par le professeur Lorenzo Gradoni sera complétée par celle de la prise en considération du droit de l'UE en tant que fait[279].

62. Les perspectives de premières études sur le sujet. Les rapports entre le droit de l'UE et le droit international de l'investissement ont fait l'objet de très nombreuses études. Angelos Dimopoulos s'était attaché, en 2010, à identifier un droit de l'Union de l'investissement étranger[280]. En 2016, Guillaume-André Jean a privilégié l'étude de l'approche européenne du droit international de l'investissement (dans ses aspects matériels et procéduraux). Il considère la problématique interne d'un droit de l'UE *stricto sensu* des investissements internationaux, comme secondaire, par rapport à celle, externe, d'une politique commune – y compris avant l'heure – d'investissement de l'UE[281]. La mise en œuvre de la compétence de l'UE en matière d'investissements internationaux a été par la suite traitée, en détail, par Nicolas Pigeon[282]. En 2019, Maxime Discours proposait avec un certain optimisme, au terme d'une étude de l'interaction entre l'ordre juridique arbitral et l'ordre juridique de l'UE, d'européaniser l'arbitrage relatif aux investissements de l'UE[283].

63. L'étude de Philip Strik de 2014. Il y a environ dix ans, Philip Strik a consacré la dernière partie de son étude sur le marché unique en matière d'investissements directs étrangers à l'interaction entre les TBI entre États membres et le droit de l'UE. C'est une fiche de lecture de cet ouvrage, que nous avons réalisée dans le cadre d'un stage de fin d'études à l'Institut des relations internationales de Prague qui est à l'origine de cette thèse. Dans cet ouvrage, Philip Strik écartait l'idée d'une nullité de ces traités et considérait qu'il n'avait pas cessé de produire des effets. Toutefois, il indiquait qu'il n'était pas possible, à ce stade, d'écarter toutes incidences juridiques pour le droit de l'UE de l'arbitrage d'investissement intra-UE[284]. Il soulignait, qu'il n'était possible de répondre à la question de la compatibilité de l'arbitrage d'investissement intra-UE avec l'autonomie du droit de l'UE, qu'en sachant si, et dans l'affirmative comment, les tribunaux traitent le droit de l'UE[285].

64. L'hypothèse de travail de départ. Philip Strik n'avait, en 2014, que peu de sentences à examiner. De plus, nombre de sentences ne se prononçaient pas directement au sujet du droit de l'UE. Leur étude ne pouvait que donner lieu à des conclusions provisoires[286]. Quelques années plus tard, lorsque nous avons commencé nos recherches, le nombre de sentences était déjà plus important et ne cessait d'augmenter. La rencontre du droit

---

279 La technique de la « prise en considération » ou « prise en compte » de normes étrangères, en tant que donné, issue du droit international privé peut être transposée à des questions de droit international public. Pour un ex. v. LEMAIRE S., « De l'effet en France des résolutions des Nations Unies sur la souveraineté d'un État et l'immunité d'exécution », *Revue critique de droit international privé*, 2007, pp. 113-127. Plus généralement sur la notion de prise en considération d'une norme par le juge et sur des figures de prise en considération v. DEUMIER P., « La prise en considération d'une norme par le juge : le chaînon manquant ? », *Recueil Dalloz*, 2022, p. 1668-1674.

280 DIMOPOULOS A., *EU Foreign Investment Law*, Oxford, OUP, 2011, pp. 347.

281 JEAN G.-A., *Le droit des investissements internationaux face à l'Union européenne*, Thèse : Droit, Paris-Dauphine – Université Autonome de Madrid, 2016, pp. 556.

282 PIGEON N., *La mise en œuvre de la compétence de l'Union européenne en matière d'investissements internationaux*, Thèse : Droit, Université Paris I – Panthéon Sorbonne, 2018, pp. 754.

283 DISCOURS M., *L'arbitrage international à l'épreuve de l'expansionnisme du droit de l'Union européenne*, Thèse : Droit, Université Paris Nanterre, 2019, pp. 456.

284 STRIK P., *Shaping the Single European Market in the field of foreign direct investment*, Oxford, Hart Publishing, 2014, pp. 261, spéc. p. 210-223.

285 *Ibid.*, pp. 237-250.

286 *Ibid.*, pp. 244-250.

international de l'investissement et du droit de l'UE a donc pris la forme, au sein de l'Union, d'arbitrages d'investissement entre un investisseur d'un État membre et un autre État membre. C'est ce phénomène particulier que nous avons décidé d'étudier, afin de répondre à la question du traitement du droit de l'UE par ces tribunaux. L'étude, systématique, de toutes les sentences prononcées par des tribunaux arbitraux compétents sur le fondement d'un traité d'investissement, entre 2007 et 2024, nous a conduits à délaisser quelque peu une perspective européaniste initiale au profit de la perspective intersystémique de droit international public exposée ci-dessus.

65. La situation de l'étude par rapport à d'autres études récentes. Le sujet fait, en effet, l'objet de nombreuses perspectives, ce qui ne surprendra pas les tenants d'une approche pluraliste, comme le professeur Alain Pellet qui qualifie sa manière d'envisager les relations entre ordres juridiques de « perspectivisme », en ce qu'elle admet qu'il existe plusieurs systèmes, qui chacun se prétendent souverain en leur sein[287] ; cette approche peut rejoindre celle en termes de régimes, mobilisée par Konstanze von Papp, pour décrire l'interaction entre le droit de l'UE et l'arbitrage international (c'est-à-dire l'arbitrage d'investissement et l'arbitrage commercial)[288]. Certains travaux, reposant sur la combinaison de deux perspectives, une de droit de l'UE et une de droit international de l'investissement, se proposent de comparer dans l'ensemble ces deux ordres juridiques[289]. Une approche plus polarisée combinant, d'un côté, les débats portant sur la légitimité du droit international de l'investissement et, de l'autre, ceux concernant la validité des TBI entre États membres a également été proposée[290]. Il faut souligner que la grande majorité des travaux précités ne se limitent pas aux investissements ou aux arbitrages d'investissement intra-UE. C'est aussi le cas de l'étude de Franceso Montanaro[291] et de celle de Nico Basener[292]. Ces deux études, qui se présentent comme des études de droit international de l'investissement, traitent toutes deux des interactions entre ce dernier et le droit de l'UE. La première s'intéresse à l'approche qu'a l'Union européenne du droit international de l'investissement et la seconde à la prise en compte du droit de l'UE dans les arbitrages d'investissement intra- et extra-UE. Ces auteurs s'opposent concernant la conformité au droit international des approches des tribunaux. Franceso Montanaro qualifie en substance l'approche de l'UE d'européaniste et celle des tribunaux d'internationaliste. À l'inverse, Nico Basener conclut que les positions défendues par l'Union et les États membres sont conformes au droit international. Nos travaux nous ont également conduits à conclure en ce sens.

66. Sources primaires de l'étude et méthodologie. Notre étude porte sur le traitement du droit de l'Union européen par les tribunaux arbitraux compétents sur le fondement de traités d'investissement entre États membres. Nous examinerons sur plusieurs points l'approche des tribunaux quant au droit de l'Union, que ce soit au stade de la détermination

---

287 PELLET A., « Remarques sur le pluralisme juridique et sur les relations entre systèmes », *in* MOHEBI M., PELLET A. et LOWE V. *et al.* (eds.), *Intemaitonal Law in Motion : Some New Insights – A Tribute to Late Professor François Rigaux*, Louvain, PUL, 2020, pp. 99-116., spéc. p. 99.

288 VON PAPP K., *EU Law and International Arbitration – Managing Distrust Through Dialogue*, Oxford, Hart Publishing, 2021, pp. 165.

289 FECAK T., *International Investment Agreements and EU Law*, Alphen aan den Rijn, Kluwer, 2016, pp. 582 ; DAMJANOVIC I., *The European Union and International Investment Law Reform – Between Aspirations and Reality*, Cambridge, CUP, 2023, pp. 409.

290 NIEMELA P., *The Relationship of EU Law and Bilateral Investment Treaties of EU Members States : Treaty Conflict, Harmonious Coexistence and the Critique of Investment Arbitration*, Thesis: Law, Faculty of Law – University of Helsinki, 2017, pp. 321. V. aussi STOPPIONI E., « Théories critiques et droit européen des investissements », *in* MAUREL R. (dir.), *Nouveaux regards sur le droit européen des investissements*, LexisNexis, 2023, pp. 25-49.

291 MONTANARO F., *The European Union and International Investment Law - The Two Dimensions of an Uneasy Relationship*, Oxford, Hart Publishing, 2023, pp. 156.

292 BASENER N., *Investment Protection in the European Union – Considering EU law in investment arbitration arising from intra-EU and extra-EU bilateral investment agreements*, Baden-Baden, Nomos, 2017, pp. 512.

de la compétence du tribunal, au stade de la détermination du droit applicable, de l'application de ce dernier, ainsi que de l'interprétation du traité d'investissement. Cet examen portera sur toutes les sentences prononcées sur le fondement d'un TBI entre États membres entre 2007 et 2023, ainsi que sur les sentences appliquant le TCEn à des litiges entre un investisseur d'un État membre et un autre État membre entre 2007 et 2024. Ces sentences arbitrales, complétées par d'autres sentences ou décisions de juridictions internationales, constituent la plus grande part des sources primaires sur lesquelles reposent nos travaux. Certaines questions ont également requis l'étude des dispositions d'un ensemble de 215 TBI dont les textes étaient disponibles sur la banque de données de la CNUCED. D'autres ont nécessité d'examiner différents règlements d'arbitrage et dispositions de droits internes de nature procédurale en matière d'arbitrage international. Ces normes et décisions sont étudiées selon une approche dogmatique classique, reposant sur une analyse rigoureuse de la jurisprudence et des normes, visant à proposer une présentation structurée et synthétique, d'un point de vue interne au droit, d'une problématique juridique. Sans revendiquer une méthode mixte, intégrant à la méthode qualitative de la dogmatique juridique des méthodes qualitatives, nous avons conduit, sur plusieurs problématiques précises, quelques analyses statistiques de ces sources primaires. Aussi l'étude intègre-t-elle également une forme de méthode de recherche empirique rudimentaire (au regard des moyens utilisés, résidant dans la comptabilisation « manuelle » d'occurrences dans des tableaux simples, faisant l'objet d'annexes). Il peut être noté que les principales sources primaires étudiées ici – en particulier les sentences – constituent des ensembles plus larges que ceux étudiés par les auteurs précédemment cités, et ce, du fait de l'antériorité, ou de la portée plus large de leurs études. Ici, la restriction du sujet a permis un examen plus approfondi des sentences arbitrales.

67. Sources secondaires et discipline privilégiée. L'étude des sources primaires précitées a été complétée par celles de diverses sources secondaires, issues en grande majorité de la doctrine juridique. Quelques travaux d'historiens ou de sociologues sont, toutefois, ponctuellement mobilisés. Le sujet du traitement du droit de l'UE dans les arbitrages d'investissement intra-UE peut intéresser, sans être exhaustif, la doctrine européaniste et la doctrine internationaliste, qu'elle soit, pour cette dernière, publiciste, commercialiste ou arbitragiste. Dans cette étude, le sujet sera traité à travers le prisme du droit international public. Une grande place sera faite au droit des traités. C'est sous cet angle que nous traiterons à la fois des traités de l'UE et des traités de protection des investissements. Nos travaux s'inscrivent en droit international de l'investissement, entendu comme une sous-branche du droit international économique[293]. L'étude traite cependant aussi de questions relevant davantage d'un droit du commerce international qui comprendrait l'arbitrage commercial international.

68. La prise en compte du droit de l'UE dans les arbitrages d'investissement intra-UE. C'est en vertu des règles de droit international public que des tribunaux arbitraux institués par des traités d'investissement entre États membres ont considéré pouvoir trancher des litiges entre un investisseur d'un État membre et un autre État membre. La question des conséquences de la rencontre du droit international de l'investissement et du droit de l'UE dans le cadre d'arbitrages d'investissement intra-UE ne s'est pas posée immédiatement et systématiquement. Des tribunaux ont pu résoudre des litiges d'investissement qui, du point de vue de l'Union, étaient dépourvus d'éléments d'extranéité, sans avoir à répondre à la question des effets de l'intégration européenne sur leur compétence. La compétence de tribunaux établis par des traités d'investissement entre États membres a été, pour ainsi dire, mise à l'épreuve de l'intégration européenne pour la première fois en 2007. La rencontre a

---

293 COUVEINHES MATSUMOTO F., *Droit international économique*, Paris, PUF, 2023, pp. 663.

pris alors une forme conflictuelle compte tenu des conclusions de la sentence *Eastern Sugar B. V.* Celle-ci marque la collision du droit de l'UE et du droit international de l'investissement dans le cadre d'un arbitrage d'investissement intra-UE[294].

69. La prise en compte du droit de l'UE au regard d'une règle de conflit de conventions. La question la plus discutée dans les arbitrages d'investissement intra-UE est rapidement devenue celle de l'application d'une règle de conflit de conventions, affectant la compétence des tribunaux. Dans l'ensemble, les tribunaux ont pour l'essentiel nié l'existence d'un conflit et affirmé la coexistence des traités, en arguant notamment de la différence de leurs matières respectives. Jusqu'en 2018, il était ainsi possible de douter de l'incompatibilité de ces traités avec les traités de l'UE[295]. Cette question n'avait pas été tranchée par la Cour de justice. Il est difficile d'en douter après l'arrêt *Achmea*, dans lequel la Cour a jugé que les articles 267 et 344 TFUE, lus conjointement, s'opposaient à l'offre d'arbitrage État-investisseur d'un traité entre États membres[296]. Cet arrêt ne modifia en rien la position des tribunaux quant à leur compétence.

70. Problématique. Les règles de droit international autorisent les tribunaux arbitraux compétents sur le fondement d'un traité d'investissement entre États membres, à prendre en compte dans le règlement du différend le droit de l'UE ; elles les y invitent, voire les y obligent. Aussi l'étude des sentences arbitrales de ces tribunaux devrait-elle permettre, *a priori*, de préciser ces modalités de prise en compte. Or, il apparait que le droit de l'UE n'est pas pris en compte dans ces arbitrages. Dès lors, il convient de s'interroger sur cet état de fait, les règles de droit international public susmentionnées s'appliquent telles aux tribunaux arbitraux ? Les tribunaux les appliquent-ils ? Sont-elles efficaces ou inopérantes ? En somme, il s'agit formellement d'identifier des obstacles à la prise en compte du droit de l'UE dans les arbitrages d'investissement intra-UE, et partant plus largement de renseigner sur le traitement par les arbitres, à divers titres, de normes externes au traité qu'ils appliquent – ce qui peut informer sur leur conception de leur ordre juridique.

71. La mise à l'épreuve de l'hypothèse de l'application du droit international public. Dans les arbitrages d'investissement intra-UE, la question de la prise en compte du droit de l'UE s'est posée, d'une part, au stade de la détermination de la compétence du tribunal et, d'autre part, au stade de la résolution au fond du litige. En matière de compétence, l'étude des sentences et décisions suggère que les tribunaux ont pu étendre « la compétence arbitrale au-delà des dispositions [conventionnelles] » et des règles de droit international public applicables[297]. En effet, une incompatibilité entre certaines dispositions des traités

---

[294] SCC (CNUDCI), *Eastern Sugar B. V. c. République tchèque*, aff. n° 088/2004, Sentence partielle du 27 mars 2007. Dans cet arbitrage, la République tchèque contestait la compétence du tribunal en raison de son adhésion à l'Union européenne.

[295] KESSEDJIAN C. et VANHONNAEKER L., « Les différends entre investisseurs et États hôte par un tribunal arbitral permanent. L'exemple du CETA », *RDT eur.*, 2017, pp. 633-656. Dans cet article, qui précède de quelques mois le prononcé de l'arrêt *Achmea*, les auteurs partent des discussions portant sur la compatibilité de l'arbitrage d'investissement intra-UE avec l'autonomie du système juridique de l'UE pour se prononcer sur le système juridictionnel des investissements (SJI) présent dans les nouveaux accords commerciaux de l'UE. Ce nouveau système (tout comme l'arbitrage d'investissement intra-UE), à condition de prévoir que les divisions du tribunal envisagé puissent poser une question préjudicielle à la Cour de justice et que les divisions du tribunal d'appel envisagé y soient obligées, est considéré par les auteurs comme compatible avec l'autonomie du système juridique de l'UE. Cette position rejoint celle formulée par l'avocat général Wathlet dans ses conclusions sur l'arrêt *Achmea*. Ce dernier avait proposé à la Cour de justice d'autoriser les tribunaux arbitraux à lui poser des questions préjudicielles et, partant, de rendre l'arbitrage d'investissement intra-UE compatible avec le droit de l'UE. La Cour de justice n'a pas suivi cette voie.

[296] CJUE, Gde ch., 6 mars 2018, *Achmea B.V.*, aff. C-284/ 16. V. aussi PIGEON N. et BARBOU DES PLACES S., « Autonomie de l'ordre juridique de l'Union européenne, confiance mutuelle entre États membres et arbitrage d'investissement. Commentaire de l'arrêt de la Cour de justice du 6 mars 2018, *Achmea*, aff. C-284/16 », *AFDI*, Vol. 64, pp. 471-481.

[297] V. par analogie BENTOLILA D., « Quelques réflexions sur le statut des tribunaux arbitraux fondés sur des traités en matière d'investissement », *in* BENTOLILA D. et KOHEN M. G. (éd.), *Mélanges J.-M. JACQUET*, Paris, LexisNexis, 2013,

constitutifs de l'UE et les offres d'arbitrage État-investisseur des traités entre États membres devrait emporter l'incompétence de tribunaux institués par ces traités. Nombre de tribunaux se sont déclarés compétents en avançant que ces offres d'arbitrage étaient compatibles avec le droit de l'UE ; toutefois certains se sont déclarés compétents nonobstant l'incompatibilité des premières à ce dernier. D'autres tribunaux semblent poser « des limites à la volonté conjointe des parties à un traité », ce qui suggère pour certains, dans une perspective de droit international public, qu'entrent en jeu des règles relevant du *jus cogens*[298]. Dans une perspective différente, transnationale[299], le rejet des obstacles à la compétence des tribunaux, voire à l'arbitrabilité des litiges, pourrait être l'indice de l'intervention de principes généraux de l'arbitrage international[300]. De tels principes pourraient offrir une clé de compréhension de la « neutralisation » du droit de l'Union au stade de la résolution au fond du litige.

72. *Une forme de manifestation de la* favor arbitrandum. Bien que notre étude soit une étude de droit international public, les développements de notre première partie peuvent être placés sur l'égide du concept de *favor arbitrandum*, utilisé par Bernard Hanotiau pour décrire le recul de l'inarbitrabilité (ou non-arbitrabilité) et la potentielle contrariété à « l'ordre public transnational » de règles rejetant l'arbitrabilité de certains litiges[301]. L'examen des sentences suggère que les tribunaux ne se sont pas simplement déclarés compétents au regard du consentement des parties à l'arbitrage[302], mais ont affirmé de manière continue l'arbitrabilité des litiges entre un investisseur d'un État membre et un autre État membre, au sens d'une absence d'interdiction du règlement en dehors des juridictions des États membres de cette catégorie de contestation[303]. Cela ressort de l'insistance des tribunaux quant à

---

pp. 3-29, spéc. pp. 14. L'autrice souligne le rôle limité des règles de droit international public général dans les sentences des tribunaux arbitraux et poursuit sa démonstration en indiquant : « De plus, lorsque les tribunaux arbitraux essayent de limiter la compétence arbitrale au-delà des dispositions de la Convention de Washington, ils se réfèrent plutôt à des principes généraux fondés sur une pluralité de sources qu'à des règles de droit international public. Tel est le cas lorsque l'investisseur commet un abus de droit pour bénéficier de la Convention CIRDI, ou lorsqu'il viole des principes appartenant à l'ordre public transnational ».

298 CASTELLARIN E., De NANTEUIL et ROBERT-CUENDET S., « Arbitrage d'investissement et droit international général (2020) », *ADFI*, Vol. 66, 2020, pp. 791-833, spéc. p. 796.

299 Cette référence au droit transnational renvoie ici à plusieurs approches, *la lex mercatoria*, un droit transnational qui serait un droit international de contrats d'États particuliers (ex : concessions pétrolières) ou encore les principes de droit transnational proposés par le professeur Pierre Mayer. Il ne s'agit pas de renvoyer à des approches relevant du droit international public. Sur ces distinctions v. LEBEN C., « Retour sur la notion de contrat d'État et sur le droit applicable à celui-ci », *in Mélanges offerts au professeur H. Thierry*, Paris, Pedone, 1998, pp. 247-280.

300 GAILARD E., « Fasc. 705 : Arbitrage Commercial international. – Convention d'arbitrage. – Arbitrabilité », *JCl. Droit international*, LexisNexis, 1994, spéc. § 14-25, spéc. § 22. L'auteur conclut que « l'arbitrabilité subjective des litiges internationaux auxquels un État, un organisme ou un établissement public dépendant de lui est partie, est, indépendamment de la teneur de la loi interne de cet État, un principe d'ordre public véritablement international du droit de l'arbitrage international ».

301 HANOTIAU B., « L'arbitrabilité », *RCADI*, Vol. 296, 2002, pp. 25-253, spéc. p. 253.

302 En droit international public, la question de l'arbitrabilité d'un litige ne se distingue pas de celle de l'existence d'un consentement *a priori* des parties à l'arbitrage. Les différends arbitrables sont ceux visés par un engagement d'arbitrage. V. COULÉE F., « Arbitrage interétatique », *Rép. de droit international*, Dalloz, 2007, spéc. §§ 37-39 ; DAILLIER P et PELLET A., *Droit international public*, 6e éd., Paris, L.G.D.J., 1999, pp. 1455, spéc., § 529 et § 530 « Tout différend est "arbitrable" si telle est la volonté des parties ». Dans l'arbitrage commercial international, l'arbitrabilité est une condition de validité de la convention d'arbitrage qui ne se confond pas avec l'existence d'un consentement des parties à l'arbitrage, exempt de vices. V. GAILARD E., « Fasc. 705 : Arbitrage Commercial international. – Convention d'arbitrage. – Arbitrabilité », *JCl. Droit international*, LexisNexis, 1994, spéc. § 1 « Pour être valable, une convention d'arbitrage ne doit pas seulement être le fruit d'un consentement exempt de vices [...]. Elle doit également être objectivement licite. Cela suppose d'une part qu'elle porte sur une matière susceptible d'être tranchée par voie d'arbitrage et d'autre part qu'elle soit passée entre des parties qui, toutes, peuvent se soumettre à l'arbitrage. Cette considération, qui procède d'un souci de protection de l'intérêt général alors que la nécessité d'un consentement sain et éclairé est destinée à assurer la protection de la partie qui s'engage à recourir à l'arbitrage, est connue sous le terme d'arbitrabilité ».

303 HANOTIAU B., « L'arbitrabilité », *op. cit*, p. 39 « Bien que la compétence juridictionnelle soit un attribut essentiel de l'État, les parties peuvent, si elles en expriment la volonté, attribuer compétence à des arbitres aux fins de trancher leurs litiges. L'État conserve toutefois le pouvoir d'interdire le règlement, en dehors de juridictions étatiques, de catégories de

l'absence d'interdiction de l'arbitrage État-investisseur dans les traités de l'UE, ainsi que de leur tendance à affirmer la validité des traités ou de l'offre en réponse à une contestation de l'applicabilité de l'offre d'arbitrage. Or, une telle interdiction[304], émanant du droit de l'UE, peut être déduite de la jurisprudence de la Cour de justice[305]. En effet, la Cour de justice veille – en vertu des traités constitutifs de l'UE – au règlement des différends pouvant porter sur des « mesures souveraines de mise en œuvre du droit de l'UE » au sein du système juridictionnel de l'Union et, par conséquent, interdit la soumission de cette catégorie de litige à l'arbitrage[306]. Cette catégorie de litige n'est donc pas arbitrable. En l'absence de cette qualité, faculté ou aptitude (selon les auteurs) du litige à être résolu par la voie de l'arbitrage, une convention d'arbitrage portant sur un tel litige est invalide et, partant, les arbitres incompétents. Cette question d'arbitrabilité objective[307], car c'est bien la matière du litige qui est visée, soit l'application souveraine du droit de l'Union dans un litige d'investissement interne à l'UE, peut être examinée par les arbitres et par des juges nationaux selon différentes lois[308]. Nous traiterons de cette question, ou en général des questions de compétence des tribunaux[309], principalement dans le cadre de la procédure principale d'arbitrage[310]. Ces

---

contestations. L'on dit alors que le litige n'est pas arbitrable. Si une convention d'arbitrage est néanmoins conclue, elle sera dépourvue de validité. L'arbitrabilité est en effet une condition de validité de la convention d'arbitrage et, partant, de la compétence des arbitres ».

304 Classiquement les hypothèses de non-arbitrabilité sont expliqués par des considérations d'ordre public, certains auteurs contestent cette lecture et y voient une « inability of arbitration to provide for an effective resolution of a specific dispute ». V. BREKOULAKIS S., *On Arbitrability : Persisting Misconceptions And New Areas of Concern*, Queen Mary University of London, School of Law – Legal Studies Research Paper No. 20/2009, 2009, pp. 28, spéc. § 2-48.

305 CORDERO-MOSS G., « Court Control on Arbitral Awards : Public Policy, Uniform Application of EU Law and Arbitrability », *in* CALISSENDORFF A. et SCHOLDSTROM P. (eds), *Stockholm Arbitration Yearbook 2020*, Alphen aan den Rijn, Kluwer Law International, 2020, pp. 205-222 « The need to ensure an accurate application of EU law led the Court of Justice of the European Union (CJEU), in the famous *Achmea* case, to exclude the arbitrability of investment disputes between EU Member States. For investment arbitration, thus, the CJEU denied arbitrability of disputes relating to EU law » *pro* MADDEN P. et KNOEBEL C., « Arbitrability and Public Policy Challenges », *in* Global Arbitration Review, *The Guide to Challenging and Enforcing Arbitration Awards*, *3rd ed.*, 2023, pp. 21 et s. V. aussi COLMAN P., « L'arbitrage d'investissement à l'épreuve de l'autonomie du droit de l'Union européenne », *Cahiers de l'arbitrage*, Vol. 2, 2022, pp. 581-595, « [...] au regard de la jurisprudence de la Cour [(arrêts *Achmea*, *Komstroy*, *PL Holdings*, *European Food*)] la question de l'arbitrabilité des litiges des États membres avec des opérateurs économiques d'autres États membres pourrait se poser de manière générale » ; JOURDAN-MARQUES J., « Arbitrage et question préjudicielle » *Cahiers de l'arbitrage*, Vol. 2, 2022, pp. 595-608. Cet auteur suggère, en dernière analyse, que les arrêts *Achmea*, *Komstroy* et *PL Holdings* sont une manifestation d'un « reflux de l'arbitrabilité des litiges en présence de règles européennes ».

306 Av. gén. Juliane Kokott., concl. prè CJUE, Gde ch., 26 octobre 2021, *République de Pologne c. PL Holdings Sàrl*, aff. C-109/20, §§ 54 et 61.

307 Sur la distinction entre la non-arbitrabilité subjective ou *ratione personae* et la non-arbitrabilité objective ou *ratione materiae* v. GAILARD E., « Fasc. 705 : Arbitrage commercial international. – Convention d'arbitrage. – Arbitrabilité », *JCl. Droit international*, LexisNexis, 1994. Sur l'arbitrabilité en droit administratif français v. LAHOUAZI M., « Arbitrage : arbitrabilité », *Rép. de contentieux administratif*, Dalloz, Janvier 2024.

308 MAYER P., « L'autonomie de l'arbitre international dans l'appréciation de sa propre compétence », *RCADI*, Vol. 217, 1989, pp. 319-454, spéc. § 116. V. aussi BREKOULAKIS S., *Law Applicable to Arbitrability : Revisiting the Revisited* lex fori, Queen Mary University of London, School of Law – Legal Studies Research Paper No. 21/2009, 2009, pp. 23.

309 Il faut souligner que la Convention CIRDI ne fait pas référence à la notion d'arbitrabilité. Elle privilégie la notion plus large de compétence et précise qu'un État peut « faire connaître au Centre la ou les catégories de différends qu'il considèrerait comme pouvant être soumis ou non à la compétence du Centre ». V. Convention CIRDI art. 25 § 4. Dans la doctrine arbitragiste certains soutiennent, contrairement à la position majoritaire, que l'arbitrabilité est une question de compétence du tribunal et pas une question de validité de la convention d'arbitrage. V. BREKOULAKIS S., *On Arbitrability : Persisting Misconceptions And New Areas of Concern*, *op. cit.*, spéc. §§ 2-58-2-85. Cela a pour conséquence de réserver le contrôle de l'arbitrabilité aux arbitres.

310 Une étude systématique des décisions des Comité *Ad hoc* d'annulation du CIRDI portant sur des sentences d'arbitrages intra-UE a été écarté au regard du caractère « très limité du contrôle » opéré par ces Comités, l'inapplication du droit de l'UE au stade de la compétence ou au fond ne pouvant être sanctionnée *a priori* qu'à condition de constituer un excès de pouvoir manifeste du tribunal. Sur le caractère très limité de ce contrôle v. KESSEDJIAN C., « Le tiers impartial et indépendant en droit international, juge, arbitre, médiateur, conciliateur », *RCADI*, Vol. 403, 2019, pp. 59- 643, spéc. § 504. Concernant les recours devant des juridictions nationales, au regard du nombre et de la diversité des juridictions saisies, une étude systématique des décisions de juridictions internes concernant des arbitrages intra-UE n'a pas pu être

questions apparaissent également dans le cadre de recours post-sentence ou de procédures de reconnaissance et d'exécution devant différentes juridictions internes[311]. Elles sont notamment au cœur des décisions des juridictions états-uniennes ayant eu à se prononcer sur la reconnaissance et l'exécution de sentences intra-UE[312]. Nous n'étudierons pas spécifiquement la jurisprudence des États non membres de l'Union en la matière, celle de certains États membres est ponctuellement citée, comme certaines décisions de comité *ad hoc* d'annulation CIRDI.

73. Une forme de neutralisation de normes externes. Un autre concept, ne provenant pas de la doctrine internationaliste publiciste, nous parait exprimer au mieux le traitement du droit de l'UE par les tribunaux dans les arbitrages, celui de « neutralisation » que le professeur Pierre Mayer avait appliqué au pouvoir normatif de l'État dans une étude sur les contrats d'État. Pour cet auteur, cette neutralisation n'était pas la conséquence d'une inscription de contrats d'État dans l'ordre juridique international, mais de sa conclusion en dehors de l'ordre juridique de l'État[313]. Ici, l'utilisation de la notion de neutralisation vise à exprimer les limites du caractère opératoire de plusieurs techniques de prise en compte de normes externes, qui s'imposent aux arbitres[314]. Ces techniques se situent au stade de l'application du traité d'investissement, mais aussi au stade de l'interprétation des traités d'investissement. Dans le premier cas, il s'agit de techniques de renvoi prévues par les traités et dans le second de modalités d'interprétation prévues par la CVDT.

74. Plan de thèse. Dans le cadre d'arbitrages d'investissement intra-UE, le droit de l'UE a été jugé comme ne pouvant pas faire obstacle, à différents titres, à la compétence des tribunaux. Ces derniers ont ainsi affirmé en substance[315], mais surtout de manière constante l'arbitrabilité des litiges d'investissement intra-UE (Partie I). Par ailleurs, lors de la détermination du droit applicable, de l'application du droit, de la considération de faits juridiques, ainsi que de l'interprétation du traité d'investissement, le droit de l'UE est privé d'effets – en ce qu'il n'exerce pas une influence déterminante sur les motifs de la sentence des arbitres. Le droit de l'UE est neutralisé dans les arbitrages d'investissement intra-UE (Partie II).

---

menée, ici. De plus, il nous semble qu'une telle étude, versant à l'analyse la perspective de juges nationaux, aurait affecté l'homogénéité d'ensemble de notre étude du traitement du droit de l'UE.

311 HANOTIAU B., « L'arbitrabilité », *RCADI*, Vol. 296, 2002, pp. 25-253, spéc. pp. 39 et 40.

312 DEBEVOISE AND PLIMPTON, « D.C. Circuit Gives with One Hand and Takes with the Other: A Mixed Ruling on EU Award Enforcement Prospects in the U.S. », *Debevoise Update*, 8.10.2024, pp 5, « By finding Achmea-based objections non-jurisdictional under the FSIA, the D.C. Circuit has effectively closed the door to threshold-stage Achmea challenges, bringing the United States in line with similar holdings reached by the U.K. High Court and the High Court of Australia. At the same time, the D.C. Circuit was careful to emphasize that it was not passing judgment on the merits of Achmea-based challenges to arbitrability, which will be the next issue for district courts to consider », disponible à l'adresse : < https://www.debevoise.com/insights/publications/2024/10/dc-circuit-gives-with-one-hand-and-takes-with-the>, consulté le 30.12.2024.

313 MAYER P., « La neutralisation du pouvoir normatif de l'État en matière de contrats d'État », *JDI*, 1986, pp. 5-78.

314 La notion de limites du caractère opératoire de techniques de prise en compte est évoquée dans les travaux du professeur Lorenzo Gradoni. V. RUIZ FABRI H. et GRADONI L., *Émergence et circulation des concepts juridiques en droit international de l'environnement : entre mondialisation et fragmentation*, Rapport final U.M.R. de droit comparé de Paris (UMR 8103, Paris 1 Sorbonne – CNRS), 2008, pp. 112, spéc. pp. 8-33. Cet auteur a également utilisé le terme de « neutralisation fonctionnelle » du principe d'intégration systémique de l'article 31 § 3 c) CVDT pour décrire l'approche d'un Groupe spécial de l'OMC. V. GRADONI L., « Regole di interpretazione difficili da interpretare e frammentazione del principio di integrazione sistémica », *Revista di diritto internatiozonale*, Vol. 93(3), 2010, pp. 809-817, spéc. pp. 812-813 *cité par* STOPPIONI E., *Le droit non écrit dans le contentieux international économique – Une analyse critique de discours*, Leiden – Boston, Brill Nijhoff, 2022, pp. 627, spéc. p. 585.

315 Parfois formellement, mais sans distinguer véritablement cette question de celle de la compétence des tribunaux au regard de l'existence et de l'applicabilité de l'offre d'arbitrage. V. SCC, (CNUDCI), *Eastern Sugar B. V. c. République tchèque*, aff. n° 088/2004, Sentence partielle du 27 mars 2007, §§ 182-187 ; CPA, (CNUDCI), *Achmea B. V. c. République slovaque (formerly Eureko B. V. c. République slovaque)*, aff. n° 2008-13, Décision sur la compétence, l'arbitrabilité et la suspension du 26 octobre 2010, § 284 et § 285.

Partie I
L'arbitrabilité des litiges d'investissement intra-UE

75. ***L'appartenance de l'investissement étranger intra-UE aux domaines du droit de l'UE.*** De même que le commerce entre États membres de l'Union européenne (UE) n'est pas régi par le droit de l'organisation mondiale du commerce (OMC), l'investissement entre États membres (intra-UE) – c'est-à-dire l'investissement d'un investisseur d'un État membre[316] dans un autre État membre – peut être considéré, comme un domaine régi par le droit de l'UE et non par le droit international de l'investissement. Une telle compréhension du champ d'application du droit de l'UE peut expliquer l'attitude de la Commission avant l'élargissement de 2004. En effet, celle-ci s'est alors attachée à résoudre des difficultés juridiques relevant de la future application de traités bilatéraux d'investissement (TBI) entre des États en cours d'adhésion et des États tiers, mais pas celles relevant de l'application de TBI conclus entre ces futurs États membres et les États de l'Europe des Quinze.

76. ***L'inarbitrabilité présumée des litiges d'investissement intra-UE.*** Pour la Commission et certains États membres, il était clair que ces traités n'avaient plus d'utilité, voire qu'ils étaient inapplicables ; les litiges d'investissement intra-UE – autrement dit les différends en matière d'investissement entre un investisseur d'un État membre de l'Union et un autre État membre – ne relevant pas de l'arbitrage d'investissement et du droit international de l'investissement, mais du système juridictionnel de l'Union et du droit de l'UE. Seuls les litiges concernant des investissements véritablement étrangers pourraient être soumis à l'arbitrage, soit ceux d'un investisseur d'un État tiers dans un État membre ou d'un investisseur de l'Union dans un État tiers. La Commission n'a jamais contesté l'arbitrabilité de différends entre des investisseurs de l'Union et des États tiers ou entre des investisseurs d'États tiers et des États membres. Elle a seulement contesté l'arbitrabilité des litiges d'investissement internes, donc dénués de tout élément d'extranéité par rapport à l'Union, en contestant l'applicabilité de clauses d'arbitrage État-investisseur de traités d'investissement entre États membres. La question d'arbitrabilité qui se pose ici se démarque de celle de l'arbitrabilité subjective (ou *ratione personae*) des litiges internationaux auxquels une personne morale de droit public est partie[317] ; parfois considérée comme un « principe d'ordre public véritablement international du droit de l'arbitrage international »[318]. Les litiges

---

[316] Il peut s'agir d'une personne physique, ou d'une personne morale poursuivant un but lucratif d'un État membre de l'UE. En droit de l'UE, une personne physique ressortissante d'un État membre est une personne disposant de la nationalité de cet État membre, conformément au droit de la nationalité de ce dernier. Pour les personnes morales, en matière d'établissement, elles sont assimilées aux personnes physiques ressortissantes d'un État membre lorsqu'elles sont constituées en conformité de la législation de cet État membre, et qu'elles ont, selon le critère de rattachement choisi par l'État, leur siège statutaire, leur administration centrale ou leur établissement à l'intérieur de l'UE. Pour plus de précisions, notamment quant au rattachement des sociétés européennes à l'État membre dans lequel elles ont leur siège statutaire v. HUGLO J.-G., « Fasc. 800 : Reconnaissance, établissement et libre prestation des services des sociétés », *JCl. Europe Traité*, LexisNexis, 2023.

[317] Sur l'arbitrabilité subjective v. LAAZOUZI M., « Fasc. 745 : Arbitrage commercial international. – Arbitrabilité subjective », *JCl. Droit international*, LexisNexis, 2022. Au sujet de l'inarbitrabilité des litiges internationaux des personnes publiques françaises en droit administratif français v. LAHOUAZI M., « Inarbitrabilité des litiges internationaux des personnes publiques et procédure d'*exequatur* », *AJDA*, 2022, pp. 2541-2545.

[318] GAILARD E., « Fasc. 705 : Arbitrage Commercial international. – Convention d'arbitrage. – Arbitrabilité », *JCl. Droit international*, LexisNexis, 1994, spéc. §§ 17-25.

d'investissement opposant un investisseur d'un État tiers à un État membre d'accueil ou ceux opposant un investisseur de l'UE à un État tiers d'accueil étant arbitrables pour la Cour de justice, ce n'est donc pas en raison de la personne (l'État membre ou l'investisseur de l'UE) que le litige n'est pas arbitrable, mais en raison des personnes (l'État membre et l'investisseur d'un autre État membre) et de la matière du litige l'investissement transfrontière. L'aspect matériel nous semble l'emporter, car il permet de recouvrir l'aspect personnel, en considérant que la non-arbitrabilité porte sur les litiges d'investissement intra-UE.

77. L'éventuelle admission de l'arbitrabilité des litiges intra-UE par un tribunal. La Commission avait cependant conscience, dès 2006, qu'un tribunal arbitral pourrait admettre l'arbitrabilité de ces litiges. Afin d'éviter toute incertitude, elle recommanda, cette même année, aux États membres de mettre formellement un terme aux traités de protection des investissements qui les lient à d'autres membres de l'Union[319]. Le comité économique et financier[320] reprit ces recommandations dans son rapport annuel de 2006[321]. Si son rapport de 2007 prend note que la majorité des États membres préfèrent maintenir ces traités, il rappelle qu'il appartient aux États, informés des risques que posent ces traités, de régler cette question par des actions bilatérales[322]. L'absence de consensus parmi les États membres de l'Union entrava la résolution du problème de l'applicabilité des TBI entre États membres[323] (TBI intra-UE), avant qu'il ne se pose aux arbitres. Le risque identifié par la Commission s'est réalisé. De nombreux tribunaux arbitraux se sont constitués en vertu des clauses d'arbitrage de ces traités et les ont appliqués pour régler des litiges opposant un investisseur d'un État membre à un autre État membre de l'Union.

78. Plan de partie. Certains États membres et la Commission ont alors contesté l'arbitrabilité de ces litiges d'investissement et, partant, la compétence des tribunaux, en arguant de l'inapplicabilité des offres d'arbitrage État-investisseur contenues dans des traités d'investissement entre États membres de l'Union (Titre I). Cette contestation, à de rares exceptions près, n'a pas empêché les tribunaux d'appliquer les offres d'arbitrage État-investisseur de traités bilatéraux d'investissement ou celle du traité sur la Charte de l'énergie (TCEn) à l'occasion de litiges d'investissement entre un investisseur d'un État membre et un autre État membre de l'Union (intra-UE). Elle n'a pas compromis l'application continue des traités d'investissement entre États membres de l'Union. Dans l'ensemble, l'arbitrabilité des litiges intra-UE a été reconnue de manière continue par les tribunaux (Titre II)[324].

---

319 SCC, (CNUDCI), *Eastern Sugar B. V. c. République tchèque*, aff. n° 088/2004, Sentence partielle du 27 mars 2007, §§ 119 et 126 Lettre de la Commission du 13 janvier 2006 répondant à une sollicitation du ministère des Finances tchèque et Note de la Commission de novembre 2006 au comité économique et financier.

320 TFUE Art. 134. Ce comité est institué pour « promouvoir la coordination des politiques des États membres dans toute la mesure nécessaire au fonctionnement du marché intérieur ».

321 Rapport annuel du comité économique et financier, à la Commission et au Conseil, Bruxelles, 15 novembre 2006, ECFIN/CEFCPE (2006) REP/56882, spéc. § 16.

322 Rapport annuel du comité économique et financier, à la Commission et au Conseil, Bruxelles, 23 novembre 2007, ECFIN/CEFCPE (2007) REP/55240, §§ 14 et 15.

323 Dans notre étude nous privilégierons le terme de traités entre États membres, mais parfois le qualificatif d'intra-UE sera utilisé, notamment pour distinguer ces premiers traités des traités conclus avec un ou des États tiers (traités extra-UE) et des traités conclus entre des pays tiers (traités non-UE). Ces qualificatifs seront aussi utilisés pour différencier les tribunaux arbitraux, leurs sentences et les arbitrages. Nous ferons donc une distinction entre des sentences, des tribunaux, ou des arbitrages, intra-UE, extra-UE et non-UE.

324 Le terme d'arbitrage d'investissement intra-UE est utilisé dans notre étude pour désigner des arbitrages d'investissement opposant un État membre à un investisseur d'un autre État membre au sujet d'un investissement réalisé par ce dernier dans le premier État membre. Il ne vise pas des arbitrages internationaux commerciaux concernant des réclamations fondées principalement sur un contrat liant un État membre et un investisseur d'un autre État membre. Le terme d'« arbitrage d'investissement » est considéré ici, comme équivalent à celui d'« arbitrages État-investisseur ». De même, les litiges d'investissement intra-UE désignent dans cette étude des litiges entre un investisseur d'un État membre et un autre État membre de l'Union européenne, ne portant pas, pour l'essentiel, sur un contrat.

Titre I
La contestation de l'arbitrabilité des litiges intra-UE

79. Une contestation à contrecourant complexe. En dépit d'une évolution générale, y compris en droit de l'Union en faveur d'une extension du domaine de l'arbitrage[325], l'arbitrabilité des litiges d'investissement intra-UE a été contestée à partir du milieu des années 2000. L'inapplicabilité des clauses d'arbitrage de TBI entre États membres – en vertu de règles du droit de l'UE – a d'abord été affirmée par certains États membres, attraits devant des tribunaux arbitraux par des investisseurs de l'Union. Par la suite, la Commission, sollicitée par ces États, mais également par des tribunaux arbitraux, a affirmé que ces traités ne pouvaient pas être appliqués pour résoudre des différends entre un investisseur de l'Union et un État membre. La position de ces différents acteurs a cependant évolué. Aussi cette contestation doit-elle être étudiée en détail afin d'être précisément qualifiée. Ce travail permettra de savoir si cette contestation doit être analysée, ce qui est souvent le cas, comme une opposition entre une perspective de droit de l'Union et une perspective de droit international[326]. Sur une période d'une quinzaine d'années, les arguments des États membres et de la Commission se sont précisés, puis étoffés. Derrière une apparente homogénéité, la contestation de la compétence de tribunaux établis par des traités bilatéraux d'investissement entre États membres ou par le traité sur la Charte de l'énergie (TCEn) a évolué et s'est diffusée au fil des affaires. À l'étude, elle se révèle d'ailleurs plus composite que les premiers arbitrages le donnaient à penser.

80. Plan de titre. Cette contestation de l'arbitrabilité des litiges d'investissement intra-UE s'est traduite par l'élaboration d'une exception préliminaire inédite qualifiée d'exception d'incompétence intra-UE (Chapitre I). La Commission, en tant que gardienne des traités, s'est impliquée de manière croissante, au côté d'États membres défendeurs, dans les arbitrages pour défendre l'application du droit de l'Union et des voies de droit prévues par les traités constitutifs. Or, comme le précise l'article 17 § 1 du traité sur l'UE (TUE), dans la mission de surveillance de l'application du droit de l'Union, la Commission est contrôlée par la Cour de justice de l'UE[327]. D'aucuns estimaient que cette institution assurant « le respect

---

[325] RACINE J.-B., *L'arbitrage commercial international et l'ordre public*, LGDJ, 1999, pp. 623, spéc. p. 23-26. L'auteur décrit l'évolution contemporaine du domaine de l'arbitrage comme un ayant abouti à un « océan d'arbitrabilité » parsemé des « quelques îlots d'inarbitrabilité ». Pour une étude du développement du domaine de l'arbitrage dans des matières particulières telles que le droit de la concurrence, ou le droit boursier et financier v. HANOTIAU B., « L'arbitrabilité », *RCADI*, Vol. 296, 2002, pp. 25-253, spéc. pp. 117-244.

[326] MONTANARO F., *The European Union and International Investment Law - The Two Dimensions of an Uneasy Relationship*, Oxford, Hart Publishing, 2023, pp. 156, spéc. pp. 43-72. L'auteur oppose les tenants d'une approche centrée sur le droit de l'Union et les tenants d'une approche centrée sur le droit international. Dans le même sens v. HAPP R. et WUSCHKA S. « EU Law and Investment Arbitration: Of Cooperation, Conflict, and the EU Legal Order's Autonomy », *in* KRÖLL S., BJORKLUND A. K. et FERRARI F. (eds), *Cambridge Compendium of International Commercial and Investment Arbitration*, Cambridge, CUP, 2023, pp. 2006-2055, spéc. § 67.2.3.2.

[327] TUE art. 17 § 1 : « La Commission promeut l'intérêt général de l'Union et prend les initiatives appropriées à cette fin. Elle veille à l'application des traités ainsi que des mesures adoptées par les institutions en vertu de ceux-ci. Elle surveille l'application du droit de l'Union sous le contrôle de la Cour de justice de l'Union européenne. Elle exécute le budget et gère les programmes. Elle exerce des fonctions de coordination, d'exécution et de gestion conformément aux conditions prévues par les traités. À l'exception de la politique étrangère et de sécurité commune et des autres cas prévus par les traités, elle assure la représentation extérieure de l'Union. Elle prend les initiatives de la programmation annuelle et pluriannuelle de l'Union pour parvenir à des accords interinstitutionnels ».

du droit dans l'interprétation et l'application des traités »[328] était la seule pouvant mettre un terme aux débats entourant cette contestation. Cependant, la confirmation, par la Cour de justice, dans l'arrêt *Achmea* du 6 mars 2018, de l'« inarbitrabilité » des litiges d'investissement intra-UE, n'a pas eu l'effet escompté. Loin de résoudre les questions soulevées par les exceptions d'incompétence intra-UE, cet arrêt les a seulement rénovées, ou renouvelées techniquement. Certes, l'arrêt *Achmea* est venu renforcer les exceptions d'incompétence intra-UE soulevées par les États membres et la Commission, mais ces derniers ont aussi eu à défendre les effets de cet arrêt. Le prononcé de l'arrêt *Achmea* n'a eu pour conséquence que de rebattre les cartes des différents acteurs avant une nouvelle manche – ayant toujours pour enjeux l'applicabilité d'offres d'arbitrage État-investisseur de traités d'investissement entre membres de l'Union –, dans laquelle la Commission entendait dorénavant intervenir systématiquement (Chapitre II).

[328] TUE Art. 19 § 1 : « La Cour de justice de l'Union européenne comprend la Cour de justice, le Tribunal et des tribunaux spécialisés. Elle assure le respect du droit dans l'interprétation et l'application des traités ».

Chapitre I .
L'élaboration d'une exception d'incompétence intra-UE

81. La contestation de l'arbitrabilité des litiges d'investissement intra-UE dans les arbitrages. Ce chapitre se focalise sur la contestation, par les États et la Commission, de la compétence de tribunaux dans le cadre d'arbitrages d'investissement intra-UE, opposant un État membre d'accueil à un investisseur d'un autre État membre[329]. Il n'est pas question ici des recours en manquement initiés par la Commission contre certains des États parties à des TBI entre États membres[330]. Dans les arbitrages, cette contestation de la compétence des tribunaux a pris la forme d'exceptions préliminaires, d'abord soulevées par des États membres, puis par la Commission – en soutien des États ou de manière autonome. Au fil des arbitrages, les États membres « contestataires » ont pu s'inspirer ou reprendre des arguments issus des écrits de la Commission, et réciproquement, sans que cela n'exclut des divergences. Les États membres, comme la Commission, ont pris en compte les arguments que leur ont opposés les tribunaux arbitraux. Ainsi, les arbitres ont, de même, participé à l'élaboration d'une exception d'incompétence bientôt nommée dans leurs sentences : « exception d'incompétence intra-UE ». Au sein de ce processus d'élaboration, il est possible de percevoir une oscillation dans les écrits entre des arguments issus du droit international et des arguments issus du droit de l'Union. Les écrits de la Commission, soumis aux tribunaux arbitraux, ont révélé le caractère fondamental de ces exceptions préliminaires du point de vue de l'intégration européenne. L'admission de ces écrits a soulevé de nombreuses difficultés, que ce soit quant à la possibilité pour la Commission d'endosser le rôle de partie non contestante, autrement dit d'*amicus curiae*, ou bien quant à sa capacité à défendre seule une exception

---

[329] Dans l'ensemble, les traités d'investissement définissent le terme investisseur comme une personne physique ayant la nationalité de l'une des parties contractantes ou une personne morale constituée en conformité avec la législation d'une des parties contractantes. V. TBI République tchèque – Pays-Bas (1991), art. 1 b). Ici, le traité reste silencieux sur le système de rattachement de la personne morale : le siège réel ou l'incorporation. Certains traités exigent la présence du siège social dans l'État où la société est constituée, pour qu'elle soit reconnue comme une personne morale de cet État. V. TBI Pologne – Allemagne (1989), art. 1 b). D'autres traités définissent sous le terme de société « toute personne morale constituée sur le territoire de l'une des Parties contractantes, conformément à la législation de celle-ci et y possédant son siège social, ou contrôlée directement ou indirectement par des nationaux de l'une des Parties contractantes, ou par des personnes morales possédant leur siège social sur le territoire de l'une des Parties contractantes et constituées conformément à la législation de celle-ci ». V. TBI France – Slovénie (2003) art. 1 § 3. En droit de l'UE un ressortissant d'un État membre est une personne physique qui a la nationalité d'un État membre. Sont assimilées – dans le cadre de liberté d'établissement – aux personnes physiques les sociétés lucratives constituées en conformité de la législation d'un État membre et ayant leur siège statutaire, leur administration centrale ou leur principal établissement à l'intérieur de l'UE (art. 54 TFUE). Le droit de l'UE renvoie aux systèmes de rattachements des droits nationaux. Ainsi dans certaines situations les traités d'investissement et le droit de l'UE ne se recouvrent pas parfaitement, par exemple lorsqu'un traité mentionne comme critère de rattachement le siège réel, alors que l'un des deux États privilégie dans son droit national l'incorporation, le siège statuaire. Il faut mentionner, ici, une particularité du TCEn concernant les investisseurs personnes physiques. Ce traité s'applique aux citoyens et nationaux, ainsi qu'aux personnes résidant en permanence sur le territoire d'une partie contractante, conformément à sa législation. Ici aussi, les notions d'investisseur d'une partie contractante et d'« investisseur » d'un État membre ne coïncident pas totalement. C'est également le cas lorsque le traité d'investissement s'applique aux personnes morales qui ne poursuivent pas de but lucratif (exclues des dispositions en matière de liberté d'établissement). Nous considérons que ces notions se recoupent toutefois suffisamment pour ne pas avoir à les différencier dans notre étude.

[330] Communiqué de presse de la Commission du 18 juin 2015, La Commission demande aux États membres de mettre fin à leurs accords bilatéraux d'investissement intra-UE, IP/15/5198. À la suite de cette première annonce, le 29 septembre 2016, des avis motivés s'inscrivant dans le cadre de procédures d'infraction ont été adressés à la Slovaquie, la Suède, la Roumanie, l'Autriche et les Pays-Bas. V. Fiche d'information de la Commission du 29 septembre 2016, Procédures d'infraction du mois de septembre : principales décisions, MEMO/16/3125.

d'incompétence intra-UE. Ces difficultés, touchant notamment à la recevabilité des exceptions, n'ont pas été sans effets sur l'affirmation par les tribunaux de l'arbitrabilité des litiges d'investissements intra-UE. Il s'agit ici de savoir qui pouvait contester, et qui a contesté, l'arbitrabilité des litiges dans les arbitrages, mais aussi comment cette arbitrabilité est réfutée par la Commission et par les États défendeurs, selon les arbitrages. Est-elle remise en cause en vertu du droit international ou du droit de l'Union ? En la matière quelles sont les demandes des États défendeurs et de la Commission ? De sursoir à statuer et de saisir la Cour de justice de l'UE – directement ou par le truchement d'une juridiction interne – ou de se déclarer incompétent ?

82. Plan de chapitre Derrière une réelle diversité de la contestation de l'arbitrabilité des litiges d'investissement intra-UE, selon le « contestataire » ou « l'objecteur[331] », le traité appliqué et la période, nos travaux entendent démontrer qu'une exception d'incompétence intra-UE s'est élaborée au fil des arbitrages. La contestation de la compétence des tribunaux arbitraux par la Commission en tant qu'*amicus curiae* (Section 2) n'est pour autant pas calquée sur celle des États membres défendeurs (Section 1).

---

[331] Ces deux termes pourraient être utilisés pour désigner l'entité qui soulève l'exception d'incompétence intra-UE, car elle n'est pas soulevée que par des États défendeurs. Le terme d'auteur de l'exception d'incompétence pourrait aussi être employé.

Section 1 - La contestation de la compétence des tribunaux par des États membres défendeurs

83. L'émergence de la contestation après l'élargissement de l'Union de 2004. L'argument de l'extinction tacite des traités bilatéraux d'investissement (TBI) entre États membres, en application de l'article 59 de la convention de Vienne sur le droit des traités de 1969 (CVDT) ou, à défaut, celui de la non-application des dispositions incompatibles avec le droit l'UE, en application de l'article 30 CVDT, apparaissent dans le cadre d'arbitrages d'investissement peu après l'élargissement de 2004. Il est alors avancé que ces dispositions de droit des traités – régissant la résolution d'incompatibilités entre des traités successifs portant sur la même matière – s'opposent à la soumission d'un litige d'investissement intra-UE à l'arbitrage État-investisseur.

84. L'argument premier de la caducité des TBI entre États membres. Dans une première série de sentences, les tribunaux n'ont pas retenu les exceptions d'incompétence reposant sur la caducité des TBI entre États membres (ou à défaut de leur seule clause d'arbitrage) présentées par les États défendeurs. Ces exceptions préliminaires affirmaient qu'à la suite des élargissements les plus récents, les traités d'investissement liant désormais des États membres entre eux ne devaient plus produire d'effets, ou seulement des effets limités. Du point de vue du droit de l'UE, ces exceptions d'incompétence reposaient sur l'absence de conclusion de tels accords entre membres de l'Union et sur la jurisprudence de la Cour de justice relative aux accords internationaux entre États membres[332]. Selon les États défendeurs, l'application des articles 59 ou 30 CVDT aboutissait au même résultat : l'incompétence des tribunaux arbitraux saisis sur la base de ces traités.

85. L'arbitrage inaugural **Eastern Sugar B.V.** La question de l'application d'offres d'arbitrage État-investisseur de traités d'investissement entre États membres n'avait pas été anticipée[333]. Elle se fait jour au cours de l'affaire *Eastern Sugar B. V c. République tchèque*[334]. Le tribunal arbitral de cette affaire souligne, dans sa sentence, que l'argument parait inédit[335]. Dans la même période, d'autres tribunaux arbitraux s'étaient constitués sur le fondement du même traité[336], sans que la République tchèque ait soulevé une exception d'incompétence « TBI intra-UE »[337]. Le tribunal note qu'à sa connaissance aucun autre nouvel État membre de l'Union ne semble avoir soulevé une telle exception[338].

---

[332] SCC, (CNUDCI), *Eastern Sugar B. V. c. République tchèque*, aff. n° 088/2004, Sentence partielle du 27 mars 2007, §§ 98, 103 et 105 Dans cette affaire l'État défendeur mentionne les arrêts : CJCE, 27 février 1962, *Commission de la Communauté économique européenne c. République italienne*, aff. C-10. 61 ; CJCE, 27 septembre 1988, *Matteucci*, aff. 235/87 ; CJCE, 10 novembre 1992, *Exportur SA c. LOR SA et Confiserie du Tech SA*, aff. C-3/ 91.

[333] Lettre de la Commission du 13 janvier 2006 répondant à une sollicitation du ministère des Finances tchèque, reproduite dans la sentence partielle. V. SCC, (CNUDCI), *Eastern Sugar B. V. c. République tchèque*, aff. n° 088/2004, Sentence partielle du 27 mars 2007, § 119 ; CPA, (CNUDCI), *Achmea B. V. c. République slovaque (formerly Eureko B. V. c. République slovaque)*, aff. n° 2008-13, Décision sur la compétence, l'arbitrabilité et la suspension du 26 octobre 2010, § 147. Selon le demandeur dans cette affaire, la Commission l'avait encouragé à utiliser les procédures d'arbitrages disponibles pour obtenir réparation.

[334] SCC (CNUDCI), *Eastern Sugar B. V. c. République tchèque*, aff. n° 088/2004, Sentence partielle du 27 mars 2007.

[335] SCC (CNUDCI), *Eastern Sugar B. V. c. République tchèque*, aff. n° 088/2004, Sentence partielle du 27 mars 2007, § 155.

[336] Accord d'encouragement et de protection réciproque des investissements entre le Royaume des Pays-Bas et la République tchèque et slovaque (signé le 29 mars 1991, entré en vigueur le 1er octobre 1992).

[337] CPA, (CNUDCI) *Saluka Investments BV c. République tchèque*, Décision sur la compétence du 7 mai 2004, Sentence partielle du 17 mars 2006 ; Arbitrage *ad hoc*, (CNUDCI), *Invesmart c. République tchèque*, Sentence du 26 juin 2009 ; Arbitrage *ad hoc* (CNUDCI), *K+ Venture Partners c. République tchèque*, Résolution amiable ; Arbitrage *ad hoc*, (CNUDCI), *Mittal Steel Company N.V. c. République tchèque*, Résolution amiable.

[338] SCC, (CNUDCI), *Eastern Sugar B. V. c. République tchèque*, aff. n° 088/2004, Sentence partielle du 27 mars 2007, § 155.

86. Inventaire préliminaire des exceptions d'incompétence « TBI intra-UE ». L'examen de l'ensemble des affaires concernant des traités bilatéraux d'investissement entre États membres montre que cette exception préliminaire n'est pas commune. Elle est reprise dans quelques affaires après sa première apparition, se fait par la suite plus rare, avant de devenir fréquente, mais en partie sous une autre forme. Ces exceptions d'incompétence ont été soulevées dans un premier temps par peu d'États membres et, en général, pas de manière systématique[339]. En entrant dans les détails, il est possible de comptabiliser qu'à partir de l'élargissement de 2004, un peu plus de 80 arbitrages sur le fondement d'un TBI entre États membres ont donné lieu à une sentence ou à un accord[340]. Ces arbitrages d'investissement ne concernent pas tous les membres de l'Union. Sur l'ensemble des États membres, seulement quatorze États se partagent les quatre-vingt-trois affaires identifiées[341]. Parmi ces quatorze États, les six États les plus poursuivis par les investisseurs d'autres États membres représentent plus de 80 % du contentieux, ces six États ont tous été poursuivis au moins sept fois. Une exception d'incompétence « TBI intra-UE » a été soulevée au moins une fois par onze États. La majorité des États membres poursuivis y ont eu recours au moins une fois. À l'exception de Chypre[342] et de la Grèce[343], qui ont soulevé une exception d'incompétence « TBI intra-UE » dans toutes les affaires où elles étaient défenderesses, aucun État ne semble avoir utilisé cette ligne de défense de manière systématique. La République tchèque n'a soulevé cette exception que dix fois[344] alors qu'elle a fait face à plus de vingt arbitrages de ce type. La

---

[339] CPA, (CNUDCI), *Achmea B. V. c. République slovaque (formerly Eureko B. V. c. République slovaque)*, aff. n° 2008-13, Décision sur la compétence, l'arbitrabilité et la suspension du 26 octobre 2010, §§ 75, 83 et 219. Le demandeur dans l'affaire Achmea s'appuie sur le fait que la Slovaquie n'ait pas formulé une exception d'incompétence « TBI intra-UE » dans un arbitrage antérieur sur le fondement d'un TBI entre États membres de l'Union, pour avancer que la Slovaquie n'est plus en mesure de soulever une telle exception conformément au principe d'Estoppel. Le tribunal rejette ce raisonnement. Le même argument est soutenu par un autre demandeur dans une autre affaire, mais cette fois au titre du principe de bonne foi. V. CIRDI, *Inicia Zrt, Kintyre Kft et Magyar Farming Company Ltd (Magyar Farming) c. Hongrie*, aff. ARB 17/27, Sentence du 13 novembre 2019, § 198.

[340] Données obtenues en mai 2024 à l'aide de la base de données de la CNUCED relative aux arbitrages État-investisseur basés sur un traité, accessible à l'adresse : <https://investmentpolicy.unctad.org/investment-dispute-settlement>.

[341] La répartition par État membre des 83 arbitrages initiés entre 2004 et mai 2024 sur le fondement d'un TBI entre États membres (intra-UE) et ayant fait l'objet d'une sentence ou d'un accord est la suivante : République tchèque : 23 ; Pologne : 13 ; Croatie : 10 ; Hongrie : 8 ; Roumanie : 8 ; République slovaque : 7 ; Estonie : 3 ; Bulgarie : 3 ; Chypre : 2 ; Grèce : 2 ; Lettonie : 1 ; Slovénie : 1 ; Lituanie : 1 ; Autriche : 1.

[342] SCC, (SCC), *Robert Aleksandrowicz et Tomasz Częścik (Aleksandrowicz et Częścik) c. République de Chypre*, aff. n° 2014/169, Sentence finale 21 février 2017 ; CIRDI, *Marfin Investment Group Holdings S.A., Alexandros Bakatselos et autres (Marfin) c. République de Chypre*, aff. n° ARB/13/27, Sentence du 26 juillet 2018 ; CIRDI, *Theodoros Adamakopoulos, Ilektra Adamantidou, Vasileios Adamopoulos et autres (Adamakopoulos) c. République de Chypre*, aff. ARB/15/49, Décision sur la compétence du 7 février 2020.

[343] CIRDI, *Poštová banka, a. s. et Istrokapital SE (Poštová banka) c. République hellénique*, aff. n° ARB/13/8, Sentence du 9 avril 2015, §§ 203 et 204 ; CIRDI, *Cyprus Popular Bank c. République hellénique*, aff ARB/14/16, Décision sur la compétence et la responsabilité du 8 janvier 2019.

[344] SCC, (CNUDCI), *Eastern Sugar B. V. c. République tchèque*, aff. n° 088/2004, Sentence partielle du 27 mars 2007 ; Arbitrage *ad hoc*, (CNUDCI), *Rupert Joseph Binder (Binder) c. République tchèque*, Sentence sur la compétence du 6 juin 2007 ; CIRDI, (CNUDCI), *A11Y LTD. c. République tchèque*, aff. n° UNCT/15/1, Décision sur la compétence du 9 février 2017 ; CPA, (CNUDCI), *WNC Factoring Ltd (WNC) c. République tchèque*, aff. n° 2014-34, Sentence du 22 février 2017 ; SCC, (SCC), *Anglia Auto Accessories Ltd (Anglia) c. République tchèque*, aff. n° 2014/181, Sentence finale du 10 mars 2017 ; SCC, (SCC), *J. P. Busta et I. P. Busta (Busta) c. République tchèque*, aff. n° 2015/014, Sentence finale du 10 mars 2017 ; CPA, (CNUDCI), *A.M.F. Aircraftleasing Meier & Fischer GmbH & Co. KG (A.M.F Aircraftleasing) c. République tchèque*, aff. n° 2017-15, Sentence finale du 11 mai 2020 ; CPA, (CNDUCI), *WCV Capital Ventures Cyprus Limited* et *Channel Crossings Limited (WCV et Channel Crossing) c. République tchèque*, aff. n° 2016-12, Seconde sentence partielle sur l'exception d'incompétence intra-UE du 29 septembre 2020 ; CPA (CNUDCI), *Fynerdale Holding B.V. (Fynerdale) c. République tchèque*, aff. n° 2018-18, Sentence du 29 avril 2021 ; CPA, (CNUDCI), *G.I.H.G. Limited, Natland Group Limited, Natland Investment Group NV, et Radiance Energy Holding S.A.R.L. (Natland et autres) c. République tchèque*, aff. n° 2013-35, Décision sur l'objection Achmea du 22 juillet 2021.

Slovaquie l'a soulevée quatre fois[345], comme la Pologne[346] ou la Roumanie[347], la Hongrie trois fois[348] et l'Estonie une fois[349]. La Croatie a soulevé cette exception quatre fois, une fois de manière ordinaire[350] et trois fois de manière plus spécifique en s'appuyant sur l'article 11 § 2 du TBI qui la lie à l'Autriche[351]. Tout en restant limitées, ces exceptions d'incompétence sont néanmoins discutées par les parties et les arbitres dans environ la moitié des arbitrages sur le fondement d'un TBI entre États membres ayant fait l'objet d'une sentence ou d'un accord entre janvier 2007 et mai 2024[352].

87. Inventaire préliminaire des exceptions d'incompétence « TCEn intra-UE ». La fréquence des exceptions d'incompétence « intra-UE » est plus importante dans les arbitrages sur le fondement du traité sur la charte de l'énergie (TCEn) entre un investisseur de l'Union et un État membre (TCEn intra-UE). En se limitant aux arbitrages ayant fait l'objet d'une sentence ou d'un accord entre 2007 et mai 2024, il apparait que sur soixante arbitrages au total[353], dans quarante-six, une exception d'incompétence « intra-UE » est soulevée, soit dans plus de deux tiers des cas. Ici aussi, le contentieux se concentre sur un petit nombre d'États membres. Entre 2005 et 2021, quatre-vingt-douze arbitrages entre un investisseur de l'Union et un État membre peuvent être comptabilisés[354]. Plus de quarante arbitrages de ce type ont été initiés contre l'Espagne sur l'ensemble de cette période, et ce en l'espace de dix ans, entre

---

[345] CPA, (CNUDCI), *Achmea B. V. c. République slovaque (formerly Eureko B. V. c. République slovaque)*, aff. n° 2008-13, Décision sur la compétence, l'arbitrabilité et la suspension du 26 octobre 2010 ; Arbitrage *ad hoc*, (CNUDCI), *Jan Oostergetel & Theodora Laurentius (Oostergetel) c. République slovaque*, Sentence sur la compétence du 30 avril 2010 ; CPA, (CNUDCI), *European American Investment Bank AG (EURAM) c. République slovaque*, aff. n° 2010-17, Décision sur la compétence du 22 octobre 2012 ; CPA, (CNUDCI), *Muszynianka Spółka z Ograniczoną Odpowiedzialnością (Muszynianka) c. République slovaque*, aff. n° 2017-08, Sentence du 7 octobre 2020.

[346] SCC, (SCC), *PL Holdings S.a.r.l. c. République de Pologne*, aff. n° 2014/163, Sentence partielle 28 juin 2017 ; ; CIRDI, (*ad hoc*), *Strabag SE, Raiffeisen Centrobank AG and Syrena Immobilien Holding AG (Strabag) c. République de Pologne*, aff. ADHOC/15/1, Sentence partielle sur la compétence du 4 mars 2020 ; CIRDI, *GPF GP S.à.r. l (Griffin) c. République de Pologne*, aff. n° 2014/168, Sentence du 29 avril 2020 ; CPA, (CNUDCI), *Slot Group a.s. c. République de Pologne*, aff. n° 2017/10, Sentence sur le compétence du 3 février 2020 (non publiée).

[347] CIRDI, *Ioan Micula, Viorel Micula et autres (Micula) c. Roumanie* (I), aff. ARB/05/20, Sentence finale du 11 décembre 2013. Dans cette affaire la Roumanie ne soulève pas une véritable exception d'incompétence basée sur le droit de l'UE, mais considère que ce dernier est applicable à l'arbitrage ; CIRDI, *Gabriel Resources Ltd. et Gabriel Resources (Jersey) (Gabriel Resources) c. Roumanie*, aff. ARB15/31, Objection préliminaire supplémentaire du défendeur du 25 mai 2018 ; CIRDI, *Ioan Micula, Viorel Micula et autres (Micula) c. Roumanie (II)*, aff. ARB14/29, Sentence du 5 mars 2020 ; CIRDI, *Alverley Investement Limited et Germen Properties Ltd (Alverley et Germen) c. Roumanie*, Sentence du 16 mars 2022.

[348] CIRDI, *UP et C.D Holding Internationale (UP et C.D Holding) c. Hongrie*, aff. n° ARB/13/35, Sentence du 9 octobre 2018 ; CIRDI, *Inicia Zrt, Kintyre Kft and Magyar Farming Company Ltd (Magyar Farming) c. Hongrie*, aff. ARB/17/27, Sentence du 13 novembre 2019 ; CIRDI, *Endered S.A c. Hongrie*, aff. ARB13/21. Dans cette affaire, la Hongrie invoque l'arrêt Achmea de la CJUE pour faire annuler la sentence par le Comité *ad hoc* du CIRDI créé pour trancher les recours post-sentence.

[349] CIRDI, *United Utilities (Tallinn) B. V. et Aktsiaselts Tallinna Vesi c. République d'Estonie*, aff. ARB/14/24, Sentence du 21 juin 2019.

[350] CIRDI, *B3 Croatian Courier Coöperatief U.A. (B3 Croatian Courier) c. République de Croatie*, aff. ARB/15/15, Sentence du 9 avril 2019.

[351] CIRDI, *Raiffeisen Bank International AG and Raiffeisenbank Austria d.d. (Raiffeisen) c. République de Croatie* (I), aff. ARB/17/34, Décision sur l'exception d'incompétence du défendeur du 30 septembre 2020 ; CIRDI, *Addiko Bank AG and Addiko Bank d. d. (Addiko) c. République de Croatie*, aff. ARB/17/37, Décision sur l'exception d'incompétence liée à l'incompatibilité présumée du TBI avec l'acquis de l'UE du 12 juin 2020 ; CIRDI, *Georg Gavrilovic et Gavrilovic d. o. o. (Gavrilovic) c. République de Croatie*, aff. ARB/12/39, Décision du 30 avril 2018 sur la demande du défendeur du 4 avril ; CIRDI, *UniCredit Bank Austria AG and Zagrebačka Banka d.d. (UniCredit Bank and Zagrebačka Banka) c. République de Croatie*, aff. ARB/16/31, Décision sur l'exception d'incompétence du défendeur au titre de l'article 9 du 12 octobre 2018 et Décision sur la demande du défendeur de révocation de la décision sur l'article 9 et de la décision sur la compétence et la recevabilité du 24 mars 2020.

[352] Annexe 1 Sentences arbitrables TBI intra-UE 2007-2023 et Annexe 1.1 Sentences arbitrales TBI intra-UE 2007-2023 Exception TBI intra-UE. Disponible sur le compte HAL de l'auteur (IdHAL : benjamin-terrade).

[353] Données obtenues en mai 2024 à l'aide de la base de données de la CNUCED relative aux arbitrages d'investissement, accessible à l'adresse : <https://investmentpolicy.unctad.org/investment-dispute-settlement>.

[354] Annexe 3 Sentence arbitrales TCEn intra-UE 2007-2024 Exception intra-UE.

2011 et 2021. Le deuxième État défendeur dans le cadre de ce type d'arbitrage est l'Italie, qui a dû se défendre dans treize arbitrages sur la même période. Ces deux États ont été les premiers à contester l'application entre membres de l'Union de l'offre d'arbitrage État-investisseur du TCEn. La première exception d'incompétence « intra-UE » soulevée dans un arbitrage sur le fondement du TCEn ne l'a été qu'en 2011, soit quatre ans après la première exception d'incompétence soulevée dans le cadre d'un arbitrage sur le fondement d'un TBI entre États membres. Lorsque les investisseurs de l'Union ont soumis à l'arbitrage des différends reposant sur une violation du TCEn, ce sont l'Espagne et l'Italie – dans une moindre mesure pour la seconde – qui ont contesté la compétence des tribunaux arbitraux de manière systématique.

88. Plan de section. Les deux inventaires précédents montrent que, dans un premier temps, ce sont les offres d'arbitrage de traités bilatéraux d'investissement entre États membres qui ont été contestées (§1). Ce n'est que dans un second temps – alors qu'une forme de jurisprudence constante en matière d'exception d'incompétence « TBI intra-UE » était déjà identifiée par les tribunaux arbitraux – qu'a été contestée l'application intra-UE de l'offre d'arbitrage État-investisseur du traité sur la Charte de l'énergie (§2).

§ 1 - La contestation de l'offre d'arbitrage des TBI entre États membres

89. Plan de paragraphe. La jurisprudence arbitrale[355] en matière d'exception d'incompétence « TBI intra-UE » s'est formée rapidement à partir d'une première série d'arbitrages contre la République tchèque et la Slovaquie. La formulation de cette exception préliminaire s'est progressivement formalisée pour former un premier modèle archétypal. Malgré cette évolution, les tribunaux arbitraux ont de manière constante rejeté ces exceptions d'incompétence. Elles ont été rejetées encore récemment sur le fondement d'arguments présents dès ces premières sentences. Les sentences de cette première série d'arbitrages ont été reprises par de nombreux tribunaux arbitraux, certains y voyant même une jurisprudence constante. Ces premières sentences de référence nous renseignent sur l'apparition de l'exception d'incompétence intra-UE (A). Après cette phase initiale cette exception est reprise par d'autres États. Paradoxalement, alors que l'exception d'incompétence intra-UE se propage, la République tchèque – État précurseur – l'abandonnera progressivement (B).

A - L'apparition d'une exception d'incompétence « TBI intra-UE »

90. Les premières sentences de référence. Un premier ensemble de sentences est souvent repris dans les sentences ultérieures comme représentant la jurisprudence arbitrale constante en matière d'exception d'incompétence « TBI intra-UE ». Ce premier ensemble, mentionné par le tribunal de l'affaire *JSW Solar et Wirtgen c. République tchèque*[356], comprend les sentences : *Eastern Sugar B.V c. République tchèque, Rupert Joseph Binder (Binder) c. République tchèque*[357], *Achmea B.V c. République slovaque*[358], *Jan Oostergetel & Theodora Laurentius c. République slovaque*[359], *European American Investment Bank AG (EURAM) c. République slovaque*[360]. Le tribunal

---

[355] Nous utiliserons la notion de jurisprudence pour qualifier les sentences des tribunaux arbitraux tout en ayant conscience que cette utilisation est contestée. Pour une approche considérant que l'arbitrage international ne permet pas, par nature, la formation d'une jurisprudence arbitrale v. KESSEDJIAN C., « La pratique arbitrale », *in* BENTOLILA D. et KOHEN M. G. (éd.), *Mélanges J.-M. JACQUET, Paris, LexisNexis,* 2013, p. 121-127. Nous utilisons la notion ici, car elle est utilisée dans les sentences étudiées. L'autorité reconnue aux sentences antérieures et la publicité de ces dernières nous conduisent aussi à admettre cette notion. Cependant, nous ne retenons la notion de « jurisprudence arbitrale horizontale » que pour l'arbitrage d'investissement ; sans nous prononcer sur l'arbitrage sportif ou l'arbitrage commercial. Sur la notion de jurisprudence arbitrale horizontale v. DOSSIOS L, *L'arbitre régulateur,* Thèse : Droit, Université côte d'azur, 2024, pp. 484, spéc. §§ 108-133. De plus, s'il n'existe pas de hiérarchie entre les tribunaux, ce qui s'oppose à l'utilisation de la notion de jurisprudence, il semble possible de hiérarchiser des ensembles de sentences. Ainsi, il apparait que les sentences appliquant le même traité n'ont pas une autorité équivalente à celles appliquant d'autres traités. De même, les sentences se prononçant sur les mêmes problématiques semblent également avoir une autorité particulière. En combinant ces deux aspects, en considérant que les TBI entre États membres sont une catégorie homogène, il est possible de reconnaître au moins une jurisprudence arbitrale en matière d'exception d'incompétence TBI intra-UE et une jurisprudence arbitrale en matière d'exception d'incompétence TCEn intra-UE. Par convenance, nous utilisons le terme dans l'ensemble de l'étude, mais nous pouvons admettre qu'il faudrait le restreindre à des sentences appliquant le même traité et se prononçant sur les mêmes problématiques.

[356] CPA, (CNUDCI), *JSW Solar (zwei) GmbH & Co.KG, Gisela Wirtgen, Jürgen Wirtgen, et Stefan Wirtgen (JSW Solar et Wirtgen) c. République tchèque,* aff. n° 2014-03, Sentence finale du 11 octobre 2017.

[357] Arbitrage *ad hoc,* (CNUDCI), *Rupert Joseph Binder (Binder) c. République tchèque,* Sentence sur la compétence du 6 juin 2007.

[358] CPA, (CNUDCI), *Achmea B. V. c. République slovaque (formerly Eureko B. V. c. République slovaque),* aff. n° 2008-13, Décision sur la compétence, l'arbitrabilité et la suspension du 26 octobre 2010.

[359] Arbitrage *ad hoc,* (CNUDCI), *Jan Oostergetel & Theodora Laurentius (Oostergetel) c. République slovaque,* Sentence sur la compétence du 30 avril 2010.

[360] CPA, (CNUDCI), *European American Investment Bank AG (EURAM) c. République slovaque,* aff. n° 2010-17, Décision sur la compétence du 22 octobre 2012.

de l'affaire *A11Y LTD. c. République tchèque*[361] ajoute à cet ensemble la sentence *Micula c. Roumanie (I)*[362], mais ne mentionne pas la sentence *Binder c. République tchèque*. Cette sentence est la seule omise par le tribunal de l'affaire *Marfin c. Chypre*[363] ou encore par celui de l'affaire *Magyar Farming c. Hongrie*[364]. Contrairement au tribunal de l'affaire *PL Holdings S.a.r.l. c. République de Pologne*[365] ce dernier ne se limite pas aux affaires *Eastern Sugar B.V c. République tchèque*[366] et *Micula c. Roumanie (I)*[367], mais cite aussi des sentences plus récentes aux côtés des sentences de référence.

91. Le cas particulier de la sentence Micula. La sentence *Micula c. Romania (I)* est parfois mentionnée mais, de notre point de vue, cette mention est erronée en matière d'exception d'incompétence « TBI intra-UE ». Dans cette affaire l'État ne conteste pas la compétence du tribunal. Il soulève la question du rôle du droit de l'UE en tant que droit applicable au règlement du différend dans les arbitrages sur le fondement d'un TBI entre États membres. La question centrale dans cette affaire est celle de la compatibilité du droit des aides d'État avec les attentes légitimes d'investisseurs ayant bénéficié, dans une zone franche, d'un régime juridique avantageux, modifié par la suite par la Roumanie. Aucun développement sur le droit de l'UE n'apparait dans la sentence sur la compétence et l'admissibilité[368]. La question de l'application du droit de l'UE est principalement discutée au stade de la détermination du droit applicable au fond, dans la sentence finale[369]. La question de l'exécution d'une sentence qui entrerait en contradiction avec le droit des aides d'États de l'Union y est aussi évoquée[370]. Si la Commission intervient bien comme *amicus curiae* dans cette affaire, elle ne se prononce pas sur la compétence du tribunal au cours de l'arbitrage. Elle contestera cependant plus tard la compétence du tribunal, toujours en tant qu'*amicus curiae*, dans le cadre de la procédure d'annulation initiée contre la sentence devant un comité *ad hoc* du CIRDI, sans que l'État défendeur n'endosse cette approche[371].

92. Les exceptions d'incompétence tchèques. La République tchèque est le premier État à avoir soulevé une exception d'incompétence reposant sur l'abrogation tacite des TBI entre États membres. Dans l'affaire *Binder*, elle maintient la position adoptée pour la première fois dans l'affaire *Eastern Sugar* et la justifie en la structurant autour de trois éléments : a) les investissements entre États membres sont régis par le droit de l'UE, b) le droit de l'UE s'est substitué aux TBI entre États membres et c) l'arbitrage entre un État membre et un investisseur de l'Union est incompatible avec l'ordre juridique de l'UE[372]. Le raisonnement est le suivant : le droit de l'UE et les TBI entre États membres portent sur la même matière[373],

---

361 CIRDI, (CNUDCI), *A11Y LTD. c. République tchèque*, aff. UNCT/15/1, Décision sur la compétence du 9 février 2017, § 177.

362 CIRDI, *Ioan Micula, Viorel Micula et autres (Micula) c. Roumanie (I)*, aff. ARB/05/20, Sentence finale du 11 décembre 2013.

363 CIRDI, *Marfin Investment Group Holdings S.A., Alexandros Bakatselos et autres (Marfin) c. République de Chypre*, aff. ARB/13/27, Sentence du 26 juillet 2018, § 588.

364 CIRDI, *Inicia Zrt, Kintyre Kft and Magyar Farming Company Ltd (Magyar Farming) c. Hongrie*, aff. ARB/17/27, Sentence du 13 novembre 2019.

365 SCC, (SCC), *PL Holdings S.a.r.l. c. République de Pologne*, aff. n° 2014/163, Sentence partielle du 28 juin 2017, § 308.

366 SCC, (CNUDCI), *Eastern Sugar B. V. c. République tchèque*, aff. n° 088/2004, Sentence partielle du 27 mars 2007.

367 *Micula (I)*, Sentence finale du 11 décembre 2013, préc.

368 CIRDI, *Ioan Micula, Viorel Micula et autres (Micula) c. Roumanie (I)*, aff. ARB/05/20, Décision sur la compétence et l'admissibilité du 24 septembre 2008.

369 *Micula (I)*, Sentence finale du 11 décembre 2013, préc., §§ 286-329.

370 *Ibid.*, §§ 330-341.

371 CIRDI, *Ioan Micula, Viorel Micula et autres (Micula) c. Roumanie (I)*, aff. ARB/05/20, Décision sur l'annulation du 26 février 2016, §§ 329-336.

372 *Binder*, Sentence sur la compétence du 6 juin 2007, préc., § 12.

373 *Ibid.*, § 13 ; *Eastern Sugar*, Sentence partielle du 27 mars 2007, préc., § 101.

tous deux visant la libéralisation et la protection des investissements transfrontaliers[374] ; les dispositions des TBI n'ont plus d'utilité, car le droit de l'UE offre des droits équivalents[375], voire davantage de droits aux investisseurs[376] ; le principe de primauté veut également que le droit de l'UE prime sur les dispositions conventionnelles en vigueur entre États membres[377]. Enfin, le droit de l'Union est le seul droit applicable, car l'application de ces traités est incompatible avec l'interdiction des discriminations sur le fondement de la nationalité[378], ou le principe de confiance mutuelle[379]. L'incompatibilité des traités bilatéraux d'investissement entre membres de l'Union avec la compétence exclusive de la Cour de justice est explicitement mentionnée dans l'affaire *Binder*[380], alors que cet argument n'était qu'induit dans l'affaire précédente[381]. La République tchèque affirme de même que l'article 59 CVDT[382], prévoyant entre autres l'extinction tacite de traités successifs portant sur la même matière, est applicable et qu'il conduit aux mêmes conclusions[383]. Dans l'affaire *Binder*, la distinction entre une incompatibilité totale (des traités), relevant davantage de l'article 59 CVDT, et une incompatibilité partielle (des dispositions), relevant de l'article 30 CVDT[384], n'apparait pas explicitement. Une certaine confusion entre les deux est

---

374 Pour une comparaison du droit de l'UE et du droit des investissements visant à mieux apprécier la valeur de l'argument d'un objet partiellement commun : la garantie de la libre circulation des capitaux et la liberté d'établissement v. AZOULAI L. et BEN HAMIDA W., « La protection des investissements par le droit primaire – Droit conventionnel des investissements et droit primaire communautaire : Étude comparée des régimes et des approches », *in* KESSEDJIAN C. et LEBEN C. (dir.), *Le droit européen et l'investissement*, Paris, Édition Panthéon Assas, 2009, pp. 69-88. Les auteurs identifient à côté d'une différence d'organisation des sources, une divergence de cadre interprétatif ayant des conséquences sur le champ d'application des règles pertinentes ainsi que sur le régime de protection qui en résulte. Si les deux branches du droit international ne partagent pas la même logique ni le même champ d'application matériel et personnel, celui du droit des investissements étant plus étendu, elles se rapprochent de manière inattendue en matière de protection et d'exceptions fondées sur l'intérêt général. Ces auteurs concluent sur une divergence dans les règles et une communauté dans les solutions.

375 *Eastern Sugar*, Sentence partielle du 27 mars 2007, préc., §§ 100 et 104.

376 *Binder*, Sentence sur la compétence du 6 juin 2007, préc., § 15.

377 *Ibid.*, § 16 ; *Eastern Sugar*, Sentence partielle du 27 mars 2007, préc., § 99.

378 *Eastern Sugar*, Sentence partielle du 27 mars 2007, préc., § 105 ; *Binder*, Sentence sur la compétence du 6 juin 2007, préc., § 18.

379 *Eastern Sugar*, Sentence partielle du 27 mars 2007, préc., § 107 ; *Binder*, Sentence sur la compétence du 6 juin 2007, préc., § 17.

380 *Binder*, Sentence sur la compétence du 6 juin 2007, préc., § 17.

381 *Eastern Sugar*, Sentence partielle du 27 mars 2007, préc., § 186.

382 CVDT art. 59 Extinction d'un traité ou suspension de son application implicite du fait de la conclusion d'un traité postérieur : « § 1 Un traité est considéré comme ayant pris fin lorsque toutes les parties à ce traité concluent ultérieurement un traité portant sur la même matière et : a) s'il ressort du traité postérieur ou s'il est par ailleurs établi que selon l'intention des parties la matière doit être régie par ce traité ; ou b) si les dispositions du traité postérieur sont incompatibles avec celles du traité antérieur à tel point qu'il est impossible d'appliquer les deux traités en même temps. / § 2 Le traité antérieur est considéré comme étant seulement suspendu s'il ressort du traité postérieur ou s'il est par ailleurs établi que telle était l'intention des parties ».

383 *Eastern Sugar*, Sentence partielle du 27 mars 2007, préc., § 100 ; *Binder*, Sentence sur la compétence du 6 juin 2007, préc., § 19.

384 CVDT art. 30 Application de traités successifs portant sur la même matière :
« § 1 Sous réserve des dispositions de l'Article 103 de la Charte des Nations Unies, les droits et obligations des Etats parties à des traités successifs portant sur la même matière sont déterminés conformément aux paragraphes suivants.
§ 2 Lorsqu'un traité précise qu'il est subordonné à un traité antérieur ou postérieur ou qu'il ne doit pas être considéré comme incompatible avec cet autre traité, les dispositions de celui-ci l'emportent. / § 3 Lorsque toutes les parties au traité antérieur sont également parties au traité postérieur, sans que le traité antérieur ait pris fin ou que son application ait été suspendue en vertu de l'article 59, le traité antérieur ne s'applique que dans la mesure où ses dispositions sont compatibles avec celles du traité postérieur. / § 4 Lorsque les parties au traité antérieur ne sont pas toutes parties au traité postérieur : a) Dans les relations entre les Etats parties aux deux traités, la règle applicable est celle qui est énoncée au paragraphe 3; b) Dans les relations entre un Etat partie aux deux traités et un Etat partie à l'un de ces traités seulement, le traité auquel les deux Etats sont parties régit leurs droits et obligations réciproques. / § 5 Le paragraphe 4 s'applique sans préjudice de l'article 41, de toute question d'extinction ou de suspension de l'application d'un traité aux termes de l'article 60, ou de toute question de responsabilité qui peut naître pour un Etat de la conclusion ou de l'application d'un

entretenue par l'État défendeur au regard de la sentence, les dispositions de droit de l'Union sont dites l'emporter sur les traités d'investissement et les traités de l'Union sur les dispositions d'investissement[385]. Par la suite, il est précisé que la République tchèque prétend que le traité n'est plus applicable. Le tribunal n'éclaircira pas cette question. Il se limitera à considérer que les dispositions substantielles et procédurales du traité sont compatibles avec le droit de l'UE[386]. Dans l'affaire *Eastern Sugar,* le tribunal estime que l'État défendeur soutient, à côté de la thèse d'un remplacement du TBI par les traités de l'UE, l'idée d'une inapplicabilité partielle du traité au profit du droit de l'UE, *lex posterior* – question relevant pour le tribunal de l'article 30 § 3 CVDT[387]. Cet article n'est pas invoqué directement par l'État défendeur. Ce principe de *lex posterior*, appliqué à des dispositions incompatibles, apparait toutefois dans l'arrêt *Commission c. Italie* de la Cour de justice de l'UE sur lequel l'État fonde son argumentation[388]. Dans ces deux premières affaires, l'exception d'incompétence est suivie d'une demande subsidiaire invitant le tribunal arbitral à suspendre la procédure, pour poser à la Cour de justice une question préjudicielle, sur les relations entre les TBI entre États membres et le droit de l'UE[389].

***93. L'exception d'incompétence slovaque de l'affaire* Oostergetel.** Après la République tchèque, c'est la République slovaque, qui, dans l'affaire *Oostergetel,* s'oppose à l'application d'un TBI entre États membres[390]. Le TBI invoqué est le même que dans l'affaire *Eastern Sugar*, les Républiques tchèque et slovaque ayant succédé le 1er janvier 1993 aux droits et obligations de la République fédérale tchèque et slovaque. L'exception d'incompétence soulevée dans cette affaire est similaire à celles décrites précédemment. La Slovaquie considère que le traité de protection des investissements et les traités de l'UE portent sur la même matière et qu'ils sont incompatibles[391]. Dans ces conditions, au regard de l'article 59 CVDT, le TBI s'est éteint tacitement au moment de l'adhésion de la Slovaquie. Alternativement, de manière inédite, l'article 30 de la CVDT est invoqué par l'État défendeur pour affirmer que si le traité était en vigueur, ses dispositions ne produiraient des effets qu'à condition d'être compatibles avec les traités de l'UE[392]. De plus, la Slovaquie se démarque de la République tchèque, en demandant qu'une question préjudicielle soit posée à la Cour de justice, non pas directement par le tribunal, mais par le truchement d'une juridiction nationale[393]. Par la suite, les arguments en faveur d'une exception d'incompétence reposant sur le statut intra-UE d'un TBI s'étoffent, notamment dans les affaires *Achmea B.V (formerly Eureko B.V)*[394] et *EURAM*[395].

94. Les exceptions d'incompétence intra-UE slovaques ultérieures. À partir des affaires *Achmea B. V* et *EURAM*, les exceptions préliminaires analogues à celles présentées ci-

---

traité dont les dispositions sont incompatibles avec les obligations qui lui incombent à l'égard d'un autre Etat en vertu d'un autre traité ».

385 *Binder*, Sentence sur la compétence du 6 juin 2007, préc., § 16 : « […] *EC law prevails over BITs concluded between Member States. This primacy principle implies that the EC Treaty takes precedence over provisions of BITs* […] ».

386 *Ibid.*, §§ 63 et 65.

387 *Eastern Sugar*, Sentence partielle du 27 mars 2007, préc., §§ 178 et 179.

388 CJCE, 27 février 1962, *Commission de la Communauté économique européenne c. République italienne,* aff. C-10. 61, p. 22. Dans cet arrêt la cour précise que les États membres renoncent à exercer les droits relevant de conventions antérieures dans la mesure où cet exercice contrevient aux traités de l'UE.

389 *Eastern Sugar*, Sentence partielle du 27 mars 2007, préc., § 109 ; *Binder*, Sentence sur la compétence du 6 juin 2007, préc., § 20.

390 Accord sur l'Encouragement et la Protection Réciproques des Investissements entre le Royaume des Pays-Bas et la République fédérale tchèque et slovaque (signé le 29 avril 1991, entré en vigueur 1er octobre 1992).

391 *Oostergetel*, Sentence sur la compétence du 30 avril 2010, préc., §§ 65 et 66.

392 *Ibid.*, § 67.

393 *Ibid.*, § 68.

394 *Achmea B. V.*, Décision sur la compétence, l'arbitrabilité et la suspension du 26 octobre 2010, préc.

395 *EURAM*, Décision sur la compétence du 22 octobre 2012, préc.

dessus sont expressément qualifiées, par les arbitres, d'exception d'incompétence intra-EU[396] ou TBI intra-UE. Le renforcement de ce moyen de défense oblige les arbitres à consacrer une partie significative de leur sentence à cette question. En plus des deux arguments de droit international public, reposant sur les articles 59 et 30 CVDT, de nouveaux arguments considérant le droit de l'UE comme applicable à d'autres titres apparaissent. Ainsi, le droit de l'UE, en tant que droit de l'État défendeur devant être pris en compte par les arbitres pour trancher le litige, comme le prévoit l'article 8 § 6 du TBI[397], s'opposerait à ce que le tribunal se juge compétent[398]. Le même raisonnement est appliqué dans le cas où le tribunal siège dans un État membre. Le droit de l'UE s'opposerait alors à la compétence du tribunal en tant que composante de la *lex loci arbitri*[399]. Les dispositions de droit de l'Union empêchant l'application du traité sont ici aussi, le principe de non-discrimination et la protection de la compétence de la Cour de justice – condition de l'application uniforme du droit de l'UE[400]. Dans l'affaire *Achmea B.V (formerly Eureko B.V)*, la Slovaquie reprend également, dans ses derniers écrits, le raisonnement développé par la Commission selon lequel les dispositions d'arbitrage seraient contraires à l'article 292 du traité sur la Communauté européenne (TCE) (désormais article 344 TFUE), qui interdit aux États membres d'avoir recours à un mécanisme extérieur de résolution des différends[401]. Cet État fera pleinement sien cet argument sur la compétence exclusive de la Cour dans le cadre de l'affaire *EURAM*[402]. Contrairement à la République tchèque, la Slovaquie ne reprend pas dans sa défense l'argument d'une incompatibilité de l'arbitrage d'investissement intra-UE avec le principe de confiance mutuelle[403]. Elle avance, par ailleurs, que le traité d'investissement est incompatible de manière générale avec le droit de l'UE, au regard du droit de la concurrence ou encore des restrictions aux libertés fondamentales du marché unique qu'il autorise[404]. Dans le même sens, les possibles limites aux droits de propriété prévues en droit de l'UE sont, selon la Slovaquie dans l'affaire *Achmea B.V (formerly Eureko B.V)*, incompatibles avec les dispositions du traité en matière

---

396 Dans notre étude le terme exception d'incompétence intra-UE désignera à la fois les exceptions d'incompétence soulevées dans le cadre d'arbitrages entre un investisseur d'un État membre et un autre État membre sur le fondement d'un TBI entre États membres et sur le fondement du TCEn. Ces deux cas spécifiques pourront apparaitre quand cela est justifié sous la désignation respective d'exception d'incompétence TBI intra-EU et d'exception d'incompétence TCEn intra-UE.

397 TBI Slovaquie – Pays-Bas (1991), préc.

398 *Achmea B. V.*, Décision sur la compétence, l'arbitrabilité et la suspension du 26 octobre 2010, préc., §§ 132-138.

399 *EURAM*, Décision sur la compétence du 22 octobre 2012, préc., §§ 281-286 ; *Achmea B. V.*, Décision sur la compétence, l'arbitrabilité et la suspension du 26 octobre 2010, préc., §§ 143-147.

400 *Achmea B. V.*, Décision sur la compétence, l'arbitrabilité et la suspension du 26 octobre 2010, préc., § 113 ; *EURAM*, Décision sur la compétence du 22 octobre 2012, préc, §§ 101 et 241.

401 *Achmea B. V.*, Décision sur la compétence, l'arbitrabilité et la suspension du 26 octobre 2010, préc., §§ 184 et 203 La Commission illustre son propos autour de l'article 292 TEC (344 TFUE) en citant l'arrêt Mox Plant ce parallèle ne sera pas retenu par le tribunal. V. CJCE, Gde ch., 30 mai 2006, *Commission des Communautés européennes c. Irlande*, aff. C-459/ 03 ; Sur cet arrêt de la CJCE v. LAVRANOS N. « Protecting Its Exclusive Jurisdiction: The Mox Plant-judgment of the ECJ », *The Law & Practice of International Courts and Tribunals*, Vol. 5(3), 2006, pp. 479-493. Plus généralement sur cette affaire ayant réuni deux différents, trois procédures et quatre juridictions v. MALJEAN-DUBOIS S. et MARTIN J.-C., « L'affaire de l'Usine Mox devant les tribunaux internationaux », *JDI*, Vol. 134(2), 2007, pp. 437-472 ; KERBRAT. Y. « Le différend relatif à l'usine MOX de Sellafield (Irlande/Royaume-Uni) : connexité des procédures et droit d'accès à l'information en matière environnementale », *AFDI*, Vol. 50, 2004, pp. 607-623.

402 *EURAM*, Décision sur la compétence du 22 octobre 2012, préc., § 101.

403 Cet argument apparait dans ces deux affaires, mais uniquement au sein des interventions de la Commission. V. *Achmea B. V.*, Décision sur la compétence, l'arbitrabilité et la suspension du 26 octobre 2010, préc., § 185 ; *EURAM*, Décision sur la compétence du 22 octobre 2012, préc, § 147. Dans l'affaire *EURAM* le demandeur s'interroge explicitement sur le but de cette référence au principe de confiance mutuelle par la Commission.

404 *EURAM*, Décision sur la compétence du 22 octobre 2012, préc, § 98 ; *Achmea B. V.*, Décision sur la compétence, l'arbitrabilité et la suspension du 26 octobre 2010, préc., § 110. Les exceptions à la libre circulation du capital prévues à l'article 58 TEC (65 TFUE) sont présentées comme incompatible avec le principe de libre transfert ou encore avec le principe de protection et sécurité du TBI.

d'expropriation[405]. Ces incompatibilités visent les dispositions substantielles des traités, et non la compétence du tribunal. De manière générale, et inédite, la Slovaquie considère que l'opposition des dispositions des traités d'investissement à ces limites autorisées en droit de l'UE peut remettre en cause l'effectivité de ce dernier, ce qui serait contraire au principe de coopération loyale de l'article 10 TCE (devenu art. 4 § 3 TUE)[406]. Concernant la suspension de la procédure arbitrale pour renvoi préjudiciel, la Slovaquie demande, subsidiairement, de poser directement une question préjudicielle à la Cour de justice dans l'affaire *Achmea B.V (formerly Eureko B.V)*, mais s'en abstient dans l'affaire *EURAM*.

95. *L'archétype de l'exception d'incompétence TBI intra-UE.* L'exception d'incompétence formulée par la Slovaquie dans l'affaire *Oostergetel*[407], qui s'articule autour de l'application alternative des articles 59 et 30 de la CVDT, se révèle être un premier archétype d'exception d'incompétence intra-UE. Certaines exceptions d'incompétence intra-UE, plus étendues, justifient l'inapplicabilité de ces traités d'investissement en mobilisant des arguments supplémentaires tels que la *lex loci arbitri* ou le droit de l'État défendeur, mais ces arguments apparaissent circonstanciels face aux articles 59 et 30 de la CVDT. L'argument de l'incompatibilité de l'application d'un traité d'investissement entre États membres avec la *lex loci arbitri* se limite aux cas où le tribunal siège au sein de l'UE[408]. Quant à celui se basant sur le droit de l'État défendeur, il dépend de la clause d'*electio juris* du traité ou, à défaut, d'une règle de détermination du droit applicable. À ce stade, le cœur de l'exception d'incompétence TBI intra-UE réside dans l'application des articles 59 et 30 CVDT. L'exception d'incompétence TBI intra-UE formulée par la Slovaquie dans l'affaire *Achmea B.V (formerly Eureko)* s'avère l'une des plus étendues et détaillées. La Slovaquie poursuivra cette défense tout au long de cette affaire qui aboutira au prononcé de l'arrêt *Achmea* à la suite du dépôt d'une question préjudicielle par la Cour fédérale de justice allemande (*Bundesgerichtshof*). Dans l'arrêt *Achmea* la Cour de justice confirme l'incompatibilité de l'offre d'arbitrage État-investisseur du traité bilatéral d'investissement liant la Slovaquie et le Pays-Bas avec plusieurs principes de droit de l'UE et articles du TFUE[409].

---

405 *Achmea B. V.*, Décision sur la compétence, l'arbitrabilité et la suspension du 26 octobre 2010, préc., § 111.

406 *Ibid.*, §§ 111 et 76. Sur ce point la Slovaquie s'appuie sur plusieurs décisions de la CJUE ayant considéré les clauses de libre transfert de TBI extra-UE comme contraires au droit de l'UE. V. CJCE, Gde ch., 3 mars 2009, *Commission c. République d'Autriche*, aff. C-205/ 6 ; CJCE, Gde ch., 3 mars 2009, *Commission c. Royaume de Suède*, aff. C-249/ 06 ; CJCE Gde ch., 19 novembre 2009, *Commission c. République de Finlande*, aff. C-118/ 07.

407 *Oostergetel*, Sentence sur la compétence du 30 avril 2010, préc.

408 L'incompétence de tribunaux arbitraux institué par des TBI entre États membres, au regard de la *lex loci arbitri* a pu également être soulevé par des États membres dans le contexte de tribunaux siégeant en Suisse. Les États défendeurs ont alors défendu la thèse selon laquelle l'incompatibilité entre les offres d'arbitrage État-investisseur des TBI intra-UE et les traités de l'UE constituait une loi de police de l'UE, ou une disposition impérative du droit étranger au sens de l'article 19 de la loi fédérale sur le droit international privé suisse, devant être prise en considération par les tribunaux arbitraux siégeant en Suisse. V. CPA, (CNUDCI), *I.C.W. Europe Investments Limited (I.C.W) c. République tchèque*, aff. n° 2014/22, Sentence du 15 mai 2019, §§ 375-388 ; CPA, (CNUDCI), *A.M.F. Aircraftleasing Meier & Fischer GmbH & Co. KG (A.M.F Aircraftleasing) c. République tchèque*, aff. n° 2017-15, Sentence finale du 11 mai 2020, §§ 279-284.

409 CJUE, Gde ch., 6 mars 2018, *Achmea B.V*, aff. C-284/ 16, §58-59 « 58. […] ledit article 8 est de nature à remettre en cause, outre le principe de confiance mutuelle entre les États membres, la préservation du caractère propre du droit institué par les traités, assurée par la procédure du renvoi préjudiciel prévue à l'article 267 TFUE, et n'est dès lors pas compatible avec le principe de coopération loyale rappelé au point 34 du présent arrêt. 59. Dans ces conditions, l'article 8 du TBI porte atteinte à l'autonomie du droit de l'Union. 60. Par conséquent, il convient de répondre aux première et deuxième questions que les articles 267 et 344 TFUE doivent être interprétés en ce sens qu'ils s'opposent à une disposition contenue dans un accord international conclu entre les États membres, telle que l'article 8 du TBI, aux termes de laquelle un investisseur de l'un de ces États membres peut, en cas de litige concernant des investissements dans l'autre État membre, introduire une procédure contre ce dernier État membre devant un tribunal arbitral, dont cet État membre s'est obligé à accepter la compétence ».

B - La propagation d'une exception d'incompétence TBI intra-UE

*96. **Plan.*** Après avoir été précurseur, la République tchèque ne soulèvera plus d'exceptions d'incompétence liées au droit de l'UE dans les arbitrages postérieurs à l'affaire *Binder*. Il faudra attendre des sentences rendues en 2017 pour voir ce type d'exception préliminaire réapparaitre dans ses mémoires en défense[410]. Mis à part une reprise accessoire de l'argument par la Grèce, dans une affaire initiée en 2013[411], c'est principalement dans le cadre d'arbitrages initiés à partir de 2014 que d'autres membres de l'UE soulèveront de telles exceptions d'incompétence. La Grèce est le premier – et le seul à ce jour – État non issu de l'élargissement de 2004 ou d'un élargissement postérieur[412], à avoir repris cette exception d'incompétence TBI intra-UE. Dans l'affaire *Poštová banka* elle conteste la compétence du tribunal en invoquant l'article 30 CVDT (sans réplique du demandeur). Le tribunal se prononce incompétent sur un autre fondement sans avoir à traiter l'exception d'incompétence TBI intra-UE ; la sentence n'y consacre que deux paragraphes[413]. L'année 2017 marque cependant un tournant, dans la mesure où – après la Grèce – deux États issus de l'élargissement de 2004 – la Pologne[414] et Chypre[415] – se saisissent de l'exception d'incompétence TBI intra-UE et la soulèvent lors d'arbitrages d'investissement (1). En revanche, à la même période, la République tchèque abandonne progressivement cette exception (2).

1 - La diffusion de l'exception d'incompétence TBI intra-UE

97. La reprise de l'exception d'incompétence TBI intra-UE par la Pologne. Dans l'affaire *PL Holding*, la Pologne soulève pour la première fois une exception d'incompétence intra-UE, mais tarde à différents stades de la procédure. Elle tarde, tout d'abord, à répondre à la demande d'arbitrage et à nommer un arbitre, puis ce n'est qu'à partir de son mémoire en réplique – plus de 6 mois après son contre-mémoire – qu'elle soulève une exception d'incompétence TBI intra-UE. Cette objection à la compétence du tribunal est, selon le demandeur, irrecevable, car trop tardive.[416] Le tribunal la considérera hors délai, mais décidera néanmoins d'y répondre au vu de son caractère fondamental[417]. La Pologne, en l'espèce, invoque en premier lieu l'article 30 CVDT pour contester l'application de l'offre

---

[410] CIRDI, (CNUDCI), *A11Y LTD. c. République tchèque*, aff. n° UNCT/15/1, Décision sur la compétence du 9 février 2017 ; CPA, (CNUDCI), *WNC Factoring Ltd (WNC) c. République tchèque*, aff. n° 2014-34, Sentence du 22 février 2017 ; SCC, (SCC), *Anglia Auto Accessories Ltd (Anglia) c. République tchèque*, aff. n° 2014/181, Sentence finale du 10 mars 2017 ; SCC, (SCC), *J. P. Busta et I. P. Busta (Busta) c. République tchèque*, aff. n° 2015/014, Sentence finale du 10 mars 2017 ; CPA, (CNUDCI), *A.M.F. Aircraftleasing Meier & Fischer GmbH & Co. KG (A.M.F Aircraftleasing) c. République tchèque*, aff. n° 2017-15, Sentence finale du 11 mai 2020.

[411] CIRDI, *Poštová banka, a. s. et Istrokapital SE (Poštová banka) c. République hellénique*, aff. n° ARB/13/8, Sentence du 9 avril 2015.

[412] En revanche, des exceptions d'incompétence TCEn intra-UE ont été soulevées par des États membres non issus des derniers élargissements, ces exceptions ont été principalement défendues par l'Espagne et l'Italie, mais aussi par l'Allemagne. La Hongrie a essayé de faire réviser ou d'annuler des sentences déjà prononcées, en vertu de ces exceptions et de l'arrêt *Achmea* de la Cour de justice, mais elle n'avait pas soulevé cette exception au cours de la procédure principale des arbitrages.

[413] CIRDI, *Poštová banka, a. s. et Istrokapital SE (Poštová banka) c. République hellénique*, aff. n° ARB/13/8, Sentence du 9 avril 2015, §§ 203 et 204.

[414] SCC, (SCC), *PL Holdings S.a.r.l. (PL Holdings) c. Pologne*, aff. n° 2014/163, Sentence partielle du 28 juin 2017.

[415] SCC, (SCC), *Robert Aleksandrowicz et Tomasz Częścik (Aleksandrowicz et Częścik) c. Chypre*, aff. n° 2014/169, Sentence finale 21 février 2017.

[416] *PL Holdings*, Sentence partielle du 28 juin 2017, préc., §§ 27, 39, 51 et 53.

[417] *Ibid.*, §§ 306 et 307.

d'arbitrage État-investisseur du traité. Elle affirme que la question du traitement accordé à un investisseur de l'UE relève du droit de l'UE et que les litiges afférents relèvent de la compétence exclusive des juridictions de l'Union[418]. L'article 59 CVDT est présenté, en second lieu, comme suivant une logique similaire. Ici, l'État défendeur précise que les traités portent sur la même matière comme si ce critère était propre à l'article 59 CVDT et pas à l'article 30 CVDT[419]. Selon lui, les dispositions procédurales et substantielles du traité sont incompatibles avec le droit de l'UE, au sens de l'article 30 CVDT[420]. En conclusion, la Pologne affirme que l'article 344 TFUE confère aux juridictions de l'UE le pouvoir exclusif de trancher le litige, et donc s'oppose à la compétence du tribunal[421].

98. La reprise de l'exception d'incompétence TBI intra-UE par Chypre. Chypre soulève une exception similaire à celle soulevée par la Pologne dans l'affaire *Aleksandrowicz et Częścik*. L'État défendeur ne se limite cependant pas aux articles 30, 59 CVDT et 344 TFUE. Dans cette affaire, l'articulation déjà observée entre les articles 59 et 30 CVDT est reprise par Chypre, l'argument de la Commission d'une absence de protection des traités entre États membres par la règle « *pacta sunt servanda* » telle que retranscrite à l'article 351 TFUE – limitée aux traités entre les États membres de l'Union et les États tiers – est présent, mais la sentence ne fait pas référence à la jurisprudence de la Cour de justice correspondante. Chypre avance qu'en vertu de l'article 59 CVDT la protection substantielle des investissements offerte par les traités de l'UE s'est substituée à celle offerte par les traités de protection des investissements. L'État défendeur donne l'exemple de la substitution des articles 17 de la Charte des droits fondamentaux de l'UE[422] et 1er du protocole n° 1 de la Convention européenne de sauvegarde des droits de l'homme (CESDH) portant sur la propriété privée, à l'article 4 du TBI sur l'expropriation[423]. Pour Chypre, même si le tribunal considère que les traités de l'UE ne se sont pas substitués aux TBI intra-UE, les dispositions de ces derniers ne peuvent produire d'effets, car elles sont irréconciliables avec les obligations des États membres. Selon l'État défendeur, l'accès à l'arbitrage constituerait une discrimination qui violerait non seulement l'article 18 TFUE, mais aussi les articles portant sur le droit d'établissement (articles 49 à 55) et sur les capitaux (articles 63 à 66) du TFUE. L'article 344 TFUE est également mentionné, après l'affirmation de l'incompatibilité de ces traités d'investissement avec le cadre institutionnel et juridictionnel de l'UE[424]. Tout comme dans l'affaire *Achmea B.V (formerly Eureko)*, l'État défendeur se fonde sur les arrêts de la Cour de justice affirmant l'incompatibilité des clauses de libre transfert de traités d'investissement entre États membres et États tiers (extra-UE) – avec les articles 63 et 65 TFUE –, pour arguer de l'incompatibilité des traités entre États membres qui comportent des clauses similaires[425]. Chypre ajoute au surplus que le lancement de recours en manquement par la Commission portant sur le maintien de TBI intra-UE confirme l'hypothèse de l'incompatibilité de ces

418 *Ibid.*, § 302.

419 *Ibid.*, §§ 305, 311 et 312. Les développements du demandeur et les conclusions du tribunal laissent également entendre que le seul critère d'application de l'article 30 CVDT réside dans l'existence d'une incompatibilité entre les provisions des traités. La question de la similarité de l'objet des traités n'est examinée que pour l'article 59 CVDT.

420 *Ibid.*, § 303.

421 *Ibid.*, § 304.

422 Cet article avait déjà été mentionné par la Slovaquie dans l'affaire *Achmea* comme assurant une protection des droits de propriété équivalente à celle offerte par les TBI. V. CPA, (CNUDCI), *Achmea B. V. c. République slovaque (formerly Eureko B. V. c. République slovaque)*, aff. n° 2008-13, Décision sur la compétence, l'arbitrabilité et la suspension du 26 octobre 2010, § 69.

423 *Aleksandrowicz et Częścik*, Sentence finale 21 février 2017, préc., § 142.

424 *Ibid.*, § 143.

425 CJCE, Gde ch., 3 mars 2009, *Commission c. République d'Autriche*, aff. C-205/ 6 ; CJCE Gde ch., 3 mars 2009, *Commission c. Royaume de Suède*, aff. C-249/ 06 ; CJCE Gde ch., 19 novembre 2009, *Commission c. République de Finlande*, aff. C-118/ 07.

traités et des traités de l'UE[426]. En conclusion, l'État défendeur estime qu'une sentence qui accéderait aux demandes de l'investisseur violerait la *lex loci arbitri* (en l'espèce la loi suédoise), car elle serait contraire à l'ordre public de la Suède membre de l'UE[427].

99. Transition. Tandis que d'autres États soulèvent cette exception d'incompétence, la République tchèque semble renoncer progressivement à cette ligne de défense. Dans les affaires *A11Y LTD.*, *WNC*, *Busta* et *Anglia*, la République tchèque structure son déclinatoire de compétence classiquement autour de l'application de l'article 59 CVDT ou à défaut de l'article 30 CVDT[428]. Par exemple, dans l'affaire *A11Y LTD.*, elle défend d'abord, comme auparavant, l'idée que les traités portent sur la même matière[429], puis insiste sur le fait que le mécanisme de résolution des différends de l'article 8 du TBI est contraire aux articles 18 et 344 TFUE[430]. Dans les affaires *Busta* et *Anglia*, l'article 18 TFUE interdisant les discriminations sur la base de la nationalité n'est pas mentionné. L'État défendeur n'oppose aux arbitres, en citant les articles 344[431] et 267[432] TFUE, que le monopole de la Cour de justice[433]. Si la République tchèque soulève des exceptions d'incompétence intra-UE dans les arbitrages précités, parfois même en avançant de nouveaux arguments, ces exceptions semblent, de l'avis des arbitres, être soulevées sans conviction. Aussi peuvent-elles être vues comme un signe annonciateur de la renonciation de la République tchèque à l'exception d'incompétence intra-UE.

---

[426] Communiqué de Presse de la Commission du 18 juin 2015, La Commission demande aux États membres de mettre fin à leurs accords bilatéraux d'investissement intra-UE, IP/15/5198. À la suite de cette première annonce, le 29 septembre 2016, des avis motivés s'inscrivant dans le cadre de procédures d'infraction ont été adressés à la Slovaquie, la Suède, la Roumanie, l'Autriche et les Pays-Bas. V. Fiche d'information de la Commission du 29 septembre 2016, Procédures d'infraction du mois de septembre : principales décisions, MEMO/16/3125.

[427] *Aleksandrowicz et Częścik*, Sentence finale 21 février 2017, préc., § 144.

[428] CIRDI, (CNUDCI), *A11Y LTD. c. République tchèque*, aff. n° UNCT/15/1, Décision sur la compétence du 9 février 2017, §§ 152-156 ; CPA, (CNUDCI), *WNC Factoring Ltd (WNC) c. République tchèque*, aff. n° 2014-34, Sentence du 22 février 2017, § 294; SCC, (SCC), *J. P. Busta et I. P. Busta (Busta) c. République tchèque*, aff. n° 2015/014, Sentence finale du 10 mars 2017, §§ 98-102 et 119-124 ; SCC, (SCC), *Anglia Auto Accessories Ltd (Anglia) c. République tchèque*, aff. n° 2014/181, Sentence finale du 10 mars 2017, §§ 98-102 et 119-124.

[429] CIRDI, (CNUDCI), *A11Y LTD. c. République tchèque*, aff. n° UNCT/15/1, Décision sur la compétence du 9 février 2017, § 155.

[430] *Ibid.*, §§ 157-159. Cet argument est confirmé, de son point de vue, par un arrêt du Tribunal de l'UE qui considère que les modes de règlement des différends extrajudiciaires prévus dans des accords financiers signés par les futurs États membres avec la Commission, avant l'adhésion, ne sont plus applicables à compter de l'adhésion. V. Trib. UE, 3e ch., 15 avril 2011, *République tchèque c. Commission européenne*, aff. n° T-465/08, § 102.

[431] TFUE art. 344 (ex-article 292 TCE) : « Les États membres s'engagent à ne pas soumettre un différend relatif à l'interprétation ou à l'application des traités à un mode de règlement autre que ceux prévus par ceux-ci ».

[432] TFUE art. 267 (ex-article 234 TCE) : « La Cour de justice de l'Union européenne est compétente pour statuer, à titre préjudiciel : a) sur l'interprétation des traités, b) sur la validité et l'interprétation des actes pris par les institutions, organes ou organismes de l'Union. / Lorsqu'une telle question est soulevée devant une juridiction d'un des États membres, cette juridiction peut, si elle estime qu'une décision sur ce point est nécessaire pour rendre son jugement, demander à la Cour de statuer sur cette question. / Lorsqu'une telle question est soulevée dans une affaire pendante devant une juridiction nationale dont les décisions ne sont pas susceptibles d'un recours juridictionnel de droit interne, cette juridiction est tenue de saisir la Cour. / Si une telle question est soulevée dans une affaire pendante devant une juridiction nationale concernant une personne détenue, la Cour statue dans les plus brefs délais ».

[433] *Busta*, Sentence finale du 10 mars 2017, préc. §§ 119-124 ; *Anglia*, Sentence finale du 10 mars 2017, préc., §§ 119-124. Ce sont ces mêmes articles que la Cour de justice interprétera comme s'opposant au mécanisme d'arbitrage État-investisseur du traité d'investissement entre la Slovaquie et les Pays-Bas dans l'arrêt *Achmea* rendu le 6 mars 2018. V. CJUE, Gde ch., 6 mars 2018, *Achmea B.V.*, aff. C-284/ 16, § 60 « [...] les articles 267 et 344 TFUE doivent être interprétés en ce sens qu'ils s'opposent à une disposition contenue dans un accord international conclu entre les États membres, telle que l'article 8 du TBI, aux termes de laquelle un investisseur de l'un de ces États membres peut, en cas de litige concernant des investissements dans l'autre État membre, introduire une procédure contre ce dernier État membre devant un tribunal arbitral, dont cet État membre s'est obligé à accepter la compétence ».

2 - L'abandon de l'exception d'incompétence intra-UE par la République tchèque

100. Les exceptions d'incompétence intra-UE peu défendues. À partir des affaires *WNC*[434], *Busta*[435] et *Anglia*[436], l'exception d'incompétence intra-UE ne semble plus être un élément essentiel de la défense de la République tchèque. Dans les affaires *Busta* et *Anglia* le tribunal commun à ces deux affaires souligne que cette exception a été « à peine » soutenue par la République tchèque lors de l'audience finale[437]. La sentence de l'affaire *WNC* rendue un mois avant celle des affaires *Busta* et *Anglia* annonçait déjà cette tendance. Dans l'affaire *WNC*, la République tchèque affirme que l'offre d'arbitrage du TBI intra-UE est caduque, au motif que les règles du marché intérieur protègent complètement les investisseurs des États membres et que l'offre d'arbitrage crée une discrimination sur la base de la nationalité, contraire au droit de l'UE[438]. Elle s'appuie[439], ici aussi, sur l'initiation par la Commission de recours en manquement contre des États membres ayant été impliqués dans des arbitrages sur le fondement de TBI entre États membres[440]. Cependant, le lien entre ces arguments de droit de l'UE et les articles 59 et 30 de la CVDT, ainsi que leurs critères d'application (même matière et incompatibilité), n'est fait que par des renvois à des notes de bas de page dans le mémoire de défense. Cela amènera le tribunal à considérer l'objection de l'État défendeur comme plaidée de manière « peu claire »[441].

101. La question de l'effet du traité de Lisbonne sur l'exception d'incompétence intra-UE. Paradoxalement dans l'affaire *WNC*, la République tchèque développe un nouvel argument autour de l'exception d'incompétence intra-UE, alors même qu'elle semble abandonner peu à peu cette défense. En effet, elle s'oppose à la transposition du raisonnement du tribunal de l'affaire *Achmea B.V (formerly Eureko B.V)* en arguant que ce tribunal s'est prononcé, au regard du droit de l'UE, avant l'entrée en vigueur du traité de Lisbonne[442]. Dans cette affaire, la question de l'impact potentiel du traité de Lisbonne sur les traités d'investissement entre États membres avait été posée au demandeur lors d'une audience. Ce dernier avait répondu qu'aucun élément ne plaidait dans le sens d'une extinction automatique des TBI entre États membres du fait de l'entrée en vigueur du traité de Lisbonne[443]. Les Pays-Bas, invités à intervenir comme *amicus curiae*[444], constataient d'abord que le traité de Lisbonne attribuait à l'Union une compétence en matière d'investissement direct étranger (IDE) et précisaient, ensuite, que la forme d'exercice de cette compétence n'était pas encore déterminée, pour conclure enfin, qu'il serait prématuré et inutilement préjudiciable de jeter le moindre doute sur la validité juridique des TBI entre États membres[445]. L'argument d'un renouvellement de l'exception d'incompétence intra-UE, du fait de l'entrée en vigueur du traité de Lisbonne, est également renforcé par les précautions prises par le tribunal de l'affaire

---

434 *WNC*, Sentence du 22 février 2017, préc.
435 *Busta*, Sentence finale du 10 mars 2017, préc.
436 *Anglia*, Sentence finale du 10 mars 2017, préc.
437 *Busta*, Sentence finale du 10 mars 2017, préc., § 113 ; *Anglia*, Sentence finale du 10 mars 2017, préc., § 113.
438 *WNC*, Sentence du 22 février 2017, préc., § 66.
439 *Ibid.*, § 67.
440 Communiqué de Presse de la Commission du 18 juin 2015, IP/15/5198, préc.
441 *WNC*, Sentence du 22 février 2017, préc., § 296.
442 *Ibid.*, § 307.
443 CPA, (CNUDCI), *Achmea B. V. c. République slovaque (formerly Eureko B. V. c. République slovaque)*, aff. n° 2008-13, Décision sur la compétence, l'arbitrabilité et la suspension du 26 octobre 2010, §§ 84 et 85.
444 L'intervention d'un État dans un arbitrage d'investissement en tant qu'*amicus curiae* était jusqu'à cette affaire sans précédent. V. BASTIN L., « Amici Curiae in Investor-State Arbitration : Eight Recent Trends », *Arbitration International*, Vol. 30(1), 2014, pp. 125-144, spéc. pp. 128-130.
445 *Achmea B. V.*, Décision sur la compétence, l'arbitrabilité et la suspension du 26 octobre 2010, préc., §§ 162 et 163.

Achmea. Ce dernier précise que sa sentence se limite aux circonstances particulières de l'affaire, qu'elle ne pose aucun principe général, mais surtout qu'elle résulte d'une procédure d'arbitrage initiée en 2008 avant l'entrée en vigueur du traité de Lisbonne[446]. Le traité de Lisbonne est mentionné dans des sentences antérieures à celle de l'affaire *WNC*, mais jamais comme un traité affectant à lui seul la validité des TBI entre États membres[447]. Malgré son caractère inédit, cet argument, lui aussi, ne semble pas avoir été central dans la défense de la République tchèque. Le tribunal l'écarte en précisant que l'État défendeur n'explique pas en quoi le traité de Lisbonne a modifié le cadre juridique applicable dans l'affaire *Achmea*[448].

102. ***La renonciation de la République tchèque à l'exception d'incompétence intra-UE.*** À partir de l'affaire *JSW Solar et Wirtgen* et dans les affaires suivantes, la République tchèque renonce explicitement à soulever toute exception d'incompétence intra-UE[449]. Cela n'empêchera cependant pas le tribunal de cette affaire de traiter cette question. En l'occurrence, il constate d'abord que cette exception d'incompétence n'a pas été soulevée par les parties, mais par la Commission en tant qu'*amicus curiae.* Ensuite, il rappelle qu'il n'appartient pas aux parties non contestantes de soulever des exceptions d'incompétence. Enfin, il considère qu'il est compétent pour décider de se saisir de cette question *ex officio*[450], en raison de la nature particulière de cet arbitrage fondé sur un traité et non pas sur un contrat. Dans le même sens, le tribunal de l'affaire *PL Holdings* a accepté, au regard de son caractère fondamental, l'exception d'incompétence intra-UE soulevée par la Pologne alors même qu'elle avait été formulée hors délais[451]. L'affaire *JSW et Wirtgen* rappelle que si l'exception d'incompétence intra-UE est à l'origine un moyen de défense des États, la Commission s'en saisira en tant que gardienne des traités pour défendre l'autonomie du droit de l'Union dans les arbitrages intra-UE.

103. ***Transition.*** Les choses sont quelque peu différentes concernant les exceptions d'incompétence intra-UE soulevée lors d'arbitrages sur le fondement du traité sur la Charte de l'énergie. En la matière, c'est la Commission qui semble avoir jeté les bases de la contestation de la compétence des tribunaux. Le contenu de son intervention dans l'affaire *Electrabel* pouvait laisser présager de futures exceptions d'incompétence, en lien avec le droit de l'UE, dans le cadre d'arbitrages sur le fondement du traité de la charte de l'énergie entre un investisseur d'un État membre et un autre État membre (TCEn intra-UE). L'Espagne sera le premier État membre à contester la compétence d'un tribunal arbitral appliquant le TCEn, en s'appuyant sur un raisonnement partiellement commun à celui sur lequel repose les exceptions d'incompétence intra-UE, soulevées principalement par la République tchèque et la Slovaquie.

---

[446] *Ibid.*, § 218.

[447] CPA, (CNUDCI), *European American Investment Bank AG (EURAM) c. République slovaque*, aff. n° 2010-17, Décision sur la compétence du 22 octobre 2012, § 183 Le tribunal fait référence à l'absence de compétence de l'UE en matière d'investissements directs étrangers avant le traité de Lisbonne pour écarter l'idée selon laquelle les TBI et les traités fondateurs de l'UE porteraient sur la même matière ; SCC, (SCC), *Robert Aleksandrowicz et Tomasz Częścik (Aleksandrowicz et Częścik) c. République de Chypre*, aff. n° 2014/169, Sentence finale 21 février 2017, § 141. Chypre mentionne le traité de Lisbonne comme l'un des traités établissant l'UE sans faire de lien entre l'entrée en vigueur de ce traité et la validité des TBI intra-UE. La validité des TBI est contestée à partir de l'adhésion en 2004.

[448] *WNC*, Sentence du 22 février 2017, préc., § 307.

[449] CPA, (CNUDCI), *JSW Solar (zwei) GmbH & Co.KG, Gisela Wirtgen, Jürgen Wirtgen, et Stefan Wirtgen (JSW Solar et Wirtgen) c. République tchèque*, aff. n° 2014/03, Sentence finale du 11 octobre 2017, § 249 ; CPA, (CNUDCI), *Antaris Solar GmbH et Dr. Michael Göde (Antaris et Göde) c. République tchèque*, aff. n° 2014/01, Sentence du 2 mai 2018, § 73 ; CPA, (CNUDCI), *I.C.W. Europe Investments Limited (I.C.W) c. République tchèque*, aff. n° 2014/22, Sentence du 15 mai 2019, § 30.

[450] *JSW Solar et Wirtgen*, Sentence finale du 11 octobre 2017, préc., § 250.

[451] SCC, (SCC), *PL Holdings S.a.r.l. c. République de Pologne*, aff. n° 2014/163, Sentence partielle du 28 juin 2017, §§ 306 et 307.

§ 2 - La contestation de l'application intra-UE de l'offre d'arbitrage du traité sur la Charte de l'énergie

104. La propagation de l'exception d'incompétence intra-UE dans les arbitrages TCEn. L'hypothèse d'une contestation de l'application, entre États membres de l'Union, de l'offre d'arbitrage État-investisseur du traité sur la Charte de l'énergie (TCEn) se fait jour, pour la première fois, dans la sentence sur la compétence de 2014 du tribunal de l'affaire *PV investors*[452]. Jusqu'en 2016, l'Espagne est le seul membre de l'Union à contester l'application entre des États membres de l'offre d'arbitrage État-investisseur de ce traité. Elle est toutefois rapidement soutenue par la Commission qui intervient dans ces affaires en tant qu'*amicus curiae*. Dès la deuxième sentence dans laquelle l'Espagne conteste la compétence du tribunal, la sentence *Charanne*, la Commission soutient elle aussi une véritable exception d'incompétence intra-UE[453]. En 2016[454], à partir de l'affaire *Blusun*, l'Espagne est rejointe par l'Italie[455]. D'autres États rejoindront l'Italie et l'Espagne dans le groupe des membres de l'Union ayant soulevé une exception d'incompétence intra-UE dans le cadre d'arbitrages TCEn-intra UE. D'abord l'Allemagne dans le cadre de l'affaire *Vattenfall*. En 2018 une décision spécifique, portant sur cette exception préliminaire seule, fut prononcée[456]. Par la suite, la Bulgarie souleva une telle exception d'incompétence dans l'affaire *ACF* dont la sentence sur la compétence date de 2019[457], la Pologne formula une telle objection dans l'affaire *Festorino* dont la sentence date de 2021[458], ainsi que dans l'affaire *Mercuria (II)*[459], dont la sentence est prononcée l'année suivante en 2022. Enfin, deux autres sentences prononcées en 2022 nous informent, d'une part, que la Croatie a contesté sur ce fondement la compétence du tribunal de l'affaire *Mol*[460] et, d'autre part, que la Roumanie s'est également saisie de cette exception pour contester la compétence du tribunal de l'affaire *LSG Building*[461].

105. Plan de paragraphe. Comme pour les exceptions d'incompétence soulevées dans le cadre d'arbitrage sur le fondement de TBI entre États membres de l'Union, s'il est possible d'identifier à terme un archétype, ces exceptions n'en sont pas moins diverses (A). Par rapport aux exceptions étudiées plus haut, les exceptions d'incompétence soulevées dans le cadre du TCEn paraissent plus composites. La nature de l'exception d'incompétence TCEn intra-UE, compte tenu de ses différentes branches, mérite d'être précisée (B).

---

[452] CPA, (CNUDCI), *AES Solar et autres (PV Investors) c. Royaume d'Espagne*, aff. n° 2012-14, Sentence préliminaire sur la compétence du 14 octobre 2014, §§ 132-207.

[453] SCC, (CNUDCI), *Charanne B. V. et Construction Investments S.a.r.l. (Charanne) c. Royaume d'Espagne*, aff. n° 062/2012, Sentence finale du 21 janvier 2016, §§ 207-224 et 424-450.

[454] Au 1er janvier de cette année 2016, du fait de la notification de son retrait du TCEn en 2014, l'Italie n'était plus liée par ce dernier, mais devait néanmoins respecter sa clause de survie.

[455] CIRDI, *Blusun S.A., Jean-Pierre Lecorcier et Michel Stein (Blusun) c. République italienne*, aff. ARB/14/3, sentence du 26 décembre 2016, §§ 206-260 et 277-303.

[456] CIRDI, *Vattenfall AB et autres (Vattenfall (II)) c. République fédérale d'Allemagne* (II), Décision sur la problématique Achmea du 31 août 2018.

[457] CIRDI, *ACF Renewable Energy Limited (ACF) c. République de Bulgarie*, aff. ARB/18/1, Sentence du 5 janvier 2024, §§ 449-458, 730-73 et 1512-1515.

[458] SCC, (SCC), *Festorino Invest Limited, Fosontal Limited, Petra Salesny, Peter Derendinger and Petr Rojicek (Festorina et autres) c. République de Pologne*, aff. n° 2018/098, Sentence du 30 juin 2021, §§ 446-473.

[459] SCC, (SCC), *Mercuria Energy Group Limited (Mercuria) c. République de Pologne*, aff. n° 2019/126, Sentence du 29 décembre 2022, §§ 255-463.

[460] CIRDI, *MOL Hungarian Oil and Gas Company Plc (MOL) c République de Croatie*, aff. ARB/13/32, Sentence du 5 juillet 2022, §§ 454-489.

[461] CIRDI, *Anina Pro Invest Ltd, Core Value Capital GmbH, Core Value Investments GmbH & Co KG Gamma et autres (LSG Building Solutions et autres) c. Roumanie*, aff. ARB/18/19, Décision sur la compétence, la responsabilité et les principes de réparation du 11 juillet 2022, §§ 438-785.

A - L'apparition d'une exception d'incompétence « TCEn intra-UE »

***106. L'exception d'incompétence intra-UE de l'affaire* PV Investors.** Dans l'affaire *PV Investors* le tribunal présente l'exception d'incompétence intra-UE soulevée par l'Espagne comme une exception visant l'inapplicabilité des dispositions de résolution des différends du TCEn aux différends d'investissement intra-UE, c'est-à-dire aux différends d'investissement entre un État membre et un investisseur d'un autre État membre. Le raisonnement du défendeur en substance est le suivant : les États d'origine des investisseurs ainsi que l'État défendeur étant tous des membres de l'UE (y compris au moment de la signature du traité) et les investissements ayant été réalisés au sein de l'UE, il s'agit d'un différend interne à l'Union. Par conséquent, un tel différend ne peut être résolu dans le cadre de ce traité d'investissement. L'Espagne argumente qu'elle n'a pas, et qu'elle ne pouvait pas, au moment de la signature, soustraire ces litiges d'investissement entre investisseurs de l'Union et États membres au système juridictionnel de l'Union[462]. Elle ajoute que l'application du TCEn à ces litiges engendrerait une discrimination importante au sein du marché intérieur, ce qui violerait le droit de l'UE[463]. Sur ce point, un parallèle est possible avec les exceptions intra-UE soulevées dans les arbitrages sur le fondement de traités bilatéraux d'investissement (TBI) entre États membres. Dans cette sentence, les parties à l'arbitrage s'appuient toutes deux sur la Convention de Vienne sur le droit des traités de 1969 (CVDT) pour interpréter le traité, mais aboutissent à des conclusions contraires. La question porte sur l'applicabilité *ab initio* du TCEn aux différends entre un investisseur de l'Union et un État membre[464]. Pour l'Espagne, la reconnaissance de l'UE, dans le traité, en tant qu'organisation régionale d'intégration économique partie au traité et détentrice, après un transfert, d'une part de la compétence de ses membres, implique la reconnaissance de la répartition des compétences entre l'Union et ces derniers. Par suite, ce traité reconnaitrait lui-même la primauté du droit de l'UE, dans son champ d'application, sur le droit des États membres. Concernant les principes ne permettant pas de conclure que le traité est applicable, l'interdiction de l'arbitrage interétatique entre États membres en dehors des mécanismes prévus par les traités, confirmée par l'arrêt *Mox Plant*, est évoquée. En raison d'un principe de cohérence, l'Espagne propose de ne pas distinguer entre l'arbitrage interétatique prévu à l'article 27 TCEn et l'arbitrage État-investisseur prévu à l'article 26 TCEn[465]. Les deux dispositions seraient incompatibles avec l'article 344 du traité sur le fonctionnement de l'UE (TFUE)[466]. Dans l'ensemble, l'argumentation du défendeur vise à proposer une interprétation du traité conforme au droit de l'UE (et pas une résolution d'un conflit de conventions au profit du droit de l'UE). Cela passe par exemple, par une interprétation de la notion de zone des parties contractantes unifiant chacune des zones des États membres dans une zone de l'UE, lorsqu'il s'agit d'un investissement intra-UE, de sorte qu'un investisseur d'un État membre ne puisse pas être considéré comme investissant dans la zone d'une autre partie contractante, lorsqu'il investit

---

[462] CPA, (CNUDCI), *AES Solar et autres (PV Investors) c. Royaume d'Espagne*, aff. n° 2012-14, Sentence préliminaire sur la compétence du 14 octobre 2014, §§132 et 133.

[463] *Ibid.*, § 134.

[464] *Ibid.*, § 139 « For Spain, interpreting the ECT according to the rules of interpretation contained in the VCLT leads unequivocally to the conclusion that the ECT's dispute resolution provisions were never intended to apply to intra-EU disputes ».

[465] *Ibid.*, §§ 143-147.

[466] TFUE art. 344 (ex-article 292 TCE) : « Les États membres s'engagent à ne pas soumettre un différend relatif à l'interprétation ou à l'application des traités à un mode de règlement autre que ceux prévus par ceux-ci ».

dans un autre État membre[467]. Comme le relève le tribunal dans ses conclusions, ici l'Espagne n'invoque pas les articles 30 et 59 CVDT[468], alors qu'ils sont au centre des premières exceptions d'incompétence intra-UE soulevées dans des arbitrages sur le fondement de TBI entre États membres. Ne sont contestées ni la validité du TCEn ni celle de l'offre d'arbitrage. L'argument ne vise pas à écarter une disposition applicable, mais à convaincre le tribunal que l'article 26 TCEn ne peut être interprété comme autorisant son application aux arbitrages entre un investisseur de l'Union et un État membre.

107. Le triptyque identifié par le tribunal de l'affaire Charanne. Contrairement à l'exception d'incompétence soulevée dans l'affaire *PV Investors*, l'exception soulevée par l'Espagne dans l'affaire *Charanne* ne se focalise pas sur une interprétation du TCEn conforme au droit de l'UE, mais envisage plus directement la résolution d'un conflit de conventions en faveur du droit de l'UE. L'exception intra-UE soutenue par l'Espagne dans cette affaire, dans un premier temps, ne semble pas se démarquer de celle de l'affaire *PV Investor*[469]. L'hypothèse d'une incompatibilité entre traités est évoquée, dans un second temps, lorsque le tribunal précise :

> « *The Respondent also contends that Article 16 of the ECT is not applicable as there is no incompatibility between EU law and the ECT, and that in the event of a conflict between them, Article 351 of the TFEU of EU law prevails over any subsequent treaty to the admission of the State to the EU* »[470].

Par contraste, pour trouver une référence à l'article 16 TCEn[471] dans la sentence *PV Investor*, en dehors des arguments du demandeur, il fallait s'en remettre à une simple note de bas de page. En effet, la note de bas de page 188 de cette sentence précisait que le défendeur (dans ses écrits en réponse au demandeur) considérait que l'article 16 TCEn comme l'article 26 TCEn (comprenant l'offre d'arbitrage État-investisseur) n'avaient pas vocation à s'appliquer entre membres de l'Union[472]. En outre, il est précisé dans la sentence *Charanne,* toujours dans une logique visant la résolution d'une incompatibilité entre les traités, que le défendeur reprend à son compte l'argument soutenu par la Commission voulant que le TCEn contienne

---

467 *PV Investors*, Sentence préliminaire sur la compétence du 14 octobre 2014, préc., § 147 « Spain submits that, within the internal market, the Areas of each member state are amalgamated into a single Area for the purposes of the ECT. When an investor from an EU member state is involved in a dispute with another EU member state, the dispute relates to an investment in the EU Area. In that case, no diversity is recognized by the ECT, because the investor and the host state are deemed to be from the same Area. Article 1 (7) (a) on the definition of "Investor" should be construed so that the investors of an EU member state are investors of both the EU and the relevant EU member states. In this manner, Article 26 on investor-state arbitration would be consistent with Article 27 on state-to-state arbitration, which due to overriding considerations of EU law cannot be construed to include arbitration between EU states ».

468 *Ibid.*, § 204.

469 SCC, (CNUDCI), *Charanne B. V. et Construction Investments S.a.r.l. (Charanne) c. Royaume d'Espagne*, aff. n° 062/2012, Sentence finale du 21 janvier 2016, §§ 207-221.

470 *Ibid.*, § 222.

471 TCEn, art. 16 – Relation avec d'autres accords : « Lorsque deux ou plusieurs parties contractantes ont conclu un accord international antérieur ou concluent postérieurement un accord international dont les dispositions portent dans les deux cas sur l'objet des parties III ou V du présent traité : 1) aucune disposition des parties III ou V du présent traité ne peut être interprétée comme dérogeant aux dispositions de cet autre accord ni au droit d'exiger un règlement du différend concernant ce point conformément à cet accord ; et 2) aucune disposition de l'autre accord ne peut être interprétée comme dérogeant aux dispositions des parties III ou V du présent traité ni au droit d'exiger un règlement du différend concernant ce point conformément au présent traité, lorsque de telles dispositions sont plus favorables pour l'investisseur ou l'investissement ».

472 *PV Investors*, Sentence préliminaire sur la compétence du 14 octobre 2014, préc., § 173 nbp 188 « [...] For the Respondent, on the contrary, "Article 16 of the ECT, to which the Claimants refer, is irrelevant for the simple reason that, similar to the other ECT rules, it was not designed to be applied to Member States in their relations within the internal market" ».

une clause de déconnexion implicite[473], visant les relations entre les États membres[474]. Or, en toute logique, une clause de déconnexion ne se justifie qu'en présence de traités incompatibles[475]. Par ailleurs, en écho avec l'argument défendu par la Commission dans l'affaire *Micula (I)*[476], l'Espagne argue du risque d'inexécution ou d'annulation de toute sentence que le tribunal prononcerait. Ici, ce risque ne relève pas du contenu de la sentence, mais de sa simple existence, en ce qu'elle soustrait le litige au mécanisme de résolution des différends de l'UE[477]. Dans cette affaire, le tribunal, pour répondre à l'exception d'incompétence intra-UE, propose une typologie distinguant entre trois arguments permettant de mieux comprendre le caractère composite de l'exception soulevée :

> « *The jurisdictional objection of the Kingdom of Spain relies on three arguments: firstly, (a) all the parties in this procedure are part of the same Regional Economic Integration Organisation ("REIO") and, therefore, there is no diversity of territories. (b) Secondly, there is an implicit disconnection clause in the ECT for intra-EU disputes. (c) Thirdly, EU law does not allow EU Member States to agree to submit the present dispute to a dispute resolution mechanism different from the envisaged by the EU* »[478].

---

473 Pour un auteur considérant que le TCEn pourrait contenir une telle clause de déconnexion implicite v. BURGSTALLER M., « European Law and Investment Treaties », *Journal of International Arbitration*, Vol. 26(2), 2009, pp. 181-216 *contra* TIETJE C., *The applicability of the Energy Charter Treaty in ICSID Arbitration of EU Nationals vs EU Members States*, Beiträge zum Transnationalen Wirtschaftsrecht – Heft 78, Martin Luther University Halle-Wittenberg, 2008, pp. 27; COOP G., « Energy Charter Treaty and The European Union: Is Conflict Inevitable? », *Journal of Energy & Natural Resources Law*, Vol. 27(3), 2009, pp. 404-419. Sur l'insertion de telles clauses dans des accords où l'Union est également partie v. aussi Comité des Conseillers Juridiques sur le Droit international Public, *Rapport sur les conséquences de la clause dite « de déconnexion » en droit international en général et pour les conventions du conseil de l'Europe, contenant une telle clause, en particulier*, Rapport adopté par le CAHDI lors de sa 36e réunion Londres, 7-8 octobre 2008, Conseil de l'Europe, 2008, pp. 15, spéc. § 45 « v. L'expérience de la participation de la CE à des conventions de l'ONU peut être utile. Lorsque la Communauté participe à une convention en compagnie de ses États membres, la nécessité d'une clause « de déconnexion » peut décroître. La participation de la Communauté peut aider à s'assurer de la cohérence du régime du traité pertinent ; le fait que tant la Communauté que les États membres soient parties assurerait que la convention soit pleinement mise en œuvre. La participation de la Communauté devrait par conséquent être encouragée dans les cas opportuns ».

474 *Charanne*, Sentence finale du 21 janvier 2016, préc., § 223.

475 Les clauses de déconnexion peuvent être décrites comme des clauses d'exclusion, dans les relations entre plusieurs États formant un sous-groupe, de dispositions d'un accord multilatéral liant un groupe d'État plus large. Elles apparaissent à la fin des années 80 dans le cadre de l'adoption de conventions du Conseil de l'Europe par la Communauté économique européenne. Toutefois, elles ne sont pas le seul instrument utilisé pour préserver l'autonomie de l'ordre juridique de l'Union, et leur contenu varie selon les traités. Sur ces clauses v. ECONOMIDES C. P. et KOLLIOPOULOS A. G., « La clause de déconnexion en faveur du droit communautaire : une pratique critiquable », *RGDIP*, t. 110, n° 2, 2006, pp. 273-302 ; CREMONA M., « Disconnection Clauses in EU Law and Practice », *in* HILLION C. et KOUTRAKOS P. (eds), *Mixed Agreements Revisited : The EU and its Member States in the World*, Oxford – Portalnd, Hart Publishing, 2010, pp. 160-186. Comp. NEFRAMI E., « La répartition intra-communautaire des compétences et les États tiers sous le prisme de la clause de déconnexion », *Revue Hellénique de Droit International*, Vol. 61, 2008, pp. 477-497, spéc. p. 483 « [...] la clause de déconnexion peut être vue comme un moyen de résolution du conflit de normes, au cas où les normes internationales ne seraient pas compatibles avec les normes communautaires. Nous considérons toutefois que sa fonction ne saurait être réduite à l'expression du principe de primauté. [...] le principe de de primauté n'est pas conditionné par l'insertion d'une clause de déconnexion. [...] Nous considérons au contraire que la clause de déconnexion est dotée d'une fonction autonome, indépendante du conflit de normes, celle de l'expression sur le plan international de l'altération du statut de membre et de l'action des États membres au profit de l'intérêt communautaire ».

476 CIRDI, *Ioan Micula, Viorel Micula et autres (Micula) c. Roumanie (I)*, aff. n° ARB/05/20, Sentence finale du 11 décembre 2013, §§ 330-341. Dans cette affaire, le défendeur et la Commission considèrent que la compensation que le tribunal prononcerait s'il constatait une violation du traité constituerait une aide d'État illégale. Une sentence prévoyant une telle compensation ne pourrait pas être exécutée au sein de l'UE. En l'espèce le tribunal refuse de faire reposer sa décision sur des problématiques de droit de l'UE qui interviendraient après le prononcé de sa sentence.

477 *Charanne*, Sentence finale du 21 janvier 2016, préc., § 224 « The Respondent finally argues that the submission of this dispute to the ECT rather than to the dispute resolution mechanisms of the EU would constitute a violation of public policy under Spanish law,123 and if the Arbitral Tribunal renders an award there would be a risk of unenforceability or annulment of such award ».

478 *Ibid.*, § 426.

Autrement dit, il est possible de distinguer : une exception d'incompétence portant sur l'absence de diversité de zones, autrement dit sur une différence de champ d'application *ratione loci* ; une arguant de l'existence d'une clause de déconnexion implicite au sein du traité ; et une exception portant sur l'incompatibilité de l'offre d'arbitrage du traité avec le droit de l'UE.

***108. La reprise du triptyque de la sentence* Charanne.** Reprenant la proposition du tribunal de l'affaire *Charanne*, Julien Berger identifie, une exception de déconnexion *ab initio* reposant sur l'argument d'une clause de déconnexion implicite ou explicite, une exception d'incompatibilité (équivalente aux exceptions d'incompétence intra-UE) et une exception d'absence de diversité de territoire[479]. L'argument de l'appartenance des investisseurs de l'Union et des États défendeurs à la même zone d'investissement a notamment était repris par l'Avocat général Henrik Saugmandsgaard Øe dans ses conclusions sur l'affaire *Anie e.a*[480]. Dans cette affaire postérieure au prononcé de l'arrêt *Achmea*, mais antérieure à celui de l'arrêt *Komstroy*, l'Avocat général proposa aux juges, sans parvenir à les convaincre, d'adopter une interprétation de la notion d'autres parties contractantes (art. 26 TCEn), excluant l'application de l'offre d'arbitrage État-investisseur de ce traité aux différends entre un investisseur d'un État membre et un autre État membre[481]. La Cour ne céda pas cette fois à la tentation de l'*obiter dictum*[482]. Elle retint seulement l'inapplicabilité en l'espèce du TCEn, le différend n'opposant que des investisseurs italiens à l'Italie[483]. Pour revenir aux sentences des tribunaux, de manière inédite dans l'affaire *InfraRed* l'argument d'une absence de diversité de territoire, autrement dit de l'appartenance des États membres à une zone d'investissement unique, celle de l'Union, est présenté par le tribunal comme un « critère d'extranéité » du litige ou de l'investisseur issu de l'article 26 TCEn[484].

---

[479] BERGER J., International Investment Protection within Europe – The EU's Assertion of Control, Londres et New-York, Routledge, 2021, pp. 238, spéc. pp. 147-160.

[480] Av. gén. SAUGMANDSGAARD ØE H., concl. prè. CJUE, 5e ch., Arrêt du 19 avril 2021, aff. jointes C-798/18 et C-799/18, *Federazione nazionale delle imprese elettrotecniche ed elettroniche (Anie) e.a. et Athesia Energy Srl e.a. c. Ministero dello Sviluppo economico, et Gestore dei servizi energetici (GSE) SpA*, §§ 90-96.

[481] Il faut attendre l'arrêt *Komstroy* pour que la Cour de justice précise la portée de l'arrêt *Achmea* par rapport aux traités sur la charte de l'énergie et affirme clairement l'inapplicabilité de l'offre d'arbitrage État-investisseur de ce traité aux différends d'investissement internes à l'UE. Sur l'arrêt *Komstroy* v. MANCIAUX S., « Définition de l'opération d'investissement : la Cour de justice à petit pas », *JCP E*, Vol. 43-44, 2021, comm. 1473, pp. 25-28 ; BARBA M. et NOURISSAT C., « Mon maître et mon vainqueur… Neutralisation de la clause d'arbitrage du TCE pour les litiges opposant un investisseur d'un État membre à un autre État membre », *JCP G*, Vol. 41, 2021, act. 1066, pp. 1849-1854 ; MENETREY S. et HAPPOLD M., « L'investissement et l'arbitrage au sens du Traité sur la Charte de l'énergie vue par la Cour de justice : la dimension stratégique de l'arrêt *Komstroy* à l'aune de l'Avis 1/20 », *RTD Eur.*, 2022, pp. 693-704.

[482] Elle céda à cette tentation dans l'arrêt *Komstroy* en se prononçant sur l'applicabilité de l'offre d'arbitrage du TCEn aux différends opposant un État membre à un investisseur d'un autre État membre, alors que cette question ne faisait pas partie de celles qui lui ont été adressées à titre préjudiciel. Sur cet aspect v. AUDIT M., « Extension de la solution de l'arrêt Achmea à l'arbitrage d'investissement intra-européen fondé sur la Charte de l'énergie », *JDI*, Vol. 1, Janvier-Février-Mars 2022, comm. 7, pp. 222-241, spéc. pp. 236-241.

[483] CJUE, 5e ch., Arrêt du 19 avril 2021, aff. jointes C-798/18 et C-799/18, *Federazione nazionale delle imprese elettrotecniche ed elettroniche (Anie) e.a. et Athesia Energy Srl e.a. c. Ministero dello Sviluppo economico, et Gestore dei servizi energetici (GSE) SpA*, §§ 67-70.

[484] CIRDI, *InfraRed Environmental Infrastructure GP Limited (InfraRed) c. Royaume d'Espagne*, aff. ARB/14/12, Sentence du 2 août 2019, § 206 « Foreignness Criterion – First, and central to Respondent's arguments, is the contention that the foreignness criterion set out at Article 26 ECT is not met in the context of intra-EU investment disputes. Respondent submits that the dispute-resolution mechanism contained at Article 26 ECT applies only to "disputes between a Contracting Party and an Investor of another Contracting Party." [Emphasis added] The Respondent submits that because the parties to the present dispute are an EU state (Spain) and investors of another EU state and because the EU is itself a Contracting Party to the ECT, and signed the ECT as a REIO, the present dispute fails to meet the foreignness criterion and falls outside the scope of Article 26 ECT and of the jurisdiction of the Tribunal constituted pursuant to that provision. Put differently, by Respondent's account, the investors in the present case cannot be considered "of another Contracting Party" than Spain, since they are EU investors claiming against an EU member state ».

***109. Les exceptions d'incompétence TCEn intra-UE pré-*Achmea.** Les sentences *PV Investors* et *Charanne* posent les éléments principaux des différentes exceptions d'incompétence qui seront soulevées par l'Espagne, puis par l'Italie dans d'autres arbitrages sur le fondement du TCEn. Étant donné l'effet de l'arrêt *Achmea* sur les argumentations des États membres, des investisseurs et des tribunaux, il convient ici de limiter notre analyse aux sentences prononcées avant cet arrêt, c'est-à-dire aux sentences des affaires *RREEF*, *Isolux*, *Blusun* et *Eiser.* Comme pour les exceptions d'incompétence visant les TBI entre États membres, les exceptions portant sur le TCEn ont pu varier. L'équilibre entre les différentes branches du triptyque susmentionné change selon les sentences.

110. Les exceptions pré-*Achmea *espagnoles. Si dans l'affaire *RREEF* l'exception d'incompétence intra-UE soulevée par l'Espagne est présentée selon le triptyque de l'affaire *Charanne,* la question de l'incompatibilité de l'offre d'arbitrage du TCEn y apparait sous l'intitulé : « *EU Preferential System – Primacy of EU Law* »[485]. Ce tribunal reconnait l'importance de cette question en le traitant en premier dans son analyse[486]. Dans l'affaire *Isolux,* l'exception d'incompétence soulevée par l'Espagne semble viser principalement une interprétation du traité conforme au droit de l'UE – comme c'était le cas dans l'affaire *Charanne.* L'application préférentielle du droit de l'Union et de ses mécanismes juridictionnels entre les États membres ressortirait « de la littéralité, du contexte et de la finalité du traité sur la charte de l'énergie »[487]. La formule de clause de déconnexion tacite est cependant mentionnée dans un extrait de l'intervention de la Commission sur lequel s'appuie l'Espagne[488]. Le principe de primauté est invoqué comme empêchant l'application d'autres normes entre les États membres. L'argument de l'absence de diversité de territoire apparait en ouverture de l'exception d'incompétence dans la sentence[489]. Le tribunal répondra à cette exception préliminaire en distinguant entre, d'une part, l'appartenance de l'investisseur et de l'État à la même zone d'investissement et, d'autre part, l'interdiction de la soumission à l'arbitrage du litige du fait de l'incompatibilité des traités[490]. Dans cette sentence, l'existence d'une clause de déconnexion tacite ne passe pas pour une branche, à part entière, de l'exception d'incompétence. La sentence *Eiser* s'inscrit dans la même veine que les sentences *Charanne* et *Isolux.* L'essence de l'exception d'incompétence intra-UE soulevée par l'Espagne dans cette affaire y est présentée comme reposant sur l'idée suivante : l'UE étant partie au traité, un investisseur de l'UE n'est pas un investisseur d'une autre partie contractante pour les autres États membres[491]. Cette exception d'incompétence qui est qualifiée de *ratione personae* vise à convaincre le tribunal que le traité ne peut être interprété que conformément au droit de l'UE et qu'il prévoit lui-même que son article 26 est inapplicable entre membres de l'Union[492]. Les

---

485 CIRDI, *RREEF Infrastructure (G.P.) Limited and RREEF Pan-European Infrastructure Two Lux S. à r. l (RREEF) c. Royaume d'Espagne*, aff. ARB/13/30, Décision sur la compétence du 6 juin 2016, §§ 37-90.

486 *Ibid.*, § 71 « The main issue raised by the objection to the jurisdiction of the Tribunal based on the "supremacy" of the EU law is whether such alleged supremacy prevails over norms of international law ».

487 SCC, (SCC), *Isolux Netherlands, BV (Isolux) c. Royaume d'Espagne*, aff. n° V2013/253, Sentence finale du 17 juillet 2016, §§ 166-181, spéc. § 169.

488 *Ibid.*, § 172.

489 *Ibid.*, § 166.

490 *Ibid.*, §§ 622-660.

491 CIRDI, *Eiser Infrastructure Limited et Energía Solar Luxembourg S. à r. l. (Eiser et Energía Solar) c. Royaume d'Espagne*, aff. ARB/13/36, Sentence du 17 mai 2017, § 161.

492 *Ibid.*, § 160 « Spain maintains that the Tribunal lacks jurisdiction ratione personae because the ECT does not apply to disputes involving investments made within the EU by investors from other EU countries ». Les termes de compétence *ratione personae, ratione materiae* et *ratione voluntatis* apparaissent pour la première fois dans la jurisprudence d'investissement dans la troisième sentence prononcée par un tribunal arbitral compétent sur le fondement d'un traité de protection des investissements. Cette sentence examine successivement la compétence du tribunal, *ratione materiae* en répondant à la question de l'existence d'un différend juridique, *ratione personae* en répondant à la question de l'existence d'un différend entre un État et un national d'un autre État et *ratione voluntatis* en répondant à la question de l'existence

autres arguments (la perte de la compétence des États à s'obliger mutuellement au moment de la signature du traité en raison d'une harmonisation du marché intérieur ; le monopole d'interprétation de la Cour de justice ; l'application du régime de protection de l'UE à tous les États membres) n'ont pour objectif que de convaincre le tribunal de la nécessité d'interpréter le traité conformément au droit de l'Union[493]. Il est donc logique que le tribunal commence son analyse de cette exception en citant les articles de la CVDT relatifs à l'interprétation des traités[494] et qu'il écarte cette exception d'incompétence en s'appuyant sur le sens ordinaire des dispositions du traité, interprétées conformément aux règles de la CVDT[495].

111. L'exception pré-**Achmea** ***soulevée par l'Italie dans l'affaire*** **Blusun.** Dans l'affaire *Blusun*, l'Italie ne soulève une exception d'incompétence intra-UE qu'après une demande d'intervention de la Commission comme *amicus curiae*[496]. L'intervention de la Commission vise à convaincre le tribunal d'adopter une interprétation du TCEn conforme au droit de l'Union, c'est-à-dire à le convaincre que, si ce n'est l'ensemble du traité, à tout le moins l'article 26, ne s'applique pas entre les États membres. Subsidiairement, la Commission argue de l'inapplicabilité des dispositions du traité incompatibles avec les traités de l'UE en vertu du principe de *lex posterior* de l'article 30 CVDT[497]. L'Italie endosse les conclusions de la Commission[498], mais traite plus en avant la question de l'incompatibilité entre le droit de l'UE et le traité. Elle considère que si le traité, à l'origine, liait les États membres entre eux, le traité de Lisbonne a mis un terme à ces obligations. Ici, l'Italie est plus précise que la Commission, car elle s'appuie sur l'article 30 § 4 de la CVDT précisant les modalités d'application du principe de *lex posterior* à défaut d'une identité complète des parties au traité postérieur. Suivant le principe énoncé à l'article 30 § 5[499], l'Italie avance que le traité de Lisbonne respecte l'esprit de la CVDT, car il n'affecte pas les autres parties contractantes et qu'en renforçant l'intégration économique entre les États membres il favorise l'exécution du traité d'investissement. Sans admettre que le traité de Lisbonne modifie le TCEn, l'Italie estime que certaines conditions de l'article 41 CVDT, encadrant la modification d'un traité multilatéral par un accord entre certaines parties seulement, sont respectées[500]. Au sujet de l'article 30 § 4 CVDT, dans cette affaire, l'Italie argue que le tribunal, en cas d'incompatibilité de l'offre d'arbitrage avec les traités de l'Union, est incompétent non seulement en vertu de

---

d'un consentement des parties à l'arbitrage. V. CIRDI, *American Manufacturing & Trading, Inc. (AMT) c. République Démocratique du Congo*, Sentence du 21 février 1997, §§ 5.01-5.23.

493 CIRDI, *Eiser Infrastructure Limited et Energía Solar Luxembourg S. à r. l. (Eiser et Energía Solar) c. Royaume d'Espagne*, aff. ARB/13/36, Sentence du 17 mai 2017, §§ 160-173.

494 *Ibid.*, § 179 « Respondent contends that Article 26 of the ECT, governing settlement of disputes between "a Contracting Party and an Investor of another Contracting Party", does not give rise to jurisdiction with respect to the Claimants' claims. Accordingly, the Tribunal's starting point must be the relevant provisions of Article 26, interpreted in accordance with the rules of interpretation in Article 31 and 32 of the Vienna Convention on the Law of Treaties ("VCLT") ».

495 *Ibid.*, § 207 « The Tribunal thus concludes that the ordinary meaning of the relevant provisions of the ECT, construed in accordance with the rules of the VCLT, is clear and supports Claimants 'ability to assert their claims ».

496 CIRDI, *Blusun S.A., Jean-Pierre Lecorcier et Michel Stein (Blusun) c. République italienne*, aff. ARB/14/3, sentence du 26 décembre 2016, § 127.

497 *Ibid.*, §§ 206-229, spéc. §§ 228 et 229.

498 *Ibid.*, §§ 230-249, spéc. § 230.

499 CVDT art. 30 § 5 : Le paragraphe 4 s'applique sans préjudice de l'article 41, de toute question d'extinction ou de suspension de l'application d'un traité aux termes de l'article 60 ou de toute question de responsabilité qui peut naître pour un État de la conclusion ou de l'application d'un traité dont les dispositions sont incompatibles avec les obligations qui lui incombent à l'égard d'un autre État en vertu d'un autre traité.

500 CVDT art. 41 § 1 : Deux ou plusieurs parties à un traité multilatéral peuvent conclure un accord ayant pour objet de modifier le traité dans leurs relations mutuelles seulement : [...] b) si la modification en question n'est pas interdite par le traité, à condition qu'elle : i) ne porte atteinte ni à la jouissance par les autres parties des droits qu'elles tiennent du traité ni à l'exécution de leurs obligations ; et ii) ne porte pas sur une disposition à laquelle il ne peut être dérogé sans qu'il y ait incompatibilité avec la réalisation effective de l'objet et du but du traité pris dans son ensemble. [...]

l'article 30 § 4 CVDT, mais aussi en vertu de l'article 16 TCEn. Il est avancé que compte tenu de la supériorité de la protection offerte par le droit de l'Union par rapport à celle du TCEn, l'article 16 TCEn et l'article 30 § 4 CVDT commandent le même résultat[501] : la mise à l'écart des dispositions du traité d'investissement incompatibles avec le droit de l'UE[502]. Dans cette affaire, il est possible d'identifier, d'une part, une branche de l'exception visant une interprétation du traité conforme au droit de l'UE (du fait d'ambiguïtés sur son champ d'application *ratione personae*) et, d'autre part, une branche résolvant les incompatibilités entre les dispositions des traités en appliquant des règles de conflit de conventions favorables au droit de l'UE. Cette seconde branche, comme le révèle l'application de l'article 30 CVDT, se rapproche des exceptions d'incompétence intra-UE soulevée dans le cadre d'arbitrages sur le fondement de TBI intra-UE. Elle sera qualifiée par la suite d'exception d'incompétence *ratione voluntatis*, en ce qu'elle touche au consentement des États membres.

112. Les rares exceptions intra-UE reposant sur l'article 41 CVDT. Dans le cadre du TCEn, l'application de l'article 30 § 4 CVDT peut amener les tribunaux à examiner incidemment l'article 41 CVDT[503] – étranger aux exceptions d'incompétence TBI intra-UE[504]. Pour un autre motif cet article peut également intervenir en matière de clause de déconnexion. D'aucuns estiment que si le TCEn contient une telle clause, il s'agit d'une clause ouverte devant respecter certaines conditions de l'article 41 CVDT[505]. Dans l'affaire *LSG Building*, l'application de l'article 41 CVDT au traité de Lisbonne et au TCEn est véritablement au fondement de l'une des branches de l'exception d'incompétence intra-UE

---

501 CVDT art. 30 : « [...] § 4 Lorsque les parties au traité antérieur ne sont pas toutes parties au traité postérieur :
a) dans les relations entre les États parties aux deux traités, la règle applicable est celle qui est énoncée au paragraphe 3 ; b) dans les relations entre un État partie aux deux traités et un État partie à l'un de ces traités seulement, le traité auquel les deux États sont parties régit leurs droits et obligations réciproques. / § 5 Le paragraphe 4 s'applique sans préjudice de l'article 41, de toute question d'extinction ou de suspension de l'application d'un traité aux termes de l'article 60 ou de toute question de responsabilité qui peut naître pour un État de la conclusion ou de l'application d'un traité dont les dispositions sont incompatibles avec les obligations qui lui incombent à l'égard d'un autre État en vertu d'un autre traité ».

502 *Blusun*, Sentence du 26 décembre 2016, préc., §§ 244-248.

503 CVDT art. 41 Accords ayant pour objet de modifier des traités multilatéraux dans les relations entre certaines parties seulement : « § 1 Deux ou plusieurs parties à un traité multilatéral peuvent conclure un accord ayant pour objet de modifier le traité dans leurs relations mutuelles seulement : a) si la possibilité d'une telle modification est prévue par le traité ; ou b) si la modification en question n'est pas interdite par le traité, à condition qu'elle : i) ne porte atteinte ni à la jouissance par les autres parties des droits qu'elles tiennent du traité ni à l'exécution de leurs obligations ; et ii) ne porte pas sur une disposition à laquelle il ne peut être dérogé sans qu'il y ait incompatibilité avec la réalisation effective de l'objet et du but du traité pris dans son ensemble. / § 2 A moins que, dans le cas prévu à l'alinéa a) du paragraphe 1, le traité n'en dispose autrement, les parties en question doivent notifier aux autres parties leur intention de conclure l'accord et les modifications que ce dernier apporte au traité ».

504 Ce lien entre l'article 30 § 4 et 41 CVDT apparait également dès les interventions de la Commission en tant qu'*amicus curiae*. Par exemple dans l'affaire *NextEra*, la Commission précise qu'en cas de conflit entre une dispositions du TCEn et le droit de l'UE, la règle de conflit spéciale de l'article 351 TFUE ou la règle générale de conflit de la CVDT c'est-à-dire les articles 30 § 4 a) et 41 § 1 b) CVDT, aboutissent toutes deux à ne pas appliquer la disposition du TCEn. V. CIRDI, *NextEra Energy Global Holdings B.V. et NextEra Energy Spain Holdings B. V. (NextEra) c. Royaume d'Espagne*, aff. ARB/14/11, Décision sur la compétence et la responsabilité et le quantum du 12 mars 2019, § 331.

505 BURGSTALLER M., « Les aspects procéduraux de l'arbitrage – Qui est partie ? Le rôle de la Commission européenne », *in* KESSEDJIAN C. et LEBEN C. (dir.), *Le droit européen et l'investissement*, Paris, Édition Panthéon Assas, 2009, pp. 123-142, spéc. p.129 « While Article 26(3) (b) (ii) ECT and the Communities' Statement can be seen as invoking a disconnection clause and thus prohibit EU nationals to submit disputes against other Member States to international arbitration, some caveats have to be mentioned [...] under international law it is well established that an open-ended disconnection clause is also conditioned on the requirements of Article 41 CVDT. Thus, while the scope and content of disconnection clauses is normally covered by the original consent, in case the regulation referred to in that clause will be modified, such modification may only be allowed to the extent that is does not "affect the enjoyment by the other parties of their rights under treaty or the performance of their obligations [or] relate to a provision derogation of which is incompatible with the effective execution of the object and purpose of the treaty as a whole as stipulated by Article 41 (1) VCLT.[...] Article 16 ECT, however, prohibits such an *inter se* agreement [...] ».

soulevée par la Roumanie[506]. Cette argumentation ne sera pas traitée spécifiquement dans notre étude[507]. Cette dernière est marginale dans l'ensemble des exceptions intra-UE étudiées et s'écarte de ce qui nous parait être le cœur des exceptions intra-UE : l'incompatibilité entre les dispositions des traités de l'Union et celles de traité d'investissement entre États membres.

B - La nature de l'exception d'incompétence TCEn intra-UE

113. La difficile appréhension de la nature des exceptions TCEn intra-UE. La question de l'incompatibilité de l'application entre les membres de l'Union de l'offre d'arbitrage du TCEn est au cœur des exceptions d'incompétence intra-UE, soulevées par certains États dans le cadre d'arbitrage sur le fondement de ce traité. Cette question est cependant présente à côté d'autres éléments s'opposant à la compétence des tribunaux. Par exemple, l'Espagne a repris, un temps, l'argument de la Commission selon lequel une « clause de déconnexion implicite »[508] rendait ce traité inapplicable aux investissements intra-UE, avant qu'elles ne l'abandonnent toutes deux[509]. Même après le prononcé de l'arrêt *Achmea* – qui *a minima* avait constaté l'incompatibilité de certaines offres d'arbitrage État-investisseur – l'argument, proche, d'une absence de différence de zone d'investissement au sens du TCEn dans le cadre d'un investissement intra-UE, est privilégié. C'est le cas

---

[506] CIRDI, *Anina Pro Invest Ltd, Core Value Capital GmbH, Core Value Investments GmbH & Co KG Gamma et autres (LSG Building Solutions et autres) c. Roumanie*, aff. ARB/18/19, Décision sur la compétence, la responsabilité et les principes de réparation du 11 juillet 2022, §§ 438-473, spéc. §§ 447-448. Dans cette affaire l'exception d'incompétence intra-UE est structurée en quatre branches, une première porte sur l'interprétation de l'offre d'arbitrage du traité quant à sa portée, une seconde sur l'article 41 CVDT, une troisième sur l'incompatibilité des traités et l'application de règles de conflit de conventions et une quatrième sur l'effet d'une inexécutabilité de la sentence du tribunal au sein de l'UE sur sa compétence.

[507] Sur cette question spécifique v. LAMPO G., « The Relationship between Intra-EU Investment Arbitration under Energy Charter Treaty and the Lisbon Treaty in Light of Article 41 of the Vienna Convention on the Law of Treaties », *in* PASCALE G. et TONOLO S (eds), *The Vienna Convention on the Law of Treaties – The Role of the Treaty on Treaties in Contemporary International Law*, Naples, Edizioni Scientifiche Italiane, 2022, pp. 313-337. L'autrice considère que l'article 41, comme l'article 30, ne s'applique qu'aux traités portant sur la même matière, le premier ayant vocation à prévenir un conflit entre traités successifs portant sur la même matière. Au-delà du critère de même matière, selon l'autrice, c'est l'article 16 TCEn qui s'oppose principalement une modification du traité sur la charte de l'énergie par le traité de Lisbonne. L'inapplication de l'offre d'arbitrage est également présentée comme incompatible avec la réalisation effective de l'objet et du but du traité (Art. 41 § 1 b) ii)).

[508] SCC, (CNUDCI), *Charanne B. V. et Construction Investments S.a.r.l. (Charanne) c. Royaume d'Espagne*, aff. n° 062/2012, Sentence finale du 21 janvier 2016, § 223 ; CIRDI, *RREEF Infrastructure (G.P.) Limited and RREEF Pan-European Infrastructure Two Lux S. à r. l (RREEF) c. Royaume d'Espagne*, aff. ARB/13/30, Décision sur la compétence du 6 juin 2016, §§ 51, §52 et 81 ; SCC, (SCC), *Isolux Netherlands, BV (Isolux) c. Royaume d'Espagne*, aff. n° V2013/253, Sentence finale du 17 juillet 2016, §§ 172 et 637 ; SCC, (SCC), *Novenergia II - Energy & Environment (SCA), SICAR (Novenergia) c. Royaume d'Espagne*, aff. n° 063/2015, Sentence finale du 15 février 2018, § 454. Le tribunal souligne qu'en début de procédure l'Espagne avançait que le TCEn devait être interprété comme contenant une clause de déconnexion implicite, cette remarque suggère que cet argument a été délaissé en cours de procédure par l'Espagne.

[509] CIRDI, *Antin Infrastructure Services Luxembourg S.à.r.l. and Antin Energia Termosolar B. V. (Antin) c. Royaume d'Espagne*, aff. ARB/13/31, Sentence du 15 juin 2018, § 180. Dans cette affaire l'Espagne précise expressément ne pas soutenir cet argument. Le terme de clause de déconnexion implicite n'apparait pas dans les arguments de la Commission repris par l'Italie dans l'affaire *Blusun*. V. CIRDI, *Blusun S.A., Jean-Pierre Lecorcier et Michel Stein (Blusun) c. République italienne*, aff. ARB/14/3, sentence du 26 décembre 2016, §§ 206-249. Dans les sentences les plus récentes, les États membres ne s'appuient pas sur cet argument, par exemple dans la sentence *NextEra* l'Espagne précise que sa défense n'argue pas de la présence d'une clause de déconnexion dans le traité sur la charte de l'énergie. V. CIRDI, *NextEra Energy Global Holdings B.V. et NextEra Energy Spain Holdings B. V. (NextEra) c. Royaume d'Espagne*, aff. ARB/14/11, Décision sur la compétence et la responsabilité et le quantum du 12 mars 2019, § 300 *pro* CIRDI, *Cordoba Beheer et autres (Cordoba Beheer) c. Royaume d'Espagne*, aff. ARB/16/27, Décision sur la compétence, la responsabilité et les principes de quantum du 11 février 2022, § 629 « The Tribunal notes that the Respondent agrees that thers is no "disconnection clause" in the Treaty [...] ».

notamment dans l'affaire *FREIF*[510]. Ainsi, le triptyque explicatif de l'affaire *Charanne*, pourrait se réduire à un diptyque entre, d'un côté, une exception d'incompétence *ratione personae* et, de l'autre, une exception d'incompétence *ratione voluntatis* ou *materiae*. Cependant, le terme de clause de déconnexion réapparait dans le mémoire de défense de la Croatie de l'affaire *Mol c. Croatie*[511]. Dans l'affaire *Triodos*, l'Espagne ne reprend pas le terme de clause de déconnexion tacite, mais argue d'une déconnexion du droit de l'UE du droit international dans le cadre d'affaires intra-UE[512]. Toutefois, dans cette affaire, la Commission s'appuie sur l'arrêt *Achmea* et ne défend que l'incompatibilité de l'article 26 TCEn avec le droit de l'UE[513]. De la même manière, la Commission ne reprend pas le terme de clause de déconnexion dans les affaires *LSG building solution et autres* et *Mercuria*, mais argue de l'inapplication du TCEn entre les États membres au motif d'une absence de diversité de zone d'investissement – argument repris par les défendeurs respectivement la Roumanie et la Pologne. Cet argument est mis en lien avec la présence d'une clause visant les organisations d'intégration économique régionale dans le traité signifiant aux États tiers l'unicité de l'UE dans ce cadre particulier[514]. À l'analyse, il s'agit donc d'une exception d'incompétence *ratione personae*. Cependant, la frontière entre ces objections peut être fine. L'existence d'une clause de déconnexion suppose une incompatibilité des traités et l'absence de diversité de territoire peut être vue comme l'expression d'une clause de déconnexion implicite. En outre, l'argument d'une inapplicabilité *ab initio* a pu être joint à celui de l'incompatibilité des traités, les arbitres considérant qu'une telle déconnexion ne se justifiait qu'en présence de traités incompatibles. Ainsi, les arbitres ont pu écarter une certaine interprétation de l'article 26 TCEn, en arguant de la compatibilité des traités[515]. Du fait de variations dans les arguments des défendeurs, mais également dans la réception de ces exceptions par les tribunaux, il peut être difficile de distinguer entre les branches d'une exception d'incompétence TCEn intra-UE. Par exemple, dans la sentence *NextEra*, l'exception d'incompétence intra-UE est perçue comme visant une incompétence *ratione personae*, alors que cette exception d'incompétence traite de l'incompatibilité de l'offre d'arbitrage avec le droit de l'UE et de l'application de règles de conflits de conventions[516]. Or, la qualification de l'ensemble des exceptions d'incompétence TCEn intra-UE de *ratione personae,* conduit à distinguer ces dernières des exceptions TBI intra-UE, ce qui nous parait comme nous le verrons inopportun.

114. La qualification de* ratione personae *de l'exception d'incompétence TCEn intra-UE. Il n'est pas surprenant que les exceptions d'incompétence TCEn intra-UE soient considérées comme des exceptions d'incompétence *ratione personae,* malgré leur caractère composite. Les premières exceptions d'incompétence TCEn intra-UE – défendant principalement une certaine interprétation de l'article 26 TCEn quant à sa portée et pas l'inapplicabilité de cet article en raison de son incompatibilité avec le droit de l'UE – ne sont pas étrangères à cela. Cette première approche se retrouve dans la sentence *Antin*. Il convient

510 SCC, (SCC), *FREIF Eurowind Holdings Ltd. (FREIF Eurowind) c. Royaume d'Espagne*, aff. n° 2017/060, Sentence du 8 mars 2021, § 265 *pro Cordoba Beheer*, Décision sur la compétence, la responsabilité et les principes de quantum du 11 février 2022, préc., § 555.
511 CIRDI, *MOL Hungarian Oil and Gas Company Plc (MOL) c République de Croatie*, aff. ARB/13/32, Sentence du 5 juillet 2022, § 487.
512 SCC, (SCC), *Triodos SICAV II c. Royaume d'Espagne*, aff. n° 2017-194, Sentence finale du 24 octobre 2022 (publication partielle), §§ 250-258
513 *Ibid.*, §§ 301-309.
514 CIRDI, *LSG Building Solutions et autres*, Décision sur la compétence, la responsabilité et les principes de réparation du 11 juillet 2022, préc., §§ 545-554 ; SCC, (SCC), *Mercuria Energy Group Limited (Mercuria) c. République de Pologne*, aff. n° 2019/126, Sentence du 29 décembre 2022, §§ 257, 258 et 301.
515 *Charanne*, Sentence finale du 21 janvier 2016, préc., §§ 438 et 439 ; *RREEF*, Décision sur la compétence du 6 juin 2016, préc., §§ 81-87.
516 *NextEra*, Décision sur la compétence et la responsabilité et le quantum du 12 mars 2019, préc., §§ 272-357.

de préciser ici que l'arrêt *Achmea* a été rendu avant le prononcé de cette sentence. Elle n'appartient donc pas formellement aux sentences pré-*Achema*. Toutefois, l'arrêt ayant été prononcé pendant le délibéré[517] et le tribunal ayant refusé de rouvrir la procédure pour que le demandeur lui soumette cet arrêt (ainsi qu'une décision de la Commission en matière d'aide d'État[518]), l'arrêt *Achmea* n'a pas eu d'influence sur la formulation et la réception de l'exception d'incompétence soulevée par l'Espagne dans cette affaire. Cette sentence peut donc être rapprochée des sentences pré-*Achema*. Dans l'affaire *Antin*, le tribunal estime, comme dans les premières sentences, que c'est sa compétence *ratione personae* qui est contestée[519]. L'Espagne précise à plusieurs reprises que les traités sont compatibles. Elle n'y envisage l'application des articles 30 et 59 de la CVDT que de manière hypothétique[520]. Différemment, dans la sentence *Steag*, à côté d'une exception d'incompétence *ratione personae* visant à interpréter de manière étroite l'article 26 TCEn, conformément au droit de l'UE, une exception d'incompétence *ratione materiae* est analysée. Le tribunal y explique que, selon le défendeur, le caractère interne du litige a pour conséquence l'incompétence, certes, *ratione personae* du tribunal, mais aussi *ratione materiae*. Le raisonnement est le suivant : pour résoudre un litige entre un investisseur de l'Union et un État membre en application des articles 26 § 6 TCEn et 31 §3 c) CVDT, un tribunal arbitral sera appelé à interpréter et appliquer les normes et principes du droit international, mais aussi du droit de l'UE. En l'espèce, l'Espagne indique que le litige concerne le droit des aides d'État. Or, un tribunal ne peut interpréter ou appliquer le droit de l'UE sans porter atteinte à l'autonomie de ce dernier. De plus le droit de la concurrence est une matière particulièrement sensible[521]. En effet, des dispositions appartenant au droit de la concurrence de l'UE reconnues par la Cour de justice comme indispensables et fondamentales doivent être traitées, en application du principe d'équivalence, de la même manière que des règles nationales d'ordre public[522]. C'est au regard de la matière du droit (il s'agit de droit de l'UE) que le tribunal n'est pas compétent, c'est pourquoi le tribunal qualifie de *ratione materiae* l'exception d'incompétence qu'il examine. Dans son étude portant sur les vingt et une premières sentences de la saga d'arbitrage espagnole en matière d'énergies renouvelables, Filip Balcerzak conclut que les exceptions d'incompétence intra-UE soulevées par l'Espagne dans ces arbitrages TCEn intra-UE visent la compétence *ratione personae* du tribunal[523]. Il concède qu'elles puissent être qualifiées d'exceptions d'incompétence *ratione voluntatis*, mais préfère s'en tenir à la distinction entre compétence, *ratione personae, ratione materiae* et *ratione temporis*[524]. Selon cet

---

[517] *Antin*, Sentence du 15 juin 2018, préc., §§ 55-58.

[518] Commission, 10 novembre 2017, *State aid SA. 40348 (2015/NN) — Spain*, ref. C(2017) 7384 final, JOCE C/442/2017 du 22.12.2017.

[519] *Antin*, Sentence du 15 juin 2018, préc., § 161 a) « The Respondent submitted the following objections to jurisdiction: (a) The Tribunal lacks jurisdiction ratione personae: since the Claimants are nationals of EU Member States and the Respondent is a EU Member State, the Claimants are not investors "of another Contracting Party" under Article 26(1) of the ECT. Additionally, Luxembourg and the Netherlands, as well as Spain, were already members of the EU at the time they ratified the ECT; therefore, they could not "contract between them obligations within the internal Energy Market, harmonized by the EU ».

[520] *Ibid.*, §§ 163-181, spéc. § 174.

[521] CIRDI, *STEAG GmbH c. Royaume d'Espagne*, aff. ARB/15/14, Décision sur la Compétence la Responsabilité et les principes en matière de quantum du 8 septembre 2020, §§ 184-198.

[522] CJCE, 1er juin 1999, *Eco Swiss China Time Ltd c. Benetton International NV.*, aff. C-126/97, spéc. §§ 36 et 37 « 36. [...] l'article 85 du traité constitue [...] une disposition fondamentale indispensable pour l'accomplissement des missions confiées à la Communauté et, en particulier, pour le fonctionnement du marché intérieur. [...] 37. Il s'ensuit que, dans la mesure où une juridiction nationale doit, selon ses règles de procédure internes, faire droit à une demande en annulation d'une sentence arbitrale fondée sur la méconnaissance des règles nationales d'ordre public, elle doit également faire droit à une telle demande fondée sur la méconnaissance de l'interdiction édictée à l'article 85, paragraphe 1, du traité ».

[523] BALCERZAK F., *Renewable Energy Arbitration – Quo Vadis? – Implication of the Spanish Saga for International Investment Law*, Leiden-Boston, Brill-Nijhoff, 2023, pp. 452, spéc. pp. 165-166

[524] *Ibid.*, pp. 80-81.

auteur, du point de vue du traité si les États membres n'ont consenti qu'à l'arbitrage de litiges avec des investisseurs des États tiers, la compétence du tribunal dépend de la nationalité de l'investisseur donc il s'agit d'une question de compétence *ratione personae*. Toutefois, cette incompétence des tribunaux ne repose pas uniquement sur la « nationalité européenne » des investisseurs. Les investisseurs des États membres peuvent bénéficier de l'offre d'arbitrage du TCEn pour résoudre des différends avec des États tiers. L'absence de compétence du tribunal ne concerne que des litiges entre des investisseurs de l'Union et des États membres. L'idée d'un critère d'extranéité du litige semble plus adéquate[525].

115. La nature composite persistante de l'exception d'incompétence TCEn intra-UE. Pour gagner en précision, il convient de restreindre la branche *ratione personae* de ces exceptions à l'approche regroupant les idées d'absence de diversité de zones d'investissement et de clause de déconnexion tacite – arguant d'une inapplicabilité *ab intio* de l'offre d'arbitrage du TCEn. Ces approches ne font pas intervenir des règles de conflit de conventions, mais des règles d'interprétation[526]. La sentence *Green Power et SCE* distingue bien les deux questions. Elle écarte l'exception d'incompétence intra-UE *ratione personae* comme l'ensemble des tribunaux, mais se démarque en retenant l'exception d'incompétence intra-UE *ratione voluntatis* formulée par l'Espagne[527]. Dans cette sentence, l'absence de diversité de territoire et l'idée d'une déconnexion implicite sont envisagées ensemble sous l'angle de la compétence *ratione personae* du tribunal[528]. Ces arguments s'appuient sur des éléments internes au traité et proposent une interprétation du TCEn conforme au droit de l'Union. Concernant la branche *ratione voluntatis* de l'exception d'incompétence intra-UE, comme le reconnait le tribunal, les arguments sont complexes. Différentes questions juridiques doivent être envisagées à la fois du point de vue du traité d'investissement et du droit de l'UE. Alors que l'exception d'incompétence *ratione voluntatis* nous apparait reposer sur l'application d'une règle de conflit de conventions, et pas sur l'interprétation harmonieuse du droit de l'UE et du TCEn, des éléments interprétatifs sont évoqués par le tribunal dans sa présentation de la branche *ratione voluntatis* de l'exception d'incompétence[529]. Il semble raisonnable d'éviter ces chevauchements et de limiter les éléments relevant de l'argument d'une inapplicabilité *ab initio* intra-UE du traité d'investissement à la branche *ratione personae* de l'exception. Par ailleurs, le tribunal présente la branche *ratione voluntatis* de l'exception en distinguant, d'une part, une perspective de droit de l'UE[530] et, d'autre part, une perspective de droit international[531], qui serait celle du TCEn[532]. Cette présentation multiplie, les raisonnements portant sur l'applicabilité du droit de l'UE dans l'arbitrage[533]. Axer l'argumentation autour de l'incompatibilité de l'offre d'arbitrage et l'application d'une règle de conflit de conventions s'avère plus satisfaisant. Il s'agit d'examiner la question de l'incompatibilité des traités, du fait de l'applicabilité du droit de l'Union, puis les règles de conflit de convention applicables, c'est-à-dire la règle générale de la CVDT, la règle spéciale du droit de l'UE ou celle du TCEn.

---

525 CIRDI, *InfraRed Environmental Infrastructure GP Limited (InfraRed) c. Royaume d'Espagne*, aff. ARB/14/12, Sentence du 2 août 2019, § 206.

526 Cette approche est également présente dans l'arrêt *Komstroy* V. CJUE, Gde ch., 2 septembre 2021, *République de Moldavie c. Société Komstroy*, aff. C-741/ 19, § 66 « [...] [le traité sur la charte de l'énergie] doit être interprété en ce sens qu'il n'est pas applicable aux différends opposant un État membre à un investisseur d'un autre État membre au sujet d'un investissement réalisé par ce dernier dans le premier État membre ».

527 SCC, (SCC), *Green Power Partners K/S et SCE Solar Don Benito APS (Green Power et SCE) c. Royaume d'Espagne*, aff. n° 2016/135, Sentence du 16 juin 2022, §§ 185, 195, et 478.

528 *Ibid.*, §§ 173-195.

529 *Ibid.*, §§ 233-240.

530 *Ibid.*, §§ 197-228.

531 *Ibid.*, §§ 229-231.

532 *Ibid.*, §§ 233-251.

533 *Ibid.*, §§ 197, 198 et 242-250.

Cela permet de rapprocher les exceptions d'incompétence TBI intra-UE des exceptions d'incompétence TCEn intra-UE dites *ratione voluntatis* ou *materiae*. Dans les deux cas, il s'agit d'examiner une incompétence objective des tribunaux reposant sur l'incompatibilité des dispositions des traités et pas sur l'intention des États. Comme le relève Filip Balcerzak, l'identification d'une branche *ratione voluntatis* ou *materiae* dans les exceptions d'incompétence soulevées dans des arbitrages sur le fondement du TCEn n'est pas étrangère à l'articulation de ces exceptions avec l'arrêt *Achmea*, puis avec l'arrêt *Komstroy*. L'arrêt *Achmea* a eu un effet important sur la contestation des arbitrages sur le fondement de traité d'investissement entre États membres. Il tend à confirmer l'incompatibilité des offres d'arbitrage État-investisseur de ces traités avec le droit de l'UE. Dès lors, il ne resterait plus aux États défendeurs qu'à persuader les tribunaux d'appliquer une règle de conflit de conventions favorable au droit de l'UE. L'Espagne et l'Italie ont été les premiers États à intégrer l'arrêt *Achmea* dans leurs exceptions d'incompétence TCEn intra-UE[534]. L'Allemagne s'est par la suite aussi saisie de l'arrêt *Achmea* pour contester la compétence d'un tribunal dans un arbitrage sur le fondement du TCEn l'opposant à cinq entités juridiques de l'Union[535].

***116. L'introduction de l'arrêt* Komstroy dans les exceptions TCEn intra-UE.** Dans l'affaire *InfraRed*, pour donner suite à l'arrêt *Komstroy* l'Espagne déposa, sans succès, une demande de révision de la sentence du tribunal[536]. En revanche, cet arrêt a été adossé, en fin de procédure, à l'arrêt *Achmea* dans l'affaire *Cordoba Beheer et autres*[537]. Comme évoqué précédemment, l'arrêt *Komstroy* peut sembler davantage confirmer l'hypothèse d'une inapplicabilité *ab initio* de l'offre d'arbitrage du traité que celle de l'incompatibilité de cette dernière avec le droit de l'UE. Cependant, cet arrêt ne fait que confirmer la portée des conclusions de l'arrêt *Achmea* quant à l'offre d'arbitrage du TCEn. Il précise en substance qu'une disposition d'un traité d'investissement entre États membres autorisant l'arbitrage d'un différend entre un investisseur de l'Union et un État membre : 1) remet en cause le

---

[534] Après le prononcé de l'arrêt *Achmea*, l'Espagne demandera aux tribunaux des affaires *Masdar*, *Antin* et *Novenergia* de rouvrir leurs procédures. Les tribunaux des affaires *Antin* et *Novenergia* rejetteront la demande de l'Espagne de réouverture de la procédure, le premier après avoir reçu les commentaires du demandeur sur cette demande et sans que sa sentence examine l'arrêt *Achmea*. Le tribunal de l'affaire *Masdar* lui conclura, après avoir examiné les arguments des parties, que l'arrêt n'a aucune incidence sur cet arbitrage, car il s'agit d'un arbitrage sur le fondement du TCEn et pas d'un TBI intra-UE. V. *Antin*, Sentence du 15 juin 2018, préc., §§ 56-58 ; SCC, (SCC), *Novenergia II - Energy & Environment (SCA), SICAR (Novenergia) c. Royaume d'Espagne*, aff. n° 063/2015, Ordonnance procédurale n° 17 du 9 avril 2018 ; CIRDI, *Masdar Solar & Wind Cooperatief U.A. (Masdar Solar) c. Royaume d'Espagne*, aff. ARB/14/1, Sentence du 16 mai 2018, §§ 669-683 L'arrêt *Achmea* apparait dans les sentences ultérieures au sein des objections d'incompétence « intra UE » des États membres. Les différents tribunaux considèreront sa portée limitée. V. SCC, (SCC), *Foresight Luxembourg Solar 1 S. a. r. l. et autres c. Royaume d'Espagne*, aff. n° 2015/550, Sentence finale du 14 novembre 2018, §§ 220 et 221. Le tribunal écarte l'arrêt *Achmea* en reprenant le raisonnement de la sentence *Masdar* ; La Communication de la Commission du 19 juillet 2018 sur la protection des investissements intra-UE (COM (2018) 547 final) affirmant que l'arrêt *Achmea* s'applique à l'article 26 du TCEn n'aura pas d'impact sur la position des tribunaux. V. SCC, (SCC), *Greentech Energy System A/S et autres (Greentech) c. République italienne*, aff. n° V2015/095, Sentence finale du 23 décembre 2018, §§ 388-403 ; SCC, (SCC), *CEF Energia BV c République italienne*, aff. n° 158/2015, Sentence du 16 janvier 2019, §§ 57-102. Au regard du débat sur la portée de l'arrêt *Achmea*, le tribunal examine en détail cet arrêt et conclu qu'il ne vise pas le TCEn ou l'arbitrage CIRDI, mais seulement les clauses d'arbitrages des TBI intra-UE requérant que le tribunal prenne en considération le droit interne de l'État hôte et les accords pertinents entre les parties ; *pro* CIRDI, *Cube Infrastructure Fund SICAV et autres (Cube Infrastructure) c. Royaume d'Espagne*, aff. ARB/15/20, Décision sur la compétence, la responsabilité et Décision partielle sur le quantum du 19 février 2019, §§ 141-160. Le tribunal précise que le risque d'atteinte à l'autonomie du droit de l'UE identifié par l'arrêt *Achmea* ne le concerne pas, car il n'a à appliquer ou à prendre en considération aucune règle de droit espagnol ou de droit de l'UE. Ces règles ne seront pertinentes qu'en tant que faits éclairant les droits et obligations des parties au titre du TCEn ou du droit international.

[535] CIRDI, *Vattenfall AB et autres (Vattenfall (II)) c. République fédérale d'Allemagne* (II), Décision sur la problématique Achmea du 31 août 2018.

[536] CIRDI, *Infracapital F1 S.à r.l. et Infracapital Solar B.V (Infracapital) c. Royaume d'Espagne*, aff. ARB/16/18, Décision sur la demande de révision du défendeur quant à l'objection intra-UE et le fond du 1er février 2022.

[537] CIRDI, *Cordoba Beheer*, préc., Décision sur la compétence, la responsabilité et les principes de quantum du 11 février 2022, §§ 96-103 et 554, 573 et 575.

principe de confiance mutuelle et la préservation du caractère propre du droit de l'UE ; 2) est incompatible avec le principe de coopération loyale ; et 3) porte atteinte à l'autonomie du droit de l'UE[538]. Pourtant, son dispositif ne s'appuie que sur les articles 267 et 344 TFUE et pas sur l'article 4 § 3 TUE, mentionnant le principe de coopération loyale, ni sur l'article 2 TUE dont découlerait le principe de confiance mutuelle. Quoi qu'il en soit, l'arrêt caractérise une incompatibilité entre ces offres d'arbitrage État-investisseur et le droit de l'UE. C'est en partant du constat d'une remise en cause de l'autonomie et du caractère propre du droit de l'UE, donc du constat d'une incompatibilité, que la Cour de justice interprète l'article 26 § 2 c) TCEn[539]. Cet arrêt peut donc également soutenir, avec l'arrêt *Achmea,* la branche *ratione voluntatis* d'une exception d'incompétence TCEn intra-UE.

117. Conclusion. S'il fallait trancher quant à la nature de l'exception d'incompétence intra-UE, elle se révèlerait composite, dans le cadre des arbitrages sur le fondement du TCEn, et *ratione voluntatis* ou *materiae*, dans le cadre, plus large, des arbitrages sur le fondement de traités d'investissement entre États membres. Comme les exceptions d'incompétence soulevées dans le cadre d'arbitrage sur le fondement de TBI entre États membres, les exceptions étudiées ici ont évolué, notamment après l'intervention de la Cour de justice. Auparavant, c'est assez logiquement la Commission – gardienne des traités – qui a joué un rôle significatif dans la contestation de la compétence des tribunaux, en intervenant dans les arbitrages en tant qu'*amicus curiae*[540].

---

538 CJUE, Gde ch., 6 mars 2018, *Achmea B.V,* aff. C-284/ 16, §§ 54-60.

539 CJUE, Gde ch., 2 septembre 2021, *République de Moldavie c. Société Komstroy,* aff. C-741/ 19, §§ 59-66.

540 Plus généralement sur le rôle de la Commission en matière d'investissement internationaux v. THIERY S., « Le rôle de la Commission dans l'affirmation d'un droit européen des investissements », *in* MAUREL R. (dir.), *Nouveaux regards sur le droit européen des investissements,* LexisNexis, 2023, pp. 127-144.

Section 2 - La contestation de la compétence des tribunaux par la Commission en tant qu'*amicus curiae*

118. Le soutien originel de la Commission aux contestations des États membres. Avant de s'intéresser à la réception des exceptions d'incompétence intra-UE par les tribunaux, il faut souligner que dès les premières affaires la Commission est intervenue dans les arbitrages en soutien, au moins partiellement, des États membres défendeurs. Elle est intervenue dans des arbitrages sur le fondement de traités bilatéraux d'investissement (TBI) entre États membres, tout d'abord indirectement, puis directement comme *amicus curiae*[541] ; dans un premier temps, sur invitation puis, dans un second temps, de sa propre initiative. Il faut examiner ces interventions pour savoir comment elles se sont articulées aux exceptions d'incompétence soulevées par les États. Souvent citée comme la première intervention de la Commission en tant qu'*amicus curiae*, son intervention dans l'affaire *Eastern Sugar B.V* était indirecte. La position de la Commission est examinée dans l'arbitrage au travers d'une lettre qu'elle a adressée au ministère des Finances tchèque.

119. L'intervention indirecte de la Commission dans l'affaire Eastern Sugar. Dans le cadre de l'affaire *Eastern Sugar B.V c. République tchèque*, la position de la Commission est de l'avis du tribunal ambigüe. La Commission rappelle que ces traités entre États membres ne sont pas couverts par l'exception au principe de primauté – prévue à l'article 351 TFUE – limitée aux traités avec les États tiers antérieurs à l'adhésion à l'UE, conformément au principe coutumier de droit international *pacta sunt servanda*. Ainsi, à partir de l'adhésion, seules les dispositions résiduelles du traité d'investissement ne relevant pas de la compétence de l'UE seraient applicables. En cas de conflit entre les dispositions d'un TBI entre États membres et les traités ou le droit dérivé de l'UE, le droit de l'Union devrait prévaloir. Cette prévalence effective du droit de l'UE, selon la Commission, n'implique cependant pas l'extinction automatique des traités d'investissement, ni nécessairement l'inapplication de l'ensemble de leurs dispositions[542]. La Commission ne soutient pas l'hypothèse de l'extinction tacite de ces traités en application de l'article 59 CVDT. Elle considère néanmoins que les États membres doivent mettre fin à ces traités. Deux justifications sont avancées : le risque d'une discrimination entre les investisseurs de l'Union et l'interdiction faite aux États – prévue à l'article 344 TFUE – de soumettre un différend relatif à l'interprétation ou à l'application des traités à un mode de règlement extérieur à ces derniers. En attendant l'extinction de ces traités d'investissement, selon la Commission, les investisseurs pourraient encore se prévaloir de l'offre d'arbitrage qu'ils contiennent, mais uniquement si les faits sont antérieurs à l'adhésion. Dans ce cas, la primauté du droit de l'UE devrait néanmoins être prise en compte

---

[541] Dans l'affaire *Eastern Sugar B.V c. République tchèque* la Commission est intervenue via une lettre du 13 janvier 2006 répondant à une sollicitation du ministère des finances tchèque, cette lettre a été reproduite dans la sentence partielle. V. SCC, (CNUDCI), *Eastern Sugar B. V. c. République tchèque*, aff. n° 088/2004, Sentence partielle du 27 mars 2007, § 119. Elle est intervenue comme *amicus curiae* au côté de l'Autriche et de la République tchèque, après y avoir été invitée par le tribunal et avec l'accord des parties, dans l'affaire CPA, (CNUDCI), *European American Investment Bank AG (EURAM) c. République slovaque*, aff. n° 2010-17. Elle est intervenue sur demande du tribunal et avec l'accord des parties dans l'affaire *Achmea B. V. (formerly Eureko B.V) c. République slovaque* cette fois au côté des Pays-Bas. Dans l'affaire CPA, (CNUDCI) *U.S. Steel Global Holdings I B.V. c. République slovaque*, aff. n° 2013/6, (Affaire classée après accord des parties), la Commission est intervenue cette fois après avoir sollicité le tribunal. V. Décision de la Commission du 18.3.2014, relative à une intervention en tant que « partie non contestante » dans l'affaire U.S. Steel Global Holdings I B.V. (Pays-Bas) contre République slovaque […], Bruxelles, 18.3.2014 C (2014) 1676 final.

[542] Lettre de la Commission du 13 janvier 2006 répondant à une sollicitation du ministère des Finances tchèque. V. *Eastern Sugar*, Sentence partielle du 27 mars 2007, préc., § 119.

par le tribunal[543]. Le raisonnement de la Commission se limite en l'espèce au droit de l'UE. La situation est uniquement envisagée d'un point de vue interne à l'ordre juridique de l'UE. Pour la Commission, le traité d'investissement entre la République tchèque et les Pays-Bas n'est pas éteint, mais les arbitres ne peuvent ni l'appliquer ni lui faire produire d'effets.

120. Le développement d'une politique d'intervention de la Commission dans les arbitrages. D'autres tribunaux arbitraux vont inviter la Commission – en tant qu'*amicus curiae* – à actualiser et préciser sa position. La pratique de la Commission en matière d'intervention dans les arbitrages opposant un investisseur de l'Union à un État membre s'est rapidement formalisée et même généralisée pour devenir une véritable politique. En 2017, Fernando Dias Simões recense au total 11 demandes d'intervention de la Commission comme *amicus curiae* dans des arbitrages d'investissement[544]. Quelques mois après le prononcé de l'arrêt *Achmea,* la décision de la Commission du 29 juin 2018 d'intervenir systématiquement dans les arbitrages sur le fondement d'un traité opposant un État membre et un investisseur de l'UE laissait présager une augmentation de ces demandes[545]. Dans notre étude d'une centaine d'arbitrages TBI-intra UE, principalement entre 2007 et 2020[546], la question des effets sur la compétence du tribunal du statut intra-UE du TBI appliqué est présente dans la moitié des affaires. Parfois cette question n'apparait que dans le cadre de recours post-sentence, c'est-à-dire dans le cadre d'une demande de révision ou d'annulation de la sentence devant des juridictions étatique, ou devant des Comités *ad hoc* CIRDI[547]. Entre 2007 et 2024, il est possible de comptabiliser une trentaine de demandes d'intervention de la Commission dans le cadre d'arbitrage sur le fondement de TBI entre États membres[548]. Les interventions de la Commission dans des arbitrages sur le fondement du TCEn, étant pour l'essentiel postérieures à l'arrêt *Achmea,* elles seront présentées dans les considérations du chapitre suivant traitant du renouvellement de la contestation de la compétence des tribunaux, à la suite du prononcé de cet arrêt.

121. Plan de section. L'utilisation du mécanisme de l'*amicus curiae* par la Commission a, dès l'origine, soulevé certaines critiques. À côté de critiques spécifiques, la contestation des interventions de la Commission se mêle parfois à une contestation du mécanisme même de l'*amicus curiae* dans l'arbitrage d'investissement. Ces critiques visent tout particulièrement les cas où la Commission est apparue comme une partie « quasi contestante » quand elle a contesté seule la compétence des tribunaux (§2). Cette configuration a suscité davantage de débats que la contestation des TBI entre États membres, par la Commission en tant qu'*amicus curiae*, en soutien des États (§1).

---

543 Ce dernier élément peut être rapproché de la question de l'appartenance du droit de l'UE au droit applicable pour les tribunaux arbitraux, discutés dans l'affaire CIRDI, *Ioan Micula, Viorel Micula et autres (Micula) c. Roumanie (I)*, aff. n° ARB/05/20, Sentence finale du 11 décembre 2013.

544 DIAS SIMÕES F., « A Guardian and a Friend? The European Commission's Participation in Investment Arbitration », *Michigan State International Law Review*, Vol. 25(2), 2017, pp. 233-303, spéc. pp.257.

545 Décision de la Commission du 29.6.2018, relative à l'intervention en tant que partie non contestante dans les procédures de règlement des différends entre investisseurs et États sur la base de traités bilatéraux d'investissement conclus entre des États membres ou du traité sur la charte de l'énergie, dans les litiges opposant un État membre et un investisseur d'un autre État membre, Bruxelles, le 29.6.2018C (2018) 4043 final.

546Annexe 1 Sentences arbitrales TBI intra-UE 2007-2023.

547Annexe 1.2 Sentences arbitrales TBI intra-UE 2007-2023 Exception TBI intra-UE.

548 *Ibid.*

§ 1 - La Commission *amicus curiae* dans les arbitrages

122. L'amicus curiae dans l'arbitrage d'investissement. En droit international de l'investissement, le mécanisme de l'*amicus curiae* est issu de la pratique des tribunaux. Les arbitres se sont basés sur leur pouvoir discrétionnaire d'organisation de la procédure d'arbitrage pour autoriser de telles interventions. Les premiers tribunaux d'investissement ayant accepté ce type d'intervention se sont notamment appuyés sur l'apparition de cette pratique dans la procédure de règlement des différends de l'OMC. Comme le souligne la professeure Catherine Kessedjian dans le chapitre 10 « Le juge international ouvert sur le monde – L'*amicus curiae* »[549] de son second cours à l'académie de La Haye de 2019 :

> « Le phénomène [de *l'amicus curiae*] a été et reste modeste devant la CIJ, même si dès 1949, deux Etats (la Yougoslavie et la Grèce) demandaient à intervenir dans l'affaire du Détroit de Corfou 1210. Le phénomène a pris une toute autre dimension à partir de la fin des années 1990 lorsque l'organe d'appel de l'OMC a décidé que les panels avaient l'autorité nécessaire pour recevoir des soumissions de la part d'ONG »[550].

Cette pratique initiée par l'organe d'appel de l'OMC, a d'abord été reprise par les tribunaux arbitraux d'investissement, puis codifiée dans différents règlements d'arbitrages[551], pour enfin être introduite directement dans des traités de protection des investissements[552]. Les termes utilisés sont divers. Le règlement d'arbitrage CIRDI depuis sa version de 2006 comprend un article 37 § 2 qui autorise l'intervention de « parties non contestantes ». Le règlement de la CNUDCI sur la transparence dans l'arbitrage entre investisseurs et États sur le fondement de traités, entré en vigueur en 2014, autorise dans son article 4, après consultation des parties, des tiers à soumettre au tribunal des observations écrites[553]. Ce règlement autorise dans son article 5 la soumission d'observations par une partie au traité non-partie au litige.

123. Plan de paragraphe. L'intervention de la Commission dans les arbitrages d'investissement, en tant qu'*amicus curiae,* malgré la codification de ce mécanisme, a soulevé plusieurs interrogations. Le mécanisme de *l'amicus curiae* a pu sembler inadapté à la Commission au regard de la nature de cette institution, de son intérêt à l'instance ou encore de son indépendance par rapport à l'État membre défendeur dans l'instance. Ainsi, la question même de la possibilité pour la Commission d'intervenir comme *amicus curiae* dans les arbitrages d'investissement s'est posée au fil des arbitrages (A) et a précédé celle du contenu de ses interventions, c'est-à-dire des questions sur lesquelles elle pouvait se prononcer (B).

---

549 KESSEDJIAN C., « Le tiers impartial et indépendant en droit international, juge, arbitre, médiateur, conciliateur », *RCADI*, Vol. 403, 2019, pp. 59- 643, spéc. §§ 557-599

550 *Ibid.*, § 565.

551 GRISEL F. et VINUALES J.E., « L'*amicus curiae* dans l'arbitrage d'investissement », *ICSID Review – FILJ*, Vol. 22(2), 2007, pp. 380-432, spéc. pp. 396-413 ; Il semble que l'apparition du mécanisme au niveau de l'OMC n'ait pas été sans effet sur l'apparition du mécanisme dans l'arbitrage d'investissement. Au niveau de l'OMC, le mécanisme absent des textes est aussi apparu tout d'abord en pratique. Le mécanisme a été présenté comme lié au pouvoir procédural de l'organe d'appel et des groupes spéciaux établis par l'organe de règlement des différends (ORD). L'organe d'appel a progressivement affirmé le principe selon lequel il disposait, comme les groupes spéciaux, d'un large pouvoir pour décider de l'opportunité d'accepter et d'examiner ou non les renseignements pertinents et utiles dans le cadre de la procédure. V. STERN B., « L'intervention des tiers dans le contentieux de l'OMC », *RGDIP*, Vol. 2, 2003, pp. 257-303 ; ZAMBELLI M., « L'amicus curiae dans le règlement des différends de l'OMC : état des lieux et perspectives », *RIDE*, t. XIX (2), 2005, pp. 197-218, spéc. §§ 5-6 ; NGUYEN N., « La démocratisation de la procédure de règlement des différends de l'OMC : une vraie ouverture pour les acteurs privés ? », *RIDE*, t. XXX (3), 2016 pp. 339-362, spéc. §§ 16-24.

552 De BRABANDERE E., « Amicus Curiae (Investment Arbitration) » *in* Ruiz-Fabri H. (Dir.), *Max Planck Encyclopedia of International Procedural Law*, Oxford, OUP, 2019, pp. 1-18.

553 DIMSEY M., « Article 4. Submission by a third person » *in* EULER D., GEHRING M. ET SCHERER M. (eds.), *Transparency in International Investment Arbitration - A Guide to the UNCITRAL Rules on Transparency in Treaty Based Investor-State Arbitration*", Cambridge, CUP, 2015, pp. 128-195.

A - L'application des critères de l'*amicus curiae* à la Commission par les tribunaux

***124. Les enjeux des interventions d'*amici curiae**.** La Commission a profité de l'apparition du mécanisme de l'*amicus curiae* dans l'arbitrage d'investissement pour intervenir dans certains arbitrages impliquant des États membres[554]. Elle avait d'ailleurs déjà utilisé ce mécanisme dans un contexte externe au droit de l'UE, notamment en intervenant en 2004 devant la Cour suprême des États-Unis, ce qui avait déjà soulevé quelques interrogations[555]. En 2008, elle devient le premier organe d'une organisation d'intégration économique régionale (OIER/REIO) à intervenir comme *amicus curiae* dans un arbitrage CIRDI, en intervenant dans l'affaire *AES c. Hongrie (II)*[556]. Certains voient l'intervention des représentants d'OIER ou, plus généralement, d'organisation internationale dans les arbitrages d'investissement comme un élément permettant d'amener les tribunaux arbitraux d'investissement à intégrer au droit applicable des normes extérieures au droit international de l'investissement[557]. Il est vrai que l'enjeu principal des interventions de la Commission dans les différents arbitrages étudiés est toujours la prise en compte du droit de l'UE par les arbitres, que ce soit au niveau de la compétence du tribunal ou du droit applicable au fond. D'autres considèrent que la Commission dévoie ce mécanisme et dénoncent des interventions politiques[558].

125. L'intérêt de la Commission à l'instance arbitrale d'investissement. Une des conditions[559] pour intervenir en tant qu'*amicus curiae* est de porter à l'instance un intérêt significatif ou important[560]. D'aucuns avancent, pour écarter la Commission de ce mécanisme, que certes les *amicus curiae* doivent porter à l'instance un intérêt significatif, mais ne doivent pas être directement intéressés par son résultat[561]. Tel peut sembler être le cas de la Commission lorsqu'elle intervient dans un arbitrage dans lequel ses décisions en matière

---

554 Pour un historique du mécanisme de l'*amicus curiae* dans les arbitrages d'investissement conventionnels v. De BRABANDERE E., « Amicus Curiae Intervention : From NAFTA to the Intra-EU Saga », *in* RUIZ FABRI H. et STOPPIONI E. (eds.), *International Investment Law – An Analysis of the Major Decisions,* Oxford, Hart Publishing, 2022, pp. 193-209.

555 RYNGAER C., « The European Commission's Amicus Curiae Brief in the Alvarez-Machain Case », *International Law FORUM du droit international*, Vol. 6(2), 2004, pp. 55-60. En 2004 la Commission était intervenue comme *amicus curiae* auprès de la Cour suprême des États-Unis. Déjà dans ce contexte, la question du fondement textuel de la compétence de la Commission à intervenir comme *amicus curiae*, ainsi que celle de la nature juridique en droit de l'UE de son intervention écrite avaient été soulevées. La Commission s'est approprié cette compétence (ou l'a déduite de son rôle de gardienne des traités) à la fois dans le cadre de procédure judiciaire étrangère, mais aussi dans celui de l'arbitrage d'investissement.

556 CIRDI, *AES Summit Generation Limited and AES-Tisza Erömü Kft. (AES Summit Generation) c. République de Hongrie (II)*, aff. ARB/07/22, Sentence du 23 septembre 2010, §§ 3.18-3.22.

557 CROSS C. et SCHLIEMANN-RADBRUCH C., « When Investment Arbitration Curbs Domestic Regulatory Space: Consistent Solutions through Amicus Curiae Submissions by Regional Organisations », *Law and Development Review*, Vol. 6(2), 2013, pp. 1-44.

558 DIMSEY M., « Article 4. Submission by a third person », art. cité, pp. 134 et 135.

559 Concernant les conditions devant être remplies pour intervenir en tant qu'amicus curiae dans le cadre d'arbitrages d'investissement v. SCHLIEMANN C., « Requirements for Amicus Curiae Participation in International Investment Arbitration – A Deconstruction of the Procedural Wall Erected in Joint ICSID Cases ARB/10/25 and ARB/10/15 », *The Law and Practice of International Courts and Tribunals*, Vol. 12, 2013, pp. 365–390, spéc. pp. 370-381 ; De BRABANDERE E., « Amicus Curiae (Investment Arbitration) » in Ruiz-Fabri H. (dir.), *Max Planck Encyclopedia of International Procedural Law*, Oxford, OUP, 2019, pp. 1-18, spéc. pp. 8-12; FATCH GOMEZ K., « Rethinking the Role of Amicus Curiae in International Investment Arbitration: How to Draw the Line Favorably for the Public Interest », *Fordham International Law Journal*, Vol. 35(2), 2012, pp. 510-564, spéc. pp. 554-563.

560 Règlement d'Arbitrage du CIRDI (2006), art. 37 § 2 c) : la partie non contestante porte à l'instance un intérêt significatif ; Règlement de la CNUDCI sur la transparence dans l'arbitrage entre investisseurs et États fondés sur des traités (2014), art. 4 § 3 a) : Pour déterminer s'il autorise la soumission d'observations écrites par un tiers le tribunal examine entre autres : Si le tiers a un intérêt important dans la procédure arbitrale.

561 DIMSEY M., « Article 4. Submission by a third person », art. cité., pp. 134 et 135.

d'aide d'État peuvent être discutées. Cette distinction, délicate à appliquer, semble vouloir écarter du mécanisme de l'amicus curiae les intervenants directement intéressés, « trop intéressés » en quelque sorte. À l'inverse, l'intérêt porté à l'instance par la Commission peut aussi être présenté comme insuffisant. En considérant que les États membres ont l'obligation de coopérer avec la Commission pour s'assurer de l'application et du respect du droit de l'UE, la Commission peut alors se révéler ne pas disposer d'un intérêt propre à l'instance. Alternativement, il est aussi possible de considérer qu'aucun de ses droits propres, si elle en dispose, n'est affecté[562]. Ainsi, le trop peu, ou l'excès d'intérêt à l'instance de la Commission l'empêcherait d'intervenir comme *amicus curiae*[563]. Certains tribunaux arbitraux ont considéré qu'un simple intérêt « général » ne permettait pas d'autoriser une personne à intervenir comme *amicus curiae*[564]. L'excès d'intérêt à l'instance de l'*amicus curiae* est parfois confondu avec l'idée d'un manque d'indépendance, autre condition d'intervention d'un *amicus curiae*. L'utilisation du mécanisme par la Commission a aussi peut être contestée à ce titre[565].

126. ***L'indépendance de la Commission en tant qu'*****amicus curiae.** La condition d'indépendance des *amici curiae* n'est pas présente dans le règlement d'arbitrage du CIRDI. Elle n'apparait pas non plus expressément dans la déclaration de la Commission du libre-échange de l'ALENA[566] sur la participation des parties non contestantes du 7 octobre 2003, reprise par les tribunaux. Cette condition se fait jour à partir de l'affaire *Suez et Vivendi c. République argentine (II)*. Dans cette affaire, pour la première fois, un tribunal constitué sous l'égide du CIRDI reconnait être compétent pour accepter l'intervention d'un tiers à l'arbitrage en tant qu'*amicus curiae*[567]. En l'absence de dispositions dans le règlement d'arbitrage CIRDI applicable, le tribunal précise les conditions devant être remplies par le tiers souhaitant lui soumettre des observations écrites. Il est affirmé alors que ne seront acceptées que les observations de personnes démontrant apporter une assistance utile au tribunal au regard de leur expertise, expérience et indépendance[568]. Ce triptyque sera repris

---

[562] GALVÃO TELES SANCHES AFONSO F., « The European Commission as Amicus Curiae of Arbitral Tribunals: Is It a Legitimate Relationship? », *Spain arbitration review revista del Club Español del Arbitraje*, n° 34, 2019, pp. 113-128, spé pp. 120. V. aussi CIRDI, (CNUDCI), *Apotex Inc. (Apotex) c. États-Unis (I)*, aff. UNCT/10/2, Ordonnance procédurale n° 2 sur la participation d'une partie non contestante du 11 octobre 2011, § 28. Ici, le tribunal interprète l'intérêt significatif en termes d'affectation et conclut qu'une société de conseil en management ne porte pas un intérêt significatif à l'instance.

[563] La même problématique se retrouve au niveau de juridictions américaines. La distinction entre intérêt particulier et intérêt excessif apparait dans ce contexte également difficilement applicable au regard de l'hétérogénéité de la jurisprudence. V. TEMCHENKO E., « Discovering the Truth Behind an Amicus Brief », *North Dakota Law Review*, Vol. 94(1), 2019, pp. 95-147, spéc. pp. 108-112.

[564] CIRDI, (CIRDI (MS)), *Apotex Holdings Inc. et Apotex Inc (Apotex) c. États-Unis (III)*, aff. ARB(AF)/12/1, Ordonnance procédurale sur la participation du requérant M. Barry Appleton comme partie non contestante du 4 mars 2013, § 38 ; CPA, (CNUDCI), *Resolute Forest Products Inc. (Resolut Forest) c. Canada*, aff. n° 2016-13, Ordonnance procédurale n° 6 sur la participation du Professeur Robert Howse et de Monsieur Barry Appleton comme *amicus curiae* du 29 juin 2017, § 4.6.

[565] GALVÃO TELES SANCHES AFONSO F., « The European Commission as Amicus Curiae of Arbitral Tribunals: Is It a Legitimate Relationship? », art. cité, pp. 121.

[566] Cette déclaration constitue la première tentative d'encadrement du mécanisme de l'*amicus curiae* dans l'arbitrage d'investissement. La déclaration oblige cependant les intervenants à déclarer leurs liens, directs ou indirects avec les parties contestantes (§ B. 2. d). Elle oblige aussi à déclarer toute aide financière ou autre à la rédaction du mémoire (§ B. 2. e.) ou encore à indiquer toute organisation, contrôlant directement ou indirectement, l'intervenant (§ B. 2 c). Ces obligations seront reprises quasi in extenso dans le Règlement de la CNUDCI sur la transparence dans l'arbitrage entre investisseurs et États fondé sur des traités (art. 4.2 a), b) et c)). Ces obligations peuvent être interprétées comme visant le respect d'une condition d'indépendance des intervenants.

[567] ISHIKAWA T., « Third Party Participation in Investment Treaty Arbitration », *ICLQ*, Vol. 59(2), 2010, pp. 373-412, spéc. pp. 378-389.

[568] CIRDI, *Suez, Sociedad General de Aguas de Barcelona, S.A. et Vivendi Universal, S.A. (formerly Aguas Argentinas, S.A., Suez, Sociedad General de Aguas de Barcelona, S.A. et Vivendi Universal, S.A.) (Suez et Vivendi) c. République argentine (II)*, aff. ARB/03/19, Ordonnance en réponse à une demande de transparence et de participation comme *amicus curiae* du 19 mai 2005, § 24.

dans l'affaire *Suez et Interagua c. République argentine* [569] et cité dans d'autres arbitrages[570]. Dans l'affaire *Elli Lilly c. Canada* le tribunal déduira de la déclaration de 2003 de la Commission du libre-échange de l'ALENA qu'un *amicus curiae* doit être indépendant par rapport aux parties contestantes, sans que l'affiliation d'une des parties contestantes à l'*amicus curiae* ne constitue *per se* un manque d'indépendance[571]. En application du règlement d'arbitrage CIRDI de 2003, le comité *ad hoc* devant se prononcer sur l'annulation de la sentence *Micula c. Roumanie (I)* a considéré que la Commission remplissait le triptyque jurisprudentiel : expertise, expérience et indépendance[572]. Pour la CNUDCI, il est clair que la moindre relation financière ou factuelle ne remet pas en cause l'indépendance d'une entité voulant intervenir comme *amicus curiae*. Un seuil limite de 20 % des revenus annuels, au-delà duquel l'indépendance de l'entité n'était pas assurée, a été mentionné dans des travaux préparatoires, mais n'a finalement pas été retenu[573]. Au regard de la jurisprudence arbitrale, à l'exception d'une sentence hétérodoxe[574], la condition d'indépendance est principalement de nature financière et managériale. Bien qu'elle puisse être vue comme une condition essentielle de la preuve du caractère amical de l'*amicus curiae*[575], l'indépendance ne fait pas partie des conditions d'intervention d'une partie non contestante du règlement d'arbitrage CIRDI dans sa version de 2006. Ainsi, dans l'affaire *Philip Morris c. Uruguay*, le tribunal a autorisé l'Organisation mondiale de la santé (OMS) à lui soumettre des observations écrites sans examiner la question de son indépendance, alors que le demandeur avait soulevé cette question[576].

127. La distinction entre indépendance et impartialité. L'indépendance ne doit pas être confondue avec l'impartialité. C'est ce que rappelle le tribunal de l'affaire *Methanex c. États-unis* en affirmant que, si les experts sont indépendants, ce n'est pas le cas des

---

[569] CIRDI, *Suez, Sociedad General de Aguas de Barcelona, S.A. et Interagua Servicios Integrales de Agua, S.A. (Suez et Interagua) c. République argentine*, aff. ARB/03/17, Ordonnance en réponse à une demande de participation comme *amicus curiae* du 17 mars 2006, § 23.

[570] *Apotex (I)*, Ordonnance procédurale n° 2 sur la participation d'une partie non contestante du 11 octobre 2011, préc., § 21 ; CIRDI, *Bernhard von Pezold et autres (von Pezold) c. République du Zimbabwe*, aff. ARB/10/15, Ordonnance procédurale n° 2 du 26 juin 2012, § 49 ; CIRDI, *Border Timbers Limited, Timber Products International (Private) Limited, and Hangani Development Co. (Private) Limited (Border Timbers et autres) c. République du Zimbabwe*, aff. ARB/10/25, Ordonnance procédurale n° 2 du 26 juin 2012, § 49.

[571] CIRDI, (CNUDCI), *Eli Lilly et Company (Eli Lilly) c. Canada*, aff. UNCT/14/2, Ordonnance procédurale n° 4 du 23 février 2016, §§ (D) et (E).

[572] CIRDI, *Ioan Micula, Viorel Micula et autres (Micula) c. Roumanie (I)*, aff. n° ARB/05/20, Décision du comité *ad hoc* sur la demande d'annulation du 26 février 2016, § 63. Le comité ajoute que la participation de la Commission ne devrait pas porter préjudice aux parties tant que la soumission se conforme à différentes conditions. Le comité précise que la soumission écrite de la Commission devra se limiter aux seuls motifs d'annulation prévus par le règlement d'arbitrage CIRDI. Il ajoute que la Commission n'aura pas accès aux écrits des parties ni ne participera aux audiences. En comparaison dans la procédure principale, la Commission avait eu accès aux écrits des parties et trois de ses agents avaient participé à des audiences.

[573] SCHLIEMANN C., « Requirements for Amicus Curiae Participation in International Investment Arbitration – A Deconstruction of the Procedural Wall Erected in Joint ICSID Cases ARB/10/25 and ARB/10/15 », *The Law and Practice of International Courts and Tribunals*, Vol. 12, 2013, pp. 365–390, spéc. p. 379.

[574] *von Pezold*, Ordonnance procédurale n° 2 du 26 juin 2012, préc., §§ 49 et 56. Le tribunal, dans un premier temps, considère que le règlement d'arbitrage CIRDI de 2006 comporte implicitement un critère d'indépendance des parties non contestantes. Il affirme ensuite que « le manque apparent d'indépendance ou de neutralité d'un demandeur est une base suffisante pour ne pas accéder à une demande d'intervention comme partie non contestante ». V. BASTIN L., « Amici Curiae in Investor-State Arbitrations : Two Recent Decisions », *Australian International Law Journal*, Vol. 20, 2013, pp. 95-104.

[575] GRISEL F. et VINUALES J.E., « L'*amicus curiae* dans l'arbitrage d'investissement », *ICSID Review – FILJ*, Vol. 22(2), 2007, pp. 380-432 spéc. p. 430.

[576] CIRDI, *Philip Morris Brand Sàrl, Philip Morris Products S.A. et Abal Hermanos S.A. (Philip Morris) c. République orientale d'Uruguay*, aff. ARB/10/7, Ordonnance procédurale du 17 février 2015, §§ 11 et 23-32 Le demandeur s'opposait à la participation de l'OMS en contestant entre autres son indépendance en rappelant que l'Uruguay était membre de cette organisation et avait déjà fait appel à son expertise.

amici curiae, au sens où ces intervenants portent une cause particulière devant un tribunal[577]. Le mécanisme de l'*amicus curiae* n'implique pas la neutralité de l'intervenant. Même dans ses formes traditionnelles, l'*amicus curiae* peut prendre position, par exemple pour défendre une partie non présente ou pour adopter un argument non soulevé par les parties. Aussi ne convient-il pas d'attendre des *amici curiae* une indépendance ou une neutralité, équivalente à celle des experts ou des témoins[578]. Ces intervenants portant un intérêt à l'instance, il est logique qu'ils prennent position, cette position pouvant coïncider avec celle d'une des parties. Cette situation s'est présentée dans le cadre des interventions de la Commission sans que cela ait amené un tribunal à refuser sa participation.

B - L'évolution du contenu des interventions de la Commission dans les arbitrages

***128. Les premières interventions de la Commission en tant qu'*amicus curiae.** En matière d'arbitrages sur le fondement de TBI intra-UE, la première apparition de la Commission comme *amicus curiae* a lieu en 2009 dans l'affaire *Micula c. Roumanie (I)*[579]. Elle était cependant déjà intervenue l'année précédente comme *amicus curiae* dans des arbitrages sur le fondement du TCEn (affaires *AES (II) c. Hongrie*[580] et *Electrabel c. Hongrie*[581]). Dans ces affaires, la Commission intervient principalement pour protéger sa compétence en matière de droit de la concurrence. Ces interventions, visant à s'assurer de la bonne application du droit de l'UE, ont pu être qualifiées de neutres, au sens où elles visaient à éclaircir des points de droit[582]. Elles s'inscrivaient néanmoins dans la défense d'États membres, ces derniers voyant des mesures nationales, appliquant le droit des aides d'État de l'UE, contestées par des investisseurs originaires d'autres États membres. En 2009 dans l'affaire *Micula c. Roumanie (I)*, la Commission soutient que le droit de l'UE fait partie du droit applicable au litige et que le droit des aides d'État prime sur les dispositions du traité d'investissement protégeant les

---

577 CIRDI, (CNUDCI), *Methanex Corporation (Methanex) c. États-Unis d'Amérique,* Décision du tribunal sur la demande d'intervention comme amicus curiae d'une tierce partie du 15 janvier 2001, § 38 « Amici are not experts ; such third persons are advocates (in the non-pejorative sense) and not "independent" in that they advance a particular case to a tribunal ».

578 MOURRE A., « Are Amici Curiae the Proper Response to the Public's Concerns on Transparency in Investment Arbitration ? », *Law and Practice of International Courts and Tribunals,* Vol. 5, 2006, pp. 257–271, spéc. pp. 267-270. L'auteur considère que les *amici curiae* peuvent prendre position, mais elles doivent le faire de manière indépendante de la stratégie procédurale des parties. Ainsi l'*amicus curiae* ne doit pas être invité à intervenir et encore moins financé par l'une des parties. Cela semble confirmer l'idée d'une indépendance financière et managériale et écarter une compréhension en fait d'absence de prise de position.

579 CIRDI, *Ioan Micula, Viorel Micula et autres (Micula) c. Roumanie (I)*, aff. ARB/05/20, Sentence finale du 11 décembre 2013, §§ 23, 27 et 37. Le tribunal accède à la demande d'intervention de la Commission nonobstant l'opposition du demandeur. La Commission obtient l'accès aux écrits des parties et participe aux audiences, mais son intervention est encadrée par le tribunal qui précise dans la sentence que celle-ci ne doit pas agir en tant que *amicus actoris vel rei,* autrement dit en tant qu'ami d'une partie (§ 27).

580 CIRDI, *AES Summit Generation Limited and AES-Tisza Erömü Kft. (AES Summit Generation) c. République de Hongrie (II)*, aff. ARB/07/22, Sentence du 23 septembre 2010, §§ 3.18, 3.22 et 8.2. Le tribunal accède à la demande d'intervention de la Commission, mais lui refuse l'accès aux écrits des parties. Le contenu de l'intervention n'est pas précisé dans la sentence. Le tribunal précise simplement qu'il reconnait les efforts déployés par la Commission pour expliquer sa position au Tribunal et qu'il a dûment pris en compte, au cours de ses délibérations, les points développés par celle-ci.

581 CIRDI, *Electrabel S.A. c. République de Hongrie,* aff. ARB/07/19, Ordonnance procédurale du 28 avril 2009, §§ 18-29 Le tribunal accède à la demande d'intervention de la Commission et l'autorise à accéder aux écrits des parties nonobstant l'opposition du demandeur. Il limite son intervention aux questions suivantes : la relation entre le droit de l'UE et le traité de la charte de l'énergie, le droit des aides d'État, l'effet des décisions de droit de l'UE sur les États membres. Ce mandat ne sera pas entièrement respecté par la Commission celle-ci se prononcera également sur la compétence du tribunal, sans que le tribunal ne rejette ces éléments. V. CIRDI, *Electrabel S.A. c. République de Hongrie,* aff. ARB/07/19, Décision sur la compétence, le droit applicable et la responsabilité du 30 novembre 2012, §§ 4.90 et 5.20.

582 BASTIN L., « Amici Curiae in Investor-State Arbitration : Eight Recent Trends », art. cité, p. 136.

attentes légitimes de l'investisseur en vertu du principe de *lex specialis*, contenu dans l'article 30 § 3 CVDT[583]. Les dispositions du droit des aides d'État sont pour la Commission des règles spéciales par rapport aux règles générales de protection des investissements des traités d'investissement. Elle avance ensuite qu'une sentence qui ne respecterait pas le droit des aides d'État de l'Union ne pourrait pas être exécutée au sein de l'UE, mais ne se prononce pas sur la compétence du tribunal[584].

129. La contestation, par la Commission, de la compétence du tribunal de l'affaire Electrabel. À côté d'arguments comparables, la Commission va plus loin dans l'affaire *Electrabel c. Hongrie*. Elle y conteste la compétence du tribunal sans que l'État défendeur ait soulevé une telle exception d'incompétence[585]. Le tribunal qualifiera la position de la Commission d'hostile au demandeur et considèrera que ce dernier avait quasiment fait face à deux défendeurs[586]. Dans cette affaire, la Commission considérait que le TCEn n'autorisait pas les investisseurs de l'UE à avoir recours à l'arbitrage pour contester une mesure attribuable à l'UE (même si formellement prise par l'État). Ici, la Commission ne formule pas une exception d'incompétence générale. Elle précise qu'un aspect de la demande, portant sur le retrait par l'État membre d'un avantage légal dont l'investisseur bénéficiait, relève de la compétence de l'UE (droit des aides d'État). Pour la Commission, le tribunal n'est pas compétent pour se prononcer sur une demande d'un investisseur de l'UE portant sur une mesure de l'État s'inscrivant dans un champ de compétence de l'Union. La logique est la suivante : les tribunaux arbitraux ne sont pas compétents pour traiter d'une demande d'un investisseur visant une mesure de l'État dont il a la nationalité, ils ne sont donc également pas compétents pour traiter d'une demande d'un investisseur de l'UE visant une mesure attribuable à l'UE (relevant d'une compétence de l'UE), même si elle est prise par un État membre qui n'est pas celui d'origine de l'investisseur[587]. Cette exception d'incompétence est distincte de celle soulevée dans le cadre d'arbitrage sur le fondement de TBI entre États membres. Elle peut faire figure de proto-exception d'incompétence intra-UE *ratione personae*[588].

130. La contestation, par la Commission, de la compétence des tribunaux appliquant des TBI entre États membres. C'est seulement à partir de l'arrêt *Achmea B. V c. République slovaque (formerly Eureko B. V. c. République slovaque)* que s'articule pour la première fois une intervention de la Commission portant sur la compétence du tribunal et une exception d'incompétence portant sur le statut intra-UE d'un TBI. Cette intervention pose les grandes lignes de la stratégie d'opposition de la Commission à l'application des traités d'investissement entre États membres par les tribunaux.

131. Plan. La stratégie d'intervention de la Commission a évolué au fil des arbitrages. Elle a pu sembler dépasser celle pouvant être adoptée par un *amicus curiae*. Ainsi, si dans ses premières interventions, la Commission soutient les États en informant les tribunaux des spécificités du droit de l'UE (1), dans des interventions ultérieures, elle mobilise des règles de droit international pour s'opposer plus durement à la compétence des tribunaux (2).

---

[583] *Micula (I)*, Sentence finale du 11 décembre 2013, préc., §§ 316 et 317.

[584] *Ibid.*, §§ 334-336.

[585] *Electrabel*, Décision sur la compétence, le droit applicable et la responsabilité du 30 novembre 2012, préc., §§ 5.9, 5.10 et 5.20.

[586] CIRDI, *Electrabel S.A. c. République de Hongrie*, aff. ARB/07/19, Sentence du 25 novembre 2015, § 234 « In effect, far from exercising the traditional role of an "amicus curiae", the Commission became a second respondent more hostile to Electrabel than Hungary itself ».

[587] *Electrabel*, Décision sur la compétence, le droit applicable et la responsabilité du 30 novembre 2012, préc., § 5.20.

[588] V. *supra* Section 1, § 2, B).

1 - Le soutien partiel de la Commission à la défense des États membres

***132. La position de la Commission au fil des affaires* Achmea B.V *et* EURAM.** La position de la Commission par rapport à l'exception d'incompétence intra-UE, centrée sur les articles 59 et 30 de la CVDT, s'est précisée dans les affaires *Achmea B. V c. République slovaque (formerly Eureko B. V. c. République slovaque)* et *European American Investment Bank AG (EURAM) c. République slovaque*. Concernant l'extinction tacite du traité d'investissement, dans l'affaire *Achmea* la Commission s'appuie sur la lecture de l'acte d'adhésion de 2003[589] pour constater l'absence d'intention commune des parties d'abroger les TBI intra-UE[590]. L'application de l'article 59 § 1 CVDT est explicitement écartée. Il en va autrement de celle de l'article 59 § 2 CVDT qui prévoit l'extinction tacite d'un traité antérieur incompatible portant sur la même matière. La Commission rappelle ensuite que le droit de l'UE prévaut. Ce rappel peut être lu comme faisant référence à la position qu'elle avait exprimée dans la lettre citée dans l'affaire *Eastern Sugar*. Dans ce document, la Commission avait alors affirmé que la prévalence effective des acquis de l'UE n'entrainait pas l'extinction des traités d'investissement entre États membres. Elle indiquait alors que pour mettre fin à ces traités, les États devraient suivre strictement la procédure prévue par ces traités[591]. Dans l'affaire *EURAM*, la Commission semble considérer cet élément comme évident. Elle renvoie les parties à son intervention dans l'affaire *Achmea B. V (formerly Eureko B. V)*, et la résume en neuf paragraphes dont aucun ne traite de l'extinction des traités entre membres de l'Union[592]. Le demandeur souligne cette omission et rappelle à la Commission qu'elle a toujours écarté l'extinction tacite des traités bilatéraux d'investissement, donc l'application de l'article 59 CVDT dans son ensemble, dans les affaires précédentes[593].

133. L'affirmation par la Commission de la primauté du droit de l'UE. Les interventions de la Commission dans ces premières affaires reposent sur des arguments relevant quasi exclusivement du droit de l'UE. Dans sa lettre adressée au ministère des Finances tchèques, discutée dans l'affaire *Eastern Sugar,* la Commission part du principe que dans un contexte interne à l'UE le droit de l'UE prime. Elle explique que depuis le 1er mai 2004, date de l'adhésion de la République tchèque, les investissements entre ce pays et les autres États membres sont couverts par le droit de l'UE. L'article 307 du traité sur la Communauté européenne (TCE) (désormais 351 du traité sur le fonctionnement de l'UE (TFUE)[594]) et le principe *pacta sunt sevanda* qu'il contient ne couvrent plus ces traités ; ils

---

[589] Acte relatif aux conditions d'adhésion à l'Union européenne de la République tchèque, de la République d'Estonie, de la République de Chypre, de la République de Lettonie, de la République de Lituanie, de la République de Hongrie, de la République de Malte, de la République de Pologne, de la République de Slovénie et de la République slovaque, et aux adaptations des traités sur lesquels est fondée l'Union européenne, *JOUE,* n° L 236 du 23.9.2003, p. 33-988.

[590] CPA, (CNUDCI), *Achmea B. V. c. République slovaque (formerly Eureko B. V. c. République slovaque)*, aff. n° 2008-13, Décision sur la compétence, l'arbitrabilité et la suspension du 26 octobre 2010, § 187.

[591] Lettre de la Commission du 13 janvier 2006. V. SCC, (CNUDCI), *Eastern Sugar B. V. c. République tchèque*, aff. n° 088/2004, Sentence partielle du 27 mars 2007, § 119.

[592] Mémoire d'*amicus curiae* de la Commission - CPA (CNUDCI), *European American Investment Bank AG (EURAM) c. République slovaque,* Bruxelles, le 13.10.11 SJ.l.dir (2013) 1154556. Dans cette affaire la Commission est contactée par le tribunal arbitral pour lui soumettre des observations par écrit sur la question du statut (en vigueur ou non) du TBI et ses effets. La Commission répond au tribunal en 5 pages alors qu'il lui était permis d'aller jusqu'à 25 pages.

[593] CPA, (CNUDCI), *European American Investment Bank AG (EURAM) c. République slovaque*, aff. n° 2010-17, Décision sur la compétence du 22 octobre 2012, § 141.

[594] TFUE art. 351 (ex-article 307 TCE) : « Les droits et obligations résultant de conventions conclues antérieurement au 1er janvier 1958 ou, pour les États adhérents, antérieurement à la date de leur adhésion, entre un ou plusieurs États membres, d'une part, et un ou plusieurs États tiers, d'autre part, ne sont pas affectés par les dispositions des traités. / Dans la mesure où ces conventions ne sont pas compatibles avec les traités, le ou les États membres en cause recourent à tous les moyens appropriés pour éliminer les incompatibilités constatées. En cas de besoin, les États membres se prêtent une assistance mutuelle en vue d'arriver à cette fin et adoptent le cas échéant une attitude commune. / Dans

doivent donc être conformes à l'ordre juridique de l'UE. Dès 2006, elle affirme que l'application de ces traités crée une discrimination sur la base de la nationalité incompatible avec le droit de l'UE. Les mécanismes d'arbitrage sont également identifiés comme problématiques. L'article 292 TCE (344 TFUE[595]) est présenté comme s'opposant clairement à l'arbitrage interétatique prévu en cas de désaccords entre les États sur l'interprétation du TBI. Quant à l'arbitrage État-investisseur, il appelle, de l'aveu de la Commission, une réponse plus complexe[596]. L'incompatibilité est ici plus subtile, car elle porte sur un risque d'application incorrecte du droit de l'UE par les tribunaux. Ces éléments justifient pour la Commission l'extinction par les États membres de ces traités toujours en vigueur, mais ne pouvant pas produire d'effets. La position de la Commission ne change pas dans les affaires *Achmea B. V (fomerly Eureko B. V)* et *EURAM*. Les articles 344 et 351 TFUE sont cités et le risque de discrimination est mentionné[597]. Dans le cadre de l'affaire *EURAM*, la Commission précise que le principe de non-discrimination sur la base de la nationalité implique que les investisseurs de l'Union soient soumis à un même traitement que ce soit en matière de dispositions substantielles ou procédurales[598]. Dans les deux interventions, le raisonnement est centré sur le droit de l'UE. La Commission affirme dans l'affaire *Achmea B. V (fomerly Eureko B. V)* : « *[...] the arguments in favour of maintaining an investor-State arbitration mechanism for intra-EU BITs are not persuasive from an internal EU law perspective* »[599]. Dans l'affaire *EURAM* elle rappelle en guise d'introduction que toutes les personnes physiques et morales – y compris les États impliqués dans l'arbitrage – sont liées par le droit de l'UE[600].

134. L'appel de la Commission à la jurisprudence de la Cour de justice. Pour la Commission, l'inapplicabilité des traités découle de la jurisprudence de la Cour de justice. Elle résume cette dernière en ces termes : « *Under EU law, a private party cannot rely on provisions in an international agreement to justify a possible breach of EU law* »[601]. De surcroit, le maintien de tribunaux arbitraux d'investissement est présenté comme un signe de méfiance envers les juridictions nationales des États membres, s'opposant au principe de confiance mutuelle[602]. Un temps présent dans la défense de la République tchèque, ce principe n'est ensuite mentionné que dans les interventions de la Commission[603]. Par la suite dans l'affaire *EURAM*,

---

l'application des conventions visées au premier alinéa, les États membres tiennent compte du fait que les avantages consentis dans les traités par chacun des États membres font partie intégrante de l'établissement de l'Union et sont, de ce fait, inséparablement liés à la création d'institutions communes, à l'attribution de compétences en leur faveur et à l'octroi des mêmes avantages par tous les autres États membres ».

595 TFUE art. 344 (ex-article 292 TCE) : « Les États membres s'engagent à ne pas soumettre un différend relatif à l'interprétation ou à l'application des traités à un mode de règlement autre que ceux prévus par ceux-ci ».

596 Lettre de la Commission du 13 janvier 2006, préc., § 119.

597597 *Achmea B. V.*, Décision sur la compétence, l'arbitrabilité et la suspension du 26 octobre 2010, préc., §§ 183 et 184.

598 Mémoire d'*amicus curiae* de la Commission *EURAM*, préc., p. 2.

599 *Achmea B. V.*, Décision sur la compétence, l'arbitrabilité et la suspension du 26 octobre 2010, préc., § 179.

600 Mémoire d'*amicus curiae* de la Commission *EURAM*, préc., p. 2.

601 *Achmea B. V.*, Décision sur la compétence, l'arbitrabilité et la suspension du 26 octobre 2010, préc., § 180 La Commission fait référence à plusieurs arrêts : CJCE, 27 septembre 1988, *Matteucci c. Communauté française de Belgique*, aff. C-235/67 ; CJCE, 10 novembre 1992, *Exportur SA c. LOR SA et Confiserie du Tech SA*, aff. C-3/91 ; CJCE, 27 février 1962, *Commission de la Communauté économique européenne c. République italienne*, aff. C-10/61 ; Mémoire d'*amicus curiae* de la Commission *EURAM*, préc., p. 4 Ici, la Commission fait référence à d'autres arrêts : TPICE, 2d ch., 10 juillet 1991, *BBC c. Commission*, aff. n° T-70/89, § 77 ; CJCE, 8 décembre 1981, *José Crujeiras Tome c. Procureur de la République et Procureur de la République c. Anton Yurrita*, aff. jointes 180 et 266/80, § 20.

602 *Achmea B. V.*, Décision sur la compétence, l'arbitrabilité et la suspension du 26 octobre 2010, préc., § 185 ; Mémoire d'*amicus curiae* de la Commission *EURAM*, préc., p. 4 Ici, la Commission fait référence à : CJCE, 23 mai 1996, *Hedley Lomas*, aff. C-5/94, §§ 19-20 et CJUE, 4 mai 2010, *TNT Express Nederland BV c. Axa Versicherung AG*, aff. C-533/08, §§ 49-50.

603 SCC, (CNUDCI), *Eastern Sugar B. V. c. République tchèque*, aff. n° 088/2004, Sentence partielle du 27 mars 2007, § 107 ; Arbitrage *ad hoc* (CNUDCI), *Rupert Joseph Binder (Binder) c. République tchèque*, Sentence sur la compétence du 6 juin 2007, § 17.

un élément inédit est avancé par cette dernière. Elle y conclut son intervention en attirant l'attention du tribunal sur l'avis 1/09 de la Cour de justice portant sur la création d'un système unifié de règlement des litiges en matière de brevet – annonçant une question d'atteinte à l'autonomie du droit de l'UE[604]. Elle précise, en citant la Cour, que si la juridiction du brevet européen et du brevet communautaire prévue dans cet accord « dénaturait les compétences que les traités confèrent aux institutions de l'Union et aux États membres, qui sont essentielles à la préservation de la nature même du droit de l'Union[605] », le mécanisme de résolution des différends entre investisseurs et États (RDIE) prévu dans les traités d'investissement entre États membres en ferait de même. Pour la Commission, un tribunal arbitral constitué en vertu de l'offre d'arbitrage État-investisseur de ce type de traité, tout comme la juridiction du brevet rejeté par la Cour, est en dehors du cadre institutionnel et juridictionnel de l'Union. Par conséquent, il ne peut pas poser une question préjudicielle à la Cour de justice et n'est pas contraint *in fine* de respecter l'interprétation du droit de l'UE de cette dernière[606].

2 - Le durcissement des interventions de la Commission.

135. Le rappel de la conformité du droit de l'UE au droit international. Dans l'affaire *Achmea B. V (formerly Eureko B. V)*, la Commission développe des arguments propres au droit de l'UE, mais elle les complète en affirmant que l'application des articles de la CVDT aboutirait au même résultat[607]. Si l'application de l'article 59 CVDT n'est pas retenue par la Commission, elle considère en revanche que le principe *lex posterior* de l'article 30 § 3 CVDT, comme le principe de primauté, rend les dispositions d'un traité entre États membres contraires au droit de l'UE, inapplicables. Le résultat est le même du point de vue du droit de l'UE et du droit international public. La Commission s'inscrit ici dans la lignée du raisonnement de la Cour de justice formulé pour la première fois en 1962 dans l'affaire *Commission c. Italie*. Dans cet arrêt, la Cour précise que l'article 234 TCEE (351 TFUE) est conforme aux principes du droit international voulant qu'« un État, en assumant une obligation nouvelle contraire aux droits qui lui sont reconnus par un traité antérieur, renonce par le fait même à user de ces droits dans la mesure nécessaire à l'exécution de sa nouvelle obligation »[608]. Aussi l'article 351 TFUE ne peut-il être interprété comme aboutissant à une solution différente de celle des principes du droit international. Comme vu précédemment, l'évocation de cet arrêt par la République tchèque dans l'affaire *Eastern Sugar* avait été comprise par le tribunal comme une question d'incompatibilité partielle du traité d'investissement et des traités de l'UE, relevant de l'article 30 CVDT[609].

136. L'abandon des références au droit international. À la différence des affaires précédentes – *Eastern Sugar* et *Achmea B. V (formerly Eureko)* – dans l'affaire *EURAM* la Commission se fonde sur le droit de l'UE seul[610]. Elle développe toutefois des arguments qui portent sur les conditions d'application des articles 59 et 30 CVDT, sans les citer expressément. Ainsi, elle insiste sur le fait que les traités de protection et d'encouragement

[604] CJUE, Ass. plén., 8 mars 2011, Avis 1/09.
[605] *Ibid.*, § 89.
[606] CPA, (CNUDCI), *European American Investment Bank AG (EURAM) c. République slovaque*, aff. n° 2010-17, Décision sur la compétence du 22 octobre 2012, § 120.
[607] CPA, (CNUDCI), *Achmea B. V. c. République slovaque (formerly Eureko B. V. c. République slovaque)*, aff. n° 2008-13, Décision sur la compétence, l'arbitrabilité et la suspension du 26 octobre 2010, §§ 181 et 189.
[608] CJCE, 27 février 1962, *Commission de la Communauté économique européenne c. République italienne*, aff C-10/61, p. 22.
[609] SCC, (CNUDCI), *Eastern Sugar B. V. c. République tchèque*, aff. n° 088/2004, Sentence partielle du 27 mars 2007, §§ 103, 178 et 179.
[610] *EURAM*, Décision sur la compétence du 22 octobre 2012, préc., § 171.

des investissements et le TFUE couvrent les mêmes matières, puis mentionne le principe de non-discrimination. Cela indique implicitement que les conditions d'application de l'article 30 CVDT sont remplies : même matière et incompatibilité[611]. Une position comparable est adoptée par la Commission dans l'affaire *US Steel*[612]. Si l'article 30 CVDT est cité dans sa soumission écrite, cette dernière ne reste pas moins centrée sur le droit de l'Union. Dans cette intervention de 25 pages, la CVDT n'est citée que deux fois par la Commission[613].

137. L'abandon de formulations modérées au profit d'injonctions. Un changement de ton peut-être noté dans les interventions de la Commission entre les affaires *Achmea B.V (formerly Eureko)* et *EURAM*. Dans la première, elle se montre conciliante. Ses conclusions expriment des réserves quant à la compétence du tribunal saisi par l'investisseur[614]. Par ailleurs, la Commission s'en tient à préciser : « *An arbitral award that has been rendered in violation of EU law may not be executed and enforced in an EU Member State* »[615]. L'impossibilité d'exécuter une sentence arbitrale d'investissement contraire au droit de l'UE avait déjà été évoquée par la Commission, d'abord dans l'affaire *Electrabel c. Hongrie*[616], puis dans l'affaire *Micula c. Roumanie (I)*[617]. Étaient alors visées, des sentences contraires au droit des aides d'État. Dans l'affaire *Achmea B.V (formerly Eureko B.V)*, c'est une incompatibilité entre le droit de l'UE et la sentence en tant que telle qui pourrait s'opposer à son exécution. Dans ses conclusions, la Commission fait appel au principe de respect mutuel et de courtoisie entre les cours et tribunaux (inclus dans les principes généraux du droit que le tribunal doit appliquer au regard de l'article 8 § 6 du traité) pour convaincre le tribunal de suspendre de l'arbitrage[618]. À l'inverse, dans l'affaire *EURAM*, elle demande au tribunal de se déclarer incompétent et affirme clairement qu'une sentence contraire au principe de primauté ou à l'autonomie du système juridictionnel de l'UE ne pourra être, ni reconnue ni exécutée au sein de l'Union[619]. Dans le même sens, l'intervention de la Commission en 2014 dans l'affaire *US Steel*[620] a été considérée par certains auteurs comme plus agressive que les précédentes[621]. D'aucuns considèrent même que l'insistance de la Commission sur l'impossibilité à terme d'obtenir l'exécution d'une sentence arbitrale incompatible avec le droit des aides d'État de l'UE aurait

611 Cette argumentation, en ce qu'elle démontre que les conditions d'application des articles 30 et 59 CVDT sont remplies, sans faire référence clairement à ces articles, rappelle la défense de la République tchèque dans l'affaire CPA, (CNUDCI), *WNC Factoring Ltd (WNC) c. République tchèque*, aff. n° 2014-34, Sentence du 22 février 2017, §§ 66 et 296.

612 CPA, (CNUDCI), *U.S. Steel Global Holdings I.B.V. (U.S. Steel) c. République slovaque*, aff. n° 2013/6, Ordonnance de procédure n° 6 du 16 juin 2014 (Affaire interrompue).

613 KENT A., « The EU Commission and the Fragmentation of International Law: Speaking European in a Foreign Land », *Goettingen Journal of international Law*, Vol. 7 (2), 2016, pp. 1-36, spéc. pp. 13-16.

614 *Achmea B. V.*, Décision sur la compétence, l'arbitrabilité et la suspension du 26 octobre 2010, préc., § 193.

615 *Ibid.*, § 194.

616 CIRDI, *Electrabel SA. c. République de Hongrie*, aff. ARB/07/19, Décision sur la juridiction, le droit applicable et la responsabilité du 30 novembre 2012, § 4.110 « According to the Commission, an award that substituted compensation for State aid unlawful under EU law would not be enforceable [...]. » Extrait du mémoire d'amicus curiae de la Commission soumis au tribunal le 12.06.09.

617 CIRDI, *Ioan Micula, Viorel Micula et autres (Micula) c. Roumanie (I)*, aff. ARB/05/20, Sentence finale du 11 décembre 2013, § 334 « an award that is contrary to obligations binding on Romania as an EU Member State, [...] could not be implemented in Romania by virtue of the supremacy of EC law, and in particular State aid rules » Extrait du mémoire d'*amicus curiae* de la Commission soumis au tribunal le 20.07.09.

618 *Achmea B. V.*, Décision sur la compétence, l'arbitrabilité et la suspension du 26 octobre 2010, préc., § 196.

619 Mémoire d'amicus curiae de la Commission - CPA (CNUDCI), European American Investment Bank AG (EURAM) c. République slovaque, Bruxelles, le 13.10.11 SJ.l.dir (2013) 1154556, pp 2 et 5 « An arbitral award that breaches these principles [primacy and autonomy of EU law] cannot be recognized or enforced in the European Union. ».

620 *U.S. Steel*, Ordonnance de procédure n° 6 du 16 juin 2014, préc.

621 Volterra Fietta – The Public International Law Firm, « Further attempts by the European Commission to eradicate intra-EU BITs », News and Insights – Autumn 2015, disponible à l'adresse : <https://www.volterrafietta.com/further-attempts-by-the-european-commission-to-eradicate-intra-eu-bits/>.

poussé l'investisseur à abandonner la procédure[622]. La formulation de l'avis d'interruption de procédure de l'investisseur ne donne pas d'éléments pour confirmer cette hypothèse. Cet avis ne fait pas référence aux arguments de la Commission, il laisse penser que l'abandon de la procédure est la conséquence d'une forme d'accord entre les parties[623].

138. Conclusion. La Commission n'hésite pas à interférer dans les arbitrages, même commerciaux, pour s'assurer de l'application du droit de l'UE, surtout en matière de concurrence[624]. Ces interventions laissent supposer que la figure de l'*amicus curiae* partisane n'est pas étrangère à l'arbitrage d'investissement. En effet, même si elle peut, parfois, ne soutenir qu'en partie l'État défendeur, la Commission endosse mal l'habit d'intervenant neutre. S'il est possible d'accepter cette absence de neutralité, il convient de s'interroger sur l'objet de ses interventions, notamment au regard de leur évolution. En l'absence de contestation par l'État défendeur de la compétence du tribunal, la Commission peut-elle soutenir une exception d'incompétence en tant qu'*amicus curiae* ? Les arbitres de l'affaire *JSW Solar et Wirteng*[625] ont répondu de manière positive à cette question, tout comme les membres du comité *ad hoc* sur l'annulation dans l'affaire *Micula (I)*, malgré les contestations[626].

---

622 PETERSON L.E., « Investigation : Intervention by the EU Commission – and expression of doubts on enforceability – preceded investor's decision to drop intra-EU BIT claim », *Investment Arbitration Reporter*, 21.10.2014.

623 *U.S. Steel*, Ordonnance de procédure n° 6 du 16 juin 2014, préc.

624 SADRAK K. « The European Commission in arbitral proceedings dealing with EU competition law : a "friend" or an "unwelcome guest" ? », *Arbitration*, Vol. 83(3) 2017, pp. 267-270. L'auteur considère que dans le domaine de l'arbitrage commercial la participation de la Commission devrait être limitée voir exclue, la Commission pouvant intervenir ultérieurement devant les juridictions nationales en charge de l'annulation ou de l'exécution des sentences arbitrales.

625 CPA, (CNUDCI), *JSW Solar (zwei) GmbH & Co.KG, Gisela Wirtgen, Jürgen Wirtgen, et Stefan Wirtgen (JSW Solar et Wirtgen) c. République tchèque*, aff. n° 2014/03, Sentence finale du 11 octobre 2017, § 250.

626 CIRDI, *Ioan Micula, Viorel Micula et autres (Micula) c. Roumanie (I)*, aff. n° ARB/05/20, Décision sur l'annulation du 26 février 2016, §§ 53-65 et 329-336.

§ 2 - La Commission partie « quasi contestante » ou *amicus curiae* dans les arbitrages

***139. Les spécificités de l'intervention de la Commission dans l'affaire* JSW Solar et Wirtgen.** Comme précisé précédemment à partir de l'affaire *JSW Solar et Wirtgen*[627], la République tchèque renonce explicitement à soulever une exception d'incompétence intra-UE dans le cadre d'arbitrages sur le fondement de traités entre États membres. Dans cette affaire, une exception d'incompétence intra-UE sera discutée, mais sur la base de l'intervention de la Commission. Ici, la Commission n'était pas invitée à intervenir par le tribunal. Elle a demandé à intervenir, comme elle l'avait fait dans l'affaire *US Steel*[628]. L'ordonnance de procédure autorisant la Commission à intervenir, écartant par là même l'objection du demandeur, ne sera pas prise à l'unanimité[629]. En l'espèce, l'intervention de la Commission ne s'inscrit pas, même partiellement, dans la défense de l'État défendeur. Les arbitres ont ici dû répondre à une exception d'incompétence formulée par l'*amicus curiae*. Cela avait été déjà le cas : au cours de la procédure d'arbitrage principale dans l'affaire *Electrabel*[630] et au cours de la procédure d'annulation prévue par le CIRDI dans l'affaire *Micula (I)*[631]. Il faut cependant souligner que le tribunal de l'affaire *Electrabel* s'était montré particulièrement déférent envers la Commission[632]. La Commission avait eu accès aux écrits des parties et avait même participé aux audiences, ce qui ne sera pas le cas dans l'affaire *JSW Solar et Wirteng*[633].

140. Plan de paragraphe. En tenant compte de la spécificité de l'affaire *Electrabel*, il ne passait pas pour évident qu'un tribunal autorise la Commission à intervenir en tant qu'*amicus curiae* sur des questions de compétence de manière autonome et pas en soutien du défendeur. En outre, l'intervention de la Commission sur des questions de compétence, au regard de la sentence *Electrabel*, aurait pu être limitée aux arbitrages sur le fondement du TCEn étant donné la participation de l'UE à ce traité (A). Il est donc d'autant plus remarquable que la Commission ait pu défendre, dans l'affaire *JSW Solar et Wirtgen*[634], une exception d'incompétence intra-UE en tant qu'*amicus curiae* dans le cadre d'un arbitrage sur le fondement d'un traité auquel l'Union n'était pas partie (B).

---

[627] *JSW Solar et Wirtgen*, Sentence finale du 11 octobre 2017, préc.

[628] CPA, (CNUDCI) *U.S. Steel Global Holdings I.B.V. c. République slovaque*, aff. n° 2013/6, Ordonnance de procédure n° 6 du 16 juin 2014 (Affaire interrompue). La Commission est intervenue dans cet arbitrage après avoir sollicité le tribunal. V. Décision de la Commission du 18.3.2014, relative à une intervention en tant que « partie non contestante » dans l'affaire U.S. Steel Global Holdings I B.V. (Pays-Bas) contre République slovaque [...], Bruxelles, 18.3.2014 C (2014) 1676 final.

[629] Gary Born nommé arbitre par le demandeur exprimera son opposition à l'ordonnance de procédure n° 5 autorisant la Commission à intervenir, dans une opinion dissidente datée du 8 octobre 2015. V. *JSW Solar et Wirtgen*, Sentence finale du 11 octobre 2017, préc., § 97.

[630] CIRDI, *Electrabel SA. c. République de Hongrie*, aff. ARB/07/19, Décision sur la juridiction, le droit applicable et la responsabilité du 30 novembre 2012, §§ 5.9 et 5.10.

[631] *Micula (I)*, Décision sur l'annulation du 26 février 2016, préc., §§ 330-335.

[632] *Electrabel*, Décision sur la juridiction, le droit applicable et la responsabilité du 30 novembre 2012, préc., § 4.92. Le tribunal regrette même que la Commission n'ait pas pu jouer un rôle plus actif en tant que partie non contestante – au regard du statut de l'UE de partie au TCEn.

[633] *JSW Solar et Wirtgen*, Sentence finale du 11 octobre 2017, préc., §§ 98 et 104. Dans cette affaire les écrits des parties ne sont pas transmis à la Commission. Le tribunal confirme simplement à la Commission qu'elle a bien cerné la nature du litige et lui indique les actes de droit de l'UE discutés par les parties (§ 98). Le tribunal écarte également la participation des représentants de la Commission aux audiences en considérant que la soumission écrite est suffisante (§ 104).

[634] En outre, dans cette affaire, le demandeur s'était même opposé à l'intervention de la Commission alors que dans les affaires *Achmea* et *EURAM* les parties y avaient consenti.

A - L'intervention de la Commission sur des questions de compétence

141. L'obligation d'inscrire son intervention dans le cadre du différend. Comme le montre l'affaire *JSW Solar et Writgen*, la Commission a pu arguer de l'incompétence de tribunaux arbitraux dans ses interventions en tant qu'*amicus curiae*[635]. Cela mérite quelques précisions sur le périmètre des interventions des *amici curiae*. En la matière, l'obligation des *amici curiae* d'apporter une assistance au tribunal l'emporte dans le raisonnement des tribunaux sur celle visant l'inscription de l'intervention dans le cadre du différend. La décision du tribunal de l'affaire *JSW Solar et Wirteng*, tout comme celle du comité *ad hoc* sur l'annulation de l'affaire *Micula (I)*[636], s'inscrit dans une évolution de la jurisprudence des tribunaux d'investissement concernant la possibilité des *amici curiae* de se prononcer sur la compétence du tribunal. Dans un premier temps, plusieurs tribunaux ont écarté les questions de compétence du domaine d'intervention des *amici curiae*[637]. Cela correspondait à la volonté des parties dans ces premières affaires et se justifiait également par la règle voulant que les *amici curiae* se prononcent sur « une question qui s'inscrit dans le cadre du différend »[638]. Si les parties ne formulaient pas d'exception d'incompétence, alors l'intervention d'un *amicus curiae* sur une question de compétence devait être exclue[639]. C'est précisément ce qu'ont rappelé les arbitres de l'affaire *AES* à la Commission[640]. Le principe était le suivant : « l'intervention exclusive d'*amici curiae* sur le fond du litige, l'exclusion de cette intervention sur la procédure et l'intervention exceptionnelle au stade de la compétence »[641]. Cependant, pour être autorisé à intervenir, l'*amicus curiae* doit également apporter « un point de vue, une connaissance ou un éclairage particulier distincts de ceux présentés par les parties au différend »[642]. La question qui se pose alors est celle de savoir si ce second critère peut justifier l'acceptation de l'intervention d'un *amicus curiae* apportant un éclairage particulier sur une question de compétence non soulevée par les parties[643]. Dès 2009, le tribunal de l'affaire *Glamis Gold c. États-Unis d'Amérique* semble répondre à cette question de manière positive. En effet, il

---

635 CPA, (CNUDCI), *JSW Solar (zwei) GmbH & Co.KG, Gisela Wirtgen, Jürgen Wirtgen, et Stefan Wirtgen (JSW Solar et Wirtgen) c. République tchèque*, aff. n° 2014/03, Sentence finale du 11 octobre 2017, §§ 241, 242 et 249.

636 CIRDI, *Ioan Micula, Viorel Micula et autres (Micula) c. Roumanie (I)*, aff. n° ARB/05/20, Décision sur l'annulation du 26 février 2016, §§ 53-65 et 329-336

637 CIRDI, (CNUDCI), *United Parcel Service of America, Inc. (UPS) c. Gouvernement du Canada*, aff. UNCT/02/1, Décision du tribunal sur les demandes d'intervention et de participation en qualité d'amici curiae du 17 octobre 2001, § 71 ; CIRDI, *Suez, Sociedad General de Aguas de Barcelona, S.A. et Vivendi Universal, S.A. (formerly Aguas Argentinas, S.A., Suez, Sociedad General de Aguas de Barcelona, S.A. et Vivendi Universal, S.A.) (Suez et Vivendi) c. République argentine (II)*, aff. ARB/03/19, Ordonnance en réponse à une demande de transparence et de participation comme amicus curiae du 19 mai 2005, § 28 ; CIRDI, *Suez, Sociedad General de Aguas de Barcelona, S.A. et Interagua Servicios Integrales de Agua, S.A. (Suez et Interagua) c. République argentine*, aff. ARB/03/17, Ordonnance en réponse à une demande de participation comme amicus curiae du 17 mars 2006, § 27 ; CPA, (CNUDCI), *Chevron Corporation and Texaco Petroleum Company (Chevron and TexPet) c. République d'Équateur (II)*, aff. n° 2009-23, Ordonnance procédurale n° 8 du 18 avril 2011, § 18.

638 Règlement d'Arbitrage du CIRDI (2006), art. 37 § 2 a).

639 BORN. G et FORREST S., « Amicus Curiae Participation in Investment Arbitration », *ICSID Review – FILJ*, Vol. 34(3), 2019, pp. 626-665, spéc. pp. 649-650. Ces auteurs précisent que les critères objectifs de compétence du CIRDI qui ne dépendent pas de la volonté des parties ne peuvent pas être exclus du domaine d'intervention des *amici curiae*. Sur ces critères objectifs v. SCHREUER C.H., MALINTOPPI L., REINISCH A. et SINCLAIR A., *The ICSID Convention – À Commentary*, 2nd éd, Cambridge, CUP, 2009, pp. 1596, spéc. pp. 82 et 83.

640 TRIANTAFILOU E., « A More Expansive Role for Amici Curiae in Investment Arbitration ? », *Kluwer Arbitration Blog*, 11.05.2009.

641 GRISEL F. et VINUALES J.E., « L'amicus curiae dans l'arbitrage d'investissement », *ICSID Review – FILJ*, Vol. 22(2), 2007, pp. 380-432 spéc. p. 430.

642 Règlement d'Arbitrage du CIRDI (2006), art. 37 (2) (b).

643 WIIK A., *Amicus Curiae Before International Courts and Tribunals*, Baden-Baden, Nomos/Hart Publishing, 2018, pp.656, spéc. pp. 389-393.

souligne dans sa sentence le fait que les *amici curiae* qui l'avaient sollicité, apportent un point de vue différent de celui des parties, pour accepter entre autres l'intervention d'un *amicus curiae* contestant la nationalité de l'investisseur, alors que cette question de compétence n'était pas discutée par l'État défendeur[644].

142. L'obligation première d'apporter une assistance au tribunal. Si les tribunaux ne semblent pas s'accorder totalement sur la différence de degré minimale, entre l'angle de vue des parties et celle d'un *amicus curiae*[645], ils s'accordent autour de l'idée que l'*amicus curiae* doit porter assistance au tribunal. C'est donc ce second impératif qui s'avère déterminant dans l'acceptation de l'intervention d'un *amicus curiae*[646]. Les premières sentences refusant l'intervention d'*amicus curiae* sur des questions de compétence peuvent être considérées simplement comme des affaires dans lesquels les *amici curiae* ne portaient pas assistance au tribunal. Ainsi, ces premières sentences ne posaient pas de principes généraux[647]. Cela se confirme dès 2011[648]. Certains tribunaux ont pu même demander aux *amici curiae* de ne pas se prononcer sur le fond de l'affaire, mais de se limiter aux questions de compétence soulevées par les parties[649]. L'intervention d'*amici curiae* sur des questions de compétence est désormais fréquente.

143. L'examen* ex officio *de sa compétence par le tribunal. En réalité, en suivant le tribunal de l'affaire *JSW Solar et Wirtgen*, la question centrale n'est pas celle de la possibilité pour un *amicus curiae* de traiter d'éléments relevant de la compétence, mais celle du pouvoir d'un tribunal arbitral institué par un traité d'investissement d'examiner des questions de compétence soulevées ou non par un *amicus curiae*[650]. Lorsque le tribunal reconnait que l'intervenant peut lui porter assistance, il ne s'interdit pas de se prononcer sur des questions de compétence, conformément au principe de compétence-compétence. Autrement dit, le tribunal répond moins à une exception d'incompétence soulevée par l'*amicus curiae* qu'il affirme son pouvoir de statuer sur sa compétence. Comme l'a rappelé le tribunal de l'affaire

---

[644] CIRDI, (CNUDCI), *Glamis Gold Ltd. (Glamis Gold) c. États-Unis d'Amérique*, Sentence du 8 juin 2009, §§ 285 et 286. V. aussi CIRDI, *Infinito Gold Ltd. (Infinito Gold) c. Costa Rica*, aff. ARB/14/5, Ordonnance procédurale n° 2 du 1er juin 2016, § 33. Dans cette affaire le tribunal n'écarte pas, comme le souhaitait le demandeur, l'intervention d'un *amicus curiae* portant sur des faits de corruption entourant l'investissement, alors que cette question n'était pas abordée par les parties. Les investissements protégés par le traité étant seulement ceux réalisés en respect de la loi de l'État d'accueil, cette question affectait directement la compétence du tribunal.

[645] BORN. G et FORREST S., « Amicus Curiae Participation in Investment Arbitration », art. cité, pp. 646-650 ; WIIK A., *Amicus Curiae Before International Courts and Tribunals*, *op. cit.*, pp. 389-393.

[646] CIRDI, *Bear Creek Mining Corporation (Bear Creek) c. République du Pérou*, aff. ARB/14/21, Ordonnance procédurale n° 5 du 21 juillet 2016, § 36 « In the view of the Tribunal, the most important criteria is the first mentioned and quoted above in subsection 4(a), namely whether the applicant's submission would assist the Tribunal. » *pro* CIRDI, *Gabriel Resources Ltd. et Gabriel Resources (Jersey) (Gabriel Resources) c. Roumanie*, aff. ARB15/31, Ordonnace procédurale n° 36 du 27 juin 2023, § 46 « In light of the foregoing, it is undisputed that most of the conditions set forth in the BIT and the ICSID Arbitration Rules are met. However, the most important condition, which is to "assist the Tribunal" in deciding the issues before it, is not met. Therefore, the Tribunal decides to deny the Application and consequently the admission of the Submission in the record of this case ».

[647] STERN B., « Civil Society's Voice in International Economic Disputes », *ICSID Review – FILJ*, Vol. 22(2), 2007, pp. 280-348 spéc. p. 320.

[648] CIRDI, (CNUDCI), *Apotex Inc. (Apotex) c. États-Unis d'Amérique (I)*, aff. UNCT/10/2, Ordonnance procédurale n° 2 sur la participation d'une partie non contestante du 11 octobre 2011, § 33 « [...] It is perfectly conceivable that issues of jurisdiction might raise matters of public interest in themselves, on which non-disputing parties might be well-placed to provide assistance and perspectives or insights beyond those of the disputing parties. » ; *Infinito Gold*, Ordonnance procédurale n° 2 du 1er juin 2016, préc., §§ 30 et 31.

[649] CIRDI, *Pac Rim Cayman LLC (Pac Rim) c. République du Salvador*, aff. ARB/09/12, Ordonnance procédurale n° 8 du 23 mars 2011.

[650] *JSW Solar et Wirtgen*, Sentence finale du 11 octobre 2017, préc., § 250 « Ordinarily, it is not open to a non-disputing party to raise a defense of lack of jurisdiction. However, because the Tribunal's jurisdiction arises from a treaty as opposed to a contract, the Tribunal believes that it can and should review its jurisdiction ex officio ».

Green Power et SCE[651], ce raisonnement était déjà présent dans la décision sur la compétence du tribunal de l'affaire *Electrabel* de 2012[652]. Il n'en reste pas moins que pour certains : « *It is, however, a rather odd result when the duty of a tribunal to review its jurisdiction on its own motion is used to legitimize an otherwise impermissible argument by an amicus curiae* »[653].

B - L'exception d'incompétence de la Commission dans l'affaire *JSW Solar et Wirtgen*

***144. L'approche de la Commission dans l'affaire* JSW Solar et Wirtgen.** Avant l'affaire *JSW Solar et Wirtgen*, la Commission contestait la compétence du tribunal en se basant quasi exclusivement sur des éléments de droit de l'UE. À l'inverse, la sentence de cette affaire indique que, selon la Commission, la question décisive est celle de la validité de l'offre d'arbitrage contenue dans l'article 10 du traité d'investissement, au regard du droit international public[654]. Dans l'affaire *JSW Solar et Wirtgen,* la Commission fonde l'invalidité de l'offre d'arbitrage sur trois motifs différents : premièrement, le TBI dans son ensemble s'est éteint tacitement à la suite de la conclusion du traité d'accession par la République tchèque en application de l'article 59 CVDT ; deuxièmement, l'article 351 TFUE s'oppose à l'application des dispositions du TBI incompatibles avec le TFUE[655] ; troisièmement, la règle de conflit (*lex posterior*) de l'article 30 § 3 CVDT rend de même l'offre d'arbitrage invalide. La Commission reprend pour la première fois, dans la procédure principale d'un arbitrage[656], l'articulation entre les articles 59 et 30 CVDT. Cette articulation est caractéristique d'une première exception d'incompétence intra-UE archétypale identifiée à partir de la sentence *Oostergetel*[657]. Il convient de rappeler ici que la Commission dans ces premières interventions n'avait pas soutenu la thèse de l'extinction tacite des traités entre États membres en application de l'article 59 CVDT[658]. Paradoxalement, c'est au moment où la République tchèque abandonne l'exception d'incompétence intra-UE que celle-ci est pleinement adoptée par la Commission.

145. La contextualisation du changement de position de la Commission. Ce changement de position de la Commission peut aussi être analysé par rapport à la position des institutions de l'UE sur la question de la relation entre le droit de l'UE et le droit international. Les premières interventions de la Commission peuvent être vues comme le reflet d'un certain isolationnisme de l'ordre juridique de l'UE qui ressort notamment de certains arrêts ou avis

---

651 SCC, (SCC), *Green Power Partners K/S et SCE Solar Don Benito APS (Green Power et SCE) c. Royaume d'Espagne*, aff. n° 2016/135, Sentence du 16 juin 2022, §§ 125-128 et § 158. Pour

652 CIRDI, *Electrabel SA. c. République de Hongrie*, aff. ARB/07/19, Décision sur la juridiction, le droit applicable et la responsabilité du 30 novembre 2012, § 4.115.

653 HAPP R. et WUSCHKA S. « EU Law and Investment Arbitration: Of Cooperation, Conflict, and the EU Legal Order's Autonomy », *in* KRÖLL S., BJORKLUND A. K. et FERRARI F. (eds), *Cambridge Compendium of International Commercial and Investment Arbitration*, Cambridge, CUP, 2023, pp. 2006-2055, spéc. 2015.

654 CPA, (CNUDCI), *JSW Solar (zwei) GmbH & Co.KG, Gisela Wirtgen, Jürgen Wirtgen, et Stefan Wirtgen (JSW Solar et Wirtgen) c. République tchèque*, aff. n° 2014/03, Sentence finale du 11 octobre 2017, § 241.

655 La Commission relie à cette seconde objection une incompatibilité entre l'article 10 du TBI autorisant l'arbitrage État-investisseur et l'article 344 TFUE interdisant aux États membres de soumettre un différend relatif à l'interprétation ou à l'application des traités à un mode de règlement extérieur à ces derniers.

656 La Commission défend seule une objection d'incompétence intra-UE basée sur les articles 30 et 59 de la CVDT dans son mémoire d'*amicus curiae* du 1er janvier 2015 lié à la procédure d'annulation de la sentence *Micula*. V. CIRDI, *Ioan Micula, Viorel Micula et autres (Micula) c. Roumanie (I)*, aff. n° ARB/05/20, Décision sur l'annulation du 26 février 2016, §§ 330-335.

657 Arbitrage *ad hoc*, (CNUDCI), *Jan Oostergetel & Theodora Laurentius (Oostergetel) c. République slovaque*, Sentence sur la compétence du 30 avril 2010.

658 Lettre de la Commission du 13 janvier 2006 répondant à une sollicitation du ministère des Finances tchèque, cette lettre a été reproduite dans la sentence partielle. V. SCC, (CNUDCI), *Eastern Sugar B. V. c. République tchèque*, aff. n° 088/2004, Sentence partielle du 27 mars 2007, § 119.

de la Cour de justice[659]. Si, à l'origine, l'autonomie externe du droit de l'UE[660] par rapport au droit international a été invoquée de manière défensive[661], plus tard, le concept a été utilisé de manière offensive[662], et a pris la forme d'un « hermétisme juridictionnel »[663] renforçant le rôle du monopole de la Cour de justice par rapport à d'autres juridictions internationales[664]. Face à l'impossibilité de convaincre les tribunaux arbitraux d'adopter le point de vue de la Cour de justice, les agents de la Commission ont pu vouloir chercher à obtenir gain de cause sur le terrain du droit international public. C'est ce que suggère Avidan Kent. Il considère, d'une part, que ce changement de position est postérieur à avril 2015 et, d'autre part, qu'il est initié par les interventions de la Commission dans les affaires *Europa Nova*[665], *I.C.W.*[666], *Voltaïc Network* [667]et *Photovoltaik Knopf Betriebs*[668] où la République tchèque était l'État défendeur[669]. Dans ces affaires, la Commission ne se limite pas à rappeler la position de la Cour de justice. Elle affirme au surplus la supériorité des traités de l'UE sur les TBI intra-UE au regard du droit international public. La position soutenue par la Commission dans l'affaire *JSW Solar Wirtgen* en décembre 2015 confirme cette tendance.

***146. La particularité de l'affaire* JSW Solar Wirtgen.** L'affaire *JSW Solar Wirtgen* semble cependant plus significative pour deux raisons[670]. Premièrement, les sentences des affaires *Europa Nova, I.C.W., Voltaïc Network* et *Photovoltaik Knopf Betriebs* ont été rendues après le prononcé de l'arrêt *Achmea* et, deuxièmement, les soumissions écrites de la Commission dans ces quatre affaires ont été écartées par les arbitres au cours de la procédure. L'affaire *JSW Solar Wirtgen* atteste que cette nouvelle argumentation de la Commission a pu être discutée

---

[659] CJUE, Ass. plén., 18 décembre 2014, Avis 2/13 ; CJUE, Ass. plén., 8 mars 2011, Avis 1/09 ; CJCE, Gde ch., 3 mars 2009, *Commission c. République d'Autriche*, aff. C-205/6 ; CJCE, Gde ch., 3 mars 2009, *Commission c. Royaume de Suède*, aff. C-249/06 ; CJCE Gde ch., 19 novembre 2009, *Commission c. République de Finlande*, aff. C-118/ 07 ; CJCE, Gde ch., 3 septembre 2008, *Yassin Abdullah Kadi et Al Barakaat International Foundation contre Conseil de l'Union européenne et Commission des Communautés européennes*, aff. jointes C -402/05 et C-415/05.

[660] L'autonomie externe du droit de l'UE, par rapport au droit international, est classiquement opposée à une autonomie interne, par rapport au droit des États membres. Pour une distinction entre une autonomie relative par rapport au droit international général résiduel, applicable au sein de l'Union et une autonomie, normative, institutionnelle et juridictionnelle, touchant à l'indépendance, dans le cadre des relations conventionnelles extérieures de l'Union, au sein de l'autonomie externe v. MALENOVSKY J., « A la recherche d'une solution intersystémique aux rapports du droit international et du droit de l'union européenne », *AFDI*, Vol. 65, 2019, pp. 201-234. La sévérité de la Cour quant au principe d'autonomie peut apparaitre moindre dans le cadre des relations conventionnelles extérieures de l'Union, depuis son avis 1/17. V. DONY M., « L'avis 1/17 : La CJUE assouplit sa position sur les relations entre l'ordre juridique de l'Union et le droit international », *AFDI*, Vol. 65, 2019, pp. 386-392.

[661] PERNICE I., « Autonomy of the European Legal Order – Fifty Years after Van Gend & Loos », *in* TIZZANO A., KOKOTT J. et PRECHAL S. (eds.), *50e anniversaire de l'arrêt Van Gend en Loos : 1963-2013 : actes du colloque, Luxembourg, 13 mai 2013*, Luxembourg, Office des publications de l'UE, 2013, pp. 55-74, spéc. pp. 65-70.

[662] BLANC D., « La contribution du droit « européen » des investissements à la réalisation du projet européen », MAUREL R. (dir.), *Nouveaux regards sur le droit européen des investissements*, LexisNexis, 2023, pp. 51-64. L'auteur oppose une autonomie à usage pratique et défensif et une autonomie à usage juridique et offensif.

[663] FLAVIER H. « L'avis 1/17 de la Cour de justice sur le CETA : autonomie, libéralisme et souveraineté démocratique. Les dissonances d'un nouvel hermétisme normatif », *Politeia*, vol. 37, 2020, pp. 37-66.

[664] PARISH M., « International Courts and the European Legal Order », *EJIL*, Vol. 23(1), 2012, pp. 141-153; LAVRANOS N., « Protecting European Law from International Law », *European Foreign Affair Review*, Vol. 15 (2), 2010, pp. 265-282.

[665] CPA, (CNUDCI), *WA Investments-Europa Nova Limited (Europa Nova) c. République tchèque*, aff. n° 2014-19, Sentence du 15 mars 2019.

[666] CPA, (CNUDCI), *I.C.W. Europe Investments Limited (I.C.W.) c. République tchèque*, aff. n° 2014-22, Sentence du 15 mars 2019.

[667] CPA, (CNUDCI), *Voltaic Network GmbH (Voltaic Network) c. République tchèque*, aff. n° 2014-20, Sentence du 15 mars 2019.

[668] CPA, (CNUDCI), *Photovoltaik Knopf Betriebs-GmbH (Photovoltaik Knopf Betriebs)* c. *République tchèque*, aff. n° 2014-21, Sentence du 15 mars 2019.

[669] KENT A., « The EU Commission and the Fragmentation of International Law : Speaking European in a Foreign Land », *Goettingen Journal of international Law*, Vol. 7(2), 2016, pp. 1-36.

[670] *JSW Solar et Wirtgen*, Sentence finale du 11 octobre 2017, préc.

dans une affaire avant que l'arrêt *Achmea* n'intervienne, et que la question de ses effets ne vienne renouveler les discussions autour de la compétence de tribunaux arbitraux constitués en vertu d'un traité d'investissement entre États membres. Comme nous le verrons, les interventions de la Commission vont être progressivement plus encadrées et seront limitées aux seules conséquences juridiques de l'arrêt *Achmea*. Or, dans l'arrêt *Achmea* la Cour de justice se fonde sur l'autonomie du droit de l'UE[671], sans envisager le droit international public, pour affirmer l'inapplicabilité du traité de protection. La survenance de l'arrêt *Achmea* pourrait avoir mis un terme à la tentative de la Commission d'obtenir gain de cause en formulant une exception d'incompétence intra-UE fondée à titre principal sur le droit international. L'intervention de la Commission dans l'affaire *JSW Solar Wirteng* est aussi remarquable, car dans les affaires *Europa Nova*, *I.C.W.*, *Voltaïc Network* et *Photovoltaik Knopf Betriebs* les arbitres n'ont finalement eu à répondre à aucune forme d'exception d'incompétence liée au droit de l'UE. En effet, les écrits de la Commission seront écartés, car elle refusera de s'engager par écrit à payer aux parties le coût engendré par leur examen, comme le lui demandait le tribunal. En outre, les arbitres se fonderont dans ces quatre affaires, faisant l'objet de sentences partiellement communes, sur la renonciation de la République tchèque à soulever une exception d'incompétence intra-UE pour écarter toute discussion des effets de l'arrêt *Achmea* sur leur compétence[672].

147. L'appel de la Commission à un renouvellement de l'analyse des tribunaux. Dans l'affaire *JSW Solar Wirteng* la Commission avance également de nouveaux éléments qui devaient pousser le tribunal à ne pas se reposer sur les sentences de référence, mais à opérer une nouvelle analyse de la question de l'applicabilité de traités bilatéraux d'investissement entre États membres. Elle insiste sur le nécessaire réexamen de l'article 351 TFUE par les arbitres. De plus elle s'appuie sur l'arrêt *Pringle* de la Cour de justice[673] et reprend l'argument évoqué sans conviction par la République tchèque dans l'affaire *WNC*[674] d'un effet de l'entrée en vigueur du traité de Lisbonne sur ces traités entre États membres[675]. Concernant l'arrêt *Pringle*, dans cet arrêt, la Cour de justice a jugé le traité établissant un mécanisme européen de stabilité adopté par les membres de la zone euro comme compatible avec les traités de l'UE. Cet arrêt qui se prononce principalement sur une question de répartition des compétences entre les États membres et l'Union ne parait pas directement lié à la question des traités d'investissement entre États membres. Le tribunal se limite à considérer qu'il ne concerne que les futurs accords des États membres tout en indiquant que la Commission ne démontre pas en quoi il est applicable en l'espèce[676]. Concernant le traité de Lisbonne, de manière similaire, le tribunal affirme que la Commission ne démontre pas en quoi la nouvelle compétence de l'UE en matière d'investissements directs étrangers (IDE) permet de satisfaire le critère de similarité des articles de 59 et 30 CVDT. Pour le tribunal, le traité de Lisbonne n'a pas d'effet sur cette question[677]. Ce lien – entre compétence de l'Union en matière d'IDE et similarité de l'objet des traités – avait été évoqué par le tribunal de l'affaire *EURAM* pour infirmer la thèse selon laquelle les traités fondateurs (avant le traité de Lisbonne) et les traités

---

671 VAJDA C., *Achmea and the Autonomy of the EU Legal Order*, LAwTTIP Working Papers 2019/1, International Research Centre on European Law - University of Bologna, 2019, pp. 23.
672 *I.C.W.*, Sentence du 15 mars 2019, préc., § 396 ; *Voltaic Network*, Sentence du 15 mars 2019, préc., § 348 ; *Photovoltaik Knopf Betriebs*, Sentence du 15 mars 2019, préc., § 337 ; *Europa Nova*, Sentence du 15 mars 2019, préc., § 438.
673 CJUE, Ass. plénière, 27 novembre 2012, *Thomas Pringle c. Gouvernement d'Irlande*, aff. C-370/12.
674 CPA, (CNUDCI), *WNC Factoring Ltd (WNC) c. République tchèque*, aff. n° 2014-34, Sentence du 22 février 2017, § 307.
675 *JSW Solar et Wirtgen*, Sentence finale du 11 octobre 2017, préc., § 242.
676 *Ibid.*, § 264.
677 *Ibid.*, § 265.

de protection et promotion des investissements portaient sur la même matière[678]. La compétence exclusive de l'UE en matière d'IDE, à elle seule, permet difficilement d'opérer un revirement sur ce point. S'il est compréhensible que l'arrêt *Pringle*[679] et l'entrée en vigueur du traité de Lisbonne[680] – ce traité ne transférant qu'une compétence exclusive partielle, mais surtout externe, à l'Union en matière d'investissement étranger – aient été rapidement écartés par les arbitres, il est plus regrettable que la suggestion d'une relecture de l'article 351 TFUE ait fait l'objet d'un traitement similaire.

148. L'interprétation* a contrario *de l'article 351 TFUE. L'insistance de la Commission sur l'examen de l'article 351 TFUE témoigne du retour vers une argumentation affirmant la conformité de l'article 351 TFUE avec les règles du droit international public et, notamment, l'article 30 CVDT. Si le lien entre la jurisprudence de la Cour portant sur l'article 351 TFUE et les principes généraux du droit international est affirmé avec clarté par la Commission dans l'affaire *Achmea B.V (formerly Eureko)*, cela n'a pas toujours été le cas[681]. Cet article a souvent été interprété dans un sens littéral comme assurant le respect du principe *pacta sunt servanda* pour les traités liant un État tiers et un État membre avant son adhésion. Interprété strictement, il ne concerne que les traités avec des États tiers[682]. Cela a pu pousser certains demandeurs à le considérer comme dépourvu d'intérêt dans le cadre de l'application de traités d'investissement entre États membres[683]. D'autres l'ont invoqué en considérant que les traités liant à l'origine un État membre et un État tiers étaient toujours protégés par cet article[684]. Certains États membres[685] et la Commission[686] ont opposé à cette interprétation, une lecture *a contrario* de l'article écartant toute protection des traités entre États membres par la règle *pacta sunt servanda*. C'est cette interprétation *a contrario,* développée par la Cour de justice, qui du point de vue de la Commission n'a pas fait l'objet d'une analyse suffisante par les arbitres. Interprétant cet article *a contrario* la Cour en a déduit un principe de *lex posterior*[687] (à l'image de celui de l'article 30 § 3 CVDT) voulant que les obligations des traités

---

678 CPA, (CNUDCI), *European American Investment Bank AG (EURAM) c. République slovaque*, aff. n° 2010-17, Décision sur la compétence du 22 octobre 2012, § 183.

679 CJUE, Ass. plénière, 27 novembre 2012, *Thomas Pringle c. Gouvernement d'Irlande*, aff. C-370/12.

680 En s'en tenant à l'évolution de la politique commerciale commune, le traité de Lisbonne ne semble pas renouveler les questions juridiques propres à une objection d'incompétence TBI intra-UE. D'autres éléments propres à ce traité, mais non examinés par le tribunal de l'affaire *JSW Solar et Wirtgen*, mériteraient un examen plus approfondi. Il s'agit par exemple de la déclaration n° 17 relative à la primauté, annexée à l'acte final du traité de Lisbonne, traité par certains tribunaux v. *infra* Chapitre 2, Section 1, § 1, B) ; un autre élément qui lui ne semble pas avoir été discuté par les tribunaux est la non-reprise dans le traité de Lisbonne de l'article 293 du traité sur la communauté européenne v. MARIANI P., « The future of BITs between EU Member States : are intra-EU BITs compatible with the internal market ? », *in* SACERDOTI G., ACCONCI P., VALENTI M. et De LUCA A., *General Interests of Host States in International Investment Law*, Cambridge, CUP, 2014, pp. 265-286, spéc. pp. 274-276 « The abrogation of Art. 293 seems to put an end to the possibility to use an international treaty as an internal source of law within the EU legal system ».

681 CPA, (CNUDCI), *Achmea B. V. c. République slovaque (formerly Eureko B. V. c. République slovaque)*, aff. n° 2008-13, Décision sur la compétence, l'arbitrabilité et la suspension du 26 octobre 2010, §§ 181 et 189.

682 Pour un commentaire de cet article v. WEITZEL L., « Article 307 CE », *in* PINGEL I. (dir.), *Commentaire article par article des traités UE et CE – De Rome à Lisbonne*, Bâle – Paris – Bruxelles, Helbing Lichtenhahn – Dalloz – Bruylant, 2010, pp. 1892-1899, spéc. §§ 2-5.

683 *Achmea B. V.*, Décision sur la compétence, l'arbitrabilité et la suspension du 26 octobre 2010, préc., § 87.

684 *Oostergetel*, Sentence sur la compétence du 30 avril 2010, préc., § 70 ; SCC, (SCC), *Robert Aleksandrowicz et Tomasz Częścik (Aleksandrowicz et Częścik) c. Chypre*, aff. n° 2014/169, Sentence finale 21 février 2017, § 130 ; SCC (SCC), *J. P. Busta et I. P. Busta (Busta) c. République tchèque*, aff. n° 2015/014, Sentence finale du 10 mars 2017, § 112 ; SCC (SCC), *Anglia Auto Accessories Ltd (Anglia) c. République tchèque*, aff. n° 2014/181, Sentence finale du 10 mars 2017, § 112.

685 Par exemple Chypre v. *Aleksandrowicz et Częścik*, Sentence finale du 21 février 2017, préc., § 142.

686 Mémoire d'*amicus curiae* de la Commission - CPA (CNUDCI), European American Investment Bank AG (EURAM) c. République slovaque, Bruxelles, le 13.10.11 SJ.I.dir (2013) 1154556, pp.3.

687 L'arrêt de principe de la Cour de Justice du 27 février 1962, *Commission de la Communauté économique européenne c. République italienne*, aff. C-10/61 mentionne un principe de *lex posterior* mais en réalité il semble davantage poser les prémices d'un principe de *lex superior*, de primauté du droit de l'UE, sur tous les traités entre États membres et pas

postérieurs priment sur celles des traités antérieurs. Le raisonnement est le suivant : l'article 351 § 1 préserve les traités des États membres conclus avec des États tiers, avant le 1er juillet 1958, pour les États fondateurs, et avant l'adhésion pour les États adhérents, des effets des dispositions des traités de l'UE. Par conséquent il ne préserve pas les traités entre États membres des effets des traités de l'UE. Dans l'hypothèse de traités entre États tiers ou entre un État membre et un État tiers, devenant des traités entre États membres à la suite d'une ou plusieurs adhésions, l'article 351 TFUE commande le même résultat que l'article 30 CVDT en cas d'incompatibilité entre dispositions de traités : l'application des dispositions du traité postérieur, dans notre hypothèse les dispositions de droit l'Union. Il s'agit ici de réunir des éléments soulevés séparément par les États défendeurs[688] ou par la Commission[689]. L'idée d'une relecture de l'article 351 TFUE propose d'interpréter cet article comme reprenant les règles de conflit de conventions issues des principes généraux du droit international public[690]. Ainsi, quand la Cour de justice a interprété l'article 351 TFUE de manière à écarter l'application d'obligations issues de traités entre États membres antérieurs aux traités constitutifs ou à un traité d'adhésion, elle n'aurait pas appliqué une règle spécifique de droit de l'UE, mais les principes généraux du droit international public.

***149. L'interprétation a contrario de l'article 351 TFUE dans la sentence* Electrabel.** Une telle interprétation *a contrario* de l'article 351 TFUE est adoptée par le tribunal arbitral de l'affaire *Electrabel* en 2012 ; alors même que le demandeur[691] et l'État défendeur[692] (au moins un temps) interprétaient l'article strictement en le considérant comme ne s'appliquant qu'aux traités entre États membres et États tiers[693]. Dans la partie de

---

seulement sur les accords *inter se* antérieurs. V. KLABBERS J., *Treaty Conflict and the European Union*, Cambridge, CUP, 2009, pp. 260, spéc. pp.123-125 *pro* ROSAS A. « The Status in EU Law of International Agreements Concluded by EU Member States », *Fordham International Law Journal*, Vol. 34(5), 2011, pp. 1304-1345, spéc. pp. 1317-1324 comp. KLAMER M., *The Principle of Loyalty in EU Law*, Oxford, OUP, 2014, pp. 299 spéc. pp. 280-283. L'auteur rappelle que l'article 351 TFEU est une expression du principe de coopération loyale et que ce principe a pu être utilisé par la Cour pour s'assurer de la primauté du droit de l'UE sur des accords entre États membres. Plus généralement sur la question de la relation entre le droit de l'UE et les accords internationaux entre États membres dans le cadre de la construction européenne et l'interprétation de l'article 307 TEC v. SCHÜTZE R., *From Dual to Cooperative Federalism*, Oxford, OUP, 2009, pp. 352, spéc. pp. 313-329.

688 SCC, (CNUDCI), *Eastern Sugar B. V. c. République tchèque*, aff. n° 088/2004, Sentence partielle du 27 mars 2007, § 103 L'État défendeur mentionne la jurisprudence de la Cour interprétant l'article 307 TEC (351 TFUE) sans faire référence à l'article du traité qui n'apparait que dans la lettre de la Commission ; CIRDI, (CNUDCI), *A11Y LTD. c. République tchèque*, aff. n° UNCT/15/1, Décision sur la compétence du 9 février 2017, § 162 L'État défendeur fait référence à la jurisprudence de la Cour de Justice prévoyant que les traités de l'UE priment sur les accords entre États membres sans viser l'article 351 TFUE ; *Aleksandrowicz et Częścik*, Sentence finale 21 février 2017, préc., § 142 L'État défendeur précise que seuls les traités conclus avec un État tiers avant l'accession sont valides en application de l'article 351 TFUE, mais ne fait pas référence à la jurisprudence de la CJUE.

689 *Eastern Sugar*, Sentence partielle du 27 mars 2007, préc., § 119 ; Mémoire d'*amicus curiae* de la Commission *EURAM*, préc., pp. 3. Dans ses interventions, la Commission mentionne l'article 307 EC (351 TFUE) sans faire référence à la jurisprudence de la Cour adoptant une interprétation *a contrario* de l'article.

690 La jurisprudence de la Cour de justice portant sur les accords internationaux entre États membres en droit de l'UE nous apparait conforme aux règles applicables en droit international. Pour les accords entre États membres antérieurs à l'entrée en vigueur des engagements européens, le principe de *lex posterior* de l'article 30 CVDT s'applique ; pour les accords entre États membres postérieurs à l'entrée en vigueur des engagements européens la jurisprudence de la Cour s'articule autour de règles présentes dans l'article 41 de la CVDT. Il faut cependant reconnaitre que ces règles sont appliquées plus strictement en droit de l'Union qu'en droit international général. V. RIDEAU J., « Accords internationaux », *Rép. de droit européen*, Dalloz, 2011 (actualisation : 2014), §§ 430-457, spéc. §§ 432 « La spécificité de l'ordre juridique de l'Union européenne rend le respect de la règle [de l'article 30 CVDT] plus impératif encore que dans le droit international général. » et 438 « Le caractère spécifique des Traités de l'Union européenne impose des limites plus strictes que celles énoncées par les articles 41 des Conventions de Vienne de 1969 sur le droit des traités ».

691 CIRDI, *Electrabel SA. c. République de Hongrie*, aff. ARB/07/19, Décision sur la juridiction, le droit applicable et la responsabilité du 30 novembre 2012, § 4.48.

692 *Ibid.*, §§ 4.79 et 4.86.

693 *Ibid.*, § 4.178 « [...] Both Parties submit that Article 307 EC is inapplicable to the present case ; but the Tribunal does not consider that Article 307 can so easily be dismissed. ».

la sentence portant sur le droit applicable, le tribunal envisage de manière spéculative, car il considère que les traités peuvent coexister, les différents articles pouvant résoudre un conflit de normes entre le TCEn et le droit de l'UE. Après un examen de la jurisprudence de la Cour de justice[694] et de la doctrine[695], il considère que la règle de conflit de conventions qui doit être appliquée en priorité est l'article 351 TFUE[696]. Il adopte ensuite une interprétation *a contrario* de l'article 351 TFUE, qu'il considère comme ayant les mêmes conséquences que l'application de l'article 30 § 3 CVDT[697]. Le tribunal rappelle que les traités doivent porter sur la même matière pour appliquer l'article 30 § 3 CVDT (ce qu'il ne considère pas). Hormis cela, l'application des deux articles aboutit à faire primer en cas de conflit le droit de l'UE sur le TCEn[698].

150. Conclusion. Dans l'affaire *Electrabel* comme dans l'affaire *JSW Solar Wirtgen*, la Commission demande à intervenir comme *amicus curiae*. Ici aussi elle conteste la compétence du tribunal alors que l'État défendeur s'abstient de le faire[699]. L'examen détaillé de l'article 351 TFUE opéré par le tribunal dans l'affaire *Electrabel* semble être à la source de l'appel fait aux arbitres, par la Commission, à renouveler leur lecture de cet article. Cet appel ne sera pas entendu. Le tribunal dans l'affaire *JSW Solar Wirtgen* interprète l'article 351 TFUE de manière littérale, en s'appuyant sur l'interprétation retenue par le tribunal de l'affaire *AES Summit Generation c. Hongrie (II)*[700] et le considère comme inapplicable[701]. Il est possible de regretter que ce tribunal ait tranché cette question de manière expéditive sans faire preuve de la minutie du tribunal de l'affaire *Electrabel*[702]. La sentence *Electrabel* était pourtant connue du tribunal de l'affaire *JSW Solar Wirtgen*, car elle est mentionnée dans la sentence au stade de l'examen de la nature du droit de l'Union. Sur cette question, le tribunal affirme même que le raisonnement et les conclusions du tribunal de l'affaire *Electrabel* sont convaincants et qu'il n'y a pas de raison de s'en écarter[703]. En revanche, dans le cadre de l'examen de l'article 351 TFUE, la sentence *AES Summit Generation c. Hongrie (II)* est la seule mentionnée. De plus, au-delà de la décision sur la compétence *Electrabel,* la portée interne de l'article 351

---

694 CJCE, 27 février 1962, *Commission de la Communauté économique européenne c. République italienne*, aff. C-10/61, pp. 22 ; CJCE, 2 juillet 1996, *Commission des Communautés européennes contre Grand-Duché de Luxembourg*, aff. C-473/93, § 40 ; CJCE, 2e ch., 7 juillet 2005, *Commission des Communautés européennes c. République d'Autriche*, aff. C-147/03, § 58 ; CJUE, 1ère ch., 15 septembre 2011, *Commission c. République slovaque*, aff. C-264/9, § 41.

695 KLABBERS J., *Treaty Conflict and the European Union, op. cit.*, pp. 115-149.

696 À l'inverse, le professeur Piet Eeckout considère qu'au regard du droit international la règle de conflit de convention devant être appliquée en priorité est l'article 16 du traité sur la charte de l'énergie, il concède qu'en droit de l'UE la règle de conflit de convention applicable est l'article 307 TEC (351 TFUE), mais affirme qu'en cas de conflit les deux articles aboutissent tous deux à faire prévaloir le traité sur la charte de l'énergie sur les traités de l'UE. V. CIRDI, *AES Summit Generation Limited and AES-Tisza Erömü Kft. (AES Summit Generation) c. République de Hongrie (II)*, aff. ARB/07/22, Avis d'expert du Professeur Piet Eeckhout du 30 octobre 2008, §§ 65-116 *contra* EILMANSBERGER T, « Bilateral investment treaties and EU law », *CMLR*, Vol. 46(2), 2009, pp. 383-429, spéc. p. 400. Cet auteur considère que la règle de conflit de convention postérieure applicable est contenue dans l'article 351 TFUE et cet article fait primer le droit de l'UE sur les obligations internationales, entre membres, antérieures. comp. DIMOPOULOS A., « The validity and applicability of international investement agreements between EU Members States under EU and international law », *CMLR*, Vol. 48(1), 2011, pp. 63-93, spéc. p. 77. Pour cet auteur c'est la nature quasi constitutionnelle du droit de l'UE et la volonté des États membres d'accepter sa suprématie qui rendent les dispositions internationales contraires au droit de l'UE, inapplicables entre membres.

697 *Electrabel*, Décision sur la compétence, le droit applicable et la responsabilité du 30 novembre 2012, préc., § 4.190.

698 *Ibid.*, § 4.191.

699 *Ibid.*, § 5.9.

700 CIRDI, *AES Summit Generation Limited and AES-Tisza Erömü Kft. (AES(II)) c. République de Hongrie (II)*, aff. ARB/07/22, Sentence du 23 septembre 2010, § 7.6.11 « Article 307 only applies to agreements between member states and non-member states, and Hungary and the United Kingdom are both member states. ».

701 *JSW Solar et Wirtgen*, Sentence finale du 11 octobre 2017, préc., § 254-256.

702 CAZALA J., « L'incompatibilité avec le droit de l'Union européenne du système d'arbitrage investisseur-État contenu dans un traité bilatéral d'investissement intra-UE », *RTD eur.*, 2018, n° 3, pp. 597-616.

703 *JSW Solar et Wirtgen*, Sentence finale du 11 octobre 2017, préc., § 177.

TFUE et son caractère de règle spéciale de conflit de conventions avaient été reconnus, dès 2006, par la Commission du droit international (CDI) dans son rapport sur la fragmentation du droit international[704].

*****

***151.* Conclusion de chapitre.** La contestation de la compétence des tribunaux arbitraux établis par un traité d'investissement entre États membres de l'Union a progressivement pris la forme d'une exception d'incompétence intra-UE centrée sur l'incompatibilité de l'offre d'arbitrage État-investisseur de ces traités avec le droit de l'Union, en particulier avec les articles 344 et 267 du TFUE. La forme archétypale de cette exception – articulant un constat d'incompatibilité et l'application d'une règle de conflit de conventions (générale ou spéciale) favorable au droit de l'Union – est une construction de certains États membres. Il convient de souligner le rôle de la République tchèque, la Slovaquie et de l'Espagne dans l'élaboration de l'exception d'incompétence intra-UE, sans oublier celui de la Commission. Cette dernière n'a pas tardé à soutenir la démarche initiée par la République tchèque et la Slovaquie en intervenant dans des arbitrages en tant qu'*amicus curiae*, au point d'être soupçonnée de sortir, dans les procédures arbitrales, du rôle de partie non contestante. Cette exception préliminaire soulevée pour la première fois par la République tchèque, développée par la Slovaquie, puis reprise par d'autres États membres, est devenue un élément central des interventions de la Commission. Si des divergences existent, dans certains arbitrages étudiés, entre la position de l'État défendeur et de la Commission, elles n'empêchent pas une convergence sur l'essentiel : l'inarbitrabilité des différends d'investissement intra-UE. Formulée d'abord au moyen d'arguments de droit de l'Union, l'incompétence de tribunaux a ensuite été affirmée avec plus de fermeté au moyen d'arguments de droit international public. Le regain de contestation lié au prononcé de l'arrêt *Achmea* par la Cour de justice[705] pouvait suggérer un retour de balancier en faveur d'arguments relevant du droit de l'Union, le juge « suprême » de l'Union – assurant le respect du droit dans l'interprétation et l'application du TUE et du TFUE[706] – arrivant en renfort de la Commission et des États membres « contestataires ».

152. Transition. Avant même que l'arrêt *Achmea* ne soit prononcé, les suites de cette affaire devant les juridictions allemandes avaient fait l'objet d'échanges dans plusieurs arbitrages. Dans l'affaire *Aleksandrowicz et Częścik*, les différentes décisions des juridictions allemandes ayant abouti à la formulation d'une question préjudicielle par la Cour Fédérale allemande (*Bundesgerichtshof (BGH)*) ont été discutées par les parties. Le tribunal précisa même qu'une décision de la Cour de justice affirmant la caducité des traités bilatéraux d'investissement entre États membres ou leur incompatibilité avec le droit de l'UE renverserait la présomption simple, *prima facie,* admettant leur force obligatoire[707]. Une telle présomption ne semble pas avoir été inversée après le prononcé de l'arrêt *Achmea*. Cet arrêt permit cependant à la République tchèque de renouer avec l'exception d'incompétence intra-UE. Elle adopta une position quelque peu différente de celle décrite plus haut, dans l'affaire

---

704 CDI, *Fragmentation du droit international : Difficultés découlant de la diversification et de l'expansion du droit international*, Rapport du Groupe d'Étude de la CDI, 13.04.06, A/CN.4/L.682, pp. 279, spéc. §§ 283-288.

705 CJUE, Gde ch., 6 mars 2018, *Achmea B.V.*, aff. C-284/ 16.

706 TUE art. 19 § 1 : La Cour de justice de l'Union européenne comprend la Cour de justice, le Tribunal et des Tribunaux spécialisés. Elle assure le respect du droit dans l'interprétation et l'application des traités […].

707 SCC, (SCC), *Robert Aleksandrowicz et Tomasz Częścik (Aleksandrowicz et Częścik) c. République de Chypre*, aff. n° 2014/169, Sentence finale 21 février 2017, §§ 169 et 170.

Antaris et Göde[708], ou encore dans les affaires *A.M.F. Aircraftleasing*[709] et *Fynerdale*[710]. Pour d'autres États membres, le prononcé de cet arrêt marque le début de leur contestation de l'arbitrabilité des litiges d'investissement entre un investisseur d'un État membre et un autre État membre (intra-UE). Le prononcé de l'arrêt *Achmea* a donc relancé la contestation de la compétence des tribunaux arbitraux. La place centrale que cet arrêt occupe dans les échanges entre les parties à des arbitrages intra-UE laisse penser que ce regain s'est accompagné d'un renouvellement au fond de la contestation de la compétence des tribunaux. Le renouvellement de la contestation de l'arbitrabilité des litiges d'investissement intervenu après le prononcé de l'arrêt *Achmea* passe, quantitativement, par une augmentation des exceptions d'incompétence intra-UE. Qualitativement ce renouvellement n'aboutit pas à une nouvelle exception d'incompétence autonome ; cet arrêt ne fait que conforter, renforcer l'exception d'incompétence intra-UE élaborée progressivement par la Commission et les États membres. Les exceptions d'incompétence intra-UE formulées après le prononcé de l'arrêt *Achmea* mobilisent toujours des arguments de droit international public, mais le droit international public vise, dorénavant, principalement à défendre l'effet de l'arrêt *Achmea* dans l'ordre juridique international.

---

708 CPA, (CNUDCI), *Antaris Solar GmbH et Dr. Michael Göde (Antaris et Göde) c. République tchèque*, aff. n° 2014-01, Sentence du 2 mai 2018.

709 CPA, (CNUDCI), *A.M.F. Aircraftleasing Meier & Fischer GmbH & Co. KG (A.M.F Aircraftleasing) c. République tchèque*, aff. n° 2017-15, Sentence finale du 11 mai 2020.

710 CPA (CNUDCI), *Fynerdale Holding B.V. (Fynerdale) c. République tchèque*, aff. n° 2018-18, Sentence du 29 avril 2021.

Chapitre II
Le renforcement de l'exception d'incompétence intra-UE

153. L'invocation de l'arrêt* Achmea *en soutien d'exceptions d'incompétence intra-UE. Dans l'arrêt *Achmea* la Cour de justice de l'Union européenne (UE) a affirmé (dans son dispositif) que les articles 267 et 344 du traité sur le fonctionnement de l'UE (TFUE) s'opposent à l'offre d'arbitrage État-investisseur d'un traité bilatéral d'investissement (TBI) entre États membres[711]. L'arrêt indique également que la clause d'arbitrage est de nature à remettre en cause les principes de confiance mutuelle et de coopération loyale entre les États membres, ainsi que la préservation du caractère propre du droit de l'UE[712]. Par cet arrêt la Cour a, selon le professeur Maxime Barba, affirmé l'existence d'un droit européen des investissements contre le droit traditionnel des investissements[713]. Cet arrêt va être invoqué par plusieurs États membres – défendeurs dans des arbitrages d'investissement – et par la Commission pour contester la compétence de tribunaux arbitraux constitués en vertu de traités d'investissement conclus entre États membres de l'Union. Il deviendra l'objet quasi exclusif des interventions de la Commission dans le cadre d'une politique d'intervention systématique – en tant qu'*amicus curiae* – dans les arbitrages d'investissement intra-UE.

154. La systématisation des interventions de la Commission dans les arbitrages d'investissement intra-UE. Le 29 juin 2018, la Commission s'appuie sur l'arrêt *Achmea* prononcé quelques mois auparavant pour décider qu'elle interviendra en tant que partie non contestante dans toute procédure d'arbitrage intra-UE. Cette décision précise que ces

---

[711] CJUE, Gde ch., 6 mars 2018, *Achmea B.V*, aff. C-284/ 16, § 62 « [...] Par ces motifs, la Cour (grande chambre) dit pour droit : Les articles 267 et 344 TFUE doivent être interprétés en ce sens qu'ils s'opposent à une disposition contenue dans un accord international conclu entre les États membres, telle que l'article 8 de l'accord sur l'encouragement et la protection réciproques des investissements entre le Royaume des Pays-Bas et la République fédérale tchèque et slovaque, aux termes de laquelle un investisseur de l'un de ces États membres peut, en cas de litige concernant des investissements dans l'autre État membre, introduire une procédure contre ce dernier État membre devant un tribunal arbitral, dont cet État membre s'est obligé à accepter la compétence ».

[712] *Ibid.*, § 58 *pro* CJUE, Gde ch., 26 octobre 2021, *République de Pologne c. PL Holdings Sàrl*, aff. C-109/20, spéc. § 46, « Il est constant que la clause d'arbitrage figurant à l'article 9 du TBI est, tout comme celle qui était en cause dans l'affaire ayant donné lieu à l'arrêt du 6 mars 2018, Achmea (C-284/16, EU:C:2018:158), susceptible de conduire un organisme d'arbitrage à statuer dans des litiges pouvant porter sur l'application ou l'interprétation du droit de l'Union. Partant, cette clause d'arbitrage est de nature à remettre en cause, outre le principe de confiance mutuelle entre les États membres, la préservation du caractère propre du droit de l'Union, assurée par la procédure du renvoi préjudiciel prévue à l'article 267 TFUE. Ladite clause n'est dès lors pas compatible avec le principe de coopération loyale énoncé à l'article 4, paragraphe 3, premier alinéa, TUE et porte atteinte à l'autonomie du droit de l'Union consacrée, notamment, à l'article 344 TFUE (voir, en ce sens, arrêt du 6 mars 2018, Achmea, C-284/16, EU:C:2018:158, points 58 et 59) ». Dans l'arrêt *Komstroy* la Cour écarte l'application d'une clause équivalente qui serait présente dans le traité sur la Charte de l'énergie (TCEn) en ne faisant référence qu'à la préservation de l'autonomie et du caractère propre du droit de l'UE. V. CJUE, Gde ch., 2 septembre 2021, *République de Moldavie c. Société Komstroy*, aff. C-741/ 19, spéc. §§ 63 et 65 « 63. [...] [l'application d'une telle clause est] de nature à remettre en cause la préservation de l'autonomie et du caractère propre du droit institué par les traités, assurée en particulier par la procédure du renvoi préjudiciel prévue à l'article 267 TFUE [...] 65. [...] la préservation de l'autonomie et du caractère propre du droit de l'Union s'oppose [à l'application intra-UE d'une telle clause d'arbitrage État-investisseur] ». comp. CJUE, 10ᵉ ch., 21 septembre 2022, *DA e.a. contre Romanian Air Traffic Services Administration (Romatsa) e.a.*, aff. C-333/19, § 41 « Il s'ensuit que [l'application de] la clause d'arbitrage prévue par le TBI, [...], a remis en cause la préservation du caractère propre du droit de l'Union assurée par la procédure du renvoi préjudiciel, en violation des principes de coopération loyale et de l'autonomie du droit de l'Union [...].

[713] BARBA M., « La contribution de la CJUE à l'affirmation d'un droit européen des investissements », *in* MAUREL R. (dir.), *Nouveaux regards sur le droit européen des investissements*, LexisNexis, 2023, pp. 115-125, spéc. pp. 120-124.

demandes d'intervention seront « limitées à la question de l'inapplicabilité des clauses d'arbitrage intra-UE entre investisseurs et États »[714].

155. La position défendue par la Commission dans sa communication de juillet 2018. La Commission, dans la même période, publie une communication sur la protection des investissements intra-UE mettant en avant la protection adéquate et effective offerte aux investisseurs par le système juridique de l'UE[715]. Elle y affirme que les investisseurs de l'UE ne peuvent plus avoir recours à des tribunaux arbitraux constitués en vertu de TBI entre États membres ou du traité sur la Charte de l'énergie (TCEn), pour résoudre des différends d'investissement avec des membres de l'Union. La Commission entend convaincre les tribunaux arbitraux institués par ces traités, de l'équivalence de la protection des investissements en droit de l'UE et en droit international de l'investissement, mais aussi de la non-arbitrabilité des litiges d'investissement entre un État membre et un investisseur d'un autre État membre et, partant, de leur incompétence. C'est dans le contexte d'arbitrages sur le fondement du TCEn, en particulier au stade l'examen par les tribunaux des effets de l'arrêt *Achmea* sur les dispositions de ce traité, que cette communication a été discutée. Elle n'emportera toutefois pas la conviction des tribunaux. Ces derniers ont souvent rappelé qu'elle ne constituait pas un instrument juridique contraignant[716].

156. L'accueil par les tribunaux des interventions systématiques de la Commission. Avant de s'intéresser au contenu des interventions de la Commission, dans ce contexte particulier, une question préalable se pose : comment les tribunaux ont-ils accueilli cette systématisation des demandes d'intervention en tant qu'*amicus curiae* ? Si l'une des premières demandes d'intervention de la Commission[717] postérieure à sa décision du 29 juin 2018 n'a pas été acceptée, ce rejet, intervenu dans l'affaire *UP et C.D Holding*[718], ne marque pas le début d'une tendance. Dans la grande majorité des cas, les demandes de la Commission ont reçu un accueil favorable des tribunaux arbitraux, même lorsque le demandeur s'y opposait[719]. Sur un

---

714 Décision de la Commission du 29.6.2018, relative à l'intervention en tant que partie non contestante dans les procédures de règlement des différends entre investisseurs et États sur la base de traités bilatéraux d'investissement conclus entre des États membres ou du traité sur la charte de l'énergie, dans les litiges opposant un État membre et un investisseur d'un autre État membre, Bruxelles, le 29.6.2018, C (2018) 4043 final.

715 Communication de la Commission au Parlement Européen et au Conseil du 19.7.2018, Protection des investissements intra-EU, Bruxelles, le 19.7.2018, COM (2018) 547 final.

716 Pour un ex. v. SCC, (SCC), *Greentech Energy System A/S et autres (Greentech) c. République italienne*, aff. n° V2015/095, Sentence finale du 23 décembre 2018, § 402.

717 Il faut remarquer que la Commission n'a pas formulé de demandes d'intervention dans deux affaires, en cours au moment de sa décision du 29.06.2018, portant sur des TBI intra-UE et dans lesquels l'arrêt *Achmea* est discuté par les parties. Le stade avancé de la procédure dans ces affaires peut expliquer l'abstention de la Commission. V. CIRDI, *Marfin Investment Group Holdings S.A., Alexandros Bakatselos et autres (Marfin) c. République de Chypre*, aff. n° ARB/13/27, Sentence du 26 juillet 2018 ; CIRDI, *Georg Gavrilovic et Gavrilovic d. o. o. (Gavrilovic) c. République de Croatie*, aff. ARB/12/39, Décision du 30 avril 2018 sur la demande du défendeur du 4 avril 2018 et Sentence du 26 juillet 2018.

718 CIRDI, *UP et C.D Holding Internationale (UP et C.D Holding) c. Hongrie*, aff. ARB/13/35, Sentence du 9 octobre 2018, §§ 95-99.

719 Dans plusieurs affaires la Commission n'a pas pu intervenir en raison de son refus de s'engager à prendre en charge une partie des frais des parties. La Commission s'est engagée à prendre en charge les frais des parties une seule fois, dans l'affaire *Masdar*. V. CIRDI, *Masdar Solar & Wind Cooperatief U.A (Masdar) c. Royaume d'Espagne*, aff. ARB/14/11, Sentence du 16 mai 2018. En retirant ces affaires particulières, il apparait que sur plus de quatre-vingts demandes d'intervention, seulement treize ont fait l'objet d'un rejet. Onze dans des procédures principales d'arbitrage (*PV Investor, RREEF, UP et C.D. Holdings, BayWa r.e, MOL, 9REN Holding, Landesbank Baden-Württemberg, B3 Croatian Courier, Cube Infrastructure, Freif Eurowind* et *Micula (II)*) et deux dans des procédures d'annulation du CIRDI (*UAB E energija* et *Cube Infrastructure*). Dans sept cas de rejet, c'est le caractère tardif de la demande, au regard de l'état d'avancement de la procédure, qui semble au moins en partie justifier cette décision (*PV Investors, UP et C.D Holdings, Mol, Landesbank Baden-Württemberg, B3 Croatian Courier, Cube Infrastructur* et *Micula (II)*). Dans plusieurs cas les motifs de la décision sont inconnus du fait de la non-publication des ordonnances procédurales, dans l'ensemble le critère de l'assistance au tribunal semble central. V. Annexe 2 Intervention Commission arbitrages intra-UE 2008-2023., disponible sur le site HAL de l'auteur.

total d'environ quatre-vingts demandes, il est possible de recenser plus de vingt-cinq demandes d'intervention de la Commission n'ayant pas abouti – au sens où aucun écrit de la Commission n'intègre le registre du tribunal –, mais seulement une douzaine de rejets[720]. Il ressort de l'examen des sentences que pour être acceptée l'intervention doit principalement apporter au tribunal une assistance suffisante, notamment en raison de son objet[721]. L'évolution de la politique de la Commission en matière d'intervention en tant qu'*amicus curiae* ne modifie pas l'approche des tribunaux. La systématisation des demandes d'intervention de la Commission n'a pas eu pour effet d'augmenter les refus d'intervention des tribunaux. Les tribunaux ont pu, toutefois, se juger informés des effets de l'arrêt *Achmea* compte tenu des écrits des parties.

***157. Le regain de contestation au sein des États membres lié au prononcé de l'arrêt* Achmea.** Sans que cela soit comparable à la systématisation des interventions de la Commission, l'arrêt *Achmea* a aussi généré un regain de contestation chez les États membres. Cet arrêt permettra à certains États de s'opposer à la compétence des tribunaux en formulant une exception d'incompétence supplémentaire[722], voire plus rarement, de contester l'arbitrabilité des litiges a posteriori, en formulant des demandes de révision ou d'annulation[723]. D'autres États commenceront à soulever des exceptions d'incompétence intra-UE, après cet arrêt, alors qu'il ne l'avait pas fait lors d'arbitrages intra-UE antérieurs.

158. Plan de chapitre. Au-delà de la simple augmentation de la fréquence de la contestation – ou de l'apparition de nouvelles opportunités de contestation – liée au prononcé de cet arrêt, il convient d'examiner l'apport de ce dernier sur le cœur de la contestation : l'exception d'incompétence intra-UE. Cet arrêt a été associé, par la Commission et les États

---

[720] Annexe 2 Intervention Commission arbitrage intra-UE 2008-2023. Ce recensement s'appuie sur les informations publiques disponibles et donc n'est probablement pas exhaustif du fait de la non-publication de nombreuses sentences. Cette annexe s'appuie, mais complète la liste des interventions d'*amicus curiae* dans des arbitrages d'investissement du site Jusmundi. V. JAROSLAVSKY P. et BLASCO J.P., « Amicus Curiae in Investment Arbitration », *JUSMUNDI – Wiki Notes*, 05.03.2021, mise à jour du 19.03.24 disponible à l'adresse : <*https://jusmundi.com/en/document/wiki/en-amici-curiae-in-investment-arbitration*> consulté le 13.05.2024.

[721] *BayWa r.e*, Décision du 2 décembre 2019, préc., §§ 30 et 31 Le tribunal rejette l'intervention de la Commission au motif qu'elle ne constituerait pas un ajout à la somme d'information disponible. Avant de conclure que les parties étaient capables de présenter les problématiques juridiques en jeu, le tribunal souligne par ailleurs que l'intervention de la Commission engendrerait des frais supplémentaires pour les parties. Il explique qu'il pourrait conditionner l'intervention de la Commission au dépôt d'une caution, mais indique être conscient que la Commission n'interviendrait pas dans ces conditions *pro* CIRDI, *Ioan Micula, Viorel Micula et autres (Micula (II)) c. Roumanie (II)*, aff. ARB/14/29, Sentence du 5 mars 2020, §§ 172-179 spéc. § 179 « While it observed that the Application met the requirements of Rule 37(2) (b) and (c), the Tribunal noted that the issues in respect of which the EC sought to intervene had been fully briefed by the Parties and it was doubtful that the EC's submission would materially assist the Tribunal on those issues. The Tribunal further noted that the Hearing on the merits had already taken place, and that the Tribunal had a duty to ensure that the proceeding was not disrupted and the Parties not unduly burdened. The Tribunal also found that the EC's contention that it did not have knowledge of the status of the arbitration as not a sufficient justification; the record of the proceeding showed the EC's awareness of this arbitration. Based on those conclusions, the Tribunal denied the EC's Application to intervene ».

[722] CIRDI, (*ad hoc*), *Strabag SE, Raiffeisen Centrobank AG and Syrena Immobilien Holding AG (Strabag, Raiffeinsen et Syrena) c. République de Pologne*, aff. ADHOC/15/1, Sentence partielle sur la compétence du 4 mars 2020, § 1.47 ; CIRDI, *B3 Croatian Courier Coöperatief U.A. (B3 Croatian Courier) c. République de Croatie*, aff. ARB/15/15, Sentence du 9 avril 2019 ; CIRDI, *Gabriel Resources Ltd. et Gabriel Resources (Jersey) (Gabriel Resources) c. Roumanie*, aff. ARB15/31, Objection préliminaire supplémentaire du défendeur du 25 mai 2018.

[723] CIRDI, *Edenred S.A* c. Hongrie, aff. ARB/13/21, Décision sur la révision du 7 février 2019 et Décision du comité *ad hoc* sur la demande d'annulation du 9 mars 2020. L'arrêt *Achmea* selon ces décisions ne justifie ni la révision de la sentence ni son annulation ; CIRDI, *Dan Cake v. Hungary Dan Cake (Portugal) S.A.* (Dan Cake) c. Hongrie, aff. ARB/12/09, Décision sur la révision du 25 février 2020. Le tribunal a refusé de réviser sa décision au regard de l'arrêt *Achmea* comme le lui demandait la Hongrie. Cet État a également initié une procédure d'annulation. V. KOROM V., « The Impact of the Achmea Ruling on Intra-EU BIT Investment Arbitration - À Hungarian Perspective », *Hungarian Yearbook of International Law and European Law*, Vol. 8, 2020, pp. 53-74. L'autrice souligne le changement de position de la Hongrie qui n'avait pas soulevé d'objection d'incompétence en lien avec le droit de l'UE dans les arbitrages l'opposant à des investisseurs de l'UE, mais qui après l'arrêt *Achmea* a contesté la compétence des tribunaux *a posteriori*.

membres, aux exceptions d'incompétence intra-UE soulevées principalement dans le cadre d'arbitrage sur le fondement de TBI entre États membres (Section 1). La réticence des tribunaux à reconnaître un effet à cet arrêt dans les arbitrages conduira les États membres et la Commission non plus à préciser, mais à défendre les effets de cet arrêt par l'adoption d'accords interprétatifs (Section 2).

Section 1 - L'association de l'arrêt *Achmea* aux exceptions d'incompétence intra-UE

***159. Les fausses attentes suscitées par l'arrêt* Achmea.** Les États membres, tout comme la Commission, se sont appuyés sur la jurisprudence de la Cour de justice pour s'opposer à la compétence de tribunaux établis par des traités d'investissement entre États membres. Cependant, il s'agissait souvent de convaincre les arbitres d'adopter un raisonnement par analogie, car la Cour de justice ne s'était pas encore prononcée sur le statut des TBI intra-UE. L'arrêt *Achmea* était attendu par tous les acteurs, aussi bien par les investisseurs, les centres d'arbitrage, les États membres et la Commission[724]. Le fait que, dans cet arrêt, la Cour s'exprime pour la première fois directement au sujet d'un traité d'investissement entre États membres a progressivement conduit les arbitres à lui réserver un traitement spécifique. Certains tribunaux ont malgré cela écarté sommairement cet arrêt en l'assimilant à une exception d'incompétence intra-UE. L'appréhension complète de cet arrêt par les tribunaux n'a pas été immédiate, comme le montrent les sentences des premières affaires dans lesquelles il est invoqué.

160. L'assimilation de l'arrêt* Achmea *aux exceptions d'incompétence de la Commission. Dans l'affaire *Antaris et Göde,* la République tchèque tentera, quelques jours après son prononcé de soumettre l'arrêt *Achmea* au tribunal arbitral et d'organiser la discussion de l'exception d'incompétence qu'il implique. Le tribunal n'accédera pas à cette demande. Il opposera au défendeur sa renonciation à soutenir « l'exception d'incompétence articulée par la Commission devant le tribunal[725] ». Si depuis l'affaire *JSW Solar Wirteng*[726], la République tchèque avait renoncé à soulever des exceptions d'incompétence intra-UE, il n'est pas certain qu'en ne soutenant pas l'exception préliminaire de la Commission, elle entendait renoncer à toute discussion d'un arrêt de la Cour de justice touchant à la compétence du tribunal. Le tribunal ne s'étant pas saisi d'office de cet arrêt pour examiner sa compétence et la Commission ayant refusé de payer les potentiels frais des parties occasionnés par l'examen de sa contribution – comme demandé par le tribunal –, l'effet du droit de l'UE sur la compétence du tribunal ne fera l'objet d'aucune discussion[727]. Le tribunal, des affaires partiellement jointes, *Europa Nova*[728], *I.C.W.*[729], *Voltaïc Network*[730] et *Photovoltaik Knopf Betriebs*[731] adoptera une position similaire. Ici aussi, le tribunal estimera qu'en renonçant à soulever une exception d'incompétence intra-UE, la République tchèque avait par là même renoncé à invoquer l'arrêt *Achmea*[732]. Dans le même sens, mais sans renonciation de l'État défendeur, dans l'affaire *Gavriolovic* le tribunal considérera que la discussion des effets de l'arrêt *Achmea* demandé par la Croatie un mois après son prononcé était assimilable à une exception d'incompétence

---

[724] CJUE, Gde ch., 6 mars 2018, *Achmea B.V*, aff. C-284/ 16.
[725] *Antaris et Göde*, Sentence du 2 mai 2018, préc., §73.
[726] *JSW Solar et Wirtgen*, Sentence finale du 11 octobre 2017, préc.
[727] *Antaris et Göde*, Sentence du 2 mai 2018, préc., § 42.
[728] CPA, (CNUDCI), *WA Investments-Europa Nova Limited (Europa Nova) c. République tchèque*, aff. n° 2014-19, Sentence du 15 mars 2019.
[729] CPA, (CNUDCI), *I.C.W. Europe Investments Limited (I.C.W.) c. République tchèque*, aff. n° 2014-22, Sentence du 15 mars 2019.
[730] CPA, (CNUDCI), *Voltaic Network GmbH (Voltaic Network) c. République tchèque*, aff. n° 2014-20, Sentence du 15 mars 2019.
[731] CPA, (CNUDCI), *Photovoltaik Knopf Betriebs-GmbH (Photovoltaik Knopf Betriebs) c. République tchèque*, aff. n° 2014-21, Sentence du 15 mars 2019.
[732] *I.C.W.*, Sentence du 15 mai 2019, préc., §§ 396-407 ; *Europa Nova*, Sentence du 15 mai 2019, préc., §§ 438-§460 ; *Voltaic Network*, Sentence du 15 mai 2019, §§ 348-370 ; *Photovoltaik Knopf Betriebs*, Sentence du 15 mai 2019, préc., §§ 337-359.

intra-UE qui n'avait pas été soulevée le plus tôt possible dans la procédure[733]. Le tribunal refusera d'exercer son pouvoir discrétionnaire d'examen de sa compétence *ex officio* au motif que le prononcé de l'arrêt *Achmea* n'apporte pas suffisamment d'éléments factuels nouveaux[734]. De manière comparable, le tribunal de l'affaire *Antin* n'accédera pas à une demande de réouverture de la procédure reposant sur le prononcé, pendant le délibéré du tribunal, de l'arrêt *Achmea* et d'une décision de la Commission en matière d'aides d'État[735].

161. La reconnaissance de l'arrêt* Achmea *comme élément factuel nouveau. Le tribunal de l'affaire *Strabag* adoptera une position inverse à celle des tribunaux susmentionnés[736]. Il considèrera le prononcé de l'arrêt *Achmea* comme un élément factuel suffisant pour faire valablement renaître une exception d'incompétence, à laquelle le défendeur n'avait fait qu'allusion au début de la procédure[737]. Dans sa sentence, ce tribunal considère que le demandeur a soulevé cette exception dans un délai convenable et poursuit en précisant, qu'à défaut il aurait considéré l'arrêt *Achmea* comme un fait ne pouvant être ignoré, aussi aurait-il examiné son impact sur sa compétence de sa propre initiative[738]. Auparavant, dans le contexte d'un arbitrage sur le fondement du TCEn, le tribunal de l'affaire *Vattenfall (II)* avait adopté un raisonnement similaire[739]. De façon analogue, le tribunal de l'affaire *Griffin c. Pologne* reconnait d'abord que l'État défendeur aurait pu contester la validité de la convention d'arbitrage au regard du droit de l'UE avant le prononcé de l'arrêt *Achmea*, mais accepte ensuite l'exception d'incompétence soulevée par le défendeur, malgré le prononcé d'une première sentence portant sur sa compétence. Ce tribunal explique qu'il n'était pas déraisonnable, pour le défendeur, d'attendre de connaître le sens de l'arrêt *Achmea* pour formuler une exception d'incompétence sur ce fondement[740].

162. Plan de section. Dans les sentences précitées, à l'exception de l'affaire *Strabag* et de l'affaire *Griffin* – ainsi que de l'affaire *Vattenfall (II)* dans le cadre d'un arbitrage sur le fondement du TCEn – les tribunaux arbitraux n'envisagent pas pleinement les effets de l'arrêt *Achmea* ; que ce soit en raison du renoncement de la République tchèque à soulever une exception d'incompétence intra-UE, ou pour des raisons procédurales. Il faut attendre des sentences ultérieures pour voir les tribunaux se prononcer sur les effets de cet arrêt sur leur compétence. Les tribunaux ont eu à examiner plus en détail en quoi cet arrêt confirmait les exceptions d'incompétence intra-UE, surtout celles soulevées dans des arbitrages sur le fondement de TBI entre États membres (§1). Les États membres et la Commission, quant à eux, ont eu à préciser les effets de cet arrêt dans le cadre d'arbitrages sur le fondement de TBI intra-UE ou du traité sur la Charte de l'énergie (§2).

---

733 CIRDI, *Georg Gavrilovic et Gavrilovic d. o. o. (Gavrilovic) c. République de Croatie*, aff. ARB/12/39, Décision du 30 avril 2018 sur la demande du défendeur du 4 avril, § 39.

734 *Ibid.*, § 42 *contra* CIRDI, *Ioan Micula, Viorel Micula et autres (Micula (II)) c. Roumanie (II)*, aff. ARB/14/29, Sentence du 5 mars 2020, §§ 259-263.

735 CIRDI, *Antin Infrastructure Services Luxembourg S.à.r.l. and Antin Energia Termosolar B. V. (Antin) c. Royaume d'Espagne*, aff. ARB/13/31, Sentence du 15 juin 2018, § 56 *pro* CIRDI, *UP et C.D Holding Internationale (UP et C.D Holding) c. Hongrie*, aff. ARB/13/35, Ordonnance procédurale n° 12 du 27 août 2018 concernant la demande de la Commission, § 5 ; Commission, Commission, 10 novembre 2017, State aid SA.40348 (2015/NN) — Spain, ref. C(2017) 7384 final, JOCE C/442/2017 du 22.12.2017, §§ 159-166.

736 CIRDI, (*ad hoc*), *Strabag SE, Raiffeisen Centrobank AG and Syrena Immobilien Holding AG (Strabag) c. République de Pologne*, aff. ADHOC/15/1, Sentence partielle sur la compétence du 4 mars 2020, §§ 8.78-8.99.

737 *Ibid.*, § 8.93.

738 *Ibid.*, §§ 8.97 et 8.98.

739 Dans cette affaire la Commission intervenant en tant *qu'amicus curiae* avait contesté seule la compétence du tribunal au regard du droit de l'UE, avant que l'Allemagne ne la conteste également après le prononcé de l'arrêt *Achmea*, en considérant que les conclusions de cet arrêt s'appliquent également au TCEn. V. CIRDI, *Vattenfall AB et autres (Vattenfall (II)) c. République fédérale d'Allemagne (II)*, aff. ARB/12/12, Décision du 31 août 2018 sur la problématique Achmea, §§ 95-107.

740 SCC, (SCC), *GPF GP S.à.r. l (Griffin) c. République de Pologne*, aff. n° 2014/168, Sentence du 29 avril 2020, §§ 303-317, spéc. §§ 314 et 315.

§ 1 - La confirmation de l'incompétence des tribunaux institués par des TBI intra-UE

163. Plan de paragraphe. Si le prononcé de l'arrêt *Achmea* a d'abord permis à plusieurs États de soulever des exceptions d'incompétence supplémentaires[741], il s'est ensuite inscrit pleinement au sein d'exceptions d'incompétence intra-UE[742]. C'est dans la sentence de l'affaire *Marfin c. République de Chypre*[743] que, pour la première fois dans un arbitrage sur le fondement d'un TBI entre États membres, les effets de l'arrêt *Achmea* sont pleinement envisagés – sans entraves liées à une renonciation du défendeur. L'État défendeur va cependant circonscrire – à raison et comme d'autres après lui[744] – les effets de l'arrêt, en ne l'invoquant qu'en soutien de l'article 30 § 3 CVDT ; la Commission l'invoquera parfois en soutien de l'article 59 CVDT (A). Dans d'autres sentences, l'arrêt *Achmea* sera invoqué en soutien d'autres règles spéciales de conflit de conventions, précisément le principe de primauté de droit de l'UE (B) et la règle de conflit de l'article 11 § 2 du TBI autro-croate de 1997 (C).

A - L'application des articles 30 et 59 CVDT à la lumière de l'arrêt *Achmea*

164. L'articulation de l'arrêt **Achmea** *et des articles 30 et 59 CVDT par Chypre dans l'affaire* **Marfin.** Dans l'affaire *Marfin*, la question de l'effet de cet arrêt sur la compétence du tribunal est rattachée à l'examen de l'exception d'incompétence intra-UE soulevée par l'État défendeur. Cette exception s'articule de manière classique autour des articles 59 et 30 de la CVDT et intègre la question de l'entrée en vigueur du traité de Lisbonne[745]. Le tribunal écarte tout d'abord l'argument du demandeur selon lequel Chypre

---

[741] CIRDI, (*ad hoc*), *Strabag SE, Raiffeisen Centrobank AG and Syrena Immobilien Holding AG (Strabag, Raiffeinsen et Syrena) c. République de Pologne*, aff. ADHOC/15/1, Sentence partielle sur la compétence du 4 mars 2020, § 1.47 ; CIRDI, *B3 Croatian Courier Coöperatief U.A. (B3 Croatian Courier) c. République de Croatie*, aff. ARB/15/15, Sentence du 9 avril 2019 ; CIRDI, *Gabriel Resources Ltd. et Gabriel Resources (Jersey) (Gabriel Resources) c. Roumanie*, aff. ARB15/31, Objection préliminaire supplémentaire du défendeur du 25 mai 2018.

[742] L'Estonie dans l'affaire *United Utilities (Tallin)*, considère que l'arrêt *Achmea* « confirme que le tribunal est incompétent ». V. CIRDI, *United Utilities (Tallinn) B. V. et Aktsiaselts Tallinna Vesi c. République d'Estonie*, aff. ARB/14/24, Sentence du 21 juin 2019, § 489. La Hongrie, dans l'affaire *Magyar Farming*, affirme que l'arrêt « est révélateur de l'incompatibilité entre la disposition de résolution des différends du TBI et les traités de l'UE ». V. CIRDI, *Inicia Zrt, Kintyre Kft et Magyar Farming Company Ltd (Magyar Farming) c. Hongrie*, aff. ARB 17/27, Sentence du 13 novembre 2019, § 173. Chypre dans l'affaire *Adamakopoulos*, estime que l'arrêt *Achmea* expose l'absence de validité des offres d'arbitrage des traités d'investissement entre membres de l'Union. V. CIRDI, *Theodoros Adamakopoulos, Ilektra Adamantidou, Vasileios Adamopoulos et autres (Adamakopoulos) c. République de Chypre*, aff. ARB/15/49, Décision sur la compétence du 7 février 2020, § 152.

[743] CIRDI, *Marfin Investment Group Holdings S.A., Alexandros Bakatselos et autres (Marfin) c. République de Chypre*, aff. ARB/13/27, Sentence du 26 juillet 2018.

[744] Sans souscrire à l'approche majoritaire de la jurisprudence arbitrale notamment quant à son interprétation du critère de même matière dans le cadre de l'application de l'article 59 et 30 CVDT, les exceptions reposant sur l'article 59 CVDT sont plus contestables que celles reposant sur l'article 30 CVDT. V. BASENER N., *Investment Protection in the European Union – Considering EU law in investment arbitration arising from intra-EU and extra-EU bilateral investment agreements*, Baden-Baden, Nomos, 2017, pp. 512, spéc. pp. 225-256. Cet auteur considère que dans le cadre des TBI intra-UE les règles de conflits les plus pertinentes sont d'abord l'article 351 TFUE, mais aussi l'article 30 CVDT, en revanche il considère – en dehors du critère de même matière – que les conditions d'application de l'article 59 CVDT ne sont pas remplies. Pour un auteur, qui écarte l'article 351 TFUE et privilégie l'article 30 CVDT v. BERGER J., *International Investment Protection within Europe – The EU's Assertion of Control*, Londres et New-York, Routledge, 2021, pp. 238, spéc. pp. 133-138. Cet auteur estime que les articles 30 CVDT et 59 CVDT n'exigent pas le même de degré de similitude des matières des traités successifs. Ce degré est selon lui moindre pour l'article 30 CVDT.

[745] *Marfin*, Sentence du 26 juillet 2018, préc., §§ 583-586.

était empêchée (*estopped*[746]) de soulever une telle exception préliminaire, car elle avait autorisé dans une affaire parallèle une banque chypriote à invoquer ce même traité pour poursuivre la Grèce[747]. Selon le tribunal, l'importance des questions de droit international public posées par cette exception écarte l'hypothèse d'une renonciation[748]. Il précise ensuite qu'il peut se saisir de sa propre initiative de toutes questions portant sur sa compétence et donc de la question du statut des TBI intra-UE. En l'occurrence l'arrêt *Achmea* est spécifiquement mis en rapport avec l'article 30 § 3 CVDT[749]. Pour l'État défendeur, la Cour de justice confirme la thèse selon laquelle, en application de l'article 30 § 3 CVDT, les offres d'arbitrage État-investisseur des traités entre États membres sont incompatibles avec le droit de l'UE et ne peuvent produire d'effets après l'accession de Chypre à l'UE. C'est précisément l'offre d'arbitrage État-investisseur du traité qui porte atteinte au droit de l'UE d'après l'arrêt *Achmea*[750]. Cet arrêt tranche, selon l'État défendeur, le débat sur l'incompatibilité – y compris au sens de l'article 30 § 3 CVDT – des dispositions des traités autorisant l'arbitrage de différends entre un investisseur d'un État membre et un autre État membre avec certaines dispositions du TFUE[751].

165. Les défenses analogues de la République tchèque et de la Hongrie. Dans sa réponse à la question du tribunal de l'affaire *I.C.W.* sur la relation entre l'arrêt *Achmea* et les articles 59 et 30 § 3 CVDT, la République tchèque adopte une position similaire. Elle affirme que l'arrêt *Achmea* est parfaitement conforme au principe de *lex posterior* de l'article 30 § 3 CVDT. En revanche, elle écarte tout lien avec l'article 59 CVDT[752]. Cette approche est aussi celle de la Slovaquie dans l'affaire *Muszynianka* : l'arrêt *Achmea* y est mentionné en soutien de l'article 30 § 3 CVDT, mais n'apparait pas dans les développements consacrés à l'article 59 CVDT[753]. De manière comparable, la Hongrie dans l'affaire *Magyar Farming* inscrit l'arrêt *Achmea* dans l'exception d'incompétence intra-UE qu'elle soulève[754]. Elle pose le constat d'une incompatibilité entre les clauses d'arbitrage des TBI intra-UE et les traités de l'UE en s'appuyant sur l'arrêt *Achmea* ainsi que sur les déclarations des États membres de janvier

---

746 L'argument d'une contradiction dans le comportement de l'État défendeur l'empêchant de soulever une objection d'incompétence intra-UE, en application du principe de *common law* d'*Estoppel* apparait aussi dans la sentence *Achmea*, mais dans une configuration différente. Dans cet arrêt le demandeur considérait que la Slovaquie en n'invoquant pas cette objection dans un autre arbitrage antérieur fondé lui aussi sur un TBI intra-UE y avait donc renoncé. Le demandeur sous-entendait que l'État aurait dû soulever cette exception d'incompétence systématiquement et affirmait qu'il s'agissait en l'espèce d'un procédé dilatoire. Cet argument est écarté par le tribunal. V. CPA, (CNUDCI), *Achmea B.V (formerly Eureko B.V.) c. République slovaque*, aff. n° 2008-13, Décision sur la compétence, l'arbitrabilité et la suspension du 26 octobre 2010, §§ 75, 83 et 219 ; le même argument est fondé sur le principe de bonne foi par le demandeur dans une autre affaire v. *Magyar Farming*, Sentence du 13 novembre 2019, préc., § 198.

747 CIRDI, *Cyprus Popular Bank Public Co. Ltd. (Cyprus Popular Bank) c. République hellénique*, aff. ARB/14/16, Décision sur la compétence et sur la responsabilité du 8 janvier 2019, §§465-735. Dans cette affaire la Grèce soulève une exception d'incompétence intra-UE à laquelle s'adjoint l'arrêt *Achmea* rendu au cours de la procédure. Il faut remarquer que le tribunal rejette cette exception, mais il refuse également de se prononcer sur la violation alléguée par le demandeur des articles 63 et 49 du TFUE, ainsi que de l'article 17 § 1 de la CESDH et de son Premier Protocol additionnel (§§ 746-754).

748 *Marfin*, Sentence du 26 juillet 2018, préc., § 578.

749 *Ibid.*, §§ 595-597.

750 CJUE, Gde ch., 6 mars 2018, *Achmea B.V*, aff. C-284/ 16, §§ 31-60.

751 *Ibid.*, §§ 58-60. Dans cet arrêt la Cour de Justice considère que l'article 8 du TBI entre la Slovaquie et les Pays-Bas autorisant l'arbitrage État-investisseur n'est pas compatible avec le principe de coopération loyale (art 4 § 3 TUE), porte atteinte à l'autonomie du droit de l'UE et donc s'oppose aux articles 267 et 344 du TFUE.

752 CPA (CNUDCI), *I.C.W. Europe Investments Limited (I.C.W.) c. République tchèque*, aff. n° 2014-22, Sentence du 15 mai 2019, §§ 361 et 362 *pro A.M.F Aircraftleasing*, Sentence finale du 11 mai 2020, préc., §§ 274 et 290.

753 CPA, (CNUDCI), *Muszynianka Spółka z Ograniczoną Odpowiedzialnością (Muszynianka) c. République slovaque*, aff. n° 2017-08, Sentence du 07 octobre 2020, §§ 174-177 *pro* CCI (CCI), *Juvel et Bithell c. Pologne*, aff. n° 19459/MHM, Sentence finale partielle du 26 février 2019, § 283.

754 *Magyar Farming*, Sentence du 13 novembre 2019, préc., §§ 170-185.

2019[755]. Pour cet État, l'arrêt *Achmea* tranche la question de l'existence d'un conflit entre les traités du point de vue du droit international : il existe une incompatibilité entre les dispositions de traités successifs portant sur la même matière. La Hongrie privilégie une interprétation large du critère de « même matière » de l'article 30 § 3 CVDT, le contraire menant selon elle, en reprenant les termes de la CDI, à une *reductio ad absurdum* de la portée de cet article[756]. Partant, elle considère que les conditions d'application de l'article 30 § 3 sont remplies. L'article 59 CVDT n'est pas mentionné dans la sentence *Magyar Farming*. Cet article est cependant invoqué par des États membres dans d'autres affaires postérieures à l'arrêt *Achmea*. Il l'est toutefois toujours au côté de l'article 30 § 3 CVDT[757]. La position de la Commission quant à l'article 59 CVDT dénote quelque peu de celle adoptée par les États membres.

166. L'articulation de l'arrêt* Achmea *et des articles 30 et 59 CVDT par la Commission. Les analyses ci-après porteront sur les mémoires d'*amicus curiae,* présentés par la Commission dans le cadre d'arbitrages fondés sur un TBI intra-UE, postérieurs à l'arrêt *Achmea*. Ces mémoires ont quasiment tous pour objet les conséquences juridiques de l'affaire *Achmea*. Il est possible de connaître indirectement leur contenu au travers des développements qui leur sont consacrés dans les sentences et décisions des tribunaux arbitraux. Sur les seize mémoires déposés entre 2018 et 2020 identifiés, le contenu de six mémoires ne peut être déduit des sentences ou décisions disponibles[758]. Par conséquent, l'étude se limitera aux interventions de la Commission dans les dix affaires suivantes : *Sodexo*[759], *United Utilities*

[755] Déclaration des représentants des gouvernements des États membres, du 15 janvier 2019, relative aux conséquences juridiques de l'arrêt *Achmea* rendu par la Cour de Justice et à la protection des investissements dans l'Union européenne (Signée par le Royaume-Uni État d'origine de l'investisseur dans l'affaire *Magyard Farming* et 21 autres États membres) ; Déclaration du représentant du gouvernement de la Hongrie, du 16 janvier 2019, relative aux conséquences juridiques de l'arrêt *Achmea* rendu par la Cour de Justice et à la protection des investissements dans l'Union européenne.

[756] *Magyar Farming,* Sentence du 13 novembre 2019, préc., § 174.

[757] *United Utilities (Tallin)),* Sentence du 21 juin 2019, préc. § 480 ; *Adamakopoulos,* Décision sur la compétence du 7 février 2020, préc., § 56 ; *Strabag,* Sentence partielle sur la compétence du 4 mars 2020, préc., §§ 8.13 et 8.16 ; *Griffin,* Sentence du 29 avril 2020, préc., §§ 324 et 325.

[758] *Gabriel Resources,* Ordonnance procédurale n° 30 du 28 avril 2020, préc., §§ 14-16 ; *Norvik Banka,* Ordonnance procédurale n° 3 du 30 octobre 2018, préc. ; CPA, (CNUDCI), *Muszynianka Spółka z Ograniczoną Odpowiedzialnością (Muszynianka) c. République slovaque,* aff. n° 2017-08, Sentence du 07 octobre 2020, §§ 120 et 208, mémoire de la Commission déposé le 14.12.18. Les arguments de la Commission ne sont pas détaillés dans la sentence, car le tribunal considère qu'ils soutiennent largement l'exception d'incompétence intra-UE soulevée par le défendeur déjà détaillée dans la sentence ; *Magyar Farming,* Sentence du 13 novembre 2019, préc., § 78, mémoire de la Commission déposé le 20.01.19 ; CIRDI, *Alverley Investement Limited et Germen Properties Ltd (Alverley et Germen) c. Roumanie,* Sentence du 16 mars 2022, § 25, mémoire de la Commission déposé le 23.05.19. Le tribunal se déclare incompétent pour trancher la demande de l'un des demandeurs et considère la demande du second inadmissible, sans avoir à se prononcer sur l'exception d'incompétence intra-UE. Les arguments des parties sur cette exception n'apparaissent pas dans la sentence ; CIRDI, *Erste & Steiermärkische Bank d.d., Erste Group Bank AG, and Steiermärkische Bank und Sparkassen AG (Erste Group Bank AG) c. République de Croatie,* aff. ARB/17/49, Ordonnance de clôture du 15 juillet 2021 § 28, mémoire de la Commission déposé le 31.10.19.

[759] CIRDI, *Sodexo Pass International SAS (Sodexo) c. Hongrie,* aff. ARB/14/20, Sentence du 28 janvier 2019, §§ 161-177 Mémoire de la Commission déposé le 14.09.18.

(Tallin)[760], *Strabag*[761], *Raiffeisen (I)*[762], *Addiko Bank*[763], *Griffin*[764], *Admakopoulos*[765], *Gabriel Ressources*[766], *A.M.F. Aircraftleasing*[767] et *Fynerdale*[768]. Si le mémoire de la Commission dans l'affaire *Tallin,* ou encore celui qu'elle dépose quelques semaines plus tôt dans l'affaire *Sodexo,* semble s'appuyer tout d'abord sur l'application de règles spéciales de conflit de conventions puis, subsidiairement, sur les règles de conflits de la CVDT, d'autres mémoires insistent en premier lieu sur l'extinction des traités d'investissement entre membres de l'Union en application de l'article 59 CVDT.

167. L'application subsidiaire des règles de conflit de la Convention de Vienne de 1969. Dans l'affaire *United Utilities (Tallin)*, la Commission invoque l'application de deux règles spéciales de conflit de conventions : le principe de primauté exprimé dans la déclaration n° 17 annexée à l'acte final du traité de Lisbonne et l'article 351 TFUE. Subsidiairement, la Commission considère que les règles générales de conflit de conventions de la CVDT aboutissent également à l'incompétence du tribunal. La Commission ici se focalise sur l'article 30 § 3 CVDT et considère que ses deux conditions d'application (même matière et incompatibilité) se confondent[769]. Dans l'affaire *Sodexo*, la sentence précise seulement en substance que, selon la Commission, le droit de l'Union l'emporte sur l'offre d'arbitrage État-investisseur du traité en application du principe général de primauté, en cas de conflit de normes, et que cette solution est confortée par le principe de *lex posterior* de l'article 30 § 3 CVDT[770].

168. La priorité de l'abrogation tacite sur l'incompatibilité des dispositions. À l'inverse, les interventions de la Commission dans les affaires *Strabag*, *Raiffeisen (I)*, *Addiko Bank*, *Admakopoulos* et *Gabriel Ressources* semblent suivre un raisonnement différent. Dans ces affaires, après les développements sur les effets de l'arrêt *Achmea*, la Commission tente de convaincre les arbitres de l'extinction tacite des TBI intra-UE en application de l'article 59 CVDT. Elle considère que les traités d'investissement et les traités de l'Union (TUE et TFUE) portent sur la même matière et que les deux conditions alternatives prévues aux articles 59 § 1 a) et 59 § 1 b) CVDT sont remplies[771]. Sur la condition préalable de similarité de l'objet des traités, la

760 CIRDI, *United Utilities (Tallinn) B. V. et Aktsiaselts Tallinna Vesi (United Utilities (Tallin)) c. République d'Estonie*, aff. ARB/14/24, Sentence du 21 juin 2019, § 93, mémoire de la Commission déposé le 18.10.18.

761 CIRDI, (*ad hoc*), *Strabag SE, Raiffeisen Centrobank AG and Syrena Immobilien Holding AG (Strabag, Raiffeinsen et Syrena) c. République de Pologne*, aff. ADHOC/15/1, Sentence partielle sur la compétence du 4 mars 2020, préc., § 1.74, mémoire de la Commission déposé le 30.11.18

762 CIRDI, *Raiffeisen Bank International AG and Raiffeisenbank Austria d.d. (Raiffeisen) c. République de Croatie (I)*, aff. ARB/17/34, Décision sur l'exception d'incompétence du défendeur du 30 septembre 2020, § 39, mémoire de la Commission déposé le 14.01.19.

763 CIRDI, *Addiko Bank AG and Addiko Bank d.d. (Addiko Bank) c. République de Croatie*, aff. ARB/17/37, Décision sur l'exception d'incompétence du 12 juin 2020, préc., § 14, mémoire de la Commission déposé le 4.02.19.

764 SCC, (SCC), *GPF GP S.à.r. l (Griffin) c. République de Pologne*, aff. n° 2014/168, Sentence du 29 avril 2020., §§ 339-340, mémoire de la Commission déposé le 8.02.19.

765 CIRDI, *Theodoros Adamakopoulos, Ilektra Adamantidou, Vasileios Adamopoulos et autres (Adamakopoulos) c. République de Chypre*, aff. ARB/15/49, Décision sur la compétence du 7 février 2020, préc., § 42, mémoire de la Commission déposé le 13.02.19.

766 CIRDI, *Gabriel Resources Ltd. et Gabriel Resources (Jersey) (Gabriel Resources) c. Roumanie*, aff. ARB15/31, Sentence du 8 mars 2024, §§ 602-617, mémoire de la Commission déposé le 27.11.19.

767 CPA, (CNUDCI), *A.M.F. Aircraftleasing Meier & Fischer GmbH & Co. KG (A.M.F Aircraftleasing) c. République tchèque*, aff. n° 2017-15, Sentence finale du 11 mai 2020, § 219, mémoire de la Commission déposé le 29.04.19.

768 CPA (CNUDCI), *Fynerdale Holding B.V. (Fynerdale) c. République tchèque*, aff. n° 2018-18, Sentence du 29 avril 2021, §§ 224-241 et 259-260, mémoire de la Commission déposé le 8.06.20.

769 *United Utilities (Tallin)*, Sentence du 21 juin 2019, préc., §§ 500-506.

770 *Sodexo*, Sentence du 28 janvier 2019, préc., §§ 161-177, mémoire de la Commission déposé le 14.09.18.

771 Cette position est également tenue par Paola Mariani en 2014, elle reproche au tribunal de l'affaire *Achema (formerly Eureko)* d'avoir présumé l'application parallèle des traités, et d'avoir cherché une intention des parties de mettre un terme au traité bilatéral d'investissement plutôt que de chercher une intention de maintien en partant d'une présomption de substitution. Concernant l'extinction tacite en cas d'incompatibilité, elle considère que l'interdiction de toute discrimination

position de la Commission est citée *in extenso* par le tribunal de l'affaire *Strabag*. La Commission affirme en substance que, pour décider si deux traités portent sur le même sujet, il convient de vérifier s'ils régissent la même situation juridique[772]. Pour la Commission, le critère de même matière est automatiquement satisfait quand les autres conditions de l'article 59 CVDT sont remplies. Elle écarte l'application de formalités prévues aux articles 65 et suivant de la CVDT[773] à l'hypothèse d'extinction tacite de l'article 59 CVDT et affirme que cet article permet une extinction partielle du traité, limitée aux clauses d'arbitrage et de survie[774]. Dans l'affaire *Addiko*, la Commission cite également les déclarations des États membres de janvier 2019 comme confirmant l'extinction tacite de l'ensemble des traités d'investissement entre membres de l'UE ou à tout le moins de la clause d'arbitrage État-investisseur[775]. Ce n'est qu'après avoir plaidé pour l'application de l'article 59 CVDT que la Commission envisage l'application d'autres règles. Elle avance alors qu'en vertu de toutes les règles de conflit de lois applicables, le conflit doit être résolu en faveur du droit de l'UE[776]. Dans l'affaire *Griffin*, la position de la Commission quant à l'exception d'incompétence soulevée par la Pologne est décrite succinctement. Elle est cependant présentée comme ayant pour sujet principal l'extinction du traité, ou *a minima* de l'offre d'arbitrage en application de l'article 59 CVDT. L'inapplication de l'offre d'arbitrage du fait de son incompatibilité avec le droit de l'UE n'y est que subsidiaire[777].

169. Conclusion. Mis à part quelques fluctuations, sur la règle de conflit de conventions à appliquer en priorité, les États membres et la Commission mobilisent l'arrêt *Achmea* en soutien de l'application des règles de conflits de la CVDT. Cet arrêt est aussi associé au principe de primauté, envisagé comme une règle spéciale de conflit de conventions. Dans les deux cas, il vise notamment à convaincre les arbitres de l'incompatibilité des offres d'arbitrage État-investisseur des traités avec les articles 267 et 344 du TFUE.

B - L'application du principe de primauté à la lumière de l'arrêt *Achmea*

170. L'articulation de l'article 351 TFUE et de l'arrêt **Achmea** ***par les États membres.*** Les exceptions d'incompétence intra-UE, formulées par certains États pour s'opposer à la compétence des tribunaux, ont évolué au fil des arbitrages. L'exception d'incompétence soulevée par la Slovaquie dans l'affaire *Oostergetel*[778], s'articulant autour de

---

en raison de la nationalité prévue à l'article 18 TFUE s'oppose à l'hypothèse d'une application concurrente des traités. V. MARIANI P., « The future of BITs between EU Member States : are intra-EU BITs compatible with the internal market ? », *in* SACERDOTI G., ACCONCI P., VALENTI M. et De LUCA A., *General Interests of Host States in International Investment Law*, Cambridge, CUP, 2014, pp. 265-286, spéc. pp. 270-274.

[772] *Strabag*, Sentence partielle sur la compétence du 4 mars 2020, préc., § 8.65.

[773] Il s'agit d'articles de la Convention de Vienne de 1969 comprenant des règles en matière de nullité d'un traité. V. Article 65. Procédure à suivre concernant la nullité d'un traité, son extinction, le retrait d'une partie ou la suspension de l'application du traité ; Article 67. Instruments ayant pour objet de déclarer la nullité d'un traité, d'y mettre fin, de réaliser le retrait ou de suspendre l'application du traité ; Article 68. Révocation des notifications et des instruments prévus aux articles 65 et 67 ; Article 69. Conséquences de la nullité d'un traité.

[774] *Ibid.*, §§ 8.62-8.67 ; *Raiffeisen (I)*, Décision sur l'exception d'incompétence du défendeur du 30 septembre 2020, préc., § 105 ; *Addiko Bank*, Décision sur l'exception d'incompétence du 12 juin 2020, préc., §§ 186-190 ; *Adamakopoulos*, Décision sur la compétence du 7 février 2020, préc., §§ 143-147.

[775] *Addiko Bank*, Décision sur l'exception d'incompétence du 12 juin 2020, préc., § 191.

[776] *Strabag*, Sentence partielle sur la compétence du 4 mars 2020, préc., § 8.68 ; *Raiffeisen (I)*, Décision sur l'exception d'incompétence du défendeur du 30 septembre 2020, préc., § 105 ; *Addiko Bank*, Décision sur l'exception d'incompétence du 12 juin 2020, préc., § 192 ; *Adamakopoulos*, Décision sur la compétence du 7 février 2020, préc., § 148 ; *Gabriel Resources*, Sentence du 8 mars 2024, préc., §§ 612 et 613.

[777] *Griffin*, Sentence du 29 avril 2020, préc., §§ 339-340.

[778] Arbitrage *ad hoc* (CNUDCI), *Jan Oostergetel & Theodora Laurentius (Oostergetel) c. République slovaque*, Sentence sur la compétence du 30 avril 2010.

l'article 59 et de l'article 30 § 3 CVDT, peut être vue comme marquant une étape dans la maturation de ces exceptions. Une deuxième étape peut être identifiée avec l'exception d'incompétence formulée par la Commission dans l'affaire *JSW Solar Wirteng*[779], s'appuyant sur l'article 351 TFUE au côté des articles de la CVDT. En suivant la sentence *Electrabel*[780], il est possible de considérer cet article du TFUE comme la règle spéciale de conflit de conventions applicable en cas de conflit entre les traités de l'UE et tout traité liant ses membres. Ce type d'exception d'incompétence intra-UE a été repris par plusieurs États membres, et liés à l'arrêt *Achmea*[781]. Par la suite, ces exceptions d'incompétence – reposant sur l'application d'une règle spéciale de conflit de conventions – ont pu progressivement s'écarter de l'article 351 TFUE, pour ne retenir que le principe de primauté[782].

171. L'application à titre principal d'une règle de conflit de conventions de droit de l'UE. Dans l'affaire *United Utilites (Tallin)*, l'Estonie conteste la compétence du tribunal en s'appuyant principalement sur l'article 351 TFUE[783]. Comme le souligne le tribunal dans sa sentence, l'Estonie adopte une approche centrée sur le droit de l'UE. Elle considère cependant que le droit de l'UE fait partie des règles de droit international devant être appliquées par le tribunal. L'État défendeur part du constat de l'incompatibilité entre les articles 267 et 344 TFUE et l'article 9 du TBI comprenant une offre d'arbitrage État-investisseur. Il considère que cette incompatibilité, qui pouvait être déduite de l'avis 1/09 de la Cour de justice, a été confirmée par l'arrêt *Achmea*[784]. L'Estonie considère également que l'article 9 du TBI est incompatible avec l'article 18 TFUE[785]. Elle avance que tout conflit doit être résolu en faveur du droit de l'UE en application de l'article 351 interprété *a contrario*[786].

---

779 CPA (CNUDCI), *JSW Solar (zwei) GmbH & Co.KG, Gisela Wirtgen, Jürgen Wirtgen, et Stefan Wirtgen (JSW Solar et Wirtgen) c. République tchèque*, aff. n° 2014/03, Sentence finale du 11 octobre 2017.

780 CIRDI, *Electrabel SA. c. République de Hongrie*, aff. ARB/07/19, Sentence du 25 novembre 2015.

781 CIRDI, *B3 Croatian Courier Coöperatief U.A. (B3 Croatian Courier) c. République de Croatie*, aff. ARB/15/15, Sentence du 9 avril 2019 ; CIRDI, *United Utilities (Tallinn) B. V. et Aktsiaselts Tallinna Vesi (United Utilities (Tallin)) c. République d'Estonie*, aff. ARB/14/24, Sentence du 21 juin 2019, §§ 472 et 473 ; CIRDI, *Inicia Zrt, Kintyre Kft et Magyar Farming Company Ltd c. Hongrie (Magyar Farming)*, aff. ARB 17/27, Sentence du 13 novembre 2019, §§ 177-183 ; CIRDI, *Theodoros Adamakopoulos, Ilektra Adamantidou, Vasileios Adamopoulos et autres (Adamakopoulos) c. République de Chypre*, aff. ARB/15/49, Décision sur la compétence du 7 février 2020, § 57 ; CPA, (CNUDCI), *A.M.F. Aircraftleasing Meier & Fischer GmbH & Co. KG (A.M.F Aircraftleasing) c. République tchèque*, aff. n° 2017-15, Sentence finale du 11 mai 2020, § 274.

782 Par ex. v. CIRDI, *Cyprus Popular Bank c. République hellénique*, aff ARB/14/16, Décision sur la compétence et la responsabilité du 8 janvier 2019, §470-480. Dans cette affaire la Grèce argue de l'incompatibilité de l'offre d'arbitrage du TBI avec les articles 258, 259, 267 et 344 du TFUE ainsi qu'avec l'article 4 § 3 TUE. Pour la Grèce l'offre d'arbitrage est inapplicable, et partant, le tribunal incompétent du fait de l'application de la règle de conflit de la CVDT, l'article 30 § 3, ou de l'application du principe de primauté (en tant que règle de conflit de conventions). Le défendeur au regard de la sentence ne se fonde pas sur l'article 351 TFUE, il s'appuie cependant sur l'arrêt *Electrabel* qui lui applique l'article 351 TFUE comme une règle de conflit de conventions applicable aux traités entre États membres, en l'interprétant *a contrario*.

783 *United Utilities (Tallin))*, Sentence du 21 juin 2019, préc., §§ 466-480 et 486-491, spéc. §§ 472, 473 et 491.

784 *Ibid.*, § 471 et § 476.

785 TFUE art. 18 (ex-article 12 TCE) :

« Dans le domaine d'application des traités, et sans préjudice des dispositions particulières qu'ils prévoient, est interdite toute discrimination exercée en raison de la nationalité.

Le Parlement européen et le Conseil, statuant conformément à la procédure législative ordinaire, peuvent prendre toute réglementation en vue de l'interdiction de ces discriminations ».

786 CJCE, 27 février 1962, *Commission de la Communauté économique européenne c. République italienne*, aff. C-10. 61, pp.22 « Qu'en vertu des principes du droit international, un État, en assumant une obligation nouvelle contraire aux droits qui lui sont reconnus par un traité antérieur, renonce par le fait même à user de ces droits dans la mesure nécessaire à l'exécution de sa nouvelle obligation ; » ; CJCE, 2 juillet 1996, *Commission des Communautés européennes contre Grand-Duché de Luxembourg*, aff. C-473/ 93, § 40 « [...] il convient de rappeler que, selon une jurisprudence constante, l'article 234, premier alinéa, du traité permet aux États membres de respecter des obligations résultant de conventions internationales antérieures au traité vis-à-vis d'États tiers ; il ne les autorise cependant pas à faire valoir des droits découlant de telles conventions dans les relations intracommunautaires [...]. » ; *Electrabel*, Sentence du 25 novembre 2015, préc., § 4.189 « [...] the Tribunal concludes that Article 307 EC precludes inconsistent pre-existing treaty rights of EU Member States and their own nationals against other EU Member State ; [...] ».

Alternativement, elle affirme que l'article 30 § 3 et l'article 59 CVDT permettent d'aboutir à la même conclusion[787]. Si elle reste silencieuse quant au principe de non-discrimination sur la base de la nationalité (art. 18 TFUE), la République tchèque, dans l'affaire *Fynerdale,* privilégie (comme l'Estonie) l'application de l'article 351 TFEU. Ce n'est que subsidiairement qu'elle mobilise l'article 30 § 3 CVDT pour résoudre l'incompatibilité entre les articles 267 et 344 TFUE et l'offre d'arbitrage du traité. Elle a toutefois pu adopter une position quelque peu différente dans une affaire antérieure.

172. L'application à titre subsidiaire d'une règle de conflit de conventions de droit de l'UE. Comme la Croatie, la Hongrie et Chypre, respectivement dans les affaires, *B3 Croatian Courier, Magyard Farming* et *Adamakopoulos*, la République tchèque dans l'affaire *A.M.F. Aircraftleasing* s'appuie d'abord, sur les dispositions de la CVDT, puis se tourne vers l'article 351 TFUE[788]. Pour plus de détails, dans l'affaire *Magyard Farming*, la Hongrie avance tout d'abord que les traités de l'UE doivent l'emporter en application de l'article 30 § 3 puis note que l'article 351 TFUE justifie également la prévalence des traités de l'UE[789]. Ici, le défendeur rapproche l'article 351 TFUE de l'article 30 § 2 CVDT, prévoyant l'insertion dans les traités de clauses de subordination[790] ou de compatibilité avec un traité postérieur ou antérieur. Il déduit d'une interprétation *a contrario* de l'article 30 § 2 CVDT, la possibilité de prévoir des clauses de supériorité et considère que l'article 351 TFUE en est un exemple.

173. La base légale fluctuante du principe de primauté dans les arbitrages intra-UE. Dans les affaires *Addiko* et *Raiffeisen*, la Croatie lie l'arrêt *Achmea* à une exception d'incompétence reposant sur le principe de primauté. Cependant, elle ne vise pas comme base légale de ce principe l'article 351 TFUE, mais l'article 4 § 3 TUE et la déclaration n° 17 relative à la primauté[791], annexée à l'acte final du traité de Lisbonne[792]. Cette déclaration est fréquemment mise en lien avec l'article 351 TFUE dans les mémoires d'*amicus curiae* de la Commission. Ce flottement sur la base légale du principe de primauté est confirmé par le mémoire soumis par la Commission dans l'affaire *A.M.F Aircraftleasing*. Ce principe y est décrit comme : « *an unwritten element of primary EU law, at the same rank in the hierarchy of norms as the TFEU itself* »[793].

---

[787] *United Utilities (Tallin)*, Sentence du 21 juin 2019, préc., § 480.

[788] *B3 Croatian Courier*, Sentence du 9 avril 2019, préc., § 507 ; *Magyar Farming*, Sentence du 13 novembre 2019, préc., §§ 176-179 ; *Adamakopoulos*, Décision sur la compétence du 7 février 2020, préc., §§ 55-57 ; *A.M.F. Aircraftleasing*, Sentence finale du 11 mai 2020, préc., § 274.

[789] *Magyar Farming*, Sentence du 13 novembre 2019, préc., §§ 177-179.

[790] MONTANARO F., « Article 16 Relation to Other Agreements », *in* LEAL-ARCAS R. (ed.), *Commentary on the Energy Charter Treaty*, Cheltenham – Northampton, Edward Elgar Publishing, 2018, pp. 245-248, spéc. § 16.02 « This provision explicitly refers to the so-called 'conceding clause', but this does not preclude States from adopting different instruments to solve treaty conflicts ».

[791] Au regard de l'article 51 TFUE, cette déclaration contrairement aux protocoles et annexes des traités ne fait pas partie intégrante des traités. Dans l'application de la règle générale d'interprétation des traités (Art. 31 CVDT), ces déclarations font partie du contexte des termes du traité. Parmi les déclarations annexées à l'acte final de la conférence intergouvernementale qui a adopté le traité de Lisbonne, la déclaration relative à la primauté appartient aux déclarations de la Conférence liant toutes les parties et donc correspond aux accords visés à l'art. 31 § 2 a) CVDT à l'inverse les déclarations individuelles de certains États membres relève de l'art. 31 § 2 b) v. GEIGER R., « Article 51 [Protocols, Annexes] », *in* GEIGER R., KHAN D-E et KOTZUR M. (eds.), *European Union Treaties – A Commentary*, Munich-Oxford, C.H. Beck – Hart publishing, 2015, pp. 187 et 188 comp. DENZA E., « Article 51 [Legal Status of Protocols and Annexes] », *in* BLANKE H-J et MANGIAMELI S., *The Treaty on European Union (TEU) – A commentary*, Berlin-Heidelberg, Springer, 2013, pp. 1419-1432, spéc. §§ 12 et 13. L'autrice rattache l'ensemble des déclarations à l'article 31 § 2 b) CVDT.

[792] CIRDI, *Raiffeisen Bank International AG and Raiffeisenbank Austria d.d. (Raiffeisen) c. République de Croatie (I)*, aff. ARB/17/34, Décision sur l'exception d'incompétence du défendeur du 30 septembre 2020, §§ 100-103 ; CIRDI, *Addiko Bank AG and Addiko Bank d. d. (Addiko) c. République de Croatie*, aff. ARB/17/37, Décision sur l'exception d'incompétence liée à l'incompatibilité présumée du TBI avec l'acquis de l'UE du 12 juin 2020, §§ 100 et 292.

[793] CPA, (CNUDCI), *A.M.F. Aircraftleasing Meier & Fischer GmbH & Co. KG (A.M.F Aircraftleasing) c. République tchèque*, aff. n° 2017-15, Sentence finale du 11 mai 2020, § 311.

174. Le retour de la Commission à une application à titre principal du principe de primauté. Dans les affaires les plus récentes *A.M.F. Aircraftleasing* et *Fynerdale*, l'argument reposant sur l'extinction tacite des traités d'investissement en application de l'article 59 CVDT semble reprendre la place qu'il occupait dans les écrits soumis par la Commission dans l'affaire *United Utilities (Tallin)*[794]. Cette dernière insiste, dans l'affaire *A.M.F. Aircraftleasing*, sur la présence d'une règle spéciale de conflit de conventions : le principe de primauté[795]. Dans l'affaire *Fynerdale*, la Commission s'appuie sur la jurisprudence de la Cour de justice et sur la sentence *Electrabel* pour arguer qu'un individu ne peut se prévaloir d'engagements internationaux antérieurs entre deux États membres pour ne pas appliquer le droit de l'UE[796]. Dans l'ensemble, la Commission structure son raisonnement en deux temps. Elle rappelle, d'abord, le caractère résiduel des règles de conflit de la CVDT[797], puis affirme que les traités de l'UE contiennent une règle de conflit de convention spéciale. Selon les affaires elle fait référence à la déclaration n° 17 relative à la primauté et/ou à l'article 351 TFUE[798]. Subsidiairement, la Commission considère que la règle de conflit de l'article 30 § 3 CVDT aboutit au même résultat. Concernant le critère de même matière, elle avance que si deux traités entrent en conflit, ils portent nécessairement sur la même matière.

175. L'affirmation préalable par la Commission de l'inarbitrabilité des litiges. En dehors de ces associations particulières de l'arrêt *Achmea* au principe de primauté, la Commission précise systématiquement dans ces écrits, dans une argumentation préalable portant sur les effets de l'arrêt *Achmea,* que selon cet arrêt le principe général d'autonomie du droit de l'UE, l'article 19 TUE, ainsi que les articles 267 et 344 TFUE excluent toute résolution arbitrale de différends d'investissement entre un investisseur de l'Union et un État membre (intra-UE). Au surplus, elle indique que son interprétation des effets de l'arrêt est confirmée par les déclarations des États membres de janvier 2019[799].

176. Transition. En dehors des deux hypothèses d'association envisagées ci-dessus, dans certaines sentences l'arrêt *Achmea* est associé à une règle spéciale de confit de conventions, non pas issue du droit de l'Union, mais du traité d'investissement lui-même.

---

794 *United Utilities (Tallin)*, Sentence du 21 juin 2019, préc., § 480.

795 *A.M.F Aircraftleasing*, Sentence finale du 11 mai 2020, préc., §310.

796 CPA (CNUDCI), *Fynerdale Holding B.V. (Fynerdale) c. République tchèque*, aff. n° 2018-18, Sentence du 29 avril 2021, §§ 224-241, spéc. § 229.

797 VILLIGER M.E., *Commentary on the 1969 Vienna Convention on the Law of Treaties*, *op. cit.*, pp. 403-411. Cet auteur précise qu'il n'a été donné que peu d'explications quant à la base légale justifiant le caractère résiduel, supplétif de l'article 30 CVDT. Il considère qu'en l'absence d'une règle spéciale insérée dans un traité, seules des règles de conflit de conventions appartenant au droit international coutumier peuvent se substituer aux règles de cet article elles aussi de nature coutumière. Si la preuve du caractère coutumier du principe de *lex specialis* ne semble pas poser de difficultés, tel ne serait pas le cas du principe de *lex prior* ou de celui de *lex posterior generalis non derogat legi priori speciali*.

798 Dans l'affaire *Addiko*, la Commission ne fait pas référence à l'article 351 TFUE, mais mentionne la sentence *Electrabel*. À l'inverse dans l'affaire *Strabag*, la Commission ne mentionne pas la déclaration n° 17 relative à la primauté. V. *Addiko Bank*, Décision sur l'exception d'incompétence ldu 12 juin 2020, préc., § 194 ; *Strabag*, Sentence partielle sur la compétence du 4 mars 2020, préc., § 8.70 ; dans les affaires *Adamakopoulos* et *A.M.F Aircraft leasing* les deux éléments sont présents. V. *Adamakopoulos*, Décision sur la compétence du 7 février 2020, préc., § 148 ; *A.M.F Aircraftleasing*, Sentence finale du 11 mai 2020, préc., §§ 309-311 comp. *Raiffeisen (I)*, Décision sur l'exception d'incompétence du défendeur du 30 septembre 2020, préc., §§ 100-102. Ici, la Croatie considère qu'une règle de conflit spéciale faisant primer les traités de l'UE sur les traités entre États membres peut être déduite de l'article 4 (3) TUE, du TFUE et de la déclaration n° 17 relative à la primauté.

799 *A.M.F Aircraftleasing*, Sentence finale du 11 mai 2020, préc., §§ 302-306, spéc. § 303.

C - L'application de l'article 11 § 2 du TBI austro-croate à la lumière de l'arrêt *Achmea*

177. La particularité de l'article 11 § 2 du TBI austro-croate de 1997. L'arrêt *Achmea* s'est aussi inscrit dans des exceptions d'incompétence intra-UE, soulevées par la Croatie dans plusieurs arbitrages sur le fondement d'un traité particulier[800] ; celui qu'elle a signé avec l'Autriche en 1997[801]. Ce traité comporte une clause rare, inhabituelle[802]. Son article 11 intitulé : application de l'accord prévoit dans un paragraphe 2 : « *The Contracting Parties are not bound by the present Agreement insofar as it is incompatible with the legal acquis of the European Union (EU) in force at any given time* ». Le paragraphe 3 poursuit en précisant : « *In case of uncertainties concerning the effects of paragraph 2 of this Article the Contracting Parties will enter a dialogue* »[803]. Cette clause n'est pas présente dans les autres TBI intra-UE signés par ces deux États, ce qui rend difficile l'attribution de sa paternité à l'Autriche ou la Croatie. Elle semble donc être le fruit particulier des négociations entre ces deux États. Les clauses les plus proches se trouvent dans des traités bilatéraux d'investissement entre États membres et État tiers (TBI extra-UE) adoptés après le traité de Lisbonne[804] ; c'est-à-dire dans des traités autorisés par la

---

800 CIRDI, *Georg Gavrilovic et Gavrilovic d. o. o. (Gavrilovic) c. République de Croatie*, aff. ARB/12/39, Sentence du 25 juillet 2018 ; dans quatre arbitrages les demandeurs contestent une loi croate ayant obligé des établissements bancaires à convertir en euro les prêts en francs suisses qu'ils avaient octroyés en Croatie. V. CIRDI, *Addiko*, Décision sur l'exception d'incompétence du 12 juin 2020, préc. ; CIRDI, *UniCredit Bank Austria AG and Zagrebačka Banka d.d. (UniCredit Bank and Zagrebačka Banka) c. République de Croatie*, aff. ARB/16/31, Décision sur la compétence et l'admissibilité du 24 mars 2020 (Non publiée) ; *Raiffeisen*, Décision du 30 Septembre 2020, préc. ; CIRDI, *Erste & Steiermärkische Bank d.d., Erste Group Bank AG, and Steiermärkische Bank und Sparkassen AG (Erste Group Bank AG) c. République de Croatie*, aff. ARB/17/49, Ordonnance de clôture du 15 juillet 2021.

801 Accord entre la République d'Autriche et la République de Croatie pour la promotion et la protection des investissements (signé le 19 février 1997, entré en vigueur le 1er novembre 1999).

802 *Addiko Bank*, Décision sur l'exception d'incompétence du 12 juin 2020, préc., § 204.

803 TBI Croatie – Autriche (1997), précit., article 11.

804 Certaines clauses prévoient qu'aucune disposition de l'accord ne peut être interprétée comme empêchant une partie contractante de remplir ses obligations au titre d'un accord d'intégration économique. V. Accord entre les Emirats arabes unis et la République hellénique sur la promotion et la protection réciproque des investissements (signé le 6 mai 2014 et entré en vigueur le 6 mars 2016), Article 4 Treatment of Investment « § 3 No provision of this Agreement shall be construed a) as to prevent a Contracting Party from fulfilling its obligations as a member of an economic integration agreement such as a free trade area, customs union, common market, economic community, monetary union, ego The European Union, Gulf Cooperation Council (GCC Countries) [...] ».
Des clauses prévoient que les obligations des parties au titre du traité d'investissement ne peuvent porter préjudice aux mesures de l'Union. V. Accord entre la Roumanie et la République Kazakh pour le promotion et la protection réciproque des investissements (signé le 2 mars 2010 et entré en vigueur le 17 juillet 2013) Article 3 Protection and Treatment « § 1 Without prejudice to the measures adopted by the European Union, each Contracting Party shall protect within its territory, investments made in accordance with its national legislation by investors of the other Contracting Party and shall not impair by unreasonable or discriminatory measures the management, maintenance, use, enjoyment, extension, sale or liquidation of such investments [...] », Article 4 Free Transfer « § 1 Without prejudice to the measures adopted by the European Union, each Contracting Party in whose territory investments have been made by investors of the other Contracting Party, shall grant to those investors the free transfer of the payments relating to these investments, after performance all tax obligations [...] ». Ces clauses de non-préjudice ou de non-affection sont souvent limitées aux articles prévoyant une garantie de libre transfert. V. Accord entre la République tchèque et la République socialiste démocratique du Sri Lanka pour la promotion et la protection réciproque des investissements (Signé le 28 mars 2011 et entré en vigueur le 15 juin 2016) Article 6 §.
Des clauses se limitent à affirmer que les parties reconnaissent que les obligations d'une partie contractante en tant que membre d'une union douanière ou monétaire, d'un marché commun ou d'une zone de libre-échange comprennent des obligations issues d'accords internationaux. V. Accord entre la Roumanie et le Canada pour la promotion et la protection réciproque des investissements (signé le 8 mai 2009 et entré en vigueur le 23 novembre 2011) Article IV Exceptions « § 3 The Contracting Parties understand the obligations of a Contracting Party as a member of a customs,economic or monetary union, a common market or a free trade area to include obligations arising out of an international agreement or reciprocity arrangement of that customs, economic or monetary union, common market or free trade area ».
D'autres clauses ne font qu'étendre les clauses de sécurité nationale à l'Union. V. Accord entre la République tchèque et la Géorgie pour la promotion et la protection réciproque des investissements (signé le 29 août 2009 et entré en vigueur

Commission au regard de leur compatibilité avec la politique commerciale commune, et plus généralement avec le droit de l'UE.

178. Le soutien de l'arrêt* Achmea *à une exception supplémentaire fondée sur l'article 11 § 2. C'est dans l'affaire *Gavrilovic* qu'un tribunal arbitral se prononce pour la première fois sur cet article 11 § 2. En l'occurrence la Croatie soulève le 4 avril 2018, après le prononcé de l'arrêt *Achmea*, une exception préliminaire supplémentaire. Cette exception d'incompétence s'articule autour de l'arrêt *Achmea* et de l'article 11 § 2 du TBI austro-croate. Pour le défendeur, l'arrêt affirme l'incompatibilité des clauses d'arbitrage État-investisseur de traités d'investissement entre États membres avec l'acquis de l'UE. Il conclut qu'en application de l'article 11 § 2, le tribunal doit se déclarer incompétent[805]. Comme susmentionnée, cette exception d'incompétence ne sera pas examinée par le tribunal. Ce dernier considérera que le défendeur aurait dû formuler cette exception préliminaire plus tôt et refusera d'exercer son pouvoir discrétionnaire d'examen de sa compétence *ex officio*[806].

179. L'articulation de l'arrêt* Achmea *et de l'article 11 § 2 dans les arbitrages analogues. Une exception d'incompétence comparable sera soulevée par la Croatie dans les affaires *Addiko*[807], *UniCredit Bank et Zagrebačka Banka*[808] et *Raiffeisen*[809]. Dans l'affaire *Addiko*, la Croatie rappelle avant toute chose qu'aucune règle de droit international n'empêche les États de prévoir qu'un traité l'emporte sur un autre[810], soit d'établir une hiérarchie entre les traités[811]. Elle considère que l'article 11 § 2 résout les conflits entre l'acquis de l'UE et le traité d'investissement au profit du premier. Dans l'hypothèse où le tribunal ne retiendrait pas une telle interprétation de cet article, l'État défendeur considère que l'application de l'article 30 § 3 CVDT aboutirait au même résultat[812]. Dans l'affaire *Raiffeisen*, la Croatie avance, au surplus, que l'article 11 § 2 est la règle de conflit de conventions devant être appliquée en priorité par le tribunal. Elle rappelle le caractère supplétif, résiduel, des dispositions de l'article 30 CVDT, mais soutient néanmoins que leur application aboutirait également à l'inapplication de l'article 9 du TBI autorisant l'arbitrage État-investisseur[813]. Si le tribunal ne se déclare pas incompétent en application de l'article 11 § 2 du TBI, alternativement, la Croatie indique que la règle de conflit (« *dovetailling conflict clause* ») contenue dans l'article 4 § 3 TUE[814], faisant primer les traités de l'UE sur les traités entre États membres le rend

---

le 13 mars 2011), Article 11 Essential Security Interests « § 2 A Contracting Party's essential security interests may include interests deriving from its membership : in a customs, economic, or monetary union, a common market or a free trade area. *pro* Accord entre la République slovaque et la République de macédoine sur la promotion et la protection réciproque des investissements (signé le 25 juin 2009 et entré en vigueur le 25 août 2011) Article 12 Essential Security Interest [...] its own essential security interests which may include interests dervivng from its membership of a custums, economic or mentary union, a common market or a free trade area ».

805 CIRDI, *Georg Gavrilovic et Gavrilovic d. o. o. (Gavrilovic) c. République de Croatie*, aff. ARB/12/39, Décision du 30 avril 2018 sur la demande du défendeur du 4 avril, §§ 12-15 et 22-26.

806 *Ibid.*, §§ 39 et 47.

807 *Addiko Bank*, Décision sur l'exception d'incompétence du 12 juin 2020, préc.

808 CIRDI, *UniCredit Bank and Zagrebačka Banka) c. République de Croatie*, aff. ARB/16/31, Décision sur l'exception d'incompétence du défendeur au titre de l'article 9 du 12 octobre 2018 et Décision sur la demande du défendeur de révocation de la décision sur l'article 9 et de la décision sur la compétence et la recevabilité du 24 mars 2020.

809 *Raiffeisen (I)*, Décision sur l'exception d'incompétence du 30 septembre 2020, préc.

810 *Addiko Bank*, Décision sur l'exception d'incompétence du 12 juin 2020, préc., § 51.

811 *Ibid.*, § 206.

812 *Ibid.*, § 52.

813 *Raiffeisen (I)*, Décision sur l'exception d'incompétence du 30 septembre 2020, préc., §§ 95-99.

814 TUE Art. 4 § 3 : « En vertu du principe de coopération loyale, l'Union et les États membres se respectent et s'assistent mutuellement dans l'accomplissement des missions découlant des traités. Les États membres prennent toute mesure générale ou particulière propre à assurer l'exécution des obligations découlant des traités ou résultant des actes des institutions de l'Union. Les États membres facilitent l'accomplissement par l'Union de sa mission et s'abstiennent de toute mesure susceptible de mettre en péril la réalisation des objectifs de l'Union ».

également incompétent[815]. Concernant les dispositions des traités incompatibles, dans l'affaire *Addiko* la Croatie affirme que la clause d'arbitrage, ainsi que les dispositions substantielles du TBI sont incompatibles avec l'acquis de l'UE[816]. L'arrêt *Achmea* et les déclarations des États membres de janvier 2019 n'ont fait que confirmer l'incompatibilité de l'offre d'arbitrage État-investisseur[817]. Pour la Croatie, cette offre est inapplicable depuis le 1er juillet 2013, date de son adhésion effective à l'Union. L'État défendeur invite par ailleurs le tribunal à ne pas se reposer sur les sentences arbitrales antérieures, citées par le demandeur, dans l'examen de sa compétence. La Croatie précise qu'à l'exception de la sentence *Unicredit Bank et Zagrebačka Banka,* les autres sentences portent sur des traités ne comportant pas une clause de conflit comparable à l'article 11 § 2 du TBI. L'État défendeur considère qu'elles ne sont donc pas pertinentes[818]. Après avoir contesté l'idée d'une jurisprudence arbitrale constante affirmant la compatibilité des traités d'investissement entre États membres avec les traités de l'UE, au profit d'un constat de fragmentation de la jurisprudence, la Croatie conteste l'analyse des arbitres dans l'affaire *Unicredit Bank et Zagrebačka Banka*[819]. Elle limite la pertinence de cette sentence en affirmant qu'elle réduit l'acquis de l'UE à l'arrêt *Achmea* et ne comporte pas une analyse complète des traités de l'UE. Dans ces trois affaires, les tribunaux arbitraux rejetteront l'exception d'incompétence intra-UE du défendeur basée en partie sur l'article 11 § 2 du TBI. Le tribunal de l'affaire *Raiffeisen* ne se déclarera compétent qu'à la majorité.

180. L'opinion divergente de l'arbitre Lazar Tomov. Dans l'affaire *Raiffeisen,* l'arbitre dissident Lazar Tomov souligne d'abord que ni la doctrine de la date critique ni l'article 46 CVDT ne justifient la mise à l'écart de l'arrêt *Achmea.* Concernant l'article 46 CVDT détaillant une hypothèse de nullité des traités[820], il souligne que si deux traités sont incompatibles, le traité incompatible n'est pas invalidé, mais simplement inapplicable. Au demeurant, il considère que même sans intégrer l'arrêt *Achmea* à l'acquis de l'UE en vigueur au moment du dépôt de la requête d'arbitrage, les actes et documents sur lesquels se fonde la majorité du tribunal auraient dû la conduire à déclarer le tribunal incompétent en raison de l'incompatibilité de l'offre d'arbitrage du traité avec les articles 267 et 344 TFUE[821]. Dans une procédure d'arbitrage parallèle l'opposant au même demandeur[822], la Croatie saisit une juridiction allemande, et obtint une déclaration d'inadmissibilité de la procédure d'arbitrage au regard des principes juridiques énoncés dans l'arrêt *Achmea*[823].

---

[815] *Ibid.*, §§ 100-103, « [...] Article 4(3) of Treaty on the European Union (the TEU, and, together with the TFEU, the EU Treaties) contains a dovetailing conflict clause giving the EU Treaties primacy over other intra-EU treaties » (§ 100). La Croatie, pour confirmer le principe de primauté des traités de l'UE sur les traités entre États membres s'appuie sur la déclaration n° 17 sur la primauté annexée à l'acte final du traité de Lisbonne (signé le 13 décembre 2007 entré en vigueur le 1er décembre 2009) (§ 103).

[816] *Addiko Bank,* Décision sur l'exception d'incompétence du 12 juin 20200 préc., § 57.

[817] *Ibid.*, §§ 86-94, 125-131, 136-143 et 150-152.

[818] *Ibid.*, §§ 62-74, spéc. § 63.

[819] *Ibid.*, §§ 66-74.

[820] CVDT art. 46 Dispositions du droit interne concernant la compétence pour conclure des traités :
« § 1 Le fait que le consentement d'un État à être lié par un traité a été exprimé en violation d'une disposition de son droit interne concernant la compétence pour conclure des traités ne peut être invoqué par cet État comme viciant son consentement, à moins que cette violation n'ait été manifeste et ne concerne une règle de son droit interne d'importance fondamentale.
§ 2 Une violation est manifeste si elle est objectivement évidente pour tout État se comportant en la matière conformément à la pratique habituelle et de bonne foi ».

[821] *Raiffeisen (I),* Décision sur l'exception d'incompétence du 30 septembre 2020, §§ 255-258 Vue divergente de Lazar Tomov, arbitre nommé par le défendeur.

[822] Arbitrage *ad hoc,* (CNDUCI), *Raiffeisen Bank International AG and Raiffeien Bank Austria d.d. (Raiffeisen (II)) c. République de Croatie (II),* Procédure en cours.

[823] Cour d'appel de Francfort (Oberlandesgericht (OLG) Frankfurt am Main), *Raiffeisen Bank International AG et Raiffeisenbank Austria d.d. c. République de Croatie (II),* aff. 26 SchH 2/20, Arrêt du 11 février 2021, spéc. p. 8. En substance le tribunal affirme que nonobstant les remarques spécifiques à l'affaire *Achmea* et au TBI de l'espèce, cet arrêt

181. Transition. Une fois les liens entre l'arrêt *Achmea* et les exceptions d'incompétence intra-UE établis au fil d'une première série de sentences postérieures au prononcé du premier, la précision des effets de cet arrêt a pris une place croissante dans les arbitrages ultérieurs.

doit être considéré comme une décision de référence dont la portée s'étend à tous les TBI intra-UE. Cet arrêt a été confirmé par la Cour fédérale allemande (Bundesgerichtshof (BGH)). V. Cour fédérale allemande (Bundesgerichtshof (BGH)), *Raiffeisen Bank International AG et Raiffeisenbank Austria d.d. c. République de Croatie (II)*, aff. I ZB 16/21, arrêt du 17 novembre 2021.

§ 2 - La précision des effets de l'arrêt *Achmea* dans les arbitrages intra-UE

182. Plan de paragraphe. Selon les États défendeurs, les formulations quant à l'effet de l'arrêt *Achmea* divergent quelque peu. Dans l'ensemble, il est affirmé qu'il lie les tribunaux arbitraux[824]. Parfois, plus modestement, les États ont encouragé les tribunaux à prendre en compte cet arrêt[825]. De manière plus nuancée, la Pologne dans l'affaire *Strabag* reconnait que, dans cet arrêt, la Cour de justice ne se prononce pas explicitement sur l'invalidité des offres d'arbitrage État-investisseur de tous les traités d'investissement entre États membres[826]. La Cour laisserait les tribunaux arbitraux et les juridictions des États tirer les conséquences pratiques de son arrêt en statuant sur des cas individuels. En principe, dans le cadre d'une question préjudicielle, la Cour ne se prononce pas sur l'application de la règle de droit de l'UE à l'affaire soumise au juge. En pratique, la distinction entre interprétation et application est parfois ténue. Or un arrêt énonçant dans des termes abstraits que des dispositions du traité « s'opposent à »[827] une norme objet du litige ne laisse – comme en est d'avis la Pologne dans l'affaire *Strabag* – aucune marge d'appréciation au juge national[828]. À côté de la question de l'effet de l'arrêt dans les arbitrages (A) visant le caractère plus ou moins contraignant de l'interprétation qu'il porte, certains États ont également défendu une interprétation large de cet arrêt, en affirmant sa portée générale, c'est-à-dire son application à tous les TBI intra-UE (B).

---

[824] CIRDI, *UP et C.D Holding Internationale (UP et C.D Holding) c. Hongrie*, aff. ARB/13/35, Sentence du 9 octobre 2018, § 236 ; CIRDI, *United Utilities (Tallinn) B. V. et Aktsiaselts Tallinna Vesi (United Utilities (Tallin)) c. République d'Estonie*, aff. ARB/14/24, Sentence du 21 juin 2019, § 490 ; CIRDI, *Inicia Zrt, Kintyre Kft et Magyar Farming Company Ltd c. Hongrie (Magyar Farming)*, aff. ARB 17/27, Sentence du 13 novembre 2019, § 204 ; CPA (CNUDCI), *A.M.F. Aircraftleasing Meier & Fischer GmbH & Co. KG (A.M.F Aircraftleasing) c. République tchèque*, aff. n° 2017-15, Sentence finale du 11 mai 2020, § 268 ; CIRDI, *Addiko Bank AG et Addiko Bank d.d. (Addiko Bank) c. République de Croatie*, aff. ARB/17/37, Décision sur l'exception d'incompétence liée à l'incompatibilité présumée du TBI avec l'acquis de l'UE du 12 juin 2020, § 125.

[825] CIRDI, *Theodoros Adamakopoulos, Ilektra Adamantidou, Vasileios Adamopoulos et autres (Adamakopoulos) c. République de Chypre*, aff. ARB/15/49, Décision sur la compétence du 7 février 2020, § 52 « The Respondent urges this Tribunal to follow the Achmea Ruling […] » ; SCC, (SCC), *GPF GP S.à.r. l (Griffin) c. République de Pologne*, aff. n° 2014/168, Sentence du 29 avril 2020, § 321 « […] the tribunal should accept the position of the CJEU […] ».

[826] CIRDI, (*ad hoc*), *Strabag SE, Raiffeisen Centrobank AG and Syrena Immobilien Holding AG (Strabag)c. République de Pologne*, aff. ADHOC/15/1, Sentence partielle sur la compétence du 4 mars 2020, § 8.12.

[827] L'effet de l'arrêt *Achmea* a pu être minimisé en insistant que le fait que « s'opposer » ne signifie pas rendre nulle, ou être incompatible. Cette formulation laisserait ouverte la question des effets de l'opposition. V. CIRDI, *Hydro Energy 1 S.à r.l. et Hydroxana Sweden AB (Hydro Energy 1) c. Royaume d'Espagne*, aff. ARB/15/42, Décision sur la compétence, la responsabilité et les orientations en matière de quatum du 9 mars 2020, § 501 ; CIRDI, *Cavalum SGPS c. Royaume d'Espagne*, Aff. ARB/15/34, Décision sur la compétence, la responsabilité et les principes de quantum, du 31 août 2020, § 368. L'argument semble spécieux, du point de vue du droit de l'UE la norme s'opposant à ce dernier doit être mise à l'écart et ne pas être appliquée.

[828] BLUMANN C. et DUBOUIS L., *Droit institutionnel de l'Union européenne*, 6e éd., 2016, Paris, LexisNexis, pp. 870, spéc. §§ 1014 et 1015.

A - L'effet de l'arrêt *Achmea*

183. L'effet de l'arrêt* Achmea *en droit de l'UE. *Plusieurs* États s'accordent dans leurs défenses sur l'effet *erga omnes*[829] et *ex tunc*[830] de l'arrêt *Achmea*[831]. Ainsi l'arrêt aurait révélé une incompatibilité préexistante et s'imposerait à tous les États membres, à leurs juridictions ainsi qu'à leurs ressortissants. Ces États tirent ici les conséquences de la jurisprudence de la Cour de justice quant à son pouvoir d'interprétation des traités[832]. Cependant, ce constat a pu être considéré comme valable uniquement en droit de l'UE[833]. Il faut donc que les États membres justifient la transposition de ses effets du droit de l'UE à l'arbitrage d'investissement intra-UE.

184. L'effet de l'arrêt* Achmea *en tant qu'élément du droit interne de l'État d'origine. Une possibilité peut être de considérer que l'arrêt produit des effets dans ces arbitrages par l'application du droit interne des États d'origine des investisseurs. La Roumanie considère par exemple dans l'affaire *Gabriel Ressources* que l'investisseur ne dispose plus du droit d'invoquer un traité d'investissement entre États membres, car ce droit est incompatible avec le droit interne de son État d'origine – comprenant le droit de l'UE. L'investisseur étant une personne morale, sa *lex societatis* ne lui permettrait pas d'avoir recours à l'arbitrage[834]. Cette ligne de défense semble également avoir été tenue par l'Espagne dans le cadre de la contestation devant les juridictions des États-Unis, de l'exécution de la sentence *PV Investors*. Dans son avis de mémoire (*Memorandum opinion)*, accédant à la motion de rejet de l'Espagne, le juge Richard J. Léon de la Cour de district des États-Unis pour le District de Columbia note que l'opposition de l'Espagne porte sur l'incapacité des parties à conclure un accord

---

829 CIRDI, *Gabriel Resources Ltd. et Gabriel Resources (Jersey) (Gabriel Resources) c. Roumanie*, aff. ARB15/31, Exception préliminaire supplémentaire du défendeur du 25 mai 2018, § 110 ; *UP et C.D Holding*, Sentence du 9 octobre 2018, préc., § 232 ; *Magyar Farming*, Sentence du 13 novembre 2019, préc., §§ 173-174 ; *Griffin*, Sentence du 29 avril 2020, préc., § 344.

830 CIRDI, *Georg Gavrilovic et Gavrilovic d. o. o. (Gavrilovic) c. République de Croatie*, aff. ARB/12/39, Décision du 30 avril 2018 sur la demande du défendeur du 4 avril, § 24 ; *UP et C.D Holding*, Sentence du 9 octobre 2018, préc., § 232 ; *United Utilities (Tallin)*, Sentence du 21 juin 2019, préc., § 489 ; *Magyar Farming*, Sentence du 13 novembre 2019, préc., § 206 ; *Griffin*, Sentence du 29 avril 2020, préc., § 150 ; *Strabag*, Sentence partielle sur la compétence du 4 mars 2020, préc., §§ 8.9-11 ; *Addiko Bank*, Décision sur l'exception d'incompétence du 12 juin 2020, préc., § 93 ; CIRDI, *Raiffeisen Bank International AG et Raiffeisenbank Austria d. d. (Raiffeisen) c. République de Croatie (I)*, aff. ARB/17/34, Décision sur l'exception d'incompétence du défendeur du 30 septembre 2020, §§ 159 et 181 ; CPA (CNUDCI), *Fynerdale Holding B.V. (Fynerdale) c. République tchèque*, aff. n° 2018-18, Sentence du 29 avril 2021, § 189.

831 De manière générale sur les effets des arrêts de la Cour de Justice dans le cadre de procédure de renvoi préjudicielle v. PERTEK J., « Fasc. 361 : RENVOI PRÉJUDICIEL – Renvoi préjudiciel en interprétation », *JCl. Europe Traité*, Lexis Nexis, 2019, §§ 104-125 ; PICOD F. et RIDEAU J., « Renvoi préjudiciel », *Rép. de droit européen*, Dalloz, 2006, §§ 229-268 ; Au regard des traités seuls les arrêts de la Cour de justice dans le cadre de recours en annulation disposent sans conteste d'un effet *erga omnes*, cependant l'évolution de la jurisprudence tend à faire reconnaitre un effet *erga omnes* à l'ensemble des arrêts d'interprétation au regard de leur autorité de chose interprétée. V. DENIZEAU C. « L'autorité des arrêts de la Cour de justice de l'Union européenne », *Zbornik radova Pravnog fakulteta u Splitu*, Vol. 51 (2), 2014, pp. 289-313, spéc. pp. 307-313. Comp. DIEU F. « Le Conseil d'État face à l'autorité des interprétations données par la CJCE dans le cadre d'un renvoi préjudiciel : une position délicate », *RTD eur.*, 2007, pp. 473-490. Ici un effet quasi *erga omnes* est reconnu.

832 Charlotte Denizeau fait le même constat en précisant : « Les interprétations de la Cour manifestent l'exercice d'une prérogative de puissance publique. Elles sont revêtues pour les États membres et les institutions communautaires d'une autorité absolue de chose interprétée, qui les oblige à se conformer à la règle jurisprudentielle énoncée, qui s'incorpore à la disposition interprétée. L'effet contraignant de la norme interprétée détermine alors la force contraignante de l'interprétation jurisprudentielle. Elle bénéficie de l'immédiateté normative, elle est applicable instantanément et simultanément dans l'ensemble des États membres et est opposable à l'action des autorités publiques, comme à celle des organismes de droit privé. ». V. DENIZEAU C., « L'autorité des arrêts de la Cour de justice de l'Union européenne », art. cité, p. 311. Pour une critique de cette approche du pouvoir d'interprétation de la Cour de Justice v. DAVIES G., « Does the Court of Justice own the Treaties ? Interpretative pluralism as a solution to over-constitutionalisation », *European Law Journal*, Vol. 24(6), 2018, pp. 358-375.

833 Concernant l'effet rétroactif de l'interprétation qu'elle donne des traités, la Cour de justice de l'UE ne se distingue cependant pas de la pratique de la Cour international de justice. V. CPJI, *Accès aux écoles minoritaires allemandes en Haute-Silésie*, Avis consultatif du 15 mai 1931, Série A/B, n° 40, p.19.

834 *Gabriel Resources*, Exception préliminaire supplémentaire du défendeur du 25 mai 2018, préc., §§ 104-113.

d'arbitrage[835]. Dans ses conclusions, il insiste toutefois davantage sur l'incapacité de l'Espagne : « *Spain lacked the legal capacity to extend an offer to arbitrate any dispute with the Compagnies under the law that applied to the parties. As such, no agreement to arbitrate ever exist [...]* »[836].

185. L'effet de l'arrêt Achmea en tant qu'élément de droit international public. L'arrêt *Achmea* peut aussi être considéré comme produisant des effets en tant qu'interprétation authentique des traités de l'UE[837]. L'interprétation contenue dans l'arrêt se confondant avec la norme interprétée serait de nature conventionnelle. L'arrêt, et l'interprétation qu'il porte auraient la même autorité que les traités de l'UE. Si la Pologne soutient cette position en reprenant explicitement la notion d'interprétation authentique[838], Chypre et la Hongrie tiennent le même raisonnement, mais privilégient la notion d'interprétation faisant foi *(authoritative)*[839]. Dans l'affaire *Adamakopoulos* la position de Chypre est résumée par le tribunal ainsi :

> « *The Respondent would have the Tribunal treat the ruling in Achmea as a determination of the international law position of the rights and obligations of EU member states. Thus, a determination by the appropriate EU organ, the CJEU, that Articles 276 and 344 TFEU preclude the possibility of EU members states permitting the nationals of one EU member state to sue another EU state, is a determination of the international law relations of the two EU member states. On this basis the relevant rules of international law for EU member states are rules of EU law and under EU law the Claimants' state could not grant its nationals the right to sue and the Respondent could not consent to being sued. Thus, this Tribunal has no jurisdiction* »[840].

Dans la même veine, l'Estonie dans une autre affaire affirme que l'arrêt lie le tribunal arbitral, notamment en tant qu'élément de droit international public[841]. La Croatie quant à elle affirme que le tribunal est lié par cet arrêt, en ce que la Cour de justice y détermine les effets juridiques internationaux des traités de l'UE[842]. La Hongrie dans l'affaire *UP et C.D Holding* fait de même et cite la Cour internationale de Justice[843] qui, dans l'affaire *Diallo*, affirme devoir quand elle

---

[835] Cour de district des États-Unis pour le District de Columbia (D.D.C.), *Blasket Renewable Investments LLC c. Royaume d'Espagne*, aff. Civil Case No. 21-3249 (RJL), Memorandum Opinion du 29 mars 2023, p. 12.
[836] *Ibid.*, p. 20.
[837] Au sens Kelsenien, de l'interprétation, d'une autorité habilitée, qui s'impose et pas au sens classique de celle qui émane de l'auteur de la norme. V. TROPER M., « Une théorie réaliste de l'interprétation », *Revista Opiniao Juridica*, Vol. 8(2), 2006, pp. 301-318.
[838] *Griffin*, Sentence du 29 avril 2020, préc., § 344.
[839] *Magyar Farming*, Sentence du 13 novembre 2019, préc., § 206 ; *Adamakopoulos*, Décision sur la compétence du 7 février 2020, préc., § 53. Sur la distinction interprétation authentique et interprétation faisant foi (*authoritative interpretation*) en droit international v. FORTEAU M., MIRON A. et PELLET A., *Droit international public*, 9e éd., Paris, LGDJ, 2022, pp. 1821, spéc. § 199. Il faut cependant indiquer que dans la jurisprudence de la CPJI le terme d'interprétation authentique peut être traduit en anglais par : « authoritative interpretation ». V. CPJI, *Affaire de Jaworzina (Frontière Polono-Tchécoslovaque)*, Avis consultatif du 6 décembre 1923, Série B, n° 8, pp. 37 « [...] le droit d'interpréter authentiquement une règle juridique appartient à celui-là seul qui a le pouvoir de la modifier ou de la supprimer [...]//[...] the right of giving an authoritative interpretation of a legal rule belongs solely to the person or body who has power to modify or suppressit [...] ».
[840] *Adamakopoulos*, Décision sur la compétence du 7 février 2020, préc., § 159 *pro A.M.F Aircraftleasing*, Sentence finale du 11 mai 2020, préc., § 273. Dans cette affaire la République tchèque adopte un raisonnement similaire en affirmant : « In essence, the Achmea judgment considers that EU law, applied as international law between the Contracting States, can affect a State's capacity to consent to arbitration, thereby impacting even the jurisdiction of tribunals established outside the EU legal order [...] ».
[841] *United Utilities (Tallin)*, Sentence du 21 juin 2019, préc., § 490.
[842] *Addiko Bank*, Décision sur l'exception d'incompétence du 12 juin 2020, préc., §§ 125-128 ; *pro Raiffeisen (I)*, Décision sur l'exception d'incompétence du défendeur du 30 septembre 2020, préc., § 159 « The interpretation of Articles 267 and 344 of the TFEU by the CJEU is binding on both Contracting Parties to the BIT as a matter of public international law ».
[843] *UP et C.D Holding*, Sentence du 9 octobre 2018, préc., § 236.

applique un traité « tenir dûment compte de l'interprétation » adoptée par tout organe indépendant spécialement créé pour interpréter celui-ci[844]. Si les arbitres considèrent que l'arrêt ne les lie pas directement, la Hongrie considère qu'à tout le moins il doit être pris en compte dans l'interprétation du traité d'investissement ou de la Convention CIRDI[845] en application de l'article 31 § 3 c) CVDT[846]. Les règles mentionnées dans cet article peuvent recouvrir les traités constitutifs de l'UE, mais aussi l'arrêt *Achmea* en ce que le principe qu'il dégage ressort des traités – voire cet arrêt en tant que tel, en admettant qu'une décision d'une juridiction internationale puisse être une « règle pertinente de droit international applicable entre les parties »[847].

186. La défense des effets de l'arrêt* Achmea *par la Commission dans les arbitrages. Concernant l'approche de la Commission, dans les différentes sentences étudiées, il apparait que ce n'est qu'après avoir affirmé l'absence de validité des clauses d'arbitrage des TBI entre États membres, qu'elle précise les effets de l'arrêt *Achmea*. La Commission affirme son effet *ex tunc*[848] et sa portée générale[849], c'est-à-dire l'application de son dispositif à toutes les clauses d'arbitrage des TBI intra-UE. Pour la Commission, l'arrêt doit être appréhendé comme une interprétation faisant foi (*authoritative interpretation*), s'imposant à tous les États membres, aux investisseurs de l'UE et aux tribunaux arbitraux en tant qu'élément de droit international applicable[850]. Elle précise parfois au surplus que son interprétation des effets de l'arrêt *Achmea* est confirmée par les déclarations des États membres des 15 et 16 janvier 2019 et que cet arrêt établit que le principe général d'autonomie du droit de l'UE et l'article 19 TUE, ainsi que les articles 267 et 344 TFUE excluent toute résolution par l'arbitrage des différends d'investissement entre un investisseur de l'Union et un État membre[851].

---

844 CIJ, *Ahmadou Sadio Diallo (République de Guinée c. République démocratique du Congo)*, Arrêt du 30 novembre 2010, §§ 66 et 67 « [§ 66] Bien que la Cour ne soit aucunement tenue, dans l'exercice de ses fonctions judiciaires, de conformer sa propre interprétation du Pacte à celle du comité, elle estime devoir accorder une grande considération à l'interprétation adoptée par cet organe indépendant [...]. [§ 67] [L]orsque la Cour est appelée [...] à faire application d'un instrument régional de protection des droits de l'homme, elle doit tenir dûment compte de l'interprétation dudit instrument adopté par les organes indépendants qui ont été spécialement créés [...]. »

845 *UP et C.D Holding*, Sentence du 9 octobre 2018, préc. § 238.

846 CVDT art. 31 Règle générale d'interprétation « § 1 : Un traité doit être interprété de bonne foi suivant le sens ordinaire à attribuer aux termes du traité dans leur contexte et à la lumière de son objet et de son but. [...] / § 3 Il sera tenu compte, en même temps que du contexte : [...] c) de toute règle pertinente de droit international applicable dans les relations entre les parties ».

847 GARDINER R., *Treaty Interpretation*, 2e éd., Oxford, OUP, 2015, pp. 523, spéc. pp. 307 et 308 *contra* MERKOURIS P., *Article 31(3)(c) of the VCLT and the Principle of Systemic Integration*, Thèse : Droit, Queen Mary University of London – School of Law, 2010, pp. 241, spéc. pp. 13-15. L'auteur considère que la majorité de la doctrine n'inclut pas les décisions de justice dans les règles mentionnées par l'article 31 § c) CVDT. V. aussi BORE-EVENO V., *L'interprétation des traités par les juridictions internationales. Étude comparative*, Thèse : Droit, Université Paris I – Panthéon Sorbonne, 2004, pp. 573, spéc. pp. 66-68 et 444-446.

848 *Ibid.*, § 240.

849 *United Utilities (Tallin)*, Sentence du 21 juin 2019, préc., §§ 494, 496 et 504 ; *Sodexo*, Sentence du 28 janvier 2019, préc., §§ 162 et 167 ; *Strabag*, Sentence partielle sur la compétence du 4 mars 2020, préc., §§ 8.56-8.58 ; *Raiffeisen (I)*, Décision sur l'exception d'incompétence du défendeur du 30 septembre 2020, préc., § 156 ; *Addiko Bank*, Décision sur l'exception d'incompétence du 12 juin 2020, préc., §§ 183 et 184 ; *Adamakopoulos*, Décision sur la compétence du 7 février 2020, préc., §§ 140 et 141 ; *A.M.F Aircraftleasing*, Sentence finale du 11 mai 2020, préc., §§ 298-301 et 308.

850 *United Utilities (Tallin)*, Sentence du 21 juin 2019, préc., § 497 Ici le terme d'interprétation faisant foi n'apparait pas cependant il est avancé que l'arrêt *Achmea* s'impose aux tribunaux arbitraux, car ils appliquent le droit international ce qui comprend le droit de l'UE ; *Strabag*, Sentence partielle sur la compétence du 4 mars 2020, préc., § 8.58 ; *Raiffeisen (I)*, Décision sur l'exception d'incompétence du défendeur du 30 septembre 2020, préc., § 156 ; *Addiko Bank*, Décision sur l'exception d'incompétence du 12 juin 2020, préc., § 180 ; *A.M.F Aircraftleasing*, Sentence finale du 11 mai 2020, préc., § 307.

851 *A.M.F Aircraftleasing*, Sentence finale du 11 mai 2020, préc., §§ 302-306, spéc. § 303.

187. L'attention de la Commission au droit applicable à la compétence. La Commission consacre dans ses interventions des développements substantiels à la question du droit applicable aux questions de compétence[852]. Elle cite quelquefois la sentence *Zhinvali*[853], et ce, pour deux raisons. Premièrement, car dans cette affaire les arbitres en l'absence de choix des parties quant au droit applicable ont appliqué l'article 42 de la Convention CIRDI pour considérer que le droit de l'État hôte ainsi que les principes de droit international s'appliquaient aux questions de compétence[854]. Dans les affaires étudiées, la plupart des traités d'investissement entre États membres invoqués ne comportaient pas de clause de choix de droit applicable[855]. Deuxièmement, en présence d'une clause de choix de droit applicable comprenant le droit de l'État hôte, la sentence est citée car elle ne distingue pas entre le droit applicable à la compétence et celui applicable au fond. Cette question sera traitée plus en avant dans la deuxième partie[856]. L'intervention de la Commission dans l'affaire *Addiko* et celles qui lui sont postérieures s'appuient également sur la sentence *JSW Solar Wirtgen* dans laquelle le tribunal admet qu'outre le traité d'investissement, il peut examiner les autres règles de droit international applicables entre les parties et le droit national des parties lorsqu'il examine sa compétence[857]. La distinction entre le droit applicable au fond et le droit applicable à la compétence, ainsi que le contenu de ces droits, qu'ils se confondent ou non, donnent lieu à des sentences contradictoires, particulièrement dans le cadre des arbitrages sur le fondement du TCEn. Certaines sentences ont estimé que le droit de l'UE était applicable aux questions de compétence. D'autres, que seul le traité d'investissement devait être examiné à ce stade[858]. Selon la Commission, le droit de l'UE appartient au droit applicable à la compétence, en tant que composante du droit de l'État hôte, mais aussi en tant que règle de droit international applicable entre les parties. Dans les deux cas, l'arrêt *Achmea* intervient en tant qu'interprétation faisant foi du droit applicable et emporte l'incompétence du tribunal.

---

852 *Strabag*, Sentence partielle sur la compétence du 4 mars 2020, préc., §§ 8.59-8.72 ; *Raiffeisen (I)*, Décision sur l'exception d'incompétence du défendeur du 30 septembre 2020, préc., § 105 ; *Addiko Bank*, Décision sur l'exception d'incompétence du 12 juin 2020, préc., § 193 ; *Adamakopoulos*, Décision sur la compétence du 7 février 2020, préc., § 148 ; *A.M.F Aircraftleasing*, Sentence finale du 11 mai 2020, préc., §§ 319 et 320.

853 CIRDI, *Zhinvali Development Ltd. (Zhinvali) c. République de Géorgie*, aff. ARB/00/1, Sentence du 24 janvier 2003, §§ 296-301 *contra* CIRDI, *Ceskoslovenska Obchodni Banka, A.S. (CSOB) c. République slovaque*, aff. ARB/97/4, Décision sur les objections d'incompétence du 24 mai 1999, § 35 « The question of whether the parties have effectively expressed their consent to ICSID jurisdiction is not to be answered by reference to national law. It is governed by international law as set out in Article 25(1) of the ICSID Convention ». comp. CIRDI, *Planet Mining Pty Ltd c. République d'Indonésie*, aff. ARB/12/14 et ARB/12/40, Décision sur la compétence du 24 février 2014, § 86 « The Tribunal's jurisdiction is contingent upon the provisions of the ICSID Convention on the one hand, and of the Australia-Indonesia BIT, on the other hand. In addition, where an international law instrument refers to jurisdictional requirements governed by the municipal law of a Contracting State, that municipal law shall also govern the jurisdiction of the Tribunal to the extent provided by the BIT. ».

854 L'application de l'article 42 de la Convention CIRDI à la détermination du droit applicable aux questions de compétence fait l'objet d'une jurisprudence divergente minoritaire, la majorité des sentences considèrent qu'il ne s'applique qu'à la détermination du droit applicable au fonds. V. SCHREUER C.H., MALINTOPPI L., REINISCH A. et SINCLAIR A., *The ICSID Convention – A Commentary*, 2e éd., Cambridge, CUP, 2009, pp. 1596, spéc. p. 552.

855 Seul l'article 10 § 5 du TBI entre l'Union économique belgo-luxembourgeoise (UEBL) et Chypre, signé le 26 février 1991 et entré en vigueur le 5 juin 1999 précise que le tribunal statuera sur la base « du droit national de la Partie contractante partie au litige [...], y compris les règles relatives aux conflits de lois ; des dispositions du présent Accord ; des termes d'un accord particulier qui serait intervenu au sujet de l'investissement ; des principes de droit international. Il s'agit de l'un des TBI invoqués dans l'affaire *Adamakopoulos*.

856 V. *infra* Partie II, Titre 1, Chapitre 1.

857 CPA, (CNUDCI), *JSW Solar et Wirtgen c. République tchèque*, aff. n° 2014-03, Sentence finale du 11 octobre 2017, § 156 « It is generally accepted that an investment tribunal's jurisdiction is governed by international law, first and foremost by the BIT. In addition, the Tribunal may look to other rules of international law which may apply as between the Contracting Parties. National law may be relevant to jurisdictional requirements depending on the issue in question [...] ».

858 Cette jurisprudence divergente est décrite par le tribunal de l'affaire *Silver Ridge* sans que ce dernier ne prenne position. V. CIRDI, *Silver Ridge Power BV (Silver Ridge) c. République italienne*, aff. ARB/15/37, Sentence du 26 février 2021, §§ 192-200.

188. Transition. Au-delà de la question de ses effets en droit international, l'arrêt *Achmea* suscite également des débats quant à sa portée. Bien que le mécanisme de la question préjudicielle ne soit pas complètement détaché de tout litige, il tend à l'abstraction. Il peut donc être suggéré que l'arrêt *Achmea* prononcé dans ce cadre particulier n'est pas strictement limité dans sa portée au litige soumis à la juridiction nationale qui a saisi la Cour.

B - La portée de l'arrêt *Achmea*

189. Le rejet de la portée générale de l'arrêt **Achmea.** Rejetant toute portée générale à l'arrêt *Achmea*, les investisseurs ont présenté le dispositif de l'arrêt comme limité aux dispositions particulières du traité d'investissement entre la Slovaquie et les Pays-Bas[859]. À l'inverse, les États défendeurs ont avancé que l'arrêt s'appliquait de manière générale à l'ensemble des traités d'investissement entre membres de l'Union, donc également au TCEn[860]. La doctrine, à tout le moins celle de droit de l'UE, n'a jamais vraiment douté de la large portée de l'arrêt[861].

190. Les particularités avancées s'opposant à la portée générale de l'arrêt. Deux particularités ont été présentées comme déterminantes par les demandeurs. L'une réside dans la présence au sein de l'article 8 du TBI prévoyant l'arbitrage État-investisseur d'un paragraphe 6 précisant explicitement que le tribunal statue en droit en tenant compte notamment du droit en vigueur de la partie contractante concernée, des dispositions du présent accord et de tout autre accord pertinent entre les parties contractantes. La seconde réside, elle, dans l'absence de référence au CIRDI dans le traité d'investissement. En fait d'arbitrages entre un investisseur de l'Union et un État membre sur le fondement du TCEn, une troisième spécificité visant le caractère multilatéral du traité a été avancée. Pour retenir une interprétation stricte de l'arrêt *Achmea*, il est possible de considérer que c'est précisément ce paragraphe 6, que la Cour de justice a identifié comme portant atteinte à l'autonomie du droit de l'UE[862]. Concernant la référence au CIRDI, certains demandeurs se sont appuyés sur

---

859 CIRDI, *UP et C.D Holding Internationale (UP et C.D Holding) c. Hongrie*, aff. n° ARB/13/35, Sentence du 9 octobre 2018, §§ 213 et 214 ; CIRDI, *Inicia Zrt, Kintyre Kft et Magyar Farming Company Ltd (Magyar Farming) c. Hongrie*, aff. ARB 17/27, Sentence du 13 novembre 2019, § 190 ; CIRDI, *Theodoros Adamakopoulos, Ilektra Adamantidou, Vasileios Adamopoulos et autres (Adamakopoulos) c. République de Chypre*, aff. ARB/15/49, Décision sur la compétence du 7 février 2020, §§ 96 et 98 ; CIRDI, *Addiko Bank AG and Addiko Bank d.d. (Addiko Bank) c. République de Croatie*, aff. ARB/17/37, Décision sur l'exception d'incompétence liée à l'incompatibilité présumée du TBI avec l'acquis de l'UE du 12 juin 2020, §§ 144 et 146.

860 Déclaration des représentants des gouvernements des États membres, du 15 janvier 2019, relative aux conséquences juridiques de l'arrêt *Achmea* rendu par la Cour de Justice et à la protection des investissements dans l'Union européenne (Signée par 22 États membres). Cette interprétation de 22 États membres a été confirmée par la Cour de Justice. V. CJUE, Gde ch., 2 septembre 2021, *République de Moldavie c. Société Komstroy*, aff. C-741/ 19, spéc. §§ 60-65 *pro* Av. gén. SAUGMANDSGAARD ØE H., concl. prè. CJUE, 5e ch., Arrêt du 19 avril 2021, aff. jointes C-798/18 et C-799/18, *Federazione nazionale delle imprese elettrotecniche ed elettroniche (Anie) e.a. et Athesia Energy Srl e.a. c. Ministero dello Sviluppo economico, et Gestore dei servizi energetici (GSE) SpA*, §§ 87-96 ; Av. gén. SZPUNAR M., concl. pré.. CJUE, Gde ch., 2 septembre 2021, *République de Moldavie c. Société Komstroy*, aff. C-741/ 19, §§ 70-90.

861 De BOECK M., *EU Law and International Investment Arbitration – The compatibility of ISDS in Bilateral Investment Treaties (BITs) and the Energy Charter Treaty (ECT) with the Autonomy of EU Law*, Leiden, Brill-Nijhoff, 2022, pp. 476, spéc. p. 366 « While there have been some voices shortly after the judgment as to the specificity of the CJEU judgment in relation to that particular BIT, the wording of the dispositive part of judgment clearly imply a broader scope since it refers in its dispositive part in generic terms to " [...] a provision in an international agreement, such as..." ». V. aussi « Débats » *in* MAUREL R. (dir.), *Nouveaux regards sur le droit européen des investissements*, LexisNexis, 2023, pp. 179-180, spéc. p. 180. Le professeur Didier Blanc précise : « Pour nous [européanistes], vraiment, je vous le dis en toute humilité : vous prenez l'avis 1/76, l'avis 1/91, l'avis 2/13, vous les secouez, vous avez *Achmea*. Aucune surprise pour moi [...] ».

862 Cette interprétation stricte n'est pas celle retenue par les juridictions allemandes ayant eu à se prononcer sur la validité de l'accord d'arbitrage entre un EM et un investisseur de l'UE dans le cadre d'arbitrages sur le fondement de TBI intra-UE, après l'arrêt *Achmea*. V. Cour Fédéral allemande (*Bundesgerichtshof (BGH)), Achmea B. V. c. République slovaque*, aff. I ZB 2/15, Arrêt du 31 octobre 2018, §§ 29-32 ; Cour d'appel de Francfort (*Oberlandesgericht (OLG) Frankfurt am*

la spécificité de l'arbitrage CIRDI, en particulier au stade de l'exécution des sentences, pour justifier que ce dernier n'était pas concerné par les conclusions de la Cour dans l'arrêt *Achmea*[863]. En revanche, les États défendeurs ont soutenu que l'arrêt visait toutes les offres d'arbitrage État-investisseur des TBI intra-UE, y compris celle faisant référence au CIRDI[864].

191. Le critère décisif : l'application ou l'interprétation du droit de l'UE. En replaçant l'arrêt *Achmea* dans la jurisprudence de la Cour de Justice, notamment par rapport à l'avis 1/09, il s'avère qu'est incompatible avec les traités tout système juridictionnel extérieur au système juridictionnel de l'UE, autorisant une juridiction internationale à interpréter ou à appliquer – même de manière accessoire ou incidente – une partie du droit de l'UE[865]. La question centrale est celle de l'application ou de l'interprétation du droit de l'UE. Ici, il est possible de distinguer entre deux types de traités d'investissement : ceux comportant une clause de droit applicable ne faisant référence à aucune règle de droit interne et ceux n'en comprenant pas. La seconde hypothèse étant la plus fréquente ; elle sera traitée en premier. La question centrale devient alors : en l'absence d'une clause de droit applicable visant le droit de l'État hôte et donc indirectement le droit de l'UE tel que l'article 8 § 6 du TBI de l'affaire *Achmea* un tribunal arbitral peut-il appliquer le droit de l'UE ? Cette question fait l'objet de développements plus amples dans la seconde partie de notre étude ; il convient toutefois d'y répondre ici brièvement[866].

192. La possible application du droit de l'UE en l'absence de choix du droit applicable. Lorsque le traité est dépourvu de clause de droit applicable et que les parties à l'arbitrage n'ont pas exprimé de choix quant au droit applicable, le droit applicable, notamment au fond, doit être déterminé par le tribunal arbitral. La méthode employée n'est pas la même selon les types d'arbitrage. Dans le cadre d'arbitrage non-CIRDI, selon la loi du pays où siège le tribunal ou le règlement d'arbitrage applicable, le tribunal déterminera la loi applicable au fond : directement en désignant la loi[867] ou la règle de droit[868] qu'il juge appropriée, ou indirectement en désignant la règle de conflit de lois qu'il juge applicable[869]. Ces dispositions dans l'ensemble laissent une grande liberté aux arbitres, mais aboutissent à désigner dans la plupart des cas comme droit applicable le traité d'investissement, les principes généraux du droit et le droit de l'État d'accueil[870]. À tout prendre, le droit de l'UE ne peut être appliqué qu'en tant que partie du droit de l'État d'accueil.

193. La détermination du droit applicable en l'absence de choix dans le cadre du CIRDI. Dans le cadre de l'arbitrage CIRDI, l'article 42 § 1 de la convention prévoit que « [...] Faute d'accord entre les parties, le Tribunal applique le droit de l'État contractant

---

Main), *Raiffeisen Bank International AG et Raiffeisenbank Austria d.d. c. République de Croatie (II)*, aff. 26 SchH 2/20, Arrêt du 11 février 2021, spéc. p. 8.

[863] *UP et C.D Holding*, Sentence du 9 octobre 2018, préc., § 208 « This Tribunal is an international tribunal constituted under the ICSID convention and is, therefore, outside of the scope of the Achmea Decision ».

[864] CIRDI, *Gabriel Resources Ltd. et Gabriel Resources (Jersey) (Gabriel Resources) c. Roumanie*, aff. ARB15/31, Objection préliminaire supplémentaire du défendeur du 25 mai 2018, § 100 ; CIRDI, *United Utilities (Tallinn) B. V. et Aktsiaselts Tallinna Vesi (United Utilities (Tallin)) c. République d'Estonie*, aff. ARB/14/24, Sentence du 21 juin 2019, § 489 ; *Magyar Farming*, Sentence du 13 novembre 2019, préc., § 173 ; CIRDI, (*ad hoc*), *Strabag SE, Raiffeisen Centrobank AG and Syrena Immobilien Holding AG (Strabag) c. République de Pologne*, aff. ADHOC/15/1, Sentence partielle sur la compétence du 4 mars 2020, § 8.4 ; *Addiko Bank*, Décision sur l'exception d'incompétence du 12 juin 2020, préc., § 139 ; CIRDI, *Raiffeisen Bank International AG et Raiffeisenbank Austria d. d. (Raiffeisen) c. République de Croatie (I)*, aff. ARB/17/34, Décision sur l'exception d'incompétence du défendeur du 30 septembre 2020, §§ 177-178.

[865] CJUE, Ass. plén., 8 mars 2011, Avis 1/09, § 78.

[866] V. *infra* Partie II, Titre 1, Chapitre 1.

[867] Règlement d'arbitrage CNUDCI (2010), art 35 § 1.

[868] Règlement d'arbitrage SCC (2017) art. 27 § 1 ; Règlement d'arbitrage CCI (2017) art. 21 § 1.

[869] Règlement d'arbitrage CNUDCI (1976) art. 33 § 1.

[870] BORN G.B., *International Arbitration : Law and Practice*, 2nd ed., Alphen aan den Rijn, Wolter Kluwer, 2016, pp. 504, spéc. pp. 240-250 et 443.

partie au différend y compris les règles relatives aux conflits de lois ainsi que les principes de droit international en la matière ». Par exemple, le tribunal de l'affaire *Marfin* institué par un TBI ne comprenant pas de clause de choix de droit applicable applique le TBI et le droit coutumier international. Il reconnait, cependant, conformément à la seconde phrase de l'article 42 § 1 de la Convention CIRDI que le droit chypriote et le droit international sont applicables au litige[871]. Aussi le tribunal admet-il implicitement l'absence de choix des parties sur le droit applicable. Il n'est pas nécessaire, ici, de s'intéresser à la question de l'application autonome ou non[872] des diverses sources du droit applicable ou de leurs rapports[873], car pour se prononcer sur les effets de l'arrêt *Achmea* dans les arbitrages la seule question pertinente est celle de l'applicabilité ou non par les tribunaux du droit d'un État membre. Il faut mentionner ici que certains tribunaux très minoritaires tels que celui de l'affaire *Gavazzi* ont pu avancer que l'article 42 § 1 de la convention, en l'absence de choix, ne prévoyait l'application du droit de l'État hôte que pour les arbitrages CIRDI sur le fondement d'un contrat[874]. Cette approche – tout comme celle consistant à présumer un choix des parties excluant tout droit interne du droit applicable – repousse l'hypothèse d'une application par les tribunaux du droit d'un État membre.

194. L'interprétation de l'abence de clause* electio juris *dans les TBI entre États membres. L'absence de clause de droit applicable dans un TBI est interprétée différemment par les tribunaux. Des tribunaux ont considéré que l'absence de clause de choix droit

---

871 CIRDI, *Marfin Investment Group Holdings S.A., Alexandros Bakatselos et autres (Marfin) c. République de Chypre*, aff. ARB/13/27, Sentence du 26 juillet 2018, § 580. V. aussi CIRDI, *LG&E Energy Corp., LG&E Capital Corp., et LG&E International, Inc (LG&E) c. République argentine*, aff. ARB/02/1, Décision sur la responsabilité du 3 octobre 2006, § 99. Le tribunal en l'absence de choix des parties applique l'article 42 (1) et considère qu'il se doit d'appliquer premièrement le TBI, deuxièmement le droit international général et troisièmement le droit de l'État hôte. comp. CIRDI, *Liberian Eastern Timber Corporation (LETCO) c. République du Libéria*, aff. ARB/83/2, Sentence du 31 mars 1986, § 37. Le tribunal considère qu'en l'absence de choix des parties l'application de l'article 42 § 1 demande d'[...] appliquer un système de droit concurrent. Le droit de l'État contractant est reconnu comme prépondérant sur son propre territoire, mais il est néanmoins soumis au contrôle du droit international ».

872 GAILLARD E. et BANIFATEMI.Y, « The Meaning of "and" in Article 42(1), Second Sentence, of the Washington Convention: The Role of International Law in the ICSID Choice of Law Process », *ICSID Review – FILJ*, Vol. 18(2), 2003, pp. 375-411. Les auteurs se prononcent en faveur de la doctrine *Wena* considérant qu'en l'absence de choix des parties en application de l'article 42 (1) le tribunal est libre, selon les circonstances, d'appliquer uniquement le droit de l'État hôte ou le droit international ou encore d'appliquer ces règles conjointement. *contra* BEGIC T., *Applicable Law in International Investment Dispute*, Utrecht, Eleven International Publishing, 2005, pp. 251, spéc. pp. 122-123. L'autrice considère qu'en l'absence de choix l'article 42 (1) demande au tribunal d'appliquer le droit international et le droit de l'État hôte, sans possibilité d'appliquer de manière autonome l'un des deux droits. Elle semble également en faveur de la doctrine *Klöckner – Amco* limitant le droit international à une double fonction de complément et de correction du droit de l'État-hôte. comp. REISMAN M. W., « The Regime for *Lacunae* in the ICSID Choice of Law Provision and the Question of Its Threshold », *ICSID Review – FILJ*, Vol. 15(2), pp. 362-381, spéc. p. 380. L'auteur plaide pour une interprétation stricte du rôle complémentaire et correctif du droit international, mais considère qu'il peut aussi être appliqué à la suite de l'accord des parties, un renvoi du droit interne ou bien encore s'il régit directement une question (ex : Statut d'un traité). *contra* WEIL P., « The State, the Foreign Investor, and International Law: The No Longer Stormy Relationship of a Ménage À Trois », *ICSID Review – FILJ*, Vol. 15(2), 2000, pp. 401-416, spéc. p. 409. L'auteur affirme qu'en l'absence de choix des parties l'article 42 § 1 donne le dernier mot au droit international en toute circonstance et que le renvoi au droit interne de l'État d'accueil est un exercice inutile, dont la seule raison d'être est de ne pas heurter les sensibilités de l'État d'accueil. Pour une synthèse des différentes positions v. SCHREUER C.H., MALINTOPPI L., REINISCH A. et SINCLAIR A., *The ICSID Convention – À Commentary*, 2nd ed., Cambridge, CUP, 2009, pp. 1596, spéc. pp. 617-630.

873 Pour une présentation synthétique des différentes interprétations données à l'article 42 § 1 de la convention CIRDI v. CIRDI, *Antoine Goetz et consorts (Goetz) c. République du Burundi (I)*, aff. ARB/95/3, Sentence du 10 février 1999, § 97. Une approche plus pragmatique appliquant le droit international ou le droit de l'État hôte selon la nature du litige et les questions de droit abordées semble avoir pris le pas sur les courants jurisprudentiels divergents. V. CIRDI, *Vestey Group Ltd c. République Bolivarienne du Venezuela*, aff. ARB/06/4, Sentence du 15 avril 2016, §§ 116 et 117 ; CIRDI, *Burlington Resources Inc. c. Republic d'Équateur*, aff. ARB/08/5, Décision sur la demande reconventionnelle de l'Équateur du 7 février 2017, § 74 ; CIRDI, *TECO Guatemala Holdings, LLC (TECO) c. République du Guatemala*, aff. ARB/10/23, Sentence du 9 décembre 2013, §§ 468-470.

874 CIRDI, *Marco Gavazzi et Stefano Gavazzi (Gavazzi) c. Roumanie*, aff. ARB/12/25, Décision sur la compétence, la recevabilité et la responsabilité du 21 avril 2015, § 157.

applicable dans le TBI n'équivalait pas à une absence de choix des parties appelant l'application de règles subsidiaires telles que celles de l'article 42 § 1 de la Convention CIRDI, mais correspond à un choix implicite des parties en faveur du TBI et des principes généraux du droit, relayant les droits nationaux au statut de simples faits[875]. Cette seconde approche est privilégiée par certains demandeurs. Elle permet d'arguer de la compatibilité des TBI intra-UE ne comportant pas de clause de droit applicable faisant référence au droit de l'État hôte, les tribunaux compétents sur la base de ces TBI ne pouvant appliquer *a priori* que le TBI et le droit international pour résoudre le litige. Cette tendance jurisprudentielle peut être contestée sur plusieurs points. En premier lieu, elle s'écarte d'une jurisprudence prudente, exigeant un choix implicite des parties, clair et sans équivoque, pas simplement présumé du recours à l'arbitrage d'investissement, pour que le tribunal tranche le litige en application du seul droit international[876]. Plus fondamentalement, cette évolution est contestable en ce qu'elle aboutit principalement à écarter l'application du droit de l'État hôte[877]. Or, cela ne semble pas pertinent même dans le cadre d'un TBI contenant une disposition faisant du traité le droit applicable au litige ou d'un choix des parties postérieur en faveur du seul droit international. La résolution de litiges portant sur des investissements étrangers protégés par un TBI nécessite systématiquement l'application du droit de l'État hôte et du droit international, cela a été notamment reconnu par le tribunal de l'affaire *Antoine Goetz (I) c. République du Burundi*[878].

195. Les limites de l'autonomie de volonté des parties quant au droit applicable. Si le choix du droit de l'État hôte comme droit applicable par les parties ne semble pas pouvoir écarter totalement l'application du droit international[879], il en est de même pour le droit de

---

875 *Ibid.*, §§156 et 157 ; CIRDI, *B3 Croatian Courier Coöperatief U.A. (B3 Croatian Courier) c. République de Croatie*, aff. ARB/15/15, Sentence du 9 avril 2019, §§ 510-515 ; *Addiko Bank*, Décision sur l'exception d'incompétence du 12 juin 2020, préc., §§ 256-269 Ce tribunal cite notamment la sentence *ADC c. Hongrie* et la décision du comité *ad hoc* sur l'annulation de la sentence de l'affaire *Azurix* : CIRDI, *ADC Affiliate Limited and ADC & ADMC Management Limited (ADC) c. Hongrie*, aff. ARB/03/16, Sentence du 2 octobre 2006, §§ 288-293 ; CIRDI, *Azurix Corp. (Azurix) c. République argentine*, aff. ARB/01/12, Décision sur la demande d'annulation de la République argentine du 1er septembre 2009, §§ 131-153. V. aussi SCHREUER C.H., MALINTOPPI L., REINISCH A. et SINCLAIR A., *The ICSID Convention – A Commentary*, *op. cit.*, pp. 578-580 ; BANIFATEMI Y., « The Law Applicable in Investement Treaty Arbitration » *in* YANNACA-SMALL K., *Arbitration under International Investment Agreements – A guide to the key issues*, Oxford, OUP, 2010, pp. 191-210.

876 CIRDI, *Compañía del Desarrollo de Santa Elena, S.A. c. République du Costa Rica*, aff. ARB/96/1, Sentence du 17 février 2000, § 63. V. aussi CIRDI, *LG&E Energy Corp., LG&E Capital Corp., et LG&E International, Inc (LG&E) c. République argentine*, aff. ARB/02/1, Décision sur la responsabilité du 3 octobre 2006, § 85. Le tribunal considère que le fait que l'État défendeur soit partie au TBI et que le demandeur se fonde sur des dispositions du traité pour saisir le tribunal ne sont pas des éléments suffisants pour dire que les parties ont désigné implicitement le TBI et le droit international général comme le droit applicable au fonds. Une telle décision requérant des mesures plus décisives. *pro* CIRDI, *M.C.I. Power Group, L.C. et New Turbine, Inc. (MCI) c. République d'Équateur*, aff. ARB/03/6, Sentence du 31 juillet 2007, §§ 214-218

877 Sur l'évolution de la jurisprudence et la coexistence de plusieurs lignes jurisprudentielles v. SCHREUER C.H., MALINTOPPI L., REINISCH A. et SINCLAIR A., *The ICSID Convention – A Commentary*, *op. cit.*, p. 570.

878 *Goetz (I)*, Sentence du 10 février 1999, préc., § 69 « Il n'est pas sans intérêt à cet égard de noter que la référence assez fréquente, dans des clauses de *choice of law* insérées dans des conventions de protection des investissements, aux dispositions de la convention elle-même – et, plus largement, aux principes et règles du droit international – provoque, après un certain reflux dans la pratique et la jurisprudence, un retour remarquable du droit international dans les relations juridiques entre les États d'accueil et les investisseurs étrangers. Cette internationalisation des rapports d'investissement – qu'ils soient contractuels ou non – ne conduit certes pas à une "dénationalisation" radicale des relations juridiques nées de l'investissement étranger, au point que le droit national de l'État hôte serait privé de toute pertinence ou application au profit d'un rôle exclusif du droit international. Elle signifie seulement que ces relations relèvent simultanément – en parallèle, pourrait-on dire – de la maîtrise souveraine de l'État d'accueil sur son droit national et des engagements internationaux auxquels il a souscrit. ».

879 SCHREUER C.H., MALINTOPPI L., REINISCH A. et SINCLAIR A., *The ICSID Convention – À Commentary*, *op. cit.*, pp. 583-587; KIOS H.E., *Applicable Law in Investor-State Arbitration*, Oxford, OUP, 2013, pp. 368, spéc. pp. 197-206 *contra* SHIHATA I.F.I. et PARRA A.R « Applicable Substantive Law in Dispute Between States and Private Foreign Parties: The Case of Arbitration under the ICSID Convention », *ICSID Review - FILJ*, Vol 9 (2), 1994, pp. 183-213 spéc. p. 209.

l'État hôte dans le cas d'un choix en faveur du droit international[880]. En matière d'arbitrage d'investissement, l'autonomie de la volonté des parties[881] fait l'objet de limites spécifiques[882], au niveau du choix du droit applicable[883]. Cela est également confirmé par la décision du comité *ad hoc* de l'affaire *MTD Chile*[884] qui considère que peu importe le choix des parties, le droit de l'État hôte et le TBI doivent tous deux être appliqués[885]. La compréhension qu'a le professeur Zachary Douglas des clauses de choix de droit applicable des traités d'investissement va également dans ce sens. Il estime que les dispositions faisant référence au droit applicable présentes dans les traités de protection des investissements ne sont en réalité ni des clauses de choix de droit applicable *stricto sensu* ni des règles de conflit de normes permettant de déterminer les règles applicables à chacune des questions de droit soumises aux arbitres[886]. Les clauses faisant référence au droit international et aux droits nationaux ne feraient que prendre en compte la complexité de l'investissement international et celles faisant

---

Les auteurs considèrent que les parties, en application de l'article 42 § 1, sont libres d'exclure tout recours au droit international.

880 KJOS H.E., *Applicable Law in Investor-State Arbitration, op. cit.*, pp. 240-270. L'application du droit international n'exclut pas l'application du droit de l'État hôte, ce dernier doit être véritablement appliqué par le tribunal dans l'examen des demandes en matière d'expropriation, de violation d'obligations contractuelles couverte par des clauses de couverture ou pour combler les lacunes du droit international dans le cadre de questions secondaires. Le droit national peut également jouer un rôle lorsque le traité contient une disposition permettant aux investisseurs de s'appuyer sur toutes dispositions existantes ou futures plus favorables, y compris celles de droit interne.

881 Pour une réflexion sur l'équilibre entre l'autonomie des parties et le pouvoir propre des juridictions internationales v. TANZIN A. M., « On judicial autonomy and the autonomy of the parties in international adjudication, with special regard to investment arbitration and ICSID annulment proceedings », *Leiden Journal of International Law*, Vol. 33(1), 2020, pp. 57-75, spéc. p. 59. L'auteur rappelle que le rôle des parties dans le cadre d'une procédure devant une juridiction internationale est fonction de leur contrôle sur la compétence de la juridiction, la détermination du droit applicable et la délimitation du litige (découlant de leurs demandes).

882 Cela s'ajoute aux limites à l'autonomie des parties propre à l'arbitrage commercial international imposant l'application de certaines règles impératives de droit national ou international. V. BORN G.B., *International Arbitration : Law and Practice, op. cit.*, pp. 240-250 et 253-256 ; RAMPALL Y.D. et FEEHILY R., « The Sanctity of Party Autonomy and the Powers of Arbitrators to Determine the Applicable Law: The Quest for an Arbitral Equilibrium », *Harvard Negotiation Law Review*, Vol. 23, 2018, pp. 345-403, spéc. pp. 376-382 ; CORDERO-MOSS G., « Limits to Party Autonomy in International Commercial Arbitration », *Oslo Law Review*, Vol. 1 (1), 2014, pp. 47-66.

883 GUZMAN A. et DALHUSEIN, « The Applicable Law in Foreign Investment Disputes », *World Arbitration & Mediation* Review, Vol. 8(2), 2014, pp. 229-250. V. aussi CIRDI, *Marco Gavazzi et Stefano Gavazzi (Gavazzi) c. Roumanie*, aff. ARB/12/25, Sentence du 18 avril 2017, § 210 « In international investment arbitration [...] because of the international law dimension and issues in which the public has a stake, the principle of *iura novit curia* has even more substantial impact than in international commercial arbitration. The parties have no veto right on the international legal principles to be applied » *pro* CIRDI, *Metal-Tech Ltd. c. République d'Ouzbékistan*, aff. ARB/10/13, Sentence du 4 octobre 2013, § 28. Pour une analyse du principe d'autonomie de la volonté des parties, comme réponse à la question du choix du droit applicable dans les relations investisseur-État et une critique de son application par le CIRDI, concluant à l'inadaptation de ce principe à la question du droit applicable en droit des investissements étrangers v. BORDUKH O., *Choice of Law in State Contracts in Economic Development Sector : Is there Party Autonomy?*, Thèse : Droit, Bond University – School of Law, 2008, pp. 260.

884 CIRDI, *MTD Equity Sdn. Bhd. et MTD Chile S.A. (MTD Chile) c. République du Chili*, aff. ARB/01/7, Décision sur l'annulation du comité *ad hoc* du 21 mars 2007, § 72 «: « Whether the applicable law here derived from the first or second sentence of Article 42(1) does not matter: The Tribunal should have applied Chilean law to those questions which were necessary for its determination and of which Chilean law was the governing law. At the same time, the implications of some issue of Chilean law for a claim under the BIT were for international law to determine. In short, both laws were relevant ». V. aussi CIRDI, *Fraport AG Frankfurt Airport Services Worldwide (Fraport) c. Républiques des Philippines (II)*, aff. ARB/11/12, Sentence du 10 décembre 2014, § 298. Le tribunal au niveau de l'examen de la définition d'investissement précise : « [...] the Tribunal shall apply provisions of Philippine law to the extent the latter establishes conditions that are relevant for determining its jurisdiction, whether or not the BIT makes reference to such provisions. ».

885 Le comité *ad hoc* de l'affaire *MTD Chile* estime que le tribunal a appliqué dans sa sentence le droit international et le droit de l'État hôte alors même que le tribunal considérait dans sa sentence que les parties avaient choisi le droit international comme droit applicable au fond du litige en acceptant un arbitrage fondé sur un TBI. V. CIRDI, *MTD Equity Sdn. Bhd. et MTD Chile S.A. (MTD Chile) c. République du Chili*, aff. ARB/01/7, Sentence du 25 mai 2004, § 86 « [...] This being a dispute under the BIT, the parties have agreed that the merits of the dispute be decided in accordance with international law. [...] ».

886 DOUGLAS Z., *The International Law of Investment Claims*, Cambridge, CUP, 2009, pp.616, spéc. pp. 40-52.

référence uniquement au traité ne feraient que rappeler que le comportement de l'État sera évalué par rapport aux standards du traité. Nonobstant, la présence ou l'absence, ou le contenu d'une clause faisant référence au droit applicable dans le traité, le tribunal disposerait du pouvoir de qualifier le ou les problèmes de droit au cœur du litige et de déterminer le droit à leur appliquer[887]. Cette méthode de qualification (*Characterisation*[888]) issue du droit international privé privilégie la détermination du droit applicable au fond en fonction d'éléments objectifs et non en fonction d'éléments subjectifs. Par exemple, selon cette méthode, la détermination de l'existence ou non d'un droit réel de l'investisseur ou de droits contractuels, questions centrales dans les cas d'expropriation[889], appelle l'application du droit de l'État hôte[890].

196. L'inhérente application du droit interne aux investissements. Même s'ils n'adhèrent pas à cette approche, les arbitres sont amenés à appliquer le droit de l'État hôte lorsqu'il se prononce sur la compétence du tribunal. Certes, la notion d'investissement fait l'objet d'une définition autonome dans chaque traité[891]. Cependant, ces derniers précisent fréquemment ne s'appliquer qu'aux investissements réalisés en conformité avec la législation de l'État hôte[892]. De plus, toujours au niveau de la compétence du tribunal, la nationalité du demandeur sera déterminée principalement en fonction du droit de l'État d'origine[893]. En outre, le droit de l'État hôte pourra trouver aussi à s'appliquer si un investisseur s'appuie sur une clause d'arbitrage lui permettant de contester une violation du droit national[894] ou une violation d'une obligation contractuelle[895]. D'aucuns pourraient avancer qu'il ne s'agit pas d'une application du droit, mais d'une prise en compte du droit national en tant que fait. Plusieurs auteurs contestent cette relégation systématique des droits nationaux au rang de simple fait et considèrent que les tribunaux appliquent véritablement ces droits[896]. Au-delà

---

[887] *Ibid.*, pp. 40. L'auteur dans cet ouvrage se donne pour but de déterminer les différentes règles propres aux tribunaux arbitraux d'investissement : « Rule 3. An investment treaty tribunal has the inherent authority to characterise the issues in dispute and determine the laws applicable thereto ».

[888] KJOS H.E., *Applicable Law in Investor-State Arbitration*, *op. cit.*, pp. 106-111 ; DOUGLAS Z., *The International Law of Investment Claims*, Cambridge, *op. cit.*, pp. 45 et 46.

[889] KJOS H.E., *Applicable Law in Investor-State Arbitration*, *op. cit.*, pp. 241-246.

[890] DOUGLAS Z., *The International Law of Investment Claims*, Cambridge, *op. cit.* pp. 52 « Rule 4. The law applicable to an issue relating to the existence or scope of property rights comprising the investment is the municipal law of the host state, including its rules of private international law » ; SCHREUER C., « Jurisdiction and applicable law in investment treaty arbitration », *McGill Journal of Dispute Resolution*, Vol. 1 (1), 2014, pp. 1-25, spéc. pp. 17-20. Il apparait que ni une clause limitant la compétence du tribunal aux seules violations des obligations du traité ni une clause ne mentionnant pas le droit de l'État hôte dans le droit applicable ne peut s'opposer à l'application de ce dernier.

[891] DOUGLAS Z., *The International Law of Investment Claims*, Cambridge, *op. cit.*, pp. 72 « Rule 5. The law applicable to the issue of whether the claimant's property rights constitute a protected investment is the investment treaty ».

[892] La non-protection des investissements réalisés en violation du droit de l'État hôte peut aussi être considérée comme un principe général applicable, indépendamment des dispositions particulières des TBI. V. CIRDI, *Gustav F W Hamester GmbH & Co KG c. République du Ghana*, aff. ARB/07/24, Sentence du 18 juin 2010 §§ 123 et 124.

[893] DOUGLAS Z., *The International Law of Investment Claims*, Cambridge, CUP, 2009, *op. cit.*, pp. 72 « Rule 7. The law applicable to the issue of whether the claimant is a national of a contracting state is the investment treaty and the municipal law of that contracting state » ; SCHREUER C., « Jurisdiction and applicable law in investment treaty arbitration », art. cité, pp. 4-6.

[894] SCHREUER C., « Jurisdiction and applicable law in investment treaty arbitration », art. cité., pp. 6-10 ; KJOS H.E., *Applicable Law in Investor-State Arbitration*, *op. cit.*, pp. 117-127.

[895] Sur l'application des droits nationaux aux demandes basées sur un contrat v. KJOS H.E., *Applicable Law in Investor-State Arbitration*, *op. cit.*, pp. 171-176 et 247-253.

[896] DOUGLAS Z., *The International Law of Investment Claims*, Cambridge, *op. cit.*, pp. 69-72 ; KJOS H.E., *Applicable Law in Investor-State Arbitration*, *op. cit.*, pp. 253-258; ALVIK I., *Contracting with Sovereignty State : Contracts and International Arbitration*, Oxford, Hart Publishing, pp. 346, spéc. pp. 87-88 ; CRAWFORD J., « Treaty and Contract in Investment Arbitration », *Arbitration International*, Vol. 24 (3), 2008, pp. 351-374. L'ensemble de ces auteurs cite Wilfried Jenks qui considère que le principe selon lequel les droits nationaux doivent être traités comme de simples faits par les juridictions internationales est pour le moins discutable. V. JENKS W., *The Prospects of International Adjudication*, Londres, Stevens & Sons Ltd – Dobbs Ferry N. Y. – Oceana Publication, 1964, pp. 805 spéc. p. 552.

des hypothèses déjà présentées, Jarod Hepburn identifie d'autres hypothèses d'application du droit national par les tribunaux d'investissement en matière de traitement juste et équitable, de respect des procédures ou d'accès à des recours internes en cas d'expropriation, ou encore de modalités de réparation[897]. Cet auteur s'inscrit dans une tendance appelant à plus de déférence des tribunaux arbitraux envers le droit national et les juridictions nationales[898].

197. L'incidence de l'application inhérente du droit interne sur la portée de l'arrêt. Pour revenir sur la question de la portée de l'arrêt *Achmea,* il convient de considérer que même dans le cadre d'un traité d'investissement ne faisant pas référence aux droits internes, le droit des États membres pourra être appliqué par les tribunaux. *A fortiori*, le droit de l'État hôte trouverait aussi à s'appliquer dans le cadre d'un traité ne comportant pas de clause *electio juris*[899]. En conclusion, une limitation de la portée de l'arrêt *Achmea* fondée sur le contenu de la clause de droit applicable des TBI intra-UE ne semble pas pouvoir être retenue. Concernant l'arbitrage CIRDI, il est peu crédible que la Cour de justice juge, d'un côté, que des tribunaux ne se trouvant pas sous l'égide du CIRDI portent atteinte à l'autonomie du droit de l'UE, alors que dans ce contexte une question préjudicielle peut être posée par un juge d'un État membre saisi au niveau de l'exécution ou de l'annulation de la sentence, et qu'elle tolère de l'autre l'arbitrage CIRDI, alors qu'il écarte les juges nationaux des procédures de contrôle des sentences.

198. La portée retenue par les juridictions des États membres. Les juridictions nationales des États membres de l'Union ayant eu à se prononcer sur les conséquences de l'arrêt *Achmea* ont écarté une lecture de l'arrêt se focalisant sur les particularités du traité d'investissement entre la Slovaquie et les Pays-Bas[900]. La Cour Fédérale allemande précise que, dans l'arrêt *Achmea*, la Cour de justice estime qu'une offre d'arbitrage d'un État membre adressée à des investisseurs de l'Union viole le droit de l'UE. Elle affirme que la question de savoir si cette offre vise la constitution de tribunaux ayant l'obligation d'appliquer le droit de l'UE, ou si concrètement ces tribunaux appliqueraient le droit de l'UE n'est pas pertinente[901]. La quasi-totalité des États membres a également écarté l'idée d'une spécificité de l'arrêt *Achmea* dans leurs déclarations du 15 et 16 janvier 2019. Ces déclarations ont fait l'objet d'examens particuliers quant à leur nature et leurs effets dans plusieurs arbitrages. Le 2 septembre 2021, la Cour de justice a confirmé expressément cette hypothèse en

---

897 HEPBRUN J., *Domestic Law in International Investment Arbitration*, Oxford, OUP, 2017, pp. 207, spéc. pp. 13-99.

898 ALVIK I., « The Hybrid Nature of Investment Treaty Arbitration: Straddling the National/International Divide » *in* ERIKSEN C.C. et EMBERLAND M. (eds.), *The New International Law: An Anthology*, Leiden, Nijhoff, 2010, pp. 89-97; MONTT S., *State Liability in Investment Treaty Arbitration: Global Constitutional and Administrative Law in the BIT Generation*, Oxford, Hart Publishing, 2012, pp. 403; VON STADEN A. « The democratic legitimacy of judicial review beyond the state: Normative subsidiarity and judicial standards of review », *International Journal of Constitutional Law*, Vol. 10 (4), 2011, pp. 1023–1049; VAN HARTEN G., *Investment Treaty Arbitration and Public Law*, Oxford, OUP, 2006, pp. 214 ; dans une moindre mesure v. Kingsbury B. et Schill S., *Investor - State Arbitration as Governance: Fair and Equitable Treatment, Proportionality and the Emerging Global Administrative Law*, IILJ Working Paper 2009/ 6, IILJ – New York University School of Law, 2009, pp. 57, spéc. pp. 23-25. Ces derniers auteurs appellent les tribunaux à déterminer le contenu du standard de traitement juste et équitable en se basant notamment sur la comparaison des systèmes juridiques nationaux.

899 SCHREUER C., « Jurisdiction and applicable law in investment treaty arbitration », art. cité, p. 12 « The majority of BITs do not contain rules on applicable law. [...]. A minority of treaties contain clauses that indicate the applicable law. These clauses are not uniform. In their simplest form, they refer to the treaty itself and to relevant rules of international law. [...]. Other treaty clauses are more elaborate [...] they incorporate references to the BIT itself, to the law of the State party to the dispute, including its rules on the conflict of laws, and to the rules and principles of international law. Some BITs add a reference to any agreement relating to the particular investment. ».

900 Cour d'appel de Francfort (Oberlandesgericht (OLG) Frankfurt am Main), *Raiffeisen Bank International AG et Raiffeisenbank Austria d.d. c. République de Croatie*, aff. 26 SchH 2/20, Arrêt du 11 février 2021, spéc. p. 8 ; Arrêt confirmé par la Cour Fédéral allemande : Cour Fédéral allemande (*Bundesgerichtshof (BGH)*), *Raiffeisen Bank International AG et Raiffeisenbank Austria d.d. c. République de Croatie*, aff. I ZB 16/21, Arrêt du 17 novembre 2021.

901 Cour Fédéral allemande (*Bundesgerichtshof (BGH)*), *Achmea B. V. c. République slovaque*, aff. I ZB 2/15, Arrêt du 31 octobre 2018, spéc. §§ 29-32.

considérant que la clause d'arbitrage contenue dans le TCEn n'était pas applicable aux différends opposant un État membre à un investisseur d'un autre État membre[902], nonobstant l'absence de référence au droit de l'État hôte dans la clause *electio juris* de ce traité. La Cour de justice a donc tranché fin 2021, en faveur d'une interprétation (parfois qualifiée de maximaliste) retenue par la Commission dès sa Communication de 2018[903].

199. Conclusion. À tout prendre, les interventions de la Commission sur les conséquences juridiques de l'arrêt *Achmea*, comme avant le prononcé de cet arrêt, consistent principalement en une exception d'incompétence intra-UE – qui s'intéresserait particulièrement à la question du droit applicable à la compétence. La Commission ne dévie pas du raisonnement tenu dans l'arrêt *JSW Wirtgen*[904]. Elle tente de convaincre le tribunal de l'invalidité ou de l'inapplicabilité en droit international public de l'offre d'arbitrage contenue dans les traités d'investissement entre États membres. Son raisonnement se veut un raisonnement de droit international public, même lorsqu'elle précise les effets de l'arrêt *Achmea*. Sur la question des effets de cet arrêt, la Commission et les États défendeurs tiennent le même discours. Ces derniers considèrent eux aussi que l'arrêt *Achmea* s'impose aux tribunaux arbitraux. Sur la question des règles de conflit de conventions applicables, des divergences se font jour. L'application de l'article 59 CVDT semble le point de divergence le plus significatif. Si la Commission y fait désormais systématiquement référence dans ses interventions, certains États ne l'invoquent pas dans leurs mémoires en défense[905]. Par ailleurs, certains se limitent à invoquer les règles de conflit de conventions de la CVDT et ne s'appuient pas sur l'application d'une règle spéciale de conflit de convention issue des traités de l'UE[906]. Cela aurait pu être non-neutre au regard de la décision de la Cour d'appel de Svea dans l'affaire *PL Holdings*[907]. Des divergences peuvent également poindre sur les conditions

---

902 CJUE, Gde ch., 2 septembre 2021, *République de Moldavie c. Société Komstroy*, aff. C-741/ 19, § 66.

903 Communication de la Commission au Parlement Européen et au Conseil du 19.7.2018, Protection des investissements intra-EU, Bruxelles, le 19.7.2018, COM (2018) 547 final. Cette communication présente l'arrêt *Achmea* comme une affirmation de l'illégalité de l'arbitrage entre investisseurs et États au sein de l'Union, touchant les clauses d'arbitrage État-investisseur des TBI intra-UE et l'article 26 du traité sur la charte de l'énergie dans les relations intra-UE.

904 *JSW Solar et Wirtgen*, Sentence finale du 11 octobre 2017, préc., §§ 241 et 242.

905 CIRDI, *Gabriel Resources Ltd. et Gabriel Resources (Jersey) (Gabriel Resources) c. Roumanie*, aff. ARB15/31, Exception préliminaire supplémentaire du défendeur du 25 mai 2018 ; CIRDI, *Inicia Zrt, Kintyre Kft et Magyar Farming Company Ltd (Magyar Farming) c. Hongrie*, aff. ARB 17/27, Sentence du 13 novembre 2019 ; *A.M.F Aircraftleasing*, Sentence finale du 11 mai 2020, préc., § 290. Ici, l'État défendeur précise ne pas défendre l'extinction automatique du TBI, mais l'inapplicabilité de la clause d'arbitrage ; *Addiko Bank*, Décision sur l'exception d'incompétence du 12 juin 2020, préc ; CIRDI, *Raiffeisen Bank International AG and Raiffeisenbank Austria d.d. (Raiffeisen) c. République de Croatie (I)*, aff. ARB/17/34, Décision sur l'exception d'incompétence du défendeur du 30 septembre 2020 ; *Fynerdale*, Sentence du 29 avril 2021, préc., §§ 191-192. Ici, l'État distingue entre inapplicabilité et invalidité de l'offre d'arbitrage il défend l'idée qu'à l'exception de l'offre d'arbitrage qui est inapplicable, les dispositions du traité peuvent être valides et effectives.

906 SCC, (SCC), *PL Holdings S.a.r.l. c. République de Pologne*, aff. n° 2014/163, Sentence partielle 28 juin 2017, §§ 301-304. La Pologne s'appuie sur les articles 30 (3) et 59 CVDT ; *Gabriel Resources*, Exception préliminaire supplémentaire du défendeur du 25 mai 2018, préc., §§ 114-117 La Roumanie invoque seulement l'article 30 (3) CVDT ; *Addiko Bank*, Décision sur l'exception d'incompétence du 12 juin 2020, préc., § 52 La Croatie invoque à titre principal une clause de conflit du TBI puis subsidiairement l'article 30 (3) CVDT ; CIRDI, *GPF GP S.à.r. l (Griffin) c. République de Pologne*, aff. n° 2014/168, Sentence du 29 avril 2020, § 180. La Pologne invoque l'article 59 § 1 CVDT et subsidiairement l'article 30 § 3 CVDT *pro Strabag*, Sentence partielle sur la compétence du 4 mars 2020, préc., §§ 8.13-8.16.

907 Cette juridiction suédoise a considéré que la Pologne au cours de l'arbitrage n'avait pas contesté la compétence du tribunal sur la base du droit de l'UE comme l'avait fait la Slovaquie dans l'affaire *Achmea*. Ce faisant l'État avait ponctuellement consenti tacitement à la procédure d'arbitrage initié par l'investisseur. Par la suite, la Cour de justice est venue préciser, dans le cadre d'une question préjudicielle, qu'un État membre ne pouvait pas consentir de la sorte à soumettre à l'arbitrage un différend d'investissement qui l'oppose à un investisseur d'un autre État membre. V. Cour d'appel de Svea (Svea hovrätt), *PL Holdings S.à.r. l.c. République de Pologne*, aff. T 8538-17 et T 12033-17, Arrêt du 22 février 2022 ; CJUE, Gde ch., 26 octobre 2021, *République de Pologne c. PL Holdings Sàrl*, aff. C-109/20, spéc. § 56. La Cour de Justice a conclu qu'« une convention d'arbitrage *ad hoc* rendant possible la poursuite d'une procédure d'arbitrage engagée sur le fondement d'une clause d'arbitrage de contenu identique à cette convention, figurant dans un

d'application de l'article 30 CVDT[908]. Concernant les dispositions incompatibles, les États et la Commission s'accordent sur l'incompatibilité des articles 267 et 344 TFUE avec les offres d'arbitrage État-investisseur des traités d'investissement entre États membres. Quant à l'incompatibilité de ces traités avec le principe de non-discrimination (article 18 TFUE), si cette incompatibilité est invoquée par l'État défendeur et la Commission dans les affaires *Addiko*[909] et *Adamakopoulos*[910], dans l'affaire *Tallin* elle semble être défendue uniquement par l'État défendeur[911] et, à l'inverse, par la Commission seule dans l'affaire *A.M.F Aircraftleasing*[912]. Dans la sentence de l'affaire *Sodexo* ainsi que dans celle de l'affaire *Fynerdale*, le principe de non-discrimination n'apparait ni dans les arguments l'État défendeur ni dans ceux de la Commission[913]. Ces différentes divergences ne sont cependant pas déterminantes tant qu'est opposée à la compétence des tribunaux l'incompatibilité avec le droit de l'UE de l'offre d'arbitrage État-investisseur du traité.

200. ***Transition.*** Pour la Commission, le prononcé de l'arrêt *Achmea* ne passe pas pour un point de rupture, mais comme une confirmation, l'ayant amenée à formaliser davantage sa politique d'opposition à la compétence des tribunaux. En revanche pour certains États membres, comme la Hongrie, la Roumanie, ou encore la Lettonie, cet arrêt marque le début de leur contestation – que ce soit dans des procédures principales d'arbitrage, ou dans des procédures post-sentences, de révision ou d'annulation. Confrontée à l'échec de sa stratégie d'intervention systématique en tant qu'*amicus curiae* – afin de défendre les effets l'arrêt *Achema* –, ainsi que de sa Communication intitulée « Protection des investissements intra-UE », la Commission s'est attachée à défendre, par d'autres moyens, l'inarbitrabilité des litiges d'investissement entre un investisseur d'un État membre et un autre État membre.

---

accord international conclu entre ces deux États membres est nulle en raison de sa contrariété avec [les articles 267 et 344 TFUE] ».

908 CIRDI, *United Utilities (Tallinn) B. V. et Aktsiaselts Tallinna Vesi (United Utilities (Tallin)) c. République d'Estonie*, aff. ARB/14/24, Sentence du 21 juin 2019, § 511 L'Estonie ne considère que les critères de l'article 30 CVDT de même matière et d'incompatibilité sont tous deux satisfaits et qu'ils ne se confondent pas comme le suggère la Commission ; *Gabriel Resources*, Exception préliminaire supplémentaire du défendeur du 25 mai 2018, préc., §§ 116 et 117 La Roumanie applique le critère de même matière aux dispositions en conflit et non pas aux traités.

909 *Addiko Bank*, Décision sur l'exception d'incompétence du 12 juin 2020, préc., §§ 158-164 et 188.

910 *Adamakopoulos*, Décision sur la compétence du 7 février 2020, préc., §§ 60 et 145.

911 *United Utilities (Tallin)*, Sentence du 21 juin 2019, préc., § 477.

912 *A.M.F Aircraftleasing*, Sentence finale du 11 mai 2020, préc., § 315.

913 *Sodexo*, Sentence du 28 janvier 2019, préc. ; *Fynerdale*, Sentence du 29 avril 2021, préc.

Section 2 - La défense des effets de l'arrêt *Achmea*

*201. **Plan de section***. Après des revers successifs, les États membres, sur l'initiative de la Commission, ont promu et défendu l'interprétation de la Cour de justice en la reprenant, d'abord dans trois déclarations adoptées en janvier 2019[914] (§1) puis dans un traité en 2020 (§2).

§ 1 - La reprise de l'arrêt *Achmea* dans les déclarations des 15 et 16 janvier 2019

202. L'affirmation commune aux déclarations des 15 et 16 janvier 2019. Dans les déclarations des 15 et 16 janvier 2019[915], l'ensemble des États membres (à l'exception de l'Irlande) se sont accordés sur la signification de l'arrêt *Achmea* et sur ses conséquences juridiques vis-à-vis des traités bilatéraux d'investissement (TBI) entre États membres. Ces déclarations affirment toutes les trois à la suite d'une citation du dispositif de l'arrêt *Achmea* que :

> « Le droit de l'Union prime les traités bilatéraux d'investissement conclus entre États membres. En conséquence, toutes les clauses d'arbitrage entre investisseurs et États contenues dans les traités bilatéraux d'investissement conclus entre États membres sont contraires au droit de l'Union et, de ce fait, inapplicables. Ces clauses, et notamment les dispositions prévoyant une prolongation de la durée de protection des investissements réalisés avant l'extinction du traité (communément appelées « clauses d'extinction » ou « clauses de grand-père »), ne produisent pas d'effets ».

Les États membres, défendeurs dans les arbitrages précités, se sont appuyés sur ces déclarations pour tenter de convaincre des tribunaux arbitraux de leur incompétence en raison de l'inapplicabilité des clauses d'arbitrages des traités bilatéraux d'investissement entre États membres[916].

203. Plan de paragraphe. Concernant l'offre d'arbitrage du traité sur la Charte de l'énergie (TCEn), les déclarations des 15 et 16 janvier ne sont pas unanimes. Seule celle du 15 janvier signée par vingt-deux États membres défend explicitement l'application des

---

[914] Pour certains tribunaux arbitraux, certains États membres ont défendu une interprétation extensive de l'arrêt *Achmea* dans les déclarations de janvier 2019 qui n'est pas selon eux celle de la Cour de Justice. V. CIRDI, *Eskosol S.p.A. in liquidazione (Eskosol) c. République italienne*, aff. ARB/15/50, Décision sur la demande de clôture et sur l'objection basée sur l'inapplicabilité du traité sur la charte de l'énergie aux disputes intra-UE du 7 mai 2019, §§ 207-227, spéc. § 213 ; CIRDI, *Addiko Bank AG et Addiko Bank d. d. (Addiko) c. République de Croatie*, aff. ARB/17/37, Décision sur l'exception d'incompétence liée à l'incompatibilité présumée du TBI avec l'acquis de l'UE du 12 juin 2020, §§ 241-255 et 281-290 Cette sentence précise reprendre les développements de la sentence *Eskosol* sur l'arrêt *Achmea* en rappelant que deux membres de ce tribunal siégeaient également dans le tribunal de l'affaire *Eskosol*. Les demandeurs des deux affaires avaient nommé comme arbitre Guido Santiago Tawil et les deux tribunaux étaient présidés par Jean E. Kalicki.

[915] Déclaration des représentants des gouvernements des États membres, du 15 janvier 2019, relative aux conséquences juridiques de l'arrêt *Achmea* rendu par la Cour de Justice et à la protection des investissements dans l'Union européenne (Signée par 22 États membres) ; Déclaration des représentants des gouvernements des États membres, du 16 janvier 2019, relative à l'exécution de l'arrêt *Achmea* rendu par la Cour de Justice et à la protection des investissements dans l'Union européenne (Signée par la Finlande, le Luxembourg, Malte, la Slovénie et la Suède) ; Déclaration du représentant du gouvernement de la Hongrie, du 16 janvier 2019, relative aux conséquences juridiques de l'arrêt *Achmea* rendu par la Cour de Justice et à la protection des investissements dans l'Union européenne.

[916] Au-delà des tribunaux, l'Espagne a également demandé à un comité *ad hoc* d'annulation du CIRDI, de clôturer la procédure d'annulation du fait de ces déclarations. Le comité *ad hoc* en question ayant rejeté la demande d'annulation de l'investisseur, il n'a pas jugé utile de répondre à cette demande de l'Espagne. V. CIRDI, *Blusun S.A., Jean-Pierre Lecorcier et Michel Stein (Blusun) c. République italienne*, aff. ARB/14/3, Décision du comité *ad hoc* sur l'annulation du 13 avril 2020, §§ 323-325.

conclusions de l'arrêt *Achmea* à ce traité multilatéral (A). En dehors de cette question touchant à la portée de l'arrêt *Achmea*, l'effet de ces déclarations – plus précisément leur autorité interprétative – doit être précisé (B).

A - La défense de l'application de l'arrêt *Achmea* au traité sur la Charte de l'énergie

204. La défense dans les arbitrages de l'application de l'arrêt* Achmea *au TCEn. Considérant que l'application et l'interprétation du droit de l'UE étaient au cœur de l'incompatibilité identifiée par l'arrêt *Achmea* plusieurs États ont considéré que cet arrêt visait toutes les clauses permettant de recourir à l'arbitrage pour résoudre des différends d'investissement entre un investisseur de l'Union et un État membre. Ils ont donc associé l'arrêt *Achmea* aux exceptions d'incompétence intra-UE qu'ils soulevaient dans le cadre d'arbitrage sur le fondement du traité sur la Charte de l'énergie (TCEn). Après le prononcé de l'arrêt *Achmea,* l'Espagne demandera aux tribunaux des affaires *Masdar, Antin* et *Novenergia* de rouvrir leurs procédures[917]. Seul le tribunal de l'affaire *Masdar* acceptera. Dans cette affaire, le tribunal acceptera de rouvrir la procédure pour que le demandeur lui soumette l'arrêt *Achmea*[918], ainsi qu'une décision de 2017 de la Commission en matière d'aides d'État[919]. Par contraste, le tribunal de l'affaire *Antin* refusera une demande identique. Dans ses écrits portant sur l'arrêt *Achmea*, l'Espagne argue que cet arrêt confirme l'exception d'incompétence intra-UE formulée au début de la procédure[920]. Une branche de cette exception visait l'absence de diversité de nationalité entre un investisseur de l'Union et un État membre et une autre l'application exclusive du droit de l'UE entre les États membres et les investisseurs de l'Union, en application du principe de primauté[921]. Concernant la portée de cet arrêt, il est affirmé qu'il s'applique au TCEn, mais aussi à la Convention CIRDI. L'Espagne précise que l'article 26 § 6 TCEn oblige le tribunal à interpréter et à appliquer le droit de l'UE pour résoudre le différend. Cela serait tout particulièrement le cas en l'espèce, car le litige porterait sur des mesures qualifiées d'aides d'État par la Commission[922]. Dans ses conclusions le tribunal s'en tiendra à souligner le caractère multilatéral du traité pour écarter toute pertinence de l'arrêt *Achmea*[923]. Cet argument sera repris, sans motivations supplémentaires, par le tribunal de l'affaire *Foresight*[924].

205. La communication du 19 juillet 2018 sur la protection des investissements intra-UE. Deux mois après l'échec de sa contestation de la compétence du tribunal de l'affaire *Masdar,* la Commission précisera la portée de l'arrêt *Achema* dans une communication datée du 19 juillet 2018 portant sur la protection des investissements intra-UE. Concernant l'arrêt *Achmea* et ses conséquences, la Commission y indique :

---

[917] CIRDI, *Antin Infrastructure Services Luxembourg S.à.r.l. and Antin Energia Termosolar B. V. (Antin) c. Royaume d'Espagne*, aff. ARB/13/31, Sentence du 15 juin 2018, §§ 56-58 ; SCC, (SCC), *Novenergia II - Energy & Environment (SCA), SICAR (Novenergia) c. Royaume d'Espagne*, aff. n° 063/2015, Ordonnance procédurale n° 17 du 9 avril 2018 ; CIRDI, *Masdar Solar & Wind Cooperatief U.A. (Masdar Solar) c. Royaume d'Espagne*, aff. ARB/14/1, Sentence du 16 mai 2018, §§ 669-683.

[918] *Masdar,* Sentence du 16 mai 2018, préc., §§ 669-673.

[919] Commission, 10 novembre 2017, *State aid SA. 40348 (2015/NN) — Spain*, ref. C(2017) 7384 final, JOCE C/442/2017 du 22.12.2017.

[920] *Masdar,* Sentence du 16 mai 2018, préc., § 674.

[921] *Ibid.*, §§ 296-342.

[922] *Ibid.*, §§ 675 et 676.

[923] *Ibid.*, § 679.

[924] SCC, (SCC), *Foresight Luxembourg Solar 1 S. a. r. l. et autres c. Royaume d'Espagne*, aff. n° 2015/550, Sentence finale du 14 novembre 2018, §§ 220 et 221.

« […] Compte tenu de la primauté du droit de l'Union, ladite clause [(art. 26 TCEn)], si elle est interprétée comme s'appliquant au sein de l'Union, est incompatible avec le droit primaire de l'Union, et par là-même inapplicable. De fait, le raisonnement de la Cour dans l'affaire Achmea s'applique également à l'application au sein de l'Union d'une telle clause, qui, à l'instar des clauses de TBI intra-UE, ouvre la possibilité de soumettre ces litiges à un organe qui ne fait pas partie du système juridictionnel de l'Union […] »[925].

Une part de la doctrine voit dans cette communication une tentative de la Commission de faire prévaloir une approche maximaliste de l'arrêt *Achmea*, non limitée aux offres d'arbitrage État-investisseur des TBI entre États membres prévoyant l'application du droit de l'État hôte dans la résolution du différend[926]. C'est cependant cette approche qui sera retenue par la Cour de justice dans l'arrêt *Komstroy*[927].

206. Le projet d'accord sur l'interprétation du TCEn de la Communication de 2022. La Commission réaffirmera cette position dans une autre communication, en 2022, visant à reprendre les conclusions de l'arrêt *Achmea* et de l'arrêt *Komstroy* – quant à l'inapplicabilité interne de l'offre d'arbitrage État-investisseur du TCEn – dans un accord interprétatif ultérieur[928]. Ce projet d'accord sur l'interprétation du TCEn se montre à mi-chemin entre les déclarations de janvier 2019 et l'accord portant extinction des TBI entre États membres de 2020. Son contenu est essentiellement interprétatif, mais sa forme est plus proche de celle de l'accord d'extinction. Il précise dans son préambule que l'arrêt *Komstroy* n'est qu'une application de l'arrêt *Achmea*[929]. Par conséquent, il prévoit, comme l'accord d'extinction[930], que les procédures d'arbitrage fondées sur l'article 26 TCEn, achevées avant le 6 mars 2018, date du prononcé de l'arrêt *Achmea* et pas avant le 2 septembre 2021, date du prononcé de l'arrêt *Komstroy,* ne peuvent être rouvertes[931]. À l'été 2023, dans l'exposé des motifs de sa

---

925 Communication de La Commission au Parlement Européen et au Conseil du 19.7.2018, Protection des investissements intra-EU, Bruxelles, le 19.7.2018, COM (2018) 547 final.

926 MONTANARO F., *The European Union and International Investment Law - The Two Dimensions of an Uneasy Relationship*, Oxford, Hart Publishing, 2023, pp. 156, spéc. pp. 71-72 « All too predictably, the Commission sought to stretch the scope of the *Achmea* judgment. In one stroke, it overcame all doubts about the possibility to infer from its dictum implication for all types of intra-EU investment arbitration. It bluntly stated that arbitration clauses included in intra-EU IIAs are inconsistent with the principle of autonomy of the EU legal order and are inapplicable ». À l'inverse, Nico Basener démontre dans son étude dès 2017, avant le prononcé de l'arrêt *Achema*, qu'au regard de la jurisprudence de la Cour de justice les offres d'arbitrages des TBI entre États membres et l'application entre les États membres de l'offre d'arbitrage du traité sur la charte de l'énergie portent atteinte à l'autonomie du droit de l'UE. V. BASENER N., *Investment Protection in the European Union – Considering EU law in investment arbitration arising from intra-EU and extra-EU bilateral investment agreements*, Baden-Baden, Nomos, 2017, pp. 512, spéc. pp. 256-297.

927 CJUE, Gde ch., 2 septembre 2021, *République de Moldavie c. Société Komstroy*, aff. C-741/ 19, §§ 59-66 *pro* CJUE, Gde ch., 25 janvier 2022, *Commission c. European Food SA et autres*, aff. C-638/19 P, §§ 137-145.

928 Commission, Communication de la Commission au Parlement européen et au Conseil, ainsi qu'aux États membres concernant un accord entre les États membres, l'Union européenne et la Communauté européenne de l'énergie atomique sur l'interprétation du traité sur la Charte de l'énergie, Bruxelles, le 5.10.2022, COM(2022) 523 final.

929 Commission, Communication du 5.10.2022, COM(2022) 523 final, préc., Annexe ACCORD ULTÉRIEUR CONCERNANT L'INTERPRÉTATION DU TRAITÉ SUR LA CHARTE DE L'ÉNERGIE, Préambule § 9 « RAPPELANT que l'arrêt Komstroy est une application de l'arrêt de la CJUE du 6 mars 2016 dans l'affaire Achmea, C-284/16 (EU:C:2018:158, ci-après l'«arrêt Achmea»), que dans l'arrêt du 26 octobre 2021 dans l'affaire PL Holdings, C-109/20 (EU:C:2021:875), la CJUE a rejeté une demande de limitation dans le temps de l'application de l'arrêt Achmea, et que, par conséquent, l'interprétation du TCE dans l'arrêt Komstroy s'applique ex tunc, dès l'approbation du TCE par les États membres, l'Union européenne et l'Euratom, ».

930 V. *infra* B) 2).

931 Commission, Communication du 5.10.2022, COM(2022) 523 final, préc., Annexe ACCORD ULTÉRIEUR CONCERNANT L'INTERPRÉTATION DU TRAITÉ SUR LA CHARTE DE L'ÉNERGIE Article 4 Procédures d'arbitrage achevées : « § 1 Nonobstant l'article 2, le présent accord ne porte pas atteinte à toute procédure d'arbitrage ayant abouti à un règlement amiable ou à une sentence finale rendue avant le 6 mars 2018 lorsque : a) la sentence a été dûment exécutée avant le 6 mars 2018, même en l'absence d'exécution d'une créance connexe de frais de procédure, et

proposition de décision du conseil sur le retrait de l'Union du traité, la Commission affirme que l'adoption d'un accord interprétatif est toujours souhaitable[932].

207. La proposition d'un accord sur l'interprétation et l'application du TCEn de 2024. Par la suite, le 2 juillet 2024, la Commission déposa une proposition de décision du Conseil relative à l'adoption, par la Communauté européenne de l'énergie atomique, d'un accord sur l'interprétation et l'application (cette fois) du TCEn. Ce nouveau projet d'accord peut paraitre plus ambitieux au regard de son intitulé, car celui-ci ne se limite pas à l'interprétation du traité. En revanche, son contenu est plus restreint, il peut être réduit à son article 2 affirmant une « communauté de vues de l'UE, de l'Euratom et de leurs États membres sur l'interprétation et la non-applicabilité continue de l'article 26 TCEn et l'absence de fondement juridique pour des procédures intra-UE »[933]. Ce projet, à l'inverse du précédent, ne précise pas que les procédures d'arbitrages achevées avant le 6 mars 2018 ne peuvent pas être réouvertes[934] ni ne pose d'obligations aux parties contractantes en ce qui concerne des procédures d'arbitrage en cours[935]. Ce faisant, il prend ses distances avec l'accord portant extinction des TBI entre États membres. Ce projet d'accord ne mentionne pas comme « partie » la Hongrie, au côté des vingt-cinq autres États membres. Le jour de la clôture des négociations de cet accord, le 26 juin 2024, tous les États membres à l'exception de la Hongrie, ont décidé de signer une déclaration sur les conséquences juridiques de l'arrêt *Komstroy*, à l'instar, comme nous le verrons ci-après, de ce qui avait été fait pour l'arrêt *Achmea*[936]. Comme précisé plus haut, le cœur de l'accord réside dans son article 2 ; ce dernier est identique aux quatre paragraphes de la déclaration des vingt-six États membres (ces deux instruments ont aussi des préambules identiques). Dans cet accord, comme dans la déclaration conjointe sur les effets de l'arrêt *Komstroy*, le principe de primauté est qualifié – ce qui n'est pas anodin – de « règle de droit international régissant les conflits de normes dans les relations mutuelles des États membres »[937]. Cette affirmation est également présente dans une

---

qu'aucune contestation, demande de réexamen, action en annulation, procédure d'exécution et aucun contrôle ou autre procédure similaire se rapportant à cette sentence finale n'était en cours au 6 mars 2018; ou b) la sentence a été annulée avant la date d'entrée en vigueur du présent accord.

Ces procédures (ci-après les « procédures d'arbitrage achevées ») ne peuvent être rouvertes.

§ 2 En outre, le présent accord ne porte pas atteinte à un quelconque accord destiné à régler à l'amiable un différend faisant l'objet d'une procédure d'arbitrage ouverte avant le 6 mars 2018 ».

932 Commission, Proposition de Décision du Conseil sur le retrait de l'Union du traité sur la Charte de l'énergie, Bruxelles, le 7.7.2023, COM(2023) 447 final, 2023/0273 (NLE), Exposé des motifs § 3.1. Le parlement européen a voté en faveur de cette proposition le 24 avril 2024 V. Parlement européen, Résolution législative du Parlement européen du 24 avril 2024 sur le projet de décision du Conseil sur le retrait de l'Union du traité sur la Charte de l'énergie (06509/2024 – C9-0059/2024 – 2023/0273(NLE)), Retrait de l'Union du traité sur la Charte de l'énergie, P9_TA(2024)0335.

933 Commission, Proposition de Décision du Conseil relative à l'adoption, par la Communauté européenne de l'énergie atomique, de l'accord sur l'interprétation et l'application du traité sur la Charte de l'énergie entre l'Union européenne, la Communauté européenne de l'énergie atomique et leurs États membres, Bruxelles, le 2.7.2024, COM(2024) 256 final, 2024/0146(NLE), Annexe ACCORD CONCERNANT L'INTERPRETATION ET L'APPLICATION DU TRAITÉ SUR LA CHARTE DE L'ÉNERGIE ENTRE L'UNION EUROPÉENNE, LA COMMUNAUTÉ EUROPÉENNE DE L'ÉNERGIE ATOMIQUE ET LEURS ÉTATS MEMBRES Article 2.

934 Commission, Communication du 5.10.2022, COM(2022) 523 final, préc. Annexe ACCORD ULTÉRIEUR CONCERNANT L'INTERPRÉTATION DU TRAITÉ SUR LA CHARTE DE L'ÉNERGIE Article 4.

935 *Ibid.* Article 5 Obligations des parties contractantes en ce qui concerne les procédures d'arbitrage en cours.

936 Déclaration relative aux conséquences juridiques de l'arrêt de la Cour de justice dans l'affaire Komstroy et à la Communauté de vue sur la non-applicabilité de l'article 26 du traité sur la charte de l'énergie en tant que fondement de procédures d'arbitrage intra-UE, 26 juin 2024. V. Commission – Communiqué de presse, L'UE notifie sa sortie du traité sur la Charte de l'énergie et met fin aux procédures d'arbitrage intra-UE, Bruxelles, le 28 juin 2024, IP/24/3513.

937 Commission, Proposition de DÉCISION DU CONSEIL relative à l'adoption, par la Communauté européenne de l'énergie atomique, de l'accord sur l'interprétation et l'application du traité sur la Charte de l'énergie entre l'Union européenne, la Communauté européenne de l'énergie atomique et leurs États membres, Bruxelles, le 2.7.2024, COM(2024) 256 final, 202/0146(NLE), Annexe : ACCORD CONCERNANT L'INTERPRÉTATION ET L'APPLICATION DU TRAITÉ SUR LA CHARTE DE L'ÉNERGIE ENTRE L'UNION EUROPÉENNE, LA COMMUNAUTÉ EUROPÉENNE DE L'ÉNERGIE ATOMIQUE ET LEURS ÉTATS MEMBRES, art. 2.

déclaration individuelle de la Hongrie, adoptée le 26 juin 2024, au sujet des conséquences juridiques de l'arrêt *Komstroy*. Dans cette déclaration, la Hongrie, contrairement aux autres États membres de l'Union, déclare que l'article 26 TCEn (contenant une offre d'arbitrage État-investisseur) n'est plus applicable aux litiges d'investissement intra-UE, mais pas qu'il n'aurait jamais dû être appliqué à ces litiges[938]. Cette déclaration tend à nier tout effet *ex tunc* à l'arrêt *Komstroy*. Elle rentre en contradiction avec l'accord envisagé et la déclaration conjointe des autres États membres, en particulier avec l'un des rappels de leur préambule commun concernant l'application, dès l'approbation du TCEn par l'UE, de l'interprétation qu'en donne la Cour dans l'arrêt *Komstroy*. Aussi a-t-elle donné lieu à un recours en manquement de la Commission en juillet 2025 pour non-respect de la force obligatoire de l'arrêt de l'arrêt de la Cour et violation du principe de coopération loyale[939]. En septembre 2025, le projet d'accord a été adopté par une décision du Conseil et du Parlement européen[940].

208. L'adoption des déclarations des 15 et 16 juillet 2019. Pour revenir aux traités bilatéraux d'investissement entre États membres, comme déjà dit, c'est au regard de l'absence d'effet de la communication du 19 juillet 2018 et des exceptions d'incompétence intra-UE soulevées par certains États membres et la Commission, que cette dernière incita les États à reprendre l'interprétation de l'arrêt *Achmea* dans une déclaration interprétative formulée conjointement. Cette déclaration était envisagée comme une première étape avant l'adoption d'un accord portant extinction des TBI entre États membres. C'est à l'occasion d'une réunion du Comité des représentants permanents (COREPER), que Vladis Dombrovskis alors Commissaire européen aux Services financiers, invita les représentants permanents à venir signer, dans les locaux de la Commission une déclaration concernant les effets de l'arrêt *Achmea*[941]. Toutefois, la Commission n'arriva pas à convaincre tous les États de signer une seule déclaration, trois déclarations furent signées. L'une fût signée le 15 janvier 2019, par vingt-deux États membres de l'Union[942], et les deux autres le lendemain le 16 janvier, l'une par la Finlande, le Luxembourg, Malte, la Slovénie et la Suède[943] et l'autre par la Hongrie seule[944]. L'Irlande ne disposant pas de traités d'investissement, en vigueur, avec d'autres États membres, elle ne signa aucune déclaration. Les trois déclarations expriment une position commune quant aux effets de l'arrêt *Achmea* sur les traités bilatéraux

---

938 Declaration of the representative of the government of Hungary, of 26 june 2024 on the legal consequences of the judgement of the court of justice in *Komstroy* and of the non-applicability of article 26 of the Energy Charter Treaty as basis for intra-EU arbitration proceedings, « § 1 For the sake of clarity, Hungary confirms that Article 26(2) (c) of the Energy Charter Treaty shall be interpreted and applied in such a way that it *shall no longer* serve as a legal basis for disputes between an investor of one Member State and another Member State in connection with an investment in the territory of that other Member State [...] » nous soulignons.

939 Commission – Communiqué de presse, Bruxelles, le 17 juillet 2025, IP/25/1799. Procédure d'infraction contre la Hongrie [INFR(2024)2206].

940 Parlement européen et Conseil, Décision (UE) 2025/1904 relative à l'approbation, par l'Union, de l'accord sur l'interprétation et l'application du traité sur la Charte de l'énergie, 10 septembre 2025, ELI : http://data.europa.eu/eli/dec/2025/1904/oj, consulté le 01.11.25.

941 CIRDI, *Rockhopper Italia S.p.A., Rockhopper Mediterranean Ltd, and Rockhopper Exploration Plc (Rockhopper) c. République Italienne*, aff. ARB/17/14, Décision sur l'objection d'incompétence Intra-UE du 29 juin 2019, § 180. V. aussi CIRDI, *InfraRed Environmental Infrastructure GP Limited (InfraRed) c. Royaume d'Espagne*, aff. ARB/14/12, Sentence du 2 août 2019, § 269

942 Déclaration des représentants des gouvernements des États membres, du 15 janvier 2019, relative aux conséquences juridiques de l'arrêt Achmea rendu par la Cour de Justice et à la protection des investissements dans l'Union européenne (Signée par 22 États membres).

943 Déclaration des représentants des gouvernements des États membres, du 16 janvier 2019, relative à l'exécution de l'arrêt Achmea rendu par la Cour de Justice et à la protection des investissements dans l'Union européenne (Signée par la Finlande, le Luxembourg, Malte, la Slovénie et la Suède)

944 Déclaration du représentant du gouvernement de la Hongrie, du 16 janvier 2019, relative aux conséquences juridiques de l'arrêt Achmea rendu par la Cour de Justice et à la protection des investissements dans l'Union européenne.

d'investissement entre membres de l'Union. Elles expriment des points de vue divergents sur la question de l'effet de cet arrêt sur le TCEn.

209. L'absence de consensus dans les déclarations de 2019 quant au TCEn. La déclaration des vingt-deux États membres du 15 janvier 2019 considère que le TCEn ne peut pas être appliqué entre les États membres. Dans cette déclaration, il est d'abord affirmé que, compte tenu de l'arrêt *Achema* les clauses d'arbitrage État-investisseur des TBI entre États membres « sont contraires au droit de l'Union et, de ce fait, inapplicables ». Ensuite il est précisé au sujet du TCEn :

> « Par ailleurs, les conventions internationales conclues par l'Union, notamment le traité sur la Charte de l'énergie, font partie intégrante de l'ordre juridique de l'UE et doivent donc être compatibles avec les traités européens. Des tribunaux arbitraux ont jugé que le traité sur la Charte de l'énergie contenait également une clause d'arbitrage entre investisseurs et État applicable entre États membres. Ainsi interprétée, cette clause serait incompatible avec les traités, et son application devrait dès lors être écartée ».

Une note de bas de page à la fin de ce paragraphe renvoie à la communication de la Commission du 19 juillet 2018 sur la protection des investissements intra-UE. En revanche, la déclaration signée par la Finlande, le Luxembourg, Malte, la Slovénie et la Suède considère qu'il n'est pas possible de se prononcer en l'état au sujet de l'effet de l'arrêt *Achmea* sur l'offre d'arbitrage du TCEn. Il y est précisé :

> *« The Achmea case concerns the interpretation of EU law in relation to an investor-state arbitration clause in a bilateral investment treaty between Member States. The Member States note the Achmea judgement is silent on the investor-state arbitration clause in the Energy Charter Treaty. A number of international arbitration tribunals post the Achema judgement have concluded that the Energy Charter Treaty contains an investor-State arbitration clause applicable between EU Member State. Against this background, the Member States underline the importance of allowing for due process and consider that is would be inappropriate, in the absence of a specific judgement on this matter to express views as regard the compatibility with Union law of the intra EU application of the Energy Charter Treaty ».*

La Hongrie estime également dans sa déclaration que l'arrêt *Achmea* est silencieux quant à l'applicabilité de l'offre d'arbitrage État-investisseur du TCEn aux différends entre un investisseur d'un État membre et un autre État membre, mais déclare que de son point de vue l'arrêt *Achmea* ne concerne que les TBI entre États membres[945].

210. Conclusion. Les trois déclarations expriment des positions différentes, mais pas nécessairement contradictoires. Les déclarations du 16 janvier 2019 refusent de trancher la question de l'inapplicabilité de l'offre d'arbitrage du TCEn, l'une renvoie à la Cour de justice en évoquant la nécessité d'un jugement spécifique, l'autre à des discussions et accords ultérieurs entre les États. En dehors de la question de la portée de ces déclarations, la question de leur effet juridique, plus précisément de leur autorité interprétative se pose. Si elles n'avaient pas potentiellement une autorité interprétative supérieure à celle de l'arrêt *Achmea*, pourquoi la Commission aurait-elle encouragé leur signature ? De même, une telle autorité

[945] *Ibid.*, §§ 8 et 9 « 8. Hungary further declares that in its view, the *Achmea* judgment concerns only the intra-EU bilateral investment treaties. The *Achmea* judgment is silent on the investor-state arbitration clause in the Energy Charter Treaty (hereinafter: "ECT") and it does not concern any pending or prospective arbitration proceedings initiated under the ECT. 9. Against this background, Hungary underlines the importance of allowing for dure process and considers that it is inappropriate for a Member State to express its view as regards the compatibility with the Union law of the intra-EU application of the ECT. The ongoing and future applicability of the ECT in intra-EU relations requires further discussion and individual agreement amongst Member States ».

justifierait la proposition de la Commission d'adoption par les États membres, l'Union et Euratom, d'un accord sur l'interprétation du TCEn, après le prononcé de l'arrêt *Komstroy*[946]. Pour rappel dans cet arrêt la Cour de justice affirme explicitement, en s'appuyant sur le raisonnement qu'elle avait tenu dans l'arrêt *Achmea*, l'inapplicabilité de l'offre d'arbitrage État-investisseur de ce traité en fait de différends d'investissement intra-UE. Constatant l'indifférence des arbitres à une interprétation faisant foi de la Cour de justice, la Commission tente de leur opposer une interprétation authentique des États, prenant d'abord la forme d'une déclaration interprétative formulée conjointement, puis celle d'un accord sur l'interprétation en bonne due forme, alors que justement le droit international n'exige aucune forme particulière en la matière.

B - L'autorité interprétative des déclarations du 15 et 16 janvier 2019

211. La présentation des déclarations en tant qu'accords interprétatifs ultérieurs. Plusieurs États membres ont avancé dans différents arbitrages que ces déclarations étaient constitutives d'accords interprétatifs ultérieurs. De tels accords devraient s'imposer aux tribunaux, car ils sont l'expression du pouvoir d'interprétation authentique des parties à un traité[947]. Dans leurs démonstrations les États ont pu s'appuyer sur l'avis consultatif de la Cour permanente de Justice internationale (CPJI) dans l'affaire *Jaworzina*[948] et sur l'article 31 § 3 a) de la convention de Vienne sur le droit des traités de 1969 (CVDT)[949]. Une telle interprétation par accord est obligatoire et générale. Elle dispose également en principe d'un effet rétroactif[950]. Les investisseurs ont quant à eux argué que ces déclarations étaient de simples déclarations politiques dénuées d'effets juridiques. L'absence de formalisme en droit international[951] ne permet pas d'écarter immédiatement la qualification de ces déclarations

---

[946] Commission, Communication du 5.10.2022, COM(2022) 523 final, préc., Annexe Accord ultérieur concernant l'interprétation du traité sur la Charte de l'énergie.

[947] CIRDI, *Gabriel Resources Ltd. et Gabriel Resources (Jersey) (Gabriel Resources) c. Roumanie*, aff. ARB15/31, Mémoire en duplique du défendeur du 24 mai 2019, §§ 124-126 ; CIRDI, *Inicia Zrt, Kintyre Kft et Magyar Farming Company Ltd (Magyar Farming) c. Hongrie*, aff. ARB 17/27, Sentence du 13 novembre 2019, § 173 ; CIRDI, *Theodoros Adamakopoulos, Ilektra Adamantidou, Vasileios Adamopoulos et autres (Adamakopoulos) c. République de Chypre*, aff. ARB/15/49, Décision sur la compétence du 7 février 2020, § 54 ; CIRDI, (*ad hoc*), *Strabag SE, Raiffeisen Centrobank AG and Syrena Immobilien Holding AG (Strabag, Raiffeinsen et Syrena) c. République de Pologne*, aff. ADHOC/15/1, Sentence partielle sur la compétence du 4 mars 2020, § 8.19 ; SCC, (SCC), *GPF GP S.à.r. l (Griffin) c. République de Pologne*, aff. n° 2014/168, Sentence du 29 avril 2020, § 322 ; CPA, (CNUDCI), *A.M.F. Aircraftleasing Meier & Fischer GmbH & Co. KG (A.M.F Aircraftleasing)* c. *République tchèque*, aff. n° 2017-15, Sentence finale du 11 mai 2020, § 276 ; CIRDI, *Addiko Bank AG et Addiko Bank d.d. (Addiko Bank) c. République de Croatie*, aff. ARB/17/37, Décision sur l'exception d'incompétence liée à l'incompatibilité présumée du TBI avec l'acquis de l'UE du 12 juin 2020, § 101 ; CIRDI, *Raiffeisen Bank International AG and Raiffeisenbank Austria d.d. (Raiffeisen) c. République de Croatie (I)*, aff. ARB/17/34, Décision sur l'exception d'incompétence du défendeur du 30 septembre 2020, § 203.

[948] CPJI, *Affaire de Jaworzina (Frontière Polono-Tchécoslovaque)*, Avis consultatif du 6 décembre 1923, Série B, n° 8, pp. 37 « [...] le droit d'interpréter authentiquement une règle juridique appartient à celui-là seul qui a le pouvoir de la modifier ou de la supprimer [...] // [...] the right of giving an authoritative interpretation of a legal rule belongs solely to the person or body who has power to modify or suppressit [...] ».

[949] CVDT art 31 Règles générales d'interprétation : « 1. Un traité doit être interprété de bonne foi suivant le sens ordinaire à attribuer aux termes du traité dans leur contexte et à la lumière de son objet et de son but. [...] 3. Il sera tenu compte, en même temps que du contexte : a) De tout accord ultérieur intervenu entre les parties au sujet de l'interprétation du traité ou de l'application de ses dispositions ; [...] ».

[950] YASSEEN M. K., « L'interprétation des traités d'après la Convention de Vienne sur le droit des traités », *RCADI*, Vol. 151, 1976, pp. 114, spéc. pp. 45 et 47.

[951] DISTEFANO G., « La pratique subséquente des États parties à un traité », *Annuaire français de droit international*, Vol. 40, 1994, pp. 41-71, spéc. p. 47 ; YASSEEN M. K., « L'interprétation des traités d'après la Convention de Vienne sur le droit des traités », *op. cit.*, p. 45. Sur le rejet d'un principe de parallélisme des formes v. aussi CIRDI, (CNUDCI), *Methanex Corporation (Methanex) c. États-Unis d'Amérique*, Sentence finale du tribunal sur la compétence et le fonds du 3 août 2005, Part II, Ch. B, § 20. V. aussi AUST A., *Modern Treaty Law and Practice*, Cambridge, CUP, 2007, pp. 611,

d'accord interprétatif ou d' « accord ultérieur intervenu entre les parties au sujet de l'interprétation d'un traité ou de l'application de ses dispositions », au sens de l'article 31 § 3 a) CVDT[952]. La difficulté se situe davantage dans la possibilité d'avoir recours à ce type d'accord pour préciser la relation entre deux traités et aboutir à l'inapplication d'une disposition de l'un d'eux[953]. En se tenant à l'article 31 § 3) a) CVDT, pour que ces déclarations relèvent de la catégorie des accords au sujet de l'application du traité, il faut admettre que cette catégorie comprenne des accords visant l'inapplication d'une disposition du traité[954]. De tels accords pourraient relever davantage de l'amendement que de l'interprétation. Quoi qu'il en soit, il convient tout d'abord de déterminer la place de l'accord ultérieur dans le creuset de l'interprétation[955], notamment par rapport au texte de l'accord interprété. Car si l'interprétation contenue dans l'accord ultérieur passe outre toute autre interprétation (même textuelle), son contenu « peut, avec la réserve de l'effet rétroactif, se rapprocher fortement d'une modification substantielle des règles »[956]. Selon le degré de déférence accordé aux maîtres des traités, le poids de ces accords dans le creuset de l'interprétation varie, mais aussi l'effet dans le temps de ces accords, ou encore l'importance de la distinction entre interprétation et modification. Ces deux aspects sont particulièrement pertinents, lorsqu'il s'agit de comparer les effets de l'arrêt *Achmea* et d'accords interprétatifs reprenant l'interprétation de ce dernier.

212. La rétroactivité des accords interprétatifs ultérieurs. Au-delà de la question de leur caractère contraignant, la question de l'effet dans le temps de ces interprétations se pose. Pour certains, nonobstant les dispositions des traités pouvant affirmer leur caractère obligatoire, les interprétations conjointes intervenant après la naissance du litige ne doivent qu'être prises en compte par les tribunaux et peuvent toujours être écartées[957]. Le modèle de TBI néerlandais de 2019 résout cette question en écartant explicitement l'application de ces

---

spéc. p. 239 *pro* GESLIN A., « Fasc. 45 : SOURCES DU DROIT INTERNATIONAL. – Traités. Interprétation. Motifs. Sujets et autorité de l'interprétation », *JCl. Droit international*, Lexis Nexis, 2015, § 80.

952 Résolution n° 73/202 de l'Assemblée générale de l'ONU, Accords et pratique ultérieurs dans le contexte de l'interprétation des traités, 20 décembre 2018, A/RES/73/202, Annexe, Conclusion 6.2 « Les accords ultérieurs et la pratique ultérieure au sens de l'article 31, paragraphe 3, peuvent revêtir diverses formes. ».

953 Cette possibilité ne semble pas devoir être écartée au regard de la grande latitude matérielle propre à ce type d'interprétation concertée. V. COMBACAU J. et SUR S., *Droit International Public*, 12e éd, Paris, LGDJ, 2016, pp. 832, spéc. pp. 176 et 177 ; ALLAND D., « L'interprétation du droit international public », *RCADI*, Vol. 362, 2014, pp. 327. L'auteur fait référence à un arrangement interprétatif rétroactif entre la Libye et les États-Unis en 1955 ayant retiré leur compétence aux juridictions libyennes pour les litiges impliquant les forces armées étatsuniennes au profit des juridictions des États-Unis alors que l'accord militaire de 1954 prévoyait un système de juridictions concurrentes.

954 Ce raisonnement a été rejeté par le tribunal de l'affaire *Norvik Banka*. V. CIRDI, *AS Norvik Banka, Alexander Guselnikov, Grigory Guselnikov et autres (Norvik Banka) c. République de Lettonie*, aff. ARB/17/47, Décision sur l'objection Intra-UE du 14 mai 2021, §§ 572-581, spéc. § 576 « The Tribunal accepts [...] that the obliteration of a provision in a treaty would not constitute an "application" of the Treaty ».

955 Le terme de creuset est utilisé dans les travaux de la CDI. V. WALDOCK H., *Sixième rapport sur le droit des traités*, Rapport du Rapporteur Spécial de la C.D.I, A/CN.4/186 and Add.1, 2/Rev.1, 3-7, 1966, pp. 58 *in Annuaire de la C.D.I*, Vol. II, 1966, pp. 55-112 spéc. p. 103 « [La CDI] a intitulé l'article « Règle générale d'interprétation » au singulier, et elle a considéré l'application des moyens d'interprétation énumérés dans l'article comme une opération combinée. Ces divers éléments, pour autant qu'ils soient présents dans un cas donné, seraient tous versés au creuset et leur interaction produirait l'interprétation juridiquement valable. ». V. aussi VILLIGER M. E., « The Rules on Interpretation : Misgivings, Misunderstandings, Miscarriage ? The 'Crucible' Intended by the International Law Commission », *in* CANNIZARO E. (ed.), *The Law of Treaties beyond the Vienna Convention*, Oxford, OUP, 2011, pp. 105-122.

956 COMBACAU J. et SUR S., *Droit International Public*, 12e éd, *op. cit.*, p. 177.

957 ZARRA G., « Uses and abuses of authentic interpretations of international investment agreements: Reflections on the role of arbitral tribunals as masters of the judicial function », *EJIL : Talk!*, 28.08.2020 *contra* GAZZINI T. « Authentic (or Authoritative) Interpretation of Investment Treaties by the Treaty Parties », *EJIL:Talk!*, 17.08.2020, « There is no reason not to apply an authentic interpretation to pending disputes or disputes related to facts that occurred before the adoption of the such interpretation [...] ». comp. TITI C. « The Timing of Treaty Party Interpretations », *EJIL:Talk!*,18.08.20. « States could consider introducing safeguards in their provision on treaty interpretation to preclude joint statements from producing binding effects on pending disputes ».

interprétations aux affaires dans lesquelles l'investisseur a déjà déposé une demande d'arbitrage[958]. La position de l'UE semble avoir fluctué entre 2012 et 2014 : si le projet d'accord du AECG/CETA écartait tout effet rétroactif d'interprétations conjointes issues de comités, après 2014 la version finale de cet accord et l'accord de protection des investissements entre l'UE et Singapour (API UE – Singapour) ou le Vietnam (API UE – Vietnam), prévoient tous que les comités peuvent préciser une date à partir de laquelle leur interprétation est effective[959]. Aron Broches, l'un des fondateurs du CIRDI, considérait lui que seuls les litiges ayant fait l'objet d'une sentence revêtue de l'autorité de chose jugée pouvaient ne pas être impactés par l'interprétation commune des parties ou celle d'un tribunal arbitral interétatique[960]. La tendance est donc de limiter les effets rétroactifs de ces interprétations. Il semble cependant difficile de refuser tout effet rétroactif à ces interprétations conjointes au motif que certaines d'entre elles semblent davantage amender le traité que l'interpréter. La question d'une limite temporelle des effets de ces interprétations se lie ici avec celle d'une limite matérielle difficile à identifier : celle séparant l'interprétation de l'amendement ou de la modification[961].

213. La distinction entre interprétation et modification. La distinction entre interprétation et modification peut paraitre peu pertinente du point de vue du pouvoir des États parties. Ces derniers peuvent, par un accord ou des pratiques ultérieures, interpréter, amender ou modifier un traité[962]. Elle peut cependant l'être du point de vue de certains interprètes[963]. Il n'en reste pas moins que, dans les deux cas, l'interprète du traité ne pourra pas ignorer cet accord. S'il le considère comme un accord interprétatif ultérieur l'interprète pourra : soit accepter que l'accord élimine « toute la problématique de l'attribution de sen » en tant qu'interprétation authentique et adopter son résultat[964] ; soit le verser au creuset de l'interprétation en tant que moyen d'interprétation authentique prévu à l'article 31 § 3 a) CVDT. S'il le considère comme un traité modifiant le traité original alors l'article 39 CVDT s'appliquera[965]. Il serait aussi possible d'envisager qu'un tel accord soit aussi pris en compte dans l'interprétation du traité en tant que règle pertinente de droit international applicable dans les relations des parties en application de l'article 31 § 3 c) CVDT.

214. Conclusion. Au regard des développements ci-dessus, en se plaçant du point de vue du droit international général, les déclarations des États membres de janvier 2019 peuvent

958 Modèle d'accord d'investissement des Pays-Bas du 22 mars 2019, art. 24.2.

959 GÁSPÁR-SZILÁGYI S., « Binding Committee Interpretations in the EU's New Free Trade and Investment Agreements », *European Investment Law and Arbitration Review*, Vol. 2(1), 2017, pp. 90-134, spéc. p. 128.

960 BORCHES A., « The Convention on the Settlement of Investment Disputes between States and Nationals of other States », *RCADI*, Vol. 136, 1972, pp. 331-405, spéc. p. 377.

961 Assemblée générale de l'ONU, Résolution n° 73/202, Accords et pratique ultérieurs dans le contexte de l'interprétation des traités, 20 décembre 2018, A/RES/73/202, Annexe, Conclusion 7.3 « Les parties à un traité, par un accord ou une pratique dans l'application du traité, sont présumées avoir l'intention d'interpréter le traité et non de l'amender ou de le modifier ».

962 YASSEEN M. K., « L'interprétation des traités d'après la Convention de Vienne sur le droit des traités », *RCADI*, Vol. 151, 1976, pp. 114, spéc. p. 44 ; DISTEFANO G., « La pratique subséquente des États parties à un traité », *Annuaire français de droit international*, Vol. 40, 1994, pp. 41-71, spéc. p. 53 ; AUST A., *Modern Treaty Law and Practice*, 2nd ed., Cambridge, CUP, 2007, pp. 452, spéc. p. 239 ; DÖRR O., « Article 31 – General rule of interpretation » *in* DÖRR O. et SCHMALENBACH K. (eds.), *Vienna Convention on the Law of Treaties*, 2nd ed., Berlin, Springer, 2018, pp. 559-616, spéc. p. 594.

963 BERNER K., *Subsequent Agreements and Subsequent Practice in Domestic Courts, op. cit.*, pp. 116-119. Du point de vue des juges nationaux, la distinction peut être pertinente au regard du respect d'un principe de parallélisme des formes exigeant que le traité modificateur revête la même forme que le traité original. Du point de vue des juridictions internationales, leur mandat peut être limité et ne pas s'étendre à un traité ultérieur. La distinction est particulièrement pertinente pour les juridictions pénales devant respecter le principe *nullu crimem sin lege*.

964 ALLAND D., « L'interprétation du droit international public », *RCADI*, Vol. 362, 2014, p. 330.

965 CVDT art. 39 Règle générale relative à l'amendement des traités :
« Un traité peut être amendé par accord entre les parties. Sauf dans la mesure où le traité en dispose autrement, les règles énoncées dans la partie II s'appliquent à un tel accord ».

être envisagées comme des interprétations authentiques ou tout au moins comme des moyens d'interprétation authentiques. Par ailleurs, les potentielles limites spécifiques au droit international des investissements ne sont pas à même d'écarter entièrement ces déclarations ; elles s'opposent à leur rétroactivité, voire seulement, à leur application dans les procédures d'arbitrage déjà initiées au moment de leur adoption. Ainsi, à côté des autres moyens d'interprétation allant dans le sens d'une inapplicabilité des clauses d'arbitrage État-investisseur des TBI intra-UE, ces déclarations pourraient amener un tribunal arbitral à se déclarer incompétent. Elles contribuent donc à la défense de l'arrêt *Achmea*, mais ne garantissent pas la prévalence de l'interprétation de la Cour de justice. De plus, un critère essentiel doit être rempli pour que les déclarations soient envisagées comme des accords interprétatifs : il faut qu'elles concernent spécifiquement l'interprétation d'un traité[966]. Or cela a pu être contesté[967]. À défaut, ces déclarations pourraient relever des moyens d'interprétations complémentaires de l'article 32 CVDT[968]. Si le recours à ces derniers moyens d'interprétation n'est pas systématiquement requis, ils peuvent tout de même emporter la conviction des arbitres[969]. Dans tous les cas, l'argument faisant de ces déclarations de simples déclarations politiques dénuées d'effets doit être écarté[970].

---

966 Assemblée générale de l'ONU, Résolution n° 73/202, préc., Annexe, Conclusion 6.1. « L'identification des accords ultérieurs et de la pratique ultérieure au sens de l'article 31, paragraphe 3, exige, en particulier, de déterminer si les parties, par un accord ou une pratique, ont pris position au sujet de l'interprétation d'un traité. […]. ».

967 CIRDI, *Theodoros Adamakopoulos, Ilektra Adamantidou, Vasileios Adamopoulos et autres (Adamakopoulos) c. République de Chypre*, aff. ARB/15/49, Décision sur la compétence du 7 février 2020, § 179 Le tribunal estime que les déclarations n'interprètent pas les TBI mais qu'elles visent les obligations des États membres au sein de l'UE. *pro* CIRDI, *Ioan Micula, Viorel Micula et autres (Micula (II)) c. Roumanie (II)*, aff. ARB/14/29, Sentence du 5 mars 2020, § 286 ; CIRDI, *AS Norvik Banka, Alexander Guselnikov, Grigory Guselnikov et autres (Norvik Banka) c. République de Lettonie*, aff. ARB/17/47, Décision sur l'objection Intra-UE du 14 mai 2021, § 578 comp. CIRDI, *RWE Innogy GmbH and RWE Innogy Aersa S.A.U. (RWE Innogy) c. Royaume d'Espagne*, aff.14/34, Décision sur la compétence, la responsabilité et le quantum du 30 décembre 2019, § 369 « This appears to be a statement as to how Article 26 ECT is received and applied (or disapplied) in EU law as opposed to an interpretation of that provision. ».

968 CIRDI, *Eskosol S.p.A. in liquidazione (Eskosol) c. République italienne*, aff. ARB/15/50, Décision sur la demande de clôture et sur l'objection basée sur l'inapplicabilité du traité sur la charte de l'énergie aux disputes intra-UE du 7 mai 2019, §§ 224 et 225.

969 GAUKRODGER D., *The legal framework applicable to joint interpretive agreements of investment treaties*, OECD Working Papers on International Investment 2016/01, 2016, pp. 19, spéc. p. 8.

970 CPA, (CNUDCI), *A.M.F. Aircraftleasing Meier & Fischer GmbH & Co. KG (A.M.F Aircraftleasing) c. République tchèque*, aff. n° 2017-15, Sentence finale du 11 mai 2020, § 336 « the January 2019 Declarations cannot be considered "subsequent agreement[s] between the parties regarding the interpretation of the treaty or the application of its provisions" under Article 31 (3) (a) of the VCLT. The January 2019 Declarations are more expressions of the political will of EU Members States to comply with their obligations flowing from EU law as interpreted and defined by the Achmea Judgment » *pro* CIRDI, *Cavalum SGPS c. Royaume d'Espagne*, Aff. ARB/15/34, Sentence sur la compétence, la responsabilité et les principes de quantum, du 31 août 2020, § 370 (15); CPA (CNUDCI), *Fynerdale Holding B.V. (Fynerdale) c. République tchèque*, aff. n° 2018-18, Sentence du 29 avril 2021, §§ 288-290 spéc. § 290 « In the view of the Tribunal, paragraph 5 of the operative part of the Declaration indicates that the statement in the preambular paragraph quoted above is of a political and not a legally binding nature ».

§ 2 - La reprise de l'arrêt *Achmea* dans l'accord portant extinction des TBI entre États membres

215. La concrétisation de l'extinction coordonnée des TBI entre États membres. Comme le montreront les développements du Titre suivant, ni l'arrêt *Achmea*, ni les déclarations des 15 et 16 janvier 2019 n'ont convaincu un tribunal de son incompétence du fait de l'incompatibilité de l'offre d'arbitrage d'un traité avec le droit de l'UE. Les arbitres ayant opposé aux États l'absence d'extinction de ces traités en application de leurs dispositions finales, ces derniers ont décidé de mette un terme à ces traités de manière coordonnée, par un traité plurilatéral portant extinction des TBI entre États membres. Cette possibilité, envisagée par les déclarations des 15 et 16 janvier 2019[971], s'est concrétisée le 5 mai 2020 par l'adoption de l'Accord portant extinction des traités bilatéraux d'investissement entre États membres de l'Union européenne[972]. Cet accord est entré en vigueur de manière générale le 29 août 2020 et à des dates spécifiques pour chaque État[973]. Depuis son entrée en vigueur pour le Portugal le 4 avril 2022, l'accord est entré en vigueur de manière individuelle pour tous les États signataires[974]. Parmi les vingt-deux États ayant signé la déclaration du 15 janvier 2019, seuls l'Autriche et le Royaume-Uni n'ont pas signé l'accord de 2020. Parmi les six États signataires de déclarations datant du 16 janvier, la Finlande et la Suède se sont tenues à l'écart de cet accord. Par ailleurs, l'Irlande n'a signé aucune des déclarations, ni signé l'accord portant extinction des TBI entre États membres[975]. En somme, l'Autriche, la Finlande et la Suède sont donc les seuls États encore membres de l'UE et parties à des traités bilatéraux, toujours en vigueur, les liant à d'autres membres de l'Union, à ne pas avoir signé l'accord portant extinction des TBI entre États membres. Les vingt-trois États ayant signé l'accord d'extinction devront potentiellement mettre fin unilatéralement aux traités d'investissement qui les lient à ces trois États non-signataires. Or, une telle dénonciation déclencherait l'application de la clause de survie de ces traités[976]. Consciente de cette problématique, dès 2020, la

---

[971] Déclaration des représentants des gouvernements des États membres, du 15 janvier 2019, relative aux conséquences juridiques de l'arrêt Achmea rendu par la Cour de Justice et à la protection des investissements dans l'Union européenne (Signée par 22 États membres) ; Déclaration des représentants des gouvernements des États membres, du 16 janvier 2019, relative à l'exécution de l'arrêt Achmea rendu par la Cour de Justice et à la protection des investissements dans l'Union européenne (Signée par la Finlande, le Luxembourg, Malte, la Slovénie et la Suède) ; Déclaration du représentant du gouvernement de la Hongrie, du 16 janvier 2019, relative aux conséquences juridiques de l'arrêt Achmea rendu par la Cour de Justice et à la protection des investissements dans l'Union européenne. Ces déclarations précise dans des termes identiques en conclusion : « A la lumière de l'arrêt *Achmea*, les États membres résilieront tous les traités bilatéraux d'investissement conclus entre eux, par la voie d'un traité plurilatéral ou, si cela est mutuellement jugé plus opportun, bilatéralement ».

[972] Accord portant extinction des traités bilatéraux d'investissement entre États membres de l'Union européenne, signé le 5 mai 2020, entré en vigueur le 29 août 2020, JOUE, L 169, 29 mai 2020. Cet accord lie 23 États membres : Belgique, Bulgarie, République tchèque, Danemark, Allemagne, Estonie, Grèce, Espagne, France, Croatie, Italie, Chypre, Lettonie, Lituanie, Luxembourg, Hongrie, Malte, Pays-Bas, Pologne, Portugal, Roumanie, Slovénie, Slovaquie.

[973] Cet accord entre en vigueur à des dates différentes selon les États. Il peut aussi être appliqué provisoirement par un État. Cet accord prévoit à son article 13 qu'il ne peut faire l'objet d'aucune réserve, il a toutefois fait l'objet de déclarations de la Lituanie, du Luxembourg, des Pays-Bas et du Portugal. Pour plus d'information sur l'entrée en vigueur pour chaque EM et sur ces déclarations v. <www.consilium.europa.eu/fr/documents-publications/treaties-agreements/agreement/?id=2019049&DocLanguage=en> consulté le 23.04.2024.

[974] Au regard de l'article 4 § 2 et de l'article 16 § 3 un traité bilatéral d'investissement entre États membres est éteint à partir du moment où l'accord d'extinction est entré en vigueur pour les deux États parties au premier. Cela est également l'interprétation retenue par le tribunal de l'affaire *Fynerdale*. V. CPA (CNUDCI), *Fynerdale Holding B.V. (Fynerdale) c. République tchèque*, aff. n° 2018-18, Sentence du 29 avril 2021, § 295.

[975] L'Irlande n'a adopté qu'un seul traité de protection et promotion des investissements dans son histoire. Il s'agissait d'un traité la liant à la République tchèque qui s'est éteint en 2011.

[976] SCHEU J., « Note on Intra-EU BITS not covered by the termination agreement », International Investment Law Centre Cologne - University of Cologne, 06.05.2020 disponible : <https://iilcc.uni-

Commission a envoyé des lettres de mise en demeure dans le cade de recours en manquement pour contraindre les membres non-signataires à mettre un terme bilatéralement à leurs TBI intra-UE[977]. D'autres États ayant signé cet accord, mais qui tardaient à le ratifier ont également reçu de telles lettres de mise en demeure[978].

216. L'apport de l'accord portant extinction des traités d'investissement entre États membres. En effet, l'une des trois dispositions majeures du traité relatives à l'extinction des traités – comprises dans sa Section 2 – vise spécifiquement l'annulation des effets éventuels des clauses de survie. Cette problématique, à côté de celles de l'extinction des traités et de la confirmation de l'inapplicabilité des clauses d'arbitrage État-investisseur du fait de leur contrariété aux traités de l'UE, n'est donc pas négligeable. L'article 2 prévoyant l'extinction des traités et l'article 3 prévoyant l'annulation des effets éventuels des clauses de survie visent à mettre un terme à l'ensemble des effets juridiques de ces traités. Cela dépasse ce qu'impose l'arrêt *Achmea*, qui ne visait que les offres d'arbitrage État-investisseur[979]. Ainsi, les États membres et la Commission ont choisi, vraisemblablement pour des raisons de clarté, de ne pas dissocier les dispositions substantielles du traité de ses dispositions procédurales en matière d'arbitrage État-investisseur[980]. Le rappel fréquent fait par les arbitres de l'absence d'extinction des traités a vraisemblablement joué un rôle dans cette décision. Par ailleurs, le maintien des dispositions substantielles de ces traités aurait pu être considéré comme contraire au principe de non-discrimination[981]. Toutefois dans son préambule le traité précise, en cohérence avec l'arrêt *Achmea*, que l'accord « est sans préjudice de la question de la compatibilité, avec les traités de l'Union, des dispositions de fond des traités bilatéraux d'investissement intra-Union ». Cette affirmation aurait pu autoriser l'invocation des dispositions substantielles des traités par les investisseurs dans les recours devant les

koeln.de/sites/iilcc/user_upload/IILCC_Note_on_Intra-EU_BITs_NOT_Covered by the Termination Agreement_05_2020_.pdf> consulté le 23.04.2024.

977 Commission, Lettre de mise en demeure adressée à la Finlande le 14 mai 2020, N° de l'infraction INFR(2016)2169 (En cours) ; Commission, Lettre de mise en demeure adressée au Royaume-Uni le 14 mai 2020 et Avis motivé le 30 octobre 2020, N° de l'infraction INFR(2016)2150 (En cours) ; Commission, Lettre de mise en demeure adressée à l'Autriche le 2 décembre 2021, N° de l'infraction INFR(2021)2241 (En cours) ; Commission, Lettre de mise en demeure adressée à la Suède le 2 décembre 2021, N° de l'infraction INFR(2021)2242 (En cours). Le registre de la Commission des décisions en matière d'infractions a été consulté le 24/04/2024.

978 Commission, Lettre de mise en demeure adressée à la Belgique le 2 décembre 2021, N° de l'infraction INFR(2016)2167 (En cours) ; Commission, Lettre de mise en demeure adressée au Luxembourg le 2 décembre 2021, N° de l'infraction INFR(2016)2170 (En Cours) ; Commission, Lettre de mise en demeure adressée au Portugal le 2 décembre 2021, N° de l'infraction INFR(2016)2160, (En cours) ; Commission, Lettre de mise en demeure adressée à la Roumanie le 2 décembre 2021, N° de l'infraction INFR(2021)2244, (En cours) ; Commission, Lettre de mise en demeure adressée à l'Italie le 2 décembre 2021, N° de l'infraction INFR(2021)2243, (En cours). Le registre de la Commission des décisions en matière d'infractions a été consulté le 24/04/2024.

979 L'accord selon les Pays-Bas va également au-delà de ce qu'exigeait l'arrêt *Achmea* quant à sa portée territoriale. Les Pays-Bas précise dans une déclaration formulée dans le cadre l'entrée en vigueur de l'accord d'extinction : « [...] Le Royaume des Pays-Bas estime que l'arrêt de la CJUE dans l'affaire Achmea ne s'applique qu'aux traités bilatéraux d'investissement entre les États membres de l'Union européenne en ce qui concerne la partie européenne du Royaume, et que cet arrêt ne s'applique pas auxdits traités bilatéraux d'investissement en ce qui concerne les parties caribéennes du Royaume, ces dernières étant des pays et territoires d'outre-mer. Le présent accord porte extinction des traités (bilatéraux) d'investissement en ce qui concerne toutes les parties du Royaume des Pays-Bas. Le Royaume des Pays-Bas souhaite souligner que l'arrêt de la CJUE dans l'affaire Achmea n'imposait pas au Royaume des Pays-Bas de mettre fin à ses traités bilatéraux d'investissement pour ses pays et territoires d'outre-mer et que la décision de le faire a été prise indépendamment de l'arrêt de la CJUE dans l'affaire Achmea ». V.<www.consilium.europa.eu/fr/documents-publications/treaties-agreements/agreement/?id=2019049&DocLanguage=en>, consulté le 24.04.2024.

980 L'arrêt *Achmea* ne vise pas toutes les dispositions procédurales des traités, mais seulement celle prévoyant la soumission du différend à un tribunal arbitral. Les dispositions des traités d'investissement prévoyant la soumission du différend à une juridiction de l'État hôte ne sont vraisemblablement pas incompatibles avec le droit de l'UE, car ces juridictions appartiennent au système juridictionnel de l'UE.

981 TFUE Article 18 : « Dans le domaine d'application des traités, et sans préjudice des dispositions particulières qu'ils prévoient, est interdite toute discrimination exercée en raison de la nationalité [...] ».

juridictions nationales prévus à l'article 10 du traité d'extinction. Or, l'article 10 participe aussi de l'extinction des effets de toutes les dispositions des TBI, en conditionnant l'accès aux juridictions nationales à une renonciation : « à tous droits et réclamations au titre du traité bilatéral d'investissement »[982]. Il exige que « l'accès à la juridiction nationale soit utilisé pour introduire une demande fondée sur le droit national ou le droit de l'Union »[983]. Enfin, pour dissiper toute ambiguïté, son troisième paragraphe prévoit : « Il est entendu que les dispositions des traités bilatéraux d'investissement auxquels il a été mis fin en application du présent accord ne sont pas considérées comme faisant partie du droit applicable dans les procédures engagées devant une juridiction nationale en vertu du présent accord »[984]. Comme le montre la question des dispositions substantielles de ces traités, l'accord d'extinction n'est pas entièrement aligné sur l'arrêt *Achmea*. Il est toutefois, comme les déclarations des 15 et 16 janvier 2019, un vecteur de l'interprétation faite par la Cour de justice du TUE et du TFUE.

217. ***Plan de paragraphe.*** Ce traité participe donc à l'affirmation de l'interprétation de cet arrêt devant les tribunaux en le confirmant (A). Il pallie par ailleurs, le refus de la Cour d'exercer son pouvoir de modération des effets dans le temps de ses arrêts[985], dans l'arrêt *Achmea*[986], en modérant à la marge les effets dans le temps de cet arrêt (B).

A - La confirmation conventionnelle de l'interprétation de l'arrêt *Achmea*

218. Les références à l'arrêt* Achmea *dans le préambule de l'accord. L'accord portant extinction des traités bilatéraux d'investissement entre États membres ne peut être dissocié de l'arrêt *Achmea*. C'est à la lumière de cet arrêt que les États dans les déclarations des 15 et 16 janvier 2019 déclarent qu'ils mettront un terme à ces traités. L'arrêt apparait explicitement dans le quatrième paragraphe du préambule de cet accord. Ce préambule s'ouvre d'abord par une référence au droit primaire de l'UE et aux règles de droit international coutumier telles que codifiées dans la CVDT. Ensuite, afin d'inscrire l'arrêt *Achmea* dans une jurisprudence constante, le principe d'inapplication de dispositions d'un accord international entre États membres contraires aux traités de l'UE – formulé notamment par la Cour dans l'arrêt *Budějovický Budvar*[987] – est rappelé. Enfin, il est affirmé que les membres de l'Union ont l'obligation de « tirer les conséquences nécessaires du droit de l'Union tel qu'interprété dans l'arrêt de la CJUE dans l'affaire C-284/16, Achmea ». Cette interprétation est d'ailleurs rappelée :

> « les clauses d'arbitrage entre investisseurs et États figurant dans les traités bilatéraux d'investissement conclus entre des États membres de l'Union européenne (traités

[982] Accord portant extinction des traités bilatéraux d'investissement entre États, préc., Article 10 – Accès aux juridictions nationales § 1 a).
[983] *Ibid.*, Article 10 – Accès aux juridictions nationales § 1 b).
[984] *Ibid.*, Article 10 – Accès aux juridictions nationales § 3.
[985] CJCE, 8 avril 1976, *Gabrielle Defrenne contre Société anonyme belge de navigation aérienne Sabena*, aff. 43-75, §§ 69-75. V. aussi CJUE, Gde ch., 14 avril 2015, *Mihai Manea contre Instituția Prefectului județul Brașov - Serviciul public comunitar regim de permise de conducere și înmatriculare a vehiculelor*, aff. C-76/14, §§ 52-59.
[986] Comme le souligne la professeure Catherine Kessedjian « au lieu de subvertir d'un coup un système mis en place depuis des décennies la Cour aurait parfaitement pu décider que sa nouvelle doctrine allait s'appliquer à l'avenir, et fixer une date de point de départ pour l'application de sa jurisprudence ». V. KESSEDJIAN C., « Retour sur la décision d'abolir les traités bilatéraux entre États membres : Une voie médiane était-elle possible ? », *in* MAUREL R. (dir.), *Nouveaux regards sur le droit européen des investissements*, LexisNexis, 2023, pp. 97-107.
[987] CJUE, Gde ch., 8 septembre 2009, *Budějovický Budvar, národní podnik contre Rudolf Ammersin GmbH.*, aff. C-478/07, spéc. §§ 95-129.

bilatéraux d'investissement intra-Union) sont contraires aux traités de l'Union et ne peuvent, en raison de cette incompatibilité, être appliquées après la date à laquelle la dernière des parties à un traité bilatéral d'investissement intra-Union est devenue un État membre de l'Union européenne »[988].

Il peut être précisé ici que dans cet accord la question de l'application de l'arrêt *Achmea* au TCEn n'est pas envisagée. Il est même explicitement précisé dans le préambule que l'accord ne couvre pas les arbitrages sur le fondement de ce traité[989].

219. La reprise de l'interprétation de l'arrêt* Achmea *dans l'article 4 § 1 de l'accord. Le principe, ressortant des traités de l'UE tels qu'interprétés dans l'arrêt *Achmea*, d'inapplicabilité de clauses d'arbitrage État-investisseur de traités d'investissement entre États membres – du fait de l'atteinte qu'elles peuvent porter à plusieurs principes fondamentaux du droit de l'UE – est repris dans l'accord au paragraphe premier de l'article 4[990]. D'aucuns n'attribuent à cette disposition qu'un effet déclaratoire du point de vue du droit de l'UE et la réduisent du point de vue du droit international à une « clause préambulaire », sans préciser les conséquences de cette qualification[991]. Antoine d'Ornano voit dans l'accord : « une validation législative [de l'arrêt *Achema*] »[992]. L'accord pourrait cependant être constitutif d'un accord interprétatif ultérieur, d'une forme plus orthodoxe que celle des déclarations des États membres du 15 et 16 janvier 2019. Concernant les clauses d'arbitrage visées, il s'agit des offres d'arbitrage État-investisseur figurant dans les TBI entre États membres. Le traité ne distingue pas selon la présence ou non dans les traités d'une clause *electio juris* permettant l'application du droit de l'UE. Comme dans le préambule, la date retenue à partir de laquelle la clause est inapplicable (art.4 § 1) est la date d'adhésion du dernier État membre partie au traité d'investissement. À ce stade, l'accord ne se distingue pas de l'arrêt *Achmea* quant à ses effets dans le temps. Le deuxième paragraphe de cet article traite de questions différentes. Il vise la date d'extinction des traités énumérés dans l'annexe A du traité et la date d'extinction des clauses de survie des traités déjà éteints énumérés à l'annexe B du traité, mais pas la date de l'inapplicabilité des offres d'arbitrage[993]. Il en va autrement de l'ensemble des dispositions de la Section 3 relatives aux recours exercés en vertu des traités. Ces dispositions visent les procédures arbitrales fondées sur ces clauses d'arbitrage inapplicables. Or, la date autour de laquelle s'articulent les dispositions de cette section – et l'essentiel des effets de l'accord – est

---

988 Accord portant extinction des traités bilatéraux d'investissement entre États membres, préc., Préambule § 5.

989 *Ibid.*, Préambule § 10 CONSIDÉRANT que le présent accord porte sur les traités bilatéraux d'investissement intra-Union ; qu'il ne couvre pas les procédures intra-Union fondées sur l'article 26 du traité sur la Charte de l'énergie. L'Union européenne et ses États membres traiteront cette question ultérieurement […].

990 *Ibid.*, Article 4 Dispositions communes § 1 Les parties contractantes confirment que les clauses d'arbitrage sont contraires aux traités de l'Union, et qu'elles sont donc inapplicables. En raison de cette incompatibilité entre les clauses d'arbitrage et les traités de l'Union, à compter de la date à laquelle la dernière des parties à un traité bilatéral d'investissement est devenue un État membre de l'Union européenne, la clause d'arbitrage figurant dans un tel traité bilatéral d'investissement ne peut servir de fondement juridique à une procédure d'arbitrage.

991 TROPPER J. et REINISCH A., « The Termination Agreement of Intra-EU BITs and Its Effect on Investment Arbitration in the EU – A Public International Law analysis of the termination agreement », *in Austrian Yearbook on International Law*, 2022, pp. 301-339, spéc. p. 305 « Additionally, Section 2 includes a provision – Article 4(1) – which from an EU law perspective has merely declaratory effect and from an international law perspective is similar to a preambular clause. In fact, it essentially reiterates the content of preambular clause 5 […] ».

992 d'ORNANO A., « Éclairages… sur l'accord de résiliation des traités bilatéraux d'investissement entre des États membres de l'Union européenne », *Revue critique de droit international privé*, 2020, pp. 865-869.

993 Accord portant extinction des traités bilatéraux d'investissement entre États membres, préc., Article 4 Dispositions communes § 2 L'extinction, conformément à l'article 2, des traités bilatéraux d'investissement énumérés à l'annexe A et l'extinction, conformément à l'article 3, des clauses de survie des traités bilatéraux d'investissement énumérés à l'annexe B prennent effet, en ce qui concerne chacun de ces traités, dès l'entrée en vigueur du présent accord pour les parties contractantes concernées, conformément à l'article 16.

celle du 6 mars 2018 : la date du prononcé de l'arrêt *Achmea*. Il s'avère donc que l'accord modère les effets de l'arrêt *Achmea* en limitant ses effets rétroactifs (*ex tunc*).

B - L'aménagement conventionnel des effets de l'arrêt *Achmea*

*220. **L'absence d'effets de l'inapplicabilité sur les arbitrages achevés.*** Alors que l'inapplicabilité des clauses d'arbitrage à partir de la date d'adhésion de l'État ayant adhéré en dernier à l'Union est confirmée à l'article 4 § 1 de l'accord, il est précisé, de manière surabondante, à l'article 5 que « les clauses d'arbitrage ne peuvent servir de fondement juridique à des procédures d'arbitrage nouvelles »[994]. Les procédures d'arbitrage nouvelles sont définies à l'article 1 § 6 de l'accord il s'agit de « toute procédure d'arbitrage ouverte le 6 mars 2018 ou postérieurement à cette date »[995]. L'article 5 est redondant. Si les clauses d'arbitrage sont inapplicables dès l'adhésion du dernier État membre, elles ne peuvent servir de fondement juridique à des arbitrages dès cette date conformément aux conclusions de l'arrêt *Achmea* et pas seulement après la date du prononcé de cet arrêt. L'article 6 du traité portant sur les procédures d'arbitrage achevées clarifie la situation. Il prévoit dans son premier paragraphe : « Nonobstant l'article 4, le présent accord n'affecte pas les procédures d'arbitrage achevées. Ces procédures ne peuvent être rouvertes »[996]. L'inapplicabilité qui est affirmée dans l'article 4 est donc modérée par l'article 6.

*221. **La différenciation des effets de l'inapplicabilité selon les procédures d'arbitrage.*** Le traité distingue, contrairement à l'arrêt *Achmea*, entre les procédures nouvelles, achevées et en cours[997]. Concernent les procédures nouvelles, l'accord ne fait que confirmer les effets pour l'avenir (*ex nunc*) de l'arrêt *Achmea*. En revanche, concernant les procédures achevées avant le 6 mars 2018[998] et les procédures en cours, c'est-à-dire ouvertes avant le 6 mars et non achevées avant cette date[999], l'accord aménage l'effet *ex tunc* de l'arrêt *Achmea*. L'accord vient figer la situation pour les procédures d'arbitrage achevées en affirmant que l'inapplicabilité des offres d'arbitrage n'affecte pas ces procédures et ne permet pas de les rouvrir. Les investisseurs engagés dans des procédures d'arbitrage en cours, notamment à condition de n'avoir pas contesté la mesure faisant l'objet du différend devant une juridiction interne, bénéficient d'un régime spécial transitoire[1000]. Ces derniers sont privilégiés par rapport aux investisseurs relevant de la catégorie des nouveaux arbitrages[1001]. Les investisseurs

---

[994] *Ibid.*, Article 5 Procédures d'arbitrage nouvelles.
[995] *Ibid.*, Article 1 Définitions
[996] *Ibid.*, Article 6 Procédures d'arbitrage achevées
[997] Pour une présentation plus détaillée des effets de l'accord d'extinction sur les procédures d'arbitrages sur le fondement de TBI entre États membres v. DAMJANOVIC I., *The European Union and International Investment Law Reform – Between Aspirations and Reality*, Cambridge, CUP, 2023, pp. 403, spéc. pp. 176-181.
[998] Accord portant extinction des traités bilatéraux d'investissement entre États membres, préc., Article 1 Définitions § 4 « procédure d'arbitrage achevée», toute procédure d'arbitrage ayant abouti à un accord de règlement transactionnel ou à une sentence finale rendue avant le 6 mars 2018 lorsque : a) la sentence a été dûment exécutée avant le 6 mars 2018, même en l'absence d'exécution d'une créance connexe de frais de procédure, et qu'aucune contestation, demande de réexamen, action en annulation, procédure d'exécution et aucun contrôle ou autre procédure similaire se rapportant à cette sentence finale n'était en cours au 6 mars 2018; ou b) la sentence a été annulée avant la date d'entrée en vigueur du présent accord;
[999] *Ibid.*, Article 1 Définitions § 5 « procédure d'arbitrage en cours », toute procédure d'arbitrage ouverte avant le 6 mars 2018 et ne pouvant être qualifiée de procédure d'arbitrage achevée, quelle que soit la phase dans laquelle elle se trouve à la date d'entrée en vigueur du présent accord ; [...].
[1000] *Ibid.*, Article 8 Mesures transitoires liées aux procédures d'arbitrage en cours.
[1001] TROPPER J. et REINISCH A., « The Termination Agreement of Intra-EU BITs and Its Effect on Investment Arbitration in the EU – A Public International Law analysis of the termination agreement », art. cité, pp. 307 « 'Pending Arbitration Proceedings' receive to some extent more privileged treatment than 'New Arbitration Proceedings'. Article 5 unequivocally stipulates that 'Arbitration Clauses shall not serve as legal basis for New Arbitration Proceedings'. There is no identical

impliqués dans des arbitrages en cours peuvent demander à l'État défendeur de s'engager dans une procédure de règlement transactionnel qualifiée de dialogue structuré et détaillé à l'article 9 de l'accord[1002]. Cette procédure est obligatoire si un arrêt définitif d'une juridiction de l'Union constate que la mesure objet du différend est contraire au droit de l'UE[1003]. Elle est interdite si la mesure est jugée conforme au droit de l'UE[1004]. Lorsqu'elle est obligatoire, elle doit être initiée, mais peut ne pas aboutir[1005]. Cette procédure fait intervenir un facilitateur désigné d'un commun accord entre l'investisseur et l'État hôte, dont il est précisé qu'il devra avoir une connaissance approfondie du droit de l'Union[1006]. Dans le cadre de ce régime transitoire, les investisseurs bénéficient également d'un « délai de grâce »[1007], c'est-à-dire d'une réouverture du délai d'action devant les juridictions internes en cas d'expiration des délais de recours internes[1008]. Comme précisé plus haut, cette réouverture ne permet pas d'arguer de la violation de dispositions des traités d'investissement devant les juridictions internes. Elle permet simplement d'introduire une demande fondée sur le droit national ou le droit de l'UE[1009].

***222. Une limite à l'invocation de l'inapplicabilité potentiellement contraire à l'arrêt* Achmea.** Dans l'arrêt *Achmea*, la Cour ne se prononce pas sur les effets dans le temps de son arrêt, elle ne les module pas. Par conséquent, les clauses d'arbitrage ne pouvaient pas servir de fondement juridique à des procédures d'arbitrage, dès la dernière adhésion à l'UE de l'un des deux États parties au traité d'investissement. Dès lors, affirmer que l'inapplicabilité des offres d'arbitrage des traités de l'annexe A ou B, après le 6 mars 2018, ne fait que confirmer l'effet pour l'avenir de l'arrêt *Achmea* à partir de cette date. À partir de l'adhésion effective de la Croatie à l'Union, le 1er juillet 2013 (dernier État ayant adhéré à l'Union), toutes les offres d'arbitrage des traités de ces annexes A et B ne pouvaient déjà plus être au fondement de la compétence d'un tribunal arbitral. Prévoir un régime spécifique offrant aux investisseurs engagés dans des procédures d'arbitrage en cours, soit l'accès à une procédure certes élaborée, mais aboutissant sur un accord à l'amiable, soit l'accès aux juridictions nationales (même si elles tranchaient le litige au fond en application des dispositions

provision for 'Pending Arbitration Proceedings'. Additionally, with respect to 'New Arbitration Proceedings' pursuant to Article 7, contracting parties to the Termination Agreement are required to inform each other and the arbitral tribunals of the effects of Achmea as outlined in Article 4, *i.e.* that the arbitration clauses in intra-EU BITs are contrary to EU law and consequently inapplicable. Moreover, the contracting states are required to request from national courts 'including in any third country, as the case may be, to set the arbitral award aside, annul it or to refrain from recognising and enforcing it' if they are party to the respective judicial proceedings before the court.) Thus, in effect the agreement attempts to retroactively eliminate consent to any proceedings initiated by investors after Achmea. It also imposes obligations upon member states to take steps to inform arbitral tribunals about the EU law implications of Achmea and to take steps before national courts within and outside the EU to ensure annulment or non-enforcement ».

1002 Accord portant extinction des traités bilatéraux d'investissement entre États membres, préc., Article 9 Dialogue structuré pour les procédures d'arbitrage en cours § 1.

1003 *Ibid.*, Article 9 Dialogue structuré pour les procédures d'arbitrage en cours § 3 Une procédure de règlement transactionnel est engagée si la CJUE ou une juridiction nationale a jugé, dans un arrêt devenu définitif, que la mesure étatique contestée dans la procédure visée au paragraphe 1 enfreint le droit de l'Union.

1004 *Ibid.*, Article 9 Dialogue structuré pour les procédures d'arbitrage en cours § 4 Une procédure de règlement transactionnel ne peut être engagée si la CJUE ou une juridiction nationale a jugé, dans un arrêt devenu définitif, que la mesure étatique contestée dans la procédure visée au paragraphe 1 n'enfreint pas le droit de l'Union. Il en va de même si la Commission européenne a adopté une décision, devenue définitive, selon laquelle la mesure n'enfreint pas le droit de l'Union.

1005 TROPPER J. et REINISCH A., « The Termination Agreement of Intra-EU BITs and Its Effect on Investment Arbitration in the EU – A Public International Law analysis of the termination agreement », art. cité, p. 310.

1006 Accord portant extinction des traités bilatéraux d'investissement entre États membres, préc., Article 9 Dialogue structuré pour les procédures d'arbitrage en cours § 8.

1007 BOUCOBZA X., « Variation sur Achmea – Le droit de l'arbitrage à l'épreuve du droit européen », *Cahiers de l'arbitrage*, Vol. 1, 2019, pp. 21-48, spéc. § 37.

1008 *Ibid.*, Article 10 Accès aux juridictions nationales § 1.

1009 *Ibid.*, Article 10 Accès aux juridictions nationales § 1 b) et § 3.

substantielle des traités) ne contredit en rien l'arrêt *Achmea*. Toutefois, concernant les procédures achevées, l'accord prévoit que ces procédures ne peuvent être rouvertes[1010]. Or, les procédures achevées comprennent notamment les procédures dans lesquelles une sentence finale a été rendue avant le 6 mars 2018 et a été exécutée avant cette date, sans que la sentence soit contestée à cette même date. L'article 4 § 1 précise au sujet de ce dernier point : « qu'aucune contestation, demande de réexamen, action en annulation, procédure d'exécution et aucun contrôle ou autre procédure similaire se rapportant à cette sentence finale n'était en cours »[1011]. Partant, il s'avère que cette interdiction de réouverture ne vise pas simplement la procédure d'arbitrage *stricto sensu* se concluant par le prononcé d'une sentence finale, mais vise également tout recours post-sentence, y compris les recours en annulation. Aussi, l'accord limite ici les effets de l'arrêt *Achmea* en écartant l'invocabilité de l'inapplicabilité des offres d'arbitrage de ces traités dans des recours post-sentence contre des sentences rendues et exécutées avant le 6 mars 2018. En pratique, cette limitation des effets de l'arrêt *Achmea* est toutefois très circonscrite, compte tenu de la brièveté des délais d'action dans le cadre de ces recours post-sentences.

223. Conclusion. Après examen, l'accord d'extinction modère bien les effets dans le passé, *ex tunc, de* l'arrêt *Achmea*, mais marginalement en pratique. Cet accord complexifie toutefois, la question de l'inapplicabilité *ratione temporis* des clauses d'arbitrage incompatibles avec le droit de l'UE, en différenciant selon les procédures. Cette différenciation n'a cependant pour conséquence principale que d'offrir un régime spécifique pour certains investisseurs, dont l'apport se montre limité. La procédure de dialogue structurée aboutit à une résolution à l'amiable du litige, pouvant toujours être privilégiée par les parties au différend, à tout moment de la procédure, même sans cet accord. L'apport du traité sur ce point réside simplement dans le cadre qu'il prévoit pour aboutir à une résolution amiable. Il offre non pas un nouveau mécanisme de résolution des différends aux investisseurs, mais une procédure de résolution amiable. Concernant l'accès aux juridictions, l'apport du traité consiste en la réouverture du délai d'action devant les juridictions nationales offerte à certains investisseurs. Il s'agit de leur redonner la possibilité de saisir les juridictions internes, alors qu'ils avaient refusé de le faire et privilégié l'arbitrage. Du point de vue des investisseurs, l'apport de l'accord est aussi limité. En réalité, parmi les trois dispositions centrales de cet accord relatives à l'extinction des traités, deux, la confirmation de l'inapplicabilité des offres d'arbitrage et l'extinction ou l'annulation des effets éventuels des clauses de survie, ne font que tirer les conséquences de l'arrêt *Achmea*. Seule l'extinction des effets des dispositions substantielles des traités du fait de l'extinction de ces derniers – complétée accessoirement par la non-invocabilité de ces dispositions dans les recours devant les juridictions internes – se révèle un véritable apport du traité. En s'en tenant à la question de l'incompatibilité des clauses d'arbitrage avec le droit de l'UE – question au cœur des exceptions d'incompétence intra-UE – le traité ne fait que confirmer l'arrêt *Achmea* et les déclarations des 15 et 16 janvier 2019. Aussi, les tribunaux pourraient juger valables, même après l'entrée en vigueur de l'accord, les arguments de tribunaux s'étant prononcés avant cet accord sur les exceptions

---

[1010] *Ibid.*, Article 6 Procédures d'arbitrage achevées 1. Nonobstant l'article 4, le présent accord n'affecte pas les procédures d'arbitrage achevées. Ces procédures ne peuvent être rouvertes. 2. En outre, le présent accord ne porte pas atteinte à un quelconque accord destiné à régler à l'amiable un différend faisant l'objet d'une procédure d'arbitrage ouverte avant le 6 mars 2018.

[1011] *Ibid.*, Article 1 Définitions § 4 «procédure d'arbitrage achevée», toute procédure d'arbitrage ayant abouti à un accord de règlement transactionnel ou à une sentence finale rendue avant le 6 mars 2018 lorsque : a) la sentence a été dûment exécutée avant le 6 mars 2018, même en l'absence d'exécution d'une créance connexe de frais de procédure, et qu'aucune contestation, demande de réexamen, action en annulation, procédure d'exécution et aucun contrôle ou autre procédure similaire se rapportant à cette sentence finale n'était en cours au 6 mars 2018; ou b) la sentence a été annulée avant la date d'entrée en vigueur du présent accord.

d'incompétence intra-UE[1012]. Concernant l'extinction des effets des clauses de survie, au-delà de la question de leur application aux seules dénonciations unilatérales, la CVDT apparait autoriser leur extinction. Toutefois, les tribunaux pourraient mobiliser d'autres règles de droit international pour maintenir leurs effets[1013].

****

224. **Conclusion de chapitre.** Le regain de contestation de la compétence de tribunaux arbitraux, causé par le prononcé de l'arrêt *Achmea*, a concerné tout aussi bien la Commission que les États membres. Il a pris la forme pour la Commission d'une politique d'intervention systématique dans tous les arbitrages État-investisseur sur le fondement de traités entre États membres. La Commission, gardienne des traités, a estimé qu'elle devait défendre les effets de l'arrêt *Achmea* dans ces arbitrages en intervenant comme *amicus curiae*. Dans l'ensemble, les tribunaux ont accueilli favorablement les demandes d'intervention de la Commission. Ils ont aussi été conciliants quant au contenu de ces interventions en ne sanctionnant pas des interventions allant au-delà du périmètre de leurs autorisations. Pour les États membres, ce regain a pris la forme d'une poursuite de la propagation de l'exception d'incompétence intra-UE. L'arrêt a été associé à l'archétype d'exception d'incompétence intra-UE identifié dans le chapitre précédent, en ce qu'il confirmait l'incompatibilité des offres d'arbitrage État-investisseur des traités entre membres de l'Union et des articles 267 et 344 du TFUE. Cette incompatibilité étant admise, il importait désormais simplement de convaincre les arbitres de l'application d'une règle de conflit de conventions favorable au droit de l'Union que ce soit la règle générale de l'article 30 CVDT ou le principe spécial de primauté – principe ressortissant notamment d'une interprétation *a contrario* de l'article 351 TFUE.

225. Toutefois, confrontées à une remise en cause par les arbitres des effets de l'arrêt *Achmea*, de concert, la Commission et, dorénavant, la quasi-totalité des États membres se sont attachées à défendre les effets de cet arrêt. Cette défense ne s'est pas limitée aux arbitrages, mais s'est concrétisée, en dehors des procédures arbitrales, par l'adoption de plusieurs instruments de droit international reprenant l'interprétation des traités formulée par la Cour de justice dans son arrêt *Achmea*. Dans un premier temps, trois déclarations sur les conséquences juridiques de l'arrêt *Achmea* ont été signées par la quasi-totalité des États membres. Puis l'interprétation des traités contenue dans l'arrêt *Achmea* a été intégrée dans l'accord portant extinction des traités bilatéraux d'investissement entre États membres. Cependant, si ce second modère en partie les effets dans le temps de l'arrêt *Achmea*, il ne remet pas en cause l'incompatibilité avec le droit de l'Union des offres d'arbitrages État-investisseur des traités bilatéraux d'investissement entre États membres, à partir de l'adhésion à l'Union de l'ensemble de leurs hautes parties contractantes.

[1012] DAMJANOVIC I., *The European Union and International Investment Law Reform – Between Aspirations and Reality*, *op. cit.*, pp.180 et 181 « [...] it cannot be excluded that investment tribunals might differently interpret the applicability of the [Termination Agreement] and the legal effects of the sunset clauses. It has already been reasoned that the possibility of States to revoke the sunset clauses has been limited by the general principles of legal certainty and *res inter alios acta, aliis nec nocet nec prodest* doctrine, with a view to guarantee stability to investors. [...] Notably, tribunals so far referred to acquired rights of investors regarding their right to arbitration in pending cases following the *Achmea* judgment, thus dismissing the relevance of Member States' declarations. However, the acquired rights view argues that Member States, although being masters of their treaties, cannot consensually agree to retroactively terminate the perfected *consent* for any pending intra-EU arbitration through the TA, whether initiated before or after *Achmea* ».

[1013] TROPPER J. et REINISCH A., « The Termination Agreement of Intra-EU BITs and Its Effect on Investment Arbitration in the EU – A Public International Law analysis of the termination agreement », art. cité, pp. 315-326.

Conclusion Titre I :

226. L'examen des arbitrages d'investissement intra-UE dans lesquels la compétence des tribunaux a été contestée – au motif de la participation à l'Union des deux États impliqués dans l'arbitrage – a mis en évidence les différents visages de cette contestation. La République tchèque et la Slovaquie ont été des précurseurs dans la contestation de l'applicabilité des traités d'investissement entre États membres. La persévérance de la Slovaquie, dans le cadre de l'affaire *Achmea,* lui a permis d'obtenir finalement gain de cause, devant la Cour de justice après plus de 10 ans de procédures. En revanche, la République tchèque, État défendeur dans de très nombreux arbitrages État-investisseur l'opposant à des investisseurs d'autres membres de l'Union, a choisi de délaisser cette ligne de défense, au moment même où d'autres s'en saisissaient.

227. Si l'exception d'incompétence intra-UE a pu être présentée à l'origine, comme une simple stratégie de défense de quelques nouveaux adhérents de l'Union, le soutien de la Commission a révélé les enjeux juridiques fondamentaux qu'elles soulevaient pour l'UE. Ces exceptions ont évolué à la suite d'interactions entre les différents acteurs : les États défendeurs, les investisseurs, la Commission et les arbitres. Cette question qui était un enjeu pour quelques États à l'origine est devenue un enjeu pour la Commission. Cette dernière a contribué grandement à la formalisation de la contestation de la compétence des tribunaux, mais aussi à l'invocation d'arguments de droit international public.

228. D'un côté, la problématique de l'inapplicabilité des offres d'arbitrage État-investisseur de traités d'investissement entre États membres s'est révélée être une question fondamentale. La Cour de justice, particulièrement sensible aux risques d'atteinte à l'autonomie du droit de l'Union, a finalement jugé que l'application de ces traités était constitutive d'un tel risque. La Commission s'était souciée auparavant de l'effet utile du droit de l'UE, en particulier du droit européen des aides d'États[1014]. Certains États membres, dont la République tchèque, ont souligné très tôt, l'incompatibilité de l'application de ces traités avec les principes d'égalité de traitement et de confiance mutuelle[1015].

229. L'intervention de la Cour de justice du point de vue du droit de l'Union a enjoint les États membres à résoudre la question de l'incompatibilité de ces offres d'arbitrage État-investisseur avec les traités UE et FUE. Du point de vue du droit international, elle a posé une interprétation faisant foi de ces traités et de ce type de clause d'arbitrage.

230. D'un autre côté, la question de l'application de ces traités est, par ailleurs, devenue au fil des arbitrages une question de plus en plus technique. La complexification des argumentations juridiques – liée en partie à la multiplication des acteurs intervenants – n'a cependant pas permis d'aboutir à un accommodement entre deux positions se présentant toutes deux comme conformes au droit international. La contestation de l'arbitrabilité des litiges d'investissement intra-UE s'avère cependant ne pas reposer sur une opposition entre le droit de l'UE et le droit international, mais sur un conflit de conventions somme toute classique.

[1014] CIRDI, *Electrabel SA. c. République de Hongrie*, aff. ARB/07/19, Décision sur la juridiction, le droit applicable et la responsabilité du 30 novembre 2012, §§ 4.89-4.110 *pro* CIRDI, *Ioan Micula, Viorel Micula et autres (Micula) c. Roumanie (I)*, aff. ARB/05/20, Sentence finale du 11 décembre 2013, §§ 316-317.

[1015] SCC, (CNUDCI), *Eastern Sugar B. V. c. République tchèque*, aff. n° 088/2004, Sentence partielle du 27 mars 2007, §§ 105-107.

231. La Commission dans l'affaire *Electrabel*, avançait, certes, que le tribunal n'était pas compétent pour résoudre un litige opposant un investisseur d'un État membre à l'UE[1016], mais au stade du droit applicable elle insistait sur le fait que le droit de l'Union était applicable, car il faisait partie du droit international applicable. Pour reprendre la métaphore du professeur Avidan Kent elle s'adressait aux tribunaux dans la langue du droit international[1017]. Cette approche n'a pas été la sienne dans le cadre des premières exceptions d'incompétence TBI intra-UE. Tenant compte de l'échec d'une stratégie de défense insistant sur les principes de droit de l'Union et la jurisprudence de la Cour de justice pré-*Achmea*, la Commission semble avoir renoué avec une défense reposant sur des arguments de droit international public, en défendant l'application de l'article 351 TFUE, en tant que règle de conflit de conventions applicable[1018]. La défense des effets de l'arrêt *Achmea* au moyen d'accords interprétatifs ultérieurs de droit international s'inscrit également dans cette évolution de l'approche de la Commission et des États membres. Toutefois, l'exercice de « thème »[1019] auquel se sont attelés ces derniers n'a pas eu pour effet de dissoudre un malentendu, mais a révélé des perspectives de droit international irréconciliables.

232. Pour la Commission, la Cour de justice, de nombreux États membres et pour les arbitres, la question semble relever toujours de l'évidence : évidente inapplicabilité pour les uns, comme les développements précédents l'ont décrit, et évidente applicabilité pour les autres, comme les développements suivants vont le montrer[1020].

1016 CIRDI, *Electrabel SA. c. République de Hongrie*, aff. ARB/07/19, Décision sur la juridiction, le droit applicable et la responsabilité du 30 novembre 2012, §§ 5.08-5.20.

1017 KENT A., « The EU Commission and the Fragmentation of International Law : Speaking European in a Foreign Land », *Goettingen Journal of International Law*, Vol. 7 (2), 2016, pp. 1-36

1018 Par la suite, c'est le principe primauté qui est présenté comme, la règle de conflit de conventions de droit international applicable en cas de conflit entre un accords entre des États membres et le droit de l'Union. Cela est particulièrement claire dans la déclaration précisant les effets de l'arrêt *Komstroy*. V. Déclaration relative aux conséquences juridiques de l'arrêt de la Cour de justice dans l'affaire Komstroy et à la Communauté de vue sur la non-applicabilité de l'article 26 du traité sur la charte de l'énergie en tant que fondement de procédures d'arbitrage intra-UE, 26 juin 2024, § 1 ii) « a primauté du droit de l'Union européenne, rappelée dans la déclaration n° 17 annexée à l'acte final de la Conférence intergouvernementale qui a adopté le traité de Lisbonne, en tant que règle de droit international régissant les conflits de normes dans les relations mutuelles des États membres ».

1019 Deux exercices de traduction peuvent être distingués. La version consiste à traduire dans la langue maternelle du traducteur un texte écrit dans une langue étrangère. Le thème consiste à l'inverse, à traduire dans une langue étrangère un texte écrit dans la langue maternelle du traducteur.

1020 Pour une présentation originale, des arguments les plus saillants, opposant la Commission et les États membres aux tribunaux arbitraux, sous la forme d'un dialogue entre *Ms Icsid* et *Professor Van Gend en Loos* v. DAMJANOVIC I et DE SADELEER N., « I Would Rather Be a Respondent Stat Before a Domestic Court in the EU than Before an International Investment Tribunal » *European Papers*, Vol. 4 (1), 2019, pp. 19-70.

Titre II
La confirmation de l'arbitrabilité des litiges intra-UE

233. L'univocité apparente des tribunaux. Après plus de quinze ans de contestation, aucun tribunal ne s'est déclaré incompétent en raison de l'inapplicabilité ou de l'invalidité de la clause d'arbitrage d'un TBI entre États membres[1021]. Il est cependant excessif d'affirmer, comme le fait le demandeur dans l'affaire *Addiko,* que l'ensemble de la jurisprudence arbitrale admet, « au regard des principes fondamentaux du droit international, la compatibilité totale des traités d'investissement entre États membres et du droit de l'UE »[1022]. Comme le souligne la Croatie dans l'affaire *Addiko* l'examen des sentences révèle l'absence de consensus sur cette question[1023]. Les tribunaux ont rejeté ces exceptions d'incompétence pour différents motifs. L'idée d'une univocité, quant aux relations entre le droit de l'Union et les traités d'investissement entre États membres, doit être modérée. Les exceptions d'incompétence intra-UE soulevées sont diverses, tout en ayant un centre de gravité commun : l'incompatibilité des offres d'arbitrage État-investisseur des traités avec le droit de l'UE. Il en va de même des réponses des tribunaux.

234. Les convergences de sous-ensembles de sentences sur certains points. Cela conduit à nuancer l'idée d'une affirmation générale de l'applicabilité des traités d'investissement entre États membres. Une telle affirmation est par ailleurs difficile à envisager dans le cadre décentralisé de l'arbitrage d'investissement. Ce qui se dessine correspond davantage à un ensemble de sentences considérant ces traités applicables aux espèces, au regard des arguments en présence. Il faut toutefois reconnaitre l'existence de convergences de sous-ensembles de sentences, plus ou moins larges, sur différentes questions formant l'ensemble précité. Autrement dit, c'est l'existence d'une jurisprudence constante, composée de sentences admettant l'applicabilité de traités d'investissement entre États membres sur le fondement des mêmes motifs, qui peut être relativisée. L'étude de ces sentences met en évidence des convergences sur certains points, pouvant chacune constituer

---

[1021] Seuls deux arbitres dissidents (dans trois arbitrages) ont considéré des offres d'arbitrage de TBI intra-UE inapplicables. V. CIRDI, *Theodoros Adamakopoulos, Ilektra Adamantidou, Vasileios Adamopoulos et autres (Adamakopoulos) c. République de Chypre,* aff. ARB/15/49, Déclaration de dissentiment du Professeur Marcelo G. Kohen du 3 février 2020, §§ 23-39 ; CPA, (CNDUCI), *WCV World Capital Ventures Cyprus Limited* et *Channel Crossings Limited (WCV et Channel Crossing) c. République tchèque,* aff. n° 2016-12, Opinion dissidente de Marcelo G. Kohen du 20 septembre 2020 ; CIRDI, *Raiffeisen Bank International AG et Raiffeisenbank Austria d. d. (Raiffeisen) c. République de Croatie (I),* aff. ARB/17/34, Décision sur l'exception d'incompétence du défendeur du 30 septembre 2020, §§ 255-258 Opinion Dissidente de Lazar Tomov. comp. SCC, (SCC), *Green Power Partners K/S et SCE Solar Don Benito APS (Green Power et SCE) c. Royaume d'Espagne,* aff. n° 2016/135, Sentence du 16 juin 2022, §§ 331-478. Ici le tribunal, à l'unanimité, conclut à l'inapplicabilité de l'offre d'arbitrage de l'article 26 TCEn à un différend entre un investisseur de l'Union et un État membre ; CIRDI, *Portigon AG c. Royaume d'Espagne,* aff. ARB/17/15, Opinion dissidente partielle de Giorgio Sacerdoti au sujet de la décision sur la compétence du 20 août 2020 (non publiée), *cité par* MONTANARO F., *The European Union and International Investment Law - The Two Dimensions of an Uneasy Relationship,* Oxford, Hart Publishing, 2023, pp. 156, spéc. p. 94. Selon cet auteur l'arbitre dissident dans cette affaire admet que les États au regard de l'arrêt de la Cour de justice, n'ont pas, ou ont perdu, la capacité d'avoir recours à l'arbitrage État-investisseur pour résoudre des litiges d'investissement intra-UE.

[1022] CIRDI, *Addiko Bank AG et Addiko Bank d.d. (Addiko Bank) c. République de Croatie,* aff. ARB/17/37, Décision sur l'exception d'incompétence liée à l'incompatibilité présumée du TBI avec l'acquis de l'UE du 12 juin 2020, § 82. Dans cette affaire le demandeur s'appuie sur 23 sentences ou décisions sur la compétence de tribunaux dans lesquels les objections d'incompétence basées sur le droit de l'UE n'ont pas été retenues, pour affirmer la compatibilité des traités de protection des investissements intra-UE avec le droit de l'UE.

[1023] *Ibid.*, § 66.

une jurisprudence constante. Ce constat découle de l'étude de la réception des exceptions d'incompétence intra-UE, soulevées dans le contexte d'arbitrages sur le fondement de traités bilatéraux d'investissement (TBI) entre États membres et sur le fondement du traité sur la Charte de l'énergie (TCEn).

235. La faible importance du traité appliqué dans l'analyse des sentences. Par de nombreux aspects, le traité d'investissement appliqué n'a que peu d'importance dans l'analyse de la réception, par les arbitres, des exceptions d'incompétence intra-UE. Des tribunaux appliquant le TCEn ont, sans difficulté, écarté des exceptions d'incompétence intra-UE en faisant référence à des sentences concernant des TBI entre États membres. De même, si le prononcé de l'arrêt *Achmea* a pu être présenté comme un point de bascule, dans la contestation de la compétence des tribunaux par les États membres et la Commission pour les arbitrages sur le fondement de TBI entre États membres, eu égard aux sentences postérieures, il n'inaugure pas une nouvelle phase[1024]. Les conclusions des tribunaux quant à leur compétence n'ont pas divergé, en fonction du traité appliqué, après cet arrêt. Partant, l'étude distinguera entre les sentences relevant de TBI entre États membres et celles relevant du TCEn autant que possible, mais pas plus que nécessaire. Dans les deux cas, il s'avère que le cœur de la problématique, comme l'a montré l'arrêt *Achmea,* porte sur la question de la compatibilité des clauses d'arbitrage de ces traités avec le droit de l'UE.

236. La centralité de l'examen de la compatibilité des traités. Les développements suivants se focaliseront principalement sur les branches « objectives » des exceptions d'incompétence portant sur les questions d'incompatibilité. Nous reviendrons sur les règles d'interprétation par la suite afin, d'une part, de définir le cadre interprétatif applicable et, d'autre part, d'examiner l'aptitude de ce cadre à répondre à des problématiques d'articulation des dispositions de plusieurs conventions internationales[1025]. Malgré le caractère central des questions d'incompatibilité dans les exceptions d'incompétence intra-UE, certains tribunaux ont écarté de telles exceptions sans examen de la compatibilité des traités. De nombreuses sentences écartent ces exceptions d'incompétence au motif quasi exclusif de la différence de matière des traités successifs. En dépit d'un nombre plus faible de sentences traitant de l'incompatibilité des traités, la majorité des arbitres considèrent que la compatibilité des traités fait l'objet d'une jurisprudence arbitrale constante. Or, ici comme ailleurs, il est possible de distinguer les sentences selon leurs motifs. Aussi, est-il possible de s'interroger sur la jurisprudence constante mentionnée dans certaines sentences. Une telle jurisprudence peut-elle se former à partir de sentences partageant les mêmes conclusions, mais pas les mêmes motivations ? Si c'est le cas, il convient cependant de relativiser son autorité.

237. Plan de titre. S'ils varient dans leurs raisonnements, comme le montreront les observations suivantes, l'attitude générale des tribunaux confrontés à ces exceptions d'incompétence peut néanmoins être décrite comme une « négation de l'autonomie de

---

1024 Pour une présentation des relations entre le droit international de l'investissement et le droit de l'Union, en trois phases : Une phase *pré-Achmea* caractérisée par la contestation de la Commission, une phase *post-Achmea* caractérisée par l'indifférence des tribunaux à l'arrêt de la Cour et une phase à venir caractérisée par une fragmentation de la contestation avec l'intervention de juridictions nationales dans le cadre de l'exécution de sentences, v. RESTROPO AMARILES D., ARDELAN FARHADI A. et Van WAEYENBERGE A., « Reconciling international investment law and European Union law in the wake of Achmea », *ICLQ,* Vol. 69(4), 2020, pp. 907-943, spéc. pp. 910-916. Les auteurs soulignent la continuité entre les deux premières phases du point de vue des tribunaux : « [...] not a single arbitral tribunal has declined jurisdiction on the basis of the Achmea judgment. Many tribunals have lacked the appetite to thoroughly grapple with the Achmea judgment, preferring instead to rely on institutional and procedural means in order to avoid giving it effect. Other tribunals have recognised that the judgment represents a potentially important new development, but ultimately decline to pay it much deference, thus reinforcing the pre-Achmea reality of intra-EU jurisdictional objections being unanimously rejected. In the meantime, new arbitral tribunals continue to be constituted under intra-EU BITs ».

1025 V. *infra* Partie II, Titre 2.

l'ordre juridique de l'Union »[1026], voire comme un déni d'atteinte à l'autonomie du droit de l'UE[1027]. Les tribunaux ont ignoré cette notion jurisprudentielle fondamentale et, par conséquent, ont pu constater l'absence d'incompatibilité entre les dispositions des traités. Certains ont écarté toute incompatibilité en interprétant ces traités harmonieusement, d'autres ont affirmé leur compétence nonobstant l'incompatibilité des traités. En somme, quand ils n'ont pas évité l'examen de la compatibilité des traités (Chapitre I), les tribunaux ont affirmé leur compétence à l'issue d'un tel contrôle de compatibilité (Chapitre II).

Chapitre I
L'affirmation de la compétence des tribunaux sans contrôle de compatibilité

238. Plan de chapitre. La contestation de l'arbitrabilité des litiges d'investissement entre un État membre d'accueil et un investisseur d'un autre État membre (intra-UE) repose essentiellement sur l'incompatibilité des offres d'arbitrages État-investisseur des traités d'investissement entre États membres avec certaines dispositions du traité sur le fonctionnement de l'UE (TFEU) et du traité sur l'UE (TUE). Malgré cela, des tribunaux arbitraux ont résolu des litiges d'investissement intra-UE – qu'ils ont donc considérés arbitrables – sans se prononcer sur cette incompatibilité, alors même qu'elle avait été soulevée dans l'arbitrage. L'étude des sentences arbitrales, dans lesquelles une exception d'incompétence intra-UE a été soulevée, révèle que ces exceptions préliminaires n'ont parfois pas été examinées au fond (Section 1). En outre, quand les tribunaux ont examiné ces exceptions au fond, ils se sont fréquemment limités à constater que les traités ne portaient pas sur la même matière (Section 2).

Section 1 - Les exceptions d'incompétence intra-UE rejetées sans examen au fond

239. Plan de section. D'une part, les arbitres ont parfois résolu le litige sans avoir à traiter l'exception d'incompétence soulevée par l'État membre ou la Commission, cette dernière s'avérant sans objet compte tenu de leurs réponses à diverses questions préalables (§1). D'autre part, particulièrement dans le cadre d'arbitrage TCEn intra-UE, plusieurs tribunaux ont écarté une branche des exceptions d'incompétence intra-UE visant l'incompatibilité des traités, en s'en tenant au droit applicable à la compétence du tribunal (§2).

[1026] CASTELLARIN E., De NANTEUIL et ROBERT-CUENDET S., « Arbitrage d'investissement et droit international général (2020), *ADFI*, Vol. 66, 2020, pp. 791-833, spéc. p. 800 « Ces sentences illustrent le gouffre qui continue à séparer la jurisprudence arbitrale et la jurisprudence de la CJUE. Si l'on adopte le point de vue du droit de l'Union, ces développements confirment la crainte essentielle exprimée par la CJUE dans l'arrêt *Achmea* : les tribunaux arbitraux se prononcent librement sur le champ d'application du droit de l'Union et de l'acquis de l'Union, sans être soumis aux mécanismes prévus dans le système juridictionnel de l'Union et des États membres. Sur le plan des principes, cela constitue la négation de l'autonomie de l'ordre juridique de l'Union. Sur le plan pratique, le droit international ne fournit pas des garanties de bonne application du droit de l'Union équivalentes à celles prévues par l'ordre juridique de l'Union : l'existence d'une incompatibilité, présumée de manière irréfragable en droit de l'Union dans les situations analogues à celles de l'arrêt *Achmea*, est beaucoup plus difficile à démontrer en droit des traités ».

[1027] BASENER N., *Investment Protection in the European Union – Considering EU law in investment arbitration arising from intra-EU and extra-EU bilateral investment agreements*, Baden-Baden, Nomos, 2017, pp. 512, spéc. pp. 264-295.

§ 1 - Les exceptions d'incompétence rendues sans objet

*240. **Plan de paragraphe***. Les questions préalables – autres que celle de la détermination du droit applicable à la compétence – dont les réponses ont rendu sans objet des exceptions d'incompétence intra-UE sont diverses. Certaines portent sur la recevabilité de l'exception d'incompétence, quelques exceptions d'incompétence intra-UE ont été considérées comme irrecevables en raison d'une défaillance ou d'une renonciation du défendeur, sans que ces conclusions soient exemptes de critiques. D'autres portent sur des questions traitées de manière prioritaire par le tribunal dans sa décision, sans qu'elles soient nécessairement, comme les questions de recevabilité, de nature préalable. Dans ce cas, l'exception n'est pas rendue sans objet du fait du défendeur, mais en raison de la motivation particulière de la décision des arbitres. Une sentence mérite un examen particulier en ce qu'elle se place à la charnière de cette section. Dans la sentence *UP et C.D Holdings* le traitement sommaire de l'exception d'incompétence intra-UE soulevée peut être considéré comme une hypothèse de non-examen au fond, comme l'ensemble des sentences analysées dans la présente section. En rejetant une exception d'incompétence intra-UE au motif principal de sa compétence au titre de la Convention pour le Règlement des différends relatifs aux investissements entre États ressortissants d'autres États de 1965 (Convention CIRDI), cette sentence s'approche des sentences ayant écarté de telles exceptions au titre du droit applicable. Ces dernières seront étudiées dans le paragraphe suivant. La sentence *UP et C.D Holdings* est considérée ici, comme un exemple d'un rejet d'une exception d'incompétence en vertu de la Convention CIRDI (C). Il convient toutefois de traiter avant ce cas particulier deux hypothèses plus fréquentes : les exceptions d'incompétence irrecevables du fait du demandeur (A) et les exceptions d'incompétence rejetées, car devenues sans objet en raison de la motivation de la décision des arbitres (B).

A - Les exceptions d'incompétence irrecevables du fait du défendeur

*241. **Les sentences s'appuyant sur la défaillance du défendeur.*** Dans plusieurs affaires, des exceptions d'incompétence ont été écartées, sans être traitées, du fait de défaillances attribuées aux défendeurs. Par exemple, le tribunal de l'affaire *Gavrilovic* a considéré que le déclinatoire du défendeur était irrecevable, car non soulevé aussitôt que possible, comme le prévoit l'article 41 § 1 de la Convention CIRDI[1028]. Dans l'affaire *Antaris et Göde* et les affaires partiellement jointes *Europa Nova, I.C.W, Voltaic Network, Photovoltaik Knopf Betriebs,* de manière similaire, les arbitres ont également considéré que l'État défendeur était forclos de soulever une telle exception préliminaire. Toutefois, dans ces dernières affaires, les arbitres ne se basent pas sur le seul caractère tardif de l'exception. Ils s'appuient également sur le fait que la République tchèque avait tout d'abord, au cours de la procédure, renoncé à

[1028] CIRDI, *Georg Gavrilovic et Gavrilovic d. o. o. (Gavrilovic) c. République de Croatie*, aff. ARB/12/39, Décision du 30 avril 2018 sur la demande du défendeur du 4 avril, §§ 39-48. Parmi les réactions des tribunaux à l'arrêt *Achmea*, l'irrecevabilité de l'opposition privilégiée par ce tribunal a pu être qualifiée de « solution facile », par contraste à une « solution institutionnelle » reposant sur la singularité du CIRDI et à une « solution soufflée par la Cour ? » reposant sur la singularité du traité sur la charte de l'énergie. V. De NANTEUIL A., « L'indifférence comme art majeur : les réactions des tribunaux arbitraux à l'arrêt *Achmea* », *in* FADLALLAH I., LEBEN C. et TEYNIER E. (dir), Chronique investissement, *Cahiers de l'arbitrage*, Vol. 4, 2018, pp. 787-796.

soulever une exception d'incompétence intra-UE[1029], puis, plus tard, invoqué l'arrêt *Achmea* pour contester la compétence du tribunal.

242. Les sentences relativisant le rôle du défendeur. En matière de recevabilité d'exceptions d'incompétence tardives, l'idée d'une jurisprudence constante des tribunaux arbitraux peut être contestée[1030]. Dans des circonstances similaires à l'affaire *Gavrilovic*, les tribunaux des affaires *Griffin* et *Strabag* ont adopté une position inverse, en considérant respectivement qu'il n'était pas déraisonnable pour le défendeur d'attendre de connaître le sens de l'arrêt *Achmea* pour formuler une exception d'incompétence[1031], et que le prononcé de cet arrêt constituait un développement factuel pouvant faire renaître une exception d'incompétence à laquelle le défendeur n'avait fait qu'allusion au début de la procédure[1032]. De plus, dans l'affaire *Strabag,* le tribunal remarque que l'article 45 § 3 du règlement du Mécanisme supplémentaire du CIRDI, découlant du principe de compétence-compétence, lui donne le pouvoir d'examiner d'office toutes questions relatives à sa compétence[1033]. De la même manière, auparavant, dans le cadre d'un arbitrage TCEn intra-UE, le tribunal de l'affaire *Vattenfall (II)* avait accepté une exception d'incompétence, soulevée après le prononcé de l'arrêt *Achmea*, en précisant que si l'exception n'avait pas été soulevée dans un délai raisonnable, alors, il aurait considéré que l'arrêt *Achmea* était un fait ne pouvant être ignoré. Aussi aurait-il examiné de sa propre initiative, l'effet de cet arrêt sur sa compétence[1034].

B - Les exceptions d'incompétence sans objet en raison de la motivation des décisions

243. Plan. Dans quelques sentence la réponse des arbitres à une question préalable particulière ou à une question traitée de manière prioritaire, a rendu sans objet l'exception d'incompétence intra-UE soulevée en l'espèce (1). Ces sentences nous conduisent à préciser les obligations des tribunaux arbitraux vis-à-vis des arguments des parties (2).

1029 CPA, (CNUDCI), *Antaris Solar GmbH et Dr. Michael Göde (Antaris et Göde) c. République tchèque*, aff. n° 2014-01, Sentence du 2 mai 2018 ; CPA, (CNUDCI), *WA Investments-Europa Nova Limited (Europa Nova) c. République tchèque*, aff. n° 2014-19, Sentence du 15 mai 2019 ; CPA, (CNUDCI), *I.C.W. Europe Investments Limited (I.C.W.) c. République tchèque*, aff. n° 2014-22, Sentence du 15 mai 2019 ; CPA, (CNUDCI), *Voltaic Network GmbH (Voltaïc Network) c. République tchèque*, aff. n° 2014-20, Sentence du 15 mai 2019 ; CPA, (CNUDCI), *Photovoltaik Knopf Betriebs-GmbH (Photovoltaik Knopf Betriebs) c. République tchèque*, aff. n° 2014-21, Sentence du 15 mai 2019.

1030 DOUGLAS Z., « Can a Doctrine of Precedent Be Justified in Investment Treaty Arbitration ? », *ICSID Review – FILJ*, Vol. 25(1), 2010, pp. 104-110. Pour cet auteur, en matière d'arbitrage d'investissement, les jurisprudences constantes sont peu nombreuses et sujettes à débats.

1031 SCC, (SCC), *GPF GP S.à.r. l (Griffin) c. République de Pologne*, aff. n° 2014/168, Sentence du 29 avril 2020, §§ 303-317.

1032 CIRDI, (*ad hoc*), *Strabag SE, Raiffeisen Centrobank AG and Syrena Immobilien Holding AG (Strabag) c. République de Pologne*, aff. ADHOC/15/1, Sentence partielle sur la compétence du 4 mars 2020, §§ 8.93 et 8.96.

1033 *Ibid.*, §§ 8.97 et 8.98.

1034 Dans cette affaire la Commission intervenant en tant *qu'amicus curiae* avait contesté seule la compétence du tribunal, avant que l'Allemagne ne la conteste également, après le prononcé de l'arrêt *Achmea*, en appliquant ce dernier au TCEn. V. CIRDI, *Vattenfall AB et autres (Vattenfall (II)) c. République fédérale d'Allemange (II)*, aff. ARB/12/12, Décision du 31 août 2018 sur la problématique Achmea, §§ 95-107. Cette faculté du tribunal a pu justifier l'examen d'une exception d'incompétence intra-UE, soutenue seulement par la Commission. V. CPA, (CNUDCI), *JSW Solar (zwei) GmbH & Co.KG, Gisela Wirtgen, Jürgen Wirtgen, et Stefan Wirtgen (JSW Solar and Wirtgen) c. République tchèque*, aff. n° 2014-03, Sentence finale du 11 octobre 2017, §§ 249 et 250.

1 - Les exceptions d'incompétence intra-UE superflues non examinées

244. Les exceptions d'incompétence superflues du fait d'une autre exception préliminaire. Dans l'affaire *Poštová banka et Istrokapital* le tribunal conclut directement à son incompétence *ratione materia* au motif que le demandeur ne disposait pas d'un investissement au sens du TBI. Il précise explicitement dans sa sentence qu'il ne juge pas nécessaire d'examiner les autres exceptions préliminaires avancées par le défendeur[1035]. Le tribunal considère néanmoins qu'il est approprié d'examiner, au surplus, s'il est compétent en vertu de la Convention CIRDI[1036]. De la même façon dans l'affaire *Alverley et Germen*, le tribunal conclut qu'il n'est pas nécessaire de répondre à deux exceptions préliminaires – l'une étant une exception d'incompétence intra-UE – après avoir retenu deux autres exceptions d'incompétence[1037].

245. L'exception d'incompétence superflue du fait de la résolution d'une question de fond. Différemment dans l'affaire *Aleksandrowicz et Częścik*, c'est en tranchant une question sur le fond que les arbitres esquivent l'examen d'une exception d'incompétence intra-EU[1038]. Par contraste à d'autres exceptions d'incompétence, traitées par le tribunal dans une première sentence partielle, ici, l'exception d'incompétence intra-UE est abordée dans la sentence sur le fond. Le tribunal met au second plan cette exception en considérant qu'en l'absence de dénonciation formelle – en application des dispositions du traité – le traité est en vigueur *prima facie.* S'il admet que cette présomption pourrait être renversée par la Cour de justice, le tribunal se considère en l'espèce compétent *prima facie.* Pour le tribunal, la question du remplacement des traités d'investissement par le droit de l'Union ne se pose que s'il conclut à l'expropriation de l'investissement du demandeur. En effet, l'article 9 du TBI entre la Hongrie et Chypre limite l'arbitrage État-investisseur aux litiges portant sur l'expropriation d'un investissement. Le tribunal conclut que les mesures visées par le demandeur ne sont pas constitutives d'une expropriation[1039], de sorte que l'examen de l'exception d'incompétence intra-UE n'est plus nécessaire.

2 - *Les obligations des tribunaux quant aux arguments des parties*

246. L'obligation relative des arbitres de répondre aux arguments des parties. Les sentences évoquées ci-dessus montrent que les arbitres n'ont pas l'obligation absolue de répondre à tous les arguments des parties. Si la Convention CIRDI dans son article 48 § 3, prévoit que « la sentence doit répondre à tous les chefs de conclusions soumises au Tribunal et être motivée », ce devoir d'exhaustivité ne veut pas dire que la sentence doit répondre à tous les arguments des parties[1040]. Par ailleurs, les tribunaux arbitraux appliquant le règlement d'arbitrage CNUDCI ou celui de l'Institut d'Arbitrage de la Chambre de Commerce de Stockholm (SCC) semblent plus libres, car contraints uniquement par un devoir de

---

[1035] CIRDI, *Poštová banka, a. s. et Istrokapital SE (Poštová banka) c. République hellénique*, aff. ARB/13/8, Sentence du 9 avril 2015, § 350.

[1036] *Ibid.*, §§ 351-371.

[1037] CIRDI, *Alverley Investement Limited et Germen Properties Ltd (Alverley et Germen) c. Roumanie*, Sentence du 16 mars 2022, §§ 461 et 462.

[1038] SCC, (SCC), *Robert Aleksandrowicz et Tomasz Częścik (Aleksandrowicz et Częścik) c. République de Chypre*, aff. n° 2014/169, Sentence finale 21 février 2017, §§ 141-144.

[1039] *Aleksandrowicz et Częścik*, Sentence finale 21 février 2017, préc., § 224.

[1040] SCHREUER C.H., MALINTOPPI L., REINISCH A. et SINCLAIR A., *The ICSID Convention – A Commentary*, 2e éd., Cambridge, CUP, 2009, pp. 1596, spéc. pp. 815-819.

motivation[1041]. Dans tous les cas, contrairement à l'absence de motivation, la non-exhaustivité n'est pas un motif propre d'annulation d'une sentence[1042]. Certains tribunaux ont ainsi pu éviter de se prononcer sur une exception d'incompétence intra-UE alors qu'elle était discutée par les parties ; et ce même dans le cadre d'arbitrage sous l'égide du CIRDI – malgré le caractère minoritaire des tribunaux CIRDI faisant preuve de retenue (*judicial restraint*) et évitant de traiter de questions superflues[1043].

247. La propension des tribunaux à se prononcer sur des questions superflues. À de rares exceptions près, les tribunaux confrontés à une exception d'incompétence intra-UE – y compris ceux dont les sentences sont, selon certain, au fondement d'une jurisprudence constante en la matière – se sont souvent prononcés sur cette exception alors que la réponse à une question préliminaire rendait son examen superflu[1044]. En effet, les tribunaux arbitraux ont tendance à discuter des éléments non nécessaires à la résolution du litige, c'est-à-dire à insérer dans leurs sentences des *obiter dicta*[1045]. L'idée d'une distinction entre les *obiter dicta* et la *ratio decidendi,* au sein des sentences arbitrales d'investissement n'est pas naturelle. Cette distinction est utilisée pour moduler la rigueur du principe du précédent dans les systèmes de *common law*, systèmes auxquels n'appartient *a priori* pas le droit international de l'investissement[1046]. Toutefois, l'augmentation à partir des années 2000, du nombre moyen de sentences antérieures citées par les tribunaux dans leurs sentences[1047], ainsi que la

[1041] Art 32 (3) Règlement d'arbitrage CNUDCI (1976) et Art 34 (3) Règlement d'arbitrage CNUDCI (2010 et 2013) « Le tribunal arbitral motive sa sentence, à moins que les parties ne soient convenues que tel ne doit pas être le cas. » ; Art 36 (1) Règlement d'arbitrage SCC (2010) et Art 42 (1) Règlement d'arbitrage SCC (2017) « Le tribunal rend une sentence écrite et à moins que les parties ne soient convenus que tel ne doit pas être le cas, motive sa sentence ». comp. Art 52 (1) (i) Règlement d'arbitrage CIRDI (Mécanisme Supplémentaire) (2006) « (1) La sentence est rendue par écrit et contient : [...] (i) la décision du Tribunal sur toute question qui lui a été soumise, ainsi que les motifs sur lesquels la décision est fondée [...] ». Il est possible de considérer qu'ici le tribunal peut décider d'écarter certaines questions sans donner ses motifs, mais qu'il doit motiver la réponse qu'il donne aux questions sur lesquels sa décision est fondée.

[1042] AGUILAR ALVAREZ G. et REISMAN M.W., « How well are investment awards reasoned? », *in* AGUILAR G. et REISMAN M.W. (eds.), *The reason requirement in international investment arbitration*, Leiden, Martinus Nijhoff, 2008, pp. 1-31, spéc. p. 13.

[1043] FAUCHALD O.K., « The Legal Reasoning of ICSID Tribunals – An Empirical Analysis », *EJIL*, Vol. 19(2), 2008, pp. 301-364, spéc. p. 315.

[1044] Les tribunaux arbitraux des trois premières affaires dans lesquelles une objection d'incompétence TBI intra-UE a été soulevée auraient pu écarter directement cette exception au motif que le litige concernait des faits antérieurs à l'accession des États membres à l'UE. V. SCC, (CNUDCI), *Eastern Sugar B. V. c. République tchèque*, aff. n° 088/2004, Sentence partielle du 27 mars 2007, §§ 176 et 177 ; Arbitrage *ad hoc*, (CNUDCI), *Rupert Joseph Binder (Binder) c. République tchèque*, Sentence sur la compétence du 6 juin 2007, § 62 ; Arbitrage *ad hoc*, (CNUDCI), *Jan Oostergetel & Theodora Laurentius (Oostergetel) c. République slovaque*, Sentence sur la compétence du 30 avril 2010, § 88.

[1045] DAHLQUIST J., « Beside the point – on *obiter dicta* in investment treaty arbitration », *Arbitration International, Arbitration International*, Vol. 32(4), 2016, pp. 629–640.

[1046] REINISCH A., « The Role of Precedent in ICSID Arbitration », *Austrian Arbitration Yearbook*, 2008, pp. 495-510. L'auteur rappelle que si le droit international n'est pas soumis à une règle du précédent (*stare decisis*) la plupart des juridictions internationales s'appuient sur leur jurisprudence (*de facto* case-law), elles tendent à suivre dans leurs décisions les raisonnements quelles ont adoptés dans des décisions précédentes. Pour l'auteur les règles procédurales du CIRDI n'excluent pas un principe du précédent contrairement à l'interprétation qu'en donnent les tribunaux arbitraux. Il constate que les tribunaux se prononcent rarement sur le statut des sentences antérieures, mais qu'ils y font référence pragmatiquement en soulignant leur caractère utile ou instructif. Ces sentences antérieures sont respectées par le tribunal non pas du fait de leur force contraignante, mais du fait de leur force de conviction.

[1047] L'idée du développement d'un principe de précédent au sein de la jurisprudence arbitrale d'investissement apparait dans la littérature au début des années 2000, mais la première analyse empirique quantitative et qualitative des citations des tribunaux apparait en 2007. V. COMMISSION J.P., « Precedent in Investment Treaty Arbitration – A Citation Analysis of a Developing Jurisprudence », *Journal of International Arbitration*, Vol. 24(2), 2007, pp. 129-158, spéc. p. 156 L'auteur constate une augmentation significative du nombre de sentences antérieures citées par les tribunaux à partir du début des années 2000. Il considère que les tribunaux semblent adopter un principe de précédent, mais ne distingue pas au sein des sentences entre *ratio decidendi* et *obiter dicta*. Le constat de l'importance considérable de la valeur de précédent de chaque sentence est lié au constat d'une évolution du droit international de l'investissement, d'un droit basé principalement sur des traités vers un droit jurisprudentiel. Pour une analyse qualitative antérieure limitée au raisonnement des tribunaux arbitraux en matière de traitement juste et équitable et de clauses de couverture v. CHENG T-H., « Precedent

stabilisation de ce nombre à une moyenne de 18 sentences ou décisions judiciaires citées par sentence sur le fonds entre 2010 et 2015[1048] témoignent, pour certains, de la présence dans cette matière d'un principe de précédent, *de facto*.

248. L'utilité relative de la distinction ratio decidendi / obiter dicta. Partant du précédent constat, si, *de facto*, les tribunaux considèrent les sentences antérieures comme des précédents, certains avancent qu'ils doivent alors distinguer dans les sentences entre les raisonnements « soit dit en passant » (*obiter dicta*) des tribunaux et le ou les motifs déterminants de la sentence (*ratio ou rationes decidendi*). Seuls les seconds ont en principe une force obligatoire pour les autres juridictions, selon la règle du précédent. Les auteurs faisant référence à un principe de précédent *de facto* encouragent les tribunaux à faire référence aux sentences précédentes, mais également à opérer un tri pour ne retenir que les plus convaincantes[1049]. Les arbitres sont alors appelés à plus de rigueur dans la rédaction de leur sentence[1050], mais également dans l'identification des *rationes decidendi* des sentences qu'ils citent[1051]. En pratique, la majorité des tribunaux arbitraux ne distinguent pas[1052], toutes parties d'une sentence peuvent être citées[1053]. D'aucuns critiquent cette distinction en expliquant qu'elle aurait, en droit international, pour simple fonction de relativiser l'autorité d'une décision antérieure[1054] ou de promouvoir une fausse application du principe d'économie judiciaire[1055]. Elle sera néanmoins retenue dans le cadre de notre étude. En effet, les sentences étudiées contiennent parfois, au-delà de raisonnements hypothétiques (non déterminants), des commentaires. De tels passages ont pu être repris dans des sentences postérieures. De plus, la distinction *ratio decidendi / obiter dicta* est évoquée dans les sentences, de manière explicite[1056] ou implicite[1057]. Aussi est-elle mobilisée dans l'analyse ci-dessous.

---

and Control in Investment Treaty Arbitration », *Fordham International Law Journal*, Vol. 30(4), 2006, pp. 1014-1049, spéc. pp. 1030-1044.

1048 STONE SWEET A. et GRISEL F., *The Evolution of International Arbitration – Judicialization, Governance, Legitimacy*, Oxford, OUP, 2017, pp. 272, spéc. pp. 151-157. V. aussi BALLAN S.J., « Investment Treaty Arbitration and Institutional Backgrounds : An Empirical Study », *Wisconsin International Law Journal*, Vol. 34(1), 2016, pp. 31-91, spéc. pp. 77-85. À partir de l'étude de 73 sentences sur le fonds, prononcées entre 2001 et 2011, l'auteur identifie des différences dans la pratique des tribunaux quant à la citation de sentences antérieures selon le centre d'arbitrage ou le traité appliqué. Les tribunaux CIRDI ou compétent sur la base de l'ALENA font, en moyenne, environ 9 références à une sentence antérieure par sentence alors que les autres tribunaux font quasiment deux fois moins de références. Les tribunaux fondés sur l'ALENA dans 89 % des cas citent une sentence d'un tribunal appliquant lui aussi sur l'ALENA.

1049 REED L., « The *De Facto* Precedent Regime in Investment Arbitration : A case for Proactive Case Management », *ICSID Review – FILJ*, Vol. 25(1), 2010, pp. 95-103. L'autrice propose également que les tribunaux soumettent les plaideurs à une obligation de divulgation de décisions défavorables, à l'image des obligations de divulgation auxquelles sont soumis les juristes aux États-Unis au titre de leur devoir de sincérité envers la Cour.

1050 DAHLQUIST J., « Beside the point – on obiter dicta in investment treaty arbitration », art. cité, p. 640 « If arbitrators wish to develop investment law within the current framework, it is better to write good awards with clear *ratio decendi* ».

1051 PAULSSON J., « The Role of Precedent in Investment Arbitration » *in* YANNACA-SMALL K. (ed.), *Arbitration under International Investment Agreements – A guide to the key issues*, Oxford, OUP, 2010, pp. 699-718.

1052 CIRDI, *Burlington Resources Inc. c. République d'Équateur*, aff. ARB/08/5, Décision sur la responsabilité du 14 décembre 2012, § 221 « [...] there is no reason to distinguish between *obiter dicta* and holding. Whether peripheral or central to the decision, the statement of an international tribunal may provide guidance to investors and host State alike and may serve to predict the decision of future tribunals ».

1053 RIDI N., « 'Mirage of an Intellectual Dreamland'? *Ratio, Obiter* and the Textualization of International Precedent », *Journal of International Dispute Settlement*, Vol. 10(3), 2019, pp. 361-395 spéc. pp. 372-374.

1054 Pour un exemple visant l'arrêt *Komstroy*. CIRDI, *Cordoba Beheer et autres c. Royaume d'Espagne*, aff. ARB/16/27, Décision sur la compétence, la responsabilité et les principes de quantum du 11 février 2022, §§ 664-667.

1055 RIDI N., « 'Mirage of an Intellectual Dreamland'? *Ratio, Obiter* and the Textualization of International Precedent », art. cité, pp. 376-381.

1056 CIRDI, *Marfin Investment Group Holdings S.A., Alexandros Bakatselos et autres (Marfin) c. République de Chypre*, aff. ARB/13/27, Sentence du 26 juillet 2018, § 595 ; CIRDI, *Landesbank Baden-Württemberg et autres c. Royaume d'Espagne*, aff. ARB/15/45, Décision sur l'exception d'incompétence intra-UE du 25 février 2019, § 193.

1057 CPA, (CNUDCI), *European American Investment Bank AG (EURAM) c. République slovaque*, aff. n° 2010-17, Décision sur la compétence du 22 octobre 2012, § 269 ; CPA, (CNUDCI), *WNC Factoring Ltd (WNC) c. République tchèque*, aff. n° 2014-34, Sentence du 22 février 2017, § 306.

249. Transition. Comme évoquée en ouverture de ce paragraphe, la sentence *UP et C.D holdings* s'approche des exceptions d'incompétence non traitées que nous venons de présenter. Par ailleurs, l'approche dualiste ou pluraliste – insistant sur le caractère international de l'arbitrage CIRDI – présente dans cette sentence fait écho au raisonnement en termes de droit applicable à la compétence, objet du paragraphe ci-après, mobilisée par plusieurs tribunaux pour écarter des exceptions d'incompétence.

C - Le rejet d'une exception d'incompétence en vertu de la Convention CIRDI

250. Le rejet sommaire du tribunal de l'affaire UP et C.D Holding. Dans l'affaire *UP et C.D Holding*, la réponse sommaire du tribunal au sujet de l'effet de l'arrêt *Achmea*[1058] a pu inciter l'État défendeur à demander l'annulation de cette sentence[1059], en particulier pour défaut de motifs[1060]. Cette demande n'a toutefois pas été fructueuse[1061]. Nonobstant, il peut être affirmé qu'en l'espèce, le tribunal a écarté l'exception d'incompétence intra-UE reposant sur l'arrêt *Achmea* soulevée par la Hongrie sans répondre de manière satisfaisante aux questions qu'elle posait. L'État défendeur y soulignait le caractère contraignant de l'arrêt *Achmea* pour le tribunal. Il arguait aussi que l'application de différentes règles de conflit de conventions rendait invalide l'offre d'arbitrage État-investisseur du traité[1062]. Au début de son analyse, le tribunal précise avoir pris en compte les arguments des parties et annonce qu'il ne répondra qu'aux arguments ayant déterminé sa décision. Il poursuit en considérant qu'une discussion détaillée de l'arrêt *Achmea* n'est pas requise, car l'affaire dont il est saisi est distincte[1063].

251. Le double soubassement du rejet du tribunal de l'affaire UP et C.D Holding. Le paragraphe 253 de la sentence semble contenir la *ratio decidendi* du tribunal. Dans ce paragraphe, le tribunal précise que contrairement au tribunal de l'affaire *Achmea*, sa compétence dépend de la convention CIRDI, qui est un traité multilatéral de droit international public. Il affirme alors : « *this Tribunal is placed in a public international law context and not a national or regional context* »[1064]. Ce paragraphe contient deux arguments permettant d'écarter les effets de l'arrêt *Achmea* l'un consistant à distinguer les espèces, et donc à limiter la portée de l'arrêt, l'autre à cloisonner les espaces normatifs, spécifiquement au niveau du droit applicable à la compétence du tribunal. Ces prémisses établies, le tribunal répond à

1058 Le caractère sommaire de la sentence sur cet aspect est reconnu par le comité *ad hoc* constitué pour répondre à la demande d'annulation de la sentence par la Hongrie. V. CIRDI, *UP et C.D Holding Internationale (UP et C.D Holding) c. Hongrie*, aff. ARB/13/35, Sentence du 9 octobre 2018, Décision du comité *ad hoc* du 11 août 2021 sur la demande d'annulation, §§ 123, 128 et 259, spéc. § 123 « [...] To the Committee, this suggests that the Tribunal was addressing and rejecting in a summary fashion Respondent's argument regarding how Achmea would render Article 9(2) inapplicable [...] ». Dans l'ensemble, le comité *ad hoc* rejette la demande d'annulation de la Hongrie au motif que cette dernière n'a pas soulevé véritablement une exception d'incompétence dans la procédure principale, mais a demandé au tribunal de se prononcer sur les effets de l'arrêt *Achmea* sur sa compétence. Or ce dernier a simplement considéré que cet arrêt était en dehors du droit applicable à sa compétence. L'office du comité l'autorise simplement à constater que l'incompétence du tribunal au titre de l'arrêt *Achmea* n'est ni évidente ni manifeste (§ 259).

1059 Sur la procédure d'annulation dans le cadre de la Convention CIRDI v. SCHREUER C.H., MALINTOPPI L., REINISCH A. et SINCLAIR A., *The ICSID Convention – A Commentary*, 2 d éd, Cambridge, CUP, 2009, pp. 1596, spéc. pp. 1013-1023.

1060 Convention CIRDI art. 52 § 1 : Chacune des parties peut demander, par écrit, au Secrétaire général l'annulation de la sentence pour l'un quelconque des motifs suivants : (a) vice dans la constitution du Tribunal ; (b) excès de pouvoir manifeste du Tribunal ; (c) corruption d'un membre du Tribunal ; (d) inobservation grave d'une règle fondamentale de procédure ; (e) défaut de motifs.

1061 *UP et C.D Holding*, Décision du comité *ad hoc* du 11 août 2021 sur la demande d'annulation, préc.

1062 *UP et C.D Holding*, Sentence du 9 octobre 2018, préc., §§ 239-241.

1063 *Ibid.*, §§ 252-267.

1064 Le tribunal s'inspire ici de la sentence *Electrabel*. V. CIRDI, *Electrabel SA. c. République de Hongrie*, aff. ARB/07/19, Décision sur la juridiction, le droit applicable et la responsabilité du 30 novembre 2012, § 4.112.

l'exception d'incompétence comme si elle visait la Convention CIRDI, et non pas la clause d'arbitrage du traité d'investissement[1065]. Il insiste alors sur l'absence d'incompatibilité entre la Convention CIRDI et le droit de l'Union. Or, cela ne répond pas à la question de l'invalidité de l'offre d'arbitrage du traité d'investissement. L'insistance du tribunal sur son rattachement à un contexte international et non régional confine à une forme d'approche dualiste. Une telle approche pose un principe d'application parallèle des traités dont découle une présomption de comptabilité des traités. En l'absence d'examen concret des incompatibilités, cette affirmation ne repose que sur ce principe théorique. Le tribunal poursuit en affirmant qu'il ne considère pas, d'une part, que l'adhésion à l'UE ait pour conséquence le retrait de la Hongrie de la Convention CIRDI et, d'autre part, que le défendeur ait dénoncé cette Convention.

252. Conclusion. En somme, le tribunal de l'affaire *UP et C.D Holding* conclut à sa compétence sans s'appuyer sur le raisonnement d'autres tribunaux, sans examiner l'application d'une des règles de conflit de conventions (art. 30 § 3 CVDT, art. 351 TFUE) invoquées par la Hongrie et sans prendre explicitement en compte le droit de l'UE comme un moyen d'interprétation (art. 31 § 3 c) CVDT) de la Convention CIRDI ou du traité d'investissement. Pour le reste, il prolonge sa réponse à l'exception d'incompétence par un *obiter dictum* précisant que, même en supposant que le traité d'investissement ait pris fin en 2004, au moment de l'adhésion de la Hongrie, la clause dite « de survie » du traité prolongerait l'offre d'arbitrage pour les investisseurs jusqu'en 2024[1066].

253. Transition. L'insistance du tribunal sur l'application de la Convention CIRDI et la détermination de sa compétence au regard, quasi exclusif, de cette convention, peuvent s'expliquer par une approche dualiste ou pluraliste ; qui a permis à d'autres tribunaux, dans le cadre d'arbitrages sur le fondement du TCEn, d'écarter certaines exceptions d'incompétence intra-UE.

[1065] Le tribunal de l'affaire *Norvik Banka* considère de manière similaire que le conflit pertinent n'est pas entre le TBI et les traités de l'UE, mais entre la Convention CIRDI et les traités de l'UE. De plus le tribunal s'appuie sur un principe d'interprétation harmonieuse pour écarter tout incompatibilité. V. CIRDI, *AS Norvik Banka, Alexander Guselnikov, Grigory Guselnikov et autres (Norvik Banka) c. République de Lettonie*, aff. ARB/17/47, Décision sur l'objection Intra-UE du 14 mai 2021, § 651.

[1066] *UP et C.D Holding*, Sentence du 9 octobre 2018, préc., § 265.

§ 2 - Les exceptions d'incompétence écartées en vertu du droit applicable à la compétence

254. Précision méthodologique. La détermination du droit applicable à la compétence du tribunal a permis à certains tribunaux d'écarter une branche ou l'ensemble de l'exception d'incompétence intra-UE soulevée par certains États membres dans des arbitrages TCEn intra-UE. En effet, certains États ont avancé que le droit de l'Union s'opposait à la compétence des tribunaux en tant que droit applicable à la compétence en vertu de l'article 26 § 6 TCEn[1067]. Ce premier argument doit être distingué de deux autres arguments invoqués aux mêmes fins. La contestation de la compétence du tribunal au titre du droit applicable à la compétence – spécifiquement précisé par le traité[1068] – ne doit surtout pas être confondue, d'une part, avec la contestation de la compétence des tribunaux au titre des règles d'interprétation de la CVDT – insistant sur la prise en compte du droit de l'UE en tant que moyen d'interprétation du traité (art. 31 § 3 c) CVDT) – et, d'autre part, mais dans une moindre mesure, avec une contestation reposant sur l'application, sans intermédiation, de règles de droit international public général concernant l'incompatibilité de traités successifs portant sur la même matière (art. 30 CVDT). Le deuxième argument susmentionné s'apparente à une exception d'incompétence *ratione personae* visant à interpréter le TCEn conformément au droit de l'Union et le troisième à une exception d'incompétence *ratione voluntatis* équivalente aux exceptions intra-UE soulevées dans des arbitrages sur le fondement de TBI entre États membres. Cette troisième forme de contestation sera analysée dans le présent titre[1069], en revanche la deuxième sera traitée plus en détail ailleurs, dans le cadre de l'étude de l'interprétation des traités par les tribunaux arbitraux[1070]. Ce paragraphe traitera principalement de la première, mais mentionnera des développements de sentences en matière d'interprétation et d'incompatibilité, ces éléments n'étant pas toujours distingués par les tribunaux.

255. Plan de paragraphe. Pour mieux comprendre les modalités par lesquelles des tribunaux ont affirmé leur compétence – sans opérer de contrôle de compatibilité des traités – en invoquant le droit applicable à la compétence, il convient d'étudier deux types de sentences : d'une part, les sentences dans lesquelles les tribunaux refusent de se déclarer incompétents compte tenu de la désignation du droit de l'Union comme droit applicable à la compétence en vertu de l'article 26 § 6 TCEn (A) et, d'autre part, les sentences où les

---

1067 TCEn, art. 26 § 6 Un tribunal constitué selon les dispositions du paragraphe 4 statue sur les questions litigieuses conformément au présent traité et aux règles et principes applicables de droit international.

1068 Dans sa demande d'annulation dans l'affaire *UP et C.D. Holding*, la Hongrie conteste la compétence du tribunal, à l'image d'autres États s'étant appuyé sur l'article 26 § 6 TCEn, en avançant d'abord que le droit de l'Union fait partie du droit applicable visé par la clause de droit applicable du traité (art. 9 § 3), ensuite que cette clause concerne le droit applicable à la compétence et enfin qu'étant donné que le droit de l'Union appartient au droit applicable à la compétence dès lors le tribunal est incompétent. V. *UP et C.D Holding*, Décision du comité *ad hoc* du 11 août 2021 sur la demande d'annulation, préc., § 85.

1069 L'exception d'incompétence intra-UE, *ratione voluntatis*, décrite dans le titre précédent, repose sur l'idée selon laquelle de manière générale, sans référence à des clauses de droit applicable, le droit applicable à la compétence, ou autrement dit le droit applicable à la convention d'arbitrage, est le droit international dans son ensemble, ce qui comprend le droit de l'Union compte tenu de son origine conventionnelle. Les contestations envisagées ici sont des variantes particulières de cette exception, reposant elle aussi en dernière analyse sur l'incompatibilité de l'offre d'arbitrage État-investisseur du traité d'investissement avec le droit de l'Union et l'application d'une règle de conflit de convention favorable à ce dernier. La seule différence est que dans certaines exceptions d'incompétence intra-UE, le droit de l'Union intègre différemment le droit applicable à la compétence. Il peut l'intégrer plus directement, mais toujours en tant que règle de droit international lorsqu'une clause d'*electio juris* dans le traité, potentiellement applicable au droit applicable à la compétence, est considérée comme pouvant y renvoyer. Il peut aussi l'intégrer en tant que partie de la loi d'un État membre désignée par une règle de conflit de lois notamment au titre de l'application de la *lex arbitri loci*.

1070 V. *infra* Partie II, Titre 2, Section 2

tribunaux refusent de se déclarer incompétents en raison de l'appartenance du droit de l'UE au droit d'un État membre désigné *lex arbitri loci* (B). En dernière analyse, nous démontrerons que ces rejets s'inscrivent parmi les sentences attestant d'une conception dualiste ou pluraliste, de l'ordre juridique arbitral (C).

A - Le rejet d'exceptions d'incompétence intra-UE fondées sur l'article 26 § 6 TCEn

256. L'application de l'article 26 § 6 TCEn au droit applicable à la compétence. Quelques États ont avancé que l'article 26 § 6 TCEn était une clause d'*electio juris* portant sur le droit applicable au fond, mais aussi sur le droit applicable à la compétence[1071]. Le raisonnement est le suivant : premièrement, cette clause désigne comme droit applicable, sans hiérarchiser, l'accord ainsi que les règles et principes applicables de droit international ; deuxièmement, les règles et principes de droit de l'Union – issus de conventions internationales – sont des principes et règles de droit international ; troisièmement, les règles et principes de droit de l'Union s'appliquent aux investissements d'un investisseur d'un État membre dans un autre État membre. Par conséquent, les tribunaux devraient, pour trancher la question de leur compétence, appliquer, sans hiérarchiser, le traité d'investissement et les règles et principes applicables du droit de l'Union. Ainsi, les États ont contesté la compétence du tribunal au regard du principe de primauté ou d'autonomie du droit de l'UE, sans nécessairement avoir eu à lier ces principes aux articles des traités de l'UE. Si certains tribunaux minoritaires ne se sont pas opposés à cette approche et ont examiné (puis écarté) l'effet du droit de l'UE au stade de l'examen de leur compétence, d'autres, quant à eux, l'ont rejeté sommairement.

257. Les divergences quant à la portée de l'article 26 § 6 TCEn. La jurisprudence arbitrale en matière de droit applicable au stade de la compétence n'est pas constante. Le tribunal de l'affaire *Silver Ridge* souligne cet aspect et distingue les sentences appliquant l'article 26 § 6 TCEn aux questions de compétence – traitant des questions d'incompatibilité – de celles appliquant cet article aux seules règles de fond – résolvant par là même ces questions d'incompatibilité en les considérant hors du droit applicable à la compétence[1072]. Des questions d'incompatibilité peuvent persister, mais elles relèveront du droit international public général, c'est-à-dire des règles de la CVDT et pas d'un droit désigné par une clause du traité ou du droit applicable à la compétence déterminé par les arbitres. Elles peuvent

---

[1071] TIETJE C., *The applicability of the Energy Charter Treaty in ICSID Arbitration of EU Nationals vs EU Members States*, Beiträge zum Transnationalen Wirtschaftsrecht – Heft 78, Martin Luther University Halle-Wittenberg, 2008, pp. 27 spéc. pp. 5-7. L'auteur s'appuie sur l'article 26 § 6 TCEn pour déterminer le droit applicable à la compétence, à la recevabilité et au fond et conclut que le tribunal est tenu d'appliquer exclusivement le TCEn et le cas échéant les règles de droit international public complémentaires pertinentes, aux questions de compétence et de fond. Il exclut expressément en général l'application de la législation domestique ou communautaire, mais ne vise pas expressément les traités de l'UE. Comp. AMKHAN A., « Consent to Submit Investment Disputes to Arbitration Under Article 26 of the Energy Charter Treaty », *Int. A.L.R.*, Vol. 10(3), 2007, pp. 65-73, spéc. pp. 69 « This paragraph deals with the law (both procedural and substantive) applicable to dispute arising under Art.26. In determining issues of procedure, the following laws will be applicable: the relevant ECT provisions, the applicable arbitration rules, and the relevant lex arbitri. 47 [Lex arbitri is not relevant if the dispute is to be settled under the ICSID Convention]. However, regarding the substantive issue of the dispute, the only applicable law is the relevant ECT provisions and the rules and principles of public international law. Naturally, a clear distinction between procedural law and substantive law is essential to the proper application of the provisions of Art.26. The expression "rules and principles of international law" was introduced at the behest of the European Communities. No explanation was given as to its meaning. However, the applicable rules and principles of international law to a dispute shall most likely be determined according to the source of international law listed in Art.38 of the Statute of the International Court of Justice ».

[1072] CIRDI, *Silver Ridge Power BV (Silver Ridge) c. République italienne*, aff. ARB/15/37, Sentence du 26 février 2021, §§ 192-200.

toutefois être traitées brièvement. Dans l'affaire *NextEra*, après avoir souligné que les questions de compétence ne peuvent être résolues qu'à la lumière de l'article 26 TCEn, le tribunal examine les règles de conflit invoquées par le défendeur – les articles 41 § 1 b) et 30 § 4 a) CVDT – et les écartent brièvement, à la suite de développements consacrés à l'article 26 § 6 TCEn[1073]. Des règles d'interprétation ont pu même être écartées en vertu de l'article 26 § 6 TCEn. Dans l'affaire *STEAG* le tribunal s'épargne un examen de l'article 31 § 3 c) CVDT en expliquant que « le principe de proximité »[1074] de ce dernier n'intervient pas dans la détermination de sa compétence[1075]. Aussi, le cloisonnement du droit applicable n'est-il pas sans effets sur la détermination des moyens d'interprétation du traité. Plus fréquemment, ce sont les règles de droit des traités relatives aux conflits de conventions qui sont écartées sommairement.

258. Le rejet sommaire d'exceptions d'incompétence en vertu de l'article 26 § 6 TCEn. Dans plusieurs sentences, le cantonnement de l'article 26 § 6 TCEn à la détermination de droit applicable au fond aboutit au rejet d'exception d'incompétence intra-UE, sans examen des questions d'incompatibilité, même au titre des règles de conflit de conventions de la CVDT[1076]. Par exemple dans l'affaire *Foresight,* l'Espagne soulève une exception d'incompétence intra-UE dont une branche affirme l'incompatibilité de la clause d'arbitrage État-investisseur du traité (art. 26 TCEn) avec l'article 344 TFEU et considère l'arrêt *Achmea* applicable à ce traité d'investissement – sans invoquer une règle de conflit de la CVDT. Suivant la ligne jurisprudentielle majoritaire n'appliquant l'article 26 § 6 TCEn qu'aux règles de fond, le tribunal examinera sa compétence en interprétant principalement l'article 26 TCEn, et ce, conformément aux règles d'interprétation de l'article 31 CVDT. Après avoir précisé suivre les règles d'interprétation de cet article, ce tribunal se déclare compétent, en s'attachant au sens ordinaire des termes de l'article 26 TCEn et en considérant ne pas avoir à examiner des moyens complémentaires d'interprétation. Aucun élément extérieur au TCEn n'est mentionné dans les motifs déterminants de sa décision[1077]. Ce n'est que pour être complet que le tribunal traite de l'argument de la primauté du droit de l'UE ou des questions d'incompatibilités[1078]. Il rappelle alors qu'il détermine sa compétence exclusivement en

---

[1073] CIRDI, *NextEra Energy Global Holdings B.V. et NextEra Energy Spain Holdings B. V. (NextEra) c. Royaume d'Espagne*, aff. ARB/14/11, Décision sur la compétence et la responsabilité et le quantum du 12 mars 2019, §§ 345-357.

[1074] L'utilisation du terme de proximité en lien avec l'article 31 § 3 c), fait référence aux travaux de Panos Merkouris qui considère que la prise en compte d'une règle sur la base de cet article suppose l'application par l'interprète d'un critère de proximité. Sont prises en compte les règles satisfaisant les quatre dimensions de ce critère de proximité : proximité des acteurs, proximité terminologique, matérielle et temporelle des règles. V. MERKOURIS P., *Article 31(3)(c) of the VCLT and the Principle of Systemic Integration*, Thèse : Droit, Queen Mary University of London – School of Law, 2010, pp. 241, spéc. 67-78.

[1075] CIRDI, *STEAG GmbH c. Royaume d'Espagne*, aff. ARB/15/14, Décision sur la Compétence la Responsabilité et les principes en matière de quantum du 8 septembre 2020, §§ 260 et 261 « La jurisdicción de este Tribunal se fundamenta en los términos mismos del TCE y, particularmente, de sus artículos 26(1) a 26(5). [...] El principio de proximidad del artículo 31 (3) (c) de la CVDT no tiene pertinencia para la determinación de la jurisdicción de este Tribunal, cuya fuente es el TCE ».

[1076] CIRDI, *RREEF Infrastructure (G.P.) Limited et RREEF Pan-European Infrastructure Two Lux S. à r. l (RREEF) c. Royaume d'Espagne*, aff. ARB/13/30, Décision sur la compétence du 6 juin 2016, §§ 71-90 ; CIRDI, *Eiser Infrastructure Limited et Energía Solar Luxembourg S. à r. l. (Eiser et Energía Solar) c. Royaume d'Espagne*, aff. ARB/13/36, Sentence du 17 mai 2017, §§ 179-207 ; *Novenergia*, Sentence finale du 15 février 2018, préc., §§ 449-466 ; CIRDI, *InfraRed Environmental Infrastructure GP Limited (InfraRed) c. Royaume d'Espagne*, aff. ARB/14/12, Sentence du 2 août 2019, §§ 256-274 ; CIRDI, *Stadtwerke München GmbH, RWE Innogy GmbH et autres (Stadwerke) c. Royaume d'Espagne*, aff. ARB/15/1, Sentence du 2 décembre 2019, §§ 123-146 ; CIRDI, *Watkins Holdings S. à r. l. et autres (Watkins) c. Royaume d'Espagne*, aff. ARB/15/44, Sentence du 21 janvier 2020, §§ 180-226.

[1077] *Foresight*, Sentence finale du 14 novembre 2018, préc., §§ 198-213.

[1078] *Ibid.*, § 214 « For completeness, the Tribunal shall nevertheless briefly dispose of the Respondent's submissions based on the "primacy" of EU law over allegedly inconsistent provisions of the ECT ».

fonction des critères de compétence du TCEn et écarte l'application du droit de l'UE et l'arrêt *Achmea*[1079].

259. L'exemple de la décision Vattenfall (II). Dans l'affaire *Vattenfall (II)*, le tribunal écarte l'argument de l'Allemagne et de la Commission fondé sur l'article 26 § 6 TCEn, voulant que le tribunal se prononce sur sa compétence à la lumière d'une hiérarchie des normes issue du droit de l'UE. Il rejette cette approche et réduit le droit de l'UE (interprétations de la Cour de justice incluses) à un potentiel moyen d'interprétation (art. 31 § 3 c) CVDT) parmi d'autres devant être simplement pris en compte[1080]. Il adopte également une interprétation particulière de l'article 31 CVDT[1081] en accordant une forte priorité à l'examen des éléments mentionnés à l'article 31 § 1 CVDT[1082]. Considérant que ce paragraphe donne lui-même une priorité au texte, sur les éléments de contexte, afin d'assurer une interprétation uniforme des termes des traités, le tribunal refuse de prendre en compte l'arrêt *Achmea* dans son interprétation de l'article 26 TCEn. Au surplus, il déclare que cet arrêt ne contient aucune règle claire[1083]. Il conclut que le droit de l'Union ne peut modifier le sens ordinaire de l'article 26 TCEn[1084]. Cette approche de la règle générale d'interprétation de la CVDT met de côté bon nombre de ses éléments. En exigeant des règles concurrentes claires et en interdisant que l'interprétation s'écarte du sens ordinaire d'une disposition isolée, le tribunal adopte une approche littérale peu contextuelle qui ne reflète pas la richesse de la règle d'interprétation de l'article 31 CVDT[1085]. Cette approche neutralise l'article 31 § 3 c) CVDT[1086]. Concernant les règles de conflit de conventions, le tribunal de l'affaire *Vattenfall (II)* identifie deux règles spéciales applicables, l'article 16 TCEn et l'article 351 TFUE, et privilégie l'application de celle du traité d'investissement, qu'il considère plus claire[1087].

260. Transition. Dans le cadre des arbitrages sur le fondement d'un TBI intra-UE, des arbitres ont tout autant pu insister sur l'exclusion du droit de l'Union du droit applicable à la compétence, sans qu'entre en jeu une clause de choix de droit applicable[1088]. Dans la même veine, des tribunaux sous l'égide du CIRDI ont soutenu que le droit applicable à la compétence se limitait à l'article 25 de la Convention CIRDI et à l'article du traité d'investissement exprimant le consentement à l'arbitrage. Le même type d'exception d'incompétence que celle envisagée ci-dessus a pu faire l'objet d'un traitement équivalent dans le cadre d'arbitrages non-CIRDI. Or, dans ce type d'arbitrage, le droit d'un État membre (droit de l'Union inclus) peut être désigné, en l'absence de choix des parties, comme

---

1079 *Ibid.* § 215-222.

1080 Pour une critique de cette approche, analysée sous la forme d'un refus d'utilisation des outils du pluralisme ordonné en droit international, v. RESTROPO AMARILES D., ARDELAN FARHADI A. et Van WAEYENBERGE A., « Reconciling international investment law and European Union law in the wake of Achmea », *ICLQ*, Vol. 69(4),2020, pp. 907-943, spéc. pp. 930-940.

1081 *Infra* Partie II – Chapitre 1 – Section 1 - § 2.

1082 CVDT art. 31 § 1 : « Un traité doit être interprété de bonne foi suivant le sens ordinaire à attribuer aux termes du traité dans leur contexte et à la lumière de son objet et de son but ».

1083 CIRDI, *Vattenfall AB et autres (Vattenfall (II)) c. République fédérale d'Allemange (II)*, aff. ARB/12/12, Décision du 31 août 2018 sur la problématique Achmea, § 164 « In the Tribunal's view, legal certainty requires that any relevant rule of international law that is taken into account during interpretation be clear […] ».

1084 *Ibid.*, §§ 108-168 *pro* CIRDI, *Landesbank Baden-Württemberg et autres c. Royaume d'Espagne*, aff. ARB/15/45, Décision sur l'exception d'incompétence intra-UE du 25 février 2019, § 160.

1085 V. *infra* Partie II, Titre 2, Section 1.

1086 V. *infra* Partie II, Titre 2, Section 2, § 1, B).

1087 *Vattenfall (II)*, Décision du 31 août 2018 sur la problématique Achmea, préc., § 193.

1088 CIRDI, (*ad hoc*), *Strabag SE, Raiffeisen Centrobank AG and Syrena Immobilien Holding AG (Strabag) c. République de Pologne*, aff. ADHOC/15/1, Sentence partielle sur la compétence du 4 mars 2020, §§ 8.100-8.143, spéc. § 8.119 « If EU law cannot be applied by this Tribunal at all for questions of jurisdiction, it is neither appropriate nor necessary for this Tribunal to examine the precise contours of the EU Treaties or the Achmea Judgment's interpretation of the EU Treaties » ; CPA, (CNUDCI), *A.M.F. Aircraftleasing Meier & Fischer GmbH & Co. KG (A.M.F Aircraftleasing) c. République tchèque*, aff. n° 2017-15, Sentence finale du 11 mai 2020, §§ 330-378.

droit applicable à la compétence, en tant que *lex arbitri loci*, lorsque le siège du tribunal se situe dans un État membre.

B - Le rejet d'exceptions d'incompétence intra-UE fondées sur la *lex arbitri loci*

261. L'équivalence du traitement du droit de l'UE peu importe son statut. Dans l'affaire *Sun Reserve*, confronté à une exception préliminaire analogue à celles évoquées dans les précédents développements, le tribunal suit l'interprétation de l'article 26 § 6 TCEn contenu dans la décision *Vattenfall (II)*, mais ajoute au droit applicable à sa compétence la loi suédoise en tant que droit du siège de l'arbitrage (*lex arbitri loci*)[1089]. Une fois le droit applicable à la compétence délimité, il vérifie s'il comprend le droit de l'Union. Après un examen de cette question, le tribunal écarte l'application du droit de l'UE comme moyen d'interprétation de l'article 26 TCEn au titre de l'article 31 § 3 c) CVDT, puis cherche à déterminer si le droit de l'UE – en tant qu'élément de l'ordre juridique suédois – limite sa compétence[1090]. Il vérifie alors si le droit de l'UE (en particulier son principe d'autonomie, l'arrêt *Achmea* et les déclarations des États membres de janvier 2019[1091]) s'oppose à sa compétence[1092]. Le tribunal interprète littéralement les articles 344[1093] et 267[1094] TFUE, sans s'écarter du raisonnement des tribunaux ayant examiné ces articles dans le cadre des règles de conflit de conventions. Il estime donc, d'une part, que la compétence de la Cour de justice pour statuer à titre préjudiciel – en particulier sur la validité des actes d'institutions de l'Union – n'est pas en jeu et, d'autre part, que l'article 344 TFUE ne vise que les différends interétatiques – pas les différends entre un État et un investisseur. L'examen de ces dispositions du droit de l'UE en tant qu'élément de l'ordre juridique suédois, et pas en tant que dispositions d'un traité, pouvait suggérer une approche différente, plus attentive aux principes jurisprudentiels du droit de l'UE. Le tribunal conclut que le droit de l'Union ne pose pas de limites à sa compétence en faisant référence à plusieurs sentences. Il n'examine pas la jurisprudence de la Cour de justice, notamment celle touchant à l'autonomie du droit de l'Union. Lorsqu'il mentionne l'avis 1/09[1095] de la Cour, au sujet du projet d'accord sur la juridiction du brevet européen et du brevet communautaire, il s'en tient à reprendre

---

1089 SCC, (SCC), *Sun Reserve Luxco Holdings SRL (Sun Reserve) c. République italienne*, aff. n° 132/2016, Sentence du 25 mars 2020, §§ 350-464, spéc. § 372.

1090 Dans un arbitrage antérieur sous l'égide de l'institut d'arbitrage de la chambre de commerce de Stockholm (SCC), dans lequel l'Espagne avait soulevé une exception d'incompétence similaire, le tribunal semble avoir adopté une définition plus stricte du droit applicable aux questions de compétences en ne faisant pas référence à la *lex arbitri*. V. SCC, (SCC), *Novenergia II - Energy & Environment (SCA), SICAR (Novenergia) c. Royaume d'Espagne*, aff. n° 063/2015, Sentence finale du 15 février 2018, §§ 455-466, spéc. § 461 « [...] this Tribunal's jurisdiction is based exclusively on the explicit terms of the ECT. As is evident, the Tribunal is not constituted on the basis of the European legal order and it is not subject to any requirements of such legal order. » *pro* SCC, (SCC), *Foresight Luxembourg Solar 1 S.a.r.l. et autres (Foresight) c. Royaume d'Espagne*, aff. n° 2015/550, Sentence finale du 14 novembre 2018, §§ 198-222, spéc. § 219.

1091 Sur ces déclarations v. *supra*, Titre 1, Chapitre 2, Section 2, § 2.

1092 *Sun Reserve*, Sentence du 25 mars 2020, préc., §§ 403-444.

1093 TFUE art. 344 : « Les États membres s'engagent à ne pas soumettre un différend relatif à l'interprétation ou à l'application des traités à un mode de règlement autre que ceux prévus par ceux-ci ».

1094 TFUE art. 267 : « La Cour de justice de l'Union européenne est compétente pour statuer, à titre préjudiciel : a) sur l'interprétation des traités, b) sur la validité et l'interprétation des actes pris par les institutions, organes ou organismes de l'Union. / Lorsqu'une telle question est soulevée devant une juridiction d'un des États membres, cette juridiction peut, si elle estime qu'une décision sur ce point est nécessaire pour rendre son jugement, demander à la Cour de statuer sur cette question. / Lorsqu'une telle question est soulevée dans une affaire pendante devant une juridiction nationale dont les décisions ne sont pas susceptibles d'un recours juridictionnel de droit interne, cette juridiction est tenue de saisir la Cour. / Si une telle question est soulevée dans une affaire pendante devant une juridiction nationale concernant une personne détenue, la Cour statue dans les plus brefs délais ».

1095 CJUE, Ass. plén., 8 mars 2011, Avis 1/09.

l'interprétation qu'en donnent d'autres tribunaux arbitraux. L'arrêt *Achmea* fait, quant à lui, l'objet d'un examen détaillé. Le tribunal examine même les conclusions de l'avocat général. Il est néanmoins écarté au motif qu'il ne pose aucune limite claire à la compétence du tribunal[1096]. Le tribunal se penche ensuite sur les règles de conflit de conventions invoquées par les parties (art. 30, 41 CVDT, art. 351 TFUE et art. 16 TCEn) et refuse étonnamment d'examiner le droit de l'UE à ce titre. Il considère que ses conclusions quant à l'absence de limites (claires et expresses) à sa compétence équivalent à une absence de conflits entre les traités[1097].

262. Une équivalence de traitement contestable. De notre point de vue, cette équivalence doit être contestée. Les règles de conflit de normes applicables dans l'ordre juridique suédois et dans l'ordre juridique international peuvent être différentes. S'il s'agit des mêmes règles, alors elles peuvent être interprétées ou appliquées différemment, notamment du fait de leurs milieux juridiques respectifs. De plus, si le tribunal dit étendre des conclusions relevant de l'ordre juridique suédois à l'ordre juridique international, il importe davantage dans le premier, des conclusions de tribunaux arbitraux ayant eu à se prononcer sur les relations entre des traités d'investissement et les traités de l'UE. Or, les tribunaux rappellent souvent qu'ils sont des juridictions internationales appliquant le droit international public et se situant sur un plan distinct – ni national ni régional. S'il s'était véritablement inscrit dans l'ordre juridique suédois, le tribunal aurait dû, *a minima*, pour respecter l'arrêt *Achmea*, lier les articles 344 et 267 TFUE au principe de préservation de l'autonomie du droit de l'Union (voire aux principes de confiance mutuelle et de coopération loyale) ; il n'aurait alors pas pu interpréter littéralement, de manière isolée, ces deux articles du TFUE. L'interprétation du tribunal de l'article 344 TFUE est particulièrement problématique. Le tribunal avance que cet article : « *clearly applies only to disputes between EU Member States relating to the interpretation or application of the EU Treaties* »[1098]. Or, le seul élément clair dans la jurisprudence de la Cour de justice au sujet de cet article, avant l'arrêt *Achmea*, était que ce dernier ne pouvait pas viser des différends entre particuliers[1099]. Sa limitation aux différends interétatique ressort d'un glissement de sens présent dans des sentences arbitrales antérieures, partant de l'idée d'une inapplication aux différends entre particuliers, vers celle d'une inapplication aux différends impliquant des particuliers[1100]. Aussi, le tribunal privilégie-t-il comme moyen d'interprétation du TFUE des sentences arbitrales, même lorsqu'il entend interpréter les traités du point de vue de l'ordre juridique suédois.

***263. L'interprétation erronée du principe de primauté en tant qu'élément de la* lex arbitri loci**. Le tribunal de l'affaire *Mercuria c. République de Pologne* se prononce, lui aussi, au

---

[1096] *Sun Reserve*, Sentence du 25 mars 2020, préc., §§ 350-421, spéc. §§ 395-401. Le tribunal considère que l'ordre juridique suédois peut limiter sa compétence, mais considère que seules des limites expresses et claires sont acceptables au regard de la nature inconditionnelle du consentement à l'arbitrage prévu à l'article 26 TCEn et d'un principe d'interprétation textuel de la convention d'arbitrage valable dans l'arbitrage commercial et d'investissement.

[1097] *Ibid.*, §§ 449-462.

[1098] *Ibid.*, § 411.

[1099] CJUE, Ass. plén., 8 mars 2011, Avis 1/09, § 63 « La création de la [juridiction du brevet européen et du brevet communautaire] ne saurait non plus se heurter à l'article 344 TFUE, étant donné que cet article se borne à interdire aux États membres de soumettre un différend relatif à l'interprétation ou à l'application des traités à un mode de règlement autre que ceux prévus par ceux-ci. Or, les compétences que le projet d'accord vise à attribuer à la JB ne porteraient que sur les seuls litiges entre particuliers dans le domaine des brevets ».

[1100] CIRDI, *Electrabel SA. c. République de Hongrie*, aff. ARB/07/19, Décision sur la juridiction, le droit applicable et la responsabilité du 30 novembre 2012, § 4.155 « On the question of whether Article 292 EC (now Article 344 TFEU) applied to settlement mechanisms for disputes involving private parties, the ECJ's answered this question without ambiguity in the negative […] ». Après cette affirmation la sentence cite le § 63 de l'avis 1/09 qui lui ne parle que de litiges entre particuliers.

sujet de loi suédoise comme *lex arbitri* au stade de l'examen de sa compétence[1101]. S'il considère que dans le cadre d'un arbitrage TCEn, il n'est pas possible de parler d'absence de choix des parties quant au droit applicable à la compétence, et que l'article 26 TCEn et le droit international public s'appliquent[1102], il écarte dans un *obiter dictum* toute supériorité du droit de l'UE sur le droit international en droit suédois[1103]. Le tribunal considère donc, de manière erronée, que le principe de primauté ne s'applique qu'au droit interne des États membres et ne s'étend pas à leurs obligations internationales[1104]. La règle générale de droit de l'Union voulant que les accords des États membres ne soient pas traités différemment des dispositions de droit interne n'apparait pas[1105]. Le tribunal pose, à tort, le respect des obligations internationales des États membres au détriment du droit de l'Union, comme principe, alors qu'il s'agit de l'exception[1106]. Que ce soit en droit international ou en droit suédois, le tribunal se déclare compétent sur le fondement de l'article 26 TCEn et du droit international – ces deux éléments faisant partie intégrante du droit suédois. Il assume aussi son désaccord avec le tribunal de l'affaire *Green Power et SCE* qui avait conclu, environ 6 mois plus tôt, à son incompétence après avoir constaté la supériorité du droit de l'UE sur l'article 26 TCEn en droit suédois – ce dernier étant, en l'espèce, la loi désignée par la règle de conflit de lois applicable, en l'absence de choix des parties quant au droit applicable à l'accord d'investissement[1107]. Alors qu'ils étaient confrontés aux mêmes questions, les deux tribunaux, siégeant à Stockholm, aboutissent à des décisions contraires. Il importe de souligner le caractère crucial de leur divergence au sujet de l'existence d'un choix des parties quant au droit applicable à la compétence.

264. Transition. En plus de limiter le droit applicable aux questions de compétence au traité d'investissement et à la règle d'interprétation générale de la CVDT (art. 31), quand ce n'est pas au seul article 26 TCEn, certains tribunaux poussent plus loin cette logique de cloisonnement et affirment une véritable supériorité du TCEn[1108]. Cette supériorité a même

---

1101 SCC, (SCC), *Mercuria Energy Group Limited (Mercuria) c. République de Pologne*, aff. n° 2019/126, Sentence du 29 décembre 2022, §§ 356-363.

1102 *Ibid.*, § 362.

1103 *Ibid.*, § 363 comp. CPA, (CNUDCI), *European American Investment Bank AG (EURAM) c. République slovaque*, aff. n° 2010-17, Décision sur la compétence du 22 octobre 2012, § 285.

1104 Pour une affirmation claire de l'inapplicabilité des obligations internationales d'un État membre contraire au droit de l'Union en vertu du principe de primauté v. Conseil d'État français, Ass. n° 393099, *Association French Data Network et autres*, Décision du 21 avril 2021, § 4 « [...] En vertu des principes de primauté, d'unité et d'effectivité issus des traités, tels qu'ils ont été interprétés par la Cour de justice de l'Union européenne, le juge national, chargé d'appliquer les dispositions et principes généraux du droit de l'Union, a l'obligation d'en assurer le plein effet en laissant au besoin inappliqué toute disposition contraire, qu'elle résulte d'un engagement international de la France, d'une loi ou d'un acte administratif ».

1105 Pour un rappel de la jurisprudence de la Cour en la matière v. CJUE, 5e ch., Arrêt du 14 mars 2024, aff. C-516/22, *Commission européenne c. Royaume-Uni*, §§ 56-88. En particulier par analogie aux traités d'investissement entre États membres v. CJUE, Gde ch., 8 septembre 2009, *Budějovický Budvar, národní podnik contre Rudolf Ammersin GmbH.*, aff. C-478/07, spéc. § 98 « [...] dès lors que les traités bilatéraux en cause concernent désormais deux États membres, leurs dispositions ne peuvent s'appliquer dans les relations entre ces États si elles se révèlent contraires au droit communautaire [...] ».

1106 Sur cette règle et ses exceptions, en matière de traités entre États membres, mais aussi de traités avec des États tiers v. ROSAS A., « The Status in EU Law of International Agreements Concluded by EU Members States », *Fordham International Law Journal*, Vol. 34(5), 2011, pp. 1304-1345.

1107 SCC, (SCC), *Green Power Partners K/S et SCE Solar Don Benito APS (Green Power et SCE) c. Royaume d'Espagne*, aff. n° 2016/135, Sentence du 16 juin 2022, §§ 475-477.

1108 CIRDI, *SolEs Badajoz GmbH (SolEs Badajoz) c. Royaume d'Espagne*, aff. ARB/15/38, Sentence du 31 juillet 2019, § 250 « [...] Article 16 of the ECT means that the TFEU may not derogate from the dispute settlement provisions of the ECT and thus that the TFEU does not detract from the Tribunal's jurisdiction » comp. CIRDI, *Landesbank Baden-Württemberg et autres c. Royaume d'Espagne*, aff. ARB/15/45, Décision sur l'exception d'incompétence intra-UE du 25 février 2019, § 160. Pour ce tribunal même si le droit de l'UE était compris dans le droit applicable à la compétence, il ne justifierait pas une interprétation contre-textuelle du TCEn, élément premier dans le processus d'interprétation.

pu prendre la forme d'une qualification de ce traité de « Constitution » du tribunal[1109]. Ainsi, le tribunal de l'affaire *Novenergia* précise sans ambages : « *The Tribunal has been constituted under the ECT, and operates in the realm of public international law, not EU law. It is therefore bound to determine its jurisdiction over the present dispute in accordance with the terms of its constitution–the ECT* »[1110]. Le président du tribunal de l'affaire *RREEF*, le professeur Alain Pellet, s'explique dans un article sur l'utilisation du terme constitution dans cette sentence, il visait à exprimer une conception dualiste ou pluraliste de l'ordre juridique international admettant « qu'il y a autant d'ordres juridiques que de tribunaux arbitraux ou de traités à l'origine de leur création »[1111]. Sans aller jusqu'à admettre un principe de *lex superior*, que l'utilisation du terme constitution a pu suggérer, le professeur Franck Latty défend une position aux effets analogues lorsqu'il considère qu'il est préférable dans le cadre d'un conflit entre deux règles spéciales de droit international (ex : droit de l'UE et TCEn), que le tribunal d'investissement écarte la norme spéciale exogène au profit de la norme spéciale endogène en application d'une « *Lex specialis derogat alterae legi speciali* »[1112].

C - Les sentences attestant d'une conception dualiste de l'ordre juridique arbitral

***265. Les tendances jurisprudentielles identifiées par le tribunal de l'affaire* Watkins.** La logique de cloisonnement présente dans les sentences citées ci-dessus recouvre une des catégories utilisées par le tribunal de l'affaire *Watkins* pour distinguer les types de raisonnement mobilisé par les tribunaux pour écarter l'arrêt *Achmea*[1113]. Les sentences évoquées ci-dessus appartiennent à la catégorie des sentences suivant une approche dualiste, arguant de l'application parallèle des traités et, partant, de l'absence de contradiction entre leurs dispositions. Deux autres approches sont identifiées par ce tribunal. L'une, qu'il critique[1114], consiste à proposer une interprétation des traités concurrente de celle de la Cour de justice[1115] ; l'autre consiste à limiter la portée de l'arrêt *Achmea*. Le tribunal de l'affaire

---

1109 *RREEF*, Décision sur la compétence du 6 juin 2016, préc., §§ 71-77, spéc. §§ 74 et 75 « The ECT is the "constitution" of the Tribunal [...] in case of any contradiction between the ECT and EU law, the Tribunal would have to insure the full application of its "constitutional" instrument [...] the ECT prevails over any other norm [...]. » ; *InfraRed*, Sentence du 2 août 2019, préc., § 257 ; SCC, (SCC), *FREIF Eurowind Holdings Ltd. (FREIF Eurowind) c. Royaume d'Espagne*, aff. n° 2017/060, Sentence du 8 mars 2021, §§ 321 et 322. Le tribunal cite la sentence *RREEF* (§ 74) et conclut qu'il n'y a aucune raison d'invoquer le droit de l'UE pour interpréter le TCEn.

1110 SCC, (SCC), *Novenergia II - Energy & Environment (SCA), SICAR (Novenergia) c. Royaume d'Espagne*, aff. n° 063/2015, Sentence finale du 15 février 2018, §§ 437.

1111 PELLET A., « Remarques sur le pluralisme juridique et sur les relations entre systèmes », *in* MOHEBI M., PELLET A. et LOWE V. et *ali* (eds.), *Intemaitonal Law in Motion : Some New Insights – A Tribute to Late Professor François Rigaux*, Louvain, PUL, 2020, pp. 99-116., spéc. p. 110.

1112 LATTY F., « Quelques configurations complexes de l'application du principe lex specialis au plan international : le point de vue du droit international des investissements », *in* UBEDA-SAILLARD M. (dir.), *La mise en œuvre de la lex specialis dans le droit international contemporain*, SFDI – Journée d'études de Lille, Paris Pedone, 2017, pp. 117-131.

1113 *Watkins*, Sentence du 21 janvier 2020, préc., §§ 203-220, spéc. § 207. En substance le tribunal distingue entre les sentences écartant l'arrêt *Achmea* : par une technique de distinction, par une interprétation autonome des dispositions du TFUE ou par un cloisonnement des ordres juridiques. Une sentence peut faire appel à des arguments relevant de plusieurs approches.

1114 *Ibid.*, § 201.

1115 SCC, (SCC), *Charanne B.V. et Construction Investment S.a.r. l (Charanne) c. Royaume d'Espagne*, aff. n° 062/2012, Sentence finale du 21 janvier 2016, § 438 ; *RREEF*, Décision sur la compétence du 6 juin 2016, préc., §§ 83 et 87 ; CIRDI, *9REN Holding S. a. r. l (9REN Holding) c. Royaume d'Espagne*, aff. ARB/15/15, Sentence du 31 mai 2019, § 172 ; CIRDI, *Hydro Energy 1 S.à r.l. et Hydroxana Sweden AB (Hydro Energy 1) c. Royaume d'Espagne*, aff. ARB/15/42, Décision sur la compétence, la responsabilité et les orientations en matière de quantum du 9 mars 2020, § 500 « The Achmea ruling is a decision on the constitutional order of the EU in support of the policy of European integration, rather than an orthodox application of the rules of treaty interpretation [...] the Tribunal [cannot] find that, on any normal basis of interpretation under customary international law codified in the VCLT, the dispute resolution provisions of the ECT

Watkins estime que l'arrêt *Achmea* ne vise pas le TCEn, il s'inscrit donc dans cette dernière approche. Cependant, il révèle une inclination pour l'approche dualiste en affirmant que l'ordre juridique de l'UE et l'espace normatif de ce traité d'investissement évoluent en parallèle[1116], dans des contextes différents : l'un régional et l'autre international[1117]. Cela se confirme lorsque le tribunal insiste sur le fait que sa compétence découle de la Convention CIRDI, du traité d'investissement et du droit international public[1118]. Si les tribunaux affirment se placer sur le plan international, ils se situent davantage dans l'espace normatif du TCEn.

266. L'analogie avec la jurisprudence dualiste de la Cour de justice. La tendance dualiste des tribunaux montre des points de similitudes, comme le relève Rumiana Yotova[1119], avec un phénomène de « dédoublement de l'ordre européen et international[1120] », ayant atteint, selon une partie de la doctrine[1121], un point culminant avec l'arrêt *Kadi et Al Barakaat*[1122]. À l'image de la Cour de justice dans l'avis 1/91[1123] les tribunaux

---

are incompatible with Articles 267 and 344 TFEU » ; CIRDI, *Cavalum SGPS c. Royaume d'Espagne*, Aff. ARB/15/34, Sentence sur la compétence, la responsabilité et les principes de quantum, du 31 août 2020, § 306.

1116 *Watkins*, Sentence du 21 janvier 2020, préc., § 224 « The idea of parallelism of treaties is a fundamental principle of public international law » *pro Eiser*, Sentence du 17 mai 2017, préc., § 199 « The Tribunal's jurisdiction is derived from the express terms of the ECT, a binding treaty under international law. The Tribunal is not an institution of the European legal order, and is not subject to the requirements of that legal order » ; *Novenergia*, Sentence arbitrale finale du 15 février 2018, préc., § 465 « the two legal orders do not share the same subject matter, but may easily coexist to the extent that they do not interfere with each other »; CIRDI, *STEAG GmbH c. Royaume d'Espagne*, aff. ARB/15/14, Décision sur la Compétence la Responsabilité et les principes en matière de quantum du 8 septembre 2020, § 263 « el proceso de integración europea no excluye la existencia de un régimen paralelo en materia energética, más aún cuando éste tiene un ámbito de aplicación distinto e involucra a terceros Estados » ; CIRDI, *Mathias Kruck et autres c. Royaume d'Espagne*, aff. ARB/15/23, Décision sur la compétence et l'admissibilité du 19 avril 2021, § 293 « It is difficult to see that any reader of the ECT and of Article 16 in particular could fail to draw from it an understanding that the ECT and the EU treaties were intended by ECT Contracting Parties (including the EU) to co-exist […] » ; SCC, (SCC), *Festorino Invest Limited, Fosontal Limited, Petra Salesny, Peter Derendinger and Petr Rojicek (Festorina et autres) c. République de Pologne*, aff. n° 2018/098, Sentence du 30 juin 2021, § 471 « Article 16 clearly rests on the understanding that the ECT and the EU treaties were intended by ECT Contracting Parties (including the EU) to co-exist ».

1117 Le tribunal s'inspire ici de la sentence *Electrabel*. V. CIRDI, *Electrabel SA. c. République de Hongrie*, aff. ARB/07/19, Décision sur la juridiction, le droit applicable et la responsabilité du 30 novembre 2012, § 4.112 « this Tribunal is placed in a public international law context and not a national or regional context ».

1118 *Watkins*, Sentence du 21 janvier 2020, préc., §§ 221-226 *pro Cube infrastructure*, Décision sur la compétence, la responsabilité et décision partielle sur le quantum du 19 février 2019, préc., §§ 144-146 et 156.

1119 YOTOVA R., « The new EU competence in foreign direct investment and intra-EU investment treaties : does the emperor have new clothes ? », *in* BAETENS F. (ed.), *Investment Law within International Law – Integrationist Perspectives*, Cambridge, CUP, 2013, pp. 387-414, spéc. p. 407.

1120 BERGÉ, J-S., « Interactions du droit international et européen – Approche du phénomène en trois étapes dans le contexte européen », *JDI*, n° 3, 2009, pp. 904-922, spéc., § 15.

1121 S'il est possible de trouver plusieurs jurisprudences révélant une approche dualiste de la Cour de justice dans sa relation avec le droit international avant l'arrêt *Kadi* ces jurisprudences étaient considérées par certains comme minoritaires et spécifiques à l'accord général sur les tarifs douaniers et le commerce de 1947 (GATT), puis aux accords l'OMC. De ce point de vue, l'arrêt *Kadi* ne constitue pas une réaffirmation, mais un revirement de la Cour abandonnant sa vision moniste de l'ordre juridique international pour une vision pluraliste (pluraliste au sens d'une multitude d'ordres juridiques séparés ayant chacun une vision dualiste de leurs rapports avec les autres ordres). Sur ce point v. DE BURCA G., *The European Court of Justice and the International Legal Order after Kadi*, Jean Monnet Working Paper 01/09, 2009, pp. 57, spéc. pp. 7 et 33. Pour une analyse des diverses interprétations faites des jugements de la Cour et du Tribunal de première instance, dans l'affaire *Kadi* v. POLI S. et TZANOU M., « The *Kadi* Rulings : A Survey of the Literature », *Yearbook of European Law*, Vol. 28, 2009, pp. 533-558. Pour un auteur soulignant la diversité des interprétations données de cet arrêt tout en identifiant une convergence entre les approches constitutionnalistes et pluralistes – toutes deux s'orientant vers des questions substantielles et délaissant des questions systémiques v. WESSEL R.A., « Reconsidering the relationship between international and eu law : Toward a content-based approach ? », *in* CANNIZARO E., WESSEL R.A. et PALCHETTI P. (eds), *International Law as Law of the European Union*, Leiden, Martinus Nijhoff, 2012, pp. 7-33.

1122 CJCE, Gde ch., 3 septembre 2008, *Yassin Abdullah Kadi et Al Barakaat International Foundation c. Conseil de l'Union européenne et Commission des Communautés européennes*, aff. jointes C-402/05 et C-415/05

1123 CJCE, 14 décembre 1991, Avis 1/91, §§ 20 et 21. La Cour distingue entre l'accord créant l'Espace Économique Européen (EEE), et le Traité instituant la Communauté Économique Européenne (TCEE). Le premier n'est qu'un « traité international qui ne crée, en substance, que des droits et obligations entre les parties contractantes et qui ne prévoit aucun distinguent et hiérarchisent les normes de droit international. Au contact d'arguments défendant l'ordre juridique de l'Union, les tribunaux ont répondu en opposant un ordre juridique autonome équivalent, celui du TCEn[1124]. Or, l'équivalence de degré de complétude de l'espace normatif de ce traité sectoriel d'investissement (ou d'un TBI) par rapport à l'ordre juridique de l'UE superposé – certains diraient intégré – aux ordres juridiques nationaux est contestable[1125].

*267. **Conclusion.*** Cette approche a permis aux tribunaux d'écarter certaines exceptions d'incompétence sans avoir à examiner les incompatibilités entre les dispositions des traités successifs. De la même façon, des tribunaux ayant accepté d'inclure les traités de l'UE dans le droit applicable aux questions de compétences – en tant que traités successifs – ont éludé la question de la compatibilité des traités en constatant la différence de matière des traités – des traités portant sur des matières différentes ne pouvant pas entrer en conflit. La présomption générale d'application parallèle des traités, parfois formulée sous la forme d'un principe d'interprétation harmonieuse, a une influence sur l'application des articles de la CVDT en matière de traités successifs ; elle conduit à différencier la matière des traités (voire de dispositions) dont l'incompatibilité est alléguée ou à interpréter ces dispositions de manière à éviter une incompatibilité stricte (ou antinomie irréductible), c'est-à-dire une opposition entre deux obligations contradictoires, la réalisation de l'une excluant la réalisation de l'autre[1126].

---

transfert de droits souverains au bénéfice des organes intergouvernementaux qu'il institue », le second en revanche « bien que conclu sous la forme d'un accord international, n'en constitue pas moins la Charte constitutionnelle d'une communauté de droit. ».

1124 Pour une précision des notions de branche, sous-système, régime autonome, de droit international et une qualification de l'UE de sous-système *sui generis*, voire unique, de droit international v. MALENOVSKY J., « A la recherche d'une solution intersystémique aux rapports du droit international et du droit de l'Union européenne », *AFDI*, Vol. 65, 2019, pp. 201-234, spéc. pp. 207-214. L'auteur considère que le droit de l'Union est à la fois autonome et intégré au droit international général. Il insiste sur le fait que l'arrêt *Kadi* ne dit rien de la relation entre le droit de l'Union et le droit international général et ne traite que de la relation de ce droit avec la Charte des Nations Unies en tant que convention multilatérale ne liant pas l'Union. Pour une analyse inverse considérant que le droit international intègre progressivement le droit de l'Union v. EECKHOUT P., « The Integration of Public International in EU Law : Analytical and Normative Questions », *in* EECKHOUT P. et LOPEZ-ESCUDERO M. (eds), *The European Union's External Action in Times of Crisis*, Oxford – Portland, Hart Publishing, 2016, pp. 189-204.

1125 Sur une technique analogue de présomption d'incomplétude du droit de l'État hôte mobilisé par les tribunaux arbitraux pour résoudre les différends d'investissement en appliquant des règles de droit international v. RIVIER R., « L'articulation entre droit national et droit international devant les tribunaux arbitraux internationaux d'investissement », *in* ROBERT-CUENDET S. (dir.), *Droit des Investissements Internationaux – Perspectives croisées*, 2017, Bruxelles, Bruylant, pp. 413-483, spéc. pp. 467-471.

1126 Pour une tentative de définition des antinomies en droit v. FORIERS P., « Les antinomies en droit », *Dialectica*, Vol. 18(1/4), 1964, pp. 20-38. L'auteur définit finalement l'antinomie en droit comme une opposition entre deux règles de droit qui se révèle à l'occasion d'un cas particulier. Dans le même numéro, pour une tentative méticuleuse de classement des antinomies v. SILANCE L. « Quelques exemples d'antinomies et essai de classement », *Dialectica*, préc., pp. 63-137. Pour une analyse de l'antinomie en droit international public v. SALMON J., « Les antinomies en droit international public », *Dialectica*, préc., pp. 285-319. Pour une synthèse des contributions de ce numéro sur les antinomies v. PERELMAN C., « Les antinomies en droit – Essai de synthèse », *Dialectica*, préc., pp. 392-404.

Section 2 - Les exceptions d'incompétence intra-UE rejetées du fait de la différence de matière des traités

268. La prévalence de la question de la matière des traités sur celle de leur compatibilité. L'exception d'incompétence TBI intra-UE archétypale, apparue à partir de l'affaire *Oostergetel* – s'articulant autour de l'application alternative des articles 59 et 30 § 3 CVDT –, peut être écartée à partir du moment où le tribunal considère que les traités ne portent pas sur la même matière. Ainsi, les tribunaux des affaires *Eastern Sugar* et *Oostergetel* ont mis en avant leurs conclusions quant à la matière des traités pour ne pas traiter de manière approfondie les questions d'incompatibilité dans leur examen de l'article 30 § 3 de la convention de Vienne sur le droit des traités de 1969 (CVDT)[1127]. D'autres tribunaux ont procédé de manière similaire, et évité un examen approfondi des articles 59 et 30 § 3 CVDT.

269. Plan de section. Les sentences s'arrêtant à l'examen de la matière des traités précisent, fréquemment, trancher cette question en accord avec la jurisprudence arbitrale constante. Il convient ici d'examiner en particulier l'hypothèse arbitrale d'une jurisprudence des tribunaux concluant, avec constance, à la différence de matière des traités d'investissement et des traités de l'UE (§1). Par ailleurs, l'idée même d'une différence de matière entre les traités de l'Union et les traités d'investissement souffre de limites qui relativisent la robustesse du raisonnement des sentences des tribunaux concluant en ce sens (§2).

§ 1 - L'examen de la jurisprudence quant aux matières respectives des traités

270. La mise à l'épreuve de l'idée d'une jurisprudence constante quant aux matières des traités. Les sentences s'arrêtant à l'examen de la matière des traités mettent en évidence la variété des pratiques des tribunaux quant à l'utilisation des sentences antérieures, parfois au sein même d'une sentence[1128]. Un tribunal a pu ainsi trancher la question de la matière des traités en s'en tenant pour ainsi dire à l'examen des titres des traités[1129]. D'autres semblent s'appuyer sur une seule sentence antérieure, à la manière d'un précédent[1130], ou sur

[1127] SCC, (CNUDCI), *Eastern Sugar B. V. c. République tchèque*, aff. n° 088/2004, Sentence partielle du 27 mars 2007, §§ 178-180 ; Arbitrage *ad hoc*, (CNUDCI), *Jan Oostergetel & Theodora Laurentius (Oostergetel) c. République slovaque*, Sentence sur la compétence du 30 avril 2010, §§ 101 et 104.

[1128] Si la sentence de l'affaire *Anglia* ne s'appuie sur aucune sentence antérieure pour décider que le TBI et le TFUE portent sur des matières différentes, au niveau de son examen au fond de l'existence d'une expropriation, le tribunal se réfère à la jurisprudence arbitrale constante en la matière reflétée dans la sentence *Plama* (CIRDI, *Plama Consortium Limited* c. République de Bulgarie, aff. ARB/03/24, Sentence du 27 août 2008, § 193). V. SCC, (SCC), *Anglia Auto Accessories Ltd (Anglia) c. République tchèque*, aff. n° 2014/181, Sentence finale du 10 mars 2017, §§ 113-118, 126-128 et 292 ; SCC, (SCC), *J. P. Busta et I. P. Busta (Busta) c. République tchèque*, aff. n° 2015/014, Sentence finale du 10 mars 2017, §§ 113-118, 126-128 et 389. Cette sentence peut être vue comme révélant une certaine exigence du tribunal dans sa reconnaissance d'une jurisprudence arbitrale constante. Comp. CIRDI, *Mathias Kruck et autres c. Royaume d'Espagne*, aff. ARB/15/23, Décision sur la compétence et l'admissibilité du 19 avril 2021, §§ 280-295 et Décision sur la compétence, la responsabilité et les principes du quantum du 14 septembre 2022, §§ 158-161, 188 et 210. Ce tribunal écarte une exception d'incompétence intra-UE sans faire référence à des sentences antérieures, mais fait référence à quelques sentences antérieures pour trancher l'affaire au fond au niveau de l'examen du traitement juste et équitable.

[1129] *Anglia*, Sentence finale du 10 mars 2017, préc., §§ 113-116 ; *Busta*, Sentence finale du 10 mars 2017, préc., §§ 113-116.

[1130] CPA, (CNUDCI), *A.M.F. Aircraftleasing Meier & Fischer GmbH & Co. KG (A.M.F Aircraftleasing) c. République tchèque*, aff. n° 2017-15, Sentence finale du 11 mai 2020, §§ 357-362.

le constat de conclusions constantes de sentences de référence dont les conclusions peuvent être adoptées *mutatis mutandis*[1131]. Les tribunaux précisent parfois ne pas pouvoir se départir[1132], sans l'apport de nouveaux arguments, d'une certaine « ligne jurisprudentielle »[1133], d'une « jurisprudence cohérente »[1134] (*consistent case-law*[1135]) ou d'une « jurisprudence constante[1136] » (*consistent jurisprudence*[1137]). Cela semble faire basculer le fardeau de la preuve ou plus justement le fardeau de l'argumentation sur les États défendeurs[1138]. Or ce basculement semble avoir été opéré rapidement.

271. Plan de paragraphe. De manière générale, certains auteurs considèrent que le droit des investissements n'a pas encore atteint une maturité suffisante pour que les tribunaux puissent s'appuyer sur des précédents ou arguer de l'existence de jurisprudences constantes[1139]. Par conséquent, au regard des sentences s'arrêtant à l'examen de la matière

---

1131 CIRDI, (CNUDCI), *A11Y LTD. c. République tchèque*, aff. UNCT/15/1, Décision sur la compétence du 9 février 2017, §§ 171, 172 et 177 « 171. Investment treaty tribunals have consistently held that EU treaties do not supersede intra-EU BITs. Accordingly, for sake of procedural economy, the Tribunal will limit its analysis to [...] 172 [...] refers to and adopts *mutatis mutandis* the tribunals' reasoning in the following decisions: Micula v Romania, Eastern Sugar v The Czech Republic, Eureko v The Slovak Republic, Oostergefel v The Slovak Republic and EURAM v The Slovak Republic ».

1132 Ce devoir est parfois justifié en faisant appel au respect des attentes légitimes de la communauté des États et investisseurs. V. De NANTEUIL, « Les attentes légitimes en droit international des investissements en quête d'unité conceptuelle », *in* ROBERT-CUENDET S. (dir.), *La protection des attentes légitimes en droit public – Approche comparée en droit international, droit européen et droit interne*, Rennes, PUR, 2020, pp. 69-86, spéc. pp. 80-83.

1133 CPA, (CNUDCI), *JSW Solar et Wirtgen c. République tchèque*, aff. n° 2014-03, Sentence finale du 11 octobre 2017, § 262 « [...] The Tribunal sees no reason to deviate from this line of cases. [...] ».

1134 CIRDI, *Marfin Investment Group Holdings S.A., Alexandros Bakatselos et autres (Marfin) c. République de Chypre*, aff. ARB/13/27, Sentence du 26 juillet 2018, § 588 « Turning now to the question of whether the Treaty and the EU treaties have the same subject-matter, the Tribunal finds that they do not. Moreover, the Tribunal sees no reason to depart from consistent case law finding that intra-EU BITs and the EU treaties deal with different subject matters » ; CCI (CCI), *Juvel et Bithell c. Pologne*, aff. n° 19459/MHM, Sentence finale partielle du 26 février 2019, §§ 380 et 381 « 381. The Arbitral Tribunal finds that the Treaty and the EU treaties do not have the same subject matter. Moreover, the Arbitral Tribunal sees no reason to depart from consistent case law finding that intra-EU BITs and the EU treaties deal with different subject-matters » ; CIRDI, (*ad hoc*), *Strabag SE, Raiffeisen Centrobank AG and Syrena Immobilien Holding AG (Strabag) c. République de Pologne*, aff. ADHOC/15/1, Sentence partielle sur la compétence du 4 mars 2020, §§ 8.135-8.139 « 8.136 Investment arbitration case law has consistently found that the EU Treaties, specifically the TFEU, do not deal with the same subject matter as intra-EU BITs. [...] 8.139 [...] The understanding of this public international law relationship has reached a jurisprudential consistency in investment arbitration case law, as mentioned above. The Achmea Judgment does not interfere with this consistent understanding [...] ».

1135 L'expression *consistent case-law* est traduite dans différents documents de l'UE ainsi : cohérence de la jurisprudence, jurisprudence constante (de la Cour de justice), jurisprudence cohérente (à l'OMC). V. <www.linguee.fr/anglais-francais/traduction/a+consistent+case+law.html>, consulté le 14.08.2024.

1136 CIRDI, *B3 Croatian Courier Coöperatief U.A. (B3 Croatian Courier) c. République de Croatie*, aff. ARB/15/15, Sentence du 9 avril 2019, § 553 « The Tribunal sees no basis to depart from the consistent jurisprudence of investor-State tribunals that intra-EU BITs and the EU treaties deal with different subject matters ».

1137 L'expression *consistent jurisprudence* est traduite par jurisprudence constante dans des documents soumis aux Comité des droits de l'homme de l'ONU. Elle est traduite par jurisprudence cohérente dans des documents du tribunal international sur le droit de la mer. V. <www.linguee.fr/anglais-francais/traduction/consistent+jurisprudence.html>, consulté le 14.08.2024.

1138 SCHILL S.W., *The Multilateralization of International Investment Law*, Cambridge, CUP, 2009, pp. 378, spéc. 324-339. L'auteur identifie cinq fonctions des sentences antérieures dans la jurisprudence arbitrale : une fonction d'analogie, de clarification des dispositions du TBI, d'abréviation du raisonnement, de précédent (en tant que standard de contrôle) c'est cette fonction qui change la charge de l'argumentation et une fonction normative (*law-making*).

1139 DOUGLAS Z., « Can a Doctrine of Precedent Be Justified in Investment Treaty Arbitration ? », *ICSID Review – FILJ*, Vol. 25 (1), 2010, pp. 104-110. L'auteur compare la discussion de sentences antérieures à une diversion éloignant les tribunaux de la question centrale des principes. Comp. GILL J., « Is There a Special Role for Precedent in Investment Arbitration ? », *ICSID Review – FILJ*, Vol. 25 (1), 2010, pp. 87-94. L'autrice considère que l'apparition d'une véritable doctrine de précédent est peu probable. Potentiellement certaines questions pourraient faire l'objet d'une jurisprudence constante, mais ce qui se développe semble être davantage une hiérarchie de raisonnements. Sur ce concept v. SINCLAIR A.C., « The Umbrella Clause Debate », *in* BJORKLUND A. K., LAIRD I.A. et RIPINSKY S. (eds.), *Investment Treaty Law – Current Issues III*, London, BIICL, 2009 pp. 275-287. L'auteur reconnait l'importance de la jurisprudence arbitrale florissante, mais s'oppose à l'utilisation du terme de précédent ou de précédent à caractère persuasif. Il considère qu'il faut parler d'effet persuasif de décisions particulières antérieures. Il conclut après avoir constaté l'absence d'une jurisprudence constante en matière de clause de couverture en se demandant si l'apparition d'une telle jurisprudence serait des traités et de leur rapport aux sentences antérieures (A), il convient de revenir sur le concept de jurisprudence constante dans le cadre de l'arbitrage d'investissement (B), avant d'examiner les sentences présentées comme constitutives d'une jurisprudence cohérente ou constante portant sur la matière des traités de l'UE et des traités d'investissement (C).

A - Les sentences s'appuyant sur une jurisprudence constante quant aux matières des traités

272. La sentence charnière du tribunal de l'affaire Marfin. Le tribunal de l'affaire *Marfin* est le premier tribunal ayant eu à traiter une exception d'incompétence reposant à la fois sur les articles 30 § 3 et 59 CVDT et sur l'arrêt *Achmea*. Si cet arrêt peut être compris comme une confirmation de l'argument de l'incompatibilité de certaines dispositions des traités au sens de l'article 30 § 3 CVDT, il ne dit rien sur la précondition de similarité de matière des traités. Dans sa sentence, le tribunal de l'affaire *Marfin* malgré la transmission de l'arrêt *Achmea*, déclare ne voir aucune raison qui l'obligerait à se départir de la jurisprudence cohérente *(consistent case law)* voulant que les TBI et les traités de l'Union portent sur des matières différentes. Les sentences *Eastern Sugar, Oostergetel, Eureko (Achmea),* et *EURAM* sont citées. Le tribunal de l'affaire *Marfin* considère, par ailleurs et à juste titre, que le traité de Lisbonne n'est pas pertinent pour répondre à cette question ; bien qu'il intègre formellement les investissements directs étrangers à la politique commerciale commune de l'UE, il ne modifie pas la compétence de l'UE en matière d'investissements transfrontières internes à l'UE[1140]. Les traités ne portant pas sur la même matière, le tribunal ne juge pas utile de s'intéresser au critère subjectif de l'intention des parties (article 59 § 1 a) CVDT) ou au critère objectif d'incompatibilité (article 59 § 1 b) CVDT[1141] et 30 § 3 CVDT[1142]). L'argument de l'extinction tacite des TBI intra-UE d'abord soulevé par certains États, puis écarté par la Commission dans ses premières interventions, semble devenir secondaire dans la défense des États. En effet, l'hypothèse d'une incompatibilité totale, au sens de l'article 59 CVDT, entre les traités n'est pas confirmée par l'arrêt *Achmea*. La Cour de justice ne vise dans cet arrêt que l'article du traité d'investissement autorisant l'arbitrage État-investisseur. Cet arrêt semble seulement renforcer l'hypothèse d'une incompatibilité partielle, relevant de l'article 30 § 3

---

une preuve de développement du droit international de l'investissement. *pro* CRAWFORD J., « Treaty and Contract in Investment Arbitration », *Arbitration International*, Vol. 24, (3), 2008, pp. 351–374 spéc. pp. 353. L'auteur affirme qu'il est erroné de chercher des jurisprudences constantes, qu'il faudrait mieux chercher des modèles de décisions et ne pas se réjouir d'un système complet de laissez-faire. *contra* SCHREUER C.H. et WEINIGER M., « Conversation Across Cases – Is There a Doctrine of Precedent in Investment Arbitration ? », *Transnational Dispute Managment*, Vol. 3, 2008. Les auteurs affirment qu'une pratique *de facto* de précédent existe, les décisions individuelles des tribunaux ont une force de persuasion et requièrent l'attention respectueuse des tribunaux confrontés à des affaires similaires. La plupart des tribunaux examinent les sentences antérieures et considèrent qu'elles font autorité. Les auteurs considèrent que les cas de jurisprudences divergentes sont minoritaires et qu'ils peuvent être résolus par des mécanismes de contrôle externes assurant une interprétation uniforme tels qu'un mécanisme d'appel ou de question préjudicielle.

[1140] CIRDI, *Marfin Investment Group Holdings S.A., Alexandros Bakatselos et autres (Marfin) c. République de Chypre*, aff. n° ARB/13/27, Sentence du 26 juillet 2018, §§ 588-591.

[1141] CVDT art. 59 Extinction d'un traité ou suspension de son application implicites du fait de la conclusion d'un traité postérieur : « § 1 Un traité est considéré comme ayant pris fin lorsque toutes les parties à ce traité concluent ultérieurement un traité portant sur la même matière et : a) s'il ressort du traité postérieur ou s'il est par ailleurs établi que selon l'intention des parties la matière doit être régie par ce traité ; ou b) si les dispositions du traité postérieur sont incompatibles avec celles du traité antérieur à tel point qu'il est impossible d'appliquer les deux traités en même temps. / § 2 Le traité antérieur est considéré comme étant seulement suspendu s'il ressort du traité postérieur ou s'il est par ailleurs établi que telle était l'intention des parties ».

[1142] CVDT art. 30 Application de traités successifs portant sur la même matière : « § 3 Lorsque toutes les parties au traité antérieur sont également parties au traité postérieur, sans que le traité antérieur ait pris fin ou que son application ait été suspendue en vertu de l'article 59, le traité antérieur ne s'applique que dans la mesure où ses dispositions sont compatibles avec celles du traité postérieur ».

CVDT. Il faut cependant souligner, comme certains tribunaux ont pu le faire, que la Cour, dans l'arrêt *Achmea,* ne se fonde que sur le droit de l'UE et n'envisage pas explicitement la question de l'inapplicabilité des TBI intra-UE du point de vue des règles de droit international. La Hongrie dans l'affaire *Magyard Farming* tentera de convaincre le tribunal, sans y parvenir, que certaines dispositions de ces traités successifs sont incompatibles, y compris du point de vue du droit international public[1143]. Les arbitres dans l'affaire *Marfin* semblent même aller plus loin en écartant, au nom de la sécurité juridique, la possibilité même d'une terminaison implicite du traité ou de son invalidation[1144]. Un tel raisonnement écarte, en tant que tel, toute application de l'article 30 § 3 CVDT et de l'article 59 CVDT aux traités de protection des investissements. Dans la même veine, le tribunal de l'affaire *Magyar* affirme que, si les États parties sont les maîtres de leur traité, leur contrôle est limité par les principes généraux de sécurité juridique et de *res inter alios acta, aliis nec nocet nec prodest*. Sur ces prémisses, le tribunal considère qu'en cas d'abrogation du traité par les deux États parties, la clause de survie du TBI s'appliquerait[1145].

***273. La sentence analogue* B3 Crotian Courier.** Dans l'affaire *B3 Croatian Courier,* le tribunal écartera l'essentiel de l'exception d'incompétence soulevée par la Croatie en concluant à la différence de matière des traités alors même que l'exception d'incompétence s'appuyait également sur une lecture *a contrario* de l'article 351 TFUE. En effet, il estimera que le tribunal de l'affaire *Electrabel* n'avait conclu à la supériorité des traités de l'Union sur le TCEn qu'en assumant que les traités étaient incompatibles et portaient sur la même matière. Le tribunal précise cependant ne pas savoir pour quelles raisons il pourrait se départir de la « jurisprudence constante » (*consistent jurisprudence*) et conclut à la différence de matière des traités. À la lumière de sa compréhension de la sentence *Electrabel* cette conclusion lui permet d'écarter l'application de l'article 30 § 3 CVDT et de l'article 351 TFUE invoqués par la Croatie[1146].

***274. La sentence analogue* A.M.F. Aircraftleasing**. Dans l'affaire *A.M.F. Aircraftleasing*, après avoir considéré que la déclaration des États membres de janvier 2019 ne pouvait avoir pour effet de retirer aux investisseurs leur droit à l'arbitrage au regard du principe de protection des droits acquis[1147], le tribunal se prononce sur l'application de

---

1143 CIRDI, *Inicia Zrt, Kintyre Kft et Magyar Farming Company Ltd c. Hongrie (Magyar Farming)*, aff. ARB 17/27, Sentence du 13 novembre 2019, §§ 174 et 210

1144 *Marfin*, Sentence du 26 juillet 2018, préc., § 594 « There can be no implied termination or invalidation of the Treaty to the detriment of investors who legitimately relied upon the Treaty's protections. ».

1145 *Magyar Farming*, Sentence du 13 novembre 2019, préc., §§ 222 et 223 *pro Anglia*, Sentence finale du 10 mars 2017, préc., § 117 ; *Busta*, Sentence finale du 10 mars 2017, préc., § 117.

1146 CIRDI, *B3 Croatian Courier Coöperatief U.A. (B3 Croatian Courier) c. République de Croatie*, aff. ARB/15/15, Sentence du 9 avril 2019, §§ 546-563 Le tribunal examine cependant la compatibilité de la clause d'arbitrage du TBI et du droit de l'Union lorsqu'il envisage l'application d'autres articles de la CVDT (art. 42, 46-53, 65-67 et 70 CVDT) que l'article 30. Il considère alors que l'hypothèse d'une invalidation du consentement à l'arbitrage par le droit de l'Union pourrait relever de l'article 46 CVDT concernant la nullité du consentement d'un État à être lié par un traité. L'invalidation n'est donc possible qu'en cas de violation manifeste d'une disposition du droit interne. Pour le tribunal l'incompatibilité identifiée par l'arrêt *Achmea* n'est pas manifeste il ne s'agit pas d'une violation flagrante du droit de l'UE, elle n'invalide donc pas le consentement à l'arbitrage de l'EM (§§ 516-545).

1147 *A.M.F Aircraftleasing*, Sentence finale du 11 mai 2020, préc., § 338 *pro* CIRDI, *Eskosol S.p.A. in liquidazione (Eskosol) c. République italienne*, aff. ARB/15/50, Décision sur la demande de clôture et sur l'objection basée sur l'inapplicabilité du traité sur la charte de l'énergie aux disputes intra-UE du 7 mai 2019, § 226 ; CIRDI, *Anina Pro Invest Ltd, Core Value Capital GmbH, Core Value Investments GmbH & Co KG Gamma et autres (LSG Building Solutions et autres) c. Roumanie*, aff. ARB/18/19, Décision sur la compétence, la responsabilité et les principes de réparation du 11 juillet 2022, §§ 778-783 comp. CIRDI, *ESPF Beteiligungs GmbH, ESPF Nr. 2 Austria Beteiligungs GmbH, and InfraClass Energie 5 GmbH & Co. KG (ESPF) c. République italienne*, aff. ARB/16/5, Sentence du 14 septembre 2020, § 326 « The Respondent would have this Tribunal interpret a clear granting of rights to all Investors to international arbitration as having been void ab initio, ignoring all of the established international law provisions for modification of treaties, without any notice to the Contracting States to the ECT and without any regard for the rights of the Investors whose rights have crystallized and who have commenced arbitrations accepting the "unconditional consent" offered by l'article 30 § 3 et de l'article 59 CVDT. Il affirme tout d'abord que le critère de l'incompatibilité ne se confond pas avec celui de même matière des traités, contrairement à ce que suggérait la Commission. Sur la matière des traités, il exprime son accord avec les conclusions du tribunal de l'affaire *EURAM,* sans faire référence à d'autres sentences. Le tribunal semble traiter cette sentence comme un précédent[1148]. Il en extrait d'abord un principe qu'il applique ensuite pour conclure que les traités ne portent pas sur la même matière. Cela lui permet d'arrêter son examen de l'exception d'incompétence fondée sur l'article 30 CVDT et sur l'article 59 CVDT[1149]. Dans une remarque conclusive, il rejette l'argument de la Commission voulant que le principe de primauté constitue la règle spéciale de conflit de conventions applicable, en affirmant que « la relation entre deux traités successifs est régie exclusivement par le droit international et en particulier la CVDT »[1150]. Il considère par la suite que l'article 351 TFUE ne contient aucune règle de conflit de conventions[1151].

275. Le contraste offert par la comparaison des sentences* Busta et Anglia *et Strabag. Deux sentences, pouvant être opposées, nous permettent de conclure cette liste de sentences se limitant à l'examen de la matière des traités. Il s'agit de celle partiellement commune aux affaires *Busta* et *Anglia* et de celle de l'affaire *Strabag*. La première, qui peut être placée d'un côté du spectre, ne fait référence à aucune sentence dans son examen des articles de la CVDT. La seconde, de l'autre côté du spectre, s'appuie sur quelques sentences et fait référence à la jurisprudence arbitrale constante. Les arbitres des affaires *Busta* et *Anglia* considèrent que les traités ne portent pas sur la même matière, car l'objet et le but du TBI sont la promotion et la protection de l'investissement, alors que le TFUE concerne le fonctionnement de l'UE. Cette réduction de l'objet d'un des deux traités sur lesquels est fondée l'Union,[1152] au seul fonctionnement (institutionnel) de l'UE, passe sous silence les dispositions matérielles de ce traité notamment celles s'approchant du droit international de l'investissement, par exemple les articles 49 et 63 TFUE, respectivement en matière de droit

---

those States. The entitlement to dispute resolution under the ECT belongs to the investors, not the Contracting States. The Tribunal considers the result advocated by the Respondent and the EC to be neither permitted under customary international law nor consistent with the rule of law ».

1148 Pour un autre exemple d'utilisation de la sentence *EURAM* comme un précédent ou une sentence à l'origine d'une jurisprudence constante quant à la différence de matière des TBI et des traités de l'UE v. *Juvel et Bithell*, Sentence finale partielle du 26 février 2019, préc., §§ 380 et 381.

1149 *A.M.F Aircraftleasing*, Sentence finale du 11 mai 2020, préc., §§ 357-362. Le tribunal envisagera cependant, par la suite, la question de la comptabilité entre la clause d'arbitrage du TBI et les articles 267 et 344 TFUE du fait de l'arrêt *Achmea*. Il considérera comme le tribunal de l'affaire *B3 Croatian Courier* que l'hypothèse d'une invalidation du consentement à l'arbitrage relève de l'article 46 CVDT concernant la nullité du consentement d'un État à être lié par un traité. Ici aussi le tribunal jugera que l'incompatibilité identifiée par l'arrêt *Achmea* n'est pas manifeste, il ne s'agit pas d'une violation flagrante du droit de l'UE, elle n'invalide donc pas le consentement à l'arbitrage de l'EM (§§ 376-385) *contra* CIRDI, *AS Norvik Banka, Alexander Guselnikov, Grigory Guselnikov et autres (Norvik Banka) c. République de Lettonie*, aff. ARB/17/47, Décision sur l'objection Intra-UE du 14 mai 2021, § 659 « The Tribunal notes that Article 46 applies to "consent to be bound by a treaty". It accepts the Respondent's submission that this Article is not relevant ».

1150 *A.M.F Aircraftleasing*, Sentence finale du 11 mai 2020, préc., § 363.

1151 *Ibid.*, § 389.

1152 TFUE art. premier : « 1. Le présent traité organise le fonctionnement de l'Union et détermine les domaines, la délimitation et les modalités d'exercice de ses compétences. / 2. Le présent traité et le traité sur l'Union européenne constituent les traités sur lesquels est fondée l'Union. Ces deux traités, qui ont la même valeur juridique, sont désignés par les mots « les traités » ».

d'établissement[1153] et de circulation des capitaux[1154]. De plus, les arbitres précisent ne pas être convaincus que les dispositions du TFUE identifiées par le demandeur soient substantiellement équivalentes à celles du TBI. Cette différence leur permet d'écarter l'hypothèse d'une extinction tacite du TBI en application de l'article 59 CVDT et celle de l'incompatibilité de la clause d'arbitrage du TBI avec les articles 344 et 267 du TFUE[1155]. Or, l'argument d'une absence d'équivalence des dispositions des traités d'investissement et du droit de l'Union ne joue à plein que pour écarter une extinction tacite reposant sur l'intention des parties (art. 59 § 1 a) CVDT), mais pas une extinction au titre d'une incompatibilité générale des traités (art. 59 § 1 b) CVDT). Le raisonnement des arbitres dans cette affaire – même s'ils refusent d'avoir recours au raisonnement d'autres tribunaux – n'est pas satisfaisant. L'approche adoptée par les arbitres de l'affaire *Strabag*, bien qu'opposée à la précédente, est aussi critiquable. Ici le tribunal commence par préciser qu'il comprend la précondition de même matière comme exigeant que la matière des traités en question soit identique et cite sans plus de précisions la sentence *EURAM*. Cette sentence ne pose pas un principe d'identité des matières des traités. Dans le même paragraphe[1156], la sentence précise que les travaux sur la fragmentation du droit international de la CDI prévoient que cette précondition exige que les traités soient liés institutionnellement ou qu'ils appartiennent au même régime, alors que ces travaux s'en tiennent à préciser que « le principe de *lex posterior* est le plus solide »[1157] dans ces deux cas de figure. Le tribunal poursuit en affirmant que les tribunaux arbitraux d'investissement ont constamment conclu que les traités de l'UE ne portaient pas sur la même matière que les TBI[1158], et cite la sentence *JSW Solar and Wirtgen*[1159]. Sur la question de l'incompatibilité, le tribunal affirme également que les tribunaux arbitraux ont constamment conclu à l'absence d'incompatibilité entre le droit de l'UE et les TBI entre États membres[1160]. Il ne semble pas réaliser de véritable examen de la compatibilité des traités, car il précise dans le paragraphe suivant qu'il n'y a pas de conflits à résoudre étant donné que les traités ne portent pas sur la même matière. Le tribunal clôt son raisonnement en affirmant que la compréhension de la relation de droit international public entre les TBI entre États membres et traités de l'UE a atteint une cohérence jurisprudentielle qui n'est pas impactée par l'arrêt *Achmea*[1161]. Cependant, il faut souligner que les conclusions du tribunal sur la question du droit de l'UE et de l'arrêt *Achmea* ne reprennent pas les éléments ci-dessus. Il

---

[1153] TFUE art. 49 : « Dans le cadre des dispositions ci-après, les restrictions à la liberté d'établissement des ressortissants d'un État membre dans le territoire d'un autre État membre sont interdites. Cette interdiction s'étend également aux restrictions à la création d'agences, de succursales ou de filiales, par les ressortissants d'un État membre établis sur le territoire d'un État membre. / La liberté d'établissement comporte l'accès aux activités non salariées et leur exercice, ainsi que la constitution et la gestion d'entreprises, et notamment de sociétés au sens de l'article 54, deuxième alinéa, dans les conditions définies par la législation du pays d'établissement pour ses propres ressortissants, sous réserve des dispositions du chapitre relatif aux capitaux ».

[1154] TFUE art. 63 § 1 : « Dans le cadre des dispositions du présent chapitre, toutes les restrictions aux mouvements de capitaux entre les États membres et entre les États membres et les pays tiers sont interdites ».

[1155] SCC, (SCC), *Anglia Auto Accessories Ltd (Anglia) c. République tchèque*, aff. n° 2014/181, Sentence finale du 10 mars 2017, §§ 113-118 et 126-128 ; SCC, (SCC), *J. P. Busta et I. P. Busta (Busta) c. République tchèque*, aff. n° 2015/014, Sentence finale du 10 mars 2017, §§ 113-118 et 126-128.

[1156] CIRDI, (*ad hoc*), *Strabag SE, Raiffeisen Centrobank AG and Syrena Immobilien Holding AG (Strabag) c. République de Pologne*, aff. ADHOC/15/1, Sentence partielle sur la compétence du 4 mars 2020, § 8.135.

[1157] KOSKENNIEMI M., Projet de Conclusion des travaux du groupe d'étude sur « La fragmentation du droit international : Difficultés découlant de la diversification et de l'expansion du droit international », A/CN.4/L.682/Add.1, 02.06.06, § 27.

[1158] *Strabag*, Sentence partielle sur la compétence du 4 mars 2020, préc., § 8.136.

[1159] CPA, (CNUDCI), *JSW Solar et Wirtgen c. République tchèque*, aff. n° 2014-03, Sentence finale du 11 octobre 2017, § 253. Dans cette sentence la précondition de même matière est traitée par le tribunal en un seul paragraphe qui fait référence aux sentences *Eastern Sugar* (§§ 159,160,164,165,167 et 168) *Oostergetel* (§ 74) et *Achmea* (§§ 242 et 250).

[1160] *Strabag*, Sentence partielle sur la compétence du 4 mars 2020, préc., § 8.137. Le tribunal ici cite la sentence de l'affaire *WNC* (§ 298), *Binder*, *Eastern Sugar* (§§ 160 et 168) et *Electrabel* (§§ 4.146, 4.153 et 4.166).

[1161] *Ibid.*, § 8.139.

n'est donc pas certain qu'ils constituent des motifs déterminants (*rationes decidendis*) de la sentence[1162].

276. Transition. Au demeurant, en opposant à l'arrêt *Achmea* une cohérence jurisprudentielle, le tribunal de l'affaire *Strabag* semble adhérer à demi-mot à l'idée d'une jurisprudence constante dans l'arbitrage d'investissement. Au vu de sa polysémie, il convient cependant de préciser quelque peu le concept de jurisprudence constante dans l'arbitrage d'investissement.

B - Le concept de jurisprudence constante dans l'arbitrage d'investissement

277. Les trois approches quant aux sentences antérieures dans l'arbitrage d'investissement. L'existence d'une doctrine du précédent *de facto,* reconnaissant une force de conviction et pas une force contraignante à certaines décisions antérieures en matière d'arbitrage d'investissement, est acceptée par la majorité des auteurs[1163]. Cette notion de règle du précédent *de facto* recouvre cependant des conceptions différentes. Les différentes conceptions d'une règle du précédent *de facto*, sont nombreuses, certaines peuvent être propres à un auteur, toutefois dans l'ensemble, trois approches des sentences antérieures se dégagent[1164] : une première minimaliste, contractuelle, considérant les arbitres comme les interprètes d'un traité et voulant que seules les sentences antérieures portant sur le même traité puissent être prises en compte[1165] ; une seconde, majoritaire dans la pratique des tribunaux, voulant que ces derniers prennent en compte les sentences antérieures portant sur des questions similaires, qu'ils comparent les litiges et qu'ils puissent, s'ils partagent le point de vue d'une sentence antérieure sur un point de droit, adopter la même solution[1166] ; une troisième, croissante, proche du modèle judiciaire obligeant les tribunaux, sauf moyens convaincants, à inscrire leur sentence dans la jurisprudence constante applicable[1167] – voire « à chercher à contribuer au développement harmonieux du droit de l'investissement »[1168].

[1162] *Ibid.*, § 8.143. Les conclusions du tribunal laissent penser qu'il a rejeté l'exception d'incompétence du défendeur au motif que le droit de l'UE (les traités et leur interprétation par la Cour de justice) ne fait pas partie du droit applicable à la compétence.

[1163] Pour une critique de l'instauration d'une doctrine du précédent (impliquant une déférence des tribunaux à l'égard des sentences antérieures) plaidant pour un retour à approche contractuelle du rôle des arbitres v. TEN CATE I.M., « The Costs of Consistency : Precedent in Investment Treaty Arbitration », *Columbia Journal of Transnational Law,* Vol. 51, 2013, pp. 418-478 *pro* BÖCKSTIEGEL K-H., « Commercial and Investment Arbitration : How Different are they Today ? », *Arbitration International,* Vol. 28 (4), 2012, pp. 577-590, spéc. p. 588 *contra* KAUFMANN-KOLLER G., « Is Consistency a Myth? », *in* GAILLARD E. et BANIFATEMI Y. (eds.), *Precedent in International Arbitration,* New York, Juris Publishing, 2008, pp. 137-147, spéc. pp. 147 « Consistency is a reality and a necessary objective at the same time. » L'autrice considère que le modèle de la jurisprudence constante est le moyen le plus réaliste d'assurer la cohérence des sentences des tribunaux.

[1164] STONE SWEET A. et GRISEL F., *The Evolution of International Arbitration – Judicialization, Governance, Legitimacy,* Oxford, OUP, 2017, pp. 272, spéc. pp. 132-135.

[1165] CIRDI, (CNUDCI), *Glamis Gold, Ltd. c. États-Unis d'Amérique*, Sentence du 8 juin 2009, §§ 3-9 ; REISMAN W. M., « 'Case Specific Mandates' versus 'Systemic Implications' : How Should Investment Tribunal Decide ? », *Arbitration International,* Vol. 29 (2), 2013, pp. 131-152. L'auteur commente l'approche adoptée par le tribunal dans l'affaire *Glamis Gold* et propose une approche encore plus restreinte du mandat des arbitres.

[1166] CIRDI, *AES Corporation c. République argentine*, aff. ARB/02/17, Sentence du 26 avril 2005, § 30.

[1167] CIRDI, (CNUDCI), *AWG Group Ltd. (AWG) c. République argentine*, Décision sur la responsabilité du 30 juillet 2010, § 189 « […] absent compelling reasons to the contrary, a tribunal should always consider heavily solutions established in a series of consistent cases. ».

[1168] CIRDI, *Saipem S.p.A. c. République Populaire du Bangladesh*, aff. ARB/05/07, Décision sur la compétence et sur la recommandation de mesures provisoires du 21 mars 2007, § 67. Cette conception est inspirée de celle développée par Gabrielle Kaufmann-Kohler qui préside ce tribunal et dont un article est cité dans la sentence. V. KAUFMANN-KOLLER G. « Arbitral Precedent : Dream, Necessity or Excuse », *Arbitration International,* Vol. 23 (3), 2007, pp. 357-378. L'autrice affirme ici que les arbitres ont un devoir moral de suivre les précédents afin de favoriser un environnement normatif

278. Le développement de l'approche favorable à la création de jurisprudences constantes. La troisième conception est présentée par Andrea K. Bjorklund[1169] comme une des possibilités d'évolution du droit des investissements, à côté de l'établissement d'un principe du précédent formel, postérieure à une reconnaissance première d'un effet persuasif des sentences antérieures. Cette approche favorable à la création de jurisprudence constante, notamment privilégiée par le juge Gilbert Guillaume[1170], est présente dans de nombreuses sentences. Toutefois, en pratique les différentes approches coexistent plus qu'elles ne se remplacent. Si l'approche contractuelle, historiquement plus ancienne, est devenue minoritaire, la troisième, proche du modèle judiciaire, tend à devenir majoritaire, au détriment de la seconde, se limitant à reconnaitre essentiellement aux sentences antérieures un effet persuasif. La même dynamique apparait en particulier au stade de l'examen de la matière des traités dans les sentences étudiées. Au fil des arbitrages, les sentences antérieures ne sont plus citées en raison de la pertinence de leurs motivations, mais comme des exemples d'une jurisprudence, dite cohérente ou constante, dont le tribunal ne pourrait se départir sans raison. Ce dernier élément met en lumière un aspect important de cette approche. Pour ses thuriféraires, le tribunal doit suivre la jurisprudence constante, car la solution qu'elle porte est jugée supérieure à celles de sentences divergentes, plus isolées. En effet, ces derniers estiment qu'un processus de sélection se met en place au fil des arbitrages conduisant à l'élaboration d'une jurisprudence constante retenant la meilleure solution, c'est-à-dire, selon les auteurs, la plus convaincante[1171] ou la plus compétitive[1172] parmi celles proposées par les différents tribunaux.

279. Les limites de la notion de jurisprudence constante dans l'arbitrage d'investissement. Pour Todd Weiler l'apparition de jurisprudences constantes s'appuyant sur des prémisses erronées est la conséquence même de l'adoption par les arbitres de cette méthode d'interprétation jurisprudentielle – méthode dépourvue de caractère autocorrectif[1173]. Richard C. Chen quant à lui considère que le risque – souligné par Todd

---

prévisible. Elle conclut son analyse de la jurisprudence arbitrale commerciale, d'investissement et sportive affirmant que le « précédent arbitral » est une nécessité pour certains types de litiges, ne serait-ce que dans l'intérêt de l'État de droit. Dans un autre arbitrage également présidé par Gabrielle Kaufmann-Kohler le tribunal à la majorité adopte une position équivalente, mais le désaccord de Brigitte Stern nommée arbitre par le défendeur est expressément indiqué dans la sentence. V. CIRDI, *Burlington Resources, Inc. c. République d'Équateur*, aff. ARB/08/5, Décision sur la compétence du 2 juin 2010, § 100 « Arbitrator Stern does not analyze the arbitrator's role in the same manner, as she considers it her duty to decide each case on its own merits independently of any apparent jurisprudential trend. ».

1169 BJORKLUND A. K., « *Investment Treaty Arbitral Decisions as* Jurisprudence Constante », *in* PICKER C.B, BUNN I.D. et ARNER, D.W. (eds.), *International Economic Law – The State and Future of the Discipline*, London, Hart Publishing, 2008, pp. 265-280. L'autrice considère que le système de précédent *de facto* apparu dans le cadre de l'OMC n'est pas transposable en arbitrage d'investissement du fait de l'absence de hiérarchie entre les tribunaux et de la diversité des dispositions des traités. Ce modèle pourrait être adapté à des sous-ensembles tels que les arbitrages fondés sur le même traité (Ex : ALENA). Elle se prononce en faveur du développement d'une jurisprudence constante effective et persuasive qui permettrait le développement et l'harmonisation du droit international de l'investissement. *contra* DE BRABANDERE E., *Investment Treaty Arbitration as Public International Law*, Cambridge, CUP, 2014, pp. 230, spéc. pp. 93-99. L'auteur considère que le caractère de droit international public de l'arbitrage d'investissement ne justifie pas la mise en place d'un système de précédent ou de jurisprudence constante. Il considère que les tribunaux n'ont pas l'obligation de contribuer à l'élaboration d'un droit cohérent.

1170 GUILLAUME G., « The Use of Precedent by International Judges and Arbitrators », *Journal of International Dispute Settlement*, Vol. 2 (1), 2011, pp. 5-23.

1171 PAULSSON J., « International Arbitration and the Generation of Legal Norms : Treaty Arbitration and International Law », *Transnational Dispute Management*, Vol. 5, 2006. Pour une reprise récente de cette idée de processus de sélection naturelle faisant que les meilleures décisions deviennent la jurisprudence constante v. GAILLARD E., « 2018 LALIVE Lecture The Myth of Harmony in International Arbitration », *ICSID Review – FILJ*, Vol 34(3), 2019, pp. 553-568, spéc. p. 560.

1172 WÄLDE T.W., « The specific Nature of Investment Arbitration », *in* KAHN P. et WÄLDE T.W., *New Aspects of International Investment Law*, Leiden – Boston, Brill/Nijhoff, 2007, pp. 42-119, spéc. p. 63.

1173 WEILER T., *The Interpretation of International Investment Law*, Leiden – Boston, Martinus Nijhoff, 2013, pp. 526, spéc. pp. 49-56. L'auteur plaide pour une approche inductive, se focalisant sur les principes sous-jacents aux traités ou à

Weiler – que les arbitres se retrouvent à approuver une solution sans analyse critique des sentences antérieures peut être évité via des ajustements. Il préconise un scepticisme actif des arbitres envers les sentences antérieures et invite les États à répondre, s'ils n'approuvent pas la position vers laquelle convergent les tribunaux[1174]. Au regard d'autres exemples de jurisprudences constantes contestables – en matière de clauses de traitement de la nation la plus favorisée[1175], de traitement juste et équitable[1176] et de clauses de couverture[1177] – les questions présentées comme faisant l'objet d'une jurisprudence constante, en commençant par celle de la différence de matière des traités d'investissement et des traités de l'UE (TFUE et TUE), feront l'objet d'un examen détaillé dans les développements suivants. Disons dès à présent que la succession de sentences ayant à trancher des exceptions d'incompétence intra-UE n'a pas abouti, de notre point de vue, à la survie de l'argumentation la plus convaincante ou compétitive, comme le suggèrent les auteurs favorables au développement de jurisprudences arbitrales constantes.

C - La jurisprudence dite constante quant aux matières des traités

280. Les sentences de référence de la jurisprudence dite constante. Dans le cadre d'arbitrages TBI intra-UE, la sentence de l'affaire *Marfin* est la première à faire référence à une jurisprudence constante en matière d'exception d'incompétence intra-UE[1178]. La grande majorité des tribunaux arbitraux ayant traité par la suite cette question ont fait de même[1179]. Les sentences présentées comme constitutives de cette jurisprudence constante sont principalement les sentences *Eastern Sugar, Binder, Oostergetel, Achmea B.V (Eureko)* et *EURAM*. Une minorité de tribunaux s'appuient sur une sentence qu'ils citent à l'image d'un précédent[1180]. À l'inverse, d'autres sentences ne se réfèrent pas aux sentences antérieures

---

leurs dispositions et pas sur la jurisprudence en tant que telle. Il insiste également sur l'importance des analyses historiques dans le processus d'interprétation et examine plusieurs jurisprudences constantes fondées sur des prémisses historiques erronées.

[1174] CHEN R.C., « Precedent and Dialogue in Investment Treaty Arbitration », *Harvard International Law Journal*, Vol. 60 (1), 2019, pp. 47-94, spéc. pp. 68-81. L'auteur propose un modèle appliqué et adapté aux spécificités de l'arbitrage d'investissement d'appréhension des sentences antérieures proche de celui de jurisprudence constante qu'il nomme dialectique.

[1175] BATIFORT S. et BENTON HEATH J., « The New Debate on the Interpretation of MFN Clauses in Investment Treaties: Putting the Brakes on Multilateralization », *American Journal of International Law*, Vol. 111 (4), 2017, pp. 873-913.

[1176] POTESTA M., « Legitimate Expectations in Investment Treaty Law: Understanding the Roots and the Limits of a Controversial Concept », *ICSID Review - FILJ*, Vol. 28 (1), 2013, pp. 88-122.

[1177] CRAWFORD J., « Treaty and Contract in Investment Arbitration », Arbitration International, Vol. 24(3), 2008, pp. 351-374.

[1178] CIRDI, *Marfin Investment Group Holdings S.A., Alexandros Bakatselos et autres (Marfin) c. République de Chypre*, aff. ARB/13/27, Sentence du 26 juillet 2018, § 588. La sentence antérieure *JSW Solar et Wirtgen* fait référence à une jurisprudence constante sur la question plus large de la validité de l'offre d'arbitrage contenue dans un TBI intra-UE après accession. V. CPA, (CNUDCI), *JSW Solar et Wirtgen c. République tchèque*, aff. n° 2014-03, Sentence finale du 11 octobre 2017, § 262.

[1179] CIRDI, (CNUDCI), *A11Y LTD. c. République tchèque*, aff. UNCT/15/1, Décision sur la compétence du 9 février 2017, § 171 ; CPA, (CNUDCI), *WNC Factoring Ltd (WNC) c. République tchèque*, aff. n° 2014-34, Sentence du 22 février 2017, § 298 ; CIRDI, *Inicia Zrt, Kintyre Kft and Magyar Farming Company Ltd (Magyar Farming) c. Hongrie*, aff. ARB/17/27, Sentence du 13 novembre 2019, §§ 231 et 236 ; CIRDI, (*ad hoc*), *Strabag SE, Raiffeisen Centrobank AG and Syrena Immobilien Holding AG (Strabag) c. République de Pologne*, aff. ADHOC/15/1, Sentence partielle sur la compétence du 4 mars 2020, § 8.136 ; SCC, (SCC), *GPF GP S.à.r. I (Griffin) c. République de Pologne*, aff. n° 2014/168, Sentence du 29 avril 2020, § 369.

[1180] CIRDI, *United Utilities (Tallinn) B. V. et Aktsiaselts Tallinna Vesi (United Utilities (Tallin)) c. République d'Estonie*, aff. ARB/14/24, Sentence du 21 juin 2019, § 543. Le tribunal adopte la position du tribunal de l'affaire *Oostergetel* sur la question de la matière des traités ; CPA, (CNUDCI), *A.M.F. Aircraftleasing Meier & Fischer GmbH & Co. KG (A.M.F Aircraftleasing) c. République tchèque*, aff. n° 2017-15, Sentence finale du 11 mai 2020, §§ 357-362 Le tribunal adopte la position du tribunal de l'affaire *EURAM* sur la question de la matière des traités.

pour répondre à cette question. Des analyses indépendantes succinctes sont présentes dans la sentence partiellement commune aux affaires *Busta*[1181] et *Anglia*[1182], et dans la sentence *PL Holdings S.a.r.l.*[1183]. Plus significativement, le tribunal de l'affaire *Adamakopoulos* dédie dans sa sentence des développements importants à l'exception d'incompétence intra-UE. Il ne recourt pas aux sentences antérieures, mais se réfère aux travaux de la CDI[1184].

281. Plan. L'examen des sentences de référence sur la question de la similarité des traités relativise l'idée d'une jurisprudence constante en la matière. Ici, il est possible de distinguer dans les sentences l'interprétation du critère de « même matière » (1) de la détermination de la matière des traités (2).

1 - Les divergences quant au critère de « même matière »

282. Le critère de « même matière » dans les premières sentences de référence. Les tribunaux ne semblent pas s'accorder sur le critère de « même matière ». Il existe des divergences quant au critère même, s'agit-il d'un critère d'identité stricte, de similitude, ou de similarité[1185]. En dehors de la question du degré de similitude exigé, les sentences divergent quant à l'objet de la comparaison. S'agit-il de comparer généralement la matière des traités, ou particulièrement celle de leurs dispositions ? Les tribunaux semblent parfois ne pas comparer la même chose. La sentence *Eastern Sugar B.V.* est la première à traiter cette question. Dans cette affaire, le tribunal reconnait que les traités concernés portent tous deux sur les investissements transfrontaliers intra-UE, mais considère qu'ils ne portent pas sur la « même matière précise »[1186]. Le tribunal compare donc la matière précise des traités, et oppose, la protection – en particulier procédurale – des investissements offerte par le TBI, à la libre circulation des capitaux, garantie par l'UE[1187]. La sentence *Binder* ne se prononce quant à elle pas sur cette question. Le tribunal de l'affaire *Oostergetel* définit ce critère en proposant deux sous conditions cumulatives. Il avance que des traités portent sur la même matière si l'objectif global de ces traités est identique et s'ils sont généralement comparables[1188]. Dans

---

[1181] SCC, (SCC), *J. P. Busta et I. P. Busta (Busta) c. République tchèque*, aff. n° 2015/014, Sentence finale du 10 mars 2017, §§ 113-116 *pro* CCI (CCI), *Juvel et Bithell c. Pologne*, aff. n° 19459/MHM, Sentence finale partielle du 26 février 2019, §§ 380 et 381.

[1182] SCC, (SCC), *Anglia Auto Accessories Ltd (Anglia) c. République tchèque*, aff. n° 2014/181, Sentence finale du 10 mars 2017, §§ 113-116.

[1183] SCC, (SCC), *PL Holdings S.a.r.l. c. République de Pologne*, aff. n° 2014/163, Sentence partielle 28 juin 2017, § 312. Le tribunal cite uniquement la sentence Eastern Sugar (§ 164) en note de bas de page. comp. CIRDI, *Mathias Kruck et autres c. Royaume d'Espagne*, aff. ARB/15/23, Décision sur la compétence et l'admissibilité du 19 avril 2021, §§ 280-295 Ce tribunal écarte une objection d'incompétence intra-UE dans le cadre d'un arbitrage sur le fondement du TCEn sans faire référence à des sentences antérieures.

[1184] CIRDI, *Theodoros Adamakopoulos, Ilektra Adamantidou, Vasileios Adamopoulos et autres (Adamakopoulos) c. République de Chypre*, aff. ARB/15/49, Décision sur la compétence du 7 février 2020, §§ 168-175.

[1185] La sentence *Strabag* est un bon exemple du manque de précision de la jurisprudence arbitrale dans l'application du critère de même matière. Cette sentence, qui affirme s'inscrire dans la jurisprudence constante, considère que ce critère requiert que les matières des traités successifs soient identiques. La sentence semble indiquer que cette interprétation est celle adoptée par le tribunal de l'affaire *EURAM*. Or cette sentence ne pose pas un tel critère d'identité. V. *Strabag*, Sentence partielle sur la compétence du 4 mars 2020, préc., § 8.135.

[1186] SCC, (CNUDCI), *Eastern Sugar B. V. c. République tchèque*, aff. n° 088/2004, Sentence partielle du 27 mars 2007, § 160 « While it is true that European Union law deals with intra-EU crossborder investment, say between the Netherlands and the Czech Republic, as does the BIT, the two regulations do not cover the same precise subject-matter ».

[1187] *Ibid.*, §§ 161-172 « 161. The European Union guarantees the free movement of capital. [...] 164. By contrast, the BIT provides for fair and equitable treatment of the investor during the investor's investment in the host country, prohibits expropriation, and guarantees full protection and security and the like. The BIT also provides for a special procedural protection [...]. [...] 169. Free movement of capital and protection of the investment are different, but complementary things ».

[1188] Arbitrage *ad hoc*, (CNUDCI), *Jan Oostergetel & Theodora Laurentius (Oostergetel) c. République slovaque*, Sentence sur la compétence du 30 avril 2010, § 79 « two treaties can be considered to relate to the "same subject matter" only if the overall objective of these treaties is identical and they share a degree of general comparability ».

la sentence *Achmea B. V.*, la question de la matière des traités n'est pas traitée séparément par le tribunal, mais apparait dans l'examen des autres conditions d'application de l'article 59 CVDT (intention commune des parties ou incompatibilité totale des traités) et de l'article 30 CVDT (dispositions incompatibles). Le tribunal précise que ces deux articles peuvent partager le même critère de similitude (*sameness*) des matières des traités, mais qu'ils se distinguent sur la question de leur compatibilité[1189]. Pour le tribunal, l'article 59 CVDT ne requiert pas que les traités soient « à tous égards coextensifs », mais requiert « plus qu'un chevauchement mineur ou accessoire »[1190]. Le tribunal considère ensuite qu'une disposition interdisant les discriminations ne porte pas sur la même matière qu'une disposition garantissant un traitement juste et équitable et fait un parallèle, assez surprenant, entre la notion de « même matière » est celle d'identité de cause dans le cadre de l'application du principe de *res judicata*[1191]. Dans cette affaire le tribunal ne conclut pas explicitement à la différence de matière des traités. Il faut remarquer ici qu'en l'espèce, l'investisseur avait, d'abord, contesté les mesures slovaques sur le fondement de dispositions de droit de l'UE, en matière de libéralisation du secteur de l'assurance, en adressant une plainte à la Commission (ayant donné lieu à une procédure en manquement), avant de les contester sur le fondement du traité d'investissement dans la demande d'arbitrage. Pour la professeure Jacqueline Dutheil de la Rochère, cela attestait en l'espèce de « l'identité de matière entre traité d'investissement et droit de l'Union »[1192]. C'est peut-être pour cela que le tribunal de l'affaire *Achmea B. V* n'écarte pas l'application des articles 59 et 30 CVDT en raison d'une différence de matière des traités, mais conclut à l'absence d'intention des parties de mettre un terme au traité d'investissement et à l'absence d'incompatibilité entre les traités ou entre la clause d'arbitrage et le droit de l'UE[1193].

***283. L'examen approfondi de la décision* EURAM**. Le tribunal qui traite de manière la plus complète la question de la matière des traités est celui de l'affaire *EURAM*. Dans sa sentence il tente, après avoir repris les arguments des parties et mentionné les sentences *Eastern Sugar* et *Achmea B. V.*[1194], de définir la notion de « même matière ». Il propose alors une

---

[1189] CPA, (CNUDCI), *Achmea B. V. c. République slovaque (formerly Eureko B. V. c. République slovaque)*, aff. n° 2008-13, Décision sur la compétence, l'arbitrabilité et la suspension du 26 octobre 2010, § 239. *confer* REINISCH A., « Article 30 and 59 of the Vienna Convention on the Law of Treaties in Action: The Decision on Jurisdiction in the *Eastern Sugar* and *Eureko* Investment Arbitrations », *Legal Issues of Economic* Integration, Vol. 39 (2), 2012, pp. 157-177, spéc. pp. 166 « the tribunal [in *Achmea B.V*] noted that the concept of sameness contained in Article 59 VCLT differs from that referred to in Article 30. ». V. aussi GIEGERICH T., « Article 59 – Termination or suspension of the operation of a treaty implied by conclusion of a later treaty » *in* DÖRR O. et SCHMALENBACH K. (eds.), *Vienna Convention on the Law of Treaties*, 2e éd., Berlin, Springer, 2018, pp. 1083-1094, spéc. §11-13 et §§ 25-29. L'auteur semble distinguer entre la notion de même matière dans l'article 59 et dans l'article 30 ce qui anticipe sur la distinction entre les différents types d'incompatibilités visés par ces articles.

[1190] *Achmea B. V.*, Décision sur la compétence, l'arbitrabilité et la suspension du 26 octobre 2010, préc., § 242 « Nothing in Article 59 requires that the two treaties should be in all respects co-extensive; but the later treaty must have more than a minor or incidental overlap with the earlier treaty. ».

[1191] Au niveau de l'examen de l'intention des parties de mettre un terme tacitement aux TBI (article 59 (1) (a)) le tribunal considère qu'une disposition interdisant les discriminations et une disposition assurant un traitement juste et équitable ne portent pas sur la même matière. Le tribunal semble souligner que ce sont de causes de demandes différentes et affirme qu'en ce sens la notion de « même matière » partage des traits communs avec la notion « d'identité » en matière de chose jugée. V. *Ibid.*, § 258.

[1192] DUTHEIL de la ROCHERE J., « Quel rôle pour la Cour de justice », *in* KESSEDJIAN C. (dir.), *Le droit européen et l'arbitrage d'investissement*, Éditions Panthéon-Assas, 2011, pp. 37-45, spéc. 41 et 42.

[1193] *Achmea B. V.*, Décision sur la compétence, l'arbitrabilité et la suspension du 26 octobre 2010, préc., §§ 262, 263, 265 et 277.

[1194] Il identifie alors, une évolution de la position soutenue par la Slovaquie par rapport à celle qu'elle avait défendue dans un autre arbitrage. V. CPA, (CNUDCI), *European American Investment Bank AG (EURAM) c. République slovaque*, aff. n° 2010-17, Décision sur la compétence du 22 octobre 2012, § 162 et § 163. Dans l'affaire *Achmea B. V.* la Slovaquie soutenait que les traités portaient sur la même matière, car ils portaient sur le même type d'investisseurs, poursuivaient le même objectif (élargir et renforcer les relations économiques) et offraient des normes de protection et voies de recours définition négative du critère de « même matière » et une définition positive de la notion de matière. Il considère que porter sur la même matière ne signifie pas s'appliquer aux mêmes faits ni avoir le même but,[1195] et précise, en suivant, que la matière d'un traité est inhérente au traité, qu'elle fait référence à l'objet de ses dispositions, ce qui revient au sujet ou à la substance du traité[1196]. Enfin, le tribunal conclut que les deux critères doivent être bien distingués, mais reconnait que l'idée d'une confusion de la condition de même matière et d'incompatibilité des traités ou de leurs dispositions est présente dans les travaux de la CDI[1197].

284. L'apport des sentences examinant la question sans références jurisprudentielles. Cet examen des sentences présentées comme constitutives d'une jurisprudence constante peut être complété par l'examen de sentences ne s'appuyant pas sur l'idée d'une jurisprudence constante. Ainsi, la sentence *PL Holdings S.a.r.l.* ne définit pas la notion de matière, mais interprète le critère de similarité comme une condition de « congruence » des matières des traités[1198]. Par contraste, la sentence de l'affaire *Adamakopoulos* ne suit pas le tribunal de l'affaire *EURAM* dans sa critique de l'approche de la CDI – relativisant l'importance de la distinction entre le critère de « même matière » et l'incompatibilité des traités successifs ou de leurs dispositions[1199]. Ce tribunal répond à la question de savoir si les traités portent sur la même matière, comme le suggère la CDI, en « examinant si l'exécution d'une obligation au titre d'un traité affecte l'exécution de l'obligation[1200] » au titre d'un autre traité. Cette approche conforme à la CVDT et aux travaux de la CDI, est également retenue par Tomás Fecák dont nous partageons les conclusions : « *[...] the criterion of the same subject matter appears to be too unspecific itself and that in order to be applied meaningfully, it should not be construed and interpreted separately from other relevant conditions laid down in article 30 and 59 [...]* »[1201].

285. Conclusions quant au critère de « même matière ». L'idée de jurisprudence constante doit être relativisée. Tout d'abord, un premier tribunal compare la matière « précise » des traités, un second vérifie l'identité de l'objectif global des traités et leur comparabilité générale, ensuite un troisième se focalise davantage sur l'examen de la compatibilité, tout en avançant que la notion de « même matière » doit être comprise entre

---

équivalents. Dans l'affaire *EURAM* la Slovaquie argue principalement que les traités ont le même but. Elle reprend ici la conception du critère de même matière adoptée par le tribunal dans l'affaire *Oostergetel* dans laquelle elle était également partie défenderesse.

1195 *Ibid.*, § 168 comp. *Magyar Farming*, Sentence du 13 novembre 2019, préc., § 228 « same subject-matter requirement [...] cannot be reduced to a requirement that the two treaties be potentially applicable to the same set of circumstances ».

1196 *Ibid.*, § 172 « [...] the subject matter of a treaty is inherent in the treaty itself and refers to the issues with which its provisions deal, i.e. its topic or its substance ».

1197 *Ibid.*, §§ 173-175. Le tribunal cite le rapport de la CDI sur la fragmentation du droit international. V. CDI, *Fragmentation du droit international : Difficultés découlant de la diversification et de l'expansion du droit international*, Rapport du Groupe d'Étude de la CDI, 13.04.06, A/CN.4/L.682, § 23.

1198 SCC, (SCC), *PL Holdings S.a.r.l. c. République de Pologne*, aff. n° 2014/163, Sentence partielle 28 juin 2017, § 312 « [...] the subject-matter of the BIT and the subject-matter of EU law, insofar as it protects investors from one Member State in the territory of another, are by no means congruent. ». Le tribunal se base principalement sur l'absence d'arbitrage État-investisseur en droit de l'UE pour conclure à cette absence de congruence. Le sens du terme de congruence n'est pas précisé, le terme peut être compris au sens d'absence de conflit, ce qui rappelle la difficulté à distinguer la question de la similarité de celle de la compatibilité. En géométrie, la congruence est une forme spécifique de similarité, ce qui suggère une interprétation stricte du concept de même matière.

1199 *Adamakopoulos*, Décision sur la compétence du 7 février 2020, préc., §§ 168-187.

1200 CDI, *Fragmentation du droit international*, *op. cit.*, § 254 *confer* VIERDAG E.W., « The Time of the 'Conclusion' of a Multilateral Treaty: Article 30 of the Vienna Convention on the Law of Treaties and Related Provisions », *British Yearbook of International Law*, Vol. 59, 1988, pp. 75-111, spéc. pp. 100 « If an attempted simultaneous application of two rules to one set of facts or actions leads to incompatible results it can safely be assumed that the test of sameness is satisfied ».

1201 FECAK T., *International Investment Agreements and EU Law*, Alphen aan den Rijn, Kluwer, 2016, pp. 582, spéc. pp. 389.

la correspondance totale et le simple chevauchement. Enfin, un quatrième considère que l'application des traités aux mêmes faits ou le partage d'un même objectif ne satisfait pas le critère de même matière et que ce dernier est rempli si les traités partagent le même sujet ou la même substance. Cette foison de termes – visant à expliciter les notions de matière d'un traité et celle de même matière dans les sentences – étant exposée, il convient désormais de voir comment les tribunaux ont comparé les traités ; au regard de leurs compréhensions, d'une part, de l'objet de la comparaison et, d'autre part, du degré de similitude des matières des traités exigé. Les sentences examinées ne semblent pas s'accorder, quand elles les définissent, sur les termes de la question, mais ont toutes répondu que les traités ne portaient pas sur la même matière. Cela n'a pas empêché quelques variations dans la détermination des matières des traités.

2 - Les différentes matières déterminées par les tribunaux

286. Les matières respectives des traités. La sentence *Eastern Sugar* considère que les traités ne portent pas sur la même matière précise (*same precise subjetct-matter*). Comme nous l'avons déjà en partie évoqué, elle avance que le droit de l'UE s'intéresse à la libre circulation et s'applique aux investissements avant l'établissement, tandis que les TBI protègent les investissements après l'établissement. Le tribunal insiste par ailleurs sur l'importance de l'arbitrage État-investisseur et affirme que l'absence d'un tel mécanisme en droit de l'UE est suffisante pour écarter toute similarité de matière des traités[1202]. La sentence *Oostergetel*, après avoir précisé que les traités avaient des objectifs différents (création d'un marché commun/création de garanties spécifiques pour les investissements), des objets différents (toute activité économique transfrontalière/investissements de long terme) et que les garanties offertes aux investisseurs n'étaient pas identiques, présente également l'arbitrage État-investisseur comme l'élément fondamental rendant les traités incomparables[1203]. Les arbitres concluent que les traités de l'UE n'épuisent pas le champ de la protection des investissements et considèrent que cela est confirmé par le rôle très limité de l'UE en matière d'investissement étranger avant le traité de Lisbonne[1204]. La sentence *Achmea B. V.* ne se prononce pas directement sur le critère de la « même matière » ; les traités y sont comparés pour déterminer si les parties ont implicitement décidé de substituer le droit de l'UE aux traités d'investissement[1205]. Selon le tribunal, cette intention ne pouvait être présumée que si le droit de l'UE offrait un niveau de protection égal à celui offert par le traité d'investissement[1206]. Considérant que le droit de l'UE n'offrait pas une protection substantielle et procédurale aussi étendue que celle du TBI entre la République tchèque et les Pays-Bas, il conclut que les parties n'ont pas pu vouloir son abrogation. Ici aussi, il est avancé

[1202] *Eastern Sugar*, Sentence partielle du 27 mars 2007, préc., §§ 161-166 et 180.
[1203] *Oostergetel*, Sentence sur la compétence du 30 avril 2010, préc., §§ 75-77. Le tribunal considère que la création d'un marché commun et la création de garanties spécifiques pour les investissements d'un investisseur dans un pays hôte via un TBI constituent des objectifs différents. Au niveau de l'objet des traités, il avance que les TBI visent les investissements de long terme tandis que le droit de l'UE s'intéressait à tous types d'activité économique transfrontalière.
[1204] *Ibid.*, § 79. Le raisonnement voulant que la compétence limitée de l'UE en matière d'investissement en provenance ou à destination de pays tiers, puisse confirmer le caractère limité de la couverture par le droit de l'UE des investissements entre États membres n'est toutefois pas correct, le périmètre de la politique commerciale commune n'a pas d'implications directes sur l'application du droit de l'Union aux investissements entre États membres.
[1205] *Achmea B. V.*, Décision sur la compétence, l'arbitrabilité et la suspension du 26 octobre 2010, préc., §§ 244-263.
[1206] *Ibid.*, § 252 « It cannot be assumed that the Parties intended that a right [to a fair and equitable treatment] so central to the purpose of the BIT would be displaced by the narrower and more loosely defined rights accorded by EU law ».

qu'une des raisons principales pour écarter l'application de l'article 59 CVDT est l'absence en droit de l'UE d'un accès à l'arbitrage État-investisseur[1207].

***287. Les incohérences de la décision* EURAM.** Le tribunal de l'affaire *EURAM* affirme, en contraste avec la sentence *Eastern Sugar*, que les traités ne portent pas sur la même matière générale (*same overall subject-matter*). Il poursuit en considérant qu'il est évident que les traités ne traitent pas du même sujet (la création d'un marché intérieur/l'encouragement des flux internationaux d'investissement par la protection des droits des investisseurs)[1208]. Cette affirmation est suivie de références aux sentences *Achmea B.V* et *Eastern Sugar*. Les arbitres de ce tribunal estiment que ces deux sentences procèdent d'analyses différentes, mais aboutissent à la même conclusion[1209]. Or, la sentence *Achmea B.V* ne conclut pas explicitement à la différence de matière des traités. De manière plus problématique, le tribunal confond les compétences externes et internes de l'Union. En effet, il reprend l'argument de l'absence de compétence de l'UE en matière d'investissement direct étranger, jusqu'au traité de Lisbonne, mentionné dans la sentence *Oostergetel* et ajoute qu'il serait presque suffisant pour conclure à la différence de matière des traités[1210]. Le tribunal étend ses conclusions au droit dérivé de l'UE[1211]. Il conclut en distinguant une nouvelle fois le but des traités en affirmant : « *To accede to an economic community is simply not the same as to set up a specific investment protection regime providing for investor-State arbitration* »[1212]. Cette affirmation emporte la conviction de Julien Berger qui la cite[1213], mais pas celle de Tomás Fecák[1214]. Comme le montreront les analyses du paragraphe suivant, en lien avec certains rappels historiques de l'introduction[1215], pour

---

1207 *Ibid.*, § 264 « the right to initiate UNCITRAL arbitration proceedings against a State party [...], cannot be equated simply with the legal right to bring legal proceedings before the national courts of the host state [...] ».

1208 *EURAM*, Décision sur la compétence du 22 octobre 2012, préc., § 178 « The ECT deals with the creation of an internal market, the BIT with the fostering of international flows of investment by protecting the rights of the investors ». D'autres sentences dans leur définition du sujet des TBI mentionnent en premier la mise en place de garanties spécifique (le moyen) puis l'encouragement des flux d'investissement (l'objectif). V. CIRDI, *Marfin Investment Group Holdings S.A., Alexandros Bakatselos et autres (Marfin) c. République de Chypre*, aff. ARB/13/27, Sentence du 26 juillet 2018, § 589 « The Tribunal, similarly to the *Oostergetel v. Slovakia* and *EURAM v. Slovakia* tribunals, considers that the EU treaties' objective is to create a common market between the Member States, whereas the objective of BITs (including the Treaty) is to provide for specific guarantees in order to encourage the international flows of investment into particular States. » ; CIRDI, *Inicia Zrt, Kintyre Kft et Magyar Farming Company Ltd (Magyar Farming) c. Hongrie*, aff. ARB 17/27, Sentence du 13 novembre 2019, § 235 « As the *Oostergetel* tribunal underscored, the EU Treaties' objective is to promote economic integration, including by creating a common market, among the Member States, whereas the objective of BITs (including the Treaty) is to provide for specific guarantees in order to encourage the international flows of investment into particular States. » ; CPA, (CNUDCI), *A.M.F. Aircraftleasing Meier & Fischer GmbH & Co. KG (A.M.F Aircraftleasing) c. République tchèque*, aff. n° 2017-15, Sentence finale du 11 mai 2020, § 358 « The topic or subject of the EU treaties is to promote economic integration and to create and maintain a common market among the Member States; whereas the topic or substance of the Germany-Czech Republic BIT is to provide for specific guarantees in order to encourage the international flows of investment into the Contracting States. ».

1209 *EURAM*, Décision sur la compétence du 22 octobre 2012, préc., § 182.

1210 *Ibid.*, § 183 « [...] until the Lisbon Treaty, foreign direct investment was not one of the competences of the EU. This would almost suffice to conclude that the two treaties, [...] do not have the same subject matter. ». Cet argument est critiqué par la République tchèque dans l'affaire *WNC*, comme révélateur d'une véritable incompréhension du droit l'UE. Cette critique ne sera pas retenue par le tribunal. Ce dernier considère que cet argument comme non-déterminant de la décision du tribunal et ne rejette pas le raisonnement de la sentence *EURAM*. V. CPA, (CNUDCI), *WNC Factoring Ltd (WNC) c. République tchèque*, aff. n° 2014-34, Sentence du 22 février 2017, § 306. Pour un exemple de sentence arbitrale ne confondant pas la compétence externe et la compétence interne de l'UE en matière d'investissement. V. *Marfin*, Sentence du 26 juillet 2018, préc., § 590.

1211 *EURAM*, Décision sur la compétence du 22 octobre 2012, préc. § 184 « [...] EU Treaties and the EU law rooted in and flowing from them do not relate to the same subject matter as BITs ».

1212 *Ibid.*

1213 BERGER J., *International Investment Protection within Europe – The EU's Assertion of Control*, Londres et New-York, Routledge, 2021, pp. 238, spéc. pp. 98.

1214 FECAK T., *International Investment Agreements and EU Law*, *op. cit.*, pp. 469 « Even if the criterion of the same subject matter interpreted as meaning something in itself, the conclusion that intra-UE BITs and EU law do not relate to the same subject matter [...] does not seem very convincing ».

1215 V. *supra* Introduction, - I – La protection de l'investissement étranger par l'arbitrage État-investisseur.

notre part nous estimons que ces traités portent sur la même matière au sens de l'article 30 CVDT.

288. Les sentences ouvrant la voie à une reconnaissance d'une matière commune aux traités. Il est possible, par ailleurs, de compléter l'étude en mentionnant quelques sentences supplémentaires. La sentence *PL Holdings* reconnait que le droit de l'UE et le traité d'investissement protègent les investisseurs, mais considère néanmoins qu'ils ne portent pas sur la même matière, car le traité d'investissement confère aux investisseurs des droits plus étendus, par exemple le droit à un traitement juste et équitable ou encore l'accès à l'arbitrage État-investisseur[1216]. La sentence *Magyar Farming* reconnait elle aussi que les deux traités accordent des garanties aux individus, mais avance que ces protections ne sont pas de même nature ou comparables au regard de leurs conditions d'application[1217]. La sentence *Adamakopoulos* quant à elle, considère que de manière générale les traités traitent tous deux d'investissement et de règlement des différends. Ce n'est qu'au niveau spécifique de l'alternative à la saisine de juridictions internes que les traités portent sur des matières différentes[1218]. Cette analyse à plusieurs niveaux de la matière des traités, reprenant une partie du raisonnement du tribunal de l'affaire *Eastern Sugar*[1219], apparait plus juste que celle du tribunal de l'affaire *Anglia* et *Busta*, qui s'arrête pratiquement au niveau des titres des traités[1220].

289. Les divergences et incohérences des sentences TCEn intra-UE. La question de l'identité de matière des traités a fait l'objet de conclusions divergentes dans le cadre d'arbitrage sur le fondement de la Charte de l'énergie entre un investisseur d'un État membre de l'Union et un autre État membre (TCEn intra-UE). Plusieurs sentences mettent en évidence certaines incohérences liées à l'adoption d'une interprétation stricte de ce critère. Par exemple, dans l'affaire *Silver Ridge* le tribunal postule d'abord une incompatibilité entre le droit de l'UE et le TCEn au regard de l'arrêt *Achmea*. Nous remarquerons, comme l'admettent de nombreuses sentences étudiées, qu'admettre une telle incompatibilité implique nécessairement de reconnaître que les traités portent sur la même matière[1221]. Or, lorsqu'il examine l'article 30 CVDT – après avoir souligné la pertinence en l'espèce de son § 4[1222], précisant les modalités d'application du principe *lex posterior* prévue au § 3 lorsque les

---

[1216] SCC, (SCC), *PL Holdings S.a.r.l. c. République de Pologne*, aff. n° 2014/163, Sentence partielle 28 juin 2017, § 312.

[1217] *Magyar Farming*, Sentence du 13 novembre 2019, préc., § 234 « In addition, as the most evident distinction, the application of the BIT is contingent upon an investor of one State making a cross-border investment in the other State. In turn, the EU Treaties provide guarantees for nationals of the EU Member States irrespective of an investment. Due to this crucial distinction, the substantive protections afforded to a foreign investor under the Treaty are unsurprisingly not comparable to, or of the same nature as, those offered to EU nationals under the BIT ».

[1218] CIRDI, *Theodoros Adamakopoulos, Ilektra Adamantidou, Vasileios Adamopoulos et autres (Adamakopoulos) c. République de Chypre*, aff. ARB/15/49, Décision sur la compétence du 7 février 2020, § 168.

[1219] SCC, (CNUDCI), *Eastern Sugar B. V. c. République tchèque*, aff. n° 088/2004, Sentence partielle du 27 mars 2007, § 160 « While it is true that EU law deals with intra-EU cross border investment [...], as does the BIT, the two regulations do not cover the same precise subject-matter. ».

[1220] SCC, (SCC), *J. P. Busta et I. P. Busta (Busta) c. République tchèque*, aff. n° 2015/014, Sentence finale du 10 mars 2017, §§ 115 et 116 ; SCC, (SCC), *Anglia Auto Accessories Ltd (Anglia) c. République tchèque*, aff. n° 2014/181, Sentence finale du 10 mars 2017, §§ 115 et 116 « The object and purpose of the BIT is the "promotion and protection of investments", whereas the TFEU is concerned with the "functioning of the European Union". » *pro* CPA, (CNDUCI), *WCV World Capital Ventures Cyprus Limited* et *Channel Crossings Limited (WCV et Channel Crossing) c. République tchèque*, aff. n° 2016-12, Seconde sentence partielle du 29 juillet 2020 « [...] The TFEU, on the other hand, was concluded seeking a much broader purpose: to create an internal market, to define the relationships between EU Member States and EU treaty bodies, to organize the functioning of the Union and its areas of competence ».

[1221] En s'en tenant à la CVDT, les hypothèses de conflit de convention ne concernent que des traités portant sur la même matière.

[1222] CVDT, art. 30 § 4 : « Lorsque les parties au traité antérieur ne sont pas toutes parties au traité postérieur : a) dans les relations entre les États parties aux deux traités, la règle applicable est celle qui est énoncée au paragraphe 3 ; b) dans les relations entre un État partie aux deux traités et un État partie à l'un de ces traités seulement, le traité auquel les deux États sont parties régit leurs droits et obligations réciproques ».

parties au traité antérieur ne sont pas toutes parties au traité postérieur – il indique ne pas avoir à se prononcer sur la matière du traité, en citant cette fois le § 2 de l'article 30[1223]. Cela ne l'empêche pas de rappeler que les tribunaux ont constamment conclu à la différence de matière des traités de l'UE et du TCEn. Le tribunal assimile donc l'article 16 TCEn[1224] aux clauses de subordination et déclarations de compatibilité prévues à l'article 30 § 2 CVDT. Cela lui permet de conclure que l'article 16 TCEn est *lex specialis* par rapport aux dispositions du § 4 de l'article 30 CVDT[1225]. En suivant le tribunal, l'article 16 TCEn ne serait que l'expression d'une des clauses – visées par l'article 30 § 2 CVDT – contenant une règle de conflit de conventions, autre que le principe de *lex posterior* inscrit au paragraphe suivant du même article. Les dispositions générales de la CVDT ne s'appliquant pas (art. 30 § 3 et § 4), le tribunal juge ne pas avoir à examiner si les traités portent sur la même matière. Ce raisonnement est incohérent. Certes, l'article 30 § 2 CVDT ne mentionne pas le critère de même matière, mais il est un élément de l'article 30 CVDT, qui est intitulé « Application de traités successifs portant sur la même matière ». Si l'article 16 TCEn est l'expression d'une clause prévue par l'article 30 § 2 CVDT comme le soutient le tribunal, alors il ne peut avoir un champ d'application différent, et s'appliquer à des traités successifs peu importe leur matière. Quoi qu'il en soit, le tribunal poursuit son raisonnement et applique l'article 16 TCEn. Selon le tribunal, cet article ne requiert pas que les traités portent sur la même matière, mais, que les traités de l'UE portent sur l'objet des parties III ou V du TCEn. Il considère qu'il s'agit d'un lien entre traités moins fort que celui exigé par l'article 30 § 3 CVDT[1226]. Il juge ensuite en l'espèce ce critère satisfait[1227]. Le raisonnement de ce tribunal se montrerait bien

---

[1223] CVDT, art. 30 § 2 : « Lorsqu'un traité, précise qu'il est subordonné à un traité antérieur ou postérieur, ou qu'il ne doit pas être considéré comme incompatible avec cet autre traité, les dispositions de celui-ci l'emportent ».

[1224] TCEn, art. 16 – Relation avec d'autres accords : « Lorsque deux ou plusieurs parties contractantes ont conclu un accord international antérieur ou concluent postérieurement un accord international dont les dispositions portent dans les deux cas sur l'objet des parties III ou V du présent traité : 1) aucune disposition des parties III ou V du présent traité ne peut être interprétée comme dérogeant aux dispositions de cet autre accord ni au droit d'exiger un règlement du différend concernant ce point conformément à cet accord ; et 2) aucune disposition de l'autre accord ne peut être interprétée comme dérogeant aux dispositions des parties III ou V du présent traité ni au droit d'exiger un règlement du différend concernant ce point conformément au présent traité, lorsque de telles dispositions sont plus favorables pour l'investisseur ou l'investissement ».

[1225] CIRDI, *Silver Ridge Power BV (Silver Ridge) c. République italienne*, aff. ARB/15/37, Sentence du 26 février 2021, §§ 201-208, spéc. § 207 *contra* SCC (SCC), *Greentech Energy Systems A/S et autres (Greentech) c. République italienne*, aff. n° 2015/095, Sentence finale du 23 décembre 2018, § 348 « Article 16 is not the kind of treaty provision described by VCLT Article 30 (2) ».

[1226] *Silver Ridge*, Sentence du 26 février 2021, préc., § 208 « [...] Article 16 of the ECT [...] requires that the EU Treaties "concern the subject matter of Part III or V" of the ECT, thus calling for a significantly weaker link than Article 30 of the VCLT [...] » *pro* CIRDI, *ACF Renewable Energy Limited (ACF) c. République de Bulgarie*, aff. ARB/18/1, Décision sur l'exception préliminaire Achmea du 20 décembre 2020, § 200 « the Tribunal adds at this point that the reference to "successive treaties relating to the same subject matter" as described in Article 30 VCLT can, but does not necessarily have to, have the same scope as the reference to "subsequent international agreement[s], whose terms ... concern the subject matter of Part III or V" of the ECT in Article 16 ECT. In the view of the Tribunal, the latter prima facie appears broader than the former. Therefore, it is not necessarily contradictory when the Claimant argues that the EU Treaties concern the same subject matter as the ECT when it comes to Article 16 ECT but not when it comes to Article 30 VCLT [...] ».

[1227] *Ibid.*, « [...] the Tribunal is satisfied that the substantive guarantees of freedom of establishment and free movement of capital (Articles 49 and 63 of the TFEU) and the mechanism of judicial protection of EU law (notably in the interpretation given to it in the Achmea judgement) overlap with the standards of investment protection and the dispute settlement mechanism in Parts III and V of the ECT to a sufficient degree for this condition of the application of Article 16 of the ECT to be met » *contra* CIRDI, *Electrabel SA. c. République de Hongrie*, aff. ARB/07/19, Décision sur la juridiction, le droit applicable et la responsabilité du 30 novembre 2012, § 4.176 « « As regards the substantive protections in Part III of the ECT, the Tribunal does not consider that the ECT and EU law share the same subject-matter; and, accordingly, it considers that Article 16 ECT is inapplicable » ; *Greentech*, Sentence finale du 23 décembre 2018, préc., § 346 ; CIRDI, *Belenergia SA. c. République italienne*, aff. ARB/15/40, Sentence du 28 août 2019, § 317 ; CIRDI, *BayWa r.e. Renewable Energy GmbH and BayWa r.e. Asset Holding GmbH (BayWa r.e.) c. Royaume d'Espagne*, aff. ARB/15/16, Décision sur la compétence la responsabilité et le quantum du 2 décembre 2019, § 271 ; SCC, (SCC), *FREIF Eurowind Holdings Ltd.*

plus cohérent s'il acceptait dès le départ que les traités, dans les deux cas, portent en partie sur la même matière, comme le fait le tribunal de l'affaire *Landes Bank Baden-Württemberg*[1228]. Une différenciation apparait encore moins justifiée au regard des textes des accords en anglais. D'un côté, la CVDT précise que l'article 30 s'applique aux « *treaties relating to the same subject matter* » et de l'autre, le TCEn explique que son article 16 s'applique lorsqu'un *« subsequent international agreement, whose terms [...] concern the subject matter of Part III or V of this Treaty »*.

290. Conclusion. Au travers de raisonnements moins homogènes qu'il n'y parait, les tribunaux arbitraux ont dans leur ensemble conclu à la différence de matière des traités de l'UE et des traités d'investissement[1229]. Comme le remarque le tribunal de l'affaire *WCV et Channel Crossing*, les tribunaux ont tranché en faveur d'une différence de matière des traités en cause en mobilisant trois types d'arguments : un premier reposant sur l'idée d'une différence de sujet, de substance des traités ; un second reposant sur la différence des voies de recours offertes par les traités ; un troisième reposant sur la différence, la non-équivalence des standards de protection[1230]. Or, seul le premier type d'argument traite véritablement de la question de la matière des traités. L'adoption de clauses de règlement des litiges différentes, ou une différence dans la protection offerte aux investisseurs ne permet de conclure à la différence de matière des traités qu'à condition d'admettre une différence de nature, plus que de degré, entre les protections. À défaut, ces deux derniers types d'arguments peuvent même démontrer que les traités portent sur la même matière, la protection des investissements internationaux, et que seules différeraient certaines modalités de cette protection. La position quasi unanime des arbitres, surtout parmi les arbitres ayant examiné cette question dans le cadre d'arbitrage sur le fondement de TBI entre États membres[1231], quant à la différence de matière des traités, toute dominante qu'elle soit dans l'arbitrage, n'en reste pas moins sujette à critiques.

(FREIF Eurowind) c. Royaume d'Espagne, aff. n° 2017/060, Sentence du 8 mars 2021, § 325 comp. CIRDI, *Stadtwerke München GmbH, RWE Innogy GmbH et autres (Stadwerke) c. Royaume d'Espagne*, aff. ARB/15/1, Sentence du 2 décembre 2019, §§ 135 et 145 Ici, le tribunal applique le critère de même objet de l'article 16 TCEn au niveau des dispositions, il considère que l'article 344 TFUE ne porte pas sur le même objet que l'article 26 TCEn, car le premier vise les litiges entre États membres.

[1228] Dans l'affaire *Landesbank Baden-Württemberg* l'Espagne tient le raisonnement inverse : elle considère le critère de même matière satisfait dans le cadre de l'article 30, mais pas dans celui de l'article 16 TCEn. Le tribunal souligne ne pas comprendre comment cela est possible. Il considère en l'espèce que les deux articles sont applicables, mais que l'article 16 TCEn s'applique en priorité en tant que règle spéciale de conflit. V. CIRDI, *Landesbank Baden-Württemberg et autres c. Royaume d'Espagne*, aff. ARB/15/45, Décision sur l'exception d'incompétence intra-UE du 25 février 2019, §§ 168-176, spéc. § 171 comp. CIRDI, *Cordoba Beheer et autres c. Royaume d'Espagne*, aff. ARB/16/27, Décision sur la compétence, la responsabilité et les principes de quantum du 11 février 2022, §§ 644-647. Le tribunal considère que, soit les traités portent sur la même matière, alors l'article 30 CVDT et l'article 16 TCEn sont applicables, et l'article 16 TCEn résout le conflit en faveur du TCEn, car il s'applique à la fois aux accords antérieurs et postérieurs conclus par les parties, soit aucun des deux articles ne s'applique.

[1229] Les développements suivants étendent des conclusions visant principalement la notion de même matière dans le cadre de l'application de l'article 30 CVDT, à l'article 59 CVDT en considérant que ces articles se distinguent sur le degré d'incompatibilité qu'ils visent et sur le résultat de leur application (abrogation/mise à l'écart), mais pas sur le critère de même matière. *Contra* GIEGERICH T., « Article 59 – Termination or suspension of the operation of a treaty implied by conclusion of a later treaty » *in* DÖRR O. et SCHMALENBACH K. (eds.), *Vienna Convention on the Law of Treaties*, 2z éd., Berlin, Springer, 2018, pp. 1083-1094, spéc. §§11-13 et §§ 25-29. V. aussi DUBUISSON F., « Convention de 1969 – Article 59 » *in* CORTEN O. et KLEIN P. (dir.), *Les Conventions de Vienne sur le Droit des Traités, III*, Bruxelles, Bruylant, 2006, pp. 2091-2125. Cet auteur distingue entre une interprétation stricte de la notion de même matière caractéristique de l'article 30 et une interprétation large propre à l'article 59.

[1230] *WCV et Channel Crossing*, Seconde sentence partielle du 29 juillet 2020, préc., §§ 289-311.

[1231] CIRDI, *Theodoros Adamakopoulos, Ilektra Adamantidou, Vasileios Adamopoulos et autres (Adamakopoulos) c. République de Chypre*, aff. ARB/15/49, Déclaration de dissentiment du Professeur Marcelo G. Kohen du 3 février 2020, §§ 23-39 *pro* CPA, (CNDUCI), *WCV World Capital Ventures Cyprus Limited* et *Channel Crossings Limited (WCV et Channel Crossing) c. République tchèque*, aff. n° 2016-12, Opinion dissidente de Marcelo G. Kohen du 20 septembre 2020, §§ 34-55.

§ 2 - Les limites d'une distinction des matières respectives des traités

*291. **Plan de paragraphe.*** Comme le mettent en évidence certains aspects des sentences portant sur le TCEn, la centralité de l'arbitrage État-investisseur dans le cadre de la détermination de la « matière » des traités de protection et de promotion des investissements mérite d'être questionnée (C). Elle présuppose une focalisation de l'analyse sur l'objectif de protection des investissements au détriment de celui de promotion des investissements réciproques – d'encouragement de l'intégration des économies des États parties – partagé par les traités de l'Union (B). Or, la Convention de Vienne sur le droit des traités de 1969 (CVDT) ne précise pas que les traités successifs doivent partager une même matière particulièrement précise, telle que la protection des investissements par l'arbitrage État-investisseur. Une telle interprétation restrictive du critère de même matière peut être contestée du point de vue droit international public (A).

A - La critique d'une interprétation restrictive du critère de même matière

***292. Le lien entre interprétation stricte et principe de* lex specialis.** Malgré son importance, la définition de la notion de « même matière[1232] » n'est pas précisée dans la CVDT. Une partie de la doctrine s'accorde sur le fait que cette notion doit faire l'objet d'une interprétation stricte[1233]. Cela vise en réalité à préserver un champ d'application à la maxime *lex specialis derogat legi generali*[1234]. Dans le même sens, certains avancent qu'au-delà de la matière c'est le degré de généralité des traités qui doit être pris en compte. L'article 30 et l'article 59 CVDT ne s'appliqueraient alors à des traités successifs que si ces traités régissaient

---

[1232] Sans plus de précisions, Wolfram Karl accole à la notion de même matière en parenthèse sa traduction en latin *in pari materia.* Il s'agit d'une maxime latine d'interprétation notamment utilisée dans les pays de *common law.* V. KARL W., « Treaties, Conflicts Between », *in* BERNHARDT R. (ed.), *Encyclopedia of Public International Law*, Vol. 7, 1984, Amsterdam, Elsevier Science, pp. 467-473, spéc. pp. 468 La maxime *in pari materia* fait référence à un principe d'interprétation contextuelle des lois connexes plus proche de l'article 31 § 3 c) que de l'article 30 § 3 CVDT. Cette maxime peut également être considérée comme un moyen complémentaire d'interprétation au sens de l'article 32 CVDT. V. LINDERFALK U., *On the interpretation of treaties*, Dordretch, Springer, 2007, pp. 437, spéc. pp. 255-259. Pour une analyse de l'utilisation de cette maxime par la Cour Suprême des États-Unis v. DESAI A.C., « The Dilemma of Interstatutory Interpretation », *Whashington and Lee Law Review*, Vol.77 (1), 2020, pp. 177-267, spéc. pp. 179-193, 231,242,243,264. L'auteur conclut que la Cour Suprême détermine, de manière *ad hoc* si des lois portent ou non sur la même matière.

[1233] AUST A., *Modern Treaty Law and Practice*, 2nd ed.., Cambridge, CUP, 2007, pp. 452, spéc. p. 229 ; McCABE D., « Resolving Conflicts between Multilateral Environmental Agreement : The Case of the Montreal and Kyoto Protocol », *Fordham Environmental Law Review*, Vol. 18(2), 2007, pp. 433-466, spéc. pp. 452-454 ; SCHULZ A., The Relationship between the Judgments Project and Other International Instruments, Hague Conference on Private International Law, Prel. Doc. N° 24, Décembre 2003, § 8 ; SINCLAIR I., *The Vienna Convention on the Law of Treaties*, 2nd ed., Manchester, Manchester University Press, 1984, pp. 270, spéc. pp. 98. Pour un auteur considérant que cette notion doit être interprétée strictement, mais dénonçant des interprétations formalistes aboutissant à nier l'existence de conflits entre traités v. BORGEN C.J., « Resolving Treaty Conflicts », *George Washington International Law Review*, Vol. 37 (3), 2005, pp. 573-648, spéc. pp. 603-608 et 626-633.

[1234] Conférence des Nations Unies sur le droit des traités, Deuxième session, 91e séance de la Commission plénière, 16/05/1969, A/CONF.39/C.1/SR.91, § 41 « Sir Humphrey [Waldock] convient que [les mots « portant sur la même matière »] ne doivent pas être interprétés comme s'appliquant aux cas où un traité de portée générale recouvre indirectement la teneur d'une disposition particulière d'un traité antérieur ; en pareil cas, la question met en jeu des principes tels que *generalia specialibus non derogant* ». Certains auteurs considèrent que la règle de *lex specialis* est prévu par l'article 30 CVDT. V. MAJOROS F., *Les Conventions Internationales en Matière de Droit Privé - Tome I Abrégé théorique et traité pratique*, Paris, Pedone, 1976, pp. 470, spéc. p. 426 *cité par* ROUCOUNAS E., « Engagements parallèles et contradictoires », RCADI, Vol. 206, 1987, pp. 9-287, spéc. pp. 83. Cet auteur considère lui que « l'article 30 ne contient pas de disposition sur la *lex specialis* ».

une matière « avec le même degré de généralité ou avec un degré de généralité comparable »[1235]. Une autre partie de la doctrine considère que le critère doit être interprété largement[1236]. La CDI affirme qu'il n'est ni nécessaire ni raisonnable d'interpréter strictement l'expression « même matière »[1237]. De manière plus consensuelle, il est admis que les traités n'ont pas à porter sur une matière exclusive, ils peuvent porter au surplus sur d'autres matières[1238]. Une interprétation restrictive de ce critère apparait particulièrement critiquable, si elle aboutit à évacuer toutes questions d'incompatibilité[1239], et pas seulement à trancher un conflit en application d'une autre règle que la *lex posterior*. La notion de « même matière » doit alors être mise au second plan[1240], pour ne pas faire écran[1241], et empêcher l'examen des interactions entre les traités régissant *prima facie* une même situation[1242].

293. Conclusion. Si une conception stricte de la notion de même matière peut être soutenue, ce choix implique de rejeter l'idée selon laquelle les articles 30 et 59 CVDT épuiseraient toutes les hypothèses de conflit entre des obligations internationales[1243]. Or, il ressort de l'étude des sentences que la majorité d'entre elles ont adopté, tacitement, ou

---

1235 POLILLO F., « Convention de Vienne de 1969 – Article 30 » *in* CORTEN O. et KLEIN P. (dir.), *Les Conventions de Vienne sur le Droit des Traités*, Bruxelles, Bruylant, 2006, pp. 1247-1283, spéc. pp. 1263.

1236 VON DER DECKEN K., « Article 30 – Application of successive treaties relating to the same subject matter » *in* DÖRR O. et SCHMALENBACH K. (eds.), *Vienna Convention on the Law of Treaties*, 2e éd., Berlin, Springer, 2018, pp. 539-554, spéc. p. 546 ; MICHAELS R. et PAUWELYN J., « Conflict of Norms or Conflict of Laws? Different Technique in the Fragmentation of Public International Law », *Duke Journal of Comparative and International Law*, Vol.22 (3), pp. 349-376, spéc. pp. 365 et 366 ; KLABBERS J., *Treaty Conflict and the European Union*, Cambridge, CUP, 2009, pp. 260, spéc. p. 93. Certains tribunaux arbitraux reconnaissent que cette notion doit être interprétée largement. V. CIRDI, *Inicia Zrt, Kintyre Kft and Magyar Farming Company Ltd (Magyar Farming) c. Hongrie*, aff. ARB/17/27, Sentence du 13 novembre 2019, § 228 ; SCC, (SCC), *GPF GP S.à.r. l (Griffin) c. République de Pologne*, aff. n° 2014/168, Sentence du 29 avril 2020, § 364 *contra* CIRDI, *Cyprus Popular Bank c. République hellénique*, aff ARB/14/16, Décision sur la compétence et la responsabilité du 8 janvier 2019, §§ 642-644.

1237 C.D.I, *Fragmentation du Droit International : Difficultés découlant de la Diversification et de l'Expansion du Droit International*, Rapport du Groupe d'Étude de la CDI, 13.04.06, A/CN.4/L.682, § 253.

1238 AUST A., *Modern Treaty Law and Practice*, 2nd ed., *op. cit.*, pp. 293.

1239 Pour une réflexion détaillée sur le critère de même matière y voyant une référence à l'exigence de l'existence d'un conflit ou d'une incompatibilité et non pas une référence à la *lex specialis* v. PAUWELYN J., *Conflict of Norms in Public International Law – How WTO law Relates to other Rules of International Law*, Cambridge, CUP, 2003, pp. 492, spéc. pp. 364-367. L'auteur critique également le raisonnement du groupe spécial de l'OMC dans l'affaire *Indonésie – Certaines mesures affectant l'industrie automobile*, 2 juillet 1998, WT/DS54/, WT/DS55/R, WT/DS59/R, WT/DS64/R (§ 14.49-14.52) selon lequel « l'accord SMC et MIC ne peuvent pas être en conflit puisqu'ils portent sur des matières différentes et n'imposent pas des obligations s'excluant mutuellement. ». Pour une critique similaire d'une approche stricte du conflit de norme adossée à une distinction entre règles procédurales et substantielles, dans la jurisprudence de la CIJ v. BOUDREAULT F., « Identifying Conflict Norms : The ICJ Approach in the Case of the Jurisdictional Immunities of the State (Germany v. Italy: Greece Intervening) », *Leiden Journal of International Law*, Vol. 25 (4), 2012 pp. 1003-1012.

1240 ODENDAHL K., « Article 30 – Application of successive treaties relating to the same subject matter » *in* DÖRR O. et SCHMALENBACH K. (eds.), *Vienna Convention on the Law of Treaties*, 1st ed., Berlin, Springer, 2012, pp. 505-518, spéc. § 13 « The exact delimitation of the formulation "relating to the same subject matter", however, may also be left aside since the notion of (in)compatibility remains the issue of crucial importance. ».

1241 Pour une thèse inverse (en matière de conventions de droit international privé) préconisant une application extensive de la règle de spécialité (*ratione materiae* et *ratione loci*) en amont comme procédé de neutralisation du conflit v. BUREAU D., « Les conflits de conventions » *in Droit international privé : travaux du comité français de droit international privé*, 14e année, 1998-2000, Paris, Pedone, 2001, pp. 201-242, spéc. pp. 209-214.

1242 Il est possible de considérer que l'examen du critère de même matière demande de procéder à un test d'applicabilité. V. VIERDAG E.W., « The Time of the 'Conclusion' of a Multilateral Treaty : Article 30 of the Vienna Convention on the Law of Treaties and Related Provisions », *British Yearbook of International Law*, Vol. 59, 1988, pp. 75-111, spéc. p. 100 « If an attempted simultaneous application of two rules to one set of facts or actions leads to incompatible results it can safely be assumed that the test of sameness is satisfied ». comp. ROUCOUNAS E., « Engagements parallèles et contradictoires », *RCADI*, Vol. 206, 1987, pp. 9-287, § 126 « il faudra, devant deux traités pour lesquels il n'y a pas de provision sur leur rapport et qui semblent *prima facie* régir une même situation, rechercher si l'un affecte l'autre. Il l'affecte, s'il le complète, l'écarte, l'amplifie, le rend douteux ». comp. RAMANUJAN A., « Conflicts Over "Conflict": Preventing Fragmentation of International Law », *Trade, Law and Development*, Vol.1 (1), 2009, pp. 171-191, spéc. p. 178 « two treaties clearly relate to the same subject-matter, in that the same factual situation/action would involve the application of the two ».

1243 BORGEN C.J., « Treaty Conflict and Systemic Fragmentation » *in* HOLLIS D.B. (ed.), *The Oxford Guide to Treaties*, 2nd ed, Oxford, OUP, 2020, 432-456, spéc. pp. 439-455.

explicitement[1244], cette idée, et conclu à l'absence d'incompatibilité des traités du seul fait de la différence de leurs matières. Cela est vrai des sentences se limitant à l'examen du critère de même matière[1245], mais aussi de celles examinant la question de la compatibilité par souci d'exhaustivité dans des développements qualifiables d'*obiter dicta*[1246].

B - L'intégration économique comme matière commune des traités

294. La catégorie commune des accords d'intégration économique et d'investissement. Concernant les traités de protection des investissements et les traités de l'UE (TUE et TFUE), il n'est pas nécessaire d'adopter une conception extensive de la notion de même matière, pour considérer que ces traités portent sur la même matière[1247]. D'ailleurs, certaines sentences reconnaissent que les traités portent tous deux sur « l'investissement transfrontalier intra-UE »[1248], « traitent d'investissement et de règlement des différends »[1249], ou encore qu'ils « protègent les investisseurs »[1250]. Les traités de l'UE peuvent être intégrés dans la catégorie des accords d'intégration économique et d'investissement[1251] (AIEI/EIIA)

1244 CPA, (CNUDCI), *Muszynianka Spółka z Ograniczoną Odpowiedzialnością (Muszynianka) c. République slovaque*, aff. n° 2017-08, Sentence du 07 octobre 2020, § 237 ; *Magyar Farming*, Sentence du 13 novembre 2019, préc., § 237 ; *Griffin*, Sentence du 29 avril 2020, préc., § 370. Les deux dernières sentences comportent exactement la même phrase, mais ne citent aucune référence : « The Parties have not pointed to, and the Tribunal is not aware of the existence of, provisions in the VCLT or of norms of customary international law that would govern the resolution of possible conflicts between successive treaties that do not share the same subject matter ».

1245 CPA, (CNUDCI), *A.M.F. Aircraftleasing Meier & Fischer GmbH & Co. KG (A.M.F Aircraftleasing) c. République tchèque*, aff. n° 2017-15, Sentence finale du 11 mai 2020, §§ 357 et 363 ; CIRDI, (Ad hoc), *Strabag SE, Raiffeisen Centrobank AG and Syrena Immobilien Holding AG (Strabag) c. République de Pologne*, aff. ADHOC/15/1, Sentence partielle sur la compétence du 4 mars 2020, §§ 8.135-8.143 ; CIRDI, *Marfin Investment Group Holdings S.A., Alexandros Bakatselos et autres (Marfin) c. République de Chypre*, aff. ARB/13/27, Sentence du 26 juillet 2018, §§ 581 et 589 ; SCC, (SCC), *J. P. Busta et I. P. Busta (Busta) c. République tchèque*, aff. n° 2015/014, Sentence finale du 10 mars 2017, §§ 113-118 et 126-128 ; SCC, (SCC), *Anglia Auto Accessories Ltd (Anglia) c. République tchèque*, aff. n° 2014/181, Sentence finale du 10 mars 2017, §§ 113-118 et 126-128 ; Pour des sentences n'examinant pas les incompatibilités entre dispositions des traités au sens de l'article 30 § 3 CVDT du fait de la différence de leurs matières, mais examinant l'incompatibilité des traités au sens de l'article 59 CVDT V. SCC, (CNUDCI), *Eastern Sugar B. V. c. République tchèque*, aff. n° 088/2004, Sentence partielle du 27 mars 2007, §§ 178-180 ; Arbitrage *ad hoc*, (CNUDCI), *Jan Oostergetel & Theodora Laurentius (Oostergetel) c. République slovaque*, Sentence sur la compétence du 30 avril 2010, §§ 101 et 104 ; À inverse la sentence *PL Holdings* examine la question de l'incompatibilité des dispositions des traités, mais écarte celle de l'incompatibilité des traités *in toto* en rappelant que les traités ne portent pas sur la même matière comme si cette condition n'était applicable qu'à l'article 59 CVDT et pas à l'article 30 CVDT. V. SCC (SCC), *PL Holdings S.a.r.l. c. République de Pologne*, aff. n° 2014/163, Sentence partielle 28 juin 2017, §§ 311 et 312.

1246 *Muszynianka*, Sentence du 07 octobre 2020, préc., § 238 ; *Griffin*, Sentence du 29 avril 2020, préc. § 370 ; *Magyar Farming*, Sentence du 13 novembre 2019, préc., § 238.

1247 CIRDI, *Theodoros Adamakopoulos, Ilektra Adamantidou, Vasileios Adamopoulos et autres (Adamakopoulos) c. République de Chypre*, aff. ARB/15/49, Déclaration de dissentiment du Professeur Marcelo G. Kohen du 3 février 2020, §§ 23-39. V. aussi POULAIN B., « L'investissement international : définition ou définitions » *in* KAHN P. et WÄLDE T. (dir.), *Les aspects nouveaux du droit des investissements – New Aspects of International Investment Law*, Académie de droit international de La Haye, 2007, pp. 123-150, spéc. §§ 44-48. L'auteur considère que les traités bilatéraux d'investissement et les traités de l'UE, voire les traités établissant l'Espace économique européen (EEE), portent sur la même matière.

1248 *Eastern Sugar*, Sentence partielle du 27 mars 2007, préc., § 160.

1249 *Adamakopoulos*, Décision sur la compétence du 7 février 2020, préc., § 168.

1250 *PL Holdings*, Sentence partielle 28 juin 2017, préc., § 312 ; *Magyar Farming*, Sentence du 13 novembre 2019, préc., § 234.

1251 Cette catégorie d'accord, plus hétérogène que les TBI, inclut dans une sous-catégorie des accords comprenant des dispositions de libéralisation et de protection des investissements. V. CNUDCED, *Investment Provisions in Economic Integration Agreements*, UNCTAD/ITE/IIT/2005/10, 2006, pp. 166, spéc. pp. 31-58 En 2005, sur les 300 accords d'intégration économique étudié 67 % entrent dans la catégorie des AIEI (pp.31). Sur la comparaison entre TBI et AIEI/EIIA il est précisé que : « The distinction between a BIT and an EIIA is not necessarily the distinction between a strong and a weak agreement » (p. 55).

voisine de celle des accords sur la promotion et la protection des investissements étrangers (APIE/FIPA) comprenant les TBI. Il est aussi possible de rapprocher les accords d'intégration économique et d'investissement et les traités de protection et de promotion des investissements en considérant qu'ils découlent historiquement tous deux des conventions[1252] ou traités d'établissement signés entre la fin du XIXe et la fin du XXe siècle[1253]. D'ailleurs, il est possible de trouver dans la pratique des États-Unis au moins un exemple d'abrogation tacite d'un traité de commerce et navigation par un traité d'établissement et de séjours postérieur[1254]. Des États ont donc pu admettre l'abrogation tacite d'un traité par un traité postérieur ne portant pas *stricto sensu* sur la même matière.

295. Le rapprochement autorisé par l'analyse doctrinale de Todd Weiler. Certaines approches doctrinales du droit international de l'investissement mettent également en exergue la proximité des traités de l'UE et des traités de protection des investissements. La lecture du droit international de l'investissement proposé par Todd Weiler est particulièrement frappante à ce titre. Pour cet auteur un double principe, positif d'égalité et négatif de non-discrimination, constituerait la norme de base (*Grundnorm)* du droit de l'investissement international dont découleraient les cinq principes essentiels du droit de l'investissement : le principe de traitement juste et équitable, le principe de protection et sécurité pleine et entière, le principe de traitement national, le principe de traitement de la nation la plus favorisée et le principe de compensation en cas d'expropriation[1255]. Or l'interdiction de toute discrimination sur la base de la nationalité est un principe primordial du droit de l'UE, inscrit à l'article 18 du Traité sur l'UE (TUE)[1256], et innervant l'ensemble du droit dérivé et la jurisprudence de la Cour de justice. En matière d'investissement il se retrouve particulièrement dans l'interdiction des restrictions discriminatoires, au droit

1252 Le terme de convention d'établissement pouvait être utilisé en 1968 pour désigner soit des traités d'établissement déterminant « l'entrée et la condition des ressortissants d'une des hautes parties contractantes sur le territoire de l'autre », énumérant « des droits – et des limites des droits – reconnus aux étrangers en ce qui concerne l'exercice des professions libérales et commerciales, leur statut en matière sociale ou fiscale, leurs droits acquis », soit des contrats d'investissement, autrement dit des contrats d'États. Il s'agissait donc pour la doctrine d'instruments différents, mais portant sur la même matière : l'établissement. V. GAUTRON J.-C., « Les conventions d'établissement conclues par le Sénégal avec des entreprises », *AFDI*, Vol. 14, 1968, pp. 654-670, spéc. pp. 654-656. Dans l'introduction l'auteur rappelle la distinction entre ces deux types d'instrument. Un des exemples de traité d'établissement qu'il mentionne est le traité instituant la Communauté économique européenne. Les contrats d'investissement sont envisagés par l'auteur (nbp 1 p. 655) comme des accords ne pouvant qu'étendre et pas réduire le volume et la nature des droits inscrit dans le traité d'établissement. Ces deux types d'instrument sont tous les deux des ancêtres des accords sur la promotion et de protection de l'investissement, donc des TBI entre États membres.

1253 DI BELLA D. R., « Re-discovering the Origins of Bilateral Investment Treaties », *OpinioJuris*, 20.05.20.

1254 AUFRICHT A., « Supersession of Treaties in International Law », *Cornell Law Review*, Vol.37 (2), 1952, pp. 655-700, spéc. p. 658 « In the practice of states the principle of implied supersession of treaties by treaties has frequently been invoked. Thus the United States Department of State took the position that the Treaty of Commerce and Navigation of 1830 between the United States and the Ottoman Empire should be considered as having been terminated through the entry into force of the Treaty of Establishment and Sojourn of October 28, 1931, although neither the latter Treaty nor the related Treaty of Commerce and Navigation, effective April 22, 1930, contained any specific reference to the termination of the 1830 Treaty ».

1255 WEILER T., *The Interpretation of International Investment Law*, Leiden – Boston, Martinus Nijhoff, 2013, pp. 526, spéc. pp. 1-20 Pour cet auteur un double principe, positif d'égalité et négatif de non-discrimination, constituerait la norme de base du droit de l'investissement international dont découleraient les cinq principes essentiels du droit de l'investissement : le principe de traitement juste et équitable, le principe de protection et sécurité pleine et entière, le principe de traitement national, le principe de traitement de la nation la plus favorisée et le principe de compensation en cas d'expropriation.

1256 TFUE art. 18 al.1 : Dans le domaine d'application des traités, et sans préjudice des dispositions particulières qu'ils prévoient, est interdite toute discrimination exercée en raison de la nationalité.

d'établissement des ressortissants des États membres établis sur le territoire d'un autre État membre[1257] et aux mouvements de capitaux[1258].

296. Le critère de même matière dans l'application des clauses de la nation la plus favorisée. Dans le cadre de l'application de clauses garantissant le traitement de la nation la plus favorisée (NPF), la précondition de même matière des dispositions des traités, limitant l'importation des dispositions plus favorables, n'est pas interprétée strictement par les arbitres[1259]. Par exemple, le tribunal arbitral de l'affaire *Spyridon Roussalis (Roussalis) c. Roumanie* a envisagé l'importation, par une clause de traitement de la nation la plus favorisée, de dispositions contenues dans la CESDH et dans son protocole additionnel n° 1[1260]. Dans ce contexte, un tribunal arbitral n'aurait pas de difficultés à considérer que certaines dispositions d'un accord sur la promotion et la protection de l'investissement étranger (APIE/FIPA) et d'un accord d'intégration économique et d'investissement (AIEI/EIIA) portent sur la même matière. C'est d'ailleurs pour cette raison que les États parties à un accord d'intégration économique ne souhaitant pas ce type de transfert l'excluent expressément en incorporant une exception visant les organisations régionales d'intégration économique (ORIE/REIO) au sein des clauses de traitement de la nation la plus favorisée applicables à des États tiers non membres de ces organisations[1261]. Les traités d'investissement entre États membres comprennent de telles clauses, par conséquent les avantages accordés aux investisseurs de l'Union ne peuvent pas être étendus aux investisseurs du futur État membre avant son adhésion. La présence de ces exceptions dans les clauses de traitement de la nation la plus favorisée suggère que la matière de l'investissement était commune aux traités de l'UE et aux traités d'investissement même avant le traité de Lisbonne[1262]. Ces exceptions courantes[1263] ont également vocation à résoudre de potentiels conflits entre le droit primaire, ou secondaire, de ces organisations et les traités d'investissement[1264]. En effet, les clauses de la

---

[1257] TFUE art. 59 : « Dans le cadre des dispositions ci-après, les restrictions à la liberté d'établissement des ressortissants d'un État membre dans le territoire d'un autre État membre sont interdites. Cette interdiction s'étend également aux restrictions à la création d'agences, de succursales ou de filiales, par les ressortissants d'un État membre établis sur le territoire d'un État membre. / La liberté d'établissement comporte l'accès aux activités non salariées et leur exercice, ainsi que la constitution et la gestion d'entreprises, et notamment de sociétés au sens de l'article 54, deuxième alinéa, dans les conditions définies par la législation du pays d'établissement pour ses propres ressortissants, sous réserve des dispositions du chapitre relatif aux capitaux ».

[1258] TFUE art. 63 § 1 : « Dans le cadre des dispositions du présent chapitre, toutes les restrictions aux mouvements de capitaux entre les États membres et entre les États membres et les pays tiers sont interdites ».

[1259] Commission d'arbitrage Grèce – Royaume-Uni, *Ambatielos (II)*, Sentence du 6 mars 1956 *in* Nations Unies, Recueil des sentences arbitrales, Vol. XII, pp. 83-153, spé pp. 107. « Commission holds that the most-favoured-nation clause can only attract matters belonging to the same category of subject as that to which the clause itself relates. ». Une fois ce principe posé, la Commission d'arbitrage n'interprète pas ce critère de même matière strictement : « It is true that "the administration of justice", when viewed in isolation, is a subject-matter other than "commerce and navigation", but this is not necessarily so when it is viewed in connection with the protection of the rights of traders. ». Pour une étude de la jurisprudence de la CIJ et des tribunaux CIRDI en matière de clause de la nation la plus favorisée v. TANON LOPES A.S., *Le droit des investissements internationaux vu par la CIJ et le CIRDI*, Thèse : Droit, Université de Bordeaux, 2016, pp. 517, spéc. pp. 35-97. L'autrice montre que les arbitres et les juges s'accordent sur la fonction égalisatrice des clauses de la nation la plus favorisée, mais ne partagent pas la même conception de la portée de cette clause.

[1260] CIRDI, *Spyridon Roussalis (Roussalis) c. Roumanie*, aff. ARB/06/1, Sentence du 7 décembre 2011, § 312.

[1261] KARL J., « Multilateral investment agreements and regional economic integration », *Transnational corporations*, Vol.5 (2), 1996, pp. 19-50.

[1262] TEYNIER E., « L'applicabilité des traités bilatéraux sur les investissements entre États membres de l'Union européenne », *Gaz. Pal.*, Vol. 89, 2008, pp. 12-17, spéc. § 12.

[1263] CNUDCED, *The REIO Exception in MFN treatment clauses*, UNCTAD/ITE/IIT/2004/7, 2004, pp. 63.

[1264] Dans le cadre de l'élargissement de 2004 les nouveaux États membres ont dû adapter leurs obligations en matière d'investissement envers des États tiers, notamment les États-Unis et le Canada par le biais de protocoles d'entente ou de véritables amendements (insertion d'exceptions ORIE/REIO). V. STRIK P., *Shaping the Single European Market in the field of foreign direct investment*, Oxford, Hart Publishing, 2014, pp. 261, spéc. pp. 63,64 et 146-150 ; RADU A., « Foreign Investor in the EU – Which 'Best Treatment'? Interaction Between Bilateral Investment Treaties and EU Law », *European Law Journal*, Vol. 14 (2), 2008, pp. 237-260.

nation la plus favorisée peuvent être considérées comme un cas spécifique d'application, à un conflit de conventions, du principe de *lex posterior derogat priori*[1265]. Pour être cohérents, les tribunaux considérant que seuls des traités portant sur la même matière peuvent être incompatibles, doivent alors admettre que les traités de promotion et de protection des investissements et les traités établissant des organisations régionales d'intégration économique (ORIE/REIO), portent en partie sur la même matière.

297. L'appréhension de la protection comme objectif et pas comme moyen d'intégration. Concernant la matière des traités – ou autrement dit le « sujet », la « substance » des traités, en citant la sentence *EURAM*[1266] –, les sentences arbitrales distinguent entre intégration économique et augmentation des flux d'investissement. Or, l'intégration économique par la création d'un marché commun et l'augmentation des investissements transfrontaliers vont de pair. En outre, les traités d'investissement visent aussi à créer des zones d'intégration économique, même s'il s'agit d'une intégration sommaire[1267]. En réalité, l'élément fondamental justifiant pour les arbitres la différence de matière des traités, au-delà de la distinction entre traités de protection et traité de libéralisation (recoupant l'opposition entre traités régissant les investissements avant ou après établissement[1268]), est le non-recours à l'arbitrage État-investisseur comme mécanisme de résolution des différends entre investisseurs de l'Union et États membres[1269]. Cette position repose sur l'argument préalable selon lequel, les traités d'investissement ont uniquement pour but de protéger les investissements[1270]. Cet argument doit être modéré, car pour l'une des parties, bien souvent,

---

[1265] AUFRICHT A., « Supersession of Treaties in International Law », art. cité, pp. 679-682.

[1266] CPA, (CNUDCI), *European American Investment Bank AG (EURAM) c. République slovaque*, aff. n° 2010-17, Décision sur la compétence du 22 octobre 2012, § 172 « […] the subject matter of a treaty is inherent in the treaty itself and refers to the issues with which its provisions deal, i.e. its topic or its substance ».

[1267] WÄLDE T. W., « Multilateral Investment Agreements (MITs) in the Year 2000 » *in* LOQUIN E., SALEM M. et LEBEN C. (eds.), *Souveraineté étatique et marchés internationaux à la fin du XXe siècle (À propos de 30 ans de recherches du CREDIMI) – Mélange en l'honneur de Philippe KAHN*, Litec, 2000, pp. 389-431, spéc. p. 389 L'auteur qualifie l'intégration visée par les traités d'investissement de « *proto-EU quality* ».

[1268] Sur le caractère relatif de ces distinctions v. PIGEON N., *La mise en œuvre de la compétence de l'Union européenne en matière d'investissements internationaux*, Thèse : Droit, Université Paris I – Panthéon Sorbonne, 2018, pp. 754, spéc. pp. 451 et 452.

[1269] *Eastern Sugar*, Sentence partielle du 27 mars 2007, préc., §§ 164 et 165 ; *Oostergetel*, Sentence sur la compétence du 30 avril 2010, préc., § 77 ; CPA, (CNUDCI), *Achmea B. V. c. République slovaque (formerly Eureko B. V. c. République slovaque)*, aff. n° 2008-13, Décision sur la compétence, l'arbitrabilité et la suspension du 26 octobre 2010, § 264 ; CPA, (CNUDCI), *WNC Factoring Ltd (WNC) c. République tchèque*, aff. n° 2014-34, Sentence du 22 février 2017, §§ 298 et 307 ; CPA, (CNUDCI), *JSW Solar and Wirtgen c. République tchèque*, aff. n° 2014-03, Sentence finale du 11 octobre 2017, § 265 ; CIRDI, *United Utilities (Tallinn) B. V. et Aktsiaselts Tallinna Vesi (United Utilities (Tallin)) c. République d'Estonie*, aff. ARB/14/24, Sentence du 21 juin 2019, § 543 ; *Strabag*, Sentence partielle sur la compétence du 4 mars 2020, préc., § 8.136.

[1270] Les programmes de signature de TBI des États exportateur de capitaux initiés dans les années 60 ont eu pour objectif principal de protéger les investissements (voir les biens) existants ou futurs de leurs ressortissants. Les programmes initiés à la fin des années 70 répondaient aux nationalisations qui avait ponctué cette décennie et à l'adoption en 1974 à l'ONU de la Charte des droits et devoirs économiques des États qui s'écartait du droit international coutumier en matière d'expropriation. V. VANDEVELDE KJ., « The BIT Program: A Fifteen-Year Appraisal », *Proceedings of the Annual Meeting (American Society of International Law)*, Vol. 86, 1992, pp. 532-540, spéc. pp. 535 et 536 « U.S. policy makers, at least in the beginning, always disclaimed investment promotion as a goal of the BITs. […] As it happened, the goals of the United States in proposing the BITs and the goals of its potential BIT partners were almost mutually exclusive. Typically, these potential partners had no interest in bolstering customary practice in support of prompt, adequate and effective compensation or in establishing an effective remedy for U.S. investors. And often they were opposed to extending BIT protection to existing investment. […] BIT partners often sought a BIT for one reason only: to promote future investment. »; DENZA E. et BROOKS S., « Investment Protection Treaties: United Kingdom Experience », *ICLQ*, Vol. 36 (4), 1987, pp. 908-923 « What was needed was, to revert to the language of the NIEO, to secure "favourable conditions for the transfer of financial resources to developing countries" ». Les TBI signés dans les années 90 (un TBI sur trois), notamment au regard du contexte économique, peuvent être vus comme visant davantage un objectif de libéralisation, voire comme des éléments d'intégration économique. V. VANDEVELDE KJ., « A Brief History of International Investment Agreements », *U.C.-Davis Journal of International Law and Policy*, Vol.12, 2005, pp. 157-194, spéc. pp. 183, 190-194 Le même auteur reconnait par ailleurs que les dispositions des TBI visent principalement à protéger les investissements. Ces accords cette protection n'est qu'un moyen[1271] au service d'un ou de plusieurs buts[1272]. La jurisprudence arbitrale, comme la doctrine, insiste cependant sur l'objectif de protection[1273]. Toutefois, il est possible de trouver des sentences adoptant une approche plus nuancée. Aussi le tribunal de l'affaire *Lemire c. Ukraine (II)* tout en posant la stimulation de l'investissement étranger et l'accompagnement des flux de capitaux comme objectif principal d'un traité d'investissement précise : « *[...] this main purpose is not sought in the abstract; it is inserted in a wider context, the economic development for both signatory countries. Economic development is an objective which must benefit all, primarily national citizens and national compagnies, and secondarily foreign investors. Thus, the object and purpose of the Treaty is not to protect foreign investment per se, but as an aid to the development of the domestic economy [...]* »[1274].

298. Conclusion. Dans l'ensemble, les sentences étudiées établissent la protection de l'investissement en tant qu'objectif exclusif de traités de promotion et protection de l'investissement et désignent l'arbitrage État-investisseur comme le seul moyen de garantir véritablement ce dernier. Les arbitres s'avèrent appliquer et interpréter davantage des traités d'arbitrage État-investisseur, que des traités de promotion ou d'encouragement et de protection des investissements.

C - La discutable centralité de l'arbitrage État-investisseur

299. La jurisprudence majoritaire commune aux différents traités entre États membres. La grande majorité des tribunaux arbitraux ont conclu à la différence de matière des traités constitutifs de l'Union et du TCEn. Pour ce faire, ils ont fréquemment repris les analyses de sentences portant sur des TBI entre États membres. Par exemple, le tribunal dans l'affaire *Electrabel* conclut à une différence de matière des traités dans le cadre de l'application

obéissent davantage à une logique protectionniste (*economic nationalism*) qu'à une logique purement libérale. V. Id., « The Political Economy of a Bilateral Investment Treaty », *AJIL*, Vol.92 (4), 1998, pp. 621-641, spéc. pp. 634-636. Pour une analyse économique de l'objet des TBI n'aboutissant pas à l'identification d'un objectif unique, mais d'un objectif double v. SYKES A.O., « The Economic Structure of International Investment Agreements with Implications for Treaty Interpretation and Design », *AJIL*, Vol.113(3), 2019, pp. 482-534. L'auteur identifie un double objectif de contrôle des externalités internationales dues à des politiques nationales inefficaces et d'élimination d'anomalies de marché augmentant le coût du capital pour les pays importateurs.

1271 Cela est notamment souligné dans le premier principe général d'une lettre ouverte collective signé par un groupe de professeurs, issus de plus d'une vingtaine d'universités réparties dans neuf pays différents, ayant une approche critique du régime de l'investissement international. *Voir :* Public statement on the international investment regime, 31 August 2010, « General principles, 1. The protection of investors, and by extension the use of investment law and arbitration, is a means to the end of advancing the public welfare and must not be treated as an end in itself », disponible à l'adresse : <https://www.bilaterals.org/IMG/pdf/Public_Statement.pdf>, consulté le 21.12.2024.

1272 Pour le point de vue d'un pays importateur de capitaux dans le cadre du programme précurseur de signature de TBI initié par l'Allemagne de l'Ouest v. SUCHARITKUL S., « Fithy Years of Bilateral Investment Treaties with Germany : The Expérience from Thailand's Perpespective », *ICSID Review-FILJ*, Vol.24(2), 2009, pp. 333-338. Pour un point de vue des pays importateurs et une analyse de l'évolution du contexte international entre les années 70 et les années 90 v. GUNAWARDANA A.Z. et ALVAREZ J.E. « The Inception and Growth of Bilateral Investment Promotion and Protection Treaties », *Proceedings of the Annual Meeting (American Society of International Law)*, Vol. 86, 1992, pp. 544-555. V. aussi CNUDCED, *Bilateral Investment Treaties in the Mid-1990's*, UNCTAD/ITE/IIT/7, 1998, pp.146. Dès la fin des années 90, il apparait que les situations sont plus diverses. L'étude de la CNUDCED ajoute aux objectifs de protection et de promotion des investissements un objectif de développement. Un autre objectif est également mentionné, les États ont pu signer des TBI pour que les investissements sur leur territoire soient éligibles à des mécanismes de garanties.

1273 Un principe d'interprétation favorisant l'investisseur, en cas d'ambiguïté, est parfois invoqué. V. DOLZER R., « Indirect Expropriations : New Developments », *N.Y.U. Environmental Law Journal*, Vol. 11(1), 2002 pp. 64-93, spéc. p. 73 « it might be concluded that, when in doubt, these treaties should be interpreted *in favorem* investor, stressing and expanding his rights so as to promote the flow of foreign investment. » *contra* THULASIDHASS P. R., « Most-favoured-nation treatment in international investment law: Ascertaining the limits through interpretative principles », *Amsterdam Law Forum*, Vol. 7(1), pp. 3-24, spéc. pp. 14-18.

1274 CIRDI, *Joseph Charles Lemire (Lemire) c. Ukraine (II)*, aff. ARB/06/18, Décision sur la compétence et la responsabilité du 14 janvier 2010, § 273.

de l'article 16 TCEn en s'appuyant sur les sentences *Eastern Sugar* et *Achmea*[1275]. Tout en développant davantage un raisonnement propre, le tribunal de l'affaire *Eskosol*, confirme ses conclusions sur la spécificité du TCEn, en s'appuyant sur des sentences d'arbitrages sur le fondement de TBI entre États membres, qu'il estime constitutives d'une jurisprudence constante pertinente en l'espèce[1276]. Le tribunal de l'affaire *Greentech*, lui, sans proposer d'analyse propre, se contente de renvoyer à la sentence *Electrabel* au sujet de la différence de matière entre le TCEn et le traité de Lisbonne. Différemment, certains tribunaux appliquant le TCEn s'appuient parfois sur le caractère sectoriel du traité pour distinguer sa matière de celle du TUE et du TFUE. Ainsi dans la sentence *LSG Building solution et autres*, le tribunal distingue d'une part les traités en argumentant que le traité d'investissement est un traité multilatéral spécifique de coopération dans le secteur énergétique alors que le TFUE a un but bien plus large allant de la création d'un marché intérieur à une intégration politique. D'autre part, il considère qu'ils ne partagent pas les mêmes protections matérielles – le traité d'investissement protégeant les investissements et autorisant le recours à l'arbitrage international, tandis qu'à l'inverse le TFUE ne comprendrait pas de protections spécifiques pour les investisseurs dans le secteur énergétique et n'autoriserait pas l'arbitrage[1277]. En définitive, en dépit de l'insistance sur le caractère sectoriel du TCEn, le recours à l'arbitrage permet singulièrement au tribunal de conclure à la différence de matière des traités. Ce sont donc les modalités de protection de l'investissement qui permettent au tribunal de conclure à la différence de matière des traités.

300. La protection au seul moyen de l'arbitrage État-investisseur. Les arbitres considèrent que, faute d'arbitrage État-investisseur, le droit de l'UE n'assure pas un niveau de protection équivalent à celui des TBI[1278] ; ce qui ne répond ni à la question de la matière des traités ni à celle de leur compatibilité. L'arbitrage État-investisseur, qui pourrait être considéré comme un mécanisme neutre, sans aller jusqu'à parler d'un accessoire (d'un moyen du TBI), est « substantialisé »[1279]. S'il fallait déduire une maxime des sentences étudiées, celle-ci pourrait être : « hors de l'arbitrage État-investisseur point de protection ». De surcroit, plusieurs tribunaux à la suite du tribunal de l'affaire *Eskosol*[1280], vont jusqu'à considérer que l'accès à l'arbitrage ne pourrait être retiré à un investisseur sans violer le principe de protection

---

1275 *Electrabel*, Décision sur la juridiction, le droit applicable et la responsabilité du 30 novembre 2012, préc., § 4.176.

1276 CIRDI, *Eskosol S.p.A. in liquidazione (Eskosol) c. République italienne*, aff. ARB/15/50, Décision sur la demande de clôture et sur l'objection basée sur l'inapplicabilité du traité sur la charte de l'énergie aux disputes intra-UE du 7 mai 2019, §§ 146 et 147.

1277 CIRDI, *Anina Pro Invest Ltd, Core Value Capital GmbH, Core Value Investments GmbH & Co KG Gamma et autres (LSG Building Solutions et autres) c. Roumanie*, aff. ARB/18/19, Décision sur la compétence, la responsabilité et les principes de réparation du 11 juillet 2022, §§ 720-724.

1278 Cela est souligné pour écarter l'extinction tacite des TBI du fait de l'intention commune des parties en application de l'article 59 § 1 a) CVDT. V. *Achmea B. V.*, Décision sur la compétence, l'arbitrabilité et la suspension du 26 octobre 2010, préc., § 264 ; *Busta*, Sentence finale du 10 mars 2017, préc., § 116 ; *Anglia*, Sentence finale du 10 mars 2017, préc., § 116. Cet argument est également mis en avant pour arguer de la différence de matière des traités. V. *WNC*, Sentence du 22 février 2017, préc., §§ 298-300 Le tribunal dans cette affaire présente le § 40 de la sentence sur la compétence du 6 juin 2007 de l'affaire *Binder* comme exprimant les conclusions du tribunal alors que ce paragraphe s'inscrit dans le résumé des arguments du demandeur ; *PL Holdings*, Sentence partielle 28 juin 2017, préc., § 312. Cet argument apparait également dans l'analyse de la compatibilité des traités.V. *Adamakopoulos*, Décision sur la compétence du 7 février 2020, préc., § 171 « Of course, if the EU Treaties had provided for a parallel investor-state arbitration process, then the conflict would have been manifest and the two treaty regimes incapable of operating together ».

1279 *Eastern Sugar*, Sentence partielle du 27 mars 2007, préc., § 166. Le premier tribunal invoquant l'importance l'arbitrage comme élément permettant de conclure à la différence de matière des traités de l'UE et d'un TBI, s'appuie sur la jurisprudence arbitrale ayant permis l'application de dispositions procédurales d'un tiers traité en vertu d'une clause de traitement de la nation la plus favorisée.

1280 CIRDI, *Eskosol S.p.A in liquidazione (Ekosol) c. République italienne*, aff. ARB/15/50, Décision sur la demande de clôture et sur l'objection basée sur l'inapplicabilité du traité sur la charte de l'énergie aux disputes intra-UE du 7 mai 2019, § 226.

des droits acquis[1281]. Cette protection des droits acquis – qui selon le professeur Pierre A. Lalive en 1965 n'était pas un principe général du droit ou pleinement un principe de droit international coutumier – ne concerne classiquement que certains droits pécuniaires : des droits de propriété ou des créances issues de contrats ou de concessions[1282]. Son application à un droit procédural est inhabituelle. En vertu de la théorie de l'accessoire, le droit d'avoir recours à l'arbitrage et les protections substantielles offertes à l'investisseur au titre du traité sont nécessairement liés. Par conséquent, lorsque ce principe protège les droits pécuniaires de l'investisseur couverts par le traité[1283], il protège également le droit d'accès à l'arbitrage. Dès lors, il n'est pas nécessaire d'appliquer ce principe de manière autonome au droit d'accès à l'arbitrage[1284]. Cette application autonome participe d'une tendance visant à « substantialiser » l'offre arbitrage. Elle renforce l'argument selon lequel la protection de l'investissement par l'arbitrage État-investisseur serait d'une autre nature que les autres modalités de protection des investissements. Cette utilisation du principe de protection des droits acquis interroge sur la solution qui serait privilégiée, par les arbitres, dans le cas d'un traité d'investissement postérieur comprenant un autre mode de résolution des différends[1285]. Pour modérer le propos, remarquons ici que certains admettent que lorsque le principe de protection des droits acquis est appliqué à des dispositions procédurales, l'intensité de cette protection devrait être moindre qu'en matière de dispositions substantielles[1286].

301. La centralité spécifique de l'arbitrage État-investisseur dans le cadre du TCEn. Pour compléter la démonstration, il est possible d'évoquer l'argumentation de l'Italie dans l'affaire *Belenergia S.A.* Dans cette affaire l'Italie tente de convaincre le tribunal que le

---

1281 *A.M.F. Aircraftleasing*, Sentence finale du 11 mai 2020, préc., § 338 *pro* CPA, (CNUDCI), *Muszynianka Spółka z Ograniczoną Odpowiedzialnością (Muszynianka) c. République slovaque*, aff. n° 2017-08, Sentence du 07 octobre 2020, § 263 spéc. note de bas de page 382 comp. *Oostergetel*, Sentence sur la compétence du 30 avril 2010, préc. § 95 Ici, le retrait de l'offre d'arbitrage est considéré comme violant les attentes légitimes de l'investisseur.

1282 Sur cette doctrine v. LALIVE P.A., « The Doctrine of Acquired Rights » *in* BENDER M. (ed.), *Rights and Duties of Private Investors Abroad*, Albany NY, Southwestern Legal Foundation – International and Comparative Law Center, 1965, pp. 145-200. L'auteur considère que le principe de protection des droits acquis n'est pas un principe général de droit reconnu par les nations civilisées. Il rappelle que ce principe a eu un succès particulier en droit international privé, mais qu'il est désormais admis qu'il ne permet pas de résoudre les conflits mobiles. Concernant le droit international public, le principe de protection des droits acquis apparait dans de nombreuses décisions, et donc semble admis, en matière de cession territoriale. Il apparait de manière plus sporadique dans des litiges n'impliquant pas un transfert de souveraineté. En droit international, les droits acquis sont des droits pécuniaires, des droits de propriété ou des droits issus de contrats ou de concessions. L'auteur souligne que la propriété immobilière fait figure de droit acquis archétypal. Il conclut qu'en droit international moderne ce principe est particulièrement discuté en matière d'expropriation et de nationalisation, mais qu'il ne s'agit pas d'un principe de droit international coutumier, autonome, distinct des interdictions de l'abus de droit et du non-respect du standard minimum de traitement des étrangers. Pour une généalogie détaillée de la notion de droits acquis en droit international v. SIK K.S., « The Concept of Acquired Rights in International Law : A Survey », Netherlands International Law Review, 1977, Vol. 24 (1-2), pp. 120-141.

1283 Dans l'arbitrage d'investissement conventionnel, les droits couverts par le principe de protection des droits acquis sont, principalement, les droits personnels de l'investisseur, acquis en accord avec le droit interne de l'Etat hôte. V. DOUGLAS Z., « The Hybrid Foundation of Investment Treaty Arbitration », *British Yearbook of International Law*, Vol. 74(1), 2003, pp. 151–289, spéc. pp. 200 et 201 « Unlike the broader concerns of customary international law on the protection of the property rights of aliens, the objective of investment treaties is to protect rights *in rem* acquired in accordance with the municipal law of the host state that constitute an investment according to the definition in the relevant investment treaty » (pp. 201).

1284 Pour une analyse de l'application d'un principe de protection des droits acquis de droit international public, aux droits des investisseurs (substantiels et procéduraux) en cas d'abrogation d'un TBI, concluant que ce principe ne peut s'opposer à la volonté commune des États parties V. VOON T., MITCHELL A. et MUNRO J., « Parting Ways : The Impact of Mutual Termination of Investment Treaties on Investor Rights », *ICSID Review – FILJ*, Vol. 29 (2), 2014, pp. 451-473, spéc. pp. 470-470

1285 PUIG S. et SHAFFER, « Imperfect Alternatives : Institutional Choice and the Reform of Investment Law », *AJIL*, Vol. 112 (3), 2018, pp. 361-409.

1286 SHEARGOLD E. « The VCLT Rules on Interpretation and the Triangular Nature of Investment Treaties : State Control Versus Investor Rights », *in* SHIRLOW E. et NASIR GORE K., *The Vienna Convention on the Law of Treaties in Investor-State Disputes – History, Evolution and Future*, Alphen aan de Rijn, Kluwer, 2022, pp. 151-173, spéc. p. 166.

TCEn et le traité de Lisbonne portent sur la même matière, en s'appuyant sur les travaux de la CDI[1287] et, plus précisément, sur l'idée selon laquelle la question de la matière commune de traités prend en compte des aspects institutionnels. Ces travaux proposent de rechercher des relations institutionnelles entre les traités, de recenser des « régimes conventionnels » en postulant que des traités appartenant au même régime tendraient à porter sur la même matière. Un tel lien peut être envisagé entre le « processus de la Charte de l'énergie »[1288], dont l'instrument principal est le TCEn, et le processus d'intégration de l'Union. L'historique de la naissance du TCEn ; le rôle de la Commission dans sa négociation ; la participation de l'UE et de ses membres au « processus de la Charte de l'Énergie » ; le fait que l'UE, ses membres et l'Euratom soient parties au traité : tous ces éléments suggèrent des relations institutionnelles plus fortes entre le TCEn et les traités de l'UE qu'entre ces derniers et un TBI intra-UE[1289]. Cette relation institutionnelle n'a cependant pas été jugée suffisante par le tribunal au simple motif que le droit de l'UE ne prévoyait pas d'arbitrage État-investisseur devant le CIRDI[1290]. Cela montre à nouveau la centralité, pour les arbitres, de l'arbitrage dans la détermination de la matière des traités. L'Italie avait présenté une argumentation similaire dans l'affaire *Eskosol*. Dans cette affaire, le tribunal avait écarté l'identité de matière des traités au regard de la spécificité des mécanismes du TCEn, mais aussi de ses garanties[1291]. Dans d'autres sentences plutôt que d'analyser en détail la différence de matière des traités, les tribunaux posent ce constat en donnant premièrement[1292] ou exclusivement[1293] l'exemple du recours à l'arbitrage État-investisseur. De même, la centralité de l'arbitrage a pu être mobilisée par les arbitres pour écarter certaines branches particulières d'exceptions d'incompétence intra-UE soulevées par les États membres et la Commission. Quand des États et la Commission ont soulevé l'existence d'une clause de déconnexion tacite au sein du TCEn, ou l'inapplicabilité initiale intra-UE de l'offre d'arbitrage État-investisseur de ce dernier, les arbitres leur ont opposé l'importance de l'arbitrage État-investisseur dans l'économie du traité. Cela transparait notamment dans la sentence du tribunal de l'affaire *PV Investors* lorsque le tribunal affirme : « *It would be extraordinary that an essential component of the Treaty, such as investor-state arbitration, would not apply among a significant number of Contracting Parties without the Treaty drafters addressing this exception. [...]* »[1294]. Aussi l'offre d'arbitrage État-investisseur

---

1287 C.D.I, *Fragmentation du Droit International : Difficultés découlant de la Diversification et de l'Expansion du Droit International*, Rapport du Groupe d'Étude de la CDI, 13.04.06, A/CN.4/L.682, § 255.

1288 Le « processus de la Charte de l'énergie » a pour point de départ, en juin 1990 lors du Conseil européen de Dublin, une proposition du Premier ministre néerlandais Ruud Lubbers de création d'une communauté européenne de l'énergie. Il a abouti en 1991 à l'adoption d'une déclaration politique : la Charte européenne de l'énergie. L'instrument le plus important adopté dans le cadre de ce processus est le traité sur la charte de l'énergie (TCEn). Ce traité et son protocole sur l'efficacité énergétique et les aspects environnement connexes ont été signés en 1994 et sont entrés en vigueur en 1998. En 1998, les pays membres du TCEn ont modifié certaines dispositions de ce traité en matière d'échanges commerciaux, cet amendement commercial est entré en vigueur en 2010. En 2015, le processus a mis à jour ses objectifs et s'est étendu géographiquement avec la signature d'une nouvelle déclaration politique : la Charte internationale de l'énergie. V. WILSON A. B., « La Charte de l'énergie – Une procédure multilatérale de gestion des relations commerciales dans le domaine de l'énergie », Analyse approfondie, Juillet 2017 - PE 607.297 Parlement européen, 2017, pp. 18, spéc. pp. 4, 5, 7, 12-16.

1289 Sur la genèse du TCEn et le rôle de la Commission dans son adoption v. BASEDOW J. R., *The European Union's international investment policy – Explaining intensifying Member State cooperation in international investment regulation*, Thèse : Science politique, London School of Economics and Political Science – Department of International Relations, 2014, pp. 376, spéc. pp. 135-166.

1290 CIRDI, *Belenergia S.A. c. République italienne*, aff. ARB/15/40, Sentence du 28 août 2019, § 317.

1291 *Eskosol*, Décision du 7 mai 2019, préc., §§ 144-147 spéc. § 145.

1292 CIRDI, *OperaFund Eco-Invest SICAV PLC et Schwab Holding AG (Opera Fund et Schwab) c. Royaume d'Espagne*, aff. ARB/15/36, Sentence du 6 septembre 2019, § 383.

1293 CIRDI, *Masdar Solar & Wind Cooperatief U.A (Masdar) c. Royaume d'Espagne*, aff. ARB/14/11, Sentence du 16 mai 2018, § 327.

1294 CPA, (CNUDCI), *AES Solar et autres (PV Investors) c. Royaume d'Espagne*, aff. n° 2012-14, Sentence préliminaire sur la compétence du 14 octobre 2014, § 187 *pro* CIRDI, *Antin Infrastructure Services Luxembourg S.à.r.l. and Antin* apparait-elle ici centrale en ce qu'elle serait, par nature, indissociable des clauses substantielles du traité[1295].

****

302. Conclusion de chapitre. L'analyse des sentences arbitrales en matière d'exception d'incompétence intra-UE révèle que la majorité des tribunaux se sont ingéniés à contourner l'examen de la compatibilité des traités d'investissement entre États membres avec le droit de l'Union. Parfois, pour des raisons d'économie procédurale, les tribunaux n'ont pas eu à traiter directement l'exception d'incompatibilité intra-UE qui leur avait été opposée. Quelques fois, la question semble délibérément contournée au moyen d'interprétations restrictives du droit applicable à la compétence. Toutefois, le plus souvent, c'est une interprétation restrictive – propre ou issue d'une jurisprudence arbitrale constante, voire d'un précédent arbitral – du critère de « même matière » de l'article 30 CVDT qui permet aux arbitres de conclure à la compatibilité des traités et de rejeter ces exceptions sans véritable examen de la compatibilité. Ainsi, les travaux de la CDI peuvent être explicitement écartés au profit d'une sentence antérieure jugée plus convaincante[1296]. En filigrane, au fil des sentences, la matière des traités d'investissement est réduite à la protection de l'investissement par l'arbitrage État-investisseur conformément aux standards des traités d'investissement de l'« âge d'or » des TBI, c'est-à-dire ceux adoptés autour du milieu des années quatre-vingt-dix[1297]. Cette essentialisation du contentieux mixte dans l'économie du traité de protection des investissements explique la distinction de matière conventionnelle – par rapport au droit de l'Union – à laquelle parviennent la grande majorité des tribunaux arbitraux. Le peu de réticence des arbitres à la neutralisation de l'une des conditions d'application des règles de conflit de conventions du droit international général interroge quant à l'efficacité de ces règles dans l'arbitrage d'investissement.

303. Le critère préalable de même matière dans le cadre de l'article 30 CVDT se cumule avec deux autres critères : la validité des traités et l'exigence d'une différence dans la manière dont les traités régissent cette matière. Derrière cette dernière condition, c'est l'idée d'un conflit de normes qui point. Si les premières versions de l'article 30 CVDT se référaient aux situations de conflit entre traités, au fil des négociations, une formulation plus large, ne se limitant pas aux seules situations de contradictions, a été privilégiée[1298]. C'est cependant à cette notion de conflit que seront consacrées les analyses suivantes. Cette notion envisagée dans le cadre des différentes règles de conflit de conventions invoquées par les États membres a, en effet, pu être appréhendée différemment selon les tribunaux. Certains tribunaux, en

---

Energia Termosolar B. V. (Antin) c. Royaume d'Espagne, aff. ARB/13/31, Sentence du 15 juin 2018, § 225 ; CIRDI, *Infracapital F1 S.à r.l. et Infracapital Solar B.V (Infracapital) c. Royaume d'Espagne*, aff. ARB/16/18, Décision sur la compétence, la responsabilité et les directives sur le quatum du 13 septembre 2019, § 299 ; CIRDI, *Cordoba Beheer et autres c. Royaume d'Espagne*, aff. ARB/16/27, Décision sur la compétence, la responsabilité et les principes de quantum du 11 février 2022, § 629.

1295 Sur le principe de dissociation des clauses substantielles et procédurales en droit des traités et les cas de dépendance de la clause de règlement aux dispositions substantielles faisant exception à ce principe v. POIRAT F., *Le traité, acte juridique international – Recherches sur le traité international comme mode de production et comme produit*, La Haye, Martinus Nijhoff, 2004, pp. 506, spéc. pp. 453-473.

1296 CPA, (CNDUCI), *WCV World Capital Ventures Cyprus Limited* et *Channel Crossings Limited (WCV et Channel Crossing) c. République tchèque*, aff. n° 2016-12, Seconde sentence partielle sur l'exception d'incompétence intra-UE du 29 septembre 2020, § 291 « While the ILC is a veritable authority in the international arena, this Tribunal respectfully disagrees with the standard for sameness of subject matter proposed in the Report on the Fragmentation of International Law. Instead, the Tribunal is convinced by the argumentation presented in the EURAM Award on Jurisdiction [...] ».

1297 ELKINS Z., GUZMAN A.T. et SIMMONS B.A., « Competing for Capital : The Diffusion of Bilateral Investment Treaties, 1960-2000 », *International Organization*, Vol. 60(4), 2006, pp. 811-846, spéc. pp. 814-822. Plus généralement sur le développement de l'arbitrage d'investissement conventionnel et la période des années 90 v. VAN HARTEN G., *Investment Treaty Arbitration and Public Law*, Oxford, OUP, 2006, pp. 214, spéc. pp. 13-44.

1298 ROUCOUNAS E., « Engagements parallèles et contradictoires », *RCADI*, Vol. 206, 1987, pp. 9-287, pp. 79.

assimilant le consentement à l'arbitrage et le consentement à être lié par le traité, ont pu par ailleurs opérer un examen de l'incompatibilité des dispositions des traités de l'UE et de l'offre d'arbitrage État-investisseur des traités en appliquant d'autres règles que celles régissant les conflits de conventions.

Chapitre II
L'affirmation de la compétence des tribunaux avec contrôle de compatibilité

304. La reprise* d'obiter dicta *dans l'examen de la comptabilité des traités. Pour affirmer leur compétence à résoudre des litiges d'investissement entre un État membre de l'Union européenne d'accueil et un investisseur d'un autre État membre (intra-UE), de nombreux tribunaux s'en sont tenus à distinguer la matière des traités d'investissement de celle des traités de l'UE. Comme nous l'avons vu dans le chapitre précédent, les tribunaux ne conçoivent le conflit de conventions qu'à partir des articles 30 et 59 de la Convention de Vienne sur le droit des traités de 1969 (CVDT). Par conséquent, ils ne peuvent pas envisager l'incompatibilité de traités qui ne portent pas sur la même matière. Pour autant, il n'est pas rare de trouver dans les sentences de ces tribunaux des passages portant sur la compatibilité des traités. Ces tribunaux traitent alors de la question de la compatibilité des traités de manière hypothétique, en supposant le critère de « même matière » satisfait[1299]. Parfois, ils précisent que ces analyses ne visent qu'à répondre aux arguments des parties et qu'ils ont déjà tranché, au préalable, la question de leur compétence. Ces analyses non décisives peuvent être qualifiées d'*obiter dicta*. De tels *obiter dicta* peuvent être décelés au sein des premières sentences présentées comme constitutives de la jurisprudence constante en matière d'exception d'incompétence intra-UE[1300]. Les arbitres n'ont, toutefois, pas manipulé avec plus de précautions ces raisonnements étrangers aux motifs déterminants (*rationes decidendi)* de ces sentences. Ces passages de sentences antérieures sont souvent centraux dans les sentences intra-UE étudiées. Ils nous invitent à nous intéresser plus largement à l'utilisation des sentences antérieures par les tribunaux.

305. L'utilisation des sentences antérieures dans l'examen de la compatibilité des traités. Au stade de l'examen de la compatibilité des traités de l'UE et des traités de protection des investissements entre États membres, la pratique des tribunaux quant à l'utilisation des sentences antérieures n'est pas uniforme. Le tribunal de l'affaire *A11Y LTD* affirme, en substance, que la question de la compatibilité des traités fait l'objet d'une jurisprudence constante. Partant, il déclare limiter son analyse, dans un souci d'économie des ressources judiciaires (*judicial economy)*, et précise adopter *mutatis mutandis* les raisonnements des sentences antérieures[1301]. Dans la même veine, le tribunal de l'affaire *Tallin* commence par déclarer que les arguments du défendeur ne l'ont pas convaincu d'adopter une position différente de celles des autres tribunaux. Il traite ensuite l'essentiel de la question en adoptant

---

[1299] SCC, (SCC), *GPF GP S.à.r. I (Griffin) c. République de Pologne*, aff. n° 2014/168, Sentence du 29 avril 2020, § 370 ; CIRDI, *Inicia Zrt, Kintyre Kft and Magyar Farming Company Ltd (Magyar Farming) c. Hongrie*, aff. ARB/17/27, Sentence du 13 novembre 2019, § 238.

[1300] Par exemple, l'ensemble des développements en matière de compatibilité dans la sentence de l'affaire *Oostergetel* sont présentés par le tribunal comme non déterminants de sa décision finale. La question de l'application de l'article 59 CVDT en réalité ne se pose pas selon lui, car le litige est né avant l'accession du défendeur à l'UE. Concernant l'article 30 CVDT la sentence insiste sur le fait que les traités ne portent pas sur la même matière. V. Arbitrage *ad hoc*, (CNUDCI), *Jan Oostergetel & Theodora Laurentius (Oostergetel) c. République slovaque*, Sentence sur la compétence du 30 avril 2010, §§ 88-91 et 104. Le tribunal dans l'affaire *EURAM* fait de même et examine la question de la compatibilité dans le cadre des articles 59 et 30 hypothétiquement par souci d'exhaustivité et de clarté. V. CPA, (CNUDCI), *European American Investment Bank AG (EURAM) c. République slovaque*, aff. n° 2010-17, Décision sur la compétence du 22 octobre 2012, §§ 220, 236, 267 et 279.

[1301] CIRDI, (CNUDCI), *A11Y LTD. c. République tchèque*, aff. UNCT/15/1, Décision sur la compétence du 9 février 2017, §§ 170-178. Le tribunal fait référence aux sentences *Binder* (§158-166 et §168-171), *Achmea* (§§ 239-142, 245-263 et 273-277), *Oostergetel* (§§ 72-79, 86, 87 et 104) et *EURAM* (§§ 155-185, 213-234 et 268-278).

le raisonnement de la sentence *Electrabel* et considère, pour le reste, que la jurisprudence arbitrale conforte ses conclusions[1302]. De la même manière, dans l'affaire *JSW Solar et Wirtgen*, après un examen succinct de la question, le tribunal précise que d'autres sentences antérieures ont conclu à la validité de l'offre d'arbitrage contenue dans des TBI intra-UE. Ici, le tribunal soutient qu'il entend s'inscrire dans la jurisprudence constante et affirme ne voir aucune raison de s'écarter de celle-ci[1303]. Faisant preuve de moins de déférence envers les sentences antérieures, le tribunal de l'affaire *PL Holdings* indique ne pas voir la situation différemment des tribunaux ayant déjà eu à trancher cette question[1304]. Pour sa part, le tribunal de l'affaire *WNC* reconnait qu'il n'existe pas de règle du précédent en droit international, mais que des sentences antérieures peuvent apporter un éclairage utile aux arbitres. Cela au demeurant ne l'empêche pas d'opérer un examen succinct de la question, empreint de références à des sentences antérieures, comme les tribunaux précités[1305]. Comme cela a pu être critiqué au sujet de la sentence *Watkins*[1306], la multiplication des analogies avec des affaires antérieures semble se faire au détriment du raisonnement propre des tribunaux[1307].

306. La nécessité d'un examen détaillé des sentences quant à la compatibilité des traités. Si, dans de rares cas, les tribunaux ont appliqué d'autres règles de conflit que celles de la Convention de Vienne sur le droit des traités de 1969 (CVDT), cela n'a pas eu d'impact sur leur interprétation de la notion d'incompatibilité. En effet, les exceptions d'incompétence intra-UE peuvent s'appuyer sur différentes règles de conflit de conventions, mais elles ne peuvent être retenues que si le tribunal juge que les traités (à tout le moins l'offre d'arbitrage du traité et une disposition de droit de l'Union) sont incompatibles. Les contours des incompatibilités rejetées par les tribunaux méritent d'être précisés, tout comme ceux des incompatibilités admises. En effet, certaines sentences admettent (souvent de manière hypothétique) que les traités ne sont pas compatibles. Les développements suivants s'attèleront à cette tâche. Il s'agit ici aussi d'éprouver l'argument d'une jurisprudence constante en fait d'arbitrage d'investissement sur le fondement de traités d'investissement entre États membres, affirmant la compatibilité de ces derniers et des traités de l'UE. Les

---

1302 CIRDI, *United Utilities (Tallinn) B. V. et Aktsiaselts Tallinna Vesi (United Utilities (Tallin)) c. République d'Estonie*, aff. ARB/14/24, Sentence du 21 juin 2019, §§ 538-557.

1303 CPA, (CNUDCI), *JSW Solar (zwei) GmbH & Co.KG, Gisela Wirtgen, Jürgen Wirtgen, et Stefan Wirtgen (JSW Solar et Wirtgen) c. République tchèque*, aff. n° 2014-03, Sentence finale du 11 octobre 2017, §§ 261 et 262.

1304 SCC, (SCC), *PL Holdings S.a.r.l. c. République de Pologne*, aff. n° 2014/163, Sentence partielle 28 juin 2017, §§ 309-311.

1305 CPA, (CNUDCI), *WNC Factoring Ltd (WNC) c. République tchèque*, aff. n° 2014-34, Sentence du 22 février 2017, §§ 309-311. Le tribunal à côté des sentences de référence mentionne des sentences plus récentes concernant des arbitrages basés sur le traité sur la charte de l'énergie. V. SCC, (SCC), *Charanne B.V. et Construction Investment S.a.r. l (Charanne) c. Royaume d'Espagne*, aff. n° 062/2012, Sentence finale du 21 janvier 2016 ; CIRDI, *RREEF Infrastructure (G.P.) Limited and RREEF Pan-European Infrastructure Two Lux S. à r. l (RREEF) c. Royaume d'Espagne*, aff. ARB/13/30, Décision sur la compétence du 6 juin 2016 ; CPA, (CNUDCI), *AES Solar et autres (PV Investors) c. Royaume d'Espagne*, aff. n° 2012-14, Sentence finale du 28 février 2020 (le tribunal mentionne une sentence sur la compétence de 2016) ; CPA, (CNUDCI), *EDF International S.A. (EDF) c. République de Hongrie*, Sentence du 3 décembre 2014 (non publiée) ; CIRDI, *Electrabel SA. c. République de Hongrie*, aff. ARB/07/19, Décision sur la juridiction, le droit applicable et la responsabilité du 30 novembre 2012.

1306 CIRDI, *Watkins Holdings S. à r. l. et autres (Watkins) c. Royaume d'Espagne*, aff. ARB/15/44, Sentence du 21 janvier 2020 et Opinion dissidente d'Hélène Ruiz Fabri.

1307 CASTELLARIN E., De NANTEUIL A., ROBERT-CUENDET S., « Arbitrage d'investissement et droit international général (2020) », *AFDI*, Vol. 66, 2020, pp. 791-833, spéc. p. 804 « Dans l'affaire Watkins, le tribunal refuse d'adopter une position de principe sur la pertinence des précédents jurisprudentiels, mais se réfère abondamment à la jurisprudence arbitrale pour déterminer sa propre position sur plusieurs questions, comme l'arrêt Achmea, le sens de l'article 10, § 1 du Traité sur la Charte de l'énergie ou la qualification juridique des mesures en cause. L'importance de l'analogie avec les affaires antérieures est telle que le tribunal peine à faire émerger un raisonnement juridique propre. En désaccord avec cette approche, l'opinion dissidente d'Hélène Ruiz Fabri critique de manière persuasive la majorité, car les analogies choisies ne sont pas toujours expliquées ou évidentes ».

sentences de référence présentées comme constitutives d'une jurisprudence constante, ainsi que d'autres sentences notables seront analysées.

307. Plan de chapitre. Les tribunaux justifiant leurs décisions en arguant être des juridictions internationales, appliquant les règles du droit international public, leur application des règles de droit des traités relatives aux traités incompatibles sera examinée à l'aune des décisions d'autres juridictions internationales et de la pratique étatique en la matière. À ce stade, il convient de distinguer dans les sentences étudiées entre, d'une part, les sentences écartant les exceptions d'incompétence intra-UE en l'absence d'incompatibilité (section 1) et, d'autre part, les sentences écartant les exceptions d'incompétence nonobstant l'incompatibilité (section 2).

Section 1 - Les exceptions d'incompétence rejetées en l'absence d'incompatibilité

308. Plan de section. La présente démarche est comparable à celle adoptée dans le chapitre précédent. Elle consiste à tester l'hypothèse d'une jurisprudence constante en matière de compatibilité des traités d'investissement entre États membres avec le droit de l'Union. Une telle jurisprudence constante suppose que les sentences convergent sur la notion d'incompatibilité (§1), mais également qu'elles s'accordent sur les dispositions des traités compatibles ou sur une comptabilité générale des traités, c'est-à-dire sur les termes de la compatibilité des traités (§2).

§ 1 - La notion d'incompatibilité dans les sentences étudiées

309. Précisions quant à notre compréhension de la notion d'incompatibilité au sein de la CVDT. Dans notre étude, nous considérons que la notion « d'incompatibilité entre dispositions » est commune aux articles 59 § 1 b) et 30 § 3 CVDT[1308]. L'incompatibilité absolue[1309], d'ensemble, entre deux traités nécessitant l'abrogation totale du traité antérieur[1310] (art. 59 § 1 b)) correspond alors à une situation où un trop grand nombre de dispositions, ou des dispositions essentielles sont incompatibles[1311]. Cela crée une situation d'incompatibilité des traités, ces derniers ne pouvant pas être appliqués en même temps. Si ces articles se distinguent sur plusieurs points, ils ne semblent pas diverger sur la notion d'incompatibilité entre dispositions[1312].

310. Plan de paragraphe. Les trois premières sentences de référence (*Eastern Sugar, Binder et Oostergetel*) mentionnées comme constitutives de la jurisprudence arbitrale constante ne définissent pas la notion d'incompatibilité. À l'inverse, les sentences *Achmea* et *EURAM* prennent position sur cette question, en réponse aux arguments des parties. Parmi les interprétations possibles de la notion d'incompatibilité, l'ensemble des sentences étudiées, à

[1308] Elle serait également commune aux règles spéciales de conflit de traités visées à l'article 30 (2) CVDT tel que l'article 351 TFUE, l'article 11 (2) du TBI Autriche – Croatie de 1997 ou encore l'article 16 du TCEn.

[1309] GIEGERICH T., « Article 59 – Termination or suspension of the operation of a treaty implied by conclusion of a later treaty » *in* DÖRR O. et SCHMALENBACH K. (eds.), *Vienna Convention on the Law of Treaties*, 2e éd., Berlin, Springer, 2018, pp. 1083-1094, spéc. §§ 30 et 31.

[1310] CAPOTORTI F., « L'extinction et la suspension des traités », *RCADI*, Vol. 134, 1971, pp. 419-582, spéc. pp. 496-500. V. aussi PLENDER R., « The Role of Consent in the Termination of Treaties », *BYIL*, Vol. 57 (1), 1987, pp. 133-167, spéc. p. 154. L'auteur considère que l'article 59 (1) (b) ne peut être utilisé qu'exceptionnellement, en dernier recours quand l'intention commune des parties d'abroger le traité postérieur (article 59 (1) (a)) ne peut être établie par aucun moyen d'interprétation.

[1311] Un parallèle peut être fait avec les dispositions, conditionnant la réalisation effective de l'objet et du but du traité pris dans son ensemble, visées par l'article 41 (1) (b) CVDT ou celles essentielles pour la réalisation de l'objet et du but du traité visées par l'article 60 (3) (b) CVDT.

[1312] La relation entre ces deux articles ne fait pas l'objet d'un consensus. Une première approche consiste à vérifier dans un premier temps si le traité postérieur supposé incompatible doit être abrogé en totalité en application de l'article 59 § 1 b) et ce n'est qu'à défaut qu'il est possible d'appliquer l'article 30 § 3 et d'écarter les dispositions incompatibles du traité postérieur. V. GIEGERICH T., « Article 59 – Termination or suspension of the operation of a treaty implied by conclusion of a later treaty », *op. cit.*, pp. 1083-1094. Une seconde approche considère que si l'article 59 § 1 b) ne s'applique pas alors l'application de l'article 30 § 3 permet d'abroger partiellement le traité antérieur en lui retirant les dispositions contraires au traité postérieur. V. CAPOTORTI F., « L'extinction et la suspension des traités », *op. cit.* pp.498 et 499. Enfin une troisième approche considère que l'article 59 § 1 b) permet d'abroger partiellement le traité antérieur. V. DUBUISSON F., « Convention de 1969 – Article 59 » *in* CORTEN O. et KLEIN P. (dir.), *Les Conventions de Vienne sur le Droit des Traités*, Bruxelles, Bruylant, 2006, pp. 2091-2125.

l'exception de la sentence *Adamokopoulos* qui en propose une relecture (B), privilégie une interprétation stricte de la notion d'incompatibilité, qu'il convient de préciser (A).

A - L'interprétation stricte de la notion d'incompatibilité

***311. Le rejet d'une interprétation* medio sensu *de l'incompatibilité*[1313].** Dans l'affaire *Achmea,* les arbitres, dans le cadre de l'examen de l'article 59 § 1 b), posent en substance la question suivante au défendeur : une incompatibilité se matérialise-t-elle quand une action interdite par le traité d'investissement est autorisée par le droit de l'UE, ou bien seulement quand elle est requise par le droit de l'UE ? La Slovaquie, État-défendeur, répond qu'une incompatibilité survient lorsqu'une action est autorisée par un premier traité, mais pas par un second, ce qui correspond à la première proposition des arbitres[1314]. Le tribunal conclut, au contraire, que seule la seconde proposition décrit une situation d'incompatibilité[1315]. Cette approche transparait de même dans son traitement de l'article 30 § 3 CVDT, lorsqu'il écarte l'hypothèse d'une incompatibilité du droit de l'UE et de la clause d'arbitrage du traité, au motif qu'aucune règle de droit de l'UE n'interdit l'arbitrage État-investisseur[1316]. Dans l'affaire *EURAM*, la République tchèque – intervenant comme *amicus curiae* – qualifiera la conception de l'incompatibilité retenue par le tribunal de l'affaire *Achmea,* d'excessivement stricte[1317]. L'Autriche – intervenant dans les mêmes conditions – avancera qu'une incompatibilité requiert que l'application de l'une des deux dispositions implique nécessairement la violation de l'autre[1318]. Le demandeur estime, dans le même sens, qu'une incompatibilité ne peut intervenir qu'entre des dispositions posant des obligations[1319]. La Slovaquie, s'appuyant sur les travaux de la Commission du droit international (CDI)[1320], y défend de nouveau une interprétation plus large de la notion

---

1313 PROST M., *The Concept of Unity in Public International Law,* Oxford – Portland, Hart Publishing, 2012, pp. 213, spéc. pp. 50-69. Mario Prost considère que la doctrine distingue entre les conflits de normes, *stricto sensu, medio sensu* et *largo sensu* : « - *Stricto sensu conflict* : in its strictest version, which I have equated with the notion of deontic antinomy, the term conflict refers to the situation in which it is materially impossible to comply with two norms simultaneously. One norm says 'yes' whilst the other says 'no' and obedience to the former necessarily involves a breach of the latter. This definition is doubly restrictive. For one thing, it only concerns genuine and automatic conflicts, that is, conflicts between norms which, in and of themselves, are mutually exclusive. For another, it only covers conflicts between obligations (commands or prohibitions) which overlap ratione materiae, personae and temporis. - *Medio sensu conflict*: in its intermediate version, the term conflict rests on the same criterion (the 'impossibility-of-joint-compliance' test) but applies to a wider range of norms. Whilst following the deontic logic of mutual exclusiveness, its scope includes permissions as well as commands and prohibitions. - *Lato sensu conflict* : in its most expansive version, the notion of conflict refers to a different logic altogether. Rather than designating express and literal antinomies, it covers situations where norms diverge in their way of dealing with a problem and get in each other's way. The criterion of conflict is no longer mutual exclusiveness but functional interference between norms or norm-complexes with clashing policy objectives or teleologies » (p. 66). Alors qu'une importante partie de la doctrine spécialisée, favorise une application des règles de conflit de la CVDT aux conflits de normes *medio sensu*, c'est-à-dire, au-delà des conflits logiques entre deux obligations contraires, aux conflits entre une obligation et une permission, une conception stricte du conflit de norme domine dans les décisions des juridictions internationales.

1314 CPA, (CNUDCI), *Achmea B. V. c. République slovaque (formerly Eureko B. V. c. République slovaque)*, aff. n° 2008-13, Décision sur la compétence, l'arbitrabilité et la suspension du 26 octobre 2010, § 119.

1315 *Ibid.*, §§ 253 et 254. Le tribunal affine quelque peu sa définition en dernière analyse en jugeant qu'une situation d'incompatibilité correspond à une situation ou une action interdite par un traité est prescrite ou fait l'objet d'un droit protégé dans l'autre traité.

1316 *Ibid.*, §§ 273 et 274.

1317 *EURAM,* Décision sur la compétence du 22 octobre 2012, préc., § 123. Le demandeur contestera cette observation de la République tchèque (§ 152).

1318 *Ibid.*, § 135.

1319 *Ibid.*, § 215 « Theoretically, substantive incompatibility [arises] only if, in EU law, either (i) mandatory higher protection standard than in BIT (ii) mandatory lower protection standard than in BIT ».

1320 C.D.I, *Fragmentation du Droit International : Difficultés découlant de la Diversification et de l'Expansion du Droit International,* Rapport du Groupe d'Étude de la CDI, 13.04.06, A/CN.4/L.682, §§ 24 et 25 « Le présent rapport adopte une interprétation assez large du conflit dans lequel il voit une situation où deux règles ou principes suggèrent de traiter d'incompatibilité[1321]. Le tribunal de l'affaire *EURAM* ne retiendra pas cette approche et affirmera que la notion d'incompatibilité se limite à l'opposition logique entre obligation et interdiction, ce qui exclut l'opposition entre permission et interdiction[1322].

312. L'influence du principe d'interprétation harmonieuse sur la notion d'incompatibilité. Contrairement à la majorité des sentences se limitant à reprendre le raisonnement des sentences antérieures, deux sentences se démarquent et explicitent la logique qui sous-tend cette conception de l'incompatibilité. Les sentences *Griffin*[1323] et *Magyard Farming*[1324] prononcées par deux tribunaux présidés par la professeure Gabrielle Kaufmann-Kohler se prononcent, sur la question du conflit entre traités, en supposant un degré de similitude suffisant entre les matières des traités. Le même raisonnement est tenu dans des termes quasi identiques sans que l'une des sentences fasse référence à l'autre. Tout d'abord, il est avancé que lorsque les États adoptent des traités successifs sans amender ou abroger ni l'un ni l'autre, il doit être présumé qu'ils n'ont pas eu l'intention de créer un conflit de normes. Cette présomption est mise en lien avec un principe général de droit international d'interprétation harmonieuse des traités. L'idée qu'un principe d'interprétation harmonieuse des traités soit un des principes généraux du droit international ne fait pas l'unanimité, elle a notamment été rejetée par plusieurs arbitres[1325]. Ce principe, une fois énoncé, est immédiatement modéré. Le tribunal précise qu'il ne s'agit pas d'ignorer les véritables conflits ; soit ceux survenant selon la définition de Wilfried Jenks « lorsqu'une partie à deux traités ne peut respecter simultanément ses obligations en vertu des deux traités »[1326]. Enfin, les deux sentences citent la définition de l'incompatibilité retenue par Kerstin Odendahl : « *Treaties are incompatible with each other if their obligations cannot be complied with simultaneously, ie if a States Parties to both treaties cannot comply with one of them without breaching the other* »[1327]. Une fois cette définition posée, les tribunaux l'appliquent et concluent à l'absence d'incompatibilité entre certaines des dispositions des traités. Dans le cadre particulier d'un arbitrage entre un investisseur d'un État membre et un autre État membre sur le fondement du traité sur la Charte de l'énergie (TCEn intra-UE), le tribunal de l'affaire *RREEF* avance que dans l'hypothèse d'un conflit le traité d'investissement l'emporterait, mais modère ses conclusions en précisant : devoir appliquer un canon d'interprétation général, voulant que « *in case two treaties are, equally or unequally, applicable, they must be interpreted in such way as not to contractdict each other* »[1328]. Guidé par ce principe, le tribunal considère que l'article 26 du traité sur la Charte de l'énergie (TCEn) et l'article 344 du traité sur le fonctionnement de l'UE (TFUE) ne portent pas sur la même matière, l'un vise des différends entre un investisseur et un État partie au TCEn et l'autre l'interprétation des traités fondateurs de l'UE : ils

---

un problème à l'aide de moyens différents. Insister sur une simple incompatibilité logique fait à tort du raisonnement juridique une qualification logique ».

[1321] *EURAM*, Décision sur la compétence du 22 octobre 2012, préc., § 214.

[1322] *Ibid.*, § 216. Le tribunal reconnait que la notion a déjà été interprétée différemment, de manière moins stricte, dans le cadre du contentieux de l'OMC. V. Groupe spécial OMC, *Communautés européennes — Régime applicable à l'importation, à la vente et à la distribution des bananes (Bananes III)*, WT/DS27/R/ECU, Rapport du 25 septembre 1995, § 7.159 Le rapport considère qu'une incompatibilité peut naître entre une obligation et une permission.

[1323] *Griffin*, Sentence du 29 avril 2020, préc., §§ 371-374.

[1324] *Magyar Farming*, Sentence du 13 novembre 2019, préc., §§ 239-241.

[1325] *Electrabel*, Décision sur la juridiction, le droit applicable et la responsabilité du 30 novembre 2012, préc., § 4.130 ; CIRDI, *Theodoros Adamakopoulos, Ilektra Adamantidou, Vasileios Adamopoulos et autres (Adamakopoulos) c. République de Chypre*, aff. ARB/15/49, Déclaration de dissentiment du Professeur Marcelo G. Kohen du 3 février 2020, § 40.

[1326] JENKS W., « The Conflict of Law-Making Treaties », *BYIL*, Vol. 30, 1953, pp. 401–453, spéc. p. 403.

[1327] ODENDAHL K., « Article 30 – Application of successive treaties relating to the same subject matter », *in* DÖRR O. et SCHMALENBACH K. (eds.), *Vienna Convention on the Law of Treaties*, 1st ed., Berlin, Springer, 2012, pp. 505-518, spéc. § 13.

[1328] *RREEF*, Décision sur la compétence du 6 juin 2016, préc., §§ 71-77, spéc. § 76.

n'entrent par conséquent pas en conflit[1329]. Il est possible de noter ici que le tribunal compare la matière des dispositions et pas la matière des traités comme le prévoit la CVDT. En comparaison, le tribunal de l'affaire *Norvik Banka*, sans poser lui aussi de définition de l'incompatibilité, s'appuie sur le principe d'interprétation harmonieuse pour écarter toute incompatibilité, non pas entre un traité d'investissement et les traités de l'UE, mais entre les traités de l'UE et la Convention CIRDI[1330].

313. L'accord de parties à l'arbitrage sur une interprétation stricte de l'incompatibilité. D'autres tribunaux ont appliqué cette définition stricte de l'incompatibilité, en soulignant l'accord des parties à l'arbitrage sur cette définition de l'incompatibilité. Comme le montrera, ponctuellement au fil de notre étude, l'analyse du raisonnement des arbitres dans plusieurs sentences, le principe de l'autonomie de la volonté des parties – justifiant, notamment au stade de la détermination du droit applicable au fond, la recherche en priorité du droit que les parties ont choisi – intervient parfois de manière inhabituelle à d'autres stades du raisonnement des arbitres, comme en l'occurrence au stade de l'interprétation. Ainsi, dans le cadre des arbitrages *Addiko* et *Raiffeisen* fondés sur le TBI entre l'Autriche et la Croatie, bien qu'ils s'opposent dans leurs échanges au sujet de l'article 11 § 2 du traité[1331] sur l'existence d'une incompatibilité entre les dispositions des traités, les parties adoptent toutes deux une définition stricte de l'incompatibilité[1332]. Ici aussi, l'exception d'incompétence intra-UE du défendeur ne sera pas retenue.

B - La relecture de la notion d'incompatibilité dans la sentence *Adamakopoulos*

***314. L'approche en demi-teinte du tribunal de l'affaire* Adamakopoulos.** La particularité du traitement de l'exception d'incompétence intra-UE dans la sentence de l'affaire *Adamakopoulos* mérite quelques précisions. Dans cette affaire, le tribunal se saisit des travaux de la CDI pour définir le critère de même matière. Il cite d'ailleurs cette dernière, en ce qu'elle précise que l'examen de ce critère revient à se poser la question de l'influence entre les obligations des traités :

> « [...] c'est en examinant si l'exécution d'une obligation au titre d'un traité influe sur l'exécution de l'obligation contractée aux termes d'un autre traité que l'on répond à la question de savoir si les deux traités portent sur la "même matière". Cette "influence" peut se produire soit en empêchant purement et simplement l'exécution de l'autre obligation, soit en portant atteinte d'une façon ou d'une autre à son objet et à son but »[1333].

Alors que ce passage ne vise que l'influence entre les obligations des traités, le tribunal en retient une précision quant à l'influence des obligations d'un traité sur l'objet et le but d'un autre traité. Il estime en substance que le critère de même matière est satisfait si l'exécution

---

1329 *Ibid.*, § 79.

1330 CIRDI, *AS Norvik Banka, Alexander Guselnikov, Grigory Guselnikov et autres (Norvik Banka) c. République de Lettonie*, aff. ARB/17/47, Décision sur l'objection Intra-UE du 14 mai 2021, § 651. Ce tribunal déduit également de ce principe un parallélisme des formes entre le consentement à l'arbitrage et le retrait de ce consentement, §§ 595 et 596.

1331 TBI Autriche – Croatie (1997) art. 11 (2) : The Contracting Parties are not bound by the present Agreement insofar as it is incompatible with the legal acquis of the European Union (EU) in force at any given time.

1332 CIRDI, *Addiko Bank AG et Addiko Bank d. d. (Addiko) c. République de Croatie*, aff. ARB/17/37, Décision sur l'exception d'incompétence liée à l'incompatibilité présumée du TBI avec l'acquis de l'UE du 12 juin 2020, § 303 ; CIRDI, *Raiffeisen Bank International AG et Raiffeisenbank Austria d. d. (Raiffeisen) c. République de Croatie (I)*, aff. ARB/17/34, Décision sur l'exception d'incompétence du défendeur du 30 septembre 2020, §§ 113 et 233.

1333 CDI, *Fragmentation du Droit International : Difficultés découlant de la Diversification et de l'Expansion du Droit International*, Rapport du Groupe d'Étude de la CDI, 13.04.06, A/CN.4/L.682, § 254.

d'une obligation au titre d'un traité empêche l'exécution d'une obligation au titre de l'autre traité, ou si cette exécution porte atteinte à l'objet ou au but de l'autre traité[1334]. En revenant aux travaux de la CDI, c'est-à-dire en s'en tenant aux relations entre obligations, l'approche du tribunal de l'affaire *Adamakopoulos* ne retient qu'une des deux hypothèses d'influence d'une obligation sur une autre, envisagées par la CDI : l'empêchement de l'exécution d'une obligation par l'exécution de l'autre obligation. Il ne retient pas l'hypothèse d'une atteinte à l'objet et au but d'une obligation par l'exécution de l'autre obligation. Les règles de conflit de la CVDT ne peuvent alors intervenir qu'en présence d'une incompatibilité stricte entre les dispositions de deux traités, nonobstant la conception plus large du conflit normatif retenue par la CDI. Comme précisé, la seconde hypothèse de l'atteinte à l'objectif ou au but est interprétée par le tribunal comme se rapportant aux traités, alors que la CDI visait vraisemblablement le but et l'objet d'une disposition particulière. Même s'il cite la CDI, le tribunal ne reprend pas sa conception de la notion de même matière ou de conflit[1335]. Il applique un critère de « même matière/incompatibilité » stricte aux dispositions des traités et envisage une possible incompatibilité entre les dispositions d'un traité et l'objet et le but d'un autre traité. Cette dernière forme d'incompatibilité est difficile à concevoir sans que des dispositions des traités soient, elles-mêmes, incompatibles[1336]. Après avoir appliqué ce critère, le tribunal conclut que les traités ne portent pas sur la même matière et qu'ils ne sont pas incompatibles. Au fil de l'examen de ce critère, le tribunal précise qu'un conflit aurait été manifeste, si l'UE avait prévu un mécanisme d'arbitrage État-investisseur parallèle. Par ailleurs, il estime que la CVDT fixe une règle d'incompatibilité différente de celle appliquée par la Cour de justice[1337], notamment dans l'arrêt *Achmea*, qui ne peut se satisfaire d'une potentielle interprétation et application du droit de l'UE par les tribunaux[1338].

315. Conclusion. S'agissant de la notion d'incompatibilité, il est donc possible de parler de jurisprudence constante. Les sentences ayant proposé une définition de cette notion ont toutes adopté une conception stricte de l'incompatibilité, rapportant les conflits de normes à des incompatibilités logiques. Si les sentences définissant véritablement cette notion sont minoritaires, les développements d'autres sentences ne permettent pas de douter de leur adhésion à une conception stricte de la notion d'incompatibilité[1339]. En effet, lorsque les

---

[1334] CIRDI, *Theodoros Adamakopoulos, Ilektra Adamantidou, Vasileios Adamopoulos et autres (Adamakopoulos) c. République de Chypre*, aff. ARB/15/49, Décision sur la compétence du 7 février 2020, § 170.

[1335] À l'inverse, l'arbitre dissident Marcelo G. Kohen semble reprendre plus fidèlement l'approche de la CDI et affirme que « le respect des obligations des TBI affecte les obligations des membres de l'Union au titre des traités de l'UE et porte atteinte à leur objet et à leur but ». V. CIRDI, *Theodoros Adamakopoulos, Ilektra Adamantidou, Vasileios Adamopoulos et autres (Adamakopoulos) c. République de Chypre*, aff. ARB/15/49, Déclaration de dissentiment du Professeur Marcelo G. Kohen du 3 février 2020, § 24.

[1336] Pour certains auteurs cette hypothèse n'est pas couverte par les articles 59 § 1 b) et 30 § 3 CVDT, car ces articles ne visent que des incompatibilités entre les dispositions des traités. Pour un auteur considérant qu'il n'est pas possible de rattacher à l'article 30 le cas d'un traité portant atteinte à l'objet et au but d'un autre traité sans que leurs dispositions soient incompatibles v. RANGANATHAN S., *Strategically Created Treaty Conflicts and the Politics of International Law*, Cambridge, CUP, 2014, pp. 484, spéc. pp. 53-54.

[1337] Pour une présentation et une critique de la jurisprudence de la Cour de justice quant à la notion d'incompatibilité dans le contexte de l'application de l'article 351 TFUE v. von PAPP K., « Solving Conflicts with International Investment Treaty Law from an EU Law Perspective : Article 351 TFEU Revisited », *Legal Issues of Economic Integration*, Vol.42 (4), pp. 325-356.

[1338] *Adamakopoulos*, Décision sur la compétence du 7 février 2020, préc., §§ 171-187.

[1339] Pour des exemples de sentences insistant sur l'absence d'interdiction en droit de l'UE de l'arbitrage État-investisseur v. CIRDI, *United Utilities (Tallinn) B. V. et Aktsiaselts Tallinna Vesi (United Utilities (Tallin)) c. République d'Estonie*, aff. ARB/14/24, Sentence du 21 juin 2019, § 545 « [...] no rule of EU law explicitly or implicitly forbids the application of the arbitral mechanism set out in the Treaty [...] »; CIRDI, (*ad hoc*), *Strabag SE, Raiffeisen Centrobank AG and Syrena Immobilien Holding AG (Strabag) c. République de Pologne*, aff. ADHOC/15/1, Sentence partielle sur la compétence du 4 mars 2020, § 8.137. Les deux sentences citent la sentence *Electrabel*. V. CIRDI, *Electrabel S.A. c. République de Hongrie*, aff. ARB/07/19, Décision sur la compétence, le droit applicable et la responsabilité du 30 novembre 2012, § 4.153.

tribunaux insistent sur l'absence d'interdiction en droit de l'UE de l'arbitrage État-investisseur, ils suggèrent que les traités ne sont pas incompatibles, car ils ne comprennent pas d'obligations contradictoires, c'est-à-dire d'antinomies[1340]. À l'obligation, en droit international de l'investissement, d'un État membre d'accepter la soumission d'un différend avec un investisseur de l'Union à l'arbitrage, ne s'oppose pas une interdiction expresse en droit de l'UE de soumettre un différend d'investissement à l'arbitrage État-investisseur. En outre, il semble qu'une telle interdiction devrait être formulée de manière particulièrement claire pour être retenue par un tribunal arbitral. Une formulation qui ne retiendrait pas « *expressis verbis* le terme d'inarbitrabilité », mais, par exemple, une irrecevabilité des demandes d'investisseurs de l'UE pourrait être insuffisante[1341]. Or, ne concevoir une incompatibilité qu'à une telle condition revient à retenir une conception stricte de l'incompatibilité relevant davantage de la logique déontique, c'est-à-dire de « la logique qui traite des obligations, des permissions et des interdictions »[1342], que d'une logique juridique[1343].

316. La critique de la réduction de la logique juridique à la logique déontique. La réduction de la logique juridique à la logique déontique a fait – de longue date – l'objet de vives critiques[1344]. À ce sujet le professeur Chaïm Perelman précisait de manière assez éclairante :

> « Les normes que le droit est amené à élaborer ne sont pas des assertions, dont on puisse dire qu'elles sont vraies ou fausses, mais des directives, des prescriptions concernant ce qu'il faut faire ou ne pas faire, ce qui est permis ou interdit, et où les définitions, les règles de compétence et de procédure sont subordonnées, en fin de compte à ces normes juridiques. Il en résulte que les antinomies, dans la mesure où elles concernent le droit, ne consistent pas dans la constatation d'une contradiction, résultat de l'affirmation simultanée de la vérité d'une proposition et de sa négation, mais dans l'existence d'une incompatibilité entre les directives relatives à un même objet. Les difficultés, en cette matière étant d'ordre pratique, et non théorique, il faudra aussi concevoir différemment le rôle de la logique à leur propos faute de quoi on risque d'aboutir à des conclusions non conformes au droit positif »[1345].

1340 Pour une critique d'une définition stricte de la notion de conflit, limité à l'opposition entre une obligation et une interdiction et une défense d'une définition du conflit *medio sensu* comprenant aussi l'opposition entre une obligation et une permission négative et l'opposition entre une interdiction et une permission positive v. VRANES E. « The Definition of 'Norms Conflict' in International Law and Legal Theory », *EJIL*, Vol. 17(2), 2006, pp. 395-418.

1341 Pour l'exemple d'un tribunal arbitral ayant écarté l'inarbitrabilité des litiges commerciaux rentrant dans le champ d'application de sanctions économiques adoptées par le Conseil de sécurité de l'ONU contre la Lybie, malgré une interdiction d'instruction des demandes portant sur de tels litiges figurant dans la résolution du Conseil V. AUDIT M., « L'effet des sanctions économiques internationales sur l'arbitrage international », *in* LOQUIN E. et MANCIAUX S. (éd.), *L'ordre public et l'arbitrage – Actes du colloque des 15 et 16 mars 2013*, Paris, LexisNexis, 2014, pp. 143-157, spéc. pp. 147-150.

1342 PETERSON C., *De la logique des obligations, des permissions et des interdictions – De von Wright à Aujourd'hui*, Montréal, PUM, 2016, pp. 268, spéc. pp. 7-18 « [...] la logique déontique est souvent présentée comme la logique qui traite des obligations, des permissions et des interdictions ».

1343 Sur la rationalité juridique et la rationalité logique v. LENOBLE J. et OST F., *Droit, mythe et raison – Essai sur la dérive mytho-logique de la rationalité juridique*, Bruxelles, Presses de l'Université Saint-Louis, 1980, pp. 423, spéc. pp. 125-153.

1344 MacCORMICK N., *Legal Reasoning and Legal Theory*, Oxford, Clarendon Press, 1978, pp. 298, spéc. pp. 1-8, « To David Hume, above all others perhaps, belongs the credit-if such it be-for the most fundamental scepticism about the limits of reason in practical affairs ». V. aussi Id., *Rhetoric and the Rule of Law – A Theory of Legal Reasoning*, Oxford, OUP, 2005, pp. 287, spéc. pp. 32-77 « [...] it became a dominant theme in American jurisprudence right through the twentieth century that logic and formalism had no place in law. [John] Dewey was one of those whose words were often quoted to reinforce the point ; Oliver Wendell Holmes Jr. was another, and Karl Llewellyn a third. » (p. 33).

1345 PERELMAN C., « Les antinomies en droit – Essai de synthèse », *Dialectica*, Vol. 18(1/4), 1964, pp. 392-404, spéc. p. 393. Pour une réponse aux vives critiques adressées par Chaim Perelman aux auteurs défendant l'importance de la logique déontique pour les juristes v. KALINOWSKI G., « Le raisonnement juridique et la logique juridique : Leur spécificité

317. Transition. Il faut cependant rappeler qu'au-delà d'une conception commune de l'incompatibilité, les tribunaux ont argué de l'existence d'une jurisprudence constante concluant à l'absence d'incompatibilité des traités en visant ou non leurs dispositions[1346]. Il convient d'examiner plus en détail ce qui a été déclaré comme compatible dans les différentes sentences.

§ 2 - Les termes de l'absence d'incompatibilité entre les traités

318. Plan de paragraphe. Étant donné que les tribunaux entendent répondre aux arguments des parties, les premières sentences de référence n'envisagent pas certains arguments présentés en soutien des exceptions d'incompétence intra-UE les plus récentes. Comme nous l'avons vu au début de l'étude, la première question qui s'est posée aux tribunaux est celle de l'abrogation tacite des TBI intra-UE en application de l'article 59 CVDT. Naturellement, les premières sentences ont donc pour l'essentiel répondu à cette question, et non pas à celle, plus tardive, de la compatibilité de la clause d'arbitrage État-investisseur de ces traités d'investissement avec les articles 18, 267, 344 TFUE, ou encore l'article 4 § 3 TUE. Aussi, est-il compréhensible que la sentence *Eastern Sugar* ne se prononce pas précisément sur la compatibilité de la clause d'arbitrage du TBI avec les dispositions des traités de l'UE. Précisons ici que la question de l'abrogation tacite du traité postérieur se fait jour en particulier dans le cadre d'arbitrages sur le fondement de TBI intra-UE. C'est donc d'abord dans ce premier cadre que les tribunaux ont affirmé l'absence d'incompatibilités empêchant l'application simultanée des traités d'investissement entre États membres et les traités de l'Union (A). Par la suite, les tribunaux ont pu affirmer plus finement l'absence d'incompatibilité entre certaines dispositions de ces traités (B). Enfin, certains tribunaux de manière plus méticuleuse ont expressément limité leurs conclusions à l'espèce, en déclarant des dispositions de ces traités compatibles *in concreto*, tout en précisant ne pas juger de leur compatibilité *in abstracto* (C).

A - L'absence d'incompatibilité empêchant l'application simultanée des traités

319. Les premières sentences de référence. La sentence *Eastern Sugar* est la première à affirmer que les traités d'investissement entre États membres sont compatibles avec le droit de l'Union[1347]. Cette affirmation s'appuie sur l'idée d'une complémentarité entre libre

---

et leurs rapports avec la logique formelle en particulier avec la logique déontique », *Logique et Analyse*, Vol. 13 (49-50), 1970, pp. 3-18. V. aussi MacCORMICK N., *Rhetoric and the Rule of Law – A Theory of Legal Reasoning*, Oxford, OUP, 2005, pp. 287 « What needs to be grasped is that the syllogism plays a fundamental structuring part in legal thought, though not all of such thought is exhausted by the structure alone. Formal logic and deduction do matter in law. Certainly, to acknowledge this does not require one to deny the massively important part played in law by informal reasoning, probabilistic reasoning, rhetoric in all its senses and modes. So far from requiring denial of that, an appreciation of the central place of the legal syllogism is a condition of understanding them in their legal setting » (p. 33).

[1346] CIRDI, (*ad hoc*), *Strabag SE, Raiffeisen Centrobank AG and Syrena Immobilien Holding AG (Strabag) c. République de Pologne*, aff. ADHOC/15/1, Sentence partielle sur la compétence du 4 mars 2020, § 8.137 « [...] tribunals have consistently found that there is no "incompatibility" between intra-EU BITs and EU law. » ; CIRDI, (CNUDCI), *A11Y LTD. c. République tchèque*, aff. UNCT/15/1, Décision sur la compétence du 9 février 2017, § 177 « [...] tribunals have consistently found that [...] there is no incompatibility between the provisions of the EU treaties and BITs ».

[1347] Cette affirmation vise principalement les dispositions substantielles des traités et a pu être qualifiée de laconique. V. KLEINHEISTERKAMP J., « Investment Protection and EU law : The Intra- and Extra -EU Dimension of the Energy Charter Treaty », *Journal of International Economic Law*, Vol.15(1), 2012, pp. 85-109, spéc. p.100 « The situation is more circulation du capital et protection de l'investissement. Par ailleurs, le tribunal de cette affaire estime que les TBI intra-UE ne violent ni le principe de non-discrimination ni celui de confiance mutuelle[1348]. La sentence *Binder* ne semble pas appliquer les articles 30 et 59 de la CVDT, mais davantage le principe de primauté, sans que cela n'ait d'impact sur son examen de la compatibilité des traités. Cette sentence conclut généralement à l'absence de conflit entre les dispositions substantielles ou procédurales du traité d'investissement et le droit de l'UE, y compris en matière des discriminations[1349]. La sentence *Oostergetel* adopte un raisonnement identique, mais précise, elle, appliquer l'article 59 CVDT[1350]. L'article 30 CVDT y est écarté sommairement en raison de la différence de matière des traités[1351]. Le tribunal se montre moins expéditif dans son examen de l'article 59 CVDT et évoque dans ce contexte la question de la compatibilité des traités. Il faut remarquer que ce tribunal conclut que les traités de l'Union ne s'opposent pas à sa compétence, compte tenu de l'absence de conclusions définitives de l'Union ou de la Cour de justice sur cette question[1352]. Différemment, le tribunal de l'affaire *Achmea* rejette l'hypothèse d'une abrogation tacite en raison de l'absence d'intention commune des parties et d'incompatibilité des traités tout comme les tribunaux précédents, mais insiste également sur l'absence d'arbitrage État-investisseur en droit de l'UE[1353]. Dans ses développements, les différents critères d'application de l'article 59 CVDT sont tous écartés au motif que le traité d'investissement offre aux investisseurs une protection plus étendue[1354]. Le tribunal compare le niveau de protection offert par les deux régimes plus qu'il ne vérifie leur compatibilité[1355].

***320. La synthèse de la sentence* EURAM.** La sentence *EURAM* représente une synthèse conclusive des sentences de référence, dont elle fait partie. Ici, le tribunal examine séparément les différents critères cumulatifs et alternatifs de l'article 59 CVDT[1356], en commençant par celui de « même matière ». Bien qu'il ait conclu à la différence de matière des traités, sa sentence se prononce sur l'intention commune des parties de régir les investissements de leurs

---

complex than captured by the Eastern Sugar tribunal when concluding laconically that 'the fact that these rights are unequal does not make them incompatible' ».

1348 SCC, (CNUDCI), *Eastern Sugar B. V. c. République tchèque*, aff. n° 088/2004, Sentence partielle du 27 mars 2007, §§ 168-170.

1349 Arbitrage *ad hoc*, (CNUDCI), *Rupert Joseph Binder (Binder) c. République tchèque*, Sentence sur la compétence du 6 juin 2007, §§ 63-65.

1350 Arbitrage *ad hoc*, (CNUDCI), *Jan Oostergetel & Theodora Laurentius (Oostergetel) c. République slovaque*, Sentence sur la compétence du 30 avril 2010, §§ 86-88.

1351 *Ibid.*, §§ 101-104.

1352 *Ibid.*, § 109 « In light of t these considerations, the Tribunal concludes that the Dutch-Slovak B IT was not terminated upon Respondent's accession to the EU and therefore the EC Treaty is not an obstacle for this Tribunal to settle the present dispute under the applicable BIT. This is especially so considering the absence of any conclusive position of the EC or the ECJ on this question ».

1353 CPA, (CNUDCI), *Achmea B. V. c. République slovaque (formerly Eureko B. V. c. République slovaque)*, aff. n° 2008-13, Décision sur la compétence, l'arbitrabilité et la suspension du 26 octobre 2010, §§ 231-267. Le tribunal donne trois raisons pour écarter l'abrogation tacite du trait en application de l'article 59 CVDT : 1) Les formalités prévues à l'article 65 CVDT n'ont pas été respectées ; 2) L'absence d'intention des parties et d'incompatibilité des traités ; 3) L'absence d'arbitrage investisseur État en droit de l'UE.

1354 *Ibid.*, spéc. §§ 262-267.

1355 Il faut remarquer que le tribunal *Eastern Sugar* avait déjà fait un lien entre niveau de protection et compatibilité en précisant que le fait que ces droits soient inégaux ne les rendait pas incompatibles, mais il visait la question de la violation du principe de non-discrimination et pas la comptabilité générale des traités. V. *Eastern Sugar,* Sentence partielle du 27 mars 2007, préc., § 170.

1356 CVDT art. 59 Extinction d'un traité ou suspension de son application implicite du fait de la conclusion d'un traité postérieur : « § 1 Un traité est considéré comme ayant pris fin lorsque toutes les parties à ce traité concluent ultérieurement un traité portant sur la même matière et : a) s'il ressort du traité postérieur ou s'il est par ailleurs établi que selon l'intention des parties la matière doit être régie par ce traité ; ou b) si les dispositions du traité postérieur sont incompatibles avec celles du traité antérieur à tel point qu'il est impossible d'appliquer les deux traités en même temps. / § 2 Le traité antérieur est considéré comme étant seulement suspendu s'il ressort du traité postérieur ou s'il est par ailleurs établi que telle était l'intention des parties ».

nationaux dans le territoire de l'autre partie par les traités de l'UE (art. 59 § 1 a) CVDT) et sur la possible application simultanée de ces derniers et du traité d'investissement (art. 59 § 1 b) CVDT). Le tribunal considère que les deux régimes de protection sont complémentaires et non pas incompatibles, il estime qu'il est possible d'appliquer les traités en même temps. Pour conclure sur l'application de l'article 59 CVDT[1357], il précise adopter une position similaire à celle du tribunal de l'affaire *Eastern Sugar* : 1) les traités ne portent pas sur la même matière ; 2) l'intention commune des parties de mettre un terme au traité antérieur n'est pas établie ; 3) les traités successifs ne sont pas incompatibles[1358]. À l'exception de la sentence *Adamakopoulos*[1359], les sentences postérieures ont écarté l'application de l'article 59 CVDT en se référant aux raisonnements des sentences de référence. Certains tribunaux considèrent au surplus, comme le tribunal de l'affaire *Achmea,* qu'une telle abrogation tacite ne serait possible qu'à condition que l'État voulant s'en prévaloir l'ait notifiée à l'autre partie, comme le prévoit l'article 65 CVDT[1360].

321. Conclusion. Contrairement aux sentences *Achmea* et *EURAM*, les sentences *Eastern Sugar*, *Binder* et *Oostergetel* offrent chacune un examen limité de la question de l'applicabilité des clauses d'arbitrage des traités d'investissement entre États membres. Cette question est au cœur des exceptions d'incompétence intra-UE. Elle n'occupe toutefois pas une place primordiale dans les discussions des premiers arbitrages. Dans les sentences des affaires *Eastern Sugar* et *Oostergetel*, c'est la question de l'extinction tacite des traités d'investissement en application de l'article 59 CVDT qui est la plus discutée. En faisant remonter à la sentence *Eastern Sugar*, une jurisprudence constante ou cohérente, ou une simple ligne jurisprudentielle, affirmant la compatibilité des traités de protection des investissements avec le droit de l'UE, certains tribunaux ont négligé la question de l'incompatibilité de dispositions particulières des traités.

B - L'absence d'incompatibilités entre certaines dispositions des traités.

322. Plan. L'incompatibilité entre certaines dispositions des traités s'opposant à la compétence des tribunaux a d'abord été traitée dans le cadre d'arbitrages sur le fondement de TBI intra-UE. Cette question s'est ensuite posée lors d'arbitrages d'investissement sur le fondement du TCEn. La compatibilité des dispositions des traités d'investissement entre États membres et du droit de l'UE (1), affirmée par les premiers tribunaux, n'a pas été remise en cause par le prononcé de l'arrêt *Achmea.* Par différents moyens les arbitres ont neutralisé ses effets (2).

[1357] CPA, (CNUDCI), *European American Investment Bank AG (EURAM) c. République slovaque*, aff. n° 2010-17, Décision sur la compétence du 22 octobre 2012, §§ 155-238.

[1358] La même conclusion en trois temps apparait dans les sentences, *Eastern Sugar, Oostergetel* et *EURAM.*

[1359] CIRDI, *Theodoros Adamakopoulos, Ilektra Adamantidou, Vasileios Adamopoulos et autres (Adamakopoulos) c. République de Chypre*, aff. ARB/15/49, Décision sur la compétence du 7 février 2020, §§ 176-182.

[1360] CIRDI, *Marfin Investment Group Holdings S.A., Alexandros Bakatselos et autres (Marfin) c. République de Chypre*, aff. ARB/13/27, Sentence du 26 juillet 2018, § 594 ; CIRDI, *Cyprus Popular Bank c. République hellénique*, aff ARB/14/16, Décision sur la compétence et la responsabilité du 8 janvier 2019, §645 ; CCI, (CCI), *Juvel Ltd. Et Bithell Holdings Ltd. (Juvel et Bithell) c. Pologne*, aff. n° 19459/MHM, Sentence finale partielle du 26 février 2019, § 385 ; CIRDI, *United Utilities (Tallinn) B. V. et Aktsiaselts Tallinna Vesi (United Utilities (Tallin)) c. République d'Estonie*, aff. ARB/14/24, Sentence du 21 juin 2019, §§ 551 et 538 ; CPA, (CNUDCI), *A.M.F. Aircraftleasing Meier & Fischer GmbH & Co. KG (A.M.F Aircraftleasing)* c. *République tchèque*, aff. n° 2017-15, Sentence finale du 11 mai 2020, § 385 ; CIRDI, *Anina Pro Invest Ltd, Core Value Capital GmbH, Core Value Investments GmbH & Co KG Gamma et autres (LSG Building Solutions et autres) c. Roumanie*, aff. ARB/18/19, Décision sur la compétence, la responsabilité et les principes de réparation du 11 juillet 2022, § 617 *contra* CIRDI, *Theodoros Adamakopoulos, Ilektra Adamantidou, Vasileios Adamopoulos et autres (Adamakopoulos) c. République de Chypre*, aff. ARB/15/49, Déclaration de dissentiment du Professeur Marcelo G. Kohen du 3 février 2020, §§ 8-10.

1 - La compatibilité des dispositions des traités entre États membres et des traités de l'UE

323. L'examen approfondi du tribunal de l'affaire **Achmea B.V.** Le tribunal de l'affaire *Achmea B.V.* examine amplement la question de l'incompatibilité d'un TBI entre États membres et des traités constitutifs de l'Union. Certains passages de la sentence reposent cependant sur des analogies et déductions peu convaincantes. Concernant l'inapplicabilité de la clause d'arbitrage au regard de l'article 30 § 3 CVDT[1361], le tribunal considère que celle-ci est compatible avec le principe de non-discrimination au motif que l'État peut étendre l'accès à l'arbitrage aux investisseurs des autres membres de l'Union[1362]. Le tribunal ne précise pas les modalités concrètes d'une telle extension. Pour celui-ci, la clause d'arbitrage ne serait inapplicable que si le droit de l'UE interdisait l'arbitrage. Cette demande d'une obligation contraire révèle une conception stricte du conflit de normes. Il explique de surcroit que la compétence exclusive de la Cour de justice – au titre de l'article 344 TFUE et du principe de coopération loyale – ne s'opposerait à l'arbitrage que si tous les litiges entre individus et États membres devaient être soumis à la Cour de justice ; ce qui n'est pas le cas. Dans une autre partie de la sentence visant toujours l'inapplicabilité de l'offre d'arbitrage, mais cette fois au regard du droit de l'Union, il est souligné que la Cour de justice ne dispose pas d'un monopole d'interprétation, mais d'un monopole sur l'interprétation finale faisant foi du droit de l'UE. Le tribunal rappelle qu'en vertu de la doctrine de l'acte clair, les juridictions suprêmes peuvent ne pas être obligées de poser une question préjudicielle à la Cour de justice. Il en déduit que le fait qu'il puisse avoir à appliquer le droit de l'UE ne lui retire pas sa compétence[1363].

324. L'approche synthétique du tribunal de l'affaire **EURAM** *antérieure à l'arrêt* **Achmea.** Dans la sentence *EURAM,* le tribunal examine la question de l'inapplicabilité de l'offre d'arbitrage du traité, en application de l'article 30 CVDT, du fait de son incompatibilité avec les articles 344 TFUE et 18 TUE[1364]. Concernant l'article 344 TFUE, le tribunal commence par reprendre l'argument du tribunal de l'affaire *Achmea B.V.* relativisant le monopole d'interprétation de la Cour de justice. Il poursuit ensuite en indiquant que les arbitres appliquent le droit de l'Union et reprend la critique du demandeur voulant que l'aboutissement logique du raisonnement de la Commission et du défendeur signifie la fin de l'arbitrage au sein l'UE[1365]. En somme, pour le tribunal, l'article 344 TFUE ne vise que l'arbitrage interétatique et pas l'arbitrage État-investisseur ou l'arbitrage commercial[1366]. Ici

---

1361 *Achmea B. V.,* Décision sur la compétence, l'arbitrabilité et la suspension du 26 octobre 2010, préc. §§ 266-277.

1362 Cette suggestion consistant à appliquer le principe de non-discrimination comme une clause NPF/MFN apparait pour la première fois dans la sentence *Eastern Sugar.* V. *Eastern Sugar,* Sentence partielle du 27 mars 2007, préc., § 168 ; Ce paragraphe est cité dans la sentence *Oostergetel.*V. *Oostergetel,* Sentence sur la compétence du 30 avril 2010, préc., § 87.

1363 *Achmea B. V.,* Décision sur la compétence, l'arbitrabilité et la suspension du 26 octobre 2010, préc., §§ 280-283.

1364 *EURAM,* Décision sur la compétence du 22 octobre 2012, préc., §§ 246-280.

1365 *Ibid.,* § 253 Cet argument est également soulevé par le demandeur dans l'affaire *Achmea,* dès la procédure d'arbitrage. V. *Achmea B. V.* Décision sur la compétence, l'arbitrabilité et la suspension du 26 octobre 2010, préc., § 62 « Respondent's logic would "mark the end of arbitration" in the EU, because every tribunal that touched upon a question of EU law, considered by a respondent to be difficult, would be forced to say it has no jurisdiction ».

1366 Dans un article contemporain de la décision EURAM, à l'inverse de cette dernière, Friedl Weiss et Silke Steiner estiment que l'arbitrage entre investisseurs et États ne diffère pas suffisamment de l'arbitrage interétatique pour que la Cour de Justice considère qu'il ne relève pas de la notion de différend soumis par les États membres à un mode de règlement autre que ceux prévus par les traités (art. 344 TFUE). Ces auteurs suggèrent cependant que l'arbitrage (interétatique ou non) pourrait être possible à condition que le différend ne soit pas relatif à l'interprétation ou à l'application des traités. V. WEISS F. et STEINER S., « The investement regime under Article 207 of the TFUE – a legal conundrum : the scope of 'foreign direct investment' and the futur of intra-EU BITs », *in* BAETENS F. (ed.), *Investment Law within International Law – Integrationist Perspectives,* Cambridge, CUP, 2013, pp. 355-374, spéc. p. 368 *contra* BASENER N., *Investment Protection in the European Union – Considering EU law in investment arbitration arising from intra-EU and extra-EU bilateral* aussi, il est souligné que le droit de l'UE n'interdit pas l'arbitrage État-investisseur entre un État membre et les nationaux des autres membres de l'Union[1367]. Concernant l'avis 1/09[1368] de la Cour de justice mentionné par la Commission, le tribunal estime que ses conclusions ne peuvent lui être étendues. Il avance deux éléments s'opposant à cette extension. Premièrement, le tribunal n'entend pas se prononcer sur la validité d'un acte d'une institution de l'Union[1369]. Deuxièmement, un recours en manquement contre un État membre resterait possible si l'une de ses juridictions internes exécutait une sentence qui violerait le droit de l'UE, ce qui n'était pas le cas dans le cadre de la juridiction examinée dans l'avis. Le tribunal conclut que, même si des affaires font l'objet d'arbitrages, différents mécanismes permettent à la Cour de justice d'avoir le dernier mot dans l'interprétation du droit de l'Union[1370]. Ici, le tribunal de l'affaire *EURAM* renvoie à l'arrêt de la Cour d'appel de Francfort du 10 mai 2010, intervenu dans le cadre de l'affaire *Achmea B.V.*, ayant conclu à l'absence d'incompatibilité entre la clause d'arbitrage d'un TBI intra-UE et les articles 18, 344, et 267 TFUE[1371]. Cet arrêt fera l'objet d'un pourvoi, qui donnera lieu à la question préjudicielle à laquelle la Cour de justice répond dans l'arrêt *Achmea*.

325. La question de la compatibilité des traités avec le principe de non-discrimination. Sur la question de la discrimination[1372], le tribunal, fait rare, commence par critiquer le traitement ou plutôt le non-traitement dont elle a fait l'objet dans la sentence *Binder*[1373]. Après avoir reconnu la complexité de la question, il fait sienne l'analyse de l'expert du demandeur, *Sir* Francis Jacobs, considérant cette problématique comme « interne au droit de l'UE » et adopte la même position que les tribunaux précédents voulant que l'État étende les dispositions du traité d'investissement aux autres investisseurs de l'Union. De manière plus problématique, le tribunal considère que cette discrimination peut, par ailleurs, être résolue facilement : les investisseurs des États membres pouvant, comme le suggère l'Autriche intervenant comme *amicus curiae*, user de la liberté d'établissement et structurer l'investissement afin de bénéficier de la protection de n'importe quel TBI intra-UE. Le tribunal se montre plus convaincant lorsqu'il propose de transposer aux traités d'investissement la jurisprudence de la Cour de justice en matière de conventions fiscales.

---

investment agreements, Baden-Baden, Nomos, 2017, pp. 512, spéc. pp. 264-295 Cet auteur considère que l'article 344 TFUE ne peut être interprété isolément. Il doit être interprété aux côtés de l'article 19 TUE et des articles 258,267 et 351 TFUE. Ces articles sont des expressions des principes d'autonomie de l'ordre juridique de l'UE et de contrôle juridictionnel du droit de l'UE. Au regard de la jurisprudence de la Cour de justice, il conclut en 2017 avant le prononcé de l'arrêt *Achmea* que les clauses d'arbitrages des TBI intra-UE sont incompatibles avec le principe d'autonomie du droit de l'UE.

1367 *EURAM*, Décision sur la compétence du 22 octobre 2012, préc., § 259.

1368 CJUE, Ass. plén., 8 mars 2011, Avis 1/09.

1369 Dans le même sens v. CIRDI, *Antin Infrastructure Services Luxembourg S.à.r.l. and Antin Energia Termosolar B. V. (Antin) c. Royaume d'Espagne*, aff. ARB/13/31, Sentence du 15 juin 2018, §§ 227-230.

1370 Un raisonnement identique apparait dans la sentence du tribunal de l'affaire *Electrabel* dans lequel siège également Brigitte Stern. V. CIRDI, *Electrabel S.A. c. République de Hongrie*, aff. ARB/07/19, Décision sur la compétence, le droit applicable et la responsabilité du 30 novembre 2012, §§ 4.146-4.166 Cette position est également celle de l'Avocat général dans le cadre du renvoi préjudiciel de l'affaire *Achmea*. V. Av. gén. WATHELET M., cond. pré. CJUE, Gde ch., 6 mars 2018, *Achmea B.V*, aff. C-284/ 16, §§ 245-256.

1371 Cour d'appel de Francfort (*Oberlandesgericht (OLG) Frankfurt am Main*), *Achmea B. V. c. République slovaque*, aff. 26 Sch 11/10, Arrêt du mai 2010. Cet arrêt rejette la demande d'annulation de la première sentence sur la compétence. La Slovaquie tentera ensuite d'obtenir l'annulation de la sentence finale. V. Cour d'appel de Francfort (*Oberlandesgericht (OLG) Frankfurt am Main*), *Achmea B. V. c. République slovaque*, aff. 26 Sch 3/13, Arrêt du 18 décembre 2014, spéc. §§ 50-57. Cet arrêt rejette la demande d'annulation de la sentence finale. La Slovaquie contestera cet arrêt devant la Cour Fédérale, celle-ci posera une question préjudicielle à la Cour de justice ce qui aboutira au prononcé de l'arrêt *Achmea* le 6 mars 2018. L'interprétation de la Cour de justice sera reprise finalement par la Cour Fédérale dans un arrêt annulant la sentence finale au motif de l'absence d'un accord d'arbitrage entre l'investisseur et l'État membre. V. Cour Fédéral allemande (*Bundesgerichtshof (BGH)), Achmea B. V. c. République slovaque*, aff. I ZB 2/15, Arrêt du 31 octobre 2018.

1372 *EURAM*, Décision sur la compétence du 22 octobre 2012, préc., §§ 268-278.

1373 *Ibid.*, § 269 Le tribunal considère que la sentence *Binder* dans son paragraphe 65 traite la question de la discrimination entre investisseurs de l'Union par une simple déclaration.

Dans ce contexte, la Cour a jugé que la situation des contribuables n'était pas comparable lorsque de telles conventions étaient applicables[1374]. À ce titre, un traitement différencié serait possible sans violation du principe de non-discrimination. Le tribunal de l'affaire *EURAM* mobilise donc deux arguments différents pour écarter toute violation du principe de non-discrimination. Dans son arrêt *Achmea*, la Cour de justice ne se prononce pas sur la violation du principe de non-discrimination. Cependant, dans ses conclusions l'Avocat général de cette affaire avait estimé qu'aucune atteinte n'était portée au principe de non-discrimination, et ce, non pas en raison d'une nécessaire extension de l'offre d'arbitrage à tous les investisseurs de l'Union, mais du fait de l'application aux traités d'investissement de la jurisprudence de la Cour de justice en matière de conventions fiscales[1375]. Malgré l'autorité, ou *a minima* la qualité argumentative qu'il est possible de reconnaitre aux conclusions des Avocats généraux, la grande majorité des sentences postérieures à la sentence *EURAM* traitant de l'article 18 TFUE s'en tiennent à affirmer que l'extension des offres d'arbitrage permet de ne pas porter atteinte à cet article[1376]. La sélection naturelle propre selon certains, au processus de formation de jurisprudences constantes en arbitrage d'investissement peine à opérer[1377]. L'argument le plus ancien subsiste, celui mentionné dans la sentence *Eastern Sugar*, au détriment d'un second plus convaincant (ou reposant sur des sources plus établies). De la même façon, la rareté dans les analyses des tribunaux arbitraux de développements portant un point de vue critique sur des sentences antérieures, suggère que le « scepticisme actif » que d'aucuns attendent des tribunaux à peine – à tout le moins en l'espèce – à se manifester[1378].

326. L'alignement des sentences TCEn intra-UE sur les sentences TBI intra-UE. Dans la sentence *PV investors*, concluant le premier arbitrage TCEn intra-UE dans lequel une exception d'incompétence intra-UE fut soulevée (par l'Espagne), le tribunal juge pour l'essentiel que l'article 344 TFUE s'oppose uniquement à la soumission de litiges entre États membres (pas entre un État et un investisseur), relatifs à l'interprétation ou à l'application du droit de l'UE, à d'autres mécanismes de résolution des différends que ceux des traités de l'UE.

1374 STRIK P., *Shaping the Single European Market in the field of foreign direct investment*, Oxford, Hart Publishing, 2014, pp. 261, spéc. pp. 224-229.

1375 Av. gén. WATHELET M., concl. *Achmea B.V*, préc., §§ 54-83 *pro* WEHLAND H., « Intra-EU Investment Agreements and Arbitration : Is European Community Law an Obstacle ? », *ICLQ*, Vol. 58(2), 2009, pp. 297-320, spéc. 310-317 *contra* BASENER N., *Investment Protection in the European Union – Considering EU law in investment arbitration arising from intra-EU and extra-EU bilateral investment agreements*, *op. cit.*, pp. 307-319 ; NIEMALA P., *The Relationship of EU law and Bilateral Investment Treaties of the EU Membres States: Treaties Conflict, Harmonious Coexistence and the Critique of Investment Arbitration*, Thèse: Droit, University of Helsinki – Faculty of Law, 2017, pp. 321, spéc. pp. 69-113 ; BERGER J., *International Investment Protection within Europe – The EU's Assertion of Control*, Londres et New York, Routledge, 2021, pp. 238, spéc. pp. 120-124 Ces trois auteurs considèrent que les traités de protection d'investissement entre membres de l'Union violent le principe de non-discrimination de l'article 18 TFUE.

1376 CIRDI, *Blusun S.A., Jean-Pierre Lecorcier et Michel Stein (Blusun) c. République italienne*, aff. ARB/14/3, sentence du 26 décembre 2016, § 286 ; CPA, (CNUDCI), *WNC Factoring Ltd (WNC) c. République tchèque*, aff. n° 2014-34, Sentence du 22 février 2017, § 309 ; CIRDI, *United Utilities (Tallinn) B. V. et Aktsiaselts Tallinna Vesi (United Utilities (Tallin)) c. République d'Estonie*, aff. ARB/14/24, Sentence du 21 juin 2019, § 546 ; CIRDI, *Theodoros Adamakopoulos, Ilektra Adamantidou, Vasileios Adamopoulos et autres (Adamakopoulos) c. République de Chypre*, aff. ARB/15/49, Décision sur la compétence du 7 février 2020, § 171 ; CIRDI, *Addiko Bank AG et Addiko Bank d. d. (Addiko) c. République de Croatie*, aff. ARB/17/37, Décision sur l'exception d'incompétence liée à l'incompatibilité présumée du TBI avec l'acquis de l'UE du 12 juin 2020, §§ 298-303. Le tribunal pour écarter toute incompatibilité entre les articles 18,49 et 63 TFUE et le TBI, considère que la question de la non-discrimination peut être résolue en étendant la protection du TBI aux autres investisseurs de l'UE. Il cite les conclusions de l'Avocat général Melchior Wathlet sans préciser qu'elles rejettent cette solution. *pro* CIRDI, *Raiffeisen Bank International AG and Raiffeisenbank Austria d.d. (Raiffeisen) c. République de Croatie (I)*, aff. ARB/17/34, Décision sur l'exception d'incompétence du défendeur du 30 septembre 2020, §§ 281-285.

1377 GAILLARD E., « 2018 LALIVE Lecture The Myth of Harmony in International Arbitration », *ICSID Review – FILJ*, Vol 34 (3), 2019, pp. 553-568, spéc. pp. 560.

1378 CHEN R.C., « Precedent and Dialogue in Investment Treaty Arbitration », *Harvard International Law Journal*, Vol. 60 (1), 2019, pp. 47-94, spéc. pp. 68-81. L'auteur prône un scepticisme actif des arbitres à l'égard des sentences antérieures.

En outre, le tribunal écarte toute atteinte à l'application uniforme du droit de l'UE, compte tenu de l'absence de monopole absolu d'interprétation et d'application du droit de l'UE de la Cour de justice. Il souligne que le droit de l'UE peut être appliqué et interprété par des arbitres dans le cadre, d'arbitrages commerciaux entre personnes privées, ou d'arbitrages d'investissement sur le fondement du TCEn entre un investisseur d'un État tiers et un État membre (TCEn extra-UE). Ici le tribunal précise que ses conclusions sont étayées par les sentences *Eastern Sugar*, *Achmea* et *Electrabel*, ainsi que par l'arrêt de la Cour d'appel de Francfort du 10 mai 2010 intervenue dans le cadre de l'affaire *Achmea*[1379]. Par la suite, le tribunal de l'affaire *Charanne* – le second à se prononcer sur ce type d'exception préliminaire – adoptera une position similaire. Il considèrera que l'article 344 TFUE ne concerne que les différends interétatiques et reprendra la position de la sentence *Electrabel* voulant que la portée de cet article soit limitée[1380]. Cette interprétation limitée de l'article 344 TFUE, issue de la sentence *Electrabel*, retenue par différents tribunaux[1381] (dont celui de l'affaire *EURAM*) sera contredite par l'interprétation qu'en donnera la Cour de justice, joint à l'article 267 TFUE, dans l'arrêt *Achmea*[1382] et dans l'arrêt *Komstroy*[1383].

327. Conclusion. Concernant la compatibilité des offres d'arbitrage État-investisseur de traités d'investissement entre États membres avec le droit de l'Union, la sentence *EURAM* sur la compétence du 22 octobre 2012 pose davantage les termes du débat qu'elle ne le clôt[1384]. D'ailleurs, environ un mois avant cette sentence, le tribunal de l'affaire *Electrabel* estimait qu'en cas d'incompatibilité, le droit de l'Union l'emporterait sur les dispositions substantielles du TCEn[1385]. Pourtant les arbitres font remonter une jurisprudence constante, en matière de compatibilité des traités d'investissement et des traités de l'UE, à la sentence *Eastern Sugar*. L'idée d'une cohérence, d'une unanimité, des sentences en matière d'exception d'incompétence intra-UE, perce d'abord dans le cadre d'arbitrage sur le fondement du TCEn[1386]. Dans ces arbitrages les tribunaux ne s'en saisissent cependant pas pour se dispenser

---

[1379] CPA, (CNUDCI), *AES Solar et autres (PV Investors) c. Royaume d'Espagne*, aff. n° 2012-14, Sentence préliminaire sur la compétence du 14 octobre 2014, §§ 185-191.

[1380] SCC, (SCC), *Charanne B.V. et Construction Investment S.a.r.l (Charanne) c. Royaume d'Espagne*, aff. n° 062/2012, Sentence finale du 21 janvier 2016, §§ 440-447.

[1381] *RREEF*, Décision sur la compétence du 6 juin 2016, préc., §§ 71-90 ; SCC (SCC), *Isolux Netherlands, BV (Isolux) c. Royaume d'Espagne*, aff. n° V2013/253, Sentence finale du 17 juillet 2016, §§ 641-660 ; *Blusun*, Sentence du 26 décembre 2016, préc., §§ 292-303 ; CIRDI, *Eiser Infrastructure Limited et Energía Solar Luxembourg S. à r. l. (Eiser) c. Royaume d'Espagne*, aff. ARB/13/36, Sentence du 17 mai 2017, § 204 ; SCC, (SCC), *Sun Reserve Luxco Holdings SRL (Sun Reserve) c. République italienne*, aff. n° 132/2016, Sentence du 25 mars 2020, § 414. Le tribunal précise que « EU law [art. 267 and 344 TFUE and the principles of autonomy and mutual trust], until before the ECJ Judgment, was unanimously understood to not create any limitations on arbitral tribunals' jurisdiction ». Il considère ensuite que le droit de l'UE ne pose aucune limite à sa compétence et écarte tout effet de l'arrêt *Achmea* sur sa compétence du fait de son manque de clarté (§§ 418 et 444).

[1382] CJUE, Gde ch., 6 mars 2018, *Achmea B.V.*, aff. C-284/ 16, §58-59.

[1383] CJUE, Gde ch., 2 septembre 2021, *République de Moldavie c. Société Komstroy*, aff. C-741/ 19, §§ 59-66 *pro* CJUE, Gde ch., 25 janvier 2022, *Commission c. European Food SA et autres*, aff. C-638/19 P, §§ 137-145.

[1384] Les sentences sur la compétence de l'affaire *Electrabel* et celle de l'affaire *EURAM* peuvent être rapprochées. D'une part la première est prononcée environ un mois avant la seconde et d'autre part dans les deux affaires, Brigitte Stern est nommée arbitre par l'État membre défendeur. La sentence *Electrabel* conclut à la comptabilité de l'arbitrage entre investisseur de l'UE et un État membre, sur le fondement du TCEn, et le droit de l'UE, en adoptant un raisonnement similaire à celui de la sentence *EURAM*. Dans cette sentence le tribunal écarte l'exception d'incompétence formulée par la Commission considérant qu'une mesure de l'UE ne puisse pas être contestée par un investisseur de l'UE devant un tribunal arbitral tirant sa compétence du TCEn. V. *Electrabel*, Décision sur la compétence, le droit applicable et la responsabilité du 30 novembre 2012, préc., §§ 4.146-4.191 et 5.31-5.38, spéc. §§ 4.146-4.172.

[1385] CIRDI, *Electrabel S.A. c. République de Hongrie*, aff. ARB/07/19, Décision sur la compétence, le droit applicable et la responsabilité du 30 novembre 2012, § 4.189.

[1386] La sentence *Blusun* conclut à l'absence d'incompatibilité entre les dispositions du traité sur la charte de l'énergie et le droit de l'UE, y compris l'article 267 et 344 TFUE, sans citer la sentence *EURAM*, mais en s'appuyant sur les sentences *Eastern Sugar, Achmea, Binder, Eureko, Micula, Electrabel et Charanne*. Le tribunal avance que ces tribunaux ont pour ainsi dire abouti aux mêmes conclusions et qu'ils ont unanimement rejeté l'exception d'incompétence intra-UE ce qui d'un examen détaillé de ces exceptions préliminaires – comme le feront par la suite d'autres tribunaux. Le premier tribunal appliquant un TBI intra-UE à agréger, comme un ensemble uniforme, les sentences de référence que nous venons d'étudier est celui de l'affaire *A11Y LTD.* Il s'agit également du premier tribunal qui, dans sa décision sur la compétence du 9 février 2017, dit se référer et adopter *mutatis mutandis* le raisonnement de sentences de référence pour conclure – sans examen propre – à la compatibilité des dispositions des traités de l'UE et d'un TBI intra-UE[1387].

2 - La neutralisation des effets de l'arrêt *Achmea*

***328. Les moyens principaux de neutralisation de l'arrêt* Achmea.** Le prononcé de l'arrêt *Achmea* n'a pas conduit les arbitres, à quelques exceptions près[1388], à considérer qu'ils n'étaient plus compétents pour trancher des litiges d'investissement intra-UE. Dans l'ensemble, ils ont écarté tout effet significatif de cet arrêt sur leur compétence. Dans le cadre d'arbitrages TCEn, le tribunal de l'affaire *Watkins* a identifié trois types d'approches utilisées par les tribunaux pour écarter cet arrêt[1389]. Une même sentence peut mobiliser plus d'une approche. Ces approches – distinction/réinterprétation/cloisonnement – apparaissent également dans le cadre d'arbitrages TBI intra-UE. Une quatrième approche plus rare fait appel au concept de date critique afin de ne pas prendre en compte l'arrêt *Achmea*.

***329. La technique de la distinction*.** L'approche arbitrale la plus répandue a consisté à faire appel à la technique de la distinction. Après le prononcé de l'arrêt *Achmea,* les tribunaux arbitraux appliquant des traités d'investissement entre États membres ont continué d'affirmer leur compétence en interprétant strictement la portée de cet arrêt. Certains ont considéré que celui-ci ne s'appliquait pas aux arbitrages sous l'égide du CIRDI[1390], d'autres qu'il ne concernait que les traités comprenant une clause de droit applicable au fond incluant le droit de l'État hôte et les règles de droit international pertinentes[1391]. Dans les arbitrages TCEn intra-UE, les tribunaux se sont appuyés sur différentes particularités. Certains tribunaux, comme celui de l'affaire *Masdar*, ont estimé que l'arrêt ne s'appliquait pas aux accords multilatéraux auxquels l'UE était elle-même partie[1392]. Cet argument a notamment été repris

---

confirme ses propres conclusions. V. *Blusun,* Sentence du 26 décembre 2016, préc., §§ 292-303. Quelques mois plus tôt, le tribunal de l'affaire *RREEF* avant de rejeter une exception d'incompétence intra-UE, en considérant s'inscrire parfaitement dans une continuité de décisions cohérentes, précise cependant ne pas s'être considéré comme lié par des sentences antérieures. V. CIRDI, *RREEF Infrastructure (G.P.) Limited and RREEF Pan-European Infrastructure Two Lux S. à r. l (RREEF) c. Royaume d'Espagne,* aff. ARB/13/30, Décision sur la compétence du 6 juin 2016, §§ 71-90 spéc. § 89.

[1387] CIRDI, (CNUDCI), *A11Y LTD. c. République tchèque*, aff. UNCT/15/1, Décision sur la compétence du 9 février 2017, §§ 170-178. Cette décision s'inscrit dans le développement progressif de l'idée d'une jurisprudence constante uniforme affirmant la compatibilité de l'arbitrage d'investissement intra-UE au droit de l'UE. Elle intervient quelques mois après la sentence *Blusun*.

[1388] Ex : Dans l'affaire Raiffeisen portant sur le TBI entre la Croatie et l'Autriche, l'exception d'incompétence soulevée par la Croatie au titre de l'article 11 § 2 et en lien avec l'arrêt *Achmea* a emporté la conviction d'un arbitre du tribunal. V. *Raiffeisen (I)*, Décision sur l'exception d'incompétence du défendeur du 30 septembre 2020, préc., §§ 255-258 Vue divergente de Lazar Tomov, arbitre nommé par le défendeur.

[1389] CIRDI, *Watkins Holdings S. à r. l. et autres (Watkins) c. Royaume d'Espagne*, aff. ARB/15/44, Sentence du 21 janvier 2020, §§ 203-220, spéc. § 207.

[1390] CIRDI, *UP et C.D Holding Internationale (UP et C.D Holding) c. Hongrie*, aff. n° ARB/13/35, Sentence du 9 octobre 2018, §§ 252-267.

[1391] CCI (CCI), *Juvel et Bithell c. Pologne*, aff. n° 19459/MHM, Sentence finale partielle du 26 février 2019, §§ 369-372 ; CIRDI, *Eskosol S.p.A. in liquidazione (Eskosol) c. République italienne*, aff. ARB/15/50, Décision sur la demande de clôture et sur l'objection basée sur l'inapplicabilité du traité sur la charte de l'énergie aux disputes intra-UE du 7 mai 2019, §§ 207-227, spéc. § 213 ; *United Utilities (Tallin)*, Sentence du 21 juin 2019, préc., § 540 ; *Addiko,* Décision sur l'exception d'incompétence du 12 juin 2020, préc., § 242.

[1392] CIRDI, *Masdar Solar & Wind Cooperatief U.A (Masdar) c. Royaume d'Espagne*, aff. ARB/14/11, Sentence du 16 mai 2018, §§ 678-683, spéc. § 679 *pro* SCC, (SCC), *Foresight Luxembourg Solar 1 S. a. r. l. et autres (Foresight) c. Royaume* par le tribunal de l'affaire *Vattenfall (II)*. Dans sa décision du 31 août 2018, ce dernier souligne aussi la différence de formulation entre l'article 26 TCEn et la clause d'arbitrage État-investisseur du traité de l'affaire *Achmea*[1393]. D'autres tribunaux, sous l'égide du CIRDI, ont jugé au surplus que l'arrêt *Achmea* ne s'appliquait qu'aux arbitrages non CIRDI dans lesquels le tribunal siège dans un État membre, comme c'était le cas dans l'affaire *Achmea*[1394]. Pour sa part, le tribunal de l'affaire *Infracapital c. Royaume d'Espagne,* dans sa décision du 13 septembre 2021, présente la différence entre la clause d'*electio juris* du traité de l'affaire *Achmea* et celle du TCEn comme un argument justifiant, seul, de ne pas étendre les conclusions de l'arrêt *Achmea* au TCEn. Ici, la nature multilatérale du traité, la participation de l'Union à ce traité, ainsi que le type d'arbitrage (tribunal d'arbitrage non CIRDI siégeant dans un État membre), se révèlent être des arguments superfétatoires[1395]. Comme précisé plus haut, la défense par la Commission des effets de l'arrêt *Achmea*[1396], dans sa Communication du 19 juillet 2018[1397] voulant que ce dernier s'applique au TCEn n'aura pas d'impact sur la position des tribunaux[1398]. Cette thèse de l'inapplicabilité des conclusions de l'arrêt *Achmea* à ce traité d'investissement sectoriel sera même maintenue, après le prononcé de l'arrêt *Komstroy* dans lequel la Cour de justice affirme pourtant le contraire[1399].

330. L'approche dualiste. À côté de cette approche de distinction, les tribunaux se sont également appuyés sur l'idée d'un cloisonnement entre le droit de l'UE et le droit

---

d'Espagne, aff. n° 2015/550, Sentence finale du 14 novembre 2018, § 220 ; CIRDI, *BayWa r. e. Renewable Energy GmbH and BayWa r. e. Asset Holding GmbH (BayWa r.e) c. Royaume d'Espagne*, Décision du 2 décembre 2019 sur la compétence, la responsabilité et les orientations en matière de quantum du 2 décembre 2019, § 282 ; CIRDI, *Stadtwerke München GmbH, RWE Innogy GmbH et autres (Stadwerke) c. Royaume d'Espagne*, aff. ARB/15/1, Sentence du 2 décembre 2019, § 142 ; CIRDI, *9REN Holding S. a. r. l (9REN Holding) c. Royaume d'Espagne*, aff. ARB/15/15, Sentence du 31 mai 2019, §§ 155-157 *contra* CIRDI, *SolEs Badajoz GmbH (SolEs Badajoz) c. Royaume d'Espagne*, aff. ARB/15/38, Sentence du 31 juillet 2019, § 244 « [...] the Tribunal sees reason to doubt that the bilateral nature of the treaty at issue in Achmea was critical to the reasoning of the CJEU » ; CIRDI, *Hydro Energy 1 S.à r.l. et Hydroxana Sweden AB (Hydro Energy) c. Royaume d'Espagne*, aff. ARB/15/42, Décision sur la compétence, la responsabilité et les orientations en matière de quatum du 9 mars 2020, §§ 486-493.

1393 CIRDI, *Vattenfall AB et autres (Vattenfall (II)) c. République fédérale d'Allemange (II)*, aff. ARB/12/12, Décision du 31 août 2018 sur la problématique Achmea, § 162 *pro* CIRDI, *ESPF Beteiligungs GmbH, ESPF Nr. 2 Austria Beteiligungs GmbH, and InfraClass Energie 5 GmbH & Co. KG (ESPF) c. République italienne*, aff. ARB/16/5, Sentence du 14 septembre 2020, §§ 336-339.

1394 CIRDI, *Cube Infrastructure Fund SICAV et autres (Cube Infrastructure) c. Royaume d'Espagne*, aff. ARB/15/20, Décision sur la compétence, la responsabilité et décision partielle sur le quantum du 19 février 2019, §§ 144 et 145 ; CIRDI, *STEAG GmbH (STEAG) c. Royaume d'Espagne*, aff. ARB/15/14, Décision sur la Compétence la Responsabilité et les principes en matière de quantum du 8 septembre 2020, §§ 234 et 235 ; CIRDI, *Landesbank Baden-Württemberg, HSH Nordbank AG, Landesbank Hessen-Thüringen Girozentrale et Norddeutsche Landesbank-Girozentrale (Landesbank Baden-Württemberg) c. Royaume d'Espagne*, aff. ARB/15/45, Décision sur l'exception d'incompétence intra-UE du 25 février 2019, §§ 145 et 146.

1395 CIRDI, *Infracapital F1 S.à r.l. et Infracapital Solar B.V (Infracapital) c. Royaume d'Espagne*, aff. ARB/16/18, Décision sur la compétence, la responsabilité et les directives sur le quatum du 13 septembre 2021, §§ 303-305.

1396 V. *supra* Titre 1, Chapitre 2, Section 2.

1397 Communication de La Commission au Parlement Européen et au Conseil du 19.7.2018, Protection des investissements intra-EU, Bruxelles, le 19.7.2018, COM (2018) 547 final.

1398 SCC, (SCC), *Greentech Energy System A/S et autres (Greentech) c. République italienne*, aff. n° V2015/095, Sentence finale du 23 décembre 2018, § 402 « Even if the EC Communication were authoritative in respect of interpretation of the European Court of Justice's decisions regarding EU law, the Tribunal is not constituted pursuant to EU law nor does it interpret or apply EU law ». Cette formulation suggère même que ce tribunal aurait également nié tout effet à un arrêt de la Cour de justice affirmant l'incompatibilité de l'application entre les États membres de l'article 26 TCEn.

1399 CIRDI, *Cordoba Beheer et autres (Cordoba Beheer) c. Royaume d'Espagne*, aff. ARB/16/27, Décision sur la compétence, la responsabilité et les principes de quantum du 11 février 2022, §§ 661-676 *pro* CIRDI, *RREEF Infrastructure (G.P.) Limited and RREEF Pan-European Infrastructure Two Lux S.à.r.l. (RREEF) c. Royaume d'Espagne*, aff. ARB/13/30, Décision du comité *ad hoc* sur la demande d'annulation du 10 juin 2022, § 97 ; SCC, (SCC), *Mercuria Energy Group Limited (Mercuria) c. République de Pologne*, aff. n° 2019/126, Sentence du 29 décembre 2022, §§ 455-460.

international pour limiter les effets de l'arrêt *Achmea*[1400]. La sentence *Watkins* cite en particulier un passage de la sentence *Vattenfall (II)* caractéristique de cette approche consistant à arguer d'une coexistence entre deux ordres distincts : l'ordre juridique de l'UE et l'ordre juridique international[1401]. De la même façon, mais dans un arbitrage sur le fondement d'un TBI intra-UE, le tribunal de l'affaire *A.M.F. Aircraftleasing* rappelle qu'il se situe sur le plan international et, partant, qu'il n'est pas lié par une juridiction d'un sous-système de droit international[1402]. Le tribunal de l'affaire *Cube Infrastructure,* appliquant le TCEn, insiste en outre sur la différence des ordres juridiques[1403] et écarte tout effet de l'arrêt *Achmea* sur sa compétence étant donné, d'une part, qu'il n'applique pas le droit de l'UE ou le droit d'un État membre et, d'autre part, qu'il tire sa compétence de la Convention CIRDI. Cette logique de cloisonnement, de coexistence de plusieurs sous-systèmes, sera aussi mobilisée par le tribunal de l'affaire *LSG Building solutions et autres c. Roumanie* pour écarter tout effet de l'arrêt *Komstroy* sur sa compétence[1404]. Le tribunal de l'affaire *Green Power et SCE c. Royaume d'Espagne* – premier tribunal, à notre connaissance, ayant retenu une exception d'incompétence intra-UE – critiquera cette approche, en affirmant que pour répondre à ce type d'exception préliminaire : « *the distinction made between separate planes [the ECT and EU law] is artificial and obscures the issues that must be decided* »[1405].

331. L'interprétation concurrente ou la réinterprétation. Certaines sentences développent des arguments qui ne visent pas l'arrêt en tant que tel, mais le raisonnement de la Cour de justice. Ainsi, certaines sentences affirment que la Cour, dans l'arrêt *Achmea*, n'a

---

[1400] CIRDI, *Raiffeisen Bank International AG and Raiffeisenbank Austria d.d. (Raiffeisen) c. République de Croatie (I)*, aff. ARB/17/34, Décision sur l'exception d'incompétence du défendeur du 30 septembre 2020, §§ 220 et 221. CIRDI, *Marfin Investment Group Holdings S.A., Alexandros Bakatselos et autres (Marfin) c. République de Chypre*, aff. ARB/13/27, Sentence du 26 juillet 2018, §§ 580 et 592.

[1401] *Vattenfall (II),* Décision du 31 août 2018 sur la problématique Achmea, préc., § 131 « no principle of public international law, or even of EU law, which would permit the tribunal to interpret the words of the ECT, being its foundational jurisdictional instrument, so as to give priority to external treaties (the TFEU and the TEU) and a court judgment interpreting those treaties. » *pro* CIRDI, *Silver Ridge Power BV (Silver Ridge) c. République italienne*, aff. ARB/15/37, Sentence du 26 février 2021, § 221.

[1402] CPA (CNUDCI), *A.M.F. Aircraftleasing Meier & Fischer GmbH & Co. KG (A.M.F Aircraftleasing) c. République tchèque*, aff. n° 2017-15, Sentence finale du 11 mai 2020, §§ 376-378, spéc. § 378 « [...] a tribunal situated on the international plane, such as the present Arbitral Tribunal, is not bound by the position adopted by the CJEU, which is a court within a regional sub-system of international law. » *pro Raiffeisen (I)*, Décision sur l'exception d'incompétence du défendeur du 30 septembre 2020, préc., § 220 « The CJEU operates on the level of the EU legal order, and its judgments are binding within the bounds of that order. In contrast international arbitration tribunals constituted under investment treaties operate on the level of the international legal order » ; CIRDI, *Adria Group B.V. and Adria Group Holding B.V. c Croatie*, aff. ARB/20/6, Décision sur l'exception d'incompétence intra-UE du 31 octobre 2023, § 118.

[1403] *Cube Infrastructure*, Décision sur la compétence, la responsabilité et décision partielle sur le quantum du 19 février 2019, préc., § 130 « EU law is only one among several regional, and many national, legal systems ; and it is international law that regulates relations between these different legal systems. » *pro Infracapital*, Décision sur la demande de révision du défendeur quant à l'objection intra-UE et le fond du 1er Février 2022, préc., § 107 « The applicable law to jurisdiction and the merits of the dispute is international law, and not principles of sub-systems of international law such as EU treaties » ; *Eskosol*, Décision du 7 mai 2019, préc., §§ 180-186, spéc. § 186 « The Tribunal is required to operate in the international legal framework of the ECT and the ICSID Convention, outside the EU and the dictates of EU law. » comp. CIRDI, *OperaFund Eco-Invest SICAV PLC and Schwab Holding AG (OperaFund) c. Royaume d'espagne*, aff. ARB/15/36, Sentence du 6 septembre 2019, §§ 381-388. Ici, le tribunal adopte une approche de distinction et de cloisonnement, il rappelle qu'il est compétent au regard du TCEn (pas d'un TBI) et de la Convention CIRDI, ce qui le place dans un contexte de droit international public.

[1404] CIRDI, *Anina Pro Invest Ltd, Core Value Capital GmbH, Core Value Investments GmbH & Co KG Gamma et autres (LSG Building Solutions et autres) c. Roumanie*, aff. ARB/18/19, Décision sur la compétence, la responsabilité et les principes de réparation du 11 juillet 2022, §§ 759-761. Le tribunal propose explicitement de transposer à l'arrêt *Komstroy* le raisonnement de la sentence *Eskosol*, visant l'arrêt *Achmea*, portant sur l'indépendance des sous-systèmes de droit international.

[1405] SCC, (SCC), *Green Power Partners K/S et SCE Solar Don Benito APS (Green Power et SCE) c. Royaume d'Espagne*, aff. n° 2016/135, Sentence du 16 juin 2022, §§ 331-335, spéc. § 332.

pas tranché un conflit normatif au sens de la CVDT[1406] ; car cette convention, particulièrement son article 30, n'apparait pas dans son raisonnement. Cet argument sera également utilisé pour nier tout effet à l'arrêt *Komstroy*[1407] – confirmant l'application des conclusions de l'arrêt *Achmea* à l'article 26 TCEn[1408]. D'autres tribunaux avancent que l'arrêt *Achmea* est une décision soutenant la politique d'intégration de l'Union plutôt qu'une « application orthodoxe des règles d'interprétation des traités »[1409]. Par conséquent, et parfois sans avoir à envisager s'ils sont liés par cet arrêt, les arbitres ont pu considérer que ce dernier n'avait pas à être pris en compte. De la même façon, le tribunal de l'affaire *Norvik Banka* considère que dans l'arrêt *Achmea*, la Cour de justice n'applique pas les principes d'interprétation de la CVDT, mais « une approche téléologique applicable en droit constitutionnel »[1410]. Une fois l'arrêt *Achmea* écarté, les tribunaux proposent leur interprétation des différentes dispositions des traités et concluent à l'absence d'incompatibilité entre leurs dispositions[1411].

332. L'application d'un principe de date critique. À côté des approches précitées, plusieurs tribunaux appliquant le TBI entre la Croatie et l'Autriche n'ont pas pris en compte, dans leur analyse de la compatibilité des traités, l'arrêt *Achmea* ou les déclarations de janvier 2019 des États membres – en vertu d'un principe ou d'une doctrine de la date critique –, car ces derniers étaient postérieurs à l'enregistrement de la requête d'arbitrage de l'investisseur[1412]. Le tribunal de l'affaire *Eskosol* tient un raisonnement similaire, dans le cadre d'un arbitrage sur le fondement du TCEn, mais ne se réfère pas expressément à la doctrine de la date critique[1413]. Cette doctrine est aussi mobilisée par le demandeur de l'affaire *Addiko*. Celui-ci avance que la compatibilité du traité d'investissement avec le droit de l'Union doit être examinée à la date d'enregistrement de la requête d'arbitrage, conformément à la doctrine de la date critique appliquée par la Cour internationale de Justice (CIJ) et les tribunaux arbitraux. Pour l'investisseur, cette doctrine veut que les événements ou éléments

---

[1406] CPA, (CNUDCI), *Muszynianka Spółka z Ograniczoną Odpowiedzialnością (Muszynianka) c. République slovaque*, aff. n° 2017-08, Sentence du 07 octobre 2020, § 216 ; CIRDI, *Inicia Zrt, Kintyre Kft and Magyar Farming Company Ltd (Magyar Farming) c. Hongrie*, aff. ARB/17/27, Sentence du 13 novembre 2019, §§ 205-211 ; CIRDI, *United Utilities (Tallinn) B. V. et Aktsiaselts Tallinna Vesi (United Utilities (Tallin)) c. République d'Estonie*, aff. ARB/14/24, Sentence du 21 juin 2019, § 539 « [...] the Tribunal respectfully considers that the CJEU's analysis rests on a different foundation, and so proceeds from a different premise than that which is applicable here. »; CIRDI, *B3 Croatian Courier Coöperatief U.A. (B3 Croatian Courier) c. République de Croatie*, aff. ARB/15/15, Sentence du 9 avril 2019, § 549 ; *Eskosol*, Décision du 7 mai 2019, préc., § 179.

[1407] *Cordoba Beheer*, Décision sur la compétence, la responsabilité du 11 février 2022, préc., § 669.

[1408] CJUE, Gde ch., 2 septembre 2021, *République de Moldavie c. Société Komstroy*, aff. C-741/ 19, § 66.

[1409] CIRDI, *Hydro Energy*, Décision sur la compétence, la responsabilité du 9 mars 2020, préc., § 500 *pro* CIRDI, *Cavalum SGPS (Cavalum) c. Royaume d'Espagne*, Aff. ARB/15/34, Sentence sur la compétence, la responsabilité et les principes de quantum, du 31 août 2020, § 366.

[1410] CIRDI, *AS Norvik Banka, Alexander Guselnikov, Grigory Guselnikov et autres (Norvik Banka) c. République de Lettonie*, aff. ARB/17/47, Décision sur l'objection Intra-UE du 14 mai 2021, §§ 526, 569, et 570.

[1411] *Ibid.*, §§ 582-605, spéc. §§ 601 et 602 ; *Muszynianka*, Sentence du 07 octobre 2020, préc., §§ 239-259 ; CIRDI, *9REN Holding S. a. r. l (9REN Holding) c. Royaume d'Espagne*, aff. ARB/15/15, Sentence du 31 mai 2019, § 172 ; *Hydro Energy*, Décision sur la compétence, la responsabilité du 9 mars 2020, préc., §§ 496-502, spéc. § 499 ; *Cavalum*, Sentence sur la compétence, la responsabilité du 31 août 2020, préc., §§ 361-370, spéc. § 365.

[1412] *Raiffeisen (I)*, Décision sur l'exception d'incompétence du 30 septembre 2020, préc., § 230 ; CIRDI, *Addiko Bank AG and Addiko Bank d. d. (Addiko) c. République de Croatie*, aff. ARB/17/37, Décision sur l'exception d'incompétence liée à l'incompatibilité présumée du TBI avec l'acquis de l'UE du 12 juin 2020, §§ 270-276 ; CIRDI, *UniCredit Bank Austria AG and Zagrebačka Banka d.d. (UniCredit Bank and Zagrebačka Banka) c. République de Croatie*, aff. ARB/16/31, Décision sur l'exception d'incompétence du défendeur au titre de l'article 9 du 12 octobre 2018 § 123.

[1413] *Eskosol*, Décision du 7 mai 2019, préc., §§ 200-203. « The jurisdiction of an international tribunal must be evaluated as of the date when the parties have given their consent to submit a dispute to arbitration. [...] once consent for arbitration under the ICSID Convention has been given, it becomes irrevocable, and no posterior event can annul such consent retroactively. [§ 201] [...] There is no question that the Achmea Judgment itself was an event posterior to the commencement of these proceedings. Accordingly, if that Judgment is itself deemed to be prospective only, it cannot affect the consent granted by both Partiesprior to the date on which it was rendered. [§ 203] ».

postérieurs à cette date n'aient pas d'effets sur la compétence du tribunal[1414]. De manière semblable, dans l'affaire *Muszynianka*, le tribunal formule le même principe, sans le nommer, pour nier tout effet sur sa compétence à l'Accord portant extinction des traités bilatéraux d'investissement entre États membres de l'Union européenne, signé le 5 mai 2020, par 23 États membres[1415]. La formulation de cette doctrine et son acceptation plus ou moins explicite par les tribunaux méritent quelques précisions.

333. La critique d'une application extensive du principe de date critique. La doctrine ou le principe de date critique ne concerne, à l'origine, qu'un contentieux international spécifique, celui des différends territoriaux et maritimes interétatiques. Dans ce contexte cette date permet, comme l'a expliqué clairement la CIJ en 2007, de distinguer à partir d'une date, celle de cristallisation du litige, entre les actes des États pouvant renforcer leurs prétentions et ceux ne devant pas être pris en compte[1416]. L'idée est de ne pas permettre aux États de créer par leur action la preuve de leurs prétentions. Cette doctrine a été étudiée en détail et promue par L.F.E. Goldie. Ce dernier considérait qu'elle pouvait être étendue à d'autres domaines[1417]. Elle concerne des éléments de preuve et ne porte pas sur la recevabilité de ces preuves, mais sur leur pertinence[1418]. Cette doctrine est rattachée à un deuxième ensemble de décisions de la CIJ voulant qu'une juridiction internationale détermine sa compétence à la date du dépôt de la requête. Ainsi, la CIJ a pu considérer que des résolutions du Conseil de sécurité postérieures à la date de dépôt d'une requête ne pouvaient affecter sa compétence si celle-ci avait été établie à cette date. La date du dépôt de la requête est également celle à retenir pour déterminer la recevabilité d'une requête[1419]. Cette jurisprudence a été reprise par des tribunaux arbitraux qui y ont vu un principe de procédure judiciaire internationale[1420], et l'ont appliqué, non sans hésitation[1421], principalement à la question de l'établissement de la nationalité de l'investisseur. La décision rendue le 14 novembre 2005 par le tribunal de l'affaire *Bayindir Insaat Turizm Ticaret Ve Sanayi A.S.*

1414 *Addiko*, Décision sur l'exception d'incompétence du 12 juin 2020, préc., § 44.

1415 *Muszynianka*, Sentence du 07 octobre 2020, préc., § 263.

1416 CIJ, *Différend territorial et maritime entre le Nicaragua et le Honduras dans la mer des Caraïbes (Nicaragua c. Honduras)*, Arrêt du 8 octobre 2007, § 117 « l'importance de la date critique consiste en ceci qu'elle permet de faire la part entre les actes accomplis à titre de souverain, qui sont en principe pertinents aux fins d'apprécier et de confirmer des effectivités, et ceux postérieurs à cette date, lesquels ne sont généralement pas pertinents entant qu'ils sont le fait d'un État qui, ayant déjà à faire valoir certaines revendications dans le cadre d'un différend juridique, pourrait avoir accompli les actes en question dans le seul but d'étayer celles-ci. La date critique marque le point à partir duquel les activités des parties cessent d'être pertinentes en tant qu'effectivités [...]. ».

1417 GOLDIE L.F.E., « The Critical Date », *ICLQ*, Vol. 12(4), 1963, pp. 1251-1284.

1418 PIETROWSKI R., « Evidence in International Arbitration », *Arbitration International*, Vol. 22(3), 2006, pp. 373-410, spéc. p. 401.

1419 CIJ, *Questions d'interprétation et d'application de la convention de Montréal de 1971 résultant de l'incident aérien de Lockerbie (Jamahiriya arabe libyenne c. Royaume-Uni)*, Arrêt du 27 février 1998, §§ 37, 38 et 40-45 ;

1420 CIRDI, *Antoine Goetz et consorts (Goetz) c. République du Burundi (I)*, aff. ARB/95/3, Sentence du 10 février 1999, § 72 « Quant à la compétence du Tribunal et à la recevabilité de la requête, elles s'apprécient, selon le principe rappelé récemment par la Cour internationale de Justice, à la date du dépôt de la requête [...]. » ; CIRDI, *Ceskoslovenska Obchodni Banka, A.S (CSOB) c. République slovaque*, aff. ARB/97/4, Décision du tribunal du 1er décembre 2000 sur les exceptions d'incompétence, § 31 «it is generally recognized that the determination whether a party has standing in an international judicial forum for purposes of jurisdiction to institute proceedings is made by reference to the date on which such proceedings are deemed to have been instituted. ».

1421 CIRDI, *Compañía de Aguas del Aconquija, S.A. et Compagnie Générale des Eaux c. République argentine*, aff. ARB/97/3, Décision sur la compétence du 14 novembre 2007, §§ 60-65 « This is not only a principle of ICSID proceedings, it is an accepted principle of international adjudication that jurisdiction will be determined in the light of the situation as it existed on the date the proceedings were instituted. Events that take place before that date may affect jurisdiction events that take place after that date do not. [§ 61] [...] This principle applies in particular to the nationality requirement under Article 25 of the ICSID Convention. [§ 64] [...] It should be noted that the situation is less clear when nationality depends on foreign control. Indeed, ICSID Tribunals dealing with the relevant date to assess foreign control have generally favoured the date of consent. At the same time, they have not wholly disregarded subsequent developments, stressing in particular that the foreign control requirement was still met at a later date [§ 65] [...] ».

semble réunir les deux tendances jurisprudentielles, en considérant que le Pakistan ne pouvait porter atteinte à la compétence du tribunal établie à la date du dépôt de la requête d'arbitrage en ratifiant la Convention de New York sur l'arbitrage de 1958[1422], ce qui constituait un acte unilatéral (en sa faveur) postérieur[1423].

334. L'approche modérée de la Cour suprême de Singapour dans le cadre d'une problématique analogue. En 2016, dans une affaire devant la Cour suprême de Singapour, l'interprétation conjointe des hautes parties contractantes d'un TBI[1424], contenue dans des notes verbales, a été écartée en application de la doctrine de la date critique. Dans cette affaire, cette doctrine est principalement invoquée au sujet de la force probante d'éléments postérieurs à la date de dépôt de la requête. Ici, la position du juge est plus nuancée que ce qui apparait dans les sentences ayant écarté l'arrêt *Achmea* ou les instruments postérieurs (déclarations et traité d'extinction) reprenant ses conclusions. La juridiction n'écarte pas systématiquement toute pertinence à des éléments postérieurs à la requête d'arbitrage, mais distingue entre plusieurs situations. Elle conçoit même qu'une interprétation de nature contraignante ne soit pas concernée par cette doctrine[1425]. Le point crucial relativisant la pertinence de cette doctrine dans le cas de l'arrêt *Achmea* réside dans le fait que cet arrêt est une décision de justice (pas un acte législatif) produite par une institution extérieure à l'État. Or, cette doctrine intervient pour éviter la production et la prise en compte d'actes unilatéraux, en sa propre faveur, par l'une des parties. Elle a, par ailleurs, pu être invoquée pour s'opposer à la prise en compte des déclarations des États membres relatives aux conséquences juridiques de l'arrêt *Achmea*. Par exemple dans l'affaire *PV investors* ce principe est mobilisé par le tribunal pour confirmer l'absence d'effets de ces déclarations[1426].

***335. Les déclarations relatives aux conséquences juridiques de l'arrêt* Achmea**[1427]**.** Dès l'abord, il convient d'indiquer que les déclarations de janvier 2019 n'ont, dans l'ensemble, pas modifié la position des tribunaux arbitraux quant à leur compétence. Ces déclarations ont été successivement considérées : comme n'interprétant pas les traités d'investissement[1428] (mais l'arrêt *Achmea*, ou les obligations des États au sein de l'Union),

---

[1422] Convention pour la reconnaissance et l'exécution des sentences arbitrales étrangères (signé le 10 juin 1958 à New York et entrée en vigueur le 7 juin 1959), Nations Unies, Recueil des Traités, vol. 330, p. 3.

[1423] CIRDI, *Bayindir Insaat Turizm Ticaret Ve Sanayi A.S. c. Républic islamique du Pakistan*, aff. ARB/03/29, Décision sur la compétence du 14 novembre 2005, § 178.

[1424] Cour Suprême de Singapour, Chambre haute (Court of Appeals of Singapour), *Sanum Investments Limited c. République démocratique populaire du Laos*, aff. 2016 SGCA 57, Arrêt du 29 septembre 2016, §§ 64-122. Selon cette juridiction une preuve postérieure à la date critique contredisant ce qui a été établi au regard des preuves antérieures, ne devrait pas être acceptée. À l'inverse, une preuve postérieure à la date critique confirmant ce qui a été établi peut être prise en compte sans difficulté. La situation est plus complexe lorsque les preuves antérieures sont peu concluantes, alors il est possible d'accepter des preuves postérieures. Leur force probante peut être renforcée si elles s'inscrivent en continuité ou en cohérence avec les preuves antérieures à la date critique.

[1425] *Ibid.*, § 118.

[1426] CPA, (CNUDCI), *AES Solar et autres (PV Investors) c. Royaume d'Espagne*, aff. n° 2012-14, Sentence finale du 28 février 2020, § 544 *pro* CIRDI, *RENERGY S.à r.l. (RENERGY) c. Royaume d'Espagne*, aff. ARB/14/18, Sentence du 6 mai 2022, § 348.

[1427] Déclaration des représentants des gouvernements des États membres, du 15 janvier 2019, relative aux conséquences juridiques de l'arrêt *Achmea* rendu par la Cour de Justice et à la protection des investissements dans l'Union européenne (Signée par 22 États membres) ; Déclaration des représentants des gouvernements des États membres, du 16 janvier 2019, relative à l'exécution de l'arrêt *Achmea* rendu par la Cour de Justice et à la protection des investissements dans l'Union européenne (Signée par la Finlande, le Luxembourg, Malte, la Slovénie et la Suède) ; Déclaration du représentant du gouvernement de la Hongrie, du 16 janvier 2019, relative aux conséquences juridiques de l'arrêt *Achmea* rendu par la Cour de Justice et à la protection des investissements dans l'Union européenne.

[1428] *Muszynianka*, Sentence du 07 octobre 2020, préc., § 221 ; *Addiko*, Décision sur l'exception d'incompétence liée du 12 juin 2020, préc., § 288 ; CIRDI, *Theodoros Adamakopoulos, Ilektra Adamantidou, Vasileios Adamopoulos et autres (Adamakopoulos) c. République de Chypre*, aff. ARB/15/49, Décision sur la compétence du 7 février 2020, § 179.

comme de simples déclarations politiques[1429], ou comme un moyen d'interprétation des traités parmi d'autres[1430]. Jamais, en revanche, dans un arbitrage sur le fondement d'un TBI entre États membres, elles n'ont été admises en tant qu'interprétation concertée des parties ayant valeur d'interprétation authentique[1431]. Dans sa sentence, le tribunal de l'affaire *Tallin* considère même que ces déclarations – en encourageant les États à mettre un terme aux traités d'investissement les liant à d'autres membres de l'Union avant le 6 décembre 2019 – confirment la validité des offres d'arbitrage de ces traités[1432]. Il est possible de reconnaître, ici, une sorte de motif propre aux sentences étudiées, consistant à confondre les questions d'inapplicabilité d'une disposition du traité et de validité du traité. Or, comme le rappelle le professeur Jan Klabbers, le temps où le caractère contraignant d'une règle et sa validité se confondait est depuis longtemps révolu en droit international[1433]. D'autres tribunaux ont contesté l'interprétation que donnent ces déclarations de l'arrêt *Achmea*, tout en considérant qu'elles annonçaient une future abrogation de ces traités et, ce faisant, ne pouvaient logiquement pas invalider certaines de leurs dispositions[1434].

336. Conclusions quant au traitement des déclarations de janvier 2019. Les différentes appréciations de ces déclarations par les arbitres s'étendent sur une gamme assez large. À l'une des limites de cette gamme se situe celle des arbitres de l'affaire *ESPF*. Ces derniers se montrent très critiques envers ces déclarations en estimant qu'elles sont injustes pour les investisseurs, car elles violent le principe *pacta sunt servanda*. Ils déclarent sans ambages qu'elles entrent en contradiction avec le droit coutumier international et les règles de l'État de droit[1435]. Plus modestement dans l'affaire *Sun Reserve*, les arbitres acceptent d'examiner les effets de ces déclarations sur la compétence du tribunal (car elles font partie de la *lex loci arbitri*) et concluent qu'elles ne contiennent pas de limites expresses et claires à sa compétence – tout comme l'arrêt *Achmea* ou le droit de l'UE en général[1436]. À la limite opposée de cette gamme, le professeur Marcelo G. Kohen – arbitre dissident dans l'affaire *Admakopoulos*[1437] et dans l'affaire *WCV et Channel Crossing*[1438] – a retenu lors de deux d'arbitrages l'inapplicabilité pour

---

1429 *A.M.F Aircraftleasing*, Sentence finale du 11 mai 2020, préc., §§ 334-338 ; *Hydro Energy*, Décision sur la compétence, la responsabilité du 9 mars 2020, préc., § 500 (15) ; *Cavalum*, Sentence sur la compétence, la responsabilité du 31 août 2020, préc., § 349.

1430 *Magyar Farming*, Sentence du 13 novembre 2019, préc., § 218 « joint interpretative declarations or agreements are not an exclusive and dispositive method of treaty interpretation. Pursuant to Article 31 (3) of the VCLT they are but one circumstance that "shall be taken into account, together with the context" of the relevant treaty terms. » *pro Muszynianka*, Sentence du 07 octobre 2020, préc., § 222.

1431 *Silver Ridge*, Sentence du 26 février 2021, préc., § 224 « In the Tribunal's view, the Declaration remains what it is: an instrument which becomes part of, and is relevant to, the exercise of interpretation that is guided by Article31 (1) of the VLCT. Under this regime, there is no such thing as "authentic interpretation" with the effect of directly changing the treaty provisions to be applied, let alone ending an agreement ».

1432 *United Utilities (Tallin))*, Sentence du 21 juin 2019, préc., §§ 558 et 559 *pro Magyar Farming*, Sentence du 13 novembre 2019, préc., § 221.

1433 KLABBERS J., « The Validity and Invalidity of Treaties », *in* HOLLIS D.B. (ed.), *The Oxford Guide to Treaties*, 2nd ed., Oxford, OUP, 2020, pp.545-567, spéc. p. 546.

1434 *Eskosol*, Décision du 7 mai 2019, préc., §§ 207-227, spéc. § 213 ; *Addiko*, Décision sur l'exception d'incompétence du 12 juin 2020, préc., §§ 241-255 et 281-290.

1435 *ESPF*, Sentence du 14 septembre 2020, préc., §§ 325-327.

1436 *Sun Reserve*, Sentence du 25 mars 2020, préc., §§ 350-464, spéc. §§ 403-444 *pro Strabag*, Sentence partielle sur la compétence du 4 mars 2020, préc., § 8.126 « Tribunal considers that since EU law is not applicable to questions of this Tribunal's jurisdiction, no facets of EU law [EU Treaties, the Achmea Judgment or the Achmea Declaration] can enter the interpretative process to "trump" or "amend" the text of Article 8 of the Treaty ».

1437 CIRDI, *Theodoros Adamakopoulos, Ilektra Adamantidou, Vasileios Adamopoulos et autres (Adamakopoulos) c. République de Chypre*, aff. ARB/15/49, Déclaration de dissentiment du Professeur Marcelo G. Kohen du 3 février 2020, § 61.

1438 CPA, (CNDUCI), *WCV World Capital Ventures Cyprus Limited* et *Channel Crossings Limited (WCV et Channel Crossing) c. République tchèque*, aff. n° 2016-12, Opinion dissidente de Marcelo G. Kohen du 20 septembre 2020, § 69-85.

incompatibilité de clauses d'arbitrage de TBI intra-UE, en s'appuyant entre autres sur ces déclarations qu'il a qualifiées d'interprétations authentiques des traités. Dans sa sentence du 16 juin 2022, le tribunal de l'affaire, *Green Power et SCE c. Royaume d'Espagne* – ayant retenu une exception d'incompétence intra-UE – a lui aussi qualifié la déclaration du 15 janvier 2019 signée par 22 États membres d'interprétation authentique. La définition que donne le tribunal de l'affaire *Green Power et SCE* d'une interprétation authentique mérite d'être citée, ici : « *For present purpose, this means that Declaration II may only be relevant as an authentic interpretation, i.e. an interpretation shared by Spain and Denmark, of the instruments defining their legal relations as both EU Member States and ECT Contracting Parties, with respect to the applicability of the offer to arbitration contained in 26 ECT* »[1439].

337. **Conclusion.** Dans l'ensemble, du point de vue des tribunaux arbitraux, les termes de l'absence d'incompatibilité entre les traités n'ont été modifiés ni par l'intervention faisant foi de la Cour de justice ni par une interprétation authentique des États. Contrairement à ce que prévoit l'arrêt *Achmea,* les articles 267 et 344 du TFUE ne sont pas interprétés comme s'opposant aux offres d'arbitrage État-investisseur des traités d'investissement entre États membres, mais de manière continue comme compatibles avec les dispositions des traités d'investissement. Plutôt que de rejeter la totalité de l'arrêt *Achmea,* d'autres tribunaux essayent de concilier les conclusions de l'arrêt *Achmea* et l'affirmation de leur compétence, en examinant l'existence d'une incompatibilité entre l'offre d'arbitrage État-investisseur et la préservation de l'autonomie du droit de l'Union *in concreto* ; c'est-à-dire en vérifiant si en l'espèce le tribunal doit appliquer le droit de l'Union. Ils s'écartent toutefois eux aussi de l'arrêt *Achmea*. En effet, la Cour y précise en substance que lorsque le tribunal est appelé à se prononcer sur une violation éventuelle du traité d'investissement, et qu'il doit à ces fins tenir compte du droit de l'État hôte, il est nécessairement conduit à interpréter voire à appliquer le droit de l'Union. Au préalable, elle rappelle que les caractéristiques du droit de l'UE ont « donné lieu à un réseau structuré de principes, de règles et de relations juridiques mutuellement interdépendantes liant, réciproquement, l'Union elle-même et ses États membres, ainsi que ceux-ci entre eux »[1440]. Il est délicat de concevoir un arbitrage d'investissement dans lequel un tribunal ne tiendrait en aucun cas compte d'une disposition de droit interne relevant de ce réseau.

C - L'absence d'incompatibilité entre certaines dispositions des traités *in concreto*

***338. L'examen* in concreto *commun aux tribunaux* Magyard farming *et* Griffin.** Contrairement à la majorité des sentences, certaines sentences n'affirment pas la compatibilité des dispositions des traités, mais se limitent à considérer qu'en l'espèce l'application concrète du traité d'investissement n'est pas incompatible avec les articles 267 et 344 du TFUE. Cette approche se fait jour dans les sentences *Magyard farming*[1441] et *Griffin*[1442]. Dans ces deux sentences, les tribunaux tiennent le même raisonnement. Comme la majorité des tribunaux,

---

[1439] SCC, (SCC), *Green Power Partners K/S et SCE Solar Don Benito APS c. Royaume d'Espagne*, aff. n° 2016/135, Sentence du 16 juin 2022, § 370.

[1440] CJUE, Gde ch., 6 mars 2018, Achmea B.V, aff. C-284/ 16, §§ 39-42.

[1441] CIRDI, *Inicia Zrt, Kintyre Kft and Magyar Farming Company Ltd (Magyar Farming) c. Hongrie*, aff. ARB/17/27, Sentence du 13 novembre 2019, §§ 242-248, spéc. § 247.

[1442] SCC, (SCC), *GPF GP S.à.r. l (Griffin) c. République de Pologne*, aff. n° 2014/168, Sentence du 29 avril 2020, §§ 375-383, spéc. § 381. « In any event, as with Article 344, Article 267 of the TFEU might at most be understood as a carve out – as opposed to a complete preclusion – from the subject-matter scope of Article 9 of the BIT in respect of disputes that relate to the interpretation of the EU Treaties, or the validity and interpretation of acts of the EU institutions. Here again, the Tribunal leaves this issue open as the present dispute does not fall in that category. ».

ils interprètent séparément les articles 344 et 267 TFUE et n'y voient aucune interdiction expresse de l'arbitrage d'investissement entre un investisseur de l'Union et un État membre. Il est ensuite précisé que ces articles visent des situations où les traités de l'UE seraient interprétés. Ces sentences reconnaissent, par ailleurs, que les tribunaux arbitraux peuvent avoir à interpréter ou appliquer incidemment les traités de l'UE. Ici, les tribunaux estiment ne pas avoir à répondre à cette question, car en l'espèce les demandes du demandeur ne placent pas le tribunal dans cette situation[1443]. Ainsi les tribunaux se limitent à considérer la compatibilité des traités *in concreto* en laissant ouverte la question de leur compatibilité *in abstracto*[1444]. Dans les deux affaires, les tribunaux concluent dans – des termes similaires – que l'article 344 TFUE et l'article 267 TFUE pourraient « tout au plus être compris comme une limite – par opposition à une exclusion complète – au champ d'application » de la clause d'arbitrage concernant les litiges impliquant l'interprétation du droit de l'UE, mais laissent cette question ouverte, car le litige qu'ils tranchent n'est pas concerné par cette limite.

***339. Les références tacites à un examen* in concreto**. Plus récemment la sentence *LSG Building Solutions et autres c. Roumanie* reprend tacitement cet argument. Dans cette affaire, le tribunal reconnait que la Cour de justice a jugé dans l'arrêt *Komstroy* « qu'un tribunal arbitral, tel que visé à l'article 26 paragraphe 6, du TCE[n], est amené à interpréter voire à appliquer, le droit de l'Union »[1445]. Comme nous l'avons vu plus haut, ce point central du raisonnement de la Cour apparait dès l'arrêt *Achmea*. Elle conclut que la préservation de l'autonomie et du caractère propre de l'Union s'oppose à l'arbitrage État-investisseur intra-UE sur le fondement de ce traité ; car ces tribunaux interprèteraient et appliqueraient le droit de l'Union sans appartenir au système juridictionnel de l'Union, et donc sans que leurs décisions soient soumises aux mécanismes assurant la pleine efficacité des normes de l'Union[1446]. Le tribunal écarte cet arrêt en expliquant qu'en l'espèce le tribunal n'appliquera ou n'interprètera pas le droit de l'UE[1447]. Aussi le tribunal refuse-t-il d'admettre l'idée d'une application inhérente du droit de l'UE aux litiges entre un investisseur d'un État membre et un autre État membre. Considérant qu'il n'appliquera que le TCEn, et ne prendra en compte le droit de l'UE qu'en tant que fait, le tribunal juge que l'article 26 § 6 TCEn n'entre pas en conflit avec les articles 267 et 344 TFUE. Une approche comparable transparait dans la sentence *Adamakopoulos* lorsque le tribunal estime que l'incompatibilité soutenue par le défendeur n'est qu'une éventualité et qu'il n'y a en pratique aucune réelle incompatibilité. Ici, contrairement aux sentences précitées, le tribunal affirme cela, non pas au regard des demandes de l'investisseur, mais au regard de son mandat. Le tribunal avance ne pouvoir appliquer que le droit international. Il souligne que, bien que la seule application potentielle du droit de l'UE par les tribunaux ait permis à la Cour de justice de considérer que les clauses d'arbitrages s'opposaient aux articles 267 et 344 TFUE, le droit international applique un

[1443] Le tribunal de l'affaire Eskosol tient un raisonnement comparable pour démontrer qu'il se trouve en dehors du champ d'application de l'arrêt *Achmea*. Il précise qu'il n'y aucune probabilité qu'il ait en l'espèce à interpréter le droit de l'UE et cela même en tant que simple fait. V. CIRDI, *Eskosol S.p.A. in liquidazione (Eskosol) c. République italienne*, aff. ARB/15/50, Décision sur la demande de clôture et sur l'objection basée sur l'inapplicabilité du traité sur la charte de l'énergie aux disputes intra-UE du 7 mai 2019, §§ 176 et 177.

[1444] Comme l'a confirmé l'arrêt *Achmea*, la Cour de justice ne pouvait adopter une approche consistant à se contenter d'une absence d'incompatibilité *in concreto*. La Cour de justice ne se satisfait pas des situations de fait ambigües. V. CJCE, Arrêt du 4 avril 1974, aff. 167/73, *Commission c. France*, §§ 41 et 42.

[1445] CJUE, Gde ch., 2 septembre 2021, *République de Moldavie c. Société Komstroy*, aff. C-741/ 19, § 50.

[1446] *Ibid.*, §§ 51-65.

[1447] CIRDI, *Anina Pro Invest Ltd, Core Value Capital GmbH, Core Value Investments GmbH & Co KG Gamma et autres (LSG Building Solutions et autres) c. Roumanie*, aff. ARB/18/19, Décision sur la compétence, la responsabilité et les principes de réparation du 11 juillet 2022, §§ 736-741, spéc. § 740.

standard différent[1448]. Ici, une différence se manifeste entre la Cour de justice et les tribunaux arbitraux. Pour ces derniers, une incompatibilité hypothétique est insuffisante pour caractériser un conflit de conventions[1449]. La notion d'incompatibilité de l'article 30 CVDT s'avère donc différente de celle de l'article 351 TFUE ou de celle liée au principe de primauté.

340. L'ambigüité de la décision* Norvik Banka *quant à l'existence d'une incompatibilité. La décision sur l'exception intra-UE du 14 mai 2021, rendue par le tribunal de l'affaire *Norvik Banka* (dorénavant *PNB Banka*), par son raisonnement se situe au point de jonction des sections de ce chapitre. Elle rejette une exception d'incompétence TBI intra-UE – de manière comparable aux sentences analysées ci-dessus – faute d'incompatibilité entre les dispositions des traités, tout en constatant, une incompatibilité nécessitant l'application de règles de droit international en matière de conflit de normes, comme c'est le cas des sentences présentées dans la section suivante. Cette contradiction apparente résulte du fait que, dans cette décision, le tribunal de l'affaire *Norvik Banka* identifie, avant tout, un conflit, non pas entre les dispositions des traités, mais principalement entre les « termes explicites » du TBI et les décisions d'une juridiction d'une organisation d'intégration économique régionale (OIER/REIO)[1450]. C'est parce que le tribunal reconnait l'applicabilité sur le plan international des arrêts de la Cour de justice de l'UE, qu'il se prononce sur l'application de plusieurs règles de conflit de normes de droit international : *Lex superior* ou primauté, *Lex specialis* et *Lex posterior.* Concernant le principe de primauté, il admet qu'il implique que le droit de l'Union l'emporte sur les accords entre États membres en cas d'incompatibilité, en droit de l'Union, mais pas qu'il s'agisse d'une règle de conflit de conventions de droit international[1451]. Il conclut sur ce point en précisant – alors que sa compétence au titre de la Convention CIRDI n'est pas contestée – que les arrêts de la Cour de justice ont un statut inférieur en droit international aux traités entre États souverains, et donc à la source de la compétence de ce tribunal : la Convention CIRDI[1452]. Le tribunal rejette aussi une application du principe de *lex specialis* en faveur du droit de l'UE. Pour celui-ci, les sentences antérieures qui se sont prononcées sur la matière des traités de l'UE et celle des traités d'investissement démontrent la spécialité du droit international de l'investissement par rapport au droit de l'UE[1453]. Au stade de l'examen du principe de *lex posterior*, le tribunal reconnait, cette fois, un

---

[1448] CIRDI, *Theodoros Adamakopoulos, Ilektra Adamantidou, Vasileios Adamopoulos et autres (Adamakopoulos) c. République de Chypre*, aff. ARB/15/49, Décision sur la compétence du 7 février 2020, §§ 172 et 185 *pro* CIRDI, *AS Norvik Banka, Alexander Guselnikov, Grigory Guselnikov et autres (Norvik Banka) c. République de Lettonie*, aff. ARB/17/47, Décision sur l'exception intra-UE du 14 mai 2021, §§ 529,594 et 637.

[1449] Pour Nikos Lavranos avec ses arrêts concernant l'incompatibilité des clauses de transfert de TBI extra-UE, la Cour de Justice est passée d'une conception d'affectation concrète du droit de l'UE à celle d'incompatibilité potentielle hypothétique. V. LAVRANOS N., « Protecting European Law from International Law », *European Foreign Affairs Review*, Vol. 15, 2010, pp. 265-282 ; *Id.*, « New Developments in the Interaction between International Investment Law and EU Law », *Law & Practice of International Courts and Tribunals*, Vol. 9, 2010, pp. 409-44. V. aussi P. KOUTRAKOS « Case C-205/06, Commission Vs Austria; Case C-249/06 Commission Vs Sweden », *CMLR*, Vol. 46, 2009, pp. 2059-2076, spéc. p. 2070 ; STRIK P., *Shaping the Single European Market in the field of foreign direct investment*, Oxford, Hart Publishing, 2014, pp. 261, spéc. pp. 154-160.

[1450] CIRDI, *AS PNB Banka, Alexander Guselnikov, Grigory Guselnikov et autres (anciennement AS Norvik Banka) c. République de Lettonie*, aff. ARB/17/47, Décision sur l'exception intra-UE du 14 mai 2021, §§ 601-605, spéc. § 604 « The relevant incompatibility or conflict, to be resolved by application of conflict rules which the Tribunal can apply, is between the express words of a bilateral treaty and decisions of a Final Court of a regional organisation and its international legal order created by the Treaties ».

[1451] *Ibid.*, §606-616

[1452] *Ibid.*, spéc. § 616 « The judgments of the CJEU have an "international legal character", to use the terminology of the ICJ in Kosovo. They are not, however, of a superior status in international law to a treaty between sovereign States. Nor are they of superior status to the source of this Tribunal's jurisdiction. The ICSID Convention is one of the most widely adopted international regimes including, as far as the Tribunal is aware, all the Member States of the EU with the exception of Poland ».

[1453] *Ibid.*, §§ 617-620.

conflit entre le droit de l'UE et le TBI[1454] avant d'y substituer un conflit entre les traités de l'UE et la Convention CIRDI[1455]. Il juge par la suite que ce conflit n'est qu'apparent. À cette fin, il souligne que la Convention CIRDI autorise expressément une dérogation au principe d'épuisement des voies de recours internes et rejette une interprétation des traités de l'UE qui aurait pour effet d'exiger l'épuisement de ces voies de recours et d'exclure l'arbitrage État-investisseur[1456]. Aussi le tribunal interprète-t-il de manière harmonieuse ces traités. Et partant, il conclut que les dispositions de résolution des litiges ne sont pas incompatibles. En l'absence d'un conflit de normes, les conclusions du tribunal quant au principe de *lex specialis*, même si elles favorisaient l'application des dispositions du traité d'investissement, deviennent superflues. Contrairement aux affaires suivantes, ce tribunal affirme donc sa compétence sans appliquer des règles exigeant plus qu'une incompatibilité pour retirer sa compétence à un tribunal, ou des règles de conflit défavorables au droit de l'Union.

1454 *Ibid.* § 626 « The idea that later law generally supersedes earlier law is a well-established principle in most legal systems. As the Tribunal has identified a conflict between EU law and the BIT, the lex posterior principle is potentially applicable ».

1455 *Ibid.* § 651 « The relevant conflict, as the Claimants submitted, is not between the EU Treaties and the BIT. It is between the EU Treaties and the ICSID Convention. Where the latter expressly permitted a reservation for the exhaustion of local remedies, the principle of harmonious interpretation should be applied with the effect that there is no incompatibility between the two dispute resolution processes ».

1456 *Ibid.*, § 653 « The Tribunal rejects an interpretation of the EU treaties which, in effect, not only requires exhaustion of local remedies under the guidance of the CJEU, but precludes the recourse to an international tribunal offered by the BIT to an investor who feels unable to vindicate his rights in the national courts ».

Section 2 - Les exceptions d'incompétence rejetées nonobstant l'incompatibilité

341. L'arbitrabilité des litiges d'investissement intra-UE hors coexistence harmonieuse. L'arbitrabilité des litiges d'investissement opposant un investisseur d'un État membre à un autre État membre est souvent présentée comme la conséquence d'une coexistence harmonieuse des dispositions des traités de l'UE (TUE et TFUE) et de celles des traités d'investissement entre États membres. Or, les tribunaux peuvent affirmer leur compétence tout en constatant des incompatibilités entre les dispositions de ces traités.

342. Plan de section. L'étude de la jurisprudence arbitrale révèle que, même si l'existence d'une incompatibilité entre les clauses d'arbitrage des traités et les dispositions des traités de l'UE est constatée ou présumée par les arbitres, cela n'aboutit pas au constat de leur incompétence. Des exceptions d'incompétence arguant de l'inapplicabilité des clauses d'arbitrage de traités entre États membres, compte tenu de leur incompatibilité avec les traités de l'UE, ont en effet été écartées alors que les tribunaux admettaient l'incompatibilité de ces clauses en droit international (§1). Différemment, des tribunaux ont également considéré l'offre d'arbitrage valide, nonobstant une incompatibilité avec le droit de l'UE en application d'une règle de conflit de conventions défavorable au droit de l'UE (§2).

§ 1 - L'application des règles encadrant la nullité des traités

343. L'attrait des arbitres pour la problématique de la validité du traité. À l'image de la sentence *UP et C.D Holding*[1457], qui avait traité l'exception d'incompétence soulevée par la Hongrie en la réorientant comme si elle visait le consentement de l'État à être lié par la Convention CIRDI, certains tribunaux ont répondu à des exceptions d'incompétence intra-UE en faisant comme si elles visaient non pas le consentement à l'arbitrage État-investisseur, mais le consentement de l'État à être lié par le traité. Il faut préciser ici que ce raisonnement est plus proche de l'argument de l'abrogation tacite d'un traité, en vertu de l'article 59 de la convention de Vienne sur le droit des traités de 1969 (CVDT), que de celui de l'inapplicabilité d'une de ses dispositions en vertu de l'article 30 CVDT – exempt de toute contestation de la validité du traité ou de l'offre d'arbitrage[1458]. Ce type de raisonnement, en termes de validité, a notamment[1459] permis à des tribunaux d'appliquer les conditions de nullité des traités, à la

---

[1457] CIRDI, *UP et C.D Holding Internationale (UP et C.D Holding) c. Hongrie*, aff. n° ARB/13/35, Sentence du 9 octobre 2018, §§ 252-267.

[1458] Certaines exceptions d'incompétence intra-UE arguent de l'extinction implicite des traités d'investissement entre États membres du fait de la conclusion de traités postérieurs portant sur la même matière, comme le prévoit l'article 59 de la CVDT. Dans ce contexte les traités postérieurs en question sont principalement les traités d'adhésion à l'UE des États membres concernés par les trois derniers élargissements de 2004, 2007 et 2013. Que ce soit dans le cadre d'une extinction tacite ressortant, de l'intention des parties de voir la matière des traités en question régie par le traité postérieur (art. 59 § 1 a) CVDT) ou, de l'incompatibilité des dispositions des traités (art. 59 § 1 b) CVDT), à première vue l'ensemble du traité prend fin. En cela, ces exceptions d'incompétence visent une situation proche de l'hypothèse d'une nullité du traité en raison d'un vice du consentement de l'État à être lié par le traité (art. 46-52 CVDT). Par ailleurs, l'article 65 CVDT comprend des règles qui s'applique indifféremment en cas de nullité, ou d'extinction d'un traité, cela rapproche aussi ces deux hypothèses.

[1459] Différemment dans l'affaire *ESPF*, le tribunal s'appuie sur l'article 42 CVDT portant sur la validité des traités pour écarter une interprétation de l'article 26 du TCEn comme disposition inapplicable entre les États membres de l'UE. Ici, aussi le tribunal ne distingue pas entre le consentement de l'État à l'arbitrage et le consentement de l'État au traité. V. CIRDI, *ESPF Beteiligungs GmbH, ESPF Nr. 2 Austria Beteiligungs GmbH, and InfraClass Energie 5 GmbH & Co. KG (ESPF) c. République italienne*, aff. ARB/16/5, Sentence du 14 septembre 2020, § 292.

contestation de l'applicabilité de la clause d'arbitrage – sur la base d'une incompatibilité avec le droit de l'UE –, et donc d'exiger, non pas l'incompatibilité des offres d'arbitrages État-investisseur avec certaines dispositions des traités de l'UE, mais la violation manifeste des dernières par les premières, pour juger le consentement à l'arbitrage vicié. Ainsi, des exceptions d'incompétence intra-UE sont écartées au motif que les conditions d'application de l'article 46 CVDT ne sont pas réunies[1460], nonobstant l'incompatibilité de l'offre d'arbitrage du traité avec les articles 267 et 344 TFUE. Les tribunaux se sont aussi appuyés sur la procédure à suivre en cas de nullité d'un traité, en particulier sur l'obligation de notification prévue à l'article 65 § 1 CVDT, ainsi que sur une règle, de l'article 69 CVDT encadrant les conséquences de la nullité d'un traité, portant sur les actes accomplis de bonne foi, pour affirmer leur compétence.

*344. **Plan de paragraphe.*** Aussi les arbitres ont-ils mobilisé des articles au sein de trois sections différentes de la partie V de la CVDT relative à la nullité, l'extinction et la suspension de l'application des traités, afin de confirmer l'arbitrabilité des litiges. À côté d'une exigence principale issue de l'article 46 CVDT (A), d'autres articles intervenant en cas de nullité d'un traité ont parfois permis de faire émerger de nouvelles exigences complémentaires s'opposant à l'incompétence des tribunaux (B).

A - L'exigence principale d'une violation manifeste d'une règle fondamentale

*345. **Les deux prémisses du raisonnement en termes de nullité du traité.*** Cette approche de la compétence des tribunaux en termes de nullité repose sur deux prémisses : l'assimilation du consentement de l'État à l'arbitrage au consentement de l'État au traité, et l'assimilation de la violation des articles 267 et 344 TFUE à une violation de dispositions fondamentales du droit interne de l'État relatives à sa compétence pour conclure des traités, prévue à l'article 46 § 1 CVDT. Cet argument ne tient pas toujours la même place dans le raisonnement des tribunaux. Il est possible de remarquer ici, que le professeur Pierre Mayer proposait en 1989 de s'inspirer de l'article 46 CVDT pour élaborer une règle transnationale en matière d'opposabilité du défaut de pouvoir de l'organe de l'État, ayant accepté la clause compromissoire d'un contrat d'État[1461].

*346. **L'invocation de l'article 46 CVDT en soutien des conclusions du tribunal.*** Les tribunaux arbitraux des affaires *Addiko* et *Raiffeisen*, tous deux institués par le TBI liant la Croatie et l'Autriche, invoquent dans leurs décisions l'article 46 CVDT pour étayer certaines de leurs conclusions. Dans la sentence *Raiffeisen* le tribunal précise, en premier lieu, examiner la compatibilité des dispositions des traités au regard de l'état du droit au moment du dépôt de la requête d'arbitrage. Aussi se prononce-t-il sur la compatibilité des dispositions des traités à la date du 15 septembre 2017. En application d'un principe de date critique, il ne prend pas en compte l'arrêt *Achmea* qui est postérieur à cette date. Une fois cela établi, il conclut, en deuxième lieu, à l'absence d'incompatibilité entre les traités en soulignant que les conclusions de l'Avocat général de l'affaire *Achmea*[1462] prononcées quatre jours après le dépôt de la requête

---

[1460] CVDT, art. 46 – Dispositions du droit interne concernant la compétence pour conclure des traités : « § 1 Le fait que le consentement d'un État à être lié par un traité a été exprimé en violation d'une disposition de son droit interne concernant la compétence pour conclure des traités ne peut être invoqué par cet État comme viciant son consentement, à moins que cette violation n'ait été manifeste et ne concerne une règle de son droit interne d'importance fondamentale. § 2 Une violation est manifeste si elle est objectivement évidente pour tout État se comportant en la matière conformément à la pratique habituelle et de bonne foi ».

[1461] MAYER P., « L'autonomie de l'arbitre international dans l'appréciation de sa propre compétence », *RCADI*, Vol. 217, 1989, pp. 319-454, spéc. §§ 123-125.

[1462] Av. gén. WATHELET M., concl. pré. CJUE, Gde ch., 6 mars 2018, Achmea B.V, aff. C-284/ 16 d'arbitrage allaient aussi dans ce sens[1463]. Ce n'est qu'en dernier lieu qu'il mentionne l'article 46 CVDT pour étayer ses conclusions. Il affirme, alors, d'abord que la règle générale de l'article 46 CVDT s'applique au consentement à l'arbitrage État-investisseur, puis que l'inhérente incompatibilité de cette offre d'arbitrage, avec l'acquis de l'UE, soulevée par la Croatie n'est certainement pas manifeste, ou objectivement évidente[1464]. Le tribunal insiste, à l'appui de cette affirmation, sur l'évolution de la position des acteurs de l'UE. De même, c'est après des développements portant sur ces évolutions, pour être précis sur la contradiction entre la position de l'Avocat général et celle de la Cour de justice, que le tribunal de l'affaire *Addiko* conclut que l'incompatibilité entre les TBI et le TFUE[1465] n'était pas manifeste. Ici, le tribunal interprète l'article 11 § 2 du TBI austro-croate à la lumière de l'article 46 CVDT et conclut à l'absence d'incompatibilité entre le traité et l'acquis de l'UE[1466] à la date du 27 septembre 2017 (huit jours après les conclusions prononcés par l'Avocat général Melchior Wathelet dans l'arrêt *Achmea*)[1467]. Dans ces sentences, l'absence de caractère manifeste de la violation est comprise au sens de l'absence de certitude sur cette question. Ici, ce qui est manifeste est compris comme ce qui est évident et pas comme ce qui est particulièrement grave.

347. L'invocation de l'article 46 CVDT au cœur des conclusions des tribunaux. L'article 46 CVDT occupe une place centrale dans trois sentences particulières. Dans les sentences *A.M.F. Aircraftleasing*[1468] et *Eskosol*[1469] il est utilisé pour démontrer qu'aucune disposition du TBI n'a été frappée de nullité. De la même façon, mais avec une nuance, la sentence *B3 Croatian Courier*[1470] mentionne cet article pour écarter l'inapplicabilité de la clause d'arbitrage du TBI en raison de son incompatibilité avec le droit de l'Union. Ici, la sentence écarte grâce à cet article une hypothèse d'inapplicabilité et pas de nullité. Alors qu'il s'applique en fait de nullité, l'article 46 CVDT a été utilisé pour répondre à des exceptions d'incompétence visant l'inapplicabilité des clauses d'arbitrage. Dans ces trois affaires, les tribunaux commencent par avancer qu'en application de l'article 42 CVDT, le consentement d'un État à être lié par un traité ne peut être remis en cause que dans le cadre des règles de la CVDT[1471]. Or, l'argument d'une incompatibilité entre les offres d'arbitrage État-investisseur des traités entre les États membres de l'Union et les articles 344 et 267 TFUE, selon ces tribunaux, ne correspond à aucune des causes de nullité prévues aux articles 46 à 53 de la

---

[1463] CIRDI, *Raiffeisen Bank International AG and Raiffeisenbank Austria d.d. (Raiffeisen) c. République de Croatie* (I), aff. ARB/17/34, Décision sur l'exception d'incompétence du défendeur du 30 septembre 2020, §§ 232-244, spéc. § 243.
[1464] *Ibid.*, §§ 245-248.
[1465] Le tribunal ne fait référence qu'au TFUE, alors que l'arrêt *Achmea* comprend également une interprétation de l'article 4 § 3 du TUE. V. CJUE, Gde ch., 6 mars 2018, *Achmea B.V.*, aff. C-284/ 16, §§ 34 et 58.
[1466] Le tribunal applique l'article 11 § 2 du TBI liant l'Autriche et la Croatie, cet article fait référence à l'acquis de l'UE en ces termes : « The Contracting Parties are not bound by the present Agreement insofar as it is incompatible with the legal acquis of the European Union (EU) in force at any given time ». Sur ce traité v. *supra* Titre 1, Chapitre 2, Section 1, § 1, C).
[1467] CIRDI, *Addiko Bank AG et Addiko Bank d. d. (Addiko) c. République de Croatie*, aff. ARB/17/37, Décision sur l'exception d'incompétence liée à l'incompatibilité présumée du TBI avec l'acquis de l'UE du 12 juin 2020, §§ 100 et 270-280, spéc. §§ 277-279.
[1468] CPA, (CNUDCI), *A.M.F. Aircraftleasing Meier & Fischer GmbH & Co. KG (A.M.F Aircraftleasing) c. République tchèque*, aff. n° 2017-15, Sentence finale du 11 mai 2020, §§ 379-384.
[1469] CIRDI, *Eskosol S.p.A. in liquidazione (Eskosol) c. République italienne*, aff. ARB/15/50, Décision sur la demande de clôture et sur l'objection basée sur l'inapplicabilité du traité sur la charte de l'énergie aux disputes intra-UE du 7 mai 2019, §§ 187-192.
[1470] CIRDI, B3 *Croatian Courier Coöperatief U.A. (B3 Croatian Courier) c. République de Croatie*, aff. ARB/15/15, Sentence du 9 avril 2019, §§ 516-532.
[1471] CVDT art. 42 – Validité et maintien en vigueur des traités : « § 1 La validité d'un traité ou du consentement d'un État à être lié par un traité ne peut être contestée qu'en application de la présente Convention. / § 2 L'extinction d'un traité, sa dénonciation ou le retrait d'une partie ne peuvent avoir lieu qu'en application des dispositions du traité ou de la présente Convention. La même règle vaut pour la suspension de l'application d'un traité ».

CVDT. Ces tribunaux estiment alors que la cause de nullité la plus proche des arguments des défendeurs est celle prévue par l'article 46 VCLT. Cependant, ces derniers considèrent que les conditions d'application de cet article, en particulier le caractère manifeste de la violation, ne sont pas satisfaites du fait de l'incertitude qui a longtemps entouré la question de la comptabilité des dispositions des traités avant le prononcé de l'arrêt *Achmea*. Ici, c'est le caractère objectivement évident de la violation qui est contesté. Les tribunaux contestent également la gravité de cette violation en rappelant que l'arrêt *Achmea* vise une potentielle atteinte à la pleine efficacité du droit de l'UE, ce qui pour les tribunaux n'est pas une violation flagrante de ce droit. Le tribunal de l'affaire *Eskosol* précise cependant à juste titre, qu'il n'est pas nécessaire en l'absence de violation manifeste, d'examiner le deuxième critère cumulatif de l'article 46 CVDT portant sur « l'importance fondamentale » de la règle objet de la violation[1472].

***348. L'exemple significatif de la sentence* B3 Crotian Courier.** La sentence *B3 Crotian Courier* est celle qui développe le plus cet argument en avançant que le fait que la Croatie ne remette pas en cause son consentement à être lié par le traité en son entier, mais son consentement à l'arbitrage ne change pas les conclusions du tribunal en matière de compétence[1473]. Le tribunal alors se réfère à l'article 44 CVDT sur la divisibilité des dispositions d'un traité[1474]. Il avance que cet article pose une présomption de nullité de l'ensemble d'un traité. Ainsi, pour rendre nulle la clause d'arbitrage, l'État devrait démontrer que son consentement est vicié, mais aussi renverser cette présomption de nullité de l'ensemble du traité. Pour ce faire, selon ce tribunal, il devrait prouver que le vice du consentement porte spécifiquement sur cette clause, que cette clause est séparable du traité (art. 44 § 3 a) CVDT), qu'elle n'était pas une base essentielle du consentement au traité (art. 44 § 3 b) CVDT) et que la poursuite de l'exécution de ce qui subsiste du traité n'est pas injuste (art. 44 § 3 c) CVDT). Le tribunal conclut que l'État n'ayant pas démontré tous ces éléments, son consentement à l'arbitrage reste valide. Ici, un parallèle est envisageable entre cette utilisation des articles 44 et 46 CVDT et celle de l'article 41 CVDT – en matière de modification *inter se* de traités multilatéraux – évoquée plus haut[1475].

349. Le lien contestable entre disponibilité de l'arbitrage État-investisseur et validité du traité. Dans les deux cas, l'importance de la clause d'arbitrage État-investisseur du traité est avancée, que ce soit comme élément essentiel du consentement des parties au traité[1476] ou élément conditionnant la réalisation effective de l'objet et du but du traité[1477]. Cela suggère que les États n'auraient pas adopté ces traités s'ils ne prévoyaient pas une telle clause et que les traités ne peuvent avoir pour effet de promouvoir et de protéger l'investissement sans ce mécanisme. L'arbitrage État-investisseur serait donc cardinal dans l'économie des traités de protection des investissements. Or il existe des traités

---

1472 *Eskosol*, Décision du 7 mai 2019, préc., § 191.

1473 *B3 Croatian Courier*, Sentence du 9 avril 2019, préc., §§ 529-532.

1474 CVDT art. 44 – Divisibilité des dispositions d'un traité : « [...] 2. Une cause de nullité ou d'extinction d'un traité, de retrait d'une des parties ou de suspension de l'application du traité reconnue aux termes de la présente Convention ne peut être invoquée qu'à l'égard de l'ensemble du traité, sauf dans les conditions prévues aux paragraphes suivants ou à l'article 60. / 3. Si la cause en question ne vise que certaines clauses déterminées, elle ne peut être invoquée qu'à l'égard de ces seules clauses lorsque : a) ces clauses sont séparables du reste du traité en ce qui concerne leur exécution ; b) il ressort du traité ou il est par ailleurs établi que l'acceptation des clauses en question n'a pas constitué pour l'autre partie ou pour les autres parties au traité une base essentielle de leur consentement à être liées par le traité dans son ensemble ; et c) il n'est pas injuste de continuer à exécuter ce qui subsiste du traité ».

1475 V. *infra* Titre 1, Chapitre 1, Section 1, § 2, A.

1476 CVDT Article 44 § 3 b).

1477 CVDT Article 41 § 1 b) ii).

d'investissement sans offre d'arbitrage État-investisseur[1478]. De plus, la plupart des traités d'investissement prévoient une clause attributive de juridiction au profit des juridictions internes de l'État hôte, permettant au traité de produire effectivement ses effets, en dehors d'arbitrages[1479]. Selon les tendances jurisprudentielles des juridictions internes, même en l'absence de clause attributive de juridiction, des juridictions pourraient reconnaître aux dispositions des traités d'investissement une forme d'invocabilité, voire un effet direct. Ici, point de nouveau le motif, d'une confusion entre validité du traité et inapplicabilité de l'une de ses dispositions. Bien que le principe d'autonomie (ou de séparabilité) de la clause d'arbitrage, issu de l'arbitrage commercial[1480] soit applicable dans l'arbitrage d'investissement[1481], les arbitres ne distinguent pas entre le traité et l'offre d'arbitrage. Le consentement à l'arbitrage devient le consentement au traité et l'inapplication de l'offre d'arbitrage devient l'invalidité du traité, ou son ineffectivité d'ensemble. Du point de vue du droit des traités, le principe de dissociation de la clause de règlement des autres dispositions d'un traité s'oppose également à une telle confusion. La doctrine majoritaire et les États, dans leur pratique conventionnelle, n'ont pas retenu l'interdiction formulée par *Sir* Gerald G. Fitzmaurice selon laquelle les clauses de règlement ne pourraient souffrir aucune réserve en raison de la place essentielle qu'elles tiennent dans l'économie de tout traité[1482]. Autrement dit, l'idée d'une interdépendance systématique entre les clauses de règlement et l'ensemble des dispositions substantielles d'un traité ne s'est pas imposée.

***350. L'utilisation fondatrice de l'article 46 CVDT dans la sentence* Blusun.** Il est possible d'esquisser une généalogie de ce raisonnement centré sur l'article 46 de la CVDT. Cet article apparait pour la première fois dans les sentences étudiées dans la sentence *Blusun*[1483]. Le tribunal mentionne cet article pour écarter l'argument défendu par la

---

1478 La banque de donnée de la CNUCED dénombre soixante-dix-sept traités bilatéraux d'investissement, toujours en vigueur, ne comprenant pas de mécanisme de résolution des différends État-investisseur. V. Données obtenues en juin 2024 à l'aide de la base de données de la CNUCED, accessible à l'adresse : < https://investmentpolicy.unctad.org/international-investment-agreements/iia-mapping >. Critères de recherche : Selected mapped treaty elements/Investo-State Dispute Settlement (ISDS)/ ISDS included: No ; Filter by country, type, status, year/Type of agreement: BITs + Status : In force. Il s'agit pour l'essentiel de traités Nord-Sud signés entre le début des années soixante et le début des années quatre-vingt. Il faut cependant noter l'apparition en 2015 d'un modèle brésilien de traité bilatéral d'investissement sans mécanisme de résolution des différends État-investisseur. À ce sujet v. BRAUCH M.D., « Brazil's Cooperation and Investment Facilitation Agreements with Mozambique, Angola, and Mexico: A comparative Overview », *in* KAVALJIT S. et BURGHARD I. (eds), *Rethinking Bilateral Investment Treaties – Critical Issues and Policy Choices*, Amsterdam/New Delhi, Both Ends/Madhyam/SOMO, 2016, pp. 141-153.

1479 Ex : TCEn Article 26 § 2 a).

1480 GAILLARD E. et SAVAGE J. (eds.)., *Fouchard, Gaillard, Goldman on International Commercial Arbitration*, La Haye, Kluwer Law International, 1999, pp. 1280, spéc. §§ 389-419.

1481 Pour une présentation de la genèse de la doctrine de la séparabilité dans l'arbitrage commercial et une justification de sa transposition dans l'arbitrage d'investissement malgré leurs différences v. BUSCO P., *The defence of illegality in international investment arbitration : a hybrid model to address criminal conduct by investor, at the crossroads between the culpability standard of criminal law and the separability doctrine of international commercial arbitration*, Thèse : Droit, Université Panthéon Sorbonne – Paris I et Scuola superior Sant'Anna di studi universitari e di perfezionamento (Pise, Italie), 2018, pp. 456, spéc. §§ 349-538 *pro* DOUGLAS Z., « The Plea of Illegality in Investment Treaty Arbitration », *ICSID Review - FILJ*, Vol. 29(1), 2014, pp. 155-186, spéc. pp. 157-163 *contra* ZARRA G., « THE ARBITRABILTY OF DISPUTES ARISING FROM INTRA-EU BITS », *The American Review of International Arbitration*, Vol. 25(3-4), 2014, pp. 573-599, spéc. pp. 593-599 L'auteur considère que la doctrine de la séparabilité de la clause d'arbitrage et l'article 44 de la CVDT sur la divisibilité des dispositions d'un traité ne sont pas compatibles, car la première préserve la validité de la clause d'arbitrage de l'invalidité du contrat principal tandis que la seconde pose comme principe l'intégrité du contrat et comme exception l'invalidité d'une clause particulière. Il avance toutefois que la validité de la clause d'arbitrage peut être préservée de la nullité du traité en application du principe de non-révocabilité du consentement à l'arbitrage.

1482 Sur la spécificité des clauses de règlement et de leur régime en droit des traités v. POIRAT F., *Le traité, acte juridique international – Recherches sur le traité international comme mode de production et comme produit*, La Haye, Martinus Nijhoff, 2004, pp. 506, spéc. pp. 429-473.

1483 CIRDI, *Blusun S.A., Jean-Pierre Lecorcier et Michel Stein (Blusun) c. République italienne*, aff. ARB/14/3, sentence du 26 décembre 2016, § 283.

Commission selon lequel la signature, puis la ratification du TCEn n'avaient pas créé d'obligations entre les États membres de l'UE. La Commission, selon le tribunal, avance dans cette affaire que lorsque les États membres ont ratifié le TCEn, il n'était plus compétent pour conclure entre eux des engagements en matière de protection des investissements. Cette incompétence est présentée comme une résultante, d'une part, de la réglementation et de la protection des investissements intra-UE par le droit de l'UE et, d'autre part, de l'application de l'article 3 § 2 TFUE[1484] précisant trois hypothèses dans lesquels l'Union dispose d'une compétence exclusive en matière de conclusion d'accords de droit international public[1485]. Les transferts de compétences au sein de l'Union intervenus avant la signature de ce traité d'investissement sectoriel auraient empêché la création, au moment de sa signature, d'obligations internationales entre les États membres. Dans son analyse des arguments de la Commission, le tribunal fait d'abord référence à l'article 6 CVDT[1486] pour indiquer que tous les États ont la capacité de conclure des traités et qu'aucune limite à la compétence des États membres n'a été communiquée par ces derniers, lors de la signature du TCEn[1487]. Il fait ensuite référence à l'article 46 CVDT, afin de restreindre les règles de droit de l'UE pouvant limiter le consentement des États membres, en proposant le raisonnement suivant : « *Article 46 of the VCLT provides that a State may not invoke provisions of its internal law regarding competence to conclude treaties to invalidate a treaty unless it was a manifest violation of a rule of fundamental importance. While EU law operates on both an internal and international plan, a similar principle must apply* »[1488]. Ainsi, pour le tribunal en signant le TCEn, les États membres ont consenti à des obligations *inter se* valides et applicables. Ces obligations ne peuvent être invalidées, ou rendues inapplicables en raison d'une règle de répartition des compétences implicite déduite d'un ensemble de dispositions de droit de l'UE en matière d'investissement[1489].

351. La reprise de l'article 46 CVDT dans d'autres sentences TCEn intra-UE. Dans cette sentence, comme dans d'autres sentences qui reprennent son raisonnement[1490], l'article 46 CVDT n'est pas utilisé pour répondre à un argument portant sur l'incompatibilité des articles 344 et 267 TFUE et de la clause d'arbitrage du traité. En revanche, dans l'affaire *Belenergia S.A.*, le demandeur reprend, certes, le raisonnement de la sentence *Blusun* pour

---

1484 KOTZUR M.., « Article 3 *[Exclusive competence]* », *in* GEIGER R., KHAN D-E et KOTZUR M. (eds.), *European Union Treaties – A Commentary*, Munich-Oxford, C.H. Beck – Hart publishing, 2015, pp. 205-207 spéc. p. 207 « There is an exclusive competence for the conclusion of agreements under public international law in three cases: a) when conclusion of such an agreement is provided for in a legislative act of the Union; b) when the conclusion of an agreement is necessary in order to enable the Union to exercise its internal competence; c) in so far as the agreement may affect Union rules or alter their scope. This means that the ERTA doctrine of the ECJ5 has been codified by the authors of the TFEU ». Il faut remarquer que la compétence exclusive évoquée ici vise la conclusion d'accord de droit international public, sans précisions supplémentaires. L'arrêt *AETR* à l'origine du principe jurisprudentiel, que cet article codifie, ne se prononçait que sur les accords avec les États tiers. V. CJCE, 31 mars 1971, *Commission c. Conseil – Accord européen sur les transports routiers*, aff. 22-700, § 17 « Qu'en particulier, chaque fois que, pour la mise en œuvre d ' une politique commune prévue par le traité, la communauté a pris des dispositions instaurant, sous quelque forme que ce soit, des règles communes, les États membres ne sont plus en droit, qu'ils agissent individuellement ou même collectivement, de contracter avec les États tiers des obligations affectant ces règles ; ».

1485 *Blusun*, Sentence du 26 décembre 2016, préc., §§ 208 et 209.

1486 CVDT art. 6 – Capacité des États de conclure des traités : Tout État a la capacité de conclure des traités.

1487 *Blusun*, Sentence du 26 décembre 2016, préc., § 282.

1488 *Ibid.*, §283.

1489 *Ibid.*, « [...] Even if, as a matter of EC law, the EC has exclusive competence over matters of internal investment, the fact is that Member States to the EU signed the ECT without qualification or reservation. The inter se obligations in the ECT are not somehow invalid or inapplicable because of an allocation of competence that the EC says can be inferred from a set of EU laws and regulations dealing with investment. The more likely explanation, consistent with the text of the ECT, is that, at the time the ECT was signed, the competence was a shared one ».

1490 SCC, (SCC), *CEF Energia BV c République italienne*, aff. n° 158/2015, Sentence du 16 janvier 2019, § 63 ; CIRDI, *RWE Innogy GmbH and RWE Innogy Aersa S.A.U. (RWE Innogy) c. Royaume d'Espagne*, aff.14/34, Décision sur la compétence, la responsabilité et le quantum du 30 décembre 2019, § 348 ; CIRDI, *RENERGY S.à r.l. c. Royaume d'Espagne*, aff. ARB/14/18, Sentence du 6 mai 2022, § 359.

contester l'argument de la non-création d'obligation *inter se*[1491], mais il mobilise, en sus, l'article 46 CVDT pour avancer que l'Italie ne peut arguer d'une violation de l'article 344 TFUE pour invalider le TCEn[1492]. Prudemment, dans cette affaire, le tribunal conclura qu'il est compétent sans appliquer l'article 46 CVDT. Plus proche des cinq sentences envisagées au début de nos développements, dans l'affaire *OperaFund*, le demandeur s'appuie sur cet article pour affirmer que l'arrêt *Achmea* n'affecte pas la compétence du tribunal[1493]. Ici aussi le tribunal ne se prononcera pas sur cet article. À l'inverse, en 2022, de nouveau dans le contexte d'un arbitrage sur le fondement du TCEn, le tribunal de l'affaire *Mol c. Croatie* s'appuiera sur l'article 46 CVDT pour refuser toutes conséquences pratiques aux arrêts *Achmea* et *Komstroy*[1494].

352. L'itinéraire de l'article 46 CVDT dans les arbitrages étudiés. Avant de s'intéresser aux liens existants entre les sentences dans lesquelles l'article 46 CVDT intervient, il est utile de revenir sur, en quelque sorte, l'itinéraire de cet article au sein de l'ensemble des sentences étudiées. Cet article se fait jour d'abord dans le cadre d'arbitrages sur le fondement du TCEn. Il apparait pour la première fois dans la sentence *Blusun* du 26 décembre 2016. Dans cette sentence, l'article 46 CVDT tient une place marginale, il n'est qu'un argument supplémentaire permettant au tribunal d'écarter une interprétation du TCEn conforme au droit de l'UE. Plusieurs investisseurs invoqueront par la suite cet article dans leurs écrits, sans que les tribunaux l'évoquent dans leurs conclusions. Cet article occupe une place plus centrale dans des sentences prononcées entre 2019 et 2020. Ces sentences appliquent toutes, à l'exception de la sentence *Eskosol*[1495], des traités bilatéraux d'investissement entre États membres[1496]. L'article 46 CVDT y est invoqué pour répondre aux exceptions d'incompétence visant la comptabilité des traités, et pas, comme c'était le cas dans l'affaire *Blusun* pour écarter une interprétation particulière du traité[1497]. Plus récemment, en 2022, il intervient en fait d'incompatibilité dans la sentence *Mol c. Croatie*, dans le cadre d'un arbitrage sur le fondement du TCEn[1498]. Cet article s'avère un exemple parmi d'autres, de la circulation des argumentations juridiques dans les arbitrages, nonobstant le traité fondant la compétence du tribunal.

***353. Le rejet inédit de l'article 46 CVDT dans la sentence* Norvik Banka.** Par contraste au exemples précédents, dans l'affaire *Norvik Banka* alors que le demandeur invoquait cet article (et l'article 27 CVDT) pour arguer de la validité du consentement à

[1491] CIRDI, *Belenergia S.A. c. République italienne*, aff. ARB/15/40, Sentence du 28 août 2019, § 232.

[1492] *Ibid.*, § 244 « [...] According to the Claimant, Italy cannot rely on EU law to invalidate the ECT, on Article 46 VCLT grounds. Article 46 provides that the parties (EU Member States and the EC) to a treaty (the ECT) cannot—as a rule—rely on their internal law (EU law included) vitiating their treaty-making competence ».

[1493] CIRDI, *OperaFund Eco-Invest SICAV PLC et Schwab Holding AG (OperaFund) c. Royaume d'Espagne*, aff. ARB/15/36, Sentence du 6 septembre 2019, § 297.

[1494] CIRDI, *MOL Hungarian Oil and Gas Company Plc (MOL) c République de Croatie*, aff. ARB/13/32, Sentence du 5 juillet 2022, §§ 480-483.

[1495] CIRDI, *Eskosol S.p.A. in liquidazione (Eskosol) c. République italienne*, aff. ARB/15/50, Décision sur la demande de clôture et sur l'objection basée sur l'inapplicabilité du traité sur la charte de l'énergie aux disputes intra-UE du 7 mai 2019, §§ 187-192

[1496] CIRDI, B3 *Croatian Courier Coöperatief U.A. (B3 Croatian Courier) c. République de Croatie*, aff. ARB/15/15, Sentence du 9 avril 2019, §§ 516-532 ; CPA, (CNUDCI), *A.M.F. Aircraftleasing Meier & Fischer GmbH & Co. KG (A.M.F Aircraftleasing) c. République tchèque*, aff. n° 2017-15, Sentence finale du 11 mai 2020, §§ 379-384 ; CIRDI, *Addiko Bank AG et Addiko Bank d. d. (Addiko) c. République de Croatie*, aff. ARB/17/37, Décision sur l'exception d'incompétence liée à l'incompatibilité présumée du TBI avec l'acquis de l'UE du 12 juin 2020, §§ 100 et 270-280, spéc. §§ 277-279 ; CIRDI, *Raiffeisen Bank International AG and Raiffeisenbank Austria d.d. (Raiffeisen) c. République de Croatie* (I), aff. ARB/17/34, Décision sur l'exception d'incompétence du défendeur du 30 septembre 2020, §§ 232-244.

[1497] CIRDI, *Blusun S.A., Jean-Pierre Lecorcier et Michel Stein (Blusun) c. République italienne*, aff. ARB/14/3, sentence du 26 décembre 2016, § 283.

[1498] CIRDI, *MOL Hungarian Oil and Gas Company Plc (MOL) c République de Croatie*, aff. ARB/13/32, Sentence du 5 juillet 2022, §§ 480-483 l'arbitrage de la Lettonie, le tribunal – dans lequel le professeur Stanimir A. Alexandrov fût remplacé par John M. Townsend – adopte la position du défendeur et affirme que l'article 46 CVDT n'est pas pertinent en matière de consentement à l'arbitrage, écartant ainsi explicitement pour la première fois l'analogie proposée par le tribunal de l'affaire *Blusun*[1499].

354. Transition. Répondre aux exceptions d'incompétence intra-UE en appliquant les règles concernant la nullité des traités a nécessairement pour effet de conditionner l'incompétence du tribunal au respect de certaines procédures. Partant, les tribunaux des affaires *B3 Croatian Courier*[1500], *Eskosol*[1501] et *A.M.F. Aircraftleasing*[1502] affirment dans leurs sentences que même si l'incompatibilité identifiée par l'arrêt *Achmea* était considérée comme une cause de nullité valable, le traité ne serait pas nul automatiquement. Une telle hypothèse étant réservée, selon ces sentences, aux conflits impliquant une norme du *jus cogens*[1503]. Le droit de l'UE ne relevant pas de cette catégorie de normes, l'annulation du traité ou de sa clause d'arbitrage devrait suivre la procédure prévue aux articles 65 à 67 de la CVDT[1504]. S'ajoute alors à l'exigence principale issue de l'article 46 CVDT, une exigence complémentaire de nature procédurale. Dans l'affaire *B3 Croatian Courier* le tribunal ajoutera à cette exigence procédurale une seconde reposant sur la licéité des actes accomplis de bonne foi.

1499 *Norvik Banka*, Décision sur l'objection Intra-UE du 14 mai 2021, préc., § 659.

1500 *B3 Croatian Courier*, Sentence du 9 avril 2019, préc, §§ 533-536.

1501 *Eskosol*, Décision du 7 mai 2019, préc., §§ 194-198.

1502 *A.M.F Aircraftleasing*, Sentence finale du 11 mai 2020, § 385.

1503 CVDT art. 64 – Survenance d'une nouvelle norme impérative du droit international général (jus cogens) : « Si une nouvelle norme impérative du droit international général survient, tout traité existant qui est en conflit avec cette norme devient nul et prend fin ».

1504 CVDT art. 65 – Procédure à suivre concernant la nullité d'un traité, son extinction, le retrait d'une partie ou la suspension de l'application du traité : « § 1 La partie qui, sur la base des dispositions de la présente Convention, invoque soit un vice de son consentement à être liée par un traité, soit un motif de contester la validité d'un traité, d'y mettre fin, de s'en retirer ou d'en suspendre l'application, doit notifier sa prétention aux autres parties. La notification doit indiquer la mesure envisagée à l'égard du traité et les raisons de celle-ci. / § 2 Si, après un délai qui, sauf en cas d'urgence particulière, ne saurait être inférieur à une période de trois mois à compter de la réception de la notification, aucune partie n'a fait d'objection, la partie qui a fait la notification peut prendre, dans les formes prévues à l'article 67, la mesure qu'elle a envisagée. / § 3 Si toutefois une objection a été soulevée par une autre partie, les parties devront rechercher une solution par les moyens indiqués à l'article 33 de la Charte des Nations Unies ».

B - Les exigences complémentaires conditionnant l'invalidité de l'offre d'arbitrage

355. ***Plan.*** Les tribunaux, en réponse au prononcé de l'arrêt *Achmea* et à l'adoption par les États membres de déclarations interprétatives, ont eu recours, de manière inédite, à plusieurs dispositions de la CVDT pour confirmer la validité et l'applicabilité des offres d'arbitrage de traités d'investissement entre États membres. Parmi ces dispositions, la subordination – tirée de l'article 46 CVDT – de l'inapplicabilité d'une offre d'arbitrage à l'existence d'une violation manifeste d'une règle fondamentale de droit de l'UE doit se voir reconnaitre une importance particulière. D'autres arguments complémentaires ont été mobilisés par les tribunaux, deux d'entre eux se démarquent dans notre étude. D'une part, une exigence complémentaire de notification par l'État de ses prétentions quant à l'invalidité de l'offre d'arbitrage issue de l'article 65 CVDT a pu être opposée aux États membres (1). D'autre part, la licéité des actes des investisseurs accomplis de bonne foi, reposant sur l'article 69 § 2 b) CVDT est venue contrarier, comme l'obligation de notification susmentionnée, la défense d'une inapplicabilité des offres d'arbitrage, et ce, nonobstant le constat hypothétique d'une violation manifeste d'une règle fondamentale du droit de l'UE du fait de cette offre (2).

1 - L'exigence d'une notification des États quant à l'invalidité de l'offre d'arbitrage

356. ***Le précédent des sentences traitant de l'extinction tacite du traité antérieur.*** Le tribunal de l'affaire *Eskosol* est le premier tribunal répondant à une exception d'incompétence intra-UE, au moyen des règles de la CVDT en matière de nullité. Concernant les règles de procédure en la matière, ce tribunal juge dans sa décision du 7 mai 2019, qu'aucune des étapes requises par la CVDT et le traité en cause, n'a été entrepris pas l'Espagne, en particulier celle consistant à notifier aux autres parties sa prétention quant à la nullité de ce traité[1505]. L'application des procédures prévues aux articles 65 à 67 CVDT dans le contexte des exceptions d'incompétence intra-UE avait également été exigée par certains tribunaux en matière d'abrogation tacite des TBI intra-UE (art. 59 CVDT). En effet, ces règles procédurales sont communes aux hypothèses de nullité et d'extinction. Si le tribunal de l'affaire *Oostergetel* avait insisté sur la procédure d'extinction prévue dans le TBI[1506], le tribunal de l'affaire *Achmea* avait avancé que la première raison pour ne pas reconnaitre l'abrogation tacite du traité d'investissement était le non-respect par la Slovaquie de la procédure prévue à l'article 65 CVDT, c'est-à-dire essentiellement l'absence de notification par cet État de l'extinction du traité[1507]. Dans l'affaire *EURAM* la question de l'application de

[1505] CIRDI, *Eskosol S.p.A. in liquidazione (Eskosol) c. République italienne*, aff. ARB/15/50, Décision sur la demande de clôture et sur l'objection basée sur l'inapplicabilité du traité sur la charte de l'énergie aux disputes intra-UE du 7 mai 2019, § 198 « The Tribunal considers that the principle of legal certainty entitles investors to rely legitimately upon a State's written consent to arbitrate disputes, as long as that consent has not been withdrawn or invalidated through the proper procedures, including those set forth in the underlying treaty and the express provisions in the VCLT. ».

[1506] Arbitrage *ad hoc*, (CNUDCI), *Jan Oostergetel & Theodora Laurentius (Oostergetel) c. République slovaque*, Sentence sur la compétence du 30 avril 2010, § 96 « Rather, had the Slovak Republic really intended to terminat e the BIT in question upon its accession to the EU – an intent that, as noted above, has not been proven by the Respondent – it should have done so in accordance with the procedure set out in the BIT. ».

[1507] CPA, (CNUDCI), *Achmea B. V. c. République slovaque (formerly Eureko B. V. c. République slovaque)*, aff. n° 2008-13, Décision sur la compétence, l'arbitrabilité et la suspension du 26 octobre 2010, §§ 231-238 *pro* CIRDI, *United Utilities (Tallinn) B. V. et Aktsiaselts Tallinna Vesi (United Utilities (Tallin)) c. République d'Estonie*, aff. ARB/14/24, Sentence du 21 juin 2019, §§ 482, 536 et 538 « § 438 [...] a treaty can only terminate automatically where the instrument contravenes a norm of jus cogens, and that the EU law rules at issue are not of such imperative nature. In all other l'article 65 CVDT aux cas d'abrogation tacite avait opposé les parties et les États intervenant en tant qu'*amicus curiae*. La République tchèque soutenait la position de la Slovaquie – État défendeur – voulant que cette procédure ne s'applique pas et l'Autriche avait soutenu la position inverse qui était aussi celle du demandeur. Le tribunal en l'espèce n'avait pas eu besoin de trancher cette question et l'avait laissée en suspens[1508]. D'autres tribunaux ont toutefois repris l'approche retenue dans la sentence *Achmea* et jugé que l'article 65 CVDT s'appliquait en cas d'abrogation tacite (art. 59 CVDT). Faisant un pas supplémentaire, le tribunal de l'affaire *Cyprus Popular Bank* a étendu, de manière inédite, l'obligation de notification de l'article 65 à l'inapplication de dispositions d'un traité antérieur incompatibles avec un traité postérieur (art. 30 § 3 CVDT)[1509].

357. La question des actes pouvant valoir notification d'extinction. En 2022 Michael De Boeck ravive le débat autour de l'article 65 CVDT. Il suggère que l'accord portant extinction des traités bilatéraux d'investissement entre États membres de l'Union européenne, signé le 5 avril 2020 par 23 États membres, pourrait faire office de notification de l'intention des parties de mettre fin implicitement aux TBI intra-UE conformément à l'article 59 CVDT[1510]. Cela permettrait en théorie à ces 23 États, en l'absence d'objections, de prendre les mesures envisagées par le traité à l'égard des traités qu'il vise, trois mois après la signature du premier et, partant, de lui faire produire des effets avant son entrée en vigueur.

358. L'obstacle supplémentaire d'une présomption de non-rétroactivité de l'invalidité. Au-delà du respect des règles de procédure, le tribunal de l'affaire *B3 Crotian Courier* considère que, même si le traité était nul, cette nullité n'aurait pas d'impact sur la convention d'arbitrage, car celle-ci se serait formée avant que la nullité n'intervienne (cette dernière ne pouvant pas avoir d'effet rétroactif). Ici, le tribunal s'appuie sur l'article 70

---

situations of conflict between treaties, including where Art. 59 VCLT apply the VCLT mandates the following of the procedures set out at its Art. 65 to 68 » *contra* CIRDI, *Theodoros Adamakopoulos, Ilektra Adamantidou, Vasileios Adamopoulos et autres (Adamakopoulos) c. République de Chypre*, aff. ARB/15/49, Déclaration de dissentiment du Professeur Marcelo G. Kohen du 3 février 2020, § 9 « The Respondent mentioned that the procedure set out by Article 65 and following of the VCLT is not necessary in the case of an implicit termination governed by Article 59. Indeed, a careful comparison of this article with the others of the same section dealing with termination of treaties or suspension of their application may confirm this conclusion. While the other articles mention that such termination or suspension "may be invoked" Article 59 states that a treaty "shall be considered as terminated" if the conditions set out in the article are met ».

1508 CPA, (CNUDCI), *European American Investment Bank AG (EURAM) c. République slovaque*, aff. n° 2010-17, Décision sur la compétence du 22 octobre 2012, §§ 105, 122, 125 et 235. Une partie de la doctrine semble avoir adopté la position développée par les arbitres dans la sentence *Achmea* tout en reconnaissant que le texte de la CVDT plaide pour une solution différente, admise auparavant en droit international. V. GIEGERICH T., « Article 59 – Termination or suspension of the operation of a treaty implied by conclusion of a later treaty » *in* DÖRR O. et SCHMALENBACH K. (eds.), *Vienna Convention on the Law of Treaties*, 2nd ed., Berlin, Springer, 2018, pp.1083-1094, § 37 « The wording of both paragraphs of Art 59 differs from the wording of Arts 60, 61 37 and 62 and therefore seems to suggest that the termination or suspension in operation of the earlier treaty occurs automatically. However, this would disregard the general procedural provisions of Arts 65–68 which apply to all the termination and suspension grounds in Section 3. Accordingly, Art 59 has no automatic effects but only triggers the procedure of Art 65 whenever one of the parties claims that a later treaty abrogated or suspended the operation of an earlier treaty » comp. CAPOTORTI F., « L'extinction et la suspension des traités », *RCADI*, Vol. 134, 1971, pp. 419-587, spéc. pp. 567-570 « […] les causes extinctives ou suspensives consistant en des accords nouveaux échappent à la procédure prévue par l'article 65 ».

1509 CIRDI, *Cyprus Popular Bank c. République hellénique*, aff ARB/14/16, Décision sur la compétence et la responsabilité du 8 janvier 2019, §645 « There is a preliminary reason why Greece's argument must fail: Greece never notified Cyprus of its claim that Art. 9 of the BIT had become inapplicable due to Art. 30(3) VCLT. This behaviour is incompatible with Art. 65 VCLT, a provision which requires that States invoking the invalidity or inapplicability of a treaty notify the other contracting State of their position ».

1510 De BOECK M., *EU Law and International Investment Arbitration – The compatibility of ISDS in Bilateral Investment Treaties (BITs) and the Energy Charter Treaty (ECT) with the Autonomy of EU Law*, Leiden, Brill-Nijhoff, 2022, pp. 476, spéc. p. 79.

CVDT[1511] qui pose une présomption simple d'effet prospectif de l'extinction des traités. Il suggère donc que cet article est applicable aux hypothèses de nullité des traités[1512].

359. Transition. Pour parer à toute éventualité, le tribunal *B3 Crotian Courier* précise, en sus des arguments précédemment évoqués, que même si la nullité du traité avait un effet rétroactif, il serait toujours compétent, car la requête d'arbitrage pourrait être néanmoins licite du fait de la bonne foi des investisseurs. Dans un registre proche de celui de la bonne foi, dans l'affaire *LSG Building Solutions et autres*, le tribunal après avoir rejeté l'exception d'incompétence intra-UE au regard des règles de la CVDT relatives à l'amendement, la modification, la nullité et l'extinction des traités, ajoute que ses conclusions sont confortées par le principe des droits acquis, le principe de l'*estoppel* et, pour autant qu'il existe en droit international, le principe de respect des attentes légitimes[1513].

2 - La licéité des actes des investisseurs accomplis de bonne foi

360. L'assimilation du dépôt d'une requête d'arbitrage à un acte accompli de bonne foi. L'application des règles encadrant la nullité d'un traité ou de l'une de ses dispositions n'a pas pour unique conséquence de conditionner la nullité de la clause d'arbitrage à une violation manifeste d'une règle fondamentale ou au respect de certaines procédures. Au-delà de cette condition et de ces procédures, d'autres règles ont été mobilisées à l'appui de la validité du consentement de l'État. Ainsi dans les sentences *B3 Croation Courier*[1514] et *Eskosol*[1515], les arbitres s'appuient sur l'article 69 CVDT pour considérer que même si une violation manifeste d'une disposition fondamentale était constatée, cela n'affecterait pas leur compétence[1516]. Ces tribunaux considèrent que le dépôt d'une requête d'arbitrage par l'investisseur pourrait être considéré comme un acte accompli de bonne foi, réalisé avant que

---

[1511] CVDT art. 70 – Conséquences de l'extinction d'un traité : « § 1 À moins que le traité n'en dispose ou que les parties n'en conviennent autrement, le fait qu'un traité a pris fin en vertu de ses dispositions ou conformément à la présente Convention : a) libère les parties de l'obligation de continuer d'exécuter le traité ; b) ne porte atteinte à aucun droit, aucune obligation, ni aucune situation juridique des parties, créés par l'exécution du traité avant qu'il ait pris fin. / § 2 Lorsqu'un État dénonce un traité multilatéral ou s'en retire, le paragraphe 1 s'applique dans les relations entre cet État et chacune des autres parties au traité à partir de la date à laquelle cette dénonciation ou ce retrait prend effet ».

[1512] CIRDI, *B3 Croatian Courier Coöperatief U.A. (B3 Croatian Courier) c. République de Croatie*, aff. ARB/15/15, Sentence du 9 avril 2019, §§ 536-537 *pro* CIRDI, *Anina Pro Invest Ltd, Core Value Capital GmbH, Core Value Investments GmbH & Co KG Gamma et autres (LSG Building Solutions) c. Roumanie*, aff. ARB/18/19, Décision sur la compétence, la responsabilité et les principes de réparation du 11 juillet 2022, §§ 624-628.

[1513] *LSG Building Solutions*, Décision sur la compétence, la responsabilité du 11 juillet 2022, préc., §§ 777-785. La Cour international de justice a écarté, en 2018, l'importation en droit international général d'un principe protection des attentes légitime équivalent à celui qu'ont identifié certains tribunaux arbitraux d'investissement dans leurs sentences. V. CIJ, *Obligation de négocier un accès à l'océan Pacifique (Bolivie c. Chilie)*, Arrêt du 1 octobre 2018, spéc. § 162. Pour une étude de la protection des attentes légitimes en droit international général v. RIVIER R., « La protection des attentes légitimes en vertu du droit international général », *in* ROBERT-CUENDET S. (dir.), *La protection des attentes légitimes en droit public – Approche comparée en droit international, droit européen et droit interne*, Rennes, PUR, 2020, pp. 37-67.

[1514] CIRDI, *B3 Croatian Courier Coöperatief U.A. (B3 Croatian Courier) c. République de Croatie*, aff. ARB/15/15, Sentence du 9 avril 2019, §§ 538-544.

[1515] CIRDI, *Eskosol S.p.A. in liquidazione (Eskosol) c. République italienne*, aff. ARB/15/50, Décision sur la demande de clôture et sur l'objection basée sur l'inapplicabilité du traité sur la charte de l'énergie aux disputes intra-UE du 7 mai 2019, §§ 204-206.

[1516] CVDT art. 69 – Conséquences de la nullité d'un traité : « § 1 Est nul un traité dont la nullité est établie en vertu de la présente Convention. Les dispositions d'un traité nul n'ont pas de force juridique. / § 2 Si des actes ont néanmoins été accomplis sur la base d'un tel traité : a) toute partie peut demander à toute autre partie d'établir pour autant que possible dans leurs relations mutuelles la situation qui aurait existé si ces actes n'avaient pas été accomplis ; b) les actes accomplis de bonne foi avant que la nullité ait été invoquée ne sont pas rendus illicites du seul fait de la nullité du traité. / § 3 Dans les cas qui relèvent des articles 49, 50, 51 ou 52, le paragraphe 2 ne s'applique pas à l'égard de la partie à laquelle le dol, l'acte de corruption ou la contrainte est imputable. / § 4 Dans les cas où le consentement d'un État déterminé à être lié par un traité multilatéral est vicié, les règles qui précèdent s'appliquent dans les relations entre ledit État et les parties au traité ».

la nullité ait été invoquée, et ne pouvant donc pas être rendu invalide du seul fait de la nullité du traité. Le tribunal de l'affaire *B3 Croatian Courier* considère que cette conclusion est confirmée par l'article 25 § 1 de la Convention CIRDI qui prévoit : « Lorsque les parties ont donné leur consentement, aucune d'elles ne peut le retirer unilatéralement. ». Cet article, de même que l'article 69 § 2 b) CVDT, est présenté comme une expression du principe de sécurité juridique. Au surplus, le tribunal rappelle que, dans le cas d'espèce, l'article 9 § 3 du TBI entre la Croatie et les Pays-Bas prévoyait que l'État donnait son consentement inconditionnel à la soumission des litiges à l'arbitrage international[1517]. Ces conclusions restent valables selon les tribunaux nonobstant l'effet *ex tunc* de l'arrêt *Achmea*.

361. Le rejet de la résolution de conflits de normes en termes de validité en droit international. Les exceptions d'incompétence intra-UE ont rapidement délaissé l'hypothèse d'une abrogation tacite de l'ensemble des traités entre États membres pour défendre l'inapplicabilité d'une disposition de ces traités – l'offre d'arbitrage État-investisseur – sans remettre en cause leur validité. À plusieurs reprises, les arbitres ont répondu à ces exceptions d'incompétence, nécessitant simplement la mise à l'écart de la disposition incompatible, en arguant de la validité du traité dans son ensemble. Or, en opposition aux premières propositions de *Sir* Hersch Lauterpacht (deuxième rapporteur spécial de la CDI dans le cadre de ses travaux sur le droit de traités), dans sa version finale, l'article 30 CVDT s'écarte d'une question de validité substantielle des traités, du dilemme entre validité et nullité, au profit d'un système fondé sur leurs effets, articulant priorité d'application et responsabilité internationale. Le rappel de la validité du traité d'investissement se révèle alors une forme de résurgence de l'approche défendue par *Sir* Hersh Lauterpacht. En effet, comme le précise le professeur Emmanuel Roucounas, ce dernier avait proposé au début des travaux de la CDI : « un système de solution des conflits fondé sur la validité substantielle des traités (*essential validity*), sous l'angle du respect des droits acquis par le traité antérieur et de la sanction d'invalidité, voire de nullité, du traité postérieur »[1518].

362. Conclusion. Dans l'ensemble, les tribunaux ont affirmé leur compétence en refusant de résoudre un conflit de conventions en application de la règle de conflit de conventions générale applicable : le principe de *lex posterior*. Le raisonnement consiste souvent à avancer que si le traité est valide, il est applicable, et que les traités n'entrent pas en conflit, car ils opèrent sur des plans parallèles. Lorsqu'ils n'ont pas nié l'existence d'un conflit, ou exigé plus qu'un conflit de conventions pour constater leur incompétence, les tribunaux ont aussi affirmé leur compétence en appliquant une règle de conflit de conventions défavorable au droit de l'Union. Les arbitres ont identifié de telles règles, concurrentes et contraires au principe de primauté, dans différentes clauses des traités d'investissement.

[1517] *B3 Croatian Courier*, Sentence du 9 avril 2019, préc., §§ 543 et 544.

[1518] ROUCOUNAS E., « Engagements parallèles et contradictoires », RCADI, Vol. 206, 1987, pp. 9-287, spéc. pp. 96-104. Le principe de la nullité du traité postérieur incompatible avec un traité antérieur, avancé par Sir Hersh Lauterpacht, souffrait plusieurs exceptions : il ne s'appliquait notamment pas en cas d'incompatibilités entre un traité bilatéral et un traité multilatéral postérieur à caractère législatif. Sur les travaux de la CDI en matière de conflit de conventions v. aussi KLABBERS J., *Treaty Conflict and the European Union*, Cambridge, CUP, 2009, pp. 260, spéc. pp. 69-87 ; Id., « The Validity and Invalidity of Treaties », *in* HOLLIS D.B. (ed.), *The Oxford Guide to Treaties*, 2nd ed., Oxford, OUP, 2020, pp. 545-567.

§ 2 - L'application d'une règle spéciale de conflit de conventions défavorable au droit de l'Union

363. Plan de paragraphe. Dans les sentences étudiées, la plupart des tribunaux ont interprété l'article 16 TCEn comme une règle spéciale de conflit de conventions, quelques-uns n'y ont toutefois vu qu'une règle d'interprétation (B). Quoi qu'il en soit, ce n'est qu'en l'absence de reconnaissance du principe de primauté en tant que règle spéciale de conflit applicable que les tribunaux ont pu se déclarer compétents, en application de l'article 16 TCEn, nonobstant l'incompatibilité de la clause d'arbitrage des traités avec le droit de l'UE (C). Avant de s'intéresser à l'application de l'article 16 TCEn par ces tribunaux, il est utile de situer cette clause particulière par rapport aux clauses de même nature d'autres traités d'investissement (A).

A - Les règles spéciales de conflit de conventions des TBI entre États membres

364. La dénomination générale de clause de « non-dérogation ». La plupart des traités d'investissement contiennent des clauses de conflit particulières, nommées selon les traités, clauses de « préservation des droits », « de non-dérogation » ou encore de « traitement le plus favorable ». Les clauses dites de « non-dérogation » ou de traitement « le plus favorable » font référence à un ensemble de clauses quelque peu différent des clauses de « préservation des droits ». Cette dernière catégorie vise en effet des clauses prévoyant que l'investisseur puisse bénéficier des dispositions d'un autre accord (ou d'une loi, ou d'un contrat) si elles lui sont plus favorables[1519]. En revanche, les clauses de « traitement le plus favorable » garantissent à l'investisseur l'application de la disposition la plus favorable entre les règles potentiellement applicables[1520]. La dénomination de clause de « non-dérogation » est cependant utilisée de manière générique. Elle désigne souvent l'ensemble des clauses de conflit contenues dans les traités d'investissement[1521], et donc, également les clauses de préservation des droits[1522]. Aussi, la dénomination de clause de « non-dérogation » est-elle insuffisante. Elle doit être complétée pour savoir de quel type de clause il s'agit. Par exemple, l'article 16 TCEn a pu être qualifié par le tribunal de l'affaire *Belenergia* de « *non-derogation clause of more favourable provisions towards investors and investments in relation to past and future international agreements* »[1523]. Ainsi défini, l'article 16 TCEn passe pour une règle de conflit de conventions qui privilégie l'application des dispositions conventionnelles les plus favorables, y compris, éventuellement, celles du TCEn.

1519 HOUDE M. et YANNACA-SMALL K., *Relationships between International Investment Agreements*, OECD Working Papers on International Investment 2004/01, 2004, pp. 23, spéc. pp. 9 et 10.

1520 ATANASOVA D., « Non-economic disciplines still take the back seat: The tale of conflict clauses in investment treaties », *Leiden Journal of International Law*, Vol. 34(1), 155-180, spéc. pp. 169-171.

1521 MONTANARO F., « Article 16 Relation to Other Agreements », *in* LEAL-ARCAS R. (ed.), *Commentary on the Energy Charter Treaty*, Cheltenham – Northampton, Edward Elgar Publishing, 2018, pp. 245-248..

1522 TBI Suède – Vietnam (signé le 8 septembre 1993 et entré en vigueur le 2 août 1994) art. 9 – Application of National and International Law : This Agreement shall in no way restrict the rights and benefits which an investor or one Contracting Party enjoys under national or international law in the territory of the other Contracting Party. Pour des clauses identiques, dans des TBI intra-UE v. TBI Suède – Malte (signé le 24 août 1999, entré en vigueur le 1er janvier 2000 et éteint par consentement mutuel le 22 avril 2020) art. 9 – Application of the Agreement (2) ; TBI Suède – Hongrie (signé le 21 avril 1987 et entrée en vigueur le 21 avril 1987) art. 9 ; TBI Suède – Estonie (signé le 31 mars 1992 et entrée en vigueur le 20 mai 1992) art. 9 – Application of the Agreement (2).

1523 CIRDI, *Belenergia S.A. c. République italienne*, aff. ARB/15/40, Sentence du 28 août 2019, § 302.

365. Les clauses prévoyant l'application de la disposition la plus favorable à l'investisseur. À ce stade, il convient de distinguer entre, d'une part, les clauses prévoyant l'application de dispositions plus favorables et, d'autre part, celles prévoyant l'application des dispositions les plus favorables entre les dispositions potentiellement applicables. Seules ces dernières peuvent permettre de faire prévaloir les dispositions du traité d'investissement sur d'autres dispositions. L'article 16 TCEn appartient à cette seconde catégorie et favorise – dispositions du TCEn incluses – l'application des dispositions les plus favorables à l'investisseur ou à l'investissement[1524]. Cette distinction peut recouper la distinction entre les clauses de subordination et les clauses de supériorité. Les premières ne peuvent pas opérer comme des règles de conflit de conventions défavorables au droit de l'UE, c'est-à-dire allant à l'encontre de son application. Elle ne prévoit que l'inapplication du traité d'investissement au profit de l'application d'autres dispositions plus favorables à l'investisseur.

366. Les clauses d'application de la disposition la plus favorable dans les TBI intra-UE. En 2015, la Commission estimait qu'il existait encore environ deux cents traités bilatéraux d'investissement entre États membres en vigueur[1525]. L'accord portant extinction de ce type de traité comprend une annexe A qui identifie environ cent trente traités toujours en vigueur au moment de sa signature en 2020[1526]. À défaut d'une analyse complètement exhaustive des clauses de conflit, contenues dans les TBI intra-UE, nous avons pu analyser deux cent quinze TBI intra-UE dont les textes étaient disponibles, au sein de la banque de données de la CNUDCED fin 2024[1527].

367. Le caractère minoritaire des clauses d'application de la disposition la plus favorable. Dans cet ensemble de traités, la clause la plus répandue est une règle de préservation des droits prévoyant la prévalence des dispositions plus favorables à l'investisseur, issues du droit interne ou d'accords internationaux présents ou futurs sur le TBI. Cette clause est caractéristique des traités bilatéraux d'investissement du Royaume-Uni[1528]. Elle apparait à l'identique dans de très nombreux traités[1529]. Dans d'autres traités, seul le terme de « règles » *(rules)* au pluriel est remplacé par celui de « régulation » (*regulation*)

1524 TCEn art. 16 – Relation avec d'autres accords : « Lorsque deux ou plusieurs parties contractantes ont conclu un accord international antérieur ou concluent postérieurement un accord international dont les dispositions portent dans les deux cas sur l'objet des parties III ou V du présent traité : 1) aucune disposition des parties III ou V du présent traité ne peut être interprétée comme dérogeant aux dispositions de cet autre accord ni au droit d'exiger un règlement du différend concernant ce point conformément à cet accord ; et 2) aucune disposition de l'autre accord ne peut être interprétée comme dérogeant aux dispositions des parties III ou V du présent traité ni au droit d'exiger un règlement du différend concernant ce point conformément au présent traité, / lorsque de telles dispositions sont plus favorables pour l'investisseur ou l'investissement ».

1525 Communiqué de Presse de la Commission du 18 juin 2015, La Commission demande aux États membres de mettre fin à leurs accords bilatéraux d'investissement intra-UE, IP/15/5198.

1526 Accord portant extinction des traités bilatéraux d'investissement entre États membres de l'Union européenne, signé le 5 mai 2020, entré en vigueur le 29 août 2020, JOUE, L 169, 29 mai 2020, Annexe A.

1527 Annexe 4 TBI intra-UE extrait Investment Policy Hub, disponible sur le profil HAL de l'auteur : id. benjamin-terrade.

1528 Par ex. v. TBI Royaume-Uni – Hongrie (signé le 9 mars 1987 et entré en vigueur le 28 août 1987) art. 11 – Application of other Rules : « If the provisions of law of either Contracting Party or obligations under international law existing at present or established hereafter between the Contracting Parties in addition to the present Agreement contain <u>rules</u>, whether general or specific, entitling investments by investors of the other Contracting Party to a treatment more favourable than is provided for by the present Agreement, such <u>rules</u> shall to the extent that they are more favourable prevail over the present Agreement » Nous soulignons.

1529 <u>Pour des exemples de clauses identiques, dans d'autres TBI intra-UE</u> v. TBI Pays-Bas – République tchèque (signé le 29 avril 1991 et entré en vigueur le 1er octobre 1992) art. 3 § 5 ; TBI Royaume-Uni – Bulgarie (signé le 11 décembre 1995 et entré en vigueur le 24 juin 1997) art. 5 – Application of other Rules ; TBI Autriche – Roumanie (signé le 15 mai 1996 et entré en vigueur le 1er juillet 1997) art. 7 – Other Obligations § 1 ; TBI Autriche – Croatie (signé le 19 février 1999 et entré en vigueur le 1er novembre 1999) art. 8 – Other Obligations § 2 ; TBI Finlande – Croatie (signé le 1er juin 1999 et entré en vigueur le 1er novembre 2002) art. 9 Application of other provisions ; TBI Suède – Croatie (signé le 23 novembre 2000 et entré en vigueur le 1er août 2002) art. 9 – Application of other Legal Provisions ; TBI Autriche – Malte (signé le 29 avril 2002 et entrée en vigueur le 1er mars 2004) art. 9 – Other Obligations § 2.

au singulier[1530]. La même règle est présente en substance dans d'autres traités[1531]. Ces trois versions de la clause de préservation des droits, sont réunies dans notre Annexe 4 sous la dénomination unique de *Non derogation*. Il ressort de notre analyse que la grande majorité des traités étudiés comprennent une clause de préservation des droits prévoyant l'application d'une disposition d'un autre traité plus favorable[1532]. Quelques traités s'en tiennent à prévoir l'application de dispositions législatives, plus favorables[1533]. D'autres autorisent l'application de dispositions, contractuelles, plus avantageuses[1534]. Les clauses prévoyant l'application des dispositions les plus favorables entre les dispositions applicables sont minoritaires dans notre ensemble, elles ne représentent que 24 % des clauses présentes dans les TBI entre États membres étudiés[1535].

368. Les types de clauses d'application de la disposition la plus favorable. Ces clauses peuvent prendre différentes formes. La plus ancienne clause de ce type, dans notre ensemble de traités, est celle inscrite à l'article 7 § 2 du traité signé en 1978 par l'Union économique belgo-luxembourgeoise (UEBL) avec la Roumanie[1536]. Elle prévoit que les investisseurs peuvent se prévaloir des dispositions conventionnelles ou législatives les plus favorables. La pratique conventionnelle de cette Union en matière de clause de conflit, dans les traités étudiés, est constante jusqu'en 1997[1537]. Les traités qu'elle signe par la suite

---

1530 Pour des exemples de clauses identiques remplaçant seulement le terme de « règle » par celui de « régulation » v. TBI Finlande – Hongrie (signé le 6 juin 1988 et entré en vigueur le 12 mai 1989) art. 8 – Laws : « If the provisions of law of either Contracting Party or obligations under international law existing at present or established hereafter between the Contracting Parties in addition to the present Agreement contain a regulation, whether general or specific, entitling investments by investors of the other Contracting Party to a treatment more favourable than is provided for by the present Agreement, such regulation shall to the extent that it is more favourable prevail over the present Agreement » Nous soulignons ; TBI Grèce – Hongrie (signé le 26 mai 1989 et entré en vigueur le 1er février 1992) art 7 ; TBI Portugal – Lettonie (signé le 27 septembre 1995 et entré en vigueur le 17 juillet 1997) art. 10 Application of other Rules ; TBI Autriche – Slovénie (signé le 7 mars 2001 et entré en vigueur le 1er février 2002) art. 13 – Application of other Rules.

1531 Pour des exemples de clauses identiques en substance dans d'autres TBI intra-UE v. TBI Croatie – Lituanie (signé le 15 mars 2008 et entrée en vigueur le 30 janvier 2009) art. 10 – More Favourable Provisions ; TBI Allemagne – Lituanie (signé le 28 février 1992 et entré en vigueur le 27 juin 1997) art. 8 § 1 ; TBI Espagne – Roumanie (signé le 25 janvier 1995 et entré en vigueur le 7 décembre 1995) art. 11 – More favourable conditions ; TBI Croatie – Lituanie (signé le 15 avril 2008 et entré en vigueur le 30 janvier 2009) art. 10 – More Favourable Provisions.

1532 Ces clauses sont dénommées « non derogation » dans l'annexe 4, disponible sur le profil HAL de l'auteur : id. benjamin-terrade.

1533 Pour des exemples de clauses ne prévoyant que l'application de dispositions législatives plus favorables v. TBI Autriche – Pologne (signé le 7 mai 1991 et entré en vigueur le 27 mars 1992) art. 3 – Promotion and protection of Investments § 4 ; TBI Roumanie – Slovaquie (signé le 3 mars 1994 et entrée en vigueur le 7 mars 1996) art. 9 – Other Obligations § 1 ; TBI Roumanie – Slovénie (signé le 24 janvier 1996 et entré en vigueur le 24 novembre 1996) art. 7 – Other Obligations § 1 ; TBI Roumanie – Lettonie (signé le 27 novembre 2001 et entré en vigueur le 22 août 2002) art. 7 – Other Obligations § 1.

1534 Pour des exemples de clauses ne prévoyant que l'application de dispositions plus favorables contenues dans des engagements contractuels, particuliers entre l'investisseur et l'une des parties v. TBI France – Hongrie (signé le 6 novembre 1986 et entré en vigueur le 30 septembre 1987) art. 10 ; TBI Espagne – République tchèque (signé le 12 décembre 1990 et entré en vigueur le 28 novembre 1991) art .7 – More favourable conditions ; TBI France – Lettonie (signé le 15 mai 1992 et entré en vigueur le 1er octobre 1994) art. 10 ; TBI Espagne – Lituanie (signé le 6 juillet 1994 et entré en vigueur le 22 décembre 1995) art .8 – More favourable conditions ; TBI France – Croatie (signé le 3 juin 1996 et entré en vigueur le 5 mars 1998) art. 8 ; TBI France – Slovénie (signé le 11 février 1998 et entré en vigueur le 5 août 2000) art. 10 – Dispositions plus favorables.

1535 Annexe 4, voir à « Conflict clause » : Les clause de préservation des droits (*Non derogation*) représentent environ 65 % des clauses de conflit des 215 TBI intra-UE étudiés. Les diverses clauses prévoyant l'application de la disposition conventionnelle la plus favorable (*Most favourable treaty provision applicable / Most favorable provision invokable)* représentent environ 22 % des clauses de conflit. Annexes disponibles sur le profil HAL de l'auteur : id. benjamin-terrade.

1536 TBI UEBL – Roumanie (signé le 16 décembre 1978, entré en vigueur le 1er mars 1980 et éteint le 9 mars 2001) art. 7 § 2 : « Lorsqu'une question concernant des investissements est régi à la fois, d'une part, par le présent Accord, et d'autre part, par un accord international ou par la règlementation nationale de l'une des Parties Contractantes, les investisseurs de chacune des Parties Contractantes peuvent se prévaloir des dispositions en la matière qui leur sont les plus favorables ».

1537 Annexe 4 TBI intra-UE extrait Investment Policy Hub, disponible sur le profil HAL de l'auteur : id. benjamin-terrade.

s'alignent sur la pratique majoritaire et comprennent des clauses de préservation des droits, sur le modèle de celui des TBI du Royaume-Uni[1538]. La République tchèque, à partir de 1993[1539], incorpore fréquemment, dans les traités qu'elle signe avec d'autres pays européens, des clauses prévoyant l'application des dispositions les plus favorables[1540]. Les clauses de ces traités ont pour particularité d'être mixtes : en matière d'accords internationaux, elles prévoient l'application de la disposition la plus favorable, mais en matière de législation et d'engagements contractuels, elle prévoit l'application, au détriment des dispositions du traité, d'autres dispositions plus favorables. Les dispositions conventionnelles font l'objet d'une clause d'application de la disposition la plus favorable, et les dispositions contractuelles et législatives d'une clause de préservation des droits. La pratique de la République tchèque varie à partir de 1996. Elle signe le 5 mars 1996 un traité comportant une clause de préservation des droits[1541], puis un second en 1999[1542]. En revanche, en 2001[1543] et en 2002[1544], elle signe, chacune de ces deux années, comme elle le faisait de 1993 à 1996, un traité comportant une clause mixte. Ce type de clause mixte se retrouve également, mais de façon moins constante,

---

1538 TBI UEBL – Slovénie (signé le 1er février 1999 et entré en vigueur le 14 janvier 2002) art. 10 – Application d'autres règles : « Si les dispositions législatives de l'une ou l'autre Partie contractante ou les obligations découlant du droit international en vigueur actuellement ou contractées dans l'avenir par les Parties contractantes, en plus du présent Accord, contiennent des règles de caractère général ou particulier, par l'effet desquelles les investissements des investisseurs de l'autre Partie contractante bénéficient d'un traitement plus favorable que celui accordé par le présent Accord, ces dispositions, pour autant qu'elles soient plus favorables, prévaudront sur le présent Accord ». Comp. TBI UEBL – Lituanie (signé le 15 octobre 1997 et entré en vigueur le 6 septembre 1999) art. 7 – Règles applicables : « Lorsqu'une question relative aux investissements est régie à la fois par le présent Accord et par la législation nationale de l'une des Parties contractantes ou par des conventions internationales existantes ou souscrites par les Parties dans l'avenir, les investisseurs de l'autre Partie contractante peuvent se prévaloir des dispositions qui leur sont les plus favorables ».

1539 Dans notre ensemble de 215 traités, avant 1993 les traités bilatéraux d'investissement signés par la République tchèque comportent des clauses de préservation des droit ordinaires. V. TBI République tchèque – Grèce (signé le 3 juin 1991, entré en vigueur le 30 décembre 1992, éteint le 31 mars 2021) art. 3 § 5 : « If the provisions of law of either Contracting Party or obligations under international law existing at present or established hereafter between the Contracting Parties in addition to the present Agreement contain rules, whether general or specific, entitling investments by investors of the other Contracting Party to a treatment more favourable than is provided for by the present Agreement, such rules shall to the extent that they are more favourable prevail over the present Agreement ». Comp. TBI République tchèque – Hongrie (signé 14 janvier 1993 et entré en vigueur le 25 mai 1995) art. 10 – Application of Other Rules and Special Commitments : « § 1 Where a matter is governed simultaneously both by this Agreement and by another international agreement to which both Contracting Parties are parties, nothing in this Agreement shall prevent either Contracting Party or any of its investors who own investment in the territory of the other Contracting Party form taking advantage of Whichever rules are more favourable to his case. § 2 If the treatment to be accorded by one Contracting Party to investors of the other Contracting Party in accordance with its laws and regulations or other specific provisions of contracts is more favourable than that accorded by the Agreement, the more favourable shal be accorded ».

1540 Annexe 4 TBI intra-UE extrait Investment Policy Hub, disponible sur le profil HAL de l'auteur : id. benjamin-terrade.

1541 TBI Croatie – République tchèque (signé le 5 mars 1996 et entré en vigueur en février 1997) art. 10 – More Favourable Provisions.

1542 TBI République tchèque – Bulgarie (signé le 17 mars 1999 et entré en vigueur le 30 septembre 2000) art. 11 – Application of other Rules and Special Commitments ; TBI Croatie – Lituanie (signé le 15 avril 2008 et entré en vigueur le 30 janvier 2009) art. 10 – More Favourable Provisions.

1543 TBI République tchèque – Chypre (signé le 15 juin 2001 et entré en vigueur le 25 septembre 2002) art. 10 – Application of Other Rules and Special Commitments

1544 TBI République tchèque – Malte (signé le 9 avril 2002, entré en vigueur le 9 juillet 2003 et éteint par consentement mutuel le 30 septembre 2010) art. 10 – Application of Other Rules and Special Commitments.

dans la pratique conventionnelle italienne[1545]. De telles clauses se font jour aussi, de manière ponctuelle, dans des traités liant la Hongrie[1546], ou encore la Slovaquie[1547].

369. L'état de la pratique conventionnelle européenne au moment de l'adoption du TCEn. Tout en ayant conscience de la représentativité limitée de l'ensemble des TBI intra-UE étudié, il nous parait raisonnable de considérer que dans la pratique conventionnelle (européenne) des États membres, la clause de conflit la plus répandue est une clause de préservation des droits autorisant l'application de dispositions plus favorable, et pas une clause prévoyant l'application des dispositions conventionnelles les plus favorables. Ces dernières clauses existent toutefois. Certaines affirment très clairement que l'investisseur peut se prévaloir des dispositions qui lui sont les plus favorables[1548]. L'inconstance, à la fin des années 90, de la pratique conventionnelle des États qui privilégiaient ces clauses suggère que ces États ont dû renoncer à ces clauses lors de plusieurs négociations.

370. L'éventuel compromis ayant abouti à l'article 16 TCEn. L'opposition de certains États à ce type de clause pourrait expliquer la formulation particulière de l'article 16 TCEn. Cet article pourrait être issu d'un compromis entre les États favorables à des clauses de préservation des droits et ceux privilégiant des clauses d'application de la disposition la plus favorable. Sa formulation est beaucoup ambiguë que celle des premières caractéristiques de la pratique de l'Union économique belgo-luxembourgeoise (UEBL).

371. Transition. À première vue, cet article ne prévoit pas de manière évidente l'application de la disposition la plus favorable à l'investissement, en cas de conflit. Il parait se prononcer sur l'interprétation des différentes dispositions et pas sur leur application. C'est à la lumière de ces éléments qu'il convient désormais d'examiner les sentences qui ont appliqué cet article comme une clause de supériorité au profit du TCEn.

B - L'application de l'article 16 TCEn en tant que règle spéciale de conflit de conventions

372. L'article 16 TCEn une règle ambiguë de conflit de conventions. L'article 16 ne contient pas un simple principe de prévalence de la disposition la plus favorable à l'investisseur. Il interdit, en substance, que les dispositions applicables les moins favorables à l'investisseur soient interprétées comme dérogeant aux dispositions applicables plus favorables. Cette règle d'interprétation ne concerne pas que les dispositions du TCEn. Elle s'applique aussi aux dispositions d'accords qui portent sur l'objet des parties III ou V du TCEn c'est-à-dire pour la partie III la promotion et la protection des investissements et pour la partie V le règlement des différends. L'article 16 TCEn contient donc une règle générale, qui ne

[1545] Une telle clause mixte apparait, dans notre ensemble de 215 traités, pour la première fois dans un traité italien en 1987 et pour la dernière en 2002. V. TBI Italie – Hongrie (signé le 17 février 1987, entré en vigueur le 6 septembre 1989, éteint le 1er janvier 2008) art. 12 ; TBI Italie – Malte (signé le 20 décembre 2002, entré en vigueur à une date indisponible et éteint le 17 janvier 2019), art. 12. Pour d'autres ex. v. Annexe 4 TBI intra-UE extrait Investment Policy Hub, disponible sur le profil HAL de l'auteur : id. benjamin-terrade.

[1546] En dehors de traités adoptés avec l'UEBL, la République tchèque, la Slovaquie et l'Italie, une clause mixte apparait pour la première fois dans un traité hongrois en 1993. V. TBI Hongrie – Roumanie (signé le 16 septembre 1993, entré en vigueur le 6 mai 1996, et éteint le 24 mars 2022) art. 10. Pour d'autres ex. v. Annexe 4 TBI intra-UE extrait Investment Policy Hub.

[1547] En dehors des traités tchécoslovaques adoptés jusqu'en 1993, une clause mixte apparait pour la première fois dans un traité liant la Slovaquie en 1994. V. TBI Pologne – Slovaquie (signé le 8 août 1994, entré en vigueur le 14 mars 1996, et éteint le 4 avril 2021) art. 10. Pour d'autres ex. v. Annexe 4 TBI intra-UE extrait Investment Policy Hub.

[1548] TBI UEBL – Bulgarie (signé le 25 octobre 1998, entré en vigueur le 29 avril 1991 et éteint le 26 août 2022) art. 6 § 1 ; TBI Italie – Roumanie (signé le 6 décembre 1990, entré en vigueur le 14 mars 1995 et éteint le 14 mars 2010) art. 10 § 1.

vise pas un traité spécifique[1549] – comme la règle de conflit relative au traité concernant le Spitzberg du 9 février 1920[1550]. Cette règle générale ne vise néanmoins que des dispositions portant sur certaines matières : la promotion et protection des investissements, ainsi que le règlement des différends afférents. Plus qu'une pure règle de conflit – comme celle relative au traité concernant le Spitzberg –, l'article 16 TCEn pose un principe d'interprétation conforme, au profit des dispositions les plus favorables aux investisseurs. La question se pose donc de l'utilité de cet article pour résoudre des cas d'incompatibilité stricte ne pouvant être résolus par une technique d'interprétation[1551]. Les tribunaux arbitraux ayant appliqué cet article pour résoudre un conflit entre le droit de l'UE et le TCEn ont principalement retenu qu'il privilégiait l'application de la disposition la plus favorable à l'investisseur[1552], voire directement l'application des dispositions du traité[1553]. À l'inverse, la Commission[1554] et certains États membres[1555] ont avancé qu'il ne s'agissait pas d'une règle de conflit de

---

1549 CIRDI, *Eskosol S.p.A. in liquidazione (Eskosol) c. République italienne*, aff. ARB/15/50, Décision sur la demande de clôture et sur l'objection basée sur l'inapplicabilité du traité sur la charte de l'énergie aux disputes intra-UE du 7 mai 2019, § 99 « [...] Article 16 is a general conflict rule, making no specific reference to any particular treaty, and is thus different in kind from a treaty-specific conflict rule like the one the ECT incorporates for the Svalbard Treaty through its annexed Decision 1. ».

1550 TCEn – Décisions Relatives à la Charte Européenne de l'Énergie (*Annexe 2 à l'acte final de la Conférence sur la Charte européenne de l'énergie*) : « § 1 En ce qui concerne le traité dans son ensemble : En cas de conflit entre le traité concernant le Spitzberg du 9 février 1920 (traité de Svalbard) et le traité sur la Charte de l'énergie, le traité concernant le Spitzberg l'emporte pour tout ce qui concerne ledit conflit, sans préjudice des positions des parties contractantes au sujet du traité de Svalbard. En cas de conflit de ce genre, ou en cas de différend sur le point de savoir s'il existe un tel conflit ou sur son étendue, l'article 16 et la partie V du traité sur la Charte de l'énergie ne sont pas applicables ».

1551 Comme pour les clauses de « neutralité relative » prévoyant par exemple qu'un traité est sans préjudice des dispositions d'un autre traité, l'article 16 TCEn n'opèrerait pas si l'un des traités prévoyait une obligation que le second interdirait ou vice-versa, l'application de cet article doit donc « être soumis à vérification ». V. ROUCOUNAS E., « Engagements parallèles et contradictoires », *RCADI*, Vol. 206, 1987, pp. 9-287, spéc. pp. 90-92. Pour un auteur regroupant des clauses précisant qu'un traité « n'affecte en rien », « ne sera interprété comme affectant », « ne doit être interprété de façon à entraver », les droits et obligations découlant d'un autre traité dans la catégorie des « déclarations de compatibilité », catégorie distincte des « clauses d'incompatibilité » donnant, elles, préférence à un traité sur un autre v. SALMON J., « Les antinomies en droit international public », *Dialectica*, Vol. 18(1/4), 1964, pp. 285-319, spéc., pp. 292-319 « Le but de telles clauses [de déclaration de compatiblité] est de donner à l'interprète éventuel du Traité (qu'il s'agisse des parties, des tiers ou du juge) une indication sur l'intention des parties, indication dont l'importance juridique ou politique ne peut être mésestimée. Il apparait cependant que si ces clauses ne sont que pures précautions verbales et s'il existe une réelle incompatibilité entre les dispositions conventionnelles nouvelles et les dispositions conventionnelles anciennes, ces clauses n'auront pas pour effet de supprimer le problème sur le plan du droit » (p. 295).

1552 SCC, (SCC), *Sun Reserve Luxco Holdings SRL (Sun Reserve) c. République italienne*, aff. n° 132/2016, Sentence du 25 mars 2020, § 450 « In essence, Article 16 ECT provides that between the ECT and any other international agreement between two or more ECT Contracting Parties on the same subject matter as Parts III or V of the ECT, the "more favourable" provisions shall prevail. ».

1553 CIRDI, *Cube Infrastructure Fund SICAV et autres (Cube Infrastructure) c. Royaume d'Espagne*, aff. ARB/15/20, Décision sur la compétence, la responsabilité et décision partielle sur le quantum du 19 février 2019, § 132 « Article 16 ECT establishes that the ECT Contracting Parties, including both the Respondent and the EU, did not agree that EU legal rules take precedence over any incompatible rules of whatever other source, and that the ECT jurisdictional clause would become inapplicable should any inconsistency be found. Rather, Article 16(2) ECT establishes that they agreed the contrary. ».

1554 CIRDI, *Vattenfall AB et autres (Vattenfall (II)) c. République fédérale d'Allemagne (II)*, aff. ARB/12/12, Décision du 31 août 2018 sur la problématique Achmea, § 91 ; *Eskosol*, Décision du 7 mai 2019, préc., § 71 ; *Sun Reserve*, Sentence du 25 mars 2020, préc., § 348 ; CIRDI, *Silver Ridge Power BV (Silver Ridge) c. République italienne*, aff. ARB/15/37, Sentence du 26 février 2021, § 189.

1555 CIRDI, *OperaFund Eco-Invest SICAV PLC and Schwab Holding AG (OperaFund) c. Royaume d'Espagne*, aff. ARB/15/36, Sentence du 6 septembre 2019, § 314 L'Espagne avance dans cet arbitrage que : « The *Vattenfall* decision is further flawed because it considers Article 16 of the ECT to be a conflict rule, when it is nothing more than an interpretive provision ». Cet argument est repris par la Commission dans ses écrits dans le cadre de l'examen de la demande d'annulation de cette sentence devant un comité *ad hoc* CIRDI. V. CIRDI, *OperaFund Eco-Invest SICAV PLC and Schwab Holding AG (OperaFund) c. Royaume d'Espagne*, aff. ARB/15/36, Décision sur l'annulation du 2 mars 2023, § 235.

conventions, mais bien d'une règle d'interprétation[1556]. Pour ces derniers, la règle de conflit de conventions à appliquer n'est cependant pas l'article 16 TCEn, mais l'article 351 TFUE ou, plus généralement, le principe de primauté.

373. L'inapplication de l'article 16 TCEn en vertu d'une règle de conflit postérieure. L'article 16 TCEn est invoqué pour la première fois dans le cadre d'un arbitrage entre un investisseur de l'Union et un État membre dans l'affaire *AES Summit Generation c. Hongrie (II)*. Le demandeur y présente cette disposition comme une règle de prévalence des dispositions les plus favorables à l'investisseur – en cas de conflit entre le TCEn et tout traité ayant pour objet la promotion et la protection des investissements ou le règlement des différends[1557]. En l'espèce, le tribunal ne saisit cependant pas de cet article. Il juge que le litige ne porte pas sur la question d'un conflit entre les traités de l'UE, ou le droit des aides d'État, et le TCEn[1558]. Différemment dans l'affaire *Electrabel,* le demandeur ne s'appuie pas sur l'article 16 TCEn pour arguer de la prévalence du TCEn sur le droit de l'Union (en raison de la différence de matière des traités), mais sur le droit applicable à la compétence du tribunal (article 26 TCEn et article 42 Convention CIRDI). Il considère néanmoins, que parmi les règles de conflit de conventions, il convient de privilégier l'article 16 TCEn, et non l'article 351 TFUE ou l'article 30 CVDT. Dans ses écrits, le demandeur précise que cet article ne comporte pas une condition de « même matière », mais prévoit que les dispositions du traité portent sur l'objet des parties III et V du TCEn[1559]. La Hongrie, partie défenderesse dans cette affaire, conteste cette approche et considère que, si les traités ne portent pas sur la même matière, alors l'article 16 TCEn ne s'applique pas[1560]. Comme dans l'affaire précédente, le tribunal considère qu'il n'y avait pas de divergence matérielle (*material inconsistency)* entre le TCEn et le droit de l'UE, l'application des règles de conflit de conventions ne fait donc l'objet que d'*obiter dicta*[1561]. Le tribunal n'applique pas véritablement les règles de conflit de conventions applicables, mais se prononce théoriquement sur leur application. Il poursuit son raisonnement comme s'il existait une incompatibilité entre les dispositions des traités. Dans ce contexte, il juge tout d'abord que l'article 16 TCEn est inapplicable, car les traités ne portent pas sur la même matière. Pour répondre aux arguments des parties et il précise ensuite que, même si cela avait été le cas, l'article 16 TCEn aurait tout de même été inapplicable, car la règle de conflit de conventions du traité postérieur, c'est-à-dire l'article 351 TFUE, se serait appliquée[1562]. Par conséquent, pour le tribunal de l'affaire *Electrabel*, en cas de conflit entre les dispositions du traité d'investissement et les traités de l'UE, les dispositions de droit de l'UE l'emportent. D'autres tribunaux confrontés à l'article 16 TCEn – souvent après avoir constaté l'absence d'incompatibilité entre les traités – ont fait preuve de plus de retenue en s'en tenant à préciser ne pas avoir à examiner les arguments de parties concernant cet article[1563].

[1556] Le tribunal de l'affaire Silver Ridge reconnait que les termes de l'article 16 TCEn correspondent plus à une règle d'interprétation qu'à une règle de conflit, mais partage le point de vue des tribunaux arbitraux précédents ayant considéré que cet article fonctionnait comme une règle de conflit. V. *Silver Ridge*, Sentence du 26 février 2021, préc., § 207.
[1557] CIRDI, *AES Summit Generation Limited and AES-Tisza Erömü Kft. (AES) c. République de Hongrie (II)*, aff. ARB/07/22, Sentence du 23 septembre 2010, § 7.5.5.
[1558] *Ibid.*, §§ 7.6.7-7.6.9.
[1559] CIRDI, *Electrabel S.A. c. République de Hongrie*, aff. ARB/07/19, Décision sur la compétence, le droit applicable et la responsabilité du 30 novembre 2012, §§ 4.42 et 4.47.
[1560] *Ibid.*, § 4.72. Pour le défendeur même si les conditions d'application de l'article 16 TCEn étaient réunies cet article devrait être écarté au profit du principe de suprématie des traités de l'UE sur les traités antérieurs entre États membres.
[1561] *Ibid.*, §§ 4.167-4.191.
[1562] *Ibid.*, §§ 4.176 et 4.189.
[1563] SCC, (SCC), *Charanne B.V. et Construction Investment S.a.r. l (Charanne) c. Royaume d'Espagne*, aff. n° 062/2012, Sentence finale du 21 janvier 2016, § 439 ; CIRDI, *Hydro Energy 1 S.à r.l. et Hydroxana Sweden AB (Hydro Energy 1) c. Royaume d'Espagne*, aff. ARB/15/42, Décision sur la compétence, la responsabilité et les orientations en matière de

374. La prévalence du traité le plus favorable en application de l'article 16 TCEn. En contraste avec la sentence *Electrabel*, de nombreux tribunaux, après avoir considéré que les dispositions des traités de l'UE (principalement les articles 344 et 267 TFUE) n'avaient pas le même objet que les parties III ou V du TCEn, ont poursuivi leur raisonnement et jugé que, si tel avait été le cas, l'article 16 TCEn aurait été applicable. Ces tribunaux ont alors avancé que les dispositions relatives au règlement des différends du TCEn devaient l'emporter sur les dispositions des traités de l'UE, les premières étant plus favorables pour l'investisseur ou l'investissement. C'est en réponse à des exceptions d'incompétence intra-UE, soulevées par l'Espagne et l'Italie, avant, ou peu après, le prononcé de l'arrêt *Achmea* que les tribunaux ont eu à trancher la question de l'application de l'article 16 TCEn à un conflit entre le TCEn et les traités de l'Union. Ils ont répondu à cette question d'abord de manière générale, puis progressivement de manière de plus en plus précise. Ainsi, tout en précisant partager sur cette question la position du tribunal de l'affaire *Electrabel*, le tribunal de l'affaire *RREEF* tranche généralement en faveur du TCEn en affirmant :

> « *[...] in case of any contradiction between the ECT and EU law, the Tribunal would have to ensure the full application of its "constitutional" instrument, upon which its jurisdiction is founded. This conclusion is all the more compelling given that Article 16 of the ECT expressly stipulates the relationship between the ECT and others agreements – from which there is no reason to distinguish EU law. It follows from this that, if there must be a "hierarchy" between the norms to be applied by the Tribunal, it must be determined from the perspective of public international law, not EU law. Therefore, the ECT prevails over any other norm (apart from those of* ius conges *– but this not an issue in the present case) [...]* »[1564].

Encore de manière très générale, mais en se rapprochant davantage du texte de l'article 16 TCEn, le tribunal de l'affaire *Eiser* précise que cet article assure aux investisseurs la meilleure protection disponible et donc leur permet de bénéficier de dispositions plus favorables sans que cela réduise leurs droits ou protections au titre du TCEn[1565]. Toujours de manière générale, mais au sujet des dispositions de résolution des différends, le tribunal de l'affaire *InfraRed* précise que l'article 16 TCEn établit sans équivoque qu'en cas de conflit entre les dispositions de résolution des différends de l'article 26 §1 TCEn et celles d'un autre traité, les dispositions les plus favorables à l'investisseur l'emportent[1566]. Enfin, de manière plus précise, en opposant des dispositions identifiées, le tribunal de l'affaire *Masdar* affirme que l'article 16 TCEn fait prévaloir l'article 26 TCEn sur toutes les dispositions incompatibles des traités de l'UE. Il considère que les dispositions de cet article sont plus favorables, car elles dispensent de recourir aux juridictions internes de l'État hôte[1567]. Le tribunal de l'affaire *BayWa r.e.* considère, dans un *obiter dictum*, que la protection substantielle offerte par l'article 10 TCEn,

---

quatum du 9 mars 2020, § 502 (12) ; SCC, (SCC), *Novenergia II - Energy & Environment (SCA), SICAR (Novenergia) c. Royaume d'Espagne*, aff. n° 063/2015, Sentence finale du 15 février 2018, §§ 444 et 663.

1564 CIRDI, *RREEF Infrastructure (G.P.) Limited and RREEF Pan-European Infrastructure Two Lux S. à r. l (RREEF) c. Royaume d'Espagne*, aff. ARB/13/30, Décision sur la compétence 6 juin 2016, § 75.

1565 CIRDI, *Eiser Infrastructure Limited et Energía Solar Luxembourg S. à r. l. (Eiser et Energía Solar) c. Royaume d'Espagne*, aff. ARB/13/36, Sentence du 17 mai 2017, § 202 *pro* SCC, (SCC), *Greentech Energy System A/S et autres (Greentech) c. République italienne*, aff. n° V2015/095, Sentence finale du 23 décembre 2018, § 348 ; CIRDI, *Mathias Kruck et autres c. Royaume d'Espagne*, aff. ARB/15/23, Décision sur la compétence et l'admissibilité du 19 avril 2021, § 293.

1566 CIRDI, *InfraRed Environmental Infrastructure GP Limited (InfraRed) c. Royaume d'Espagne*, aff. ARB/14/12, Sentence du 2 août 2019, § 264.

1567 CIRDI, *Masdar Solar & Wind Cooperatief U.A (Masdar) c. Royaume d'Espagne*, aff. ARB/14/11, Sentence du 16 mai 2018, § 332 *pro Greentech*, Sentence finale du 23 décembre 2018, préc., § 341 ; CIRDI, *RENERGY S.à r.l. c. Royaume d'Espagne*, aff. ARB/14/18, Sentence du 6 mai 2022, §§ 381-383.

lue en conjonction avec les dispositions procédurales, est plus favorable à l'investisseur que celle prévue par le droit de l'UE[1568].

375. L'affirmation centrale du caractère plus favorable de l'arbitrage État-investisseur. D'autres tribunaux se limitent simplement à souligner l'absence d'arbitrage État-investisseur en droit de l'Union[1569], ou l'ajout par le traité d'investissement d'un mécanisme de règlement des différends aux mécanismes existants[1570], pour considérer le TCEn plus favorable. Dans le contexte de l'examen de l'existence d'une discrimination portant sur l'accès à l'arbitrage de certains investisseurs de l'Union bénéficiant d'autres traités d'investissement entre États membres, le tribunal de l'affaire *Binder* avait considéré que l'arbitrage en remplaçant ou complétant les voies de recours internes n'impliquait aucune discrimination[1571]. Nico Basener, partant du principe qu'une discrimination nécessite l'existence d'un traitement plus favorable qu'un autre, estime que dans une certaine mesure ce tribunal a considéré ces voies de recours comme équivalentes[1572]. En dehors, de cet exemple, aucun tribunal arbitral n'a admis, même à minima, le caractère non moins favorable de la protection offerte aux investisseurs par le droit de l'UE. La Cour fédérale allemande (*Bundesgerichtshof (BGH)*), dans le cadre de l'affaire *Achmea*, n'a pas contredit les tribunaux. Elle a jugé que l'accès à l'arbitrage était très avantageux. La possibilité pour l'investisseur étranger de mener une procédure en anglais et d'obtenir une décision d'arbitres particulièrement compétents, choisis en fonction de l'affaire, est mise en avant par cette juridiction dans sa décision. Cette Cour intègre un élément quantitatif dans l'examen du caractère plus favorable de certaines dispositions, en indiquant qu'il est plus avantageux d'avoir le choix entre plusieurs juridictions ou types de procédures[1573]. Le caractère plus favorable des dispositions procédurales peut reposer sur des éléments objectifs identifiés par le tribunal, qu'elles offrent une procédure supplémentaire aux investisseurs, ou qu'elles offrent une procédure plus avantageuse que celles existantes, compte tenu du caractère direct du recours ou de la neutralité des arbitres[1574]. Il peut aussi reposer sur le simple choix de l'investisseur. C'est ce qu'avance le tribunal de l'affaire *Eskosol* en affirmant que c'est à l'investisseur de décider quelle

---

[1568] CIRDI, *BayWa r. e. Renewable Energy GmbH and BayWa r. e. Asset Holding GmbH (BayWa r.e) c. Royaume d'Espagne*, Décision du 2 décembre 2019 sur la compétence, la responsabilité et les orientations en matière de quantum, § 271.

[1569] CIRDI, *Landesbank Baden-Württemberg et autres (Landesbank) c. Royaume d'Espagne*, aff. ARB/15/45, Décision sur l'exception d'incompétence intra-UE du 25 février 2019, § 174 *pro* CIRDI, *Stadtwerke München GmbH, RWE Innogy GmbH et autres (Stadwerke) c. Royaume d'Espagne*, aff. ARB/15/1, Sentence du 2 décembre 2019, § 145 ; CIRDI, *STEAG GmbH (Steag) c. Royaume d'Espagne*, aff. ARB/15/14, Décision sur la Compétence la Responsabilité et les principes en matière de quantum du 8 septembre 2020, §§ 276 et 277.

[1570] *Masdar*, Sentence du 16 mai 2018, préc., § 332 *pro* CIRDI, *SolEs Badajoz GmbH (SolEs Badajoz) c. Royaume d'Espagne*, aff. ARB/15/38, Sentence du 31 juillet 2019, § 248 ; CIRDI, *ACF Renewable Energy Limited (ACF) c. République de Bulgarie*, aff. ARB/18/1, Décision sur l'exception préliminaire Achmea du 20 décembre 2020, § 176 ; CIRDI, *Anina Pro Invest Ltd, Core Value Capital GmbH, Core Value Investments GmbH & Co KG Gamma et autres (LSG Building Solutions) c. Roumanie*, aff. ARB/18/19, Décision sur la compétence, la responsabilité et les principes de réparation du 11 juillet 2022, § 753.

[1571] Arbitrage *ad hoc*, (CNUDCI), *Rupert Joseph Binder (Binder) c. République tchèque*, Sentence sur la compétence du 6 juin 2007, § 65.

[1572] BASENER N., *Investment Protection in the European Union – Considering EU law in investment arbitration arising from intra-EU and extra-EU bilateral investment agreements*, Baden-Baden, Nomos, 2017, pp. 512, spéc. p. 308. Cette interprétation semble cependant contredite par un autre passage de la sentence *Binder* dans laquelle le tribunal précise « the EC legal order has not offered a substitute for investor-state arbitration ». V. Arbitrage *ad hoc*, (CNUDCI), *Rupert Joseph Binder (Binder) c. République tchèque*, Sentence sur la compétence du 6 juin 2007, § 40.

[1573] Cour Fédérale allemande (*Bundesgerichtshof*), *Achmea B. V. c. République slovaque*, aff. I ZB 2/15, Décision du 3 mars 2016, § 72.

[1574] SCC, (SCC), *Mercuria Energy Group Limited (Mercuria) c. République de Pologne*, aff. n° 2019/126, Sentence du 29 décembre 2022, § 427.

est la disposition la plus favorable et qu'aucune autorité supérieure n'a à trancher cette question abstraitement[1575].

***376. L'article 16 TCEn dans la décision d'août 2018 du tribunal de l'affaire* Vattenfall (II).** Compte tenu de son omniprésence dans la jurisprudence arbitrale postérieure, la décision spécialement consacrée à l'exception d'incompétence intra-UE et à l'arrêt *Achmea* du tribunal de l'affaire *Vattenfall (II)* marque une étape dans l'application, par les tribunaux, de l'article 16 TCEn, en tant que règle spéciale de conflit de conventions, faisant prévaloir les dispositions du TCEn sur le droit de l'UE. Cette décision répond à une exception d'incompétence intra-UE de nature composite soulevée par l'Allemagne après le prononcé de l'arrêt *Achmea*. Dans cette affaire, le tribunal considère, d'abord, que l'article 16 TCEn est le « chemin le plus court » pour écarter l'argument d'une inapplicabilité *ab initio* de l'article 26 TCEn aux différends opposant des investisseurs de l'Union à un État membre[1576]. Il est précisé que cet article interdit aux États parties au TCEn d'interpréter les traités de l'UE comme dérogeant au droit des investisseurs et au mécanisme de résolution des différends de l'article 26 TCEn. Ensuite, au stade de l'analyse des règles de conflit de conventions, le tribunal estime – en supposant que les traités portent sur la même matière et que leurs dispositions sont incompatibles – que l'article 16 TCEn est la règle de conflit de conventions spéciale applicable. Pour le tribunal, cet article pose un « obstacle insurmontable » à la reconnaissance d'une prévalence du droit de l'UE sur le TCEn[1577]. Ce raisonnement sera repris par de nombreux tribunaux[1578]. Il sera même repris par le tribunal de l'affaire *ACF Renewable Energy Limited (ACF) c. République de Bulgarie*[1579] après le prononcé, par la Cour de justice, de l'arrêt *Komstroy*[1580]. Alors qu'elle y juge que la préservation de l'autonomie et du caractère propre du droit de l'UE s'oppose à l'application intra-UE, de l'offre d'arbitrage État investisseur du TCEn.

***377. Les rares sentences faisant preuve de retenue dans l'application de l'article 16 TCEn*.** Quelques sentences – postérieures à la décision du tribunal de l'affaire *Vattenfall (II)* – ne donnent pas une place centrale à l'article 16 TCEn, lorsqu'elles répondent à une exception d'incompétence intra-UE. Par exemple, le tribunal de l'affaire *BayWa r.e* fait preuve de retenue, et affirme simplement – après avoir considéré que les dispositions des traités de l'UE ne portaient pas sur l'objet des parties III ou V du TCEn – que l'article 16 TCEn ne résout pas

---

[1575] *Eskosol*, Décision du 7 mai 2019, préc., §§ 101 et 130 *pro* CIRDI, *ESPF Beteiligungs GmbH, ESPF Nr. 2 Austria Beteiligungs GmbH, and InfraClass Energie 5 GmbH & Co. KG (ESPF) c. République italienne*, aff. ARB/16/5, Sentence du 14 septembre 2020, § 301. V. aussi Cour de disctrict des Etats-Unis pour le district de Columbia, *Hydro Energy 1, S.À.R.L. et Hydroxana Sweden AB c. Royaume d'Espagne*, aff. n° 1:21-cv-02463-RJL, Avis d'expert de Andrea K. Bjorklund du 25 avril 2022, § 10.

[1576] *Vattenfall (II)*, Décision du 31 août 2018 sur la problématique Achmea, préc., §§ 192-196.

[1577] *Ibid.*, §§ 211-218 et 222-229 *pro* CIRDI, *RENERGY S.à r.l. c. Royaume d'Espagne*, aff. ARB/14/18, Sentence du 6 mai 2022, §§ 381-383 comp. § 589 Le tribunal reprend l'expression d'obstacle insurmontable, pour écarter l'idée d'une application du droit des aides d'État de l'UE (moins favorables à l'investisseur) au fond.

[1578] *Landesbank*, Décision sur l'exception d'incompétence intra-UE du 25 février 2019, préc., §§ 172-176 et 184-194 ; *SolEs Badajoz*, Sentence du 31 juillet 2019, préc., §§ 246-250 ; *OperaFund*, Sentence du 6 septembre 2019, préc., §§ 327-330 ; *Stadwerke*, Sentence du 2 décembre 2019, préc., §§ 144-146 ; CIRDI, *RWE Innogy GmbH and RWE Innogy Aersa S.A.U. (RWE Innogy) c. Royaume d'Espagne*, aff. ARB14/34, Décision sur la compétence, la responsabilité et le quantum du 30 décembre 2019, §§ 340-342 ; *Sun Reserve*, Sentence du 25 mars 2020, préc., § 450 (iii) ; CIRDI, *Cavalum SGPS c. Royaume d'Espagne*, Aff. ARB/15/34, Sentence sur la compétence, la responsabilité et les principes de quantum du 31 août 2020, § 367 ; *STEAG*, Décision sur la compétence et la responsabilité du 8 septembre 2020, préc., §§ 274-277 ; *ACF*, Décision sur l'exception préliminaire Achmea du 20 décembre 2020, préc., §

[1579] CIRDI, *ACF Renewable Energy Limited (ACF) c. République de Bulgarie*, aff. ARB/18/1, Sentence du 5 janvier 2024, §§ 449-458, 730-739 et 1512-1515.

[1580] CJUE, Gde ch., 2 septembre 2021, *République de Moldavie c. Société Komstroy*, aff. C-741/ 19, §§ 59-66 *pro* CJUE, Gde ch., 25 janvier 2022, *Commission c. European Food SA et autres*, aff. C-638/19 P, §§ 137-145.

les conflits potentiels entre le TFUE et le TCEn[1581]. Toutefois, comme nous l'avons précisé, pour de nombreux tribunaux répondre à la question de l'application de cet article permet de clore tous les débats entourant les exceptions d'incompétence intra-UE soulevées dans le cade d'arbitrage sur le fondement du TCEn. Ainsi dans l'affaire *Silver Ridge*, après avoir précisé que certaines dispositions du traité d'investissement, notamment la clause d'arbitrage État-investisseur étaient plus favorables à l'investisseur, le tribunal explique que les dispositions du traité d'investissement l'emportent en cas de conflit. Et partant, rejette l'ensemble de l'exception d'incompétence intra-UE de l'État[1582]. Contrairement à d'autres tribunaux, le tribunal de l'affaire *Silver Ridge* n'envisage pas l'application d'une autre règle de conflit. Intervenant dans cette affaire en tant qu'*amicus cuirae* la Commission avait pourtant avancé que si l'article 16 TCEn était interprété comme une règle spéciale de conflit de conventions, il devrait être écarté au profit d'une autre postérieure : le principe de primauté du droit de l'UE et l'article 351 TFUE[1583]. Au demeurant, à l'exception du tribunal de l'affaire *Electrabel,* les tribunaux ayant eu à trancher quant à l'application de plusieurs règles spéciales de conflit de conventions ont tous privilégié l'application de l'article 16 TCEn.

C - Le rejet du principe de primauté en tant que règle spéciale de conflit

378. L'examen tardif du principe de primauté en tant que règle spéciale de conflit. Dès les premières sentences, les États membres comme la Commission ont évoqué le principe de primauté – en lien avec d'autres principes tels que celui de l'autonomie de l'ordre juridique de l'UE, de coopération loyale ou encore de confiance mutuelle – pour écarter l'application des traités d'investissement au profit du droit de l'Union. Malgré cela, en mettant de côté l'affaire *Electrabel,* il a fallu attendre la sentence *JSW Solar Wirtgen* pour que le principe de primauté soit examiné pour la première fois par les arbitres en tant que règle spéciale de conflit de conventions[1584]. Même si le fondement juridique de la règle selon laquelle le droit de l'Union l'emporte en cas de conflit avec les traités entre États membres[1585] a pu varier[1586], cette règle a souvent été liée à l'article 351 TFUE interprété *a contrario*.

1581 *BayWa r.e*, Décision du 2 décembre 2019 sur la compétence et la responsabilité, préc., § 271. Par la suite, le tribunal considère que c'est l'article 41 CVDT qui peut résoudre un tel conflit et que l'application de cet article ne plaide pas pour l'abrogation *inter se* du TCEn par le États membres §§ 274-280.

1582 *Silver Ridge*, Sentence du 26 février 2021, préc., §§ 202-213.

1583 *Ibid.*, § 189. Selon la Commission : « [...] even if one were to consider Article 16 of the ECT as a special conflict rule, it would have been overruled by the later special conflict rule of the primacy of EU law and Article 351 of the TFEU [...] ».

1584 CPA (CNUDCI), *JSW Solar (zwei) GmbH & Co.KG, Gisela Wirtgen, Jürgen Wirtgen, et Stefan Wirtgen (JSW Solar et Wirtgen) c. République tchèque*, aff. n° 2014-03, Sentence finale du 11 octobre 2017, §§ 254-256. L'article 307 TCE (351 TFUE) apparait également dans la sentence *AES*, mais ici la Hongrie argue qu'il lui permet de déroger à une décision de la Commission en matière d'aide d'État. V. CIRDI, *AES Summit Generation Limited and AES-Tisza Erömü Kft. (AES) c. République de Hongrie (II)*, aff. ARB/07/22, Sentence du 23 septembre 2010, §§ 7.5.7 et 7.6.11. Le tribunal interprète cet article comme ne s'appliquant qu'entre les États membres et des États tiers et comme ne créant pas de droits au profit de l'investisseur.

1585 Sur ce principe de primauté du droit de l'UE sur les traités entre États membres et pas seulement sur les traités entre États membres antérieurs à l'adhésion v. KLAMER M., *The Principle of Loyalty in EU Law*, Oxford, OUP, 2014, pp. 299 spéc. pp. 280-283 L'auteur rappelle que l'article 351 TFEU est une expression du principe de coopération loyale et que ce principe a pu être utilisé par la Cour pour s'assurer de la primauté du droit de l'UE sur des accords entre membres ; KLABBERS J., *Treaty Conflict and the European Union*, Cambridge, CUP, 2009, pp. 260, spéc. pp.123-125 ; ROSAS A. « The Status in EU Law of International Agreements Concluded by EU Member States », Fordham International Law Journal, Vol. 34(5), 2011, pp. 1304-1345, spéc. pp. 1317-1324. Plus généralement sur la question de la relation entre le droit de l'UE et les accords internationaux entre États membres dans le cadre de la construction européenne et l'interprétation de l'article 307 TEC v. SCHÜTZE R., *From Dual to Cooperative Federalism*, Oxford, OUP, 2009, pp. 352, spéc. pp. 313-329.

1586 CIRDI, *Landesbank Baden-Württemberg, HSH Nordbank AG, Landesbank Hessen-Thüringen Girozentrale et Norddeutsche Landesbank-Girozentrale (Landesbank) c. Royaume d'Espagne*, aff. ARB/15/45, Décision sur l'exception

379. L'invocation de l'article 351 TFUE dans les exceptions d'incompétence intra-UE. L'article 351 TFUE a été invoqué par les États membres aussi bien dans le contexte d'arbitrages sur le fondement de TBI intra-UE ou du TCEn. Dans ce dernier contexte, une première précision doit être apportée. Le principe de primauté intervient au stade de l'examen de deux questions. Une branche des exceptions d'incompétence intra-UE soulevées dans ce contexte défend que le TCEn, lui-même, admet le principe de primauté[1587] ; une autre branche avance que ce principe de primauté l'emporte sur les dispositions de ce traité d'investissement en tant que règle spéciale postérieure de conflit de conventions, extérieure au TCEn[1588]. Cette distinction n'apparait pas clairement dans toutes les sentences, parfois les deux types d'arguments se côtoient dans un même raisonnement[1589]. Dans la seconde hypothèse, l'article 351 TFUE est mobilisé par la Commission et les États membres de la même manière dans les arbitrages sur le fondement de traités bilatéraux d'investissement entre États membres et dans les arbitrages sur le fondement du TCEn[1590]. Les

---

d'incompétence intra-UE du 25 février 2019, §§ 188-193. Ici, l'Espagne fonde le principe de primauté sur l'article 351 et la déclaration n° 17 relative à la primauté. ; CIRDI, *Raiffeisen Bank International AG and Raiffeisenbank Austria d.d. (Raiffeisen) c. République de Croatie (I)*, aff. ARB/17/34, Décision sur l'exception d'incompétence du défendeur du 30 septembre 2020, §§ 100-102. Ici, la Croatie considère qu'une règle de conflit spéciale faisant primer les traités de l'UE sur les traités entre États membres peut être déduite de l'article 4 (3) TUE, du TFUE et de la déclaration n° 17 relative à la primauté. ; CIRDI, *Addiko Bank AG and Addiko Bank d.d. (Addiko Bank) c. République de Croatie*, aff. ARB/17/37, Décision sur l'exception d'incompétence liée à l'incompatibilité présumée du TBI avec l'acquis de l'UE du 12 juin 2020, § 194. La Commission rattache le principe de primauté en tant que règle spéciale de conflit à la déclaration n° 17 relative à la primauté, elle s'appuie également sur la jurisprudence de la Cour de justice, l'article 11 (2) du TBI et la sentence *Electrabel*, mais l'article 351 TFUE n'est pas mentionné. ; CIRDI, (*ad hoc*), *Strabag SE, Raiffeisen Centrobank AG and Syrena Immobilien Holding AG (Strabag) c. République de Pologne*, aff. ADHOC/15/1, Sentence partielle sur la compétence du 4 mars 2020, §§ 8.70 et 8.130 La Commission invoque le principe de primauté en tant règle de conflit spécial en faisant référence à l'article 351 TFUE, la jurisprudence de la Cour de Justice et à la sentence *Electrabel*. Dans les affaires *Adamakopoulos* et *A.M.F Aircraft leasing* l'article 351 TFUE et la déclaration n° 17 relative à la primauté sont visés par la Commission. V. CIRDI, *Theodoros Adamakopoulos, Ilektra Adamantidou, Vasileios Adamopoulos et autres (Adamakopoulos) c. République de Chypre*, aff. ARB/15/49, Décision sur la compétence du 7 février 2020, § 148 ; CPA, (CNUDCI), *A.M.F. Aircraftleasing Meier & Fischer GmbH & Co. KG (A.M.F Aircraftleasing)* c. République tchèque, aff. n° 2017-15, Sentence finale du 11 mai 2020, §§ 309-311. Au surplus la Commission conclut ici que « EU law is based on the general principle of its primacy over not only the domestic laws of Member States, but also over international treaties concluded between two Member States. It is an unwritten element of primary EU law, at the same rank in the hierarchy of norms as the TFEU itself. ».

1587 Pour un exemple clair de ce type de branche d'exception d'incompétence intra-UE soulevée dans le contexte d'un arbitrage sur le fondement du traité sur la charte de l'énergie v. SCC, (SCC), *Foresight Luxembourg Solar 1 S. a. r. l. et autres (Foresight) c. Royaume d'Espagne*, aff. n° 2015/550, Sentence finale du 14 novembre 2018, §§ 164-165.

1588 SCC, (SCC), *Sun Reserve Luxco Holdings SRL (Sun Reserve) c. République italienne*, aff. n° 132/2016, Sentence du 25 mars 2020, § 311 « Respondent argues that the principle of primacy of EU law is a "specific conflict rule" under the public international law that follows from Article 351 (1) TFEU. This principle applies to give priority to the EU Treaties regardless of the bilateral or multilateral character of the ECT or the fact that the EU is a party to the ECT. ».

1589 SCC (SCC), *Charanne B.V. et Construction Investment S.a.r. l (Charanne) c. Royaume d'Espagne*, aff. n° 062/2012, Sentence finale du 21 janvier 2016, § 222. Ici les deux types d'arguments apparaissent dans un raisonnement affirmant que les différends entre investisseur de l'UE et États membres sont régis par le droit de l'UE et relèvent du système judiciaire de l'UE.

1590 Pour les arbitrages sur le fondement du TCEn dans lesquels la Commission invoque seule l'article 351 TFUE v. SCC, (SCC), *Greentech Energy System A/S et autres (Greentech) c. République italienne*, aff. n° V2015/095, Sentence finale du 23 décembre 2018, §§ 296-298 ; CIRDI, *NextEra Energy Global Holdings B.V. et NextEra Energy Spain Holdings B. V. (NextEra) c. Royaume d'Espagne*, aff. ARB/14/11, Décision sur la compétence et la responsabilité et le quantum du 12 mars 2019, § 291 ; CIRDI, *Eskosol S.p.A. in liquidazione (Eskosol) c. République italienne*, aff. ARB/15/50, Décision sur la demande de clôture et sur l'objection basée sur l'inapplicabilité du traité sur la charte de l'énergie aux disputes intra-UE du 7 mai 2019, § 71 ; CIRDI, *RWE Innogy GmbH and RWE Innogy Aersa S.A.U. (RWE Innogy) c. Royaume d'Espagne*, aff. ARB/14/34, Décision sur la compétence, la responsabilité et le quantum du 30 décembre 2019, § 291 ; CIRDI, *ESPF Beteiligungs GmbH, ESPF Nr. 2 Austria Beteiligungs GmbH, and InfraClass Energie 5 GmbH & Co. KG (ESPF) c. République italienne*, aff. ARB/16/5, Sentence du 14 septembre 2020, § 243 ; CIRDI, *Silver Ridge Power BV (Silver Ridge) c. République italienne*, aff. ARB/15/37, Sentence du 26 février 2021, § 189 ;
Pour les arbitrages dans lesquels la Commission et l'État membre invoquent l'article 351 TFUE v. CIRDI, *Vattenfall AB et autres (Vattenfall (II)) c. République fédérale d'Allemange (II)*, aff. ARB/12/12, Décision du 31 août 2018 sur la problématique Achmea, §§ 57 et 91 ; CIRDI, *OperaFund Eco-Invest SICAV PLC et Schwab Holding AG (OperaFund) c.*

développements suivants s'intéresseront principalement à cette hypothèse commune, et donc à la jurisprudence arbitrale ayant traité de la question du principe de primauté en tant que règle spéciale (extérieure au traité d'investissement) de conflit de conventions.

380. Le caractère postérieur de l'article 351 TFUE par rapport à l'article 16 TCEn. Une deuxième précision doit être faite s'agissant des arbitrages intra-UE, selon le traité appliqué. Dans le cadre du TCEn, l'argument de la prévalence de la règle de primauté en tant que règle postérieure de conflit de conventions n'est valable que pour les États ayant adhéré à l'Union en étant déjà parties à ce traité d'investissement sectoriel. Le caractère postérieur de l'article 351 TFUE ne pose pas de difficultés dans le cadre des TBI intra-UE, car tous ces traités ont été adoptés alors que l'un des États n'était pas membre de l'Union. Les États, tels que l'Espagne et l'Italie, déjà membres au moment de la signature du TCEn, ont néanmoins argué du caractère postérieur de la règle contenue dans l'article 351 TFUE en s'appuyant sur l'adoption d'un traité modificatif postérieur : le traité de Lisbonne. Cette approche est conforme à la jurisprudence de la Cour de justice. Lorsqu'un traité est révisé, après des négociations globales, elle juge que toutes ses dispositions doivent être considérées comme étant nouvelles, y compris celles qui n'ont pas été modifiées[1591]. Si le caractère postérieur de l'article 351 TFUE par rapport à l'article 16 TCEn est admis, il n'y a alors plus lieu de distinguer entre les États membres. Sans viser directement l'article 351 TFUE, le tribunal de l'affaire *Eskosol* accepte en partie que le principe de cet article, c'est-à-dire la primauté des traités sur les accords entre membres, soit postérieur à l'article 16 TCEn lorsqu'il précise : « [...] *the Tribunal assumes arguendo that the principles included in the Lisbon Treaty can be said to postdate the ECT at least with respect to foreign direct investment, even if many of these principles were drawn from the much earlier funding treaties of the European legal order* »[1592]. Pour sa part, le tribunal de l'affaire *Freif* accepte pleinement le caractère postérieur du principe de primauté pour un État ayant signé le TCEn alors qu'il était déjà membre de l'Union. Dans sa sentence, il affirme sans ambiguïté : « *The later-in-time treaty in the present case is the Declaration 17 Annexed to the Final Act from the Lisbon Treaty of 2007 which Spain alleges confirms the principle of supremacy of EU law* »[1593]. Ayant écarté toute incompatibilité entre le TCEn et le droit de l'UE, ce tribunal n'appliquera pas cette règle postérieure de conflit de conventions. De manière analogue, le tribunal de l'affaire *Blusun*, lorsqu'il se prononce sur les dispositions en matière de résolution des différends interétatiques, admet dans un *obiter dictum* la mise à l'écart de l'article 27 TCEn, en raison de son incompatibilité avec l'article 344 TFUE, en application du principe de *lex posterior* et, partant, le caractère postérieur d'un article du TFUE par rapport à un article du TCEn[1594].

381. Les sentences retenant le caractère antérieur de l'article 351 TFUE. Par contraste aux tribunaux évoqués plus haut, quelques tribunaux ont considéré, parfois sans que

Royaume d'Espagne, aff. ARB/15/36, Sentence du 6 septembre 2019, §§ 314, 318 et 319 ; SCC, (SCC), *Sun Reserve Luxco Holdings SRL (Sun Reserve) c. République italienne*, aff. n° 132/2016, Sentence du 25 mars 2020, §§ 311 et 347 ;

Pour un arbitrage dans lequel l'État membre invoque l'article 351 en le liant à la déclaration n° 17 relative à la primauté v. CIRDI, *Landesbank Baden-Württemberg, HSH Nordbank AG, Landesbank Hessen-Thüringen Girozentrale et Norddeutsche Landesbank-Girozentrale (Landesbank) c. Royaume d'Espagne*, aff. ARB/15/45, Décision sur l'exception d'incompétence intra-UE du 25 février 2019, §§ 188-193.

[1591] CJCE, 5 novembre 2002, *Commission c. Danemark*, aff. C-467/98, § 39.

[1592] *Eskosol*, Décision du 7 mai 2019, § 134 *pro* CIRDI, *Anina Pro Invest Ltd, Core Value Capital GmbH, Core Value Investments GmbH & Co KG Gamma et autres (LSG Building Solutions et autres) c. Roumanie*, aff. ARB/18/19, Décision sur la compétence, la responsabilité et les principes de réparation du 11 juillet 2022, § 720.

[1593] SCC, (SCC), *FREIF Eurowind Holdings Ltd. (FREIF Eurowind) c. Royaume d'Espagne*, aff. n° 2017/060, Sentence du 8 mars 2021, § 327.

[1594] CIRDI, *Blusun S.A., Jean-Pierre Lecorcier et Michel Stein (Blusun) c. République italienne*, aff. ARB/14/3, sentence du 26 décembre 2016, § 289.

cela prête à conséquence, que l'article 351 TFUE était antérieur à l'article 16 TCEn. C'est le cas du tribunal de l'affaire *Cavalum*. Dans sa sentence ce tribunal rappelle, d'abord, que les deux États impliqués dans cet arbitrage ont adhéré à l'UE en 1986 et ont ratifié le TCEn en 1997. Il précise ensuite que les dispositions des traités de l'UE en vigueur au moment de l'entrée en vigueur du traité d'investissement étaient celles du traité instituant la Communauté européenne (TCE) – c'est-à-dire les dispositions du traité instituant la Communauté économique européenne (TCEE) ou traité de Rome de 1957, telles que modifiées par le traité de Maastricht de 1992. Enfin, il affirme qu'il n'existe pas de différences significatives entre les articles 267, 344, et 351 TFUE et leurs versions antérieures dans le traité sur la Communauté européenne ou dans le traité de Rome de 1957[1595]. Il n'invoque cependant pas le caractère postérieur de l'article 16 TCEn, pour s'opposer à l'application du principe de primauté, mais s'en tient au fait que les articles 267 et 344 TFUE ne peuvent être interprétés comme incompatibles avec l'article 26 § 1-3 TCEn[1596]. De la même façon, s'il émet des doutes quant au caractère postérieur des dispositions du TFUE, le tribunal de l'affaire *Landesbank Baden-Württemberg* n'écarte pas les dispositions de ce traité en raison de leur antériorité, mais privilégie l'article 16 TCEn à l'article 30 CVDT, en application du principe de *lex specialis*[1597].

382. La reconnaissance d'une postériorité du TCEn nonobstant une adhésion à l'UE ultérieure. À l'inverse, le caractère postérieur de l'article 16 TCEn par rapport aux dispositions de droit de l'UE est décisif dans la sentence du tribunal de l'affaire *MOL*. Ce tribunal, par un raisonnement tortueux et inédit, oppose cet argument à un État ayant intégré l'Union après avoir signé le TCEn. D'une part, le tribunal considère que le traité de Nice et le traité de Lisbonne n'ont pas eu d'effets sur la substance des articles actuels 4 § 3 TUE, 267 et 344 TFUE, dont l'origine remonte aux traités fondateurs de 1957 et 1992 et, partant, que ces articles sont antérieurs aux articles 26 et 27 du TCEn datant de 1994. Autrement dit, les dispositions du TCEn sont donc postérieures aux dispositions relevant du droit de l'Union lorsque l'État a adopté ce traité d'investissement sectoriel, alors qu'il était déjà membre de l'Union. Considérant, d'autre part, qu'il n'est pas logique de distinguer entre les membres de l'Union au sein du TCEn, le tribunal étend malgré tout son raisonnement aux États membres ayant accédé à l'Union après avoir adopté ce traité, comme en l'espèce la Croatie. Aussi, le TCEn l'emporte-t-il sur le TUE et le TFUE en cas d'incompatibilité, que l'État membre l'ait signé en tant que membre, ou non, de l'Union. La même solution s'applique à tous les États membres[1598].

383. La mise à l'écart de l'article 351 TFUE en tant que règle de conflit. Peu de tribunaux écartent expressément dans leur sentence l'application de l'article 351 TFUE en tant que règle de conflit de conventions. Par exemple, le tribunal de l'affaire *Eskosol* admet en principe que l'article 16 TCEn peut être remplacé si un traité postérieur prévoit une autre règle de conflit. Néanmoins, une telle hypothèse ne serait possible qu'entre traités successifs portant sur la même matière. Or, en l'espèce, le tribunal estime que les traités de l'UE postérieurs, comme le traité de Lisbonne, ne rentrent pas dans cette catégorie par rapport au

1595 CIRDI, *Cavalum SGPS c. Royaume d'Espagne*, Aff. ARB/15/34, Décision sur la compétence, la responsabilité et les principes de quantum, du 31 août 2020, §§ 305, 306 et 330.

1596 *Ibid.*, §§ 366 et 367 *pro* CIRDI, *Hydro Energy 1 S.à r.l. et Hydroxana Sweden AB (Hydro Energy) c. Royaume d'Espagne*, aff. ARB/15/42, Décision sur la compétence, la responsabilité et les orientations en matière de quatum du 9 mars 2020, §§ 447, 472, 498 et 502 (11) et (12).

1597 *Landesbank*, Décision sur l'exception d'incompétence intra-UE du 25 février 2019, préc., §§ 182-184 *pro* SCC, (SCC), *Mercuria Energy Group Limited (Mercuria) c. République de Pologne*, aff. n° 2019/126, Sentence du 29 décembre 2022, §§ 432 et 433.

1598 CIRDI, *MOL Hungarian Oil and Gas Company Plc (MOL) c République de Croatie*, aff. ARB/13/32, Sentence du 5 juillet 2022, §§ 473-479.

TCEn[1599]. Le tribunal conditionne la prévalence d'une règle de conflit postérieure au respect de la règle générale de conflit de conventions de la CVDT, alors qu'au regard du caractère subsidiaire de l'article 30 CVDT, des États pourraient inclure dans un traité une règle de conflit de conventions ne reprenant pas le critère de la similitude des matières des traités, prévu par l'article 30 CVDT. Cela revient à se demander si une règle de conflit de conventions ne peut concerner que des traités de même matière. Selon nous cela n'est envisageable qu'à condition de ne pas exiger un degré de similitude des matières des traités trop important. Plus classiquement, d'autres tribunaux écartent l'article 351 TFUE en l'interprétant de manière littérale[1600]. C'est le cas du tribunal de l'affaire *JSW Solar et Wirtgen* ; qui lui-même reprend l'interprétation qu'en donnait le tribunal de l'affaire *AES Summit Generation (II)*. Cette reprise est toutefois contestable. En effet, dans l'affaire *AES Summit Generation (II)*, l'article 351 TFUE n'était pas invoqué par l'État membre comme une règle spéciale de conflit l'emportant sur l'article 16 TCEn[1601]. Cette reprise n'est pourtant pas isolée. Par la suite, le tribunal de l'affaire *Landesbank Baden-Württemberg* l'a également adoptée. Dans sa sentence, ce tribunal a indiqué par ailleurs ne pas être convaincu par l'*obiter dictum* de la sentence *Electrabel*[1602], considérant que l'article 16 TCEn avait été remplacé par l'article 351 TFUE. Aussi ne déduit-il pas une règle spéciale de conflit de conventions favorisant le droit de l'UE d'une interprétation *a contrario* de l'article 351 TFUE. Le tribunal de l'affaire *Landesbank Baden-Württemberg* se dit davantage convaincu par l'analyse du tribunal de l'affaire *Vattenfall (II)* – sans préciser ici qu'il s'agit d'*obiter dicta*[1603]. Dans la sentence *Vattenfall (II)* le tribunal ne passe pas par l'application de l'article 30 CVDT pour écarter l'article 351 TFUE, mais – comme la majorité des tribunaux – s'en tient à la lettre de cet article. Selon lui, l'interprétation du défendeur s'éloigne d'une lecture simple de l'article 351 TFUE le limitant aux relations entre les traités de l'UE et les conventions antérieures conclues par les États membres avec des États tiers. Ayant à choisir entre deux règles spéciales de conflit, il choisit l'article 16 TCEn en raison de sa plus grande clarté[1604].

384. La mise à l'écart de l'article 351 TFUE au titre du droit applicable à la compétence. Plus récemment dans le cadre d'un arbitrage sur le fondement du traité bilatéral d'investissement liant l'Autriche et la Pologne, opposant la Pologne à une filiale de la société *Strabag*, le demandeur a présenté la question de l'application de l'article 351 TFUE de manière

---

1599 *Eskosol*, Décision du 7 mai 2019, préc., §§ 132-147.

1600 *Greentech*, Sentence finale du 23 décembre 2018, préc., § 355 ; *Landesbank*, Décision sur l'exception d'incompétence intra-UE du 25 février 2019, préc., § 189 ; *ESPF*, Sentence du 14 septembre 2020, préc., §§ 313-316.

1601 *JSW Solar et Wirtgen*, Sentence finale du 11 octobre 2017, préc., §§ 254-256.

1602 CIRDI, *Electrabel S.A. c. République de Hongrie*, aff. ARB/07/19, Décision sur la compétence, le droit applicable et la responsabilité du 30 novembre 2012, § 4.177.

1603 *Landesbank*, Décision sur l'exception d'incompétence intra-UE du 25 février 2019, préc., §§ 193 et 194.

1604 *Vattenfall (II)*, Décision du 31 août 2018 sur la problématique Achmea, préc., § 227 « In the Tribunal's view, the clearer conflict rule in Article 16 ECT must prevail over a rule derived from an *a contrario* interpretation of Article 351 TFEU which cannot be found in the text of the TFEU itself. As a matter of public international law, the Tribunal cannot be asked to leave aside a clear rule in favour of a counter textual one ». Comp. CIRDI, *ACF Renewable Energy Limited (ACF) c. République de Bulgarie*, aff. ARB/18/1, Décision sur l'exception préliminaire Achmea du 20 décembre 2020, §§ 178 et 179 « 178. [...] Article 351 TFEU therefore does not seem to create superiority over earlier treaties, but rather seems to seek harmonisation between legal orders. That, however, cannot and does not in any way contradict or undermine the Tribunal's reading of Article 16 ECT above. 179. The Tribunal observes that, in any case, it would seem difficult to assume that Malta and Bulgaria when they acceded to the EU implicitly deviated from an explicit and clear provision such as Article 16 ECT [...] » ; CIRDI, *RENERGY S.à r.l. (RENERGY) c. Royaume d'Espagne*, aff. ARB/14/18, Sentence du 6 mai 2022, §§ 396-402, spéc. § 402 Le tribunal n'écarte pas l'article 351 TFUE mais le principe de primauté du droit de l'UE – en tant que règle spéciale de conflit postérieure – au profit de l'article 16 TCEn du fait notamment de la plus grande clarté de ses termes « [...] Article 16 ECT embodies a clear and specific, written, agreement on this particular subject, the principle of supremacy, on the other hand, could at best be considered a vague catch-all provision, which would have to be interpreted as having been implied (rather than expressly agreed) into the ECT by only some of the Contracting Parties ».

similaire. En réponse à l'invocation par la Commission de l'article 351 TFUE, il lui a opposé l'application de la clause de préservation des droits, inscrite à l'article 7 § 1 du TBI, prévoyant qu'une disposition plus favorable issue d'une loi ou d'un autre traité l'emporte sur le traité[1605]. Ici, les deux parties recourent à une interprétation *a contrario*. En effet, cette clause ne prévoit que la prévalence de dispositions plus favorables sur le traité d'investissement, elle ne peut ordonner l'application du traité d'investissement en raison de son caractère plus favorable par rapport à un autre traité ou à une loi qu'à condition d'être interprétée *a contrario*. Pour utiliser les catégories décrites en ouverture de ce paragraphe, une telle interprétation d'une clause de préservation des droits fait produire à cette clause les mêmes effets que ceux attribués à une clause de traitement le plus favorable, c'est-à-dire en l'occurrence faire prévaloir le traité d'investissement sur d'autres dispositions. Toutefois, l'existence même dans la pratique des États de ces deux types distincts de clauses devrait s'opposer à une telle interprétation aboutissant à leur faire produire les mêmes effets. Le tribunal de l'affaire *Strabag* n'entre pas dans ces discussions ni n'entame un examen de la clarté des clauses. Il écarte l'article 351 TFEU en jugeant que le droit de l'Union est en dehors du droit applicable à sa compétence. Quant à l'article 7 § 1 du traité, il considère que son examen n'est ni nécessaire ni approprié[1606].

385. La mise à l'écart du principe de primauté en vertu d'une règle de conflit plus spéciale. Dans l'affaire *Addiko*, le principe de primauté du droit de l'UE sur les traités conclus entre États membres – auquel la Croatie donnait pour fondement la déclaration n° 17 relative à la primauté – n'est pas écarté au stade de l'examen du droit applicable à la compétence, mais en raison d'une règle de conflit contenue dans le traité d'investissement. En l'espèce, le tribunal estime que l'article du traité d'investissement est la règle spéciale de conflit de conventions applicable – par rapport au principe de primauté qualifié de règle générale[1607]. De la même façon, dans l'affaire *A.M.F Aircraftleasing*, le tribunal, tout en concluant à l'absence d'incompatibilité – et donc sans avoir à trancher entre deux clauses spéciales de conflit de conventions – précise que le principe de primauté n'est pas la première règle de conflit applicable. Au sujet de l'article 351 TFUE, le tribunal affirme qu'il ne contient aucune règle de conflit[1608].

386. La limitation du principe de primauté au droit interne des États membres. Différemment, et sans se prononcer sur l'article 351 TFUE, le tribunal de l'affaire *RENERGY* précise dans sa sentence que le principe de primauté n'est pas une règle de conflit de conventions, mais une règle établissant uniquement une suprématie du droit de l'UE sur le droit interne des États membres[1609]. Il s'écarte donc de l'approche de la Cour de justice

---

1605 *Strabag*, Sentence partielle sur la compétence du 4 mars 2020, préc., § 4.10 « Article 7 of the Treaty ("Other Obligations") provides: (1) If the legislation of either Contracting Party or international obligations of the two Contracting Parties, which presently apply in additional to this Agreement or which are established in the future, should give rise to a general or specific agreement which accords to the investments of investors from the other Contracting Party more favourable treatment than is provided […] ».

1606 *Strabag*, Sentence partielle sur la compétence du 4 mars 2020, préc., § 8.133.

1607 *Addiko Bank*, Décision sur l'exception d'incompétence du 12 juin 2020, préc., § 292 *pro Raiffeisen (I)*, Décision sur l'exception d'incompétence du défendeur du 30 septembre 2020, préc., §§ 100 « Even if Article 11(2) of the BIT does not preclude the Tribunal's jurisdiction, the Respondent argues in the alternative that Article 4(3) of Treaty on the European Union (the TEU, and, together with the TFEU, the EU Treaties) contains a dovetailing conflict clause giving the EU Treaties primacy over other intra-EU treaties, including the Austria-Croatia BIT » et 131 « The Tribunal agrees with the Respondent that Article 11(2) is a *lex specialis* conflict clause ».

1608 *A.M.F Aircraftleasing*, Sentence finale du 11 mai 2020, préc., §§ 363 et 386-390.

1609 *RENERGY*, Sentence du 6 mai 2022, préc., §§ 396-399 *pro Hydro Energy*, Décision sur la compétence, la responsabilité et les orientations en matière de quatum du 9 mars 2020, préc., § 502 (17) comp. *Landesbank*, Décision sur l'exception d'incompétence intra-UE du 25 février 2019, préc., §§ 190-191 « 191. […] Declaration 17 appears to be a recognition by all EU Member States that EU law takes priority over the agreements they have concluded insofar as those agreements take effect within national law ».

consistant à inclure, lorsqu'elle applique le principe de primauté, dans le droit interne des États membres, leurs obligations de droit international.

***387. L'exception de l'application du principe de primauté dans la sentence* Green Power**. C'est au titre du principe de primauté et de l'autonomie de l'ordre juridique de l'Union que le tribunal de l'affaire *GreenPower*, seul tribunal ayant accueilli une exception d'incompétence intra-UE, admet en 2022 son incompétence à trancher un litige d'investissement entre un investisseur danois et l'Espagne en application du TCEn[1610].

****

388. Conclusion de chapitre. Parmi les sentences comprenant une exception d'incompétence intra-UE, seules quelques-unes consacrent des développements substantiels à l'incompatibilité des traités. Les tribunaux arbitraux se détournent des travaux de la CDI sur la fragmentation du droit international[1611] et privilégient une approche stricte de la notion d'incompatibilité, plus classique[1612], retenue par l'Organe d'appel de l'OMC dans des rapports datant de 1998[1613], mais dont les limites ont été exposées entre autres par le professeur Joost Pauwelyn, au début des années 2000[1614]. Les sentences s'accordent sur une interprétation stricte de l'incompatibilité, ne jugeant incompatibles que des dispositions prévoyant des obligations contradictoires. Toutefois, si les tribunaux ont affirmé de manière continue la compatibilité des traités, et donc la possibilité de leur coexistence, seuls quelques-uns ont véritablement contrôlé la compatibilité de leurs dispositions respectives. Les sentences comprenant un examen de la compatibilité des offres d'arbitrage avec les articles 18, 267, 344 et 351 du TFUE, voire aussi avec l'article 4 § 3 du TUE, ne sont pas les plus nombreuses. En outre, plusieurs sentences ont déclaré les traités compatibles, après des examens partiels. Cela nous conduit à ne pas retenir, la proposition présente dans certaines sentences, d'une compatibilité générale des traités, ou de la compatibilité des offres d'arbitrage avec les traités de l'UE, sans plus de précisions, et pas une compatibilité analysée disposition par disposition.

389. Notre étude des sentences ne nous permet pas de constater l'existence d'une jurisprudence arbitrale constante allant dans le sens d'une compatibilité d'ensemble des traités d'investissement entre États membres et du droit de l'Union. Cette hypothèse ne peut être retenue. Certaines sentences n'affirment pas la compatibilité des traités, comme elle pourrait l'être dans le cadre d'un recours objectif, mais se limitent à constater *in concreto* la compatibilité des dispositions des traités. Quelques sentences confirment, d'ailleurs, l'incompatibilité de certaines dispositions. En outre, la substitution de règles relatives à la validité du consentement aux règles de conflit de conventions, opérée par plusieurs tribunaux, repousse également l'idée d'une jurisprudence constante arbitrale en matière d'exception d'incompétence intra-UE. Ces tribunaux exigeant plus qu'une simple incompatibilité pour se déclarer incompétents, leurs sentences, au moins en partie, ne devraient pas pouvoir s'inscrire sans précautions supplémentaires dans une telle jurisprudence constante.

390. Pour tout dire, il ressort davantage de l'analyse qu'après avoir évité l'examen de la compatibilité des traités en arguant de leur coexistence sur des plans parallèles, les tribunaux ont argué de l'absence d'incompatibilité entre les traités, en se reposant souvent sur des

---

[1610] SCC, (SCC), *Green Power Partners K/S et SCE Solar Don Benito APS (Green Power et SCE) c. Royaume d'Espagne*, aff. n° 2016/135, Sentence du 16 juin 2022, §§ 456-477.

[1611] CDI, *Fragmentation du Droit International : Difficultés découlant de la Diversification et de l'Expansion du Droit International*, Rapport du Groupe d'Etude de la CDI, 13.04.06, A/CN.4/L.682, pp. 279.

[1612] JENKS W., « The Conflict of Law-Making Treaties », *BYIL*, Vol. 30, 1953, pp. 401–453, spéc. p. 403.

[1613] MARCEAU G., « Conflict of norms and conflict of jurisdictions : the relationship between the WTO agreement and MEAs and other treaties », *JWT*, 2001, Vol. 35 (6), pp. 1081-1131, spéc. pp. 1083-1086.

[1614] PAUWELYN J., *Conflict of Norms in Public International Law – How WTO law Relates to other Rules of International Law*, Cambridge, CUP, 2003, pp. 492. V. aussi VRANES E. « The Definition of 'Norms Conflict' in International Law and Legal Theory », *EJIL*, Vol. 17(2), 2006, pp. 395-418.

raisonnements succincts de sentences antérieures – parfois datés, compte tenu de l'évolution des exceptions d'incompétence. Une fois l'incompatibilité des offres d'arbitrage État-investisseur des traités entre États membres confirmée par la Cour de justice de l'UE, des tribunaux ont précisé qu'ils pouvaient admettre une telle incompatibilité, sans renoncer à leur compétence. Ils ont appliqué à cette fin, des règles de conflit de conventions défavorables au droit de l'Union, ou de règles encadrant la nullité des traités, maintenant la compétence des tribunaux. Au fil des arbitrages, de nouvelles dispositions sont opposées aux exceptions d'incompétence intra-UE, telles des herses successives protégeant la compétence des tribunaux. En somme, les tribunaux ont argumenté de multiples manières, pour se déclarer compétent et, partant ont créé les conditions de l'application continue du droit international de l'investissement entre les États membres de l'Union européenne.

Conclusion Titre II :

391. L'application continue des traités d'investissement entre États membres ne résulte pas d'une réponse claire, en droit international, à la question de la compatibilité de ces traités avec le droit de l'Union. De nombreuses sentences appliquent ces traités sans se prononcer sur la question de leur compatibilité avec le TUE et le TFUE. Le raisonnement voulant que seuls des traités portant strictement sur la même matière puissent entrer en conflit a permis, à nombre de tribunaux, d'éviter de traiter la question précise de la compatibilité de clauses d'arbitrages de ces traités avec le droit de l'UE. Les tribunaux se prononcent souvent sur ces questions d'incompatibilité dans des développements pouvant être qualifiés d'*obiter dicta*. Les sentences définissant la notion d'incompatibilité s'accordent sur une définition stricte de ce concept ramenant les hypothèses de conflit entre dispositions à des conflits logiques entre obligations contradictoires. Malgré cette position commune, les questions de compatibilité sont souvent évitées.

392. Avant l'arrêt *Achmea*, plusieurs sentences précisent qu'elles auraient potentiellement tranché la question de leur compétence différemment, si le droit de l'UE interdisait l'arbitrage État-investisseur sur le fondement d'un traité entre États membres. Une fois cette interdiction confirmée par cet arrêt, si des techniques d'évitement consistant pour les tribunaux arbitraux à limiter sa portée ou ses effets (temporels ou en droit international) ont été mobilisées, des conditions supplémentaires à l'incompétence des tribunaux ont ensuite été formulées. Cet arrêt a ainsi renouvelé les débats, au sein des instances arbitrales, sans convaincre les arbitres de s'écarter de la position la plus communément partagée par eux jusqu'ici : celle de l'application parallèle et non alternative du droit international de l'investissement et du droit de l'Union européenne. De manière constante les Comité *ad hoc* CIRDI ont jugé que les tribunaux n'avaient pas commis d'excès de pouvoir manifeste en rejetant les exceptions d'incompétence intra-UE[1615]. Ces derniers semblent eux aussi adhérer à une approche pluraliste du droit international dans laquelle les différents sous-systèmes de droit international évoluent en parallèle et coexistent. Quelques tribunaux se sont toutefois écartés de cette position en jugeant ces traités incompatibles et, donc, non susceptibles d'une interprétation harmonieuse. Nonobstant cette incompatibilité, ils se sont pour autant, à de rares exceptions près, tous déclarés compétents. Ces tribunaux se sont maintenus principalement en appliquant une règle de conflit défavorable au droit de l'Union. Ils ont, par ailleurs, aussi appliqué aux mêmes fins des règles portant sur la nullité des traités ou d'autres règles particulières. Ici, un parallèle peut être fait avec la jurisprudence arbitrale en matière d'incompatibilités entre le droit international relatif aux droits de l'homme et le droit international de l'investissement. Comme en matière d'exception d'incompétence intra-UE, les tribunaux réagissent à l'invocation de dispositions relatives aux droits de l'homme, par l'évitement, l'interprétation harmonieuse et la prévalence du traité d'investissement[1616]. Dès lors, il est possible de questionner l'efficacité des règles de droit des traités en matière de gestion des conflits de conventions ou, à tout le moins, l'utilisation qui en est faite par les tribunaux arbitraux.

[1615] Pour une décision récente synthétisant la position de différends Comité *ad hoc* CIRDI v. CIRDI, *RENERGY S.à r.l. c. Royaume d'Espagne*, aff. ARB/14/18, Décision du Comité *ad hoc* sur la demande d'annulation du 14 août 2024, §§ 127-175.

[1616] FAHNER J.H. et HAPPOLD M., « The Human Rights Defence in International Investment Arbitration: Exploring the Limits of Systemic Integration », *ICLQ*, Vol. 68(3), 2019, pp. 741-759 *pro* BROUDE T. et HENCKELS C., « Not all rights are created equal: a loss-gain frame of investor rights and human rights », *Leiden Journal of International Law*, Vol. 34(1), 2021, pp. 93-108, spéc. pp. 100-105.

393. L'application de règles encadrant la nullité des traités à l'argument de l'inapplicabilité des traités, l'évocation de la théorie des droits acquis, le principe de protection des attentes légitimes, ainsi que l'extension du principe *pacta tertiis nec nocent nec prosunt* de la CVDT aux investisseurs, laissaient penser que, même après l'Accord portant extinction des traités bilatéraux d'investissement entre États membres de l'Union européenne, signé le 5 mai 2000 par 23 des 27 États membres, les tribunaux pourraient continuer d'appliquer les TBI intra-UE. Cela n'a pas été infirmé. Le CIRDI a enregistré des requêtes d'arbitrage, sur le fondement de TBI intra-UE mentionnés dans l'annexe A du traité portant extinction des TBI intra-UE, après le 29 août 2020 – date d'entrée en vigueur de ce traité[1617]. Des arbitres ayant interprété ce traité ont pu juger l'offre d'arbitrage de TBI entre États membres signataires de cet accord valide du point de vue du droit international, nonobstant l'entrée en vigueur de ce dernier[1618]. En définitive, ce sont les investisseurs de l'Union qui pourraient à terme, renoncer à invoquer ces traités au regard de l'incertitude entourant la validité de leur offre d'arbitrage, comme a pu le faire l'entreprise *Airbus* à la suite du prononcé de l'arrêt *Achmea*[1619]. Les investisseurs pourraient aussi à l'avenir restructurer leurs investissements par l'intermédiaire d'États tiers pour bénéficier de l'offre d'arbitrage de traités d'investissement entre États membres et États tiers. Les traités d'investissement entre États membres appartenant à une génération de traités comprenant peu, voire pas, de dispositions conventionnelles limitant la pratique du chalandage de traités, ces restructurations seraient possibles sous la seule réserve du principe de l'abus de droit (ou de procédure). Or, dans l'arbitrage d'investissement, celui-ci ne sanctionne que les restructurations de « mauvaise foi », c'est-à-dire celles réalisées alors que le litige était prévisible et n'ayant pour but principal que d'obtenir la protection d'un traité d'investissement[1620]. À condition d'intervenir avant la survenance prévisible d'un litige, des restructurations permettraient aux investisseurs de l'Union de se prémunir contre les difficultés rencontrées au stade de l'exécution des sentences arbitrales prononcées sur le fondement de traité d'investissement entre États membres. Pour le reste, le choix de l'arbitrage CIRDI limiterait les effets du droit de l'Union sur l'applicabilité des clauses d'arbitrage des traités entre États membres. Si quelques décisions et sentences récentes reconnaissent la pertinence du droit de l'UE dans l'examen de la compétence des tribunaux, une seule sentence est allée jusqu'à considérer l'offre d'arbitrage inapplicable. Cette approche reste donc très marginale, tout comme celle reconnaissant au stade de l'examen du fond de la demande, la pertinence au droit de l'UE. Que ce soit en tant que droit applicable ou moyen d'interprétation, comme les développements suivants l'expliciteront, le droit de l'UE est dans l'ensemble neutralisé.

[1617] Il faut préciser qu'il entre en vigueur pour chaque partie à des dates différentes. La Slovaquie avait accepté son application provisoire à partir du 8 juin 2020, l'accord est entré en vigueur individuellement pour les 23 États membres signataires depuis son entrée en vigueur pour le Portugal le 14 octobre 2022.

[1618] CIRDI, *AS Norvik Banka, Alexander Guselnikov, Grigory Guselnikov et autres (Norvik Banka) c. République de Lettonie*, aff. ARB/17/47, Décision sur l'objection Intra-UE du 14 mai 2021, § 579 Ici, le tribunal a considéré que cet accord n'apportait rien de plus à l'analyse en droit international que les déclarations de janvier 2019. Selon lui ces instruments se focalisent sur la conformité des traités d'investissement au droit de l'UE et pas sur la compatibilité des traités en droit international. Comp. CPA, (CNUDCI), *Muszynianka Spółka z Ograniczoną Odpowiedzialnością (Muszynianka) c. République slovaque*, aff. n° 2017-08, Sentence du 07 octobre 2020, §§ 260-265. Le tribunal considère que l'accord n'a pas d'effet sur sa compétence, car il n'est pas encore en vigueur entre la Slovaquie et la Pologne. De plus, il considère que l'accord ne peut pas avoir d'effet rétroactif et priver l'investisseur de l'accès à l'arbitrage au titre de la protection des droits acquis. Le principe de date critique est aussi mobilisé par le tribunal. L'accord étant postérieur à la date de détermination de sa compétence, il n'a pas d'effet sur cette dernière.

[1619] ADAMOWSK J., « Airbus withdraws arbitration demand over $3.7 billion helicopter deal », DefenseNews, 22.05.18, Disponible à l'adresse : <https://www.defensenews.com/industry/2018/05/22/airbus-withdraws-arbitration-demand-over-37-billion-helicopter-deal/>, consulté le 11 juin 2024.

[1620] NGO Q C. et LY V. A., « Le chalandage de traités à l'épreuve des accords d'investissement de nouvelle génération », *RIDE*, t. XXXI (3), 2017, pp. 85-108.

Conclusion de la première partie

394. Dans cette première partie, nous avons étudié une exception préliminaire particulière apparue pour la première fois dans la sentence partielle du 27 mars 2007 rendue par le tribunal de l'affaire *Eastern Sugar*, soit un objet juridique âgé de dix-sept ans. Nous avons identifié, au-delà des disparités existantes selon la période, le traité appliqué, ou leur « auteur », le cœur des exceptions d'incompétence intra-UE[1621].

395. Au cœur de ces exceptions réside l'inarbitrabilité des litiges d'investissement intra-UE. Cette dernière emporte l'incompatibilité des offres d'arbitrage État-investisseur des traités d'investissement entre États membres avec les traités de l'UE et par suite l'inapplicabilité des premières, sous réserve de l'application d'une règle de conflit de convention favorable au droit de l'UE. Dans les sentences, la question est essentiellement formulée et discutée en termes d'incompétence du fait d'une incompatibilité de l'offre d'arbitrage du traité, mais comme le montre la sentence *Eastern Sugar*, elle a pu être envisagée en termes d'arbitrabilité du litige[1622]. La distinction n'a que peu d'intérêt dans les arbitrages, il s'agit toujours de déterminer si le tribunal est compétent ou non. La conclusion selon laquelle les exceptions d'incompétence intra-UE posent en dernière analyse une question d'arbitrabilité du litige est confirmée par l'arrêt *PL Holdings Sàrl* rendu par la grande chambre de la Cour de justice le 26 octobre 2021. Cet arrêt est intervenu à la suite d'une demande de décision préjudicielle introduite par la Cour suprême suédoise – saisie d'un pourvoi contre une décision refusant l'annulation d'une sentence portant sur un litige d'investissement entre États membres. La Cour de justice dans ce contexte devait déterminer si un État membre pouvait conclure un compromis d'arbitrage afin de résoudre un litige, l'opposant à un investisseur d'un autre État membre. Rejetant cette possibilité, elle répond en substance que l'incompatibilité identifiée dans l'arrêt *Achmea* repose sur les spécificités du litige et pas sur l'instrument en application duquel le différend est porté devant les arbitres[1623]. Que l'offre d'arbitrage État-investisseur soit contenue dans un traité, dans un accord *ad hoc*, voire dans une loi d'investissement, elle est contraire au droit de l'UE et donc inapplicable. Il s'agit donc bien d'une question touchant à l'arbitrabilité objective d'un type de litige particulier et pas simplement à l'incompétence des tribunaux en raison de l'inapplicabilité de l'offre d'arbitrage d'un instrument particulier.

396. À ce sujet, les conclusions de l'Avocate générale Juliane Kokott dans cette même affaire sont éclairantes. Elle propose un raisonnement qui permet de mieux comprendre la jurisprudence de la Cour de justice depuis l'arrêt *Achmea*. Elle y précise que « les États membres ne doivent avant tout pas soustraire au système juridictionnel de l'Union des différends portant sur l'application souveraine du droit de l'Union ». Cette précision quant au

---

[1621] Des exceptions d'incompétence intra-UE ayant été soulevées par des États membres en tant que parties défenderesses, mais aussi par la Commission intervenant en tant qu'*amicus curiae*, le terme de défendeurs ne permet pas d'englober toutes les entités ayant soulevé ces exceptions préliminaires. C'est pourquoi nous utilisons ici le terme d'« auteurs » et pas de défendeurs. Il serait possible aussi de parler d'« objecteurs » ou de « contestataires ».

[1622] *Eastern Sugar B. V. c. République tchèque*, aff. n° 088/2004, Sentence partielle du 27 mars 2007, §§ 111-113 et 182-190.

[1623] CJUE, Gde ch., 26 octobre 2021, *République de Pologne c. PL Holdings Sàrl*, aff. C-109/20, §§ 44-56. V. aussi Av. gén. Juliane Kokott., concl. prè CJUE, Gde ch., 26 octobre 2021, *République de Pologne c. PL Holdings Sàrl*, aff. C-109/20, §§ 30-34, §§ 50-65, §72.

type d'application du droit de l'UE ne pouvant être soustrait au système juridictionnel de l'Union répond à une critique adressée par certains à l'arrêt *Achmea*[1624]. Dans cet arrêt, il est avancé que la jurisprudence de la Cour de justice en matière d'arbitrage commercial n'est pas applicable à l'arbitrage État-investisseur, car ce dernier résulte d'un traité et pas de l'autonomie de la volonté des parties[1625]. Or, un litige d'investissement intra-UE pourrait être jugé par un tribunal compétent sur le fondement d'un simple accord entre un État membre et un investisseur d'un autre État membre. Un tel arbitrage serait-il de nature commerciale pour la Cour ? Le sens de l'arrêt *PL Holdings Sàrl* montre que la Cour juge que cela n'est pas le cas[1626]. Il n'est cependant pas possible de nier qu'un tel arbitrage trouverait son origine dans l'autonomie des parties. À ce stade du raisonnement, l'Avocate générale avance que dans le cadre de l'arbitrage commercial « ce n'est pas seulement la convention d'arbitrage, mais la relation juridique litigieuse elle-même qui trouve son origine dans l'autonomie de la volonté des parties en cause »[1627]. Dans l'arbitrage d'investissement, la relation juridique litigieuse trouve son origine dans « l'exercice de pouvoirs souverains » par des autorités étatiques. Cet exercice comprend l'adoption de « mesures souveraines de mise en œuvre du droit de l'UE »[1628]. Ce sont les litiges pouvant porter sur ces mesures, qui sont jugés inarbitrables par la Cour étant donné qu'aucun mécanisme ne garantit la pleine efficacité des normes de l'Union en droit international de l'investissement. Cette précision faite, l'objet principal de la contestation de la compétence des tribunaux est clair. Aussi, bien que peu présente dans les sentences arbitrales et absente des arrêts de la Cour de justice, la notion d'arbitrabilité s'impose-t-elle pour comprendre les exceptions d'incompétence intra-UE.

397. L'unanimité des tribunaux, à une exception près, quant à leur compétence pour résoudre les litiges que leur ont soumis des investisseurs de l'UE, permettrait de conclure l'étude par le constat d'une arbitrabilité des litiges d'investissement intra-UE qui, même en adoptant une perspective de droit de l'UE, devrait être reconnue *de facto*.

398. Partant de ce constat, il est possible de s'interroger sur l'atteinte à l'autonomie du droit de l'UE identifiée par la Cour de justice, mais niée ou écartée par les tribunaux. Il s'agit d'éprouver l'argument de la Cour quant au risque d'atteinte à l'autonomie du droit de l'UE lié à la résolution de litiges d'investissement opposant un investisseur d'un État membre à un autre État membre par la voie arbitrale. Ce risque est-il tangible ? Les tribunaux interprètent et appliquent-ils le droit de l'UE dans les arbitrages d'investissement intra-UE. Si c'est le cas, cela est-il fréquent et le font-ils conformément à la jurisprudence de la Cour de justice ? Au préalable une autre question se pose : doivent-il interpréter ou appliquer le droit de l'UE au regard des règles de détermination du droit applicable et des règles d'interprétation applicables ?

399. Comme nous l'avons vu, les tribunaux ont écarté les exceptions d'incompétence intra-UE en mobilisant de nombreux arguments. Quelques-unes des sentences mentionnées dans cette première partie invoquent des arguments en matière de droit applicable. Ces

---

1624 Av. gén. Juliane Kokott., concl. prè CJUE, *PL Holdings Sàrl*, préc., §§ 50-60, spéc. § 55.

1625 CJUE, Gde ch., 6 mars 2018, *Achmea B.V.*, aff. C-284/ 16, § 55 « Toutefois, une procédure d'arbitrage, telle que celle visée à l'article 8 du TBI, se distingue d'une procédure d'arbitrage commercial. En effet, alors que la seconde trouve son origine dans l'autonomie de la volonté des parties en cause, la première résulte d'un traité, par lequel des États membres consentent à soustraire à la compétence de leurs propres juridictions et, partant, au système de voies de recours juridictionnel que l'article 19, paragraphe 1, second alinéa, TUE leur impose d'établir dans les domaines couverts par le droit de l'Union (voir, en ce sens, arrêt du 27 février 2018, Associação Sindical dos Juízes Portugueses, C-64/16, EU : C : 2018:117, point 34), des litiges pouvant porter sur l'application ou l'interprétation de ce droit. Dans ces conditions, les considérations énoncées au point précédent, relatives à l'arbitrage commercial, ne sont pas transposables à une procédure d'arbitrage, telle que celle visée à l'article 8 du TBI ».

1626 CJUE, *PL Holdings Sàrl*., préc. spéc. §§ 52 et 54.

1627 Av. gén. Juliane Kokott., concl. prè CJUE, *PL Holdings Sàrl*, préc., §§ 50-60, spéc. § 52

1628 *Ibid.*, §§ 54 et 61.

tribunaux ont essayé de s'accommoder des conclusions de l'arrêt *Achmea* en précisant qu'il pourrait admettre que les litiges soient arbitrables à condition que le tribunal n'ait pas en l'espèce besoin de recourir au droit de l'Union pour résoudre le litige qui lui est soumis. Ils s'écartent donc d'une arbitrabilité de principe des litiges d'investissement intra-UE. D'autres, moins conciliants et plus nombreux, ont en revanche écarté ces exceptions d'incompétence, parfois sans les examiner au fond, en vertu du droit applicable à la compétence au motif que le droit de l'UE en était exclu. Au-delà du droit applicable à la compétence, plusieurs tribunaux arbitraux ont affirmé dans leurs sentences que le droit de l'UE était exclu du droit applicable au fond, par principe, pas seulement en l'espèce. Quelques sentences étudiées dans la première partie montrent également qu'une telle exclusion du droit de l'UE peut être formulée dans le cadre de l'interprétation des traités. En effet, dans le contexte d'arbitrage sur le fondement du TCEn, une interprétation de l'article 26 TCEn conforme au traité de l'UE, écartant l'application de cet article aux litiges d'investissement intra-UE, est défendue devant de nombreux tribunaux. Afin de rejeter cette branche particulière (*ratione personae*) d'exception d'incompétence intra-UE, des tribunaux ont avancé en substance qu'il ne pouvait faire prévaloir dans le cadre de l'interprétation de ce traité des éléments d'interprétation extrinsèques à ce dernier sur des éléments intrinsèques, ou qu'il ne pouvait s'écarter du sens ordinaire des termes du traité. Le droit de l'UE a ainsi été exclu des moyens d'interprétation permettant de déterminer le sens du traité. De tels raisonnements suggèrent donc que les tribunaux d'investissement ne mobilisent pas le droit de l'UE pour interpréter le traité d'investissement, par conséquent ils ne les appliquent même pas en tant que moyen d'interprétation.

400. Par-delà la question de l'arbitrabilité se dessine une opposition sur la question de l'applicabilité et de l'« interprétabilité » du droit de l'UE dans les arbitrages d'investissement intra-UE. La Cour de justice accepte le risque de violation ou d'interprétation divergente du droit de l'UE relatif aux arbitrages État-investisseur entre un investisseur d'un État tiers et un État membre, mais pas celui relatif aux arbitrages État-investisseur intra-UE[1629]. Entre États membres d'accueil de l'investissement et investisseurs étrangers de l'Union, le système de voies de recours juridictionnel, établi dans les domaines couverts par le droit de l'Union[1630], se substitue aux mécanismes de résolution des litiges susceptibles de concerner l'interprétation ou l'application du droit de l'UE[1631]. En suivant la jurisprudence de la Cour de justice, ce risque existe néanmoins dans les deux types d'arbitrage. Par contraste, de nombreuses sentences étudiées précisent ne pas appliquer le droit de l'Union ou n'appliquer que le traité de protection des investissements. Aussi les développements suivants reposeront-ils sur l'étude de l'application du droit de l'UE et de son interprétation dans les sentences prononcées par des tribunaux institués par des traités d'investissement entre États membres. Si les arbitres n'appliquent et n'interprètent pas le droit de l'UE, ou l'appliquent sans le violer et l'interprètent de manière conforme, alors la Cour de justice pourrait paraître protéger excessivement l'autonomie du droit de l'UE. En revanche, si les arbitres n'appliquent pas le droit de l'UE, quand il est applicable, et interprète de manière divergente le droit de l'UE lorsqu'il l'applique, alors la position de la Cour s'en trouverait justifiée.

[1629] Av. gén. Juliane Kokott., cond. prè CJUE, *PL Holdings Sàrl*, préc., § 61. V. aussi CJUE, Gde ch., 2 septembre 2021, *République de Moldavie c. Société Komstroy*, aff. C-741/ 19, § 65 « Il s'ensuit que, si le [traité sur la charte de l'énergie] peut imposer aux États membres de respecter les mécanismes arbitraux qu'il prévoit dans leurs relations avec les investisseurs d'États tiers qui sont également parties contractantes de ce traité au sujet d'investissements réalisés par ces derniers dans ces États membres, la préservation de l'autonomie et du caractère propre du droit de l'Union s'oppose à ce que le TCE[n] puisse imposer les mêmes obligations aux États membres entre eux ».

[1630] Art. 19 TUE § 1 al. 2 : « Les États membres établissent les voies de recours nécessaires pour assurer une protection juridictionnelle effective dans les domaines couverts par le droit de l'Union ».

[1631] CJUE, Gde ch., 25 janvier 2022, *Commission c. European Food SA et autres*, aff. C-638/19 P, §§ 137-145.

Partie II
La neutralisation du droit de l'UE dans l'arbitrage d'investissement intra-UE

401. Les conséquences envisageables du statut intra-UE des traités d'investissement. En prenant au sérieux le refus d'un isolement clinique du droit international de l'investissement[1632], il est permis de supposer que le statut intra-Union européenne (UE) de traités de protection des investissements n'est pas indifférent dans la résolution par la voie de l'arbitrage de litige d'investissement entre un État membre de l'Union européenne d'accueil et un investisseur d'un autre État membre (arbitrage d'investissement intra-UE). Après avoir examiné, dans la première partie, principalement une technique de prise en compte intersytémique – les règles de conflit de conventions – permettant aux arbitres de se saisir de normes extérieures à la norme fondamentale de leur système, il s'agit désormais de s'intéresser à d'autres techniques du même type. Notre étude de la perméabilité de l'arbitrage d'investissement intra-UE au droit de l'UE se poursuit en dehors de l'hypothèse, la plus conflictuelle, de l'incompatibilité des clauses d'arbitrage des traités entre États membres avec le droit de l'UE. Ces autres techniques de prise en compte (ou facteurs de défragmentation du droit international[1633]), permettant à l'arbitre d'inscrire les traités d'investissement dans leurs milieux juridiques, sont principalement des règles de renvoi et des règles d'interprétation. En effet, *a priori*, au regard des règles de droit international applicables selon le milieu juridique dans lequel se situe un traité d'investissement, les moyens d'interprétation de ce dernier, ainsi que le droit applicable à la résolution du différend peuvent différer. Le droit de l'UE étant un élément éminent du milieu juridique des traités d'investissement entre États membres, ces règles devraient permettre aux arbitres de le mobiliser dans les arbitrages d'investissement intra-UE.

402. L'hypothèse invalidée d'une ouverture accrue des arbitres hors exception d'incompétence. Toutefois, si en dépit de ces règles, le droit de l'UE n'influence pas le droit applicable et les moyens d'interprétation mobilisés par les arbitres, alors le droit appliqué par ces derniers apparaitra comme isolé cliniquement du droit de l'UE. La réticence des tribunaux identifiée dans la première partie, vis-à-vis de l'application du droit de l'UE, pourrait être liée au fait que cette application entendait les conduire à se déclarer incompétents. Les tribunaux pourraient se montrer plus ouverts lorsqu'il s'agit d'appliquer le droit de l'UE ou de le prendre en compte au stade de la résolution du litige au fond ou de l'interprétation du traité. L'isolement constaté dans la première partie en matière d'arbitrabilité du litige – et donc de

[1632] CIRDI, *Phoenix Action, Ltd. c. République tchèque*, aff. ARB/06/5, Sentence du 15 avril 2009, § 78 « [...] ICSID Convention's jurisdictional requirements – as well as those of the BIT – cannot be read and interpreted in isolation form public international law, and its general principles ». V. aussi SIMMA B. et PULKOWSKI D., « Two Worlds, but Not Apart : International Investment Law and General International Law », *in* BUNGENBERG M., GRIEBEL J., HOBE S. et REINISCH A. (eds), *International Investment Law – A Handbook*, Baden-Baden/Oxford, Nomos/Hart, 2015, pp. 361-371, spéc. pp. 361 et 362 « Investment law is not a self-contained regime – neither in the technical sense of a closed system that embraces a complete set of secondary rules, nor in the wider and more general sense of a subsystem that functions in isolation from the remainder of public international law [...] ».

[1633] van AAKEN A., « Defragmentation of Public International Law Through Interpretation: A Methodological Proposal », *Indiana Journal of Global Legal Legal Studies*, Vol. 16(2), 2009, 483-512.

compétence des tribunaux – ne préjuge pas nécessairement d'un isolement plus général. Or force est de constater qu'en pratique les tribunaux ne se montrent pas plus ouverts lorsqu'il n'est pas question directement de leur compétence. Dans ce contexte, l'isolement des tribunaux prend la forme, au regard des sentences, d'une neutralisation du droit de l'UE dans l'arbitrage d'investissement intra-UE.

*403. **Précisions méthodologiques.*** Cette seconde partie inclura l'analyse de sentences dans lesquelles aucune exception d'incompétence intra-UE n'a été soulevée. Les conclusions de cette seconde partie reposeront par conséquent sur l'examen d'un nombre plus important de sentences que celles de la première partie. La méthode reste la même, il s'agit d'interroger à titre principal nos deux ensembles de sentences (l'un étant composé de sentences prononcées sur le fondement de traités bilatéraux d'investissement entre États membres (sentences TBI intra-UE) et l'autre de sentences prononcées sur le fondement du traité sur la Charte de l'énergie (TCEn), toujours dans le cadre de litiges d'investissement intra-UE (TCEn intra-UE). Ponctuellement, d'autres sentences nourriront l'analyse.

*404. **Plan de partie.*** L'influence du statut intra-UE d'un traité d'investissement sur les normes applicables reste en pratique limitée. Que ce soit en matière de droit applicable ou de moyens d'interprétation, les dispositions des traités de protection des investissements prévalent sans que le droit de l'UE ne les affecte significativement. Le droit de l'UE est neutralisé dans les arbitrages d'investissement intra-UE. Cette neutralisation se manifeste, d'un côté, par une application exclusive du traité d'investissement, au détriment des autres règles de droit applicables (Titre I) et, d'un autre côté, par une interprétation littérale du traité privilégié par les arbitres, neutralisant la pertinence du statut intra-UE du traité au stade de son interprétation (Titre II).

Titre I
L'application exclusive du traité d'investissement par les tribunaux

405. Une application exclusive sous-tendant une éventuelle applicabilité du droit de l'UE. La prévalence des traités d'investissement dans le droit applicable à un investissement intra-UE, c'est-à-dire l'application exclusive de ces traités pour résoudre les litiges d'investissement intra-UE, doit être tout d'abord examinée au regard de l'applicabilité du droit de l'UE dans les arbitrages afférents. Le droit de l'UE peut ou non être applicable, par principe, dans les arbitrages d'investissement intra-UE. S'il est applicable, son application n'est pas pour autant garantie. Il pourrait, en l'espèce, ne pas être pertinent, ou une autre règle pourrait requérir sa mise à l'écart, c'est-à-dire son inapplication.

406. L'examen préalable de l'applicabilité du droit de l'UE. Avant de déterminer s'il est appliqué, ou non, par les arbitres, nous devons examiner la capacité du droit de l'UE à appartenir au droit applicable. Le droit applicable est entendu ici comme le droit qu'un tribunal arbitral établi par un traité d'investissement entre États membres appliquerait pour résoudre le différend qui lui est soumis. Notre étude ici ne se limite pas, bien qu'il y tienne une place primordiale, au droit applicable au fond ; ce choix est expliqué au fil de l'étude. Pour l'essentiel, il repose sur le fait que les différents droits applicables ne sont pas toujours précisés par les arbitres et, lorsqu'ils le sont, ceux-ci peuvent ne pas être dissociés, ou se confondre.

407. Le constat d'une application empêchée. Le constat de l'inapplicabilité du droit de l'Union infirmerait directement l'hypothèse du présent titre et rendrait sans objet un examen de son application dans les sentences[1634]. Or, comme nous allons le voir, les règles applicables en matière de détermination du droit applicable permettent de désigner le droit de l'UE. Comme l'avait relevé le professeur Emmanuel Castellarin dans sa thèse soutenue en 2014, l'hypothèse d'une application du droit de l'UE par les tribunaux arbitraux est possible sur le plan théorique. Cette hypothèse est, au demeurant, longtemps restée théorique. Elle ne s'est véritablement développée que dans les arbitrages d'investissement intra-UE[1635]. Divers obstacles s'opposent, néanmoins, à la désignation du droit de l'UE comme droit applicable à la résolution du litige d'investissement intra-UE. Si ce n'est leur rareté, l'imprécision des règles de détermination du droit applicable, mais aussi les approches des arbitres en la matière favorisent la désignation du traité d'investissement comme droit applicable à titre principal, si ce n'est exclusif.

408. L'examen détaillé de l'utilisation du droit de l'UE dans les arbitrages intra-UE. Ce constat d'une applicabilité *a priori* même partielle du droit de l'UE autorise un examen détaillé de son application par les arbitres. Par-delà une détermination préliminaire du droit applicable par les arbitres – souvent abstraite, générale et n'incluant que rarement le

---

[1634] Un tel constat a pu être soutenu au sujet des arbitrages d'investissement intra-UE sur le fondement du traité sur la charte de l'énergie, sous l'égide du CIRDI. V. TIETJE C., *The applicability of the Energy Charter Treaty in ICSID Arbitration of EU Nationals vs EU Members States*, Beiträge zum Transnationalen Wirtschaftsrecht – Heft 78, Martin Luther University Halle-Wittenberg, 2008, pp. 19, spéc. p.17 « In conclusion, it is clear that the Energy Charter Treaty is applicable in an ICSID proceeding of an EU national versus an EU Member State. EC law does not influence such a proceeding which is exclusively governed by public international law ».

[1635] CASTELLARIN E., *La participation de l'Union européenne aux institutions économiques internationales*, Paris, Pedone, 2017, pp. 664, spéc. §§ 7.22-7.36.

droit de l'UE –, il convient d'examiner comment les tribunaux appliquent ce ou ces droits applicables. En outre, qu'il soit désigné ou non comme droit applicable, le droit de l'UE peut toujours intervenir dans la résolution du différend en tant que fait juridique pertinent.

409. Plan de titre. Après une analyse de l'applicabilité du droit de l'UE, en tant que droit ou en tant que fait (Chapitre I), il convient d'étudier le traitement du droit de l'UE par les tribunaux dans les arbitrages intra-UE (Chapitre II).

Chapitre I
L'applicabilité du droit de l'UE

410. La question préalable d'un renvoi à l'intégration européenne dans les traités. Afin de répondre à la question de l'applicabilité du droit de l'UE[1636], dans les arbitrages d'investissement sur le fondement de traités d'investissement entre États membres, il convient, en premier lieu, de vérifier si le contenu normatif de ces traités est particulier. Ces derniers pourraient, dans leur lettre, faire référence à l'intégration européenne, par exemple en renvoyant au droit de l'UE dans une clause spécifique. Cela suppose que lors de leurs négociations les États et la Commission aient anticipé les potentielles interactions entre le droit de l'UE et le droit international de l'investissement. Or, tous les TBI entre États membres ont acquis un statut intra-UE à la suite d'un élargissement. Par conséquent, les dispositions des TBI intra-UE ne diffèrent pas de celles des TBI extra-UE adoptés à la même période.

411. L'absence de spécificité du contenu normatif des TBI intra-UE. Les TBI entre États membres relèvent tous du « modèle européen » de traité de protection des investissements – parfois qualifié de « *gold standard* »[1637] – par contraste au modèle nord-américain correspondant pour l'essentiel à la pratique conventionnelle des États-Unis et du Canada. Si la distinction entre modèle nord-américain et européen se fonde avant tout sur la présence de dispositions visant la phase de préinvestissement dans les traités nord-américains, elle se justifie également en matière de niveau de protection. En effet, les traités nord-américains à partir des années 90 divergent progressivement des traités européens, en précisant davantage les standards de protection, mais aussi en restreignant l'accès à l'arbitrage[1638]. La présence, dans les traités nord-américains les plus récents, de dispositions (voire d'annexes) précisant le contenu des standards, suggère que ces traités offrent un moindre niveau de protection que leurs prédécesseurs[1639].

1636 Pour une étude concise de la question, avant la survenance d'un nombre important d'arbitrages intra-UE v. GIARDINA A., « La question du droit applicable : L'application directe du droit européen et son influence sur le droit et l'arbitrage des investissements », *in* KESSEDJIAN C. (dir.), *Le droit européen et l'arbitrage d'investissement*, Paris, Éditions Panthéon-Assas, 2011, pp. 149-164.

1637 BEAUMIER G., « Le traité de Lisbonne et le droit international de l'investissement – L'évolution d'un nouveau modèle européen », *Études internationales*, Vol. 47 (4), 2016, pp. 365-386, spéc. p. 367. L'auteur considère que la Commission s'écarte du modèle européen, sans pour autant adopter le modèle nord-américain il conclut : « si le modèle de négociation d'accord sur l'investissement développé par la Commission européenne s'éloigne effectivement du *gold standard* européen et s'américanise, il demeure original et représente ce que l'on pourrait qualifier de *platinum standard* ». L'auteur reprend le terme de *platinium standard* à Catharine Titi. V. TITI C., « Full Protection and Security, Arbitrary or Discriminatory Treatment and the Invisible EU Model BIT », *JWIT*, Special Issue 15 (3-4), 2014, pp. 534-550.

1638 BASEDOW J. R., *The European Union's international investment policy – Explaining intensifying Member State cooperation in international investment regulation*, Thèse: Science politique, London School of Economics and Political Science – Department of International Relations, 2014, pp.376, spéc. pp. 303-309 *pro* DAMJANOVIC I., *The European Union and International Investment Law Reform – Between Aspirations and Reality*, Cambridge, CUP, 2023, pp. 403, spéc. pp. 61-66. « The differences between the two models can be linked to their different philosophical postulates. The first is the 'European model' based on the German model BIT, while the second is the 'North American model', based on the US Model BIT developed in 2004. While before the 1990s both models had protectionist interests at their cores, the two models later differentiated with respect to the regulation of the access of foreign investors to the host State. [...] Based on the German concept, the dominant European BIT approach generally does not include clauses advancing non-investment aims, and can be characterized as 'investment-focused, traditional, short, not definition-prone, and embodying relatively high standards ».

1639 REINISCH A., « Puting the Pieces Together ... an EU Model BIT? », *JWIT*, Vol. 15, 2014, pp. 679-704, spéc. p. 682. Au sujet de l'approche retenue par la Commission dans les négociations de l'Accord économique et commercial global entre l'UE et le Canada l'auteur relève que « [...] As regards the level of detail, the instructions appear to favour the traditional European approach by adhering to a rather concise treaty text, without clarifications limiting the scope of fet and indirect expropriation as they are known from us and Canadian bits as well as nafta. In fact, avoidance of 'nafta-contamination' was reportedly a specific wish of some Member State officials [...] ».

412. L'absence d'amendement préalable à l'adhésion des futurs TBI intra-UE. Le changement de statut des TBI devenus intra-UE n'a pas été accompagné d'un processus d'amendement créant une distinction normative entre TBI intra-UE et TBI extra-UE (voire entre TBI intra-UE et TBI non UE)[1640], et ce, même dans le cadre du dernier élargissement en date de 2013. L'adhésion de la Croatie, intervenue le 1er juillet 2013, n'a pas été conditionnée à la modification, ou à la dénonciation unilatérale, des traités bilatéraux d'investissement qu'elle avait conclu avec des États membres[1641]. Par conséquent, l'applicabilité du droit de l'UE dans le cadre d'arbitrages sur le fondement de traités bilatéraux d'investissement entre États membres ne relève pas de l'application de règles propres à cette catégorie de traité.

413. La spécificité limitée du TCEn. Concernant le traité sur la Charte de l'énergie (TCEn), son contenu normatif en matière d'investissement (chapitres III et V) ne se démarque pas significativement de la pratique conventionnelle contemporaine. Ce traité comprend des dispositions substantielles[1642] et procédurales équivalentes à celles de TBI européens[1643]. Le modèle de TBI du Royaume-Uni, de 1991, semble avoir été utilisé comme premier document de travail lors des négociations[1644]. Ce traité se démarque des TBI sur d'autres points. D'abord, il s'agit d'un traité d'investissement multilatéral et sectoriel, en matière d'énergie. C'est ensuite, aussi un traité de commerce[1645]. Enfin, sans évoquer ses particularités institutionnelles, il s'agit d'un traité auquel l'UE et les États membres sont parties, soit un accord dit mixte. Cette dernière particularité ne transparait cependant pas dans le contenu du traité. En matière d'investissement, il est difficile d'identifier un élément

---

1640 Le processus le plus proche d'un amendement prenant en compte l'évolution de la nature de TBI est la signature de deux *Memorandum of Understanding*, un premier signé le 22 novembre 2003 par les Etats-Unis, certains États membres ayant accédés à l'UE en 2004 et 2007 et la Commission et un second signé le 29 novembre 2004, par le Canada, certains États membres ayant accédés à l'UE en 2004 et 2007 et la Commission. Le premier visait huit TBI et le second six. Ils prévoyaient tous deux une période de transition et précisaient l'interprétation de certains termes afin de résoudre des incompatibilités entre ces traités et le droit de l'UE. Aucun processus similaire n'a été engagé, à l'époque, pour d'autres TBI extra-UE ou pour les TBI intra-UE. V. JUILLARD P., « Investissement et droit communautaire – A propos des accords bilatéraux d'investissement conclus entre Etats membres et pays tiers », *in* MASCLET J-C., RUIZ FABRI H., BOUTAYEB C. et RODRIGYES S. (dir.), L'Union européenne – Union de droit, union des droits, Mélanges en l'honneur du Professeur Philippe Manin, Paris, Pedone, 2010, pp. 445-462, spéc. pp. 446-452 ; DIMOPOULOS A., *EU Foreign Investment Law,* Oxford, OUP, 2011, pp. 347, spéc. pp. 311-318.

1641 Sur la pratique des institutions de l'Union en matière de traités bilatéraux d'investissement entre États membres à partir de 1997, jusqu'au rapport du comité économique et financier de 2011, en passant par la contestation de ces traités par la Commission à partir de 2006 dans le cadre de ce comité v. YOTOVA R., « The new EU competence in foreign direct investment and intra-EU investment treaties : does the emperor have new clothes ? », *in* BAETENS F. (ed.), *Investment Law within International Law – Integrationist Perspectives,* Cambridge, CUP, 2013, pp. 387-414, spéc. pp. 391-400.

1642 Comme les traités de protection des investissements européens, le TCEn comprend principalement des obligations protégeant l'investissement après sa réalisation, les dispositions portant sur l'investissement avant sa réalisation ne sont que des clauses de diligence non couvertes par l'offre d'arbitrage. Des obligations contraignantes protégeant les investissements pendant la phase de préinvestissement devaient faire l'objet d'un traité complémentaire, mais les négociations n'ont jamais abouti. Sur la distinction entre les dispositions préinvestissement de droit « mou » et post investissement de droit « dur » v. ANDREW-SPEED C.P. et WÄLDE T.W., « Will the Energy Charter Treaty help international energy investors ? », *Transnational Corporation,* Vol. 5(3), pp. 31-60, spéc. pp. 42,43, 52 et 53 ; TURNER G., « Investment protection through arbitration : the dispute résolution provisions of the Energy Charter Treaty », *Int. A.L.R.,* Vol.1 (5), 1998, 166-170, spéc. pp. 167 et 168.

1643 Le TCEn comporte cependant quelques clauses ne relevant pas du modèle européen. Par exemple, il contient une clause de déni des avantages comparable à celle présente dans l'ALENA/NAFTA, l'ALEAC/CAFTA et dans de nombreux TBI des États-Unis. V. GAILLARD E. et McNEIL M., « The Energy Charter Treaty », *in* YANNACA-SMALL K. (ed.), *Arbitration under International Investment Agreements – A guide to the key issues,* Oxford, OUP, 2010, pp. pp. 37-62, spéc. pp. 43-46.

1644 ROE T. et HAPPOLD M., *Settlement of Investment Disputes under the Energy Charter Treaty,* Cambridge, CUP, 2011, pp. 273, spéc. pp. 15 ,16,18 et 19.

1645 Sur le contenu composite de ce traité de commerce et d'investissement marginalement environnemental v. BADAJI R., « Le traité sur la charte européenne de l'énergie (17 décembre 1994) », *AFDI,* Vol. 42, 1996, pp. 872-893, spéc. pp. 884-893.

caractéristique d'un traité auquel l'Union et ses membres seraient parties[1646]. Les particularités de ce traité ne sont pas propres à son adoption par des États membres de l'Union européenne, mais reflètent la pratique conventionnelle des États européens. Il ne prévoit pas une clause particulière garantissant au droit de l'UE un traitement particulier dans le cadre d'un litige entre un investisseur d'un État membre et un autre État membre.

*414. **Plan de chapitre.*** Parmi l'ensemble des règles permettant aux arbitres de déterminer le droit applicable à la compétence ou au fond (ces droits pouvant être désignés par la même règle), aucune ne vise directement le droit de l'UE. Il n'apparait expressément ni dans une clause de droit applicable d'un traité, ni dans un règlement d'arbitrage, ni dans la loi applicable à l'arbitrage international des sièges des tribunaux les plus fréquents. Certaines de ces règles peuvent toutefois le viser indirectement. En application de ces règles, le droit de l'UE peut faire partie du droit applicable au fond ou à la compétence. Cette hypothèse mérite d'être étudiée en détail afin de déterminer sa fréquence, son caractère vraisemblable et son degré de réalisation. Ainsi, nous vérifierons d'abord la pertinence du statut intra-UE du traité dans la détermination du droit applicable (Section 1), pour interroger ensuite la pratique des tribunaux quant au droit qu'ils appliquent (Section 2).

Section 1 - La pertinence du statut intra-UE du traité pour le droit applicable

*415. **Plan de section.*** La détermination du droit applicable dans l'arbitrage international repose avant tout sur le principe d'autonomie de la volonté des parties. L'application du droit choisi par les parties est donc privilégiée. Ce n'est qu'en l'absence de choix qu'interviennent des règles de détermination du droit applicable. En matière d'arbitrage d'investissement, le choix du droit applicable peut être exprimé dans le traité[1647], par une clause de droit applicable, acceptée par l'investisseur quand il consent à l'arbitrage[1648]. Certaines clauses de droit applicable (§1), ainsi que, en l'absence de choix des parties, certaines règles de détermination du droit applicable peuvent rendre pertinent le statut intra-UE du traité (§2).

[1646] L'UE s'est saisie de la possibilité qui était offerte aux parties contractantes par l'article 26 § 3 b) TCEn de ne pas donner leur consentement inconditionnel à la soumission de tout différend à une procédure d'arbitrage lorsque l'investisseur a, au préalable, soumis ce différend aux juridictions judiciaires ou administratives de la partie contractante partie au différend. Les Communautés européennes apparaissent donc dans l'Annexe ID intitulé : Liste des parties contractantes qui ne permettent pas à un investisseur de soumettre de nouveau le même différend à un arbitrage international à un stade ultérieur au titre de l'article 26 [conformément à l'article 26 paragraphe 3 point b) i)]. La déclaration, adoptée par le Conseil le 24 juillet 1997 et soumise par les Communautés européennes au secrétariat le 17 novembre 1997 précise qu'en cas d'initiation d'un arbitrage par un investisseur d'un autre partie contractante, la communauté et l'EM concerné détermineront, si nécessaire, le défendeur adéquat. Sur demande de l'investisseur cette décision sera prise sous 30 jours. Après un rappel de la compétence de la CJCE et du caractère juridictionnel de cette institution il est précisé qu'une fois soumise à la CJCE selon les voies de droit prévus par les traités constitutifs, une affaire ne peut plus être soumise à l'arbitrage conformément à l'article 26 § 2 a) du TCEn. Le dernier paragraphe de cette déclaration rappelle que les Communautés ne peuvent ni être partie à la Convention CIRDI ni utiliser les dispositions du mécanisme supplémentaire du CIRDI, mais réaffirme l'engagement des institutions communautaires à exécuter une sentence sanctionnant les communautés. Certains auteurs ont pu voir dans cette déclaration un élément plaidant en faveur d'une inapplication entre États membres de l'article 26 TCEn. V. BURGSTALLER M., « European Law and Investment Treaties », *Journal of International Arbitration*, Vol. 26(2), 2009, pp. 181-216.

[1647] Le choix du droit applicable peut également intervenir, souvent en l'absence de telles clauses, lors de l'arbitrage si l'État défendeur et l'investisseur s'accordent sur le droit applicable. Cette hypothèse est rare, c'est pourquoi elle ne fait pas l'objet de développements particuliers, elle est cependant mentionnée dans les développements suivants.

[1648] DOLZER R., KRIEBAUM U., SCHREUER C., *Principles of International Investment Law*, 3rd ed., Oxford, OUP, 2022, pp. 484, spéc. p. 418.

§ 1 - Les clauses de choix du droit applicable sensibles au statut intra-UE du traité

416. Plan de paragraphe. Afin d'identifier les clauses de droit applicable pouvant viser le droit de l'UE, nous analyserons l'ensemble des clauses de droit applicable des traités entre États membres. La pertinence du statut intra-UE du traité étant fonction de la fréquence de ces clauses, cette fréquence sera mesurée parmi l'ensemble des clauses de droit applicable analysées. Ainsi, les clauses spécifiques pouvant viser le droit de l'UE seront situées parmi l'ensemble des clauses des traités d'investissement entre États membres. Afin d'élargir l'étude, ces clauses et leur fréquence seront comparées à la pratique conventionnelle générale. Ce faisant, les clauses de choix du droit applicable des traités entre États membres (A), pourront être comparées aux clauses de l'ensemble des traités d'investissement, avant un examen des clauses de choix du droit applicable pouvant inclure le droit de l'UE dans le droit applicable (B).

A - Les clauses de choix du droit applicable des traités entre États membres

417. Proportion de clauses de droit applicables dans les TBI entre États membres. Les clauses de droit applicable au fond sont, dans la pratique conventionnelle générale, minoritaires. Les traités les plus récents contiennent, cependant, plus fréquemment de telles clauses. Une étude de l'OCDE, menée en 2012 sur un échantillon de 1660 traités d'investissement, concluait que 32 % des traités contenaient une clause de droit applicable[1649]. En examinant les TBI entre États membres dont les textes sont disponibles dans la banque de données de la CNUCED[1650], il est possible de recenser 53 traités comprenant une clause de droit applicable, sur un total de 215[1651], ce qui donne un pourcentage d'un peu plus de 24 %[1652]. L'écart entre les résultats de cette étude générale et notre étude de 215 TBI entre États membres n'est pas suffisant pour attester d'une spécificité en matière de clause de droit applicable des traités de protection des investissements entre États membres, par rapport aux autres traités de protection des investissements. Les traités les plus récents comportant plus fréquemment de telles clauses[1653], cet écart s'explique en partie par la date de signature des

---

[1649] POHL J., MASHIGO K. et NOHEN A., *Dispute Settlement Provisions in International Investment Agreements : À Large Sample Survey*, OECD Working Papers on International Investment 2012/02, 2012, pp. 58, spéc. p. 29.

[1650] Données obtenues en septembre 2022 à l'aide de la base de données de la CNUCED, accessible à l'adresse : <https://investmentpolicy.unctad.org/international-investment-agreements>. Critères de recherche : Parties 1 : (EU28 Intra) Austria; Belgium; Bulgaria; Croatia; Cyprus; Czechia; Denmark; Estonia; Finland; France; Germany; Greece; Hungary; Ireland; Italy; Latvia; Lithuania; Luxembourg; Malta; Netherlands; Poland; Portugal; Romania; Slovakia; Slovenia; Spain; Sweden; United Kingdom; Type of agreements: BITs; Date : Date of signature;Year: All; Status: All; Language: All; Treaty text: With text; Protocols/Side instruments: Regardless of protocols and side instruments; Relationship with other agreements: Regardless of relationships. L'Annexe 4 est construite sur la base de ces données. Annexes disponibles sur le profil HAL de l'auteur : id. benjamin-terrade.

[1651] Notre étude se fonde sur les TBI intra-UE dont les textes sont disponibles dans la base de données de la CNUCED, il ne représente qu'une partie des TBI ayant eu ce statut au moins à un moment donné. À titre de comparaison Ahmad Ali Ghouri avance un total de 376 TBI intra-UE après l'élargissement de 2007. En 2015 après l'accession de la Croatie, la Commission estimait qu'environ 200 TBI intra-UE étaient toujours en vigueur. V. GHOURI A.A, « Resolving Incompatibilities of Bilateral Investment Treaties of the EU Member States with the EC Treaty: Individual and Collective Options », *European Law Journal*, Vol. 16 (6), pp. 806-835, spéc. p. 820 ; Communiqué de Presse de la Commission du 18 juin 2015, La Commission demande aux États membres de mettre fin à leurs accords bilatéraux d'investissement intra-UE, IP/15/5198.

[1652] Annexe 4 TBI intra-UE, disponible sur le profil HAL de l'auteur : id. benjamin-terrade.

[1653] POHL J., MASHIGO K. et NOHEN A., *Dispute Settlement Provisions in International Investment Agreements : À Large Sample Survey*, OECD Working Papers on International Investment 2012/02, 2012, pp. 58, spéc. pp. 29.

TBI entre États membres. L'âge moyen d'un traité dans l'échantillon de l'étude de l'OCDE est de 16,5 ans[1654] en 2011, alors que l'âge moyen à la même année de notre ensemble de TBI entre États membres est de plus de 18 ans[1655]. Les TBI entre États membres ne s'écartent pas de la pratique conventionnelle standard quant à la fréquence des clauses de droit applicable, ils s'inscrivent aussi dans cette pratique au regard de la diversité de leurs clauses, nonobstant l'absence de référence aux instruments interprétatifs communs.

418. La diversité des clauses de choix du droit applicable des TBI entre États membres. La diversité des clauses observées dans l'étude de l'OCDE[1656] se retrouve dans les 53 clauses de droit applicable de notre ensemble. Les clauses prévoyant que le tribunal « prendra sa décision », « décidera », statuera « conformément » ou « sur la base de », ou encore que l'arbitrage ou la sentence « sera basé sur », représentent plus de 80 % des clauses étudiées. La formulation plus atypique énonçant que le tribunal prendra sa décision « en tenant compte de »[1657] (mentionnée dans l'étude de 2012 comme apparaissant dans certains traités australiens) ne peut être trouvée que dans le TBI de 1991 liant la Tchécoslovaquie et les Pays-Bas[1658] et dans le TBI de 1996 liant l'Italie et la République tchèque[1659]. Un autre TBI italien comprend une clause de droit applicable atypique ; comme celle du TBI italien précité, elle ne concerne que les arbitrages *ad hoc*. Cette clause est ainsi formulée : « *When delivering its decision, the Arbitration Tribunal shall in any case apply also the provisions contained in this Agreement*»[1660]. En rappelant au tribunal d'appliquer l'accord, à côté d'autres sources non précisées, cette clause nous invite à nous pencher sur les sources visées par ces clauses de droit applicables.

419. L'absence de référence aux instruments interprétatifs communs. La même diversité, à une exception près, que celle observée dans l'étude de l'OCDE se retrouve dans les TBI intra-UE étudiés. Une des sept sources de droit applicable identifiées dans l'étude de l'OCDE[1661] n'apparait pas dans ces traités : il s'agit des accords d'interprétation commune du traité par les États parties (instruments interprétatifs communs). Toutes les autres sources identifiées dans l'étude de l'OCDE se retrouvent dans les clauses de droit applicable des TBI intra-UE. Ces clauses font référence, du plus au moins fréquent, 1) au TBI

1654 *Ibid.*, pp. 8.

1655 Annexe 4.1 TBI intra-UE nombre de signature par an et age moyen des traités, disponible sur le profil HAL de l'auteur : id. benjamin-terrade.

1656 POHL J., MASHIGO K. et NOHEN A., *Dispute Settlement Provisions in International Investment Agreements : A Large Sample Survey*, OECD Working Papers on International Investment 2012/02, 2012, pp. 58, spéc. p.30.

1657 La formulation « The Arbitral Tribunal shall decide on the basis of the law, taking into account in particular though not exclusively: [...] » a été interprétée par le tribunal de l'affaire *CME c. République tchèque* comme accordant au tribunal « a discretion, without giving precedence to the system of law referred to ». V. Arbitrage *ad hoc*, (CNUDCI), *CME Czech Republic B.V. (CME) c. République tchèque*, Sentence finale du 14 mars 2003, § 402 *contra* Arbitrage *ad hoc*, (CNUDCI), *CME Czech Republic B.V. (CME) c. République tchèque*, Opinion dissidente de Jaroslav Hándl du 11 septembre 2001 à l'encontre de la sentence partielle, pp. 23, spéc. 16 et 17. L'arbitre dissident considère que cette clause prévoit une séquence de règles devant être appliquées par ordre de priorité par le tribunal.

1658 TBI République tchèque – Pays-Bas (signé le 29 avril 1991, entré en vigueur le 1er octobre 1992 et ayant pris fin le 10 décembre 2021), TBI Slovaquie – Pays-Bas (signé le 29 avril 1991, entré en vigueur le 1er octobre 1992 et ayant pris fin le 31 mars 2021) art. 8 § 6 « The arbitral tribunal shall decide on the basis of the law, taking into account in particular though not exclusively : • the law in force of the Contracting Party concerned; • the provisions of this Agreement, and other relevant Agreements between the Contracting Parties; • the provisions of special agreements relating to the investment; • the general principles of international law ».

1659 TBI République tchèque – Italie (signé le 22 janvier 1996, entré en vigueur le 1er novembre 1997 et ayant pris fin le 30 avril 2009) art. 8(3) le tribunal arbitral [*ad hoc* (CNUDCI)] prend sa décision en tenant compte des dispositions du présent accord ainsi que des principes de droit international communément reconnus (traduction libre de l'italien).

1660 TBI Italie – Slovaquie (signé le 30 juillet 1998, entré en vigueur le 22 novembre 2000 et ayant pris fin le 1er septembre 2008) art. 8 Settlement of Dispute between a Contracting Party and Investor of the Other Contracting Party (3) (b).

1661 POHL J., MASHIGO K. et NOHEN A., *Dispute Settlement Provisions in International Investment Agreements : A Large Sample Survey*, OECD Working Papers on International Investment 2012/02, 2012, pp. 58, spéc. p. 29.

(systématiquement[1662]), 2) aux règles et principes de droit international (94 %), 3) au droit interne de l'État partie hôte (68 %), 4) aux règles de conflit de lois du droit de l'État partie hôte (55 %), 5) à d'autres traités (30 %) et 6) enfin aux accords particuliers entre l'investisseur et l'État hôte (20 %)[1663]. Par rapport à l'étude de l'OCDE, l'ordre des sources les plus fréquentes reste le même jusqu'à la quatrième source. Comme nous l'avons mentionné, dans notre ensemble, aucune clause ne fait référence aux accords d'interprétation commune des États parties qui tenait l'avant-dernière place – avant les « autres traités » – dans l'étude de l'OCDE. Ainsi, les TBI entre États membres font davantage référence aux autres traités et moins aux accords particuliers que les 1660 traités de l'échantillon de l'OCDE.

*420. **Transition.*** Les références aux « autres traités » dans les clauses *electio juris* de certains traités sont particulièrement intéressantes dans l'analyse de la pertinence du droit de l'UE en tant que droit applicable dans les arbitrages d'investissement intra-UE. Dans ces arbitrages, les clauses renvoyant aux autres accords entre les parties permettent aux arbitres d'appliquer les traités constitutifs de l'UE. Ces clauses ne sont pas les seules, parmi les clauses de droit applicable, à permettre l'application des traités constitutifs, et par extension du droit de l'UE dans son ensemble. En effet, certaines clauses mentionnent des « règles et principes applicables de droit international » ou « principes de droit international acceptés par les deux parties contractantes », pourraient autoriser l'application de règles et principes de droit de l'UE.

B - Les clauses de choix du droit applicable pouvant inclure le droit de l'UE

421. Proportion de clauses pouvant viser le droit de l'UE. Sur les 53 clauses de droit applicable identifiées, 29 clauses peuvent être interprétées comme faisant référence au droit de l'UE. En rapportant ce nombre au nombre total de TBI entre États membres de notre ensemble, cela ne représente que 13,5 % des TBI. Ces clauses minoritaires pouvant faire référence au droit de l'UE sont comparables à l'article 26 § 6 TCEn qui prévoit que le tribunal « statue sur les questions litigieuses conformément au présent traité et aux règles et principes applicables de droit international ». Il ne s'agit pas d'une référence expresse au droit de l'UE, mais la référence aux règles et principes applicables de droit international (et pas du droit international) peut comprendre les règles et principes de droit de l'UE. Au sein des 29 clauses considérées ici pertinentes, il est possible de distinguer deux ensembles. D'un côté, les clauses renvoyant aux autres accords entre les parties (1) et, d'un autre côté, les clauses proches de l'article 26 § 6 TCEn, mentionnant les règles et principes de droit international applicables ou reconnus par les deux parties (2).

1 - Les clauses de droit applicables renvoyant à d'autres traités

422. Les types de clause renvoyant à d'autres traités. Parmi les 16 clauses visant d'autres traités, il est possible d'identifier un premier sous-ensemble de 8 clauses. Il s'agit de

---

[1662] Une seule clause de droit applicable sur les cinquante-trois recensées ne mentionne pas le TBI, mais il s'agit d'une clause visant les tribunaux compétents sur la base d'un contrat d'investissement. V. TBI Autriche – Slovénie (signé le 7 mars 2001 et entrée en vigueur le 1er février 2002) art. 11 § 6.

[1663] Les différentes statistiques sont obtenues en étudiant les 53 clauses de droit applicable recensées dans l'annexe 4 TBI intra-UE extrait Investment Policy Hub. Il est possible de comptabiliser 52 références au TBI, 50 références aux règles et/ou principes de ou du droit international, 36 références au droit interne de l'État partie hôte, 29 références aux règles de conflit de lois du droit de l'État partie hôte, 16 à d'autres traités et 11 références aux accords particuliers entre l'investisseur et l'État hôte.

clauses contenues dans des TBI espagnols, signés entre 1990 et 1998[1664], se retrouvant souvent à l'article 11 § 3 du traité comme c'est le cas pour le TBI signé avec la Croatie en 1997[1665]. Un autre sous-ensemble est constitué de 6 clauses de droit applicable - visant à l'origine l'arbitrage interétatique - importées par renvoi dans l'arbitrage État-investisseur. Ces clauses sont plus précises, car elles ne font pas référence à tout autre accord entre les parties[1666], mais visent les autres accords « pertinents » entre les hautes parties contractantes. C'est notamment le cas du TBI signé en 1992 par la Grèce et la Pologne[1667]. Enfin, dans le cas du TBI signé entre la Tchécoslovaquie et les Pays-Bas en 1991, repris en 1993 par la République tchèque et la Slovaquie, la clause à l'origine réservée aux différends interétatiques est incorporée dans l'article dédié à l'arbitrage État-investisseur[1668].

423. La spécificité relative des TBI entre États membres quant aux renvois à d'autres accords. Les TBI entre États membres font plus souvent référence, dans leurs clauses de droit applicable, aux « autres accords » entre les États parties que les autres traités d'investissement. En effet, l'étude de l'OCDE précitée conclut que seulement 1 % des TBI renvoient aux autres traités conclus par les parties[1669], alors que dans notre échantillon ce pourcentage atteint 7 %[1670]. Cette différence peut être relativisée au regard de deux éléments. Premièrement, la moitié des renvois à d'autres traités proviennent de TBI espagnols. Ces renvois sont plus caractéristiques (sans que la pratique soit systématique) des TBI espagnols que des TBI entre États membres. Cela tend à être confirmé par la présence de tels renvois dans des traités signés par l'Espagne avec des États tiers[1671]. Cette différence peut ainsi

---

[1664] Dans notre ensemble de 215 TBI intra-UE (Annexe 4 TBI intra-UE extrait Investment Policy Hub) deux TBI espagnols ne renvoient pas aux autres traités dans leurs clauses de droit applicable. V. TBI Pologne – Espagne (signé le 30 juillet 1992, entré en vigueur le 1er mai 1993 et ayant pris fin le 16 octobre 2019) art. 11 § 3 ; TBI Roumanie – Espagne (signé le 25 janvier 1995, entré en vigueur le 7 décembre 1995 et ayant pris fin le 24 mars 2022) art. 8 § 3. Les annexes sont disponibles sur le profil HAL de l'auteur : id. benjamin-terrade.

[1665] TBI Espagne – Croatie (signé le 21 juillet 1997, entré en vigueur le 17 septembre 1998 et ayant pris fin le 25 octobre 2020) art. 11 § 3 : « The arbitration shall be based on :- the provisions of this Agreement and of the other agreements in force between the Contracting Parties; - the rules and the universally accepted principles of international law; - the national law of the Contracting Party in whose territory the investment was made, including the rules relative to conflicts of law ».

[1666] TBI Bulgarie – Espagne (signé le 5 septembre 1995, entré en vigueur le 22 avril 1998 et ayant pris fin le 13 décembre 2020) art. 11 § 4 : « L'arbitrage sera basé sur : Les dispositions contenues dans le présent Accord ou dans n'importe quels autres accords en vigueur entre les Parties Contractantes ; Les règles et principes universellement reconnus du Droit International ; le Droit National de la Partie Contractante sur le territoire de laquelle l'investissement a été réalisé, y compris les règles relatives aux conflits de lois ». (traduction libre de l'espagnol).

[1667] TBI Grèce – Pologne (signé le 14 octobre 1992, entrée en vigueur le 20 février 1995 et ayant pris fin en novembre 2019) art. 10 Settlement of Dispute between an Investor and a Host State § 2 « [...] the provisions of article 9, par. 3-8 shall be applied mutatis mutandis. [...]. art. 9 Disputes between the Contracting Parties (5) The arbitration shall decide on the basis of respect for the law, including particularly the present agreement and other relevant agreements existing between the two Contracting Parties and the generally acknowledged rules and principles of International Law ».

[1668] TBI République tchèque – Pays-Bas (signé le 29 avril 1991, entré en vigueur le 1er octobre 1992 et ayant pris fin le 10 décembre 2021), TBI Slovaquie – Pays-Bas (signé le 29 avril 1991, entré en vigueur le 1er octobre 1992 et ayant pris fin le 31 mars 2021) art. 8 § 3 : « The arbitral tribunal shall decide on the basis of the law, taking into account in particular though not exclusively : • the law in force of the Contracting Party concerned; • the provisions of this Agreement, and other relevant Agreements between the Contracting Parties; • the provisions of special agreements relating to the investment; • the general principles of international law ».

[1669] POHL J., MASHIGO K. et NOHEN A., *Dispute Settlement Provisions in International Investment Agreements : À Large Sample Survey*, OECD Working Papers on International Investment 2012/02, 2012, pp. 58, spéc. p. 29.

[1670] Il est possible de recenser 16 TBI intra-UE sur un échantillon de 215 dans lesquels les clauses de droit applicable mentionnent les autres accords entre les parties. V. Annexe 4 TBI intra-UE extrait Investment Policy Hub, disponible sur le profil HAL de l'auteur : id. benjamin-terrade.

[1671] TBI Espagne – République Islamique d'Iran (signé le 29 octobre 2002 et entré en vigueur le 13 juillet 2004) art. 12 § 3 ; TBI Espagne – Trinité et Tobago (signé le 3 juillet 1999 et entré en vigueur le 17 septembre 2004) art. 12 (4) ; TBI Espagne – Afrique du Sud (signé le 30 septembre 1998, entré en vigueur le 23 décembre 1999 et ayant pris fin le 22 décembre 2013) art. 11 § 3 ; TBI Espagne – Panama (signé le 10 novembre 1997 et entré en vigueur le 31 juillet 1998) art. 12 § 3.

s'expliquer par une surreprésentation de la pratique espagnole dans les traités entre États membres. Deuxièmement, les TBI signés par la Tchécoslovaquie sont comptabilisés comme deux traités, car ils ont été repris après 1993 par la République tchèque et la Slovaquie. Or, dans nos 16 traités renvoyant à d'autres accords 3 TBI tchécoslovaques sont comptabilisés deux fois. Ces deux éléments relativisent la surreprésentation des clauses de droit applicable renvoyant à d'autres traités entre les parties, dans les TBI intra-UE. Le fait que l'Espagne ait inséré de telles clauses dans des traités conclus avec des États tiers (TBI extra-UE) démontre que ces clauses ne visaient pas en particulier les traités de l'UE et qu'elles ne sont pas propres au contexte intra-UE.

2 - Les clauses de droit applicable renvoyant aux règles et principes de droit international

424. Les types de clause renvoyant aux règles et principes de droit international. Le second ensemble regroupe des clauses proches de l'article 26 § 6 TCEn. Il est composé de 13 clauses pouvant être regroupées en 4 sous-ensembles. Un premier sous-ensemble est constitué de 6 traités reprenant à l'identique la formule du TCEn signé en 1994[1672]. Il s'agit de 5 TBI grecs signés entre 1995 et 1997[1673] et d'un TBI entre l'Autriche et Malte signé en 2001[1674]. Ces traités prévoient que le tribunal tranche le différend « conformément au présent traité et aux règles et principes applicables de droit international ». Un deuxième sous-ensemble proche du premier regroupe 2 traités qui font référence eux aussi à la notion de règles et/ou principes de droit international applicables[1675], mais sans reprendre à l'identique la formulation de l'article 26 § 6 TCEn. Un troisième sous-ensemble comprend 2 TBI bulgares signés en 1987 et 1988, respectivement avec Chypre[1676] et les Pays-Bas[1677] visant les

[1672] L'insertion dans l'article 26 TCEn § 6 d'une référence aux « règles et principes de droit international » semble avoir était voulu par la communauté européenne, mais les raisons de cette insertion ne sont pas claires. V. AMKHAN A., « Consent to Submit Investment Disputes to Arbitration Under Article 26 of the Energy Charter Treaty », *Int. A.L.R.*, Vol. 10(3), 2007, pp. 65-73, spéc. p. 69 « The expression "rules and principles of international law" was introduced at the behest of the European Communities. No explanation was given as to its meaning. However, the applicable rules and principles of international law to a dispute shall most likely be determined according to the source of international law listed in Art. 38 of the Statute of the International Court of Justice ». Cet article a pu être considéré comme clause d'intégration systémique à l'image de l'article 31 § 3 c) CVDT. V. ALVAREZ G. M., « Redefining the Relationship Between the Energy Charter Treaty and The Treaty of Functioning of the European Union : From a Normative Conflict to Policy Tension », *ICSID – FILJ*, Vol. 33(2), 2018, pp. 560-581, spéc. pp. 569-572. Cette autrice n'y voit pas une règle d'intégration systémique spéciale en matière de droit applicable, permettant l'application du droit de l'UE. Il s'agit d'après l'autrice d'un rappel, sans effets, du principe d'intégration systémique de l'article 31 § 3 c) CVDT.

[1673] Annexe 4 TBI intra-UE extrait Investment Policy Hub, disponible sur le profil HAL de l'auteur : id. benjamin-terrade.

[1674] TBI Autriche – Malte (signé le 29 mai 2002, entré en vigueur le 1er mars 2004 et ayant pris fin le 1er mars 2022) art. 16 Applicable Law § 1 : « A tribunal established under this Part of the Agreement shall decide the dispute in accordance with this Agreement and applicable rules and principles of international law ».

[1675] TBI Bulgarie – Lettonie (signé le 4 décembre 2003, entré en vigueur le 23 juillet 2004 et ayant pris fin le 28 février 2021) art. 8 § 4 : « The arbitral tribunal established under this Article shall reach its decision on the basis of national laws and regulations of the Contracting Party, which is a party to the dispute, the provisions of the present Agreement, as well as applicable rules of international law ».
TBI Autriche – Slovénie (signé le 7 mars 2001 et entrée en vigueur le 1er février 2002) art. 11 § 6 « Issues in dispute under Article 9 [Other Obligations] shall be decided, absent other agreement, in accordance with the law of the Contracting Party, party to the dispute, including its rules on the conflict of laws, the law governing the authorization or agreement and such rules of international law as may be applicable ».

[1676] TBI Bulgarie – Chypres (signé le 12 novembre 1987, entré en vigueur le 18 mai 1998 et ayant pris fin le 13 décembre 2020) art. 4 § 3 : « The Court shall decide on the basis of the provisions of the present Agreement, the relevant domestic laws of the country where the investment was made and the principles of international law accepted by both Contracting Parties ».

[1677] TBI Blugarie – Pays-Bas (signé le 8 mars 1998, entré en vigueur le 24 mai 1990 et ayant pris fin le 1er mars 2001) Ad Article 4 (B) : « [...] The arbitration court shall decide on the basis of the provisions of the present Agreement, the relevant domestic laws and the principles of international law accepted by both Contracting Parties ».

« principes de droit international acceptés par les deux parties contractantes ». Enfin, un quatrième sous-ensemble regroupe 3 TBI belgo-luxembourgeois, un signé en 1991 avec Chypre et deux signés en 1996, l'un avec la Lituanie et l'autre avec la Lettonie. Ces traités en matière de droit applicable précisent que le tribunal « statuera sur la base : [...] des principes de droit international »[1678] sans plus de précisions.

425. Des clauses pouvant renvoyer à des règles et principes de droit de l'UE. Ces clauses, ne renvoient pas aux « règles et principes du Droit international »[1679] ou aux « règles et principes de droit international généralement admis »[1680] ou « universellement acceptés [1681] ou encore « communément reconnus »[1682]. Ce renvoi aux principes « de » droit international pourrait comprendre n'importe quel principe de droit international, y compris les principes de droit de l'UE, et ne pas se restreindre aux principes « du » droit international ou les principes généraux de droit reconnus par les nations civilisées. Cette interprétation a été rejetée par le tribunal de l'affaire *Eskosol,* qui a considéré que la référence aux « règles et principes de droit international » dans l'article 26 § 6 TCEn visait uniquement les principes généraux de droit reconnus par les nations civilisées (art. 38 c) du Statut de la CIJ) et des principes issus de la coutume internationale (art. 38 b) du Statut de la CIJ)[1683]. En revanche, le tribunal de l'affaire *Achmea B. V* a considéré que les principes de droit de l'UE pouvaient être compris dans la catégorie des « principes généraux du droit international »[1684]. Ici, pour suivre une voie médiane, seule la référence à des règles ou principes « de » droit international a été considérée comme pouvant viser des principes de droit de l'UE.

426. La spécificité relative des TBI entre États membres quant aux renvois aux règles et principes de droit international. Les clauses proches de l'article 26 § 6 TCEn, renvoyant aux règles et/ou principes de droit international, se retrouvent dans 6 % des TBI entre États membres de notre ensemble[1685]. L'étude de l'OCDE analysée ne distingue pas

---

1678 TBI UEBL – Chypre (signé le 26 février 1991, entré en vigueur le 5 juin 1999 et ayant pris fin le 26 août 2022) art. 10 § 5 ; TBI UEBL – Lettonie (signé le 27 mars 1996, entré en vigueur le 4 avril 1999 et ayant pris fin le 26 août 2022) art. 9 § 5 ; TBI UEBL – Lituanie (signé le 15 octobre 1997, entré en vigueur le 6 septembre 1999 et ayant pris fin le 26 août 2022) art. 9 § 5.

1679 TBI France – Hongrie (signé le 6 novembre 1986, entré en vigueur le 30 septembre 1987 et ayant pris fin le 28 août 2021) art. 9 § 3.

1680 TBI UEBL – Pologne (signé le 19 mai 1987, entré en vigueur le 2 août 1991 et ayant pris fin le 26 août 2022) art. 9 § 5.

1681 TBI Espagne – Lituanie (signé le 6 juillet 1994, entré en vigueur le 22 décembre 1995 et ayant pris fin le 4 septembre 2021) art. 7 § 3.

1682 TBI République tchèque – Italie (signé le 22 janvier 1996, entré en vigueur le 1 novembre 1997 et ayant pris fin le 30 avril 2009) art. 8 § 3.

1683 CIRDI, *Eskosol S.p.A. in liquidazione (Eskosol) c. République italienne*, aff. ARB/15/50, Décision sur la demande de clôture et sur l'objection basée sur l'inapplicabilité du traité sur la charte de l'énergie aux disputes intra-UE du 7 mai 2019, §§ 114-121 *contra* CIRDI, *Cordoba Beheer et autres c. Royaume d'Espagne*, aff. ARB/16/27, Décision sur la compétence, la responsabilité et les principes de quantum du 11 février 2022, § 545 ; SCC, (SCC), *Foresight Luxembourg Solar 1 S.a.r.l. et autres c. Royaume d'Espagne*, aff. n° 2015/550, Opinion dissidente partielle de Raul E. Vinuesa du 30 octobre 2018, §§ 1-12.

1684 CPA, (CNUDCI), *Achmea B. V. c. République slovaque (formerly Eureko B. V. c. République slovaque)*, aff. n° 2008-13, Décision sur la compétence, arbitrabilité et la suspension du 26 octobre 2010, § 289 « [...] the Tribunal considers that in principle EU law appears to fall within the scope of the first two and the last of these bullet points ("the law in force of the Contracting Party concerned"; "other relevant Agreements between the Contracting Parties" and as part of "the general principles of international law"). Accordingly, the Tribunal considers that in principle the EU legal doctrines, including those of supremacy, precedence, direct effect, direct applicability, are part of the body of EU law that might fall to be applied by the Tribunal in this case under Article 8(6) of the BIT » comp. CJUE, Gde ch., 6 mars 2018, *Achmea B.V*, aff. C-284/16, §§ 40-42, spéc. § 42 « Il s'ensuit que, à ce double titre, [au titre du droit en vigueur de la partie contractante concernée ainsi que de tout accord pertinent entre les parties contractantes] le tribunal arbitral visé à l'article 8 du TBI est, le cas échéant, amené à interpréter, voire à appliquer, le droit de l'Union [...] ».

1685 Il est possible de recenser 13 TBI intra-UE sur un échantillon de 215 dans lesquels les clauses de droit applicable mentionnent les règles et/ou principes de droit international. V. Annexe 4 TBI intra-UE extrait Investment Policy Hub, disponible sur le profil HAL de l'auteur : id. benjamin-terrade.

entre les renvois aux « principes du Droit International » ou aux « principes de droit international ». Elle conclut que 29 % des TBI comprennent une clause de droit applicable renvoyant à des principes de droit international[1686]. En ne distinguant pas dans notre ensemble, ce pourcentage atteint 23 %[1687]. Les TBI entre États membres comprennent donc moins fréquemment des clauses de droit applicable renvoyant aux principes de droit international.

*427. **Conclusion.*** Si certaines clauses de droit applicable contenues dans des TBI entre États membres rendent pertinente la distinction entre un arbitrage fondé sur un TBI intra-UE et un arbitrage fondé sur un TBI extra-UE, ces clauses ne visent pas spécifiquement le droit de l'UE, mais des dispositions du droit international conventionnel ou coutumier, extérieures au traité d'investissement. Par ailleurs, ces clauses ne sont pas spécifiques aux TBI entre États membres (intra-UE), elles peuvent également se retrouver au sein de TBI entre un État membre et un État tiers (extra-UE), ou même dans des TBI entre États tiers (non UE). Par conséquent, concernant le contenu des traités, en matière de clause de droit applicable, la distinction entre traités intra-UE et extra-UE n'est pas pertinente. En revanche, en matière de détermination du droit applicable, certaines clauses de droit applicable peuvent rendre cette distinction pertinente, mais elles n'apparaissent que dans 13 % des TBI entre États membres de notre ensemble, et restent sujettes à interprétation[1688]. L'exemple de l'interprétation de l'article 26 § 6 TCEn montre que les arbitres sont réticents à introduire au sein du droit applicable au stade de la compétence ou au stade du fond des normes externes au droit international de l'investissement ; s'ils ne sont pas directement réticents à appliquer le droit de l'UE[1689]. De plus, l'autorité de ces clauses est relative, elles peuvent être écartées par un accord des parties au litige. Les tribunaux, au surplus, divergent sur la question de leur caractère obligatoire[1690]. En l'absence de clause de choix du droit applicable dans le traité et d'accord des parties sur le droit applicable pendant l'arbitrage, d'autres règles de détermination du droit applicable s'appliquent. Ces dernières peuvent, elles aussi, permettre ou non la désignation du droit de l'UE comme droit applicable.

[1686] POHL J., MASHIGO K. et NOHEN A., *Dispute Settlement Provisions in International Investment Agreements : A Large Sample Survey*, OECD Working Papers on International Investment 2012/02, 2012, pp. 58, spéc. p.29.

[1687] Il est possible de recenser 50 TBI intra-UE sur un échantillon de 215 dans lesquels les clauses de droit applicable mentionnent les règles et/ou principes de ou du droit international. V. Annexe 4 TBI intra-UE extrait Investment Policy Hub.

[1688] Il est possible de recenser 16 TBI intra-UE sur un échantillon de 215 dans lesquels les clauses de droit applicable mentionnent les autres accords entre les parties. Il est possible de recenser 13 TBI intra-UE sur un échantillon de 215 dans lesquels les clauses de droit applicable mentionnent les règles et/ou principes de droit international. Cela donne un total de 29 TBI intra-UE (soit 13 % des TBI intra-UE étudiés) comportant une clause de droit applicable pouvant renvoyer au droit de l'UE et rendre pertinente la distinction entre TBI intra-UE et TBI extra-UE. V. Annexe 4 TBI intra-UE extrait Investment Policy Hub, disponible sur le profil HAL de l'auteur : id. benjamin-terrade.

[1689] Jacqueline Dutheil de la Rochère, lors d'une discussion entre les intervenants d'une journée d'étude organisée le 8 décembre 2010, après avoir décrit trois hypothèses d'application du droit de l'UE (en tant que droit international lorsque le traité d'investissement y réfère, en tant que partie intégrante du droit national de l'État membre hôte de l'investissement et en tant que règle d'ordre public), indique : « Ceci dit, j'ai moi-même une expérience personnelle d'une situation d'arbitrage où j'avais pour ma part souhaité qu'on appliquât le droit de l'Union et je me suis heurté à des résistances fortes de la part des co-arbitres ». V. « Discussion » *in* KESSEDJIAN C. (dir.), *Le droit européen et l'arbitrage d'investissement*, Paris, Éditions Panthéon-Assas, 2011, pp. 79-90, spéc. pp. 81 et 82.

[1690] FADLALLAH I., LEBEN C., TEYNIER E. et *ali.*, « Investissements internationaux et arbitrage », *Cahiers de l'arbitrage*, Vol. 4, 2013, pp.929-1026, spéc. II. Droit applicable.

§ 2 - Les règles applicables par défaut sensibles au statut du traité

428. Proportion de TBI entre États membres dépourvus de clause de droit applicable. Au sein des 215 TBI entre États membres étudiés, 162 ne comprennent pas de clause de droit applicable au fond. Pour cette grande majorité de traités (plus de 75 %), le tribunal arbitral en charge de leur application devra déterminer les différents droits applicables[1691], notamment le droit applicable à la convention d'arbitrage déterminant sa compétence et celui applicable au fond. En revanche, en matière de droit applicable à la procédure, le règlement d'arbitrage applicable est quasi systématiquement précisé dans les traités.

429. Les règlements d'arbitrage les plus fréquents dans l'arbitrage intra-UE. Sont appliqués dans les arbitrages selon les traités ou le choix des investisseurs : la Convention CIRDI et son règlement d'arbitrage ou le règlement d'arbitrage de son mécanisme additionnel, le Règlement d'arbitrage de la Commission des Nations Unies pour le droit commercial international (CNUDCI/UNCITRAL), le Règlement d'arbitrage de l'Institut d'arbitrage de la Chambre de commerce de Stockholm (SCC) ou encore, mais plus rarement le Règlement d'arbitrage de la Chambre de commerce internationale (CCI/ICC), voire un des règlements d'arbitrage de la Cour permanente d'arbitrage (CPA/PCA).

430. L'hypothèse d'un choix tacite du droit applicable induit par le recours à l'arbitrage. Les analyses suivantes partent du principe qu'en l'absence de clause de droit applicable au fond, les tribunaux doivent appliquer les règles de détermination du droit applicable de règlements d'arbitrage ou de lois d'arbitrage nationales. Les questionnements abordés ci-dessous sont sans objet si le tribunal considère que l'initiation d'un arbitrage d'investissement a pour conséquence un choix implicite des parties au traité[1692], ou à l'arbitrage[1693], quant au droit applicable au fond (voire au stade de la compétence[1694]). Cette approche est affirmée de manière particulièrement nette par le tribunal de l'affaire *Addiko*[1695]. Pour les tenants de cette ligne, le choix des parties quant aux règles procédurales ne peut pas avoir d'impact sur l'application du TBI. Une telle approche se fait jour dès 2006 dans la sentence *ADC c. Hongrie* dans les termes suivants :

[1691] Au-delà du droit applicable à la procédure, à la compétence et au fond, il est possible d'identifier d'autres droits applicables tels que le droit applicable au tribunal ou le droit applicable à la sentence, à sa reconnaissance et à son exécution. V. HEISKANEN V., « Forbidding *Dépeçage*: Law Governing Investment Treaty Arbitration », *Suffolk Transnational Law Review*, Vol. 32(2), 2009, pp. 367-407 spéc. p. 375.

[1692] CIRDI, *Marco Gavazzi et Stefano Gavazzi (Gavazzi) c. Roumanie*, aff. ARB/12/25, Décision sur la compétence, la recevabilité et la responsabilité du 21 avril 2015, § 156 « […] By concluding the BIT, the Contracting Parties agreed to apply the BIT and international law to disputes for breaches of the BIT […] » ; CIRDI, *GPF GP S.à.r. l (Griffin) c. République de Pologne*, aff. n° 2014/168, Sentence du 29 avril 2020, § 218 « […] The Treaty contains no choice of law clause. Being an international treaty, the BIT is governed by general international la including the VCLT, to which Poland and Luxembourg are parties ».

[1693] CIRDI, *The Rompetrol Group N.V (Rompetrol) c. Roumanie*, aff. ARB/06/3, Sentence du 6 may 2013, § 170 « […] [The Tribunal's] function is solely to decide, as between TRG and Romania, "legal dispute[s] arising directly out of an investment" and to do so in accordance with "such rules of law as may be agreed by the parties," which in the present case means essentially the BIT, in application of the appropriate rules for its interpretation ».

[1694] CPA, (CNUDCI), *A.M.F. Aircraftleasing Meier & Fischer GmbH & Co. KG (A.M.F Aircraftleasing) c. République tchèque*, aff. n° 2017-15, Sentence finale du 11 mai 2020, § 392 « […] the Germany-Czech Republic BIT and international law applies to the validity of the arbitration agreement […] because the Parties chose it, Respondent by concluding the BIT and Claimant by accepting the offer to arbitrate contained in that same BIT […] » ; *pro* SCC, (SCC), *Mercuria Energy Group Limited (Mercuria) c. République de Pologne*, aff. n° 2019/126, Sentence du 29 décembre 2022, §§ 361 et 362.

[1695] CIRDI, *Addiko Bank AG and Addiko Bank d. d. (Addiko) c. République de Croatie*, aff. ARB/17/37, Décision sur l'exception d'incompétence liée à l'incompatibilité présumée du TBI avec l'acquis de l'UE du 12 juin 2020, §§ 256-269.

« The application of those subsidiary conflict rules [Article 17(1) of the ICC Arbitration Rules requires a tribunal to "apply the rules of law which it determines to be appropriate", Article 42(1) of the ICSID Convention requires a tribunal to "apply the law of Contracting State party to the dispute (including its rules on the conflict of law) and such rules of international law as may be applicable"] may give differing results, which in turn may affect the manner in which the Treaty provisions, in particular the substantive one, are to be interpreted and applied. It cannot be deemed to have been the intent of the States Parties to the BIT to have agreed to such a potential disparity »[1696].

Plus récemment, en 2021, le tribunal de l'affaire *Fynerdale* a considéré que le choix des parties quant aux règles de procédure applicables ne pouvait pas aboutir à l'incompétence du tribunal[1697]. C'est uniquement en partant de l'hypothèse inverse qu'une étude des règles subsidiaires de détermination du droit applicable, en l'absence de choix des parties inscrites dans les différentes règles de procédure applicables, se justifie.

431. L'influence subsidiaire de la loi du siège de l'arbitrage. Si le droit applicable au fond n'est pas précisé, dans une clause de droit applicable, ou ne fait pas l'objet d'un accord entre l'État et l'investisseur lors de l'arbitrage, les différents règlements d'arbitrage peuvent indiquer la démarche devant être suivie par le tribunal pour déterminer le droit applicable au fond. Par ailleurs, dans l'hypothèse où aucune règle de procédure ne serait désignée, par le traité ou les parties à l'arbitrage, le tribunal déterminera lui-même des règles de procédure adaptées à l'affaire en s'inspirant de standards internationaux[1698]. Si la désignation d'un siège n'emporte plus l'application de la procédure de ce dernier[1699], le respect de la loi d'arbitrage du siège en matière de constitution du tribunal et de procédure de l'arbitrage sera contrôlé par les juridictions internes devant se prononcer sur la reconnaissance et l'exécution de la sentence[1700]. Tous les règlements d'arbitrage et toutes les lois de sièges envisageables ne seront pas étudiés, ici. Seuls les règlements les plus fréquemment choisis en pratique le seront. Concernant les lois en matière d'arbitrage, l'étude se limitera principalement aux lois des sièges les plus fréquents : Stockholm, La Haye, Genève et Paris.

432. Plan de paragraphe. L'influence des lois sur l'arbitrage des sièges les plus fréquents sur la détermination du droit applicable au fonds, en l'absence de choix des parties sera envisagée (B), à la suite des développements étudiant l'influence des règlements d'arbitrage choisis par les parties sur la détermination du droit applicable au fond (A).

A - Les règles de détermination du droit applicable au fond des règlements d'arbitrage

433. L'évolution des règles de détermination du droit applicable des règlements d'arbitrage. Si le règlement d'arbitrage SCC de 1988 ne comportait aucun article sur la question du droit applicable, tous les autres règlements d'arbitrage précités en comprenaient un dès l'origine. Cette exception prendra fin en 1999 avec l'ajout d'un article 24 dans le

---

1696 CIRDI, *ADC Affiliate Limited and ADC & ADMC Management Limited (ADC) c. Hongrie*, aff. ARB/03/16, Sentence du 2 octobre 2006, § 291.

1697 CPA (CNUDCI), *Fynerdale Holding B.V. (Fynerdale) c. République tchèque*, aff. n° 2018-18, Sentence du 29 avril 2021, § 351.

1698 BORN G.B., *International Arbitration : Law and Practice*, 2e éd., Alphen aan den Rijn, Wolter Kluwer, 2016, pp. 504, spéc. p. 442

1699 EL AHDAB J. et MAINGUY D., *Droit de l'arbitrage – Théorie et pratique*, Paris, LexisNexis, 2021, pp. 1022, spéc. § 923.

1700 Convention pour la reconnaissance et l'exécution des sentences arbitrales étrangères (signé le 10 juin 1958 à New-York et entrée en vigueur le 7 juin 1959), art. V § 1 d).

règlement SCC. Dans l'ensemble, les différents articles des règlements d'arbitrage visant le droit applicable sont assez similaires. Ils commencent tous par rappeler la liberté de choix des parties et précisent ensuite les contours du pouvoir subsidiaire arbitral de détermination du droit applicable. En dehors des arbitrages CIRDI, la liberté de choix des parties était limitée à l'origine aux droits étatiques, mais a été étendue à toutes les règles de droit, dès 1998 pour le règlement CCI, en 1999 pour le règlement SCC et, finalement, en 2010 pour le règlement d'arbitrage de la CNUDCI. Le pouvoir subsidiaire des arbitres a lui aussi évolué. Le règlement d'arbitrage de la CNUDCI de 1975 et le règlement CCI de la même année prévoyaient qu'en l'absence de choix le tribunal devait appliquer le droit désigné par la règle de conflit de lois qu'il estimait applicable /appropriée[1701]. Le règlement d'arbitrage du mécanisme supplémentaire du CIRDI prévoit l'application du droit désigné par la règle de conflit de lois et des règles de droit international, que le tribunal juge applicables[1702]. À l'inverse, les autres règlements plus récents ont abandonné la désignation d'une règle de conflit de lois (« voie indirecte ») par les arbitres pour leur permettre de désigner directement (« voie directe ») un droit national (pour le règlement d'arbitrage CNUDCI depuis 2010[1703]) ou toute règle de droit (pour le règlement CCI depuis 1998 et depuis 1999 pour le règlement SCC). Pour les arbitrages CIRDI ordinaires, l'article 42 § 1 de la Convention n'a pas été modifié, mais son renvoi au droit de l'État hôte et aux règles de droit international applicables fait toujours l'objet d'interprétations divergentes[1704].

*434. **Plan.*** Ainsi, parmi toutes ces règles, il convient de distinguer entre celles prévoyant la désignation de droits étatiques (1) et celles prévoyant la désignation de règles de droit (2).

1 - Les règles prévoyant la désignation de droits étatiques.

435. La pertinence très relative du statut intra-UE du traité. Les règles de procédure de la CNUDCI, de la CPA ou du CIRDI, en l'absence de choix, tendent à privilégier la désignation, comme droit applicable au fond, d'un droit interne, seul[1705] ou au côté de règles de droit international[1706]. Les règlements du CIRDI en faisant référence aux « principes de droit international en la matière »[1707] ou aux « règles de droit international qu'il juge applicables »[1708] adoptent des formulations proches de celle de l'article 26 § 6 TCEn, qui fait référence « aux règles et principes applicables de droit international »[1709]. Au regard des

---

[1701] Cette règle est également celle prévue par l'article 33 Loi applicable, amiable compositeur § 1, du Règlement facultatif pour l'arbitrage des différends entre deux parties dont l'une seulement est un État de la Cour Permanente d'Arbitrage adopté en 1993.

[1702] L'article sur le droit applicable de ce règlement d'arbitrage CIRDI n'a pas été modifié depuis 1978. Il a juste été renuméroté, l'article 55 est devenu l'article 54 en 2003 et l'article 68 en 2022.

[1703] Le règlement d'arbitrage facultatif et le règlement d'arbitrage supplémentaire de la CPA, adoptés en 2012, sont fondés sur le Règlement d'arbitrage de la CNUDCI de 2010. Ce dernier prévoit également la désignation directe d'une loi par le tribunal en l'absence de choix des parties dans son article 35 Loi applicable, amiable compositeur § 1 d).

[1704] V. *infra* Section 2, § 2, A), 1).

[1705] Art. 33 § 1 Règlement d'arbitrage de la CNUDCI (1976) et art. 35 (1) (d) Règlement d'arbitrage de la CPA 2012 Désignation indirecte d'un droit par l'application de la règle de conflit de lois applicable selon le tribunal ; Art. 35 § 1 Règlement d'arbitrage CNUDCI (2010,2013,2021) Désignation directe par le tribunal du droit approprié.

[1706] Art. 42 § 1 Convention CIRDI ; Art. 55 § 1 Règlement d'arbitrage du Mécanisme supplémentaire du CIRDI (1978) ; Art. 54 § 1 Règlement d'arbitrage du Mécanisme supplémentaire du CIRDI (2003 et 2006) ; Art. 68 § 1 Règlement d'arbitrage du Mécanisme supplémentaire du CIRDI (2022).

[1707] Art. 42 § 1 Convention CIRDI

[1708] Art. 55 § 1 Règlement d'arbitrage du Mécanisme supplémentaire du CIRDI (1978) ; Art. 54 § 1 Règlement d'arbitrage du Mécanisme supplémentaire du CIRDI (2003 et 2006) ; Art. 68 § 1 Règlement d'arbitrage du Mécanisme supplémentaire du CIRDI (2022).

[1709] Les formulations sont d'ailleurs encore plus proches en anglais, car l'article 42 § 1 de la Convention CIRDI mentionne « such rules of international law as may be applicable », l'article 55 devenu 54 et dorénavant 68 « such rules of international law as the Tribunal considers applicable » et l'article 26 § 6 TCEn « applicable rules and principles of international law ».

règlements d'arbitrage CIRDI, le droit de l'UE peut être désigné comme droit applicable, en tant que « règles de droit international » applicables, mais aussi en tant que droit interne d'un État membre – ces règlements prévoyant aussi l'application du droit de l'État hôte de l'investissement ou du droit désigné par la règle de conflit de loi applicable. Si le tribunal applique le droit de l'UE en tant que règles de droit international applicable, le statut du traité n'est pertinent que si le tribunal considère que c'est ce statut intra-UE qui fait du droit de l'UE une règle de droit international applicable, et pas un autre critère. À l'inverse, le statut du traité est indifférent si le droit de l'UE est appliqué en tant que partie du droit de l'État hôte de l'investissement. Enfin, quand le droit de l'UE est appliqué en tant que partie du droit d'un État membre désigné par la règle de conflit de loi que le tribunal juge applicable, le statut du traité est aussi indifférent (sauf à ce que la règle de conflit de lois désigne le droit d'un État membre du fait du statut intra-UE du traité). Par exemple, dans l'affaire *Green Power et SCE*, le tribunal arbitral décide d'appliquer une règle spéciale de détermination du droit applicable, visant le droit applicable à la clause d'arbitrage. Cette règle contenue dans la section 48 de la loi suédoise d'arbitrage prévoit en substance qu'une convention d'arbitrage international, à défaut d'accord des parties sur la loi applicable à cette convention, est régie par la loi du siège de l'arbitrage : en l'espèce, la loi suédoise. Le droit d'un État membre intègre ainsi le droit applicable à la compétence du fait du siège de l'arbitrage et pas du fait du statut intra-UE du TBI[1710].

2 - Les règles autorisant la désignation de règles de droit

436. Des règles indifférentes au statut du traité défavorables aux droits étatiques. Les règles de procédure de la CCI et de la SCC (depuis respectivement 1998 et 1999) autorisent et tendent à privilégier[1711] – en optant pour la méthode de la « voie directe » – la désignation de règles de droit. Ces règles rendent donc moins probable, en l'absence de choix, la désignation par les arbitres du droit interne d'un État membre, que ce soit dans le cadre d'un arbitrage sur le fondement d'un traité entre États membres ou entre un État membre et un État tiers. Ici, la distinction entre traités intra-UE et extra UE n'est pas pertinente.

437. Transition. Pour l'essentiel, en matière de droit applicable au fond, la distinction des arbitrages selon le statut intra-UE ou extra-UE du traité est moins pertinente que la distinction des arbitrages selon les règlements d'arbitrage. Il convient désormais de traiter la question de la pertinence d'une distinction entre arbitrages – en l'absence de choix des parties quant au droit applicable au fond – selon la loi de procédure du siège.

1710 SCC, (SCC), *Green Power Partners K/S et SCE Solar Don Benito APS (Green Power et SCE) c. Royaume d'Espagne*, aff. n° 2016/135, Sentence du 16 juin 2022, §§ 159-169.

1711 En pratique, les tribunaux désignent moins souvent un droit interne comme droit applicable lorsque le règlement d'arbitrage (ou parfois la loi du siège de l'arbitrage) permet aux arbitres de désigner directement le droit ou de la règle de droit applicable. V. JONES D., « Choosing the Law or Rules of Law to Govern the Substantive Rights of the Parties », *Singapore Academy of Law Journal*, Vol. 26, 2014, pp.911-941, spéc. § 43.

B - Les règles de détermination du droit applicable au fond des lois du siège

438. Les types de loi d'arbitrage. À l'image d'un juge national appliquant des règles de conflit pour déterminer le droit applicable dans le cadre d'un différend de nature internationale, les arbitres internationaux, à l'origine, en l'absence de choix des parties, appliquaient les règles de conflit de droit international privé de l'État où ils siégeaient pour déterminer le droit applicable au fond. Cette règle, considérée de nos jours comme archaïque[1712], a été progressivement concurrencée par d'autres règles[1713], contenues dans des règlements d'arbitrage, ou dans de nouvelles lois en matière d'arbitrage ou de droit international privé[1714]. Désormais, la loi du siège peut, par exemple, renvoyer à une règle spéciale de conflit de lois. C'est le cas en Suisse où la loi prévoit que l'arbitre déterminera le droit applicable au regard d'un principe de proximité. Les lois nationales prévoient plus souvent que les arbitres détermineront le droit de manière indirecte en appliquant la règle de conflit qu'ils jugent appropriée ou applicable. D'autres lois, comme la loi française[1715], néerlandaise[1716] ou encore espagnole[1717], n'imposent aucune méthode aux arbitres et les autorisent à appliquer sans intermédiation les règles de droit qu'ils estiment appropriées[1718]. Enfin, certaines lois plus rares contiennent des dispositions contraignant les arbitres à appliquer des règles substantielles spécifiques[1719], qualifiées de lois de police[1720].

439. Plan. Que ce soit en considérant que les arbitres appliquent, directement, les règles qu'ils jugent appropriées ou, indirectement, la règle la plus proche du différend, les arbitres disposent d'un pouvoir subsidiaire de détermination du droit applicable important (1). Cette liberté est néanmoins contrebalancée par la convergence des différentes règles de détermination applicables (2).

[1712] BORN G.B., *International Arbitration : Law and Practice*, 2e éd., Alphen aan den Rijn, Wolter Kluwer, 2016, pp. 504, spéc. p. 242.

[1713] DE LY F., « The Place of Arbitration in the Conflict of Laws of International Commercial Arbitration: An Exercise in Arbitration Planning », *Northwestern Journal of International Law and Business*, Vol. 12(1), 1991, pp. 48-85, spéc. pp.48-53 et 61-69.

[1714] Un conflit entre une règle de conflit de lois d'un règlement d'arbitrage choisi par les parties et la règle de conflit de lois de la loi du siège est tranché de nos jours dans la majorité des cas en faveur de la règle du règlement par les juridictions nationales. En effet, il est considéré que la liberté de choix des parties prime même si le choix du droit applicable est indirect. V. BORN G.B., *International Arbitration : Law and Practice*, 2nd ed., Alphen aan den Rijn, Wolter Kluwer, 2016, pp. 504, spéc. p. 244 *contra* DE LY F., « The Place of Arbitration in the Conflict of Laws of International Commercial Arbitration: An Exercise in Arbitration Planning », *Northwestern Journal of International Law and Business*, Vol. 12(1), 1991, pp. 48-85, spéc. pp. 65-69. L'auteur considère que du point de vue de la hiérarchie des normes, les règlements d'arbitrage ne peuvent pas être mis sur le même plan que les droits nationaux ou les conventions internationales.

[1715] Code de procédure civil français art. 1511 « Le tribunal arbitral tranche le litige conformément aux règles de droit que les parties ont choisies ou, à défaut, conformément à celles qu'il estime appropriées. Il tient compte, dans tous les cas, des usages du commerce ».

[1716] Code de procédure civil néerlandais art. 1054 § 2.

[1717] Loi d'arbitrage espagnole, du 23 décembre 2003, 60/2003, art. 34 § 2.

[1718] Généralement sur les règles de détermination du droit applicable appliquées par les arbitres v. GAILLARD E., « The Role of the Arbitrator in Determining the Applicable Law », *in* NEWMAN L.W. et HILL.D.R., *The Leading Arbitrators' Guide to International Arbitration*, New-York, Juris Publishing, 2004, pp. 185-216.spé pp. 202-215.

[1719] BORN G.B., *International Arbitration : Law and Practice*, 2nd ed., Alphen aan den Rijn, Wolter Kluwer, 2016, pp. 504, spéc. pp. 242 et 243

[1720] RACINE J.-B., *Droit de l'arbitrage*, Paris, PUF, 2016, pp. 633, spéc. pp. 507-509. Sur la question spécifique de lois de police de droit de l'UE (*EU overriding mandatory rules)*, distinctes de règles relevant de l'ordre public de l'UE (*EU public policy*) v. KESSEDJIAN C., « European Union Law in Arbitration Proceedings : Status and Methods », *in* KRÖLL S., BJORKLUND A. K. et FERRARI F. (eds), *Cambridge Compendium of International Commercial and Investment Arbitration*, Cambridge, CUP, 2023, pp. 1955-1980, spéc. § 65.5

1 - Le pouvoir subsidiaire des arbitres dans la détermination du droit applicable

440. La liberté des arbitres quant au choix de la méthode de détermination du droit applicable. En l'absence de choix des parties quant au droit applicable au fond et à la procédure (y compris en l'absence de choix d'un règlement d'arbitrage), les arbitres sont souvent libres de choisir la méthode à mettre en œuvre pour déterminer le droit applicable. Si la méthode « conflictualiste » n'est pas obligatoire, elle peut toujours être privilégiée par les arbitres[1721]. Ils peuvent décider d'appliquer une règle de détermination du droit applicable ou d'en appliquer plusieurs cumulativement pour montrer qu'elles aboutissent au même résultat. Ces règles peuvent être de même nature, l'arbitre peut appliquer deux règles de conflits de lois générales ou de natures différentes, une règle générale de conflit de lois et une règle spéciale de conflit de lois.

441. Les types de règles de détermination du droit applicable communs aux règlements et lois. Les règles de détermination du droit applicable contenues dans les lois nationales pertinentes pour notre étude[1722] – à l'exception du principe de proximité prévu en Suisse[1723] et des hypothèses d'application de lois de police – sont les mêmes que celles prévues dans les règlements d'arbitrage ; c'est-à-dire des règles optant pour la méthode dite de « la voie indirecte » ou pour celles de « la voie directe » et visant seulement des lois ou, plus largement, des règles de droit. Les conclusions propres aux types de règles des règlements d'arbitrage peuvent donc être étendues aux règles des lois des sièges pertinents selon ces quatre types[1724]. Concernant le principe de proximité et les lois de police, la question à laquelle nous devons répondre reste la même : le statut intra-UE ou extra-UE d'un traité est-il pertinent pour l'application des règles de détermination du droit applicable ?

2 - La convergence des méthodes de détermination du droit applicable

442. Les distinctions de types de règles de détermination du droit applicable, « voie directe », « voie indirecte », principe de proximité, peuvent être relativisées[1725]. Comme le

---

1721 *Ibid.*, pp. 488-491.

1722 Les sentences arbitrales étudiées montrent que les sièges les plus fréquents pour les tribunaux arbitraux non-CIRDI sont, Stockholm, La Haye, Genève et Paris. Les différentes règles de détermination du droit applicable des lois de ces sièges sont pour Stockholm une règle de détermination directe de la loi applicable, pour La Haye et Paris une règle de détermination directe des règles de droit applicables. Loi Suédoise sur l'Arbitrage (2019) Section 27 (a) al. 2 If the parties have not come to an agreement in accordance with the first paragraph, the arbitrators shall determine the applicable law. La loi sur l'arbitrage dans sa version de 1999 était silencieuse sur ce point ; Code de Procédure Civile Néerlandais Art. 1054 (2) « If a choice of law has been made by the parties, the arbitral tribunal shall decide in accordance with the rules of law designated by the parties. Failing such designation of law, the arbitral tribunal shall decide in accordance with the rules of law which it consider appropriate ». (Traduction de l'Institut d'arbitrage néerlandais) ; Code de procédure civile français art. 1511 al.1. Le tribunal arbitral tranche le litige conformément aux règles de droit que les parties ont choisies ou, à défaut, conformément à celles qu'il estime appropriées.

1723 Loi fédérale suisse sur le Droit International Privé (LDIP) Art. 187 § 1 : Le tribunal arbitral statue selon les règles de droit choisies par les parties ou, à défaut de choix, selon les règles de droit avec lesquelles la cause présente les liens les plus étroits. comp. Code de procédure civile allemand (ZPO) Section 1051 Applicable law § 2 : Absent designation of the applicable legislative provisions by the parties, the arbitral tribunal is to apply the law of that state with the subject matter of the proceedings is most closely connected. (Traduction du ministère fédéral de la justice allemand).

1724 Type 1 : Voie directe visant des lois ; Type 2 : Voie directe visant des règles de droit ; Type 3 : Voie indirecte visant des lois ; Type 4 : Voie indirecte visant des règles de droit.

1725 GAILLARD E. et SAVAGE J. (eds.)., *Fouchard, Gaillard, Goldman on International Commercial Arbitration*, La Haye, Kluwer Law International, 1999, pp.1280, spéc. § 1553 ; BARBIER H. et FESSAS A., « COUR INTERNATIONALE D'ARBITRAGE DE LA CHAMBRE DE COMMERCE INTERNATIONALE – Chronique des sentences arbitrales », *JDI*, Vol. 4, montre la méthode cumulative, des règles différentes peuvent aboutir au même résultat. La question de la pertinence de cette distinction dans le cadre de l'application d'un principe de proximité (ou test du centre de gravité) comme règle de détermination spéciale du droit applicable, parfois qualifié de « méthode Suisse »[1726], nécessite quelques précisions.

443. Le principe de proximité dans la détermination du droit applicable. D'une certaine manière, le principe ou test de proximité englobe tous les principaux principes généraux du droit international privé en matière de conflit de lois c'est-à-dire les principes de *lex loci contractus, lex loci solutionis, lex loci delicti, lex loci actus, lex situs,* ou encore de *lex domicilii*. Dans le cadre d'arbitrages État-investisseur, de manière quasi systématique, la loi avec laquelle la « cause présente les liens les plus étroits » est celle de l'État hôte[1727]. Ici, l'argument voulant que les impératifs de prédictibilité et de cohérence requissent l'application de règles ne relevant pas d'un droit interne, notamment quand les droits internes des parties se trouvent à équidistance de l'affaire, n'opère pas[1728]. La question centrale n'est pas celle du droit national le plus proche, mais du droit le plus proche entre le droit de l'État hôte et le droit international (voire le droit international de l'investissement). À tout le moins, c'est le cas lorsque les principes de proximité font référence à des règles de droit (Ex. : Suisse) et pas à des lois (Ex. : Allemagne). Dans le cadre d'un différend État-investisseur pour Hege Elisabeth Kjos, le premier type de principe de proximité tend à privilégier l'application du droit international, étant donné l'importance de ce dernier dans la relation investisseur-État[1729]. C'est aussi l'avis du professeur Jarrod Hepburn. Ce dernier s'étonne que les arbitres du tribunal de l'affaire *Saar Papier c. Pologne* (siégeant à Zurich) aient demandé aux parties, en l'absence de choix préalable, de se préparer à discuter d'expropriation en droit polonais et allemand ainsi qu'en droit comparé, Convention et sentences CIRDI incluses[1730], au lieu de conclure que la cause du litige – la violation d'une clause du traité – présentait « les liens les plus étroits »[1731] avec le droit international[1732]. Pour cet auteur, le tribunal semble désigner comme droit applicable au fond : le droit allemand, le droit polonais et le droit suisse[1733]. Aussi applique-t-il, une règle transnationale particulière, rare en pratique[1734], désignée méthode du « tronc commun », sans

---

2021, chron.10, pp. 1531-1570, spéc. pp. 1548 et 1549. Pour ces auteurs des « logiques de proximité [...] animent toute règle de conflit de lois ».

1726 GAILLARD E., « The Role of the Arbitrator in Determining the Applicable Law », *in* NEWMAN L.W. et HILL R.D., *The Leading Arbitrators' Guide to International Arbitration*, 2nd ed., New-York, Juris Publishing, 2008, pp. 185-216, spéc. pp. 204.

1727 KJOS H.E., *Applicable Law in Investor-State Arbitration*, Oxford, OUP, 2013, pp. 368, spéc. pp. 82 et 83.

1728 GAILLARD E., «Thirty Years of Lex Mercatoria: Towards-the Selective Application of Transnational Rules », *ICSID Review – FILJ*, Vol. 10(2), 1995, pp. 208-231, spéc. p. 222.

1729 KJOS H.E., *Applicable Law in Investor-State Arbitration*, Oxford, OUP, 2013, pp. 368, spéc. p.85.

1730 Arbitrage *ad hoc*, (CNDUCI), *Saar Papier Vertriebs GmbH (Saar Papier) c. Pologne*, Sentence finale du 16 octobre 1995, § 15.

1731 Loi Fédérale Suisse Sur Le Droit International Privé (LDIP) Art. 187 § 1 : Le tribunal arbitral statue selon les règles de droit choisies par les parties ou, à défaut de choix, selon les règles de droit avec lesquelles la cause présente les liens les plus étroits.

1732 HEPBURN J., « Saar Papier v Poland: Comparative Public Law and the Second-Ever Investment Treaty Award », *EJIL:Talk!*, 03.02.2014.

1733 Il semble cependant que le tribunal utilise ces droits internes comme des moyens d'interprétation du traité plus que comme du droit applicable. Arbitrage *ad hoc*, (CNDUCI), *Saar Papier Vertriebs GmbH (Saar Papier) c. Pologne*, Sentence finale du 16 octobre 1995, § 79 « To interpret the Treaty administrative law practice in Germany and Poland would be helpful [...] ».

1734 GAILLARD E., « The Role of the Arbitrator in Determining the Applicable Law », *in* NEWMAN L.W. et HILL R.D., *The Leading Arbitrators' Guide to International Arbitration*, 2nd ed., New-York, Juris Publishing, 2008, pp. 185-216, spéc. p. 201 « [...] this type of specific determination by the parties of the content of the applicable transnational rules remains exceptional ».

se soucier du consentement des parties à l'application de cette règle[1735]. Cela n'est pas en soi contraire au principe de proximité, les différentes règles de détermination du droit applicable – même quand elles mentionnent la détermination de la loi ou de la règle de droit appropriée au singulier – autorisent les arbitres à désigner plusieurs lois ou règles de droit[1736]. En pratique, les arbitres appliquent concurremment plusieurs lois ou règles de droit, ce qui est considéré par certains auteurs comme l'approche la plus souhaitable[1737]. Les arbitres peuvent donc aboutir à une solution identique à celle prévue par l'article 42 § 1 de la Convention CIRDI, relevant pour certains du « dépeçage »[1738], et appliquer concurremment le droit de l'État hôte de l'investissement et les règles de droit international applicables. Comme pour les règles précédemment étudiées, la distinction entre traités intra-UE et extra-UE n'est pas pertinente lorsqu'il est fait référence à des lois nationales. Lorsque le principe de proximité fait référence à des règles, comme pour la méthode de la « voie directe », l'application du droit international est plus probable. Ici aussi, la distinction ne sera pertinente que si le tribunal considère que le droit le plus proche est le droit de l'UE au regard du statut intra-UE du traité. Il n'est pas surprenant ici de retrouver des conclusions similaires à celles concernant la méthode de la voie directe. En effet, il est possible de rapprocher le principe de proximité et la méthode de la « voie directe » au regard de la liberté qu'ils donnent aux arbitres[1739].

444. Conclusions quant à un renvoi au droit de l'UE. Aucun des traités étudiés comprenant une clause de choix du droit applicable (24 % des TBI intra-UE) ne prévoit de manière explicite l'application du droit de l'UE[1740]. Les règles de détermination du droit applicable les plus fréquentes dans les arbitrages sur le fondement de traités entre États membres ne visent jamais directement le droit de l'UE. Ce dernier ne peut intégrer le droit applicable que de façon indirecte. Premièrement, le droit de l'UE peut être applicable au travers d'un renvoi à des normes de droit international. Tel est le cas lorsqu'il est applicable du fait d'un renvoi aux « autres traités entre les parties » (7 % des TBI étudiés[1741]). Dans ce cas, il est clair que le statut intra-UE du TBI est pertinent. Il peut tout aussi être applicable au travers d'un renvoi aux règles et principes de droit international applicables (6 % des TBI

1735 Sur cette méthode envisagée comme visant par nature l'identification d'un choix tacite des parties, sans recours à des critères résiduel comme c'est le cas lorsqu'est appliquée la *lex mercatoria* v. RUBINO-SAMMARTANO M., *International Arbitration – Law and Practice*, La Haye, Kluwer Law International, 2001, pp. 988, spéc. pp. 446-455.

1736 CARON D.D. et CAPLAN L.M., *The UNCITRAL Arbitration Rules – À Commentary*, 2nd ed., Oxford, OUP, 2013, pp.1134, spéc. Ch.3, 2., B., (1), (b) Les groupes de travail de la CNUDCI n'ont pas considéré qu'il était nécessaire de modifier l'article 35 § 1 du règlement d'arbitrage pour mettre le terme de loi au pluriel. À l'inverse le règlement d'arbitrage de la SCC indique explicitement depuis 2010 que les parties peuvent s'accorder sur l'application de loi(s), mais le terme de loi reste au singulier dans la phrase précisant le pouvoir des arbitres en l'absence de choix des parties. V. Art. 22 §1 Règlement d'arbitrage SCC (2010) et Art 27 § 1 Règlement d'arbitrage SCC (2017) The Arbitral Tribunal shall decide the merits of the dispute on the basis of the law(s) or rules of law agreed upon by the parties. In the absence of such agreement, the Arbitral Tribunal shall apply the law or rules of law that it considers most appropriate.

1737 BLACKABY N., PARTASIDES C., REDFERN A. et HUNTER M.. , *Redfern and Hunter on International Arbitration*, 6e éd., Oxford, OUP, 2015, pp. 800, spéc. §§ 3.136-3.147 et 3.155.

1738 HEISKANEN V., « Forbidding *Dépeçage*: Law Governing Investment Treaty Arbitration », *Suffolk Transnational Law Review*, Vol. 32(2), 2009, pp. 367-407, pp. 398.

1739 GAILLARD E., « Thirty Years of Lex Mercatoria : Towards-the Selective Application of Transnational Rules », *ICSID Review – FILJ*, Vol. 10(2), 1995, pp. 208-231, spéc. pp. 217-218 ; GAILLARD E., « The Role of the Arbitrator in Determining the Applicable Law », *in* NEWMAN L.W. et HILL R.D., *The Leading Arbitrators' Guide to International Arbitration*, 2nd ed., New-York, Juris Publishing, 2008, pp. 185-216, spéc. pp. 205 et 206.

1740 L'hypothèse d'un choix explicite des parties en faveur du droit de l'UE dans le cadre d'un arbitrage commercial international semble tout aussi hypothétique. V. KESSEDJIAN C., « European Union Law in Arbitration Proceedings : Status and Methods », *in* KRÖLL S., BJORKLUND A. K. et FERRARI F. (eds), *Cambridge Compendium of International Commercial and Investment Arbitration*, Cambridge, CUP, 2023, pp. 1955-1980, spéc. p. 1962, nbp 33 « To be honest, in thirty-five years of practice, this author has never seen an applicable law clause specifically calling for the application of EU law [...] ».

1741 Annexe 4 TBI intra-UE extrait Investment Policy Hub : Sur 53 TBI contenant une clause de droit applicable, 16 mentionnent les autres traités entre les parties. Cela correspond à 30 % des clauses de droit applicables étudiées et à 7 % des TBI intra-UE étudiés. Les annexes sont disponibles sur le profil HAL de l'auteur : id. benjamin-terrade.

étudiés[1742] et les articles des règlements CIRDI[1743]), mais ici le statut du TBI n'est pertinent qu'à condition que le tribunal interprète la notion de droit international applicable comme pouvant couvrir le droit de l'UE. Deuxièmement, un renvoi à des normes de droit interne autorise une application indirecte du droit de l'UE. Il peut être applicable en vertu d'un renvoi direct au droit de l'État d'accueil de l'investissement (17 % des TBI étudiés[1744] et article 42 de la Convention CIRDI) ou indirect à la suite de l'application d'une règle de conflit de lois (articles du règlement d'arbitrage du mécanisme supplémentaire du CIRDI, du règlement d'arbitrage de la CNUDCI, du règlement d'arbitrage de la CPA [1745]et de la loi suédoise sur l'arbitrage[1746]). Dans le cas d'un renvoi direct ou indirect au droit de l'État hôte, le statut du traité est indifférent, le droit de l'UE ne s'appliquant qu'en tant qu'éléments du droit interne désigné. Troisièmement, le droit de l'UE peut être applicable, indépendamment d'un renvoi à des normes internationales ou à un droit interne, au travers de l'application des règles de conflit issues de règlements (Règlement d'arbitrage de la CCI depuis 1998, de la SCC depuis 1999) ou de lois, renvoyant aux règles de droit « appropriées »[1747] ou « avec lesquelles la cause présente les liens les plus étroits »[1748]. La pertinence de la distinction dépendra ici aussi de l'interprétation des arbitres. Pour qu'elle le soit, le droit de l'UE doit être considéré comme le plus approprié ou le plus proche, du fait du statut intra-UE du traité. En définitive, les hypothèses dans lesquelles le statut du traité serait pertinent sont limitées et, à une exception près, toutes soumises à une ou plusieurs conditions. L'étude des sentences arbitrales, révèle d'autres limites rendant peu vraisemblable une prise en compte du statut intra-UE du traité dans la détermination du droit applicable.

[1742] Annexe 4 TBI intra-UE extrait Investment Policy Hub : Sur 53 TBI contenant une clause de droit applicable, 13 mentionnent des règles et principes de droit international applicables. Cela correspond à 24 % des clauses de droit applicables étudiées et à 6 % des TBI intra-UE étudiés.

[1743] Art. 42 § 1 Convention CIRDI ; Art. 55 § 1 Règlement d'arbitrage du Mécanisme supplémentaire du CIRDI (1978) ; Art. 54 § 1 Règlement d'arbitrage du Mécanisme supplémentaire du CIRDI (2003 et 2006) ; Art. 68 § 1 Règlement d'arbitrage du Mécanisme supplémentaire du CIRDI (2022).

[1744] Annexe 4 TBI intra-UE extrait Investment Policy Hub : Sur 53 TBI contenant une clause de droit applicable, 36 mentionnent le droit de l'État de l'investissement. Cela correspond à 68 % des clauses de droit applicables étudiées et à 17 % des TBI intra-UE étudiés.

[1745] Art. 33 § 1 Règlement d'arbitrage de la CNUDCI (1976) et Art. 33 § 1 Règlement facultatif pour l'arbitrage de différends entre deux parties dont l'un seulement est un État de la CPA (1993) : Désignation indirecte d'un droit par l'application de la règle de conflit de lois applicable selon le tribunal ; Art. 35 § 1 Règlement d'arbitrage CNUDCI (2010,2013,2021) et art. 35 § 1 d) Règlement d'arbitrage de la CPA (2012) : Désignation directe par le tribunal du droit approprié.

[1746] Loi suédoise sur l'arbitrage (2019) Section 27 a) al. 2 Désignation directe par le tribunal du droit applicable.

[1747] Code de procédure civile néerlandais art. 1054 § 2 ; Code de procédure civil français art. 1511 al.1.

[1748] Loi fédérale suisse sur le droit international privé (LDIP) art. 187 § 1.

Section 2 - L'influence limitée du statut intra-UE du traité pour le droit applicable

445. Plan de section. *A priori*, au regard des règles de détermination du droit applicables précédemment étudiées, le statut du traité peut être pertinent dans la détermination du droit applicable. Il nous appartient désormais de vérifier si, en pratique, les approches des arbitres quant au droit applicable au fond, mais aussi au stade de la compétence laissent une place à une distinction entre traités intra-UE et extra-UE. Dans un premier temps seront étudiées les conséquences de la pratique des tribunaux – consistant à ne pas traiter de la question du droit applicable – sur la distinction entre traités, c'est-à-dire une forme de neutralisation de cette distinction (§1). L'étude se portera, dans un deuxième temps, sur l'absence de pertinence du statut du traité au sein de deux approches du droit applicable, identifiées dans les sentences étudiées (§2).

§ 1 - La neutralisation de la pertinence du statut faute de formulation par les tribunaux de développements sur le droit applicable

446. Précisions méthodologiques. Pour quantifier l'absence de la notion de droit applicable dans les sentences, trois analyses statistiques ont été menées : 1) une analyse des occurrences, dans les tables des matières des sentences, de titres dédiés au droit applicable ; 2) une analyse statistique du niveau hiérarchique des titres ; 3) une analyse plus fine de la fréquence des développements dédiés au droit applicable. De plus, il sera distingué dans les résultats entre le droit applicable à la compétence et le droit applicable au fond. Ces analyses statistiques portent sur deux ensembles de sentences. Un premier ensemble réunit les sentences de tribunaux compétents sur le fondement de TBI entre États membres (sentences TBI intra-UE) et un second les sentences de tribunaux compétents sur le fondement du TCEn opposant un investisseur d'un État membre à un autre État membre (sentences TCEn intra-UE).

447. Plan de paragraphe. L'étude portera dans un premier temps sur la fréquence de la notion de droit applicable dans les sentences TBI intra-UE (A) puis dans un second temps sur la fréquence de cette même notion dans les sentences TCEn intra-UE (B).

A - La fréquence de la notion de droit applicable dans les sentences appliquant des TBI entre États membres

448. Fréquence des titres dédiés au droit applicable dans les sentences. Concernant les sentences TBI intra-UE, sur un ensemble de 64 affaires[1749] dont la ou les sentences[1750] ont

[1749] Annexe 1.2 Sentences arbitrales TBI intra-UE 2007-2023 Droit applicable, disponible sur le profil HAL de l'auteur : id. benjamin-terrade.

[1750] Si une affaire fait l'objet de plusieurs sentences, il s'agit le plus souvent d'une sentence (partielle) sur la compétence et d'une sentence sur le fond, mais parfois il est possible d'avoir plus de deux sentences par exemple deux sentences sur des injonctions d'incompétences différentes ou une sentence séparée sur les coûts. Dans notre étude statistique, nous avons écarté les sentences prenant acte d'un accord entre les parties, les sentences prenant acte de la clôture de l'arbitrage et celle ne traitant que des coûts. Les sentences ou décisions étudiées sont donc des sentences finales complètes, des sentences sur l'ensemble de la compétence ou des sentences sur certaines exceptions d'incompétence (ce qui inclut les sentences sur des objections d'incompétence intra-UE) et des sentences sur le fond du litige.

été publiées (ce qui correspond à un total de 85 sentences), il est possible de recenser au moins un titre sur le droit applicable au sein de la table des matières d'une des sentences de l'affaire dans seulement 28 affaires[1751] (ce qui correspond à un total de 28 sentences). Les affaires consacrant un titre dans une de leurs sentences ou décisions au « droit applicable » sont donc minoritaires (44 %) dans les arbitrages sur le fondement d'un TBI entre États membres.

449. Hiérarchie des titres. En matière de hiérarchie des titres[1752], il est possible de dénombrer 6 titres de niveau 1, 4 titres de niveau 2, 16 titres de niveau 3, 3 titres de niveau 4, 1 titre de niveau 5 et 1 titre de niveau 6[1753]. La moyenne de niveau de titre tourne autour de 3. La pratique *a priori* raisonnable – au regard du caractère fondamental de la question du droit applicable et de sa multiplicité – consistant à préciser dans un titre de niveau 1, précédant les questions de compétence et de fond, les droits applicables principaux, droit applicable à la procédure, au fond et à la compétence, reste marginale[1754].

450. Fréquence des titres dédiés au droit applicable au stade du fond ou de la compétence. De manière plus significative, il faut noter que, sur 28 sentences, seulement 7 sentences consacrent un titre intitulé « droit applicable » à la fois au droit applicable au fond et au droit applicable à la compétence (ou un titre à chacun). En effet, parmi les 28 affaires identifiées, dans 13 affaires, les titres intitulés « droit applicable » ne visent que le droit applicable au fond, dans 8 affaires que le droit applicable à la compétence, les deux dans 5 affaires et un titre chacun dans 2 affaires[1755]. La sentence *Mihaljevic c. Croatie* consacre un titre au droit applicable à la compétence et un titre au droit applicable à la nationalité, les deux aspects sont considérés ici comme relevant du droit applicable à la compétence[1756]. À ce stade, il est possible de constater que, premièrement, environ 10 % des affaires étudiées consacrent, dans une sentence, un titre commun ou deux titres séparés au droit applicable au stade du fond et au stade de la compétence. Deuxièmement, dans environ 30 % des affaires, un titre dans une sentence est dédié au moins en partie au droit applicable au fond. Troisièmement, dans environ 20 % des affaires, un titre dans une sentence est dédié au moins en partie au droit applicable à la compétence.

451. Fréquence des développements dédiés au droit applicable au fond et à la compétence. La rareté des sentences consacrant un ou plusieurs titres au droit applicable est-elle à attribuer à la structure formelle des sentences. Les sentences sont-elles rédigées sous la forme d'un seul ou des quelques blocs sans subdivision formelle ? Si cela était le cas, des développements substantiels consacrés au droit applicable au fond et à la compétence seraient aisément décelables au sein de titres plus généraux. Cela se révèle en partie vrai, car sur notre ensemble de 64 affaires, il est possible de dénombrer 35 affaires où au moins un paragraphe dans une sentence comprend des développements touchant au droit applicable à la compétence. En retirant les affaires dans lesquelles le tribunal s'est jugé incompétent, sur 55 affaires il est possible de dénombrer 36 affaires dans lesquelles au moins un paragraphe dans une sentence est consacré à la notion de droit applicable au fond. Il faut cependant souligner

---

[1751] La comptabilisation des affaires est plus pertinente, car rien ne justifie que chacune des sentences partielles dispose d'un titre sur le droit applicable.

[1752] La hiérarchie des titres se base sur la place des titres dans la table des matières des sentences. Un titre de niveau 1 n'est inclus dans aucun autre titre et il comprend des titres de niveau 2 qui eux-mêmes comprennent des titres de niveau 3 et ainsi de suite.

[1753] Le total de 31 titres dans 28 sentences s'explique, car 3 sentences dédient deux titres au droit applicable (deux sentences consacrent un titre au droit applicable à la compétence et un au droit applicable au fond et une sentence consacre un titre au droit applicable à la compétence et un au droit applicable à la nationalité.

[1754] Pour un exemple v. CPA, (CNUDCI), *Muszynianka Spółka z Ograniczoną Odpowiedzialnością (Muszynianka) c. République slovaque*, aff. n° 2017-08, Sentence du 07 octobre 2020, §§ 158-167.

[1755] Notre étude se limite au droit applicable au fond et à la compétence, elle ne prend pas en compte le droit applicable à la procédure qui est lui très fréquemment précisé dans les sentences.

[1756] CIRDI, *Marko Mihaljevic (Mihaljvic) c. Croatie*, aff. ARB/19/35, Sentence du 19 mai 2023.

que ces développements sont souvent succincts et peuvent parfois relativiser la pertinence de la notion, comme le montrent les conclusions du tribunal de l'affaire *Invesmart* sur le droit applicable au fond : « *In the Tribunal's opinion, Czech law is relevant insofar as it prescribes the requirements for making an investment and obtaining state aid. The difference in result if Czech Law is applied as factum or as a governing law is immaterial and to some extent academic* »[1757]. Dans tous les cas, même s'ils sont limités, les développements consacrés au droit applicable au fond sont plus fréquents que ceux consacrés au droit applicable à la compétence. Pour conclure sur la présence de développements dédiés à la notion de droit applicable dans les sentences TBI intra-UE, la notion de droit applicable au fond n'apparait pas dans 35 % des affaires[1758], celle de droit applicable à la compétence n'apparait pas dans 45 % des affaires[1759] et 20 % des affaires[1760] ne consacrent aucun développement à la notion de droit applicable[1761].

452. Lien relatif entre les développements sur le droit applicable et les écrits des parties. La présence de développements sur le droit applicable ne dépend pas uniquement de la particularité des affaires ou des écrits des parties. Dans l'affaire *Binder* les deux notions ne sont pas présentes dans l'analyse du tribunal alors qu'une exception d'incompétence intra-UE est formulée[1762]. De même, dans les affaires *Anglia* et *Busta*, faisant l'objet d'une sentence partiellement commune, malgré une exception d'incompétence intra-UE, le seul développement portant sur le droit applicable se limite à une affirmation du tribunal consistant à dire qu'il interprète et applique le TBI[1763]. Dans l'affaire *PL Holding* le droit applicable au fond fait l'objet d'un titre dans la partie présentant les demandes des parties, mais pas dans les motifs de la sentence partielle portant sur la compétence et sur le fond[1764].

[1757] Arbitrage *ad hoc*, (CNUDCI), *Invesmart c. République tchèque*, Sentence du 26 juin 2009, § 198 *pro* SCC, (SCC), *PL Holdings S.a.r.l. c. République de Pologne*, aff. n° 2014/163, Sentence partielle 28 juin 2017, § 355 « Regardless of the law specifically applicable to the principle of proportionality in this case, the principle is understood in largely similar terms across jurisdictions ».

[1758] Annexe 1.2 Sentence arbitrales TBI intra-UE 2007-2023 Droit applicable : 19 affaires sur un total de 55 affaires (en retirant du total de 64 affaires 9 affaires ayant fait l'objet d'une décision d'incompétence du tribunal) ne dédient pas dans leurs sentences de développement au droit applicable au stade du fond. Les annexes sont disponibles sur le profil HAL de l'auteur : id. benjamin-terrade.

[1759] Annexe 1.2 Sentence arbitrales TBI intra-UE 2007-2023 Droit applicable : 29 affaires sur un total de 64 ne dédient pas dans leurs sentences de développement au droit applicable au stade de la compétence.

[1760] Annexe 1.2 Sentence arbitrales TBI intra-UE 2007-2023 Droit applicable : 13 affaires sur un total de 64 ne dédient pas dans leurs sentences de développements au droit applicable que ce soit au stade du fond ou au stade de la compétence.

[1761] Par exemple la sentence *InterTrade* consacre un titre de niveau 1 (précédent le titre consacré à l'analyse du tribunal) aux questions à résoudre. Ce titre identifie sept questions à résoudre successivement : la compétence, l'attribution, la responsabilité, la causalité, les dommages, les intérêts, les coûts. Le tribunal tranche ces questions sans se prononcer sur le droit applicable au stade de la compétence ou au stade du fond. V. CPA, (CNUDCI), *InterTradeHolding GmbH (InterTrade) c. République tchèque*, aff., n° 2009-12, Sentence finale du 7 juin 2012 *pro* CIRDI, *OKO Pankki Oyj et autres (OKO) c. République d'Estonie*, aff. ARB/04/6, Sentence du 19 novembre 2007, § 168. La sentence consacre aussi un titre de niveau 1 aux questions à résoudre.

[1762] Arbitrage *ad hoc*, (CNUDCI), *Rupert Joseph Binder (Binder) c. République tchèque*, Sentence sur la compétence du 6 juin 2007 et Sentence finale du 15 juillet 2011.

[1763] SCC, (SCC), *J. P. Busta et I. P. Busta (Busta) c. République tchèque*, aff. n° 2015/014, Sentence finale du 10 mars 2017, §§ 98-102 et 119-124 ; SCC, (SCC), *Anglia Auto Accessories Ltd (Anglia) c. République tchèque*, aff. n° 2014/181, Sentence finale du 10 mars 2017, §§ 113-116 et 126-128.

[1764] SCC, (SCC), *PL Holdings S.a.r.l. c. République de Pologne*, aff. n° 2014/163, Sentence partielle 28 juin 2017.

B - La fréquence de la notion de droit applicable dans les sentences appliquant le traité sur la Charte de l'énergie entre États membres

*453. **Fréquence des titres dédiés au droit applicable dans les sentences.*** En reprenant la méthode déjà utilisée pour les sentences TBI intra-UE, les résultats suivants concernant les sentences TCEn intra-UE sont obtenus. Sur un ensemble de 52 affaires dont la ou les sentences ont été publiées (total de 60 sentences), un titre est dédié au droit applicable au sein d'une sentence de l'affaire dans 34 affaires (total de 35 sentences). Ici, la présence d'un titre intitulé droit applicable est donc majoritaire (65 % des affaires), contrairement aux observations concernant les sentences TBI intra-UE (43 % des affaires).

*454. **Hiérarchie des titres.*** Du point de vue hiérarchique, sur 41 titres identifiés dans l'ensemble des sentences, il est possible de dénombrer 13 titres de niveau 1, 9 titres de niveau 2, 9 titres de niveau 3, 8 titres de niveau 4, 1 titre de niveau 5 et 1 titre de niveau 6. Alors que les titres de niveau 3 étaient les plus fréquents au sein des sentences TBI intra-UE, ici ce sont les titres de niveau 1. Cela permet de conclure à un léger rehaussement de la notion dans la hiérarchie des titres des sentences TCEn intra-UE. Ce rehaussement ne place toutefois pas la question du droit applicable à niveau satisfaisant au regard de son caractère fondamental. Il semble, par ailleurs, ne pas résulter d'une modification de l'appréciation du droit applicable par les arbitres, mais de la fréquence des exceptions d'incompétence intra-UE dans les sentences TCEn intra-UE – ces dernières soulevant la question de l'applicabilité du droit de l'UE au stade de la compétence, mais aussi au stade du fond.

*455. **Fréquence des titres dédiés au droit applicable au stade du fond ou de la compétence.*** Sur l'ensemble de 52 affaires, 8 affaires consacrent un titre au droit applicable au stade de la compétence et au fond[1765] ou deux titres séparés[1766] ou encore un titre ne distinguant pas entre ces droits applicables[1767]. Concernant le droit applicable au stade du fond, un titre lui est consacré dans 28 affaires alors qu'un titre est consacré au droit applicable au stade de la compétence dans 14 affaires. Ainsi, un titre est consacré au droit applicable au stade du fond et au stade de la compétence ou deux titres séparés dans 15 % des affaires. Un titre est consacré au droit applicable au stade du fond dans 54 % des affaires et, plus rarement, comme pour les TBI intra-UE, un titre est dédié au droit applicable au stade de la compétence dans 27 % des affaires[1768]. La comparaison de ces résultats avec ceux obtenus pour les sentences TBI intra-UE montre une fréquence plus importante de titres dédiés au droit applicable dans les sentences TCEn intra-UE dans les trois configurations précisées ci-dessus.

*456. **Fréquence des développements dédiés au droit applicable au fond et à la compétence.*** Au-delà des titres, la fréquence des développements portant sur le droit applicable mérite d'être examinée. Quelques rares affaires se démarquent par l'absence de

---

[1765] SCC, (SCC), *Novenergia II - Energy & Environment (SCA), SICAR (Novenergia) c. Royaume d'Espagne*, aff. n° 063/2015, Sentence finale du 15 février 2018 ; CIRDI, *Silver Ridge Power BV (Silver Ridge) c. République italienne*, aff. ARB/15/37, Sentence du 26 février 2021 ; CIRDI, *Cordoba Beheer et autres c. Royaume d'Espagne*, aff. ARB/16/27, Décision sur la compétence, la responsabilité et les principes de quantum du 11 février 2022.

[1766] CIRDI, *RWE Innogy GmbH and RWE Innogy Aersa S.A.U. (RWE Innogy) c. Royaume d'Espagne*, aff.14/34, Décision sur la compétence, la responsabilité et le quantum du 30 décembre 2019 CPA, (CNUDCI), *AES Solar et autres (PV Investors) c. Royaume d'Espagne*, aff. n° 2012-14, Sentence finale du 28 février 2020 ; CIRDI, *RENERGY S.à r.l. c. Royaume d'Espagne*, aff. ARB/14/18, Sentence du 6 mai 2022.

[1767] SCC, (SCC), *Greentech Energy System A/S et autres (Greentech) c. République italienne*, aff. n° V2015/095, Sentence finale du 23 décembre 2018 ; CIRDI, *Belenergia S.A. c. République italienne*, aff. ARB/15/40, Sentence du 28 août 2019.

[1768] À titre de comparaison dans le cadre des sentences TBI intra-UE le triptyque statistique respectif est le suivant : 10 %, 33 % et 20 %.

développements consacrés au droit applicable au stade de la compétence et au stade du fond. C'est le cas des affaires *Antaris et Göde*[1769] et *Natland*[1770] (toutes deux relevant d'arbitrage sur le double fondement du TCEn et d'un TBI entre États membres) et de l'affaire *Masdar*[1771] portant sur le TCEn. Hormis ces trois affaires, il est possible de dénombrer deux affaires ne consacrant aucun développement au droit applicable au stade de la compétence[1772]. Concernant uniquement le droit applicable au fond, 8 affaires sur 52 ne comprennent pas, dans leurs sentences, de développements sur le droit applicable au fond. Parmi ces affaires, il faut signaler la présence de quatre arbitrages ayant fait l'objet d'une sentence partiellement commune rendue le 15 septembre 2019[1773]. À ces quatre sentences s'ajoutent les affaires *RREEF*[1774], *CEF Energia BV*[1775], *Hydro Energy 1*[1776] et *Mercuria*[1777]. Au regard de ces éléments de précision, et contrairement aux observations portant sur les sentences TBI intra-UE, les développements portant sur le droit applicable au stade du fond ne s'avèrent pas significativement plus fréquents que ceux dédiés au droit applicable au stade de la compétence. Les premiers sont absents des sentences de 21 % des affaires[1778], et les derniers des sentences de 10 % des affaires[1779], la relation est même inverse, les développements portant sur le droit applicable au stade de la compétence sont plus fréquents. Seuls 6 % des affaires[1780] ne comportent dans leurs sentences ni les uns ni les autres[1781].

457. Lien relatif entre les développements sur le droit applicable et les écrits des parties. Une objection d'incompétence intra-UE ne garantit pas la présence d'un titre sur le

---

[1769] CPA, (CNUDCI), *Antaris Solar GmbH et Dr. Michael Göde (Antaris et Göde) c. République tchèque*, aff. n° 2014/01, Sentence du 2 mai 2018.

[1770] CPA, (CNUDCI), *G.I.H.G. Limited, Natland Group Limited, Natland Investment Group NV, et Radiance Energy Holding S.A.R.L. (Natland et autres) c. République tchèque*, aff. n° 2013-35, Sentence finale du 15 décembre 2023.

[1771] CIRDI, *Masdar Solar & Wind Cooperatief U.A (Masdar) c. Royaume d'Espagne*, aff. ARB/14/11, Sentence du 16 mai 2018.

[1772] CIRDI, *AES Summit Generation Limited and AES-Tisza Erömü Kft. (AES) c. République de Hongrie (II)*, aff. ARB/07/22, Sentence du 23 septembre 2010 et SCC, (SCC), *Isolux Netherlands, BV (Isolux) c. Royaume d'Espagne*, aff. n° V2013/253, Sentence finale du 17 juillet 2016.

[1773] CPA, (CNUDCI), *WA Investments-Europa Nova Limited (Europa Nova) c. République tchèque*, aff. n° 2014-19, Sentence du 15 mars 2019 ; CPA, (CNUDCI), *I.C.W. Europe Investments Limited (I.C.W.) c. République tchèque*, aff. n° 2014-22, Sentence du 15 mars 2019 ; CPA, (CNUDCI), *Voltaic Network GmbH (Voltaic Network) c. République tchèque*, aff. n° 2014-20, Sentence du 15 mars 2019 ; CPA, (CNUDCI), *Photovoltaik Knopf Betriebs-GmbH (Photovoltaik Knopf Betriebs) c. République tchèque*, aff. n° 2014-21, Sentence du 15 mars 2019.

[1774] CIRDI, *RREEF Infrastructure (G.P.) Limited and RREEF Pan-European Infrastructure Two Lux S.à.r.l. (RREEF) c. Royaume d'Espagne*, aff. ARB/13/30, Décision sur la responsabilité et sur les principes du quantum du 30 novembre 2018.

[1775] SCC, (SCC), *CEF Energia BV c République italienne*, aff. n° 158/2015, Sentence du 16 janvier 2019

[1776] CIRDI, *Hydro Energy 1 S.à r.l. et Hydroxana Sweden AB (Hydro Energy 1) c. Royaume d'Espagne*, aff. ARB/15/42, Décision sur la compétence, la responsabilité et les orientations en matière de quatum du 9 mars 2020

[1777] SCC, (SCC), *Mercuria Energy Group Limited (Mercuria) c. République de Pologne*, aff. n° 2019/126, Sentence du 29 décembre 2022.

[1778] Annexe 3.1 Sentence arbitrales TCEn intra-UE 2007-2024 Droit applicable : 11 (8+3) affaires sur un total de 52 ne dédient pas dans leurs sentences de développements au droit applicable au stade du fond. Les annexes disponibles sur le profil HAL de l'auteur : id. benjamin-terrade.

[1779] Annexe 3.1 Sentence arbitrales TCEn intra-UE 2007-2024 Droit applicable : 5 (2+3) affaires sur un total de 52 ne dédient pas dans leurs sentences de développement au droit applicable au stade de la compétence.

[1780] Annexe 3.1 Sentence arbitrales TCEn intra-UE 2007-2024 Droit applicable : 3 affaires sur un total de 52 ne dédient pas dans leurs sentences de développements au droit applicable que ce soit au stade du fond ou au stade de la compétence.

[1781] À titre de comparaison dans le cadre des sentences TBI intra-UE le triptyque statistique respectif est le suivant : 36 %, 46 % et 21 %.

droit applicable au stade de la compétence ou au stade du fond[1782], ou même de développements dédiés à ces deux notions dans la décision principale du tribunal[1783].

458. Résultats d'ensemble. En regroupant les résultats des deux ensembles détaillés ci-dessus, il apparait que 47 % des arbitrages intra-UE étudiés ne dédient aucun titre au droit applicable dans leurs sentences. Concernant l'absence totale de développement dédié à la notion de droit applicable, le pourcentage est de 14 %. Concernant seulement le droit applicable au stade du fond, 28 % des arbitrages intra-UE étudiés n'y consacrent aucun développement dans leurs sentences, ce pourcentage se réduit de manière contre-intuitive à 21 % pour le droit applicable au stade de la compétence. Alors que le droit applicable au stade du fond semble être une notion plus discutée dans la jurisprudence arbitrale que le droit applicable au stade de la compétence, il faut constater que cela n'est pas le cas en moyenne dans les arbitrages intra-UE. Cela s'explique par l'importance des développements consacrés au droit applicable au stade de la compétence dans les sentences appliquant le TCEn. Que ce soit en matière de fréquence de titres ou de développements sur le droit applicable, les exceptions d'incompétence intra-UE et les interventions systématiques de la Commission comme *Amicus curiae*, dans les arbitrages sur le fondement de ce traité particulier, paraissent avoir contraint les tribunaux à traiter explicitement dans leurs sentences, des questions de droit applicable et, surtout, du droit applicable au stade de la compétence.

[1782] CIRDI, *Cavalum SGPS c. Royaume d'Espagne*, Aff. ARB/15/34, Décision sur la compétence, la responsabilité et les principes de quantum, du 31 août 2020, §§ 76-81. La décision dédié un titre de niveau 1 au droit applicable dans la présentation des arguments des parties, mais aucun titre ne fait référence à la notion de droit applicable dans l'analyse du tribunal.

[1783] CIRDI, *Masdar Solar & Wind Cooperatief U.A (Masdar) c. Royaume d'Espagne*, aff. ARB/14/11, Sentence du 16 mai 2018.

§ 2 - L'absence de pertinence du statut intra-UE dans les approches du droit applicable des tribunaux

*459. **Plan de paragraphe.*** Si les notions de droit applicable au fond et à la compétence sont mentionnées dans la majorité des sentences intra-UE étudiées, elles sont comprises différemment selon les tribunaux. Deux approches se dessinent. Ces approches visent à la fois le droit applicable à la compétence et le droit applicable au fond, que le tribunal différencie ou non ces notions. Elles ont été identifiées ailleurs, mais qualifiées différemment[1784]. Dans notre étude, nous opposerons une approche simplificatrice (A) à une approche complexe (B).

A - L'approche simplificatrice

*460. **Plan.*** L'approche simplificatrice, majoritaire au sein des sentences TBI intra-UE, est quasi-systématique au sein des sentences TCEn intra-UE. Elle se retrouve tout autant en matière de détermination du droit applicable au stade de la compétence qu'au stade du fond. Cette approche se manifeste de différentes manières dans les sentences (1) et souffre de limites identifiées par la doctrine (2).

1 - Les manifestations de l'approche simplificatrice

*461. **Précision méthodologique.*** Si la présente partie porte bien sur le droit applicable au fond, il est opportun de s'intéresser aussi au droit applicable à la compétence, dans les sentences étudiées, pour le comparer au droit applicable au fond, car certaines sentences suggèrent une certaine confusion entre les deux notions.

*462. **L'approche simplificatrice au stade de la compétence.*** Dans de nombreuses sentences, le droit applicable à la compétence semble réduit au traité de protection des investissements et, selon le type d'arbitrage, à *lex loci arbitri*[1785] ou à la Convention CIRDI[1786]. Ainsi, considérant que la Convention CIRDI n'était pas en cause dans la présente affaire, le tribunal de l'affaire *Vattenfall* affirme que « *the ECT, interpreted and applied in accordance with international law, is the law applicable to the Tribunal's jurisdiction* »[1787]. Dans des versions encore plus restreintes, le droit applicable à la compétence se réduit même à quelques dispositions,

---

[1784] Le professeur Christoph Schreuer et la professeure Ursula Kriebaum font la différence entre une approche d'application autonome du droit – international et du de l'État hôte – et une approche négligeant le droit interne, du fait d'un choix tacite ou exprès en faveur du droit international. V. SCHREUER C. et KIEBAUM U., « The Meaning of 'and' – International Law and Domestic Law in Investment Arbitration », *in The System of International Arbitration – Liber Amicorum Emmanuel Gaillard* (à paraitre). Disponible sur le site de l'Université de Vienne : <https://investmentlaw.univie.ac.at/writings/>, consulté le 19.12.2024.

[1785] CIRDI, (*ad hoc*), *Strabag SE, Raiffeisen Centrobank AG and Syrena Immobilien Holding AG (Strabag) c. République de Pologne*, aff. ADHOC/15/1, Sentence partielle sur la compétence du 4 mars 2020, §§ 8100-8.111 spéc. § 8.111 « Therefore, the Tribunal determines that the law applicable to the arbitration agreement or to questions of jurisdiction in the present case includes (i) Article 8 of the Treaty; and (ii) [according to lex loci arbitri] international public order or international law principles which meet the fundamental requirements of justice in international trade ».

[1786] CIRDI, *The Rompetrol Group N.V (Rompetrol) c. Roumanie*, aff. ARB/06/3, Décision sur la compétence du 18 avril 2008, § 77 « In law, the jurisdiction of the Tribunal is determined by the twin pillars of Chapter II of the ICSID Convention (which, as its heading indicates, establishes the jurisdiction of the Centre) and Article 8 of The Netherlands-Romania BIT (which regulates the settlement of disputes between a Contracting Party and an investor of the other) [...] » ; CIRDI, *Mathias Kruck et autres c. Royaume d'Espagne*, aff. ARB/15/23, Décision sur la compétence et l'admissibilité du 19 avril 2021, § 280 « The Tribunal is established under the ICSID Convention, pursuant to the dispute settlement provisions of the ECT and the consent of the parties to this arbitration. It is axiomatic that the competence of the Tribunal is determined by those instruments [...] ».

[1787] CIRDI, *Vattenfall AB et autres (Vattenfall (II)) c. République fédérale d'Allemagne (II)*, aff. ARB/12/12, Décision du 31 août 2018 sur la problématique Achmea, § 129.

l'article du traité d'investissement entre États membres[1788] ou du TCEn[1789] comprenant l'offre d'arbitrage et également, selon le type d'arbitrage l'article 25 de la Convention CIRDI ou des dispositions de la *lex loci arbitri*[1790]. Ici, la conclusion sur le droit applicable à la compétence du tribunal de l'affaire *Vattenfall* peut être citée : « *the law applicable to the assessment of its juridiction is the ECT, in particular Article 26 thereof, in conjunction with Article 25 of the ICSID Convention* »[1791]. Les accords de protection et la Convention CIRDI étant des traités, il est souvent précisé qu'ils sont régis par le droit international[1792] et, partant, qu'ils doivent être interprétés en suivant les articles 31 et 32 de la CVDT[1793]. Ce sont parfois les parties d'elles-mêmes qui s'accordent sur l'application du droit international à la compétence du tribunal[1794]. Cet accord sur le droit applicable au stade de la compétence peut être même présumé. Ainsi, dans l'affaire *A.M.F Aircraftleasing*, les arbitres considèrent que les parties à l'arbitrage ont choisi d'appliquer le TBI et le droit international à la question de la validité de l'accord d'arbitrage : l'État aurait fait ce choix en concluant le TBI et l'investisseur en acceptant l'offre d'arbitrage contenue dans le TBI[1795]. Parfois, en l'absence de choix, il est aussi fait référence au droit coutumier international[1796]. De manière assez typique, le paragraphe 117 titré « droit applicable » de la sentence sur la compétence de l'affaire *Plama c. Bulgarie*, précise que les trois instruments (TBI, TCEn et Convention CIRDI) sont des traités de droit international et que leur interprétation est régie par les règles de droit international exprimées dans les articles 31

1788 CIRDI, *Alverley Investement Limited et Germen Properties Ltd (Alverley et Germen) c. Roumanie*, *Sentence* du 16 mars 2022, §§ 155-161 ; CIRDI, *B3 Croatian Courier Coöperatief U.A. (B3 Croatian Courier) c. République de Croatie*, aff. ARB/15/15, Sentence du 9 avril 2019, § 512 « [...] the Tribunal's jurisdictional analysis must focus on the text of the Treaty (in particular, Article 9) and on Article 25 of the ICSID Convention ». D'autres sentences ne mentionnent pas la notion de droit applicable à la compétence, mais considère directement que le tribunal doit établir sa compétence au regard de la définition de l'investissement dans le traité de protection et dans l'article 25(1) de la Convention CIRDI. V. CIRDI, *OKO Pankki Oyj et autres (OKO) c. République d'Estonie*, aff. ARB/04/6, Sentence du 19 novembre 2007, § 170 « [...] an arbitral tribunal must satisfy itself that the relevant investment falls within the definition of "investment" both within that BIT and within Article 25(1) of the ICSID Convention. [...] It is appropriate to begin with the two BITs and then to consider Article 25(1) of the ICSID Convention ».

1789 CIRDI, *Anina Pro Invest Ltd, Core Value Capital GmbH, Core Value Investments GmbH & Co KG Gamma et autres (LSG Building Solutions et autres) c. Roumanie*, aff. ARB/18/19, Décision sur la compétence, la responsabilité et les principes de réparation du 11 juillet 2022, §§ 600-608.

1790 SCC, (SCC), *Sun Reserve Luxco Holdings SRL (Sun Reserve) c. République italienne*, aff. n° 132/2016, Sentence du 25 mars 2020, §§ 360-372, spéc. § 372 « [...] the Tribunal determines that the applicable law framework for questions of jurisdiction includes (i) Article 26 ECT; (ii) to be interpreted and applied in accordance with the VCLT; and (iii) in light of the circumscription or outer limits provided by Swedish law, which applies as *lex arbitri* [...] ».

1791 CIRDI, *Vattenfall AB et autres (Vattenfall (II)) c. République fédérale d'Allemange (II)*, aff. ARB/12/12, Décision du 31 août 2018 sur la problématique Achmea, § 166.

1792 CPA, (CNUDCI), *A.M.F. Aircraftleasing Meier & Fischer GmbH & Co. KG (A.M.F Aircraftleasing) c. République tchèque*, aff. n° 2017-15, Sentence finale du 11 mai 2020, § 331 « The offer to arbitrate is contained in the Germany-Czech Republic BIT, which is an instrument of international law. Consequently, the Arbitral Tribunal shall examine whether Article 10 of the BIT contains a valid offer to arbitrate under international law » ; CPA, (CNUDCI), *Horthel Systems BV, Poland Gaming Holding BV and Tesa Beheer BV (Horthel) c. Pologne*, aff. n° 2014-31, Sentence du 16 février 2017, § 93.

1793 CIRDI, *Alverley Investement Limited et Germen Properties Ltd (Alverley et Germen) c. Roumanie*, Sentence du 16 mars 2022, §§ 155-161 ; CIRDI, *Mathias Kruck et autres c. Royaume d'Espagne*, aff. ARB/15/23, Décision sur la compétence et l'admissibilité du 19 avril 2021, § 281.

1794 CIRDI, *GPF GP S.à.r. l (Griffin) c. République de Pologne*, aff. n° 2014/168, Sentence du 29 avril 2020, § 232 « 232. Subject to the Achmea Objection, the Parties do not dispute that the Treaty, including the Tribunal's jurisdiction provided in Article 9, is governed by international law. They are obviously correct ».

1795 CPA, (CNUDCI), *A.M.F. Aircraftleasing Meier & Fischer GmbH & Co. KG (A.M.F Aircraftleasing)* c. *République tchèque*, aff. n° 2017-15, Sentence finale du 11 mai 2020, § 392 *pro* SCC, (SCC), *Mercuria Energy Group Limited (Mercuria) c. République de Pologne*, aff. n° 2019/126, Sentence du 29 décembre 2022, § 361.

1796 CPA, (CNUDCI), *Horthel Systems BV, Poland Gaming Holding BV and Tesa Beheer BV c. Pologne*, aff. n° 2014-31, Sentence du 16 février 2017, § 94 « It is uncontroversial that interpretation of the BIT and its jurisdictional requirements is governed by customary international law, the rules of treaty interpretation of which are codified in the Vienna Convention on the Law of Treaties of 23 May 1969 (VCLT). [...] ».

et 32 de la CVDT[1797]. En somme, dans une majorité de sentences, le droit interne de l'État hôte de l'investissement, le droit interne de l'État d'origine ou d'autres accords de droit international ne sont pas expressément mentionnés comme droit applicable à la compétence.

463. Les clauses de droit applicable au fond simplificatrices. Une confusion entre les droits applicables est parfois encouragée par certaines clauses de détermination du droit applicable au fond, comme celle du type de l'article 9 § 3 du traité d'investissement entre la France et la Hongrie signé en 1986 qui dispose : « Le tribunal d'arbitrage statue conformément aux dispositions du présent Accord et aux règles et principes du Droit international ». Ainsi, le tribunal de l'affaire *UP et C.D Holding* se borne à accepter d'appliquer cet article après avoir cité l'article 42 § 1 de la Convention CIRDI dans son examen du droit applicable au fond[1798]. L'article 26 § 6 TCEn appartient à cette catégorie de clauses. Il prévoit que le tribunal « statue sur les dispositions litigieuses conformément au présent traité et aux règles et principes applicables de droit international ». Dans le cadre d'un arbitrage sur le fondement du TCEn, le tribunal de l'affaire *Eiser* se limite à citer l'article 42 § 1 de la Convention CIRDI et l'article 26 § 6 pour conclure qu'il tranchera le différend sur la base des termes du TCEn et des règles applicables et principes de droit international[1799]. Dans ses développements sur le fond, il ne revient pas sur le droit applicable et se prononce sur la violation du traitement juste et équitable sans envisager, par exemple, l'application du principe d'interdiction des aides d'État du droit de l'UE au titre de l'article 26 § 6 TCEn, alors que le droit des aides d'État était mentionné par le défendeur[1800]. D'autres tribunaux n'ont pas hésité à appliquer le droit de l'État hôte[1801], même en présence de clauses de droit applicable n'y faisant pas référence[1802].

464. La simplification du fait d'un accord sur le droit applicable au fond. La réduction du droit applicable au fond au seul traité peut également provenir d'un choix des parties à l'arbitrage exprimé lors de l'arbitrage. De telles parties ont parfois décidé d'appliquer à leur litige le traité ainsi que toutes règles pertinentes de droit international[1803], ou les

---

[1797] CIRDI, *Plama Consortium Limited (Plama) c. République de Bulgarie*, aff. ARB/03/24, Décision sur la compétence du 8 février 2005, § 117.

[1798] CIRDI, *UP et C.D Holding Internationale (UP et C.D Holding) c. Hongrie*, aff. ARB/13/35, Sentence du 9 octobre 2018, §§ 280-283 *pro* CPA, *Luigiterzo Bosca c. République de Lituanie*, aff. n° 2011-05, Sentence du 17 mai 2013, § 108 « The Tribunal refers to Article 9(3)(b) of the Agreement and Paragraph 5(b) of the Protocol which mandate that the arbitration shall [...] apply the provisions contained in the Agreement as well as principles of international law recognized by the two Contracting Parties. In interpreting the Agreement, the Tribunal looks to the rules embodied in the Vienna Convention on the Law of Treaties. Reference is also made, where appropriate, to the relevant provisions of Lithuanian law relating to the privatization process » ; CIRDI, (CNUDCI), *A11Y LTD. c. République tchèque*, aff. UNCT/15/1, Ordonnance procédurale No. 1 du 23 mars 2015, § 10 « 10. Applicable Law Article 33 UNCITRAL Arbitration Rules (1976) Article 8(3) of the BIT 10.1. Article 8(3) of the BIT provides that an "arbitral tribunal to which the dispute is referred under paragraph (2) shall, in particular, base its decision on the provisions of this Agreement ».

[1799] CIRDI, *Eiser Infrastructure Limited et Energía Solar Luxembourg S. à r. l. (Eiser et Energía Solar) c. Royaume d'Espagne*, aff. ARB/13/36, Sentence du 17 mai 2017, §§ 322-325.

[1800] *Ibid.*, § 173.

[1801] Pour certains auteurs, reprenant une typologie issue du droit international privé, il ne peut s'agir d'application du droit interne, mais d'une prise en compte en tant que donnée à établir ou d'état normatif à considérer. V. RIVIER R., « L'articulation entre droit national et droit international devant les tribunaux arbitraux internationaux d'investissement », *in* ROBERT-CUENDET S. (dir.), *Droit des Investissements Internationaux – Perspectives croisées*, Bruxelles, Bruylant, 2017, pp. 413-483, spéc. p. 472 « Lorsque l'unique cause de réclamation est la violation du traité, le droit national ne peut constituer la base du règlement par choix des parties qu'en l'absence de clause de droit applicable retenant le seul droit international même si le droit national offre des garanties supplémentaires par rapport au traité ».

[1802] SCHREUER C. et KIEBAUM U., « The Meaning of 'and' – International Law and Domestic Law in Investment Arbitration », *in The System of International Arbitration – Liber Amicorum Emmanuel Gaillard* (à paraitre). Disponible sur le site de l'Université de Vienne : <https://investmentlaw.univie.ac.at/writings/>, consulté le 19.12.2024

[1803] Arbitrage *ad hoc*, (CNUDCI), *Austrian Airlines c. République slovaque*, Sentence finale du 9 octobre 2009, § 80 « Section 6 of the ToA states that» (t]he applicable substantive law shall be the Treaty as well as any relevant rules of international law » comp. CIRDI, CIRDI, *Ioan Micula, Viorel Micula et autres (Micula) c. Roumanie (I)*, aff. ARB/05/20, Décision sur la compétence et l'admissibilité du 24 septembre 2008, §§ 286-290, spéc. §§ 288 « The Claimants submit principes généraux du droit[1804]. En dehors des hypothèses où le traité comprend une clause de droit applicable, et en l'absence de choix exprès des parties, des tribunaux ont également pu désigner les traités complétés par le droit coutumier international ou les principes généraux du droit comme droit applicable au fond, en invoquant un choix tacite des parties contractantes au traité de protection[1805] ou des parties à l'arbitrage[1806] en faveur de ces sources.

465. L'effet de l'évolution des causes des demandes des investisseurs sur le rôle du droit interne. L'évolution des causes au centre des prétentions des demandeurs peut également expliquer le développement de cette approche simplificatrice et l'affaiblissement du rôle du droit interne dans les arbitrages d'investissement[1807]. En effet, si dorénavant la grande majorité des clauses d'arbitrage des traités de protection des investissements vise la violation de toutes ou plusieurs obligations du traité, auparavant un nombre significatif de traités, surtout ceux adoptés par des pays à économie planifiée, prévoyait que le recours à l'arbitrage n'était possible qu'en matière d'expropriation. Parfois même, l'arbitrage ne pouvait porter que sur le montant d'une indemnité d'expropriation. Ainsi, la cause juridique

---

that "where the basis of jurisdiction is a BIT and the claims put forward are based on the BIT, it is established practice to accept the BIT's substantive rules as the applicable law". The Respondent appears to agree, noting that "the interpretation of the BIT must be guided by relevant principles of international law", and adding that "[i]ts actual text is of course the starting point" » et 318 « 318. There is no dispute among the Parties that the primary source of law for this Tribunal is the BIT itself […] ».

1804 CPA, (CNUDCI), *A.M.F. Aircraftleasing Meier & Fischer GmbH & Co. KG (A.M.F Aircraftleasing) c. République tchèque*, aff. n° 2017-15, Sentence finale du 11 mai 2020, §§ 270, 370-375, 503 et 504.

1805 CIRDI, *Marco Gavazzi et Stefano Gavazzi (Gavazzi) c. Roumanie*, aff. ARB/12/25, Sentence du 18 avril 2017, § 156 « […] By concluding the BIT, the Contracting Parties agreed to apply the BIT and international law to disputes for breaches of the BIT […] » ; CIRDI, *GPF GP S.à.r. l (Griffin) c. République de Pologne*, aff. n° 2014/168, Sentence du 29 avril 2020, § 218 « […] The Treaty contains no choice of law clause. Being an international treaty, the BIT is governed by general international law including the VCLT, to which Poland and Luxembourg are parties » ; CIRDI, *Cyprus Popular Bank c. République hellénique*, aff ARB/14/16, Décision sur la compétence et la responsabilité du 8 janvier 2019, §§ 314-328, spéc. § 324 « […] the Hellenic Republic's offer to submit to arbitration, formalized in Art. 9 of the BIT, includes the implicit condition that the tribunal will adjudicate the dispute applying as "rules of law" the provisions of the BIT and subsidiarily general principles of international law. When Laiki eventually accepted the offer and submitted the dispute to ICSID arbitration, agreement on the choice of applicable "rules of law" was locked ».

1806 CIRDI, *The Rompetrol Group N.V (Rompetrol) c. Roumanie*, aff. ARB/06/3, Sentence du 6 mai 2013, § 170 « […] [The tribunal's] function is solely to decide, as between TRG and Romania, "legal dispute[s] arising directly out of an investment" and to do so in accordance with "such rules of law as may be agreed by the parties," which in the present case means essentially the BIT, in application of the appropriate rules for its interpretation […] »; CIRDI, *Addiko Bank AG and Addiko Bank d. d. (Addiko) c. République de Croatie*, aff. ARB/17/37, Décision sur l'exception d'incompétence liée à l'incompatibilité présumée du TBI avec l'acquis de l'UE du 12 juin 2020, §§ 260-269, spéc. §§ 260 « […] the Tribunal believes that by accepting an offer to arbitrate contained in an investment treaty that does not contain an express applicable law clause, but which nonetheless is implicitly governed by its own terms and by international law under VCLT Article 2(1)(a), an investor thereby agrees to such applicable law for the proceedings. In these circumstances, there generally will be no need to proceed to the second sentence of Article 42(1) of the ICSID Convention, which supplies a default applicable law "[i]n the absence of [an] agreement" between the disputing parties […] » et 267 « […] the Tribunal finds that the applicable law of the Austria-Croatia BIT consists of the terms of that BIT itself, which set for a *lex specialis* to govern any disputes initiated by investors accepting the offer of arbitration extended by the BIT, together with general principles of international law which may help to inform the concepts embedded in the treaty terms […] » comp. CIRDI, *UAB E energija (Lithuania) (UAB) c. République de Lettonie*, aff. ARB/12/33, Sentence du 22 décembre 2017, § 792 « In the Tribunal's view, acceptance of the offer to arbitrate in Article 7 of the BIT establishes an implicit agreement that the applicable law consists primarily of the standards of protection contained in the BIT, but that recourse may be had to general international law as well as to the domestic law of Latvia ».

1807 Pour un constat équivalent d'un recul du champ d'application du droit interne dans la pratique arbitrale, mais en raison d'élément structurelles, notamment de l'arbitrage CIRDI v. GIARDINA A. « Droit international et droit interne dans le contentieux international des investissements », *in* d'ARGENT P. BONAFE B. et COMBACAU J. (coordinateurs), *Les limites du droit international - Essais en l'honneur de Joe Verhoeven*, Bruxelles, Bruylant, 2014, pp. 457-471, spéc. p. 471. L'auteur précise dans sa conclusion : « Bien qu'en principe [les champs d'application respectifs du droit interne de l'État hôte et du droit international applicable] semblent confirmés, des signes apparaissent évidents d'une application toujours plus ample et/ou d'une référence supplémentaire au droit international, même lorsque la référence au droit interne pourrait ou devrait être considérée comme exhaustive ».

la plus invoquée dans les arbitrages d'investissement était la violation des articles des traités portant sur l'expropriation. Pour certains, la jurisprudence arbitrale en matière d'expropriation est une des rares jurisprudences qui aurait atteint un degré suffisant de cohérence pour être qualifiée de jurisprudence constante[1808]. Cette dernière prévoyait une clef de répartition claire entre le droit interne et le droit international. Par la suite, la protection des attentes légitimes de l'investisseur[1809], invoquée dans le contexte de l'expropriation indirecte[1810], mais rattachée finalement au standard de traitement juste et équitable[1811], est apparue pour les arbitres et les investisseurs comme un complément pouvant pallier la sévérité de la jurisprudence en matière d'expropriation[1812]. Une approche privilégiant une mise en balance des intérêts juridiques en présence l'aurait emporté sur une approche du tout-ou-rien propre au concept d'expropriation directe ou indirecte du fait de mesures règlementaires[1813].

466. La prépondérance des demandes portant sur la violation du traitement juste et équitable. Dorénavant, la violation du standard du traitement juste et équitable est la cause juridique la plus fréquemment invoquée par les investisseurs[1814], d'aucuns en font la *Groundnorm* du droit international de l'investissement[1815] ou encore la manifestation d'une

---

[1808] Si la sentence partiellement commune des affaires *Anglia* et *Busta* ne s'appuie sur aucune sentence antérieure pour décider que le TBI et le TFUE portent sur des matières différentes ; au stade de l'examen au fond de l'existence d'une expropriation, le tribunal se réfère à la jurisprudence arbitrale constante en la matière détaillée dans la sentence *Plama* (CIRDI, *Plama Consortium Limited c. République de Bulgarie*, aff. ARB/03/24, Sentence du 27 août 2008, § 193). V. SCC, (SCC), *Anglia Auto Accessories Ltd (Anglia) c. République tchèque*, aff. n° 2014/181, Sentence finale du 10 mars 2017, §§ 113-118, 126-128 et 292 ; SCC, (SCC), *J. P. Busta et I. P. Busta (Busta) c. République tchèque*, aff. n° 2015/014, Sentence finale du 10 mars 2017, §§ 113-118, 126-128 et 389. Cette sentence peut être vue comme révélant une certaine exigence du tribunal dans sa reconnaissance d'une jurisprudence arbitrale constante.

[1809] Sur l'apparition et les sources potentielles de la protection des attentes légitimes dans l'arbitrage d'investissement conventionnel v. POTESTA M., « Legitimate Expectations in Investment Treaty Law: Understanding the Roots and the Limits of a Controversial Concept », *ICSID Review - FILJ*, Vol. 28 (1), 2013, pp. 88-122.

[1810] de NANTEUIL A., *L'expropriation indirecte en droit international de l'investissement*, Paris, Pedone, 2014, pp. 650, Sur le rôle d'indentification de l'expropriation indirecte illicite, de la méconnaissance des attentes légitimes spéc. pp. 216-224.

[1811] CIRDI, *El Paso Energy International Compagny (El Paso) c. République argentine*, aff. ARB/03/15, Sentence du 31 octobre 2011, § 227 « There is not always a clear distinction between indirect expropriation and violation of legitimate expectations, as can be seen from an excerpt of the Claimant's Memorial stating that "measures that are inconsistent with an investor's legitimate expectations constitute an expropriation" [...]. According to this Tribunal, the violation of a legitimate expectation should rather be protected by the fair and equitable treatment standard ».

[1812] SORNARAJAH M. « Developing countries in the investment treaty system: A law for need or a law for greed? », *in* SCHILL S. W., TAMS C. J., HOFMANN R. (eds.), *International Investment Law and Development*, Cheltenham – Northampton, Edward Elgard, 2015, pp. 43-66, spéc. pp. 54-61 « The second area relates to the expansionary changes that have been made to the substantive law relating to the causes of action under the treaties. These include expropriation as well as other standards of treatment. There has also been expansion of the substantive law. Such expansion means that there is encroachment on the sovereignty of developing states. The most glamorous change through expansionist interpretation concerns the fair and equitable treatment standard. When I wrote the first edition of my book, The International Law on Foreign Investment in 1994, I researched the standard and found that it was without any substantive content [...] ».

[1813] LANDMANN N., *Legitimate Expectations and Fair-and-Equitable-Treatment under the Energy Charter Treaty*, Baden-Baden, Nomos, 2022, pp. 370, spéc. pp. 73-75.

[1814] Stephan W. Schill précise que « [s]tatistically, breach of FET is claimed in more than 50% of all investment treaty arbitrations » et conclut que « [...] FET as become the central norm in the investment treaty regime [...] » V. SCHILL S. W., « Landmark Case on Fair and Equitable Treatment : Empowering and Controlling Arbitrators as Law-Makers », *in* RUIZ FABRI H. et STOPPIONI E. (eds.), *International Investment Law – An Analysis of the Major Decisions*, Oxford, Hart Publishing, 2022, pp. 359-379, spéc. pp. 360 (nbp 9) et 379.

[1815] PALOMBINO F. M., *Fair and Equitable Treatment and the Fabric of General Principles*, La Haye, Asser Press, 2018, pp. 166, spéc. pp. 1 et 164. V. aussi CIRDI, *Suez, Sociedad General de Aguas de Barcelona, S.A. et Vivendi Universal, S.A. (formerly Aguas Argentinas, S.A., Suez, Sociedad General de Aguas de Barcelona, S.A. et Vivendi Universal, S.A.) (Suez et Vivendi) c. République argentine (II)*, aff. ARB/03/19, Décision sur la responsabilité du 30 juillet 2010, § 181 « [...] Indeed, to borrow the terminology of Hans Kelsen, it is no exaggeration to say that the obligation of a host State to accord fair and equitable treatment to foreign investors is the *Grundnorm* or basic norm of international investment law ».

« *Normative Equity* »[1816]. En son sein, la protection des attentes légitimes tient une place centrale, comme cela s'observe dans les arbitrages sur le fondement du TCEn[1817]. Toutefois, ce standard non contingent, en particulier en matière de protection des attentes légitimes, ne semble pas avoir établi une répartition claire entre droit interne et droit international[1818]. En effet, une protection internationale équivalente à celle offerte à des droits de propriété établis est offerte à des attentes qui, de l'aveu même des arbitres, sont « juridiquement non contraignantes », « moins que des droits », dans l'ordre juridique de l'État hôte[1819]. Cela interroge quant à la place du droit interne dans les arbitrages d'investissement.

2 - Les limites de l'approche simplificatrice

467. L'absence du droit interne dans le droit applicable à la compétence. Représentatifs de la pratique majoritaire, les développements du tribunal CIRDI de l'affaire *Norvik Banka*[1820] (désormais *PNB Banka*) quant au rôle du droit interne de l'État hôte dans la détermination de la compétence, peuvent être précisés ici. Dans cette affaire, l'État arguait que l'article 42 § 1 de la Convention CIRDI s'appliquait à la détermination du droit applicable au stade de la compétence et qu'il prévoyait, en l'absence de choix des parties, l'application du droit de l'État hôte (et donc du droit de l'UE) aux côtés des principes de droit international en la matière. Le tribunal, en s'appuyant sur les écrits du professeur Christoph H. Schreuer, considère que seuls quelques tribunaux minoritaires se sont appuyés sur l'article 42 § 1 pour

1816 PALOMBINO F. M., *Fair and Equitable Treatment and the Fabric of General Principles*, La Haye, Asser Press, 2018, pp. 166, spéc. pp. 2-8.

1817 VIG Z., *The Fair and equitable treatment in the Energy Charter Treaty*, Szeged, Iurisperitus Publishers, Szeged, 2021, pp. 121, spéc. pp. 107-111. En retenant 26 sentences prononcées par des tribunaux compétents sur le fondement du traité sur la charte de l'énergie, dont 14 arbitrages intra-UE dans le domaine de l'énergie renouvelable, l'auteur constate la divergence des sentences quant au contenu du standard de traitement juste et équitable, ainsi que quant à l'articulation de ce standard avec les autres standards de l'article 10 § 1 TCEn. Les tribunaux admettent cependant en majorité le caractère autonome du standard de traitement juste et équitable. Ils admettent aussi que ce standard a pour élément central la protection des attentes légitimes de l'investisseur. Si les sentences convergent sur plusieurs points relatifs à la protection des attentes de l'investisseur (caractère objectif des attentes, évaluation des attentes au moment de réalisation de l'investissement et diligence de l'investisseur), elles s'opposent sur d'autres (niveau de diligence, source des attentes) ; l'auteur conclut : « All in all, we can conclude that the question of fair and equitable treatment in the context of the Energy Charter Treaty is still the most important issue. The arbitral practice, though showing common patterns and positions in some respects, is still very colorful. However, we can at least note, that with regards to several aspects of fair and equitable treatment, tribunals now have clearer (if differing) positions to base their own positions on. The issue of legitimate expectations seems to have completely subsumed fair and equitable treatment in the majority of cases, either being the sole object of examination within the standard's context, or being central element to which the tribunal devoted most of its attention ».

1818 Le concept même d'attente légitime a évolué, si les premiers tribunaux ayant tranché une série de différends contre l'Argentine s'étaient montrés rétifs à accepter que la législation de l'État puisse être au fondement des attentes légitimes d'investisseurs, désormais les tribunaux n'écartent pas cette possibilité. Les discussions autour du concept des promesses législatives ne sont cependant plus centrales, car les tribunaux examinent l'existence d'une action (composite) positive de l'État, peu importe sa forme. Cette approche holistique (s'intéressant à des déclarations et promesses, spécifiques ou générales et de natures diverses), préférée à un examen individuel de ces éléments disparates, a pour conséquence de relativiser la pertinence de la hiérarchie normative interne dans l'examen des attentes. Sur l'évolution de la jurisprudence arbitrale quant au rôle du cadre légal comme source d'attentes légitimes des investisseurs v. LANDMANN N., *Legitimate Expectations and Fair-and-Equitable-Treatment under the Energy Charter Treaty*, Baden-Baden, Nomos, 2022, pp. 370, spéc. pp. 221-239. V. aussi PALOMBINO F. M., *Fair and Equitable Treatment and the Fabric of General Principles*, La Haye, Asser Press, 2018, pp. 166, spéc. pp. 109-121. L'auteur identifie une évolution de la jurisprudence allant d'une approche originelle vers une approche d'attentes par induction, cherchant à déterminer si l'État a induit « en investissement » l'investisseur, cette intention peut être déduite d'une analyse globale du cadre règlementaire.

1819 PERRONE N. M., « The Emerging Global Right to Investment : Understanding the Reasoning behind Foreign Investor Rights », *Journal of International Dispute Settlement*, Vol. 8(4), 2017, pp. 673-694, spéc. p. 692 « Investment arbitrators enforce foreign investor legitimate expectations against host states as if they were strong property rights, but refer to these expectations as 'non-legally binding' or 'less than rights' ».

1820 CIRDI, *AS Norvik Banka, Alexander Guselnikov, Grigory Guselnikov et autres (Norvik Banka) c. République de Lettonie*, aff. ARB/17/47, Décision sur l'objection Intra-UE du 14 mai 2021, §§ 546-559.

déterminer le droit applicable à la compétence et que les écrits les plus récents de cet auteur, ainsi que des sentences postérieures à ces écrits suggèrent que la position majoritaire, limitant l'article 42 § 1 au droit applicable au fond, est dorénavant généralement acceptée[1821]. À tenir cela pour établi, la question du droit applicable à la compétence subsiste néanmoins. Les citations du professeur Christoph H. Schreuer (synthétisant la jurisprudence arbitrale) sélectionnées par le tribunal abondent dans le sens d'un droit applicable au stade de la compétence restreint « aux dispositions du TBI et à l'article 25[1822] » ou, autrement dit, « aux instruments contenant le consentement des parties »[1823]. Cependant, en lisant l'ensemble de l'article de cet auteur, sa position se révèle être moins restrictive. Ce dernier reconnait un rôle au droit interne au stade de la compétence[1824]. Toutefois, le professeur Christoph H. Schreuer lui-même, quand il cite cet article, peut omettre le rôle de ces règles[1825]. Les formulations dans les sentences se limitant à la clause d'arbitrage du TBI et à l'article 25 de la Convention CIRDI reflètent l'idée selon laquelle le droit interne ne s'appliquerait que du fait d'un renvoi du traité de protection. Or, par exemple, la condition de respect du droit de l'État d'accueil de l'investissement peut être considérée comme ne nécessitant pas un renvoi explicite dans le traité au droit de l'État hôte[1826], comme l'affirme le tribunal de l'affaire *Plama* au sujet du TCEn[1827]. Il faut préciser ici que pour certains cette hypothèse ne relève pas d'une

---

[1821] *Ibid.*, § 554.

[1822] SCHREUER C.H., MALINTOPPI L., REINISCH A. et SINCLAIR A., *The ICSID Convention – A Commentary*, 2nd ed, Cambridge, CUP, 2009, pp. 1596, spéc. p. 552 « Other tribunals have confirmed that the law applicable to the tribunal's jurisdiction were the provisions of the BIT and Art. 25. A minority of tribunals
have recognized a role for the host State's domestic law in determining jurisdiction ».

[1823] SCHREUER C., « Jurisdiction and applicable law in investment treaty arbitration », *McGill Journal of Dispute Resolution*, Vol. 1(1), 2014, pp. 1-25, spéc. p. 3 « Tribunals have held consistently that questions of jurisdiction are not subject to the law applicable to the merits of the case. Questions of jurisdiction are governed by their own system which is defined by the instruments containing the parties' consent to jurisdiction ».

[1824] SCHREUER C., « Jurisdiction and applicable law in investment treaty arbitration », *McGill Journal of Dispute Resolution*, Vol. 1(1), 2014, pp. 1-25, spéc. p. 4 « Some questions that are relevant to a tribunal's jurisdiction are governed by domestic law. In investment treaty arbitration this is usually the consequence of a reference to domestic law in the treaty providing for jurisdiction » et pp. 6 « In most cases that law [governing jurisdiction] will be determined by the instruments providing for arbitration. In investment treaty arbitration most often this is a BIT and the ICSID Convention. On some questions, such as the investment's legality, the investor's nationality and the existence of property and similar rights, the relevant treaty refers to domestic law ».

[1825] CPA, (CNUDCI), *Domingo García Armas, Manuel García Armas, Pedro García Armas* et autres (*Garcia Armas et autres) c. République bolivarienne du Venezuela*, aff. n° 2016-08, Deuxième avis juridique du Professeur Alain Pellet du 8 mars 2018, § 61 « Professor Schreuer refers to one of his own articles on the matter ("Jurisdiction and Applicable Law in Investment Treaty Arbitration"). However, the article concerned seems more nuanced: it acknowledges that the rules relevant to jurisdiction are not necessarily confined to the provisions of the instrument containing consent but may also extend, at least, to the domestic law of the host State and applicable rules of international law ».

[1826] YOTOVA R., *Compliance with Domestic Law: An Implied Condition in Treaties Conferring Rights and Protection on Foreigne Nationals and their Property?*, University of Cambridge Faculty of Law Research Paper N° 43/2018, 2018, pp. 24, spéc. pp. 15-24.

[1827] CIRDI, *Plama Consortium Limited (Plama) c. République de Bulgarie*, aff. ARB/03/24, Sentence du 27 août 2008 *pro* CIRDI, *Phoenix Action, Ltd. c. République tchèque*, aff. ARB/06/5, Sentence du 15 avril 2009, § 101 ; CIRDI, *SAUR International S.A. (SAUR) c. Argentine*, aff. ARB/04/4, Décision sur la compétence et la responsabilité du 6 juin 2012, § 308 ; CIRDI, *Blusun S.A., Jean-Pierre Lecorcier et Michel Stein (Blusun) c. République italienne*, aff. ARB/14/3, sentence du 26 décembre 2016, § 264 *contra* CIRDI, *Saba Fakes c. République de Turquie*, aff. ARB/07/20, Sentence du 14 juillet 2010, § 112 ; SCC, (SCC), *Ascom Group S.A., Anatolie Stati, Gabriel Stati and Terra Raf Trans Traiding Ltd. (Stati et autres) c. République du Kazakhstan*, aff. n° 116/2010, Sentence du 19 décembre 2013, § 756.

application du droit interne, mais d'une considération du droit de l'État hôte[1828], d'autres auteurs parlent d'application indirecte de ce droit[1829].

468. Le manque de distinction entre droit applicable et dispositions appliquées. Dans l'affaire *Norvik Bank*, le tribunal considère que le droit de l'UE n'appartient pas au droit applicable à la compétence du tribunal, en ce qu'il ne détermine pas la compétence du tribunal[1830]. Faut-il alors comprendre que le droit de l'UE en tant que droit international n'appartiendrait au droit applicable à la compétence que s'il avait entrainé l'incompétence du tribunal ? Ce tribunal examine pourtant la compatibilité des traités de l'UE et de la Convention CIRDI au regard de l'article 30 § 3 CVDT et conclut qu'en vertu du principe d'interprétation harmonieuse, les mécanismes de résolution des différends des deux traités ne sont pas incompatibles[1831]. De même, le tribunal de l'affaire *Stadtwerke*, au lieu de chercher une règle de détermination du droit applicable à la compétence, se borne à noter que « [...] *the law applicable to the jurisdiction of this Tribunal is not prescribed by article 26(6) of the ECT but by Articles 26(1)-(5), which confer jurisdiction upon the Tribunal* [...] »[1832], sans distinguer entre droit applicable et conditions de compétence de nature conventionnelle du tribunal. La majorité des sentences étudiées traitent de la question du droit applicable à la compétence de manière insatisfaisante. Il conviendrait de distinguer entre le droit applicable au stade de la compétence (sources potentielles), les conditions de compétence de nature conventionnelle du tribunal (dispositions du traité d'investissement et article 25 de la Convention CIRDI) en portant une attention particulière à l'étendue de la compétence du tribunal (formulation de la clause d'arbitrage du traité d'investissement), c'est-à-dire les différends qu'il peut trancher[1833], et le droit déterminant la compétence ou appliqué (sources déterminant en l'espèce si le tribunal est oui ou non compétent). Faute de distinctions, toutes ces questions semblent faire l'objet d'une réponse unique : le tribunal applique le traité – et le cas échéant la Convention CIRDI – ou plus généralement le droit international. Cette réponse apparait simplificatrice, que ce soit dans le cadre des arbitrages sur le fondement de TBI intra-UE ou du TCEn.

469. La confusion entre les droits applicables. Répondre à la question du droit applicable à la compétence en affirmant simplement appliquer le traité, aux côtés de la Convention CIRDI, ou au mieux le droit international semble également favoriser une confusion entre les différents droits applicables. Cette confusion se fait jour dans plusieurs

---

1828 Pour une autrice estimant que la reconnaissance d'une clause de respect du droit local tacite n'aurait pour conséquence que la considération du droit de l'État hôte et pas son application v. RIVIER R., « L'articulation entre droit national et droit international devant les tribunaux arbitraux internationaux d'investissement », *in* ROBERT-CUENDET S. (dir.), *Droit des Investissements Internationaux – Perspectives croisées*, Bruxelles, Bruylant, 2017, pp. 413-483, spéc. p. 482 *contra* De NANTEUIL A., « La Notion d'investissement protégé : L'exigence de conformité de l'investissement au droit local », *in* De NANTEUIL (dir.), *L'accès de l'investisseur à la justice arbitrale – Réflexions sur la procéduralisation du droit international de l'investissement*, Paris, Pedone, 2015, pp. 31-59, spéc. pp. 43-46. Pour cette auteur une telle clause, comme une clause de choix de droit applicable, exprime le consentement des parties à ce que le droit interne soit appliqué. Il souligne que malgré ce fondement juridique suffisant, les « arbitres font preuve d'une grande timidité face à cette disposition, et usent généralement d'une grande imagination pour ne pas appliquer purement et simplement le droit interne » (p. 44).

1829 KJOS H.E., *Applicable Law in Investor-State Arbitration*, Oxford, OUP, 2013, pp. 368, spéc. pp. 253-258 et pp. 298.

1830 CIRDI, *AS PNB Banka, Alexander Guselnikov, Grigory Guselnikov et autres (PNB Banka et autres) c. République de Lettonie*, aff. ARB/17/47, Décision sur l'objection Intra-UE du 14 mai 2021, §§ 529-531 et 670.

1831 *Ibid.*, §§ 649-653.

1832 CIRDI, *Stadtwerke München GmbH, RWE Innogy GmbH et autres (Stadtwerke) c. Royaume d'Espagne*, aff. ARB/15/1, Sentence du 2 décembre 2019, § 137.

1833 En admettant de distinguer entre admissibilité et compétence, alors les questions d'admissibilité interviendrait après avoir répondu aux questions mentionnées. Pour une autre distinction entre l'attribution de la juridiction, l'étendue de la juridiction et les conditions de recevabilité v. DOUGLAS Z., *The International Law of Investment Claims*, Cambridge, CUP, 2009, pp.616, pp. 134-150, spéc. p. 142.

sentences[1834]. Plutôt que de multiplier les questionnements sur les différents droits applicables (voire de distinguer entre droit applicable et élément normatifs factuels à établir ou à considérer[1835]), le tribunal de l'affaire *Infracapital,* confronté à une objection d'incompétence TCEn intra-UE soulevant des questions complexes de droit applicable se limite à une réponse unique vague « *[...] The applicable law to jurisdiction and the merits of the dispute is international law [...]* »[1836]. L'affaiblissement de la distinction entre droit applicable au fond et à la compétence s'explique selon Raphaële Rivier par une tendance des tribunaux consistant à considérer que

> « [l]e droit applicable suit la cause juridique de la réclamation, un peu comme si les clauses juridictionnelles donnant compétence au tribunal pour connaître d'un différend conventionnel faisaient elles-mêmes office de clause de droit (international) applicable »[1837].

Cette confusion peut être mise en lien avec l'incertitude présente dans certaines sentences sur la portée de l'article 26 § 6 TCEn, qui à l'image de l'article 42 §1 Conv. CIRDI est l'objet d'interprétations divergentes par les tribunaux. Si la majorité des sentences ne l'applique qu'au fond, quelques sentences minoritaires l'appliquent au stade de la compétence[1838]. Et d'autres encore considèrent que son application exclusive ou non au stade du fond est indifférente[1839].

470. La hiérarchisation des sources du droit applicable. Toutefois, qu'il soit appliqué exclusivement au stade du fond ou non, le TCEn se révèle être pour les arbitres, non pas l'une des sources aux côtés des règles et principes applicables de droit international, mais la source

---

1834 CIRDI, *The Rompetrol Group N.V (Rompetrol) c. Roumanie*, aff. ARB/06/3, Décision sur la compétence du 18 avril 2008, §§ 77 et 78 et Sentence du 6 mai 2013, §§ 170-172 ; CIRDI, *B3 Croatian Courier Coöperatief U.A. (B3 Croatian Courier) c. République de Croatie*, aff. ARB/15/15, Sentence du 9 avril 2019, §§ 510-515, spéc. § 513 ; CPA, (CNUDCI), *A.M.F. Aircraftleasing Meier & Fischer GmbH & Co. KG (A.M.F Aircraftleasing) c. République tchèque*, aff. n° 2017-15, Sentence finale du 11 mai 2020, §§ 330, 331, 370-375, 503 et 504 ; CIRDI, *Addiko Bank AG and Addiko Bank d. d. (Addiko) c. République de Croatie*, aff. ARB/17/37, Décision sur l'exception d'incompétence liée à l'incompatibilité présumée du TBI avec l'acquis de l'UE du 12 juin 2020, §§ 198 et 256-269.

1835 RIVIER R., « L'articulation entre droit national et droit international devant les tribunaux arbitraux internationaux d'investissement », *in* ROBERT-CUENDET S. (dir.), *Droit des Investissements Internationaux – Perspectives croisées*, Bruxelles, Bruylant, 2017, pp. 413-483.

1836 CIRDI, *Infracapital F1 S.à r.l. et Infracapital Solar B.V (Infracapital) c. Royaume d'Espagne*, aff. ARB/16/18, Décision sur la demande de revision du défendeur quant à l'objection intra-UE et le fond du 1er février 2022, § 107.

1837 RIVIER R., « L'articulation entre droit national et droit international devant les tribunaux arbitraux internationaux d'investissement », *in* ROBERT-CUENDET S. (dir.), *Droit des Investissements Internationaux – Perspectives croisées*, Bruxelles, Bruylant, 2017, pp. 413-483, spéc. p. 482.

1838 CIRDI, *Blusun S.A., Jean-Pierre Lecorcier et Michel Stein (Blusun) c. République italienne*, aff. ARB/14/3, sentence du 26 décembre 2016, § 278 ; CIRDI, *Antin Infrastructure Services Luxembourg S.à.r.l. and Antin Energia Termosolar B. V. (Antin) c. Royaume d'Espagne*, aff. ARB/13/31, Sentence du 15 juin 2018, § 223 ; SCC, (SCC), *CEF Energia BV c République italienne*, aff. n° 158/2015, Sentence du 16 janvier 2019, § 63 ; CIRDI, *Rockhopper Italia S.p.A., Rockhopper Mediterranean Ltd, and Rockhopper Exploration Plc (Rockhopper) c. République Italienne*, aff. ARB/17/14, Décision sur l'objection d'incompétence Intra-UE du 29 juin 2019, § 146 ; CIRDI, *Belenergia S.A. c. République italienne*, aff. ARB/15/40, Sentence du 28 août 2019, §§ 289-293 ; SCC, (SCC), *Festorino Invest Limited, Fosontal Limited, Petra Salesny, Peter Derendinger and Petr Rojicek (Festorina et autres) c. République de Pologne*, aff. n° 2018/098, Sentence du 30 juin 2021, § 465.

1839 CIRDI, *BayWa r. e. Renewable Energy GmbH and BayWa r. e. Asset Holding GmbH (BayWa r.e) c. Royaume d'Espagne*, Décision du 2 décembre 2019 sur la compétence, la responsabilité et les orientations en matière de quantum du 2 décembre 2019, §§ 226 et 268 ; CIRDI, *Silver Ridge Power BV (Silver Ridge) c. République italienne*, aff. ARB/15/37, Sentence du 26 février 2021, § 213 ; CIRDI, *RENERGY S.à r.l. c. Royaume d'Espagne*, aff. ARB/14/18, Sentence du 6 mai 2022, §§ 337 et 338 comp. CIRDI, *Eskosol S.p.A. in liquidazione (Eskosol) c. République italienne*, aff. ARB/15/50, Décision sur l'objection d'incompétence Intra-UE du 7 mai 2019, § 114.

« première et essentielle »[1840], « primaire »[1841], « exclusive »[1842], si ce n'est pas la norme « constitutionnelle »[1843] donc supérieure, du droit applicable. Cette approche clairement hiérarchique des sources du droit applicable – entièrement assumée dans la sentence *RENERGY*[1844] – est souvent mise en lien avec l'article 16 TCEn, interprété comme une règle de conflit de conventions faisant prévaloir le TCEn sur le droit de l'UE – que le droit de l'UE soit ou non considéré comme faisant partie du droit applicable au stade de la compétence ou *a fortiori* du droit applicable au stade du fond[1845]. Le passage trop rapide, de la question de la détermination du droit applicable à celle de l'application d'une règle de conflit pour déterminer la règle à appliquer est un autre aspect de l'approche simplificatrice. Les sources du droit applicable mentionnées dans l'article 26 § 6 TCEn peuvent également être hiérarchisées, et ce, sans appel à une règle de conflit de conventions. C'est le cas lorsqu'il est affirmé que les règles et principes de droit international ne s'appliquent qu'en cas de silence du TCEn[1846]. Une telle forme de hiérarchisation des sources du droit applicable point dans la sentence *Eastern Sugar*. Dans cette affaire, l'article 8 § 6 du TBI entre les Pays-Bas et la République tchèque fait référence à une liste non exhaustive de normes, commençant par le droit de l'État hôte, que le tribunal devait prendre en compte pour trancher le litige. Dans sa sentence le tribunal s'écarte de la lettre de cet article. Il y juge que le droit international s'applique en général, et que ce n'est qu'en cas de silence de ce dernier que le droit de l'État hôte devra être pris en compte[1847]. À titre de comparaison – dans le cadre d'un arbitrage

---

1840 CIRDI, *Cordoba Beheer et autres c. Royaume d'Espagne*, aff. ARB/16/27, Décision sur la compétence, la responsabilité et les principes de quantum du 11 février 2022, § 620 « [...] the Tribunal has jurisdiction under Article 26 of the ECT must be established first and foremost pursuant to the terms of Article 26(1)-(5) of the ECT as interpreted pursuant to Articles 31 and 32 of the VCLT ».

1841 CPA, (CNUDCI), *WA Investments-Europa Nova Limited (Europa Nova) c. République tchèque*, aff. n° 2014-19, Sentence du 15 mars 2019, § 264 « [...] The Tribunal agrees with the Claimant that the primary basis for the Tribunal's decision is the text of the ECT [...] ».

1842 SCC, (SCC), *Foresight Luxembourg Solar 1 S.a.r.l. et autres c. Royaume d'Espagne*, aff. n° 2015/550, Sentence finale du 14 novembre 2018, § 218 « [...] The Tribunal must determine its jurisdiction exclusively in accordance with the jurisdictional requirements of the ECT ».

1843 CIRDI, *RREEF Infrastructure (G.P.) Limited et RREEF Pan-European Infrastructure Two Lux S. à r. l (RREEF) c. Royaume d'Espagne*, aff. ARB/13/30, Décision sur la compétence du 6 juin 2016, §§ 71-77, spéc. §§ 74 et 75 « The ECT is the "constitution" of the Tribunal [...] in case of any contradiction between the ECT and EU law, the Tribunal would have to insure the full application of its "constitutional" instrument [...] the ECT prevails over any other norm [...]. » *pro* SCC, (SCC), *Novenergia II - Energy & Environment (SCA), SICAR (Novenergia) c. Royaume d'Espagne*, aff. n° 063/2015, Sentence finale du 15 février 2018, § 437 ; CIRDI, *InfraRed Environmental Infrastructure GP Limited (InfraRed) c. Royaume d'Espagne*, aff. ARB/14/12, Sentence du 2 août 2019, § 257; SCC, (SCC), *FREIF Eurowind Holdings Ltd. (FREIF Eurowind) c. Royaume d'Espagne*, aff. n° 2017/060, Sentence du 8 mars 2021, § 321.

1844 CIRDI, *RENERGY S.à r.l. c. Royaume d'Espagne*, aff. ARB/14/18, Sentence du 6 mai 2022, § 339 « [...] Article 26(6) ECT, as most governing law provisions, is not a conflict rule (contrary to what the Claimant submits). The Article embodies a hierarchy which starts, logically, with "this Treaty", i.e. the ECT. The applicable rules and principles of international law are then mentioned to allow a tribunal to supplement the Treaty where necessary, not to contradict it [...] ». Il parait cependant contradictoire de considérer que l'article 26 § 6 TCEn ne contient pas de règle de conflit de normes tout en considérant qu'il hiérarchise les sources du droit applicable. Pour une interprétation de l'art. 26 § 6 TCEn écartant toute hiérarchie entre le traité et les règles et principes applicables de droit international v. SCC, (SCC), *Foresight Luxembourg Solar 1 S. a. r. l. et autres c. Royaume d'Espagne*, aff. n° 2015/550, Opinion dissidente partielle de Raul E. Vinuesa du 30 octobre 2018, § 17.

1845 CIRDI, *Silver Ridge Power BV (Silver Ridge) c. République italienne*, aff. ARB/15/37, Sentence du 26 février 2021, § 213.

1846 CIRDI, *RREEF Infrastructure (G.P.) Limited and RREEF Pan-European Infrastructure Two Lux S.à.r.l. (RREEF) c. Royaume d'Espagne*, aff. ARB/13/30, Décision sur la responsabilité et sur les principes du quantum du 30 novembre 2018, § 241 ; CIRDI, *Watkins Holdings S. à r. l. et autres (Watkins) c. Royaume d'Espagne*, aff. ARB/15/44, Sentence du 21 janvier 2020, § 486 ; CIRDI, *Infracapital F1 S.à r.l. et Infracapital Solar B.V (Infracapital) c. Royaume d'Espagne*, aff. ARB/16/18, Décision sur la compétence, la responsabilité et les directives sur le quatum du 13 septembre 2021, § 491.

1847 SCC, (CNUDCI), *Eastem Sugar B. V. c. République tchèque*, aff. n° 088/2004, Sentence partielle du 27 mars 2007, § 196 « [...] it means that international law generally applies. It is not just a gap-filling law. It is only where international law is silent that the Arbitral Tribunal should consider before reaching any decision how non conflicting provisions of Czech

CIRDI non UE – une telle hiérarchisation des sources du droit applicable apparait dans l'affaire *LG&E c. République argentine*. Dans cette dernière, le tribunal juge que l'article 42 § 1 de la Convention CIRDI prévoit en l'absence de choix de parties : premièrement, l'application du TBI, deuxièmement, en l'absence de dispositions explicites dans ce dernier, l'application du droit international général et, troisièmement, l'application du droit de l'État hôte[1848].

471. La désignation problématique des traités comme droit applicable. En matière de droit applicable au fond, cette tendance à désigner les dispositions d'un traité comme droit applicable a été promue par Gabrielle Kaufmann Kolher en 2004[1849], et identifiée dans la jurisprudence par Yas Banifatemi en 2010[1850]. Que ce soit en matière de droit applicable au stade du fond ou de la compétence, la formule « le traité est le droit applicable » est abusive en ce qu'elle ne distingue pas entre l'ensemble normatif pertinent pour résoudre une question et les normes à appliquer en l'espèce pour résoudre cette question[1851]. En considérant qu'il s'agit d'une simple facilité de langage et qu'en réalité cette formulation considère que le droit applicable à la compétence est le droit international et que les dispositions à appliquer sont principalement les dispositions du traité, alors il est possible de distinguer cette ligne jurisprudentielle d'une autre qui, elle, considère que le droit applicable à la compétence ne se limite pas au droit international.

B - L'approche complexe

472. Précisions concernant l'approche complexe[1852]. L'approche complexe du droit applicable consiste en une reconnaissance explicite du rôle respectif, dans l'arbitrage, de dispositions de droit interne et de droit international, rôle devant être déterminé au cas par cas selon les questions de droit. Une approche encore plus rigoureuse, reprenant une terminologie utilisée en droit international privé français, distinguerait entre des hypothèses de prise en considération du droit interne et des hypothèses d'application véritable du droit interne en tant que droit applicable. Or, s'il est possible de le regretter, même les sentences traitant le plus en détail du droit applicable – identifiées ici comme relevant d'une approche complexe – ont tendance à confondre ces hypothèses et affirment dans les deux cas appliquer

law might be relevant, and if so, could be taken into account ». Pour critique du raisonnement de ce tribunal quant au droit applicable v. BURGSTALLER M., « Les aspects procéduraux de l'arbitrage – Qui est partie ? Le rôle de la Commission européenne », *in* KESSEDJIAN C. et LEBEN C. (dir.), *Le droit européen et l'investissement*, Paris, Edition Panthéon Assas, 2009, pp. 123-142, spéc. pp. 132-135 « […] EC law is a highly developed international legal order with several particular features, in particular the primacy of EC law over national law and direct effect of EC law, it is best viewed as a subsystem of public international law. Therefor, whenever an arbitral tribunal has to apply international law, it should apply EC law, when and to the extend appropriate. In this vein, the *Eastern Sugar* tribunal should have indicated that EC law was applicable either as a subsystem of international law or as "the law in force of the Contracting Party concerned" under Article 8(6) of the Netherland-Czech Republic BIT. Either way, EC law squarely fell in the ambit of the applicable law ».

1848 CIRDI, *LG&E Energy Corp., LG&E Capital Corp. et LG&E International Inc. (LG&E) c. République argentine*, aff. ARB/02/1, Décision sur la responsabilité du 3 octobre 2006, § 99.

1849 KAUFMANN-KOHLER G., « L'arbitrage d'investissement : entre contrat et traité – entre intérêts privés et intérêt public », *Revue Libanaise de l'Arbitrage Arabe et International*, Vol. 32, 2004, pp. 9-15.

1850 BANIFATEMI Y., « The Law Applicable in Investement Treaty Arbitration » *in* YANNACA-SMALL K., *Arbitration under International Investment Agreements – A guide to the key issues*, Oxford, OUP, 2010, pp. 191-210.

1851 BANIFATEMI Y., « The Law Applicable in Investement Treaty Arbitration », art. cité, spéc. pp. 204-210.

1852 Le terme d'approche complexe du droit applicable est utilisé par Zachary Douglas. V. DOUGLAS Z., *The International Law of Investment Claims*, Cambridge, CUP, 2009, pp. 616, spéc. pp.40-44 « § 77 […] The investment treaty regime thus summons the image of a mosaic of applicable laws, unlike the position in classical international regimes where public international law might be destined to play an exclusive role, and questions of municipal law might be treated as questions of fact. § 78 A complex approach to the applicable law for investment treaty disputes is, therefore, necessitated by the status of the claiming party and the private rights and interests that constitute the object of the international protection provided by the investment treaty […] ».

le droit de l'État hôte[1853]. Ici, malgré l'apport euristique d'une telle approche rigoureuse, les sentences ont été essentiellement distinguées selon qu'elles admettent ou non la multiplicité du droit applicable, ou pertinent. Cette approche rigoureuse apparait en revanche dans les analyses du titre suivant.

473. ***Plan.*** L'approche complexe se manifeste, au sein des sentences, de différentes manières : elle est présente dans la détermination du droit applicable au stade de la compétence, mais aussi au stade du fond (1). Tout comme l'approche simplificatrice, elle souffre de limites qui ne portent pas sur l'approche elle-même, mais sur le caractère partiel de son application dans les sentences (2).

1 - Les manifestations de l'approche complexe.

474. ***L'approche complexe au stade de la compétence.*** Certaines sentences, comme celle de l'affaire *JSW Solar et Wirtgen,* répondent à la question du droit applicable à la compétence de manière complexe en affirmant, certes, que la compétence du tribunal est régie par le droit international, mais aussi par le droit interne, selon les questions et pas exclusivement en cas de renvoi du traité[1854]. La sentence de 2020 du tribunal de l'affaire *Muszynianka c. Pologne* s'inscrit dans cette ligne jurisprudentielle. Elle mentionne au niveau du droit applicable à la compétence[1855], au-delà du droit international, le droit interne des États parties au TBI, mais aussi la loi du pays du lieu de l'arbitrage (*lex loci arbitri*) : en l'espèce la loi fédérale suisse sur le droit international privé. Cette approche est également suivie concrètement par le tribunal de l'affaire *Emmis c. Hongrie*, lorsqu'il affirme que : « *the determination of the jurisdictional issue before it requires in turn reference to each of Hungarian law and public international law* »[1856]. Dans le cadre d'arbitrages TCEn intra-UE, cette approche apparait dans la première sentence arbitrale ayant accueilli une exception d'incompétence

---

1853 RIVIER R., « L'articulation entre droit national et droit international devant les tribunaux arbitraux internationaux d'investissement », *in* ROBERT-CUENDET S. (dir.)., *Droit des Investissements Internationaux – Perspectives croisées,* Bruxelles, Bruylant, 2017, pp. 413-483.

1854 CPA, (CNUDCI), *JSW Solar (zwei) GmbH & Co.KG, Gisela Wirtgen, Jürgen Wirtgen, et Stefan Wirtgen (JSW Solar et Wirtgen) c. République tchèque,* aff. n° 2014-03, Sentence finale du 11 octobre 2017, § 156 « 2. Law Governing Jurisdiction 156. It is generally accepted that an investment tribunal's jurisdiction is governed by international law, first and foremost by the BIT. In addition, the Tribunal may look to other rules of international law which may apply as between the Contracting Parties. National law may be relevant to jurisdictional requirements depending on the issue in question, particularly if the Treaty contains a reference to national law or uses a term that can only be understood by reference to national law ».

1855 CPA, (CNUDCI), *Muszynianka Spółka z Ograniczoną Odpowiedzialnością (Muszynianka) c. République slovaque,* aff. n° 2017-08, Sentence du 07 octobre 2020, §§ 158-167, spéc. §§ 159-161 comp. CPA, (CNUDCI*), Achmea B. V. c. République slovaque (formerly Eureko B. V. c. République slovaque)*, aff. n° 2008-13, Décision sur la compétence, l'arbitrabilité et la suspension du 26 octobre 2010, §§ 217-229, spéc. § 223. Le tribunal ne mentionne pas explicitement le droit interne des États parties, mais fait référence à la nationalité de l'investisseur et donc implicitement au droit de l'État d'origine de l'investisseu. *Pro* CPA (CNUDCI), *Fynerdale Holding B.V. (Fynerdale) c. République tchèque,* aff. n° 2018-18, Sentence du 29 avril 2021, §§ 261-268, spéc. § 264.

1856 CIRDI, *Emmis International Holding, B.V., Emmis Radio Operating, B.V., MEM Magyar Electronic Media Kereskedelmi és Szolgáltató Kft. (Emmis) c. Hongrie,* aff. ARB/12/2, Sentence du 16 avril 2014, § 149 et Décision sur la demande de bifurcation du demandeur du 13 juin 2013 § 44 *pro* CIRDI, *Accession Mezzanine Capital L.P et Danube Kereskedőház Vagyonkezelő Zrt.* (Accession Mezzanine) *c. Hongrie,* Sentence du 17 avril 2015, § 75 comp. CIRDI, *Vigotop Limited c. Hongrie,* aff. ARB/11/22, §§ 581-634, spéc. §§ 581-586. Ici le tribunal dit considérer la violation du principe de bonne foi en droit hongrois et en droit international (approche cumulative), mais en réalité il applique, à tour de rôle, le droit hongrois à la question de la résiliation du contrat entre la Hongrie et l'investisseur puis le droit international à la question de l'existence d'une expropriation. Cette ligne jurisprudentielle semble avoir été initiée par la décision sur la compétence de l'affaire *Quiborax c. Bolivie* (arbitrage non UE), alors même que cette dernière, en matière de compétence, ne prévoit l'application du droit interne de l'État d'origine de l'investisseur que dans la mesure où le TBI y fait référence. V. CIRDI, *Quiborax S.A., Non-Metallic Minerals S.A. (Quiborax) c. État plurinational de Bolivie,* aff. ARB/06/2, Décision sur la compétence du 27 septembre 2012, §§ 47-52, spéc. § 47 « [...] the Tribunal's jurisdiction is governed by the ICSID Convention, by the Bolivia-Chile BIT (the "Treaty" or the "BIT") and, to the extent the latter refers to it, by Bolivian law ».

intra-UE. En effet, le tribunal de l'affaire *Green Power et SCE* conclut la section B de sa sentence consacrée au droit applicable à la détermination de la compétence, en disant devoir prendre « *as a starting point Article 26 ECT and then and, if necessary, apply other rules of both international law and domestic law, as relevant for each question* »[1857]. Cette sentence critique directement l'approche simplificatrice en affirmant :

> « *[...] the law applicable to the determination of jurisdiction cannot be circumscribed on the basis of rigid categories such as the EU law or public international law, the use of which would purportedly entail inclusion or exclusion* en bloc *of certain norms. The analysis must be conducted at finer-grained level whereby certain questions are governed by the combined operation of certain specific norms, whether from international or domestic law* »[1858].

Toutefois, l'approche complexe n'est pas limitée au droit applicable à la compétence[1859].

475. L'approche complexe au stade du fond au sein des sentences TBI intra-UE. Au sein des sentences TBI intra-UE étudiées, cette approche se fait jour dans l'affaire *Oostergetel*. Ici, le tribunal applique une clause de droit applicable faisant référence à de multiples sources internes et internationales et affirme déterminer le droit applicable selon la nature de la question[1860]. Dans l'affaire *Horthel,* malgré une clause de droit applicable omettant le droit interne des parties, le tribunal précise qu'il déterminera pour chaque question le droit

---

[1857] SCC, (SCC), *Green Power Partners K/S et SCE Solar Don Benito APS (Green Power et SCE) c. Royaume d'Espagne*, aff. n° 2016/135, Sentence du 16 juin 2022, § 169.

[1858] *Ibid.*, § 333.

[1859] Le même constat est formulé par Florien Grisel en 2011. V. GRISEL F., *L'arbitrage international ou le droit contre l'ordre juridique – Application et création du droit en arbitrage international*, Clermont-Ferrand, Fondation Varenne, diff. LGDJ, 2011, pp. 308, § 127. L'approche complexe apparait au niveau du droit applicable au fond dans la sentence *Quiborax*. V. CIRDI, *Quiborax S.A., Non-Metallic Minerals S.A. (Quiborax) c. État plurinational de Bolivie*, aff. ARB/06/2, Sentence du 16 septembre 2015, §§ 90-92, spéc. § 91. La sentence *Quiborax* n'est pas novatrice, car elle reprend, en le citant, l'approche du tribunal de l'affaire *Burlington Resources Inc. c. République d'Équateur*. V. CIRDI, *Burlington Resources Inc. c. Republic d'Équateur*, aff. ARB/08/5, Décision sur la responsabilité du 14 décembre 2012, §§ 177-179, spéc. § 179. Cette approche avait été suivie, antérieurement à la sentence *Quibroax*, par le tribunal de l'affaire *Mobil et autres c. République bolivarienne du Venezuela* dans un autre arbitrage sans liens avec l'UE. Toutefois, ce dernier n'avait pas cité l'affaire *Burlington Resources Inc.* V. CIRDI, *Mobil Cerro Negro Holding, Ltd., Mobil Cerro Negro, Ltd., Mobil Corporation et autres (Mobile et autres) c. République Bolivarienne du Venezuela*, aff. ARB/07/27, Sentence du 9 octobre 2014, §§ 220-225, spéc. § 223 *pro* CIRDI, *Vestey Group Ltd (Vestey) c. République Bolivarienne du Venezuela*, aff. ARB/06/4, Sentence 15 avril 2016, §§ 114-118 spéc. § 117 ; CIRDI, *Sudapet Company Limited c. République du Sud Soudan*, aff. ARB/12/26, Sentence du 30 septembre 2016, §§ 390-399, spéc. § 398 ; CIRDI, *Churchill Mining et Planet Mining Pty Ltd c. République d'Indonésie*, aff. ARB12/40 et ARB12/14, Sentence du 6 décembre 2016, §§ 234-236 ; CPA, (CNUDCI), *Deutsche Telekom AG c. République d'Inde*, aff. n° 2014-10, Sentence provisoire du 13 décembre 2017, §§ 110 et 111.

[1860] Arbitrage *ad hoc*, (CNUDCI), *Jan Oostergetel & Theodora Laurentius (Oostergetel) c. République slovaque*, Sentence finale du 23 avril 2012, § 140 « Whenever the BIT is silent on an issue, the Tribunal will resort to either municipal or international law depending on the nature of the issue in question ». Des sentences antérieures adoptent une position similaire correspondant de notre point de vue à une application alternative plus que cumulative des droits. *pro* CIRDI, *MTD Equity Sdn. Bhd. et MTD Chile S.A. (MTD Chile) c. République du Chili*, aff. ARB/01/7, Décision sur l'annulation du comité *ad hoc* du 21 mars 2007, § 72 « [...] The Tribunal should have applied Chilean law to those questions which were necessary for its determination and of which Chilean law was the governing law. At the same time, the implications of some issue of Chilean law for a claim under the BIT were for international law to determine. In short, both laws were relevant ». Pour une sentence mentionnant un principe de spécialité v. CIRDI, *SAUR International S.A. (SAUR) c. Argentine*, aff. ARB/04/4, Décision sur la compétence et la responsabilité du 6 juin 2012, § 327 « [...] au moyen du principe de spécialité : à chaque question doit s'appliquer la norme pertinente en fonction de sa propre nature [...] ». Pour une sentence s'approchant d'avantage d'une approche cumulative au regard de l'ajout par les parties d'une règle de conflit au profit de la disposition la plus favorable à l'investisseur v. CIRDI, *Antoine Goetz et consorts (Goetz) c. République du Burundi (I)*, aff. ARB/95/3, Sentence du 10 février 1999, §§ 94-99, spéc. § 99 « [...] Loin d'établir a priori une hiérarchie entre les deux systèmes de droit qui gouvernent les relations entre le Burundi et les investisseurs belges et doivent servir de base au règlement du différend par le Tribunal, la Convention belgo-burundaise d'investissement fait devoir au Tribunal d'examiner la situation juridique posée par la mesure litigieuse du 29 mai 1995 au regard à la fois de l'un et de l'autre : chacun doit prévaloir dans sa propre sphère d'application, et en cas de conflit entre eux ce sont, du commun accord des parties, les dispositions les plus favorables aux investisseurs qui doivent recevoir application ».

applicable, selon le droit international ou interne[1861]. À l'inverse, dans la sentence *JSW Solar et Wirtgen,* si le tribunal admet l'application du droit interne en matière de compétence, au fond, en l'absence de choix des parties, il applique le principe de proximité prévu par la *lex loci arbitri* et conclut à l'application du droit international (droit de l'UE inclus) et du TBI, tout en reléguant de manière explicite le droit interne (droit de l'UE inclus) au rang de fait[1862]. Dans la sentence *Muszynianka*, cette approche complexe est implicite. Elle peut être déduite, en premier lieu, de l'application par le tribunal d'une clause de droit applicable du TBI faisant référence aux dispositions du traité, au droit interne des parties contractantes ainsi qu'aux règles et principes de droit international universellement acceptés[1863] et, en second lieu, de sa position sur une potentielle application du droit de l'UE[1864]. Ce faisant cette sentence adopte une position proche de celle adoptée huit ans plus tôt par le tribunal de l'affaire *Achmea*[1865]. Par ailleurs, sans affirmer avoir à déterminer le droit applicable selon les questions de droit, comme le fait le tribunal de l'affaire *Magyar Farming*[1866], certains tribunaux (par ex. celui de l'affaire *UAB c. Lettonie)* adoptent en dernière analyse cette approche en reconnaissant avoir à appliquer premièrement le TBI, mais aussi le droit interne dans la mesure où cela est nécessaire pour trancher le différend[1867]. En revanche, dans l'affaire *Gavrilovic* le tribunal affirme sans ambiguïté suivre l'approche consistant à déterminer le droit applicable selon les questions de droit[1868].

476. L'absence d'approche complexe au stade du fond dans les sentences TCEn intra-UE. Par contraste aux exemples précédents, dans le cadre des sentences TCEn intra-UE l'approche complexe au stade du fond n'apparait pas. L'application du droit interne qu'elle autorise s'oppose à la lette de l'article 26 § 6 TCEn qui ne fait pas référence au droit interne. Il est néanmoins possible de voir dans le raisonnement de la sentence *Cordoba Beheer et autres*, en matière de droit applicable au fond, un certain penchant pour cette approche, malgré une affirmation formelle d'application exclusive au stade du fond du traité

1861 CPA, (CNUDCI), *Horthel Systems BV, Poland Gaming Holding BV and Tesa Beheer BV (Horthel) c. Pologne*, aff. n° 2014-31, Sentence du 16 février 2017, §§ 96-98, spéc. § 97 « It is uncontroversial that it is for the Tribunal to determine the law (whether national or international) applicable to each particular issue [...] ».

1862 CPA, (CNUDCI), *JSW Solar (zwei) GmbH & Co.KG, Gisela Wirtgen, Jürgen Wirtgen, et Stefan Wirtgen (JSW Solar et Wirtgen) c. République tchèque*, aff. n° 2014-03, Sentence finale du 11 octobre 2017, §§ 170-178, spéc. §§ 174 et 177.

1863 *Muszynianka*, aff. n° 2017-08, Sentence du 07 octobre 2020, préc., §§ 162 et 163.

1864 *Ibid.*, § 245 « It is true that such an investment dispute may in certain circumstances involve matters calling for the interpretation or application of the EU Treaties as issues incidental or preliminary to the application of the investment treaty ».

1865 CPA, (CNUDCI), *Achmea B. V. c. République slovaque (formerly Eureko B. V. c. République slovaque)*, aff. n° 2008-13, Sentence du 7 décembre 2012, §§ 272-277.

1866 CIRDI, *Inicia Zrt, Kintyre Kft and Magyar Farming Company Ltd (Magyar Farming) c. Hongrie*, aff. ARB/17/27, Sentence du 13 novembre 2019, §§ 23-27.

1867 CIRDI, *UAB E energija (Lithuania) (UAB) c. République de Lettonie*, aff. ARB/12/33, Sentence du 22 décembre 2017, §§ 790-793 spéc. § 793 « [...] Tribunal considers that it is empowered by Article 42(1) of the ICSID Convention to interpret and apply [Latvian] laws and regulations in so far as necessary to determine the dispute that has been referred to it » *contra* CIRDI, *UP et C.D Holding Internationale (UP et C.D Holding) c. Hongrie*, aff. n° ARB/13/35, Sentence du 9 octobre 2018, § 144 « [The Tribunal] regards its task in these proceedings as the very specific one of applying the relevant provisions of the Treaty as far as necessary in order to decide on the relief sought by the Parties. No less, but also no more ».

1868 CIRDI, *Georg Gavrilovic et Gavrilovic d. o. o. (Gavrilovic) c. République de Croatie*, aff. ARB/12/39, Sentence du 25 avril 2018, §§ 436 et 437 « 436. [...] the Parties agree on the key point: the principal source of law will vary from issue to issue. The Tribunal concurs. The Tribunal notes the flexible approach to the choice of law applied in *Quiborax v Bolivia* [...]. 437 The Tribunal will therefore identify and apply the proper source of law on an issue-by-issue basis. The Tribunal notes that if a conflict arises between international and domestic law, international law will take precedence ». Il convient de souligner ici que la même question – l'existence et la nature des droits de l'investisseur – qui avait abouti à une réponse détaillée en matière de droit applicable à la compétence dans l'affaire Emmis, est traitée dans l'affaire Gavrilovic après les questions de compétence et d'admissibilité.

d'investissement et du droit international[1869]. Certes, le tribunal affirme traiter le droit espagnol en tant que fait[1870], mais il considère en substance que la résolution du litige nécessite une analyse détaillée du cadre juridique espagnol à l'origine des droits présumés de l'investisseur pour déterminer l'existence et le contenu d'engagements de l'Espagne envers ce dernier[1871]. Le tribunal de l'affaire *Stadtwerk* va un peu plus loin en précisant :

> *« National law, and in particular Spanish law as the law of the host State of the Claimants' investment is not extraneous to the determination that the Tribunal must make in respect of the issues in dispute. [...] Article 10 of the ECT and international law supply the test for international responsibility, but some of the data points for the application of the test are derived from national law»*[1872].

De même, dans une opinion dissidente, Pierre-Marie Dupuy précise qu'en matière d'attente légitime la fonction du droit interne est de désigner et contenir les « faits juridiques pertinents »[1873]. Ainsi, certains arbitres ne vont pas jusqu'à adopter une approche complexe permettant de qualifier le droit de l'État hôte de droit applicable au fond, mais y voient un fait particulièrement pertinent[1874].

477. L'approche complexe limitée à des clauses spécifiques. L'approche simplificatrice est quasi systématique dans les sentences TCEn intra-UE, que ce soit au stade de la compétence ou au stade du fond. Un raisonnement proche point toutefois dans le cadre de l'application de l'exception fiscale de l'article 21 du TCEn. Ainsi, le tribunal de l'affaire *Antin* précise : *« in order to ascertain whether a putative tax measure qualifies under Article 21 of the ECT a two-step analysis is required: a characterization under domestic law followed by an application of Article 21's inherent limits »*[1875]. De manière analogue, mais cette fois dans le cadre d'une clause de couverture d'un TBI, le tribunal de l'affaire *Micula (I)* reconnait devoir appliquer le droit interne avant d'examiner la violation de cette clause en droit international[1876].

478. Les promoteurs d'une approche complexe. L'approche qualifiée ici de complexe, retenue par certains tribunaux, est proche de celle défendue par le professeur Zachary Douglas[1877] (promoteur en droit international des investissements du processus de

---

1869 CIRDI, *Cordoba Beheer et autres c. Royaume d'Espagne*, aff. ARB/16/27, Décision sur la compétence, la responsabilité et les principes de quantum du 11 février 2022, § 541.

1870 *Ibid.*, § 542.

1871 *Ibid.*, § 543.

1872 CIRDI, *Stadtwerke München GmbH, RWE Innogy GmbH et autres (Stadtwerke) c. Royaume d'Espagne*, aff. ARB/15/1, Sentence du 2 décembre 2019, § 181.

1873 CIRDI, *STEAG GmbH c. Royaume d'Espagne*, aff. ARB/15/14, Opinion dissidente du Professeur Pierre-Marie Dupuy, § 7 « En este sentido, debo recordar la función que ocupa la legislación nacional. Incluso en un caso presentado sobre la base de un tratado ("treaty claim"), en este caso el TCE, sigue siendo decisiva. Sin necesidad de recordar aquí los términos del artículo 42(1) del Convenio del CIADI, que también es relevante, esto es particularmente cierto por lo que se refiere a la determinación de las expectativas del inversor. Es la legislación española la que designa y contiene los hechos jurídicos pertinentes para definir tales expectativas ».

1874 Pour une qualification de limitée de l'approche consistant à traiter des questions relevant du droit de l'État hôte dans une partie dédiée aux faits et une présentation d'autres approches jurisprudentielles, notamment celle insistant sur la difficulté de séparer le droit interne et le droit international v. LATTY F. et SIM M. « The Applicable Law Saga », *in* RUIZ FABRI H. et STOPPIONI E. (eds.), *International Investment Law – An Analysis of the Major Decisions*, Oxford, Hart Publishing, 2022, pp. 291-309, spéc. pp. 304-306.

1875 CPA, (CNUDCI), *Antaris Solar GmbH et Dr. Michael Göde (Antaris et Göde) c. République tchèque*, aff. n° 2014-01, Sentence du 2 mai 2018, § 224 comp. §§ 417 et 418.

1876 CIRDI, *Ioan Micula, Viorel Micula et autres (Micula) c. Roumanie (I)*, aff. ARB/05/20, Sentence finale du 11 décembre 2013, §§ 416-419, spéc. § 418 « [...] whether an obligation has arisen depends on the law governing that obligation, and so the interpretation of the term "obligation" for purposes of the umbrella clause would rely primarily on that law rather than on international law. In other words, to be afforded the protection of the BIT, the obligation must qualify as such under its governing law. In this case, the governing law cannot be other than Romanian law [...] ».

1877 Certaines des sentences précitées font référence à l'ouvrage principal de Zachary Douglas (The International Law of Investment Claims, Cambridge, CUP, 2009). V. CPA, (CNUDCI), *Horthel Systems BV, Poland Gaming Holding BV and Tesa Beheer BV (Horthel) c. Pologne*, aff. n° 2014-31, Sentence du 16 février 2017, § 162 En note de bas de page, le qualification issue du droit international privé). Ce type d'approche relativise la distinction entre droit applicable au stade du fond et au stade de la compétence en adoptant une approche détaillée multipliant les questionnements préalables, portant sur le droit applicable pour chaque question de droit[1878]. Le professeur Chin Leng Lim, Jean Ho et le professeur Martins Paparinskis semble également se rallier à une approche complexe du droit applicable lorsqu'il présente la *lex causae* dans l'arbitrage d'investissement comme faites des trois différents types d'interactions (répartition, renvoi et combinaison) entre droit interne et droit international[1879]. Par ailleurs, la professeure Gabrielle Kaufmann-Kolher – qui préside les tribunaux de 10 affaires[1880] mentionnées ci-dessus comme adoptant une approche complexe du droit applicable et siège comme arbitre dans une onzième[1881] (*Mobil et autres*[1882]) – apparait favorable à cette approche, alors qu'elle plaidait en 2004 pour une approche simplificatrice[1883]. Cela peut révéler une évolution de la position de cette arbitre ou une contradiction. Une autre explication peut être avancée. L'approche complexe du droit applicable de sentences présidées par cette arbitre ne serait que partielle ; en ce qu'elle complèterait la première règle voulant que le tribunal détermine le droit applicable (interne ou international) selon la question de droit, d'une seconde règle, prévoyant très largement la prévalence du traité de protection des investissements en cas de conflit avec n'importe quelle autre norme. Une telle approche aboutit à des résultats sensiblement équivalents à ceux de l'approche simplificatrice. Elle a pu être décrite comme la manifestation d'une fonction de police ou d'ordre public du droit international dans l'arbitrage d'investissement[1884]. L'approche simplificatrice, alors, ne ferait que reconnaître directement les traités d'investissement comme des instruments d'ordre public, sans s'embarrasser du fait normatif interne et, dans le cadre d'arbitrage intra-UE, européen, à terme tous deux inaptes à soustraire l'État aux obligations des traités d'investissement[1885].

tribunal fait référence à la règle 4 de l'ouvrage prévoyant l'application du droit interne de l'État hôte aux questions de l'existence et de la portée des droits de propriété relatifs à l'investissement. *pro* CIRDI, *Emmis International Holding, B.V., Emmis Radio Operating, B.V., MEM Magyar Electronic Media Kereskedelmi és Szolgáltató Kft. (Emmis) c. Hongrie*, aff. ARB/12/2, Sentence du 16 avril 2014, § 149 comp. CIRDI, *Quiborax S.A., Non-Metallic Minerals S.A. (Quiborax) c. État plurinational de Bolivie*, aff. ARB/06/2, Décision sur la compétence du 27 septembre 2012, § 260. Le tribunal fait référence au même ouvrage, mais cette fois en matière de respect du droit interne au moment de la réalisation de l'investissement.

1878 DOUGLAS Z., *The International Law of Investment Claims*, Cambridge, CUP, 2009, pp.616.

1879 LIM C. L., HO J. et PAPRINSKIS, *International Investment Law and Arbitration – Commentary, Awards and other Materiales*, 2nd ed., Cambridge, CUP, 2021, pp. 682, spéc. pp.154-161.

1880 *Oostergetel, Burlington, Mobil et autres, Quiborax, Churchill Mining et Planet Mining Pty Ltd, Vestey, Deutsche Telekom AG, JSW Solar et Wirtgen, Magyar Farming* et *Muszynianka*.

1881 Seulement quatre de ces onze affaires sont des arbitrages sur le fondement de TBI intra-UE.

1882 CIRDI, *Mobil Cerro Negro Holding, Ltd., Mobil Cerro Negro, Ltd., Mobil Corporation et autres (Mobile et autres) c. République Bolivarienne du Venezuela*, aff. ARB/07/27, Sentence du 9 octobre 2014.

1883 KAUFMANN-KOHLER G., « L'arbitrage d'investissement : entre contrat et traité – entre intérêts privés et intérêt public », *Revue Libanaise de l'Arbitrage Arabe et International*, Vol. 32, 2004, pp. 9-15.

1884 RIVIER R., « L'articulation entre droit national et droit international devant les tribunaux arbitraux internationaux d'investissement », *in* ROBERT-CUENDET S. (dir.), *Droit des Investissements Internationaux – Perspectives croisées*, Bruxelles, Bruylant, 2017, pp. 413-483, spéc. pp. 456-462.

1885 *Ibid.*, p. 462 « La pratique plus récente, qui envisage le droit national comme "fait" pour justifier l'application du droit international y compris en l'absence de détermination du droit applicable par les parties, traite toute règle conventionnelle comme devant servir de base au règlement du litige [...] l'application de la règle internationale ne repose pas ici sur l'exercice d'une liberté de choisir la règle la plus appropriée au règlement du litige, mais bien sur le principe de l'inaptitude du fait normatif interne à soustraire l'État à ses obligations internationales ; ce qui revient à faire du traité d'investissement ainsi que des règles gouvernant la responsabilité internationale de l'État des instruments d'ordre public ».

2 - Les limites de l'approche complexe des tribunaux

479. L'horizontalité relative de l'approche complexe dans les arbitrages. L'application du droit international et/ou du droit interne selon les questions de droit soumises au tribunal est qualifiée d'approche d'horizontale[1886], en ce qu'elle rompt avec une approche antérieure, verticale, donnant un rôle supplétif ou correctif au droit international[1887]. Cette approche verticale est présente, selon Florian Grisel, mais sous une forme atténuée[1888], dans la sentence *Eastern Sugar*[1889]. Concernant l'approche qu'il qualifie d'horizontale, elle semble issue d'arbitrages non-UE : les sentences (caractéristiques de l'approche horizontale) analysées en détail par cet auteur en 2011, à l'exception de la sentence *CME c. République tchèque*[1890], sont toutes des sentences non UE[1891]. Par ailleurs, pour Florian Grisel l'approche horizontale comprend à la fois l'application cumulée de plusieurs sources de droit (présente dans 2 sentences de notre ensemble[1892]) et l'approche de qualification précitée. En comparaison, Raymond Djolgou[1893] distingue davantage en présentant trois tendances : une première tendance attribuant un rôle complémentaire et correctif au droit international (doctrine *Klöckner-Amco* ou approche verticale classique), une deuxième tendance prévoyant l'application simultanée et autonome du droit interne et du droit international (doctrine *Wena* ou approche égalisatrice, horizontale) et une troisième tendance

---

[1886] GRISEL F., *L'arbitrage international ou le droit contre l'ordre juridique – Application et création du droit en arbitrage international*, Clermont-Ferrand, Fondation Varenne, diff. LGDJ, 2011, pp. 308, §§ 79-97.

[1887] Sur cette évolution vers une approche flexible et son apparition des sentences de tribunaux appliquant des clauses de droit applicable de traités visant à la fois du droit interne et du droit international v. SCHREUER C., « The Relevance of Public International Law in International Commercial Arbitration : Investment Disputes », Christoph H. Schreuer – Writings – University of Vienna, 2005, pp. 22, spéc. pp. 9-22, disponible à l'adresse : <https://investmentlaw.univie.ac.at/fileadmin/user_upload/p_investmentlaw/Writings/A016.pdf >.

[1888] GRISEL F., *L'arbitrage international ou le droit contre l'ordre juridique, op. cit.*, § 125.

[1889] SCC, (CNUDCI), *Eastern Sugar B. V. c. République tchèque*, aff. n° 088/2004, Sentence partielle du 27 mars 2007, §§ 196, 197 et 373 Dans le § 196 le tribunal semble rompre avec l'approche verticale limitant l'application du droit international aux hypothèses de lacune du droit interne ou de conflit avec le droit interne. Il adopte une position inverse en considérant le droit international généralement applicable et en réservant une place au droit interne en cas de silence du premier. Cette position de principe n'est pas suivie par le tribunal, car dès le § 197 il dit devoir prendre en compte les dispositions de droit interne conformes au droit international avant de prendre sa décision (en droit international). En matière d'intérêt alors qu'il semble ne pas considérer le droit international comme silencieux il affirme dans le § 373 « The Arbitral Tribunal believes that it should apply the statutory interest provided by the applicable law, which is Czech law, which on this point does not conflict with International Law » ce qui semble correspondre à une approche classique prévoyant l'application du droit international supplétive en cas de conflit.

[1890] Arbitrage *ad hoc*, (CNUDCI), *CME Czech Republic B.V. (CME) c. République tchèque*, Sentence finale du 14 mars 2003.

[1891] GRISEL F., *L'arbitrage international ou le droit contre l'ordre juridique, op. cit.*, §§ 102-128, spéc. §§ 127 et 128.

[1892] Dans l'affaire *Euram*, le tribunal considère que le droit applicable à la question de l'existence d'un accord des parties pour soumettre le différend aux juridictions slovaques est bien le droit international, mais du fait des écrits des parties, le tribunal applique également le droit slovaque et le droit suédois à cette question pour conclure que tous ces droits aboutissent à la même conclusion. Concernant la question d'une renonciation du demandeur à l'arbitrage, le tribunal considère que le droit applicable est la *lex arbitri* donc le droit suédois, mais fait référence à la loi slovaque régissant la procédure devant la Cour de Bratislava. V. CPA, (CNUDCI), *European American Investment Bank AG (EURAM) c. République slovaque*, aff. n° 2010-17, Seconde décision sur la compétence du 4 juin 2014, §§ 168-188 et 223-265, spéc. §§ 166 et 223 ; Dans l'affaire *Griffin* le tribunal considère au stade du droit applicable au fond que le traité ne contient pas de clause de droit applicable et que le TBI est régit par le droit international général, alors que l'article 9 § 5 du TBI prévoit que le tribunal doit résoudre le différend sur la base du droit interne de l'État hôte, du TBI, de tout accord spécifique ainsi que des règles et principes droit international généralement admis. Au stade de la compétence, en application de l'accord des parties sur le droit procédural dans le contrat d'investiture (contrat d'arbitre), le tribunal applique, en essayant de les concilier, le droit international, le droit anglais et les règles d'arbitrage SCC aux questions portant sur les principes de *res judicata* et de *functus officio*. Pour répondre à la question de l'applicabilité de la clause d'arbitrage du traité, le tribunal, conformément à l'accord des parties, n'applique que le droit international (§ 341). V. SCC, (SCC), *GPF GP S.à.r. l (Griffin) c. République de Pologne*, aff. n° 2014/168, Sentence du 29 avril 2020, §§ 218, 239 et 341.

[1893] DJOLGOU R., « Le droit applicable au différend dans l'arbitrage d'investissement : entre volonté des parties et office de l'arbitre », *RIDE*, t. XXXVI (1), 2022, pp. 103-131, spéc. pp. 128-130.

prévoyant l'application thématique du droit international et du droit interne selon un principe de spécialité illustrée par la sentence *SAUR c. Argentine*[1894]. Cette dernière approche semble la plus proche d'une approche de qualification n'intégrant pas une application cumulative de droits. Dans tous les cas, les deux dernières tendances sont souvent qualifiées d'horizontales par contraste avec l'approche classique, verticale. Plus tôt que de reprendre la qualification d'horizontale ou d'égalisatrice, la qualification d'approche complexe sera ici privilégiée. En effet, dans les sentences étudiées si les tribunaux affirment bien déterminer le droit applicable (interne ou international) pour chaque question de droit, la hiérarchie n'est toutefois pas totalement absente. Cette affirmation est fréquemment complétée par une seconde énonçant la prééminence du droit international sur le droit interne[1895]. Notre choix de délaisser le qualificatif horizontal se justifie aussi compte tenu de la présence d'éléments hiérarchiques, en faveur des traités de protection des investissements, dès la sentence *Wena* fondatrice de cette approche dite horizontale ou égalisatrice[1896]. La sentence *LG&E c. République argentine* rattachée à la « doctrine *Wena* »[1897] confirme cela étant donné qu'il y est précisé que le tribunal de l'affaire *Wena* « *accepted the supremacy of internationa law* »[1898]. De manière similaire, si la sentence *Occidental c. Équateur* peut être vue comme écartant tout élément de hiérarchie[1899], il a pu être remarqué qu'en son sein « la violation du TBI semble toutefois dominer »[1900].

480. Le caractère minoritaire de l'approche complexe dans les arbitrages intra-UE. Si, en 2011, Florien Grisel considérait qu'une approche horizontale était en expansion, entre 2007 et 2023 en matière de sentence sur le fondement de traités d'investissement entre États membres, elle reste minoritaire – sans que cela soit au bénéfice de l'approche verticale classique donnant un rôle supplétif ou correctif au droit international. Tomáš Fecák en 2016, identifie lui aussi l'émergence d'une nouvelle approche qu'il qualifie de contextuelle, mais refuse de la considérer comme représentative de la jurisprudence des

---

1894 *SAUR c. Argentine* (CIRDI, *SAUR International S.A. (SAUR) c. Argentine*, aff. ARB/04/4, Décision sur la compétence et la responsabilité du 6 juin 2012, § 327 « [...] au moyen du principe de spécialité : à chaque question doit s'appliquer la norme pertinente en fonction de sa propre nature [...] ».

1895 Ce complément est notamment présent dès la décision *Burlington Resources Inc.* V. CIRDI, *Burlington Resources Inc. c. Republic d'Équateur*, aff. ARB/08/5, Décision sur la responsabilité du 14 décembre 2012, § 177-179, spéc. § 179 « [...] It is thus for the arbitrators to determine whether an issue is subject to national or international law. In this context, it should be noted that the PSCs include a choice of Ecuadorian law. It should further be noted that a party may not rely on its internal law to avoid an obligation under international law » *pro* CIRDI, *Georg Gavrilovic et Gavrilovic d. o. o. (Gavrilovic) c. République de Croatie*, aff. ARB/12/39, Sentence du 25 avril 2018, § 437 « The Tribunal will therefore identify and apply the proper source of law on an issue-by-issue basis. The Tribunal notes that if a conflict arises between international and domestic law, international law will take precedence ».

1896 CIRDI, (CNUDCI), *Wena Hotels Ltd. c. République Arabe d'Egypte*, aff. ARB/98/4, Sentence du 8 décembre 2000, § 78 « [...] Thus, the Tribunal, like the parties (in both their submissions and oral advocacy), considers the IPPA to be the primary source of applicable law for this arbitration », § 79 « [...] The Tribunal notes that the provisions of the IPPA would in any event be the first rules of law to be applied by the Tribunal, both on the basis of the agreement of the parties and as mandated by Egyptian law as well as international law » et §§ 106-108.

1897 GRISEL F., *L'arbitrage international ou le droit contre l'ordre juridique*, *op. cit.*, § 110.

1898 CIRDI, *LG&E Energy Corp., LG&E Capital Corp. et LG&E International Inc. (LG&E) c. République argentine*, aff. ARB/02/1, Décision sur la responsabilité du 3 octobre 2006, § 96 Il faut noter que le tribunal ne renvoie pas en note de bas de page à la sentence, mais à la décision du comité *ad hoc* d'annulation de l'affaire *Wena*. Il est possible de se demander si cette affirmation est attribuée au tribunal ou au comité, dans tous les cas il s'agit d'une interprétation généralisant les aspects hiérarchiques présents dans la décision du Comité. V. CIRDI, (CNUDCI), *Wena Hotels Ltd. c. République Arabe d'Egypte*, aff. ARB/98/4, Décision du Comité ad hoc sur la demande d'annulation du 5 février 2002, §§ 37-46, spéc. §§ 40-42 Le comité confirme que le droit de l'État hôte peut s'appliquer conjointement avec le droit international et que le droit international peut s'appliquer seul, il n'écarte pas la supériorité du droit international sur le droit interne, mais y fait référence pour des questions juridiques précises. Il vise la question du consentement des États ou des hypothèses de renvoi du droit interne au droit international, mais n'affirme pas une supériorité générale de principe du droit international.

1899 GRISEL F., *L'arbitrage international ou le droit contre l'ordre juridique*, *op. cit.*, § 118.

1900 JACOB P. et LATTY F., « Arbitrage transnational et droit international général », *AFDI*, Vol. 58, 2012, pp. 605-652, spéc. p. 647, nbp n° 319.

tribunaux arbitraux d'investissement[1901]. L'approche simplificatrice domine. Elle devance par ailleurs, l'approche consistant à ne pas traiter la question du droit applicable. Cette approche simplificatrice peut être également qualifiée de verticale. Elle donne un rôle premier et quasi exclusif aux traités de protection et, le cas échéant, à la Convention CIRDI. Il s'agit d'une autre manifestation de la logique arbitrale de cloisonnement de régimes autonomes autosuffisants. Les constats d'un désintérêt des arbitres pour la question du droit applicable et d'une réduction du droit applicable aux traités, voire à quelques règles de droit coutumier relatives à l'interprétation et au traitement des étrangers, ne sont pas nouveaux. Ils sont formulés dès 2007 dans une étude portant sur les sentences d'arbitrages CIRDI[1902]. Toutefois, comme nous l'avons déjà précisé, en matière d'arbitrage TCEn intra-UE le désintérêt des arbitres pour la question du droit applicable est bien moins prononcé – sans que cela soit au profit d'une approche complexe du droit applicable.

481. Le caractère partiel de l'approche complexe des tribunaux. L'étude des sentences autorise une différence entre une véritable approche de qualification et une approche certes complexe, mais faussement horizontale qui, après un exercice de qualification, affirme que le droit international – euphémisme du traité – prime. La critique du professeur Zachary Douglas d'une approche « stratégique » du droit applicable au contrat – adressée aux tenants de la théorie de l'élévation, en matière de clause de couverture[1903] – peut être également adressée aux sentences adoptant cette forme d'approche complexe. Si l'approche classique verticale – proche de celle des juridictions internationales tranchant des litiges interétatiques – soulevait des critiques quant à la pertinence de la relégation du droit interne au rang de fait dans le cadre de litiges entre un investisseur et un État, elle s'inscrivait dans le droit public général et autorisait donc l'application de normes de droit international ne relevant pas du droit international de l'investissement. L'abandon de cette approche n'a pas permis de confirmer cette dernière hypothèse[1904]. Une véritable approche horizontale de qualification permettrait de prendre en compte le statut intra-UE du traité du point de vue du droit international ou du droit interne, selon les questions de droit. L'approche stratégique évoquée ci-dessus se montre bien moins accueillante. Certes, elle porte une attention particulière au droit applicable, mais, à terme, neutralise le droit applicable de l'État hôte en invoquant généralement la supériorité du droit international en cas de conflit et neutralise les autres normes de droit international en affirmant appliquer ce dernier ou le traité[1905]. Si la fonction d'ordre public ou de police du droit international dans l'arbitrage justifiait la

---

[1901] FECAK T., *International Investment Agreements and EU Law*, Alphen aan den Rijn, Kluwer, 2016, pp. 582, spéc. pp. 404-406 « Still, it would be probably too far-fetched to state thar the outlined notion of applicable law [the contextual approach to identification of applicable law] already reflects the settled case law of investment treaty tribunals ».

[1902] LEEKS A., *The relationship between bilateral investment treaty arbitration and the wider corpus of international law: The ICSID approach*, Master these: Droit, University of Toronto – Graduate Department of Law, 2007, pp. 74, spéc. pp. 59-61.

[1903] CIRDI, *Gardabani Holding B.V. et Silk Road Holding B.V. (Gardabani et Silk Road) c. Géorgie*, aff. ARB/17/29, Opinion dissidente du Professeur Zachary Douglas KC du 27 octobre 2022, § 59.

[1904] LEEKS A., *The relationship between bilateral investment treaty arbitration and the wider corpus of international law: The ICSID approach*, *op. cit.*, spéc. pp. 34-37. La première sentence arbitrale – s'inspirant (en partie) de l'approche classique verticale – dans laquelle un conflit potentiel entre des obligations de droit international en matière d'environnement et d'investissement est apparu, a écarté tout effet des normes environnementales internationales et ceux selon l'autrice sans examen approfondi et de manière injustifiée. V. CIRDI, *Compañía del Desarrollo de Santa Elena, S.A. c. République du Costa Rica*, aff. ARB/96/1, Sentence du 17 février 2000, §§ 71 et 72 comp. CIRDI, *CIRDI, Bernhard von Pezold et autres (von Pezold) c. République du Zimbabwe*, aff. ARB/10/15, Ordonnance procédurale n° 2 du 26 juin 2012, § 57 et Sentence du 28 juillet 2015, § 172.

[1905] CIRDI, *Theodoros Adamakopoulos, Ilektra Adamantidou, Vasileios Adamopoulos et autres (Adamakopoulos) c. République de Chypre*, aff. ARB/15/49, Déclaration de dissentiment du Professeur Marcelo G. Kohen du 3 février 2020, § 3 « […] The question here is the applicable law to decide the matter of jurisdiction. I consider that the majority of the Tribunal has largely disregarded the role of EU Treaties in that matter while alleging at the same time that it applies international law ».

neutralisation du droit de l'État hôte[1906], elle opère désormais entre règles d'origines internationales. L'investisseur bénéficie alors du meilleur des deux mondes. Le droit international est alors instrumentalisé[1907], comme l'assumait Richard B. Lillich en matière de contrat d'État en 1994, en constatant la disponibilité du droit international « pour être utilisé par les arbitres lorsqu'ils pensent que son invocation est nécessaire pour parvenir à une résolution juste d'un différend en matière d'investissement »[1908].

****

*482. **Conclusions de chapitre.*** En définitive, la pratique arbitrale consistant à éluder la question du droit applicable et celle consistant à désigner le traité comme le droit applicable à la compétence ou au fond s'opposent, toutes deux, à l'application de normes internationales extérieures au droit international de l'investissement. Lorsque la notion de droit applicable est escamotée ou survolée, le statut intra-UE du traité est nécessairement négligé par les arbitres. Les approches de ces derniers, quant à la question du droit applicable, laissent peu de place à la prise en compte du statut intra-UE du traité. Ces deux approches, qui sont les plus répandues dans la pratique des tribunaux, tendent à neutraliser les conséquences potentielles de cette particularité sur le droit applicable. Une des portes d'entrée de cette particularité – le droit applicable – n'est même pas ouverte dans de nombreuses sentences d'arbitrages intra-UE. Quand elle l'est véritablement – quand le tribunal adopte une approche complexe du droit applicable – et pas étroitement – quand le tribunal adopte une approche simplificatrice – le statut intra-UE du traité, pour ainsi dire, ne permet pas au droit de l'UE de franchir le seuil du droit applicable, c'est-à-dire de le faire intervenir dans la résolution du différend.

1906 RIVIER R., « L'articulation entre droit national et droit international devant les tribunaux arbitraux internationaux d'investissement », *in* ROBERT-CUENDET S. (dir), *Droit des Investissements Internationaux – Perspectives croisées*, Bruxelles, Bruylant, 2017, pp. 413-483, spéc. p. 460 « Par hypothèse, [la fonction d'ordre public du droit international], n'opère qu'entre des règles d'origine internationale et nationales relatives à la matière ».

1907 FORTEAU M., « Le Juge du CIRDI envisagé du point de vue de son office : Juge interne, Juge International, ou l'un et l'autre à la fois ? », *in Liber amicorum Jean-Pierre Cot. – Le procès international*, Bruxelles, Bruyland, 2009, pp. 95-129, spéc. p. 116. L'auteur parle d'« instrumentalisation à tendance moniste » au sujet de l'article 27 CVDT et plus généralement d'un nécessaire « travestissement des méthodes classiques » par le juge CIRDI au sujet des règles de droit international public.

1908 LILLICH R.B., « The Law Governing Disputes under Economic Development Agreements: Re-examining the Concept of "Internationalization" », *in* LILLICH et BROWER C.N. (eds.), *International Arbitration in the 21st Century: Towards "Judicialization" and Uniformity : The Twelfth Sokol Colloquium*, New-York, Transnational Publishers, 1994, pp. 61-114 *cité par* DJOLGOU R., « Le droit applicable au différend dans l'arbitrage d'investissement : entre volonté des parties et office de l'arbitre », *RIDE*, t. XXXVI (1), 2022, pp.103-131, spéc. p.130.

Chapitre II
L'inapplication du droit de l'UE

483. L'examen concret de l'utilisation du droit de l'UE. Pour faire suite aux réflexions et conclusions précédentes portant sur le droit applicable *a priori* dans chaque arbitrage, il importe d'examiner l'utilisation concrète du droit de l'UE, dans les arbitrages d'investissement intra-UE[1909]. Les hypothèses d'applicabilité du droit de l'UE font rarement l'objet d'un examen détaillé dans les sentences intra-UE étudiées. Le droit de l'UE est souvent appliqué de manière atténuée, autrement dit considéré en tant que fait juridique. Parfois, il est appliqué directement, en tant que partie du droit de l'État d'accueil applicable ou en tant que droit international applicable.

484. L'effet variable des utilisations du droit de l'UE. L'aptitude du droit de l'UE à modérer ou circonscrire les dispositions du traité d'investissement varie selon les sentences. Cette aptitude n'est pas fonction du statut (droit ou fait) qui lui est reconnu par les tribunaux. À première vue, il était possible de penser que des sentences intégrant le droit de l'Union dans le droit applicable au fond, ferraient preuve d'une forme de déférence à son égard, ou au moins à l'égard des arrêts de la Cour de justice de l'UE. Or, cela peut ne pas être le cas. Paradoxalement, certaines sentences plus anciennes, muettes quant au droit applicable, font preuve de déférence envers le droit interne – droit de l'UE inclus –, alors qu'elles s'en tiennent à le considérer comme un fait. En revanche, des sentences plus récentes consacrant des développements au droit applicable – en adoptant une approche simplificatrice – éclipsent le rôle du droit interne en tant que droit et semblent ériger le traité en instrument d'ordre public international.

485. Plan de chapitre. Les sentences mentionnées ci-dessus démontrent que si elle peut en être fonction, l'efficacité du droit de l'UE dans les arbitrages d'investissement, c'est-à-dire sa capacité à jouer un rôle déterminant dans la résolution du litige, ne dépend pas simplement de sa reconnaissance comme élément du droit applicable au fond (Section 1) ou de sa prise en considération (ou application indirecte) comme fait juridique (Section 2).

Section 1 - L'efficacité limitée du droit de l'UE en tant que droit applicable

486. Les premières sentences se prononçant sur l'application du droit de l'UE. La question de la relation entre le droit de l'UE et les traités de protection des investissements intra-UE a été posée aux arbitres, d'abord au fond. Ce n'est qu'à la suite des premières exceptions d'incompétence intra-UE qu'elle s'est posée en matière de compétence. Dans les sentences *ADC et ADCM c. Hongrie* et *Télénor c. Hongrie* – antérieures à la sentence *Eastern Sugar*

[1909] Notre étude se limite aux utilisations formelles du droit de l'UE, c'est-à-dire à l'utilisation du droit primaire et du droit dérivé de l'UE ainsi que des principes généraux du droit de l'UE. Par exemple l'utilisation par les arbitres du principe de proportionnalité n'est pas considérée comme une utilisation du droit de l'UE, car les arbitres ne l'utilisent pas en tant que principe général du droit de l'UE ou en faisant référence à l'article 5 du TUE qui le mentionne. Sur l'application de ce principe par les arbitres v. LANDMANN N., *Legitimate Expectations and Fair-and-Equitable-Treatment under the Energy Charter Treaty*, Baden-Baden, Nomos, 2022, pp. 370, spéc. pp. 117-135. L'auteur conclut sur ce point : « As the proportionality test become more dominant in investment practice, it follows that it is crucial to develop a uniform approach in order to decrease the fragmentation of international law and not to overly interfere with the stat's sovereignty. […] However, the analysis revealed that tribunals have not yet taken the last step to elevate the proportionality test to a level of sophistication worthy of the rights it is balancing and fulfilling the requirement of systemic integration set out in Article 31 (3) (c) VCLT ».

– les tribunaux ont « refusé de tirer la moindre conséquence de l'origine communautaire de la mesure litigieuse »[1910]. Cependant, certaines des premières sentences se prononçant sur la nature de dispositions de droit de l'UE, par exemple les sentences *AES Summit Generation (II)*, *Electrabel* et *Micula (I)*, n'ont pas eu de difficultés à considérer qu'il s'agissait de normes de droit international. Du reste, elles n'ont pas nécessairement eu à les appliquer en tant que tel. Ainsi, les sentences *AES Summit Generation (II)* et *Micula (I)* ont utilisé le droit de l'UE « essentiellement comme fait, c'est-à-dire comme élément du contexte factuel ayant influencé le comportement de l'État hôte »[1911]. D'autres, comme les sentences *Achmea*[1912] et *Electrabel*[1913], par contraste, n'hésitent pas à affirmer que les tribunaux peuvent interpréter et appliquer le droit de l'UE, sans pour autant distinguer toujours entre application et considération factuelles du droit[1914]. En effet, dans la sentence *Achmea* le tribunal précise : « *The Tribunal can consider and apply EU law, if required, both as a matter of international law and as a matter of German law* »[1915]. Dès les premières sentences, la jurisprudence arbitrale n'est pas homogène quant à l'application du droit de l'UE.

487. Le choix d'une étude focalisée sur la « saga espagnole ». Nombre de sentences arbitrales ne mentionnent à aucun moment le droit de l'UE, car aucune question de droit de l'UE ne s'y pose. Quand il est mentionné, la problématique de droit de l'UE la plus fréquente est celle relative à l'interaction entre le droit des aides d'État de l'UE et le standard de traitement juste et équitable. Les sentences traitant cette problématique seront au cœur des analyses suivantes. La plupart d'entre elles concernent des litiges relatifs à des modifications de législations en matière d'énergie renouvelable[1916]. C'est en accord avec plusieurs directives en matière d'énergie renouvelable que les États membres ont adopté des règlementations nationales, comportant des mécanismes d'aides visant à développer ce type d'énergie. Ces types de production d'énergie, avant la mise en place d'aides, se développaient lentement. Les technologies utilisées ne permettaient pas d'obtenir des taux de rentabilité suffisants pour

---

1910 ROBERT-CUENDET S., « Les investissements intracommunautaires entre droit communautaire et accords internationaux sur l'investissement : concilier l'inconciliable ? », *RGDIP*, t. 115, n° 4, 2011, pp. 853-895, spéc. p. 881 comp. STRIK P., « From Washington with love – Investor-State Arbitration and the Jurisdictional Monopoly of the Court of Justice of the European Union », *Cambridge Yearbook of European Legal Studies*, Vol.12, 2010, pp. 425-453, spéc. p. 437 « These examples show [...] that arbitral tribunals have so far not been very assertive in interpreting the obligations of the Member States or the rights held by investors under EU law ».

1911 CASTELLARIN E., « Les accords relatifs à l'investissement et le droit de la concurrence » *in* ROBERT-CUENDET S. (dir.), *Droit des Investissements Internationaux – Perspectives croisées*, Bruxelles, Bruylant, 2017, pp. 577-605, spéc. p. 597. Cet aussi le cas dans les affaires *Saluka* et *Eastern Sugar*. V. CPA, (CNUDCI), *Saluka Investments BV (Saluka) c. République tchèque*, Sentence partielle du 17 mars 2006, §§ 357 et 358 ; SCC, (CNUDCI), *Eastern Sugar B. V. c. République tchèque*, aff. n° 088/2004, Sentence finale 12 avril 2007, § 237.

1912 CPA, (CNUDCI), *Achmea B. V. c. République slovaque (formerly Eureko B. V. c. République slovaque)*, aff. n° 2008-13, Décision sur la compétence, l'arbitrabilité et la suspension du 26 octobre 2010, §§ 278-283.

1913 CIRDI, *Electrabel S.A. c. République de Hongrie*, aff. ARB/07/19, Décision sur la compétence, le droit applicable et la responsabilité du 30 novembre 2012, §§ 4.147, 4.165 et 4.166.

1914 Dans la sentence *Electrabel*, le tribunal s'appuie sur un extrait de la sentence *Maffezini*, pour affirmer que les tribunaux appliquent et interprètent les directives de l'UE. Or l'extrait cité porte sur une prise en compte du droit interne espagnol en lien avec une clause de respect du droit interne, ce qui peut être considéré comme une considération factuelle du droit et pas une application. V. RIVIER R., « L'articulation entre droit national et droit international devant les tribunaux arbitraux internationaux d'investissement », *in* ROBERT-CUENDET S. (dir.), *Droit des Investissements Internationaux – Perspectives croisées*, Bruxelles, Bruylant, 2017, pp. 413-483, spéc. p. 482.

1915 *Achmea B. V.*, aff. n° 2008-13, Décision sur la compétence, l'arbitrabilité et la suspension du 26 octobre 2010, préc., § 283.

1916 AZARIA D., « The Renewable Energy Arbitrations under the Energy Charter Treaty », *in* RUIZ FABRI H. et STOPPIONI E. (eds.), *International Investment Law – An Analysis of the Major Decisions*, Oxford, Hart Publishing, 2022, pp. 153-174, spéc. p. 153 « As the favourable subsidies led to enormous investment in RE and an electricity tariffs deficit, coupled with the financial crisis of 2009, many EU states modified or withdrew their initial incentives. Their measures have given rise to an abundance of investor-state arbitrations under the Energy Charter Treaty (ECT). Up until 30 January 2020, investors in the RE sector have brought 40 arbitration proceedings against Spain, 9 against Italy and 7 against the Czech Republic under the ECT ».

les acteurs privés. Deux phénomènes concomitants ont contribué à la modification (précipitée pour certains investisseurs) des régimes d'aides. À partir des années 2010, la baisse du coût de l'énergie renouvelable, notamment solaire, s'est significativement accélérée. À la même époque, la crise bancaire et financière de 2008 a pris la forme, en Europe, d'une crise des dettes souveraines de la zone euro. Plusieurs États ont alors décidé de retirer de manière plus ou moins progressive des mécanismes d'aides, en arguant de raisons budgétaires ou de baisses des coûts de production de l'énergie renouvelable. Les investisseurs étrangers (d'un pays tiers ou d'un autre État membre) ayant investi dans le domaine de l'énergie renouvelable dans ces États bénéficiaient de ces aides. Leur retrait donna lieu à de nombreux différends devant les juridictions des États membres, mais aussi à de nombreux arbitrages d'investissement, en particulier sur le fondement du traité sur la Charte de l'énergie (TCEn). Ce contentieux sériel est désigné en termes de « saga » d'arbitrage, dont la plus connue est la « saga espagnole »[1917]. Il est rare d'avoir autant de sentences appliquant le même traité (le TCEn) à des différends reposant sur des faits identiques ou très similaires. Le nombre de sentences appartenant à cette saga espagnole, ainsi que l'homogénéité d'ensemble, en matière de normes applicables et de faits, des différends sur lesquels se prononcent ces sentences en font un objet d'étude particulièrement pertinent. La centralité des sentences relevant de la saga espagnole dans notre étude peut, toutefois, être considérée comme problématique. D'aucuns voient dans ces sentences, au regard du taux de succès élevé des investisseurs en leur sein, une anomalie[1918].

488. Justification de l'étude ci-après. Notre ensemble de sentences est plus ample que celui des travaux précédents. Il comprend de nouvelles sentences contre l'Espagne, publiée plus récemment, ainsi que des sentences contre la Roumanie et la Pologne. De plus, notre étude détaillée de sentences tranchant sur le fondement du traité sur la Charte de l'énergie (TCEn) des litiges d'investissement intra-UE (sentences TCEn intra-UE) est complétée par des références ponctuelles à des sentences prononcées sur le fondement de traités bilatéraux d'investissement (TBI) entre États membres (sentences TBI intra-UE). Par ailleurs, les analyses suivantes entrent en résonance avec nos conclusions précédentes quant au droit applicable au stade du fond ou de la compétence, mais aussi avec les suivantes, celles du second titre de cette partie consacrée à l'interprétation des traités. Or, dans le cadre de ces analyses, l'ensemble des sentences appliquant des traités d'investissement entre États membres (sentences intra-UE) adoptées entre 2007 et 2024 ont été mobilisées.

489. Plan de section. Au regard des éléments précédemment évoqués, il nous apparait opportun d'opérer, à ce stade de notre étude, une analyse plus restreinte, portant sur les sentences relevant de la saga espagnole en matière d'énergie renouvelable, ponctuellement complétée par d'autres sentences. Dans ce cadre plus restreint (toujours en matière d'application du droit de l'UE), les arbitres sont aussi en partie divisés[1919]. Le droit de l'UE

[1917] BALCERZAK F., *Renewable Energy Arbitration – Quo Vadis? – Implication of the Spanish Saga for International Investment Law*, Brill-Nijhoff, Leiden-Boston, 2023, pp. 452. Pour présentation globale des sentences relevant de la saga espagnole (16 sentences), italienne (7 sentences) et tchèque (6 sentences) v. LANDMANN N., *Legitimate Expectations and Fair-and-Equitable-Treatment under the Energy Charter Treaty*, Baden-Baden, Nomos, 2022, pp. 370, spéc. pp. 136-186.

[1918] *Ibid.*, spéc. pp. 311, nbp 1526 « The win-rate of investors in the reviewed arbitration proceedings increased due to the large number of losses suffered by Spain. Considering that the Czech Republic defended itself successfully in most of its cases and Italy's win/loss-rate is evenly distributed, the Spanish cases can be regarded as an anomaly and should not be regarded as an implication to a change in trend ».

[1919] Les développements suivants souligneront la division des arbitres quant à la place du droit interne et du droit de l'UE dans la détermination des attentes légitimes des investisseurs. Cela n'épuise pas les divergences jurisprudentielles au sein des sentences relevant de la saga espagnole d'arbitrage en matière d'énergie renouvelable. Il existe en effet des divergences également dans le cadre du standard traitement juste et équitable quant à la diligence de l'investisseur ou encore sur la possibilité pour l'investisseur de faire reposer ses attentes légitimes sur des documents de droit mou voire de simples communiqués de presse renvoyant aux mesures législatives. Sur l'absence d'une méthodologie cohérente en matière d'application du standard de traitement juste et equitable v. AZARIA D., « The Renewable Energy Arbitrations under ou spécifiquement le droit des aides d'État est parfois reconnu comme appartenant au droit applicable (§1) sans que cela garantisse qu'il lui soit attribué un effet déterminant dans la résolution du différend (§2).

§ 1 - La faible reconnaissance du droit de l'UE en tant que droit applicable au fond

490. Plan de paragraphe. Parmi les sentences des 53 arbitrages intra-UE, sur le fondement du TCEn, étudiés, plus de la moitié limitent, par principe, le droit de l'UE à un simple fait pouvant être pris en compte au fond, principalement au même titre que le droit interne[1920]. C'est sans doute ce qui pousse le tribunal de l'affaire *BayWa* dont la sentence fait partie de la saga d'arbitrage espagnole en matière d'énergie renouvelable[1921], à remarquer que dans la jurisprudence « *[...] State aid issues have been largely ignored, although with little reasoning* »[1922]. De l'autre côté du spectre, huit sentences considèrent que les tribunaux arbitraux d'investissement – comme les tribunaux arbitraux commerciaux – ont l'obligation d'appliquer le droit de l'UE (A). D'autres sentences ne se prononcent pas directement sur cette question ou comme la sentence *RENERGY* la relativisent en considérant : « *it would make any material difference in this case if, in addition to considering EU law as a fact, EU law also formed part of the applicable law* »[1923]. En deçà d'une obligation, certaines sentences s'en tiennent à une faculté. Elles précisent pouvoir appliquer le droit de l'UE en tant que droit applicable. Dans les deux cas (obligation ou faculté) une fois son applicabilité reconnue, une place significative, dans le raisonnement des tribunaux ou dans la résolution du différend, n'est pas garantie au droit de l'UE. Il n'en reste pas moins, que l'application du droit de l'UE en tant que droit applicable soit souvent rejetée, souvent par principe, parfois en l'espèce (B).

A - La rare reconnaissance d'une obligation d'appliquer le droit de l'UE

491. L'affirmation d'une obligation d'appliquer le droit de l'UE. En fait d'arbitrages d'investissement intra-UE, la reconnaissance d'une obligation d'appliquer le droit de l'UE, du fait de son appartenance aux règles applicables de droit international, relève d'une ligne jurisprudentielle minoritaire construite à partir de la sentence *Charanne*. En l'espèce – afin d'écarter l'exception d'incompétence intra-UE soulevée par l'Espagne –, le tribunal s'appuie sur l'arrêt de la Cour de justice *Eco Swiss*[1924] et sur la sentence *Electrabel*, pour affirmer sans

the Energy Charter Treaty », *in* RUIZ FABRI H. et STOPPIONI E. (eds.), *International Investment Law – An Analysis of the Major Decisions*, Oxford, Hart Publishing, 2022, pp. 153-174, spéc. p. 172 « More generally regarding the content of FET, however, it cannot be argued that the reasoning of the tribunals discussed here (but also in other RE ECT cases) introduce one consistent methodology for making the application of FET more predictable for ECT Contracting Parties and for investors ». V. aussi SELIVANOVA Y. S., « Changes in Renewables Support Policy and Investment Protection under the Energy Charter Treaty : Analysis of Jurisprudence and Outlook for the Current Arbitration Cases », *ICSID Review – FILJ*, Vol. 33(2), 2018, pp. 433-455, spéc. pp. 447-452.

[1920] Annexe 3.1 Sentence arbitrales TCEn intra-UE 2007-2024 Droit applicable, disponible sur le profil HAL de l'auteur : id. benjamin-terrade.

[1921] BALCERZAK F., *Renewable Energy Arbitration – Quo Vadis?, op. cit.*

[1922] CIRDI, *BayWa r. e. Renewable Energy GmbH and BayWa r. e. Asset Holding GmbH (BayWa r.e) c. Royaume d'Espagne*, Décision du 2 décembre 2019 sur la compétence, la responsabilité et les orientations en matière de quantum du 2 décembre 2019, § 588.

[1923] CIRDI, *RENERGY S.à r.l. c. Royaume d'Espagne*, aff. ARB/14/18, Sentence du 6 mai 2022, § 591.

[1924] CJCE, 1er juin 1999, *Eco Swiss China Time Ltd c. Benetton International NV.*, aff. C-126/97, § 40.

détour qu'un tribunal arbitral, non seulement peut, mais doit appliquer le droit de l'UE[1925]. À y regarder de plus près, la sentence du tribunal de l'affaire *Electrabel* précisait simplement, en s'appuyant elle-même sur la sentence *Achmea*, ainsi que sur les arrêts *Eco Swiss* et *Centro Movil*[1926], que le monopole d'interprétation de la Cour de justice n'empêchait pas que le droit de l'UE soit de manière quotidienne interprété et appliqué par des juridictions étatiques ou arbitrales. Ce raisonnement intervient dans la sentence, alors que l'absence de règles et principes de droit de l'UE s'opposant à ce que le tribunal tranche le différend avait été établie. Le tribunal de l'affaire *Electrabel* précise, de plus, dans ses conclusions, que le droit de l'UE fait partie du droit applicable, mais souligne qu'il n'a pas à se prononcer sur la légalité d'actes d'institutions de l'UE[1927]. C'est lorsqu'elle mentionne l'arrêt *Eco Swiss* que la sentence *Electrabel* précise, et ce, en note de bas de page que la Cour de justice a jugé que les tribunaux avaient l'obligation d'appliquer les règles impératives de droit de l'UE[1928]. Or, comme le rappelle Philip Strik :

> *« Neither Eco Swiss, nor Centro Movil, places an arbitral tribunal under an obligation to apply EU competition law of its own motion, although in practice, if arbitrators fail to apply EU competition law (correctly), the enforcement of an arbitral tribunal is potentially barred in case of a challenge in a Member State court »*[1929].

La présentation succincte de la position de la Cour de justice dans cette note de bas de page semble être à l'origine de l'obligation d'appliquer le droit de l'UE formulée dans la sentence *Charanne*. Cette obligation sera reprise telle quelle par d'autres tribunaux[1930].

492. La reconnaissance modérée d'une faculté d'appliquer le droit de l'UE. Certaines sentences s'approprient la formulation moins catégorique du tribunal de l'affaire *Blusun* qui précise : « *The tribunal evidently cannot exercise the special jurisdictional powers vested in the European courts, but it can and where relevant should apply European law as such* »[1931]. De manière similaire, le tribunal de l'affaire *Landesbank* considère que cette obligation est simplement une éventualité[1932]. La sentence *SolEs* s'inscrit dans cette tendance lorsqu'elle affirme : « *EU treaties*

[1925] SCC, (SCC), *Charanne B.V. et Construction Investment S.a.r.l (Charanne) c. Royaume d'Espagne*, aff. n° 062/2012, Sentence finale du 21 janvier 2016, § 443 « [...] hoy en dia es universalmente aceptado que un tribunal arbitral no solo tiene el poder, sino incluso el deber, de aplicar el derecho de la UE ».

[1926] CJCE, 26 octobre 2006, *Elisa María Mostaza Claro c. Centro Móvil Milenium SL*, aff. C-168/05.

[1927] CIRDI, *Electrabel S.A. c. République de Hongrie*, aff. ARB/07/19, Décision sur la compétence, le droit applicable et la responsabilité du 30 novembre 2012, §§ 4.147, 4.153 et 4.192-199.

[1928] *Ibid.*, § 4.152 nbp 19 « The ECJ has repeatedly held that arbitral tribunals are under an obligation to apply mandatory rules of EU law. While the Eco Swiss case was decided in the context of EU competition law, the same position was adopted in the field of consumer rights [...] ».

[1929] STRIK P., « From Washington with love – Investor-State Arbitration and the Jurisdictional Monopoly of the Court of Justice of the European Union », *Cambridge Yearbook of European Legal Studies*, Vol.12, 2010, pp. 425-453, spéc. p. 434.

[1930] SCC, (SCC), *Isolux Netherlands, BV (Isolux) c. Royaume d'Espagne*, aff. n° V2013/253, Sentence finale du 17 juillet 2016, § 654 « [...] se admite hoy, de modo general, que los tribunales arbitrales no solamente tienen el poder sino también el deber de aplicar el derecho europeo » ; CIRDI, *Masdar Solar & Wind Cooperatief U.A (Masdar) c. Royaume d'Espagne*, aff. ARB/14/11, Sentence du 16 mai 2018, § 339 « And as the tribunal in *Isolux* noted, arbitral tribunals not only have the power, but the duty, to apply EU law ».

[1931] CIRDI, *Blusun S.A., Jean-Pierre Lecorcier et Michel Stein (Blusun) c. République italienne*, aff. ARB/14/3, sentence du 26 décembre 2016, § 278 *pro* SCC, (SCC), *CEF Energia BV c République italienne*, aff. n° 158/2015, Sentence du 16 janvier 2019, §§ 63 et 64 ; CIRDI, *Rockhopper Italia S.p.A., Rockhopper Mediterranean Ltd, and Rockhopper Exploration Plc (Rockhopper) c. République Italienne*, aff. ARB/17/14, Décision sur l'objection d'incompétence Intra-UE du 29 juin 2019, § 145 ; CIRDI, *Cordoba Beheer et autres c. Royaume d'Espagne*, aff. ARB/16/27, Décision sur la compétence, la responsabilité et les principes de quantum du 11 février 2022, § 546 comp. CIRDI, *Belenergia S.A. c. République italienne*, aff. ARB/15/40, Sentence du 28 août 2019, § 292 « [...] Hence, the Tribunal finds that it can apply EU law as part of international law and "where relevant should apply European law as such" to the extent that the ECT regime permits it ».

[1932] CIRDI, *Landesbank Baden-Württemberg, HSH Nordbank AG, Landesbank Hessen-Thüringen Girozentrale et Norddeutsche Landesbank-Girozentrale (Landesbank Baden-Württemberg) c. Royaume d'Espagne*, aff. ARB/15/45, *cannot be excluded as potential sources of "applicable rules and principles of international law" within the meaning of ECT Article 26(6)* »[1933]. Différemment, sans faire référence à l'arrêt *Eco Swiss*, mais aux règles et principes applicables de droit international de l'article 26 § 6 du TCEn, le tribunal de l'affaire *InfraRed* s'estime lui aussi tenu d'appliquer le droit de l'UE[1934].

493. Les reconnaissances de l'applicabilité du droit de l'UE sans nécessité d'application. D'autres sentences, à l'image des sentences *Achmea* et *Electrabel*, admettent l'applicabilité du droit de l'UE en tant que droit international applicable, sans avoir toutefois besoin d'y recourir pour trancher le litige. Par exemple dans la sentence *JSW Solar et Wirtgen*[1935], la question de la contrariété avec le droit des aides d'État d'une sentence indemnisant le retrait de mesures étatiques constitutives d'aides d'État sur la base d'une violation des attentes légitimes de l'investisseur est avancée par le défendeur et la Commission. La question n'est pas traitée, car le tribunal écarte toute violation du TBI.

494. Transition. Différemment, le droit de l'UE peut être à la fois reconnu comme potentiel droit applicable au litige, écarté du droit applicable en l'espèce, mais considéré comme un fait pertinent[1936]. Ce type de sentence se rapproche davantage des sentences rejetant l'application du droit de l'UE au différend d'investissement, car elles réduisent à terme le droit de l'UE à un fait.

B - Le rejet fréquent de l'application du droit de l'UE

495. L'obstacle du mandat du tribunal. Nombreuses sont les sentences rejetant l'application du droit de l'UE pour résoudre un différend entre un État membre et un investisseur d'un autre État membre, adoptant une formulation faisant écho à celle de la sentence *Blusun* précitée. Le tribunal de l'affaire *MOL* affirme, par exemple : « *The tribunal has no authority under ECT to apply EU law as such* »[1937]. Le tribunal de l'affaire *Greentech* conclut lui que l'article 26 § 6 du TCEn l'oblige à appliquer non pas le droit de l'UE, mais le droit international public[1938]. Il se justifie en soulignant que la demande de l'investisseur porte sur

---

Décision sur l'exception d'incompétence intra-UE du 25 février 2019, § 143 « [...] an arbitral tribunal established in accordance with Article 26 of the ECT is called upon to rule only on possible infringements of the ECT. In doing so, however, a tribunal established under Article 26 may have to interpret and apply EU law as part of international law applicable between the respondent and the claimant's State of nationality ».

1933 CIRDI, *SolEs Badajoz GmbH (SolEs Badajoz) c. Royaume d'Espagne*, aff. ARB/15/38, Sentence du 31 juillet 2019, § 163.

1934 CIRDI, *InfraRed Environmental Infrastructure GP Limited (InfraRed) c. Royaume d'Espagne*, aff. ARB/14/12, Sentence du 2 août 2019, § 258 « [...] under the ECT, the Tribunal is also mandated to resolve this dispute in conformity with the "applicable rules and principles of international law." The EU law is undeniably part of the body of international law that the Tribunal is also bound to apply ».

1935 CPA, (CNUDCI), *JSW Solar (zwei) GmbH & Co.KG, Gisela Wirtgen, Jürgen Wirtgen, et Stefan Wirtgen (JSW Solar et Wirtgen) c. République tchèque*, aff. n° 2014/03, Sentence finale du 11 octobre 2017, §§ 177, 467 et 468.

1936 CIRDI, *ACF Renewable Energy Limited (ACF) c. République de Bulgarie*, aff. ARB/18/1, Sentence du 5 janvier 2024, §§ 1452-1454.

1937 CIRDI, *MOL Hungarian Oil and Gas Company Plc (MOL) c République de Croatie*, aff. ARB/13/32, Sentence du 5 juillet 2022, § 469 *pro* CIRDI, *Infracapital F1 S.à r.l. et Infracapital Solar B.V (Infracapital) c. Royaume d'Espagne*, aff. ARB/16/18, Décision sur la compétence, la responsabilité et les directives sur le quatum du 13 septembre 2021, § 303 [...] the Tribunal can only apply the terms of the ECT and international law, without authority to apply EU law [...] ».

1938 SCC, (SCC), *Greentech Energy System A/S et autres (Greentech) c. République italienne*, aff. n° V2015/095, Sentence finale du 23 décembre 2018, § 399 « [...] [ECT] does not require a tribunal to apply EU law pursuant to a governing law provision ».

une violation du TCEn et du droit international[1939]. Ce faisant, il s'inscrit dans la lignée des sentences partant de la cause de la réclamation pour déterminer le droit applicable[1940].

496. L'affirmation d'un simple pouvoir de considération du droit de l'UE. Distinguant application et considération du droit interne, le tribunal de l'affaire *9REN Holding* précise qu'il n'a ni à interpréter ni à appliquer le droit de l'UE[1941], mais qu'il lui appartient « [...] *to consider EU law to the extent necessary for the resolution of the dispute under* international law »[1942]. Plus explicite, quant à la différence entre application et considération de normes juridiques, le tribunal de l'affaire *Eskosol* explique :

> *« For the avoidance of doubt, the Tribunal's conclusion that EU law is not part of the ECT's applicable law, and particularly not for determining the scope of the Tribunal's jurisdiction under Article 26 of the ECT, does not mean that an ECT tribunal could not consider EU law as a matter of fact if potentially relevant to the merits of a dispute, just as an ECT tribunal may consider a State's domestic law as part of the factual matrix of a case [...] »*[1943].

Dans le même sens, mais sans parler de considération du droit, les arbitres de l'affaire *Cube Infrastructure*, après avoir avancé que le droit des aides d'État n'entre pas dans le droit applicable, indiquent : « *[...] Spanish law and EU law are relevant only as facts in the light of which the rights and duties of the Parties under the ECT and international law are to be determined* »[1944]. Ce type de rejet de l'applicabilité du droit de l'UE en tant que droit international applicable et sa relégation en tant que fait apparait également dans le cadre d'arbitrage sur le fondement de TBI intra-UE. Ainsi dans le cadre d'un arbitrage sur le fondement d'un TBI dépourvu de clause de droit applicable, les arbitres du tribunal de l'affaire *A.M.F Aircraftleasing*, au lieu de chercher à appliquer les règles de détermination du droit applicable de la loi du siège du tribunal[1945], s'appuient sur une forme de présomption de non-application du droit de l'UE en précisant :

[1939] *Greentech*, aff. n° V2015/095, Sentence finale du 23 décembre 2018, préc., § 397 « [...] the ECT contains its clear requirement of a decision under "principles of international law" which must in context refer to public international law, not EU law. The Tribunal has not been called upon to apply EU law, since Claimants asserted breaches of the ECT and international law, but not of EU law ».

[1940] Pour un autre ex. v. CIRDI, *ESPF Beteiligungs GmbH, ESPF Nr. 2 Austria Beteiligungs GmbH, and InfraClass Energie 5 GmbH & Co. KG (ESPF) c. République italienne*, aff. ARB/16/5, Sentence du 14 septembre 2020, § 401 « The Tribunal observes that EU law is not invoked or implicated in this ECT arbitration, and thus does not form part of the governing international law applicable to the issues before the Tribunal ».

[1941] CIRDI, *9REN Holding S. a. r. l (9REN Holding) c. Royaume d'Espagne*, aff. ARB/15/15, Sentence du 31 mai 2019, § 168.

[1942] *Ibid.*, § 172.

[1943] CIRDI, *Eskosol S.p.A. in liquidazione (Eskosol) c. République italienne*, aff. ARB/15/50, Décision sur la demande de clôture et sur l'objection basée sur l'inapplicabilité du traité sur la charte de l'énergie aux disputes intra-UE du 7 mai 2019, § 123 *pro* SCC, (SCC), *FREIF Eurowind Holdings Ltd. (FREIF Eurowind) c. Royaume d'Espagne*, aff. n° 2017/060, Sentence du 8 mars 2021, § 533 « [...] in the Tribunal's view, the fact that Special Regime subsidies may have been State Aid is not a "silver bullet" for Spain, nor does it result in EU law being directly applicable by the Tribunal to this dispute. It is however, one of several relevant parts of the factual matrix which shall be discussed [...] in determining whether FREIF's legitimate expectations were frustrated ».

[1944] CIRDI, *Cube Infrastructure Fund SICAV et autres (Cube Infrastructure) c. Royaume d'Espagne*, aff. ARB/15/20, Décision sur la compétence, la responsabilité et décision partielle sur le quantum du 19 février 2019, § 160 *pro* CIRDI, *Anina Pro Invest Ltd, Core Value Capital GmbH, Core Value Investments GmbH & Co KG Gamma et autres (LSG Building Solutions et autres) c. Roumanie*, aff. ARB/18/19, Décision sur la compétence, la responsabilité et les principes de réparation du 11 juillet 2022, § 740 « [...] in the present case the Tribunal will not interpret or apply Romanian or EU law, and will not express a view on the legality under such laws of measures adopted by Romania or the EU authorities. The Tribunal is also not entrusted with the task of judging whether Romania has breached its obligations under the TEU or the TFEU. The Tribunal will simply consider and establish municipal law as a matter of fact, following the prevailing interpretation given to municipal law by the courts or authorities of Romania and the EU, including the decisions of the CJEU ».

[1945] Le siège de ce tribunal se situant à Zurich en Suisse, les arbitres auraient dû déterminer le droit applicable selon un principe de proximité. Ils auraient pu alors démontrer que le traité ou le droit international entretenait des liens plus étroits avec le différend que le droit interne de l'État hôte ou le droit de l'UE.

« when a treaty is silent on the applicable, law and one of the Contracting States was not a Member State of the EU at the time the Treaty was concluded, the disputes brought under such Treaty should be decided in accordance with the Treaty provisions and the general principles of international law. EU law can be considered as a matter of fact »[1946].

497. L'invocation de l'article 16 TCEn au stade de la détermination du droit applicable. Certaines sentences, sans vraiment distinguer entre détermination du droit applicable et application d'une règle de conflit de normes, déclarent que le droit de l'UE ne fait pas partie du droit applicable en application de l'article 16 TCEn[1947]. Or, si cet article s'applique, il existe bien un conflit entre deux règles appartenant toutes deux au droit applicable. D'autres sentences reconnaissent plus clairement l'applicabilité du droit de l'UE, mais l'écarte du droit applicable à la lumière de l'article 16 TCEn, en s'appuyant sur des raisonnements équivalents à ceux développés dans le cadre d'exception d'incompétence intra-UE[1948]. Ici, ce n'est pas l'accès à l'arbitrage État-investisseur qui est jugé plus favorable, que les voies de recours interne et de droit de l'UE, mais les standards de protection de l'article 10 TCEn, par rapport à des principes de droit de l'UE tel que les principes de sécurité juridique et de confiance légitime ou par rapport au droit des aides d'État. Le droit de l'UE étant moins favorable (voire défavorable) à l'investisseur, il est écarté au profit des dispositions substantielles du TCEn. Cette règle de conflit est donc appliquée de la même manière que ce soit pour résoudre un conflit entre des dispositions procédurales ou entre des dispositions substantielles. Pour ces tribunaux, le droit de l'UE est applicable au fond, mais ne peut l'emporter sur les dispositions plus favorables du traité d'investissement. C'est à ce titre, essentiellement, qu'il n'est pas appliqué.

498. L'affirmation d'une indifférence totale au droit de l'UE. Avec moins de discernement, certains tribunaux affirment que tout élément de droit de l'UE leur est étranger et, partant, qu'il ne menace pas l'autonomie du droit de l'UE. La sentence *Novenergia II* en est un des exemples les plus manifestes, le tribunal y précise :

« this Tribunal is not applying Union law. This per se *makes the EC Decision entirely irrelevant to the determinations pertaining to this Tribunal. Moreover, the EC Decision was adopted in order to regulate certain State aid issues under EU law, whereas the present dispute does not concern matters which are governed by EU law »*[1949].

Visant également le droit des aides d'État, le tribunal de l'affaire *RWE* affirme sans détours que : « *the fact that a subsidy to the [Renewable Energy] sector may be a form of State aid does not mean that the current case require the application of EU law concerning State aid; it does not* »[1950].

1946 CPA, (CNUDCI), *A.M.F. Aircraftleasing Meier & Fischer GmbH & Co. KG (A.M.F Aircraftleasing) c. République tchèque*, aff. n° 2017-15, Sentence finale du 11 mai 2020, § 504 *pro* CIRDI, *Cyprus Popular Bank c. République hellénique*, aff ARB/14/16, Décision sur la compétence et la responsabilité du 8 janvier 2019, § 328.

1947 CIRDI, *OperaFund Eco-Invest SICAV PLC et Schwab Holding AG (Opera Fund et Schwab) c. Royaume d'Espagne*, aff. ARB/15/36, Sentence du 6 septembre 2019, §§ 322-331 ; CIRDI, *SolEs Badajoz GmbH (SolEs Badajoz) c. Royaume d'Espagne*, aff. ARB/15/38, Sentence du 31 juillet 2019, §§ 160-167.

1948 CIRDI, *RREEF Infrastructure (G.P.) Limited and RREEF Pan-European Infrastructure Two Lux S.à.r.l. (RREEF) c. Royaume d'Espagne*, aff. ARB/13/30, Décision sur la responsabilité et sur les principes du quantum du 30 novembre 2018, §§ 208-213 ; CIRDI, *OperaFund Eco-Invest SICAV PLC et Schwab Holding AG (Opera Fund et Schwab) c. Royaume d'Espagne*, aff. ARB/15/36, Sentence du 6 septembre 2019, §§ 322-331 ; CIRDI, *Watkins Holdings S. à r. l. et autres (Watkins) c. Royaume d'Espagne*, aff. ARB/15/44, Sentence du 21 janvier 2020, §§ 489 et 490 ; SCC, (SCC), *Triodos SICAV II c. Royaume d'Espagne*, aff. n° 2017-194, Sentence finale du 24 octobre 2022 (publication partielle), §§ 654-657.

1949 SCC, (SCC), *Novenergia II - Energy & Environment (SCA), SICAR (Novenergia) c. Royaume d'Espagne*, aff. n° 063/2015, Sentence finale du 15 février 2018, § 465.

1950 CIRDI, *RWE Innogy GmbH and RWE Innogy Aersa S.A.U. (RWE Innogy) c. Royaume d'Espagne*, aff.14/34, Décision sur la compétence, la responsabilité et le quantum du 30 décembre 2019, § 360.

499. Conclusion. Les sentences les plus radicales – affirmant ne pas pouvoir appliquer le droit de l'UE en tant que droit international applicable en dépit de clauses de droit applicable ou des règles de détermination du droit l'autorisant – importent dans leur raisonnement au fond le rejet de l'exception d'incompétence intra-UE – leur reprochant de violer le monopole de la Cour de justice en ayant à interpréter ou à appliquer même de manière incidente le droit de l'UE. Les sentences majoritaires s'en tenant à rappeler l'absence d'interdiction de l'arbitrage d'investissement intra-UE dans le TUE et le TFUE, à nos yeux, passent pour plus raisonnables. Les développements écartant toute pertinence du droit de l'UE ne s'inscrivent pas dans la détermination du droit applicable, mais répondent à l'argument d'une atteinte à l'autonomie du droit de l'UE, issue de l'application et de l'interprétation du droit de l'UE par les arbitres. En arguant que le droit de l'UE est complètement étranger au différend, les tribunaux entendent se prémunir de toute contestation de leur compétence en vertu l'article 344 TFUE[1951]. À côté de ces sentences critiquables, continuant de répondre à l'exception d'incompétence intra-UE dans des parties des sentences consacrées aux questions de fond, d'autres, plus raisonnées, écartent cette exception tout en assumant pouvoir ou avoir à appliquer le droit de l'UE. Plus subtiles sont les sentences qui se saisissent de la distinction entre application du droit et considération du droit, pour ne pas nier la potentielle pertinence du droit de l'UE, tout en répondant à l'argument d'une atteinte potentielle à l'application uniforme du droit de l'UE. Cependant même quand il est admis en tant que droit applicable, le droit de l'UE n'est que très rarement déterminant dans le règlement du différend.

§ 2 - L'exceptionnel effet déterminant du droit de l'UE en tant que droit applicable

500. Plan de paragraphe. Si une ligne jurisprudentielle minoritaire estime que les tribunaux peuvent avoir l'obligation d'appliquer le droit de l'UE, les sentences l'appliquant sont rares. La sentence la plus souvent citée en exemple est celle prononcée dans l'affaire *BayWa r.e.*[1952]. Dans notre étude, cette sentence est la seule à appliquer de manière résolue le droit des aides d'État dans le cadre d'un arbitrage sur le fondement du TCEn (A). Le tribunal de cette affaire emprunte une brèche ouverte par la sentence du tribunal de l'affaire *Electrabel*[1953]. Ce dernier avait reconnu le droit de l'UE dans son ensemble (y compris une décision de la Commission en matière d'aide d'État) comme droit applicable, mais ne l'avait

---

1951 TFUE art. 344 : « Les États membres s'engagent à ne pas soumettre un différend relatif à l'interprétation ou à l'application des traités à un mode de règlement autre que ceux prévus par ceux-ci ».

1952 SCC, (SCC), *FREIF Eurowind Holdings Ltd. (FREIF Eurowind) c. Royaume d'Espagne*, aff. n° 2017/060, Sentence du 8 mars 2021, §§ 439 et 440.

1953 Pour une analyse approfondie de l'affaire *Electrabel* v. FECAK T., *International Investment Agreements and EU Law*, Alphen aan den Rijn, Kluwer, 2016, pp. 582, spéc. pp. 451-464. L'auteur constate que les sentences *Electrabel* et *AES Summit* ne s'oppose pas en tout point : pp. 451 « [...] the basic strategy which enabled the [*Electrabel*] tribunal to get round the emerging conflict was the same as that adopted by the tribunal in *AES Summit*: the tribunal strictly separated the question of EU law requirements on state aid, which were in this case materialized in the Commission's decision, from the conduct of Hungary in implementation of these requirements, which was subject to scrutiny under the ECT standards of investment protection » et pp. 454 « At the same time, [*Electrabel* tribunal] attemped to adopt an integrating approach, which is in stark contrast with the cursory fashion in which the tribunal in *AES Summit*, concerning almost identical factual and legal situation, degraded EU law to perform only the role of fact ». Les affaires *AES Summit* et *Electrabel* sont également opposées par le professeur Emmanuel Castellarin. Il considère que dans la première le tribunal nie explicitement l'applicabilité du droit de l'Union en tant que droit international, mais l'applique implicitement. Selon cet auteur s'il avait véritablement considéré factuellement le droit de l'UE, il « aurait fait preuve d'une plus grande déférence à l'égard de la Commission en tant que représentante de la Communauté ». En revanche, il considère que dans l'affaire *Electrabel* le tribunal applique explicitement le droit de l'UE, mais seulement « en vue de l'appréciation de la licéité de la conduite de l'État à l'égard du Traité sur la Charte de l'énergie ». V. CASTELLARIN E., *La participation de l'Union européenne aux institutions économiques internationales*, Paris, Pedone, 2017, pp. 664, spéc., §§ 7.31 et 7.36.

pas véritablement appliqué concurremment au traité d'investissement, comme le fera le premier. Ce tribunal n'est pas si isolé. La sentence *BayWa r.e.* se montre proche d'autres sentences appliquant le droit de l'UE de manière déterminante, y compris le droit des aides d'État, mais dans le cadre d'arbitrage sur le fondement de TBI entre États membres (B).

A - L'application résolue du droit de l'UE en tant que droit international applicable

501. *L'application explicite du droit de l'UE dans la décision BayWa r.e.* Dans l'affaire *BayWa r.e.*, le tribunal conclut à l'absence d'attentes légitimes de l'investisseur, portant sur le maintien de subsides étatiques pour toute la durée de vie de ses installations, en rappelant d'abord que le droit des aides d'État et le TCEn s'appliquent concurremment à l'investissement, puis que l'aide dont bénéficiait l'investisseur n'avait pas été notifiée à la Commission et qu'elle était à ce titre illégale[1954]. En effet, en droit de l'UE, une aide non notifiée est en principe illégale et peut faire l'objet d'une demande de remboursement. La place centrale que donne cette sentence au droit de l'UE transparait lorsqu'elle précise « *[...] the Tribunal would if EU law as part of the applicable law so allows, hold that Spain breached Article 10.1 of the ECT by the Claw-back operation* »[1955] puis estime au sujet de sa conclusion « *this conclusion is not, as at the date of this Decision, inconsistent with EU law as applied to the Claimants' investment* »[1956]. Il faut cependant noter – surement en réponse à l'exception d'incompétence intra-UE formulée par l'Espagne – que le tribunal précise, dans une observation sur l'interaction entre le droit de l'UE et le droit applicable, qu'il n'interprète pas le droit des aides d'État, mais qu'il accepte l'interprétation uniforme qu'en font les institutions pertinentes, à l'image d'une considération factuelle du droit interne classique dans le cadre des contentieux interétatiques[1957]. Il n'en reste pas moins qu'à plusieurs reprises le tribunal s'interroge sur l'absence de référence au droit de l'UE dans des sentences portant sur les mêmes mesures[1958] et conclut à ce sujet : « *European state aid regime and the ECT apply concurrently to the investment and form part of the applicable law* »[1959].

502. *L'application ambiguë du droit de l'UE dans la décision* Cordoba Beheer et autres. Le tribunal de l'affaire *Cordoba Beheer et autres*, s'il attribue un rôle déterminant au droit des aides d'État, se montre moins résolu que celui de l'affaire *BayWa r.e.* En effet, il n'est pas dit clairement dans sa décision si le droit de l'UE est appliqué ou considéré comme un fait. Le droit de l'UE y tient néanmoins une place éminente dans la détermination de l'existence et la portée des attentes légitimes de l'investisseur. Le tribunal indique plusieurs fois que le droit de l'UE peut : soit être pris en compte en tant que fait, car il est compris dans le droit

---

1954 CIRDI, *BayWa r. e. Renewable Energy GmbH and BayWa r. e. Asset Holding GmbH (BayWa r.e) c. Royaume d'Espagne*, Décision du 2 décembre 2019 sur la compétence, la responsabilité et les orientations en matière de quantum du 2 décembre 2019, § 591 (a),(b) et (c).

1955 *Ibid.*, § 491.

1956 *Ibid.*, § 591 (e).

1957 *Ibid.*, § 569 (b) « In the present case, the host state's law itself (incorporating EU state aid rules) is not inconsistent with the ECT, under which the Tribunal exercises its jurisdiction. Although arguably harsh on recipients as they risk bearing the harmful consequences of the subsidizing State's omission to notify the aid, the EU rules in regard of non-notified aid are clear and have been consistently interpreted. From the standpoint of international law, "municipal laws are merely facts which express the will and constitute the activities of States, in the same manner as do legal decisions or administrative measures". The Tribunal therefore does not interpret EU law as such, but accepts the consistent interpretation of EU law as applied by the relevant institutions ».

1958 *Ibid.*, §§ 573, 578 et 588.

1959 *Ibid.*, § 569 (b).

1959 *Ibid.*, § 591 (a).

interne des États membres, soit appliquer en tant que droit international[1960]. Cela lui permet d'affirmer, malgré la position contraire du demandeur, la pertinence de la décision de 2017 de la Commission en matière d'aide d'État sur les mesures espagnoles de modification du régime de soutien aux énergies renouvelables. Par la suite, il rappelle – en notant la concordance sur ce point entre la sentence *BayWa* et la décision de 2017 de la Commission[1961] – que pour la Commission l'aide ne lui ayant pas été notifiée par l'Espagne elle ne pouvait faire l'objet d'aucune attente légitime du bénéficiaire. Ses conclusions se fondent sur le raisonnement de la décision de la Commission de 2017. Le tribunal de l'affaire *Cordoba Beheer* conclut, de manière modérée, que le silence de la Commission sur les premières aides d'État – remplacées par des nouvelles qui elles ont été notifiées et autorisées par la Commission en 2017 – limite les attentes de l'investisseur quant aux premières aides, à un taux de rentabilité raisonnable prévue par la législation espagnole. Dans ces sentences, les divergences portent davantage sur le contenu des attentes légitimes des investisseurs que sur leur existence. Pour certains tribunaux, les investisseurs pouvaient légitimement attendre le maintien du cadre règlementaire dans ses caractéristiques essentielles. D'autres estiment que les investisseurs ne pouvaient compter que sur une règlementation assurant un taux de rentabilité raisonnable. Ces tribunaux considèrent que les investisseurs ne peuvent se prévaloir que du maintien d'un taux de rentabilité raisonnable, car les différents décrets précisant le régime d'aide mettaient en œuvre une loi de 1997[1962] qui prévoyait dans son article 30 § 4 que le complément de rémunération (prime, premium) versé au producteur d'énergie renouvelable était déterminé afin d'atteindre « [...] *unas tasas de rentabilidad razonables con referencia al coste del dinero en el mercado de capitales* ». Cette disposition semble en réalité reprendre un des critères classiques du droit des aides d'État de l'UE voulant qu'une compensation n'excède pas le strict nécessaire tout en autorisant un taux de rentabilité raisonnable[1963]. S'inscrivant dans cette seconde ligne jurisprudentielle, le tribunal de l'affaire *Cordoba Beheer et autres* juge qu'une sentence autorisant une compensation de l'investisseur à hauteur de ce taux raisonnable, s'il n'a pas été assuré par la règlementation espagnole, ne serait pas incompatible avec le droit des aides d'État[1964].

503. L'opinion dissidente du professeur Raul E. Vinuesa. Il convient de mentionner à la suite de ces deux sentences appliquant le droit de l'UE en tant que droit applicable, l'opinion dissidente formulée par Raul E. Vinuesa dans l'affaire *Foresight Luxembourg Solar 1 S. a. r. l. et autres c. Espagne*. Dans cette affaire, l'Espagne s'appuyait aussi sur la décision de la Commission de 2017[1965]. Si la majorité conclut que « *EC State Aid Decision has no bearing on the issue of the Claimant's legitimate expectations of regulatory stability at the time of their investment* »[1966], l'arbitre dissident lui estime que non seulement le droit des aides d'État est pertinent, mais qu'il fait partie du droit applicable au fond. Raul E. Vinuesa affirme que « *EU law, being part of the rules and principles of internaitonal law, should be applied to the merits of the present dispute* » et

---

1960 CIRDI, *Cordoba Beheer B.V., Cross Retail S.L., Sevilla Beheer B.V., Spanish project companies* (*Cordoba Beheer et autres*) *c. Royaume d'Espagne*, aff. ARB/16/27, Décision sur la compétence, la responsabilité et les principes de quantum du 11 février 2022, §§ 525-528 et 914.

1961 Commission, 10 novembre 2017, *State aid SA. 40348 (2015/NN) — Spain*, ref. C(2017) 7384 final, JOCE C/442/2017 du 22.12.2017.

1962 Ley 54/1997, de 27 de noviembre, del Sector Eléctrico, «BOE» núm. 285, de 28/11/1997, Ref. BOE-A-1997-25340.

1963 TALUS K., *Introduction to EU Energy Law*, Oxford, OUP, 2016, pp. 193, spéc. pp. 105-117.

1964 *Cordoba Beheer et autres*, aff. ARB/16/27, Décision sur la compétence, la responsabilité et les principes de quantum du 11 février 2022, préc., § 915.

1965 Commission, 10 novembre 2017, *State aid SA. 40348 (2015/NN) — Spain*, ref. C(2017) 7384 final, JOCE C/442/2017 du 22.12.2017

1966 SCC, (SCC), *Foresight Luxembourg Solar 1 S. a. r. l. et autres c. Royaume d'Espagne*, aff. n° 2015/550, Sentence finale du 14 novembre 2018, § 381.

donc qu'au regard de l'article 26 § 6 TCEn ses coarbitres ont omis d'appliquer une partie substantielle du droit applicable. Plus spécifiquement, il leur reproche de ne pas avoir constaté l'illégalité en droit de l'UE d'une aide non notifiée. Une telle aide ne pouvait faire naître de quelconques attentes légitimes[1967]. C'est à la lumière de ce même principe (une aide non notifiée ne peut être à la source d'aucune attente légitime de son bénéficiaire) que la Commission a établi dans sa décision de 2017 que la modification du régime d'aides n'avait pas violé les principes de sécurité juridique et de confiance légitime de droit de l'UE[1968]. L'arbitre dissident insiste sur la légalité de la modification du régime en droit de l'UE. Il conclut sur ce point : « *Claimants' claim that the New Regulatory Regime is illegal, is fatally defeated* »[1969]. En effet, il explique plus haut dans son raisonnement que l'hypothèse d'une contradiction entre le droit de l'UE et le TCEn dans le cadre de l'application du standard de traitement juste et équitable est faible, étant donné que les principes de sécurité juridique et confiance légitime sont des principes généraux du droit de l'UE[1970]. D'aucuns percevaient, en 2017, une telle convergence en matière de protection des attentes légitimes dans des sentences postérieures à la sentence finale de l'affaire *Micula (I)*[1971]. En outre, il est avancé que l'article 26 § 6 TCEn ne hiérarchise pas entre ce traité et le droit de l'UE, et que la spécificité de la décision de la Commission permet d'écarter l'article 16 TCEn[1972], cet article n'étant pas « *[...] a reassurance for investors to deny the rights to regulate of the European Commission of the EU or its Member States* »[1973].

504. *La reconnaissance de l'application du droit de l'UE en tant qu'élément d'ordre public.* Considérant la question de l'application ou de la considération du droit des aides d'État au fond, les arbitres de l'affaire *Green Power et SCE* (ayant accueilli l'exception d'incompétence intra-UE formulée par l'Espagne) ne font pas preuve d'ambiguïtés. Tout en précisant que cela n'entre pas dans sa compétence, le tribunal estime que pour résoudre le différend au fond il aurait à se prononcer sur le droit des aides d'État, en tant qu'élément d'ordre public de l'UE. Il rappelle, en outre, que le droit de l'UE fait partie du droit international au stade de la compétence ou au stade du fond[1974]. Toujours au-delà d'un simple droit applicable « disponible », c'est-à-dire de disposition ne touchant pas à l'ordre public, la

---

[1967] SCC, (SCC), *Foresight Luxembourg Solar 1 S. a. r. l. et autres c. Royaume d'Espagne*, aff. n° 2015/550, Opinion dissidente partielle de Raul E. Vinuesa du 30 octobre 2018, §§ 26 et 34

[1968] Commission, 10 novembre 2017, *State aid SA. 40348 (2015/NN) — Spain*, ref. C(2017) 7384 final, JOCE C/442/2017 du 22.12.2017, §§ 157 et 158. La Commission fait référence à deux arrêts de la Cour de justice en note de bas de page. V. nbp 64 « Case C-24/95 Land Rheinland-Pfalz v Alcan Deutschland, EU:C:1997:163, paragraph 25, in which the Court of Justice has concluded that "In view of the mandatory nature of the supervision of State aid by the Commission under Article [108] of the Treaty, undertakings to which aid has been granted may not, in principles, entertain a legitimate expectation that the aid is lawful unless it has been granted in compliance with the procedure laid down in that article. A diligent businessman should normally be able to determine whether that procedure has been followed." (paragraphs 13 and 14); see also the judgment in case C-169/95 Spain v Commission EU:C:1997:10 ».

[1969] *Foresight Luxembourg*, aff. n° 2015/550, Opinion dissidente partielle de Raul E. Vinuesa du 30 octobre 2018, préc., §§ 29 et 37 « Claimants' claims main objectives are based on the illegality of new measures affecting RD 661/2007. As the European Commission has already considered (Decision on State Aid of 10 November 2017) that the challenged new measures are legal measures within the EU law, it follows that such modification is not unlawful ».

[1970] *Ibid.*, § 11.

[1971] GONZALEZ C. J., « The convergence of recent international investment awards and case law on the principle of legitimate expectations: towards common criteria regarding fair and equitable treatment? », *European Law Review*, Vol. 42(3), pp. 402-419. L'auteur considère que le tribunal de l'affaire *Electrabel* rompt avec une tendance antérieure limitant le droit de l'UE à un fait et appliquant des critères de détermination de l'existence d'attentes légitimes éloignés de ceux existant en droit de l'UE. Il considère que le tribunal de l'affaire *Charanne* et celui de l'affaire *Isolux* s'inscrivent dans cette nouvelle tendance. Notre étude montre que cette ligne jurisprudentielle ne l'a pas emporté sur la ligne antérieure.

[1972] *Foresight Luxembourg*, aff. n° 2015/550, Opinion dissidente partielle de Raul E. Vinuesa du 30 octobre 2018, préc., §§ 14-18.

[1973] *Ibid.*, § 17.

[1974] SCC, (SCC), *Green Power Partners K/S et SCE Solar Don Benito APS (Green Power et SCE) c. Royaume d'Espagne*, aff. n° 2016/135, Sentence du 16 juin 2022, § 455.

sentence *Charanne* envisage l'application des dispositions impératives de droit de l'UE lorsqu'elle examine l'existence de règles d'ordre public de l'UE interdisant les arbitrages d'investissement intra-UE[1975]. Cette attention à l'ordre public de l'UE ne se limite pas aux dispositions procédurales, mais porte également sur le droit des aides d'État. Le tribunal précise explicitement à ce sujet : « *[...] aunque existiera alguna problemática de esta naturaleza, se trataría de un tema de orden público que el Tribunal Arbitral debería tomar en cuenta al momento de decidir el fondo de la disputa* »[1976]. Les conclusions du tribunal sur la base de l'examen du droit interne quant à l'absence de violation du traitement juste et équitable, lui éviteront de se pencher plus en avant sur le droit des aides d'État.

505. ***Transition.*** Ces différentes sentences de la saga espagnole constituent les exemples les plus marquants d'application du droit de l'UE en tant que droit international applicable au fond. D'autres sentences similaires, bien que toutes aussi rares, peuvent être identifiées dans le cadre d'arbitrages sur le fondement de TBI intra-UE.

[1975] SCC, (SCC), *Charanne B.V. et Construction Investment S.a.r.l (Charanne) c. Royaume d'Espagne*, aff. n° 062/2012, Sentence finale du 21 janvier 2016, § 448.
[1976] *Ibid.*, § 449.

B - L'application induite du droit de l'UE en tant que droit international applicable

***506. Le cas particulier de la sentence* Invesmart**. Un précédent aux sentences évoquées plus haut peut être reconnu dans la sentence *Invesmart* de 2009. Dans cette affaire, le tribunal compétent sur le fondement d'un TBI signé entre la République tchèque et les Pays-Bas ne considère pas, mais applique le droit tchèque[1977], droit des aides d'État inclus[1978]. En effet, la clause d'*electio juris* du traité renvoyait tout autant à des sources internes et internationales. Le principe d'interdiction des aides d'État en droit interne et en droit de l'UE y est déterminant dans le rejet de la demande de compensation de l'investisseur pour le non-respect de ses attentes légitimes[1979]. L'appréhension du droit des aides d'État en tant que droit applicable s'y montre, toutefois, moins résolue que dans le cadre de l'affaire *BayWa r.e.* Le tribunal relativise même explicitement, dans sa sentence, la distinction entre droit applicable et fait juridique pertinent : « *[...] In the Tribunal's opinion, Czech law is relevant insofar as it prescribes the requirements for making an investment and obtaining state aid. The difference in result if Czech Law is applied as factum or as a governing law is immaterial and to some extent academic [...]* »[1980]. Cette indifférence de résultat est particulièrement plausible en matière de protection des attentes légitimes de l'investisseur. En la matière, que le droit tchèque soit applicable ou non concurremment au traité, il sera pertinent pour déterminer l'existence et la portée de ces attentes. Toutefois, une moindre application du droit interne dans les arbitrages pourrait atténuer à terme la centralité de la législation de l'État hôte en tant que fait au stade de la détermination des attentes légitimes.

***507. L'exemple analogue de la sentence* Hortel**. Bien qu'elle ne relève pas de la saga espagnole et qu'elle ne touche pas au droit des aides d'État, la sentence *Horthel*, prononcée par un tribunal compétent sur le fondement d'un TBI entre la Pologne et les Pays-Bas, mérite d'être présentée ici. Les ressemblances entre cette sentence et celle que nous venons de voir sont saisissantes[1981]. Dans cette affaire, comme en matière d'aides d'État, la règlementation applicable (concernant les jeux d'argent) prévoyait la notification (ici appelée communication) à la Commission, par l'État membre de certaines mesures internes[1982]. De plus, ici aussi l'État membre avait manqué à cette obligation. Au-delà de cette problématique commune, autour des conséquences pour l'investisseur de l'absence de communication d'une mesure interne, cette sentence se démarque compte tenu de la position qu'elle adopte quant au droit applicable. En présence d'une clause d'*electio juris* – issue de la clause arbitrage interétatique du traité et s'appliquant *mutatis mutandis* à l'arbitrage entre investisseur et État –, visant le traité, les autres traités entre les parties, ainsi que les règles universellement acceptées de droit

---

[1977] Arbitrage *ad hoc*, (CNUDCI), *Invesmart c. République tchèque*, Sentence du 26 juin 2009, § 198 « [...] « the Tribunal notes that Czech law is a governing law under the treaty, although its application as a governing law is always subject to the qualification that in the event of conflict between national law and international law, international law prevails ».

[1978] *Ibid.*, § 194 « Article 8(6) of the BIT provides: The arbitral tribunal shall decide on the basis of the law, taking into account in particular though not exclusively: • the law in force of the Contracting Party concerned; • the provisions of this Agreement, and other relevant Agreements between the Contracting Parties; • the provisions of special agreements relating to the investment; • the general principles of international law ».

[1979] *Ibid.*, §§ 269-271 et 327.

[1980] *Ibid.*, § 198.

[1981] Cette sentence n'est pas uniquement remarquable au titre de ses similarités avec les sentences relevant de la saga d'arbitrage espagnol en matière d'énergie renouvelable, elle l'est au regard du lien qu'elle établit entre traitement juste et équitable et État de droit, de sa définition d'une taxe en droit international, de la clause d'arbitrage atypique qu'elle applique et du lien qu'elle pourrait entretenir avec l'affaire *PL Holding*. V. BALCERZAK F., « *Horthel v. Poland : Faire and Equitable Treatment Embodies the Rule of Law, Whereas 'Tax' Is Not Always a Tax* », *ICSID – FILJ*, Vol. 38(1), 2023, pp. 25-38.

[1982] Directive 98/34/CE du Parlement européen et du Conseil du 22 juin 1998 prévoyant une procédure d'information dans le domaine des normes et réglementations techniques, Journal officiel n° L 204 du 21/07/1998 pp. 0037 – 0048.

international, le tribunal applique le droit interne. En effet, le tribunal ne s'en tient pas au contenu du droit applicable comme établi par les parties, ce qu'elles lui suggéraient, mais précise qu'il s'en fera sa propre opinion en application du principe *iura novit arbiter*[1983]. À aucun moment la sentence ne dit considérer factuellement le droit interne ou le droit de l'UE. Elle présente, néanmoins, l'arrêt de la Cour de justice se prononçant notamment sur l'absence de communication à la Commission de la loi polonaise sur les jeux d'argent de 2010, dans un passage sur l'arrière-plan factuel de l'affaire[1984]. Concernant le droit international, alors que la clause compromissoire du traité l'autorisait à se prononcer sur toute dispute, entre une partie contractante et un investisseur, relative aux effets de mesures du premier portant sur les « *essential aspects pertaining to the conduct of business* »[1985], le tribunal tout en considérant ne pas être compétent pour trancher autre chose qu'une violation du TBI semble tenir une ligne de crête. Il justifie sa retenue en rappelant que l'accord (*Terms of appointment*) conclu entre les parties au début de l'arbitrage ne vise que les violations du TBI. Toutefois, il accepte de se prononcer sur la violation d'autres normes de droit international, droit de l'UE inclus, à condition que leurs violations soient équivalentes à une violation du TBI[1986]. Il précise ensuite, dans un *obiter dictum :*

> *« In any event, even if the violation of the notification requirement were to fall within the BIT'S ambit, EU law itself contemplates the consequences of a violation of that requirement within the legal order established by the Treaty of Rome, as it was called at the time when the corresponding directive was issued. Namely, if the violation is established, the un-notified norms cease to apply. Thus, the notification requirement of the EU Directive 98/34 does not envisage an individual's right to seek redress for the state's failure to notify a piece of legislation »*[1987].

Poursuivant son examen de l'existence d'une violation du standard de traitement juste et équitable, il précise qu'en l'espèce l'arrêt de la Cour de justice, intervenu dans cette affaire[1988], n'établit pas que les mesures dussent être notifiées, mais renvoie aux juridictions internes. Ces dernières devaient déterminer si les mesures en question relèvent ou non de la catégorie des mesures devant être notifiées. Constatant, en la matière, des divergences d'interprétation parmi les juridictions internes, le tribunal rappelle que le standard de traitement juste et équitable tolère les divergences entre juridictions internes et que ce standard aurait été violé si le pouvoir exécutif avait agi en contradiction d'une décision judiciaire spécifique, ce qui n'était en l'occurrence pas le cas[1989]. Ainsi, le tribunal estime que si le pouvoir exécutif s'était opposé à une décision de la Cour de justice, il aurait violé le standard de traitement juste et équitable, mais qu'en l'espèce il ne s'est opposé ni à la Cour de justice ni à ses juridictions internes. Plutôt que de se limiter à constater un manquement de l'État à son obligation de communication qui l'empêcherait d'opposer à l'investisseur toutes les conséquences juridiques afférentes, au nom du principe général *nemo auditur propriam turpitudinem*

[1983] CPA, (CNUDCI), *Horthel Systems BV, Poland Gaming Holding BV and Tesa Beheer BV (Horthel) c. Pologne*, aff. n° 2014-31, Sentence du 16 février 2017, §§ 96-98.
[1984] *Ibid.*, §§ 77-85.
[1985] *Ibid.*, §§ 135-145.
[1986] *Ibid.*, § 283 «The Tribunal recalls that its mandate in this arbitration is limited to resolving the legal dispute concerning Poland's alleged violations of the BIT. It cannot, therefore, examine Poland's compliance with international law in general and the EU law in particular, unless it is established that such violation is also capable of amounting to a breach of the BIT [...] ».
[1987] *Ibid.*, § 284.
[1988] CJUE, 3e ch., 19 juillet 2012, *Fortuna sp. z o.o. (C-213/11), Grand sp. z o.o. (C-214/11), Forta sp. z o.o. (C-217/11) c. Dyrektor Izby Celnej w Gdyni*, aff. Jointes C-213, 214, 217/11.
[1989] CPA, (CNUDCI), *Horthel Systems BV, Poland Gaming Holding BV and Tesa Beheer BV (Horthel) c. Pologne*, aff. n° 2014-31, Sentence du 16 février 2017, §§ 285-289.

allegans[1990], le tribunal analyse en détail et suit les conséquences juridiques de ce manquement en droit de l'UE. Il écarte tout « *individual's right to seek redress for the state's failure to notfy a piece of legislation* »[1991] et souligne que la Cour de justice n'a pas déclaré ces mesures inapplicables[1992]. Par conséquent, l'application de ces mesures par l'exécutif polonais – du fait de jugements internes divergents sur les conséquences de la non-notification – ne constitue pas une violation du traité[1993]. Cette approche se démarque de celle observée dans le cadre des sentences relevant de la saga espagnole au sujet de l'absence de notification par l'Espagne d'aides au secteur des énergies renouvelables.

508. Conclusion. En dehors des exemples précédents, l'application du droit de l'UE a, dans l'ensemble, et sans véritables explications, été écartée en raison de son absence de pertinence ou au motif que la demande de l'investisseur ne visait que des violations du traité d'investissement[1994]. La nature internationale du droit de l'UE n'est pas pleinement reconnue. Au mieux, il est pris en compte comme un élément du droit interne de l'État hôte. Or, comme le souligne le professeur Franck Latty, si le droit de l'Union se présente parfois comme un droit interne, ce dernier n'est pas nécessairement étatique, il peut être celui d'une organisation internationale ou celui d'une entité *sui generis*[1995]. Par conséquent, cette nature interne du droit de l'UE n'entre pas en contradiction avec sa nature internationale[1996]. Seule l'appréhension du droit de l'Union comme un droit interne d'une organisation internationale semble à même d'assurer son inclusion dans l'ordre juridique international. La mise à l'écart du droit de l'Union en tant que droit international passe parfois par sa qualification d'ordre juridique *sui generis* relevant davantage d'un droit supranational (voire fédéral) que du droit international public[1997]. Cet argument est présent dans la sentence *Cube Infrastructure*. Le tribunal ayant prononcé cette sentence insiste sur le caractère régional de l'ordre juridique de l'UE en le rapprochant d'ordres juridiques internes[1998]. Ce type de raisonnement conduit à réduire le droit de l'UE à un simple fait.

[1990] V. *infra*, Section 2, § 2, A)

[1991] *Horthel*, aff. n° 2014-31, Sentence du 16 février 2017, préc., § 284 In any event, even if the violation of the notification requirement were to fall within the BIT'S ambit, EU law itself contemplates the consequences of a violation of that requirement within the legal order established by the Treaty of Rome, as it was called at the time when the corresponding directive was issued. Namely, if the violation is established, the un-notified norms cease to apply. Thus, the notification requirement of the EU Directive 98/34 does not envisage an individual's right to seek redress for the state's failure to notify a piece of legislation ».

[1992] *Ibid.*, § 286.

[1993] *Ibid.*, § 290.

[1994] CIRDI, *Rockhopper Italia S.p.A., Rockhopper Mediterranean Ltd, and Rockhopper Exploration Plc (Rockhopper) c. République Italienne*, aff. ARB/17/14, Décision sur l'objection d'incompétence Intra-UE du 29 juin 2019, § 174 ; CIRDI, *RWE Innogy GmbH and RWE Innogy Aersa S.A.U. (RWE Innogy) c. Royaume d'Espagne*, aff.14/34, Décision sur la compétence, la responsabilité et le quantum du 30 décembre 2019, §§ 359 et 360.

[1995] LATTY F., « L'Union européenne vue du droit international », *in* BLUMANN C. et PICOD F. (éd.), *Annuaire de droit de l'Union européenne 2014*, Paris, Panthéon-Assas, 2015, pp. 181-197

[1996] Pour un raisonnement suggérant le contraire v. HAPP R. et WUSCHKA S. « EU Law and Investment Arbitration : Of Cooperation, Conflict, and the EU Legal Order's Autonomy », *in* KRÖLL S., BJORKLUND A. K. et FERRARI F. (eds), *Cambridge Compendium of International Commercial and Investment Arbitration*, Cambridge, CUP, 2023, pp. 2006-2055, spéc. 2022-2024.

[1997] Pour une critique des auteurs soutenant cette approche v. BASENER N., *Investment Protection in the European Union – Considering EU law in investment arbitration arising from intra-EU and extra-EU bilateral investment agreements*, Baden-Baden, Nomos, 2017, pp. 206-213.

[1998] CIRDI, *Cube Infrastructure Fund SICAV et autres (Cube Infrastructure) c. Royaume d'Espagne*, aff. ARB/15/20, Décision sur la compétence, la responsabilité et décision partielle sur le quantum du 19 février 2019, § 130 « EU law is only one among several regional, and many national, legal systems ; and it is international law that regulates relations between these different legal systems » *pro* CPA (CNUDCI), *A.M.F. Aircraftleasing Meier & Fischer GmbH & Co. KG (A.M.F Aircraftleasing) c. République tchèque*, aff. n° 2017-15, Sentence finale du 11 mai 2020, §§ 376-378, spéc. § 378 « [...] a tribunal situated on the international plane, such as the present Arbitral Tribunal, is not bound by the position adopted by the CJEU, which is a court within a regional sub-system of international law ».

509. Transition. Lorsqu'il est écarté du droit applicable, le droit de l'UE peut toutefois être reconnu comme un fait pertinent. Ce raisonnement est notamment tenu par le tribunal de l'affaire *RENERGY*. Ce dernier reconnait que le droit de l'UE fait partie du droit de l'État hôte et donc de l'environnement dans lequel l'investissement a été réalisé[1999]. Ainsi, même lorsqu'il n'est pas reconnu comme droit applicable, le droit de l'UE peut jouer un rôle, parfois même déterminant, dans la résolution du litige. L'essentiel des demandes des investisseurs se fondant sur une violation des attentes légitimes, les tribunaux doivent examiner l'existence et la portée de ces attentes au regard des circonstances factuelles au moment de la réalisation de l'investissement. Or, le droit de l'UE peut faire partie à ce stade des faits devant être examinés par les tribunaux. Dans le cadre des arbitrages faisant partie de la saga espagnole l'absence de notification – et donc l'illégalité de l'aide d'État en droit de l'UE – est un fait qui a été apprécié de manière variable par les tribunaux.

[1999] CIRDI, *RENERGY S.à r.l. c. Royaume d'Espagne*, aff. ARB/14/18, Sentence du 6 mai 2022, §§ 587-591.

Section 2 - L'efficacité limitée du droit de l'UE en tant que fait

510. Plan de section. Les premières sentences arbitrales confrontées à la problématique de l'interaction entre le droit de l'UE et les traités de protection des investissements intra-UE ont évité d'aborder frontalement la question de leur application concurrente, ainsi que celle de leurs de potentielles incompatibilités. Elles se sont tenues à considérer le droit de l'UE comme un fait. Cette reconnaissance du droit de l'UE en tant que fait a pris plusieurs formes (§1). Elle intervient surtout dans le cadre de l'application du standard de traitement juste et équitable. Cette reconnaissance n'implique pas nécessairement un examen du droit de l'UE, par les arbitres, puisque ces derniers peuvent le considérer comme un fait non pertinent. À l'image du droit interne de l'État hôte, l'attention portée au droit de l'UE dans les sentences varie. Ce n'est qu'exceptionnellement que le droit de l'UE en tant que fait, a produit un effet déterminant dans la résolution du différend (§2).

§ 1 - La reconnaissance du droit de l'UE en tant que fait

511. Plan de paragraphe. Parmi les sentences prenant en compte factuellement le droit de l'UE, dans l'examen des attentes légitimes de l'investisseur, toutes ne le font pas au titre de son appartenance au droit interne de l'État membre. En effet, certaines sentences prennent en compte le droit de l'UE au travers du processus d'adhésion à l'UE de l'État défendeur. Dans le cadre d'investissement réalisé au cours de ce processus d'adhésion, l'applicabilité *ratione temporis* du droit de l'UE n'est pas toujours établie. Ainsi, malgré une potentielle inapplicabilité, le droit de l'UE peut ne pas être totalement ignoré. Que ce soit le processus d'adhésion ou l'adhésion elle-même, tous deux autorisent une reconnaissance incidente contextuelle du droit de l'UE, en tant qu'élément d'un contexte de transition ou du cadre règlementaire interne. Si dans le premier cas cette forme de prise en compte du droit de l'UE peut être saluée (A), dans le second, elle peut se montrer insuffisante (B)[2000].

A - Le droit de l'UE comme élément d'un contexte de transition

512. L'assimilation du processus d'adhésion à un contexte de transition étatique. Sans que cela soit spécifique à l'arbitrage d'investissement intra-UE, certaines sentences, dans le cadre de l'application du standard de traitement juste et équitable, prennent en compte le contexte de l'intégration européenne comme un fait pertinent. Ces sentences s'inscrivent dans une ligne jurisprudentielle visant à distinguer dans l'application de ce standard entre les

2000 Prenant l'exemple d'un accord de vente d'électricité à prix fixe et pour 25 ans entre un État membre et un investisseur de l'UE violant le droit des aides d'État de l'UE, Markus Burgstaller estime qu'un tel accord s'il a été signé avant l'adhésion de l'État nonobstant la conclusion d'un accord d'association rendant claire la perspective d'adhésion, ne pourrait être résilié par l'État sans porter atteinte aux attentes légitimes de l'investisseur. En revanche si un tel accord était conclu après l'adhésion l'investisseur ne pourrait pas légitimement attendre que l'État membre exécute le contrat et viole le droit de l'UE. V. BURGSTALLER M., « Les aspects procéduraux de l'arbitrage – Qui est partie ? Le rôle de la Commission européenne », *in* KESSEDJIAN C. et LEBEN C. (dir.), *Le droit européen et l'investissement*, Paris, Édition Panthéon Assas, 2009, pp. 123-142, spéc. pp. 134-135 « Conclusively, Member States are under an obligation to render EC law effective, while at the same time they are under an obligation to comply with their international legal obligations to the extent that their EC law obligation allows for such compliance ». Une prise en compte du droit de l'UE en tant que fait peut ne pas permettre de respecter l'effet utile de ce dernier.

États selon les circonstances politiques voire sociopolitiques[2001]. Le processus d'adhésion à l'UE a été pris en compte, par des tribunaux, comme un élément pertinent relevant d'un contexte général de transition. Ainsi, certaines des sentences intra-UE étudiées s'inscrivent dans une jurisprudence arbitrale portant sur les États en transition[2002].

513. Les exemples issus de sentences extérieures aux ensembles de notre étude. Cette jurisprudence en matière de transition comprend une sentence prononcée par un tribunal compétent sur le fondement d'un TBI entre un État membre et un État tiers (extra-UE) et une sentence TBI intra-UE en dehors de notre ensemble, car rendue avant 2007, donc avant la sentence *Eastern Sugar*. Il s'agit respectivement des sentences *Parkerings c. Lituanie* et *Saluka c. République tchèque*. Ces deux sentences, selon la professeure Sabrina Robert-Cuendet, contrairement aux sentences *ADC et ADCM c. Hongrie*[2003] et *Telenor c. Hongrie*[2004] n'ont pas « refusé de tirer la moindre conséquence de l'origine communautaire de la mesure litigieuse »[2005], mais ont, à raison, compte tenu de l'origine communautaire la mesure litigieuse, apprécié « la prévisibilité, le caractère rationnel ou non, le caractère proportionné ou non de celle-ci au regard du contexte règlementaire interne, communautaire et international »[2006]. Dans l'affaire *Parkerings c. Lituanie,* concernant un investisseur norvégien, le tribunal affirme :

> *« In 1998, at the time of the Agreement, the political environment in Lithuania was characteristic of a country in transition from its past being part of the Soviet Union to candidate for the European Union membership. Thus, legislative changes, far from being unpredictable, were in fact to be regarded as likely. As any businessman would, the Claimant was aware of the risk that changes of laws would probably occur after the conclusion of the Agreement. The circumstances surrounding the decision to invest in Lithuania were certainly not an indication of stability of the legal environment. Therefore, in such a situation, no expectation that the laws would remain unchanged was legitimate »*[2007].

Dans la même veine, le tribunal de l'affaire *Saluka c. République tchèque,* estime que l'évolution du cadre règlementaire doit être placée dans le contexte de préparation de la République tchèque à l'adhésion à l'UE et que l'investisseur ne pouvait pas légitimement attendre que l'État s'abstienne d'adopter une règlementation bancaire, plus rigide, conforme aux standards de l'UE[2008].

514. Les exemples au sein des ensembles de notre étude. D'autres sentences étudiées ici participent de cette ligne jurisprudentielle. La sentence *Eastern* Sugar, par exemple, précise dans le cadre de l'examen des attentes légitimes que l'investisseur ne pouvait légitimement attendre une libéralisation du régime d'exportation du sucre, étant donné qu'un régime

---

[2001] ISLAM R., *The Fair and Equitable Treatment 'FET) Standard in International Investment Arbitration: Developing Countries in Context*, Singapour, Springer Nature, 2018, pp. 202, spéc. pp. 99-138.

[2002] *Ibid.*, spéc. pp. 121-134.

[2003] CIRDI, *ADC Affiliate Limited and ADC & ADMC Management Limited (ADC) c. République de Hongrie*, aff. ARB/03/16, Sentence du 2 octobre 2006, §§ 268-272, spéc. § 272 « The Tribunal does not accept that compliance with EU law mandated the steps actually taken by the Respondent [...] ».

[2004] CIRDI, *Telenor Mobile Communications AS (Telenor) c. République de Hongrie*, aff. ARB/04/15, Sentence du 13 septembre 2006, § 50 « [...] Telenor also said that its argument on EU law had been misunderstood, but the Tribunal remains unclear as to why the duty on Hungary to secure compatibility with EU legislation is relevant to the present case ».

[2005] ROBERT-CUENDET S., « Les investissements intracommunautaires entre droit communautaire et accords internationaux sur l'investissement : concilier l'inconciliable ? », *RGDIP*, t. 115, n° 4, 2011, pp. 853-895, spéc. p. 881.

[2006] *Ibid.*, spéc. p. 882

[2007] CIRDI, *Parkerings-Compagniet AS c. République de Lituanie*, aff. ARB/05/8, Sentence du 11 septembre 2007, § 335.

[2008] CPA, (CNUDCI) *Saluka Investments BV c. République tchèque*, Décision sur la compétence du 7 mai 2004, Sentence partielle du 17 mars 2006, §§ 357 et 358.

protectionniste prévalait au sein de l'UE[2009]. Ainsi, les attentes légitimes de l'investisseur dans les années 2000 correspondent à la règlementation déjà en vigueur au sein de l'UE. Comme le résume le tribunal : « *The future was thus in the past of the European Union* »[2010]. Toutefois, si le tribunal prend en compte le processus d'adhésion à l'UE dans l'application du standard, il rejette l'idée d'une adaptation du standard même au regard de ces circonstances historiques[2011]. En revanche, le tribunal de l'affaire *Binder* – conformément à la ligne jurisprudentielle sensibles aux transitions étatiques – insiste sur la situation historique de la République tchèque dans les années 90 et sur sa volonté d'adopter une économie de marché, ainsi que d'adhérer à l'UE. Rappelant les risques liés à cette situation, connus par l'investisseur, il conclut : « *The Arbitral Tribunal should have these factual elements in mind when assessing the Claimant's contentions* »[2012]. Dans le même sens, le tribunal de l'affaire *Electrabel* estime que l'investisseur avait conscience des risques commerciaux inhérents à une période difficile de transition vers une économie de marché et d'adhésion à l'UE[2013].

515. L'ambiguïté entre application et interprétation du traitement juste et équitable. Caractéristique de ces sentences portant sur des investissements réalisés au cours du processus d'adhésion d'un État membre, la sentence *Micula (I)* semble être une des premières à intégrer le droit de l'UE dans la « matrice factuelle » de l'affaire – expression reprise par la suite par de nombreux tribunaux[2014]. Dans cette affaire, le droit de l'UE s'avère inapplicable *ratione temporis*, mais le tribunal estime que le contexte général du processus d'adhésion à l'UE doit être prise en compte dans l'interprétation du traité[2015] ; il affirme alors :

> « *[...] the Parties appear to agree that EU law forms part of the "factual matrix" of the case. In particular, the Parties agree that the question of EU law may be relevant to determining whether Romania acted fairly and equitably with respect to the Claimants' investments in accordance with Article 2(3) of the BIT. The Tribunal concurs. The overall context of EU accession in general and the pertinent provisions of EU law in particular may be relevant to the determination of whether, inter alia, Romania's actions were reasonable in light of all the circumstances, or whether Claimants' expectations were legitimate* »[2016].

Le fait que la sentence *Micula (I)* envisage le contexte de l'adhésion à la fois comme un moyen d'interprétation du traité d'investissement[2017] et comme un élément factuel montre que la ligne de démarcation entre application et interprétation du traité est fine. La sentence *RREEF* fait preuve de la même ambiguïté, mais cette fois au sujet de l'adhésion à l'UE en tant que

---

[2009] SCC, (CNUDCI), *Eastern Sugar B. V. c. République tchèque*, aff. n° 088/2004, Sentence partielle du 27 mars 2007, §§ 222-242.

[2010] *Ibid.*, § 238.

[2011] *Ibid.*, § 273 « The Arbitral Tribunal does not believe that for historical reasons the Czech Republic should be held to a less stringent standard than other countries, say the Netherlands ».

[2012] Arbitrage *ad hoc*, (CNUDCI), *Rupert Joseph Binder (Binder) c. République tchèque*, Sentence finale du 15 juillet 2011, §§ 339-342.

[2013] CIRDI, *Electrabel SA. c. République de Hongrie*, aff. ARB/07/19, Sentence du 25 novembre 2015, § 156.

[2014] Par ex. v. CIRDI, *B3 Croatian Courier Coöperatief U.A. (B3 Croatian Courier) c. République de Croatie*, aff. ARB/15/15, Sentence du 9 avril 2019, §§ 513 et 514 « *EU law forms part of the facual matrix of this case, but is not a basis for determining liability (or lack thereof)* ». La seconde partie de cette affirmation interroge quant au rôle du droit de l'UE en tant que fait. Ce statut implique qu'il ne soit pas la majeure du syllogisme juridique. Il pourrait cependant être une étape préliminaire dans la détermination de la violation du traité. En ce sens. v. STRIK P., « From Washington with love – Investor-State Arbitration and the Jurisdictional Monopoly of the Court of Justice of the European Union », *Cambridge Yearbook of European Legal Studies*, Vol.12, 2010, pp. 425-453, spéc. p. 440 « *In any event, an arbitral tribunal will most likely grapple with issues of EU law as preliminary step or as an interpretative tool in finding a breach of the investment agreement [...]* ».

[2015] CIRDI, *Ioan Micula, Viorel Micula et autres (Micula (I)) c. Roumanie*, aff. ARB/05/20, Sentence du 11 décembre 2013, §§ 319-327.

[2016] *Ibid.*, § 328.

[2017] Sur cette question v. *infra* Titre 2.

contexte général, lorsqu'elle indique : « *Tribunal agrees with the Respondent that "EU Law reflects the common understanding of 28 countries in such an important matters as legitimate expectations [and, more generally, the interpretation of the ECT], that cannot be disregarded by the Tribunal [...]* »[2018].

516. *L'analyse du droit de l'UE comme élément d'application du standard de traitement juste et équitable.* Dans le cadre des développements suivants, le droit de l'UE sera envisagé comme un élément factuel, propre à l'application du standard de traitement juste et équitable, et non pas comme un moyen d'interprétation de ce standard. En effet, bien que la sentence *Micula (I)* évoque l'interprétation du traité, l'examen de l'adhésion de la Roumanie intervient dans cette sentence dans le cadre de la détermination des attentes légitimes de l'investisseur à côté de l'examen du droit interne[2019]. Par ailleurs, dans les sentences ultérieures l'examen de la participation de l'État défendeur à l'UE a pu se fondre dans l'examen de son droit interne. La volonté des parties peut aussi y contribuer. Par exemple dans l'affaire *Micula (I)*, et dans l'affaire *AES Summit Generation (II)* c'est l'accord des parties qui conduit le tribunal à considérer le droit de la concurrence de l'UE comme un fait. Dans la seconde, le tribunal reconnait la double nature internationale et interne du droit de l'UE, mais aligne les dispositions de droit de l'UE discutées sur le droit interne, en invoquant le choix des parties. Il rappelle ensuite que dans le cadre des arbitrages internationaux le droit interne doit être considéré comme un fait[2020]. Concernant l'affaire *Micula (I)*, d'aucuns avancent que le tribunal aurait tout autant « *treated EU law as a fact and openly gave priority to the rights of the claimants under the BIT over the EU state aid rules* » dans un contexte post-adhésion, nonobstant l'applicabilité *ratione temporis* du droit de l'UE[2021].

517. *Conclusion.* L'utilisation de la notion de « matrice factuelle » par des tribunaux arbitraux tranchant des différends concernant des États en cours d'adhésion à l'UE et des États déjà membres est un indicateur supplémentaire de l'indifférence des tribunaux au statut intra-UE du traité qu'ils appliquent. Dans les deux cas, mais également dans le cas d'un arbitrage extra-UE dans lequel un État membre est défendeur[2022], le droit de l'UE intervient selon la même modalité. Il est un élément de la matrice factuelle de l'affaire, matrice factuelle dans laquelle le tribunal puise pour déterminer l'existence et la portée des attentes légitimes de l'investisseur. Sans que cette sentence ne précise explicitement examiner l'existence d'une violation du traitement juste et équitable, la sentence *Maffezini* – souvent citée comme un exemple de prise en « compte des contraintes communautaires pour apprécier les droits de

---

[2018] CIRDI, *RREEF Infrastructure (G.P.) Limited and RREEF Pan-European Infrastructure Two Lux S.à.r.l. (RREEF) c. Royaume d'Espagne*, aff. ARB/13/30, Décision sur la responsabilité et sur les principes du quantum du 30 novembre 201, § 210.

[2019] CIRDI, *Ioan Micula, Viorel Micula et autres (Micula (II)) c. Roumanie (II)*, aff. ARB/05/20, Sentence du 11 décembre 2020, §§ 690-717.

[2020] CIRDI, *AES Summit Generation Limited and AES-Tisza Erömü Kft. (AES Summit Generation) c. République de Hongrie (II)*, aff. ARB/07/22, Sentence du 23 septembre 2010, § 7.6.6. Ici aussi le lien avec l'interprétation du traité apparait, ce paragraphe se situant après le § 7.6.5 dans lequel tribunal précise que l'interprétation historique prévue par l'article 32 n'est qu'une méthode complémentaire d'interprétation. Ces deux paragraphes se trouvant sous un titre : Interprétation du TCEn.

[2021] FECAK T., *International Investment Agreements and EU Law*, Alphen aan den Rijn, Kluwer, 2016, pp. 582, spéc. pp. 472 et 473. L'auteur cite un paragraphe de la sentence *Micula (I)* particulièrement éclairant V. CIRDI, *Ioan Micula, Viorel Micula et autres (Micula (I)) c. Roumanie*, aff. ARB/05/20, Sentence du 11 décembre 2013, § 321 « [...] The Tribunal cannot therefore assume that by virtue of entering into the Accession Treaty or by virtue of Romania's accession to the EU, either Romania, or Sweden, or the EU sought to amend, modify or otherwise detract from the application of the BIT ».

[2022] CIRDI, *Eurus Energy Holdings Corporation (Eurus) c. Royaume d'Espagne*, aff. ARB/16/4, Décision sur la compétence et la responsabilité du 17 mars 2021, §§ 226-236 Droit applicable, 311-369 Attentes légitimes et 391-433 Droit des aides d'État.

l'investisseur »[2023] dans le cadre d'un arbitrage extra-UE – insiste sur la connaissance du cadre règlementaire y compris communautaire par l'investisseur et sur son manque de diligence dans la préparation de l'investissement[2024]. C'est dans ces deux domaines – l'examen du caractère raisonnable des attentes au regard du cadre règlementaire interne et l'examen de la diligence de l'investisseur – qu'intervient le droit des aides d'État.

[2023] ROBERT-CUENDET S., ROBERT-CUENDET S., « Les investissements intracommunautaires entre droit communautaire et accords internationaux sur l'investissement : concilier l'inconciliable ? », *RGDIP*, t. 115, n°4, 2011, pp. 853-895, spéc. p. 885.
[2024] CIRDI, *Emilio Agustín Maffezini (Maffezini) c. Royaume d'Espagne*, aff. ARB/97/7, Sentence du 13 novembre 2000, §§ 65-71.

B - Le droit de l'UE comme élément du cadre règlementaire interne

518. La persistance de doutes quant à l'intérêt d'une analyse du droit de l'UE en tant que fait. Si la pertinence du droit de l'UE en tant que droit applicable est écartée sans difficulté par de nombreuses sentences, plus rares sont celles à dénier, en outre, toute pertinence au droit de l'UE en tant que fait. Sur ce point, la sentence *InfraRed* fait cependant exception. Elle souligne au sujet de la pertinence du droit espagnol et du droit de l'UE au stade de l'examen des attentes légitimes : « [...] *an analysis of the enactments and representations identified above under Spanish Law [including EU law] is arguably not a fruitful avenue of inquiry* »[2025]. Au stade de l'examen de la diligence de l'investisseur, le tribunal de cette affaire fonde les attentes légitimes de l'investisseur sur une lettre du ministère de l'Économie et du Tourisme. Par conséquent, le tribunal se montre indifférent à la question de savoir si l'investisseur avait connaissance ou non de la jurisprudence antérieure de la Cour suprême espagnole ou du droit de l'UE[2026]. Il conclut au sujet du droit de l'UE : *« [...] the content and interpretation of EU law and regulation is largely irrelevant to resolve the merits of the present dispute* »[2027]. Ce manque de considération pour le droit de l'UE et plus spécifiquement pour le droit des aides d'État a été contesté par l'Espagne dans le cadre d'une demande d'annulation pour excès de pouvoir manifeste du tribunal. Le Comité *ad hoc* saisi n'accéda pas à cette demande, notamment au motif que : « *the relevance of legitimate expectations may not be dependent on whether there is a situation of legality, as far as the EU state aid rules had been or not respected by Spain* »[2028]. Certes, les questions de légalité interne et internationale sont indépendantes[2029]. Il n'en demeure pas moins que faire abstraction des questions de légalité interne pour se prononcer sur la violation d'un standard tel que le traitement juste et équitable ne semble pas souhaitable. Pourtant, dans le cadre de ces sentences appartenant aux arbitrages de la saga espagnole, l'examen du droit des aides d'État n'est pas systématique[2030]. Nous notons que les sentences les plus récentes opèrent cet examen plus souvent[2031]. Néanmoins dans le cadre d'un arbitrage contre la Bulgarie, en matière d'énergies renouvelables, une sentence de 2024 se montre sceptique quant à la pertinence du droit des aides d'État dans le cadre de l'application du standard de traitement juste et équitable. En effet, le tribunal de l'affaire *ACF c. Bulgarie* précise dans un *obiter dictum : « [...] prima facie it appears doubtful that EU case law on intra-EU investor's expectation*

2025 CIRDI, *InfraRed Environmental Infrastructure GP Limited (InfraRed) c. Royaume d'Espagne*, aff. ARB/14/12, Sentence du 2 août 2019, § 411.

2026 *Ibid.*, §§ 437-447.

2027 *Ibid.*, § 444.

2028 CIRDI, *InfraRed Environmental Infrastructure GP Limited (InfraRed) c. Royaume d'Espagne*, aff. ARB/14/12, Décision du comité *ad hoc* du 10 juin 2022 sur la demande d'annulation, § 549.

2029 Voir par analogie : CIRDI, *Compañía de Aguas del Aconquija, S.A. et Compagnie Générale des Eaux c. République argentine*, aff. ARB/97/3, Sentence du 20. août 2007, § 6.5.4 « [...] A state may breach a treaty without breaching a contract, and vice versa [...] ».

2030 Fin 2018 Paschalis Paschalidis estimait que « None of the arbitral tribunals seized in the context of the Spanish renewable energy arbitrations under the ECT seems to have taken into account the fact that the original Spanish support scheme on which the investors in renewable energy based their expectations may have constituted state aid implemented in contravention of the notification requirement laid down in Article 108(3) TFEU ». V. PASCHALIDIS P., « The Impact of EU State Aid Law on International Investment Law and Arbitration », *in* FACH GOMEZ K., GOURGOURINIS A et TITI C. (eds), *International Investment Law and Competition Law*, Cham, Springer, 2020, pp. 179-201, spéc. p. 189.

2031 En 2023 Filip Balcerzak,dans son étude des 21 premières sentences de la saga espagnole d'arbitrage d'investissement en matière d'énergie renouvelable, identifie 5 sentences consacrant des développements substantiels au droit des aides d'État. V. BALCERZAK F., *Renewable Energy Arbitration – Quo Vadis? – Implication of the Spanish Saga for International Investment Law*, Brill-Nijhoff, Leiden-Boston, 2023, pp. 452, § 1.2.9 Foresight, § 1.2.13 Cube, § 1.2.18 InfraRed, § 1.2.29 PV Investors et § 1.2.32 Cavalum.

regarding EU State aid schemes would have been relevant to the Tribunal's determination on whether expectations were legitimately held within the meaning of the FET Obligation of the ECT »[2032].

519. ***La fréquente reconnaissance du droit de l'UE en tant que fait.*** Plusieurs sentences reconnaissent que le droit de l'UE, inclus dans le droit interne de l'État hôte, est un fait à considérer dans la résolution du différend. Cela ne garantit toutefois pas une place de choix au droit de l'UE ou au droit interne dans le raisonnement du tribunal. Lorsqu'il est mentionné, le droit de l'UE apparait le plus souvent au stade de l'examen du traitement juste et équitable. Ainsi, bien que n'ayant pas eu à se prononcer sur la violation du standard de traitement juste et équitable – les mesures visées par le demandeur constituant une dépossession illégale –, le tribunal de l'affaire *UP et C.D Holding* avait interrogé les parties sur la pertinence du droit de l'UE dans l'interprétation et l'application du standard de traitement juste et équitable, nonobstant l'accord des parties sur l'absence de pertinence du droit de l'UE dans la résolution du différend au fond[2033]. Plus spécifiquement dans l'affaire *Antin*, le tribunal reconnait qu'en principe le droit des aides d'État de l'UE peut être un élément pertinent à prendre en compte au moment de la détermination des attentes légitimes de l'investisseur. Mais, ayant précisé en amont que l'examen de la légitimité des attentes de l'investisseur « [...] *is based on the fact of this case, as pleaded by the Parties and evidenced in the record of this arbitration* »[2034], il considère qu'en l'espèce le défendeur n'a pas analysé et donc prouvé l'impact de l'illégalité (au regard du droit des aides d'État) des mesures étatiques, visées par la demande de l'investisseur, sur les attentes de ce dernier[2035]. Ce faisant, il rappelle, sans y faire référence, que seule la règle internationale « relève du principe *juria novit curiae*, conformément à la distinction classique entre les questions de fait, soumises à preuve, et les questions de droit, ressortissant à la connaissance souveraine du tribunal »[2036]. Aussi, apparait-il qu'une charge supplémentaire pèse sur l'État défendeur lorsque le droit de l'UE est considéré comme un fait. L'indifférence entre application et considération affirmée par certains tribunaux doit donc être relativisée[2037]. Le rattachement du droit de l'UE ou du droit interne, à la matrice factuelle de l'affaire et pas au droit applicable n'est pas neutre de ce point de vue[2038].

520. ***Conclusion.*** Rien ne s'oppose à ce que le droit de l'UE intègre la matrice factuelle des affaires. En revanche, si le droit de l'UE n'est pertinent qu'à ce titre[2039], ce qui est

---

2032 CIRDI, *ACF Renewable Energy Limited (ACF) c. République de Bulgarie*, aff. ARB/18/1, Sentence du 5 janvier 2024, § 1659.

2033 CIRDI, *UP et C.D Holding Internationale (UP et C.D Holding) c. Hongrie*, aff. n° ARB/13/35, Sentence du 9 octobre 2018, §§ 463-469.

2034 CIRDI, *Antin Infrastructure Services Luxembourg S.à.r.l. and Antin Energia Termosolar B. V. (Antin) c. Royaume d'Espagne*, aff. ARB/13/31, Sentence du 15 juin 2018, § 539.

2035 *Ibid.*, §§ 657 et 658.

2036 RIVIER R., « L'articulation entre droit national et droit international devant les tribunaux arbitraux internationaux d'investissement », *in* ROBERT-CUENDET S. (dir.), *Droit des Investissements Internationaux – Perspectives croisées*, Bruxelles, Bruylant, 2017, pp. 413-483, spéc. p. 445.

2037 CIRDI, *RENERGY S.à r.l. c. Royaume d'Espagne*, aff. ARB/14/18, Sentence du 6 mai 2022, § 591.

2038 Elle n'est également pas neutre dans le cadre du contrôle des sentences CIRDI par les comités *ad hoc* d'annulation. V. RIVIER R., « L'articulation entre droit national et droit international devant les tribunaux arbitraux internationaux d'investissement », art. cité, spéc. p. 455 « Le droit national comme donnée *à considérer* et comme droit *à appliquer* ont de ce point de vue un statut contentieux qui les sépare. Là où les comités d'annulation s'assurent que les tribunaux institués sous l'égide du CIRDI ont bien considéré le droit tel qu'il est effectivement appliqué dans l'État lorsque la situation normative étatique est une donnée nécessaire à l'application du droit international, il se désintéressent du point de savoir si l'application des normes nationales par ces mêmes tribunaux s'aligne sur le sens qui est le leur dans le système normatif de l'État. Ils vérifient en revanche que ces normes nationales appliquées par le tribunal sont de celles dont le droit international tolère l'application ».

2039 CIRDI, *Cube Infrastructure Fund SICAV et autres (Cube Infrastructure) c. Royaume d'Espagne*, aff. ARB/15/20, Décision sur la compétence, la responsabilité et décision partielle sur le quantum du 19 février 2019, § 160 « [...] Spanish law and EU law are relevant only as facts [...] ».

l'hypothèse la plus fréquente, alors qu'il peut raisonnablement être considéré comme faisant partie du droit applicable au fond, son effectivité apparait compromise. C'est ce qui ressort de la lecture de la sentence *STEAG GmbH*. Dans cette sentence le tribunal indique : « *el régimen de ayuda de Estado es uno entre muchos factores que, dentro de la matriz fáctica de un caso particular, deben considerarse al estudiar las expectativas del inversionista* »[2040]. Des dispositions centrales d'un traité international (les articles 107 et 108 TFUE), d'ordre public, impératives, ne sont prises en compte par ce tribunal que comme un fait, au même titre que tout autre fait de l'affaire. Élargissant encore la focale le tribunal de l'affaire *Natland et autres*, sans se prononcer sur le droit applicable, précise que l'examen de la frustration des attentes légitimes de l'investisseur n'est lui-même qu'un élément, parmi d'autres, à prendre en compte pour établir la violation du standard de traitement juste et équitable. Ce standard pouvant être violé sans frustration des attentes de l'investisseur, il écarte la pertinence de la question de l'identité de la notion d'attente légitime en droit de l'UE et en droit international de l'investissement[2041]. Il considère néanmoins – alors qu'il dilue sa pertinence dans le cadre du standard de traitement juste et équitable – que la pertinence du droit des aides d'État sera examinée au stade de la détermination du montant de la compensation due à l'investisseur[2042]. Dans sa sentence finale, le tribunal reconnait – de manière surprenant au regard de la tonalité de sa première sentence – l'importance du droit des aides d'État et qualifie une décision de la Commission de : « *highly relevant fact that affects the determination of quantum* »[2043]. Cette sentence se démarque des sentences susmentionnées, diluant le droit des aides d'État dans la matrice factuelle de l'affaire. Elle doit être rapprochée de celles reconnaissant une aptitude au droit de l'UE à intervenir, en tant que fait, de manière déterminante dans la résolution du litige, qui feront l'objet de développements particuliers à la fin du paragraphe suivant.

[2040] CIRDI, *STEAG GmbH c. Royaume d'Espagne*, aff. ARB/15/14, Décision sur la Compétence la Responsabilité et les principes en matière de quantum du 8 septembre 2020, § 293 *pro* SCC, (SCC), *FREIF Eurowind Holdings Ltd. (FREIF Eurowind) c. Royaume d'Espagne*, aff. n° 2017/060, Sentence du 8 mars 2021, § 533.

[2041] CPA, (CNUDCI), *G.I.H.G. Limited, Natland Group Limited, Natland Investment Group NV, et Radiance Energy Holding S.A.R.L. (Natland et autres) c. République tchèque*, aff. n° 2013-35, Sentence partielle du 20 décembre 2017, § 459.

[2042] *Ibid.*, § 505.

[2043] CPA, (CNUDCI), *G.I.H.G. Limited, Natland Group Limited, Natland Investment Group NV, et Radiance Energy Holding S.A.R.L. (Natland et autres) c. République tchèque*, aff. n° 2013-35, Sentence finale du 15 décembre 2023, spéc. § 465.

§ 2 - L'exceptionnel effet déterminant du droit de l'UE en tant que fait

521. L'hypothèse d'une extension de la fonction d'ordre public des dispositions d'investissement. Dans les sentences étudiées, le droit des aides d'État et le droit interne partagent souvent le même sort, notamment au stade de la détermination des attentes légitimes des investisseurs. Lorsque le droit de l'UE ou le droit interne font partie du droit applicable au fond, leur inaptitude à soustraire l'État à ses obligations internationales s'explique par la fonction « corrective du droit international » dans l'arbitrage – dite aussi « fonction d'ordre public » du droit international. Cette fonction se manifeste de manière la plus claire dans le cadre de l'application des principes coutumiers du traitement international minimum. Ces principes, dans la pratique dominante, s'appliquent impérativement au règlement du litige et évincent les règles internes désignées par les parties ou retenues par les arbitres, lorsqu'elles les contrarient[2044]. Cependant, cette fonction d'ordre public du droit international « n'opère [par hypothèse] qu'entre des règles d'origine internationale et nationale relatives à la même matière »[2045]. Or, dans les sentences étudiées, elle opère entre des règles d'origine internationale : les traités de protection des investissements et les traités constitutifs de l'UE. En revanche, lorsque le droit interne et le droit de l'UE relèvent de la matrice factuelle du litige, leur inaptitude à intervenir dans l'application d'un standard international est une nouvelle manifestation d'une forme de détournement de la fonction factuelle du droit étatique, cette fois appliqué au droit de l'UE, rendant inaptes à produire un quelconque effet dans l'ordre juridique international des normes qualifiées de fait[2046]. De nombreuses sentences témoignent de cette compréhension erronée du principe de l'indifférence de la qualification interne aux fins de la qualification internationale[2047], qui se traduit par l'établissement d'un principe de supériorité hiérarchique du droit international[2048]. D'autres toutefois semblent éviter ce travers.

522. Plan de paragraphe. Dans l'ensemble, l'inaptitude du droit de l'UE à intervenir, en tant que fait, de manière déterminante dans l'application du standard de traitement juste et équitable semble être la règle (A). Les cas dans lesquels l'intervention du droit de l'UE dans l'application de ce standard produit des effets sur la solution du litige demeurent l'exception (B).

A - La fréquente inaptitude du droit de l'UE à intervenir de manière déterminante

523. Plan. L'inaptitude du droit de l'UE, autrement dit son incapacité à intervenir de manière déterminante en tant que fait juridique, particulièrement dans la détermination des attentes de l'investisseur, est traitée explicitement dans plusieurs sentences (1) ; dans d'autres elle est implicite, en ce que cette inaptitude du droit de l'UE peut être déduite par extension de celle du droit interne (2).

2044 RIVIER R., « L'articulation entre droit national et droit international devant les tribunaux arbitraux internationaux d'investissement », art. cité, spéc. pp. 455-462.

2045 *Ibid.*, p. 460.

2046 SANTULLI C., *Le statut international de l'ordre juridique étatique – Étude du traitement du droit interne par le droit international*, Paris, Pedone, 2001, pp. 469, spéc. pp. 259-266. Cet auteur identifie la formulation par certaines juridictions internationales d'une impossibilité d'utiliser le droit étatique en droit international comme « la conséquence la plus surprenante qu'on ait pu attacher à la théorie de la nature factuelle du droit étatique »(pp.264).

2047 *Ibid.*, spéc. pp. 138-148.

2048 *Ibid.*, spéc. pp. 427 et 428.

1 - L'inaptitude explicite du droit de l'UE

524. Les sentences explicitement indifférentes à terme au droit de l'UE en tant que fait. Dans la sentence *Cube Infrastructure* susmentionnée, le tribunal insiste sur le fait qu'il n'applique ni le droit espagnol ni le droit de l'UE. Reprenant la formule de la sentence *Micula (I)*, il précise qu'ils ne sont pertinents qu'en tant qu'éléments de la matrice factuelle de l'affaire[2049]. Ce tribunal juge ensuite que le droit des aides d'État « *do not weaken the Claimants' entitlement to rely, at the time that they made their investments, upon the representations made in the Respondent's regulatory scheme* »[2050]. Plus loin dans la sentence, c'est également le droit espagnol qui semble incapable d'affecter la portée des attentes de l'investisseur reposant pourtant sur un décret royal espagnol : « *Respondent's representations as to the stability of RD 661/2007 is ultimately not a matter of Spanish law but of international law, operating in the context of Article 10(1) ECT* ». Le professeur Christian Tomuschat, arbitre dissident dans cette affaire, complète les propos du tribunal dans son opinion séparée en indiquant : « *However, the factual circumstances obtaining in the host country determine whether legitimate expectations have arisen for an investor* »[2051]. Comme la majorité dans l'affaire *Cube*, le tribunal de l'affaire *Opera Fund* classe d'abord le droit de l'UE – au même titre que le droit interne – dans les faits à considérer[2052], au stade de l'examen de la diligence de l'investisseur[2053] ou des attentes de l'investisseur[2054]. Ce n'est qu'ensuite, qu'il rejette la pertinence du cadre règlementaire interne dans le lequel l'article du décret s'inscrit – décret qu'il estime être une clause de stabilisation du droit[2055]. Il s'appuie notamment sur la sentence *Novenergia* qui, bien que rappelant plusieurs fois que les attentes de l'investisseur sont « *grounded in the legal order of the host States* »[2056], précise au sujet de ce même décret : « *RD 661/2007 was so admantly clear that its understanding by common readers did not require a particulary sophisticated analysis* »[2057], relativisant ainsi le manque de diligence de l'investisseur[2058]. Le professeur Philippe Sands, arbitre dissident dans l'affaire *Opera Fund et*

2049 CIRDI, *Cube Infrastructure Fund SICAV et autres (Cube Infrastructure) c. Royaume d'Espagne*, aff. ARB/15/20, Décision sur la compétence, la responsabilité et décision partielle sur le quantum du 19 février 2019, § 160.

2050 *Ibid.*, § 307.

2051 CIRDI, *Cube Infrastructure Fund SICAV et autres (Cube Infrastructure) c. Royaume d'Espagne*, aff. ARB/15/20, Opinion séparée et partiellement dissidente du Professeur Christian Tomuschat du 19 février 2019, §§ 20-22 L'arbitre critique également le manque de diligence de l'investisseur et l'indifférence de la sentence à cette question.

2052 CIRDI, *OperaFund Eco-Invest SICAV PLC et Schwab Holding AG (Opera Fund et Schwab) c. Royaume d'Espagne*, aff. ARB/15/36, Sentence du 6 septembre 2019, §§ 322-331.

2053 *Ibid.*, § 487 « [...] This reliance on RD 661/2007 is not changed by the answer given by Claimants and bank-witness during the hearing to the question raised by Arbitrator Sands whether they had inquired about possible future changes of the regulations. There was no need for such an enquiry by Claimant, because Article 44(3) expressly excluded such changes by the words "shall not affect facilities for which the commissioning certificate had been granted." This conclusion is not altered by Respondent's arguments related to the alleged understanding of other participants in the RE market (many of which have brought claims against Spain), Respondent's views » *pro* SCC, (SCC), *Novenergia II - Energy & Environment (SCA), SICAR (Novenergia) c. Royaume d'Espagne*, aff. n° 063/2015, Sentence finale du 15 février 2018, § 679.

2054 *Ibid.*, § 491.

2055 *Ibid.*, § 485.

2056 SCC, (SCC), *Novenergia II - Energy & Environment (SCA), SICAR (Novenergia) c. Royaume d'Espagne*, aff. n° 063/2015, Sentence finale du 15 février 2018, §§ 532 et 662.

2057 *Ibid.*, § 679 *pro* CIRDI, *Cavalum SGPS c. Royaume d'Espagne*, Aff. ARB/15/34, Opinion dissidente de David R. Haigh du 31 août 2020, § 44 comp. CIRDI, *ESPF Beteiligungs GmbH, ESPF Nr. 2 Austria Beteiligungs GmbH, and InfraClass Energie 5 GmbH & Co. KG (ESPF) c. République italienne*, aff. ARB/16/5, Sentence du 14 septembre 2020, §§ 537-540.

2058 Comme le relève le tribunal de l'affaire *Cavalum* dans de nombreux arbitrages de la saga espagnole, il apparait que les investisseurs n'ont pas cherché à obtenir d'information ou n'ont pas été avisés par leurs conseils sur de possibles changements de la règlementation en matière d'énergie renouvelable, alors que la jurisprudence de la Cour Suprême depuis 2005 était discutée et connue des spécialistes du secteur. V. CIRDI, *Cavalum SGPS c. Royaume d'Espagne*, Aff. ARB/15/34, Sentence sur la compétence, la responsabilité et les principes de quantum, du 31 août 2020, § 529 nbp 390.

Schwab, critique vertement ses coarbitres[2059], quant à leur appréciation du droit interne dans la détermination des attentes légitimes de l'investisseur et leur laxisme face au manque de diligence de l'investisseur, dans l'étude de la règlementation interne, droit de l'UE compris[2060].

525. L'invocation de l'article 16 TCEn au stade de l'examen de faits. L'inaptitude du droit de l'UE, en tant que fait, à modérer ou circonscrire les attentes de l'investisseur, se voit parfois justifiée – au-delà d'un simple manque de pertinence, ou de force de conviction de ces arguments[2061] – par l'invocation de règles de droit international. Ainsi, une règle de conflit ou une règle substantielle de droit international intervient, non pas dans l'application du droit, mais au stade de l'examen des faits. En effet, l'article 16 TCEn est invoqué par les tribunaux pour écarter l'application du droit de l'UE en tant que droit applicable, mais également au stade de l'examen des circonstances factuelles au fondement des attentes légitimes de l'investisseur. Par exemple, dans l'affaire *Triodos,* le tribunal oppose d'abord l'article 16 TCEn à l'argument du défendeur selon lequel « *EU law in general does not protect the Claimant's expectation that it would receive the [Feed in tariff] during the operative life of its facilities* »[2062]. Ensuite, il précise que les attentes légitimes de l'investisseur reposent sur un engagement spécifique de l'État issu du décret royal 661/2007. Concernant un décret ultérieur plus ambigu, il considère qu'au regard de l'article 10 § 1 TCEn toutes les ambiguïtés de ce type doivent être résolues au profit de l'investisseur[2063]. Enfin, concernant les décisions de la Cour Suprême espagnole, il estime qu'elles ne sont pas pertinentes et conclut sur ce point :

> *« In any event, this Tribunal's task is not to apply the principle of legitimate expectations as it may exist in Spanish or EU law. This Tribunal's task is to apply the protection of legitimate expectations, as a component of the FET standard, under the ECT »*[2064].

De manière semblable, la majorité du tribunal de l'affaire *RENERGY* estime – tout en n'hésitant pas à prendre en compte le droit de l'UE comme un fait pertinent toutefois dilué parmi toutes les circonstances de réalisation de l'investissement[2065] –, qu'entre autres, l'article 16 TCEn l'empêche de conclure à l'absence d'attentes légitimes de l'investisseur, quand bien même ces attentes reposeraient sur une aide d'État non notifiée donc illégale[2066]. Ce type de raisonnement reposant sur l'article 16 TCEn transparait également dans une décision d'un comité *ad hoc* d'annulation. Dans le cadre de l'examen d'un excès de pouvoir manifeste du tribunal relatif à la non-application du droit des aides d'État en tant que droit

---

[2059] CIRDI, *OperaFund Eco-Invest SICAV PLC et Schwab Holding AG (Opera Fund et Schwab) c. Royaume d'Espagne*, aff. ARB/15/36, Opinion dissidente du Professeur Philippe Sands du 13 août 2019, § 23 « Unreasoned, the conclusion of the Majority on the interpretation of RD 661/2007 is apt to undermine the legitimacy of, and trust in, a system of investor-state arbitration which accords to international arbitrators a vital responsibility to exercise caution if they are going to substitute their views for those of a country's highest court ».

[2060] *Ibid.*, §§ 12-37.

[2061] CIRDI, *SolEs Badajoz GmbH (SolEs Badajoz) c. Royaume d'Espagne*, aff. ARB/15/38, Sentence du 31 juillet 2019, §§ 441-444.

[2062] SCC, (SCC), *Triodos SICAV II c. Royaume d'Espagne*, aff. n° 2017-194, Sentence finale du 24 octobre 2022 (publication partielle), § 656 « Spain argues that EU law in general does not protect the Claimant's expectation that it would receive the FiT during the operative life of its facilities. For the reasons stated, however, EU law does not exhaust the potentially applicable standard under ECT Article 10(1). ECT Article 16 is clear in providing that, as between the ECT standards and those of other treaties among two or more ECT Contacting Parties concerning the subject matter of Part III or V of the ECT, the provisions that are more favourable to the investor and the investment must prevail ».

[2063] *Ibid.*, §§ 674 et 675.

[2064] *Ibid.*, § 682.

[2065] CIRDI, *RENERGY S.à r.l. c. Royaume d'Espagne*, aff. ARB/14/18, Sentence du 6 mai 2022, § 591.

[2066] *Ibid.*, § 648.

international applicable ou en tant que fait, le comité *ad hoc* ayant eu à se prononcer sur la sentence *Opera Fund et Schwab* semble adopter la même approche, lorsqu'il répond :

> *« The Tribunal's determination that "EU law does not prevail over any provisions of the ECT relevant in the present arbitration," makes it clear that, as expressed succinctly by OperaFund and Schwab, "the Tribunal reasoned and correctly justified its finding that EU State aid law matters were not relevant for its assessment of OperaFund's legitimate expectations under Article 10(1) of the ECT." For these reasons, Spain's arguments are unavailing »*[2067].

Ce comité *ad hoc* répond à une question portant, en partie, sur l'application du droit de l'UE en tant que fait, en mentionnant un principe de non-prévalence de ce dernier déduit de la règle de conflit de conventions de l'article 16 TCEn. Cela revient à circonscrire la matrice factuelle du litige en application d'une règle de conflit de conventions. Aussi cette règle a-t-elle pour effet d'évincer le droit de l'UE, non seulement du droit applicable au fond, mais aussi de l'examen des attentes légitimes.

526. L'intervention d'une règle substantielle de droit international. D'autres règles de droit internationales peuvent également être utilisées par les tribunaux indifféremment en matière de droit applicable et de faits pertinents. Plus qu'une règle de conflit faisant prévaloir le traité d'investissement, certaines sentences opposent à la prise en compte du droit des aides d'État une règle substantielle de droit internationale. En effet, alors qu'en droit des aides d'État l'absence de notification de l'aide par l'État expose le bénéficiaire à une demande de remboursement dont peut se prévaloir l'État – tant qu'elle n'est pas validée par la Commission –, quelques tribunaux arbitraux ont rejeté ce principe au motif de sa contrariété au principe d'*Estoppel* ou au principe *nemo auditur propriam turpitudinem allegans*. C'est le cas du tribunal de l'affaire *Steag* qui a estimé que le non-respect de ses obligations en matière d'aides d'État par l'Espagne ne permettait pas à cette dernière de « *valerse de su propia conducta ilícita para escapar a su responsabilidad bajo el estándar de TJE ; nemo auditur propriam turpitudinem allegans* »[2068]. L'arbitre dissident dans l'affaire *BayWa r.e*, Horacio A. Grigera Naon, tient le même raisonnement et fait également explicitement référence à ce principe dans son opinion dissidente[2069]. Sans y faire référence de manière explicite, la majorité du tribunal de l'affaire *RENERGY* indique avoir « *great difficulty with the Respondent's argument that its own continued failure to notify RF1, which the Respondent itself acknowledges is illegal, should go to the detriment of the Claimant* »[2070]. La sentence *Cube Infrastructure* renvoie également implicitement à ce principe[2071]. Dans la sentence *Cavalum* c'est à titre surabondant que le tribunal y fait référence, mais toujours de manière implicite[2072]. Cette approche semble avoir été reprise par le

---

2067 CIRDI, *OperaFund Eco-Invest SICAV PLC et Schwab Holding AG (Opera Fund et Schwab) c. Royaume d'Espagne*, aff. ARB/15/36, Décision du 2 mars 2023 du comité *ad hoc* sur la demande d'annulation, § 293.

2068 CIRDI, *STEAG GmbH c. Royaume d'Espagne*, aff. ARB/15/14, Décision sur la Compétence la Responsabilité et les principes en matière de quantum du 8 septembre 2020, § 522.

2069 CIRDI, *BayWa r. e. Renewable Energy GmbH and BayWa r. e. Asset Holding GmbH (BayWa r.e) c. Royaume d'Espagne*, Opinion dissident d'Horacion A. Grigera Naon du 2 décembre 2019, §§ 33-36.

2070 CIRDI, *RENERGY S.à r.l. c. Royaume d'Espagne*, aff. ARB/14/18, Sentence du 6 mai 2022, §§ 651 et 652.

2071 CIRDI, *Cube Infrastructure Fund SICAV et autres (Cube Infrastructure) c. Royaume d'Espagne*, aff. ARB/15/20, Décision sur la compétence, la responsabilité et décision partielle sur le quantum du 19 février 2019, § 306 « The obligations regarding State aid were incumbent upon the Respondent, and investors were entitled to assume that they had been taken into account by the Respondent when drafting its legislation. It was not for the Claimants to second-guess the Respondent's legislature ».

2072 CIRDI, *Cavalum SGPS c. Royaume d'Espagne*, Aff. ARB/15/34, Sentence sur la compétence, la responsabilité et les principes de quantum, du 31 août 2020, § 611 « [...] In the light of its conclusions, the Tribunal does not consider that Spain's State aid argument arises, but if it had arisen, the Tribunal would have dismissed it on the basis that there is no necessary connection between an investor's legitimate expectation of a reasonable rate of return and a failure by the State to notify state aid, and that in any event it was not now open to Spain in the light of its prior conduct to raise it ».

demandeur de l'affaire *Green Power,* mais rattachée au principe d'*Estoppel*. Le tribunal de cette affaire l'écarte étant donné « *the nature of State aid determination as a matter of public policy under EU law* »[2073].

2 - L'inaptitude implicite du droit de l'UE par extension du droit interne

527. Les divergences quant au rôle du droit interne dans les arbitrages de la saga espagnole. La divergence entre le professeur Christian Tomuschat et la majorité du tribunal de l'affaire *Cube Infrastructure,* et celle entre le professeur Philippe Sands et la majorité du tribunal de l'affaire *Opera Fund et Schwab*, au sujet du rôle du droit interne se retrouve dans de nombreuses sentences relevant de la saga espagnole. C'est le cas dans les affaires *Cordoba Beheer B.V.* et *Watkins*. Dans la première l'arbitre dissident, le professeur Peter D. Cameron critique la déférence de la majorité envers l'interprétation de la Cour Suprême espagnole en ces termes :

> « *The second aspect of the Tribunal's reasoning which I am unable to agree with is the weight it accords to the principle of the hierarchy of laws within the Spanish domestic legal regime, and statements by the higher courts on this characterisation of laws in that system. Such statements are certainly relevant as a source of fact, as several tribunals have noted. [...] Their relevance however is said to lie in "the purposes of proper legal characterization of the state of Spanish law and the expectations the investors could form thereunder". However, the applicable law in this dispute is international law and the relationship between certain legal measures taken in Spain and that body of law, especially the ECT* »[2074].

À l'inverse, l'arbitre dissidente, dans la seconde, la professeure Hélène Ruiz Fabri, regrette l'absence d'une « *in-depth analysis of article 44(3) of the RD 661/2007* »[2075], dans la mesure où la sentence ne prend pas en compte la jurisprudence de la Cour Suprême espagnole, depuis 2005 sur ces législations en matière d'énergie. Ici, la majorité semble même agacée par les références du défendeur à son droit interne lorsqu'elle affirme sèchement dans la sentence :

> « *Spain makes numerous references to Spanish law in order to suggest that the Tribunal should assess the existence and scope of Spain's commitments and obligations towards the Claimants or their investment through the lens of Spanish law. Spanish law should not be used as a tool to override Spain's international obligations* »[2076].

Il est possible de relever que dans cette affaire, la question du droit des aides d'État est soulevée par le défendeur sans que le tribunal y réponde. Force est de constater qu'il n'a pas jugé approprié de s'y référer[2077]. Le manque d'intérêt de la majorité pour le droit interne explique *a fortiori* son indifférence au droit des aides d'État. Le même constat peut être appliqué à la

---

[2073] SCC, (SCC), *Green Power Partners K/S et SCE Solar Don Benito APS (Green Power et SCE) c. Royaume d'Espagne*, aff. n° 2016/135, Sentence du 16 juin 2022, § 455 « The Claimants have argued that Spain is estopped from invoking the State aid defense. The Tribunal is unpersuaded by this argument because it overlooks the nature of State aid determinations as a matter of public policy under EU law, which is also recognized by the ECT. [...] ».

[2074] CIRDI, *Cordoba Beheer et autres c. Royaume d'Espagne*, aff. ARB/16/27, Opinion dissidente partielle du Professeur Peter D. Cameron du 11 février 2022.

[2075] CIRDI, *Watkins Holdings S. à r. l. et autres (Watkins) c. Royaume d'Espagne*, aff. ARB/15/44, Opinion dissidente de la Professeure Hélène Ruiz Fabri du 9 janvier 2020, § 11.

[2076] CIRDI, *Watkins Holdings S. à r. l. et autres (Watkins) c. Royaume d'Espagne*, aff. ARB/15/44, Sentence du 21 janvier 2020, § 505

[2077] *Ibid.*, § 489 « The Tribunal is of the view that the applicable law is the ECT and any rules of international law which are relevant with regard to interpretation and application. The Tribunal will only refer to the provisions of Spanish law and EU law if, in the Tribunal's view, it is appropriate ».

sentence *Mathias Kruck et autres* qui, comme le regrette le professeur Zachary Douglas arbitre dissident dans cette affaire, ne porte que peu d'attention à loi sur l'énergie électrique espagnole de 1997, à la jurisprudence de la Cour Suprême espagnole, ainsi qu'au droit des aides d'État[2078]. Même en acceptant que des attentes légitimes trouvent leurs sources dans toutes déclarations et promesses de l'État hôte[2079], le droit interne reste central, car de telles promesses ne peuvent lier l'État que dans la mesure où elles s'inscrivent dans le droit interne en vigueur[2080].

528. L'invocation du principe de non-invocabilité du droit interne de l'article 27 CVDT. Cette attitude vis-à-vis des normes de droit interne – et par extension au droit des aides d'État – est parfois justifiée par un renvoi au principe de non-invocabilité du droit interne de l'article 27 de la CVDT[2081]. Par exemple dans la sentence *9REN Holding,* alors qu'il affirme avoir à considérer le droit interne et le droit de l'UE et que cette considération d'une loi « étrangère » peut être essentielle à la résolution du différend en droit international[2082], le tribunal écarte la jurisprudence de la Cour Suprême espagnole au stade de l'examen des attentes légitimes de l'investisseur en invoquant l'article 27 CVDT[2083]. À titre de comparaison, alors que le demandeur l'invitait à écarter cette même jurisprudence, le tribunal de l'affaire *RWE Innogy* lui rappelle que le principe de l'indifférence de la qualification interne aux fins de la qualification internationale[2084] (inclus dans l'article 27 CVDT) n'est pas en question ici et que le recours au droit interne ne résulte que des attentes légitimes qu'il avance, formulées largement par référence au droit interne[2085]. L'invocation de ce principe au stade préliminaire de la considération factuelle de la règlementation interne dans l'examen des

---

2078 CIRDI, *Mathias Kruck et autres c. Royaume d'Espagne*, aff. ARB/15/23, Opinion dissidente partielle du Professeur Zachary Douglas du 13 septembre 2022, §§ 58-86.

2079 SCC, (SCC), *Novenergia II - Energy & Environment (SCA), SICAR (Novenergia) c. Royaume d'Espagne*, aff. n° 063/2015, Sentence finale du 15 février 2018, § 662 « [...] investor's legitimate expectations are based on the host State's legal framework and on any representations or undertakings by the host State at the time the investor makes the investment ».

2080 SCC, (SCC), *Sun Reserve Luxco Holdings SRL (Sun Reserve) c. République italienne*, aff. n° 132/2016, Sentence du 25 mars 2020, § 817 «While that general statements can create legitimate expectations in theory [...], the general statements made to the public in order to advertise a particular regulatory regime can only create expectations, if any, that are in line with the regulatory regime itself. These public statements cannot bind the State to commitments above and beyond the legal regime in existence ».

2081 CVDT art. 27 Droit interne et respect des traités : Une partie ne peut invoquer les dispositions de son droit interne comme justifiant la non-exécution d'un traité. Cette règle est sans préjudice de l'article 46.

2082 CIRDI, *9REN Holding S. a. r. l (9REN Holding) c. Royaume d'Espagne*, aff. ARB/15/15, Sentence du 31 mai 2019, §§ 168-172.

2083 *Ibid.*, §§ 242-244, *pro* CIRDI, *RENERGY S.à r.l. c. Royaume d'Espagne*, aff. ARB/14/18, Sentence du 6 mai 2022, § 649 comp. CIRDI, *Infracapital F1 S.à r.l. et Infracapital Solar B.V (Infracapital) c. Royaume d'Espagne*, aff. ARB/16/18, Décision sur la compétence, la responsabilité et les directives sur le quatum du 13 septembre 2021, §§ 589-602. Ici le tribunal reprend à son compte les paragraphes 242 à 244 de la sentence *9REN Holding*, mais aboutit à une conclusion inverse quant à l'existence d'attentes légitimes portant sur le maintien du régime d'aide. Pour ce tribunal les attentes se limitent seulement au maintien d'un taux raisonnable prévu dès la loi sur l'énergie de 1997.

2084 Pour une précision de ce principe qui ne rend pas la qualification de droit interne entièrement indifférente, mais pas nécessairement déterminante v. CIRDI, *Perenco Ecuador Ltd. c République d'équateur et Petroecuador (Perenco)*, aff. ARB/08/6, Décision sur les questions de compétence et de responsabilité restantes du 12 septembre 2014, § 583 « [...] in applying international law, the Tribunal does not act as a court of appeal on questions of Ecuadorian law. This jurisdictional limit is well-established in the jurisprudence. The Tribunal must recognise the allocation of competencies between adjudicatory bodies at the national and international levels. An international tribunal cannot second-guess the court's interpretation and application of local law. At the same time, under well-established principles of international law, as codified in Article 3 of the ILC Articles on State Responsibility, the fact that a law has been declared constitutional by the local courts, even by the highest court of the land, is not dispositive of whether it was in conformity with international law ».

2085 CIRDI, *RWE Innogy GmbH and RWE Innogy Aersa S.A.U. (RWE Innogy) c. Royaume d'Espagne*, aff.14/34, Décision sur la compétence, la responsabilité et le quantum du 30 décembre 2019, §§ 515-534, spéc. §§ 524-526.

attentes légitimes de l'investisseur s'avère donc inappropriée[2086]. Cela révèle une approche « isolationniste » du droit international voyant dans l'article 27 CVDT la manifestation d'un principe de supériorité du droit international[2087]. Dans le cadre du standard de traitement juste et équitable, le tribunal ne pourrait examiner que le traité. L'État défendeur ne pourrait, lui, pas invoquer d'éléments relevant de son droit interne, afin de circonscrire les attentes légitimes de l'investisseur. En effet, à la différence du standard de traitement national qui renvoie directement au droit interne, le standard de traitement juste et équitable est un standard absolu, autonome, ou non contingent[2088]. Il demande cependant de prendre en considération la règlementation interne, surtout lorsqu'il est question des attentes légitimes de l'investisseur[2089]. Comme le résume le professeur Zachary Douglas :

> *« So can an investor have a legitimate expectation that is inconsistent with the fundamental principles of the Spanish legal order? Some tribunals have ducked the question by relying on the circular argument that it is the ECT and not Spanish law that applies. But the ECT does not create legitimate expectations; it can only serve to protect them once established »*[2090].

529. La fonction factuelle du droit étatique en droit international. Cette forme d'impossibilité d'utiliser le droit étatique en droit international dans l'application du traitement juste et équitable fait écho à celle qu'identifie le professeur Carlo Santulli comme l'une des implications malheureuses attachées à la théorie de la fonction factuelle du droit étatique, lorsqu'elle prend la forme d'une théorie de la nature factuelle du droit étatique. Cet auteur propose un exposé critique de l'affirmation de droit international : « le droit interne est un fait ». Il distingue entre une acception de cette affirmation en termes de nature et de fonction. Par rapport à la première, la seconde qu'il privilégie n'implique pas la négation du caractère « normatif » du droit étatique. Elle vise simplement à préciser que « le droit étatique est envisagé par la prémisse des règles internationales ». Contrairement à la théorie de la nature factuelle du droit étatique, la théorie de la fonction factuelle du droit étatique ne permet pas de justifier les postulats dualistes de séparation des domaines ou des sujets des ordres juridiques étatiques et de l'ordre juridique international ni l'exclusion de l'utilisation du droit étatique dans l'ordre juridique international. Concernant cette dernière « implication

---

2086 Pour d'autres exemples comparables d'utilisation contestable de l'article 27 CVDT par des tribunaux arbitraux v. YOTOVA R., « Article 27 of the VCLT – Internal law and observance of treaties », *in* KULICK A. et WAIBEL M. (eds), *General International Law in International Investment Law – A Commentary*, Oxford, OUP, 2024, pp. 74-83.

2087 MALENOVSKY J., « L'agonie sans fin du principe de non-invocabilité du droit interne », *RGDIP, t. 121*, n° 2, 2017, pp. 291-334, spéc. p. 300. V. aussi SANTULLI C., *Le statut international de l'ordre juridique étatique – Étude du traitement du droit interne par le droit international*, Paris, Pedone, 2001, pp. 469, spéc. pp. 427 et 428.

2088 Pour une critique de la qualification d'absolu ou de relatif du standard de traitement juste et équitable, et plus généralement pour une critique de cette distinction entre standards v. KLAGER R., *'Fair and Equitable Treatment' in International Investment Law*, Cambridge, CUP, 2011, pp. 320, spéc. pp. 304 et 305. V. aussi SANTULLI C., « Le traitement juste et équitable : Stipulation particulière ou principe général de bonne conduite », *RGDIP*, t. 119, Vol. 1, 2015, pp. 69-85, spéc. p. 73 « […] la clause de traitement juste et équitable se distingue à la fois des clauses dites de traitement relatif (nation la plus favorisée, traitement national, clause parapluie) et des clauses qui fixent de façon autonome des comportements à suivre (libre transfert, expropriation, ect.) : elle constitue un renvoi à un ensemble normatif extérieur qui ne dépend pas de la situation normative du débiteur ».

2089 KLAGER R., *'Fair and Equitable Treatment' in International Investment Law*, *op.cit.*, spéc. pp. 186 et 187. V. aussi SANTULLI C., *Le statut international de l'ordre juridique étatique – Étude du traitement du droit interne par le droit international*, *op. cit.*, spéc. pp. 69-80. Cet auteur distingue entre des clauses d'identité (ex : TN/NT et de NPF/MFN) et des clauses de conformité qui peuvent comprendre des clauses de traitement juste et équitable spécifiques exigeant au surplus un traitement conforme aux lois étatiques applicables. Il considère qu'un troisième type de clauses (ex : traitement juste et équitable sans référence au droit interne) ne correspondrait pas comme les deux premières à une réception du droit étatique, mais donnerait au droit interne une valeur probatoire. Par exemple, dans l'application d'une clause interdisant la prise de mesures arbitraires, le tribunal pourrait se référer au droit interne pour prouver le caractère arbitraire ou non de ces mesures.

2090 CIRDI, *Mathias Kruck et autres c. Royaume d'Espagne*, aff. ARB/15/23, Opinion dissidente partielle du Professeur Zachary Douglas du 13 septembre 2022, § 99.

malheureuse », l'auteur montre que par des glissements successifs, l'affirmation que le droit étatique est un fait a pu être interprétée comme un refus des juridictions internationales d'appliquer la loi nationale. Ainsi, l'interprétation autonome d'une notion d'un traité exclurait tout renvoi au droit étatique.

530. ***Transition***. La présence de ce type de réduction dans les sentences étudiées suggère que les arbitres considèrent que dans l'ordre juridique international le droit interne est par nature un fait et pas qu'il intervient simplement dans le syllogisme juridique au stade de la mineure[2091]. D'autres sentences, comme la sentence *RWE Innogy* susmentionnée, se montrent plus attentives au droit interne.

B - La rare aptitude du droit de l'UE à intervenir de manière déterminante

531. ***Plan.*** Le droit de l'UE intervient de manière déterminante en tant que fait au stade de la détermination des attentes légitimes de l'investisseur dans plusieurs sentences. Ces sentences n'en restent pas moins minoritaires, dans les sentences arbitrales étudiées, elles méritent toutefois d'être présentées. Cependant, en dehors des sentences lui reconnaissant explicitement un rôle déterminant, une aptitude implicite du droit de l'UE peut aussi être déduite de celle qui est reconnue au droit interne. Cette aptitude implicite du droit de l'UE, à intervenir de manière déterminante, par extension du droit interne (1) est équivalente à celle qui lui est reconnue, de manière explicite, lorsqu'il intervient à titre confirmatif en soutien du droit interne (2). Au-delà des deux hypothèses précédentes, certaines sentences suggèrent qu'il peut être reconnu au droit de l'UE une aptitude autonome par rapport au droit interne (3).

1 - L'aptitude implicite du droit de l'UE par extension du droit interne

532. ***La prise en compte de la hiérarchie normative interne par les arbitres***. Même si elle ignore le droit des aides d'État, l'appréhension du droit interne dans la sentence *Stadtwerk* se distingue des exemples précédents. Dans cette affaire, le tribunal souligne d'abord l'importance du droit espagnol dans l'établissement d'une responsabilité internationale de l'État[2092]. Il considère ensuite que les dispositions de droit interne discutées doivent être replacées dans la hiérarchie normative de l'ordre juridique espagnol. Plus précisément, il avance que les différents décrets invoqués par l'investisseur tirent leur autorité de, ou renvoient à, la loi sur l'énergie de 1997[2093]. À l'inverse des tribunaux qui ont interprété de manière isolée l'article 44 § 3 du décret royal espagnol 661/2007, comme celui de l'affaire *Watkins*[2094], le tribunal de l'affaire *Stadtwerk* contextualise cet article. Il conclut que l'État n'a pas violé le standard de traitement juste et équitable compte tenu, d'une part, de l'instabilité de la règlementation – des changements étaient intervenus régulièrement avant l'investissement – et, d'autre part, de l'objectif légitime des nouvelles mesures – ces dernières

---

2091 SANTULLI C., *Le statut international de l'ordre juridique étatique – Étude du traitement du droit interne par le droit international*, Paris, Pedone, 2001, pp. 469, spéc. pp. 262-266.

2092 CIRDI, *Stadtwerke München GmbH, RWE Innogy GmbH et autres (Stadtwerke) c. Royaume d'Espagne*, aff. ARB/15/1, Sentence du 2 décembre 2019, § 181.

2093 *Ibid.*, § 58.

2094 CIRDI, *Watkins Holdings S. à r. l. et autres (Watkins) c. Royaume d'Espagne*, aff. ARB/15/44, Sentence du 21 janvier 2020.

visant à protéger l'intérêt public et la pérennité du système électrique espagnol[2095]. Dans le cadre de l'examen des attentes légitimes de l'investisseur, ici aussi en contextualisant l'article 44 § 3, le tribunal affirme que les attentes légitimes de l'investisseur se limitent au respect d'un taux de rentabilité raisonnable – au cœur de la règlementation depuis la loi sur l'énergie électrique de 1997[2096]. Par contraste, d'autres tribunaux ont pu identifier dans ce seul article 44 § 3 une clause de stabilisation du droit, garantissant le maintien du régime d'aide pour l'ensemble de la durée de vie d'installations photovoltaïque. La sentence *BayWa* mentionnée précédemment, applique certes le droit de l'UE en tant que règle de droit international pertinente applicable, mais se montre aussi particulièrement attentive au droit interne dans la détermination des attentes légitimes des investisseurs. Elle insiste sur l'importance de la hiérarchie de l'ordre juridique espagnol dans la détermination des attentes légitimes de l'investisseur en précisant au sujet d'attentes qui proviendrait de décrets royaux espagnols appliquant la loi sur l'énergie électrique de 1997 prévoyant seulement un taux de retour raisonnable que « *The stream cannot rise higher than its source, or commit the state to more than the legislative framework allows* »[2097].

***533. La prise en compte de la hiérarchie juridictionnelle interne dans la décision* Cordoba Beheer et autres.** Adoptant une approche analogue à celle du tribunal de l'affaire *Stadtwerke,* la majorité du tribunal de l'affaire *Cordoba Beheer et autres*, place, dans sa principale décision, le droit interne au centre de son examen des attentes légitimes de l'investisseur. Elle y rappelle :

> *The majority notes that neither Article 10(1) of the ECT, nor any other rule of international law defines the scope and content of the Claimants' expectations. It is not disputed that the alleged expectations were formed on the basis of the texts of the relevant Royal Decrees and other sources of Spanish law. The jurisprudence of the Spanish Supreme Court is therefore relevant to the extent it provides the interpretation of the laws and regulations relied upon by the Claimants at the time or prior to the Claimants' investment in Spain. For the reasons stated earlier in this section at paragraphs 836-838, when assessing the limitations set out in Spanish law at the time of the Claimants' investment, the Tribunal cannot substitute its interpretation of the domestic legal framework for that adopted by the Respondent's highest court* »[2098].

En rappelant qu'en l'espèce, il s'agit de prendre en compte l'interprétation de la plus haute juridiction de l'État hôte, la majorité du tribunal ne se montre pas indifférente à la hiérarchie des juridictions dans l'ordre juridique espagnol. Ces deux sentences s'inscrivent dans la lignée des sentences de la saga espagnole établissant que les attentes légitimes de l'investisseur ne portaient pas sur le maintien de la règlementation, mais simplement sur un taux raisonnable.

534. L'analyse des sentences de la saga espagnole selon l'étendue des attentes protégées. Les divergences au sein des sentences de la saga espagnole sont parfois invisibilisées. C'est le cas lorsque l'analyse jurisprudentielle distingue entre les sentences

---

[2095] CIRDI, *Stadtwerke München GmbH, RWE Innogy GmbH et autres (Stadtwerke) c. Royaume d'Espagne*, aff. ARB/15/1, Sentence du 2 décembre 2019, §§ 257-262.

[2096] *Ibid.*, §§ 263-287.

[2097] CIRDI, *BayWa r. e. Renewable Energy GmbH and BayWa r. e. Asset Holding GmbH (BayWa r.e) c. Royaume d'Espagne*, Décision du 2 décembre 2019 sur la compétence, la responsabilité et les orientations en matière de quantum du 2 décembre 2019, § 473 *pro* CIRDI, *Eurus Energy Holdings Corporation (Eurus) c. Royaume d'Espagne*, aff. ARB/16/4, Décision sur la compétence et la responsabilité du 17 mars 2021, § 334 ; CIRDI, *Cordoba Beheer et autres c. Royaume d'Espagne*, aff. ARB/16/27, Décision sur la compétence, la responsabilité et les principes de quantum du 11 février 2022, § 874 ; Pour une argumentation similaire dans le cadre d'un arbitrage en matière d'énergie renouvelable concernant l'Italie v. SCC, (SCC), *Sun Reserve Luxco Holdings SRL (Sun Reserve) c. République italienne*, aff. n° 132/2016, Sentence du 25 mars 2020, §§ 787-830 spéc. §§ 801-817.

[2098] CIRDI, *Cordoba Beheer et autres c. Royaume d'Espagne*, aff. ARB/16/27, Décision sur la compétence, la responsabilité et les principes de quantum du 11 février 2022, § 879.

retenant une violation du TCEn et celles l'ayant écarté. Sur ce critère, force est de constater que les sentences ayant écarté toute violation du traité sont très minoritaires[2099]. Il est cependant possible de distinguer entre ces sentences (portant essentiellement sur les mêmes mesures étatiques) selon le contenu des attentes légitimes qu'elles reconnaissent. Certaines considèrent que l'investisseur pouvait légitimement s'attendre à ce que la règlementation en place – a minima dans ses caractéristiques essentielles – soit maintenue ; d'autres considèrent que l'investisseur ne pouvait attendre que le maintien d'un taux de rentabilité raisonnable. Retenant cette distinction en matière d'attentes légitimes, d'aucuns ont argué que les premières, jugeant que l'investisseur pouvait attendre le maintien de la règlementation, étaient seules constitutives de la jurisprudence constante en la matière.

535. La mise à l'écart des sentences limitant les attentes à un taux légal. En 2020, le juge Charles N. Brower, arbitre dissident dans l'affaire *PV Investors* présente les sentences considérant que l'investisseur ne pouvait attendre que le respect, par l'Espagne, d'un taux raisonnable de rentabilité, comme des cas isolés. Il précise dans une opinion concurrente et dissidente :

> « *I am of the view that no tribunal should accept an Alternative Claim [Legal Reasonable Rate of Return] over a Primary Claim [Continuation of the Regulatory Regime] without justifiable reasons for dismissing the Primary Claim, and in the present case I discern no justifiable reason whatsoever for departing from those eleven other tribunals' acceptance of the Primary Claim in like circumstances. [...] Of the now eighteen known awards involving the same treaty, the same Respondent State, and the same measures as are at issue in the present arbitration, fifteen have found for the Claimants. In all but four of those fifteen cases (all four being factually distinguishable from the present one) the tribunals have ruled that Claimants were entitled to full reparation for the injury caused by the internationally wrongful act represented by the displacement of the [Former Regulatory Regime by the New Regulatory Regime]* »[2100].

Fin 2021, le Professeur Peter D. Cameron, arbitre dissident dans l'affaire *Infracapital*, identifie précisément vingt sentences et neuf décisions portant sur des modifications de la législation espagnole en matière d'énergie renouvelable entre 2012 et 2014, complétées par quatorze opinions individuelles et y voit à raison « *a concentration of legal effort that is almost certainly unique in international investment law* »[2101]. Suggérant une certaine homogénéité de cet ensemble, il souligne d'abord, que seules quatre sentences ont écarté toute violation de l'article 10 § 1 TCEn. Il admet ensuite que plusieurs sentences récentes ont été influencées par une théorie limitant les attentes de l'investisseur à un taux de rentabilité raisonnable, mais relève que les quatre sentences ayant retenu cette théorie ont toutes fait l'objet de « critiques vigoureuses de la part d'arbitres dissidents distingués ». Enfin, exprimant clairement une préférence pour la même ligne jurisprudentielle que celle défendue par le juge Charles N. Brower, le professeur Peter D. Cameron explique partager les critiques exprimées par ces arbitres dissidents. Il ajoute au surplus que ces critiques sont également présentes de manière implicite ou explicite dans des sentences qu'il estime nombreuses à ce jour[2102].

2099 Dans son étude de 2022 portant sur les 21 premières sentences de la saga espagnole d'arbitrage d'investissement en matière d'énergie renouvelable, Filip Balcerzak identifie 3 sentences écartant toute violation du traité. V. BALCERZAK F., Renewable Energy Arbitration – Quo Vadis? – Implication of the Spanish Saga for International Investment Law, Brill-Nijhoff, Leiden-Boston, 2023, pp. 452, spéc. pp. 197.

2100 CPA, (CNUDCI), *AES Solar et autres (PV Investors) c. Royaume d'Espagne*, aff. n° 2012-14, Opinion concurrente et dissident de Charles N. Brower du 28 février 2020, §§ 2 et 3.

2101 CIRDI, *Infracapital F1 S.à r.l. et Infracapital Solar B.V (Infracapital) c. Royaume d'Espagne*, aff. ARB/16/18, Opinion dissidente partielle du Professeur Peter D. Cameron du 13 septembre 2021, § 7.

2102 *Ibid.*, § 9.

536. *La reconsidération des équilibres dans les sentences de la saga espagnole.* De manière plus nuancée, en 2022, Filip Balcerzak – dans son étude portant sur 21 arbitrages – identifie sept tribunaux posant comme base de la violation du traitement juste et équitable le respect d'un taux de rentabilité raisonnable et douze la stabilité de la règlementation – 2 tribunaux écartant toute violation du traité en dehors de ces deux hypothèses[2103]. En septembre 2022, le professeur Zachary Douglas, dans une opinion dissidente répondant à la sentence de l'affaire *Mathias Kruck et autres*, présente une tout autre image de la jurisprudence que celle qui était jusqu'à présent proposée. Il identifie vingt-quatre sentences appartenant à la « saga » espagnole d'arbitrage en matière d'énergie renouvelable et confirme la présence d'un clivage en leur sein. Il propose une nouvelle lecture de cette opposition entre les sentences limitant les attentes légitimes au maintien du taux de rentabilité raisonnable prévu par la loi de 1997 et celles considérant que l'investisseur pouvait légitimement attendre le maintien de l'ensemble du régime règlementaire, dans ses caractéristiques essentielles.

537. *L'analyse des divergences en termes de responsabilité pour et sans faute*. Pour le professeur Zachary Douglas ce clivage s'explique par une divergence d'approche des tribunaux entre ceux raisonnant du point de vue d'un système de responsabilités pour faute et ceux résonnant du point de vue d'un système de responsabilité sans faute[2104]. Il constate l'existence de deux jurisprudences constantes équivalentes en nombre de sentences : « *The division between the two strands in the jurisprudence is rather neat: there are 12 decisions favouring strict liability as against 12 decisions adopting a fault-based approach* »[2105]. En suivant cette grille de lecture, les sentences limitant les attentes de l'investisseur au maintien d'un taux raisonnable de rentabilité prévue par loi raisonneraient selon un système de responsabilité pour faute, exigeant, donnant une place importante à la violation du droit interne, tandis que les sentences insistant sur le maintien du régime règlementaire raisonneraient selon un système de responsabilité sans faute, garantissant une stabilité règlementaire à l'investisseur, même en cas de modification de la règlementation non fautive par l'État.

2103 BALCERZAK F., *Renewable Energy Arbitration – Quo Vadis? – Implication of the Spanish Saga for International Investment Law*, Brill-Nijhoff, Leiden-Boston, 2023, pp. 452, spéc. p. 197.

2104 Pour une défense, par le même auteur, d'une responsabilité pour faute en droit international de l'investissement v. DOUGLAS Z., « Instead of Principles, Slogans », *ICSID Review – FILJ*, Vol. 38(1), 2023, pp. 1-14, spéc. pp. 8-10 comp. De NANTEUIL A., « La responsabilité publique de droit interne comme mécanisme de protection des investissements étrangers », *in* ROBERT-CUENDET S. (dir.), *Droit des Investissements Internationaux – Perspectives croisées*, Bruxelles, Bruylant, 2017, pp. 223-245, spéc. pp. 240-244. L'auteur présente différents mécanismes de droit interne autorisant la réparation de dommages du « fait d'un comportement de l'administration n'ayant aucun caractère fautif ou illégal » (p.240). Il signale qu'il a déjà été proposé d'importer en droit international de l'investissement la jurisprudence du Conseil d'État français en matière de rupture de l'égalité devant les charges publiques, et souligne que cette proposition « fort séduisante [...] conduit à conférer un très grand pouvoir au juge [...] » (p. 242, nbp 65). Sur l'importance de ce débat en droit international général, et le choix opéré par la CDI en faveur d'une responsabilité objective v. OUEDRAOGO A., « L'évolution du concept de faute dans la théorie de la responsabilité internationale des États », *RQDI*, Vol. 21(2), 2008, pp. 129-165.

2105 CIRDI, *Mathias Kruck et autres c. Royaume d'Espagne*, aff. ARB/15/23, Opinion dissidente partielle du professeur Zachary Douglas du 13 septembre 2022, § 47. L'auteur précise par ailleurs (§ 52) « outside of the Spanish solar context, the fault-based approach appears to be predominant in the solar cases involving the Czech Republic and Italy ». Un parallèle peut être fait entre le développement d'une approche de responsabilité sans faute particulièrement prégnante dans les arbitrages de la saga d'arbitrage espagnole et l'augmentation significative du taux de succès des investisseur dans les récents arbitrages en matière d'énergie renouvelable contre l'Espagne, l'Italie et la République tchèque. V. LANDMANN N., *Legitimate Expectations and Fair-and-Equitable-Treatment under the Energy Charter Treaty*, Baden-Baden, Nomos, 2022, pp. 370, spéc. p. 112 Cet auteur reconnaît que « [i]n recent renewable energy cases, the success rate of investors has been significantly higher » il précise en note de bas de page que « [a]t the time of the writing, Spain lost 18 cases and won 4 ; Italy lost 4 cases, won 3 cases ; the Czech Republic lost 1 case (confidential and not discussed in this research) and won 6 cases. Plutôt que d'y voir un rehaussement récent du niveau de protection offert par le standard de traitement juste et équitable, l'auteur estime que « [t]his indicates that some of the states'measures exceeded the margin of discretion and thus overstepped the limitations of the right to regulate, thereby excessively infringing the interests of the investors protected by the ECT and subsequently the FET standard ».

2 - L'utilisation à titre confirmatif du droit de l'UE

538. L'évocation à titre confirmatif du droit des aides d'état de l'UE. Parfois, dans les sentences déférentes envers le droit interne, c'est-à-dire celles s'intéressant à la hiérarchie normative de l'ordre juridique espagnol, le droit des aides d'État est utilisé à titre confirmatif. Ainsi, dans l'affaire *PV Investors*, après avoir admis l'adéquation des mesures, notamment du taux de rentabilité qu'elle prévoit, aux objectifs poursuivis par l'État, le tribunal conforte son raisonnement en précisant que le nouveau taux de rentabilité avait été approuvé par la Commission[2106]. Il conclut plus loin que ses conclusions sont compatibles avec celles de la Commission en matière d'aides d'État[2107]. De manière similaire, dans la sentence *Cordoba Beheer et autres*, le tribunal relève d'abord que selon la Commission, les mesures contestées étant des aides d'État non notifiées, elles n'auraient pu générer d'attentes légitimes. Il précise ensuite que ses propres conclusions, limitant les attentes légitimes de l'investisseur à un taux de rentabilité raisonnable, n'entrent pas forcément en contradiction avec la décision de la Commission de 2017[2108]. De manière similaire, mais cette fois dans le cadre d'un arbitrage en matière d'énergies renouvelables impliquant l'Italie, le tribunal de l'affaire *Blusun* admet sans difficulté : « *In the present case, the expectations are even less powerful because European law had already lowered them: it was clear that the incentives offered were subject to modification in light, inter alia, of changing costs and improved technology* »[2109]. C'est également à titre confirmatif que le professeur Zachary Douglas évoque le droit des aides d'État dans son opinion dissidente, déjà mentionnée, portant sur la sentence de l'affaire *Mathias Kruck et autres*. Interprétant le décret royal espagnol 661/2007, à la lumière de la loi sur l'énergie électrique de 1997, il considère que l'investisseur ne pouvait légitimement espérer que le maintien d'un retour sur investissement raisonnable. De son point de vue cela est confirmé la rationalité économique d'une aide d'État. Une telle aide n'assure à l'investisseur qu'un taux de rentabilité raisonnable : « *the State must ensure that the level of the subsidy is no more and no less than is necessary to make solar energy competitive in the market of energy* »[2110].

539. Transition. En dehors de ces sentences dans lesquelles l'aptitude du droit de l'EU à intervenir en tant que fait juridique peut être déduite par extension du droit interne – que cette extension soit implicite ou quasi explicite, lorsque le droit de l'UE intervient au surplus comme un élément confirmant les conclusions du tribunal –, d'autres sentences suggèrent une véritable autonomie de l'aptitude du droit de l'UE en tant que fait.

3 - L'aptitude propre du droit de l'UE

540. L'utilisation concourante du droit interne et du droit de l'UE. Toujours dans le secteur de l'énergie solaire, mais dans le cadre d'un arbitrage impliquant la République tchèque, le tribunal de l'affaire *Antaris et Göde* semble faire d'une décision de la Commission

---

[2106] CPA, (CNUDCI), *AES Solar et autres (PV Investors) c. Royaume d'Espagne*, aff. n° 2012-14, Décision préliminaire sur la compétence du 13 octobre 2014, § 628 [...] The revised rate of return was approved by the European Commission and is aligned with those granted by other European Union Member States, such as France, Italy, Estonia, Latvia, and the Czech Republic. There was thus an appropriate correlation between the policy objectives pursued by Spain and the Disputed Measures that diminished the amount required for subsidies in the renewable energy sector ».

[2107] *Ibid.*, §§ 635-637.

[2108] CIRDI, *Cordoba Beheer B.V., Cross Retail S.L., Sevilla Beheer B.V., Spanish project companies* (*Cordoba Beheer et autres) c. Royaume d'Espagne*, aff. ARB/16/27, Décision sur la compétence, la responsabilité et les principes de quantum du 11 février 2022, §§ 915-917.

[2109] CIRDI, *Blusun S.A., Jean-Pierre Lecorcier et Michel Stein (Blusun) c. République italienne*, aff. ARB/14/3, Sentence du 26 décembre 2016, § 371.

[2110] CIRDI, *Mathias Kruck et autres c. Royaume d'Espagne*, aff. ARB/15/23, Opinion dissidente partielle du Professeur Zachary Douglas du 13 septembre 2022, §§ 81-86, spéc. § 83.

en matière d'aide d'État plus qu'un élément confirmatif, un élément concourant, au côté du droit interne, à ses conclusions : « *[...] in common with the Czech Constitutional Court, and the European Commission's Decision on state aid, the Tribunal does not consider that the modifications to the support scheme and the tax measures were retroactive, and considers that they did not violate the principle of legitimate expectation* »[2111]. Ici, la décision de la Commission en matière d'aide d'État n'est pas évoquée après les conclusions du tribunal. C'est plutôt le tribunal qui s'inscrit dans la ligne du raisonnement de la Cour Constitutionnelle tchèque et de la Commission.

541. ***L'utilisation autonome du droit de l'UE dans la sentence* Eurus.** Encore plus significative est la sentence *Eurus* qui se présente comme le « négatif photographique » de la sentence *BayWa r.e.* Dans la seconde, le tribunal applique le droit des aides d'État en tant que règles de droit international pertinentes applicables, tandis que dans la première le tribunal considère le droit des aides d'État comme un fait autonome distinct du droit interne. Si elle est rattachée à la saga espagnole, la sentence *Eurus* n'est pas une sentence TCEn intra-UE, l'investisseur dans cette affaire étant de nationalité japonaise. Cela n'a cependant que peu d'impact sur le droit applicable. En effet, par exemple concernant l'article 16 TCEn, le tribunal reconnait qu'il ne s'applique pas, car il n'existe pas d'autres accords entre le Japon et l'Espagne portant sur la matière des parties III ou IV du TCEn. Il indique toutefois que cet article implique, sans plus d'explications, que le TCEn doit l'emporter sur le TFUE si le premier est plus favorable à l'investisseur[2112]. Il indique alors : « *[t]o the extent that EU law is part of the applicable law under Article 26(6) of the ECT (i.e. if and insofar as EU law constitutes 'applicable rules and principles of international law'), this Tribunal is prima facie authorized to apply it* »[2113]. De manière assez surprenante, le tribunal laisse entendre qu'il pourrait appliquer, alors que le Japon est un État tiers, le droit de l'UE en tant que droit international. Il précise plus loin sa position. Il souligne d'abord l'incohérence de la jurisprudence arbitrale quant à l'applicabilité du droit de l'UE et explique ensuite, que la règlementation de l'UE, notamment celle en matière d'aide d'État – applicable en tant que partie du droit d'un État membre –, affecte les sociétés japonaises ou d'autres États tiers opérant dans l'UE[2114]. Enfin, il s'avère qu'il considère le droit de l'UE en tant que fait, lorsqu'il précise :

> « *References to the autonomy of EU law do not entail that an ECT tribunal may not take EU law into account in appropriate circumstances. Autonomy is not the same as invisibility, and ECT tribunals can take note of, and apply, clear and established rules of EU law that are relevant to the facts before them. This does not convert such tribunals into unmonitored organs of the EU, nor does it mean that they can exercise powers expressly conferred on EU organs, such as the various competences of the European Commission in relation to state aid. It is one thing to exercise conferred powers, and another to note the settled legal consequences of facts established in the course of the proceedings, for example, the fact that unnotified state aid gives rise to adverse consequences under Article 108(3) of the TFEU. To that extent, at least, EU law is part of the applicable law under Article 26(6) of the ECT* »[2115].

[2111] CPA, (CNUDCI), *Antaris Solar GmbH et Dr. Michael Göde (Antaris et Göde) c. République tchèque*, aff. n° 2014-01, Sentence du 2 mai 2018, § 430.
[2112] CIRDI, *Eurus Energy Holdings Corporation (Eurus) c. Royaume d'Espagne*, aff. ARB/16/4, Décision sur la compétence et la responsabilité du 17 mars 2021, § 229 « In fact, there are no prior or subsequent international agreements between Japan and Spain the terms of which concern the subject matter of Parts III or V of the ECT, so that the ruleof priority expressed in the final (italicized) phrase of Article 16 has no application here. But Article 16 remains indirectly relevant as concerns the relation between the ECT and the TFEU, in that by clear implication the ECT prevails over the TFEU to the extent that the ECT provision 'is more favourable to the Investor or Investment'. One would not expect a non-EU member state, or the nationals of such a state, to be treated less well ».
[2113] *Ibid.*, § 230.
[2114] *Ibid.*, §§ 231 et 232.
[2115] *Ibid.*, § 236.

542. L'analyse de la sentence* Eurus *comme un cas de considération factuelle du droit de l'UE. Comme nous l'avons vu précédemment, les tribunaux ne distinguent pas nécessairement l'application du droit en tant que droit applicable de la considération du droit en tant que fait. Parfois, la première hypothèse est qualifiée d'application directe du droit et la seconde d'application indirecte ou incidente. L'extrait ci-dessus, surtout la dernière phrase, nous conduit à penser qu'en l'espèce, le droit des aides d'État est considéré comme un fait nonobstant les conclusions du tribunal affirmant appliquer concurremment le TCEn et le droit de l'Union[2116]. À l'inverse l'arbitre dissident est d'avis que la majorité du tribunal a bien appliqué, à tort selon lui, le droit de l'UE en tant que droit applicable[2117]. Structurellement, c'est de manière autonome, séparément de l'examen de la violation de l'article 13 § 1 TCEn et et de l'article 10 § 1 TCEn, que la sentence traite le droit des aides d'État[2118]. Ces développements interviennent après le constat de l'absence d'expropriation et la limitation de la violation de l'article 10 §1 TCEn aux seules dispositions ayant des effets rétroactifs. Il faut noter qu'au stade de cet examen séparé du droit des aides d'État, le tribunal observe, avant de traiter la question de l'interaction entre le droit de l'UE et le traité d'investissement, qu'il considère le droit de l'UE en tant que fait[2119]. En tenant compte du droit des aides d'État, le tribunal conclut indépendamment de ses conclusions portant sur le droit interne que les attentes de l'investisseur ne pouvaient porter sur le maintien du montant de l'aide pour la durée de vie de l'installation ni sur la légalité de cette dernière[2120].

543. Les autres sentences suggérant un rôle autonome du droit de l'UE. Une autre sentence relevant de la saga espagnole, suggère une aptitude propre du droit de l'UE en tant que fait à circonscrire les attentes de l'investisseur. Dans la sentence *FREIF* le tribunal se démarque explicitement du tribunal de l'affaire *BayWa r.e* en commençant par écarter le droit des aides d'État du droit applicable[2121]. Il précise ensuite : « *Spain argues convincingly that FREIF should not have an expectation contrary to Spanish or EU law* »[2122]. Enfin, insistant sur la diligence de l'investisseur et sur les informations en sa disposition au moment de l'investissement, le tribunal explique au sujet du droit des aides d'État et d'autres dispositions de droit de l'UE que l'investisseur était informé des limites posées par le droit de l'UE et qu'il ne pouvait avoir des attentes contraires à ces limites[2123]. Dans le même sens, le tribunal de l'affaire *Europa Nova*

2116 *Ibid.*, § 467 (a) « 467. For these reasons, the Tribunal finds, by majority: (a) that the ECT and the European state aid regime apply concurrently to the investment and form part of the applicable law; [...] ».

2117 CIRDI, *Eurus Energy Holdings Corporation (Eurus) c. Royaume d'Espagne*, aff. ARB/16/4, Opinion dissidente partielle de l'arbitre Oscar M. Garibaldi du 17 mars 2021, §§ 5-11.

2118 CIRDI, *Eurus Energy Holdings Corporation (Eurus) c. Royaume d'Espagne*, aff. ARB/16/4, Décision sur la compétence et la responsabilité du 17 mars 2021, §§ 405-433.

2119 *Ibid.*, § 423 (b).

2120 *Ibid.*, § 428 « In the circumstances, the Tribunal finds by majority that under EU law and the law of Spain, the Claimant could not legitimately have expected that the Special Regime subsidies were, for certain, lawful. Even if the subsidies were lawful, it could not expect, under EU law and the law of Spain, that the amount of state aid granted under these measures would be paid for the lifetime of the plants. The Claimant should have known that these measures had not been notified to, let alone approved by, the EC ».

2121 SCC, (SCC), *FREIF Eurowind Holdings Ltd. (FREIF Eurowind) c. Royaume d'Espagne*, aff. n° 2017/060, Sentence du 8 mars 2021, §§ 526-533, spéc. § 531 « This Tribunal does not go as far as the BayWa tribunal's conclusion that the State Aid regime is part of the applicable law. It does, however, find merit in the BayWa tribunal's position that "[i]n principle, an investor cannot have a legitimate expectation of treatment which is unlawful under the law of the host State, provided that the host State law itself is not inconsistent with the treaty under which the tribunal exercises its jurisdiction" ».

2122 *Ibid.*, § 549.

2123 *Ibid.*, § 550 « [...] FREIF was also made aware of potential EU law ramifications to its investment and could not have had expectations that ran contrary to EU limitations » *pro* CPA, (CNUDCI), *G.I.H.G. Limited, Natland Group Limited, Natland Investment Group NV, et Radiance Energy Holding S.A.R.L. (Natland et autres) c. République tchèque*, aff. n° 2013-35, Sentence finale du 15 décembre 2023, §§ 458-460 « 458. [...] as EU investors who must be taken to have been aware of the existence of EU State aid law and the fundamental objective of avoiding distortions in the internal market of the European Union, the Claimants reasonably could have expected that the original RES scheme could sooner or later be considered to be State aid. This would entail that the scheme would be subject to review and control by the

– tranchant un différend portant sur des investissements dans l'énergie solaire en République tchèque – conclut, dans des développements titrés explicitement « *No violation of legitimate expectations because of EU law* » qu'en l'absence de notification de l'aide d'État, aucune attente légitime alléguée par l'investisseur n'a pu prendre forme[2124].

544. Conclusion. Certaines sentences montrent qu'un résultat équivalent peut être obtenu lorsque le droit des aides d'État est appliqué ou simplement pris en considération. Cependant au sein même des sentences de la saga espagnole donnant un rôle central à la règlementation interne du défendeur en tant que fait, la majorité d'entre elles écarte le droit des aides d'État, pour sanctionner certaines mesures étatiques jugées rétroactives. Parmi ces sentences appartenant à la ligne jurisprudentielle, initiée par la sentence *RREEF*[2125], limitant les attentes légitimes des investisseurs à un taux raisonnable de rentabilité prévu par la loi sur l'énergie espagnole de 1997, seul le tribunal de l'affaire *Isolux* a estimé que ces mesures étaient seulement d'application immédiate et pas rétroactive[2126]. Trois autres tribunaux ont par ailleurs écarté toute violation du TCEn sans se prononcer spécifiquement sur cet aspect[2127]. Autrement dit, la grande majorité des sentences – relevant selon le professeur Zachary Douglas d'une approche de responsabilité pour faute[2128], attentive à la règlementation interne applicable à l'investissement – ont estimé que les nouvelles mesures espagnoles ayant un effet rétroactif avaient frustré les attentes légitimes des investisseurs, nonobstant leur conformité, selon la Cour Suprême espagnole et la Commission, au principe de confiance légitime et de sécurité juridique.

****

545. Conclusion de chapitre. L'importance de la distinction entre considération factuelle du droit et application du droit peut être mise en évidence en comparant en détail, sur cette question de rétroactivité, les sentences *BayWa* et *Eurus*. À première vue, de nombreux éléments ne permettent pas de les distinguer. Elles affirment toutes deux dans leurs conclusions appliquer concurremment le TCEn et le droit européen des aides d'État. Toutes deux ne s'opposent pas au principe de remboursement des aides d'État non notifiées. Elles considèrent cependant qu'une fois le non-remboursement décidé, les nouvelles mesures calculant les futures aides en tenant compte du montant des aides déjà reçues, aurait pour effet de désavantager les bénéficiaires n'ayant pas vendu leur investissement avant la mise en place du nouveau système. En effet, les bénéficiaires d'aides ayant vendu leur investissement avant les nouvelles mesures l'ont fait à un prix supérieur non impacté par ces dernières. En prenant en compte les montants déjà versés pour calculer les futurs montants à verser, les nouvelles mesures ont un effet équivalent à une demande de remboursement partiel des aides antérieures, ne visant qu'une partie des bénéficiaires ; tout en visant toutes les installations

---

Commission […] 460. […] The Claimants' reparation cannot be quantified without considering the fact of EC supervision as part of the but-for scenario […] ».

[2124] CPA, (CNUDCI), *WA Investments-Europa Nova Limited (Europa Nova) c. République tchèque*, aff. n° 2014-19, Sentence du 15 mai 2019, §§ 605-623.

[2125] CIRDI, *RREEF Infrastructure (G.P.) Limited and RREEF Pan-European Infrastructure Two Lux S.à.r.l. (RREEF) c. Royaume d'Espagne*, aff. ARB/13/30, Décision sur la responsabilité et sur les principes du quantum du 30 novembre 2018, §§ 325-330, 481-483, 569, 590 et 591.

[2126] SCC, (SCC), *Isolux Netherlands, BV (Isolux) c. Royaume d'Espagne*, aff. n° V2013/253, Sentence finale du 17 juillet 2016, §§ 813 et 814

[2127] SCC, (SCC), *Charanne B.V. et Construction Investment S.a.r. l (Charanne) c. Royaume d'Espagne*, aff. n° 062/2012, Sentence finale du 21 janvier 2016, §§ 476-542 ; CIRDI, *Stadtwerke München GmbH, RWE Innogy GmbH et autres (Stadtwerke) c. Royaume d'Espagne*, aff. ARB/15/1, Sentence du 2 décembre 2019, §§ 256-356 ; SCC, (SCC), *FREIF Eurowind Holdings Ltd. (FREIF Eurowind) c. Royaume d'Espagne*, aff. n° 2017/060, Sentence du 8 mars 2021, §§ 534-571.

[2128] CIRDI, *Mathias Kruck et autres c. Royaume d'Espagne*, aff. ARB/15/23, Opinion dissidente partielle du Professeur Zachary Douglas du 13 septembre 2022, § 47.

aidées[2129]. Tenant compte de cet effet, les deux sentences demandent que cette différence de valeur entre les investissements vendus et ceux non vendus avant l'adoption des mesures, dites rétroactives, soit indemnisée par l'État. Ainsi, l'État voit sa responsabilité engagée, car il n'a pas demandé le remboursement des premières aides non notifiées et du fait de la plus-value réalisée par quelques bénéficiaires des aides lors de la vente de leur investissement. Toutefois, si la sentence *Eurus* écarte la décision de la Commission de 2017, en précisant en substance qu'elle ne peut que considérer factuellement le droit européen des aides d'État[2130], la sentence *BayWa r.e.* entend s'y conformer[2131]. Dans la sentence *BayWa r.e.*, le tribunal estime que la décision de la Commission autorise la compensation des dispositions rétroactives[2132]. Ainsi, il semble bien que ce soit à condition d'être reconnu comme partie du droit applicable au fond que le droit de l'UE puisse véritablement être efficace[2133]. Si un résultat équivalent n'est pas à exclure lorsqu'il est considéré comme un fait comme le suggère la sentence *Europa Nova*[2134], il parait peu satisfaisant de voir le droit de l'UE dilué parmi les circonstances de réalisation de l'investissement. Surtout si cet ensemble de faits et d'actes n'entre pas dans le « présupposé de la règle applicable au fond », invocable par l'une des parties pour s'exonérer de ses obligations[2135].

2129 CIRDI, *BayWa r. e. Renewable Energy GmbH and BayWa r. e. Asset Holding GmbH (BayWa r.e) c. Royaume d'Espagne*, Décision du 2 décembre 2019 sur la compétence, la responsabilité et les orientations en matière de quantum du 2 décembre 2019, §§ 569-571 *pro* CIRDI, *Eurus Energy Holdings Corporation (Eurus) c. Royaume d'Espagne*, aff. ARB/16/4, Décision sur la compétence et la responsabilité du 17 mars 2021, §§ 428-432.

2130 CIRDI, *Eurus Energy Holdings Corporation (Eurus) c. Royaume d'Espagne*, aff. ARB/16/4, Décision sur la compétence et la responsabilité du 17 mars 2021, § 432.

2131 Dans le même sens, au moins en partie, mais sans reconnaissance de l'appartenance du droit de l'UE au droit applicable v. CPA, (CNUDCI), *G.I.H.G. Limited, Natland Group Limited, Natland Investment Group NV, et Radiance Energy Holding S.A.R.L. (Natland et autres) c. République tchèque*, aff. n° 2013-35, Sentence finale du 15 décembre 2023, §§ 461-475. Ici le tribunal examine le rôle du droit des aides États au niveau du calcul du montant du dommage causé à l'investisseur au regard de la violation de ses attentes légitimes. Il s'appuie sur les analyses de la décision de la Commission en matière d'aide d'État, concernant les mesures contestées dans l'arbitrage, pour calculer le montant du dommage. Le tribunal précise que si l'illégalité des aides (en dehors de leur non-notification) avait été évidente, aucune indemnisation n'aurait être octroyée aux demandeurs. En précisant ne pas chercher « to usurp the Commission's exclusive right to apply State aid rules », le tribunal applique les taux de rentabilité considérés comme acceptable par la Commission, en les adaptant aux circonstances, mais ce faisant veille à ce que « the Award does not affect the essence of the State aid rules application, namely, preventing the common market from being distorted ».

2132 CIRDI, *BayWa r. e. Renewable Energy GmbH and BayWa r. e. Asset Holding GmbH (BayWa r.e) c. Royaume d'Espagne*, Décision du 2 décembre 2019 sur la compétence, la responsabilité et les orientations en matière de quantum du 2 décembre 2019, §§ 567, 569 (h), (i) et 591. Comp.

2133 Un parallèle peut être fait ici avec la différence entre une simple déférence envers l'État à la discrétion des arbitres et un droit à réguler inscrit dans le traité de protection. V. TITI C., *The Right to Regulate in International Investment* Law, Baden-Baden, Nomos, 2014, pp. 376, spéc. pp. 40-42.

2134 CPA, (CNUDCI), *WA Investments-Europa Nova Limited (Europa Nova) c. République tchèque*, aff. n° 2014-19, Sentence du 15 mai 2019, §§ 605-623.

2135 Par analogie à l'application et prise en considération des lois de police étatique ou du droit public par l'arbitre v. OSMAN F., « Arbitrage international, lex mercatoria et droit public : approche sous l'angle du droit applicable au fond du litige » *Cahiers de l'arbitrage*, Vol. 2, 2022, pp. 453-482, §§ 20-50.

Conclusion Titre I :

546. Dans ce titre nous nous sommes intéressés à l'application exclusive du traité d'investissement, par rapport au droit de l'UE. Nous avons pour cela étudié les différentes règles permettant de déterminer le droit applicable dans les arbitrages d'investissement intra-UE. Il est apparu que plusieurs de ces règles autorisent l'application du droit de l'UE, même si elles n'y font jamais directement référence. Cette applicabilité indirecte semble toutefois sujette à interprétation, c'est pourquoi elle a été étudiée au sein de la jurisprudence arbitrale.

547. À ce stade, le constat est le suivant : l'applicabilité du droit de l'UE dans les arbitrages est souvent compromise par une approche simplificatrice de la détermination du droit applicable. Le droit de l'UE semble suivre une trajectoire similaire, quant à son efficacité, à celle du droit interne. La diminution du rôle du droit interne dans l'arbitrage d'investissement s'explique par des facteurs structurels et par des choix opérés par la communauté arbitrale.

548. Le passage d'un contentieux constitué pour l'essentiel d'arbitrages contractuels vers des arbitrages conventionnels, sur le fondement de traités comportant rarement une clause *electio juris*, a permis de remettre en question la « fonction corrective et subsidiaire » du droit international et l'application première du droit de l'État hôte[2136]. Confrontés à des clauses de choix du droit applicable visant sans hiérarchie des sources internes et internationales ou à des règles de détermination du droit applicable faisant de même[2137], plutôt que d'interpréter ces clauses et règles conformément à l'approche verticale issue de l'arbitrage contractuel, des tribunaux ont estimé qu'il leur appartenait de déterminer au cas par cas le rôle respectif du droit interne et du droit international. Ce nouveau paradigme, parfois qualifié de « doctrine *Wena* » est ainsi défini, par la professeure Raphaële Rivier :

> « [...] l'application des règles internationales dans le silence des parties n'est pas conditionnée par les effets qui résulteraient d'une application en premier lieu du droit interne. Le droit international est traité comme apportant un ensemble de prévisions par elles-mêmes disponibles comme base de règlement et dont l'application se décide à la mesure de leur pertinence pour ce règlement. Cette application indifférenciée des deux corps de règles est la liberté du tribunal de choisir la ou les règles les plus idoines à ses yeux ou le panel normatif le plus efficient aux fins d'épuiser le contentieux »[2138].

Libres d'appliquer le droit interne ou le droit international, les arbitres ont souvent choisi de déterminer le droit applicable à partir de la cause juridique de la réclamation. Plutôt que de se saisir de cette liberté pour appliquer le droit le plus approprié au règlement du différend (qu'il relève ou non du droit international de l'investissement) « [...] [s]'appuyant sur la nature conventionnelle de la réclamation, ils tendent plutôt à procéder par automatisme [...] »[2139] et appliquent le droit international.

[2136] CIRDI, *Klöckner Industrie-Anlagen GmbH and others v. République du Cameroun et Société Camerounaise des Engrais*, aff. ARB/81/2, Décision sur la demande d'annulation du comité *ad hoc* du 3 may 1985, § 69.

[2137] Article 42 § 1 Convention CIRDI : « Le Tribunal statue sur le différend conformément aux règles de droit adoptées par les parties. Faute d'accord entre les parties, le Tribunal applique le droit de l'État contractant partie au différend – y compris les règles relatives aux conflits de lois – ainsi que les principes de droit international en la matière. »

[2138] RIVIER R., « L'articulation entre droit national et droit international devant les tribunaux arbitraux internationaux d'investissement », *in* ROBERT-CUENDET S. (dir.), *Droit des Investissements Internationaux – Perspectives croisées*, Bruxelles, Bruylant, 2017, pp. 413-483, spéc. p. 478.

[2139] *Ibid.*, pp. 483 « Le droit international est désormais le droit applicable 'en premier lieu' aux réclamations conventionnelles. [Les arbitres] font massivement intervenir la normativité nationale dans sa dimension de donnée nécessaire à l'application du droit international et délaissent le droit national dans sa qualité de droit applicable. Ce faisant, ils donneraient leur pleine raison d'être aux règles sur le droit applicable –, rendre possible l'application par le tribunal d'un

549. Cet automatisme a aussi été renforcé structurellement par la signature autour des années de 2000 de traités multilatéraux d'investissement, tels que le TCEn ou l'ALENA, comportant des clauses *electio juris* visant uniquement le traité et des règles (et principes pour le premier) applicables de droit international, mais aussi par des dispositions limitant la compétence du tribunal à la résolution de différend portant sur la violation d'obligations des traités

550. Pour ne pas s'arrêter à l'affirmation générale selon laquelle le tribunal applique le traité, un examen de l'application concrète du droit de l'UE par les arbitres a été entrepris. Alors il est apparu nécessaire de distinguer entre l'application du droit de l'UE en tant que droit applicable et la considération du droit de l'UE en tant que fait. Le choix a été fait, pour affiner l'analyse, de se focaliser principalement sur les sentences ayant eu à se prononcer sur le droit européen des aides d'État dans le cadre de l'application du standard de traitement juste et équitable et, plus particulièrement, sur un élément central de ce standard : la protection des attentes légitimes. Or, que ce soit en tant que droit applicable ou en tant que fait juridique, le droit européen des aides d'État peine à peser de manière déterminante dans la résolution du différend. S'il est reconnu souvent et sans difficulté comme un fait juridique pertinent, et parfois avec peine comme un élément du droit applicable, il reste qu'il est rare de le voir jouer un rôle déterminant dans la détermination des attentes de l'investisseur. Comme pour d'autres obligations de droit international ne relevant pas du droit international de l'investissement, le principe au mieux est la reconnaissance, mais pas l'intégration[2140].

551. Toutefois, ce refus d'intégration du droit européen des aides d'État – l'un des piliers du droit européen de la concurrence – est remarquable, car il cadre mal avec l'analyse voulant que les tribunaux d'investissement intègrent les règles contribuant à la maximisation de la richesse globale et pas celles ayant d'autres buts[2141]. Une telle approche peut reposer sur l'idée d'un « tropisme économique » des tribunaux d'investissement[2142] ou d'une nature « croissantiel » du droit international des investissements[2143]. Une lecture néolibérale du droit international de l'investissement, propre à une troisième phase d'évolution de ce droit[2144],

---

droit autre que celui du système dans lequel il opère dès lors que ce droit étranger est approprié au règlement du différend – s'ils fondaient leur détermination sur des éléments tirés des règles et intérêts en présence. S'appuyant sur la nature conventionnelle de la réclamation, ils tendent plutôt à précéder par automatisme. En miroir, la motivation de leurs choix sur cette question se rétrécit comme peau de chagrin et l'analyse des clauses de droit applicable, lorsqu'elles existent, se raréfie ».

2140 ACCONCI P., « The integration of non-investment concerns as an opportunity for modernization of international investment law: is a multilateral approach desirable? », *in* SACERDOTI G., ACCONCI P., VALENTI M. et De LUCA A. (eds), *General Interests of Host States in International Investment Law,* Cambridge, CUP, 2014, pp. 165-193, spéc. p. 181 « Trends in investment treaty practice and arbitral case-law, in principle, show acknowledgement rather than integration of non-investment concerns into international legal framework on investments. This acknowledgement does not seem to be sufficient to make international legal framework on investment less controversial ».

2141 PERRONE N. M., « The Emerging Global Right to Investment : Understanding the Reasoning behind Foreign Investor Rights », *Journal of International Dispute Settlement,* Vol. 8(4), 2017, pp. 673-694, spéc. pp. 684-686 « The arbitral interpretation of foreign investor rights, however, contrasts with a plural conception of property. Foreign investor rights should not vary according to the social setting because they serve to facilitate foreign investment globally. As Schneiderman claims, the international investment regime operates as a 'normatively closed' but 'cognitively open' legal regime. The interpretation of investment tribunals is cognitively open regarding the process of wealth maximization, which is increasingly global, but normatively closed when it comes to the social and local dimension of property ».

2142 STOPPIONI E., *Le droit non écrit dans le contentieux international économique – Une analyse critique de discours,* Leiden – Boston, Brill Nijhoff, 2022, pp. 627, spéc. pp. 509.

2143 COUVEINHES MATSUMOTO, *Droit international économique,* Paris, PUF, 2023, pp. 663. Cet auteur structure son ouvrage en distinguant un droit international économique convivial d'un droit économique croissantiel.

2144 SORNARAJAH M., *Resistance and Change in the International Law on Foreign Investment,* 2015, pp. 474, spéc. pp. 43-45. D'autres auteurs avancent que le droit international des investissements est d'inspiration néolibérale dès l'origine. V. SLOBODIAN Q., *Globalists – The end of empire and the birth of neoliberalism*, pp. 397, Cambridge – Londres, Harvard university Press, 2018, pp. 397, spéc. pp. 136-145. L'auteur souligne le rôle de Ludwig Erhard ministre de l'Économie peut aussi sous-tendre l'analyse susmentionnée. Sur ce point, il convient de prendre des précautions terminologiques – à l'image de celles prises par le professeur Edoardo Stoppioni dans ses travaux sur le droit non écrit[2145]. Il convient de souligner, d'une part, la pluralité des doctrines néolibérales[2146] et, d'autre part, la possible divergence d'approche entre les négociateurs des traités et leurs interprètes[2147]. Concernant la pluralité des doctrines néolibérales, l'attitude des arbitres par rapport au droit européen des aides d'État pourrait s'expliquer par une plus grande proximité des premiers avec l'école autrichienne qu'avec l'ordolibéralisme allemand – ces courants se divisant sur la question du rôle de l'État dans l'économie. Quant à la divergence d'approche entre négociateurs et interprètes, s'il est vrai que les premiers traités bilatéraux d'investissement ont pu être rédigés dans une logique ordolibérale, cette logique a laissé la place à un néolibéralisme contemporain rétif aux ordres construits[2148]. Plus concrètement, cette réticence pourrait résulter de l'absence de reconnaissance de la libre concurrence en tant que principe cardinal du droit commercial international[2149], par contraste au droit du marché intérieur. Il n'en reste pas moins que les arbitres, reconnaissent, plus que n'intègrent, un droit économique matériellement proche[2150].

552. De manière significative, en tant que droit applicable ou en tant que fait, le droit de l'UE peut se voir opposer les mêmes règles de droit international, qu'il s'agisse des règles de conflit de conventions qui lui sont défavorables ou des règles substantielles appliquées comme des « principes fondamentaux de droit international »[2151]. Lorsqu'il est considéré en tant que fait juridique, il peut l'être de manière autonome ou comme partie du droit interne. Que ce

---

de la République fédéral d'Allemagne dans l'adoption du premier TBI de l'histoire signé en 1959 par l'Allemagne de l'Ouest et le Pakistan.

2145 STOPPIONI E., *Le droit non écrit dans le contentieux international économique*, *op. cit.*,spéc. pp. 518-557.

2146 AUDIER S., « Les paradigmes du "Néolibéralisme" », *Cahiers Philosophiques*, Vol. 133, 2013, pp. 21-40.

2147 Pour une étude de cette question en droit du commerce international, s'intéressant à la charte de La Havane, au GATT et aux accords OMC v. WEILER T., *The Interpretation of International Investment Law*, Leiden – Boston, Martinus Nijhoff, 2013, pp. 526, spéc. pp. 352-428. L'auteur souligne la dominance du paradigme keynésien parmi les architectes du droit du commerce international jusqu'à la fin des années 70.

2148 STOPPIONI E., *Le droit non écrit dans le contentieux international économique*, *op. cit.*, spéc. pp. 511-518.

2149 CANIVET G., « Libéralisme et droit de la concurrence : autour du principe d'autonomie », *Revue européenne du droit*, Vol. 1, 2020, pp. 12-20.

2150 Niemelä Pekka avance, en conclusion de son étude, que cette proximité explique la non-anticipation pas la Commission, lors des élargissements de 2004, 2007 et 2013, des conflits potentiels entre les traités d'investissement entre États membres et le droit de l'Union. V. NIEMALA P., *The Relationship of EU law and Bilateral Investment Treaties of the EU Membres States: Treaties Conflict, Harmonious Coexistence and the Critique of Investment Arbitration*, Thèse: Droit, University of Helsinki – Faculty of Law, 2017, pp. 321, spéc. pp. 264-271 « Given that EU law and BITs share a similar ethos in that they oppose anti-competitive conduct and promote market-oriented reforms, it would not be surprising if the Commission's staff failed to appreciate their potential threat to fundamental principles of EU law » (p. 271).

2151 CIRDI, *STEAG GmbH c. Royaume d'Espagne*, aff. ARB/15/14, Décision sur la Compétence la Responsabilité et les principes en matière de quantum du 8 septembre 2020, § 522. Le tribunal fait référence au principe *nemo auditur propriam turpitudinem allegans*. Par analogie v. CPA, (CNUDCI), *A.M.F. Aircraftleasing Meier & Fischer GmbH & Co. KG (A.M.F Aircraftleasing) c. République tchèque*, aff. n° 2017-15, Sentence finale du 11 mai 2020, § 338. Ici le tribunal oppose aux déclarations des 15 et 16 janiver 2019 le principe fondamental des droits acquis. *pro* CIRDI, *Eskosol S.p.A. in liquidazione (Eskosol) c. République italienne*, aff. ARB/15/50, Décision sur la demande de clôture et sur l'objection basée sur l'inapplicabilité du traité sur la charte de l'énergie aux disputes intra-UE du 7 mai 2019, § 226.. ; CIRDI, *Anina Pro Invest Ltd, Core Value Capital GmbH, Core Value Investments GmbH & Co KG Gamma et autres (LSG Building Solutions et autres) c. Roumanie*, aff. ARB/18/19, Décision sur la compétence, la responsabilité et les principes de réparation du 11 juillet 2022, §§ 778-783. Ici le tribunal oppose à ces déclarations « the international rule of law » ; comp. CIRDI, *ESPF Beteiligungs GmbH, ESPF Nr. 2 Austria Beteiligungs GmbH, and InfraClass Energie 5 GmbH & Co. KG (ESPF) c. République italienne*, aff. ARB/16/5, Sentence du 14 septembre 2020, § 326. Ici le tribunal considère que l'effet attribué à ces déclarations, notamment, par la Commission est contraire au droit international coutumier et au respect de l'État de droit. V. aussi CIRDI, (CNUDCI), *Methanex Corporation (Methanex) c. États-Unis d'Amérique*, Sentence finale du 3 août 2005, § 24 « [...] as a matter of international constitutional law a tribunal has an independent duty to apply imperative principles of law or jus cogens and not to give effect to parties' choices of law that are inconsistent with such principles [...] ».

soit le droit de l'Union ou le droit interne, l'un et l'autre tendent vers une inaptitude généralisée à modérer ou circonscrire les attentes légitimes de l'investisseur. Cette inaptitude dépassant même l'« inaptitude du fait normatif interne à soustraire l'État à ses obligations internationales »[2152].

[2152] RIVIER R., « L'articulation entre droit national et droit international devant les tribunaux arbitraux internationaux d'investissement », *in* ROBERT-CUENDET (dir.), *Droit des Investissements Internationaux – Perspectives croisées*, 2017, Bruxelles, Bruylant, pp. 413-483, spéc. p. 462.

Titre II
L'interprétation littérale du traité d'investissement par les tribunaux

553. *L'étude du droit de l'UE en tant que moyen d'interprétation des termes du traité.* Les développements suivants n'analyseront plus le droit de l'UE en tant que fait ou droit applicable, mais en tant que moyen d'interprétation des traités de protection des investissements entre États membres. Ici, le standard de traitement juste et équitable jouera un rôle moins central que dans le titre précédent. L'examen de l'interprétation de ce standard par les tribunaux permet toutefois de discerner, rapidement, des aspects saillants de la pratique arbitrale en matière d'interprétation, qui seront approfondis dans les développements suivants.

554. *La particularité de l'interprétation du standard de traitement juste et équitable.* Le standard de traitement juste et équitable est souvent présenté comme rétif aux articles de la Convention de Vienne de 1969 sur le droit des traités (CVDT) relatifs à l'interprétation[2153]. Toutefois, les premières sentences à l'origine de ce constat n'avaient fait que souligner, dans leur application des articles de cette convention, les limites d'un des « trois aspects de la méthode d'interprétation »[2154] de l'article 31 CVDT : le sens ordinaire des termes du traité[2155]. Cette limite à elle seule semble désormais justifier la mise à l'écart de l'ensemble des moyens d'interprétation de la CVDT au profit d'une référence aux sentences antérieures[2156].

555. *La réduction de la règle générale d'interprétation à un principe de primauté du texte.* Une clef de compréhension de ce glissement réside dans la tendance des tribunaux

---

[2153] SCHILL S. W., « Landmark Case on Fair and Equitable Treatment : Empowering and Controlling Arbitrators as Law-Makers », *in* RUIZ FABRI H. et STOPPIONI E. (eds.), *International Investment Law – An Analysis of the Major Decisions*, Oxford, Hart Publishing, 2022, pp. 359-379, spéc. p. 362 « When first confronted with claims by investors in the 1990s that certain state behaviour was contrary to FET, arbitral tribunals were faced with a *tabula rasa*. Both meaning and normative content of FET clauses were untested in international dispute settlement. There was neither any visible precedent on the interpretation of FET clauses, nor did other sources of law, whether domestic or international, provide clear guidance. The rules on treaty interpretation were equally unhelpful in narrowing down the meaning of FET. In this situation, it was arbitral tribunals that were at the forefront of developing the normative content of FET ».

[2154] CIRDI, *Agua del Tunari c. République de Bolivie*, aff. ARB/02/03, Décision sur l'exception d'incompétence du défendeur du 21 octobre 2005, § 91 « Interpretation under Article 31 of the Vienna Convention is a process of progressive encirclement where the interpreter starts under the general rule with (1) the ordinary meaning of the terms of the treaty, (2) in their context and (3) in light of the treaty's object and purpose, and by cycling through this three step inquiry iteratively closes in upon the proper interpretation. In approaching this task, it is critical to observe two things about the general rule of interpretation found in the Vienna Convention. First, the Vienna Convention does not privilege any one of these three aspects of the interpretation method. The meaning of a word or phrase is not solely a matter of dictionaries and linguistics [...] ».

[2155] Pour des sentences soulignant les limites du sens ordinaire, mais faisant référence, à côté de sentences antérieures, à d'autres moyens d'interprétation de la CVDT, tels que des éléments du contexte des termes du traité v. CPA, (CNUDCI) *Saluka Investments BV c. République tchèque*, Décision sur la compétence du 7 mai 2004, Sentence partielle du 17 mars 2006, §§ 296-309 ; CIRDI, *Ioan Micula, Viorel Micula et autres (Micula (I)) c. Roumanie*, aff. ARB/05/20, Sentence du 11 décembre 2013, §§ 503-521 ; CPA, (CNUDCI), *AES Solar et autres (PV Investors) c. Royaume d'Espagne*, aff. n° 2012-14, Sentence finale du 28 février 2020, §§ 561-585.

[2156] Arbitrage *ad hoc*, (CNUDCI), *Jan Oostergetel & Theodora Laurentius (Oostergetel) c. République slovaque*, Sentence finale 23 avril 2012, § 221 « The Treaty provision, interpreted in accordance with the VCLT, offers little guidance on the content of the FET standard. The Tribunal will thus turn to the interpretation adopted in case law [...] » *pro* SCC, (SCC), *Mercuria Energy Group Limited (Mercuria) c. République de Pologne*, aff. n° 2019/126, Sentence du 29 décembre 2022, §§ 828-831.

à voir dans la règle générale d'interprétation de la CVDT un principe de primauté du texte[2157]. Le raisonnement des tribunaux adoptant cette lecture de la règle générale d'interprétation est le suivant : la règle générale d'interprétation se résumant à un principe de primauté du texte, si le texte à interpréter est laconique, elle ne peut opérer, c'est pourquoi il faut se tourner vers d'autres éléments pouvant nourrir l'interprétation tels que les sentences antérieures. Quoi qu'il en soit, désormais il n'est pas rare que les tribunaux interprètent les clauses de traitement juste et équitable (quelle que soit leur formulation[2158]) en se référant à ces seules sentences[2159]. Cette tendance, en matière d'interprétation des clauses de traitement juste et équitable, montre qu'en l'absence de sentences arbitrales pertinentes, les tribunaux n'ont d'autres choix que de s'en remettre aux articles de la CVDT relatifs à l'interprétation. Ils ont cependant tendance à percevoir dans la règle générale de l'article 31 CVDT un principe de primauté du texte centré sur le sens ordinaire des termes du traité. Ainsi, confrontés à un texte lacunaire et en présence de sentences arbitrales, ils privilégient la discussion de ces sentences, au risque que celle-ci éclipse avec le temps et par la force de l'habitude les règles de la CVDT.

556. *Précision des questionnements suivants.* L'exemple de l'interprétation des clauses de traitement juste et équitable souligne l'importance des questions portant sur le cadre interprétatif des traités. Deux questions en particulier se font jour, celle de l'interprétation par les arbitres des règles de la CVDT et celle de la mise à l'écart de ces règles, en l'occurrence au profit de quasi-précédents arbitraux. Ces questions sont déterminantes pour répondre à la question qui nous importe plus directement, celle de la prise en compte du « milieu juridique »[2160] du traité d'investissement, dont fait partie le droit de l'UE, dans l'interprétation des traités intra-UE.

557. *L'hypothèse d'une atténuation de la prévalence des traités d'investissement au stade de l'interprétation*. Le degré d'appréhension du droit de l'UE dans l'interprétation des traités d'investissement entre États membres devrait nous permettre d'infirmer ou de confirmer l'hypothèse de la prévalence des termes des traités, ici au stade de l'interprétation, au détriment des autres moyens d'interprétation de la CVDT. En effet, la prévalence des traités dans le droit applicable détaillée dans le titre précédent pourrait être compensée au stade de l'interprétation des traités. En plus des règles conventionnelles organisant les

---

[2157] SCC, (SCC), *GPF GP S.à.r. l (Griffin) c. République de Pologne*, aff. n° 2014/168, Sentence du 29 avril 2020, §§ 539 et 540 « 539. In light of the rules of treaty interpretation as codified in Articles 31 and 32 of the Vienna Convention on the Law of Treaties (VCLT) and in particular of the primacy of the text, the Tribunal first notes, like a number of tribunals, that the plain meaning of the terms "fair and equitable" does not provide much assistance [...]. 540. To elucidate the ordinary meaning of similarly worded FET provisions in investment treaties, arbitral tribunals have identified a number of inherent components of the standard [...] » *pro* CPA, (CNUDCI), *Muszynianka Spółka z Ograniczoną Odpowiedzialnością (Muszynianka) c. République slovaque*, aff. n° 2017-08, Sentence du 07 octobre 2020, §§ 458-462.

[2158] CIRDI, *OKO Pankki Oyj et autres (OKO) c. République d'Estonie*, aff. ARB/04/6, Sentence du 19 novembre 2007, § 215 *pro* CPA, (CNUDCI), *Luigiterzo Bosca c. République de Lituanie*, aff. n° 2011-05, Sentence du 17 mai 2013, § 196 «The expression "just and fair treatment" is used in the first sentence of Article 2(2) of the Agreement but, as the Parties have accepted, there is no reason to consider that it has a different meaning from "fair and equitable treatment" found in many investment treaties and arbitral awards. Thus, the Tribunal will treat "just and fair treatment" as having the same meaning as FET. The same conclusion has been reached in a number of awards addressing similar terms ».

[2159] CPA, (CNUDCI), *Horthel Systems BV, Poland Gaming Holding BV and Tesa Beheer BV (Horthel) c. Pologne*, aff. n° 2014-31, Sentence du 16 février 2017, § 237 « The BIT contains no definition of the terms "fair" and "equitable". The Parties rely on a number of decisions of international investment tribunals to define the scope of the FET standard. Based on the structure of the Parties' respective arguments, the Tribunal will analyze the claims concerning the alleged violation of the FET standard in three parts. First, it will assess whether Poland's measures impaired the Claimants' legitimate expectations (i). Second, the Tribunal will turn to the issue of rational justification of the Respondent's conduct (ii). Finally, it will assess the reasonableness of the measures (iii) ».

[2160] YASSEEN M. K., « L'interprétation des traités d'après la Convention de Vienne sur le droit des traités », RCADI, Vol. 151, 1976, pp. 1-114, spéc. pp. 62-70. Pour cet auteur les règles visées par l'article 31 § 3 c) CVDT font partie du milieu juridique du traité.

rapports entre traités ou des règles de conflit de conventions générales, les règles d'interprétation peuvent également contribuer à la cohérence du droit international public. Ces règles d'interprétation offrent des portes d'entrée dans l'arbitrage d'investissement à des normes de droit international extérieures au droit de l'investissement. D'aucuns y voient même des instruments de défragmentation du droit international[2161]. Le milieu juridique d'un traité ne devrait pas être, en effet, sans importance dans son interprétation.

558. ***La prise en compte du droit de l'UE en tant que milieu juridique des traités.*** Dans le cadre d'arbitrage d'investissement intra-UE, le droit de l'UE semble être un environnement normatif particulièrement pertinent. S'il s'avérait qu'il ne l'est pas, alors la portée de ces instruments de défragmentation devra être interrogée. Permettent-ils d'atteindre une cohérence d'ensemble du droit international public ou assurent-ils la cohérence d'ensembles normatifs particulièrement proches ?

559. ***Plan de titre.*** Il convient de déterminer si l'isolation identifiée dans nos analyses, parfois même de manière ponctuelle en matière d'interprétation, est inhérente au cadre interprétatif applicable, ou si elle découle de modalités particulières d'application de ce cadre. L'étude du cadre interprétatif applicable, c'est-à-dire de l'ensemble des moyens d'interprétations mentionnés par les articles de la CVDT relatifs à l'interprétation des traités, montre que le statut intra-UE d'un traité peut être pertinent pour son interprétation (Chapitre I). Ce cadre n'est cependant qu'en partie appliqué par les tribunaux. L'application partielle de ces articles, parait prendre la forme d'une application partiale, lorsqu'elle fait prévaloir un moyen d'interprétation indifférent au statut intra-UE du traité, les termes des traités, au détriment d'autres moyens y étant sensibles. Aussi ces articles souffrent-ils de limites qui expliquent la neutralisation du droit de l'UE au stade de l'interprétation des traités d'investissement (Chapitre II).

Chapitre I
La pertinence du statut intra-UE d'un traité dans son interprétation

560. ***Plan de chapitre.*** L'examen de la pertinence du statut intra-UE du traité dans son interprétation pose tout d'abord la question du cadre interprétatif des traités d'investissement. Ces traités, bien que portant sur une matière spécifique, doivent être interprétés selon les règles et principes mentionnés dans les articles relatifs à l'interprétation de la CVDT. Or, ce n'est qu'après l'abandon, certes rapide, d'autres règles d'interprétation que ces derniers se sont imposée comme le cadre interprétatif des traités d'investissement[2162] (Section 1). Parmi les moyens d'interprétation mentionnés par les articles de la CVDT, il est possible de distinguer entre les moyens indifférents au statut intra-UE du traité et les moyens d'interprétation pouvant y être sensibles (Section 2).

[2161] van AAKEN A., « Defragmentation of Public International Law Through Interpretation: A Methodological Proposal », *Indiana Journal of Global Legal Legal Studies*, Vol. 16(2), 2009, 483-512.

[2162] Pour éviter toutes ambiguités, il sera fait ici référence aux articles relatifs à l'interprétation ou au cadre interprétatif de la CVDT et pas aux règles coutumières d'interprétation du droit international, la CVDT n'ayant pas retenu toutes les règles coutumières d'interprétation du droit international.

Section 1 - Le cadre interprétatif des traités d'investissement

561. Plan de section. Si les propositions d'application de règles d'interprétation spécifiques n'ont pas prospéré, des controverses quant à l'interprétation des traités par les différents tribunaux arbitraux existent. Elles portent toutefois davantage sur l'interprétation des articles relatifs à l'interprétation de la CVDT (§2) que sur l'application de ces articles par les arbitres (§1).

§ 1 - L'application des articles de la CVDT relatifs à l'interprétation des traités

562. Plan de paragraphe. Comme nous l'avons évoqué, l'application de la règle générale d'interprétation des traités aux traités d'investissement peut être questionnée[2163] ou réduite à une présomption[2164]. Toutefois, la doctrine la plus spécialisée s'inscrit dans une école interprétative unitaire[2165]. Elle s'accorde sur l'application des articles 31 à 33 de la CVDT aux traités d'investissement et rejette la nécessité de règles d'interprétation spéciales[2166]. L'applicabilité des articles de la CVDT relatifs à l'interprétation au traité d'investissement s'est imposée (A), malgré une indifférence tendancielle des arbitres issus de l'arbitrage commercial international aux règles d'interprétation (B).

A - L'applicabilité des articles de la CVDT relatifs à l'interprétation aux traités d'investissement

563. La reconnaissance progressive des articles de la CVDT relatifs à l'interprétation. Comme le montrent les premières sentences prononcées par des tribunaux compétents sur le fondement d'un traité d'investissement, dans l'arbitrage d'investissement l'application des articles relatifs à l'interprétation de la CVDT ne s'est, comme ailleurs[2167], pas imposée immédiatement. En 1994 (quatorze ans après l'entrée en vigueur de la CVDT le 27 janvier 1980), les arbitres du second arbitrage d'investissement connu à ce jour sur le fondement d'un traité, et alors que la CVDT était entrée en vigueur depuis plusieurs années pour l'Allemagne et la Pologne, ne se saisirent pas de cet instrument pour interpréter les

---

2163 BORN G. et MORANIS M., « Should Investment Treaties Have Their Own Rules of Interpretation », *Kluwer Arbitration Blog*, 13.05.2015.

2164 ROBERTS A., « Power and Persuasion in Investment Treaty Interpretation: The Dual Role of States », *American Journal of International Law*, Vol. 104(2), 2010, pp. 179-225, spéc. p. 207.

2165 Sur la distinction entre une école interprétative unitaire et une école de la diversité en droit international v. WAIBEL M. et MERKOURIS P., « Uniformity versus sepcialization (2) : A uniform regime of treaty interpretation ? », *in* TAMS CJ, TZANAKOPOULOS A., ZIMMERMANN A. et *ali.*, *Research Handbook on the Law of Treaties*, Cheltenham – Northampton, Edward Elgar, 2014, pp. 375-412, spéc. pp. 388-393.

2166 WEERAMANTRY J. R., *Treaty Interpretation in Investment Arbitration*, Oxford, OUP, 2012, pp. 314, spéc. § 7.08; YEN T.H, *The Interpretation of Investment Treaties*, Leiden – Boston, Brill Nijhof, 2014, pp. 384, spéc. pp. 36-38; GAZZINI T., *Interpretation of International Investment Treaties*, Oxford, Hart Publishing, 2016, pp. 424 spéc. pp. 51-53.

2167 WEERAMANTRY J. R., *Treaty Interpretation in Investment Arbitration*, *op. cit.*, spéc. § 2.24 « The first suggestion by the ICJ that Articles 31 to 33 encapsulated rules of customary international law appeared in its 1991 judgment in the *Case concerning the Arbitral Award of 31 July 1989*. There, the Court held - in a relatively guarded statement – the article 31 and 32 'may in many respects be considered as codification of existing international law on the point' ».

conditions de compétences du tribunal[2168], ou pour interpréter le traité au fond[2169]. À l'inverse, en 1990 – alors que le Sri Lanka n'était pas partie à la CVDT – le tribunal de l'affaire *AAPL c. Sri Lanka* – ayant prononcé la première sentence d'investissement sur le fondement d'un traité – reconnut explicitement devoir indiquer : « *what constitutes the true construction of the Treaty's relevant provisions in conformity with the sound universally accepted rules of treaty interpretation as established in practice, [...] and as codified in Article 31 [VCLT]* »[2170]. La reconnaissance de cette obligation ne l'empêcha cependant pas d'interpréter le traité selon six règles de base déduites de la jurisprudence internationale[2171]. En 1997, la troisième sentence d'investissement prononcée par un tribunal arbitral d'investissement compétent sur la base d'un traité ne fit pas référence à la CVDT, mais confrontés au format ambigu d'une clause de préservation des droits, les arbitres s'appuyèrent sur l'objet et le but de la clause ainsi que sur son titre pour l'interpréter[2172].

564. La pleine admission de l'applicabilité des articles de la CVDT relatifs à l'interprétation. Les articles de la CVDT ont peu à peu été reconnus par diverses juridictions internationales, ainsi que par la doctrine, comme l'expression de principes du droit international coutumier[2173]. Par exemple, les États-Unis, bien que « non signataire » de la CVDT, ont reconnu en 2002 dans l'affaire *Methanex* que l'article 31 § 1 CVDT reflétait le droit international coutumier[2174]. Le caractère contraignant des règles d'interprétation de la CVDT en tant que normes conventionnelles ou coutumières est admis par la plupart des tribunaux arbitraux[2175], ainsi que par les Comités *ad hoc* d'annulation CIRDI[2176]. Seules quelques rares sentences s'écartent complètement des règles de la CVDT[2177]. Quelques autres appliquent les six règles d'interprétation « *AAPL* » de 1990[2178], formulées par le tribunal de l'affaire *AAPL c. Sri Lanka*[2179] – à une époque où les règles de la CVDT ne s'étaient pas encore imposées[2180]. L'opinion dissidente émise par *Sir* Frank Berman en 2007 – dans le cadre de la

2168 Arbitrage *ad hoc*, (CNDUCI), *Saar Papier Vertriebs GmbH (Saar Papier) c. Pologne*, Sentence provisoire sur la compétence du 17 août 1994, §§ 15-19.

2169 *Ibid.*, § 79 « To interpret the Treaty administrative Law practice in Germany and Poland would be helpful. Despite repeated requests, the Arbitral Tribunal received little help from the parties on German and Polish administrative Law. It therefore relies on its own understanding on general administrative Law and the principle of good faith to interpret the Treaty [...] ».

2170 CIRDI, *Asian Agriculture Product Ltd. (AAPL) c. République du Sri Lanka*, aff. ARB/87/3, Sentence finale du 27 juin 1990, § 39.

2171 *Ibid.*, § 40.

2172 CIRDI, *American Manufacturing & Trading, Inc. (AMT) c. République Démocratique du Congo*, Sentence du 21 février 1997, § 5.36.

2173 WEERAMANTRY J. R., *Treaty Interpretation in Investment Arbitration*, *op. cit.*, spéc. §§ 2.22-2.35.

2174 CIRDI, (CNUDCI), *Methanex Corporation (Methanex) c. États-Unis d'Amérique*, Sentence préliminaire sur la compétence et l'admissibilité du 7 août 2002, § 97.

2175 GAZZINI T., *Interpretation of International Investment Treaties*, Oxford, Hart Publishing, 2016, pp. 424 spéc. 56-60.

2176 CIRDI, *Malaysian Historical Salvors, SDN, BHD (MHS) c. Malaysie*, aff. ARB/05/10, Décision sur la demande d'annulation du comité *ad hoc* du 16 avril 2009, § 56.

2177 CIRDI, *IBM World Trade Corporation c. République d'Equateur*, aff. ARB/02/10, Décision sur la juridiction et la compétence du 22 décembre 2003, § 44 ; LCIA, (CNDUCI), *EnCana Corporation c. République d'Equateur*, aff. UN3481, Sentence du 3 février 2006, § 117 ; CIRDI, *Inceysa Vallisoletana S.L. c. République du Salvador*, aff. ARB/03/26, sentence du 2 août 2006, § 175.

2178 CIRDI, *Industria Nacional de Alimentos, S.A. et Indalsa Perú, S.A. (anciennement Empresas Lucchetti, S.A. et Lucchetti Perú, S.A.) c. République du Pérou*, aff. ARB/03/4, Sentence du 7 février 2005, § 59. Le tribunal ne fait pas référence à la CVDT il cite cependant la règle d'interprétation (E) de la sentence *AAPL* faisant référence au principe d'effet utile. comp. CIRDI, *Alpha Projektholding GmbH c. Ukraine*, aff. ARB/07/16, Sentence du 8 novembre 2010, §§ 70 et 223. Le tribunal ne rejette pas les règles d'interprétation de la CVDT, mais applique au surplus les règles d'interprétation de la sentence *AAPL*.

2179 CIRDI, *Asian Agriculture Product Ltd. (AAPL) c. République du Sri Lanka*, aff. ARB/87/3, Sentence finale du 27 juin 1990, § 40.

2180 GAZZINI T., *Interpretation of International Investment Treaties*, Oxford, Hart Publishing, 2016, pp. 424, spéc. pp. 59-60.

décision du comité *ad hoc* d'annulation de l'affaire *Industria Nacional de Alimentos (anciennement Empresas Luchetti) c.* Pérou, enjoignant les tribunaux à expliquer leur processus interprétatif et à expliciter notamment leur examen des moyens d'interprétation textuels, contextuels et connexes au contexte – est parfois comprise comme un point de bascule[2181]. Ainsi, Martins Paparinskis distingue entre une période antérieure à 2007 où l'application des articles relatifs à l'interprétation de la CVDT par les tribunaux arbitraux n'était pas établie et une période postérieure à 2007 dans laquelle ces règles se seraient imposées[2182]. La majorité de la doctrine contemporaine considère que les tribunaux arbitraux doivent interpréter, mais aussi interprètent les traités d'investissement en suivant les articles de la CVDT. Cette seconde affirmation est cependant contestée par plusieurs études empiriques publiées entre 2009 et 2014, constituant le soubassement de notre étude approfondie de l'application des articles relatifs à l'interprétation de la CVDT dans les arbitrages intra-UE. Ici, il sera simplement relevé que dans notre étude nombre de tribunaux ne font tout simplement pas référence aux règles d'interprétation. Un facteur explicatif souvent avancé est celui de l'importance dans l'arbitrage d'investissement de praticiens issus de l'arbitrage commercial. Le biais attribué, de manière assez consensuelle, à ces arbitres commerciaux mérite d'être précisé et comparé à d'autres biais communément admis, se montrant néanmoins sujets à précautions.

B - L'indifférence des arbitres commerciaux aux règles d'interprétation

565. Les facteurs explicatifs de la prise en compte des règles d'interprétation. La question de la reconnaissance progressive et de l'admission de l'applicabilité, par les arbitres d'investissement, des articles relatifs à l'interprétation de la CVDT n'est pas sans lien avec l'évolution de la communauté des arbitres d'investissement. D'autres facteurs peuvent toutefois être avancés. Par exemple, Michael Waibel considère que l'application rigoureuse de la CVDT, par rapport à la pratique arbitrale, des organes quasi judiciaires de l'Organisation Mondiale du Commerce (Groupes spéciaux, Organe d'appel et arbitres) s'explique par l'article 3 § 2 du Mémorandum d'accord sur les règles et procédures régissant le règlement des différends, qui précise que le système de règlement des différends clarifie les dispositions des accords « conformément aux règles coutumières d'interprétation du droit international public »[2183]. L'étude des « communautés épistémiques ou interprétatives » propose de s'écarter des textes pour s'intéresser aux interprètes[2184].

566. L'hypothèse privilégiée de la communauté épistémique ou interprétative. La « communauté du droit international de l'investissement » peut être envisagée de différentes manières. Elle comprend certes des juristes de droits continentaux et de *common law,* mais réunit de manière plus significative deux communautés épistémiques : une composée de juristes familiers du droit international public et des mécanismes de résolution des différends interétatiques et une autre composée de juristes spécialistes du droit commercial privé et de

---

[2181] CIRDI, *Industria Nacional de Alimentos, S.A. et Indalsa Perú, S.A. (anciennement Empresas Lucchetti, S.A. et Lucchetti Perú, S.A.) c. République du Pérou,* aff. ARB/03/4, Opinion dissidente de Sir Franklin Berman du 13 août 2007 portant sur la décision du comité *ad hoc* du 13 août 2007 sur la demande d'annulation du 7 février 2005, §§ 6-8.

[2182] PAPARINSKIS M., « The Interpretation of Treaties and Investment Arbitration: Introductory Reflections », in SHIRLOW E. et NASIR GORE K., *The Vienna Convention on the Law of Treaties in Investor-State Disputes – History, Evolution and Future,* Alphen aan de Rijn, Kluwer, 2022, pp. 25-33, spéc. p. 28.

[2183] WAIBEL M. « International Investment Law and Treaty Interpretation », *in* HOFMANN R. et TAMS C.J. (eds.), *International Investement Law and General International Law – From Clinical Isolation to Systemic Integration ?,* Baden-Baden, Nomos, 2011, pp. 29-52, spéc. p. 51.

[2184] *Ibid.*, spéc. pp. 30 et 31. V. aussi WAIBEL M., « Interpretative Communities in International Law », *in* BIANCHI A., PEAT D. et WINDSOR M. (eds), *Interpretation in International Law,* Oxford, OUP, 2015, pp. 147-165.

l'arbitrage[2185]. Concernant la communauté plus restreinte de l'arbitrage transnational, Yves Dezalay et Bryant G. Garth distinguent dans leurs travaux entre une première génération d'arbitres qualifiés de « *Grand Old Men* » (européen et plutôt issue de pays de droit continentaux) non spécialisés en arbitrage, mais occupant les postes juridiques étatiques les plus prestigieux, à laquelle s'ajouta une deuxième génération de « *Technocrats* » (européen et nord-américain et plutôt issue de pays de *common law*) dont la carrière se construisit dans l'arbitrage commercial international[2186]. En affinant, il est avancé que cette première communauté épistémique, composée d'arbitres « *hobbyists* », à l'origine de la création à Paris de la chambre de commerce international – suite au développement d'arbitrages portant sur des concessions pétrolières dans le cadre de conflits autour du contrôle de la production pétrolière après la Seconde Guerre mondiale – s'élargit aux universitaires, principalement européens, nommés dans ces arbitrages pétroliers, puis aux juristes et avocats des sièges parisiens des cabinets états-uniens impliqués dans ces arbitrages[2187]. Pour Florian Grisel, la première génération d'arbitres ne peut pas être décrite comme comprenant les élites juridiques nationales de pays européens. Reprenant le concept de Michel Crozier et Erhard Friedbergde, il considère que cette première génération d'arbitres était constituée de « marginaux sécants », de juristes, souvent émigrés, naviguant dans plusieurs systèmes juridiques et professions juridiques[2188]. Il conteste l'idée d'un conflit entre cette première génération et une seconde constituée de praticiens issus de cabinets anglo-américains, ayant abouti à une américanisation de l'arbitrage commercial. Cet auteur démontre que les profils hybrides dominent de manière continue au sein la communauté de l'arbitrage transnational. Il reconnait toutefois que l'hybridation des profils des arbitres actuels résulte d'une stratégie délibérée, ce qui peut être mis en lien avec la professionnalisation de l'arbitrage[2189]. Dans ces derniers travaux comparant les arbitres commerciaux et les arbitres d'investissement, Florian Grisel confirme que dans l'ensemble ces arbitres peuvent être qualifiés de « marginaux sécants ». Il démontre d'ailleurs empiriquement que les arbitres d'investissement et commerciaux appartiennent à des communautés qui se recouvrent significativement – l'élite des arbitres commerciaux ayant migré vers l'arbitrage d'investissement dans les années 1970[2190].

567. La prévalence de l'arbitrage commercial dans l'arbitrage d'investissement. Anthea Roberts estimait en 2013 que la professionnalisation de l'arbitrage semblait avoir renforcé l'expertise de cette communauté en droit commercial et en arbitrage au détriment du droit international public, voire généralement du droit public[2191]. Si une doctrine issue du droit public a investi le champ du droit international de l'investissement, ces travaux

---

2185 SCHILL S.W., « W(h)ither Fragmentation ? On the literature and sociology of international investment law », *EJIL*, 2011, Vol. 22(3), 2011, pp. 875-908, spéc. p. 888.

2186 DEZALAY Y. et GARTH B., *Dealing in Virtue : International Commercial Arbitration and the Constitution of a Transnational Legal Order*, Chicago, UCP, 1998, pp. 354, spéc. pp. 33-41.

2187 GARTH B. G., « Dealing in Virtue – A perspective from Almost 25 Years Later », *in* LIM C. L. (ed.), *The Cambridge Companion to International Arbitration*, Cambridge, CUP, 2021, pp. 38-58, spéc. pp. 40-46.

2188 Ces marginaux sécants au fil de leur carrière ont pu accéder aux postes juridiques nationaux les plus prestigieux, les conclusions de Yves Dezalay et Bryant G. Garth peuvent s'expliquer par le fait que leur étude porte sur une période où de nombreux membres de la première génération d'arbitre ont accédé aux postes juridiques nationaux les plus prestigieux. En comparant avec le profil des juges de la Cour internationale de justice, les trajectoires sont inverses. Dans le cas de ces juges l'appartenant à une élite nationale mène à une élite transnationale alors que pour ces marginaux sécants ou *Grand Old Men*, l'appartenance à une élite transnationale mène à une élite nationale.

2189 GRISEL F., « Competition and Cooperation in International Commercial Arbitration : The Birth of a Transnational Legal Profession », *Law and Society Review*, Vol. 51 (4), 2017, pp. 790-824.

2190 GRISEL F., « Marginal and Elites in International Arbitration », *in* SCHULTZ T. et ORTINO F. (eds), *The Oxford Handbook of International Arbitration*, Oxford, OUP, 2020, pp. 260-282.

2191 ROBERTS A. « Clash of Paradigms: Actors and Analogies Shaping the Investment Treaty System », *American Journal of International Law*, Vol. 107(1), 2013, pp. 45-94. spéc. p. 87.

transparaissent peu dans la jurisprudence arbitrale[2192]. La balance semble pencher de manière irrémédiable en faveur de l'arbitrage commercial dont est issu l'essentiel des arbitres et conseillers juridiques en droit international de l'investissement[2193]. Il peut être noté que, jusqu'en 2011, les arbitres ayant occupé des fonctions au sein d'appareils d'État (hauts fonctionnaires, élus, magistrats) représentaient un peu plus d'un quart des arbitres d'investissement. Les trois autres quarts étant répartis, avec une prévalence pour les profils de praticiens de droit privé, entre ces derniers et les universitaires. Le profil « étatique » est nettement plus représenté au sein des mécanismes de résolution des différends de l'OMC[2194], ce qui pourrait également être un facteur explicatif de l'application plus rigoureuse de la CVDT dans cette enceinte.

568. Les effets avancés de cette prévalence sur le contenu des sentences. La composition de la communauté arbitrale n'est pas sans effets sur le contenu des sentences. Il est souvent avancé que l'absence de développements concernant le droit applicable et les règles d'interprétation relève d'un désintérêt des arbitres commerciaux pour ces questions. Par exemple pour les deux premiers arbitrages d'investissement de l'histoire, l'absence de référence à la CVDT dans l'arbitrage *Saar Papier* et la mention de cette convention dans la sentence *AAPL* peut être expliquée par la composition respective des tribunaux. Le premier était composé d'arbitres spécialisés en arbitrage commercial sans expertise déclarée en droit public ou en droit international public[2195]. Concernant la sentence *AAPL*, le tribunal l'ayant prononcé réunit Berthold Goldman, mentionné comme un des membres de la communauté des arbitres « *hobbyists* » originels, Ahmed Sadek El Kosheri rattaché aux universitaires nommés arbitres dans les premiers arbitrages pétroliers[2196], ainsi que Samuel K. B. Asante, un universitaire ghanéen ayant occupé des postes de haut fonctionnaire au Ghana et à l'ONU – au sein de la Banque mondiale et du Centre sur les sociétés transnationales. Plus proche de notre étude, la première sentence ayant rejeté une exception d'incompétence intra-UE, la sentence *Eastern Sugar*, est considérée par Thomas Wälde comme l'expression du style caractéristique de l'arbitrage commercial[2197]. Le tribunal de cette affaire réunissait Robert Volterra, un praticien canadien de droit international public, Pierre A. Karrer, un praticien suisse en arbitrage commercial international et le professeur Emmanuel Gaillard, spécialiste français de l'arbitrage international. Plus généralement, il est avancé que la culture de l'arbitrage commercial international, dominante en arbitrage d'investissement, privilégiant la résolution des différends entre les parties se focalise davantage sur les faits que sur le droit et se limite, au stade de l'interprétation au texte « nu »[2198]. Le contenu de nombreuses sentences confirme cette hypothèse. Ces généralités, comme celles plus anciennes attribuant aux juristes anglais une tendance à mettre en avant le sens ordinaire des dispositions et aux juristes continentaux une appétence pour le but et l'objet du traité, quitte à corriger le texte[2199], vont

---

2192 SCHILL S.W., « W(h)ither Fragmentation ? On the literature and sociology of international investment law », *EJIL*, 2011, Vol. 22(3), 2011, pp. 875-908, spéc. pp. 894-902.

2193 WÄLDE T., « Interpreting Investment Treaties: Experiences and Examples » *in* BINDER C., KRIEBAUM U., REINISCH A. et WITTICH S. (eds.), *International Investment Law for the 21st Century: Essays in Honour of Christoph Schreuer*, Oxford, OUP, 2009, pp. 724-781, spéc. p. 725.

2194 FUNTURA COSTA J.A., « Comparing WTO Panelists and ICSID Arbitrators : The Creation of International Legal Fields », *Oñati Socio-Legal Series*, Vol. 1 (4), 2011, pp. 1-24, spéc. pp. 16 et 17.

2195 HEPBURN J., « Comparative Public Law at the Dawn of Investment Treaty Arbitration: Saar Papier Vertriebs GmbH v. Republic of Poland », *The Journal of World Investment & Trade*, Vol. 15(3-4), 2014, pp. 705-715, spéc. pp. 711-715.

2196 GARTH B. G., « Dealing in Virtue – A perspective from Almost 25 Years Later », art. cité, spéc. pp. 41 et 44.

2197 WÄLDE T., « Interpreting Investment Treaties: Experiences and Examples » *in* BINDER C., KRIEBAUM U., REINISCH A. et WITTICH S. (eds.), *International Investment Law for the 21st Century: Essays in Honour of Christoph Schreuer*, Oxford, OUP, 2009, pp. 724-781, spéc. p. 727.

2198 *Ibid.*, spéc. pp. 725-728.

2199 *Ibid.*, spéc. p. 758. Pour une relativisation de cette distinction dès 1965 v. BERLIA G., « Contribution à l'interprétation des traités », *RCADI*, Vol. 114, 1965, pp. 283-333, spéc. p. 417 « [...] une opposition entre les juristes de formation presque au-delà de la question de l'explicitation ou non du processus interprétatif et donc du renvoi ou non aux articles de la CVDT dans les sentences d'investissement.

569. L'effet retenu dans notre étude. Ici, le profil des arbitres est reconnu comme un facteur explicatif de l'explicitation ou non des règles d'interprétation et de détermination du droit applicable, dans les sentences. Le profil des arbitres ne sera pas utilisé pour expliquer d'autres aspects portant sur l'interprétation de l'article de la CVDT – sur les choix opérés parmi ceux permis par la règle générale d'interprétation – pour les raisons explicitées ci-après.

570. Les difficultés d'attribution d'une approche interprétative à un profil d'arbitre. La question de l'attribution d'une approche interprétative – approche objective ou subjective de l'interprétation[2200], approche textuelle ou holistique[2201], approche du creuset ou approche hiérarchique[2202] – à un profil d'arbitre n'est pas évidente. Certains auteurs toutefois s'y aventurent. Ainsi tout en relativisant l'attribution tendancielle, en matière d'interprétation, d'une approche subjective aux juristes de droit continental, et inversement d'une approche objective aux juristes de droit de *common law*, Julian Wyatt attribue une ligne jurisprudentielle récente qui pourrait être qualifiée de « néo-subjectiviste » aux professionnels de l'arbitrage commercial, milieu dans lequel d'après lui les juristes de droit continental dominent[2203]. Certes, comme le révèle une étude empirique de 2018 portant principalement sur les membres de tribunaux d'investissement, que ce soit en matière de système juridique d'origine ou de formation juridique initiale le droit continental est le premier système juridique représenté, devant le *common law*. Moins de 10 % des profils étudiés sont originaires d'un système hybridant le *common law* et le droit continental. Toutefois, plus de 22 % sont à la fois formés en droit continental et en *common law*[2204]. À titre de comparaison, mais en s'intéressant cette fois à la distinction entre universitaires et praticiens privés, dans le cadre du CIRDI un ratio de 3 arbitres-praticiens au sein de cabinets d'avocats à temps plein pour 2 arbitres-universitaires à temps plein a pu être avancé, toutefois les profils mixtes sont beaucoup plus répandus dans le cadre du CIRDI, surtout par rapport au profil des membres des groupes spéciaux et de l'Organe d'appel de l'OMC[2205]. La distinction entre praticiens et universitaires s'est très tôt atténuée, notamment du fait d'un processus d'homologation

---

latine, ayant tendance à prendre en sérieuse considération les travaux préparatoires, et les juges de formation anglo-saxonne, plus endins à se limiter à la découverte du sens des formules employées dans le libellé à interpréter [...] qui a pu exister dans le passé est aujourd'hui en tout cas levée. Aussi bien, dans le droit administratif français, les condusions célèbres du commissaire du Gouvernement Corneille exprimaient, dès 1921, la préférence reconnue l'"interprétation littérale" ».

2200 WYATT J., « Signs of a Subjective Approach to Treaty Interpretation in Investment Arbitration: A Justified Divergence from VCLT », *in* SHIRLOW E. et NASIR GORE K., *The Vienna Convention on the Law of Treaties in Investor-State Disputes – History, Evolution and Future*, Alphen aan de Rijn, Kluwer, 2022, pp.89-108, spéc. pp. 90-98.

2201 WAIBEL M. « International Investment Law and Treaty Interpretation », *in* HOFMANN R. et TAMS CJ. (eds.), *International Investement Law and General International Law – From Clinical Isolation to Systemic Integration?*, Baden-Baden, Nomos, 2011, pp. 29-52, spéc. p. 32.

2202 BROWER C. N., BRAY D. et CHHODEN TSHERING P., « Competing Theories of Treaty Interpretation and the Divided Application by Investor-State Tribunals of Articles 31 and 32 of the VCLT », *in* SHIRLOW E. et NASIR GORE K., *The Vienna Convention on the Law of Treaties in Investor-State Disputes – History, Evolution and Future*, Alphen aan de Rijn, Kluwer, 2022, pp. 109-126, spéc. pp. 118 et 121.

2203 WYATT J., « Signs of a Subjective Approach to Treaty Interpretation in Investment Arbitration: A Justified Divergence from VCLT », *in* SHIRLOW E. et NASIR GORE K., *The Vienna Convention on the Law of Treaties in Investor-State Disputes – History, Evolution and Future*, Alphen aan de Rijn, Kluwer, 2022, pp.89-108, spéc. p. 108.

2204 POLANCO LAZO R. et DESILVESTRO V., « Does an Arbitrator's Background Influence the Outcome of an Investor-State Arbitration », *The Law and Practice of International Courts and Tribunals*, Vol. 17, 2018, pp. 18-48, spéc. pp. 34 et 35.

2205 PAUWELYN J., *The Rule of Law without the Rule of Lawyers ? Why investment Arbitrators are from Mars, Trade Adjudicators are from Venus*, CTEI Working Papers 2015-05, 2015, pp. 49, spéc. p. 15.

réciproque[2206]. L'attribution d'un comportement précis ou d'une approche à un profil d'arbitre doit faire l'objet de précautions particulières au regard du contour flou de ces approches et de l'hybridation des profils des arbitres. Un arbitre peut être, à la fois universitaire et praticien ou formé à la fois en droit continental et en *common law*.

571. Les précautions de mise en matière d'études des communautés interprétatives. Certaines études empiriques ont abouti à des résultats contre-intuitifs[2207]. Ce qui appelle une certaine prudence dans l'attribution d'un comportement à un type d'arbitre. Il s'avère, par exemple, que les arbitres formés uniquement en droit continental se montrent beaucoup plus à même de trancher en faveur d'un État ayant un système juridique de *common law,* qu'en faveur d'un État ayant un système de droit continental[2208]. À l'inverse, un arbitre formé uniquement en *common law* tranchera significativement plus souvent un litige en faveur d'un État ayant un système de *common law*, qu'en faveur d'un État ayant un système de droit continental[2209]. Une sorte d'« excès de zèle » des arbitres issus du droit continental renverse un biais qui pouvait passer pour logique. De manière similaire, plus que le niveau de richesse de son pays d'origine, le fait qu'un président de tribunal ait occupé des fonctions au sein d'appareils d'État (hauts fonctionnaires, élus, magistrats) augmente significativement les chances d'un investisseur d'obtenir gain de cause, ce qui relativise l'idée d'un biais « étatiste », mais qui peut confirmer un biais au détriment des pays en développement pour ce profil particulier d'arbitre-président[2210]. Plus généralement, le niveau de richesse des pays dont sont originaires les arbitres ne semble pas déterminant. Il s'avère que les arbitres originaires de pays en développement se prononcent en faveur des pays développés et des pays en développement, dans des proportions équivalentes à celle de leurs homologues, originaires de pays riches[2211].

572. Transition. Au-delà des études empiriques portant sur l'application en général des articles de la CVDT relatifs à l'interprétation par les tribunaux arbitraux, certaines études jurisprudentielles se sont focalisées sur l'interprétation de notions spécifiques. Par exemple, en 2011, Zachary Douglas a vivement critiqué, en faisant référence à la CVDT, l'interprétation faite par certains tribunaux arbitraux de clauses de la nation la plus favorisée [2212] et Diane Desierto l'interprétation de l'article XI du TBI entre les États-Unis et l'Argentine[2213]. Si ces travaux spécifiques critiquent davantage une forme d'application de ces articles et peuvent donc s'opposer, comme c'est le cas des deux auteurs précédents, le premier appelant à ne pas interpréter de manière isolée les clauses de nation la plus favorisée

---

2206 DEZALAY Y. et GARTH B., *Dealing in Virtue : International Commercial Arbitration and the Constitution of a Transnational Legal Order*, Chicago, UCP, 1998, pp. 354, spéc. pp. 41 et 42. V. aussi GINSBURG T., « The Culture of Arbitration », *Vanderbilt Journal of Transnational Law*, Vol. 36, 2003, pp. 1335-1345, spéc. p. 1340 « In arbitration, perhaps more than any other field of law, the line between scholar and practitioner is blurred so that many leading scholars are involved in arbitrations, and many leading arbitrators take the time to write academic articles and books ».

2207 Pour une cartographie et une synthèse des différentes études empiriques menées jusqu'en 2019 v. LANGFORD M., BEHN D. et LETOURNEAU-TREMBLEY L., « Empirical perspectives on Investment Arbitration : What do we know ? Does it matter ? », *Journal of World Investment and Trade*, Vol. 21, 2020, pp. 188-250.

2208 POLANCO LAZO R. et DESILVESTRO V., « Does an Arbitrator's Background Influence the Outcome of an Investor-State Arbitration », *The Law and Practice of International Courts and Tribunals*, Vol. 17, 2018, pp. 18-48, spéc. p. 45.

2209 *Ibid.*

2210 STREZHNEV A., *Detecting Bias in International Investment Arbitration*, Paper presented at the 57th Annual Convention of International Studies Association, Harvard University – Departement of Government, 2016, pp. 38 spéc. pp. 19-23.

2211 POLANCO LAZO R. et DESILVESTRO V., « Does an Arbitrator's Background Influence the Outcome of an Investor-State Arbitration », *The Law and Practice of International Courts and Tribunals*, Vol. 17, 2018, pp. 18-48, spéc. pp. 46 et 47 « [...] at high income countries are better off with arbitrators who also come from high income countries, but the outcome is very close to what arbitrators coming from low-income countries would do ».

2212 DOUGLAS Z., « The MFN Clause in Investment Arbitration: Treaty Interpretation Off the Rails », *Journal of International Dispute Settlement*, Vol. 2 (1), 2011, pp. 97-113.

2213 DESIERTO D. A., « Necessity and "Supplementary Means of Interpretation" for Non-Precluded Measures in Bilateral Investment Treaties », *U. Pa. J. Int'l. L*, Vol. 31 (3), 2010, pp. 827-934.

de chaque traité[2214] et la seconde dénonçant une utilisation extensive d'éléments extrinsèques au traité[2215] ; ils se rejoignent lorsqu'ils déplorent que les tribunaux n'explicitent pas leur processus interprétatif où qu'ils ne le formulent pas en respectant la grammaire de la CVDT. De manière encore plus flagrante, alors qu'ils aboutissent à des résultats opposés lorsqu'ils interprètent la portée de clause de la nation la plus favorisée en suivant la CVDT, le professeur Zachary Douglas et le juge Charles N. Brower dénoncent tous deux les tribunaux rétifs à tout processus interprétatif, s'arrêtant au sens ordinaire[2216] ou aux stipulations explicites des clauses[2217]. Autrement dit, le caractère contraignant pour les arbitres des articles relatifs à l'interprétation de la CVDT fait consensus, bien qu'une proportion significative de tribunaux y soit indifférente. L'interprétation de ces articles par les arbitres suscite, elle, toujours des débats.

[2214] DOUGLAS Z., « The MFN Clause in Investment Arbitration: Treaty Interpretation Off the Rails », *Journal of International Dispute Settlement*, Vol. 2(1), 2011, pp. 97-113, spéc. p. 110 « A 'BIT by BIT' approach to the interpretation of the text of each MFN clause in each individual treaty without reference to wider principles of international law risk prioritizing the interpretative task in subsection 1 of Article 31 of the Vienna Convention at the expense of other elements in subsequent 2 and 3 ».

[2215] DESIERTO D. A., « Necessity and "Supplementary Means of Interpretation" for Non-Precluded Measures in Bilateral Investment Treaties », *U. Pa. J. Int'l. L*, Vol. 31(3), 2010, pp. 827-934, spéc. p. 931 « When treaty appliers appear to enjoy almost unfettered discretion in cherry-picking extrinsic sources from which to cull the supposed substantive content and legal effects of a bilateral treaty provision, without showing the justifications for its interpretive methodology within the canonical rules of interpretation in the law of treaties, there are obvious red flags to the practice and development of international investment law ».

[2216] DOUGLAS Z., « The MFN Clause in Investment Arbitration: Treaty Interpretation Off the Rails », *Journal of International Dispute Settlement*, Vol. 2(1), 2011, pp. 97-113, spéc. p. 109.

[2217] SCC, (SCC), *Quasar de Valores SICAV S.A., Orgor de Valores SICAV S.A., GBI 9000 SICAV S.A. et ALOS 34 S.L. (Renta 4 S.V.A. et autres) c. Fédération de Russie*, aff. n° 24/2007, Opinion séparée de Charles N. Brower, § 12 et 13.

§ 2 - Les interprétations des articles de la CVDT relatifs à l'interprétation des traités

573. Plan de paragraphe. Les articles relatifs à l'interprétation des traités de la convention de Vienne sur le droit des traités de 1969 (CVDT), principalement les articles 31 et 32, sont un compromis entre plusieurs approches interprétatives (A). Le caractère hybride de la règle d'interprétation générale et du recours aux moyens d'interprétation supplémentaires autorise plusieurs interprétations de ces articles qui sont parfois réduites à une opposition entre une approche holistique et une approche hiérarchique. Cette opposition divise la doctrine, les juridictions internationales et dans une moindre mesure les tribunaux arbitraux (B).

A - Le compromis entre approches interprétatives des articles 31 et 32 de la CVDT

574. Les trois écoles principales d'interprétation des traités. Les règles d'interprétation des traités s'inscrivent au sein ce qui a pu être qualifié de droit constitutionnel international : la CVDT. Ce traité sur les traités, à côté d'autres conventions, participe d'un mouvement initié en 1958, de transformation « d'une partie considérable du droit international coutumier de la paix en un droit conventionnel »[2218]. Le travail collectif de la Commission du droit international (CDI) tient un rôle essentiel dans ce processus. Elle annonce un projet d'article sur le droit des traités dès 1950, mais ce n'est qu'à partir de 1961 que son travail s'intensifie. Ce travail aboutira à la réunion de la Conférence de Vienne sur le droit des traités (1968 et 1969) et à la conclusion de la CVDT le 22 mai 1969[2219]. Concernant les règles d'interprétation, c'est lors de sessions de la CDI de 1964 et 1966 qu'elles furent principalement discutées[2220]. Les débats portèrent sur l'opposition classique entre approche subjectiviste et approche objectiviste, entre la recherche de l'intention des parties et le respect du texte. Alors qu'il est d'usage d'attribuer une approche objectiviste aux pays de *common law*[2221], il faut noter que les États-Unis lors des travaux de la CDI ont défendu une approche subjectiviste de l'interprétation. Cela peut être vu comme une rupture avec une école de pensée classique pour une pensée moderne[2222], concrètement celle de l'école dite de New Haven fondée notamment par le professeur Mac Dougal, qui représentait les États-Unis lors de négociations de la CVDT[2223]. Une troisième approche se fait jour notamment en 1951 dans les travaux de *Sir* Gerald G. Fitzmaurice – par la suite troisième rapporteur spécial de la CDI dans le cadre de ces travaux sur le droit des traités – ce dernier estimait : « [...] *three main schools of thought on the subject* [...] *could conveniently be called the 'intention of the parties' or 'funding fathers' school ; the 'textual' or 'ordinary meaning of the words' school ; and the 'teleological' or 'aims*

[2218] DANIEL J., « La Convention de Vienne de 1969 sur le droit des traités et le droit humanitaire », *International Review of the Red Cross,* Vol. 54(643), 1972, pp. 401-414, spéc. p. 401-405.
[2219] REUTER P., *Introduction au droit des traités,* 3e éd. revue et augmentée par Philippe Cahier, Genève, Graduate Institute Publication, 1995, pp. 256, spéc. § 32.
[2220] GARDINER R., *Treaty Interpretation,* 2nd ed., Oxford, OUP, 2015, pp. 523, spéc. pp. 57-60.
[2221] WÄLDE T., « Interpreting Investment Treaties: Experiences and Examples » *in* BINDER C., KRIEBAUM U., REINISCH A. et WITTICH S. (eds.), *International Investment Law for the 21st Century: Essays in Honour of Christoph Schreuer,* Oxford, OUP, 2009, pp. 724-781, spéc. pp. 751-752.
[2222] KOLB R., *Interprétation et création du droit international – Esquisse d'une herméneutique juridique moderne pour le droit international public,* Bruxelles, Bruylant – Université de Bruxelles, 2006, pp. 931, spéc. p. 61.
[2223] GARDINER R., *Treaty Interpretation,* 2nd ed., Oxford, OUP, 2015, pp. 523, spéc. pp. 71-74.

and objects' school»[2224]. S'il peut être argumenté que l'approche téléologique n'est qu'une combinaison d'éléments relevant des approches classiques, subjective et objective, le développement de cette troisième approche pouvait justifier déjà au moment des négociations qu'elle soit considérée comme une approche distincte[2225]. Le triptyque avancé par *Sir* Gerald G. Fitzmaurice fut repris notamment par le quatrième et dernier rapporteur spécial de la CDI sur le droit des traités, *Sir* Humphrey Waldcok[2226]. Pour ce rapporteur, la question centrale résidait dans le poids relatif donné dans l'interprétation au texte du traité, à l'intention des parties et à l'objet et au but du traité[2227]. Ces trois éléments se retrouveront dans l'article 31 § 1 de la CVTD.

575. La qualification de textuelle de l'approche de la CVDT. Bien que tous britanniques, les trois premiers rapporteurs spéciaux ne négligeaient pas, que ce soit dans les travaux de la Commission ou dans leurs écrits, l'importance de l'intention des parties dans l'interprétation d'un traité. C'est surtout le cas du deuxième rapporteur spécial *Sir* Hersch Lauterpatch, qui centrait son attention sur l'intention des parties et par conséquent admettait largement le recours aux travaux préparatoires ainsi qu'à d'autres éléments permettant de déterminer l'intention des parties[2228]. Si le dernier rapporteur, lui aussi britannique, avait pour intention de donner une prééminence plus importante aux termes du traité, il ne parvint pas à renverser la tendance. La règle d'interprétation se focalisant sur les termes du traité qu'il proposa ne fut pas retenue[2229]. Cet abandon, attestant du rejet d'une approche essentiellement textuelle reléguant l'objet et le but du traité au rang de moyen complémentaire[2230], a moins retenu l'attention de la doctrine que le refus de la proposition des États-Unis visant à supprimer la distinction entre moyens authentiques et moyens complémentaires[2231]. Ce refus est souvent avancé comme preuve de la nature textuelle et objective des articles relatifs à l'interprétation de la CVDT[2232]. Il faut relever ici que cette proposition a néanmoins abouti à l'insertion d'une référence à l'objet et au but du traité dans l'article 33 CVDT comme un élément à utiliser pour réconcilier des versions linguistiques divergentes[2233]. Plus qu'un

2224 FITZMAURICE G., « Law and Procedure of The International Court of Justice : Treaty Interpretation and Certain Other Treaty Points », *BYBIL*, Vol. 28, 1951, pp. 1 et 2 *cité par* SALDARRIAGA A., « Investment Awards and the Rules of Interpretation of the Vienna Convention: Making Room for Improvement », *ICSID Review – FILJ*, Vol. 28(1), 2013, pp. 197-217, spéc. p. 199.

2225 JACOBS F. G., « Varieties of Approach to Treaty Interpretation : With Special Reference to The Draft Convention on the Law of Treaties before The Vienna Diplomatic Conference », *ICLQ*, Vol. 18, 1969, pp. 318-346, spéc. pp. 319-320

2226 Pour une analyse critique de l'utilisation du triptyque formulé par Sir Gerald G. Fitzmaurice comme point de départ des travaux v. ORAKHELASHVILI A., *The Interpretation of Acts and Rules in Public International Law*, Oxford, OUP, 2008, 594, spéc. pp 304-306.

2227 BJORGE E., *The Evolutionary Interpretation of Treaties*, Oxford, OUP, 2014, pp. 194, spéc. p. 88.

2228 CDI, *Troisième rapport sur le droit des traités de Sir Humpphrey Waldock, Rapporteur spécial*, A/CN.4/167 et Add.1-3, 1964, Section III : Interprétation des traités, Articles 70 à 73, Commentaire (4), *in* Annuaire de la CDI, 1964, vol. II, pp. 67, spéc. p. 53 « Certains auteurs, comme Sir H. Lauterpacht, font porter l'accent principal sur les intentions des parties et, par conséquent, admettent qu'on fasse amplement appel aux travaux préparatoires et à d'autres preuves des intentions des États contractants en tant que moyens d'interprétation ».

2229 BJORGE E., *The Evolutionary Interpretation of Treaties*, Oxford, OUP, 2014, pp. 194, spéc. pp. 88-92.

2230 VILLIGER M.E., *Commentary on the 1969 Vienna Convention on the Law of Treaties*, Leiden-Boston, Martinus Nijhoff, 2009, pp. 1058, spéc. p. 423.

2231 GARDINER R., *Treaty Interpretation*, 2nd ed., Oxford, OUP, 2015, pp. 523, spéc. pp. 349-357.

2232 Par exemple Andrea Saldarriaga, s'appuie sur l'idée d'une hiérarchie entre les articles 31 et 32 pour arguer d'une préférence de la CVDT pour la méthode objective insistant sur le sens du texte au détriment de la méthode subjective visant à révéler l'intention des parties. V. SALDARRIAGA A., « Investment Awards and the Rules of Interpretation of the Vienna Convention: Making Room for Improvement », *ICSID Review – FILJ*, Vol. 28(1), 2013, pp. 197-217, spéc. p 201. V. aussi VILLIGER M. E., « The Rules on Interpretation : Misgivings, Misunderstandings, Miscarriage ? The 'Crucible' Intended by the International Law Commission », *in* CANNIZARO E. (ed.), *The Law of Treaties beyond the Vienna Convention*, Oxford, OUP, 2011, pp. 105-122, spéc. p. 117.

2233 GARDINER R., *Treaty Interpretation*, 2nd ed., Oxford, OUP, 2015, pp. 523, spéc. pp. 78 et 79.

« triomphe de l'approche textuelle »[2234], les articles relatifs à l'interprétation des traités de la CVDT, en élargissant le constat fait par le professeur Jean-Marc Sorel au sujet de l'article 31, sont « l'exemple même d'un compromis : compromis entre les tenants de l'interprétation textuelle, de l'interprétation subjective basée sur la volonté des parties, et de l'interprétation finaliste ou téléologique [...] »[2235]. Plus qu'une prise en compte des trois approches, Richard Gardiner considère que la CVDT combine ou additionne l'approche littérale et l'approche téléologique pour accéder à l'intention[2236]. Il faut cependant reconnaitre comme le fait Liliana E. Popa : « *However, despite this compromise combining all three approches, the textualist component is perceived as dominant* »[2237]. Cette perception parait paradoxale[2238]. Les articles de la CVDT ne pondèrent pas les différents moyens d'interprétation qu'ils mentionnent. Il s'agit de ne nier ni le texte ni l'intention des parties. De plus, même pour les tenants de l'approche littérale, la centralité du texte ne se justifie que parce qu'il cristallise le mieux l'intention des parties[2239].

576. L'absence de hiérarchie au sein de l'approche de la CVDT. L'idée de « priorité au texte »[2240] – compatible avec l'idée d'une articulation logique des éléments interprétatifs de l'article 31, dans le processus interprétatif – est souvent comprise comme une supériorité du texte au sein d'une hiérarchie des éléments interprétatifs de l'article 31[2241]. Cela est également dû à la confusion entre une approche littérale, à proscrire, et une approche textuelle qui serait, elle, celle issue des travaux la Conférence de Vienne sur le droit des traités. Même si qualifier l'approche retenue dans la CVDT de textuelle ne semble pas adéquat et prête à confusion, il est possible d'admettre que la CVDT adopte une approche textuelle, en ce qu'elle fait du texte, expression patente de l'intention des parties, le point de départ de l'interprétation et ne prône pas une recherche directe *ab initio* de l'intention des parties[2242].

2234 BROWER C. N., BRAY D. et CHHODEN TSHERING P., « Competing Theories of Treaty Interpretation and the Divided Application by Investor-State Tribunals of Articles 31 and 32 of the VCLT », *in* SHIRLOW E. et NASIR GORE K., *The Vienna Convention on the Law of Treaties in Investor-State Disputes – History, Evolution and Future*, Alphen aan de Rijn, Kluwer, 2022, pp. 109-126, spéc. p. 118.

2235 SOREL J-M., « Article 31 – Convention de 1969 », *in* CORTEN O. et KLEIN P. (dir.), *Les Conventions de Vienne sur le droit des traités – Commentaire article par article, II*, Bruxelles, Bruylant, 2006, pp. 1289-1338, spéc. p. 1295 *pro* YASSEEN M. K., « L'interprétation des traités d'après la Convention de Vienne sur le droit des traités », *RCADI*, Vol. 151, 1976, pp. 114, spéc. p. 16 ; WÄLDE T., « Interpreting Investment Treaties: Experiences and Examples » *in* BINDER C., KRIEBAUM U., REINISCH A. et WITTICH S. (eds.), *International Investment Law for the 21st Century: Essays in Honour of Christoph Schreuer*, Oxford, OUP, 2009, pp. 724-781, spéc. p. 746.

2236 GARDINER R., *Treaty Interpretation*, 2nd ed., Oxford, OUP, 2015, pp. 9 « Three general approaches were considered by the ILC [...] (1) litteral ; (2) teleological ; (3) intention. In a very general sense, the ILC adopted a combination of the literal and teleological approaches, viewing application of these as yielding up the intention – that is (1) + (2) = (3) ».

2237 POPA L.E., *Patterns of Treaty Interpretation as Anti-Fragmentation Tools: A Comparative Analysis with Special Focus on the ECtHR, WTO and ICJ*, Cham, Springer International, 2018, pp. 390, spéc. p. 133.

2238 Pour des pistes d'explication historiques telles que l'apparition de juridictions internationales permanentes ou le contexte de la guerre froide v. ZARBIYEV F., « A Genealogy of Textualism in Treaty Interpretation », *in* BIANCHI A., PEAT D. et WINDSOR M. (eds), *Interpretation in International Law*, Oxford, OUP, 2015, pp. 251-267.

2239 BROWER C. N., BRAY D. et CHHODEN TSHERING P., « Competing Theories of Treaty Interpretation and the Divided Application by Investor-State Tribunals of Articles 31 and 32 of the VCLT », *in* SHIRLOW E. et NASIR GORE K., *The Vienna Convention on the Law of Treaties in Investor-State Disputes – History, Evolution and Future*, Alphen aan de Rijn, Kluwer, 2022, pp. 109-126, spéc. pp. 112 et 113.

2240 SOREL J-M., « Article 31 – Convention de 1969 », *in* CORTEN O. et KLEIN P. (dir.), *Les Conventions de Vienne sur le droit des traités – Commentaire article par article, II*, Bruxelles, Bruylant, 2006, pp. 1289-1338, spéc. p. 1332 « Un compromis en résultera où chacun trouvera matière à satisfaction : priorité au texte, mais intention des parties sous-jacente dans de nombreux passages, et une interprétation finaliste qui peut facilement être réintégrée au processus d'ensemble ».

2241 AUST A., *Modern Treaty Law and Practice*, Cambridge, CUP, 2007, pp. 611, spéc. p. 235 « [...] although paragraphe 1 contains both the textual (or literal) and the effectiveness (or teleological) approaches, it gives precedence to the textual » ; WAIBEL M. « International Investment Law and Treaty Interpretation », *in* HOFMANN R. et TAMS C.J. (eds.), *International Investement Law and General International Law – From Clinical Isolation to Systemic Integration ?*, Baden-Baden, Nomos, 2011, pp. 29-52, spéc. p. 32 « The idea that words have a 'plain meaning' is widely shared among international lawyers. Article 31 of the Vienna Convention on the law of treaties endorses this approach by giving priority to literal interpretation ».

2242 GARDINER R., *Treaty Interpretation*, 2nd ed., Oxford, OUP, 2015, pp. 523, spéc. p. 463.

Conclure plus largement à partir de cet élément que le « textualisme domine » dans la règle générale d'interprétation se révèle inapproprié[2243]. En effet, cette affirmation nourrit la confusion et peut laisser penser que le sens ordinaire des termes est suffisant et que l'analyse du contexte des termes, de l'objet et du but du traité n'est qu'une option. Or une telle approche plus littérale (ou sommaire) que textuelle s'écarte de la CVDT[2244]. La CVDT ne consacre pas une règle du sens clair[2245]. Une interprétation littérale non conforme à la CVDT consisterait également à n'appliquer que l'article 31 § 1 CVDT, ou à relayer au rang de moyens complémentaires les autres éléments de l'article 31[2246]. De même, toute approche affirmant une primauté systématique des termes du traité sur les autres moyens d'interprétation authentiques ne respecte pas la lecture que donne la CDI de cet article – rappelée en 2018 dans le cadre de ses travaux sur les accords et pratiques ultérieurs dans le contexte de l'interprétation des traités[2247].

577. Transition. Cette opposition, au sujet de l'interprétation des articles de la CVDT relatifs à l'interprétation, s'articule entre les interprètes insistant sur les éléments hiérarchiques de ces articles et ceux insistant sur l'unicité de l'opération d'interprétation.

B - L'opposition entre une approche hiérarchique et une approche dite du creuset

578. L'approche dite du creuset. Dans ses travaux la CDI a retenu l'image du creuset pour préciser le processus interprétatif requis par la règle générale d'interprétation qui avait été retenue. Dans ces travaux, il est précisé que la Commission :

> « a considéré l'application des moyens d'interprétation énumérés dans l'article comme une opération combinée. Ces divers éléments, pour autant qu'ils soient présents dans un cas donné, seraient tous versés au creuset et leur interaction produirait l'interprétation juridiquement valable »[2248].

Ici, il faut souligner que c'est à dessein que le titre de l'article 31 fait référence à une et pas plusieurs règles d'interprétation[2249]. Une autre métaphore équivalente attribuée au professeur

---

2243 JONAS D.S. et SAUNDERS T. N., « The Object and Purpose of a Treaty : Three Interpretative Methods », *Vanderbilt Journal of Transnational Law*, Vol. 43(3), 2010, pp. 565-609, spéc. p. 578.

2244 CIRDI, *RENERGY S.à r.l. c. Royaume d'Espagne*, aff. ARB/14/18, Sentence du 6 mai 2022, § 365 « […] In the view of the Tribunal, Article 26 ECT is too clear and self-sufficient in its meaning to require, or even allow for, further non-textual interpretation. […] ».

2245 YASSEEN M. K., « L'interprétation des traités d'après la Convention de Vienne sur le droit des traités », RCADI, Vol. 151, 1976, pp. 114, spéc. pp. 81 et 82 « L'interprétation peut s'effectuer par l'examen du texte lui-même, l'appréciation des termes dans leur contexte et à la lumière de l'objet et du but du traité. Elle peut de plus être orientée par toutes sortes d'apports interprétatifs authentiques et par l'effet de certaines règles pertinentes de droit international applicables dans les relations entre les parties. Le verdict de clarté, selon la Convention de Vienne, suppose que toute cette opération complexe a été entreprise. Le système de la Convention de Vienne n'adopte donc nullement la règle du sens clair ; il adopte plutôt ce que nous pouvons appeler la "règle du sens clarifié". ».

2246 VILLIGER M.E., *Commentary on the 1969 Vienna Convention on the Law of Treaties*, Leiden-Boston, Martinus Nijhoff, 2009, pp. 1058, spéc. pp. 436-438 ; GARDINER R., « The Vienna Convention Rules on Treaty Interpretation » *in* HOLLIS D.B. (ed.), *The Oxford Guide to Treaties*, 2nd ed., Oxford, OUP, 2020, pp. 459-488, spéc. p. 478.

2247 Résolution n° 73/202 de l'Assemblée générale de l'ONU, Accords et pratique ultérieurs dans le contexte de l'interprétation des traités, 20 décembre 2018, A/RES/73/202, Annexe, Conclusion 2 Règle générale et moyens d'interprétation des traités § 5 : « L'interprétation d'un traité constitue une seule opération complexe qui accorde l'attention qu'il convient aux divers moyens d'interprétation mentionnés, respectivement, aux articles 31 et 32. »

2248 Le terme de creuset est utilisé dans les travaux de la CDI. V. CDI, *Sixième rapport sur le droit des traités,par Sir Humpthrey Waldock, Rapporteur Spécial*, A/CN.4/186 et Add.1, 2/Rev.1, 3-7, 1966, pp.58 in *Annuaire de la CDI*, Vol. II, 1966, pp. 55-112 spéc. p. 103.

2249 GARDINER R., *Treaty Interpretation*, 2nd ed., Oxford, OUP, 2015, pp. 523, spéc. pp. 37 et 38.

Max Huber, celle de « l'encerclement progressif »[2250], a pu être utilisée pour décrire l'approche retenue par la CVDT[2251]. L'idée d'une opération unique complexe articulant plusieurs éléments simultanément – rejetant une approche mécanique[2252] ou scientifique de l'interprétation – est parfois qualifiée d'approche holistique[2253]. Le qualificatif d'holistique tend également à souligner le fait que la règle générale d'interprétation ne hiérarchise pas entre les différents moyens d'interprétation authentiques[2254], voire pour certains entre tous les moyens d'interprétation, nonobstant la « légère différenciation » existante entre moyens principaux et moyens complémentaires[2255]. À cette approche holistique[2256] ou du creuset, pouvant aller au-delà des moyens de l'article 31[2257], est opposée une approche textuelle hiérarchique revendiquée elle aussi comme celle de la CVDT[2258].

579. Deux approches contraires se réclamant de la CVDT. Les approches holistique et hiérarchique se réclament toutes deux de la CVDT. Concernant la seconde le professeur Alexander Orakhelashvili affirme fermement : « *'textual literalism' is the principal method of treaty interpretation as confirmed by the 1969 Vienna Convention on Law of treaties [...]. The current state of*

2250 JIMENEZ DE ARECHAGA E., « International law in the past third of a century », *RCADI*, vol. 159, 1978, pp. 344, spéc. p. 44.

2251 CIRDI, *Agua del Tunari c. République de Bolivie*, aff. ARB/02/03, Décision sur l'exception d'incompétence du défendeur du 21 octobre 2005, § 91 « Interpretation under Article 31 of the Vienna Convention is a process of progressive encirclement where the interpreter starts under the general rule with (1) the ordinary meaning of the terms of the treaty, (2) in their context and (3) in light of the treaty's object and purpose, and by cycling through this three step inquiry iteratively closes in upon the proper interpretation. In approaching this task, it is critical to observe two things about the general rule of interpretation found in the Vienna Convention. First, the Vienna Convention does not privilege any one of these three aspects of the interpretation method. The meaning of a word or phrase is not solely a matter of dictionaries and linguistics [...] » *pro* CIRDI, *Vladislav Kim, Pavel Borissov, Aibar Burkitbayev et autres (Kim et autres) c. République d'Ouzbékistan*, aff. ARB/13/6, Décisions sur la compétence du 8 mars 2017, § 388.

2252 Pour une critique d'une interprétation mécanique de l'organe d'appel de l'OMC et un appel à une approche holistique considérée conforme à l'approche textuelle, ouverte, de la CVDT v. ORTINO F., « Treaty Interpretation and the WTO Appelate Body Report in US – Gambling : A critique », *Journal of International Economic Law*, Vol. 9(1), 2006, 117-148, spéc. pp. 121-133 et pp. 147 et 148 *pro* ABI SAAB G., « The Appelate Body and Treaty Interpretation », *in* FITZMAURICE M., ELIAS O. et MERKOURIS P. (eds.), *Treaty Interpretation and the Vienna Convention on the Law of Treaties : 30 Years on*, Leiden – Boston, Martinus Nijhoff, 2010, pp. 99-109, spéc. p. 104 ; GRUSZCZYNSKI L., « Customary rules of Interpretation in the Practice of the WTO Dispute Settlement Bodies », *in* FAUCHALD O. K., NOLLKAEMPER A., *The Practice of International and National Courts and the (De-)Fragmentation of International Law*, Oxford – Portland, Hart Publishing, 2014, pp. 35-56, spéc. p. 41.

2253 POPA L.E., *Patterns of Treaty Interpretation as Anti-Fragmentation Tools: A Comparative Analysis with Special Focus on the ECtHR, WTO and ICJ*, Cham, Springer International, 2018, pp. 390, spéc. p. 124.

2254 VILLIGER M.E., *Commentary on the 1969 Vienna Convention on the Law of Treaties*, Leiden-Boston, Martinus Nijhoff, 2009, pp. 1058, spéc. pp. 435-436 *pro* REINISCH A., « The Interpretation of International Investment Agreements », *in* BUNGENBERG M., GRIEBEL J., HOBE S. et REINISCH A. (eds), *International Investment Law – A Handbook*, Baden-Baden/Oxford, Nomos/Hart, 2015, pp. 370-410, spéc. pp. 376 et 377 « It is generally accepted that a textual interpretation does not enjoy primacy over the other elements contained in Article 31 of the Vienna Convention.Rather, all aspects enjoy equal relevance. [...] However, it is clear from the VCLT and accepted by investment tribunals that the supplementary means of interpretation according to VCLT Article 32 are secondary to the elements mentioned in Article 31 ».

2255 GARDINER R., « Characteristics of the Vienna Convention Rules on Treaty Interpretation », *in* BOWMAN MJ. et KRITSIOTIS D. (eds.), *Conceptual and Contextual Perspectives on the Modern Law of Treaties*, Cambridge, CUP, 2018, pp. 335-362, spéc. p. 346. V. aussi GARDINER R., *Treaty Interpretation*, 2nd ed., Oxford, OUP, 2015, pp. 523, spéc. pp. 347-355.

2256 Pour un auteur qualifiant les articles relatifs à l'interprétation de la CVDT de cadre holistique pertinent, partiellement mis en œuvre et doutant de la pertinence d'une distinction entre moyens principaux et complémentaires v. LEVESQUE J-F, « Traités de verre : Réflexion sur l'interprétation », *Revue Québécoise de Droit International*, Vol. 19(1), 2006, pp. 53-78, spéc. pp. 75-77.

2257 JIMENEZ DE ARECHAGA E., « International law in the past third of a century », *RCADI*, vol. 159, 1978, pp. 344, spéc. p. 47 « The separation between Articles 31 and 32 is not to be viewed as establishing two distinct and successive phases in the process of interpretation, or as providing that *travaux préparatoires* are to be only examined when, after exhausting the intrinsic materials of article 31 ».

2258 WAIBEL M. « International Investment Law and Treaty Interpretation », *in* HOFMANN R. et TAMS CJ. (eds.), *International Investement Law and General International Law – From Clinical Isolation to Systemic Integration ?*, Baden-Baden, Nomos, 2011, pp. 29-52, spéc. p. 32.

international law admits of no doubting the thesis that the process of interpretation should be conducted in accordance with fixed rules arranged in hierarchical order »[2259]. Les deux approches sont décrites parfois dans des termes analogues faisant référence à des métaphores hydrauliques. D'un côté, le professeur Georges Abi-Saab considère que les moyens d'interprétation ne devraient pas être envisagés « *as watertight compartment or a series of seprate sub-operations* »[2260]. De l'autre, le juge Charles N. Brower et ses coauteurs expliquent : « *the interpretative process operates much like a canal lock, a device used for raising and lowering boats between stretches of water of different levels on a waterway – ie, the gate only opens once the water in the lock is level with the next forward segment* »[2261]. Ces deux approches s'opposent quant à l'étanchéité entre moyens d'interprétation. Il est même avancé que « *the essence of the 'holistic' approach is about blurring the distinction between law and politics* »[2262]. Comme dans le cadre de la qualification de « textuelle » de l'approche de la CVDT, Charles N. Brower et ses coauteurs s'appuient sur la distinction entre moyens principaux et complémentaires pour déterminer la nature des règles de la CVDT. Si, comme déjà mentionné, le refus de surpression de cette distinction est à la source de la perception de cette règle comme textuelle[2263], ici ces auteurs identifient à partir de quelques sentences s'appuyant de manière substantielle sur des travaux préparatoires, le développement ou la persistance d'une approche interprétative dite du creuset, s'écartant d'une approche hiérarchique qui serait, elle, conforme à la CVDT[2264].

580. Un exemple de critique mal fondée de l'approche du creuset. Ces auteurs étendent de manière délibérée le terme d'approche du creuset aux moyens de l'article 32, alors qu'il vise essentiellement les moyens de l'article 31[2265]. Cela leur permet de défendre l'idée d'une approche hiérarchique au sein de la CVDT centrée sur l'articulation entre les articles 31 et 32 et de critiquer une approche qu'ils qualifient du creuset (ce qui ne correspond pas à l'acception commune de cette approche) correspondant essentiellement à une utilisation prioritaire des travaux préparatoires par les tribunaux – pratique dominante dans les organes de règlement des différends sous le GATT de 1947, parfois rattachée à la figure d'un juge historien[2266]. Dès le départ, l'emploi de la notion d'approche du creuset pour une utilisation extensive des travaux préparatoires prête à confusion. En soutien de l'approche hiérarchique,

2259 ORAKHELASHVILI A., *The Interpretation of Acts and Rules in Public International Law*, Oxford, OUP, 2008, pp. 594, spéc. p.294 *pro* AUST A., *Modern Treaty Law and Practice*, Cambridge, CUP, 2007, pp. 611, spéc. p. 235 « […] Thus, although [article 31] paragraph 1 contains both the textual (or literal) and the effectiveness (or teleological) approaches, it gives precedence to the textual » ; LINDERFALK U., « Is The Hierarchical Structure of Article 31 and 32 of The Vienna Convention Real or Not ? Interpreting The Rules of Interpretation », *Netherlands International Law Review*, Vol. 54, 2007, pp. 133-154, spéc. p. 146 « […] According to the generally accepted reading of Article 31, the object and purpose of a treaty can only be used for the interpretation of a treaty provision on the condition that its ordinary meaning has earlier been shown to be either vague or ambiguous. […] ».

2260 ABI SAAB G., « The Appelate Body and Treaty Interpretation », *in* FITZMAURICE M., ELIAS O. et MERKOURIS P. (eds.), *Treaty Interpretation and the Vienna Convention on the Law of Treaties: 30 Years on*, Leiden – Boston, Martinus Nijhoff, 2010, pp. 99-109, spéc. p. 105.

2261 BROWER C. N., BRAY D. et CHHODEN TSHERING P., « Competing Theories of Treaty Interpretation and the Divided Application by Investor-State Tribunals of Articles 31 and 32 of the VCLT », *in* SHIRLOW E. et NASIR GORE K., *The Vienna Convention on the Law of Treaties in Investor-State Disputes – History, Evolution and Future*, Alphen aan de Rijn, Kluwer, 2022, pp. 109-126, spéc. p. 119.

2262 ORAKHELASHVILI A., *The Interpretation of Acts and Rules in Public International Law*, Oxford, OUP, 2008, pp. 594, spéc. p. 311.

2263 VILLIGER M.E., *Commentary on the 1969 Vienna Convention on the Law of Treaties*, Leiden-Boston, Martinus Nijhoff, 2009, pp. 1058, spéc. p. 438.

2264 BROWER C. N., BRAY D. et CHHODEN TSHERING P., « Competing Theories of Treaty Interpretation and the Divided Application by Investor-State Tribunals of Articles 31 and 32 of the VCLT », *in* SHIRLOW E. et NASIR GORE K., *The Vienna Convention on the Law of Treaties in Investor-State Disputes – History, Evolution and Future*, Alphen aan de Rijn, Kluwer, 2022, pp. 109-126, spéc. p. 117-121.

2265 *Ibid.*, spéc. p. 120 (nbp 66).

2266 STOPPIONI E., *Le droit non écrit dans le contentieux international économique – Une analyse critique de discours*, Leiden – Boston, Brill Nijhoff, 2022, pp. 627, spéc. pp. 340-344.

ces auteurs s'appuient, entre autres, sur deux sentences considérant que le recours aux moyens complémentaires est conditionné à une ambiguïté[2267]. Or, ce recours est toujours possible à titre confirmatif. Une autre sentence citée – admettant de manière explicite que les tribunaux sont libres d'avoir recours ou non aux travaux préparatoires – est présentée comme arguant que l'établissement du sens ordinaire des dispositions empêcherait un tribunal d'avoir recours à ce moyen complémentaire. Si ces éléments visent à surpondérer la distinction entre moyens principaux et moyens complémentaires et à limiter le recours aux seconds, d'autres sentences citées sont révélatrices d'une compréhension hiérarchique de l'article 31 même[2268]. C'est le cas d'une sentence appliquant en substance une règle du sens clair (non retenue par la CVDT), et une sentence concluant que la lettre (le texte) du traité – réduite au sens ordinaire des mots – doit prévaloir.

581. Une défense masquée d'une règle du sens clair, étrangère à la CVDT. Plus qu'une critique de l'utilisation des travaux préparatoires, c'est bien l'approche du creuset au sein de l'article 31 qui est attaquée. Cela transparait notamment dans l'affirmation suivante : « *Article 32 acts as a gatekeepers, preserving the primacy of the plain language of the treaty as spelled out in article 31 [...]* », réduisant l'article 31 au sens ordinaire et reléguant le contexte des termes et l'objet et le but du traité au second plan[2269]. En réalité, les tenants de cette approche hiérarchique défendent une règle du sens clair[2270] – ou une technique d'interprétation sommaire[2271]. En ne retenant qu'un élément (voire à peine plus si le contexte immédiat des termes est pris en compte) de la règle générale, ils tombent au mieux dans les travers d'une « molécularisation excessive » des articles relatifs à l'interprétation de la CVDT[2272] et au pire dans l'interprétation sommaire. Le caractère holistique de la règle générale d'interprétation

---

[2267] BROWER C. N., BRAY D. et CHHODEN TSHERING P., « Competing Theories of Treaty Interpretation and the Divided Application by Investor-State Tribunals of Articles 31 and 32 of the VCLT », *in* SHIRLOW E. et NASIR GORE K., *The Vienna Convention on the Law of Treaties in Investor-State Disputes – History, Evolution and Future,* Alphen aan de Rijn, Kluwer, 2022, pp. 109-126, spéc. p. 121.

[2268] Pour un auteur assumant directement la primauté du sens ordinaire des termes et le caractère hiérarchique de la règle générale d'interprétation de l'article 31 CVDT v. ORAKHELASHVILI A., *The Interpretation of Acts and Rules in Public International Law,* Oxford, OUP, 2008, pp. 594, spéc. pp. 311 « These factors [text, content, and object-and-purpuse] refer only to the methods of interpretation that are laid down in strict order of hierarchy under Articles 31 and 32 of the Vienna Convention. [...] neither context nor object and purpose are viewed as an alternative to the plain textual meaning of words, [...] their relevance [is] subordinated to that of the ordinary meaning of words » et 318-322.

[2269] Cette compréhension de la règle générale d'interprétation est également présente dans des ouvrages de référence en matière d'arbitrage d'investissement. V. SABAHI B., RUBINS N. et WALLACE DJR., *Investor-State Arbitration,* 2nd ed., Oxford, OUP, 2019, pp. 900, spéc. p. 295 « According to VCLT principles, therefore, first, every treaty has to be interpreted in good faith and according to its ordinary meaning. International tribunals normally look into the primary meaning of a term in an established dictionary to ascertain its ordinary or plain meaning ».

[2270] Pour une défense de la règle du sens claire v. LINDERFALK U., « Is The Hierarchical Structure of Article 31 and 32 of The Vienna Convention Real or Not ? Interpreting The Rules of Interpretation », *Netherlands International Law Review,* Vol. 54, 2007, pp. 133-154, spéc. pp. 140-144 « Unquestionably, Articles 31-33 of the Vienna Convention have been drafted based upon the clear meaning doctrine in the sense of Emerich de Vattel » comp. YASSEEN M. K., « L'interprétation des traités d'après la Convention de Vienne sur le droit des traités », *RCADI,* vol. 151, 1976, pp. 114, spéc. pp. 81 et 82 « Le système de la Convention de Vienne n'adopte donc nullement la règle du sens clair ; il adopte plutôt ce que nous pouvons appeler la « règle du sens clarifié ».

[2271] LEVESQUE J-F, « Traités de verre : Réflexion sur l'interprétation », *Revue Québécoise de Droit International,* Vol. 19(1), 2006, pp. 53-78, spéc. pp. 70 et 71. Cet auteur distingue trois conceptions de l'interprétation, textuelle, subjective, téléologique, mais aussi six grands procédés techniques d'interprétation, l'interprétation sommaire, littérale, systématique, logique, historique et fonctionnelle. Il définit la première de ces techniques ainsi « L'interprétation sommaire, de type intuitif, aura pour objectif de s'intéresser au sens ordinaire des mots et de procéder de façon relativement spontanée ». Ces six techniques d'interprétation sont également celle retenues par Georg Scharzenberger, mais ce dernier y ajoute une septième, l'interprétation faisant autorité qui est une interprétation conjointe des parties qui si elle n'est pas contestée à une valeur probante des plus élevées. V. SCHARZENBERGER G., *A Manual of International Law,* 4th ed, vol. 1, Londres, Stevens and Sons Limited, 1960, pp. 382, spéc. pp. 152-155.

[2272] GARDINER R., *Treaty Interpretation,* 2nd ed., Oxford, OUP, 2015, pp. 523, spéc. pp. 161, 162 et 463.

de la CVDT a encore été rappelé en 2021, par la CIJ[2273]. S'attaquer à la métaphore du creuset, alors que cette métaphore selon le professeur Richard Gardiner *« remains one of the most usefull explainations of the most misunderstood general rule »*[2274] est, comme les développements ci-dessous le montreront, particulièrement inopportun en matière d'arbitrage d'investissement compte tenu de la brièveté des traités et de leur utilisation de notions indéterminées.

582. Conclusion. Afin de répondre à la question de la pertinence du statut intra-UE d'un traité dans son interprétation, il est apparu opportun de préciser le cadre interprétatif idoine en matière de traité de protection des investissements. Malgré quelques contestations, ce cadre s'avère être le cadre général applicable à tous les traités. Ce consensus quant à l'applicabilité aux traités d'investissement, des règles et principes des articles de la CVDT relatifs à l'interprétation des traités n'a pas conduit à leur application systématique par les arbitres. La lente et incomplète généralisation de l'application de ces articles par les tribunaux arbitraux, par rapport à d'autres juridictions internationales, peut s'expliquer par l'importance de la culture de l'arbitrage commerciale dans l'arbitrage d'investissement. Le désintérêt tendanciel des arbitres issus de l'arbitrage commercial, pour l'explicitation du processus interprétatif peut expliquer l'absence, persistante, de références aux articles de la CVDT relatifs à l'interprétation, dans les sentences d'investissement.

583. Transition. Au-delà de la question de leur application ou non, ces articles sont en outre l'objet d'interprétations divergentes. Ces divergences ressortent du caractère hybride de la règle d'interprétation générale de la CVDT. Cette règle ne tranche pas, mais opère un compromis entre plusieurs approches. La nature de ce compromis semble cependant faire l'objet d'un quasi-consensus en doctrine, malgré l'opposition des tenants d'une approche hiérarchique, approche par ailleurs dominante dans la pratique arbitrale, si ce n'est dans la pratique des juridictions internationales comme le soutient le professeur Alexander Orakhelashvili[2275]. Les développements suivants ne se justifient quasiment pas au regard de cette approche hiérarchique privilégiant le sens ordinaire des termes du traité. Cette approche est rétive à tous les éléments extérieurs au traité interprété, sauf si les termes du traité y renvoient explicitement. Or, les traités entre États membres étudiés ne font pas référence de manière directe au droit de l'UE – comme cela a été observé spécifiquement en matière de clause de droit applicable. En revanche, si l'approche du creuset est privilégiée, il convient d'identifier parmi l'ensemble des moyens d'interprétation lesquels peuvent être sensibles au statut intra-UE du traité. Cette approche ayant les faveurs d'une partie de la doctrine et pouvant être suivie par un tribunal arbitral s'inscrivant dans une jurisprudence arbitrale minoritaire, il nous paraît pertinent de procéder à une identification des moyens d'interprétation sensibles au statut intra-UE d'un traité.

[2273] CIJ, *Application de la convention internationale sur la limitation de toutes les formes de discrimination raciale (Qatar c. Emirats arabes unis)*, Arrêt du 4 février 2021, § 78 « La Cour rappelle que, selon le paragraphe 1 de l'article 31 de la convention de Vienne, "[u]n traité doit être interprété de bonne foi suivant le sens ordinaire à attribuer aux termes du traité dans leur contexte et à la lumière de son objet et de son but". L'interprétation faite par la Cour doit prendre en compte l'ensemble de ces éléments considérés comme un tout [...] ». V. aussi CPI, ch. 1ère instance, *SITUATION EN RÉPUBLIQUE DÉMOCRATIQUE DU CONGO AFFAIRE LE PROCUREUR c. GERMAIN KATANGA*, aff. n° ICC-01/04-01/07, Jugement du 7 mars 2014, § 45 « [...] La Règle générale, qui renvoie donc à une approche holistique, n'établit pas un quelconque ordre hiérarchique ou chronologique en vertu duquel devraient être examinées puis appliquées ses différentes composantes [...] ».

[2274] GARDINER R., *Treaty Interpretation*, *op. cit*, pp. 523, spéc. p. 495.

[2275] ORAKHELASHVILI A., *The Interpretation of Acts and Rules in Public International Law*, *op. cit.* pp. 594.

Section 2 - Les moyens d'interprétation sensibles au statut intra-UE du traité

584. Les différents moyens d'interprétation authentiques de l'article 31 CVDT. Parmi les moyens d'interprétation des articles relatifs à l'interprétation, il est possible de distinguer entre les moyens de l'article 31 et les moyens complémentaires de l'article 32. Au sein des « moyens d'interprétation authentiques »[2276] de l'article 31, au côté des termes du traité, de son objet ainsi que de son but, le contexte des termes du traité est un moyen d'interprétation composite constitué d'éléments internes et externes[2277]. Ces éléments internes sont plus ou moins proches des termes du traité[2278], ils vont de la grammaire et syntaxe (contexte immédiat[2279]) aux accords et instruments ayant rapport au traité, apparus à l'occasion de sa conclusion (contexte extrinsèque au traité[2280]). Toujours dans l'article 31 CVDT, au sein du contexte des termes du traité, le « contexte externe »[2281] peut être vu comme comprenant les éléments énumérés dans l'article 31 § 3 CVDT[2282]. Cependant, les notions « d'enveloppe extérieure du contexte »[2283] (réservée à l'article 31 § 3 c), mais pouvant être étendue aux lettres a) et b) de ce même paragraphe) ou « d'éléments connexes du contexte »[2284] respectent davantage la lettre de la CVDT. En effet, celle-ci adopte une définition restreinte de la notion de contexte, au regard de la distinction qu'elle opère entre contexte des termes et circonstances de conclusion du traité[2285]. En considérant *a minima* que l'ensemble des moyens d'interprétation de la CVDT peuvent contribuer à l'interprétation des traités, sans trancher sur leur poids respectif, il convient d'examiner si ces moyens sont susceptibles de prendre en compte le statut intra-UE d'un traité.

585. Plan de section. La majorité des moyens précités et leurs éléments se montrent en soi indifférents au statut intra-UE du traité, ils peuvent néanmoins tous être des vecteurs de la

---

2276 CDI, Rapports sur la deuxième partie de sa dix-septième session et sur sa dix-huitième session, A.6309/Rev.1, 1966, Deuxième Partie, Chapitre II, C, Partie 3, Section 3, Commentaire 10), *in Annuaire de la C.D.I*, 1966, Vol. II, pp. 240.

2277 GESLIN A., « Fasc. 40 : SOURCES DU DROIT INTERNATIONAL. – Les traités. Interprétation. Techniques et modalités d'interprétation », *JCl. Droit international*, Lexis Nexis, 2015, §§ 56-83. Cet auteur rattache au contexte interne, tous les éléments mentionnés à l'article 31 § 2 et au contexte externe, tous les éléments mentionnés à l'article 31 § 3.

2278 CVDT art. 31 Règle générale d'interprétation : § 2 : « Aux fins de l'interprétation d'un traité, le contexte comprend, outre le texte, préambule et annexes inclus :a) tout accord ayant rapport au traité et qui est intervenu entre toutes les parties à l'occasion de la conclusion du traité ; b) tout instrument établi par une ou plusieurs parties à l'occasion de la conclusion du traité et accepté par les autres parties en tant qu'instrument ayant rapport au traité [...] ».

2279 GARDINER R., *Treaty Interpretation*, 2nd ed., Oxford, OUP, 2015, pp. 523, spéc. pp. 199 et 200.

2280 DÖRR O. et SCHMALENBACH K. (eds.), *Vienna Convention on the Law of Treaties*, 2e éd., Berlin, Springer, 2018, pp. 1535, spéc. pp.588-592.

2281 SOREL J.-M., « Article 31 – Convention de 1969 », *in* CORTEN O. et KLEIN P. (dir.), *Les Conventions de Vienne sur le droit des traités – Commentaire article par article, II*, Bruxelles, Bruylant, 2006, pp. 1289-1338.

2282 CVDT art. 31 Règle générale d'interprétation § 3 : « Il sera tenu compte, en même temps que du contexte : a) de tout accord ultérieur intervenu entre les parties au sujet de l'interprétation du traité ou de l'application de ses dispositions ; b) de toute pratique ultérieurement suivie dans l'application du traité par laquelle est établi l'accord des parties à l'égard de l'interprétation du traité ; c) de toute règle pertinente de droit international applicable dans les relations entre les parties ».

2283 DUPUY P.-M. et KERBRAT Y., *Droit international public*, 16e éd., Paris, Dalloz, 2022, pp.994, spéc. p.370. Ces auteurs utilisent l'expression d'« enveloppe extérieure du contexte » pour faire référence aux éléments de l'article 31 § 3 c) cela a pour conséquence de limiter la notion de contexte au texte, préambule et annexe du traité (art. 31 § 2 éléments internes du contexte) et à des accords et instruments spécifiques (art. 31 § 2 a) et b)) éléments externes du contexte). Ils n'étendent cependant pas explicitement cette expression aux lettres a) et b) de l'article 31 § 3, ils semblent même rattacher l'hypothèse d'un accord interprétatif issue d'une pratique subséquente (art. 31 § 3 b)) aux éléments externes du contexte. L'expression d'« enveloppe extérieure du contexte » est utilisée pour décrire l'article 31 § 3 c) dès la première édition de ce manuel. V. DUPUY P-M, *Droit international public*, 1er éd., Paris, Dalloz, 1992, pp. 509, spéc. § 302.

2284 ALLAND D., « L'interprétation du droit international public », *RCADI*, Vol. 362, 2014, pp. 54-377, spéc. p. 149.

2285 GARDINER R., *Treaty Interpretation*, 2nd ed., Oxford, OUP, 2015, pp. 523, spéc. pp.197 et 198.

prise en compte de ce statut dans l'interprétation de ce dernier. Parmi ces moyens, certains sont plus sensibles que d'autres à ce statut spécifique, en ce qu'ils constituent des vecteurs plus ou moins probables de la prise en compte du statut intra-UE d'un traité (§1). Un moyen d'interprétation spécifique, celui de l'article 31 § 3 c) CVDT, se révèle un vecteur particulièrement pertinent de ce statut, à tel point qu'il est possible d'estimer qu'il s'agisse d'un moyen sensible *per se* au statut intra-UE du traité (§2).

§ 1 - Les vecteurs potentiels de la prise en compte du statut intra-UE du traité dans son interprétation

586. Précisions méthodologiques. La pertinence du cadre interprétatif de la CVTD ayant été établi, il nous appartient à ce stade de distinguer parmi les moyens d'interprétation de la CVDT afin d'identifier ceux étant les plus à même d'être vecteur d'une prise en compte du statut intra-UE du traité au stade de l'interprétation. Ce travail permettra de limiter l'examen détaillé – des moyens d'interprétation de la CVDT utilisés par les arbitres – aux moyens les plus sensibles au statut intra-UE d'un traité. En dehors des moyens relevant de l'article 31 § 3 c) CVDT et potentiellement des circonstances de conclusion du traité mentionnées à l'article 32 CVDT, les moyens d'interprétation de la CVDT sont tous et de la même manière de potentiels vecteurs de la prise en compte du statut intra-UE d'un traité. Ce statut particulier peut être véhiculé par les termes du traité, son objet et son but, par des éléments relevant du contexte, ou connexes au contexte, ou enfin par des moyens complémentaires. Or, dans l'ensemble, les traités d'investissement entre États membres restent silencieux quant à l'intégration européenne. L'hypothèse de la prise en compte du statut intra-UE d'un traité du fait d'éléments interprétatifs intrinsèques au traité s'est rarement concrétisée. Les éléments extrinsèques au traité sont ainsi plus susceptibles d'être des vecteurs de la prise en compte du statut intra-UE d'un traité.

587. Plan de paragraphe. Au sein de ces potentiels vecteurs, il est possible de distinguer entre des hypothèses théoriques pour l'essentiel (A) et d'autres qui se sont davantage concrétisées (B).

A - Les hypothèses restées pour l'essentiel théoriques

588. Précisions concernant l'obligation d'interpréter les traités de bonne foi. Au sein de la règle générale d'interprétation de la CVDT, l'obligation d'interpréter les traités de bonne foi est davantage un principe général d'interprétation qu'un moyen d'interprétation à l'image du sens ordinaire des termes, du contexte des termes, de l'objet et du but du traité et des éléments connexes au contexte des termes[2286]. Dans tous les cas, le principe de bonne foi semble indifférent au statut intra-UE (ou trop ambivalent), par conséquent il ne se révèle pas être un vecteur, même potentiel, de la prise en compte du statut intra-UE du traité d'investissement dans l'interprétation de ce dernier.

589. Plan. Cette précision faite, il est possible de distinguer au sein de la règle générale d'interprétation entre des éléments contextuels et non contextuels. Les éléments contextuels réunissent ici ceux relevant des paragraphes 2 et 3 de l'article 31. Si les moyens authentiques non contextuels (1) peuvent être envisagés comme vecteurs de la prise en compte du statut intra-UE du traité, cette hypothèse est restée, à une exception près, théorique. C'est également le cas pour les moyens authentiques relevant du contexte externe des termes du traité (2).

[2286] GARDINER R., *Treaty Interpretation*, 2nd ed., Oxford, OUP, 2015, pp. 523, spéc. p. 168 « Good faith differs from most of the other elements of the Vienna rules in that, at least in the way it is expressed in the opening words of the rules, it applies to the whole process of interpreting a treaty rather than solely to the meaning of particular words or phrases within it ».

1 - Les moyens authentiques non contextuels

590. ***Plan.*** Une prise en compte du statut intra-UE d'un traité grâce à ses termes ou à son objet et but est restée pour l'essentiel théorique. Seuls quelques rares traités mentionnent explicitement, dans le corps du traité ou dans son préambule, l'UE ou le droit de l'UE. Notre première hypothèse est donc restée théorique du fait du silence de ces traités (a). En revanche, pour la seconde concernant l'objet et le but du traité, c'est une abondance de termes qui la rend peu probable. L'objet et le but de ces traités, si les deux notions ne se confondent pas, sont ambivalents, ce qui complexifie l'étude de ce moyen d'interprétation (b).

a - Le silence des termes des traités quant à l'UE

591. ***Les références indirectes non spécifiques.*** Les termes des traités d'investissement entre États membres ne font pas, à une exception près, référence explicitement à l'intégration européenne. Il est possible de trouver des références indirectes dans des exceptions au traitement de la nation de la nation la plus favorisée, certaines clauses refusant d'étendre les avantages et bénéfices relevant d'union douanière, de zone de libre-échange ou d'union monétaire aux investisseurs des autres parties. De telles clauses se trouvent également dans des traités entre États membres et États tiers. Elles ne prennent pas spécifiquement en compte le statut intra-UE d'un traité.

592. ***L'exception de l'article 11 § 2 du TBI austro-croate.*** Seul, l'article 11 § 2 du traité bilatéral d'investissement (TBI) de 1997 entre l'Autriche et la Croatie prévoyant que « *The Contracting Parties are not bound by the present Agreement insofar as it is incompatible with the legal acquis of the European Union (EU) in force at any given time* » concrétise cette hypothèse. La réception de cette clause par plusieurs tribunaux, traitée précédemment, montre que même en présence d'un tel vecteur, les tribunaux ont pu modérer les effets de la prise en compte du statut intra-UE de ce traité[2287].

593. ***Le cas particulier du TCEn.*** L'hypothèse d'une prise en compte de ce statut spécifique au travers des termes d'un traité s'est aussi concrétisée, mais plus indirectement dans le cadre du traité sur la Charte de l'énergie (TCEn). En effet, les exceptions d'incompétence dites *ratione personae* ont consisté à arguer que les termes du traité eux-mêmes emportaient l'inapplicabilité de l'article 26 TCEn aux différends entre un investisseur de l'Union et un État membre. Cet argument n'a pas prospéré devant les tribunaux. Même le tribunal de l'affaire *Green Power*, qui a accueilli favorablement une exception d'incompétence TCEn intra-UE, a écarté la branche *ratione personae*[2288] de cette objection et n'a retenu son incompétence que sur sa branche *ratione voluntatis*[2289].

594. ***La nécessité d'une clause d'exception explicite.*** Ces deux exemples peuvent être rapprochés de sentences arbitrales en matière de clauses d'exception, ayant écarté ces clauses sans un examen approfondi[2290] ou considéré qu'elles devaient être interprétées de manière

---

[2287] CIRDI, *Georg Gavrilovic et Gavrilovic d. o. o. (Gavrilovic) c. République de Croatie*, aff. ARB/12/39, Sentence du 25 juillet 2018 ; CIRDI, *Addiko Bank AG and Addiko Bank d. d. (Addiko) c. République de Croatie*, aff. ARB/17/37, Décision du 12 juin 2020 sur l'exception d'incompétence croate ; CIRDI, *Raiffeisen Bank International AG and Raiffeisenbank Austria d.d.(Raiffeisen) c. République de Croatie*, aff. ARB17/34 Décision du 30 Septembre 2020 sur l'exception d'incompétence du défendeur.

[2288] SCC, (SCC), *Green Power Partners K/S et SCE Solar Don Benito APS (Green Power et SCE) c. Royaume d'Espagne*, aff. n° 2016/135, Sentence du 16 juin 2022, §§ 185-195.

[2289] *Ibid.*, §§ 331-478.

[2290] ORTINO F., « Legal Reasoning of International Investment Tribunals : A Typology of Egregious Failures », *Journal of International Dispute Settlement*, Vol. 3(1), 2012, pp. 31-52, spéc. pp. 47-51. L'auteur souligne que la majorité des tribunaux ayant eu à se prononcer sur la clause d'exception prévue à l'article XI du TBI entre l'Argentine et les Etats-Unis, ont écarté cette clause sur la base d'une justification minimaliste.

restrictive[2291] ou étroite[2292]. Seules des clauses d'exception formulées de manière très claire[2293] seraient à même de produire des effets et d'être interprétées de manière constante par les arbitres. Comme pour les clauses d'exception générale[2294], l'interprétation, en particulier quant à sa portée, d'une clause « intra-UE »[2295] dans un traité d'investissement, qu'elle prenne la forme d'une « clause de déconnexion[2296] » au sein d'un traité multilatéral ou une autre forme[2297] notamment au sein d'un traité exclusivement entre États membres, se révèle incertaine. Une seule clause ne serait probablement pas suffisante ; la relation entre le droit de l'UE et le traité d'investissement devrait être également explicitée dans le préambule du traité au stade de l'explicitation de son but et objet. Cette réflexion prospective pourrait être pertinente dans le cadre de traités avec des États tiers. Elle ne se pose pas pour les traités entre États membres existants. En se limitant à l'existant, les termes des traités étudiés sont indifférents à la distinction entre traités intra-UE et extra-UE. La réticence des tribunaux à identifier des éléments implicites dans les termes des traités conforte cette conclusion[2298].

595. Transition. La même conclusion, en fin d'analyse, peut être faite pour l'objet et le but des traités, mais passe par une réduction ces derniers. La notion du but et de l'objet des traités se montre plus ouverte, plus ambivalente, moins silencieuse. Ces traités restent des traités de promotion et de protection des investissements étrangers. Si la protection des investissements se présente comme un moyen à articuler avec d'autres de promouvoir les investissements, alors le statut intra-UE pourrait être appréhendé dans l'interprétation au

---

2291 CIRDI, *Enron Corporation et Ponderosa Assets, L.P. (Enron) c. République argentine*, aff. ARB/01/3, Sentence du 22 mai 2007, § 331 *pro* CIRDI, *Sempra Energy International (Sempra) c. République argentine*, aff. ARB/02/16, Sentence du 28 septembre 2007, § 373.

2292 CIRDI, (CNUDCI), *Canfor Corporation (Canfor) c. Etats-Unis*, Décision sur la question préliminaire du 6 juin 2006, § 187.

2293 BREW R., « Exception Clauses in International Investment Agreements As a Tool for Appropriately Balancing the Right to Regulate with Investment Protection », *Canterbury Law Review*, Vol. 25, 2019, pp. 205-242, spéc. pp. 214, 218-242

2294 GAGLIANI G., « The Interpretation of General Exceptions in International Trade and Investment Law: Is a Sustainable Development Interpretative Approach Possible », *Denver Journal of International Law and Policy*, Vol. 43(4) 2015, pp. 559-588, spéc. 575-582.

2295 La formulation de la clause de déconnexion envisagée lors des négociations du TCEn, au regard de la pratique arbitrale, n'aurait vraisemblablement eu aucune incidence sur la compétence des tribunaux, ces derniers auraient tout simplement jugé qu'aucune règle de droit de l'UE ne régissait la protection des investissements par l'arbitrage État-investisseur. Comme ils l'ont affirmé pour écarter les différentes objections d'incompétence intra-UE. Pour le libellé de cette clause v. CIRDI, *Landesbank Baden-Württemberg, HSH Nordbank AG, Landesbank Hessen-Thüringen Girozentrale et Norddeutsche Landesbank-Girozentrale (Landesbank Baden-Württemberg) c. Royaume d'Espagne*, aff. ARB/15/45, Décision sur l'exception d'incompétence intra-UE du 25 février 2019, § 123 « What the travaux préparatoires do make clear is that the EU proposed that a disconnection clause be included in a Ministerial Declaration to be attached to the ECT. The draft proposed that a declaration include the following provision: *In their mutual relations, Contracting Parties which are Members of the European Communities shall apply Community rules and shall not therefore apply the rules arising from this Agreement except insofar as there is no Community rule governing the particular subject concerned* [...] ».

2296 Pour une typologie et une critique de ce type de clause au regard de leur caractère superflu ou néfaste v. ECONOMIDES C. P. et KOLLIOPOULOS A. G., « La clause de déconnexion en faveur du droit communautaire : une pratique critiquable », *RGDIP*, t. 110, n° 2, 2006, pp. 273-302. V. aussi WAIBEL M. et MERKOURIS P., « Uniformity versus sepcialization (2) : A uniform regime of treaty interpretation ? », *in* TAMS CJ, TZANAKOPOULOS A., ZIMMERMANN A. et *ali.*, *Research Handbook on the Law of Treaties*, Cheltenham – Northampton, Edward Elgar, 2014, pp. 375-412, spéc. pp. 364-366. Ici les clauses de déconnexion sont considérées comme relevant de l'article 41 de la CVDT sur les accords ayant pour objet de modifier des traités multilatéraux dans les relations entre certaines parties seulement, elles permettraient d'opérer une modification *inter se* sans la notifier.

2297 Une clause de soutien mutuel pourrait être envisagée, limitée aux autres instruments de promotion et de protection des investissements ou non. Pour un exemple de clause de soutien mutuelle générale v. La Convention sur la protection et la promotion de la diversité des expressions culturelles, adoptée le 20 octobre 2005 et entrée en vigueur le 18 mars 2007, Article 20 - Relations avec les autres instruments : soutien mutuel, complémentarité et non-subordination. Plus généralement sur le principe de soutien mutuel v. BOISSON DE CHAZOURNES L. et MBENGUE M. M., « A propos du principe de soutien mutuel, les relations entre le Protocole de Cartagena et les Accords de l'OMC », *RGDIP*, t. 111, n° 4, 2007, pp. 829-862.

2298 Sur l'interprétation du silence des termes des traités dans l'arbitrage d'investissement, v. WEERAMANTRY J. R., *Treaty Interpretation in Investment Arbitration*, Oxford, OUP, 2012, pp. 314, spéc. §§ 6.122-6.130.

regard du rôle premier de l'Union dans la promotion des investissements étrangers intra-UE. Or, l'ambivalence de l'objet et du but du traité est réduite par les tribunaux à la protection des investissements par l'arbitrage État-investisseur[2299]. Comme s'il s'agissait de traité d'arbitrage d'investissement.

b - La réduction de l'ambivalence de l'objet et du but des traités

596. Une prise en compte du statut intra-UE du traité au moyen de son objet et but est envisageable à la fois pour les TBI entre États membres et pour le TCEn.

597. Le rejet d'un but provisoire des TBI entre États membres. Pour les TBI entre États membres, il a pu être soutenu que l'intégration économique minimale qu'ils visaient n'était qu'une première étape du processus d'intégration européenne et donc n'avait qu'un but provisoire. Certains auteurs ont pu considérer que les traités de protection et de promotion des investissements et les accords multilatéraux d'investissement visaient à créer des zones d'intégration économique de « *proto-EU quality* »[2300], moins avancées que le marché intérieur de l'UE. Les traités d'investissement entre États membres pourraient alors paraitre comme un phénomène conjoncturel. Cette approche a été rejetée par les tribunaux arbitraux ayant eu à traiter les premières exceptions d'incompétence TBI intra-UE – les termes de ces traités ou d'autres moyens d'interprétation ne la confirmaient pas. Les ambigüités des institutions de l'Union et des États membres en matière de protection des investissements, lors de la construction du marché intérieur et surtout lors du processus d'adhésion de nouveaux États membres n'ont pas permis d'établir, fermement, le caractère provisoire des traités d'investissement conclus entre États membres et futurs États membres.

598. Le rejet d'un but externe du TCEn. Concernant le TCEn, il a pu être avancé qu'il n'avait pour l'Union qu'une portée externe, visant principalement la libéralisation de l'économie des anciens pays du bloc de l'Est. Des ambigüités similaires à celles ayant entouré les TBI entre États membres ont affaibli la portée de cet argument. De manière plus fondamentale, que ce soit dans le cadre de ces derniers ou du TCEn, le recours au but et à l'objet du traité comme moyen d'interprétation est ambivalent, car ces traités ont des objectifs multiples[2301]. Tout particulièrement le TCEn[2302].

[2299] Cela est d'autant plus vrai pour les traités d'investissement adoptés après les années 2000. Si auparavant les préambules des traités visaient la promotion, la protection, la stimulation des investissements, voire l'établissement de conditions favorables ou stables, désormais ils font référence au développement, au droit de l'homme, à l'environnement, au droit du travail, à la responsabilité sociale des entreprises ou encore à la lutte contre la corruption. Cette évolution pourrait ne plus permettre de réduire le but de ces traités à la protection de l'investissement. V. REINISCH A., « The Interpretation of International Investment Agreements », in BUNGENBERG M., GRIEBEL J., HOBE S. et REINISCH A. (eds), *International Investment Law – A Handbook*, Baden-Baden/Oxford, Nomos/Hart, 2015, pp. 370-410, spéc. pp. 396-401.

[2300] WÄLDE T.W., « Multilateral Investment Agreements (MITs) in the Year 2000 », in LOQUIN E., SALEM M. et LEBEN C. (éd.), Souveraineté étatique et marchés internationaux à la fin du XXe siècle (À propos de 30 ans de recherches du CREDIMI) – Mélange en l'honneur de Philippe KAHN, Litec, 2000, pp. 389-431, spéc. p. 394.

[2301] KOLB R., *Interprétation et création du droit international – Esquisse d'une herméneutique juridique moderne pour le droit international public*, Bruxelles, Bruylant – Université de Bruxelles, 2006, pp. 931, spéc. pp. 569-570.

[2302] WÄLDE T.W., « Multilateral Investment Agreements (MITs) in the Year 2000 », *in* LOQUIN E., SALEM M. et LEBEN C. (éd.), *Souveraineté étatique et marchés internationaux à la fin du XXe siècle (À propos de 30 ans de recherches du CREDIMI) – Mélange en l'honneur de Philippe KAHN*, Litec, 2000, pp. 389-431, spéc. pp. 392 et 393 « A review of the preambular language of both reveals that BITs are presented as the expression of a bilateral deal reflecting the interest of two parties, while the MITs are presented as pursuing much larger, policy-oriented, economic-philosophy imbued efforts at multilateral economic regulation. While much specific text may be imported from modern BIT-practice, the overall context and formal presentation of modern MITs is much closer to the value-loaded and globally-oriented language of UN resolutions. Interpretation of multilateral treaties must therefore be not only focus on implementing a deal reached among negotiators, but also give effect to the more general policy – and philosophy – based goals formally recognized in the treaty ».

599. La prévalence d'un but de protection de l'investissement par l'arbitrage État-investisseur. L'ambivalence de l'objet et du but d'un traité rend difficile l'étude de ce moyen d'interprétation[2303]. Il faut toutefois reconnaitre que, dans l'ensemble, la jurisprudence arbitrale retient (quitte à amalgamer objet et but[2304]) comme objet et but principal de ces traités la protection des investissements. Ce but est indifférent au statut intra-UE des traités sauf à considérer le droit de l'UE comme plus protecteur. Or, les tribunaux ont fréquemment jugé que ce dernier n'était pas plus favorable à l'investissement que les dispositions de traités de protection des investissements, principalement au motif de l'absence d'offre d'arbitrage État-investisseur en droit de l'UE. L'objet et le but du traité sont réduits à la protection de l'investissement par l'arbitrage d'investissement. C'est l'arbitrage d'investissement qui est considéré comme plus protecteur. L'hypothèse de dispositions plus favorables au sein d'accords bilatéraux, par rapport à celles d'une organisation d'intégrations économiques régionales, n'est pas toujours passer pour aller de soi. En se fondant sur des exceptions présentent dans des clauses portant sur le traitement de la nation la plus favorisée (NPF) visant ces formes d'intégration, Dominique Carreau et Fabrizio Marella concluaient, en 2012 : « [...] on est ici en présence d'une règle coutumière qui reconnait expressément la prééminence des intégrations économiques régionales [...]. En bref, dans le domaine économique, le "bilatéral" cède clairement devant le "régional" »[2305]. Il n'en reste pas moins que la supériorité de la protection offerte par un traité comprenant une offre d'arbitrage État-investisseur par rapport à un traité n'en comprenant pas a été communément admise, par les tribunaux arbitraux. Cela passe par une substantialisation du droit à l'arbitrage, reposant parfois sur le concept de droit acquis. Ce dernier est aussi utilisé dans les sentences appliquant largement les clauses de la nation la plus favorisée aux dispositions procédurales des traités[2306].

600. Conclusion. Concernant les termes, l'objet et le but du traité, le silence des traités d'investissement entre États membres quant à l'UE, empêche ces moyens d'interprétation d'être des vecteurs crédibles de la prise en compte du statut intra-UE du traité dans son interprétation. Seuls des raisonnements implicites le permettraient. Or les tribunaux n'y sont pas favorables. Comme le montre la tendance visant à introduire dans les traités une clause préservant le droit à réguler de l'État, ce n'est qu'en présence de références explicites que la jurisprudence arbitrale peut être infléchie, même si des exemples contraires existent[2307]. Lire une exception implicite dans un traité sans qu'elle soit soutenue par plusieurs autres moyens d'interprétation ne semble également pas souhaitable ni conforme à la règle d'interprétation de la convention de Vienne sur le droit des traités de 1969 (CVDT). Comme pour les termes des traités, l'objet et le but des traités, comme formulés dans les traités entre États membres, au regard de la jurisprudence arbitrale, ne permettent pas d'espérer une prise en compte du statut intra-UE du traité dans son interprétation. Notre seconde hypothèse de départ ne s'est

---

2303 WÄLDE T., « Interpreting Investment Treaties: Experiences and Examples » *in* BINDER C., KRIEBAUM U., REINISCH A. et WITTICH S. (eds.), *International Investment Law for the 21st Century: Essays in Honour of Christoph Schreuer*, Oxford, OUP, 2009, pp. 724-781, spéc. p.758 « The key reason for not allowing an easy reference to the 'purpose' to replace the original text is that 'object and purpose' are much harder to identify with sufficient objectivity and consistency than anlalysing the ordinary meaning in context ».

2304 Pour un critique de l'amalgame entre objet et but, aboutissant à maximiser la protection des investisseurs, alors qu'au regard des préambules la protection des investissements peut être un moyen, visant la maximisation du bien-être économique du développement ou de la prospérité de l'État hôte et de l'État d'origine l'investissement v. van AAKEN A., « Interpretational Methods as an Instrument of Control in International Investment law », *Proceedings of the Annual meeting (American Society of International Law)* Vol. 108, 2014, pp. 196-198, spéc. pp. 197-198 ; van AAKEN A. *Control Mechanisms in International Investment Law*, University of St. Gallen Law School Law and Economics Working Paper No. 2013-23, 2013, pp. 36, spéc. pp. 18-19.

2305 CARREAU D. et MARELLA F., *Droit International*, 11e éd., Paris, Pedone, 2012, pp. 702, spéc. p. 133.

2306 V. *supra* Partie I, Titre 2, Chapitre 1, Section 2, Paragraphe 2, C).

2307 Sur l'interprétation du silence de clauses de nation la plus favorisée v. RIGO SUREDA A., *Investment Treaty Arbitration – Judging under uncertainty*, Cambridge, CUP, 2012, pp 152, spéc. pp. 29-32.

pas concrétisée pour les traités entre États membres[2308]. Ces aspects limitent la pertinence d'une étude détaillée de ces deux moyens dans le cadre des développements suivants. En suivant la structure de l'article 31 § 1 CVDT, il convient désormais de s'intéresser aux moyens relevant du contexte externe des termes des traités, c'est-à-dire aux éléments mentionnés aux lettres a) et b) de l'article 31 § 2 CVDT.

2 - Les moyens relevant du contexte externe des termes du traité

601. Précisions concernant l'étude de l'article 31 § 2 lettres a) et b). L'article 31 § 2 de la convention de Vienne sur le droit des traités de 1969 (CVDT) donne un poids dans l'interprétation à des éléments externes au traité, réunissant toutes les parties aux traités ou une ou plusieurs parties, à condition que les autres parties l'acceptent. Dans le cadre de l'étude de l'interprétation de traité entre États membres, il convient de s'intéresser à cet article, car potentiellement il pourrait permettre de prendre en compte des accords et instruments relevant du processus d'intégration européenne. Pour les traités bilatéraux d'investissement (TBI) entre États membres le fait que l'article 31 § 2 a) CVDT vise un accord entre toutes les parties (accord collatéral[2309]) ne pose pas de difficultés. Il en va autrement comme pour le traité sur la Charte de l'énergie (TCEn) qui est un traité multilatéral liant à la fois l'UE, des États membres et des États tiers. Un accord entre États membres dans le cadre de TBI entre États membres lierait nécessairement toutes les parties au traité, alors qu'un tel accord du point de vue du TCEn ne lierait que plusieurs parties au traité, mais pas toutes. Seule l'étude de l'article 31 § 2 b) CVDT se justifie pour ce dernier, à condition d'établir l'acceptation, par l'ensemble des parties au TCEn, d'un instrument liant les seuls États membres.

602. Plan. Les notions d'accord et instrument de l'article 31 § 2 CVDT seront d'abord examinées dans le contexte particulier des traités bilatéraux entre États membres (a), puis un examen spécifique de la déclaration de la communauté européenne au secrétariat de la charte de l'énergie complètera la première étude (b).

a - Les notions d'accord et d'instrument de l'article 31 § 2 de la CVDT

***603. Des accords non interprétatifs* per se.** Dans le cadre de l'interprétation d'un traité d'investissement entre États membres, le statut intra-UE du traité peut être pris en compte grâce au contexte des termes à condition d'interpréter largement les notions d'« accord ayant rapport au traité et qui est intervenu entre toutes les parties à l'occasion de la conclusion du traité » et d'« instrument établi par une ou plusieurs parties à l'occasion de la conclusion du traité et accepté par les autres parties en tant qu'instrument ayant rapport au traité ». La première notion énoncée à l'article 31 § 2 a) CVDT a pu être définie par le professeur Jacques Dehaussy et Mahmoud Salem comme correspondant à : « tout accord intervenu entre toutes les parties soit simultanément, soit ultérieurement à la conclusion d'un traité donné, et qui entretient nécessairement avec ce dernier un lien d'ordre matériel ou simplement de dépendance logique »[2310]. Ces accords et instruments contrairement aux

---

[2308] Une problématique analogue existe aussi dans le cadre de traités avec des États tiers. En effet, ces derniers pourraient préciser dans l'objet et but la relation de la protection des investissements avec le droit de l'UE ou des principes fondamentaux du marché intérieur. Ces éléments toutefois sont en dehors du champ de notre étude.

[2309] CDI, Guide de la pratique sur les réserves aux traités, introduction, directives et commentaires, Rapport de la CDI sur les travaux de sa soixante-troisième session, A/66/10/ADD.1, 2011, pp. 38-630, spéc. Directive 1.2.1 Commentaire 7), pp. 82 « [...] les paragraphes 2 a) et 3 a) de l'article 31 des Conventions de Vienne de 1969 et 1986, concernant les accords collatéraux relatifs à l'interprétation ou à l'application du traité ».

[2310] DEHAUSSY J. et SALEM M., « Fasc. 12-6 : Principes, règles méthodes applicables à l'interprétation », *JCl. Droit international*, Lexis Nexis, 1995, p. 21.

accords et pratiques mentionnés à l'article 31 § 3 lettres a) et b), n'ont pas à porter spécifiquement sur l'interprétation du traité, mais doivent notamment : « avoir rapport au traité » et intervenir « à l'occasion de la conclusion du traité ». La réduction de la condition matérielle à un simple lien de dépendance logique et l'extension de la condition temporelle à tout accord ultérieur rend envisageable l'inclusion des traités constitutifs, d'adhésion, et modificatifs de l'UE dans la catégorie des éléments de contexte extrinsèque au traité.

604. L'examen de la condition de contemporanéité. Ces accords et instruments, bien que pouvant être ultérieurs aux traités, doivent être contemporains de ces derniers. Il s'agit d'une condition de contemporanéité acceptant des accords et instruments antérieurs, concomitants ou ultérieurs au traité interprété, mais excluant des accords trop éloignés dans le temps[2311]. Cette condition n'est pas remplie dans la grande majorité des cas pour les accords d'adhésion à l'UE. Ces derniers ne sont pas contemporains des TBI intra-UE[2312] (comme les déclarations des États membres des 15 et 16 janvier 2019[2313] par rapport aux TBI intra-UE[2314] ou au TCEn[2315]). En revanche, certains accords d'association pourraient satisfaire ce critère de contemporanéité. Toutefois, seuls quelques-uns comprennent des dispositions explicites portant sur l'adhésion future de l'État signataire[2316]. Seules celles-ci pourraient faire jouer un rôle à la distinction entre traités intra-UE et extra-UE dans la contextualisation extrinsèque des termes du traité d'investissement. Un tel examen des accords d'associations n'est cependant pas présent dans les sentences étudiées. Dans l'affaire *Achmea,* la Slovaquie s'est appuyée sur l'extinction de l'accord d'association à la suite de l'accession à l'UE pour défendre la thèse de l'extinction tacite d'un traité d'investissement qui la liait aux Pays-Bas. Elle a avancé que le traité d'investissement n'était qu'un accessoire de l'accord d'association[2317]. La sentence mentionne l'accord d'association au côté de l'accord d'accession et du traité de Lisbonne dans l'examen des articles 30 et 59 CVDT[2318], mais ne fait pas référence à la règle d'interprétation générale de l'article 31 CVDT. Si la proximité temporelle n'est pas toujours indispensable, ou peut parfois ne pas concerner la date de conclusion des traités, mais celle

---

[2311] YASSEEN M. K., « L'interprétation des traités d'après la Convention de Vienne sur le droit des traités », RCADI, Vol. 151, 1976, pp. 114, spéc. p. 38.

[2312] Quelques accords d'adhésion à l'UE et TBI intra-UE pourraient être considérés comme contemporains, leurs signatures étant éloignées de moins de 2 ans. V. Annexe 4 TBI intra-UE extrait Investment Policy Hub : TBI République tchèque – Malte (2002), TBI Autriche – Malte (2002) ; TBI Italie – Malte (2002) ; TBI Bulgarie – Lettonie (2005).

[2313] Déclaration des représentants des gouvernements des États membres, du 15 janvier 2019, relative aux conséquences juridiques de l'arrêt *Achmea* rendu par la Cour de Justice et à la protection des investissements dans l'Union européenne (Signée par 22 États membres) ; Déclaration des représentants des gouvernements des États membres, du 16 janvier 2019, relative à l'exécution de l'arrêt *Achmea* rendu par la Cour de Justice et à la protection des investissements dans l'Union européenne (Signée par la Finlande, le Luxembourg, Malte, la Slovénie et la Suède) ; Déclaration du représentant du gouvernement de la Hongrie, du 16 janvier 2019, relative aux conséquences juridiques de l'arrêt *Achmea* rendu par la Cour de Justice et à la protection des investissements dans l'Union européenne. Les trois déclarations expriment une position commune quant aux effets de l'arrêt *Achmea* sur les TBI intra-UE, elles expriment des points de vue divergeant sur la question de l'effet de l'arrêt *Achema* sur le TCEn. La déclaration des 22 États membres du 15 janvier 2019 considère que ce traité ne peut pas être appliqué entre les États membres. La déclaration de la Finlande, du Luxembourg, de la Slovénie et de la Suède considère qu'il n'est pas possible de se prononcer en l'état sur cette question. La déclaration de la Hongrie affirme que l'arrêt *Achmea* ne concerne que les TBI intra-UE et ne s'exprime pas sur le traité de la charte de l'énergie.

[2314] CPA, (CNUDCI), *A.M.F. Aircraftleasing Meier & Fischer GmbH & Co. KG (A.M.F Aircraftleasing) c. République tchèque*, aff. n° 2017-15, Sentence finale du 11 mai 2020, § 335.

[2315] CIRDI, *Eskosol S.p.A. in liquidazione (Eskosol) c. République italienne*, aff. ARB/15/50, Décision sur la demande de clôture et sur l'objection basée sur l'inapplicabilité du traité sur la charte de l'énergie aux disputes intra-UE du 7 mai 2019, § 219 *pro* CIRDI, *ESPF Beteiligungs GmbH, ESPF Nr. 2 Austria Beteiligungs GmbH, and InfraClass Energie 5 GmbH & Co. KG (ESPF) c. République italienne*, aff. ARB/16/5, Sentence du 14 septembre 2020, § 322

[2316] VAN ELSUWEGE P. et CHAMON M., The meaning of 'association' under EU law – A study on the law and practice of EU association agreements, Etude – 18-02-2019, Parlement Européen, 2019, pp. 50, spéc. pp. 24-27.

[2317] CPA, (CNUDCI), *Achmea B. V. c. République slovaque (formerly Eureko B. V. c. République slovaque)*, aff. n° 2008-13, Décision sur la compétence, l'arbitrabilité et la suspension du 26 octobre 2010, § 87.

[2318] *Ibid.*, § 244.

d'entrée en vigueur, cette souplesse de la condition de contemporanéité n'opérerait qu'en présence d'un lien substantiel clair entre les traités[2319].

605. L'examen de l'existence d'un lien substantiel. Un lien logique entre traités peut suffire pour considérer que l'un ait rapport à l'autre. Cette hypothèse semble cependant restreinte à des traités conclus au même moment par les mêmes parties[2320]. La majorité de la doctrine insiste sur l'existence d'un lien substantielle[2321], voire d'une « communauté d'objet et de but »[2322]. Ces termes peuvent suggérer une assimilation de ce critère à celui de « même matière » des articles 30 et 59 CVDT. Ce lien est encore plus explicite dans les écrits du professeur Mustafa Kamel Yasseen lorsqu'il précise que pour avoir rapport au traité interprété un accord « doit concerner la matière sur laquelle porte le traité, clarifier certaines notions prévues ou limiter le champ d'application du traité »[2323]. Or le critère de « même matière » des articles 30 et 59 de la CVDT a été interprété de manière stricte par les tribunaux[2324]. De plus, une partie de la doctrine restreint davantage la notion, en exigeant au-delà d'un lien substantiel un lien subjectif entre le traité interprété et les accords de l'article 31 § 2 a) CVDT[2325].

606. Transition. Au regard de ces éléments, il est peu probable que des accords ou instruments de droit de l'UE puissent être considérés comme ayant rapport à un traité d'investissement et intègrent – dans l'application de la règle générale d'interprétation – le contexte extrinsèque des termes du traité. Cela serait cependant plus envisageable dans le cadre du TCEn du fait de la participation de l'UE et de son rôle dans sa négociation et son adoption, mais dans ce cas la nécessaire implication de « toutes les parties » (art. 31 § 2 a) CVDT) écarte tout accord limité aux seuls États membres de l'UE.

2319 GESLIN A., « Fasc. 40 : SOURCES DU DROIT INTERNATIONAL. – Les traités. Interprétation. Techniques et modalités d'interprétation », *JCl. Droit international*, Lexis Nexis, 2015, §§ 64 et 65.

2320 DEHAUSSY J. et SALEM M., « Fasc. 12-6 : Principes, règles méthodes applicables à l'interprétation », *JCl. Droit international*, Lexis Nexis, 1995, p. 20-21 Ces auteurs s'appuient sur l'arrêt de la CIJ du 3 février 1994 *Jamahiriya Arabe Libyenne c. Tchad*, dans lequel la Cour à considérer qu'un accord de bon voisinage conclu en même temps qu'un accord de règlement de problèmes de frontières, par les mêmes parties, appartenait au contexte du dernier. Ici le lien est plus logique et temporel que matériel.

2321 SINCLAIR I., *The Vienna Convention on the Law of Treaties*, 2nd ed., Manchester, Manchester University Press, 1984, pp. 270, spéc. p. 129 « It is of course essential that the agreement or instrument should be related to the treaty. It must be concerned with the substance of the treaty and clarify certain concepts in the treaty or limits its field of application ».

2322 GESLIN A., « Fasc. 40 : SOURCES DU DROIT INTERNATIONAL. – Les traités. Interprétation. Techniques et modalités d'interprétation », *JCl. Droit international*, Lexis Nexis, 2015, § 64 La référence à l'objet et au but du traité rappelle les termes utilisés pour déterminer la matière du traité dans le cadre de l'examen du critère de même matière des article 30 et 59 CVDT.

2323 YASSEEN M. K., « L'interprétation des traités d'après la Convention de Vienne sur le droit des traités », RCADI, Vol. 151, 1976, pp. 1-114, spéc. p. 37.

2324 V. *supra* Partie I, Titre II, Chapitre I, Section 2.

2325 Par ex. le professeur Ulf Linderfalk précise : « *the fact that an agreement can be characterised as "relating to" a treaty, in the sense of subparagraph (a), would imply that the parties have accepted that some close affinity exists between the two [treaties]* ». V. LINDERFALK U., *On the interpretation of treaties*, Dordretch, Springer, 2007, pp. 437, spéc. p. 134 *pro* DÖRR O. et SCHMALENBACH K. (eds.), *Vienna Convention on the Law of Treaties*, 2nd ed., Berlin, Springer, 2018, pp. 1535, spéc. p. 590 « The material must "relate" to the substance of the treaty, eg by specifying or clarifying certain concepts used therein or limiting its field of application. That relation must be one of substance, but it must also be encompassed by the parties' consensus » comp. DEHAUSSY J. et SALEM M., « Fasc. 12-6 : Principes, règles méthodes applicables à l'interprétation », *JCl. Droit international*, Lexis Nexis, 1995, p. 21 « il ne semble pas que les parties doivent nécessairement exprimer de façon univoque l'existence d'un rapport entre un traité et un accord conclu à l'occasion de celui-ci, l'interprète pouvant identifier ledit rapport à partir d'indices d'une autre nature [voir] *Ambatielos (Grèce c/Royaume-Uni, du 1er juill. 1952 [exception préliminaire] : Rec. CIJ 1952 p. 44* [...] ».

b - La déclaration de la Communauté européenne au Secrétariat de la Charte de l'énergie

607. L'examen de la déclaration au Secrétariat comme élément d'une clause de déconnexion. Dans l'examen des accords et instruments mentionnés aux lettres a) et b) de l'article 31 § 2 CVDT, en matière d'arbitrages sur le fondement du TCEn, il est nécessaire de porter une attention particulière à la déclaration faite par la Commission le 17 novembre 1997 au nom des Communautés européennes, au Secrétariat de la Charte l'énergie en application de l'article 26, paragraphe 3, point b) ii) TCEn[2326]. La Commission et certains États membres se sont appuyés sur cette déclaration (accompagnant la décision du Conseil d'approbation du traité sur la Charte de l'énergie de 1997) dans le cadre d'exception d'incompétence TCEn intra-UE, pour arguer que ce traité dès l'origine n'avait pas vocation à s'appliquer entre les États membres. Comme précisé précédemment, cette branche d'exception d'incompétence intra-UE peut être qualifiée de *ratione personae*[2327], car elle argue que les investisseurs de l'UE ne sont pas des investisseurs d'une autre partie contractante au sens du TCEn. Dans le même sens, il a pu être soutenu que cette déclaration, seule ou au côté d'autres éléments, contenait une clause de déconnexion implicite écartant l'application de ce traité entre les États membres[2328]. Pour Philip Strike, seule une déconnexion partielle peut être admise en ce que l'UE n'aurait pas donné son consentement inconditionnel à la soumission d'un différend à une procédure d'arbitrage qui ne viserait pas le défendeur adéquat – au regard de la répartition des compétences au sein de l'Union – que ce soit l'UE ou l'un des États membres[2329].

608. L'examen de la déclaration au Secrétariat comme moyen d'interprétation. Certaines sentences traitent de cette déclaration sans se prononcer sur sa nature. D'autres l'examinent à la lumière de l'article 31 § 2 CVDT. Par exemple, le tribunal de l'affaire *Vattenfall* admet l'importance de cette déclaration en tant qu'instrument relevant de l'article 31 § 2 b) CVDT dans l'examen du contexte des termes du traité, mais conclut que la formulation de cette déclaration ne permet pas d'interpréter la notion d'autre partie contractante comme limitée aux investisseurs d'États tiers[2330]. Avant lui, le tribunal de l'affaire *PV Investors* avait tenu un raisonnement similaire, sans faire référence à l'article 31 § 2 b) CVDT. Ce tribunal a considéré que cette déclaration ne permettait pas de

---

[2326] Déclaration communiquée par les Communautés européennes au Secrétariat de la Charte de l'énergie en application de l'article 26, paragraphe 3, point b) ii), du traité sur la Charte de l'énergie, JOUE, L69 du 9 mars 1998, pp. 115. Cette déclaration accompagnant la décision du Conseil d'approbation du TCEN du 27 septembre 1997 et a été depuis remplacée par une autre déclaration. V. Déclaration communiquée au Secrétariat de la Charte de l'énergie en application de l'article 26, paragraphe 3, point b) ii), du TCE, remplaçant la déclaration faite le 17 novembre 1997 au nom des Communautés européennes, JOUE, L115 du 2 mai 2019, pp. 1 et 2.

[2327] BALCERZAK F., *Renewable Energy Arbitration – Quo Vadis? – Implication of the Spanish Saga for International Investment Law*, Brill-Nijhoff, Leiden-Boston, 2023, pp. 452, pp. 165-166 comp. SCC, (SCC), *Green Power Partners K/S et SCE Solar Don Benito APS (Green Power et SCE) c. Royaume d'Espagne*, aff. n° 2016/135, Sentence du 16 juin 2022. Cette sentence distingue, de manière plus rigoureuse au sein de l'objection d'incompétence TCEn intra-UE soulevée par l'Espagne, entre une objection *ratione personae* et une objection *ratione voluntatis*..

[2328] BURGSTALLER M., « European Law and Investment Treaties », *Journal of International Arbitration*, Vol. 26(2), 2009, pp. 181-216 *contra* TIETJE C., *The applicability of the Energy Charter Treaty in ICSID Arbitration of EU Nationals vs EU Members States*, Beiträge zum Transnationalen Wirtschaftsrecht – Heft 78, Martin Luther University Halle-Wittenberg, 2008, pp. 27.

[2329] STRIKE P., *Shaping the Single European Market in the Field of Foreign Direct Investment*, Oxford, Hart Publishing, 2014, pp. 261, spéc. p. 190 nbp 16.

[2330] CIRDI, *Vattenfall AB et autres (Vattenfall (II)) c. République fédérale d'Allemange (II)*, aff. ARB/12/12, Décision du 31 août 2018 sur la problématique Achmea, §§ 185-191 *pro* SCC, (SCC), *Sun Reserve Luxco Holdings SRL (Sun Reserve) c. République italienne*, aff. n° 132/2016, Sentence du 25 mars 2020, §§ 449 et 450.

conclure à une inapplication entre États membres de ce traité d'investissement sectoriel[2331]. Dans l'affaire *Green Power,* sans se prononcer sur sa nature, le tribunal mobilise cette déclaration pour rejeter la branche *ratione personae* de l'exception d'incompétence intra-UE soulevée par l'Espagne[2332]. À titre de comparaison, et de manière plus originale, l'article 31 § 2 CVDT lettres a) et b) est mentionné par le tribunal de l'affaire *Cordoba Beheer B. V.* dans des développements consacrés à l'effet de la jurisprudence de la Cour de justice. Il est cependant difficile de déterminer en lisant la décision, si le tribunal considère l'arrêt *Komstroy* comme un instrument ou un accord relevant de l'article 31 § 2 CVDT[2333].

609. Conclusion. À l'exception de la déclaration de la Communauté européenne, l'hypothèse d'une prise en compte du statut intra-UE d'un traité au travers d'un accord ou instrument relevant respectivement des lettres a) et b) de l'article 31 § 2 CVDT ne s'est pas concrétisée. De plus, dans le contexte du TCEn, la pertinence d'un tel accord est conditionnée à son adoption par toutes les parties, ce qui exclut des accords restreints aux États membres. Quant aux instruments de l'article 31 § 2 b) CVDT, s'ils peuvent ne concerner que les États membres, ils doivent néanmoins être acceptés par les autres parties « en tant qu'instrument ayant rapport au traité » ce qui ne laisse pas de doute dans ce cas sur l'aspect subjectif du lien entre l'instrument et le traité pour les autres parties. Dans ces conditions, il est difficile d'envisager d'autres instruments de l'UE pouvant relever de cette catégorie.

B - Les hypothèses concrétisées

610. Plan. C'est en matière d'éléments relevant du contexte des termes du traité et encore plus d'éléments relevant de l'article 31 § 3 CVDT que la question du statut intra-UE du traité se pose avec le plus d'acuité. Au sein de l'enveloppe extérieure du contexte des termes, les accords et pratiques établissant un accord interprétatif sont un vecteur plus vraisemblable, que ceux précédemment envisagés, de la prise en compte d'une distinction entre traité intra-UE et extra-UE dans l'interprétation des traités. Toutefois, il ne peut être fait l'économie dans l'analyse de l'article suivant de la CVDT, l'article 32 dédié aux moyens complémentaires. Ce dernier comprend une liste d'éléments non exhaustive. Il peut accueillir une grande variété d'éléments potentiellement vecteurs d'une prise en compte du statut intra-UE du traité dans son interprétation. Tel serait le cas d'une déclaration interprétative unilatérale d'un État membre qui attacherait au statut intra-UE d'un traité des conséquences sur son interprétation. Ainsi, la question de la participation à l'UE des États parties au traité d'investissement – soit le statut intra-UE du traité – peut être pertinente pour certains moyens d'interprétation de l'article 31 CVDT (1) et pour de potentiels moyens complémentaires relevant de l'article 32 CVDT (2).

2331 CPA, (CNUDCI), *AES Solar et autres (PV Investors) c. Royaume d'Espagne*, aff. n° 2012-14, Décision préliminaire sur la compétence du 13 octobre 2014, § 184 ; CIRDI, *RWE Innogy GmbH and RWE Innogy Aersa S.A.U. (RWE Innogy) c. Royaume d'Espagne*, aff.14/34, Décision sur la compétence, la responsabilité et le quantum du 30 décembre 2019, § 331.

2332 SCC, (SCC), *Green Power Partners K/S et SCE Solar Don Benito APS (Green Power et SCE) c. Royaume d'Espagne*, aff. n° 2016/135, Sentence du 16 juin 2022, § 193. Il considère que cette déclaration suggère que « in addition to the EU Area, the territory of an EU Member State remains an Area for the purpose of Article 1(10) ECT, and two Areas coexist when claim is brought against both the EU and an EU Member State ».

2333 CIRDI, *Cordoba Beheer et autres c. Royaume d'Espagne*, aff. ARB/16/27, Décision sur la compétence, la responsabilité et les principes de quantum du 11 février 2022, § 670.

1 - Les accords et pratiques établissant un accord visé aux lettres a) et b) de l'article 31 § 3 de la CVDT

611. Plan. L'article 31 § 3 CVDT liste de manière exhaustive trois éléments à prendre en compte « en même temps » que le contexte. S'ils n'appartiennent pas au contexte tel que défini par l'article 31 § 2 CVDT, ces éléments « connexes du contexte[2334] » font partie des moyens d'interprétation authentiques de l'article 31. Les deux premiers éléments mentionnés sont les accords ultérieurs entre les parties sur l'interprétation du traité (art. 31 § 3 a) CVDT), que l'accord prenne la forme d'un accord – formel ou informel[2335] – ou soit issu d'une pratique ultérieure (art. 31 § 3 b) CVDT). Ces deux éléments seront étudiés ensemble. Le troisième et dernier élément d'interprétation de cet article « toute règle pertinente de droit international applicable dans les relations entre les parties » sera lui étudié séparément. À la différence des accords de l'article 31 § 2 a) CVDT les accords et pratiques établissant un accord, visés aux lettres a) et b) l'article 31 § 3 CVDT, ne font pas référence à « toutes les parties », mais seulement « aux parties ». Par conséquent, ces accords et pratiques pourraient ne concerner que certaines parties. Cette interprétation, soutenue par l'Espagne dans l'affaire *InfraRed*, ou par l'Italie dans l'affaire *Belenergia S.A*, a été fréquemment rejetée[2336]. Elle a toutefois été retenue par le tribunal de l'affaire *Green Power et SCE c. Royaume d'Espagne* dans sa sentence du 16 juin 2022[2337]. Aussi l'étendue de la notion de parties dans ces dispositions conditionne-t-elle (b), dans le cadre du traité sur la Charte de l'énergie (TCEn), la pertinence de ces accords interprétatifs ultérieurs comme vecteur d'une prise en compte du statut intra-UE du traité (a).

a - La pertinence des accords interprétatifs ultérieurs entre les parties

612. L'hypothèse réalisée d'accords interprétatifs vecteurs du statut intra-UE du traité. Si le renvoi aux règles « applicables dans les relations entre les parties » dans l'article 31 § 3 c) CVDT donne en soi une pertinence à la distinction entre traités intra-UE et extra-UE, ce n'est pas le cas des éléments d'interprétation, visés aux lettres a) et b) de l'article 31 § 3 CVDT – sauf à voir dans un traité d'accession un accord de l'article 31 § 3 a) CVDT ou dans la participation à l'UE une pratique de l'article 31 § 3 b) CVDT. Ce serait également le cas si l'interprétation de l'accord ultérieur rendait spécifiquement cette distinction pertinente. Ces hypothèses se sont concrétisées dans le cadre d'arbitrages sur le fondement de traités entre États membres. Les déclarations des 15 et 16 janvier 2019 relatives aux conséquences

---

2334 ALLAND D., « L'interprétation du droit international public », RCADI, Vol. 362, 2014, pp. 54-377, spéc. p. 149

2335 GARDINER R., *Treaty Interpretation*, 2nd ed., Oxford, OUP, 2015, pp. 523, spéc. pp. 246-250.

2336 CIRDI, *InfraRed Environmental Infrastructure GP Limited (InfraRed) c. Royaume d'Espagne*, aff. ARB/14/12, Sentence du 2 août 2019, §§ 267-270 ; CIRDI, *Belenergia S.A. c. République italienne*, aff. ARB/15/40, Sentence du 28 août 2019, §§ 307 et 308 *pro* CIRDI, *Cavalum SGPS c. Royaume d'Espagne*, Aff. ARB/15/34, Sentence sur la compétence, la responsabilité et les principes de quantum, du 31 août 2020, § 349 ; CIRDI, *Eskosol S.p.A. in liquidazione (Eskosol) c. République italienne*, aff. ARB/15/50, Décision sur la demande de clôture et sur l'objection basée sur l'inapplicabilité du traité sur la charte de l'énergie aux disputes intra-UE du 7 mai 2019, § 220 ; CIRDI, *Hydro Energy 1 S.à r.l. et Hydroxana Sweden AB (Hydro Energy 1) c. Royaume d'Espagne*, aff. ARB/15/42, Décision sur la compétence, la responsabilité et les orientations en matière de quatum du 9 mars 2020, § 502(15) ; CIRDI, *ESPF Beteiligungs GmbH, ESPF Nr. 2 Austria Beteiligungs GmbH, and InfraClass Energie 5 GmbH & Co. KG (ESPF) c. République italienne*, aff. ARB/16/5, Sentence du 14 septembre 2020, § 323 comp. CIRDI, *Eskosol S.p.A. in liquidazione (Eskosol) c. République italienne*, aff. ARB/15/50, Décision sur la demande de clôture et sur l'objection basée sur l'inapplicabilité du traité sur la charte de l'énergie aux disputes intra-UE du 7 mai 2019, § 125. Ici le tribunal considère que l'article 31 § 3 c) en mentionnant « les règles pertinentes de droit international applicables entre les parties » vise les règles applicables entre toutes les parties au traité interprété. *contra* SCC, (SCC), *Green Power Partners K/S et SCE Solar Don Benito APS (Green Power et SCE) c. Royaume d'Espagne*, aff. n° 2016/135, Sentence du 16 juin 2022, §§ 388-393.

2337 SCC, (SCC), *Green Power Partners K/S et SCE Solar Don Benito APS (Green Power et SCE) c. Royaume d'Espagne*, aff. n° 2016/135, Sentence du 16 juin 2022, §§ 364-387, spéc. §§ 370-372.

juridiques de l'arrêt *Achmea,* ont été examinées par les tribunaux arbitraux à la lumière de l'article 31 § 3 a) CVDT. Par exemple, le tribunal de l'affaire *A.M.F Aircraftleasing* a estimé que ces dernières relevaient des accords mentionnés à l'article 31 § 3 a) CVDT, il a cependant écarté le fait qu'elles aient un effet rétroactif requérant l'arrêt de l'arbitrage[2338]. L'hypothèse d'une pratique relevant de l'article 31 § 3 b) CVDT a notamment été envisagée, dès 2014, par le tribunal de l'affaire *PV Investement*[2339]. Dans ce contexte particulier l'étude détaillée de l'utilisation par les arbitres des lettres a) et b) de l'article 31 § 3 CVDT se justifie afin de répondre à la question de la pertinence du statut intra-UE d'un traité dans son interprétation. Par ailleurs, ces deux moyens d'interprétation sont les seuls moyens de l'article 31 CVDT intrinsèquement interprétatifs. Il s'agit de vecteurs potentiels singuliers, de la prise en compte du statut intra-UE d'un traité, compte tenu de la place particulière qu'ils peuvent occuper dans le creuset de l'interprétation[2340]. Il est contradictoire d'en faire de simples moyens d'interprétation authentiques parmi d'autres, tout en considérant que les parties sont maîtres des traités et leurs interprètes authentiques.

613. Dans le cadre d'arbitrages sur le fondement d'un TBI entre États membres, la question de l'étendue de la notion de « parties », dans les lettres a) et b) de l'article 31 § 3 CVDT, ne se pose pas. En effet, les déclarations des États membres des 15 et 16 janvier 2019 convergent quant à l'inapplicabilité des TBI entre États membres et lient nécessairement toutes les parties à de tels traités. Dans le cadre d'un arbitrage sur le fondement du TCEn, ces déclarations ne lieraient que certaines parties. En outre, ces déclarations ne convergent pas quant à l'inapplicabilité entre États membres de l'offre d'arbitrage de l'article 26 TCEn.

b - L'étendue de la notion de « parties » dans les lettres a) et b) de l'article 31 § 3 de la CVDT

614. L'interprétation de la notion de partie conformément à la CVDT. La question de l'étendue de la notion de « parties » dans les lettres a) et b) de l'article 31 § 3 CVDT est une question d'interprétation de la convention de Vienne sur le droit des traités de 1969 (CVDT) qui requière l'utilisation des articles de cette convention relatifs à l'interprétation. Le point de départ de l'interprétation comme déjà précisé est le texte du traité, c'est-à-dire les termes du traité. Dans la CVDT le terme « partie » est défini à la lettre g) de l'article 2 CVDT comme visant « un État qui a consenti à être lié par le traité et à l'égard duquel le traité est en vigueur ». La compréhension de la notion de « partie » pour signifier les parties à un litige, semble devoir être écartée. Il faut aussi examiner le contexte immédiat des termes. Dans la version anglaise de l'article 31 § 3 CVDT l'utilisation de l'article défini « *the* » suggère que toutes les parties au traité sont visées[2341]. Dans sa version en langue française l'article 31

2338 CPA, (CNUDCI), *A.M.F. Aircraftleasing Meier & Fischer GmbH & Co. KG (A.M.F Aircraftleasing) c. République tchèque*, aff. n° 2017-15, Sentence finale du 11 mai 2020, § 338 comp. CPA, (CNUDCI), *AES Solar et autres (PV Investors) c. Royaume d'Espagne*, aff. n° 2012-14, Sentence finale du 28 février 2020, § 549. Ici le tribunal considère que ces déclarations se contredisent quant à l'effet de l'arrêt *Achmea* sur le TCEn, ce désaccord suggère pour le tribunal qu'il n'existe pas de pratique ultérieure établissant un accord des parties à l'égard de l'interprétation du TCEn.

2339 Dans l'affaire *PV investors* le tribunal a rejeté l'argument de l'Espagne selon lequel plusieurs pratiques et accords (notamment le traité de Lisbonne) correspondaient aux accords et pratiques visés par les articles 31 (3) (a) et 31 (3) (b) CVDT. V. CPA, (CNUDCI), *AES Solar et autres (PV Investors) c. Royaume d'Espagne*, aff. n° 2012-14, Sentence préliminaire sur la compétence du 14 octobre 2014, §§ 192-199 spéc. § 195. Sur les divergences de jurisprudences arbitrales en matière d'accords interprétatifs issus d'une pratique subséquente v. KULICK A. et MERKOURIS P., « Article 31 of the VCLT General rule of interpretation » *in* KULICK A. et WAIBEL M. (eds), *General International Law in International Investment Law – A Commentary*, Oxford, OUP, 2024, pp. 120-145, spé pp. 132-134.

2340 V. *supra* Partie I, Titre 1, Chapitre 2, Section 2, Paragraphe 2, A).

2341 Cet argument est avancé par Richard Gardiner dans le cadre de l'interprétation de la lettre b) du paragraphe 3 de l'article 31. V. GARDINER R., *Treaty Interpretation*, 2nd ed., Oxford, OUP, 2015, pp. 523, spéc. p. 266.

§ 3 a) CVDT utilise l'article défini « les » tandis que l'article 31 § 3 b) CVDT utilise l'article indéfini « des »[2342]. Pour être compris comme autorisant de manière claire, un accord interprétatif entre certaines parties issu d'une pratique, l'article 31 § 3 b) CVDT devrait mentionner « un accord de ou des parties » ou reprendre une formulation plus proche de celle de l'article 31 § 3 a) CVDT. En élargissant au contexte intrinsèque des termes du traité (c'est-à-dire à l'ensemble du texte, préambule et annexes compris), les lettres a) et b) de l'article 31 § 3 CVDT peuvent être mises en lien avec la lettre a) du § 2 du même article qui vise explicitement un accord entre « toutes les parties »[2343]. La précision dans certaines dispositions d'accord entre « toutes les parties » pourrait suggérer (contrairement au contexte immédiat) que les accords interprétatifs ultérieurs (issus ou non de pratique) n'ont pas à réunir l'ensemble des parties au traité, mais seulement certaines.

615. L'interprétation du professeur Mustafa Kamil Yasseen. Sans faire référence à ces éléments, le professeur Mustafa Kamil Yasseen considère que le principe de *res inter alios acta* est la seule limite à un accord interprétatif entre certaines parties d'un traité multilatéral. Un tel accord interprétatif non collatéral (limité à certaines parties) ne serait pas opposable aux autres États. Hormis cela, il considère que « [l]'application *inter se* d'un accord interprétatif ne semble soumise à aucune restriction » tant qu'il s'agit d'un accord interprétatif et pas d'une modification *inter se,* relevant de l'article 41 CVDT[2344].

616. L'insuffisance des moyens d'interprétation authentiques. Les éléments de l'article 31 CVDT pointant dans des directions différentes, il convient d'avoir recours aux travaux préparatoires. Il s'avère que ces travaux envisageaient de la même manière les accords de l'article 31 § 2 a) CVDT et ceux des lettres a) et b) du paragraphe trois du même article[2345]. De plus, concernant les accords interprétatifs issus d'une pratique, il en ressort qu'une version antérieure de cette disposition visait un accord entre toutes les parties et que la suppression de la référence à toutes les parties ne visait qu'à autoriser l'acceptation de cette pratique par des parties n'y participant pas ; la pratique pouvant ne pas réunir toutes les parties, mais l'accord interprétatif qu'elle établirait, oui[2346].

617. La prise en compte du principe d'interprétation autonome. Au-delà des éléments issus des travaux préparatoires, le professeur Richard Gardiner considère qu'une interprétation *inter se* serait contraire au principe d'interprétation autonome, visant l'établissement d'une seule interprétation[2347]. C'est également ce que suggère une affirmation d'un rapport de l'Organe d'appel de l'OMC, dans le cadre de l'examen d'une pratique relevant de l'article 31 § 3 b) CVDT : « [...] l'interprétation d'une disposition d'un traité sur

---

[2342] CVDT art. 31 Règle générale d'interprétation § 3 : « Il sera tenu compte, en même temps que du contexte :
a) de tout accord ultérieur *intervenu entre les parties* au sujet de l'interprétation du traité ou de l'application de ses dispositions ;
b) de toute pratique ultérieurement suivie dans l'application du traité par laquelle est établi *l'accord des parties* à l'égard de l'interprétation du traité ;
c) de toute règle pertinente de droit international applicable dans *les relations entre les parties* » Nous soulignons.
[2343] CVDT art. 31 Règle générale d'interprétation § 2 :
« Aux fins de l'interprétation d'un traité, le contexte comprend, outre le texte, préambule et annexes inclus :
a) tout accord ayant rapport au traité et qui est intervenu *entre toutes les parties* à l'occasion de la conclusion du traité ;
b) tout instrument *établi par une ou plusieurs parties* à l'occasion de la conclusion du traité *et accepté par les autres parties* en tant qu'instrument ayant rapport au traité » Nous soulignons.
[2344] YASSEEN M. K., « L'interprétation des traités d'après la Convention de Vienne sur le droit des traités », RCADI, Vol. 151, 1976, pp. 1-114, spéc. p. 46.
[2345] GARDINER R., *Treaty Interpretation*, 2nd ed., Oxford, OUP, 2015, pp. 523, spéc. pp. 244 et 245
[2346] *Ibid.*, spéc. pp. 266 et 267
[2347] *Ibid.*, spéc. pp. 267 et 268 *pro* DÖRR O., « Article 31 – General rule of interpretation », *in* DÖRR O. et SCHMALENBACH K. (eds.), *Vienna Convention on the Law of Treaties*, 2nd ed., Berlin, Springer, 2018, pp. 559-616, spéc. p. 599.

la base d'une pratique ultérieurement suivie lie toutes les parties au traité, y compris celles qui n'ont pas effectivement suivi une telle pratique »[2348].

618. L'apport des travaux de la CDI. Les travaux de la CDI sur les accords et pratique ultérieurs vont dans le même sens. Ils distinguent une pratique ultérieure relevant de l'article 31 § 3 b) CVDT établissant l'accord des parties à l'égard de l'interprétation du traité d'une pratique ultérieure relevant de l'article 32 CVDT visant toute conduite d'une ou plusieurs parties dans l'application du traité après sa conclusion[2349]. Une distinction se fait jour entre une pratique établissant un accord interprétatif de toutes les parties et une pratique d'une ou plusieurs parties relevant des moyens complémentaires d'interprétation[2350]. La pratique, établissant un accord interprétatif ultérieur, n'implique pas nécessairement toutes les parties[2351], mais l'accord interprétatif qu'elle établit lie toutes les parties au traité. Les travaux antérieurs de la CDI sur les réserves aux traités opèrent une distinction similaire en matière d'accords interprétatifs non issus d'une pratique. Les accords interprétatifs ne réunissant pas toutes les parties au traité sont qualifiés de déclarations d'interprétation conjointement formulées[2352]. Ces déclarations peuvent être formulées dans le cadre de traités multilatéraux ou bilatéraux[2353]. Si elles sont acceptées, elles constituent un accord interprétatif ultérieur – la CDI utilise le terme d'interprétation authentique uniquement dans le cadre de traités bilatéraux[2354]. De manière générale, ces déclarations sont reconnues comme « un élément à prendre en compte dans l'interprétation du traité, conformément à la règle générale d'interprétation »[2355]. La directive 4.7.1 du guide sur les réserves aux traités de la CDI invite cependant l'interprète à les pondérer au regard des approbations et des oppositions dont elles font l'objet de la part des autres parties, mais ne rattache pas explicitement selon le cas ces déclarations aux moyens d'interprétation authentiques ou complémentaires[2356]. La CDI constate cependant dans ses commentaires :

> « [i]l résulte donc de la pratique et des analyses doctrinales que les déclarations interprétatives n'interviennent qu'en tant que moyen auxiliaire ou complémentaire d'interprétation, qui vient corroborer un sens révélé par les termes du traité considéré à la lumière de l'objet et du but de celui-ci »[2357].

2348 Organe d'appel OMC, *Communautés Européennes – Classification douanière des morceaux de poulet désossés et congelés- AB-2005-5*, WT/DS269/AB/R, WT/DS286/AB/R Rapport du 12 septembre 2005, § 273.

2349 Résolution n° 73/202 de l'Assemblée générale de l'ONU, Accords et pratique ultérieurs dans le contexte de l'interprétation des traités, 20 décembre 2018, A/RES/73/202, Annexe, spéc. Conclusion 4 Définition de l'accord ultérieur et de la pratique § 2 et § 3.

2350 DÖRR O., « Article 31 – General rule of interpretation » *in* DÖRR O. et SCHMALENBACH K. (eds.), *Vienna Convention on the Law of Treaties*, 2e éd., Berlin, Springer, 2018, pp. 559-616, spéc. p. 603 « Subsequent practice by the parties that does not establish an agreement between them, may be relevant as a supplementary means of interpretation under art. 32 […] however, conduct by one or more parties must occur in the application of the treaty ».

2351 Résolution n° 73/202 de l'Assemblée générale de l'ONU, Accords et pratique ultérieurs dans le contexte de l'interprétation des traités, 20 décembre 2018, A/RES/73/202, Annexe, spéc. Conclusion 10 Accords des parties au sujet de l'interprétation d'un traité 1. Un accord au sens de l'article 31, paragraphe 3 a) et b), suppose une communauté de vues au sujet de l'interprétation du traité connue des parties et acceptée par elles. Un tel accord peut être juridiquement contraignant, mais n'a pas besoin de l'être pour qu'il en soit tenu compte. 2. Le nombre de parties qui doivent effectivement suivre la pratique ultérieure pour que soit établi un accord au sens de l'article 31, paragraphe 3 b), peut varier. Le silence de l'une ou plusieurs des parties peut constituer une acceptation de la pratique ultérieure lorsque les circonstances appellent une réaction.

2352 C.D.I, *Guide de la pratique sur les réserves aux traités,* Rapport de la C.D.I sur les travaux de sa soixante-troisième session, A/66/10/ADD.1, 2011, pp. 23-35, spéc. Directive 1.2, 1.2.1.

2353 *Ibid.* Directive 1.6.2.

2354 *Ibid.* Directive 1.6.3 et 4.7.3.

2355 *Ibid.* Directive 4.7.1. § 1

2356 *Ibid.* Directive 4.7.1. § 2.

2357 *Ibid.*, pp. 38-630, spéc. Directive 4.7.1 Commentaire 31, pp. 584.

619. L'interprétation de la Cour internationale de Justice. En définitive, il s'avère que la notion d'accord entre parties dans le cadre de l'article 31 § 3 lettres a) et b) fait référence à des « accords collatéraux »[2358] comme ceux visés par l'article 31 § 2 a) CVDT. Cela a également été confirmé par la CIJ dans un arrêt du 31 mars 2014[2359]. Toutefois, un tel accord peut être établi par une pratique non collatérale, au sens qu'elle n'impliquerait pas la participation de toutes les parties au traité. Les autres États peuvent accepter une interprétation issue d'une pratique ultérieure tacitement.

620. Conclusion. L'hypothèse d'accords interprétatifs ultérieurs, vecteurs d'une pertinence du statut intra-UE d'un traité dans son interprétation s'est concrétisée pleinement dans le cadre des TBI entre États membres avec l'adoption des déclarations du 15 et 16 janvier 2019[2360]. Concernant le traité sur la Charte de l'énergie (TCEn), en se limitant à la déclaration du 15 janvier 2019 qui ne distingue pas ce dernier des TBI entre États membres[2361], elle ne peut pas être considérée comme un accord interprétatif collatéral relevant de l'article 31 § 3 a) CVDT, toutefois cette déclaration pourrait participer d'une pratique établissant un accord interprétatif de toutes les parties, relevant de l'article 31 § 3 b) CVDT. En cas d'approbation tacite, de cette déclaration, participant ou constitutive d'une pratique ultérieure, par les autres États parties au TCEn, un accord interprétatif collatéral pourrait être établi[2362]. Les déclarations du 16 janvier 2019 ne s'y opposent pas, car elles refusent simplement de se prononcer sur l'application intra-UE du TCEn, en renvoyant soit aux juges[2363], soit à des discussions et accords entre États membres[2364]. À défaut d'approbation tacite, cette

---

[2358] *Ibid.*, spéc. Directive 1.2.1 Commentaire 7, pp. 82.

[2359] CIJ, *Chasse à la baleine dans l'Antarctique (Australie c. Japon ; Nouvelle-Zélande (intervenant))*, arrêt du 31 mars 2014, § 83. Pour un commentaire v. MARIE A., « L'arrêt du 31 mars 2014 de la Cour internationale de Justice dans l'affaire de la Chasse à la baleine dans l'Antarctique (Australie c. Japon ; Nouvelle-Zélande (intervenant)) », *AFDI*, Vol. 60, 2014, pp. 469-497, spéc. pp. 480-482.

[2360] Déclaration des représentants des gouvernements des États membres, du 15 janvier 2019, relative aux conséquences juridiques de l'arrêt Achmea rendu par la Cour de Justice et à la protection des investissements dans l'Union européenne (Signée par 22 États membres) ; Déclaration des représentants des gouvernements des États membres, du 16 janvier 2019, relative à l'exécution de l'arrêt Achmea rendu par la Cour de Justice et à la protection des investissements dans l'Union européenne (Signée par la Finlande, le Luxembourg, Malte, la Slovénie et la Suède) ; Déclaration du représentant du gouvernement de la Hongrie, du 16 janvier 2019, relative aux conséquences juridiques de l'arrêt Achmea rendu par la Cour de Justice et à la protection des investissements dans l'Union européenne.

[2361] Déclaration des représentants des gouvernements des États membres, du 15 janvier 2019, relative aux conséquences juridiques de l'arrêt Achmea rendu par la Cour de Justice et à la protection des investissements dans l'Union européenne (Signée par 22 États membres) spéc. p. 1 « [...] all investor-State arbitration clauses contained in bilateral investment treaties concluded between Member States are contrary to Union law and thus inapplicable » et pp. 2 « [...] Arbitral tribunals have interpreted the Energy Charter Treaty as also containing an investor-State arbitration clause applicable between Member States.3 Interpreted in such a manner, that clause would be incompatible with the Treaties and thus would have to be disapplied ».

[2362] Sur la reconnaissance d'accord interprétatif tacite résultant d'une pratique subséquente par le CIJ v. DISTEFANO G., « La pratique subséquente des États parties à un traité », *AFDI*, Vol. 40, 1994, pp. 41-71, spéc. pp. 45-50.

[2363] Déclaration des représentants des gouvernements des États membres, du 16 janvier 2019, relative à l'exécution de l'arrêt Achmea rendu par la Cour de Justice et à la protection des investissements dans l'Union européenne (Signée par la Finlande, le Luxembourg, Malte, la Slovénie et la Suède), spéc. p. 3 « The *Achmea* case concerns the interpretation of EU law in relations to an investor-sate arbitration in a bilateral investment treaty between Member States. The Member States note that the *Achmea* judgement is silent on the investor-state arbitration clause in the Energy Charter Treaty. A number of international arbitration tribunals post the *Achmea* judgement have concluded the the Energy Charter Treaty contains an investor-State arbitration clause applicable between EU Member States. This interpretation is currently contested before a national court in a Member State. Against the background, the Member States underline the importance of allowing for due process and consider that it would be inappropriate, in the absence of a specific judgment on this matter, to express views as regard the compatibility of the intra EU application of the Energy Charter Treaty ».

[2364] Déclaration du représentant du gouvernement de la Hongrie, du 16 janvier 2019, relative aux conséquences juridiques de l'arrêt Achmea rendu par la Cour de Justice et à la protection des investissements dans l'Union européenne, § 9 « [...] Hungary underlines the importance of allowing for due process and consider that it is inappropriate for a Member State to express its view as regards the compatibility with Union Law of the intra-EU application of the ECT. The ongoing and future applicability of the ECT in intra-EU relations requires further discussion and individual agreement amongst the Member States ».

déclaration peut être prise en compte dans le processus interprétatif comme une déclaration d'interprétation conjointement formulée. Ce type de déclaration relève des moyens complémentaires d'interprétation de l'article 32 CVDT. Les déclarations du 15 et 16 janvier 2019 rendent donc pertinente l'analyse détaillée des accords interprétatifs ultérieurs de l'article 31 § 3 CVDT, ainsi que de la catégorie des moyens complémentaires dans laquelle s'inscrit les déclarations d'interprétation conjointement formulées.

2 - Les moyens complémentaires d'interprétation de l'article 32 de la CVDT

621. La distinction entre moyens complémentaires implicites et explicites. Les moyens d'interprétation complémentaires de l'article 32 CVDT constituent une catégorie spécifique de moyens d'interprétation de la CVDT à côté des moyens d'interprétation authentiques de l'article 31 CVDT[2365]. Cette catégorie, à la différence des moyens authentiques, est une catégorie ouverte comprenant une liste d'éléments non exhaustive. Les travaux préparatoires et les circonstances dans lesquelles le traité a été conclu n'épuisent pas la catégorie des moyens complémentaires d'interprétation. Dès lors, il est possible de distinguer entre moyens complémentaires explicites (les travaux préparatoires et les circonstances de conclusion du traité) et implicites (recouvrant des éléments disparates).

622. Plan. Parmi les moyens complémentaires explicites de l'article 32 CVDT – en dehors de l'hypothèse non retenue par les tribunaux compétents sur le fondement du TCEn, de prise en compte de son statut intra-UE au regard des travaux préparatoires – seules les « circonstances dans lesquelles le traité a été conclu » peuvent rendre le statut intra-UE d'un traité pertinent dans son interprétation et donc peuvent être considérées comme un moyen complémentaire d'interprétation explicite pertinent (b). À l'inverse, plusieurs éléments peuvent être envisagés comme des moyens complémentaires d'interprétation implicites, pertinents (a).

a - Les moyens complémentaires implicites d'interprétation pertinents

623. La recherche de vecteurs du statut intra-UE parmi les moyens complémentaires implicites. Dans le cadre des présents développements, l'étude des moyens d'interprétation complémentaires implicites vise à déterminer si cette catégorie de moyens d'interprétation est pertinente en tant que vecteur d'une prise en compte du statut intra-UE d'un traité d'investissement. Il n'est donc pas nécessaire d'envisager l'ensemble des éléments pouvant être qualifiés de moyens d'interprétation complémentaires, mais seulement de déterminer si *a minima* un élément relevant de cette catégorie est un vecteur potentiel ou avéré de la prise en compte du statut intra-UE du traité justifiant l'étude détaillée de cette catégorie de moyens d'interprétation. Différents moyens complémentaires d'interprétation implicites seront néanmoins envisagés pour établir plus fermement la pertinence de cet examen approfondi. La catégorie des moyens complémentaires d'interprétation étant ouverte, elle semble pouvoir accueillir tous les moyens d'interprétation non mentionnés par la CVDT, tels que des maximes d'interprétation de droit international[2366], d'autres traités

---

2365 CDI, *Rapports sur la deuxième partie de sa dix-septième session et sur sa dix-huitième session*, A.6309/Rev.1, 1966, Deuxième Partie, Chapitre II, C, Partie 3, Section 3, Commentaire 10), *in Annuaire de la C.D.I.* 1966, Vol. II, pp. 240.

2366 MURPHY S.D., « Chapter 2 The Utility and Limits of Canons of Construction in Public International Law », *in* KLINGER K. PARKHOMENKO J. et SALONIDIS C. (eds.), *Between the Lines of the Vienna Convention? Canons and Other Principles of Interpretation in Public International Law*, Alphen aan den Rijn, Kluwer Law International, 2019, pp. 426.

d'investissement, des décisions de juridictions internationales ou encore des déclarations interprétatives (de nature unilatérale).

624. Les moyens complémentaires implicites écartés. Concernant les maximes d'interprétation de droit international, la doctrine n'est pas unanime quant à leur appartenance aux moyens complémentaires d'interprétation. Pour Richard Gardiner la notion de moyens complémentaires d'interprétation « *appears to refer to material or substantive matters to be taken under consideration, rather than general interpretative principles* »[2367]. Il considère que certaines maximes relèvent de l'article 31 CVDT[2368]. Ces dernières interviendraient dans la contextualisation des termes du traité[2369]. Il rattache toutefois le principe *ut res magis valeat quam perea,* c'est-à-dire le principe d'effectivité, ou d'effet utile, au principe de bonne foi[2370]. En revanche Anthony Aust, entre autres, rattache l'ensemble des maximes et canons d'interprétation à l'article 32 CVDT, tout en préconisant une grande précaution dans leur utilisation[2371]. Dans tous les cas, ces maximes ne semblent pas particulièrement à même d'être le vecteur d'une prise en compte du statut intra-UE d'un traité dans son interprétation. Concernant les autres traités d'investissement, ils relèvent de la catégorie des traités *in pari materia*. La doctrine qualifie parfois, comme le fait Ulf Linderfalk, ce type de traité de moyens complémentaires d'interprétation[2372]. L'hypothèse d'une prise en compte du statut intra-UE d'un traité en raison du contenu d'autres traités d'investissement reste théorique. Ce moyen pourrait être pertinent si un nombre important de TBI entre États membres comprenaient des dispositions donnant un effet particulier à leur statut intra-UE. Or, cela n'est pas le cas. Le contenu de ces TBI et celui des TBI entre un État membre et un État tiers sont homogènes. En ce qui concerne le TCEn, en cherchant au-delà des TBI, il est peu probable que d'autres traités d'investissement soient des vecteurs d'une prise en compte de son statut intra-UE ; ce traité n'a pas d'équivalents dans la pratique conventionnelle de l'UE et des États membres. Il s'agit d'un traité de protection des investissements atypique, notamment du fait de son caractère multilatéral, commercial *lato sensu* (Commerce, Transit et Investissement) et sectoriel (Énergie). Malgré cela, d'autres traités ont pu être mobilisés par les tribunaux pour interpréter ce traité. Cela a eu pour effet de neutraliser une potentielle spécificité du traité dans son application entre membres de l'Union. Les tribunaux ont eu recours à la pratique conventionnelle de l'UE en matière de clause de déconnexion pour interpréter l'absence d'une telle clause dans le TCEn. Ils ont donc contourné une caractéristique du traité – son statut intra-UE – en ayant recours non pas à des traités *in pari materia,* mais à des clauses *in pari*

[2367] GARDINER R., *Treaty Interpretation,* 2nd ed., Oxford, OUP, 2015, pp. 523, spéc. pp. 357 et 358 *pro* DÖRR O., « Article 32 Supplementary means of interpretation », *in* DÖRR O. et SCHMALENBACH K. (eds.), *Vienna Convention on the Law of Treaties*, 2nd ed., Berlin, Springer, 2018, pp. 617-633, spéc. pp. 626 et 627.

[2368] L'auteur distingue parmi les principes et maximes d'interprétation entre celles étant purement interprétatives et celles étant des présomptions de droit pénal comme les principes *nullum crimen sine lege* et *in dubio pro reo.* V. GARDINER R., *Treaty Interpretation,* 2nd ed., Oxford, OUP, 2015, pp. 523, spéc. p. 405.

[2369] GARDINER R., « The Vienna Convention Rules on Treaty Interpretation » *in* HOLLIS D.B. (ed.), *The Oxford Guide to Treaties,* 2nd ed., Oxford, OUP, 2020, pp. 459-488, spéc., p. 486 « use of traditional maxims of construction of legal instruments is not ruled out. As noted earlier, however, these are really means of analysing the context when applying the first part of the general rule ».

[2370] GARDINER R., *Treaty Interpretation,* 2nd ed., Oxford, OUP, 2015, pp. 523, spéc. pp. 179-181.

[2371] AUST A., *Modern Treaty Law and Practice*, Cambridge, CUP, 2007, pp. 611, spéc. pp. 248 et 249 *pro* YASSEEN M. K., « L'interprétation des traités d'après la Convention de Vienne sur le droit des traités », RCADI, Vol. 151, 1976, pp. 1-114, spéc. p.79 ; VILLIGER M.E., *Commentary on the 1969 Vienna Convention on the Law of Treaties*, Leiden-Boston, Martinus Nijhoff, 2009, pp. 1058, spéc. p. 445.

[2372] LINDERFALK U., *On the interpretation of treaties*, Dordretch, Springer, 2007, pp. 437, spéc. pp. 255-259 *pro* AUST A., *Modern Treaty Law and Practice*, Cambridge, CUP, 2007, pp. 611, spéc. p. 248. Pour un exemple de sentence ayant recours explicitement à d'autres traités d'investissement en tant que moyens complémentaires d'interprétation v. CIRDI, *Tenaris S.A. et Talta e Marketing Sociedade Unipesoal Lda. (Tenaris et Talta) c. République bolivarienne du Venezuela,* aff. ARB/11/26, Sentence du 29 janvier 2016, §§ 157 et 158.

materia[2373]. Cela leur a permis d'appliquer l'offre d'arbitrage de l'article 26 TCEn de manière homogène.

625. L'hypothèse avérée de jurisprudences vectrices du statut intra-UE d'un traité. Concernant la jurisprudence internationale, une décision d'une juridiction internationale qui attribuerait des effets spécifiques au statut intra-UE d'un traité d'investissement concrétiserait une hypothèse spécifique de moyen complémentaire vecteur de la prise en compte du statut intra-UE d'un traité dans son interprétation. Les arrêts *Achmea* et *Komstroy* ont concrétisé cette hypothèse. Toutefois, les tribunaux arbitraux sont plus sensibles aux précédents arbitraux, ou aux décisions de comité *ad hoc,* qu'aux autres décisions de juridictions internationales. Jusqu'à récemment, aucune sentence arbitrale n'était allée jusqu'à considérer que le statut intra-UE d'un traité avait pour conséquence l'incompétence du tribunal. Ce n'est plus le cas depuis la sentence *Green Power*. Cette sentence suit en partie le raisonnement formulé par la Cour de justice dans ses arrêts *Achmea* et *Komstroy,* et conclut à l'inapplicabilité intra-UE de l'article 26 TCEn[2374]. Elle concrétise donc l'hypothèse spécifique de départ. Plus généralement, sur le statut de la jurisprudence, quelques tribunaux arbitraux ont reconnu explicitement les sentences antérieures comme relevant des moyens complémentaires d'interprétation[2375]. Cette approche n'emporte pas la conviction de plusieurs auteurs[2376]. D'autres considèrent, en se limitant aux sentences arbitrales antérieures, que l'utilisation dans l'interprétation de ces sentences par les tribunaux arbitraux constitue une technique interprétative à part entière étrangère aux règles et principes des articles la CVDT relatifs à l'interprétation des traités[2377]. La nature interprétative de cette technique peut être interrogée. La fréquence des renvois aux sentences antérieures par les tribunaux cadre mal avec la qualification de moyens complémentaires d'interprétation. Sans aller jusqu'à qualifier la jurisprudence de source du

---

[2373] CIRDI, *Blusun S.A., Jean-Pierre Lecorcier et Michel Stein (Blusun) c. République italienne*, aff. ARB/14/3, sentence du 26 décembre 2016, § 282 ; CIRDI, *Landesbank Baden-Württemberg, HSH Nordbank AG, Landesbank Hessen-Thüringen Girozentrale et Norddeutsche Landesbank-Girozentrale (Landesbank Baden-Württemberg) c. Royaume d'Espagne*, aff. ARB/15/45, Décision sur l'exception d'incompétence intra-UE du 25 février 2019, § 117 ; CIRDI, *Belenergia S.A. c. République italienne*, aff. ARB/15/40, Sentence du 28 août 2019, §§ 303 et 309 ; CIRDI, *Infracapital F1 S.à r.l. et Infracapital Solar B.V (Infracapital) c. Royaume d'Espagne*, aff. ARB/16/18, Décision sur la compétence, la responsabilité et les directives sur le quatum du 13 septembre 2021, § 297 ; CIRDI, *RWE Innogy GmbH and RWE Innogy Aersa S.A.U. (RWE Innogy) c. Royaume d'Espagne*, aff.14/34, Décision sur la compétence, la responsabilité et le quantum du 30 décembre 2019, § 331 ; SCC, (SCC), *Sun Reserve Luxco Holdings SRL (Sun Reserve) c. République italienne*, aff. n° 132/2016, Sentence du 25 mars 2020, § 453.

[2374] SCC, (SCC), *Green Power Partners K/S et SCE Solar Don Benito APS (Green Power et SCE) c. Royaume d'Espagne*, aff. n° 2016/135, Sentence du 16 juin 2022, § 477.

[2375] Arbitrage *ad hoc*, (CNUDCI), *The Canadian Cattlemen for Fair Trade (anciennement Consolidated Canadian Claims) (Canadian Cattlemen) c. Etas-Unis*, Sentence sur la compétence du 28 janvier 2008, §§ 49-51 et 164-169 *pro* CPA, (CNUDCI), *Chevron Corporation and Texaco Petroleum Company (Chevron and TexPet) c. République d'Équateur (II)*, aff. n° 2009-23, Sentence provisoire du 1 décembre 2008, §§ 119-124. V. aussi SHIRLOW E. et WAIBEL M., « Article 32 of the VCLT and Precedent in Investor-State Arbitration : A Sliding Scale Approach to Interpretation », *in* SHIRLOW E. et NASIR GORE K., *The Vienna Convention on the Law of Treaties in Investor-State Disputes – History, Evolution and Future,* Alphen aan de Rijn, Kluwer, 2022, pp. 127-151, spéc. pp.137-142.

[2376] TEN CATE I.M., « The Costs of Consistency : Precedent in Investment Treaty Arbitration », *Columbia Journal of Transnational Law,* Vol. 51, 2013, pp. 418-478, spéc. p. 437 *pro* PAPARINSKIS M., « Sources of Law and Arbitral Interpretation of *Pari Materia* Investment Protection Rules », *in* FAUCHALD O. K., NOLLKAEMPER A., *The Practice of International and National Courts and the (De-)Fragmentation of International Law,* Oxford – Portland, Hart Publishing, 2014, pp. 86-115, spéc. p. 103 ; GAZZINI T., *Interpretation of International Investment Treaties,* Oxford – Portland, Hart Publishing, 2016, pp. 424 spéc. pp. 264-267. V. aussi LCIA, (LCIA), *États-Unis c. Canada*, aff. n° 81010, Avis concernant certaines problématiques juridiques internationales de l'affaire LCIE n° 7941 du Professeur W. Michael Reisman du 1er mai 2009, § 15 « [...] by leaping from the "supplementary means" in VCLT Article 32 to the words "subsidiary means" in Article 38(1) (d) of the Statute of the International Court of Justice, and introducing "judicial decisions and awards" in the interpretation, the Tribunal fabricates a methodology even further from that of VCLT Article 32 ».

[2377] LATTY F., « Les techniques interprétatives du CIRDI », *RGDIP,* t. 115, n° 2, 2011, pp. 459-480, spéc. p. 465.

droit international[2378], il convient d'y voir un moyen auxiliaire de détermination des règles de droit à caractère probatoire[2379]. Cela n'empêche pas qu'elles puissent, comme les décisions des juridictions internes, participer à l'établissement d'une pratique établissant un accord interprétatif ultérieur relevant de l'article 31 § 3 b) CVDT[2380].

626. L'examen des jurisprudences vectrices du statut intra-UE en dehors du cadre de la CVDT. Concernant en particulier les arrêts *Achmea* et *Komstroy* de la Cour de justice, s'ils sont mentionnés par les tribunaux arbitraux, ils ne sont jamais qualifiés de moyens complémentaires d'interprétation. Les tribunaux arbitraux se démarquent sur ce point de la pratique des panels et de l'Organe d'appel de l'OMC[2381]. Dans une vision unitaire du droit international, Tarcisio Gazzini, sans trancher quant à la nature exacte des sentences antérieures[2382], considère que les tribunaux devraient faire référence aux sentences arbitrales et aux décisions des juridictions internationales de la même manière[2383]. À titre de comparaison, le tribunal de l'affaire *Tecmed c. Mexique*[2384], au-delà de l'interprétation, a pu même intégrer un arrêt de la CEDH au droit international coutumier applicable en matière d'expropriation. Si depuis le prononcé des arrêts *Achmea* et *Komstroy* l'hypothèse d'un moyen complémentaire vecteur d'une prise en compte du statut intra-UE d'un traité s'est concrétisée, force est de constater que les tribunaux se sont intéressés aux effets juridiques de ces arrêts en dehors du cadre de la CVDT. Il n'en reste pas moins que la concrétisation de cette hypothèse justifie un examen détaillé de l'utilisation des moyens complémentaires dans la jurisprudence arbitrale.

627. L'hypothèse réalisée de déclarations interprétatives vectrices du statut intra-UE. Un autre moyen complémentaire implicite pouvant être le vecteur de la prise en compte du statut intra-UE d'un traité doit être envisagé à ce stade. Ce type de moyen complémentaire a été précisé par la CDI dans ses travaux sur les réserves, il s'agit des déclarations interprétatives. Les déclarations interprétatives, tout en étant un moyen d'interprétation courant dans la pratique des États, ne sont pas mentionnées dans la CVDT. Ce « vide abyssal sur la définition des déclarations interprétatives »[2385] a été comblé un temps par quelques jurisprudences de juridictions internationales et par la doctrine avant que la CDI réunisse ces éléments pour définir cette notion dans un Guide de la pratique sur les réserves aux traités adopté en 2011[2386]. Ce Guide identifie à côté des déclarations interprétatives formulées par un État, des déclarations interprétatives – sans que cela altère leur nature unilatérale –

2378 CIRDI, *Sempra Energy International (Sempra) c. République argentine*, aff. ARB/02/16, Décision sur les exceptions d'incompétence du 11 mai 2005, § 147.

2379 WEERAMANTRY J. R., *Treaty Interpretation in Investment Arbitration*, Oxford, OUP, 2012, pp. 314, spéc. §§ 5.04-5.31.

2380 GARDINER R., *Treaty Interpretation*, 2nd ed., Oxford, OUP, 2015, pp. 523, spéc. pp. 258 et 259.

2381 SHIRLOW E. et WAIBEL M., « Article 32 of the VCLT and Precedent in Investor-State Arbitration : A Sliding Scale Approach to Interpretation », art. cité, spéc. pp. 141-142.

2382 GAZZINI T., *Interpretation of International Investment Treaties, op. cit.*, spéc. pp. 299-307 (pp. 300) « The scrutiny of previous decisions in search of relevant persuasive legal argument is part and parcel of the interpretative process. This is not just a matter of expediency or comity […] ».

2383 *Ibid.*, spéc. p. 307.

2384 CIRDI, *Técnicas Medioambientales Tecmed (Tecmed) c. États-Unis Mexicains*, Sentence du 29 mai 2003, § 122. V. aussi AUDIT M., « Le droit applicable en matière d'arbitrage fondé sur un traité de protection des investissements », *in* BERGE J-S, FORTEAU M., NIBOYET M-L et *ali* (dir.)., *La Fragmentation du droit applicable aux relations internationales – Regards croisés d'internationalistes privatistes et publicistes*, Paris, Pedone, 2011, pp. 65-81, spéc. p. 76.

2385 MAZI I-G., « Quelques observations sur la définition des déclarations interprétatives et leurs liens avec la Convention de Vienne sur le droit des traités », *RDIDC*, Vol. 88(3), 2011, pp. 433-470, spéc. p. 435.

2386 CDI, *Guide de la pratique sur les réserves aux traités*, Rapport de la C.D.I sur les travaux de sa soixante-troisième session, A/66/10/ADD.1, 2011. Sur ce travail de codification « intensive » de la CDI v. CASSELLA S., « Le Guide de la pratique sur les réserves aux traités : Une nouvelle forme de codification ? », *AFDI*, Vol. 58, 2012, pp. 29-60.

formulées conjointement par plusieurs États[2387]. Bien que cela ne soit pas explicite dans les directives constituant le Guide précité, ces déclarations unilatérales – quand elles ne font pas l'objet d'une approbation – ne relèvent pas de l'article 31 CVDT, mais de l'article 32 CVDT[2388]. Cela est cohérent avec la distinction faite par le professeur Mustafa Kamil Yasseen entre une pratique ultérieure établissant l'accord des parties à l'égard de l'interprétation relevant de l'article 31 § 3 b) CVDT et les pratiques ultérieures suivies dans l'application ne réunissant que certaines parties relevant de l'article 32 CVDT[2389]. Tout comme les pratiques ultérieures conjointes à plusieurs États ou non, les déclarations interprétatives formulées conjointement peuvent intervenir dans l'interprétation comme des moyens complémentaires d'interprétation. La distinction entre pratique pertinente dans l'interprétation et déclaration interprétative ici n'est pas justifiée. L'hypothèse d'une déclaration interprétative, vectrice du statut intra-UE d'un traité s'est concrétisée. Comme précisé précédemment, la déclaration des États membres du 15 janvier 2019[2390] pourrait être considérée dans le cadre de l'interprétation du TCEn comme une déclaration d'interprétation formulée conjointement. En revanche la Communication de la Commission de 2018, reprenant les conclusions de l'arrêt *Achmea* et affirmant explicitement l'impossibilité pour les investisseurs de l'UE de « recourir à des tribunaux arbitraux établis par des TBI intra-UE ou, pour des litiges au sein de l'UE, à des tribunaux arbitraux institués par le traité sur la Charte de l'énergie »[2391] ne pourrait être considérée que comme une déclaration interprétative d'une partie au traité : l'UE. Ce serait également le cas de la notification supplémentaire adossée par la Pologne à sa notification de retrait de ce traité daté du 27 décembre 2022 affirmant l'incompatibilité de l'article 26 TCEn et du droit de l'UE[2392]. Ces exemples ainsi que les arrêts *Achmea* et *Komstroy* – sans avoir à ajouter des pratiques telles que l'invocation d'exception d'incompétence intra-UE – rendent pertinente l'étude détaillée de l'utilisation des moyens complémentaires d'interprétation par les tribunaux arbitraux.

2387 *Ibid.*, pp. 23-35, spéc. Directives 1.2.1 Déclarations interprétatives formulées conjointement : La formulation conjointe d'une déclaration interprétative par plusieurs États ou organisations internationales n'affecte pas le caractère unilatéral de cette déclaration interprétative.

2388 *Ibid.* pp. 38-630, spéc. Directives 4.7.1 Commentaire 33) « [...] Il résulte donc de la pratique et des analyses doctrinales que les déclarations interprétatives n'interviennent qu'en tant que moyen auxiliaire ou complémentaire d'interprétation, qui vient corroborer un sens révélé par les termes du traité, considérés à la lumière de l'objet et du but de celui-ci ».

2389 YASSEEN M. K., « L'interprétation des traités d'après la Convention de Vienne sur le droit des traités », RCADI, Vol. 151, 1976, pp. 1-114, spéc. p. 80. Cette approche correspond à une articulation générale entre les éléments sur lesquels les parties s'accordent relevant de l'article 31 et les éléments n'ayant pas fait l'objet d'un accord des parties, mais néanmoins pertinent dans l'interprétation relevant de l'article 32. V. Le BOUTHILLIER Y., « Article 32 – Convention de 1969 », *in* CORTEN O. et KLEIN P. (dir.), *Les Conventions de Vienne sur le Droit des Traités, II*, Bruxelles, Bruylant, 2006, pp. 1339-1371, spéc. p. 1357.

2390 Déclaration des représentants des gouvernements des États membres, du 15 janvier 2019, relative aux conséquences juridiques de l'arrêt Achmea rendu par la Cour de Justice et à la protection des investissements dans l'Union européenne (Signée par 22 États membres).

2391 Communication de la Commission au Parlement Européen et au Conseil du 19.7.2018, Protection des investissements intra-EU, Bruxelles, le 19.7.2018, COM (2018) 547 final, spéc. p. 30.

2392 Notification de retrait en application de l'article 47 § 1 TCEn de l'ambassade de Pologne à Lisbonne adressé au ministère des Affaires étrangères de la République portugaise, Lisbonne, 27 décembre 2022, n° 95/NW/2022, Proc. AMB.LIZB.2701.1.2022, Ref. S-DAJ/DIP-33580/2023-DATA : 21-03-2023, « Furthermore Republic of Poland notifies what follows : In accordance whith Article 30(4) of the [VCLT] and with customary international law, the arbitration clause contained in Article 26 of the [ECT], which is an earlier treaty, may not be applied from the 1 May 2004, i.e. from the date of accession of the Republic of Poland to the European Union, in disputes between investors from a Member State of the European Union and another Member State of the European Union, due to its incompatibility in the above respect with the [TFEU], which is the later treaty. The incompatibility of the arbitration clause contained in Article 26 of the ECT with EU law in the above respect was confirmed by the judgment of the Court of Justice of the [EU] of the 2 September 2021 in Case C-741/19 République de Moldavie v Komstroy LLC. In the light of the above, arbitral tribunals established under the ECT to resolve investments dispute between investors form EU Member States and the Republic of Poland do not have jurisdiction to hear cases due to the lack of a valid consent to arbitrate [...] ».

628. Transition. Certains moyens complémentaires implicites sont des vecteurs de la prise en compte du statut intra-UE du traité dans son interprétation. Partant, une étude approfondie de l'utilisation des moyens complémentaires par les arbitres s'impose, il convient néanmoins au surplus d'examiner l'hypothèse d'une prise en compte du statut intra-UE d'un traité dans son interprétation au travers de moyens complémentaires explicites. Cela permettra d'identifier les moyens complémentaires d'interprétation explicites, pertinents dans le cadre de notre étude.

b - Les moyens complémentaires d'interprétation explicites pertinents

629. Seules les circonstances de conclusion du traité peuvent être qualifiées de moyen d'interprétation complémentaire explicite pertinent dans le cadre de notre étude. En effet les travaux préparatoires semblent indifférents au statut intra-UE des traités.

630. L'indifférence des travaux préparatoires au statut intra-UE des TBI. Concernant les TBI, les modèles de TBI utilisés par certains États sont des documents préparatoires importants entrant dans la catégorie des travaux préparatoires[2393]. Or aucun des modèles de TBI des États membres de l'UE ne donne une pertinence à la distinction entre traité intra-UE et extra-UE, aucun État membre n'a proposé deux modèles de traité, un visant les États membres et un autre visant les États tiers. Comme déjà précisé le contenu des TBI intra-UE et extra-UE est homogène, cela est également confirmé par l'analyse des clauses de droit applicable des TBI intra-UE ayant mis en lumière l'absence de clause renvoyant directement au droit de l'UE[2394]. Par ailleurs, dans le cadre des arbitrages d'investissement conventionnels, les travaux préparatoires des traités de protection des investissements se montrent moins accessibles que les travaux préparatoires d'autres traités[2395]. Ces travaux sont rarement publiés. Faisant un lien entre l'accessibilité des travaux préparatoires de la Convention CIRDI et leur utilisation fréquente par les tribunaux, le professeur Chritoph Schreuer concluait en 2010 : « *In practice, resort to* travaux préparatoires *seems to be determined less by their position among the canon of interpretation than by their availability* »[2396]. Tout comme les termes des traités et les autres moyens d'interprétation internes aux traités, les travaux préparatoires des TBI entre États membres semblent être silencieux (si ce n'était pas le cas, ils auraient nourri les exceptions d'incompétence intra-UE) quant aux conséquences potentielles de la participation des États parties au traité au processus d'intégration européenne. Au regard de ce qu'en disent les sentences, les travaux préparatoires du TCEn semblent assez neutres. Ils paraissent ne pas exclure à l'origine une application entre les États membres, sans pour autant s'opposer à une inapplication intra-UE visant à protéger le principe d'autonomie du droit de l'UE, dont l'interprétation appartient à la Cour de justice. La majorité des tribunaux ont rejeté des exceptions d'incompétence TCEn intra-UE en s'appuyant sur la non-adoption d'une clause de déconnexion envisagée lors des négociations. Nous privilégions, ici, l'approche du tribunal de l'affaire *GreenPower* consistant à considérer que cet élément ne permet pas de conclure à l'application de ce traité entre États membres[2397]. Par conséquent, l'étude des moyens d'interprétation complémentaires

---

[2393] SALACUSE J. W., *The Law of Investment Treaties,* 3 rd ed., Oxford, OUP, 2021, pp. 561, spéc. pp. 200 et 201.
[2394] V. *supra* Titre 1, Chapitre 1, Section 1, Paragraphe 1.
[2395] WEERAMANTRY J. R., *Treaty Interpretation in Investment Arbitration,* Oxford, *op. cit.*, §§ 6.75-6-97.
[2396] SCHREUER C., « Diversity and Harmonization of Treaty Interpretation in Investment Arbitration », *in* FITZMAURICE M., ELIAS O. et MERKOURIS P. (eds.), *Treaty Interpretation and the Vienna Convention on the Law of Treaties: 30 Years on,* Leiden – Boston, Martinus Nijhoff, 2010, pp. 129-151, spéc. p. 137.
[2397] SCC, (SCC), *Green Power Partners K/S et SCE Solar Don Benito APS (Green Power et SCE) c. Royaume d'Espagne,* aff. n° 2016/135, Sentence du 16 juin 2022, § 409.

explicites ne se justifie dans le cadre de notre étude que pour les circonstances de conclusion des traités.

631. La pertinence particulière des circonstances de conclusion des traités. La pertinence de ce moyen d'interprétation supplémentaire explicite pourrait être considérée comme fonction de la situation des États par rapport au processus d'intégration européenne au moment de la conclusion du traité d'investissement. En mettant de côté le TCEn, compte tenu du fait qu'aucun traité d'investissement n'a été conclu entre deux États déjà membres de l'Union[2398], une distinction entre les TBI entre États membres[2399] liant à l'origine un État membre et un État tiers et les TBI entre États membres liant à l'origine deux États tiers ayant par la suite accédé à l'Union est envisageable[2400]. Dans les deux cas, la notion de « circonstances de conclusion » est à même de couvrir le processus d'intégration progressif. Les circonstances de conclusions n'ont pas à être propres aux deux États parties au traité. Cependant, le fait que certains des accords d'association conclus avec les futurs États membres aient encouragé la conclusion de TBI avec les États membres[2401] et pas entre les États candidats[2402] pourrait justifier cette distinction entre des TBI ayant vocation à devenir des TBI entre États membres et d'autres l'étant devenus de manière plus contingente. Cependant, les articles des accords d'association sur la protection des investissements sont contenus dans des parties intitulées « coopération économique » débutant par un article préliminaire général[2403], sans titre, prévoyant le renforcement de la coopération économique entre les pays baltes et les pays d'Europe centrale et orientale dans le but d'un développement harmonieux de ces régions, mais pas explicitement entre pays candidats ou potentiellement candidats. Différemment, les accords de stabilisation et d'association dans ce type d'article préliminaire abandonnent l'idée d'un développement régional harmonieux au profit d'une coopération avec les pays frontaliers contribuant à la stabilité de la région[2404]. Si les accords d'association peuvent être une première étape dans le processus d'adhésion, ce type d'accord n'est pas réservé aux futurs candidats. En outre, parmi les accords d'association avec de futurs États

---

2398 STRIKE P., *Shaping the Single European Market in the Field of Foreign Direct Investment*, Oxford, Hart Publishing, 2014, pp. 261, spéc p. 11.

2399 Ex : TBI Royaume-Uni – Lituanie (signé le 17 mai 1993 et entré en vigueur le 21 septembre 1993)

2400 Ex : TBI Roumanie – Lettonie (signé le 27 novembre 2001 et entré en vigueur le 22 août 2002)

2401 ACCORD EUROPEEN ETABLISSANT UNE ASSOCIATION entre les Communautés européennes et leurs États membres, d'une part, et la République de Lituanie, d'autre part (Adopté le 12 juin 1995), Art. 74 § 2 The particular aims of cooperation shall be : [...] the conclusion by the Member States and Romania of Agreements for the promotion and protection of investment [...] *pro* ACCORD EUROPEEN ETABLISSANT UNE ASSOCIATION entre les Communautés européennes et leurs États membres, d'une part, et la Roumanie, d'autre part (adopté le 1er février 1993), Art. 74 § 2 comp. ACCORD DE STABILISATION ET D'ASSOCIATION entre les Communautés européennes et leurs États membres, d'une part, et la République de Croatie, d'autre part (adopté le 29 octobre 2001) art. 85 § 2 The particular aims of cooperation shall be : [...] the conclusion, where appropriate, with Member States of bilateral agreements for the promotion and protection of investmen [...].

2402 La formulation des accords d'association antérieurs au Conseil Européen de Copenhague en 1993 signés avec la Pologne, la Hongrie et la République tchèque et la République slovaque est plus ouverte et vise plus généralement l'extension des réseaux de TBI des États membres et de l'État associé. Ces accords par ailleurs ne font pas explicitement référence au processus d'adhésion. V. ACCORD EUROPEEN ETABLISSANT UNE ASSOCIATION entre les Communautés européennes et leurs États membres, d'une part, et la République slovaque, d'autre part (Adopté le 4 octobre 1993) art. 74 § 2 The particular aims of the co-peration shall be : [...] the extension by Member State and the Slovak Republic of agreements for the promotion and protection of investment; [...].

2403 ACCORD EUROPEEN ETABLISSANT UNE ASSOCIATION entre les Communautés européennes et leurs États membres, d'une part, et la Roumanie, d'autre part (adopté le 1er février 1993), art. 72 § 4 ; ACCORD EUROPEEN ETABLISSANT UNE ASSOCIATION entre les Communautés européennes et leurs États membres, d'une part, et la République de Lituanie, d'autre part (Adopté le 12 juin 1995), art. 72 § 4 ; ACCORD EUROPEEN ETABLISSANT UNE ASSOCIATION entre les Communautés européennes et leurs États membres, d'une part, et la République slovaque, d'autre part (Adopté le 4 octobre 1993) art. 72 § 4.

2404 ACCORD DE STABILISATION ET D'ASSOCIATION entre les Communautés européennes et leurs États membres, d'une part, et la République de Croatie, d'autre part (adopté le 29 octobre 2001), art. 81 § 3.

candidats, seuls quelques-uns comprennent des dispositions explicites portant sur l'adhésion future de l'État signataire. En croisant ces deux aspects il est possible de considérer, à tout le moins, que les circonstances de conclusion sont pertinentes pour une partie des TBI entre États membres – les TBI conclus à l'origine entre un État membre et un État tiers – surtout lorsque l'accord d'association de cet État tiers futur candidat à l'adhésion fait référence au processus d'adhésion à l'UE. C'est le cas des accords d'associations conclus avec les États baltes, la Slovénie, mais aussi de l'accord de stabilisation et d'association conclu avec la Croatie[2405]. Ces distinctions complexes sont à relativiser au regard de l'étendue de la notion de circonstances de conclusion. Cette notion permet de prendre en compte des éléments factuels relevant du contexte historique de conclusion, mais également relevant du contexte actuel, peu importe, leur nature politique, économique ou culturelle. De plus, l'étude des termes de ces accords d'association relève d'une recherche de l'intention des parties. Or, contrairement aux accords et instruments de l'article 31 § 2 CVDT relevant du contexte extrinsèque visant un consensus entre les parties, les circonstances de conclusion n'ont pour objet qu'une situation factuelle objective[2406]. L'examen de ce moyen d'interprétation se justifie donc dans notre étude, même s'il avère plus pertinent pour certains TBI entre États membres que pour d'autres. *A fortiori*, les circonstances de conclusion sont un moyen pertinent pour le TCEn au regard du rôle de la Commission dans son élaboration et du contexte historique particulier dans lequel il s'inscrit.

632. Transition. Pour certains TBI entre États membres, ainsi que pour le traité sur la Charte de l'énergie, les circonstances de conclusion du traité se révèlent proches d'un moyen d'interprétation sensible *per se* au statut intra-UE du traité, à l'instar des règles pertinentes de droit international applicables dans les relations entre les parties de l'article 31 § 3 c) CVDT.

[2405] VAN ELSUWEGE P. et CHAMON M., The meaning of 'association' under EU law – A study on the law and practice of EU association agreements, Etude – 18-02-2019, Parlement Européen, 2019, pp. 50, spéc. pp. 24-27.
[2406] DÖRR O., « Article 32 Supplementary means of interpretation », *in* DÖRR O. et SCHMALENBACH K. (eds.), *Vienna Convention on the Law of Treaties*, 2nd ed., Berlin, Springer, 2018, pp. 617-633, spéc. pp. 624-626.

§ 2 - Les moyens sensibles *per se* au statut intra-UE du traité

633. L'article 31 § 3 c) CVDT revêt une importance particulière dans le cadre d'arbitrage d'investissement intra-UE, car le renvoi à des règles de droit international applicables dans les relations entre les parties peut couvrir l'ensemble du droit de l'UE, ou tout au moins les traités constitutifs, modificatifs et d'adhésion.

634. Plan de paragraphe. La pertinence particulière de l'article 31 § 3 c) CVDT dans notre étude (A) est cependant fonction dans le contexte du traité sur la Charte de l'énergie de l'étendue de la notion de « parties » dans cet article (B).

A - La pertinence particulière de l'article 31 § 3 lettre c) de la CVDT

635. L'évolution de l'utilisation de l'article 31 § 3 c) CVDT. Comme le rappelle le professeur Campbell McMachlan, la faible application de la lettre c) de l'article 31 § 3 CVDT par les juridictions internationales avait poussé le professeur Philippe Sands à évoquer en 1998 une réticence générale de ces dernières à appliquer cette disposition[2407]. Cette situation a évolué dès le début des années 2000. Désormais les références à cette disposition dans les décisions de juridictions internationales ne sont pas rares. La CIJ, l'Organe d'appel de l'OMC, la CEDH ou encore les tribunaux arbitraux d'investissement appliquent cet article.

636. La relative sensibilité de l'article 31 § 3 c CVDT au statut intra-UE du traité. Les éléments d'interprétation de cet article peuvent être considérés, contrairement à ce qui a été annoncé, comme indifférents au statut du traité. Le caractère « pertinent » de la règle de droit international applicable entre les parties peut venir contredire la sensibilité *per se* de cet article au statut du traité[2408]. Ce critère offre une marge de manœuvre importante à l'interprète et lui permet de ne pas prendre en compte toutes les règles applicables entre les parties. Comme les règles appelant l'arbitre à appliquer une règle appropriée, la règle visant l'application d'une règle pertinente est indifférente au statut du traité. Le statut du traité ne peut être pertinent que si la règle est jugée pertinente par l'interprète du fait même du statut intra-UE du traité.

***637. La justification de l'affirmation d'une sensibilité* per se.** Compte tenu du renouvellement du consentement des États membres par des traités modificatifs successifs et de la densification du droit de l'UE dérivé ou primaire, notamment en matière d'investissement, nous estimons que le droit de l'UE satisfait, dans le cadre d'arbitrage d'investissement intra-UE, *per se* le critère de pertinence posé par l'article 31 § 3 c) CVDT. Cette hypothèse s'est d'ailleurs concrétisée. Dans le cadre d'exceptions d'incompétence intra-UE, l'article 31 § 3 c) CVDT a été invoqué afin de demander aux tribunaux d'interpréter des traités d'investissement à la lumière du droit de l'UE. La décision la plus significative en la matière est celle prononcée par le tribunal arbitral de l'affaire *Vattenfall*

2407 McLACHLAN C., « The Principle of Systemic Integration and Article 31 (3) (c) of the Vienna Convention », *ICLQ*, Vol. 54(2), 2005, pp. 279-320, spéc. pp. 279 et 280.

2408 L'importance de ce critère a notamment été rappelée dans une décision de l'Organe d'appel de l'OMC. V. Organe d'appel OMC, *Communautés européennes et certains États membres – Mesures affectant le commerce des aéronefs civils gros porteurs* - AB-2010-1, WT/DS316/AB/R, Rapport du 18 mai 2011, §§ 846-851 comp. Groupe spécial OMC, *Communautés européennes — Régime applicable à l'importation, à la vente et à la distribution des bananes (Bananes III)*, WT/DS27/R/ECU, Rapport du 25 septembre 1995, §§ 7.120-7.126 Ici un critère de pertinence modère l'application d'une règle de conflit entre les dispositions d'accords de l'OMC.

(II)[2409]. Le raisonnement tenu dans cette sentence sera présenté plus en avant, dans le cadre d'un examen détaillé de l'utilisation de l'article 31 § 3 c) CVDT par les arbitres.

B - L'étendue de la notion de parties dans l'article 31 § 3 lettre c) de la CVDT

638. L'insuffisance des moyens d'interprétation relevant du contexte interne. Comme dans le cadre des lettres a) et b) de l'article 31 § 3 CVDT, l'étendue de la notion de parties au sein de la lettre c) de ce article doit être précisée. Pour les lettres a) et b) de l'article 31 § 3 CVDT la proximité de ces dispositions avec l'article 31 § 2 a) CVDT est décisive. Ces dispositions ont toutes pour élément central un accord – que ce soit un accord intervenu entre toutes les parties, un accord intervenu entre les parties ou un accord des parties. L'article 31 § 3 c) CVDT ne vise pas un accord, mais « toute règle pertinente de droit international applicable dans les relations entre les parties ». Cet article se focalise sur les relations entre les parties. Les autres dispositions de la CVDT, qui participent au contexte des termes de cet article lors de son interprétation, différent en partie des lettres a) et b) de l'article 31 § 3. D'autres articles de la CVDT font également référence à des relations entre parties. L'article 72 de la CVDT fait référence aux « relations juridiques établies par le traité entre les parties ». Cet article vise uniquement certaines parties et pas toutes les parties[2410]. Dès lors, il convient de ne pas transposer trop rapidement les conclusions quant à l'étendue de la notion de parties dans les lettres a) et b) de l'article 31 § 3 CVDT à la lettre c) de cet article. Un autre élément s'oppose à une interprétation unitaire de la notion de parties dans l'ensemble de l'article 31 § 3 CVDT. Cet article n'est pas homogène quant à la temporalité des éléments qu'il vise. Les éléments des lettres a) et b) de l'article 31 § 3 CVDT sont postérieurs à la conclusion du traité alors que ceux de l'article 31 § 3 c) CVDT ne s'inscrivent dans aucune temporalité particulière, sauf à ce que les règles qu'ils visent soient en vigueur[2411]. En s'en tenant à la différence entre une référence à « toutes les parties » dans l'article 31 § 2 a) CVDT et « au parties » sans plus de précisions dans l'article 31 § 3 c) CVDT, il convient de recourir aux travaux préparatoires afin de déterminer l'étendue de la notion de partie dans l'article 31 § 3 c) CVDT.

639. L'absence de consensus sur le droit intertemporel. L'article 31 § 3 c) CVDT résulte d'une absence de consensus sur la question du droit intertemporel. Cette question fait partie – au côté de l'effet utile et du principe d'interprétation restrictive (*in dubius mitius*) des limites à la souveraineté – des questions laissées dans l'ombre par l'article 31 CVDT[2412]. La notion de droit intertemporel interroge quant au contexte temporel dans lequel les termes du traité doivent être interprétés : faut-il les interpréter systématiquement par rapport à l'état du droit au moment de la conclusion du traité ou au moment de son interprétation ? La première version du futur article 31 § 3 c) CVDT visait à répondre à cette question. Le projet d'article 56 prévoyait qu'un traité devait être interprété à la lumière du droit en vigueur au moment de sa conclusion et appliqué selon les règles en vigueur au moment de son application. Comme le précise en substance Richard Gardiner, faute de pouvoir s'accorder sur plus et insatisfait d'une formulation qui n'en disait pas assez, toute référence au droit

---

2409 CIRDI, *Vattenfall AB et autres (Vattenfall (II)) c. République fédérale d'Allemagne (II)*, aff. ARB/12/12, Décision du 31 août 2018 sur la problématique Achmea, §§ 151-168.

2410 GARDINER R., *Treaty Interpretation*, 2nd ed., Oxford, OUP, 2015, pp. 523, spéc. p. 303.

2411 GREIG D.W., *Intertemporality and The law of Treaties*, London, BIICL, 2001, pp. 144, spéc. p. 46 *cité par* GARDINER R., *Treaty Interpretation*, 2nd ed., Oxford, OUP, 2015, pp. 523, spéc. p. 298.

2412 SOREL J-M., « Article 31 – Convention de 1969 », *in* CORTEN O. et KLEIN P. (dir.), *Les Conventions de Vienne sur le droit des traités – Commentaire article par article, II*, Bruxelles, Bruylant, 2006, pp. 1289-1338, spéc. p. 1307.

intertemporel a été retirée de l'article. Ne resta qu'un article visant l'interprétation des termes du traité à la lumière des règles de droit international. La référence ultérieure à toute règle pertinente permettait, sans trancher le débat, de satisfaire les tenants d'une interprétation évolutive des traités – interprétation pouvant s'appuyer en outre sur le principe de bonne foi irriguant l'ensemble de la règle générale d'interprétation[2413].

640. La reconnaissance de l'incomplétude des traités. Sans référence explicite au droit intertemporel, l'article 31 § 3 c) CVDT perdit sa raison d'être originel. En lieu et place d'une suppression, la référence au droit international général – puis tout simplement au droit international –, dans la nouvelle version de l'article 69, fit l'objet de plusieurs soutiens directs et indirects[2414]. Comme l'a précisé le président de séance de la CDI le 16 juin 1966, Mustafa Kamil Yasseen, les parties ne concluent pas un accord « dans le vague » ou « *in vacuo* », mais au sein d'un ordre juridique comprenant des règles coutumières ou de droit écrit, communes aux parties[2415]. Le projet d'article 69, qui aboutira à l'article 31 § 3 c) CVDT vint à reconnaître le « milieu juridique » des traités[2416]. Dans la même veine, le professeur Jean-Marc Sorel admet que cet article « permet de situer l'interprétation parmi les règles pertinentes du droit international »[2417]. L'inclusion du droit conventionnel dans les règles de droit international est soutenue par les travaux préparatoires, la référence au droit international général ayant été supprimée. Cette inclusion ressort aussi de la formulation finale visant les règles « applicables dans les relations entre les parties »[2418]. Cependant, l'étendue de la notion de partie peine à être déterminée, que ce soit au regard d'éléments contextuels ou au regard des travaux préparatoires qui portent essentiellement sur la question du droit intertemporel, absente de la version finale de l'article[2419]. Dans les années 2000, la raison d'être de cet article s'est renouvelée (ou finalement révélée), ce qui n'est pas sans conséquences sur l'étendue de la notion de parties en son sein.

641. Le principe d'intégration systémique. L'article 31 § 3 c) CVDT visant des éléments non intrinsèquement interprétatifs a été considéré comme caractéristique, au sein de la règle générale d'interprétation, d'un principe d'intégration[2420], d'intégration

---

2413 GARDINER R., *Treaty Interpretation, op. cit.*, spéc. pp. 296-298.

2414 *Ibid.*, spéc. p. 301.

2415 CDI, *Compte rendu de la 871e séance du 17 juin 1966, Droit des traités (A/CN.4/186 et Addenda ; A/CN.4/L.107, L.115), in Annuaire de la CDI 1966*, Vol. I, Partie II, pp. 213-218, spéc. p. 218, §§ 51 et 52.

2416 YASSEEN M. K., « L'interprétation des traités d'après la Convention de Vienne sur le droit des traités », RCADI, Vol. 151, 1976, pp. 1-114, spéc. pp. 62-70.

2417 SOREL J-M., « Article 31 – Convention de 1969 », *in* CORTEN O. et KLEIN P. (dir.), *Les Conventions de Vienne sur le droit des traités – Commentaire article par article, II*, Bruxelles, Bruylant, 2006, pp. 1289-1338, spéc. p. 1322.

2418 GARDINER R., *Treaty Interpretation*, 2nd ed., Oxford, OUP, 2015, pp. 523, spéc. p. 302.

2419 *Ibid.*, pp. 523, spéc. pp. 302-304 *contra* ROSENTRETER D., *Article 31(3)(c) of the Vienna Convention on the Law of Treaties and the Principle of Sytemic Integration in International Investment Law and Arbitration*, Baden-Baden, Nomos, 2015, pp. 511, spéc. p. 184.

2420 COMBACAU J. et SUR S., *Droit international public*, 2e éd., Paris, Montchrestien, 1995, pp. 827, spéc. p.177. La formulation du principe contenu dans l'article 31 § 3 c) « [...] implique qu'il ne convient pas de considérer isolément la règle ou la situation à interpréter, mais qu'il faut les insérer dans le contexte de l'ensemble du droit applicable. Ce principe d'intégration souligne l'unité du droit international et établit une présomption du caractère déclaratoire des règles particulières par rapport aux règles générales [...] » comp. DEHAUSSY J. et SALEM M., « Fasc. 12-6 : Principes, règles et méthodes applicables à l'interprétation », *JCl. Droit international*, Lexis Nexis, 1995, p. 11. Ces auteurs privilégient le terme de « principe de cohérence des dispositions à interpréter avec l'ensemble des obligations internationales des parties », et considèrent qu'un principe d'intégration va au-delà des intentions des parties et des rédacteurs. Ils y voient davantage une expression du principe selon lequel l'interprète doit « présumer que chacune des parties au traité n'a pas voulu accepter des obligations contradictoires ». Il semble que le principe d'intégration et le principe d'interprétation harmonieuse ne soient pas identiques. Le principe d'interprétation harmonieuse semble rattaché au principe d'effet utile dans le cadre de l'OMC, ce qui parait plus conforme à la jurisprudence de la CIJ et à une compréhension de ce principe en tant que présomption de compatibilité. Pour des développements s'appuyant principalement sur des décisions de l'ORD et de la CIJ v. GARDINER R., *Treaty Interpretation*, 2nd ed., Oxford, OUP, 2015, pp. 523, spéc. pp. 179-181 ; BORGEN C.J., « Treaty Conflict and Systemic Fragmentation » *in* HOLLIS D.B. (ed.), *The Oxford Guide to Treaties*, 2nd ed, Oxford, OUP, 2020, pp. 432-456, systémique[2421] ou d'interprétation systémique[2422]. Ces principes sont formulés au début des années 2000, alors que cette règle – faisant « figure de véritable capharnaüm eu égard à la multitude des éléments » qu'elle pouvait intégrer – n'était invoquée expressément que par la CEDH, jusqu'à son utilisation, non dénuée de critiques, par la CIJ en 2003[2423]. Plus qu'un élément permettant de situer l'interprétation d'un traité par rapport à d'autres règles de droit international pertinentes, cet article est communément présenté comme un élément permettant d'éviter la tendance de fragmentation de l'ordre juridique international[2424]. En témoigne l'intitulé du chapitre V du rapport sur la fragmentation du droit international de la CDI de 2006 : « Intégration systémique et paragraphe 3 *c* de l'article 31 de la Convention de Vienne sur le droit des traités »[2425].

642. La portée du principe d'intégration systémique. Dans sa thèse de doctorat, analysant l'article 31 § 3 c) CVDT à l'aune d'une raison d'être « intégrationniste », le professeur Panos Merkouris considère que son interprétation conformément à la règle générale d'interprétation ne permet pas de trancher entre trois options : la première voulant que tous les États parties au traité interprété soient liés par la règle de droit international qu'elle soit coutumière ou de droit écrit, la seconde voulant que seules les parties au différend soient nécessairement liées par ces règles et la troisième n'exigeant pas une complète identité lorsque la règle de droit international envisagée, exprime une intention commune ou relève d'une compréhension commune des toutes les parties au traité interprété[2426]. Il poursuit l'analyse en ayant recours aux travaux préparatoires et aux circonstances de conclusion de la CVDT, en étudiant même les projets de codification antérieurs. Un élément déterminant pour cet auteur réside dans la réception, notamment par le représentant du Kenya, d'un amendement de la République fédérale d'Allemagne, abandonné après n'avoir pas été soumis au vote pour des raisons procédurales. L'intervention du représentant kényan laisse suggérer que cet amendement n'ajoutait rien à l'article dont le contenu était déjà aligné sur l'approche extensive allemande visant la prise en compte « de toute obligation internationale pertinente d'une ou plusieurs des parties »[2427].

643. L'importance de l'étendue de la notion de partie pour la portée du principe. Comme le rappelle Daniel Rosentreter l'étendue de la notion de partie dans cet article n'est

---

spéc. pp. 444 et 445 ; CDI, *Fragmentation du Droit International : Difficultés découlant de la Diversification et de l'Expansion du Droit International*, Rapport du Groupe d'Etude de la CDI, 13.04.06, A/CN.4/L.682, pp.279, spéc. pp. 26-29. Dans le cadre de la CESDH, un principe d'interprétation harmonieuse semble découler de l'article 31 § 3 c), mais s'inscrit dans une logique d'intégration de la CESDH dans le droit international. V. CEDH, Gde ch., *AL-ADSANI c. Royaume-Uni*, requête n° 35763/97, Arrêt du 21 novembre 2011, §§ 55 et 56 ; CEDH, Gde ch., *BANKOVIC et autres c. Belgique et autres*, requête n° 52207/99, Décision sur la recevabilité du 12 décembre 2001, § 57 ; CEDH, 1re sect., MAMATKOULOV et ABDURASULOVIC c. Turquie, requêtes n° 46827/99 et 46951/99, Arrêt du 6 février 2003, § 99.

2421 McLACHLAN C., « The Principle of Systemic Integration and Article 31 (3) (c) of the Vienna Convention », *ICLQ*, Vol. 54(2), 2005, pp. 279-320 ; MERKOURIS P., *Article 31(3)(c) of the VCLT and the Principle of Systemic Integration*, Thèse : Droit, Queen Mary University of London – School of Law, 2010, pp. 241.

2422 DISTEFANO G. ET MAVROIDIS P. C., « L'interprétation Systémique : le Liant du Droit International », *in* GUILLOD O., MÜLLER C. et WESSNER P-A (éd.), *Pour un Droit Équitable, Engagé et Chaleureux - Mélanges en l'honneur de Pierre Wessner*, Bâle, Helbing Lichtenhahn, 2011, pp. 743-759. Pour une étude de la cohérence de l'application de l'article 31 § 3 c) de la CVDT par les différentes juridictions internationales v. DE VRIES-ZOU I.T., « Divided but harmonious? The interpretations and applications of article 31 (3) (c) of the Vienna Convention on the Law of Treaties », *Utrecht Law Review*, Vol. 16(1), 2020, pp. 86-100.

2423 BORE-EVENO V., *L'interprétation des traités par les juridictions internationales. Étude comparative*, Thèse : Droit, Université Paris I – Panthéon Sorbonne, 2004, pp. 573, spéc. pp. 133 et 134.

2424 DUPUY P.-M. et KERBRAT Y., *Droit international public*, 15e éd., Paris, Dalloz, 2020, pp. 962, spéc. p. 369.

2425 CDI, *Fragmentation du Droit International : Difficultés découlant de la Diversification et de l'Expansion du Droit International*, Rapport du Groupe d'Etude de la CDI, 13.04.06, A/CN.4/L.682, pp.279, spéc. pp. 91-106.

2426 MERKOURIS P., *Article 31(3)(c) of the VCLT and the Principle of Systemic Integration*, Thèse : Droit, Queen Mary University of London – School of Law, 2010, pp. 241, spéc. pp. 18 et 19.

2427 *Ibid.* pp. 32-35.

pas dénuée de conséquences quant à sa capacité à favoriser une interprétation harmonieuse du droit international, surtout dans le cadre de traités multilatéraux liant un nombre important de parties, tels que les accords de l'OMC[2428]. Ce dernier avant d'interpréter l'article 31 § 3 c) CVDT, en respectant les articles de la CVDT relatifs à l'interprétation des traités, évalue les conséquences de différentes positions envisageables.

644. La défense d'une approche restrictive. Selon Daniel Rosentreter, l'approche restrictive – exigeant une règle applicable entre toutes les parties au traité interprété – pose un principe clair, gage de sécurité juridique. Elle garantirait l'interprétation uniforme du traité[2429] et respecterait le principe *res inter alios acta.* Cette approche réduit cependant drastiquement la portée de cet article, surtout dans le cadre de traités multilatéraux. Plus le traité comprendrait de parties, plus il serait isolé du reste du droit international (surtout conventionnel). Un traité universel, adopté par tous les États de l'ONU, ne permettrait de prendre en compte dans son interprétation que des règles toutes aussi universelles[2430]. Par exemple, même si tous les États parties au TCEn étaient parties à la Convention CIRDI, ce traité ne pourrait pas être interprété à la lumière de la Convention CIRDI, car l'UE n'est pas (et ne peut pas être) partie à cette convention. Concernant l'approche divergente, en autorisant la prise en compte d'une règle applicable entre certaines parties, cette approche autoriserait plusieurs interprétations d'un même traité multilatéral. Elle permettrait toutefois de renforcer la cohérence générale de l'ordre juridique international. Quant à l'approche la plus extensive incluant les règles ne liant qu'une partie au traité, selon Daniel Rosentreter, elle est de même nature que l'approche divergente, elle intensifie les avantages et inconvénients de cette dernière[2431]. Lorsqu'il interprète cet article, cet auteur considère que le sens ordinaire des termes de l'article 31 § 3 c) CVDT permet d'écarter l'approche la plus extensive, mais pas de trancher entre l'approche restrictive et l'approche divergente. Il en va différemment du contexte des termes qui, selon lui, tendent à privilégier l'approche restrictive[2432].

645. Deux analyses divergentes des travaux préparatoires. Ayant recours lui aussi aux moyens complémentaires, Daniel Rosentreter achoppe également sur la proposition d'amendement de la République fédérale d'Allemagne[2433]. Or, contrairement à Panos

---

[2428] ROSENTRETER D., *Article 31(3)(c) of the Vienna Convention on the Law of Treaties and the Principle of Sytemic Integration in International Investment Law and Arbitration,* Baden-Baden, Nomos, 2015, pp. 511, spéc. pp. 162 et 163.

[2429] Pour une critique de l'argument selon lequel l'approche restrictive garantirait la sécurité juridique ou la stabilité des relations internationales v. MERKOURIS P., *Article 31(3)(c) VCLT and the principle of systemic integration normative shadows in Plato's Cave,* Leiden – Boston, Brill – Nijhoff, 2015, pp. 331, spéc. pp. 100 et 101.

[2430] Julien Cazala rappelle que l'interprétation stricte au regard de l'absence d'identité entre les parties au GATT et les membres de l'ONU, ne permettrait pas de prendre en compte les dispositions de la Charte des Nations Unies, n'ayant pas déjà un caractère coutumier, dans le cadre de l'OMC. V. CAZALA J., « Le rôle de l'interprétation des traités à la lumière de toute autre "règle pertinente de droit international applicable entre les parties" en tant que "passerelle" jetée entre systèmes juridiques différents », *in* RUIZ-FABRI H. et GRADONI L. (dir.), *La circulation des concepts juridiques : le droit international de l'environnement entre mondialisation et fragmentation,* Paris, Société de législation comparée, 2009, pp. 95-135, spéc. pp. 119-124.

[2431] ROSENTRETER D., *Article 31(3)(c) of the Vienna Convention on the Law of Treaties and the Principle of Sytemic Integration in International Investment Law and Arbitration,* Baden-Baden, Nomos, 2015, pp. 511, spéc. pp. 164-169.

[2432] *Ibid.,* pp. 175-184 *contra* GARDINER R., *Treaty Interpretation,* 2nd ed., Oxford, OUP, 2015, pp. 523, spéc. pp. 302-304 « The scope of the limitation in article 31 (3) (c) to rules that are applicable in the relations between 'the parties' cannot be determined solely by reference to the ordinary meaning of this term, nor is it clear from the context ».

[2433] Proposition d'amendement de la République fédérale d'Allemagne du Paragraphe 3 de l'article 27 (A/CONF.39/C1/L.214) : Ajouter le nouvel aliné *d* suivant : *d)* De toute obligation internationale pertinente d'une ou de plusieurs des parties. V. *Conférence des Nations Unis sur le Droit des Traités – Première et deuxième sessions Vienne, 26 mars – 24 mai 1968 et 9 avril – 22 mai 1969,* Documents officiels, A/CONF/39/11Add.2, ONU, New York, 1971, pp. 326, spéc. p. 162.

Merkouris[2434], il estime que cette proposition a été rejetée et non abandonnée. Cela lui permet de conclure que l'approche la plus extensive doit être rejetée[2435]. Il complète son analyse en ayant recours au principe de l'effet utile ou d'effectivité. Ce principe est invoqué, sous différentes formes, par les auteurs défendant l'approche qu'il qualifie de divergente. Considérant que les tenants de cette approche admettent qu'une prise en compte d'un traité ne liant pas toutes les parties au traité interprété ne serait pas acceptable en présence d'obligations *erga omnes* – c'est-à-dire d'obligations ne pouvant être envisagées comme des concessions réciproques bilatérales – leur raisonnement, selon Daniel Rosentreter, donnerait deux sens à la notion de parties selon la nature des obligations des traités. Cela serait contraire au principe même de l'effet utile au regard des limites textuelles dans lequel il s'inscrit[2436]. Ce principe pour cet auteur ne s'oppose pas à l'approche restrictive, mais bien à l'approche divergente. Il pourrait être objecté à cet argument qu'en retenant une notion de parties ne visant pas nécessairement toutes les parties, l'exception visant les obligations *erga omnes* pourrait être préservée grâce au critère de pertinence des règles. Dans le cadre d'obligations *erga omnes*, les règles issues de traités ne liant pas toutes les parties ne seraient pas pertinentes. La question de l'effet utile ne semble cependant que confirmer les conclusions antérieures de cet auteur. Il affirme en somme que l'approche restrictive « *is the most convincing given the wording and the context of Article 31(3)(c) VCLT* [...] »[2437].

646. L'approche holistique des critères de l'article 31 § 3 lettre c). Contrairement à Daniel Rosentreter, Panos Merkouris poursuit son analyse – au-delà des termes, de leur contexte et des travaux préparatoires – et s'intéresse à la jurisprudence internationale antérieure et postérieure à la CVDT. L'étude de la jurisprudence lui permet de résoudre la question de l'indétermination des critères des règles de l'article 31 § 3 c) CVDT : la pertinence des règles, leur applicabilité et les parties auxquelles elles doivent s'appliquer. Il déduit de différentes décisions et sentences un critère de proximité (subsumant les critères de pertinence, d'applicabilité et de parties) divisé en quatre aspects pouvant se compenser selon les situations. Le croisement de la proximité terminologique, matérielle, temporelle du traité et de celle des parties au traité permet, selon cet auteur, de comprendre la variété des solutions jurisprudentielles[2438]. Concernant la notion de parties dans le cadre de ce critère de proximité, quatre scénarios sont identifiés. Dans le premier cas, les parties au traité interprété sont toutes parties au traité pouvant être pris en compte dans l'interprétation. Si la règle de ce traité est pertinente, rien ne s'oppose à sa prise en compte. Dans le deuxième cas, les parties au traité interprété ne sont pas toutes parties au traité envisagé, mais ce traité lie les États entre lesquels le différend d'interprétation intervient. Alors ce déficit d'identité des parties peut être compensé par une proximité autre, c'est-à-dire temporelle, matérielle ou terminologique. Enfin, dans le deuxième et le troisième cas, si le traité envisagé ne lie qu'une des parties au traité interprété, ou aucune d'elles, l'article 31 § 3 c) CVDT pourrait permettre la prise en compte de ces traités si le principe d'interprétation *in pari materia* était reconnu comme un principe général du droit ou comme relevant de la coutume internationale. Ce principe serait alors le vecteur – en tant que règle de droit international pertinente applicable

---

2434 Cet auteur a maintenu ses conclusions dans un ouvrage en 2015, mettant à jour sa thèse de doctorat. V. MERKOURIS P., *Article 31(3)(c) VCLT and the principle of systemic integration normative shadows in Plato's Cave*, Leiden – Boston, Brill – Nijhoff, 2015, pp. 331, spéc. pp. 37-41.

2435 ROSENTRETER D., *Article 31(3)(c) of the Vienna Convention on the Law of Treaties and the Principle of Sytemic Integration in International Investment Law and Arbitration*, *op. cit.*, spéc. pp. 193-195.

2436 *Ibid.*, pp. 184-193.

2437 *Ibid.*, pp. 195 *pro* LINDERFALK U., « Who are "the parties"? Article 31 § 3(c) and the "Principle of Systemic Integration" Revisited », *Netherlands International Law Review*, Vol. 55, 2008, pp. 343-364.

2438 MERKOURIS P., *Article 31(3)(c) of the VCLT and the Principle of Systemic Integration*, Thèse : Droit, Queen Mary University of London – School of Law, 2010, pp. 241, spéc. pp. 36-78.

entre les parties – de la prise en compte de ces deux types de traité dans l'interprétation du traité. En dehors de cette hypothèse, Panos Merkouris considère qu'une compensation du déficit de proximité des parties serait possible si un traité ne liait qu'un État partie au traité interprété, mais pas s'il n'en liait aucun. Il admet cependant qu'il est tout aussi acceptable de considérer que les traités ne liant qu'un État ne relèvent pas de l'article 31 § 3 c) CVDT, mais de l'article 32 CVDT, comme les traités ne liant aucune des parties au traité interprété[2439]. L'approche holistique de l'article 31 § 3 c) CVDT proposée par Panos Merkouris visant à ne pas cloisonner entre les différents critères d'application de cet article est assez convaincante. Elle permet « d'opérationnaliser »[2440] le lien entre les règles de droit internationales, sans véritablement entrer en conflit avec d'autres principes de droit international. Cette approche, minoritaire dans la doctrine, est la plus à même de donner une substance au rejet de l' « isolation clinique » du droit des investissements[2441]. Elle faciliterait la prise en compte du droit de l'UE dans les arbitrages d'investissement intra-UE, voire dans tous les arbitrages d'investissement, et contribuerait ainsi à une plus grande cohérence du droit international. Si certains auteurs se limitent à constater que la question de l'approche à privilégier n'a pas été tranchée, y compris par la CDI en 2006[2442], la majorité affirme que la notion de partie doit être interprétée strictement[2443] – quitte à considérer qu'une approche restrictive autoriserait exceptionnellement une identité partielle des parties pour les traités multilatéraux (non intégraux) contenant des obligations synallagmatiques et non *erga omnes partes*[2444].

647. L'objection du respect d'un principe d'unicité du sens du traité interprété. La question la plus sensible semble être la possibilité d'avoir plusieurs interprétations possibles d'un même traité, du fait de l'absence d'identité des moyens d'interprétation selon les parties

---

2439 MERKOURIS P., *Article 31(3)(c) VCLT and the principle of systemic integration normative shadows in Plato's Cave*, Leiden – Boston, Brill – Nijhoff, 2015, pp. 331, spéc. pp. 95-100 comp. MITCHEL A.D. et MUNRO J., « Someone Else's Deal : Interpreting International Investment Agreements in the Light of Third-Party Agreements », *European Journal of International Law*, Vol. 28, 20217, pp. 669-695, spéc. p. 691 « [...] only where there is some nexus between the common intention of the parties to the IIA in question and third-party IIAs—such as through reference to those IIAs in the preparatory work of the IIA in question—is their consideration under Article 32 warranted ». Ces auteurs considèrent que le recours à d'autres traités d'investissement n'est possible que si les parties se sont positionnées par rapport à ces traités en adoptant le traité interprété.

2440 Expression utilisée par le professeur Philippe Sands reprise par Jean-Marc Sorel v. SOREL J-M., « Article 31 – Convention de 1969 », *in* CORTEN O. et KLEIN P. (dir.), *Les Conventions de Vienne sur le droit des traités – Commentaire article par article, II*, Bruxelles, Bruylant, 2006, pp. 1289-1338, spéc. p. 1323 « Certains auteurs regrettent ce "sous-emploi" d'un passage de l'article 31 qui permettrait "d'opérationnaliser" le lien entre le droit international conventionnel et le droit international coutumier, et d'éviter ainsi une forme de fragmentation du droit international ».

2441 Sur l'utilisation de cette notion par l'Organe d'appel de l'OMC en 1996 v. MALJEAN-DUBUIS, « Le spectre de l'isolation clinique : quelle articulation entre les règles de l'OMC et les autres principes et instruments internationaux ? », *Revue Européenne de Droit de l'Environnement*, Vol. 12(2), 2008, pp. 159-169. Dans le contexte de l'OMC les discussions sur l'isolation clinique portent davantage sur la prise en compte d'autres règles de droit international au stade de l'interprétation des accords OMC en application de l'article 31 § 3 c) CVDT. Ici nous reprenons le terme pour s'interroger aussi sur l'application ou la considération factuelle d'autres règles que celles des traités d'investissement dans la résolution des litiges d'investissement intra-UE.

2442 GARDINER R., *Treaty Interpretation*, 2nd ed., Oxford, OUP, 2015, pp. 523, spéc. p. 317. Il est cependant possible de considérer que la CDI exprime une préférence pour une interprétation autorisant la prise en compte dans l'interprétation d'un traité des traités liant seulement les États parties impliqués dans le différend d'interprétation. V. CDI, *Fragmentation du Droit International : Difficultés découlant de la Diversification et de l'Expansion du Droit International*, Rapport du Groupe d'Etude de la CDI, 13.04.06, A/CN.4/L.682, pp.279, spéc. § 472 « Une meilleure solution consisterait à autoriser la référence à un autre traité à condition que les parties au différend soient aussi parties à cet autre traité ».

2443 LINDERFALK U., *On the interpretation of treaties*, Dordretch, Springer, 2007, pp. 437, spéc. p. 259 ; VILLIGER M.E., *Commentary on the 1969 Vienna Convention on the Law of Treaties*, Leiden-Boston, Martinus Nijhoff, 2009, pp. 1058, spéc. p. 433 ; CAZALA J., « Le rôle de l'interprétation des traités à la lumière de toute autre "règle pertinente de droit international applicable entre les parties" en tant que "passerelle" jetée entre systèmes juridiques différents », *in* RUIZ-FABRI H. et GRADONI L. (dir.), *La circulation des concepts juridiques : le droit international de l'environnement entre mondialisation et fragmentation*, Paris, Société de législation comparée, 2009, pp. 95-135, spéc. pp. 119-124.

2444 DÖRR O., « Article 31 – General rule of interpretation » *in* DÖRR O. et SCHMALENBACH K. (eds.), *Vienna Convention on the Law of Treaties*, 2e éd., Berlin, Springer, 2018, pp. 559-616, spéc. pp. 610-611.

au différend. Une telle pluralité d'interprétation est considérée comme contraire au principe d'interprétation autonome[2445] – s'opposant aussi à la possibilité d'accords interprétatifs *inter se*, issue d'une pratique restreinte de certains États dans le cadre de traités multilatéraux[2446]. Les déclarations des États membres du 15 et 16 janvier 2019 et le droit de l'UE sont écartés des moyens d'interprétation du TCEn à la lumière de ce principe d'unicité du sens du traité interprété[2447]. Ce principe ne trouve cependant pas son équivalent en matière d'unicité des obligations d'un traité étant donné l'autorisation des réserves[2448] et des modifications de traités multilatéraux par certaines parties à ces traités[2449]. Par ailleurs, la CVDT autorise également la suspension de l'application d'un traité multilatéral par accord entre certaines parties seulement[2450]. Le droit des traités autoriserait une flexibilité en matière d'obligation qu'il n'autoriserait pas en matière d'interprétation. Suivi à la lettre, un tel principe rendrait ineffectifs de nombreux moyens complémentaires d'interprétation implicites, particuliers à certaines parties au traité interprété, par exemple des déclarations interprétatives unilatérales. En réponse aux débats sur l'existence d'un sens objectif de la notion d'investissement dans la Convention CIRDI, Thomas Wälde proposait de distinguer dans l'application du principe d'interprétation autonome entre « *international treaty that requires absolutely uniform interpretation (as do the many legal harmonization treaties)* » et d'autres traités, comme la Convention CIRDI, dont l'article 25 pourrait être interprété différemment selon les parties impliquées, du fait de l'accord de protection applicable[2451]. Il considère que le principe d'interprétation autonome ne serait violé, en cas d'interprétation multiple, que dans le cadre d'accords particuliers. Réapparait alors la distinction entre traités identifiée par la plupart des auteurs, ainsi que par la CDI en 2006 dans le cadre de ses travaux sur l'article 31 § 3 c) CVDT[2452].

648. Conclusions. Au regard de ces éléments, privilégier systématiquement la cohérence interne des traités de protection des investissements[2453], comme le fait le tribunal de l'affaire *Vattenfall*, au détriment d'une cohérence générale du droit international n'est pas la solution la plus raisonnable. Par conséquent, dans nos développements, l'article 31 § 3 c) CVDT sera

---

2445 Généralement sur le concept de sens autonome d'un traité v. ORAKHELASHVILI A., *The Interpretation of Acts and Rules in Public International Law*, Oxford, OUP, 2008, pp. 594, spéc. pp. 335-338.

2446 GARDINER R., *Treaty Interpretation*, 2nd ed., Oxford, OUP, 2015, pp. 523, spéc. pp. 267 et 268.

2447 CIRDI, *Vattenfall AB et autres (Vattenfall (II)) c. République fédérale d'Allemagne (II)*, aff. ARB/12/12, Décision du 31 août 2018 sur la problématique Achmea, §§ 156-158.

2448 CVDT Section 2 Réserves, Articles 19 à 23.

2449 CVDT Articles 41

2450 CVDT Article 58

2451 WÄLDE T., « Interpreting Investment Treaties: Experiences and Examples » *in* BINDER C., KRIEBAUM U., REINISCH A. et WITTICH S. (eds.), *International Investment Law for the 21st Century: Essays in Honour of Christoph Schreuer*, Oxford, OUP, 2009, pp. 724-781, spéc. p. 768.

2452 CDI, *Fragmentation du Droit International : Difficultés découlant de la Diversification et de l'Expansion du Droit International*, Rapport du Groupe d'Etude de la CDI, 13.04.06, A/CN.4/L.682, pp.279, spéc. § 472 « [...] Le risqué de divergence – courant en droit conventionnel – diminuerait s'il était fait une distinction entre traités réciproques » et « synallagmatiques » (auquel cas la simple « divergence » d'interprétation ne crée aucun problème) et traités de type « intégral » ou « interdépendant » (ou traités conclus *erga omnes partes*), cas dans lequel il ne faudrait pas laisser le recours à cet autre traité menacer la cohérence du traité qui doit être interprété. [...] Par ailleurs, il serait peut-être utile de se demander dans quelle mesure l'autre traité sur lequel on s'appuie peut être considéré comme ayant été « tacitement » accepté ou du moins toléré par les autres parties, c'est-à-dire « peut être raisonnablement considéré comme exprimant les intentions ou la conception communes de toutes les parties quant au sens du terme en question ».[...] ».

2453 En 2018, le troisième groupe de travail de la CNUDCI se montre aussi particulièrement préoccupé par la cohérence interne des interprétations des traités c'est-à-dire par l'hypothèse d'interprétations différentes d'une même norme conventionnelle en matière d'investissement. V. CNUDCI, *Rapport du Groupe de Travail III (Réforme du règlement des différends entre investisseurs et États) sur les travaux de sa trente-cinquième session (New York, 23-27 avril 2018*, 14 mai 2018, ref. A/CN.9/935, pp. 17, spéc. § 21 « [...] La question de l'incohérence était jugée plus préoccupante lorsqu'une même norme conventionnelle en matière d'investissement ou une même règle de droit international coutumier était interprétée différemment sans motif qui puisse justifier
la distinction ».

considéré comme un moyen d'interprétation pertinent dans l'examen de la prise en compte du statut intra-UE du TCEn dans son interprétation.

****

649. Conclusion de chapitre. Le statut intra-UE d'un traité peut avoir un impact sur les moyens d'interprétation devant être mobilisés par tout interprète appliquant la règle générale d'interprétation de la CVDT et par tout interprète ayant recours aux moyens d'interprétation complémentaires de l'article 32. La CVDT ne hiérarchise pas les différents moyens d'interprétation[2454], elle ne les pondère pas. Les moyens de l'article 31 et les moyens complémentaires de l'article 32 font l'objet d'une différenciation[2455]. Cette différenciation ne limite pas l'intérêt de l'étude des seconds. Parmi les moyens d'interprétation de la CVDT, les accords interprétatifs ultérieurs (article 31 § 3 lettres a) et b) CVDT), les règles pertinentes de droit international applicables dans les relations entre les parties (article 31 § 3 c) CVDT), ainsi que différents éléments pouvant relever de l'article 32 CVDT, peuvent apparaître comme des vecteurs de la prise en compte du statut intra-UE d'un traité dans son interprétation. L'examen de l'appréhension, ici au stade de l'interprétation, du droit de l'UE dans les arbitrages d'investissement intra-UE, nécessite un examen de l'utilisation par les arbitres de ces moyens d'interprétation sensibles au statut intra-UE du traité.

2454 Pour une défense d'une approche hiérarchique des articles 31 et 32 CVDT v. LINDERFALK U., « Is The Hierarchical Structure of Article 31 and 32 of The Vienna Convention Real or Not ? Interpreting The Rules of Interpretation », *Netherlands International Law Review*, Vol. 54, 2007, pp. 133-154. Certains auteurs retiennent l'idée d'une hiérarchie simplement analytique entre les moyens de l'article 31 et ceux de l'article 32. V. MITCHEL A.D. et MUNRO J., « Someone Else's Deal : Interpreting International Investment Agreements in the Light of Third-Party Agreements », *European Journal of International Law*, Vol. 28, 2017, pp. 669-695, spéc. pp. 680, 681 et 690-694.

2455 GARDINER R., « Characteristics of the Vienna Convention Rules on Treaty Interpretation », *in* BOWMAN M.J. et KRITSIOTIS D. (eds.), *Conceptual and Contextual Perspectives on the Modern Law of Treaties*, Cambridge, CUP, 2018, pp. 335-362, spéc. p. 346. V. aussi VILLIGER M.E., *Commentary on the 1969 Vienna Convention on the Law of Treaties*, Leiden-Boston, Martinus Nijhoff, 2009, pp. 1058, spéc. pp. 446-448. Cet auteur insiste sur le caractère complémentaire et pas subsidiaire de ces moyens et qu'à la lumière des conditions auquel est soumis leur recours : « [...] its difficult to imagine situations where the means of article 32 may not be employed [...] ». Comp. CARSTENS A-M., « Interpreting Transplanted Treaty Rules », *in* BIANCHI A., PEAT D. et WINDSOR M. (eds), *Interpretation in International Law*, Oxford, OUP, 2015, pp. 229-248, spéc. pp. 243 «As with all means of supplemental interpretation, however, recourse to the source rule pursuant to this catch-all provision is limited to carefully delineated circumstances: either to confirm the meaning determined pursuant to Article 31, or if application of the general rule in Article 31 produces a meaning that is ambiguous or absurd ». Cette formule semble faire écho à celle employé par Ian Sinclair au sujet de l'utilisation des travaux préparatoire. V. SINCLAIR I., *The Vienna Convention on the Law of Treaties*, 2nd ed., Manchester, Manchester University Press, 1984, pp. 270, spéc. pp. 130 et 141-142 « there can be little doubt that such recourse is permissible in carefully controlled cicumstances [...] Recourse to the *travaux préparatoires* of a treaty must always be undertaken with caution and prudence ».

Chapitre II
Les limites des articles relatifs à l'interprétation de la CVDT

650. ***L'étude concrète de l'application des règles d'interprétation.*** Les considérations du chapitre précédent ont démontré, la pertinence *a priori* du statut intra-UE d'un traité d'investissement entre États membres dans son interprétation, en application des règles d'interprétation du droit international des traités. Il convient d'étudier désormais comment les tribunaux arbitraux appliquent ces règles. Si la tendance générale – ressortant des résultats précédents de notre étude –, d'une prise en compte très limitée du droit de l'UE dans les arbitrages d'investissement intra-UE, venait à se confirmer, les règles d'interprétation du droit international des traités devraient souffrir de limites, empêchant la prise en compte du statut intra-UE du traité au stade de son interprétation. À l'instar de l'absence de référence à la notion de droit applicable dans nos ensembles de sentences, une proportion significative des sentences étudiées ne fait pas référence aux articles de la CVDT. Cela n'est pas sans effet, sur la prise en compte du statut intra-UE d'un traité dans son interprétation, car, comme nous l'avons déjà évoqué, certains moyens d'interprétation de la CVDT sont sensibles à ce statut.

651. ***Plan.*** L'examen de l'application par les tribunaux de la règle générale d'interprétation de la CVDT (art. 31) révèle une application limitée de cette règle (Section 1). Cette règle n'est pas appliquée systématiquement et lorsqu'elle est appliquée, elle fait fréquemment l'objet d'une application partielle. Seuls quelques moyens d'interprétation de l'article 31 CVDT sont mobilisés par les tribunaux[2456]. Concernant les moyens d'interprétation permettant de prendre en compte le statut intra-UE d'un traité, autrement dit les vecteurs de la prise en compte du statut intra-UE du traité dans son interprétation ; ces derniers font eux-mêmes l'objet d'une application limitée. Aussi le poids interprétatif des vecteurs de la prise en compte du statut intra-UE du traité dans son interprétation doit-il être relativisé (Section 2).

Section 1 - L'application limitée de la règle générale d'interprétation de la CVDT

652. ***Précisions méthodologiques.*** Une première façon de vérifier l'application de la règle générale d'interprétation de la Convention de Vienne sur le droit des traités de 1969 (CVDT), consiste à comptabiliser les sentences faisant référence, explicitement, aux articles de la CVDT relatifs à l'interprétation. Seuls l'article 31 CVDT et l'article 32 CVDT seront étudiés ici ; l'étude de l'article 33 CVDT portant sur l'interprétation de traités rédigés en plusieurs langues n'apparait pas pertinente. Parmi ces références il est possible de différencier

[2456] Pour une analyse de l'utilisation des moyens d'interprétation de l'article 31 CVDT par les juridictions internationales v. BORE-EVENO V., *L'interprétation des traités par les juridictions internationales. Étude comparative*, Thèse : Droit, Université Paris I – Panthéon Sorbonne, 2004, pp. 573, spéc. pp. 140-160. L'autrice identifie des juridictions privilégiant l'interprétation textuelle (CIJ, Organe d'appel de l'OMC), des juridictions privilégiant une approche téléologique (CJUE, CEDH) et des juridictions spécialisées ne privilégiant pas une approche, mais ayant une démarche interprétative pragmatique (TIDM, TPIY). Sur la CJUE v. aussi : SALUZZO S., « The Court of Justice of the European Union and the Relevance of the Vienna Convention on the Law of Treaties to International Agreements Concluded with Third Countries », *in* PASCALE G. et TONOLO S (eds), *The Vienna Convention on the Law of Treaties – The Role of the Treaty on Treaties in Contemporary International Law*, Naples, Edizioni Scientifiche Italiane, 2022, pp. 473-493, spéc. pp. 478-485. L'auteur considère que la CJUE privilégie une approche soit téléologique, soit systémique non conforme à la CVDT.

les références directes et indirectes. Au sein des références directes, une distinction est possible entre les citations entières et les citations partielles des articles. De prime abord, il est possible de considérer que la citation d'un article révèle l'importance donnée par les tribunaux à ce dernier, une simple référence (parfois même en note de bas de page) témoigne d'une moindre considération. *A fortiori*, l'absence de référence aux articles relatifs à l'interprétation des traités indique un manque de considération problématique des tribunaux envers ces règles.

653. Plan de section. Dès lors, il convient de préciser la fréquence des références (en distinguant entre citations, références directes et références indirectes, autant que possible) aux articles de la CVDT relatifs à l'interprétation (§1). Cette première approche doit être complétée par une étude plus détaillée, limitée aux sentences qui font référence à ces articles, portant sur leur application (§2). Car, comme le souligne le professeur Georges Abi-Saab : « *The reference to the customary rules of interpretation of public international law and their identification as those codified in Articles 31 and 32 of the Vienna Convention is but a first step that does not tell the whole story* »[2457]

§ 1 - La fréquence des références aux articles 31 et 32 de la CVDT

654. Plan de paragraphe. Avant de traiter spécifiquement de la fréquence des références aux articles 31 et 32 de la CVDT dans le cadre d'arbitrage d'investissement intra-UE (B), il y a lieu d'envisager la pratique arbitrale, dans son ensemble, et donc, d'étudier la fréquence des références aux articles 31 et 32 de la CVDT, dans les arbitrages d'investissement (A).

A - La fréquence des références aux articles 31 et 32 dans l'arbitrage d'investissement

655. La position des auteurs faisant autorité. Concernant l'application des articles relatifs à l'interprétation de la Convention de Vienne sur le droit des traités de 1969 (CVDT), le constat d'auteurs faisant autorité est celui d'une application invariable, par les tribunaux arbitraux, de la disposition principale de ces articles : l'article 31 CVDT. Ainsi, le professeur Jeswald W. Salacuse affirme en 2021 qu'un « *Arbitral tribunal faced with the task of interpreting investment treaty provisions invariably begin by invoking Article 31(1) of the VCLT*[2458] » et le professeur Christoph Schreuer en 2010 que « *Tribunals almost invariably start by invoking Article 31 of the Vienna Convention on the Law of Treaties (VCLT) when interpreting treaties*[2459] ». Les deux formulations ont chacune leur part d'inexactitude. La première citation est plus précise quand elle mentionne l'article 31 § 1 CVDT et pas l'article 31 CVDT – les tribunaux font, en effet, surtout référence au premier paragraphe de cet article[2460]. La seconde se rapproche un peu

---

[2457] ABI SAAB G., « The Appelate Body and Treaty Interpretation », *in* FITZMAURICE M., ELIAS O. et MERKOURIS P. (eds.), *Treaty Interpretation and the Vienna Convention on the Law of Treaties: 30 Years on*, Leiden – Boston, Martinus Nijhoff, 2010, pp. 99-109, spéc. p. 105.

[2458] SALACUSE J.W, *The Law of Investment Treaties*, 3rd ed., Oxford, OUP, 2021, pp. 640, spéc. p.185.

[2459] SCHREUER C., « Diversity and Harmonization of Treaty Interpretation in Investment Arbitration », *in* FITZMAURICE M., ELIAS O. et MERKOURIS P. (eds.), *Treaty Interpretation and the Vienna Convention on the Law of Treaties: 30 Years on*, Leiden – Boston, Martinus Nijhoff, 2010, pp. 129-151, spéc. p.129.

[2460] Cela est mis en évidence de manière empirique en 2008, sur l'ensemble des sentences des décisions et sentences de l'étude faisant référence aux règles d'interprétation de la CVDT, 54 % des sentences ou décisions se limitaient à faire plus de la réalité en étant moins absolue. Elle précède les études empiriques de J. Romesh Weeramantry[2461] et de Trinh Hai Yen[2462] (mais pas celle du professeur Ole Kristian Fauchald[2463]) s'opposant à ce constat plus modéré. L'étude de Trin Hai Yen questionne directement la véracité de l'affirmation du professeur Christoph Schreuer[2464].

656. Les résultats des études empiriques générales. Trois études empiriques permettent de répondre à la question de la fréquence des références aux règles de la CVDT, dans les sentences arbitrales d'investissement[2465]. Une première étude de 2008, portant sur 98 décisions ou sentences de tribunaux ou comités *ad* hoc, sous l'égide du Centre international pour le règlement des différends relatifs aux investissements (CIRDI), prononcées entre 1998 et 2006, réalisée par Ole Kristian Fauchald, conclut que 36 % des décisions ou sentences étudiées font référence aux articles 31 à 33 de la CVDT relatifs à l'interprétation[2466]. Une deuxième étude de 2012 (portant sur 258 décisions ou sentences – non exclusivement CIRDI – entre juin 1990 et juin 2011), réalisée par Romesh Weeramantry, conclut que 48 % des décisions ou sentences font directement référence aux articles 31 et 32 de la CVDT[2467]. En détail : dans 33 % des décisions ou sentences, le tribunal cite la CVDT ; dans 48 % des cas le tribunal y fait référence directement ; dans 51 % des cas il y fait référence de manière indirecte notamment en paraphrasant la CVDT. En réunissant les références directes et indirectes, ce dernier auteur estime que la CVDT n'apparait pas dans environ 33 % des cas. Il y est donc fait référence directement ou indirectement dans 66 % des cas. Romesh Weeramantry compare ses résultats avec ceux de l'étude de Ole Kristina Fauchald et relève, lui aussi, une augmentation des références à la CVDT dans les sentences les plus récentes avec un pic en 2010[2468]. En distinguant selon les types d'arbitrage et le traité appliqué, le pourcentage de sentence faisant référence directement ou indirectement aux règles de la CVDT oscille entre 59 % pour les sentences de tribunaux *ad hoc* appliquant le règlement d'arbitrage de la CNUDCI et 86 % pour les décisions des comités *ad hoc* d'annulation CIRDI. Pour les sentences des tribunaux compétents sur le fondement de l'Accord de libre-échange nord-américain (ALENA), ce pourcentage atteint 75 %, alors que pour les sentences des tribunaux compétents sur le fondement du traité sur la Charte de l'énergie (TCEn) il ne dépasse pas 61 %. Concernant les sentences ou décisions prononcées au sein du CIRDI ou de l'institut d'arbitrage de la Chambre de commerce de Stockholm, 64 % font référence directement ou indirectement à la CVDT. Une autre étude a été réalisée en 2014 par la professeure Trinh Hai Yen. Elle porte sur 229 décisions ou sentences (non exclusivement CIRDI) prononcées entre 1990 et décembre 2012, soit un total de 180 affaires[2469]. Cette autrice n'analyse pas les décisions des comités *ad hoc* d'annulation

---

référence à l'article 31 § 1 CVDT. V. FAUCHALD O.K., « The Legal Reasoning of ICSID Tribunals – An Empirical Analysis », *EJIL*, Vol. 19(2), 2008, pp. 301-364, spéc. p. 314.

2461 WEERAMANTRY J. R., *Treaty Interpretation in Investment Arbitration*, Oxford, OUP, 2012, pp. 314.

2462 YEN T.H, *The Interpretation of Investment Treaties*, Leiden – Boston, Brill Nijhof, 2014, pp. 384.

2463 FAUCHALD O.K., « The Legal Reasoning of ICSID Tribunals – An Empirical Analysis », *EJIL*, Vol. 19(2), 2008, pp. 301-364.

2464 YEN T.H, *The Interpretation of Investment Treaties*, *op. cit.*, spéc. p.33.

2465 Pour une critique stimulante de ces approches et donc également de celle que nous adoptons ici dans les développements suivants v. SENEGACNIK A., *La critique de l'interprétation des traités de protection des investissements étrangers : la volte-face de l'Arlequin*, Thèse : Droit, Institut d'études politiques de Paris – École de droit, 2019, pp. 561, spéc., pp. 138-172. L'auteur souligne les limites des analyses plaidant pour une plus grande formalisation du processus interprétatif et estime que le phénomène de précédentialisation est un facteur de cohérence du droit international de l'investissement.

2466 FAUCHALD O.K., « The Legal Reasoning of ICSID Tribunals – An Empirical Analysis », *EJIL*, Vol. 19(2), 2008, pp. 301-364, spéc. pp. 304-314.

2467 WEERAMANTRY J. R., *Treaty Interpretation in Investment Arbitration*, *op. cit.*, spéc. §§ 2.28-30.

2468 *Ibid.*, pp. 220.

2469 YEN T.H, *The Interpretation of Investment Treaties*, *op. cit.*, spéc. p.33.

CIRDI et ne distingue pas, contrairement à l'étude précédente, selon les types d'arbitrages (CIRDI, CNUDCI, SCC, LCIA) et les traités (ALENA, TCEn). Ici, l'autrice conclut que 58 % des décisions ou sentences mentionnent les règles d'interprétation de la CVDT[2470]. Entre les deux études portant sur des périodes comparables juin 1990 - juin 2011, pour l'une, et juin 1990 – décembre 2012, pour l'autre, un écart de 8 % apparait. Il semble résulter en partie de l'inclusion des décisions des comités *ad hoc* du CIRDI dans la première. Dans les deux études, la proportion de sentences ou de décisions de tribunaux ne mentionnant pas les règles d'interprétation de la CVDT dépasse le tiers et avoisine les 40 %.

657. ***Conclusions quant aux résultats des études empiriques générales.*** Au regard de ces résultats, en pratique, la référence à la CVDT n'est pas invariable ou quasi invariable, mais clairement majoritaire. Dans une étude se voulant pratique (et non empirique comme les précédentes), c'est-à-dire constituant « *an attempt to provide critical examination of a sufficiently representative selection of arbitral decision*[2471] », Tarcisio Gazzini, en 2016, va plus loin et qualifie le fait pour les tribunaux de faire référence à la CVDT de largement majoritaire[2472]. Cette qualification semble appropriée pour les arbitrages d'investissement intra-UE.

B - La fréquence des références aux articles 31 et 32 dans l'arbitrage d'investissement intra-UE

658. En reprenant, les décisions et sentences entre 2007 et 2024, retenues lors de l'étude du droit applicable, en matière de références à la CVDT nous avons obtenu les résultats suivants.

659. ***Nos résultats quant aux sentences TBI intra-UE.*** Pour les arbitrages relevant de traités bilatéraux d'investissement (TBI) entre États membres, dans 18 affaires (sur un total de 64 affaires) aucune sentence ou décision ne fait référence à la CVDT, 28 % des affaires ne font donc pas référence à la CVDT. Concernant les affaires faisant référence à la CVDT (72 % des affaires), 17 affaires, soit 27 %, font référence aux articles 31 et 32 de la CVDT, 25 affaires, soit 39 %, font uniquement référence à l'article 31 dans son ensemble ou au moins à un de ses paragraphes et 4 affaires, soit 6 %, font référence aux règles d'interprétation de la CVDT sans plus de précisions. En matière de citation, l'article le plus cité est bien l'article 31 § 1 de la CVDT. Il est la seule disposition citée dans les sentences ou décisions de 19 affaires, soit dans 29 % des affaires[2473].

660. ***Nos résultats quant aux sentences TCEn-intra-UE.*** Pour les arbitrages intra-UE ayant donné lieu à des sentences sur le fondement du traité sur la Charte de l'énergie (TCEn intra-UE), les références aux dispositions de la CVDT sont quasi systématiques. Seules deux affaires, *Rockhopper* et *CEF Energia* ne font pas référence à la CVDT. Toutefois, la décision sur l'objection intra-UE de la première et la sentence de la seconde reprennent *in extenso*[2474] et adoptent le raisonnement du tribunal de l'affaire *Blusun* qui fait référence aux articles 31 à 33 CVDT[2475]. Sur 52 affaires, 31 affaires font de manière directe référence aux articles 31

[2470] *Ibid.*, pp.38.

[2471] GAZZINI T., *Interpretation of International Investment Treaties*, Oxford, Hart Publishing, 2016, pp. 424 spéc. p. 13.

[2472] *Ibid.*, p. 56.

[2473] Annexe 1.3 Sentences arbitrales TBI intra-UE 2007-2023 Interprétation, disponible sur le profil HAL de l'auteur : id. benjamin-terrade.

[2474] CIRDI, *Rockhopper Italia S.p.A., Rockhopper Mediterranean Ltd, and Rockhopper Exploration Plc (Rockhopper) c. République Italienne*, aff. ARB/17/14, Décision sur l'objection d'incompétence Intra-UE du 29 juin 2019, §§ 145 et 146 ; SCC, (SCC), *CEF Energia BV c République italienne*, aff. n° 158/2015, Sentence du 16 janvier 2019, §§ 63-66.

[2475] CIRDI, *Blusun S.A., Jean-Pierre Lecorcier et Michel Stein (Blusun) c. République italienne*, aff. ARB/14/3, sentence du 26 décembre 2016, § 279 « As a matter of international, the first question is whether the ECT applied to relations inter et 32 CVDT, soit 60 % des affaires TCEn intra-UE, 19 affaires, soit 37 %, font uniquement référence à l'article 31 CVDT. Si le tribunal de l'affaire *Electrabel* considère qu'à l'exception de l'article 31 § 3 c) CVDT les articles 31 et 32 CVDT n'ont pas besoin d'être cités[2476], ils le sont néanmoins, en particulier l'article 31 § 1 CVDT, qui ici aussi est le plus cité. Les dispositions de l'article 31 § 1 CVDT sont citées dans 40 affaires soit dans 77 % des affaires, celles de l'article 31 § 2 CVDT dans 15 affaires, au moins partiellement, soit dans 29 % des affaires, celles de l'article 31 § 3 CVDT dans 22 affaires, au moins partiellement, soit 42 % des affaires et celle de l'article 32 CVDT dans 17 affaires, soit dans 33 % des affaires. Les dispositions de l'article 31 § 1 CVDT sont les seules à être citées dans 21 affaires, soit dans 40 % des affaires[2477]. Les articles 31 et 32 CVDT sont plus souvent mentionnés dans les sentences TCEn intra-UE étudiées que dans les sentences TBI intra-UE. Ces dernières font plus souvent référence à ces articles que les sentences entre 1990 et 2012 étudiées par d'autres auteurs.

661. La nécessité d'un examen plus approfondi. Un examen plus approfondi est nécessaire, car ces références ne garantissent pas l'application de ces articles comme le montre la sentence *PV Investors*. Dans cette affaire, le tribunal déclare : « *If interpretation of the ECT is required, the general rules of interpretation of the Vienna Convention, established in its Articles 31 and 32 should be applied. Although Article 32 provides for the use of historical interpretation, the Tribunal notes that such use is only as a complementary method of interpretation* »[2478]. Or, à la lecture de la sentence, le tribunal ne consacre pas de développements à l'interprétation du traité. La seule « interprétation » qu'il mentionne est celle d'autres tribunaux au sujet des attentes légitimes[2479].

§ 2 - L'application partielle de la règle générale d'interprétation de la CVDT

662. Plan de paragraphe. Comme rappelé ci-dessus, la référence aux articles relatifs à l'interprétation de la CVDT n'est que la première étape de l'interprétation. Avant d'aborder le cœur de notre démonstration, c'est-à-dire l'application des moyens d'interprétation sensibles au statut intra-UE d'un traité, il convient de consacrer des développements à l'application de la règle générale d'interprétation de la CVDT dans l'arbitrage d'investissement (A), puis spécifiquement dans l'arbitrage d'investissement intra-UE (B).

A - L'application de la règle générale d'interprétation dans l'arbitrage d'investissement

663. Le constat d'une application partielle persistante. Au-delà des références aux articles de la CVDT relatifs à l'interprétation, l'étude de l'application de ces articles nécessite de vérifier si ces références à la CVDT ne sont que formelles ou si les tribunaux appliquent véritablement la règle d'interprétation générale de cette convention. Il faut noter ici que les

---

se of EU Member States as at the date of its conclusion (December 1994) in accordance with Articles 31-33 of the VCLT».

2476 CIRDI, *Electrabel S.A. c. République de Hongrie*, aff. ARB/07/19, Décision sur la compétence, le droit applicable et la responsabilité du 30 novembre 2012, § 3.42.

2477 Annexe 3.2 Sentence arbitrale TCEn intra-UE 2007-2024 Interprétation, disponible sur le profil HAL de l'auteur : id. benjamin-terrade.

2478 CPA, (CNUDCI), *AES Solar et autres (PV Investors) c. Royaume d'Espagne*, aff. n° 2012-14, Sentence préliminaire sur la compétence du 14 octobre 2014, § 7.6.5.

2479 *Ibid.*, §§ 9.3.10 et 9.3.12.

renvois symboliques à la CVDT, sans recours aux moyens d'interprétations qu'elle énonce, se retrouvent, même s'ils ont diminué, dans la pratique de toutes les juridictions internationales[2480]. En matière d'arbitrage d'investissement, dès 2009, plusieurs auteurs ont signalé que les tribunaux ne manifestaient qu'un intérêt de pure forme pour la CVDT[2481], ces références n'étant souvent que des « clauses de style »[2482]. Ce constat n'empêchait pas un certain optimisme. Le professeur Thomas Wälde considérait en 2009 que « [...] *the trend is clearly moving from mere lip-service to a more systematic application*[2483] ». L'augmentation des références à la CVDT entre 2000 et 2010 allait dans ce sens. Cependant, le passage d'une référence formelle à une application systématique exige *a minima* une référence à l'ensemble des articles de la CVDT. Or, la pratique dominante, non limitée aux tribunaux arbitraux au regard du tableau dépeint par Mark E. Villiger en 2011[2484], consistait encore à renvoyer uniquement à l'article 31 § 1 CVDT[2485] ; et parfois même à le citer de manière tronquée en ne retenant que l'interprétation « de bonne foi suivant le sens ordinaire à attribuer au traité[2486] ». Au-delà de la question de la référence à l'ensemble des articles de la CVDT relatif à l'interprétation, certaines opinions dissidentes retentissantes avaient souligné dès 2009 – tout en dénonçant des dérives opposées – le fait que la citation de l'ensemble de

2480 GARDINER R., *International law*, 1 st ed., Harlow, Pearson, 2003, pp. 560, spéc. p. 79 « Consideration and application of the Vienna rules on interpretation tend to be incidental or occasional rather than systematic. This is in the sense that international courts and tribunals do not indicate at every step when interpreting a treaty which principle of the Vienna Convention they are applying. General references may make explicit that the court or tribunal intends to apply the rules, but particular references are more likely to be made only when some uncertainty arises whether a particular element of interpretation is admissible » comp. GARDINER R., *Treaty Interpretation*, 2nd ed., Oxford, OUP, 2015, pp. 523, spéc. p. 8 « Examination of the growing case law suggests that systematic use of the rules as a practical means of treaty interpretation still has scope for improvement. In some instances the case law shows that they are paid no more than lip service, even giving rise to suspicion that some lawyers and judges perhaps lack familiarity with their actual content and manner of application ».

2481 WÄLDE T., « Interpreting Investment Treaties: Experiences and Examples » *in* BINDER C., KRIEBAUM U., REINISCH A. et WITTICH S. (eds.), *International Investment Law for the 21st Century: Essays in Honour of Christoph Schreuer*, Oxford, OUP, 2009, pp. 724-781, spéc. p. 730 « Tribunals often do not practice what they preach; reference to the Vienna Rules is now mandatory, but such reference does not means the Rules are taken and applied seriously [...] ».

2482 LCIA, (LCIA), *États-Unis c. Canada*, aff. n° 81010, Avis concernant certaines problématiques juridiques internationales de l'affaire LCIE n° 7941 du Professeur W. Michael Reisman du 1er mai 2009, § 7 « International law's canons for interpreting international agreements have been codified in the Vienna Convention on the Law of Treaties. Its provisions have become something of a clause de style in international arbitral awards, where they are often briefly referred to or, (as in the Award), solemnly reproduced verbatim, and then largely ignored [...] ».

2483 WÄLDE T.W, « Interpreting Investment Treaties: Experiences and Examples », art. cité, pp. 724-781, spéc. p. 746.

2484 VILLIGER M.E., « The 1969 Vienna Convention on the Law of Treaties: 40 Years After », *RCADI*, Vol. 344, 2011, pp. 9-192, spéc. p. 134 « Courts have only with difficulty accepted the various means in Articles 31 and 32 as constituting the mandatory rule of interpretation. The interesting development that States and courts may come to regard the General Rule as corresponding with Article 31, paragraph 1, or even to regard Article 31 as embodying solely the textual approach, goes back to the US delegation's forceful intervention in Vienna and can only be explained, as Briggs has noted, by an overly textual interpretation of Article 31 itself ».

2485 FAUCHALD O.K., « The Legal Reasoning of ICSID Tribunals – An Empirical Analysis », *EJIL*, Vol. 19(2), 2008, pp. 301-364, spéc. p. 314; WEERAMANTRY J. R., *Treaty Interpretation in Investment Arbitration*, Oxford, OUP, 2012, pp. 314, spéc. §§ 3.07 et 6.20 ; YEN T.H, *The Interpretation of Investment Treaties*, Leiden – Boston, Brill Nijhof, 2014, pp. 384, spéc. p.39.

2486 CIRDI, *Duke Energy c. République d'Equateur*, aff. ARB/04/19, Sentence du 18 août 2008, § 318 comp. CIRDI, *Técnicas Medioambientales Tecmed (Tecmed) c. États-Unis Mexicains*, Sentence du 29 mai 2003, § 121 « After reading Article 5(1) of the Agreement and interpreting its terms according to the ordinary meaning to be given to them (Article 31(1) of the Vienna Convention), we find [...] ».

l'article 31[2487], même complété par l'article 32[2488] ne garantissait pas le respect de la règle d'interprétation. Contrariant les espoirs d'une application plus méthodique de la CVDT, le professeur Romesh Weeramantry concluait en 2012 que « *a number of [awards] reviewed have merely paid lip service to the Convention Rules or have failed to apply or otherwise comply with those rules* »[2489]. Dans le cadre d'une étude plus limitée, Andrea Saldarriaga évoque également une utilisation apparente et partielle des articles de la CVDT[2490]. Après avoir examiné en détail les moyens ou éléments d'interprétation (bonne foi, sens ordinaire des termes, objet et but, contexte, accords et pratiques ultérieurs, règles pertinentes de droit international, travaux préparatoires, circonstances de conclusion, jurisprudence, doctrine et autres traités) mobilisés par les arbitres dans 180 décisions ou sentences, la professeure Trinh Hai Yen qualifie l'approche des sentences faisant référence à la CVDT de déroutante (« *puzzling approach* »[2491]). Ses conclusions méritent d'être citées :

> « *[...] formal reference to international rules on treaty interpretation only reflects adjudicators' awareness of the existence of these rules, rather than their interpretational methodologies. In practice, decisions that did not mention the VCLT interpretation rules still adopted one or several interpretative elements provided under this Convention or vice versa, those referring to the rules did not apply the elements expressly provided in these rules. Therefore, formal mention of the VCLT rules has not made the real difference in the interpretation methods among arbitral awards. A close examination of arbitrators' application of individual interpretative aids demonstrates a discretion that was not based on applicable interpretation rules* »[2492].

2487 CIRDI, *Hrvatska Elektroprivreda d.d. c. République de Slovénie*, aff. ARB/05/24, Opinion individuelle de Jan Paulsson du 12 juin 2009, § 47 « In the result, the majority retains from Article 31 (1) VCLT only the elements that confirm their subjective gloss (perceptions of good faith and object and purpose), ignoring those which are of an objective nature (textual terms and context) ». Ici, le non-respect de l'approche textuelle, dominante selon Jan Paulsson dans la CVDT, est critiquée. Pour une comparaison entre cette affaire et l'affaire *Daimler c. Argentine* en matière de méthodologie d'interprétation des traités v. RUGGERI ABONNAT E. « International Investment Tribunals and Treaty Interpretation », *in* RUIZ FABRI H. et STOPPIONI E. (eds.), *International Investment Law – An Analysis of the Major Decisions*, Oxford, Hart Publishing, 2022, pp. 312-326, spéc. pp. 312-317.

2488 SCC, (SCC), *Quasar de Valores SICAV S.A., Orgor de Valores SICAV S.A., GBI 9000 SICAV S.A. et ALOS 34 S.L. (Renta 4 S.V.A. et autres) c. Fédération de Russie*, aff. n° 24/2007, Opinion séparée de Charles N. Brower, § 13 « [...] The result of interpretation may be "unambiguous," but it nonetheless must result from a process that includes the very "grammatical deconstruction" rejected by the majority. Under Article 31 of the Vienna Convention, one looks not just to the "ordinary meaning" of a word or words; words must be viewed "in light of [the treaty's] object and purpose," and in their "context," which under Article 31 (2) of the Convention includes the entire text of the treaty. If the meaning of a term remains unclear following application of Article 31 of the Convention, or is ambiguous, or is "manifestly absurd or unreasonable," a tribunal then must look to supplementary means of interpretation as prescribed in Article 32. The majority here has not followed the prescribed route ». Ici, le manque de prise en compte du contexte des termes du traité est critiqué.

2489 WEERAMANTRY J. R., *Treaty Interpretation in Investment Arbitration*, Oxford, OUP, 2012, pp. 314, spé pp. 157.

2490 SALDARRIAGA A., « Investment Awards and the Rules of Interpretation of the Vienna Convention: Making Room for Improvement », *ICSID Review – FILJ*, Vol. 28(1), 2013, pp. 197-217, spéc pp. 204.

2491 YEN T.H, *The Interpretation of Investment Treaties*, Leiden – Boston, Brill Nijhof, 2014, pp. 384, spéc. p.42 comp. REINISCH A., « The Interpretation of International Investment Agreements », *in* BUNGENBERG M., GRIEBEL J., HOBE S. et REINISCH A. (eds), *International Investment Law – A Handbook*, Baden-Baden/Oxford, Nomos/Hart, 2015, pp. 370-410, spéc. p. 410 « An analysis of investment cases demonstrates a strong self-professed adherence to the interpretation principles contained in the Vienna Convention by tribunals. A closer view reveals, however, an *à la carte* approach followed by many tribunals whereby they appear to be willing to rely on any legitimate interpretation technique which supports a particular outcome without necessarily adhering to the principled approach of the Vienna Convention [...] ».

2492 YEN T.H, *The Interpretation of Investment Treaties*, *op. cit.*, spéc. p. 43.

B - L'application de la règle générale d'interprétation dans l'arbitrage d'investissement intra-UE

664. Précisions méthodologiques. Ici, les deux ensembles des sentences et décisions – celles relevant d'arbitrages intra-UE sur le fondement de TBI entre États membres et sur le fondement du TCEn – seront analysés conjointement. Ces deux ensembles réunissent les décisions et sentences d'arbitrages intra-UE, ayant fait l'objet de sentences finales entre 2007 et 2023. À une exception près, ces décisions et sentences sont postérieures, à l'influente opinion dissidente de *Sir* Frank Berman, datée du 13 août 2007, enjoignant les tribunaux à expliquer leur processus interprétatif et à expliciter leur examen des moyens d'interprétation textuels, contextuels et connexes au contexte – formulée contre la décision du comité *ad hoc* d'annulation de l'affaire *Industria Nacional de Alimentos (anciennement Empresas Luchetti) c. Pérou.*[2493] Ces décisions et sentences postérieures à 2007[2494] ne peuvent pas faire l'objet, quant à leur application de la CVDT, d'une indulgence dont ont pu bénéficier les sentences d'investissement antérieures.

665. La réduction de la règle d'interprétation au § 1 de l'article 31 CVDT. De manière analogue à la pratique précédemment mentionnée, plusieurs tribunaux compétents sur le fondement d'un traité entre États membres réduisent la règle générale d'interprétation des traités à l'article 31 § 1 CVDT. Par exemple, le tribunal de l'affaire *Natland* affirme dans sa sentence partielle du 20 décembre 2017 :

> *« [...] The relevant rule in this context is the general rule of treaty interpretation in Article 31, which provides that "[a] treaty shall be interpreted in good faith in accordance with the ordinary meaning to be given to the terms of the treaty in their context and in the light of its object and purpose »*[2495].

[2493] CIRDI, *Industria Nacional de Alimentos, S.A. et Indalsa Perú, S.A. (anciennement Empresas Lucchetti, S.A. et Lucchetti Perú, S.A.) c. République du Pérou*, aff. ARB/03/4, Opinion dissidente de Sir Franklin Berman du 13 août 2007 portant sur la décision du comité *ad hoc* du 13 août 2007 sur la demande d'annulation du 7 février 2005, §§ 6-8.

[2494] Cette distinction entre une pratique arbitrale antérieure et postérieure à 2007 en matière d'application des articles de la CVDT relatifs à l'interprétation des traités est formulée par Martins Paparinskis. V. PAPARINSKIS M., « The Interpretation of Treaties and Investment Arbitration: Introductory Reflections », *in* SHIRLOW E. et NASIR GORE K., *The Vienna Convention on the Law of Treaties in Investor-State Disputes – History, Evolution and Future*, Alphen aan de Rijn, Kluwer, 2022, pp. 25-33, spéc. p. 28.

[2495] CPA, (CNUDCI), *G.I.H.G. Limited, Natland Group Limited, Natland Investment Group NV, et Radiance Energy Holding S.A.R.L. (Natland et autres) c. République tchèque*, aff. n° 2013-35, Sentence partielle du 20 décembre 2017, § 248 *pro* pour les sentences « TBI intra-UE » : CPA, (CNUDCI), *Antaris Solar GmbH et Dr. Michael Göde (Antaris et Göde) c. République tchèque*, aff. n° 2014-01, Sentence du 2 mai 2018, § 220; CIRDI, *Vattenfall AB et autres (Vattenfall (II)) c. République fédérale d'Allemagne (II)*, aff. ARB/12/12, Décision du 31 août 2018 sur la problématique Achmea, § 153 ; CIRDI, (*ad hoc*), *Strabag SE, Raiffeisen Centrobank AG and Syrena Immobilien Holding AG (Strabag) c. République de Pologne*, aff. ADHOC/15/1, Sentence partielle sur la compétence du 4 mars 2020, § 7.45. ; pour les sentences « TCEn intra-UE » : CIRDI, *Masdar Solar & Wind Cooperatief U.A (Masdar) c. Royaume d'Espagne*, aff. ARB/14/11, Sentence du 16 mai 2018, § 483 ; CIRDI, *Vattenfall AB et autres (Vattenfall (II)) c. République fédérale d'Allemagne (II)*, aff. ARB/12/12, Décision du 31 août 2018 sur la problématique Achmea, § 153 ; CIRDI, *9REN Holding S. a. r. l (9REN Holding) c. Royaume d'Espagne*, aff. ARB/15/15, Sentence du 31 mai 2019, § 146 ; CIRDI, *STEAG GmbH c. Royaume d'Espagne*, aff. ARB/15/14, Décision sur la Compétence la Responsabilité et les principes en matière de quantum du 8 septembre 2020, § 240 ; CIRDI, *ESPF Beteiligungs GmbH, ESPF Nr. 2 Austria Beteiligungs GmbH, and InfraClass Energie 5 GmbH & Co. KG (ESPF) c. République italienne*, aff. ARB/16/5, Sentence du 14 septembre 2020, §§ 292 et 750 ; SCC, (SCC), *FREIF Eurowind Holdings Ltd. (FREIF Eurowind) c. Royaume d'Espagne*, aff. n° 2017/060, Sentence du 8 mars 2021, §§ 370 et 417 ; SCC, (SCC), *Festorino Invest Limited, Fosontal Limited, Petra Salesny, Peter Derendinger and Petr Rojicek (Festorina et autres) c. République de Pologne*, aff. n° 2018/098, Sentence du 30 juin 2021, § 466 ; CIRDI, *RENERGY S.à r.l. c. Royaume d'Espagne*, aff. ARB/14/18, Sentence du 6 mai 2022, § 366 ; SCC, (SCC), *Mercuria Energy Group Limited (Mercuria) c. République de Pologne*, aff. n° 2019/126, Sentence du 29 décembre 2022, § 365.

666. *L'application partielle du § 1 de l'article 31 CVDT*. D'autres sentences s'appuyant principalement, voire exclusivement, sur l'article 31 § 1 CVDT vont aussi jusqu'à le tronquer. Le tribunal de l'affaire *Juvel et Bithell* mentionne la bonne foi et le sens ordinaire des termes, mais omet le contexte[2496], le tribunal de l'affaire *Adamakopoulos* ne retient que le sens ordinaire[2497] et les sentences des affaires *Binder* et *Horthel* retirent la bonne de foi[2498] de l'énoncé de l'article 31 § 1 CVDT.

667. *L'affirmation d'une prévalence des termes du traité*. Si trois sentences affirment l'absence de cloisonnement entre les moyens d'interprétation et l'unité de la règle d'interprétation générale[2499], beaucoup assument une primauté du texte[2500], ou précisent suivre « l'approche littérale » de l'article 31 CVDT[2501]. Dans l'affaire *A11Y LTD*. les arbitres majoritaires opposent à leur co-arbitre un principe de primauté du texte issu de la CVDT : « *[...] Arbitrator Joubin-Bret is further reminded of the provisions of the Vienna Convention where the plain meaning of the text will take precedence over the object and purpose of the text and where Arbitrator Joubin-Bret's reading would result in adding a condition that underlying treaty does not provide, which would in turn result in an incorrect interpretation* »[2502].

668. *Conclusion*. Le constat des études générales antérieures et de notre étude portant sur les sentences d'arbitrages d'investissement intra-UE, est celui d'une application partielle de la règle générale d'interprétation de la CVDT. Cette application partielle se révèle erronée au regard des commentaires de la CDI sur le projet d'articles sur le droit des traités précisant, d'une part, l'unicité de la règle d'interprétation générale[2503] – règle dans laquelle tous les éléments sont obligatoires leur ordre ne reflétant pas une hiérarchie, mais simplement la logique – et, d'autre part, l'absence de démarcation rigide entre les moyens d'interprétation

---

[2496] CCI (CCI), *Juvel et Bithell c. Pologne*, aff. n° 19459/MHM, Sentence finale partielle du 26 février 2019, § 392.

[2497] CIRDI, *Theodoros Adamakopoulos, Ilektra Adamantidou, Vasileios Adamopoulos et autres (Adamakopoulos) c. République de Chypre*, aff. ARB/15/49, Décision sur la compétence du 7 février 2020, § 294.

[2498] Arbitrage *ad hoc*, (CNUDCI), *Rupert Joseph Binder (Binder) c. République tchèque*, Sentence sur la compétence du 6 juin 2007, § 74 ; CPA, (CNUDCI), *Horthel Systems BV, Poland Gaming Holding BV and Tesa Beheer BV (Horthel) c. Pologne*, aff. n° 2014-31, Sentence du 16 février 2017, § 116.

[2499] CIRDI, *Poštová banka, a. s. et Istrokapital SE (Poštová banka) c. République hellénique*, aff. n° ARB/13/8, Sentence du 9 avril 2015, §§ 282 » ; CIRDI, *Antin Infrastructure Services Luxembourg S.à.r.l. and Antin Energia Termosolar B. V. (Antin) c. Royaume d'Espagne*, aff. ARB/13/31, Sentence du 15 juin 2018, § 207 ; CIRDI, *Landesbank Baden-Württemberg, HSH Nordbank AG, Landesbank Hessen-Thüringen Girozentrale et Norddeutsche Landesbank-Girozentrale (Landesbank Baden-Württemberg) c. Royaume d'Espagne*, aff. ARB/15/45, Décision sur l'exception d'incompétence intra-UE du 25 février 2019, § 116.

[2500] CIRDI, *The Rompetrol Group N.V (Rompetrol) c. Roumanie*, aff. ARB/06/3, Décision sur la compétence du 18 avril 2008, § 85 ; CPA, (CNUDCI), *AES Solar et autres (PV Investors) c. Royaume d'Espagne*, aff. n° 2012-14, Sentence préliminaire sur la compétence du 14 octobre 2014, §§ 176 et 252 ; CIRDI, *Vattenfall AB et autres (Vattenfall (II)) c. République fédérale d'Allemagne (II)*, aff. ARB/12/12, Décision du 31 août 2018 sur la problématique Achmea, § 156 ; CIRDI, *Eskosol S.p.A. in liquidazione (Eskosol) c. République italienne*, aff. ARB/15/50, Décision sur la demande de clôture et sur l'objection basée sur l'inapplicabilité du traité sur la charte de l'énergie aux disputes intra-UE du 7 mai 2019, § 126 ; CIRDI, *Belenergia S.A. c. République italienne*, aff. ARB/15/40, Sentence du 28 août 2019, § 304 ; CIRDI, (*ad hoc*), *Strabag SE, Raiffeisen Centrobank AG and Syrena Immobilien Holding AG (Strabag) c. République de Pologne*, aff. ADHOC/15/1, Sentence partielle sur la compétence du 4 mars 2020, § 8.126 ; SCC, (SCC), *GPF GP S.à.r.l (Griffin) c. République de Pologne*, aff. n° 2014/168, Sentence du 29 avril 2020, § 539 ; CPA, (CNUDCI), *Muszynianka Spółka z Ograniczoną Odpowiedzialnością (Muszynianka) c. République slovaque*, aff. n° 2017-08, Sentence du 07 octobre 2020, § 460 ; CIRDI, *Anina Pro Invest Ltd, Core Value Capital GmbH, Core Value Investments GmbH & Co KG Gamma et autres (LSG Building Solutions et autres) c. Roumanie*, aff. ARB/18/19, Décision sur la compétence, la responsabilité et les principes de réparation du 11 juillet 2022, § 309 comp. SCC, (SCC), *Mercuria Energy Group Limited (Mercuria) c. République de Pologne*, aff. n° 2019/126, Sentence du 29 décembre 2022, § 369.

[2501] SCC, (SCC), *Foresight Luxembourg Solar 1 S. a. r. l. et autres c. Royaume d'Espagne*, aff. n° 2015/550, Sentence finale du 14 novembre 2018, §§ 212 et 213.

[2502] CIRDI, (CNUDCI), *A11Y LTD. c. République tchèque*, aff. UNCT/15/1, Sentence du 29 juin 2018, § 140 nbp 131.

[2503] Cette unicité a été rappelée de nouveau dans les travaux de la CDI sur les accords et la pratique ultérieurs dans le contexte de l'interprétation des traités. V. Résolution n° 73/202 de l'Assemblée générale de l'ONU, Accords et pratique ultérieurs dans le contexte de l'interprétation des traités, 20 décembre 2018, A/RES/73/202, Annexe, spéc. Conclusion 2 § 5.

authentiques et complémentaires[2504]. De manière marquante, cette opposition entre une approche textuelle majoritaire et une approche holistique minoritaire, conforme au droit international public et à la règle générale d'interprétation de la CVDT, a pris la forme dans le cadre de l'affaire *García Armas* d'une querelle d'experts, allant de mars 2017 à mai 2018, entre les professeurs Christoph Schreuer et Alain Pellet[2505]. Dans cet arbitrage non UE, le tribunal retiendra finalement l'absence « d'ordre de préséance ou de hiérarchie » dans la règle générale d'interprétation et écartera l'idée d'une « primauté du sens littéral des termes du traité » soutenu par le professeur Christoph Schreuer, tout en lui concédant que la règle générale d'interprétation ne prône pas une interprétation téléologique des traités[2506]. S'il est possible de regretter l'omission fréquente d'éléments contextuels ou de l'objet et du but du traité, dans le cadre de l'examen d'une particularité des arbitrages intra-UE il convient d'étudier, en détail, l'utilisation par les arbitres des moyens d'interprétation de l'article 31 § 3 CVDT et des moyens complémentaires, vecteurs de la prise en compte du statut intra-UE du traité dans son interprétation.

[2504] CDI, Rapports sur la deuxième partie de sa dix-septième session et sur sa dix-huitième session, A.6309/Rev.1, 1966, Deuxième Partie, Chapitre II, C, Partie 3, Section 3, Commentaire 8-10, *in Annuaire de la CDI*, 1966, Vol. II, pp. 203-298, spéc. pp. 239 et 240.

[2505] CPA, (CNUDCI), *Domingo García Armas, Manuel García Armas, Pedro García Armas* et autres (*Garcia Armas et autres) c. République bolivarienne du Venezuela*, aff. n° 2016-08, Avis juridique du Professeur Alain Pellet du 27 mars 2017 ; Avis juridique du Professeur Christoph Schreuer du 5 juillet 2017 ; Deuxième avis juridique du Professeur Alain Pellet du 8 mars 2018 ; Deuxième avis juridique du Professeur Christoph Schreuer du 31 mai 2018.

[2506] *Garcia Armas et autres*, aff. n° 2016-08, préc., Sentence sur la compétence du 13 décembre 2019, §§ 643 et 644.

Section 2 - Le poids relatif des vecteurs de la prise compte du statut intra-UE du traité dans son interprétation

*669. **Plan de section.*** Certains moyens d'interprétation de l'article 31 peuvent rendre pertinente la distinction entre traité intra-UE et extra-UE. Si les éléments du contexte extrinsèque des termes du traité (art. 31 § 2 CVDT) se montrent peu à même de laisser une place à cette distinction, ce n'est pas le cas des moyens de l'article 31 § 3 CVDT et des moyens complémentaires de l'article 32 CVDT. Les éléments dits « connexes au contexte des termes » de l'article 31 § 3 CVDT (§ 1), tout comme les moyens complémentaires de l'article 32 CVDT ont, toutefois, dans la pratique arbitrale un poids interprétatif limité (§ 2).

§ 1 - Le poids interprétatif limité des éléments « connexes au contexte »[2507]

*670. **Rappel de résultats empiriques antérieurs.*** Dans son étude empirique, le professeur Romesh Weeramantry ne distingue pas entre les éléments de l'article 31 § 3 CVDT. Il identifie 12 sentences ou décisions faisant référence à l'ensemble des moyens d'interprétation de cet article, ce qui représente 5 % des sentences ou décisions de son échantillon[2508]. Cela montre que les moyens d'interprétation de l'article 31 § 3 CVDT sont peu mobilisés par les arbitres.

*671. **Plan de paragraphe.*** Dans notre examen de la pertinence du statut intra-UE d'un traité dans son interprétation, les trois éléments interprétatifs de l'article 31 § 3 CVDT seront traités. Ici, comme précédemment, nous les traiterons en deux temps. Seront étudiés dans un premier temps, les accords interprétatifs ultérieurs (A), puis, dans un deuxième temps, les règles pertinentes de droit international applicables dans les relations entre les parties (B).

A - Le poids interprétatif limité des accords interprétatifs ultérieurs

*672. **L'importance relative des accords interprétatifs ultérieurs.*** De prime abord, ces accords ne sont pas en soi sensibles à la question de la distinction entre traités intra-UE et extra-UE. Comme nous l'avons soutenu plus haut, ce sont avant tout les déclarations des États membres du 15 et 16 janvier 2019 qui justifient – surtout pour les TBI entre États membres – l'étude de la jurisprudence arbitrale en matière d'accords interprétatifs ultérieurs (art. 31 § 3 a) CVDT). Dans le cadre du TCEn, ces déclarations pourraient être considérées comme une pratique subséquente de certains États, constitutive d'un accord interprétatif tacite de l'ensemble des États parties à ce traité multilatéral d'investissement. Ainsi, elles justifient aussi l'étude de la jurisprudence arbitrale en matière d'accords interprétatifs issue d'une pratique ultérieure (art. 31 § 3 b) CVDT) ; de sorte que ces deux types d'accords ultérieurs seront étudiés ensemble. Concernant leur fréquence, ces accords apparaissent

---

2507 ALLAND D., « L'interprétation du droit international public », *RCADI*, Vol. 362, 2014, pp. 54-377, spéc. p. 149. Cet auteur utilise l'expression d'éléments connexes du contexte pour faire référence à l'ensemble de l'article 31 § 3. Ici cette formulation est modifiée au profit d'éléments connexes au contexte pour souligner l'extériorité de ces éléments au contexte des termes du traité relevant dont les éléments sont précisés à l'article 31 § 2 CVDT.

2508 WEERAMANTRY J. R., *Treaty Interpretation in Investment Arbitration*, Oxford, OUP, 2012, pp. 314, spé pp. 222.

rarement dans le processus interprétatif des tribunaux arbitraux. Dans son étude de 2014, la professeure Trinh Hai Yen relève : « *Given the limited availability of these means, it is easy to understand that only 13 out of 229 [6%] reviewed decisions and awards have applied subsequent agreement and 10 out of the 229 [4%] reviewed decisions and awards have considered subsequent practice* »[2509]. Le poids de ces accords, établis ou non par une pratique, dans le creuset de l'interprétation peut être, en outre, relativisé[2510]. Bien qu'ils soient désormais une des pistes envisagées par la CNUDCI pour améliorer l'arbitrage État-investisseur, la jurisprudence arbitrale récente laisse penser que les tribunaux ne leur prêtent toujours pas suffisamment d'attention[2511].

673. Plan. Les moyens d'interprétation authentiques sont les seuls potentiellement constitutifs d'une interprétation authentique, ils doivent donc faire l'objet d'une attention particulière. À cette fin, il convient de préciser d'abord comment le droit international de l'investissement s'en saisit (1) avant d'examiner ensuite, de manière spécifique, comment ils ont été appréhendés dans les arbitrages d'investissement intra-UE (2).

1 - Les accords ultérieurs interprétatifs en droit international de l'investissement

674. Plan. Si ces accords sont rarement mobilisés par les tribunaux arbitraux, ils sont tout aussi peu fréquents en droit international général[2512]. Ces accords, dont la place dans le creuset de l'interprétation est discutée (a), ont suscité un intérêt particulier des arbitres (b) et de la doctrine spécialisée en arbitrage d'investissement, à la suite d'une série de sentences prononcées par des tribunaux compétents sur le fondement du chapitre 11 de l'Accord de libre-échange nord-américain (ALENA) (c).

a - La place de l'accord interprétatif ultérieur dans le creuset de l'interprétation

675. L'inscription des accords interprétatifs ultérieurs au sein du creuset de l'interprétation. Comme le rappelle la CDI : « l'opération d'interprétation d'un traité constitue une seule action complexe[2513], qui accorde l'attention qui convient aux divers moyens d'interprétation mentionnés, respectivement, aux articles 31 et 32 »[2514]. La règle générale d'interprétation de l'article 31 ne hiérarchise pas entre les moyens

---

2509 YEN T.H, *The Interpretation of Investment Treaties*, Leiden – Boston, Brill Nijhof, 2014, pp. 384, spéc. p. 55.

2510 V. *supra* Partie I, Titre 1, Chapitre 2, Section 2, § 2, A), 2).

2511 RAFIQ A., « 4) Interprétation des traités et clauses d'exceptions en matière environnementale » *in* ACHTOUK-SPIVAK L., CAZALA J., De NANTEUIL A. et *ali.*, « Investissements internationaux et arbitrage », *Cahiers de l'arbitrage*, Vol. 4, 2022, pp. 1113-1125, spéc. §§ 27-38. V. aussi GARDEN R., « Eco Oro v Colombia : The Brave New World of Environmental Exceptions », *ICSID – FILJ*, Vol. 38(1), 2023, pp. 17-24, spéc. pp. 22-23. Dans cet arbitrage l'interprétation convergente de l'État défendeur (exprimé dans son mémoire de défense) et de l'État d'origine de l'investissement (exprimé dans une intervention écrite), d'une clause d'exception, n'a pas été envisagée par le tribunal comme un potentiel accord interprétatif ultérieur. Le tribunal a privilégié comme moyen d'interprétation une sentence antérieure portant sur une clause formulée de manière similaire.

2512 SINCLAIR I., *The Vienna Convention on the Law of Treaties*, 2nd ed., Manchester, Manchester University Press, 1984, pp. 136.

2513 Pour une définition du processus d'interprétation issu de l'article 31 CVDT comme processus d'encerclement progressif v. CIRDI, *Agua del Tunari c. République de Bolivie*, aff. ARB/02/03, Décision sur l'exception d'incompétence du défendeur du 21 octobre 2005, § 91.

2514 Résolution n° 73/202 de l'Assemblée générale de l'ONU, Accords et pratique ultérieurs dans le contexte de l'interprétation des traités, 20 décembre 2018, A/RES/73/202, Annexe, Conclusion 2.5.

d'interprétation[2515] : le sens ordinaire des termes, le contexte et l'objet et le but du traité[2516]. Ainsi, l'accord ultérieur interprétatif pris en compte en même temps que le contexte n'est en rien inférieur aux autres moyens d'interprétation[2517]. En pratique, il est cependant possible d'identifier des préférences pour certains moyens d'interprétation selon les juridictions internationales[2518]. Par ailleurs, les accords interprétatifs ultérieurs peuvent aussi être considérés, non pas comme un moyen d'interprétation, mais comme une interprétation concertée, obligatoire ou authentique[2519]. Les parties en tant que maîtres des traités peuvent par ce type d'accord passer outre toutes autres interprétations d'un organe habilité par un traité[2520]. Il peut aussi être affirmé qu'une telle interprétation authentique passe outre les « principes ordinaires d'interprétation »[2521]. La CDI se montre, elle, plus réticente en qualifiant ces accords de moyens d'interprétation authentiques[2522] et en précisant que cette qualité « [...] n'implique pas [...], que ces moyens soient nécessairement concluants, ou juridiquement contraignants ». Elle n'écarte cependant pas la possibilité qu'ils puissent l'être.

2515 DÖRR O. et SCHMALENBACH K. (eds.), *Vienna Convention on the Law of Treaties*, 2e éd., Berlin, Springer, 2018, pp. 1535, spéc. p. 580 ; VILLIGER M. E., *Commentary on the 1969 Vienna Convention on the Law of Treaties*, Leiden – Boston, Martinus Nijhoff, 2009, pp. 1058, spéc. pp. 435 et 436 ; AUST A., *Modern Treaty Law and Practice*, Cambridge, CUP, 2007, pp. 611, spéc. p. 234; GESLIN A. « Fasc. 40 : SOURCES DU DROIT INTERNATIONAL. – Les traités. Interprétation. Techniques et modalités d'interprétation », *JCl. Droit international*, Lexis Nexis, 2015, §§ 20 et 136.

2516 CIRDI, *Agua del Tunari c. République de Bolivie*, aff. ARB/02/03, Décision sur l'exception d'incompétence du défendeur du 21 octobre 2005, § 91 « [...] the Vienna Convention does not privilege any one of these three aspects of interpretation methods. » ;

2517 GARDINER R., *Treaty Interpretation*, 2e éd., Oxford, OUP, 2015, pp. 523, spéc. p. 224.

2518 Pour une analyse générale de l'utilisation des articles relatifs à l'interprétation de la CVDT par les juridictions internationales v. BORE-EVENO V., *L'interprétation des traités par les juridictions internationales. Étude comparative*, Thèse : Droit, Université Paris I – Panthéon Sorbonne, 2004, pp. 573, spéc. pp. 140-160. L'autrice identifie des juridictions privilégiant l'interprétation textuel (CIJ, Organe d'appel de l'OMC), des juridictions privilégiant une approche téléologique (CJUE, CEDH) et des juridictions spécialisées ne privilégiant pas une approche, mais ayant une démarche interprétative pragmatique (TIDM, TPIY) ; VILLIGER M. E., *Commentary on the 1969 Vienna Convention on the Law of Treaties*, Leiden – Boston, Martinus Nijhoff, 2009, pp. 1058, spéc. pp. 435-438 Cet auteur conclu à une prédominance en pratique du texte comme moyen d'interprétation principal. Pour une analyse spécifique de l'utilisation des articles relatifs à l'interprétation de la CVDT par les groupes spéciaux, de l'accord de libre-échange entre le Canada et les États-Unis, de l'ALENA, du GATT et des premières affaires dans le cadre de l'OMC v. SEROIN I., « L'application des règles d'interprétation de la Convention de Vienne sur le droit des traités dans le cadre de l'ALÉ, de l'ALÉNA, du GATT et de l'OMC », *Revue Juridique Thémis*, Vol. 34, 2000, pp. 226-272 L'autrice conclut à utilisation raisonnable de ces règles dans le cadre de l'accord de libre-échange entre le Canada et les États-Unis et constate une évolution de l'approche des groupes spéciaux du GATT et de l'OMC d'une approche historique, s'appuyant notamment sur la charte de la Havane, vers une approche plus conforme à la lettre de la CVDT. Pour une analyse spécifique de l'utilisation des articles relatifs à l'interprétation de la CVDT par les tribunaux d'investissement v. YEN T.H, *The Interpretation of Investment Treaties*, Leiden – Boston, Brill Nijhof, 2014, pp. 384, spéc. pp. 32-100. L'auteur conclut à un recours excessif des tribunaux arbitraux d'investissement à deux moyens d'interprétation complémentaires à savoir la jurisprudence et la doctrine, ainsi qu'à une lecture libérale de l'objet et du but du traité. V. aussi FAUCHALD O.K., « The Legal Reasoning of ICSID Tribunals – An Empirical Analysis », *EJIL*, Vol. 19(2), 2008, pp. 301-364. L'auteur conclut également à la prépondérance du recours à la doctrine et à la jurisprudence comme moyen d'interprétation des traités mais écarte toute préférence des tribunaux pour un approche téléologique se focalisant sur l'objet et le but du traité. Pour une analyse de l'utilisation de l'objet et du but comme moyen d'interprétation dans la jurisprudence arbitrale d'investissement v. SCHREUER C., « Diversity and Harmonization of Treaty Interpretation in Investment Arbitration », *in* FITZMAURICE M., ELIAS O. et MERKOURIS P. (eds.), *Treaty Interpretation and the Vienna Convention on the Law of Treaties : 30 Years on*, Leiden – Boston, Martinus Nijhoff, 2010, pp. 129-151, spéc. pp.131 et 132 ; SALACUSE J.W., *The Law of Investment Treaties*, Oxford, OUP, 2010, pp. 517, spéc. pp. 146-148.

2519 COMBACAU J. et SUR S., *Droit International Public*, 12e éd, *op. cit.*, p. 176.

2520 DÖRR O. et SCHMALENBACH K. (eds.), *Vienna Convention on the Law of Treaties*, 2e éd., *op. cit.*, p. 570.

2521 LINDERFALK U., *On the interpretation of treaties*, Dordretch, Springer, 2007, pp. 437, spéc. pp. 153 et 154. V. aussi Arbitrage *ad hoc*, (CNUDCI), *Methanex Corporation (Methanex) c. États-Unis d'Amérique*, Sentence finale du tribunal sur la compétence et le fonds du 3 août 2005, Part II, Ch. H, § 23.

2522 Assemblée générale de l'ONU, Résolution n° 73/202, Accords et pratique ultérieurs dans le contexte de l'interprétation des traités, 20 décembre 2018, A/RES/73/202, Annexe, Conclusion 3 : « Les accords ultérieurs et la pratique ultérieure en vertu de l'article 31, paragraphe 3 a) et b), en tant qu'ils constituent une preuve objective du sens attribué à un traité par les parties, sont des moyens d'interprétation authentiques dans l'application de la règle générale d'interprétation des traités reflétée à l'article 31. ».

Elle poursuit en précisant qu'elle n'est jamais allée jusqu'à dire dans ces travaux que l'interprétation d'un accord ultérieur « était nécessairement concluante au sens de l'emporter sur tous les autres moyens d'interprétation »[2523]. La CDI refuse d'utiliser l'expression d'interprétation authentique pour les interprétations contenues dans des accords ultérieurs[2524]. Elle écarte l'existence d'un principe voulant que l'interprétation d'un accord ultérieur prévale entièrement sur les autres moyens d'interprétation de l'article 31 CVDT[2525]. Ainsi, l'accord ultérieur n'est en principe qu'un moyen d'interprétation authentique parmi d'autres, le texte du traité en étant un autre[2526]. Ces éléments ont été repris dans les conclusions finales de la CDI adoptées par l'Assemblée générale des Nations Unies dans une résolution du 20 décembre 2018. Ces conclusions précisent entre autres que l'accord ultérieur est « une preuve objective du sens attribué au traité [...] dans l'application de la règle générale d'interprétation des traités reflétée à l'article 31 »[2527] ; ces accords « contribuent, dans leur interaction avec d'autres moyens d'interprétation, à préciser le sens d'un traité »[2528] ; le poids de ces accords comme moyens d'interprétation « dépend entre autres, de leur clarté et de leur spécificité »[2529].

676. La prépondérance des accords interprétatifs ultérieurs dans le creuset de l'interprétation. S'il est possible de concéder que ce type de moyen d'interprétation authentique ne supplante pas tous les autres, encore faut-il lui reconnaitre une place prépondérante dans le creuset de l'interprétation[2530]. Cette prépondérance des accords interprétatifs, mais aussi des pratiques ultérieures des parties au niveau de l'interprétation des traités a même été considérée comme spécifique aux règles d'interprétation des traités par un tribunal arbitral[2531]. Le professeur Richard Gardiner, de manière pragmatique, considère qu'il est concevable de poser certaines limites au principe de suprématie de l'interprétation des parties comme le suggère la CDI, mais qu'il est difficile en pratique de trouver des exemples où un accord clair des parties sur une interprétation ne l'a pas emporté sur d'autres

---

2523 CDI, Rapport sur les travaux de sa soixante-cinquième session, A/68/10, 2013, Ch. IV Les Accords et la Pratique Ultérieurs dans le Contexte de l'Interprétation des Traités, Conclusion 2, Commentaires 4). Sur ces travaux v. NORODOM A-T. et LAGRANGE P., « Travaux de la Commission du droit international (65e session) et de la sixième commission (68e session) », *AFDI*, Vol. 59, 2013, pp. 127-159, spéc. p. 132. Les auteurs considèrent que les commentaires portant sur les moyens authentiques d'interprétation restent ambigus.

2524 CDI, Rapport sur les travaux de sa soixante-cinquième session, A/68/10, 2013, Ch. IV Les Accords et la Pratique Ultérieurs dans le Contexte de l'Interprétation des Traités, Conclusion 2, Commentaires 7).

2525 BERNER K., *Subsequent Agreements and Subsequent Practice in Domestic Courts*, Verlag – Berlin – Heidelberg, Springer, 2017, pp. 300, spéc. pp. 142-146 et 279 « Manifest subsequent agreements are now governed by article 31 (3) (a) VCLT and hence form part of the general rule of interpretation. Thus, they are effectively deprived of their binding nature [as authentic interpretation] and downgraded to the same status as other primary means of interpretation » (pp. 279).

2526 CDI, Rapport sur les travaux de sa soixante-cinquième session, A/68/10, 2013, Ch. IV Les Accords et la Pratique Ultérieurs dans le Contexte de l'Interprétation des Traités, Conclusion 2, Commentaires 2).

2527 Assemblée générale de l'ONU, Résolution n° 73/202, Accords et pratique ultérieurs dans le contexte de l'interprétation des traités, 20 décembre 2018, A/RES/73/202, Annexe, Conclusion 3.

2528 *Ibid.*, Conclusion 7.1.

2529 *Ibid.*, Conclusion 9.1.

2530 GARDINER R., *Treaty Interpretation*, 2e éd., *op. cit.*, p. 224 « [...] a clear agreement of the parties as to what their treaty means will *usually* be the strongest element in the crucible of interpretation » comp. BERNER K., *Subsequent Agreements and Subsequent Practice in Domestic Courts*, *op cit.*, pp. 150-155. L'autrice souligne que les accords ou pratiques ultérieurs ne sont parfois pas considérés comme équivalents aux autres moyens d'interprétation de l'article 31 CVDT par certaines juridictions nationales (Ex : Chambre des Lords, Cour Suprême des États-Unis d'Amériques).

2531 CIRDI, *Azpetrol International Holdings B.V., Azpetrol Group B.V. and Azpetrol Oil Services Group B.V. (Azpetrol) c. République d'Azerbaïdjan*, aff. ARB/06/15, Sentence du 8 septembre 2009, § 64 « English law does not normally admit reference to the subsequent conduct of the parties as an aid to the interpretation of a contract. Again, this is in marked contrast to the approach taken by international law, in which the subsequent practice of the parties [Vienna Convention, Article 31 (3) (a) and (b)] can be of the utmost importance in the interpretation of a treaty ».

considérations[2532]. L'affaire *Sanum Investment c. Républic du Laos*[2533] en est un assez marquant. Dans cette affaire, alors que la Chine et le Laos s'opposaient à l'application du traité bilatéral d'investissement qu'ils avaient conclu au territoire – chinois à statut spécial – de Macao, plusieurs juridictions ont conclu à son applicabilité[2534].

677. Transition. Cette problématique de droit international public a suscité des débats dans le cadre de l'arbitrage d'investissement à la suite d'une série d'arbitrages sur le fondement de l'ALENA. Ce traité prévoyait explicitement que les parties à l'accord pouvaient formuler des interprétations communes s'imposant aux tribunaux.

b - Les accords interprétatifs ultérieurs dans la jurisprudence arbitrale.

678. Les arbitrages d'investissement sur le fondement l'ALENA précurseurs. En droit international des investissements, la problématique des accords ultérieurs interprétatifs est apparue tout d'abord dans le cadre d'arbitrages sur le fondement du chapitre 11 de l'ALENA[2535]. Ce traité contenait une disposition particulière permettant, à un organe du traité composé de représentants des États parties, de produire des interprétations liant les tribunaux. Ce type de mécanisme[2536] a été comparé aux accords mentionnés à l'article 31 § 3 a) CVDT et au concept d'interprétation authentique[2537]. Même si l'importance de ces accords au côté des pratiques des parties a pu être reconnue par le tribunal de l'affaire *Azpetrol c. République d'Azerbaïdjan*[2538], la jurisprudence arbitrale est assez prudente. Dans le contexte de l'ALENA, malgré les réticences du tribunal de l'affaire *Pope Talbot*[2539], les tribunaux arbitraux ont accepté les interprétations de la Commission du libre-échange. Si certains tribunaux reconnaissent explicitement la supériorité de l'interprétation commune des parties[2540], il n'en

2532 GARDINER R., *Treaty Interpretation*, 2e éd., *op. cit.*, pp. 226.

2533 CPA, (CNUDCI), *Sanum Investment c. Républic du Laos*, aff. n° 2013-13, Sentence sur la compétence du 13 décembre 2013.

2534 Cour d'appel de la République de Singapour, *Sanum Investment c. Républic du Laos*, aff. n° [2016] SGCA 57, Arrêt du 29 septembre 2016. Sur cet arrêt v. HO J. « Sanum Investments Ltd v The Government of the Lao People's – Democratic Republic1 Circumstantial Indicia in Treaty Interpretation », *ICSID Review - FILJ*, Vol. 33(1), 2018, pp. 67-73.

2535 SALACUSE J.W, *The Law of Investment Treaties*, 1st ed., Oxford, OUP, 2010, pp. 517, spéc. pp.146-148; Id., *The Law of Investment Treaties*, 3rd ed., Oxford, OUP, 2021, pp. 640, spéc. pp. 194 et 195.

2536 Le nombre de traités d'investissement comprenant une disposition permettant aux parties de produire une interprétation conjointe liant les tribunaux arbitraux est minoritaire, mais en progression. V. GORDON K. et POHL J., *Investment Treaties over Time - Treaty Practice and Interpretation in a Changing World*, OECD Working Papers on International Investment 2015/02, 2015, pp. 42, spéc. pp. 25-29. Ce type de mécanisme est particulièrement présent dans les traités impliquant des États du continent américain ; MAROTTI L.,« The Proliferation of Joint Interpretation Clauses in New International Investment Agreements : A Mixed Blessing ? », *ICSID Review - FILJ*, Vol. 35(1-2), 2020, pp. 63-81.

2537 Arbitrage *ad hoc*, (CNUDCI), *Methanex Corporation (Methanex) c. États-Unis d'Amérique*, Sentence finale du tribunal sur la compétence et le fonds du 3 août 2005, Part II, Ch. H, § 23.

2538 CIRDI, *Azpetrol International Holdings B.V., Azpetrol Group B.V. and Azpetrol Oil Services Group B.V. (Azpetrol) c. République d'Azerbaïdjan*, aff. ARB/06/15, Sentence du 8 septembre 2009, § 64.

2539 Dans une sentence sur les dommages postérieure à l'interprétation de l'article 1105 par la Commission du libre-échange, le tribunal se demande si la Commission avait le pouvoir d'interpréter cet article dans ce contexte alors qu'il venait de conclure dans une sentence sur le fonds que le Canada avait violé cet article. Le tribunal examine les travaux préparatoires relatifs à l'article 1105 pour savoir s'ils confirment l'interprétation de la Commission et conclut que ce n'est pas le cas. En conséquence il affirme que s'il avait à se prononcer sur la nature de l'interprétation il considérait qu'il s'agit d'un amendement, mais passe outre en considérant dans la suite de la sentence l'interprétation de la Commission du libre-échange comme une interprétation le liant, mais ne changeant pas le sens de sa sentence sur le fonds. V. Arbitrage *ad hoc*, (CNUDCI), *Pope Talbot Inc. c. Gouvernement du Canada*, Sentence sur les dommages du 31 mai 2002, §§ 17-47 spéc. § 47 *pro* Arbitrage *ad hoc, (CNUDCI), Methanex Corporation (Methanex) c. États-Unis d'Amérique*, Deuxième avis du Professeur Sir Robert Jennings, Q.C. du 6 septembre 2001.

2540 CIRDI, (CIRDI (MS)), *ADF Group Inc. (ADF) c. États-Unis d'Amérique*, aff. ARB(AF)/00/1, Sentence du 9 janvier 2003, § 177 « [...] we have the Parties themselves—all the Parties—speaking to the Tribunal. No more authentic and authoritative source of instruction on what the Parties intended to convey in a particular provision of NAFTA, is possible. » ; CIRDI, (CIRDI (MS)), *Loewen Group, Inc. and Raymond L. Loewen (Loewen) c. États-Unis d'Amérique*, aff. ARB(AF)/98/3, Sentence du 26 juin 2003, §§ 126-128 ; Arbitrage *ad hoc*, (CNUDCI), *Methanex Corporation* reste pas moins que d'autres insistent sur l'absence d'un pouvoir exclusif d'interprétation au profit des États parties[2541] et relativisent leur pouvoir d'interprétation[2542].

679. Transition. La diffusion dans un nombre croissant de traités d'investissement de mécanismes comparables à celui de l'ALENA a étendu cette problématique à l'ensemble de l'arbitrage d'investissement. Cette question technique, à l'origine limitée aux dispositions de quelques traités, s'est révélée être cruciale pour la doctrine, en ce qu'elle posait indirectement, la question de la place, ou du pouvoir, des États dans l'interprétation, voire l'application des traités d'investissement. Ces éléments méritent d'être précisés avant d'examiner spécifiquement les sentences intra-UE mentionnant de tels accords.

c - Les accords ultérieurs interprétatifs dans la doctrine d'arbitrage d'investissement

680. Les principales positions doctrinales spécifiques à l'arbitrage d'investissement. En doctrine, si certains auteurs s'inscrivent dans une approche de droit international public appliquant les règles d'interprétation de la CVDT, d'autres suggèrent que le droit international de l'investissement – sous-système du droit international – requiert l'application de règles d'interprétation spécifiques. Les avis divergent cependant sur ces règles et sur la place à accorder aux accords interprétatifs ultérieurs. Le professeur Christoph Schreuer considère que ces interprétations étatiques ne sont dans l'ensemble pas souhaitables dans l'arbitrage d'investissement[2543]. Campbell McLachlan, relevant la rareté des traités prévoyant un mécanisme d'interprétation conjointe des parties, affirme que l'application des traités d'investissement est principalement l'affaire des investisseurs ; ce qui laisse peu de place aux pratiques ultérieures des États parties et donc réduit la pertinence de ces pratiques en tant que moyens d'interprétation[2544]. À l'inverse, Anthea Roberts, estimant que le rôle des États dans l'interprétation des traités est insuffisant, appelle les tribunaux à prendre davantage en compte les pratiques et les accords interprétatifs des parties dans le processus d'interprétation des traités[2545]. Elle considère cependant que le pouvoir d'interprétation des parties en droit international des investissements n'est pas aussi absolu qu'en droit international général[2546]. Le caractère persuasif de l'interprétation des parties serait, dans ce contexte spécifique,

---

(Methanex) c. États-Unis d'Amérique, Sentence finale du tribunal sur la compétence et le fonds du 3 août 2005, Part II, Ch. H, § 23.

[2541] CIRDI, *Sempra Energy International (Sempra) c. République argentine*, aff. ARB/02/16, Décision sur les exceptions d'incompétence du 11 mai 2005, § 147 « [...] interpretation is not the exclusive task of States. It is also the duty of tribunals called upon to settle a dispute, particularly when the question is to interpret the meaning of the terms used in a treaty. ».

[2542] *Ibid.*, § 386 ; CIRDI, *Enron Corporation et Ponderosa Assets, L.P. (Enron) c. République argentine*, aff. ARB/01/3, Sentence du 22 mai 2007, § 337 « Not even if this was the interpretation given to the clause today by the United States would this necessarily mean that such interpretation governs the Treaty. What is relevant is the intention the parties had in signing the Treaty and this does not confirm the self-judging interpretation. Even if this interpretation were shared today by both parties to the Treaty, it would still not result in a change of its terms. States are of course free to amend the Treaty by consenting to another text, but this would not affect rights acquired under the Treaty by investors or other beneficiaries ».

[2543] SCHREUER C., « Diversity and Harmonization of Treaty Interpretation in Investment Arbitration », *in* FITZMAURICE M., ELIAS O. et MERKOURIS P. (eds.), *Treaty Interpretation and the Vienna Convention on the Law of Treaties: 30 Years on*, Leiden – Boston, Martinus Nijhoff, 2010, pp. 129-151, spéc. pp. 146-148.

[2544] McLACHLAN C., « Investment Treaties and General International Law », *ICLQ*, Vol. 57 (2), 2008, pp. 361-401, spéc. p. 372.

[2545] ROBERTS A., « Power and Persuasion in Investment Treaty Interpretation: The Dual Role of States », *American Journal of International Law*, Vol. 104 (2), 2010, pp. 179-225.

[2546] *Id.*, « Subsequent Agreement and Practice: The Battle over Interpretative Power », *in* NOLTE G. (ed.), *Treaties and Subsequent Practice*, Oxford, OUP, 2013, Part 2, Ch. 8.

fonction de sa date et de son caractère raisonnable[2547]. De manière comparable, le professeur Thomas W. Wälde distingue entre les interprétations antérieures à la survenance du litige et celle intervenant alors que le litige est déjà né. Les secondes, selon lui, doivent être présumées comme abusives, non rétroactives et ne liant pas les tribunaux. Les premières, en revanche, devraient être prises en compte par les arbitres, à condition qu'elles respectent les attentes légitimes des investisseurs[2548].

681. Des divergences issues d'oppositions quant à la nature de l'arbitrage d''investissement. La question des accords interprétatifs suscite des positions souvent liées à un parti pris quant à la nature du droit international de l'investissement[2549]. Selon le point de vue adopté, la question de la nature des droits des investisseurs fait l'objet de réponses différentes, ce qui influe sur celle de la prise en compte des accords et pratiques ultérieurs des États parties[2550]. Par exemple, le professeur Zachary Douglas fait explicitement le lien entre la place des pratiques ultérieures dans l'application des traités et la question des bénéficiaires des droits des traités[2551]. Il souligne l'importance des pratiques ultérieures dans le processus interprétatif et plaide pour une approche extensive non limitée aux pratiques des États parties[2552]. Anne van Aaken, dans une réflexion plus générale sur le pouvoir de contrôle des États dans l'arbitrage d'investissement, reprenant les analogies utilisées par Anthea Roberts pour répondre à la question de la nature des droits des investisseurs, considère que peu importe la matière analogue envisagée – la protection diplomatique, les règles concernant les tiers au traité, ou les droits de l'homme – les interprétations conjointes des parties, comme d'autres mécanismes de contrôle étatiques (l'amendement, le retrait ou la terminaison d'un traité), peuvent être légitimement utilisées par les États[2553]. Elle reconnaît cependant que les

---

[2547] *Id.*, « Power and Persuasion in Investment Treaty Interpretation: The Dual Role of States », art. cité, p. 212 « I propose that the persuasiveness of treaty party interpretations should be understood as a function of their timing and reasonableness ».

[2548] WALDE W.T., « The Specific Nature of Investment Arbitration », *in* KAHN P. et WALDE W.T., *New Aspects of International Investment Law*, Leiden – Boston, Brill/Nijhoff, 2007, pp. 43-120, spéc. pp. 95 et 96 *pro* ZARRA G., « Uses and abuses of authentic interpretations of international investment agreements: Reflections on the role of arbitral tribunals as masters of the judicial function », *EJIL : Talk!*, 28.08.2020.

[2549] NEWCOMBE A. et PARADEL L., *Law and Practice of Investment Treaties: Standards of Treatment*, Alphen aan den Rijn, Kluwer Law International, 2009, pp.614, spéc. pp. 217-219. Les auteurs distinguent entre différentes approches de droit international : une provenant de l'arbitrage commercial, une du droit international public et une des droits individuels (voir des droits de l'homme) ; KRIEMBAUM U. « The Nature of Investment Disciplines », *in* DOUGLAS Z., PAUWELYN J. et VINUALES J.E. (eds.), *The Foundation of International Investment Law*, Oxford, OUP, 2014, pp.45-72 ; ROBERTS A. « Clash of Paradigms: Actors and Analogies Shaping the Investment Treaty System », *American Journal of International Law*, Vol. 107(1), 2013, pp. 45-94.

[2550] ROBERTS A., « Power and Persuasion in Investment Treaty Interpretation : The Dual Role of States », art. cité, spéc. pp. 184 et 185. Sans trancher sur la nature des droits des investisseurs, l'autrice se focalise sur l'hypothèse la moins favorable de son point de vue à la reconnaissance d'un pouvoir prépondérant d'interprétation des parties : celle reconnaissant des droits substantiels et procéduraux au profit des investisseurs. Cette hypothèse, considérée dans l'article comme la plus favorable aux investisseurs, maintient néanmoins, la pertinence des accords et pratiques ultérieurs des parties dans l'interprétation. comp. PAPARINSKIS M. « Analogies and Other Regimes of International Law », *in* DOUGLAS Z., PAUWELYN J. et VINUALES J.E. (eds.), *The Foundation of International Investment Law*, Oxford, OUP, 2014, pp. 73-107, spéc. pp. 86-90. L'auteur considère que l'analogie la plus convaincante pour limiter les effets d'un accord ultérieur interprétatif est celle se basant sur le droit des traités concernant les tiers. Il faut cependant alors considérer les investisseurs comme des tiers bénéficiaires du traité.

[2551] DOUGLAS Z., « The Hybrid Foundation of Investment Treaty Arbitration », *British Yearbook of International Law*, Vol. 74(1), 2003, pp. 151–289, spéc. pp. 167 et 168.

[2552] *Ibid.* pp. 168 « [...] the field of subsequent practice for the interpretation of a specific treaty needs to be cast wider than envisaged by Article 31 of the Vienna Convention, limited as it is to subsequent practice between the actual contracting state parties. » *contra* KOHEN M.G., « Keeping Subsequent Agreements and Practice in Their Right Limits », *in* NOLTE G. (ed.), *Treaties and Subsequent Practice*, Oxford, OUP, 2013, pp. 34-45, spéc. p. 34 « It is preferable to understand subsequent practice as referring to conduct by the parties in the implementation of the treaty ».

[2553] VAN AAKEN A., *Delegating Interpretative Authority in Investment Treaties: The Case of Joint Commissions*, University of St. Gallen Law & Economics Working Paper No. 2013-22, 2014, pp. 35, spéc. p. 33. L'autrice résume les hypothèses présentées par Anthea Roberts sur la nature des droits des investisseurs ainsi : les investisseurs ne disposent pas de droits

États devraient affirmer clairement le caractère prospectif de ces interprétations authentiques[2554]. D'autres semblent suggérer que seules les interprétations conjointes issues de l'application d'une disposition particulière d'un traité d'investissement telle que l'article 1131 § 2 de l'ALENA devraient être admises[2555]. Ces mécanismes autorisant les parties à produire des interprétations conjointes liant les tribunaux suscitent les mêmes débats que celui portant sur les effets des accords interprétatifs ultérieurs de l'article 31 § 3 a) CVDT[2556].

682. Conclusion. Dans le cadre premier des arbitrages « ALENA », malgré quelques sentences minoritaires, les tribunaux, dans l'ensemble, ont accepté l'interprétation de la Commission du libre-échange à l'origine des tensions. Les discussions restent cependant vives dans la doctrine spécialisée. L'introduction de nouvelles clauses autorisant les États à produire des interprétations conjointes contraignantes pour les tribunaux a également élargi ce débat. Par contraste, la jurisprudence arbitrale en matière d'arbitrage d'investissement intra-UE se révèle bien plus univoque. Les tribunaux ont quasi unanimement accueilli avec défiance des interprétations des traités d'investissement formulées conjointement par les États membres.

2 - Les accords interprétatifs ultérieurs dans les arbitrages intra-UE

683. Plan. Compte tenu du nombre de sentences de nos deux ensembles de sentences, il convient de les traiter séparément, quitte à proposer en fin d'analyse une conclusion d'ensemble. Par conséquent, les accords interprétatifs seront d'abord étudiés dans les sentences des tribunaux appliquant des traités bilatéraux entre États membres (TBI intra-UE) (a) puis dans les sentences des tribunaux appliquant le traité sur la Charte de l'énergie entre États membres (TCEn-intra-UE) (b).

a - Les accords interprétatifs ultérieurs dans les sentences TBI intra-UE

684. Les sentences ne faisant pas référence formellement à l'article 31 § 3 a) CVDT. Dans les sentences étudiées plusieurs font formellement référence à un accord interprétatif ultérieur et à l'article de la CVDT afférent, d'autres, plus rares, font référence à ce type d'accord, mais ne mentionne pas l'article 31 § 3 a) CVDT. Nous étudierons, d'abord les secondes, puis les premières. En matière de référence implicite à l'article 31 § a) CVDT, deux sentences TBI intra-UE de notre étude mentionnent un procès-verbal d'une réunion

procéduraux ou substantiels seuls les États parties disposent de ces droits (analogie avec la protection diplomatique) ; les États parties disposent de droits substantiels et les investisseurs de droits procéduraux (analogie avec le droit des traités concernant les tiers) ; les investisseurs disposent de droits substantiels et procéduraux (analogie avec les droits de l'homme). comp. DOUGLAS Z., *The International Law of Investment Claims*, Cambridge, CUP, 2009, pp. 616, spéc. pp. 6-38. L'auteur distingue entre deux modèles explicatifs de la nature des droits des investisseurs un modèle dérivé (*derivative model*) correspondant au système de la protection diplomatique où les investisseurs ne disposent pas proprement de droits et un modèle direct (*direct model*) qui comprend une alternative, dans un cas les investisseurs disposent uniquement de droits procéduraux, dans un autre ils disposent également de droits substantiels.

2554 VAN AAKEN A., *Delegating Interpretative Authority in Investment Treaties: The Case of Joint Commissions*, *op. cit.*, spéc. pp. 27 et 28. « In consideration of the limits of control by states [...] namely reputation and rule of law, states should clarify that authoritative interpretations are prospective only. ».

2555 ALVAREZ, J., « Limits of Change by Way of Subsequent Agreements and Practice » *in* NOLTE G. (ed.), *Treaties and Subsequent Practice*, Oxford, OUP, 2013, pp. 123-132.

2556 Contrairement à l'article 31 (3) (a) CVDT affirmant que les accords interprétatifs ultérieurs doivent être pris en compte dans l'interprétation du traité, les traités d'investissement prévoyant expressément la formulation d'une interprétation conjointe par les parties affirment fréquemment que cette interprétation est obligatoire pour les tribunaux. Ce faisant, ces dispositions font apparaitre ces interprétations conjointes comme de véritables interprétations authentiques et non pas comme des moyens d'interprétation authentique simplement pris en compte dans l'interprétation du traité. V. GAZZINI T. « Authentic (or Authoritative) Interpretation of Investment Treaties by the Treaty Parties », *EJIL : Talk!*, 17.08.2020 ; TITI C. « The Timing of Treaty Party Interpretations », *EJIL : Talk!*,18.08.20.

entre délégations tchèque et néerlandaise, attestant un accord sur l'interprétation de l'article 8 § 6 du TBI liant ces deux États membres[2557]. Si cet accord est mentionné, ainsi que pris en compte dans ces deux sentences il n'est pas rattaché formellement à l'article 31 § 3 a) CVDT, les deux sentences ne faisant aucune référence aux articles 31 à 33 de la CVDT. Ce procès-verbal d'une consultation entre parties a été considéré par la doctrine comme constitutif d'une simple déclaration commune non contraignante, le traité ne prévoyant que la possibilité de consultations entre les États parties en cas de difficultés d'interprétation et pas expressément d'interprétations conjointes contraignantes pour le tribunal, comme le fait le modèle de TBI des États-Unis de 2012[2558]. Or, que des interprétations conjointes soient prévues ou non par le traité n'est pas déterminant. La CVDT ne pose pas de conditions de forme aux accords interprétatifs ultérieurs. Toutes les interprétations conjointes relèvent de l'article 31 § 3 a) CVDT et par la même contraignent le tribunal. À titre de comparaison, dans le cadre d'un arbitrage ALENA, le tribunal de l'affaire *Canadian Cattlement c. États-Unis* rattache bien une pratique à l'article 31 § 3) b) CVDT. En l'espèce, cette pratique n'est utilisée que pour confirmer le sens ordinaire des termes du traité établi par le tribunal dans un premier temps au regard du contexte et de l'objet du traité. Ce faisant, un moyen de l'article 31 semble faire fonction de moyen complémentaire d'interprétation[2559].

685. Les sentences faisant référence à l'article 31 § 3 a) CVDT. Pour revenir sur les sentences appliquant des TBI intra-UE, sur les 7 références formelles identifiées (soit 11 % des affaires), les références les plus significatives aux accords ultérieurs visent les déclarations de janvier 2019[2560]. Le tribunal de l'affaire *Griffin* semble confondre les accords interprétatifs et les accords appartenant au contexte, en écartant ces déclarations au motif que l'accord qu'elle porte ne se rapporte pas à un accord intervenu durant les négociations[2561]. Cette confusion semble due à une lecture partielle du point 14) du commentaire de l'article 27 de la CDI sur le projet d'articles sur le droit des traités de 1966[2562]. En deuxième intention, le tribunal considère que ces déclarations ne relèvent pas de l'article 31 § 3 a) CVDT, car elles n'interprètent pas le traité d'investissement[2563]. Cet argument formel, repris par de nombreux tribunaux[2564], a été formulé pour la première fois dans la sentence *Magyar*

[2557] SCC, (CNUDCI), *Eastern Sugar B. V. c. République tchèque*, aff. n° 088/2004, Sentence partielle du 27 mars 2007, §§ 193-197 ; Arbitrage *ad hoc*, (CNUDCI), *Invesmart c. République tchèque*, Sentence du 26 juin 2009, § 195.

[2558] DOLZER R., KRIEBAUM U., SCHREUER C., *Principles of International Investment Law*, 3rd ed., Oxford, OUP, 2022, pp. 484, spéc. p. 43.

[2559] Arbitrage *ad hoc*, (CNUDCI), *The Canadian Cattlemen for Fair Trade (anciennement Consolidated Canadian Claims) (Canadian Cattlemen) c. Etas-Unis*, Sentence sur la compétence du 28 janvier 2008, §§ 117-170 et 181-189.

[2560] Une affaire, en dehors des déclarations des États membres de janvier 2019, fait explicitement référence à l'article 31 § 3 a). Le tribunal de l'affaire *Hicee* considère qu'en l'espèce la note explicative qui lui est soumise, pour des raisons essentiellement probatoires, ne relève pas de l'article 31 § a). Ce tribunal prend en compte ce document sur la base de l'article 32 CVDT. V. CPA, (CNUDCI), *Hicee B.V. c. République slovaque*, aff. n° 2009-11, Sentence partielle du 23 mai 2011, §§ 135 et 136.

[2561] SCC, (SCC), *GPF GP S.à.r. l (Griffin) c. République de Pologne*, aff. n° 2014/168, Sentence du 29 avril 2020, §§ 351 et 352.

[2562] CDI, Rapports sur la deuxième partie de sa dix-septième session et sur sa dix-huitième session, A.6309/Rev.1, 1966, Deuxième Partie, Chapitre II, C, Partie 3, Section 3, Commentaire 14, *in Annuaire de la CDI*, 1966, Vol. II, pp. 203-298, spéc. p. 241. Le tribunal semble arrêter sa lecture du commentaire avant la phrase suivant : « De même, un accord sur l'interprétation d'une disposition réalisé après la conclusion du traité constitue une interprétation authentique des parties, qui doit être réputée incorporée au traité aux fins de son interprétation ».

[2563] SCC, (SCC), *GPF GP S.à.r. l (Griffin) c. République de Pologne*, aff. n° 2014/168, Sentence du 29 avril 2020, § 353.

[2564] CIRDI, *Theodoros Adamakopoulos, Ilektra Adamantidou, Vasileios Adamopoulos et autres (Adamakopoulos) c. République de Chypre*, aff. ARB/15/49, Décision sur la compétence du 7 février 2020, § 179 ; CIRDI, *Ioan Micula, Viorel Micula et autres (Micula (II)) c. Roumanie (II)*, aff. ARB/14/29, Sentence du 5 mars 2020, § 286 ; CPA, (CNUDCI), *A.M.F. Aircraftleasing Meier & Fischer GmbH & Co. KG (A.M.F Aircraftleasing)* c. *République tchèque*, aff. n° 2017-15, Sentence finale du 11 mai 2020 § 336 ; CIRDI, *Addiko Bank AG and Addiko Bank d. d. (Addiko) c. République de Croatie*, aff. ARB/17/37, Décision sur l'exception d'incompétence liée à l'incompatibilité présumée du TBI avec l'acquis de l'UE du

Farming[2565]. En outre, le tribunal de l'affaire *Griffin* conteste l'effet de tels accords interprétatifs en précisant qu'ils ne constituent qu'un élément à prendre en compte en même temps que le contexte, le contexte étant lui-même un moyen d'interprétation avec le sens ordinaire et l'objet et le but du traité[2566]. Seul le tribunal de l'affaire *Strabag* semble admettre les déclarations des États membres de janvier 2019 en tant qu'accord interprétatif ultérieur, mais considère de la même façon que « *such "extrinsic" [both to the text and to the context] elements, while informative to the context of a treaty, cannot be used to rewrite the ordinary meaning of the text of the treaty under interpretation* »[2567]. Il refuse que ce moyen d'interprétation, à l'image d'un atout maître, l'emporte sur les autres moyens d'interprétation de l'article 31 § 1 CVDT ou qu'il puisse amender le texte du traité[2568]. Le tribunal s'écarte ainsi du droit international général qui pour certains admet justement que « [...] *an interpretation by the parties can trump all other interpretations [...]* »[2569]. Ce pas de côté, par rapport au droit international public général, est présent dans d'autres sentences à titre surabondant[2570], ces sentences estimant que les déclarations ne relèvent pas de l'article 31 § 3 a) CVDT. La question de la relation entre les moyens d'interprétation semble influencée par une autre question, celle de la distinction entre interprétation et amendement ou modification d'un traité. La contestation d'un effet rétroactif de ces déclarations est particulièrement révélatrice de ce glissement[2571].

686. L'invocation de la validité du TBI. D'autres sentences traitent des déclarations sous l'angle de la validité du TBI alors qu'elles ne visent que l'inapplicabilité de l'offre d'arbitrage, voire l'inadmissibilité des demandes des investisseurs de l'UE. Dans l'affaire *United Utilities* (*Tallin*), le tribunal considère qu'en mentionnant une future résiliation des TBI entre États membres les déclarations confirment la validité des offres d'arbitrage État-investisseur de ces traités[2572]. Plus récemment, le tribunal de l'affaire *Fynerdale*, après avoir constaté l'absence d'une pratique au sens de l'article 31 § 3 b) CVDT entre les États membres établissant un accord sur l'inapplicabilité des TBI entre États membres[2573], considère que la déclaration des États membres qui lui a été soumise, au regard de sa formulation, ne contient

12 juin 2020, § 288 ; CPA, (CNUDCI), *Muszynianka Spółka z Ograniczoną Odpowiedzialnością (Muszynianka) c. République slovaque*, aff. n° 2017-08, Sentence du 07 octobre 2020, § 221 ; CIRDI, *AS Norvik Banka, Alexander Guselnikov, Grigory Guselnikov et autres (Norvik Banka) c. République de Lettonie*, aff. ARB/17/47, Décision sur l'objection Intra-UE du 14 mai 2021, §§ 573-578.

2565 CIRDI, *Inicia Zrt, Kintyre Kft and Magyar Farming Company Ltd (Magyar Farming) c. Hongrie*, aff. ARB/17/27, Sentence du 13 novembre 2019, § 216.

2566 SCC, (SCC), *GPF GP S.à.r. l (Griffin) c. République de Pologne*, aff. n° 2014/168, Sentence du 29 avril 2020, § 354.

2567 CIRDI, (*ad hoc*), *Strabag SE, Raiffeisen Centrobank AG and Syrena Immobilien Holding AG (Strabag) c. République de Pologne*, aff. ADHOC/15/1, Sentence partielle sur la compétence du 4 mars 2020, § 8.125.

2568 *Ibid.*, § 8.126.

2569 GARDINER R., *Treaty Interpretation*, 2nd ed., Oxford, OUP, 2015, pp. 523, spéc. p. 124.

2570 CPA, (CNUDCI), *A.M.F. Aircraftleasing Meier & Fischer GmbH & Co. KG (A.M.F Aircraftleasing) c. République tchèque*, aff. n° 2017-15, Sentence finale du 11 mai 2020, § 337 ; CPA, (CNUDCI), *Muszynianka Spółka z Ograniczoną Odpowiedzialnością (Muszynianka) c. République slovaque*, aff. n° 2017-08, Sentence du 07 octobre 2020, § 223 ; CIRDI, *AS Norvik Banka, Alexander Guselnikov, Grigory Guselnikov et autres (Norvik Banka) c. République de Lettonie*, aff. ARB/17/47, Décision sur l'objection Intra-UE du 14 mai 2021, § 581.

2571 CPA, (CNUDCI), *A.M.F. Aircraftleasing Meier & Fischer GmbH & Co. KG (A.M.F Aircraftleasing) c. République tchèque*, aff. n° 2017-15, Sentence finale du 11 mai 2020, § 338.

2572 CIRDI, *United Utilities (Tallinn) B. V. et Aktsiaselts Tallinna Vesi (United Utilities (Tallin)) (United Utilities (Tallin)) c. République d'Estonie*, aff. ARB/14/24, Sentence du 21 juin 2019, §§ 558 et 559 ; CIRDI, *Inicia Zrt, Kintyre Kft and Magyar Farming Company Ltd (Magyar Farming) c. Hongrie*, aff. ARB/17/27, Sentence du 13 novembre 2019, § 221 ; CIRDI, *Theodoros Adamakopoulos, Ilektra Adamantidou, Vasileios Adamopoulos et autres (Adamakopoulos) c. République de Chypre*, aff. ARB/15/49, Décision sur la compétence du 7 février 2020, § 179 ; CIRDI, *Addiko Bank AG and Addiko Bank d. d. (Addiko) c. République de Croatie*, aff. ARB/17/37, Décision du 12 juin 2020 sur l'exception d'incompétence croate, § 286.

2573 CPA (CNUDCI), *Fynerdale Holding B.V. (Fynerdale) c. République tchèque*, aff. n° 2018-18, Sentence du 29 avril 2021, § 288.

pas d'obligations juridiques contraignantes. Il affirme : « *[...] international law is formalistic in respect of the conclusion of international treaties as well as in respect of their termination. A political commitment prescribing the result of a process, not yet finalized, is not sufficient to achieve the inapplicability of the treaty in question* »[2574]. Le tribunal argue d'un certain formalisme du droit international en matière d'inapplicabilité d'un traité alors que les articles 54 et 57 de la CVDT autorisent la suspension, l'extinction ou le retrait d'un traité à tout moment, par consentement de toutes les parties, sans condition de forme particulière. Le tribunal de l'affaire *Magyard,* adoptant une position proche, se défend néanmoins explicitement de tout formalisme en affirmant : « *While the Contracting States remain the masters of their treaty, their control is limited by general principles of legal certainty and* res inter alios acta, aliis nec nocet nex prodest[2575] ». Le tribunal renvoie, sans plus d'explications, en note de bas de page, aux dispositions des articles 38 § 1 du statut de la Cour internationale de justice et 31 § 3 c) CVDT, mais aussi à l'article 69 § 2 CVDT[2576].

687. La critique du professeur Marcelo Kohen formulée dans deux opinions dissidentes. L'arbitre dissident des affaires *Adamakopoulos* et *WCV et Channel Crossing,* le professeur Marcelo Kohen, critique à la fois le raisonnement de ses coarbitres ainsi que celui du tribunal de l'affaire *Magyard* sur ce point précis. Il considère dans les deux cas que l'interprétation authentique du traité par les deux parties contractantes du traité a été ignorée et qu'une telle interprétation authentique ne viole, par nature, aucun principe de non-rétroactivité[2577]. En réponse à la sentence *Magyard* au sujet du principe de sécurité juridique, il avance que la prévalence des traités de l'UE sur les traités bilatéraux portant sur des matières couvertes par le droit de l'UE a été interprétée de manière constante depuis le début de l'existence des Communautés européennes[2578]. Au sujet du principe *res inter alios acta* il précise que :

> *« [...] At the outset, these are not treaties conferring rights on a third State or on human beings in general. BITs are treaties based on an inter-State relationship, on mutuality and equality of obligations. The rights conferred on private parties are exclusively based on their nationality, i.e. those of the Contracting Parties. As investors, they do not have "inherent rights". This Tribunal is not a human rights body and we are not dealing with human rights treaties. Investors' rights are exclusively based on the will of the Parties of having a mutual exchange of investor protection. If the Contracting Parties interpret their BITs in one manner or another, this interpretation applies to the investors of both Parties [...] »*[2579].

b - Les accords interprétatifs ultérieurs dans les sentences TCEn intra-UE.

688. La fréquence des références aux articles sur les accords interprétatifs ultérieurs. Dans le cadre des arbitrages fondés sur le TCEn, l'application de l'article 31 § 3

[2574] *Ibid.*, § 290.
[2575] CIRDI, *Inicia Zrt, Kintyre Kft and Magyar Farming Company Ltd (Magyar Farming) c. Hongrie*, aff. ARB/17/27, Sentence du 13 novembre 2019, § 222.
[2576] CVDT art. 69 Conséquences de la nullité : « § 2 Si des actes ont néanmoins été accomplis sur la base d'un tel traité : a) toute partie peut demander à toute autre partie d'établir pour autant que possible dans leurs relations mutuelles la situation qui aurait existé si ces actes n'avaient pas été accomplis ; b) les actes accomplis de bonne foi avant que la nullité ait été invoquée ne sont pas rendus illicites du seul fait de la nullité du traité ». Sur l'utilisation de l'article 69 § 2 b) pour écarter les objections d'incompétence intra-UE v. *supra* Partie I, Titre 2, Chapitre 2, Section 2, § 1.
[2577] CIRDI, *Theodoros Adamakopoulos, Ilektra Adamantidou, Vasileios Adamopoulos et autres (Adamakopoulos) c. République de Chypre*, aff. ARB/15/49, Opinion dissidente de Marcelo G. Kohen, du 3 février 2020, § 55 *pro* CPA, (CNDUCI), *WCV World Capital Ventures Cyprus Limited* et *Channel Crossings Limited (WCV et Channel Crossing) c. République tchèque*, aff. n° 2016-12, Opinion dissidente de Marcelo G. Kohen du 20 septembre 2020, § 74.
[2578] *Ibid.* § 60 *pro Ibid.* §§ 82-84.
[2579] *Ibid.* § 59 *pro Ibid.* § 81.

a) CVDT aux déclarations des États membres de janvier 2019 ou de l'article 31 § 3 b) CVDT à des pratiques des États membres est plus contestable que dans le cas des TBI entre États membres, car les termes de parties dans ces articles est très généralement interprété comme faisant référence à l'ensemble des parties au traité et pas aux seuls États parties au traité impliqués dans un différend portant sur l'interprétation du traité[2580]. Malgré cela, la proportion de références à ces dispositions est plus importante dans cet ensemble que dans celui réunissant des sentences prononcées sur le fondement de TBI entre États membres. Sur 52 affaires, dans 20 affaires au moins une sentence fait référence à la lettre a) ou b) de l'article 31 § 3 CVDT (au-delà d'une simple citation introductive des articles 31 et 32), soit dans 38 % des affaires contre 7 % pour les affaires concernant des TBI ente États membres[2581].

689. Les rares références en dehors d'un examen d'une incompétence intra-UE. En dehors des sentences traitant d'exceptions d'incompétence intra-UE, seules deux sentences font référence aux accords interprétatifs ultérieurs, toutes deux dans le cadre de l'examen de la compétence du tribunal en matière d'arbitrage multipartite. Dans la sentence *PV Investors*, le tribunal précise simplement qu'aucun élément relevant de l'article 31 § 3 CVDT – pouvant changer sa compréhension de l'article 26 TCEn – ne lui a été indiqué[2582]. Différemment, le tribunal de l'affaire *LSG Building Solutions et autres* identifie une pratique relevant de l'article 31 § 3 b), dans le nombre d'arbitrages multipartites antérieurs. Cet élément au côté d'éléments d'interprétation contextuels et complémentaires ne modifie pas les conclusions du tribunal quant au consentement tacite du défendeur à l'arbitrage multipartite. Interprétant l'article 26 TCEn et de l'article 25 § 1 CIRDI, de bonne foi, en suivant le sens ordinaire du texte, le tribunal ne voit aucune raison d'exclure l'arbitrage multipartite, au motif du silence de ces dispositions[2583].

690. L'absence d'accord ou de pratique relevant de l'article 31 § 3 CVDT. Au sein des sentences TCEn intra-UE faisant référence aux accords interprétatifs dans le cadre d'exception d'incompétence TCEn intra-UE, deux approches se dégagent, même si elles s'entremêlent dans plusieurs sentences. Un premier ensemble de sentences se limite essentiellement à ne pas appliquer l'article 31 § 3 lettres a) ou b), aux déclarations et pratiques des États membres ou d'organes de l'UE, au motif que les premiers ne réunissent qu'une partie des États parties au TCEn[2584]. Dès 2014, cet argument avait été mobilisé par le tribunal de l'affaire *PV Investor* pour refuser de considérer que des instruments de droit de l'UE, notamment le traité de Lisbonne, soient constitutifs d'un accord interprétatif ultérieur, même issu d'une pratique[2585]. Le tribunal de l'affaire *InfraRed* opposera de même l'absence

---

2580 VILLIGER M.E., « The 1969 Vienna Convention on the Law of Treaties: 40 Years After », *RCADI*, Vol. 344, 2011, pp. 9-192, spéc. p.120 ; NOLTE G., *Premier rapport sur les accords et la pratique ultérieurs dans le contexte de l'interprétation des traités*, Rapport du Rapporteur spécial de la CDI, A/CN.4/660, 2013, pp. 58, spéc. §§ 79-83.

2581 Annexe 1.3 Sentences arbitrales TBI intra-UE 2007-2023 Interprétation et Annexe 3.2 Sentence arbitrale TCEn intra-UE 2007-2024 Interprétation, disponibles sur le profil HAL de l'auteur : id. benjamin-terrade.

2582 CPA, (CNUDCI), *AES Solar et autres (PV Investors) c. Royaume d'Espagne*, aff. n° 2012-14, Sentence préliminaire sur la compétence du 14 octobre 2014, § 98.

2583 CIRDI, *Anina Pro Invest Ltd, Core Value Capital GmbH, Core Value Investments GmbH & Co KG Gamma et autres (LSG Building Solutions et autres) c. Roumanie*, aff. ARB/18/19, Décision sur la compétence, la responsabilité et les principes de réparation du 11 juillet 2022, §§ 307-330.

2584 Si la participation active de l'ensemble des parties au traité interprété est nécessaire dans le cadre de l'article 31 § 3 a), l'article 31 § 3 b) semble pouvoir accepter qu'un accord interprétatif ultérieur issu de pratiques non suivies par toutes les parties, le silence pouvant constituer une acceptation. V. NOLTE G., *Deuxième rapport sur les accords et la pratique ultérieurs dans le contexte de l'interprétation des traités*, Rapport du Rapporteur spécial de la CDI, A/CN.4/671, 2014, pp. 76, spéc. pp. 26-39. À l'inverse, une déclaration interprétative formulée conjointement nécessiterait une approbation expresse par les autres parties à l'accord pour devenir un accord interprétatif postérieur au sens de l'article 31 § 3 a) CVDT. V. CDI, *Guide de la pratique sur les réserves aux traités,* Rapport de la CDI sur les travaux de sa soixante-troisième session, A/66/10/ADD.1, 2011, Directives 2.9.8 et 2.9.9.

2585 CPA, (CNUDCI), *AES Solar et autres (PV Investors) c. Royaume d'Espagne*, aff. n° 2012-14, Sentence préliminaire sur la compétence du 14 octobre 2014, §§ 192-199, spéc. §§ 193-196.

d'implication de toutes les parties au TCEn aux déclarations et positions juridiques de la Commission, mais aussi aux déclarations des 15 et 16 janvier 2019[2586]. Le même argument a pu être opposé à une autre déclaration, celle faite par la Commission au nom des États membres le 20 mai 2015, au moment de la signature de la Charte internationale de l'énergie[2587]. Concernant uniquement les pratiques, le tribunal de l'affaire *Belenergia* estime que l'absence d'arbitrage TCEn intra-UE avant 2007, l'opposition continue de certains États à la compétence des tribunaux arbitraux en matière de litiges d'investissement intra-UE, ainsi que l'absence d'intervention d'États membres d'origine de l'investissement dans ces arbitrages en soutien à la compétence des tribunaux, ne sont que des faits isolés n'établissant pas un accord interprétatif de l'ensemble des parties du TCEn[2588]. L'hypothèse d'une acceptation tacite des autres parties de ce traité n'est cependant pas envisagée[2589]. De nombreux tribunaux soulignent en outre les divergences entre les trois déclarations des États membres des 15 et 16 janvier 2019. Ils estiment qu'elles ne constituent pas un accord interprétatif entre tous les États membres de l'Union[2590]. Comme précisé plus haut, nous considérerons qu'elles ne se contredisent pas. En effet, les deux déclarations ne concluant pas à l'inapplicabilité intra-UE de l'article 26 TCEn expliquent que leurs auteurs suspendent leur

---

[2586] CIRDI, *InfraRed Environmental Infrastructure GP Limited (InfraRed) c. Royaume d'Espagne*, aff. ARB/14/12, Sentence du 2 août 2019, §§ 267 et 268 *pro* CIRDI, *Landesbank Baden-Württemberg, HSH Nordbank AG, Landesbank Hessen-Thüringen Girozentrale et Norddeutsche Landesbank-Girozentrale (Landesbank Baden-Württemberg) c. Royaume d'Espagne*, aff. ARB/15/45, Décision sur l'exception d'incompétence intra-UE du 25 février 2019, §§ 165 et 166 ; CIRDI, *Eskosol S.p.A. in liquidazione (Eskosol) c. République italienne*, aff. ARB/15/50, Décision sur la demande de clôture et sur l'objection basée sur l'inapplicabilité du traité sur la charte de l'énergie aux disputes intra-UE du 7 mai 2019, § 220 ; CIRDI, *RWE Innogy GmbH and RWE Innogy Aersa S.A.U. (RWE Innogy) c. Royaume d'Espagne*, aff.14/34, Décision sur la compétence, la responsabilité et le quantum du 30 décembre 2019, §§ 368-372 ; CIRDI, *Hydro Energy 1 S.à r.l. et Hydroxana Sweden AB (Hydro Energy 1) c. Royaume d'Espagne*, aff. ARB/15/42, Décision sur la compétence, la responsabilité et les orientations en matière de quatum du 9 mars 2020, § 502 (15) ; CIRDI, *Cavalum SGPS c. Royaume d'Espagne*, Aff. ARB/15/34, Décision sur la compétence, la responsabilité et les principes de quantum, du 31 août 2020, § 349 ; CIRDI, *ESPF Beteiligungs GmbH, ESPF Nr. 2 Austria Beteiligungs GmbH, and InfraClass Energie 5 GmbH & Co. KG (ESPF) c. République italienne*, aff. ARB/16/5, Sentence du 14 septembre 2020, § 323 ; CIRDI, *Silver Ridge Power BV (Silver Ridge) c. République italienne*, aff. ARB/15/37, Sentence du 26 février 2021, § 223 ; SCC, (SCC), *Mercuria Energy Group Limited (Mercuria) c. République de Pologne*, aff. n° 2019/126, Sentence du 29 décembre 2022, § 409.

[2587] SCC, (SCC), *Green Power Partners K/S et SCE Solar Don Benito APS (Green Power et SCE) c. Royaume d'Espagne*, aff. n° 2016/135, Sentence du 16 juin 2022, §§ 367-369.

[2588] CIRDI, *Belenergia S.A. c. République italienne*, aff. ARB/15/40, Sentence du 28 août 2019, § 308 comp. CIRDI, *Cordoba Beheer et autres c. Royaume d'Espagne*, aff. ARB/16/27, Décision sur la compétence, la responsabilité et les principes de quantum du 11 février 2022, § 675. Ici c'est le principe d'autonomie du droit de l'UE qui est examiné comme une pratique relevant de l'article 31 § 3 b) CVDT. Le tribunal écarte cette hypothèse faute d'éléments de preuves ou d'argumentation détaillée.

[2589] Résolution n° 73/202 de l'Assemblée générale de l'ONU, Accords et pratique ultérieurs dans le contexte de l'interprétation des traités, 20 décembre 2018, A/RES/73/202, Annexe, Conclusion 10 Accord des parties au sujet de l'interprétation d'un traité § 2 « Le nombre de parties qui doivent effectivement suivre la pratique ultérieure pour que soit établi un accord au sens de l'article 31, paragraphe 3 b), peut varier. Le silence de l'une ou plusieurs des parties peut constituer une acceptation de la pratique ultérieure lorsque les circonstances appellent une réaction ».

[2590] CIRDI, *Landesbank Baden-Württemberg, HSH Nordbank AG, Landesbank Hessen-Thüringen Girozentrale et Norddeutsche Landesbank-Girozentrale (Landesbank Baden-Württemberg) c. Royaume d'Espagne*, aff. ARB/15/45, Décision sur l'exception d'incompétence intra-UE du 25 février 2019, §§ 165 et 166 ; CIRDI, *Rockhopper Italia S.p.A., Rockhopper Mediterranean Ltd, and Rockhopper Exploration Plc (Rockhopper) c. République Italienne*, aff. ARB/17/14, Décision sur l'objection d'incompétence Intra-UE du 29 juin 2019, § 179 ; CIRDI, *Belenergia S.A. c. République italienne*, aff. ARB/15/40, Sentence du 28 août 2019, §§ 326-330; CIRDI, *RWE Innogy GmbH and RWE Innogy Aersa S.A.U. (RWE Innogy) c. Royaume d'Espagne*, aff.14/34, Décision sur la compétence, la responsabilité et le quantum du 30 décembre 2019, § 371 ; CIRDI, *RWE Innogy GmbH and RWE Innogy Aersa S.A.U. (RWE Innogy) c. Royaume d'Espagne*, aff.14/34, Décision sur la compétence, la responsabilité et le quantum du 30 décembre 2019, § 549 ; CIRDI, *Silver Ridge Power BV (Silver Ridge) c. République italienne*, aff. ARB/15/37, Sentence du 26 février 2021, § 223 ; CIRDI, *Infracapital F1 S.à r.l. et Infracapital Solar B.V (Infracapital) c. Royaume d'Espagne*, aff. ARB/16/18, Décision sur la compétence, la responsabilité et les directives sur le quatum du 13 septembre 2021, § 306 ; SCC, (SCC), *Mercuria Energy Group Limited (Mercuria) c. République de Pologne*, aff. n° 2019/126, Sentence du 29 décembre 2022, § 409.

jugement sur cette question, en attente de négociations ultérieures ou de décisions de justice[2591].

691. Le poids interprétatif limité des accords et pratiques de l'article 31 § 3 CVDT. Un deuxième ensemble de sentences se focalise moins sur les critères d'application des lettres a) et b) de l'article 31 § 3 CVDT que sur l'effet de ces moyens, en relayant au second plan la question de la qualification des instruments et pratiques. Ces sentences appliquent aux lettres a) et b) de l'article 31 § 3 CVDT le raisonnement formulé par le tribunal de l'affaire *Vattenfall (II)* dans son analyse de l'article 31 § 3 c) CVDT faisant de l'article 31 § 1 CVDT le point de départ de l'interprétation[2592]. Cette formulation reprend la présomption selon laquelle le texte est le point départ logique de l'interprétation. Toutefois, cette dernière n'est pas irréfragable, surtout lorsqu'existe une interprétation authentique des parties au traité[2593]. Est opposée à la prise en compte d'une pratique des États membres ou des déclarations des États membres des 15 et 16 janvier 2019 dans l'interprétation des termes de l'article 26 TCEn, l'impossibilité de retirer l'offre d'arbitrage au moyen d'un instrument ultérieur ne devant – dans le processus interprétatif – qu'être « pris en compte » en même temps que le contexte des termes interprétés[2594]. Certains tribunaux critiquent, au surplus, l'effet attribué à ces déclarations par les défendeurs et la Commission au motif qu'il serait équivalent à une modification[2595] ou un amendement du traité, voire à une réserve[2596] – interdite par

---

2591 V. *supra* Partie I, Titre 1, Chapitre 2, Section 2, § 2.

2592 CIRDI, *Vattenfall AB et autres (Vattenfall (II)) c. République fédérale d'Allemagne (II)*, aff. ARB/12/12, Décision du 31 août 2018 sur la problématique Achmea, §§ 153 et 154 «153. The Tribunal notes that the correct starting point for the interpretation of Article 26 ECT is the general rule of interpretation in Article 31 (1) VCLT [...] Article 31 (3) (c) is not the starting point of the interpretation exercise under the VCLT. 154. To the extent that EU law may come into the interpretation analysis, as proposed by the EC, it is to be "taken into account, together with the context" under Article 31 (3) (c). It is not the proper role of Article 31 (3) (c) VCLT to rewrite the treaty being interpreted, or to substitute a plain reading of a treaty provision with other rules of international law, external to the treaty being interpreted, which would contradict the ordinary meaning of its terms ».

2593 GAZZINI T., *Interpretation of International Investment Treaties*, Oxford, Hart Publishing, 2016, pp. 424 spéc.pp. 64-65 « The [ICJ] promptly clarified that when the words in their natural and ordinary meaning are ambiguous or lead to an unreasonable result, 'then, and then only, must the Court, by resort to other methods of interpretation, seek to ascertain what the parties really did mean when they used these words'. Building on this basic assumption, the VCLT adopted a more sophisticated approach which takes into account, in a logical sequence, all the elements expressly indicated in Articles 31–33, without ruling out the possibility of resorting to other means and techniques not expressly indicated. Interpretation under the VCLT can be seen as an exercise intended to examine the text as a legal document recording the common intention of the parties as well as unwind the process leading to the conclusion of the treaty and consider the practice related to its application. Being the final outcome of this process and the object of this practice, the text of thetreaty is normally—but not necessarily always—the logical starting point of the exercise ». L'auteur précise en note de bas de page (pp.65 nbp 3) « If the parties to the treaty have adopted an authoritative interpretation, it might be superfluous and inefficient to undertake a thoroughly textual analysis of the relevant provision [...] ». V. aussi SINCLAIR I., *The Vienna Convention on the Law of Treaties*, 2nd ed., Manchester, Manchester University Press, 1984, pp. 270, spéc. p. 130 « [...] The initial search is for the 'ordinary meaning' to be given to the terms of the treaty in their 'context'; it is *in light of* the object and purpose of the treaty that the initial and preliminary conclusion must be tested and either confirmed or modified. It may of course be that the intellectual process can be short-circuited where the object or purpose of the treaty is so overwhelmingly apparent that it must necessarily and from the very outset exercise a determining influence upon the search for the contextual 'ordinary meaning'; but this is likely to be a rare case, given that most treaties have no single, undiluted object and purpose but a variety of differing and possibly conflicting objects and purposes [...] ».

2594 CIRDI, *Eskosol S.p.A. in liquidazione (Eskosol) c. République italienne*, aff. ARB/15/50, Décision sur la demande de clôture et sur l'objection basée sur l'inapplicabilité du traité sur la charte de l'énergie aux disputes intra-UE du 7 mai 2019, § 223 « [...] VCLT Article 31 (3) (a) is not, however, a trump card to allow States to offer new interpretation of old treaty language, simply to override unpopular treaty interpretation based on the plain meaning of the terms actually used [...] » ; SCC, (SCC), *Mercuria Energy Group Limited (Mercuria) c. République de Pologne*, aff. n° 2019/126, Sentence du 29 décembre 2022, § 408 « [...] Article 31 (3) of the VCLT is not a starting (or end) point for the interpretation of the ECT. All that it directs is that the subsequent instruments be "taken into account" together with the context of the treaty ».

2595 CIRDI, *ESPF Beteiligungs GmbH, ESPF Nr. 2 Austria Beteiligungs GmbH, and InfraClass Energie 5 GmbH & Co. KG (ESPF) c. République italienne*, aff. ARB/16/5, Sentence du 14 septembre 2020, § 324.

2596 CIRDI, *Eskosol S.p.A. in liquidazione (Eskosol) c. République italienne*, aff. ARB/15/50, Décision sur la demande de clôture et sur l'objection basée sur l'inapplicabilité du traité sur la charte de l'énergie aux disputes intra-UE du 7 mai 2019, l'article 46 TCEn[2597]. Même si elle ne fait référence que tacitement à l'article 31 § 3 b) CVDT, la sentence de l'affaire *Cube Infrastructure*, illustre cette tendance et mérite d'être citée :

> « *Under the VCLT, which the ECJ relies upon also for the analysis of the internal relations between the EU Member States, a consistent practice which establishes the agreement of the parties regarding the interpretation of the treaty concerned, constitutes at least an element of the context within which the interpretative process shall operate. Regarding the issue to be resolved here [the non-application of article 26 §6 between EU Member States], it is not enough to speak of an element of the context that may be taken into account. As pointed out above, the responsible institutions of the EU, in particular the EC, have for almost two decades communicated the message to the Contracting Parties of the ECT that the ECT constitutes a crucial building block of the regime of investment protection. To withdraw from that position amounts to a breach with the consolidated economic interests benefiting from that protection* »[2598].

De manière plus explicite, au sujet d'une des déclarations de janvier 2019, le tribunal de l'affaire *Silver Ridge*, tout en reprenant des éléments du premier ensemble de sentences, conclut son examen de la pertinence du droit de l'UE dans l'interprétation du TCEn, en ajoutant :

> « *224. [...] the Declaration remains what it is: an instrument which becomes part of, and is relevant to, the exercise of interpretation that is guided by Article 31(1) of the VLCT. Under this regime, there is no such thing as "authentic interpretation" with the effect of directly changing the treaty provisions to be applied, let alone ending an agreement [...]* »[2599].

La transposition d'un raisonnement concernant des moyens d'interprétation de l'article 31 § 3 c) CVDT, relevant de l'enveloppe extérieure du contexte des termes du traité, aux accords interprétatifs ultérieurs (lettres a) et b) de l'article 31 § 3 CVDT) soulève immédiatement la question de la place d'une interprétation authentique dans le processus interprétatif de juridictions internationales.

692. Le rejet d'une interprétation authentique (des « maîtres du traité ») concluante. Certains tribunaux tranchent cette question directement en écartant toute possibilité d'interprétation authentique dans le cadre de l'article 31 CVDT. D'autres, plus pudiquement, affirment que ces déclarations ne peuvent l'emporter sur le sens ordinaire du texte[2600] ou qu'elles ne fournissent pas une interprétation liant les tribunaux[2601]. Seul le tribunal de l'affaire *Green Power* n'a pas hésité à qualifier la déclaration de 22 États membres du

---

§ 225 *pro* CIRDI, *Rockhopper Italia S.p.A., Rockhopper Mediterranean Ltd, and Rockhopper Exploration Plc (Rockhopper) c. République italienne*, aff. ARB/17/14, Décision sur l'objection d'incompétence Intra-UE du 29 juin 2019, § 195 ; CIRDI, *InfraRed Environmental Infrastructure GP Limited (InfraRed) c. Royaume d'Espagne*, aff. ARB/14/12, Sentence du 2 août 2019, § 270.

[2597] TCEn art. 46 Réserves : « Aucune réserve ne peut être faite à l'égard du présent traité ».

[2598] CIRDI, *Cube Infrastructure Fund SICAV et autres (Cube Infrastructure) c. Royaume d'Espagne*, aff. ARB/15/20, Décision sur la compétence, la responsabilité et décision partielle sur le quantum du 19 février 2019, § 154.

[2599] CIRDI, *Silver Ridge Power BV (Silver Ridge) c. République italienne*, aff. ARB/15/37, Sentence du 26 février 2021, § 224.

[2600] CIRDI, *Landesbank Baden-Württemberg, HSH Nordbank AG, Landesbank Hessen-Thüringen Girozentrale et Norddeutsche Landesbank-Girozentrale (Landesbank Baden-Württemberg) c. Royaume d'Espagne*, aff. ARB/15/45, Décision sur l'exception d'incompétence intra-UE du 25 février 2019, § 164 ; CIRDI, *RWE Innogy GmbH and RWE Innogy Aersa S.A.U. (RWE Innogy) c. Royaume d'Espagne*, aff.14/34, Décision sur la compétence, la responsabilité et le quantum du 30 décembre 2019, § 371 ; CIRDI, *Silver Ridge Power BV (Silver Ridge) c. République italienne*, aff. ARB/15/37, Sentence du 26 février 2021, § 223. ; CIRDI, *ESPF Beteiligungs GmbH, ESPF Nr. 2 Austria Beteiligungs GmbH, and InfraClass Energie 5 GmbH & Co. KG (ESPF) c. République italienne*, aff. ARB/16/5, Sentence du 14 septembre 2020, § 324.

[2601] SCC, (SCC), *Sun Reserve Luxco Holdings SRL (Sun Reserve) c. République italienne*, aff. n° 132/2016, Sentence du 25 mars 2020, § 435 ; CIRDI, *Silver Ridge Power BV (Silver Ridge) c. République italienne*, aff. ARB/15/37, Sentence du 26 février 2021, § 223

15 janvier 2019 d'« *authentic interpretation of the meaning of certain legal relations* inter se »[2602] ou de « *joint authentic interpretation* »[2603] acceptant ainsi des interprétations authentiques ne liant que certaines parties à un traité multilatéral. Ce faisant, ce tribunal s'écarte des termes du guide de la pratique sur les réserves aux traités de la CDI de 2011 qui distingue entre les déclarations interprétatives formulées conjointement par plusieurs États[2604] et les accords au sujet de l'interprétation du traité liant nécessairement tous les États qui seuls peuvent être considérés, comme des interprétations authentiques[2605].Il est possible d'indiquer ici que les conclusions de la CDI sur les accords et pratiques ultérieurs de 2018 délaissent le terme d'interprétation authentique et qualifient les accords interprétatifs ultérieurs de moyen d'interprétation authentique[2606]. Bien qu'il qualifie la déclaration de 22 États membres du 15 janvier 2019 d'interprétation authentique, le tribunal de l'affaire *Green Power et SCE* ne surpondère pas son apport dans l'interprétation. Il rappelle qu'elle fournit une indication supplémentaire quant à la compréhension par les États parties de leurs obligations conformément au TCEn et au droit de l'UE[2607]. Cela permet de relativiser sur ce point le caractère dissonant de cette sentence qui, en définitive, recourt à cette déclaration de façon analogue à un moyen complémentaire d'interprétation comme le suggéraient d'autres tribunaux à peu de frais, ces derniers écartant le recours à ces moyens[2608].

693. Conclusion. La jurisprudence arbitrale portant sur les déclarations des États membres de janvier 2019 révèle deux éléments essentiels pour les arbitres. Le premier ensemble de sentences se focalisant sur le caractère non collatéral des déclarations des États membres révèle l'importance de l'unicité du sens d'un traité pour les arbitres[2609]. Cet argument peut passer pour formel si le traité sur Charte de l'énergie est considéré comme constitué d'un ensemble d'obligations bilatérales, ce que peut suggérer la proximité de son contenu avec les TBI[2610]. Le second ensemble attaché aux effets de ces déclarations s'oppose,

---

2602 SCC, (SCC), *Green Power Partners K/S et SCE Solar Don Benito APS (Green Power et SCE) c. Royaume d'Espagne*, aff. n° 2016/135, Sentence du 16 juin 2022, § 370.

2603 *Ibid.*, § 372

2604 CDI, *Guide de la pratique sur les réserves aux traités*, Rapport de la CDI sur les travaux de sa soixante-troisième session, A/66/10/ADD.1, 2011, pp. 23-35, spéc. Directive § 1.2.1

2605 *Ibid.*, Directive § 4.7.3. Ce terme est cependant réservé dans ce guide uniquement à l'hypothèse d'une acceptation d'une déclaration interprétative d'une partie par l'autre partie dans un cadre bilatéral, mais doit pouvoir être appliqué par analogie à l'acceptation par les autres parties d'un traité multilatéral, d'une déclaration interprétative formulée conjointement. V. Directive § 1.6.3.

2606 Résolution n° 73/202 de l'Assemblée générale de l'ONU, Accords et pratique ultérieurs dans le contexte de l'interprétation des traités, 20 décembre 2018, A/RES/73/202, Annexe, spéc. Conclusion 3.

2607 SCC, (SCC), *Green Power Partners K/S et SCE Solar Don Benito APS (Green Power et SCE) c. Royaume d'Espagne*, aff. n° 2016/135, Sentence du 16 juin 2022, § 383.

2608 CIRDI, *Eskosol S.p.A. in liquidazione (Eskosol) c. République italienne*, aff. ARB/15/50, Décision sur la demande de clôture et sur l'objection basée sur l'inapplicabilité du traité sur la charte de l'énergie aux disputes intra-UE du 7 mai 2019, §§ 222-224 ; CIRDI, *InfraRed Environmental Infrastructure GP Limited (InfraRed) c. Royaume d'Espagne*, aff. ARB/14/12, Sentence du 2 août 2019, § 272.

2609 CDI, Guide de la pratique sur les réserves aux traités, introduction, directives et commentaires, Rapport de la CDI sur les travaux de sa soixante-troisième session, A/66/10/ADD.1, 2011, pp. 38-630, spéc. Directive 1.2.1 Commentaire 7), pp. 82 « [...] les paragraphes 2 a) et 3 a) de l'article 31 des Conventions de Vienne de 1969 et 1986, concernant les accords collatéraux [entre toutes les parties] relatifs à l'interprétation ou à l'application du traité ».

2610 Thomas Wälde considère cependant que les véritables traités multilatéraux d'investissement ont davantage un caractère un législatif que bilatéral. V. WÄLDE T. W., « Multilateral Investment Agreements (MITs) in the Year 2000 » *in* LOQUIN E., SALEM M. et LEBEN C. *(eds.), Souveraineté étatique et marchés internationaux à la fin du XXe siècle (À propos de 30 ans de recherches du CREDIMI) – Mélange en l'honneur de Philippe KAHN*, Litec, 2000, pp. 389-431, spéc. p. 392 « [...] the multilateral character of the « true » MIT transforms the bilateral character with an at least formal reciprocity of investment-related concessions into a multilateral instrument with a much more « legislative » character » comp. POIRAT F., « L'article 26 du Traité relatif à la charte de l'énergie : procédure de règlement des différends et statut des personnes privées », *RGDIP*, 1998, Vol. 102(1), pp.45-84, spéc. pp. 68-78. L'autrice considère que le traité sur le charte de l'énergie deviendrait une véritable « législation » de protection des investisseurs à condition d'approcher d'un traité « universel » ou de substituer au critère de la nationalité de l'investisseur celui de la localisation de l'investissement.

plus fondamentalement, à la possibilité pour les États, maîtres des traités, de produire une interprétation authentique contraignante. Par-delà la question de la distinction entre interprétation et modification touchant celle du pouvoir des auteurs des traités, comme le révèlent explicitement quelques sentences[2611], c'est le caractère irrévocable du consentement à l'arbitrage qui est en jeu. Répondant à l'idée d'une révocation de l'offre d'arbitrage, le tribunal de l'affaire *Green Power et SCE* rappelle que le droit de l'UE ne se démarque pas du droit international public quant à l'effet de l'interprétation dans le temps. S'il reconnaît la spécificité de cette question dans le contexte de l'arbitrage d'investissement, il s'appuie sur les sentences des tribunaux arbitraux appliquant l'ALENA pour écarter l'idée d'une modification rétroactive de la compréhension des relations entre le TCEn et le droit de l'UE et affirmer la nature interprétative de cette déclaration[2612]. Ces ensembles de sentences portent également des enseignements quant aux autres moyens d'interprétation connexes au contexte, tel que les règles pertinentes de droit international de l'article 31 § 3 c) CVDT. Ces règles peuvent également se voir opposer une exigence d'unicité du sens du traité interprété, concernant la place de ces règles dans le creuset de l'interprétation, il n'est pas question d'en faire des interprétations authentiques, mais de savoir si elles tiennent bien une place de moyen authentique à poids égal des autres moyens de l'article 31 CVDT.

B - Le poids interprétatif limité des règles pertinentes de droit international

694. L'utilisation de l'article 31 § 3 c) CVDT dans les arbitrages d'investissement. L'article 31 § 3 c) CVDT permet d'intégrer dans le processus interprétatif le droit coutumier international[2613] et des obligations de nature conventionnelle[2614]. Il peut donc tendre à la conservation tout comme à l'évolution du droit international[2615]. L'interprétation systémique promue par cette disposition peut cependant engendrer des confusions entre les éléments d'interprétation et le droit applicable[2616]. Dans son étude, la professeure Trinh Hai Yen identifie plusieurs sentences dans lesquelles le tribunal invoque l'article 31 § 3 c) CVDT pour incorporer du droit coutumier au droit applicable, plus que pour utiliser ce droit coutumier comme un moyen d'interprétation[2617]. Ces résultats se démarquent de ceux du professeur

---

Dans le cadre de ce traité, la réciprocité est restreinte dans plusieurs domaines, mais elle n'est qu'atténuée en matière de bénéficiaires du droit de saisine (les résidents permanents d'un État partie bénéficient du même droit d'accès à l'arbitrage que les nationaux de cet État).

[2611] CIRDI, *Infracapital F1 S.à r.l. et Infracapital Solar B.V (Infracapital) c. Royaume d'Espagne*, aff. ARB/16/18, Décision sur la compétence, la responsabilité et les directives sur le quatum du 13 septembre 2021, § 306 comp. CIRDI, *Eskosol S.p.A. in liquidazione (Eskosol) c. République italienne*, aff. ARB/15/50, Décision sur la demande de clôture et sur l'objection basée sur l'inapplicabilité du traité sur la charte de l'énergie aux disputes intra-UE du 7 mai 2019, § 226 ; CIRDI, *Cube Infrastructure Fund SICAV et autres (Cube Infrastructure) c. Royaume d'Espagne*, aff. ARB/15/20, Décision sur la compétence, la responsabilité et décision partielle sur le quantum du 19 février 2019, § 154 ; CIRDI, *ESPF Beteiligungs GmbH, ESPF Nr. 2 Austria Beteiligungs GmbH, and InfraClass Energie 5 GmbH & Co. KG (ESPF) c. République italienne*, aff. ARB/16/5, Sentence du 14 septembre 2020, § 326.

[2612] SCC, (SCC), *Green Power Partners K/S et SCE Solar Don Benito APS (Green Power et SCE) c. Royaume d'Espagne*, aff. n° 2016/135, Sentence du 16 juin 2022, §§ 376-383 et 460-467.

[2613] DOLZER R., KRIEBAUM U., SCHREUER C., *Principles of International Investment Law*, 3rd ed., Oxford, OUP, 2022, pp. 484, spéc. pp. 418-422.

[2614] McLACHLAN C., SHORE L. et WEINIGER M., *International Investment Arbitration – Substantive Principles*, 2nd ed., Oxford, OUP, 2017, pp. 630, spéc. § 7.96.

[2615] Sur cette double fonction de l'article 31 § 3 c) v. WÄLDE T., « Interpreting Investment Treaties: Experiences and Examples » *in* BINDER C., KRIEBAUM U., REINISCH A. et WITTICH S. (eds.), *International Investment Law for the 21st Century: Essays in Honour of Christoph Schreuer*, Oxford, OUP, 2009, pp. 724-781.

[2616] GAZZINI T., *Interpretation of International Investment Treaties*, Oxford, Hart Publishing, 2016, pp. 424 spéc. pp. 221-226.

[2617] YEN T.H, *The Interpretation of Investment Treaties*, Leiden – Boston, Brill Nijhof, 2014, pp. 384, spéc. pp.56-58.

Romesh Weeramantry. Ce dernier dans son étude n'identifie que 5 % de sentences faisant référence à l'article 31 § 3 CVDT[2618], alors que la professeure Trinh Hai Yen conclut que 25 % des sentences ou décisions de son échantillon s'appuient sur des règles pertinentes de droit international comme moyen d'interprétation[2619]. La différence peut s'expliquer par le fait que le second s'intéresse substantiellement à l'utilisation de règles pertinentes de droit international et pas aux références formelles à l'article 31 § 3 c) CVDT. Ces règles peuvent être mobilisées sans référence à cet article, voire en dehors du cadre interprétatif, par exemple en tant que fait « juridique » comme vu plus haut au sujet du droit de l'UE, ou encore comme élément de preuve[2620]. Le professeur Romesh Weeramantry soulignait cependant le potentiel de cette disposition : « *the use of article 31(3)(c) by [tribunals] has been relatively rare and uncontroversial, it has potential to be a point of controversy for investment law»*[2621]. Au-delà de la rareté des références à cet article – lorsqu'il est bien utilisé dans le cadre de l'interprétation – les moyens de l'article 31 § 3 c) CVDT sont souvent réduits à des moyens complémentaires d'interprétation[2622], parfois même de manière explicite[2623]. L'exemple inverse d'une surpondération d'une telle règle dans le processus interprétatif au détriment des termes du traité (permettant d'ajouter une exception à une obligation formulée par le traité) existe aussi[2624]. Par exemple, dans l'affaire *Ambiente c. Argentina* le tribunal conclut : « *an interpretation of BIT clauses such as Art. 8(3) of the Argentina-Italy BIT, in the light of Art. 31(3)(c) of the VCLT, results in admitting a futility exception also in respect to such clauses, on the model of the futility exception to the exhaustion of local remedies rule in the field of diplomatic protection* »[2625]. À titre de

2618 WEERAMANTRY J. R., *Treaty Interpretation in Investment Arbitration*, Oxford, OUP, 2012, pp. 314, spéc. p. 222.

2619 YEN T.H, *The Interpretation of Investment Treaties*, Leiden, *op. cit.*, spéc. p.61.

2620 En matière de décisions des mécanismes de résolution des différends de l'OMC, l'organe d'appel s'est montré plus ouvert à l'utilisation de l'article 31 § 3 c) CVDT que certains groupes spéciaux, mais dans l'ensemble les règles internationales pertinentes entre les parties sont utilisées comme des éléments de preuve plus que comme des moyens authentiques d'interprétation. V. MUCCIONE A., « The Vienna Convention on the Law of Treaties and the Compatibility between International Trade Agreements and Treaties on the Protection of Human Rights or the Environment », *in* PASCALE G. et TONOLO S (eds), *The Vienna Convention on the Law of Treaties – The Role of the Treaty on Treaties in Contemporary International Law*, Naples, Edizioni Scientifiche Italiane, 2022, pp. 339-373, spéc. pp. 356-367, (pp.359) « The review of this practice shows that WTO dispute-settlement bodies tend to take into account external treaty rules – but also non-binding international instruments – as appropriate éléments to prove any relevant circumstances for the purpose of assessing the compatibility of the disputed measure [...] ».

2621 WEERAMANTRY J. R., *Treaty Interpretation in Investment Arbitration, op. cit.*, spé pp. 95.

2622 KULICK A. et MERKOURIS P., « Article 31 of the VCLT General rule of interpretation » *in* KULICK A. et WAIBEL M. (eds), *General International Law in International Investment Law – A Commentary*, Oxford, OUP, 2024, pp. 120-145, spé pp. 140 « Investment tribunals have not had issues with the application of Article 31 (3) (c) when it refers to confirmation of the text. They were divided, however, when utilizing it to read exceptions or additional requirements into the text of a provision. Some tribunals prioritized systemic integration over the principle of *lex specialis*, while others suggested that otherwise this amounts to a revision of the treaty and is contrary to the principle of *pacta sunt servanda* ».

2623 SCC (SCC), *Vladimir Berschader et Michael Berschader (Berschader) c. Fédération de Russie*, aff. n° 080/2004, Sentence du 21 avril 2006, § 95 « [...] Insofar as the terms of the Treaty are unclear or require interpretation or supplementation, the Vienna Convention requires the Tribunal to consider "the relevant rules of international law applicable in relations between the parties ».

2624 Cela a été notamment le cas dans des arbitrages argentins portant sur l'exception de nécessité contenue dans l'article XI du TBI entre l'Argentine et les États-Unis d'Amérique. V. REINISCH A., « The Interpretation of International Investment Agreements », in BUNGENBERG M., GRIEBEL J., HOBE S. et REINISCH A. (eds), *International Investment Law – A Handbook*, Baden-Baden/Oxford, Nomos/Hart, 2015, pp. 370-410, spéc. pp. 392 et 393.

2625 CIRDI, *Ambiente Ufficio S.p.A. et autres c. République argentine*, aff. ARB/08/9, Décision sur la compétence et l'admissibilité du 8 février 2013, § 607. V. aussi CIRDI, *Ambiente Ufficio S.p.A. et autres c. République argentine*, aff. ARB/08/9, Opinion dissidente de Santiago Torres Bernardez, du 2 mai 2013, § 456 « [...] he Majority Decision is creating out of the blue an exception to the treaty dispute-resolution provisions of Article 8 of the Argentina- Italy BIT (pacta sunt servanda) unknown to the Contracting Parties and invoking Article 31 (3) (c) of the VCLT in support of that pretending exception, while disregarding that this Article of the Vienna Convention sends back the interpreter to the positive international law applicable in the relations between Argentina and Italy [...] ».

comparaison, dans les sentences TBI intra-UE étudiées, une telle exception de futilité[2626] (à l'obligation de recours interne) a été autorisée par un tribunal, mais au motif d'une interprétation de bonne foi du traité – précédée d'une référence à l'article 31 CVDT et d'une citation du paragraphe 1 de l'article 31[2627].

695. Plan. D'autres sentences appliquant des TBI entre États membres prennent néanmoins en compte d'autres règles pertinentes de droit international sur la base de l'article 31 § 3 c) CVDT. Ce sont à ces sentences que les développements suivants seront consacrés. Nous étudierons d'abord les sentences TBI intra-UE (a), puis celles relevant d'arbitrage intra-UE sur le fondement du traité sur la Charte de l'énergie (b).

1 - Les règles pertinentes de droit international dans les sentences TBI intra-UE.

696. Fréquence des références à l'article 31 § 3 c) : sentences TBI intra-UE. Au sein des 63 affaires relatives à des TBI intra-UE identifiées dans lesquelles des sentences ont été prononcées entre 2007 et 2023, 7 tribunaux (soit 11 % des affaires) font référence explicitement à l'article 31 § 3 c) CVTD dans leurs conclusions.

697. La prise en compte de règles coutumières pour compléter le traité. Deux affaires démontrent que le texte du traité peut être enrichi par la coutume internationale. Dans l'affaire *EMV*, le tribunal prend en compte, dans son interprétation de l'article sur l'expropriation, les règles de droit international en la matière[2628]. Le tribunal estime que ces règles prévoient que l'expropriation est interdite lorsqu'elle est discriminatoire, non compensée ou illégitime. Ces conditions cumulativement constitutives d'une exception à l'interdiction d'exproprier semblaient ne viser que les mesures de dépossession directe ou indirecte, totale ou partielle, ayant un effet similaire et pas l'expropriation dans le traité. De même, dans l'affaire *Marfin*, alors que le TBI ne mentionne pas de « droit à réguler de l'État », le tribunal s'appuie sur l'article 31 § 3 c) CVDT pour interpréter la notion d'expropriation indirecte du traité à la lumière du droit coutumier de réguler des États. Il écarte alors de la catégorie des expropriations indirectes devant être compensées les mesures relevant d'un exercice raisonnable et de bonne foi des pouvoirs de police de l'État[2629]. Ce type d'utilisation de l'article 31 § 3 c) CVDT est qualifié de « *gap-filling function of general international law*[2630] » par Daniel Rosentreter. Cet auteur distingue cette utilisation d'une autre qualifiée de « *elucidation of undefined treaty terms by reference to general international law*[2631] », qu'il attribue notamment à une affaire de notre étude : l'affaire *Micula (I)*.

698. La prise en compte de règles pour déterminer le sens des termes du traité. Dans l'affaire *Micula (I)*, à la frontière entre droit coutumier et droit conventionnel, se sont des règles issues de projets de codification du droit coutumier ou de déclarations internationales non contraignantes, mais faisant consensus, qui ont été prises en compte dans l'interprétation

---

[2626] DIETRICH BRAUCH M., *L'épuisement des voies de recours internes en droit international de l'investissement*, Série bonnes pratiques de l'IISD – janvier 2017, 2017, pp. 32, spéc. pp. 16-26.

[2627] CPA, (CNUDCI), *ST-AD GmbH c. République de Bulgarie*, aff. n° 2011-06, Sentence sur la compétence du 18 juillet 2013, §§ 343, 364 et 365.

[2628] Arbitrage *ad hoc*, (CNUDCI*), European Media Ventures SA (EMV) c. République tchèque*, Sentence partielle sur la responsabilité du 8 juillet 2009, § 47.

[2629] CIRDI, *Marfin Investment Group Holdings S.A., Alexandros Bakatselos et autres (Marfin) c. République de Chypre*, aff. ARB/13/27, Sentence du 26 juillet 2018, §§ 826-829. Dans le même sens, mais dans le cadre d'un arbitrage sans lien avec l'UE v. CIRDI, *Philip Morris Brand Sàrl, Philip Morris Products S.A. et Abal Hermanos S.A. (Philip Morris) c. République orientale d'Uruguay*, aff. ARB/10/7Sentence du 8 juillet 2016, §§ 289-301.

[2630] ROSENTRETER D., *Article 31(3)(c) of the Vienna Convention on the Law of Treaties and the Principle of Sytemic Integration in International Investment Law and Arbitration*, Baden-Baden, Nomos, 2015, pp. 511, spéc. pp. 284-287.

[2631] *Ibid.*, pp. 287-289.

des traités entre États membres. Précisément, le tribunal de l'affaire *Micula (I)* interprète la notion de nationalité de l'article 1 du TBI[2632] à la lumière de l'article 4 du projet d'articles sur la protection diplomatique de la CDI de 2006[2633] et de l'article 15 de la Déclaration universelle des droits de l'homme[2634]. Les autres sentences TBI intra-UE de notre étude semblent plus proches de la première approche mentionnée au regard de la faible distinction qu'elle opère entre « [...] *the application of general international la rules to a treaty and the interpretation of the treaty against the background of international law* »[2635]. Cette proximité entre l'article 31 § 3 c) CVDT et le droit applicable transparaît également dans l'affaire *Rompetrol* et dans l'affaire *Emmis*. Dans la première, les parties à l'arbitrage considéraient que la Convention européenne de sauvegarde des droits de l'homme et des libertés fondamentales (CESDH) devait être prise en compte au titre de l'article 31 §3 c) CVDT, cependant le tribunal leur répond du point de vue du droit applicable en affirmant qu'il n'est pas compétent pour trancher des questions relatives à l'application de la CESDH[2636]. Dans la seconde, le tribunal affirme devoir : « [...] *construe the applicable primary rules in the treaties by reference to other relevant rules of international law applicable in the relation between the parties* [...] ». Tout en considérant que cela est confirmé par la clause de droit applicable du TBI[2637]. Plus proche de notre sujet, dans l'affaire *Strabag* ce sont les déclarations des États membres de janvier 2019 qui sont envisagées à l'aune de l'article 31 § 3 c) CVDT, mais comme déjà précisé[2638] le tribunal – sans se prononcer explicitement sur la qualification des déclarations de règles pertinentes de droit international – limite l'effet de tous les moyens d'interprétation du paragraphe 3 de cet article[2639]. Cette approche visant le poids des moyens d'interprétation de l'article 31 § 3 CVDT se fait jour également dans le raisonnement du tribunal de l'affaire *Norvik banka*[2640]. Ce tribunal compétent sur le fondement d'un TBI intra-UE fait référence au raisonnement adopté par les tribunaux des affaires *Vattenfall (II)*[2641] et *Landesbank Baden-Württemberg*[2642] dans le cadre d'arbitrages sur le fondement du TCEn, analysés ci-dessous.

2632 CIRDI, *Ioan Micula, Viorel Micula et autres (Micula) c. Roumanie (I)*, aff. ARB/05/20, Décision sur la compétence et sur l'admissibilité du 24 septembre 2008, § 87 et § 88.
2633 CDI, Rapport de sa cinquante-huitième session, A/61/10, 2006, Chapitre IV Protection Diplomatique, *in Annuaire de la CDI*, 2006, Vol. II(2), pp. 21-56, spéc. 22.
2634 DUDH art. 15 Tout individu a droit à une nationalité. 2. Nul ne peut être arbitrairement privé de sa nationalité, ni du droit de changer de nationalité.
2635 ROSENTRETER D., *Article 31(3)(c) of the Vienna Convention on the Law of Treaties and the Principle of Sytemic Integration in International Investment Law and Arbitration, op. cit.*, spéc. p. 286.
2636 CIRDI, *The Rompetrol Group N.V. (Rompetrol) c. Roumanie*, aff. ARB/06/3, Sentence du 6 mai 2013, § 172
2637 CIRDI, *Emmis International Holding, B.V., Emmis Radio Operating, B.V., MEM Magyar Electronic Media Kereskedelmi és Szolgáltató Kft. (Emmis) c. Hongrie*, aff. ARB/12/2, Décision sur l'objection du demandeur relevant de l'article 41 (5) du 11 mars 2013, § 78 comp. Arbitrage *ad hoc*, (CNUDCI), *Antoine Biloune et Marine Drive Complex Ltd. c. Ghana Investment Centre et Gouvernement du Ghana*, Sentence sur la compétence et la responsabilité du 27 octobre 1989, § 75. Ici le tribunal dans une partie de sa sentence intitulée droit applicable cite une clause prévoyant que le contrat doit être interprété conformément aux lois du Ghana.
2638 V. *supra* Partie I, Titre 1, Chapitre 2, Section 2, Paragraphe 2, A).
2639 CIRDI, (*ad hoc*), *Strabag SE, Raiffeisen Centrobank AG and Syrena Immobilien Holding AG (Strabag) c. République de Pologne*, aff. ADHOC/15/1, Sentence partielle sur la compétence du 4 mars 2020, §§ 8.122-8.128.
2640 CIRDI, *AS Norvik Banka, Alexander Guselnikov, Grigory Guselnikov et autres (Norvik Banka) c. République de Lettonie*, aff. ARB/17/47, Décision sur l'objection Intra-UE du 14 mai 2021, §§ 560-571.
2641 CIRDI, *Vattenfall AB et autres (Vattenfall (II)) c. République fédérale d'Allemagne (II)*, aff. ARB/12/12, Décision du 31 août 2018 sur la problématique Achmea, §§ 153 et 154.
2642 CIRDI, *Landesbank Baden-Württemberg, HSH Nordbank AG, Landesbank Hessen-Thüringen Girozentrale et Norddeutsche Landesbank-Girozentrale (Landesbank Baden-Württemberg) c. Royaume d'Espagne*, aff. ARB/15/45, Décision sur l'exception d'incompétence intra-UE du 25 février 2019, § 164.

2 - Les règles pertinentes de droit international dans les sentences TCEn intra-UE

699. Fréquence des références à l'article 31 § 3 c) : sentences TCEn intra-UE. Concernant les sentences TCEn intra-UE faisant référence à l'article 31 § 3 c) CVDT, la question de la prise en compte du droit l'UE, en tant que règle pertinente de droit international applicable dans les relations entre les parties, est omniprésente. Sur 52 affaires, 18 affaires font référence à l'article 31 § 3 c), au-delà d'une citation introductive des articles 31 et 32 CVDT, soit 35 % des affaires TCEn intra-UE de notre ensemble. Alors que cet article pourrait être pertinent au fond pour interpréter les dispositions substantielles des traités, notamment le standard de traitement juste et équitable, il est principalement mobilisé en réaction aux exceptions d'incompétence TCEn intra-UE. L'article 31 § 3 c) CVDT n'est mentionné, en dehors des exceptions d'incompétence intra-UE, que dans l'affaire *Europa Nova* portant à la fois sur le TCEn et sur un TBI entre États membres. Dans cette affaire, cet article est évoqué dans des développements dédiés à l'interprétation de la notion de personne juridique. Ce tribunal estime qu'un règlement de l'UE pourrait être pris en compte en même temps que le contexte, mais qu'en l'espèce la disposition du règlement examiné n'est pas pertinente[2643].

700. L'approche restrictive et hiérarchique de la décision Vattenfall (II). La décision du tribunal de l'affaire *Vattenfall (II)* est la première à consacrer des développements importants à l'article 31 § 3 c) CVDT. Cette sentence semble même être à l'origine d'un courant jurisprudentiel, au regard du nombre de tribunaux qui l'ont citée par la suite. Dans cette décision, le tribunal rejette l'argument de la Commission voulant que la prise en compte des traités de l'UE (tels qu'interprétés par la CJUE) dans l'interprétation de l'article 26 § 6 TCEn, aboutisse à son incompétence. Si le tribunal reconnait, que les traités fondateurs de l'UE sont du droit international, et donc, qu'ils peuvent être pris en compte dans l'interprétation, il commence par préciser, que le point de départ de l'interprétation est la règle générale d'interprétation de l'article 31 § 1 CVDT et pas l'article 31 § 3 c) CVDT[2644]. Ensuite, comme évoqué ci-dessus, il relativise la valeur des moyens d'interprétation de l'article 31 §3 c) CVDT en soulignant qu'ils doivent être pris en compte en même temps que le contexte. Enfin, il affirme dans une phrase fréquemment reprise : « *It is not the proper role of Article 31(3)(c) VCLT to rewrite the treaty being interpreted, or to substitute a plain reading of a treaty provision with other rules of international law, external to the treaty being interpreted, which would contradict the ordinary meaning of its terms* »[2645]. Ce paragraphe n'est pas repris que par les tribunaux. Le professeur Patrick Jacob et le professeur Arnaud de Nanteuil y voient un rappel, plus général, des modalités de recours aux autres moyens ou modes d'interprétation de la CVDT que le sens ordinaire. Ils formulent ces modalités ainsi : « le recours à ces modes n'est possible qu'en cas de doute et donc si le sens ordinaire, précisément, n'est pas suffisant pour trancher l'affaire soumise au tribunal »[2646]. Il ressort alors, compte tenu des développements précédents sur l'interprétation de la règle générale d'interprétation[2647], que la sentence *Vattenfall (II)* adopte une approche hiérarchique de la règle générale d'interprétation de la CVDT – majoritaire dans la pratique arbitrale et largement admise dans la doctrine d'arbitrage

---

2643 CPA, (CNUDCI), *WA Investments-Europa Nova Limited (Europa Nova) c. République tchèque*, aff. n° 2014-19, Sentence du 15 mai 2019, §§ 223 et 236.

2644 CIRDI, *Vattenfall AB et autres (Vattenfall (II)) c. République fédérale d'Allemagne (II)*, aff. ARB/12/12, Décision du 31 août 2018 sur la problématique Achmea, § 153.

2645 *Ibid.*, § 154.

2646 JACOB P. et De NANTEUIL A., « Arbitrage d'investissement et droit international général (2018) », *AFDI*, Vol. 64, 2018, pp. 655-690, spéc. p. 658.

2647 V. *supra* Chapitre 1, Section 1, § 2.

d'investissement. Plus fondamentalement, le tribunal s'oppose par principe à la possibilité d'interpréter différemment, selon les obligations internationales des États, les dispositions d'un même traité multilatéral, au moyen d'une analogie reposant sur les règles d'interprétation des traités authentifiés en plusieurs langues :

> *« 156. [...] The need for coherence, and for a single unified interpretation of each treaty provision, is reflected in the priority given to the text of the treaty itself over other contextual elements under Article 31 VCLT. The need to maintain a uniform meaning of treaty terms is also clearly reflected in Article 33 of the Vienna Convention, dealing with treaties authenticated in two or more languages »*[2648].

***701. La clarification des enjeux apportée par la sentence* Landesbank.** Le cœur du problème est mis en avant, de manière plus claire, par le tribunal de l'affaire *Landesbank*. Avant de citer ce même passage, ce tribunal précise que le droit de l'UE n'est applicable qu'entre certaines parties au TCEn[2649]. En se limitant à l'article 31 § 3 c) CVDT, comme le fait le tribunal de l'affaire *Eskosol*[2650], la question à trancher – équivalente à celle qui se posaient pour les lettres a) et b) de l'article 31 § 3 CVDT – peut être formulée ainsi : la notion de parties dans l'article 31 § 3 c) CVDT renvoie-t-elle nécessairement à toutes les parties au traité ? La ligne jurisprudentielle initiée par la décision *Vattenfall (II)* offre une réponse uniforme – valable pour l'ensemble de l'article 31 § 3 CVDT – qui écarte toute possibilité d'interprétation limitée à un sous-groupe d'États. Elle écarte explicitement au nom d'une exigence de cohérence systémique[2651] toute distinction entre des différends intra-UE et extra-UE dans le cadre du TCEn[2652]. Il a été précisé plus haut en quoi cette interprétation de l'article 31 § 3 c) CVDT est contestable[2653]. Elle a pour conséquence de réduire drastiquement la portée de cet article. Le tribunal de l'affaire *Vattenfall (II)* restreint au surplus la portée de cet article en imposant aux règles de droit international de l'article 31 § 3 c) CVDT une condition supplémentaire de clarté, déduite du principe de sécurité juridique[2654].

702. L'exigence d'une règle pertinente de droit international applicable et claire. Dans l'affaire *Vattenfall (II)*, il est avancé qu'aucune règle claire de droit international ne peut

---

2648 *Vattenfall (II)*, Décision du 31 août 2018 sur la problématique Achmea, préc., § 156

2649 *Landesbank Baden-Württemberg*, Décision sur l'exception d'incompétence intra-UE du 25 février 2019, préc., § 163.

2650 CIRDI, *Eskosol S.p.A in liquidazione (Ekosol) c. République italienne*, aff. ARB/15/50, Décision sur la demande de clôture et sur l'objection basée sur l'inapplicabilité du traité sur la charte de l'énergie aux disputes intra-UE du 7 mai 2019, § 125 « In the Tribunal's view, this argument requires little discussion. The critical phrase in VCLT Article 31 (3) (c) is "between the parties," meaning all parties to the treaty in question [...] ».

2651 Pour une critique de cet argument v. KULICK A. et MERKOURIS P., « Article 31 of the VCLT General rule of interpretation » *in* KULICK A. et WAIBEL M. (eds), *General International Law in International Investment Law – A Commentary*, Oxford, OUP, 2024, pp. 120-145, spéc. p. 140 « [...] firstly, the term 'relevance' is already designed to prevent incoherence. Second, 'parties to the treaty' does not necessarily lead to greater coherence. Every time a State acceded to or withdrew from the treaty being interpreted, or any other treaty of any of the States parties, the set of potential 'relevant rules' would also change even under the 'parties to the treaty' format ».

2652 *Vattenfall (II))*, Décision du 31 août 2018 sur la problématique Achmea, préc., § 158 *pro* SCC, (SCC), *Sun Reserve Luxco Holdings SRL (Sun Reserve) c. République italienne*, aff. n° 132/2016, Sentence du 25 mars 2020, §§ 389-391 ; CIRDI, *Mathias Kruck et autres c. Royaume d'Espagne*, aff. ARB/15/23, Décision sur la compétence et l'admissibilité du 19 avril 2021, § 79.

2653 V. *supra* Chapitre 1, Section 2, Paragraphe 2, B).

2654 CIRDI, *Vattenfall AB et autres (Vattenfall (II)) c. République fédérale d'Allemagne (II)*, aff. ARB/12/12, Décision du 31 août 2018 sur la problématique Achmea, §§ 159-164, spéc. § 164 « In the Tribunal's view, legal certainty requires that any relevant rule of international law that is taken into account during interpretation be clear [...] » *pro* CIRDI, *Silver Ridge Power BV (Silver Ridge) c. République italienne*, aff. ARB/15/37, Sentence du 26 février 2021, § 394 « [...] In any event, in order for any rule of international law to be applicable under Article 31 (3) (c) VCLT, it is also imperative that such rule be a clearly determinable rule [...] » et § 398 « [...] Any restriction to jurisdiction should emanate from a clearly determinable rule [...] » comp. Résolution n° 73/202 de l'Assemblée générale de l'ONU, Accords et pratique ultérieurs dans le contexte de l'interprétation des traités, 20 décembre 2018, A/RES/73/202, Annexe, Conclusion 10 qui mentionne un critère de clarté dans la détermination du poids d'accords ou de pratiques ultérieurs dans l'interprétation.

être déduite de l'arrêt *Achmea*. Andreas Kulick et Panos Merkouris suggèrent que la formulation de l'argument de la Commission est en cause :

> *« the tribunals did not elaborate on whether such secondary legislation could be considered as a rule, because the argument raised by the European Commission was too vague, as it simply referred to EU law in toto, without specifying precisely which rules would allegedly be relevant. For this reason, the tribunals opined that such invocation failed the threshold of 'rule' invocation required by Article 31(3)(c), i.e. that a 'clearly determinable rule' needs to be invoked and not merely a reference to an entire system of law »*[2655].

Or dans l'affaire *Silver Ridge*, qu'ils citent en exemple, la Commission s'appuyait généralement sur le principe d'autonomie du droit de l'UE et sur différentes dispositions du traité qui l'exprime : article 344, 267 TFUE et article 4 § 3 et 19 du TUE[2656]. En réalité, les tribunaux semblent ne pas pouvoir se contenter d'une incompatibilité issue d'une interprétation conjointe de plusieurs articles du TFUE et exige une disposition interdisant explicitement l'arbitrage État-investisseur, comme le laisse entendre le tribunal de l'affaire *Vattenfall (II)* : « *[...] Any restriction to jurisdiction should emanate from a clearly determinable rule [...]* ». Cette exigence de clarté semble davantage porter sur les restrictions de la compétence des tribunaux que sur les éléments de l'article 31 § 3 c) CVDT. Néanmoins cette approche témoigne de l'attachement des tribunaux au « sens clair » et de leur réticence persistante à appliquer l'article 31 § 3 c) CVDT. S'il est avancé que l'« *Article 31(3)(c) VCLT is not to be applied in isolation, but as an integral part of the general rule of interpretation enshrined in Article 31(1) VCLT* »[2657], force est de constater que cet avertissement – contre toute application isolée d'un moyen d'interprétation de la règle générale d'interprétation – ne concerne pas le sens ordinaire (ou clair) des termes du traité.

703. *L'approche modérée et holistique de la sentence* Green Power et SCE. Au sein des sentences TCEn intra-UE seul le tribunal de l'affaire *Green Power et SCE* ne s'arrête pas au sens ordinaire et poursuit son analyse des moyens d'interprétation en insistant sur la complexité de l'espèce[2658]. Il adopte dans son interprétation du TCEn une approche holistique, proche de l'approche du creuset (considérée par la CDI comme celle de la CVDT). Il précise que « [...] *[t]he ordinary meaning of the terms must be clear not only on paper but as applied to the relevant facts of the case. This conclusion follows from the requirement of good faith* »[2659] et cite un passage de l'arrêt *Projet Gabčíkovo-Nagymaro* de la CIJ[2660], posant la supériorité du but du traité et de l'intention des parties sur son application littérale[2661]. Concernant l'article 31 § 3 c) CVDT, au regard des travaux de Richard Gardiner et de ceux du professeur Martti Koskenniemi, ce tribunal estime d'abord que le terme « parties », dans cet article, ne se limite pas à toutes les parties aux traités – tout comme il l'avait fait pour les lettres a) et b) de l'article 31 § 3 CVDT. Ce n'est qu'ensuite, qu'il admet que le poids de ce moyen

---

2655 KULICK A. et MERKOURIS P., « Article 31 of the VCLT General rule of interpretation », art. cité, spé pp. 137.

2656 CIRDI, *Silver Ridge Power BV (Silver Ridge) c. République italienne*, aff. ARB/15/37, Sentence du 26 février 2021, § 340

2657 CIRDI, *RENERGY S.à r.l. c. Royaume d'Espagne*, aff. ARB/14/18, Sentence du 6 mai 2022, § 369.

2658 SCC, (SCC), *Green Power Partners K/S et SCE Solar Don Benito APS (Green Power et SCE) c. Royaume d'Espagne*, aff. n° 2016/135, Sentence du 16 juin 2022, § 343 « Although the Tribunal could consider the ordinary meaning to be clear and stop its analysis here, or merely search for confirmatory clues in the context, object and purpose and possibly the preparatory works of the ECT, proceeding in such manner would overlook, indeed ignore the complexities of this case ».

2659 *Green Power et SCE*, aff. n° 2016/135, Sentence du 16 juin 2022, préc., § 344.

2660 CIJ, *Projet Gabčíkovo-Nagymaros (Hongrie/Slovaquie)*, Arrêt du 25 septembre 1997, § 142.

2661 *Green Power et SCE*, aff. n° 2016/135, Sentence du 16 juin 2022, préc., § 345.

d'interprétation doit être modulé. Une règle de droit de l'UE n'aurait pas à être prise en compte pour interpréter le TCEn, dans un différend impliquant un État membre et un État tiers[2662]. Enfin, concernant le rôle de cet article, le tribunal suit les autres tribunaux en considérant qu'il ne peut pas être le vecteur d'une modification du TCEn, mais se démarque en notant :

> *« it seems appropriate to consider that the recourse to 31(3)(c) VCLT cannot change an interpretation already reached through the means identified in Article 31(1) VCLT, such proposition is only true if there is sufficient convergence of these other interpretative means on one meaning »*[2663].

En l'absence de convergence des moyens d'interprétation de l'article 31 § 1 sur le sens des termes de l'article 26, l'article 31 § 3 c) participe de la détermination du sens et pas simplement de sa confirmation. Contrairement à nombre de tribunaux, le tribunal de l'affaire *Green Power et SCE* reconnait le rôle déterminant des moyens d'interprétation de l'article 31 § 3 c) CVDT. En l'espèce, il précise au surplus que l'article 31 § 3 c) CVDT n'est pas le seul vecteur de la prise en compte du droit de l'UE, pris isolément il ne serait pas concluant, mais au côté d'autres moyens d'interprétation et du droit applicable, cet article confirme que le droit de l'UE est pertinent pour interpréter le TCEn[2664].

704. Les opinions divergentes retenant une approche plus ouverte. De la même façon d'autres arbitres ont exprimé des positions plus ouvertes quant à l'application de l'article 31 § 3 c) CVDT – dans des opinions séparées, toujours au fond et pas en matière de compétence. Ainsi, dans le cadre de l'application du standard de traitement juste et équitable, le professeur Giorgio Sacerdoti insiste, dans son opinion dissidente dans l'affaire *Greentech*, sur la prise en compte des traités de l'UE et de la CESDH en tant que règle pertinente de droit international, au sens de l'article 31 § 3 c)[2665]. Le professeur Pierre-Marie Dupuy, dans une opinion individuelle relative à la sentence *Rockhoper*[2666], sans que cela soit déterminant dans le contexte particulier de l'affaire, rappelle que le tribunal ne devrait pas s'abstenir d'interpréter le TCEn conformément à l'article 31 § 3 c) CVDT – cet article étant absent des décisions et de la sentence finale du tribunal. De manière plus originale, cet article est mentionné par le professeur Zachary Douglas – dans son opinion dissidente partielle, répondant à la majorité du tribunal de l'affaire *Mathias Kruck et autres* –, comme le seul pont permettant d'inscrire la doctrine des attentes légitimes dans le TCEn, qui n'y fait pas référence explicitement. Il considère que cette doctrine est un principe général de droit reconnu par les nations civilisées, et donc, potentiellement, une règle pertinente de droit international applicable, à prendre en compte dans l'interprétation du traité[2667].

705. Conclusion. En définitive, les moyens de l'article 31 § 3 CVDT sont rarement mobilisés par les tribunaux. Lorsqu'ils le sont, leur poids dans le processus interprétatif varie. Spécifiquement, concernant les déclarations des États membres des 15 et 16 janvier 2019,

---

2662 *Ibid.*, §§ 388-392.

2663 *Ibid.*, § 395.

2664 *Ibid.*, §§ 397 et 398.

2665 SCC, (SCC), *Greentech Energy System A/S et autres (Greentech) c. République italienne*, aff. n° V2015/095, Opinion dissidente de Giorgio Sacerdotidu 5 décembre 2018, §§ 17 et 64 comp. CIRDI, *ESPF Beteiligungs GmbH, ESPF Nr. 2 Austria Beteiligungs GmbH, and InfraClass Energie 5 GmbH & Co. KG (ESPF) c. République italienne*, aff. ARB/16/5, Sentence du 14 septembre 2020, § 513 « Legitimate expectations are based on the investor's objective understanding of the legal framework [...]. Such legal framework includes the host state's domestic legislation and regulations, as well as its international law obligations, any contractual arrangements concluded between the investor and the state, and the specific representations or undertakings made by the state ».

2666 CIRDI, *Rockhopper Italia S.p.A., Rockhopper Mediterranean Ltd, and Rockhopper Exploration Plc (Rockhopper) c. République Italienne*, aff. ARB/17/14, Opinion de Pierre-Marie Dupuy du 22 août 2022.

2667 CIRDI, *Mathias Kruck et autres c. Royaume d'Espagne*, aff. ARB/15/23, Opinion dissidente partielle du Professeur Zachary Douglas du 13 septembre 2022, §§ 17-21.

elles ont souvent été écartées – sur la base d'arguments formels – de la catégorie des accords interprétatifs de l'article 31 § 3 a) CVDT. Plus satisfaisante est l'approche d'autres tribunaux, qui, sans avoir à distinguer les lettres de l'article 31 § 3 CVDT, ont considéré que, peu importe le vecteur de la prise en compte du statut intra-UE du traité dans son interprétation – que ce soit un accord interprétatif ultérieur ou une règle pertinente de droit international applicable entre les parties –, ces moyens d'interprétation ne pouvaient l'emporter sur les termes du traité. Cette approche n'en reste pas moins critiquable sous plusieurs aspects. Elle réduit les accords interprétatifs à des moyens d'interprétation authentiques parmi d'autres, alors qu'ils contiennent une interprétation authentique, qui ne devrait laisser que peu de place, à une interprétation faisant foi des tribunaux arbitraux[2668]. Concernant l'ensemble des moyens authentiques connexes au contexte (art. 31 § 3 CVDT), cette approche les réduit à des moyens complémentaires d'interprétation – ne pouvant tenir qu'un rôle confirmatif, du sens ordinaire des termes du traité. Les tribunaux interprètent la CVDT comme donnant plus qu'une priorité, une supériorité, aux éléments textuels du traité d'investissement ; ce qui ne permet pas de prendre en compte le statut intra-UE du traité dans son interprétation.

[2668] Sur la distinction interprétation authentique et interprétation faisant foi (*authoritative interpretation*) en droit international v. FORTEAU M., MIRON A. et PELLET A., *Droit international public*, 9e éd., Paris, LGDJ, 2022, pp. 1821, spéc. § 199.

§ 2 - Le recours limité aux moyens complémentaires d'interprétation

706. La fréquence du recours des tribunaux arbitraux aux moyens complémentaires. S'il n'est pas étonnant de constater, en pratique, une moindre utilisation des moyens complémentaires – par rapport aux moyens authentiques de l'article 31 CVDT, ces derniers étant obligatoires – il est néanmoins possible de poser le constat d'une application limitée des premiers du fait de leur rareté dans la jurisprudence arbitrale[2669]. Dans le cadre de son étude, le professeur Romesh Weeramantry précise, après avoir rappelé le caractère subsidiaire de l'article 32 CVDT, que 26 % des sentences faisaient référence à l'article 32 CVTD, tandis que 56 % des sentences faisaient référence au § 1 de l'article 31 CVDT[2670]. La professeure Trinh Hai Yen, quant à elle, étudie concrètement les moyens d'interprétation mobilisés plus que les références aux articles de la CVDT. Concernant les moyens complémentaires explicites de l'article 32, elle conclut que 5 % des sentences étudiées font référence aux travaux préparatoires et 10 % aux circonstances de conclusion du traité. À titre de comparaison, l'étude empirique antérieure du professeur Ole Kristian Fauchald concluait que dans 25 % des cas les travaux préparatoires étaient utilisés comme argument interprétatif[2671]. La professeure Trinh Hai Yen rattache également à l'article 32 CVDT : la jurisprudence, la doctrine et les autres traités d'investissement[2672]. Elle obtient les résultats suivants concernant ces moyens d'interprétation pouvant relever de l'article 32 CVDT : 77 % des sentences font référence à la jurisprudence, 44 % à la doctrine et 26 % aux autres traités d'investissement[2673]. À la lumière de ces trois moyens complémentaires non expressément mentionnés par l'article 32 CVDT, le constat d'une application limitée de ce type de moyen d'interprétation dans la jurisprudence peut passer pour erroné.

707. La mise à l'écart de la doctrine et de la jurisprudence du présent examen. Les tribunaux arbitraux ne rattachent pas formellement la jurisprudence, la doctrine et les autres traités à l'article 32 CVDT. Ils ne les traitent pas comme des moyens complémentaires d'interprétation. Ces trois éléments sont mobilisés par les tribunaux sans qu'ils précisent à quel titre. Ici, seuls les autres traités d'investissement seront considérés comme des moyens complémentaires implicites. La jurisprudence et la doctrine relèvent davantage de moyens auxiliaires de détermination des règles de droit, à caractère probatoire[2674]. Par conséquent, en traitant à part la jurisprudence et la doctrine, le constat d'un recours limité aux moyens complémentaires peut être maintenu.

708. Plan de paragraphe. Partant d'un constat général d'application limitée des moyens complémentaires, il convient d'examiner la situation en détail dans les sentences appliquant des TBI entre États membres (A), mais aussi dans les sentences appliquant le traité sur la Charte de l'énergie entre États membres (B), afin de tester la validité du premier dans l'arbitrage d'investissement intra-UE.

2669 DÖRR O., « Article 32 Supplementary means of interpretation », *in* DÖRR O. et SCHMALENBACH K. (eds.), *Vienna Convention on the Law of Treaties*, 2nd ed., Berlin, Springer, 2018, pp. 617-633, spéc. p. 628.

2670 WEERAMANTRY J. R., *Treaty Interpretation in Investment Arbitration*, Oxford, OUP, 2012, pp. 314, spéc. § 4.03.

2671 FAUCHALD O.K., « The Legal Reasoning of ICSID Tribunals – An Empirical Analysis », *EJIL*, Vol. 19 (2), 2008, pp. 301-364, spéc. pp. 349-351. L'auteur souligne que le recours à aux travaux préparatoires était plus fréquent dans le cadre des arbitrages sur le fondement de l'ALENA et que la différence de recours à ces travaux avec les arbitrages sur le fondement de TBI reflétait un manque d'accessibilité des travaux préparatoires des TBI.

2672 Pour une critique de la qualification de moyen d'interprétation complémentaire de la jurisprudence, de la doctrine et de la pratique conventionnelle des États v. GAZZINI T., *Interpretation of International Investment Treaties*, Oxford, Hart Publishing, 2016, pp. 424 spéc. pp. 264-267.

2673 YEN T.H, *The Interpretation of Investment Treaties*, Leiden – Boston, Brill Nijhof, 2014, pp. 384, spéc. p.106.

2674 WEERAMANTRY J. R., *Treaty Interpretation in Investment Arbitration*, *op. cit.*, spéc. §§ 5.04-5.31.

A - Le recours limité aux moyens complémentaires dans les sentences TBI intra-UE

709. La fréquence du recours aux moyens complémentaires dans les arbitrages TBI-intra UE. Au sein des 63 affaires relatives à des TBI intra-UE identifiées dans lesquelles des sentences ont été prononcées entre 2007 et 2023, 5 tribunaux (soit 8 % des affaires) font explicitement référence à l'article 32 et prennent en compte explicitement des moyens d'interprétation complémentaires. Les sentences dans lesquelles les travaux préparatoires sont mentionnés dans les arguments des parties, mais pas dans les conclusions du tribunal ne sont pas prises en compte ici. C'est le cas, par exemple, dans les affaires *Anglia* et *Busta* faisant l'objet de deux procédures tranchées par le même tribunal dans deux sentences partiellement identiques. Dans ces sentences, le tribunal invite d'abord les parties à rechercher les travaux préparatoires concernant l'article 2 § 2 du TBI. Il précise ensuite après avoir reçu certains documents du défendeur, dont la partialité était avancée par le demandeur, qu'il jugera du poids et de la pertinence à accorder à ces documents[2675]. Toutefois, dans ses développements conclusifs, il n'y fait pas référence. Différemment dans l'affaire *Plama*, le tribunal prend en compte des moyens d'interprétation complémentaires, mais sans les qualifier explicitement de moyens complémentaires d'interprétation. Ce type de recours implicite n'est également pas comptabilisé ici. Cette sentence peut être toutefois analysée au regard des passages qu'elle consacre à des moyens complémentaires d'interprétation.

710. Le recours implicite aux moyens complémentaires dans la sentence Plama. Dans cette affaire, le tribunal prend en compte des éléments relevant des moyens complémentaires, compte tenu du fait qu'il n'a trouvé aucune « *guidance in the provisions of paragraphs 2 and 3 of Article 31 of the Vienna Convention, as there are no facts or circumstances that point to their application* »[2676], mais ne qualifie pas explicitement ces éléments de moyens complémentaires. La sentence mentionne pourtant l'article 32 CVDT à la suite de l'article 31 CVDT dans des observations préliminaires du tribunal. Ce renvoi implicite aux moyens complémentaires se fait jour dans la sentence en ces termes : « *It is true that treaties between one of the Contracting Parties and third States may be taken into account for the purpose of clarifying the meaning of a treaty's text at the time it was entered into* »[2677]. Aussi, la pratique conventionnelle des États parties est présentée comme relevant implicitement des moyens complémentaires d'interprétation[2678]. Au-delà de la pratique conventionnelle des États parties, le tribunal s'appuie sur une tentative de renégociation du traité ayant échoué et sur la pratique de l'ensemble des États communistes en matière de traité d'investissement pour discerner l'intention des parties en 1987[2679]. Il conclut que la clause de la nation la plus favorisée ne peut être interprétée comme permettant l'accès à l'arbitrage CIRDI ou aux dispositions procédurales d'un autre traité signé par la Bulgarie[2680]. Cette décision n'est pas isolée, de

---

[2675] SCC, (SCC), *J. P. Busta et I. P. Busta (Busta) c. République tchèque*, aff. n° 2015/014, Sentence finale du 10 mars 2017, §§ 71-76; SCC, (SCC), *Anglia Auto Accessories Ltd (Anglia) c. République tchèque*, aff. n° 2014/181, Sentence finale du 10 mars 2017, §§ 72-77.

[2676] CIRDI, *Plama Consortium Limited (Plama) c. République de Bulgarie*, aff. ARB/03/24, Décision sur la compétence du 8 février 2005, § 194.

[2677] *Ibid.*, § 195.

[2678] Sur l'interprétation d'un traité par renvoi à un autre traité dans la jurisprudence de la CIJ v. CIJ, *Interprétation de l'accord du 25 mars 1951 entre l'OMS et l'Égypte*, Opinion individuelle de M. Mosler, 125-129, spéc. p. 126 « Cette manière d'interpréter un traité par renvoi à un autre traité, bien qu'elle soit parfois contestée, est admise à juste titre par la jurisprudence de la Cour ». V. aussi CARSTENS A-M., « Interpreting Transplanted Treaty Rules », *in* BIANCHI A., PEAT D. et WINDSOR M. (eds), *Interpretation in International Law*, Oxford, OUP, 2015, pp. 229-248.

[2679] SALACUSE J. W., *The Law of Investment Treaties*, 3rd ed., Oxford, OUP, 2021, pp. 561, spéc. pp. 199-201.

[2680] CIRDI, *Plama Consortium Limited (Plama) c. République de Bulgarie*, aff. ARB/03/24, Décision sur la compétence du 8 février 2005, § 227.

nombreux tribunaux ne faisant pas formellement ou rigoureusement référence aux règles de la CVDT s'appuient sur des éléments pouvant relever de l'article 32, par exemple d'autres traités (comme dans la sentence *Plama*) ou encore des maximes d'interprétation.

711. L'absence de référence à des moyens complémentaires. Par contraste aux recours implicites susmentionnés, dans notre ensemble, 25 sentences (soit 40 % des affaires) ne font pas référence, même implicitement, à des éléments (en dehors de la jurisprudence et la doctrine) pouvant relever de l'article 32 CVDT.

712. Le recours explicite aux moyens complémentaires. Concernant les 5 sentences affirmant expressément prendre en compte des moyens complémentaires, la sentence *Hicee* est sans doute la plus discutée en doctrine[2681]. En l'espèce, une note explicative néerlandaise est prise en compte par le tribunal comme un moyen complémentaire implicite d'interprétation[2682]. L'arbitre dissident le professeur Charles N. Brower conteste l'approche du tribunal en ces termes :

> « *All in all, the Explanatory Notes remain unsupported by the BIT's* travaux préparatoires *and raise more question than they answer, while they do not attempt to rationalize in any way the illogical outcomes to which the Award's Alternative Interpretation leads. Consequently, the Explanatory Notes should not have been accorded weight for purposes of Articles 32 of the Convention, and most definitely should not have been adopted by the Awards as determinative of the jurisdictional issue in the case*[2683].

***713. La sentence* Austrian Airlines.** L'approche du tribunal de l'affaire *Austrian Airlines* fait l'objet d'une plus grande approbation[2684], même si ici aussi, le même arbitre dissident, le professeur Charles N. Brower, cette fois au sujet de l'utilisation des travaux préparatoires, s'oppose à la majorité du tribunal. Ce dernier privilégie l'application du principe *expressio unius est exclusio alterius*[2685], afin d'interpréter la notion de traitement d'une clause de la nation la plus favorisée. Le tribunal, après avoir rappelé les limites du principe *expressio unius* au demandeur – et l'avoir qualifié de moyen complémentaire – se saisit d'autres moyens complémentaires : les travaux préparatoires et la pratique conventionnelle de la Slovaquie[2686]. Malgré l'importance des travaux préparatoires dans le raisonnement du tribunal, le contexte de la clause de la nation la plus favorisée, c'est-à-dire la clause d'arbitrage – limitée à l'expropriation et au libre transfert –, semble avoir été prépondérant[2687].

***714. La décision sur la compétence* EURAM.** Pour sa part, le tribunal de l'affaire *EURAM* fait référence aux travaux préparatoires sans que cela soit déterminant dans son raisonnement. En effet pour ce tribunal, le sens ordinaire des termes du traité – voulant que la notion d'investissement comprenne les investissements détenus directement par un investisseur étranger, mais aussi indirectement au travers d'une filiale locale – n'est pas infirmé par le contexte ou par l'objet et le but du traité. Après avoir exprimé des doutes quant

---

[2681] GAZZINI T., *Interpretation of International Investment Treaties*, Oxford, Hart Publishing, 2016, pp. 424, spéc. pp. 264-266 ; McLACHLAN C., SHORE L. et WEINIGER M., *International Investment Arbitration – Substantive Principles*, 2nd ed., Oxford, OUP, 2017, pp. 630, spéc. §§ 3.139-141.

[2682] CPA, (CNUDCI), *Hicee B.V. c. République slovaque*, aff. n° 2009-11, Sentence partielle du 23 mai 2011, §§ 135 et 136 *pro* CPA, (CNUDCI), *G.I.H.G. Limited, Natland Group Limited, Natland Investment Group NV, et Radiance Energy Holding S.A.R.L. (Natland et autres) c. République tchèque*, aff. n° 2013-35, Sentence partielle du 20 décembre 2017, § 265.

[2683] CPA, (CNUDCI), *Hicee B.V. c. République slovaque*, aff. n° 2009-11, Opinion dissidente de Charles N. Brower du 23 mai 2011, § 39.

[2684] GAZZINI T., *Interpretation of International Investment Treaties, op. cit.*, spéc. p. 258.

[2685] Arbitrage *ad hoc*, (CNUDCI), *Austrian Airlines c. République slovaque*, Opinion dissidente du 9 octobre 2009, §§ 4 et 5.

[2686] Arbitrage *ad hoc*, (CNUDCI), *Austrian Airlines c. République slovaque*, Sentence du 9 octobre 2009, §§ 131-137

[2687] *Ibid.*, § 138.

à la pertinence du recours aux travaux préparatoires, ce tribunal considère que ni les travaux préparatoires ni la pratique conventionnelle des États ne renseignent le tribunal. Finalement, il fait référence à d'autres sentences pour confirmer son interprétation de la notion d'investissement[2688].

***715. La sentence sur la compétence* ST-AD GmbH.** En revanche, dans l'affaire *ST-AD GmbH* le tribunal ne trouve qu'une aide limitée dans la jurisprudence arbitrale[2689]. Il s'en remet donc aux travaux préparatoires. Il y fait référence une première fois lorsqu'il affirme ne pas avoir à interpréter le traité de manière extensive ou restrictive, mais adopter « *a neutral approach, based on the ordinary meaning of the texte, with particular reference to the will of the parties to the BIT, as reflected in the travaux préparatoires* »[2690]. Lorsqu'il y fait référence une deuxièmement fois, en citant l'article 32 CVDT, ces travaux emportent sa conviction quant à la non-application de la clause de la nation la plus favorisée aux dispositions procédurales[2691].

***716. La sentence finale* JSW Solar et Wirtgen.** La sentence *JSW Solar et Wirtgen*, comme la sentence *EURAM*, ne mobilise pas l'article 32 CVDT pour répondre à l'exception d'incompétence TBI intra-UE qui lui est soumise. Dans cette sentence, le tribunal n'applique rigoureusement l'article 31 et l'article 32 de la CVDT qu'au stade de l'interprétation de la notion de personne juridique. Il examine d'abord les moyens d'interprétation de l'article 31 en deux temps, en examinant le sens ordinaire des termes et leur contexte, puis l'objet et le but du traité. Ce n'est qu'ensuite, pour confirmer son interprétation, qu'il s'appuie sur la pratique conventionnelle d'États et la jurisprudence arbitrale en tant que moyens complémentaires d'interprétation[2692]. Ici, les moyens complémentaires ne sont utilisés que pour confirmer le sens résultant de l'application de l'article 31 CVDT.

717. Conclusion. En somme, les sentences TBI intra-UE reconnaissant explicitement avoir recours à des moyens complémentaires d'interprétation sont très minoritaires. Si une majorité de ces sentences ont recours à des éléments pouvant relever de l'article 32, elles ne les qualifient pas de moyens complémentaires. L'hétérogénéité de ces éléments et leur utilisation en dehors du cadre de la CVDT, ne semble pas permettre une analyse systématique de ces recours implicites aux moyens complémentaires d'interprétation. Concernant les sentences ayant recours explicitement à des moyens complémentaires, dans une affaire, ce recours ne s'avère pas concluant et dans deux affaires ces moyens soutiennent ou confirment des moyens authentiques de l'article 31 CVDT. Par ailleurs, des moyens complémentaires d'interprétation sont déterminants dans deux affaires. Dans un cas, il s'agissait de travaux préparatoires et dans l'autre d'une note postérieure à l'accord de l'État d'origine de l'investisseur explicitant ce qui avait été accepté par les parties à la fin des négociations. Aussi, dans le cadre restreint des sentences ayant recours explicitement aux moyens complémentaires, l'attribution d'un rôle déterminant à ces derniers n'est-elle pas à écarter. Il s'avère que dans deux affaires les tribunaux ont pu appliquer de manière rigoureuse les articles de la CVDT relatifs à l'interprétation et, partant, avoir recours explicitement aux moyens complémentaires pour interpréter certaines dispositions, mais pas pour répondre à une exception d'incompétence TBI intra-UE. Au sein d'une même sentence la méthode d'interprétation peut varier. Cette variabilité ainsi que les recours implicites relativisent le poids des moyens complémentaires dans l'interprétation.

2688 CPA, (CNUDCI), *European American Investment Bank AG (EURAM) c. République slovaque*, aff. n° 2010-17, Décision sur la compétence du 22 octobre 2012, § 315-341, spéc. p. 333.

2689 CPA, (CNUDCI), *ST-AD GmbH c. République de Bulgarie*, aff. n° 2011-06, Sentence sur la compétence du 18 juillet 2013, § 386-387.

2690 *Ibid.*, § 382.

2691 *Ibid.*, § 400-402.

2692 CPA, (CNUDCI), *JSW Solar (zwei) GmbH & Co.KG, Gisela Wirtgen, Jürgen Wirtgen, et Stefan Wirtgen (JSW Solar et Wirtgen) c. République tchèque*, aff. n° 2014-03, Sentence finale du 11 octobre 2017, § 201-238.

B - Le recours limité aux moyens complémentaires dans les sentences TCEn intra-UE

718. La fréquence du recours aux moyens complémentaires dans les sentences TCEn-intra UE. Dans le cadre des arbitrages intra-UE sur le fondement du traité sur la Charte de l'énergie (TCEn intra-UE), il est fait référence à la notion de moyens complémentaires d'interprétation, aux travaux préparatoires ou aux circonstances de conclusion du traité, au-delà d'une simple référence ou citation de l'article 32 CVDT, dans 22 affaires sur un total de 52 (42 % des affaires).

719. Le non-recours délibéré à des moyens complémentaires d'interprétation. Dans ces affaires, dans plus de la moitié des cas, le tribunal ne recourt pas aux moyens complémentaires : soit qu'il estime que ce recours n'est pas nécessaire, car le sens des termes du TCEn est clair (c'est le cas dans 10 affaires dans lesquelles une exception d'incompétence TCEn intra-UE est soulevée et dans une affaire au sujet du consentement à l'arbitrage multipartite[2693] (21 % des affaires)), soit qu'il relève que le défendeur n'a pas invoqué de moyens complémentaires démontrant l'inapplication intra-UE du TCEn[2694] (c'est le cas dans 2 affaires (4 % des affaires)).

720. Le recours à des moyens complémentaires non concluants. Trois tribunaux ont recours aux moyens complémentaires, mais sans succès, ces éléments se révélant non concluants. Ainsi dans l'affaire *PV investors*, le tribunal alors qu'il considère avoir établi que le TCEn était applicable entre États membres, en l'interprétant conformément à la règle générale d'interprétation, examine les moyens complémentaires invoqués par l'Espagne, notamment les travaux préparatoires, et conclut que ces éléments ne sont ni clairs ni concluants[2695]. C'est également la position du tribunal de l'affaire *Green Power et SCE*. Ce dernier considère que les moyens complémentaires d'interprétation explicites – les travaux préparatoires et les circonstances de conclusion du traité –, dans le cadre de l'examen de l'applicabilité de l'offre d'arbitrage État-investisseur du TCEn aux litiges d'investissement intra-UE, ne sont pas concluants[2696]. De manière comparable, mais dans le cadre de l'interprétation du standard de traitement juste et équitable, le tribunal de l'affaire *RREEF* considère que « *the removal of the precision that the FET shall be "in accordance with the principles of international law and the relevant international obligations" from the final version has no special significance* […] »[2697].

721. Le recours à des moyens complémentaire pour confirmer un sens préétabli. Contrairement au tribunal de l'affaire *Green Power et SCE*, le tribunal de l'affaire *Vattenfall (II)*, ainsi que d'autres tribunaux s'inscrivant dans son sillage ont jugé que les travaux préparatoires du TCEn étaient concluants. Pour ces tribunaux, la mention dans ces travaux d'une tentative d'introduction, par la Commission lors des négociations, d'une clause de déconnexion permet de conclure – au côté d'autres éléments tels que la pratique conventionnelle de l'UE

2693 CPA, (CNUDCI), *AES Solar et autres (PV Investors) c. Royaume d'Espagne*, aff. n° 2012-14, Sentence finale du 28 février 2020, § 271.

2694 CIRDI, *SolEs Badajoz GmbH (SolEs Badajoz) c. Royaume d'Espagne*, aff. ARB/15/38, Sentence du 31 juillet 2019, § 236 *pro* CIRDI, *Stadtwerke München GmbH, RWE Innogy GmbH et autres (Stadtwerke) c. Royaume d'Espagne*, aff. ARB/15/1, Sentence du 2 décembre 2019, § 129.

2695 *PV Investors*, aff. n° 2012-14, Sentence finale du 28 février 2020, préc., § 200-202.

2696 SCC, (SCC), *Green Power Partners K/S et SCE Solar Don Benito APS (Green Power et SCE) c. Royaume d'Espagne*, aff. n° 2016/135, Sentence du 16 juin 2022, § 406-411.

2697 CIRDI, *RREEF Infrastructure (G.P.) Limited and RREEF Pan-European Infrastructure Two Lux S.à.r.l. (RREEF) c. Royaume d'Espagne*, aff. ARB/13/30, Décision sur la responsabilité et sur les principes du quantum du 30 novembre 2018, § 259.

en matière de clause de déconnexion[2698] – que ce traité est applicable entre les États membres[2699]. Ici, comme le montre la formulation de la sentence *Infrared*, les moyens d'interprétation complémentaires visent à confirmer le sens établi conformément à la règle générale d'interprétation et pas à contribuer à sa détermination :

> *« 271. [...] the travaux préparatoires of the ECT confirm that the Contracting Parties turned their minds to the possibility of a disconnection clause between the ECT and the EU treaties but ultimately stopped short of including such a clause in the final text of the ECT. This fact – in conjunction with the existence of a disconnection clause in favour of the Svalbard Treaty – confirms the Contracting Parties' intention to apply the dispute resolution method provided at Article 26 ECT to intra-EU disputes »*[2700].

De manière similaire, mais dans le cadre d'une exception d'incompétence portant sur l'article 21 TCEn, prévoyant une dérogation en matière fiscale, le tribunal de l'affaire *Stadtwerke* considère que les travaux préparatoires confirment que la compétence fiscale des États parties n'est circonscrite que par les limites du droit coutumier international, soit l'interdiction des mesures confiscatoires ou discriminatoires[2701].

722. L'attention du tribunal de l'affaire* Electrabel *aux travaux préparatoires. Plus proche de la figure du juge historien[2702], ayant recours dès le début de son interprétation aux travaux préparatoires et aux circonstances de conclusion du traité interprété, le tribunal de l'affaire *Electrabel* examine ces éléments dans une analyse préliminaire portant sur les relations entre le TCEn et le droit de l'UE. Bien qu'il rejette l'existence d'un principe général de droit requérant d'interpréter différents traités de manière harmonieuse[2703], il conclut que

---

2698 Pour des affaires mentionnant l'absence de clause de déconnexion dans le TCEn par rapport à d'autres traités adoptés par l'UE comprenant de telles clause, sans qualifier cette pratique conventionnelle de moyen d'interprétation complémentaire v. CIRDI, *Belenergia S.A. c. République italienne*, aff. ARB/15/40, Sentence du 28 août 2019, § 309 ; CIRDI, *RWE Innogy GmbH and RWE Innogy Aersa S.A.U. (RWE Innogy) c. Royaume d'Espagne*, aff.14/34, Décision sur la compétence, la responsabilité et le quantum du 30 décembre 2019, § 330-332; CIRDI, *Infracapital F1 S.à r.l. et Infracapital Solar B.V (Infracapital) c. Royaume d'Espagne*, aff. ARB/16/18, Décision sur la compétence, la responsabilité et les directives sur le quatum du 13 septembre 2021, § 297.

2699 CIRDI, *Vattenfall AB et autres (Vattenfall (II)) c. République fédérale d'Allemagne (II)*, aff. ARB/12/12, Décision du 31 août 2018 sur la problématique Achmea, § 205 et § 206 *pro* CIRDI, *RENERGY S.à r.l. c. Royaume d'Espagne*, aff. ARB/14/18, Sentence du 6 mai 2022, § 359 et § 410 ; SCC, (SCC), *Mercuria Energy Group Limited (Mercuria) c. République de Pologne*, aff. n° 2019/126, Sentence du 29 décembre 2022, § 389 ; Pour des affaires mobilisant cet argument à titre surabondant v. CIRDI, *Blusun S.A., Jean-Pierre Lecorcier et Michel Stein (Blusun) c. République italienne*, aff. ARB/14/3, sentence du 26 décembre 2016, § 280 ; CIRDI, *Landesbank Baden-Württemberg, HSH Nordbank AG, Landesbank Hessen-Thüringen Girozentrale et Norddeutsche Landesbank-Girozentrale (Landesbank Baden-Württemberg) c. Royaume d'Espagne*, aff. ARB/15/45, Décision sur l'exception d'incompétence intra-UE du 25 février 2019, § 117, § 123 et § 172 ; CIRDI, *Eskosol S.p.A. in liquidazione (Eskosol) c. République italienne*, aff. ARB/15/50, Décision sur la demande de clôture et sur l'objection basée sur l'inapplicabilité du traité sur la charte de l'énergie aux disputes intra-UE du 7 mai 2019, § 97 ; CIRDI, *BayWa r. e. Renewable Energy GmbH and BayWa r. e. Asset Holding GmbH (BayWa r.e) c. Royaume d'Espagne*, Décision du 2 décembre 2019 sur la compétence, la responsabilité et les orientations en matière de quantum du 2 décembre 2019, § 247 ; SCC, (SCC), *Sun Reserve Luxco Holdings SRL (Sun Reserve) c. République italienne*, aff. n° 132/2016, Sentence du 25 mars 2020, §§ 451-453.

2700 CIRDI, *InfraRed Environmental Infrastructure GP Limited (InfraRed) c. Royaume d'Espagne*, aff. ARB/14/12, Sentence du 2 août 2019, § 271.

2701 CIRDI, *Stadtwerke München GmbH, RWE Innogy GmbH et autres (Stadtwerke) c. Royaume d'Espagne*, aff. ARB/15/1, Sentence du 2 décembre 2019, § 167-173.

2702 STOPPIONI E., *Le droit non écrit dans le contentieux international économique – Une analyse critique de discours*, Leiden – Boston, Brill Nijhoff, 2022, pp. 627, spéc. pp. 340-344.

2703 D'autres sentences acceptent ce principe. V. CIRDI, *RREEF Infrastructure (G.P.) Limited and RREEF Pan-European Infrastructure Two Lux S. à r. l (RREEF) c. Royaume d'Espagne*, aff. ARB/13/30, Décision sur la compétence du 6 juin 2016, § 76 ; CIRDI, *Inicia Zrt, Kintyre Kft and Magyar Farming Company Ltd (Magyar Farming) c. Hongrie*, aff. ARB/17/27, Sentence du 13 novembre 2019, § 239-241 ; SCC, (SCC), *GPF GP S.à.r. l (Griffin) c. République de Pologne*, aff. n° 2014/168, Sentence du 29 avril 2020, § 371-374 ; CIRDI, *AS Norvik Banka, Alexander Guselnikov, Grigory Guselnikov et autres (Norvik Banka) c. République de Lettonie*, aff. ARB/17/47, Décision sur l'objection Intra-UE du 14 mai 2021, § 651.

les circonstances de conclusion de ce traité permettent de présumer sa conformité au droit de l'UE[2704].

723. Les rares recours à des moyens complémentaires pour déterminer le sens du traité. Deux autres tribunaux ont recours à des moyens complémentaires pour déterminer le sens du traité. Le tribunal de l'affaire *Natland* s'appuie indirectement sur un moyen complémentaire déterminant[2705], en reprenant les conclusions du tribunal de l'affaire *Hicee*[2706] – faisant l'objet d'une opinion dissidente virulente de Charles N. Brower. Enfin, le tribunal de l'affaire *LSG Building Solutions et autres* s'appuie sur les travaux préparatoires, ainsi que sur la jurisprudence arbitrale en matière d'arbitrage multipartite (la rattachant à une pratique au sens de l'article 31 § 3 b) CVDT) pour écarter l'argument d'absence de consentement de l'État à ce type d'arbitrage dans le cadre d'un arbitrage CIRDI[2707].

724. Conclusions concernant les sentences TBI intra-UE. En définitive, concernant les sentences TBI intra-UE, sur les six sentences faisant référence explicitement ou implicitement, mais de manière significative aux moyens complémentaires de l'article 32 CVDT : dans trois sentences, ces moyens sont déterminants dans l'interprétation du tribunal ; dans une sentence, les travaux préparatoires ont un poids certain, mais non décisif ; dans une autre sentence, ces moyens sont utilisés pour confirmer le sens résultant des moyens authentiques ; enfin dans une dernière sentence, le tribunal examine les travaux préparatoires, alors qu'il doute de leur pertinence, dans un développement proche d'un *obiter dictum* concluant qu'en l'espèce les travaux préparatoires ne renseignent pas le tribunal.

725. Conclusions concernant les sentences TCEn-intra-UE. Les sentences TCEn intra-UE font plus fréquemment référence à des moyens complémentaires, mais cela ne signifie pas que les tribunaux y ont plus recours. Sur les 42 % de sentences faisant référence à des moyens complémentaires dans la moitié des cas, le tribunal n'y a pas recours, principalement car il considère que le sens des termes est clair et décide qu'il n'est pas nécessaire d'avoir recours à ces éléments pour confirmer ses conclusions. Sur les sentences faisant véritablement recours aux moyens complémentaires, dans trois sentences, ces moyens se révèlent non concluants, dans le reste des cas, souvent au sujet de l'absence d'une clause de déconnexion dans le TCEn, les tribunaux ont recours aux travaux préparatoires pour confirmer le sens ordinaire des termes du traité. Le tribunal traitant avec le plus de déférence les travaux préparatoires et les circonstances de conclusion du TCEn se révèle être le tribunal de l'affaire *Electrabel*. Cette sentence peut également sembler faire preuve de déférence envers

---

[2704] CIRDI, *Electrabel S.A. c. République de Hongrie*, aff. ARB/07/19, Ordonnance procédurale du 28 avril 2009, § 4.130-4.140 *pro* SCC, (SCC), *Isolux Netherlands, BV (Isolux) c. Royaume d'Espagne*, aff. n° V2013/253, Sentence finale du 17 juillet 2016, § 645 « Ex abudanti cautela, el Tribunal Arbitral nota que tal incompatibilidad es poco probable porque comparte la observación del tribunal en el laudo Electrabel c. Hungría, al cual ambas partes se refieren, y que indica que: "the ECT's genesis generates a presumption that no contradiction exists between the ECT and EU law" […] » ; CIRDI, *Blusun S.A., Jean-Pierre Lecorcier et Michel Stein (Blusun) c. République italienne*, aff. ARB/14/3, sentence du 26 décembre 2016, § 286 « […] As the tribunal found in Electrabel v. Hungary, EU law can be presumed not to conflict or otherwise be inconsistent with the ECT » comp. CIRDI, *Ioan Micula, Viorel Micula et autres (Micula) c. Roumanie (I)*, aff. ARB/05/20, Sentence finale du 11 décembre 2013, § 320-329 Ici le tribunal considère que le TBI fait partie de la stratégie de développement économique de la Roumanie ayant pour but l'adhésion à l'UE, ce qui l'amène à affirmer interpréter chacun des différents traités applicables à la lumière des autres en présumant leur compatibilité.

[2705] CPA, (CNUDCI), *G.I.H.G. Limited, Natland Group Limited, Natland Investment Group NV, et Radiance Energy Holding S.A.R.L. (Natland et autres) c. République tchèque*, aff. n° 2013-35, Sentence partielle du 20 décembre 2017, § 264.

[2706] V. *supra* A).

[2707] CIRDI, *Anina Pro Invest Ltd, Core Value Capital GmbH, Core Value Investments GmbH & Co KG Gamma et autres (LSG Building Solutions et autres) c. Roumanie*, aff. ARB/18/19, Décision sur la compétence, la responsabilité et les principes de réparation du 11 juillet 2022, § 329.

le droit de l'UE, en ce qu'elle a considéré qu'il appartenait au droit applicable et qu'il l'emporterait sur le TCEn en cas de conflit de normes[2708].

****

726. Conclusion de chapitre. Au-delà des recours formels aux moyens complémentaires étudiés, les tribunaux mobilisent de nombreux éléments pouvant relever des moyens complémentaires tels que des pratiques conventionnelles, différents documents d'institutions internationales[2709], voire des travaux sociologiques[2710]. L'absence de qualification formelle et le manque de rigueur dans l'application de l'article 31 et de l'article 32 CVDT rend difficile l'analyse de ces éléments disparates. Ces moyens d'interprétation non identifiés ne se voient pas attribuer suffisamment fréquemment une place dans l'interprétation pour y voir des techniques interprétatives à part entière, à l'instar du recours aux articles sur la responsabilité de l'État pour fait internationalement illicite[2711] ou du recours aux sentences antérieures – certaines d'entre elles pouvant être érigées en test ou principes[2712]. Malgré la diversité des éléments auxquels les tribunaux ont recours, il n'en reste pas moins que, tendanciellement, ces éléments ne peuvent être qu'au service du sens ordinaire des termes, et ce, du fait de l'appétence des arbitres pour une approche textuelle, voire littérale – proche, parfois, d'une règle du sens clair[2713] quand il est affirmé « *A treaty means what it says* »[2714] ou que les articles 31 et 32 CVDT ne devraient s'appliquer seulement « *If interpretation of the ECT is required* »[2715].

727. Pour conclure, sans pouvoir partager – au regard d'études empiriques antérieures et de nos résultats – l'analyse des professeurs Patrick Jacob et Arnaud de Nanteuil sur l'application par les tribunaux des règles de la CVDT, voulant qu'

> « [e]n matière d'interprétation, les tribunaux arbitraux appliquent comme il se doit et sans la moindre réserve les principes de la convention de Vienne sans que cela n'appelle

---

[2708] CIRDI, *Electrabel S.A. c. République de Hongrie*, aff. ARB/07/19, Décision sur la compétence, le droit applicable et la responsabilité du 30 novembre 2012, § 4.189.

[2709] CIRDI, *Masdar Solar & Wind Cooperatief U.A (Masdar) c. Royaume d'Espagne*, aff. ARB/14/11, Sentence du 16 mai 2018, § 581 Recours aux directives de la banque mondiale sur le traitement des investissements étrangers ; CIRDI, *Watkins Holdings S. à r. l. et autres (Watkins) c. Royaume d'Espagne*, aff. ARB/15/44, Sentence du 21 janvier 2020, § 198 Recours au rapport de la Commission des questions juridiques et des droits de l'homme du Conseil de l'Europe ; CIRDI, *Hydro Energy 1 S.à r.l. et Hydroxana Sweden AB (Hydro Energy 1) c. Royaume d'Espagne*, aff. ARB/15/42, Décision sur la compétence, la responsabilité et les orientations en matière de quatum du 9 mars 2020, § 542 Recours au guide de lecture du TCEn produit par le secrétariat de la charte de l'énergie ; CIRDI, *Silver Ridge Power BV (Silver Ridge) c. République italienne*, aff. ARB/15/37, Sentence du 26 février 2021, § 305 Recours au glossaire de l'OCDE sur les termes statistiques et au glossaire de l'OCDE sur les termes fiscaux ; CIRDI, *Anina Pro Invest Ltd, Core Value Capital GmbH, Core Value Investments GmbH & Co KG Gamma et autres (LSG Building Solutions et autres) c. Roumanie*, aff. ARB/18/19, Décision sur la compétence, la responsabilité et les principes de réparation du 11 juillet 2022, § 323-325 Recours à un document de travail du secrétariat du CIRDI proposant des amendements des règlements CIRDI.

[2710] CIRDI, *Stadtwerke München GmbH, RWE Innogy GmbH et autres (Stadtwerke) c. Royaume d'Espagne*, aff. ARB/15/1, Sentence du 2 décembre 2019, § 229.

[2711] LATTY F., « Les techniques interprétatives du CIRDI », *RGDIP*, t. 115, n° 2, 2011, pp. 459-480, spéc. p. 465.

[2712]JACOB P., LATTY F. et De NANTEUIL A., « Arbitrage d'investissement et droit international général (2017) », *AFDI*, vol. 63, 2017, pp. 647-700, spéc. p. 660 « [...] les précédents donnant leur nom à des principes et autres tests fleurissent, de manière sans doute significative. Les classiques Higgins test (du nom de l'ancienne présidente de la CIJ, sur l'appréciation au stade de la compétence du caractère plausible des allégations de fond) et Vivendi test (sur l'identification d'un investissement) sont ainsi rejoints par un Micula test (permettant de déterminer les cas dans lesquels un intérêt doit être préservé par des mesures conservatoires), un Trans-Global test (afin d'identifier une demande manifestement dénuée de fondement), un Azinian principle (sur la responsabilité de l'État du fait des décisions de justice) ou même un Glamis standard (sur la bifurcation) ».

[2713] REINISCH A., « The Interpretation of International Investment Agreements », *in* BUNGENBERG M., GRIEBEL J., HOBE S. et REINISCH A. (eds), *International Investment Law – A Handbook*, Baden-Baden/Oxford, Nomos/Hart, 2015, pp. 370-410, spéc. p. 379 « Investment tribunals have also stressed that they would not adopt any interpretation deviating from the clear wording of an IIA, which suggests a certain primacy of the literal interpretation ».

[2714] CIRDI, *Belenergia S.A. c. République italienne*, aff. ARB/15/40, Sentence du 28 août 2019, §324

[2715] CIRDI, *AES Summit Generation Limited and AES-Tisza Erömü Kft. (AES) c. République de Hongrie (II)*, aff. ARB/07/22, Sentence du 23 septembre 2010, § 7.6.5.

> de commentaire particulier. Mais ces principes ne permettent en rien d'envisager une interprétation différente de celle qui a toujours été suivie jusque-là sur l'exception intra-européenne »[2716]

, il est possible de s'accorder sur le constat qu'ils dressent :

> « C'est du reste le "sens ordinaire" qui a conduit les tribunaux à rejeter unanimement un argument complexe, mais maintes fois réitéré, sur l'interprétation de l'article 26 du traité sur la Charte de l'énergie ».[2717]

Il n'en reste pas moins que les arbitres, plutôt que d'affiner la jurisprudence arbitrale au fil des réitérations, ont trop souvent offert une réponse simple, incomplète, à un argument complexe.

2716 JACOB P. et De NANTEUIL A., « Arbitrage d'investissement et droit international général (2019) », art. cité, spéc. p. 609.
2717 *Ibid.* p. 610.

Conclusion Titre II :

728. De prime abord, le degré de proximité d'une règle de droit international avec le traité d'investissement, requis pour intégrer le droit applicable dans un arbitrage d'investissement, semble supérieur au degré requis pour intégrer le milieu juridique du texte du traité dans le cadre de son interprétation, c'est-à-dire les règles mentionnées par l'article 31 § 3 c) CVDT[2718]. Les résultats de l'étude de l'appréhension du droit de l'Union dans l'interprétation des traités d'investissement entre États membres de l'Union pourraient permettre de se prononcer, en adoptant un raisonnement *a fortiori* sur l'appréhension du droit de l'UE dans la résolution du litige d'investissement par les tribunaux. Ce raisonnement pourrait être le suivant : si le droit de l'UE n'est pas pris en compte dans l'interprétation des traités, alors il ne le sera pas, *a fortiori*, au stade de son application. Or notre travail de recherche s'est structuré en une étude dégressive quant à l'intensité des principales techniques de prise en compte du droit de l'Union dans l'arbitrage d'investissement intra-UE. Ainsi, il n'était pas possible de conclure trop rapidement, par une présomption générale, dans le sens d'un rejet du droit de l'Union. Cette conclusion s'impose toutefois au terme de cette dernière étape de notre étude.

729. Pourtant, au sein du cadre interprétatif applicable aux traités d'investissement, le statut intra-UE du traité n'intervient pas qu'au titre de la prise en compte du milieu juridique du traité dans son interprétation, comme le prévoit l'article 31 § 3 c) CVDT. D'autres moyens d'interprétation mentionnés par les articles relatifs à l'interprétation de la CVDT sont des vecteurs potentiels de prise en compte du statut intra-UE du traité dans son interprétation. Aussi, compte tenu de l'application du cadre interprétatif de la CVDT aux traités d'investissement, le statut intra-UE d'un traité d'investissement est-il pertinent à plusieurs titres au stade de l'interprétation.

730. Ce statut particulier, malgré sa pertinence, n'infléchit cependant pas, de quelque manière que ce soit, l'interprétation faite par les arbitres des traités d'investissement entre membres de l'Union. Plusieurs limites du cadre interprétatif, tel qu'appliqué par les tribunaux arbitraux, permettent d'expliquer cette indifférence dans l'interprétation au statut intra-UE des traités d'investissement. Fondamentalement, concernant la règle générale d'interprétation de l'article 31 CVDT, quand les tribunaux y font référence, ces derniers ne retiennent que son premier paragraphe et le réduisent à un principe de supériorité du texte du traité dans son interprétation. Par conséquent, lorsque d'autres moyens d'interprétation sont mobilisés par les tribunaux, ces derniers n'ont qu'un poids limité. C'est particulièrement le cas pour les moyens d'interprétation externes au texte du traité, tels que les accords interprétatifs ultérieurs, les règles de droit international relevant du milieu juridique du traité ou encore certains éléments pouvant intégrer la catégorie des moyens complémentaires d'interprétation. Or ce sont ces différents moyens d'interprétation qui sont apparus comme les plus sensibles au statut intra-UE de ces traités. L'appétence des arbitres pour une interprétation littérale des traités – dont la conformité aux articles de la CVDT n'est pas évidente – aboutit bien, au stade de l'interprétation, à une neutralisation du droit l'Union.

[2718] GARDINER R., *Treaty Interpretation*, 2nd ed., Oxford, OUP, 2015, pp. 523, spéc. p. 299 « It's seems reasonable to take ordinary meaning of 'relevant' rules of international law as referring to those touching on the same subject matter as the treaty provision or provisions being interpreted or which in any way affect interpretation ».

Conclusion de la seconde partie

731. Dans cette seconde partie, nous avons examiné la prise en compte du droit de l'Union européenne dans les arbitrages d'investissement, sur le fondement d'un traité d'investissement entre États membres, opposant un investisseur d'un État membre à un autre État membre. Étant donné que les bases sociales de ces traités coïncident totalement, ou en partie, à celle des traités de l'UE, même les techniques de prise en compte ayant une portée limitée devraient permettre aux arbitres de prendre en compte le droit de l'UE dans ces arbitrages d'investissement. En nous plaçant du point de vue des arbitres, nous avons étudié d'abord la prise en compte du droit de l'UE au stade de la détermination et de l'application du droit applicable, ainsi qu'au stade de l'interprétation du traité d'investissement.

732. En matière de droit applicable, nous avons, tout d'abord, pu établir l'applicabilité, en particulier au fond, du droit de l'UE – au regard des différentes règles de détermination du droit applicable – malgré l'absence de renvoi direct au droit de l'UE. Ensuite, nous nous sommes intéressés aux modalités d'application du droit de l'UE dans les arbitrages intra-UE. À ce stade, il est apparu pertinent de distinguer entre l'application du droit de l'UE et la considération du droit de l'UE en tant que fait. Il est ressorti des sentences étudiées que les arbitres se montrent rétifs à appliquer le droit de l'UE — comme ils peuvent l'être à appliquer le droit interne. La considération du droit de l'UE suscite, elle, moins de difficultés. Les tribunaux peuvent prendre en considération le droit de l'UE en tant que fait pertinent, même quand il n'est pas applicable en l'espèce. Toutefois, lorsqu'il est applicable, la prise en considération factuelle du droit de l'UE ne semble pas permettre d'assurer son effet utile. Les mêmes règles qui sont invoquées par les arbitres pour ne pas appliquer le droit de l'Union en tant que droit applicable dans l'arbitrage peuvent être invoquées pour limiter les conséquences de sa prise en considération en tant que fait pertinent. Le droit de l'UE est donc neutralisé, au profit d'une application exclusive du traité d'investissement dans les arbitrages intra-UE. Ce constat peut sembler confirmer l'approche selon laquelle l'arbitrage d'investissement fonctionnerait comme un régime spécial, ou sous-système, autonome de droit international[2719].

733. En principe un système autonome, est dit, « fermée normativement, mais ouvert cognitivement », autrement dit de tels systèmes n'autorisent pas une influence directe d'autres systèmes, mais sont capables d'écouter ces derniers, de s'adapter à eux volontairement, toute en conservant leur langage propre[2720]. L'application ou la prise considération du droit de l'UE dans la résolution du litige peut apparaître comme une influence trop directe ; les arbitres ne pourraient l'accepter sans remettre en cause l'autonomie de l'arbitrage d'investissement. En revanche, il pourrait en aller autrement des éléments pouvant contribuer à l'interprétation des traités d'investissement. Le droit de l'Union pourrait, dans le cadre d'arbitrage d'investissement opposant un investisseur d'un

---

2719 Pour une présentation de la théorie des systèmes de Nickas Luhmann, de sa reprise par Gunther Teubner et une critique de l'application de cette théorie au droit international de l'investissement v. SCHNEIDERMANN, D., *Resisting Economic Globalization – Critical Theory and International Investment Law*, Londres, Palgrave Macmillan 2013, pp. 228, spéc. pp. 52-70.

2720 *Ibid.*, spéc. pp. 54 et 55 « Without the benefit of structural coupling, sub-systems are not open to the direct influence of other operating sub-systems. Instead, they can listen and adapt, if they so choose, in ways consistent with the purposes and in the language of the listening sub-system. Systems, for this reason, are normatively closed but cognitively open ».

État membre à un autre État membre, être pris en compte au stade de l'interprétation des traités et « colorer » certains standards des traités d'investissement entre États membres, par exemple celui de traitement juste et équitable[2721].

734. Les considérations du second titre de cette partie permettent d'écarter cette dernière hypothèse. L'examen des règles d'interprétation du droit international coutumier, codifiées dans les articles de la Convention de Vienne sur le droit des traités de 1969 (CVDT) relatifs à l'interprétation, nous a d'abord permis de distinguer, parmi les moyens d'interprétation devant être mobilisés par les arbitres, ceux permettant de prendre en compte le statut intra-UE du traité. Nous avons également pu discerner au sein de ces potentiels vecteurs de la prise en compte du statut intra-UE du traité, des moyens d'interprétation particulièrement sensibles au statut intra-UE du traité. Ensuite, il s'est agi d'étudier en détail, l'utilisation de ces moyens particuliers, par les tribunaux institués par des traités d'investissement entre États membres. De cette étude ressort le second constat de cette partie, celui d'une préférence des arbitres pour une interprétation littérale des traités d'investissement. En effet, les règles d'interprétation des traités, telles qu'appliquées par les arbitres, souffrent de nombreuses limites qui viennent compromettre le poids interprétatif des vecteurs de la prise en compte du statut intra-UE du traité dans son interprétation. Les termes du traité occupent une place prééminente dans l'interprétation des traités d'investissement.

735. Le second constat de cette partie, concernant les moyens d'interprétation des traités d'investissement dans les arbitrages intra-UE, ainsi que le premier, concernant le droit appliqué par les arbitres pour résoudre les litiges entre un investisseur d'un État membre et un autre État membre, mettent tous deux en évidence la neutralisation du droit de l'UE dans ce type d'arbitrage.

2721 Des exemples de convergences donnant à lire « une vision particulière de l'investissement international dans le contexte européen » sont identifiés par le professeur Edoardo Stoppioni. Il identifie une convergence entre la position de la Cour de justice dans l'arrêt *Anie* et celle de plusieurs arbitres (souvent professeurs de droit international public), notamment le professeur Giorgio Sacerdoti, en matière d'attentes légitimes. V. STOPPIONI E., « Théories critiques et droit européen des investissements », *in* MAUREL R. (dir.), *Nouveaux regards sur le droit européen des investissements*, LexisNexis, 2023, pp. 25-49, spéc. pp. 47-48 ; CJUE, 5e ch., Arrêt du 19 avril 2021, aff. jointes C-798/18 et C-799/18, *Federazione nazionale delle imprese elettrotecniche ed elettroniche (Anie) e.a. et Athesia Energy Srl e.a. c. Ministero dello Sviluppo economico, et Gestore dei servizi energetici (GSE) SpA* ; SCC, (SCC), *Greentech Energy System A/S et autres (Greentech) c. République italienne*, aff. n° V2015/095, Opinion dissidente de Giorgio Sacerdotidu 5 décembre 2018.

Conclusion

736. Depuis plus d'une quinzaine d'années, les arbitres contribuent à préciser les rapports de système entre le droit de l'Union européenne et l'arbitrage d'investissement. Dans le cadre d'arbitrages d'investissement sur le fondement de traités d'investissement entre États membres de l'Union (arbitrages d'investissement intra-UE), ils ont eu à se prononcer sur le rôle que pouvait jouer le droit de l'Union dans la résolution des litiges entre un investisseur d'un État membre et un autre État membre.

737. De manière quasi unanime, ils ont considéré que le droit de l'UE n'était pas en mesure de leur retirer leur compétence. En somme, ils ont écarté toute « inarbitrabilité » des litiges d'investissement intra-UE (opposant un État membre d'accueil à un investisseur d'un autre État membre), en invoquant l'application des règles du droit international public. De même, dans la résolution du litige au fond, le droit de l'UE a été écarté du droit applicable, au profit des dispositions des traités d'investissement. Il a été aussi écarté en tant que fait, lorsque sa prise en considération aboutissait à restreindre l'effet des dispositions des traités d'investissement. Pour les tribunaux arbitraux, le droit de l'UE ne peut ni leur retirer leur compétence ni limiter la pleine efficacité des dispositions des traités d'investissement dans le règlement du différend d'investissement. Il en va de même au stade de l'interprétation, en dépit du caractère beaucoup plus indirect, dans ce contexte, d'un effet du droit de l'UE sur l'arbitrage d'investissement.

738. Cette ferme résistance des tribunaux arbitraux à toute prise en compte du droit de l'UE dans le cadre d'arbitrages d'investissement intra-UE peut surprendre. En effet, les traités de l'UE – TFUE et TUE – et les traités bilatéraux d'investissement (TBI) entre États membres ont des bases sociales qui coïncident totalement. Concernant le traité sur la Charte de l'énergie (TCEn), sa base sociale coïncide en partie avec celle des traités de l'UE. Dans une approche intersystémique, le droit de l'Union relève donc, dans le cas des TBI entre États membres du premier cercle concentrique et, dans le cas du TCEn, du second cercle concentrique englobant le noyau du système – où résident ses instruments constitutifs. Cette perspective intersystémique permet de souligner la proximité du droit de l'UE et de l'arbitrage d'investissement intra-UE. Par ailleurs, en faisant une généalogie de la pratique conventionnelle des États membres, il est possible de considérer que le droit international conventionnel de la protection des biens étrangers – auquel appartiennent les TBI entre États membres et le TCEn – et le droit de l'UE (en particulier les règles du marché intérieur) relèvent d'un même droit conventionnel des investissements internationaux. Les normes de ces deux systèmes sont donc matériellement très proches[2722]. Cela suggérait que l'arbitrage d'investissement intra-UE soit en mesure d'intégrer, même formellement[2723], des dispositions de droit de l'UE – sans compromettre son autonomie.

[2722] En ce sens, au sujet de l'idée de proximité développée par le professeur Panos Merkouris dans ces travaux sur l'article 31 § 3 c) CVDT v. STOPPIONI E., *Le droit non écrit dans le contentieux international économique – Une analyse critique de discours*, Leiden – Boston, Brill Nijhoff, 2022, pp. 627, spéc. pp. 560 « Cette idée de proximité est importante : plus le juge considère l'exogène comme proche, plus il aura tendance à l'englober dans son raisonnement. Au contraire, plus le juge voit l'exogène comme éloigné et étranger à ses propres considérations, plus il adoptera un discours de rejet et d'isolement ». V. aussi MERKOURIS P., *Article 31(3)(c) VCLT and the principle of systemic integration normative shadows in Plato's Cave*, Leiden – Boston, Brill – Nijhoff, 2015, pp. 331.

[2723] L'intégration « informelle » dans le raisonnement des arbitres de techniques présentes en droit de l'UE, telles que la marge d'appréciation ou le test de proportionnalité, n'est pas envisagée ici. À ce sujet v. STOPPIONI E., *Le droit non écrit dans le contentieux international économique*, *op. cit.*, spéc. pp. 596-608.

739. En l'absence de clause de choix du droit applicable dans le traité d'investissement appliqué, ce qui est le cas le plus fréquent, les règles de détermination du droit applicable permettaient d'intégrer le droit de l'UE au droit applicable pour le règlement du différend. La clause d'*electio juris* du TCEn le permettait également. Les modalités d'application des standards de traitement prévus par les traités d'investissement, en particulier le traitement juste et équitable, permettaient de prendre en compte le droit de l'UE en tant que fait dans la résolution du litige. La règle générale d'interprétation des traités permettait, elle, de prendre en compte le droit de l'UE au stade de l'interprétation du traité d'investissement. En dépit de toutes ces règles permissives, le droit de l'UE n'a été que très marginalement pris en compte dans les sentences étudiées. Alors que les règles du droit international, notamment celles de la CVDT, autorisent les arbitres à prendre en compte le droit de l'UE, les y invitent, voire les y obligent, le droit de l'UE n'est pas pris en compte.

740. Une telle prise en compte dans la résolution de litiges au fond était envisageable, tant que la question de la compatibilité des offres d'arbitrage État-investisseur des traités d'investissement avec des dispositions des traités de l'UE restait ouverte. Il en va autrement une fois l'incompatibilité de ces offres précisée par la Cour de justice de l'UE – organe chargé par les États membres du « respect du droit dans l'interprétation et l'application des traités »[2724]. En effet, une fois cette question d'incompatibilité tranchée, l'application de « la règle de droit international régissant les conflits de normes dans les relations mutuelles entre États membres »[2725], aurait dû conduire les tribunaux arbitraux à considérer qu'ils n'étaient pas compétents pour résoudre des litiges opposant un investisseur d'un État membre à un autre État membre. Dans la grande majorité des sentences étudiées, l'application du principe de *lex posterior* du droit international coutumier repris à l'article 30 de la CVDT aurait pu conduire les arbitres aux mêmes conclusions. Tous ces éléments nous conduisent à conclure que le phénomène étudié, l'arbitrage d'investissement intra-UE, met en lumière non pas une opposition entre une « approche centrée sur le droit de l'UE » et une « approche centrée sur le droit international »[2726], mais une opposition entre une approche de droit de l'UE conforme au droit international et une approche des tribunaux du droit international, qui semble s'écarter des solutions classiques de ce dernier.

741. Ce refus des arbitres de prendre en compte le droit de l'UE dans des arbitrages n'impliquant que des États membres et des investisseurs de l'Union nous informe davantage sur la nature de l'ordre juridique arbitral, tel qu'il est conçu par les arbitres, que sur l'efficacité des techniques de prise en compte – principalement les règles d'interprétation des traités et les règles de conflit de conventions du droit international public – de normes externes à un système juridique particulier. Ces règles peuvent contribuer à la cohérence du droit international, mais sont appliquées de manière à renforcer exclusivement la cohérence interne du système de l'arbitrage d'investissement[2727]. En dépit d'un « discours juridictionnel de l'interdiction de l'isolement clinique »[2728] soutenant une logique de participation des arbitres

2724 TFUE art. 19 § 1.

2725 Déclaration relative aux conséquences juridiques de l'arrêt de la Cour de justice dans l'affaire Komstroy et à la Communauté de vue sur la non-applicabilité de l'article 26 du traité sur la charte de l'énergie en tant que fondement de procédures d'arbitrage intra-UE, 26 juin 2024, § 1 ii).

2726 MONTANARO F., *The European Union and International Investment Law - The Two Dimensions of an Uneasy Relationship*, Oxford, Hart Publishing, 2023, pp. 156.

2727 La même tendance peut être identifiée dans le cadre de l'OMC. V. STOPPIONI E., *Le droit non écrit dans le contentieux international économique*, *op. cit.*, spéc. p. 584 « [...] le juge oriente le processus d'interprétation vers un objectif interne (l'interprétation uniforme de son propre espace normatif) bien plus que vers la coordination avec le droit international général [...] ».

2728 *Ibid.*, spéc. p. 579 « Le discours juridictionnel de l'interdiction de l'isolement clinique sert à insuffler dans l'espace normatif une logique de participation au fonctionnement de l'ordre juridique international. Ainsi, toute communication normative entre les deux s'impose en raison des relations de continuité entre les deux ».

au fonctionnement de l'ordre juridique international, ces derniers semblent davantage s'inscrire dans un ordre juridique arbitral[2729] « tiers », ou transnational, ni interne ni international, dans lequel le pouvoir normatif des États et des organisations d'intégration économique régionale peut être neutralisé par des principes fondamentaux de l'arbitrage international[2730].

742. Plutôt que d'affirmer appliquer le droit international public, les arbitres des tribunaux arbitraux d'investissement pourraient s'inspirer des arbitres du Tribunal arbitral du sport et assumer de concevoir, au fil des arbitrages, à l'instar de la règle sportive constituée de « principes généraux du droit sportif », une règle d'investissement constituée de « principes généraux de l'arbitrage d'investissement », conçue comme une règle d'ordre public – les autres normes pouvant fonder la solution du litige n'étant qu'auxiliaires[2731]. Ce faisant, à une pratique différentialiste correspondrait un discours différentialiste[2732]. L'histoire de l'arbitrage international offre des exemples de renversements complets des pratiques et des discours[2733]. Il n'est pas question de contester le constat d'une oscillation du discours des tribunaux d'investissement entre « le besoin d'atteindre une unité normative (utopique) et le besoin d'assurer une diversité factuelle (apologétique) »[2734], mais de souligner que, dans les sentences étudiées, la pratique des tribunaux est clairement différentialiste. Toutefois, même dans le cadre d'un ordre juridique arbitral autonome, les arbitres peuvent être contraints de prendre en compte le droit de l'UE, dans la résolution des différends entre un investisseur d'un État membre et un autre État membre, compte tenu d'intérêts légitimes de l'Union européenne[2735].

2729 GRISEL F., *L'arbitrage international ou le droit contre l'ordre juridique – Application et création du droit en arbitrage international*, Clermont-Ferrand, Fondation Varenne, diff. LGDJ, 2011, pp. 308.

2730 Par analogie v. HANOTIAU B., « L'arbitrage et le droit européen de la concurrence », *in* CEPANI, L'Arbitrage et le Droit Européen – Actes du Colloque International du CEPANI du 25 avril 1997, Bruxelles, Bruylant, 1997, pp. 225, pp 31-64, spéc. p. 37 « Certains auteurs n'excluent pas par ailleurs que l'arbitre puisse outrepasser la stipulation d'inarbitrabilité édictée par la loi de la convention d'arbitrage, par application d'un principe général de l'arbitrage international qui imposerait l'arbitrabilité à l'encontre de la loi normalement applicable. Ce sera normalement le cas si la loi étrangère applicable va à l'encontre d'un principe fondamental de l'arbitrage international ». Il apparait toutefois que l'extension du domaine arbitral peut accepter des limites analogues à celles qui ressortent de l'arrêt *Achmea*. V. HANOTIAU B., « L'arbitrabilité », *RCADI*, Vol. 296, 2002, pp. 25-253, spéc. p. 150 « Le droit de la concurrence a bénéficié de cette extension du domaine arbitrale, et les arbitres considèrent aujourd'hui qu'ils ont compétence pour trancher les questions de droit de la concurrence, voire qu'ils en ont l'obligation. *La compétence des tribunaux arbitraux est uniquement limitée par les règles d'ordre public d'organisation administrative et judiciaire* qui réservent par exemple à la Commission européenne certaines prérogatives, telles que celles contenues dans l'article 81, paragraphe 3, du Traité en ce qui concerne les exemptions individuelles » (nous soulignons).

2731 SIMON G., « Arbitrage et ordre public sportif », *in* LOQUIN E. et MANCIAUX S. (éds.), *L'ordre public et l'arbitrage – Actes du colloque des 15 et 16 mars 2013*, Paris, LexisNexis, 2014, pp. 129-141.

2732 Anne-Charlotte Martineau identifie quatre positions différentes dans le débat sur la fragmentation du droit international. Sous un angle interne (ou normatif) une position constitutionnaliste s'oppose à une position pragmatique, sous un angle externe (ou sociologique) une position pluraliste s'oppose à une position différentialiste. Sur la position différentialiste v. MARTINEAU A.-C., *Une analyse critique du débat sur la fragmentation du droit international*, Thèse : Droit, Université Paris 1 – Panthéon-Sorbonne, 2013, pp. 473, spéc. pp. 98-193.

2733 L'« internationalisation » de contrats liant un investisseur étranger et un État hôte, avant d'être admise dans la pratique et par la majorité de la doctrine, a pu être perçue comme une extravagance. V. BROWLIE I., « Legal Status of Natural Resources in International Law (Some Aspects) », *RCADI*, Vol. 162, 1979, pp. 245-318, spéc. p. 309. Jusque dans les années trente au sein de la CCI le principe était que l'arbitre ne juge pas en droit, mais en équité. V. GRISEL F., « Droit et non-droit dans les sentences arbitrales CCI : une perspective historique », *ICC International Court of Arbitration Bulletin*, Vol. 25(2), 2014, pp. 13-20, spéc. p. 17 « La CCI a donc opéré en moins de quatre ans un renversement complet de sa position concernant le droit applicable : alors qu'elle promouvait l'équité en 1929, la CCI prodigue ses conseils aux arbitres dès 1933 afin qu'ils soient en mesure de déterminer un droit applicable au fond du litige ».

2734 MARTINEAU A.-C., *Une analyse critique du débat sur la fragmentation du droit international*, *op. cit.* spéc. p. 22.

2735 DERAINS Y., « L'application du droit européen par les arbitres – Analyse de la jurisprudence », *in* CEPANI, *L'Arbitrage et le Droit Européen – Actes du Colloque International du CEPANI du 25 avril 1997*, Bruxelles, Bruylant, 1997, pp. 225, pp. 65-80, spéc. p. 76 et 77 « [...] Les destinataires des devoirs de l'arbitre ne sont pas seulement les parties, mais également, dans des hypothèses bien déterminées, les États. L'arbitre international est tenu vis-à-vis de la "Societas

Mercatorum" de faire en sorte que l'arbitrage ne se transforme pas en un instrument de fraude aux intérêts légitimes des États. Sinon c'est l'arbitrage international en tant que mode [de règlement] des litiges qui sera combattu par les États au préjudice du développement des relations commerciales internationales. C'est dire que l'arbitre a le devoir d'appliquer le droit européen de la concurrence chaque fois que cette application correspond à un intérêt légitime que la *lex contractus* soit ou ne soit pas le droit d'un État de l'Union européenne [...] ».

Index (renvoyant aux numéros de page)

A

J

L

M

N

P

R

S

T

V

Bibliographie et Annexes (HAL id. benjamin-terrade)

Les annexes mentionnées dans l'ouvrage, ainsi que la bibliographie complète de l'ouvrage, sont disponibles sur le profil HAL de l'auteur : id. benjamin-terrade.

Table des matières

*****

*****

Structures éditoriales du groupe L'Harmattan

L'Harmattan Italie
Via degli Artisti, 15
10124 Torino
harmattan.italia@gmail.com

L'Harmattan Hongrie
Kossuth l. u. 14-16.
1053 Budapest
harmattan@harmattan.hu

L'Harmattan Sénégal
10 VDN SICAP AMITIE 3
BP 45034 Dakar-Fann
direction@senharmattan.com

L'Harmattan Cameroun
Tsinga/Derrière polyclinique FECAFOOT
BP 11486 Yaoundé
Jacques.koukam@harmattan.fr

L'Harmattan Burkina Faso
Villa 281, secteur 23 623, rue 14.32
Ouagadougou
zagbie@outlook.fr

L'Harmattan Guinée
Almamya, rue KA 028 OKB Agency
BP 3470 Conakry
harmattanguinee@yahoo.fr

L'Harmattan RDC
185, avenue Nyangwe
Commune de Lingwala – Kinshasa
matangilamusadila@yahoo.fr

L'Harmattan Congo
219, avenue Nelson Mandela
BP 2874 Brazzaville
deunovmikhael@gmail.com

L'Harmattan Mali
Immeuble Mgr Jean Marie Cissé
Aci Hamadallaye
BP 145 Bamako
syllaka@yahoo.fr

L'Harmattan Togo
Djidjole – Maison Amela
face EPP BATOME
02 BP 20680 Lomé
didieramela11@gmail.com

L'Harmattan Côte d'Ivoire
Résidence Karl – Cité des Arts
Abidjan-Cocody
03 BP 1588 Abidjan
harmattan.ivoire@gmail.com

L'Harmattan Bénin
Rue 604, (Immeuble à l'entrée
de la rue UCAO- Cite de Saint-Jean)
Cotonou
stepcorpus@gmail.com

Nos librairies en France

Librairie internationale
16, rue des Écoles
75005 Paris
librairie.internationale@harmattan.fr
01 40 46 79 11
www.librairieharmattan.com

Librairie des savoirs
21, rue des Écoles
75005 Paris
librairie.sh@harmattan.fr
01 46 34 13 71
www.librairieharmattansh.com

www.ingramcontent.com/pod-product-compliance
Lightning Source LLC
LaVergne TN
LVHW050753061126
851857LV00012B/549

* 9 7 8 2 3 3 6 6 1 7 9 3 0 *